恭城瑶族自治县志

（1989—2005）

恭城瑶族自治县地方志编纂委员会　编

方志出版社
Publishing House of Local Records

图书在版编目（CIP）数据

恭城瑶族自治县志．1989—2005 / 恭城瑶族自治县地方志编纂委员会编．-- 北京：方志出版社，2017.10

ISBN 978-7-5144-2702-8

Ⅰ．①恭… Ⅱ．①恭… Ⅲ．①恭城瑶族自治县—地方志—1989-2005 Ⅳ．①K296.74

中国版本图书馆 CIP 数据核字（2017）第 287538 号

恭城瑶族自治县志（1989—2005）

编　　者：恭城瑶族自治县地方志编纂委员会
责任编辑：朱　姝

出 版 人：冀祥德
出 版 者：方志出版社
地址　北京市朝阳区潘家园东里 9 号（国家方志馆 4 层）
邮编　100021
网址　http://www.fzph.org
发　　行：方志出版社图书经销中心
电话　（010）67110500
经　　销：各地新华书店
排　　版：北京中文天地文化艺术有限公司
印　　刷：北京华联印刷有限公司

开　　本：889 × 1194　1/16
印　　张：56.75
字　　数：1667 千字
版　　次：2017 年 10 月第 1 版　2017 年 10 月第 1 次印刷

ISBN 978-7-5144-2702-8　　定价：698.00 元

序

当前，在以习近平同志为核心的党中央的坚强领导下，全国各族人民正在全面建成小康社会的决胜阶段奋勇向前、阔步迈进。全面建成小康社会，最艰巨最繁重的任务是在革命老区、民族地区、边疆地区、贫困地区。消除贫困、改善民生、实现共同富裕，是中国特色社会主义的本质要求，是中国共产党的重要使命。为了全面实现小康，党中央高度重视扶贫开发工作，全力推进脱贫攻坚工程，实施精准扶贫、精准脱贫。习近平总书记明确提出，全面实现小康，一个民族也不能少，不能落下一个贫困家庭，丢下一个贫困群众。扶贫开发是个系统工程，发展是第一要务，只有发展，因地制宜找准路子，才能最终实现精准扶贫、精准脱贫。“治贫”必先“治愚”，在加强经济和基础设施建设、提高教育水平等方面的同时，扶贫开发还要注重文化扶贫，特别是通过挖掘革命老区、民族地区、边疆地区、贫困地区的文化内涵、历史底蕴、地情资源，让广大干部群众了解地情、了解历史、了解本地区的优势和劣势，在思想上脱贫，尤为关键。

赓续不断地编修地方志是我国独有的优秀文化传统，绵延千年而不断。党中央、国务院高度重视地方志工作，近几年来，习近平总书记、李克强总理、刘延东副总理做出了一系列的重要指示。2015 年 8 月，国务院办公厅印发《全国地方志事业发展规划纲要（2015—2020 年）》（以下简称《规划纲要》），明确要求到 2020 年必须全面完成第二轮修志规划任务，这是全国地方志工作在全面建成小康社会进程中的硬性任务，也是全国地方志系统为全面建成小康社会的献礼。届时，将同步实现省省有省志、市市有市志、县县有县志，这不仅在中国文化发展史上是绝无仅有的，在世界文化发展史上也是罕见的。从目前来看，要实现这一目标任务，还存在不少困难和问题，特别是民族地区与贫困地区，面临着缺乏人才、资金等诸多困难。实现到2020 年必须全面完成第二轮修志规划任务，一个省、一个市、一个县都不能少。自 2015 年 8 月，经中国地方志指导小组批准，中国地方志指导小组办公室启动民族地区与贫困地区志书出版资助工程（以下简称“资助工程”），对经国务院扶贫开发领导小组办公室认定的国家级贫困县（区、旗、县级市），中西部地区、少数民族边疆地区、经济欠发达地区存在出版经费困难的省市县三级综合志书进行出版资助。截至目前，已经确定资助两批 20 多部志书。2016 年 4 月，

民族地区与贫困地区志书出版资助工程领导小组

组　　长：王伟光　中国社会科学院院长、中国地方志指导小组组长

常务副组长：李培林　中国社会科学院副院长、中国地方志指导小组常务副组长

副 组 长：冀祥德　中国地方志指导小组秘书长，中指办党组书记、主任

成　　员：刘玉宏　中国地方志指导小组办公室副主任

邱新立　中国地方志指导小组办公室副主任

民族地区与贫困地区志书出版资助工程领导小组办公室

主　任：冀祥德　中国地方志指导小组秘书长，中指办党组书记、主任

副主任：邱新立　中国地方志指导小组办公室副主任

成　员：于伟平　方志出版社总编辑

陈　旭　中国地方志指导小组办公室方志处处长

李　沛　方志出版社首席编辑、省志编辑部主任

徐　宏　方志出版社地方史编辑部副主任

王丹林　中国地方志指导小组办公室方志处副处长

序

当前，在以习近平同志为核心的党中央的坚强领导下，全国各族人民正在全面建成小康社会的决胜阶段奋勇向前、阔步迈进。全面建成小康社会，最艰巨最繁重的任务是在革命老区、民族地区、边疆地区、贫困地区。消除贫困、改善民生、实现共同富裕，是中国特色社会主义的本质要求，是中国共产党的重要使命。为了全面实现小康，党中央高度重视扶贫开发工作，全力推进脱贫攻坚工程，实施精准扶贫、精准脱贫。习近平总书记明确提出，全面实现小康，一个民族也不能少，不能落下一个贫困家庭，丢下一个贫困群众。扶贫开发是个系统工程，发展是第一要务，只有发展，因地制宜找准路子，才能最终实现精准扶贫、精准脱贫。“治贫”必先“治愚”，在加强经济和基础设施建设、提高教育水平等方面的同时，扶贫开发还要注重文化扶贫，特别是通过挖掘革命老区、民族地区、边疆地区、贫困地区的文化内涵、历史底蕴、地情资源，让广大干部群众了解地情、了解历史、了解本地区的优势和劣势，在思想上脱贫，尤为关键。

赓续不断地编修地方志是我国独有的优秀文化传统，绵延千年而不断。党中央、国务院高度重视地方志工作，近几年来，习近平总书记、李克强总理、刘延东副总理做出了一系列的重要指示。2015 年 8 月，国务院办公厅印发《全国地方志事业发展规划纲要（2015—2020 年）》（以下简称《规划纲要》），明确要求到 2020 年必须全面完成第二轮修志规划任务，这是全国地方志工作在全面建成小康社会进程中的硬性任务，也是全国地方志系统为全面建成小康社会的献礼。届时，将同步实现省省有省志、市市有市志、县县有县志，这不仅在中国文化发展史上是绝无仅有的，在世界文化发展史上也是罕见的。从目前来看，要实现这一目标任务，还存在不少困难和问题，特别是民族地区与贫困地区，面临着缺乏人才、资金等诸多困难。实现到2020年必须全面完成第二轮修志规划任务，一个省、一个市、一个县都不能少。自 2015 年 8 月，经中国地方志指导小组批准，中国地方志指导小组办公室启动民族地区与贫困地区志书出版资助工程（以下简称“资助工程”），对经国务院扶贫开发领导小组办公室认定的国家级贫困县（区、旗、县级市），中西部地区、少数民族边疆地区、经济欠发达地区存在出版经费困难的省市县三级综合志书进行出版资助。截至目前，已经确定资助两批 20 多部志书。2016 年 4 月，

序

当前，在以习近平同志为核心的党中央的坚强领导下，全国各族人民正在全面建成小康社会的决胜阶段奋勇向前、阔步迈进。全面建成小康社会，最艰巨最繁重的任务是在革命老区、民族地区、边疆地区、贫困地区。消除贫困、改善民生、实现共同富裕，是中国特色社会主义的本质要求，是中国共产党的重要使命。为了全面实现小康，党中央高度重视扶贫开发工作，全力推进脱贫攻坚工程，实施精准扶贫、精准脱贫。习近平总书记明确提出，全面实现小康，一个民族也不能少，不能落下一个贫困家庭，丢下一个贫困群众。扶贫开发是个系统工程，发展是第一要务，只有发展，因地制宜找准路子，才能最终实现精准扶贫、精准脱贫。“治贫”必先“治愚”，在加强经济和基础设施建设、提高教育水平等方面的同时，扶贫开发还要注重文化扶贫，特别是通过挖掘革命老区、民族地区、边疆地区、贫困地区的文化内涵、历史底蕴、地情资源，让广大干部群众了解地情、了解历史、了解本地区的优势和劣势，在思想上脱贫，尤为关键。

赓续不断地编修地方志是我国独有的优秀文化传统，绵延千年而不断。党中央、国务院高度重视地方志工作，近几年来，习近平总书记、李克强总理、刘延东副总理做出了一系列的重要指示。2015 年 8 月，国务院办公厅印发《全国地方志事业发展规划纲要（2015—2020 年）》（以下简称《规划纲要》），明确要求到 2020 年必须全面完成第二轮修志规划任务，这是全国地方志工作在全面建成小康社会进程中的硬性任务，也是全国地方志系统为全面建成小康社会的献礼。届时，将同步实现省省有省志、市市有市志、县县有县志，这不仅在中国文化发展史上是绝无仅有的，在世界文化发展史上也是罕见的。从目前来看，要实现这一目标任务，还存在不少困难和问题，特别是民族地区与贫困地区，面临着缺乏人才、资金等诸多困难。实现到2020年必须全面完成第二轮修志规划任务，一个省、一个市、一个县都不能少。自 2015 年 8 月，经中国地方志指导小组批准，中国地方志指导小组办公室启动民族地区与贫困地区志书出版资助工程（以下简称“资助工程”），对经国务院扶贫开发领导小组办公室认定的国家级贫困县（区、旗、县级市），中西部地区、少数民族边疆地区、经济欠发达地区存在出版经费困难的省市县三级综合志书进行出版资助。截至目前，已经确定资助两批 20 多部志书。2016 年 4 月，该工程成功入选国家新闻出版广电总局实施的“十三五”国家重点图书、音像、电子出版物出版规划项目。当前正处于全面推进扶贫开发工程的攻坚阶段，深入推进资助工程，是全国地方志系统配合推进精准扶贫、精准脱贫的重要工作，必须引起高度重视。

资助工程是地方志系统的政治工程。革命老区、民族地区、边疆地区、贫困地区蕴含着极为丰富的文化内容，编纂出版志书，对于继承和发扬优秀传统文化、民族文化、革命文化，加强民族团结、促进当地经济社会建设意义重大。革命老区、民族地区、边疆地区、贫困地区的志书是充分展示在中国共产党领导下这些地区经济社会建设取得的巨大成就、各族人民生活幸福安定的历史依据。特别是边疆地区的志书，是历代王朝、社会主义新中国对该地区行使主权的文化宣示，是真实记录边疆地区与祖国一脉相承、荣辱与共的重要载体。《规划纲要》明确要求到2020年全面完成第二轮修志规划任务，是党中央、国务院对各级政府和地方志工作机构的政治要求，必须不打折扣坚决完成，革命老区、民族地区、边疆地区、贫困地区也不能例外。资助工程既是全国地方志系统的文化扶贫工程，又是确保到2020年全面完成第二轮修志规划任务的推进工程，具有重要的政治意义。

资助工程是促进民族地区与贫困地区文化建设的基础工程。地方志书是全面系统地记述本行政区域自然、政治、经济、文化和社会的历史与现状的资料性文献，记述内容包罗万象，记述对象丰富多彩，是对一个地方的文化普查和历史资料的全面梳理。一个地方的经济社会建设，离不开文化支持。发展是硬道理，只有真正实现全面、协调、可持续发展，才能最终实现小康。与此同时，发展也必须是有序的而不是盲目的，必须是实事求是的而不是凭空设想的，必须是因地制宜的而不是照搬照抄的。实践证明，脱离当地的自然条件、历史基础、文化传承、人文习俗等搞所谓的建设，要么是盲人摸象、坐井观天，要么是揠苗助长、掩耳盗铃，要么是削足适履、画蛇添足，最终会落得个水土不服、无疾而终。对于民族地区与贫困地区来说，立足本地的资源、市场、人文旅游等优势，因地制宜找准发展路子，是确保科学发展的首要任务。民族地区与贫困地区，尤其是那些自古以来还没有编修过志书的地区，开展志书编纂既是对当地自然、政治、经济、文化、社会、生态等方面的发展历史、发展脉络、发展规律的全面摸底和调查，又是总结历史经验、汲取历史教训、挖掘历史智慧的全面梳理和探求。通过学习、利用地方志书，让各级领导干部、广大人民群众了解当地的历史、了解实实在在的地情，从历史中汲取营养和智慧为现实提供借鉴和服务，是确保民族地区与贫困地区发展不走弯路、不走冤枉路的有效手段。

资助工程是全国地方志事业协调发展的促进工程。第五届中国地方志指导小组成立以来，一直把走基层、探实情作为一项重要任务，截至目前，已经到30个省（自治区、直辖市）开展了调研。通过座谈、实地考察等多种形式，充分了解了当前全国地方志事业发展面临的主要困难和问题。其中，区域发展不平衡，中西部地区特别是边疆少数民族地区地方志工作与东部地区相比还存在不少差距，是制约全国地方志事业实现全面、协调、可持续发展的瓶颈所在。有的地方甚至出现了花费了大量的人力、物力，经过十余年的艰辛努力编纂出志书，因为缺乏出版经费迟迟未能出版的状况。正是基于以上了解到的情况，中国地方志指导小组及其办公室才下定决心启动资助工程。到2020年全面建成小康社会时，地方志事业区域发展不平衡问题必须得到妥善解决，这也是深入贯彻《规划纲要》的应有之义。而作为主业的修志编鉴，到2020年全面完成第二轮修志规划任务、实现综合年鉴编纂全覆盖的“两全目标”，是中西部地区特别是边疆少数民族地区地方志工作发展的重中之重。从现实意义来说，资助工程对于实现全国地方志事业全面、协调、可持续发展具有重要的促进作用。

在党中央、国务院的高度重视下，全国地方志事业发展迎来重大战略机遇。越是发展的关键时期，越要有大局观，越要从全国一盘棋的角度考虑问题。《规划纲要》作为顶层设计，确定的各项目标任务都要落到实处，而作为“两全目标”之一的到2020年全面完成第二轮修志规划任务，实现省、市、县一个都不能少的目标，是关键中的关键。希望借助资助工程的深入推进，进一步引起全国地方志系统对实现“两全目标”的重视，确保按期保质完成，用志书客观而忠实地记述中国共产党人带领全国各族人民全面建成小康社会的光荣与曲折历程，为全面建成小康社会贡献“志”礼。

是为序。

中国社会科学院院长、党组书记 王伟光
中国地方志指导小组组长

2016年10月于北京

民族地区与贫困地区志书出版资助工程领导小组

组　　长：王伟光　中国社会科学院院长、中国地方志指导小组组长

常务副组长：李培林　中国社会科学院副院长、中国地方志指导小组常务副组长

副 组 长：冀祥德　中国地方志指导小组秘书长，中指办党组书记、主任

成　　员：刘玉宏　中国地方志指导小组办公室副主任

邱新立　中国地方志指导小组办公室副主任

民族地区与贫困地区志书出版资助工程领导小组办公室

主　任：冀祥德　中国地方志指导小组秘书长，中指办党组书记、主任

副主任：邱新立　中国地方志指导小组办公室副主任

成　员：于伟平　方志出版社总编辑

陈　旭　中国地方志指导小组办公室方志处处长

李　沛　方志出版社首席编辑、省志编辑部主任

徐　宏　方志出版社地方史编辑部副主任

王丹林　中国地方志指导小组办公室方志处副处长

◎山川胜迹

恭城八景之“西江渔唱”（县摄影家协会提供）

恭城八景之“石角鸣钟”（县城古道美景）（县志办提供）

1988 年，县城全景图（林善武 摄）

2005 年，县城全景图（林春蓝 摄）

恭城八景之“雪飞银殿”（银殿山风景）（县摄影家协会提供）

恭城八景之“冬岭樵歌”（冬热岭景致）（县摄影家协会提供）

恭城八景之“燕岩垂钓”（县志办提供）

恭城八景之“道公礼斗”（道公山）（县摄影家协会提供）

恭城景致之“狮岭晴岚”（孟华 摄）

恭城八景之“二童讲书”（县摄影家协会提供）

水墨茶江——县城东门古码头（县志办提供）

中央电视台平安保险广告拍摄点——平安乡平安桥（林春蓝 摄）

山状凤凰，翼垂东南——凤凰山气象（县志办提供）

关名龙虎，雄峙桂湘——龙虎关景色（恭城县《梦里瑶乡》编委会办公室提供）

大岭山桃花（林春蓝 摄）

虎山风光（县摄影家协会提供）

恭城油杉王（林春蓝 摄）

◎历史文化

全国重点文物保护单位——恭城文庙（孟华 摄）

全国重点文物保护单位——恭城武庙（林春蓝 摄）

全国重点文物保护单位——恭城周渭祠（林春蓝 摄）

全国重点文物保护单位——恭城湖南会馆（孟华 摄）

西岭文笔塔（林春蓝 摄）

朗山惜字炉（余酉德 摄）

马君武先生存留于恭城的“墨宝”遗迹（县志办提供）

北溪女子学校旧址（余西德提供）

付家街牌坊（县志办提供）

朗山古民居（余酉德 摄）

石头村神亭（余酉德 摄）

乐湾大屋（余酉德提供）

◎瑶乡风情

恭城瑶族文化瑰宝——梅山图（局部）（莫纪德 摄）

恭城油茶——广西壮族自治区非物质文化遗产（莫纪德 摄）

瑶家打油茶（莫纪德 摄）

文庙开笔礼（县志办提供）

◎恭城模式

1995 年 7 月，“恭城模式”研讨会在恭城召开（杨波 摄）

2001 年 4 月，广西壮族自治区党委书记曹伯纯（前排右一）到恭城调研大岭山桃园（杨波 摄）

恭城所获奖牌

瑶家打油茶（莫纪德 摄）

文庙开笔礼（县志办提供）

关帝庙会——关公出游（莫纪德 摄）

“抢花炮”活动（莫纪德 摄）

石口羊角舞（莫纪德 摄）

水滨吹笙挞鼓舞（莫纪德 摄）

瑶族长鼓舞（余西德提供）

瑶族傩舞（林春蓝 摄）

九板婆王节（莫纪德 摄）

春到大岭山（林春蓝 摄）

瑶族群众去赶盘王节（莫纪德 摄）

瑶家迎宾（莫纪德 摄）

柿园秋韵（林春蓝 摄）

◎恭城模式

1995 年 7 月，“恭城模式”研讨会在恭城召开（杨波 摄）

2001 年 4 月，广西壮族自治区党委书记曹伯纯（前排右一）到恭城调研大岭山桃园（杨波 摄）

恭城所获奖牌

规模养鸡场（杨波 摄）

规模养猪场（杨波 摄）

家庭养鸡场（县能源办提供）

农家养猪（县能源办提供）

沼气池建设施工（县能源办提供）

沼气技术改良——储气罐技术推广应用（杨波 摄）

使用沼气和省柴灶之后的农家厨房（县能源办提供）

农家妇女使用沼气做饭（县能源办提供）

太阳能利用技术在农村推广（县能源办提供）

农户使用沼气灯照明（县能源办提供）

农户用沼液给果园喷施叶面肥（县能源办提供）

黄岭村绿色大果园（林春蓝 摄）

水果丰收图（县能源办提供）

农户采用传统工艺晒制恭城月柿（林春蓝 摄）

红岩村万亩月柿园（林春蓝 摄）

掩映在桃花园中的大岭山村（林春蓝 摄）

恭城桃花节（恭城县《梦里瑶乡》编委会办公室提供）

红岩新村图（林春蓝 摄）

横山瑶寨（县国土局提供）

2003 年，首届恭城月柿节在红岩村举办（林春蓝 摄）

2004 年 4 月，汇源果汁（恭城）工厂建成（林春蓝 摄）

1999 年，设计装机容量达 12290 千瓦的刘家洞大型水电项目立项；2006 年，开工建设（恭城发电公司提供）

2002 年，启动县城滨江苑城市建设项目；2005 年，完成建设，图为滨江苑水上乐园（县住建局提供）

2001 年建成的恭城中心广场（林春蓝 摄）

2013 年 1 月，在恭城召开《恭城瑶族自治县志（1989—2005）》三级综合评审会，图为参会人员合影（县志办提供）

恭城瑶族自治县地方志
编纂委员会

（2005 年 8 月至 2012 年 1 月）

名誉主任 蒋　洪　苏光伦　林中贤

主　　任 唐云舒

副 主 任 奉海峰　罗永东　沈荔芳　宛高云　陶芝杰　林武民　刘功友　吴艳琴　孟定金　廖　强　段凡徐　林贤培

委　　员 马志华　颜　鸿　蒋佳刚　石新秘　陈义军　陶世忠　杨加青　文亚军　赵新华　李立新　廖业云　周兢克　陈孝云　谢富荣　黄晓云　黄华明　欧　金　李　杰　伍　刚　蔡启强　康　剑　罗荣光　邬弘鹃　唐福銮　莫模林　黄世斌　李　萍　林　中　覃勤凤　李荣国　李成坤

（2012 年 1 月至 2013 年 9 月）

名誉主任 程　权　李庆才　唐寿元

主　　任 林武民

副 主 任 甘永辉　黄　强　俸文英　朱桂斌　容志权　孟定金　吴艳琴　彭盛仲　林贤培

委　　员 王　璟　田新连　李炳军　曹宇强　廖　强　邬弘鹃　康　剑　林　中　黄洪任　谢富荣　赵新华　骆林春　贲定明　廖业云　钟　斌　唐福銮　梁华山　陈广仪　伍　刚　陈雪峰　邓诗茂　黄天雄　欧建革　欧　金　蔡启强

欧卫宏　韦　英　龙裕松　兰　琼　黄启贵
纪　焱　周　铎　王先军　欧新国　钟冬生
李　杰　李财贵　周美旺　赵财精　冯文敏
赵红玲　钟　华

（2013 年 9 月至 2017 年 6 月）

名誉主任　程　权　李庆才　唐寿元

主　　任　林武民

副 主 任　石小松　黄　强　俸文英　朱桂斌　容志权
孟定金　黄洪任　吴艳琴

委　　员　彭盛仲　王　璟　田新连　诸葛桥送　曹宇强
田绍勇　廖　强　邬弘鹃　康　剑　林　中
朱泽光　赵新华　骆林春　贲定明　廖业云
伍　义　唐福銮　谢富荣　傅秋明　伍　刚
曾　春　邓诗茂　黄天雄　欧建革　欧　金
蔡启强　欧卫宏　韦　英　何国生　兰　琼
毛仕高　纪　焱　钟　斌　王先军　杨　波
欧新国　钟冬生　李　杰　李财贵　周美旺
赵财精　冯文敏　许小燕　钟　华

（2017 年 6 月始任）

名誉主任　邓晓强　陈义军　唐寿元

主　　任　黄枝君

副 主 任　杨征山　容志权　关小菊　周俊缤　秦太平
吴艳琴　陈念翠　王　华

委　　员　邓诗茂　李典东　赵　成　邝　波　王　桩
黎宝壮　贲定明　李志勇　孟定清　黄天雄
陈义林　朱泽光　骆林春　俸先鹤　廖业云
黄良飞　罗崇文　路廷常　钟　波　何振友
钟冬生　欧建革　周冠学　江　立　韦　英
蒋佳刚　何永强　唐小杰　欧　金　唐菊文

陈建民　周世平　唐衡中　向纯光　王星科
陈　君　康建华　周红波　李　华

《恭城瑶族自治县志》编辑部

（2008 年 8 月至 2012 年 2 月）

总　　纂　林贤培

副 总 纂　黄　俐

主　　编　林贤培

副 主 编　王先军　黄　俐　杨　波

编　　辑　张万强　陈鸾姣　袁　西　莫纪德　蒋文斌
何　意　陈文彦

工作人员　王美艳　李发娣

（2012 年 2 月至 2017 年 6 月）

总　　纂　田绍勇

副 总 纂　黄　俐

主　　编　田绍勇

副 主 编　王先军　黄　俐　杨　波

编　　辑　张万强　陈鸾姣　袁　西　莫纪德　蒋文斌
江　瑛

工作人员　王美艳　李发娣　唐平举

（2017 年 6 月始任）

总　　纂　黎宝壮

副 总 纂　黄　俐

主　　编　黎宝壮

副 主 编　唐菊文　黄　俐

编　　辑　杨　波　张万强　江　瑛　陈鸾姣

工作人员　李发娣　唐平举

《恭城瑶族自治县志》审查验收单位及人员

一、初审单位 恭城瑶族自治县地方志编纂委员会

二、复审单位 桂林市地方志编纂委员会办公室

审稿人员 徐朝凯 唐群森 韦兰玉 王家胜 徐李宁

潘树能 关玉成 廖志良 陶树青 尹 乐

三、终审单位 广西壮族自治区地方志编纂委员会办公室

审稿人员 李秋洪 邓敏杰 晏源源 施均显 黄家接

陈小军 苏麟忠 刘 妍 甘海燕 梁新莲

序

国编史，邑修志，乃中华之传统。《恭城瑶族自治县志（1989—2005）》自2005年始纂，历时八载，数易其稿，终成书付梓。盛世盛事，亦值庆贺。

恭城瑶族自治县，地处楚尾越头，北倚三湘，南望粤梧，是历代王朝的边陲要塞，隋末立县，至今已有1390余年历史，全县总面积2149.02平方千米，居住着瑶族、汉族、壮族等29个民族28.22万人，其中瑶族人口占57.34%。恭城自古以来物华天宝，人杰地灵。古往今来，中原文化与岭南文化在此交融，造就了瑶乡丰厚的历史文化积淀和独具特色的地域风情。生态恭城气候宜人，四季瓜果飘香，柿、柚、橘、桃久负盛名；文武两庙，比邻齐肩，贵为国宝，堪称天下一绝；瑶家油茶，香飘千年，情系万家，好客瑶乡令人神往。

恭城素来重修志纪事。明万历二十五年（1597）始修县志，至民国26年（1937）曾5次续修县志，首轮新编县志成书于1992年，所载时间下限至1989年。本轮续志记述时间为1989—2005年。光阴似箭，弹指挥间，16年来在这方神奇美丽的土地上，各族同胞沐浴着党的民族政策，高举科学发展大旗，乘西部开发东风，扬新农村建设风帆，走生态富民兴县之路，在改革开放的大潮中，激流勇进，屡建奇功，铸就了全国闻名的“恭城模式”，为西部地区和发展中国家的农村经济社会发展作了有益的实践与探索。瑶乡大地处处生机盎然，生态农业持续发展，生态工业方兴未艾，生态城镇竞相崛起，新农村建设如火如荼，生态旅游倍受青睐，生态瑶乡经济发展、民族团结、社会和谐……

以史为鉴知兴替，以志为鉴明事理。《恭城瑶族自治县志（1989—2005）》客观地反映了恭城16年的发展历程，沧桑巨变，反映了恭城改革之特色、发展之全貌、山川之秀美、文化之繁荣，让人们充分领略了恭城这片饱含发展潜力神奇热土的无限魅力和风采。可以说，这既是一部集资料性、系统性和科学性于一体的地情工具书，更是各级干部了解恭城县情，进行工作决策的宝贵参考资料，也是一部有益的乡土教材。我们相信其独特的存史、资政、教化功用将使广大读者们获益匪浅，定会在恭城改革、发展新的伟大征程中发挥应有之作用。

盛世修志。我们又有幸主持此事，既惶恐于怀，更倍感荣光。值此新志付梓之际，谨向付出艰辛劳动的全体修志人员及中国地方志指导小组、自治区、桂林市修志专家一并致谢！

中共恭城瑶族自治县委员会书记　程　权

恭城瑶族自治县人民政府县长　林武民

2015年6月

凡　例

一、《恭城瑶族自治县志（1989—2005）》（以下简称本志）以马克思列宁主义、毛泽东思想、邓小平理论、“三个代表”重要思想、科学发展观、习近平新时代中国特色社会主义思想为指导，坚持辩证唯物主义和历史唯物主义的立场、观点和方法，按照《地方志工作条例》，实事求是、客观真实地记述恭城瑶族自治县从自然到社会的基本情况。

二、本志为《恭城县志》（1992年版）续志。上限时间为1989年，下限时间为2005年；概述、大事记及有关篇章中的个别特殊事物根据记事完整性的需要适当上溯或下延。对前志的纠错采用列表的形式置于本志附录中。

三、本志采用述、记、志、传、图、表、录等体裁，以志为主。全书除概述、大事记、附录、索引、后记外，按事物科学分类和社会分工相结合的原则设篇，篇下按章、节、目、子目的结构层次排列，共设20篇、89章、358节；随文设图、表，个别章节设附。

四、使用规范的现代语体文记述，文字力求朴实、严谨、简洁、流畅、优美，增强可读性。

五、本志记事范围，以恭城瑶族自治县行政区域为限。志书中所书“自治区”“市”，分别指“广西壮族自治区”“桂林市”；1990年2月前，称“恭城县”或“恭城”“县”，后称“恭城瑶族自治县”“自治县”。本志坚持述而不论，寓褒贬于记事之中。

六、本志坚持生不立传的原则，在世人物不立传。人物篇所记对象（军、政人员副厅以上、专业技术人员职称副高以上），主要是有重要建树或重大影响的本籍人物，兼及其他对恭城有重要贡献和重大影响的客籍人物。有突出事迹的在世人物，采取以事系人的方式入志。人物篇排序以卒年为序。

七、本志领导人（含各部门领导）的标准，原则上随所设机构记录。

八、本志所记资料，主要来源于县直各单位、各乡（镇）人民政府及驻恭城直属部门单位提供的资料汇编和各种正式出版物，以及经核实的口碑资料。采用的数据以统计部门公布的法定数据资料为准；统计局缺的数据，采用主管部门统计数字。

九、民国前使用历史纪年，括注公元纪年，同一朝代年号在同一条目中只在首次出现括注。民国时期使用民国纪年，括注公元纪年。民国后使用公元纪年。本志“××年代”均指20世纪的年代。

十、行文遵循广西壮族自治区地方志编纂委员会《广西续修地方志行文规定》。对各机构、部门、社会团体和会议名称等称谓，在行文中第一次出现时用全称、重复出现时用简称；科技名词、术语、人物称谓、时间等的规定，依照专业行文管理使用。本志所记地名，采用恭城瑶族自治县地名委员会审定颁布的标准地名，古今地名有异者在古地名之后括注今地名。“新中国成立前”“新中国成立后”以中华人民共和国成立日1949年10月1日为界；“解放前”“解放后”以该地解放日为界。

十一、数字标点遵循国家标准出版规定，GB / T 15384—2011《标点符号用法》，GB / T 15835—2011《出版物上数字用法》。

十二、计量单位采用1984年2月发布的中华人民共和国法定计量单位。考虑到社会使用习惯，全书中亩不统一换算。

目 录

第三篇 人口 人民生活

第四篇 交通 邮电

第五篇 城乡建设 环境保护

第六篇 农业 水利

第七篇 工业

第八篇 商贸旅游

第九篇　财税　金融

第十篇　经济综合管理

第十一篇 中国共产党 群众团体

第十二篇 人大 政府 政协

第十三篇 政法 国防

第十四篇 人事 劳动

第十五篇 民政 扶贫 信访

第十六篇 教育

第十七篇 科技 文化

第十八篇 卫生 体育

第十九篇　民族　民俗

第二十篇　人物

概　述

恭城瑶族自治县（以下简称恭城县或恭城）地处楚尾越头，北倚三湘，南望粤梧，距国际旅游名城桂林108千米。2005年年底，全县总面积2149.02平方千米，辖3个镇、6个乡，总人口28.22万人，瑶族占57.34%。

银殿擎天，茶江蜿蜒。古往今来，中原文化与岭南文化在此交融，造就了瑶乡丰厚的历史文化积淀和独具特色的地域风情。恭城历史悠久，于隋大业十四年（618）置县，距今约1400年；建于明清时期的文庙、武庙、周渭祠、湖南会馆，虽历经沧桑，依然保存完整、气势恢宏，堪称一绝。

恭城地处偏远，受限于地理条件，经济社会发展曾较为落后，是广西49个革命根据地地区、少数民族地区、边远地区、山区、欠发达地区县之一。1989年，全县社会总产值38121万元，财政收入2959.8万元，农民人均收入、人均口粮仅有556.60元、344.5千克。穷则思变。1989—2005年，在这方神奇美丽的土地上，各族同胞沐浴中国共产党的民族政策，高举“科学发展”大旗，乘“西部开发”东风，扬“新农村建设”风帆，走“生态富民兴县”之路，在改革开放的大潮中，激流勇进，屡建奇功，铸就了全国闻名的“恭城模式”，为西部地区和发展中国家的农村经济社会发展做了有益探索。如今，瑶乡大地处处生机盎然，生态农业持续发展，生态工业方兴未艾，生态城镇竞相崛起，新农村建设勇立潮头，生态旅游备受青睐，生态瑶乡经济发展、民族团结、社会和谐。恭城先后荣获联合国“发展中国家农业生态经济发展典范”“全国生态农业示范县”“国家可持续发展实验区”“国家级生态示范区”“全国绿化模范县”“全国民族团结进步先进集体”等荣誉称号。2005年，实现地区生产总值22.37亿元，财政收入2.35亿元，农民人均纯收入3151元。

一　改革开放取得成效

1989—2005年，是在国家改革开放的大背景下，全县深入进行经济体制、政治体制改革，推动社会经济文化全面发展的17年。政治改革稳步推进，依法治县和依法行政全面推行。各级党委、政府由经验型决策逐步走向决策科学化、民主化、制度化和程序化。民主选举与民主监督工作依法有序进行，扩大民主的改革措施顺应民意，干部选拔任用工作民主化程度明显提高，党员和群众的知情权、参与权、选择权和监督权进一步落实，民主推荐、民主测评、考察预告和任前公示等一系列制度进一步健全和完善。公务员录用由原来考试与领导批示双轨运行逐步过渡到凡进必考和在全社会范围内公开招考。领导干部公开选拔、竞争上岗和重点部门、重点岗位领导干部定期交流制度逐步推行，从而使公开、平等、竞争、择优用人的机制初具雏形。随着1996年、2002年两次乡镇和县直单位机构改革顺利推行，运转协调、公正透明的行政管理体制日渐形成。经济改革多轮驱动。农业方面，一是进一步完善了土地承包责任制。1995年，全县农户承包集体耕地的承包期在1984年延长承包期的基础上，再延长30年不变，新开荒的耕地承包期延长50～70年。2000年后，县内开始允许农户将自己承包的集体土地的使用权依法以出租、抵押、入股等形式流转。2004年，根据中央的统一部署，全面推行农村土地征用制度改革，完善征用程序的补偿机制，提高补偿标准，改进分配办法，切实保护耕地。二是深化粮食流通体制改革。从2005年开始，全面放开粮食收购和销售市场，建立和完善对粮食的直接补贴和最低收购价制度。从1953年以来开始实行的粮食统购、缴公粮、交余粮、城镇居民凭“粮籍证”定量供应已成为历史，粮食流通政策彻底放开。三是全面推进农村税费改革。2003年，将农业附加改为总计征收，取消农村“三提五统”（村提留公积金、公益金、管理费，乡统筹乡村两级办学、军烈属优抚、计划生育、民兵训练、修建乡村道路等经费），取消水田种植水果等经济作物的双重征税（农业税、农业特产税），只征收农业特产费税。2004年1月，全面取消农业特产税。2005年1月起，全县取消农业税（公粮）。农业产业结构得到大调整，“养殖—沼气—种植”三位一体的生态农业得到全面发展，特别是水果种植的规模化，提高了产量和质量，增加了农民收入。工业方面，一是稳步推进经营体制改革。1991年，县内国有工业企业继续实行企业工资总额与企业经济效益挂钩，按照“定额死基数、确保上交、税收分成、歉收自补”的政策实行企业内部承包经营责任制。1992年，开始全民所有制企业转换经营机制试点工作，扩大企业自主权，使企业逐步成为具有独立法人资格的自主经营单位。1997年，开始新一轮工业企业改革，将国有企业现存资产出让，使国有资产从实物向货币形态转变，实现国有企业民营化，把工业企业纳入市场经济的运行轨道。二是大刀阔斧地实行以买断国有企业职工身份，买断工龄，解除企业对国家的依附关系和职工对企业的依附关系的产权制度改革。通过改革，使县矿产公司、岛坪矿等骨干企业不断发展壮大，成为县域经济发展的亮点和县财政收入重要支撑，县糖厂等企业退出市场。较好地解决工业企业体制不顺、机制不活及效益不高等一系列问题，为积极推进恭城的工业发展创造条件。此外，住房制度改革不断深入。1992年，在县直机关单位开始实行职工住公房要缴付住房租赁保证金，以保证金的银行利息作为房屋租金的“以息抵租”制度。1993年，实行住房部分产权制度改革，即将职工所缴的住房租赁保证金转为购房款而获得住房部分产权。1994年，推行住房公积金制度。1995年，开始按成本价向单位职工出售全体住房产权，不再分配职工住房，鼓励职工购买公房或自建住房。1996年，县内开始推行干部职工集资建房，之后逐步发展成为购买商品房的市场化购房制度。同时，经贸流通、财税金融、物价、社会保障、科教文卫、公安、司法等各个方面的改革稳步推进，也都取得了较好成效。

二 生态农业声名远播

恭城县以创建“恭城模式”破题，探索农业发展之路。20世纪80年代中期开始，广大干部群众意识到贫困与生态恶化是困扰经济社会发展的两大顽症，为此，坚定不移地以改革开放为动力，以市场经济为导向，以科学技术为先导，走出了一条养猪、办沼气、种果树“三位一体”的生态农业发展道路。自1983年抓沼气建设解决农村能源问题吹响“生态农业”进军号角至2005年，生态农业历经试点（1983—1988年）、发展（1989—1994年）、完善（1995—2000年）、提高（2001—2005年）四个阶段的艰苦努力，终获硕果。1997年，中共广西壮族自治区委员会和广西壮族自治区人民政府总结推广恭城生态农业发展经验，并被誉为“恭城模式”。恭城县这个少数民族山区县从此有了一张亮丽的名片，享誉全国。历届中共恭城县委、恭城县人民政府坚持换届换人不换路，咬定生态农业不放松，持之以恒发展生态农业和生态经济。生态农业从小到大，从数量扩张到质量提高，为构建生产发展、生活富裕、生态良好、人与自然和谐发展的生态文明社会进行了有益的探索。进入21世纪以来，中共恭城县委、县人民政府按照“跳出农业抓农业，用工业的理念经营农业”的发展思路，加大产业结构调整力度，不断提升生态农业质量，全力推进农业产业化进程，生态农业再上新台阶。2004年，恭城荣获全国“生态农业建设先进县”荣誉称号，生态强县地位进一步巩固。至2005年，全县沼气池实有5.64万座，入户率86.62%，沼气入户率连续4年居全国第一。农村新型清洁能源得到推广，以电代柴、太阳能利用范围扩大，有效地促进了生态环境的改善。恭城森林覆盖率达77%以上，被命名为“国家级生态示范区”。种植结构进一步优化，以柑橙、月柿、沙田柚、桃类四大水果为代表的果业规模不断扩大，种植标准化建设得到加强。2005年，水果总面积1.82万公顷、年产45.76万吨，人均有果面积、人均产果、人均水果收入位列广西第一。实施无公害标准化水果生产2.13万公顷，成为广西最大的无公害水果生产基地，被列为“全国无公害水果生产示范基地县”“全国园艺产品出口示范区”，“恭城月柿”注册商标获国家工商行政管理总局商标局注册。种植毛竹近0.53万公顷，毛竹生产基地建设初见成效；养殖业结构调整不断取得新成绩，规模小区养殖、企业化养殖成为新亮点，河北裕丰集团投资1400万元的斯格原种猪养殖项目（一期）投入运营，有效拉动全县养殖业的发展。农业龙头企业逐步做大。汇源果汁、汇坤月柿、永丰脆柿等果类加工企业纷纷入驻恭城，农产品销售实现从田间地头到超市，甚至漂洋过海的跨越。进入21世纪以来，恭城致力于以无公害标准化基地建设为抓手提高水果品质，不断引导农民增强商品经济意识，成为市场经济的主人，同时通过各种促销活动，打造恭城水果品牌，提高恭城水果知名度，加快水果流通，实现农民增收。2005年，恭城农民人均纯收入3151元，比1989年增长近7倍，农民生产生活质量有了明显提高，据2004年抽样调查统计，全县56%的农户拥有耕整机、拖拉机，67%的农户拥有摩托车、40%的农户建起钢混结构楼房，彩电、冰箱等高档消费品进入寻常百姓家。

三 生态工业风生水起

恭城县是传统的农业县，因创造被誉为“三位一体”（养殖、沼气、种植）的生态农业而名噪全国。如何处理好让生态农业旗帜不倒，让生态工业冲破藩篱快速发展是摆在恭城县领导班子案前的一道严峻命题。2002年，恭城县委独运匠心，在全县范围内开展“解放思想看恭城、跳出恭城看恭城、跳出争论谋发展、跳出惯性闯新路、跳出旧制谱新篇”的思想大讨论大解放活动，加快工业发展成为全县上下的共识。中共恭城县委适时作出“在继续巩固提高生态农业的基础上，主攻工业”的重大决策，全县上下把工业作为经济社会发展战略重点和突破口，形成全党抓经济、重点抓工业、突出抓项目的发展氛围，工业投资力度逐年加大，县域工业不断壮大，发展后劲明显增强。2005年，完成工业总产值6.5亿元，是1989年的3.8倍。特色产业进一步做大做强。2005年，两大特色产业实现历史性突破：有色金属冶炼行业产值实现4.02亿元，实现税收2868万元；食品饮料行业产值突破1亿元。两大行业的产值占规模工业总量近80%。特色工业新区作用凸显。引进企业入园43家，完成投入近4亿元，园区经济成为工业经济重要的增长点。企业改革取得新进展。经贸口13家国有企业完成改制12家，进一步盘活国有资产，为企业重组生产注入新的活力。桂林恭城龙星锌业有限责任公司、合力氧化锌公司改制和重组后，是年实缴税金突破1500万元，是企业改制前的近10倍。招商引资取得重大突破。恭城县委提出把招商引资作为加快发展的“一号工程”，坚持实施几年，取得重大突破。以刘家垌系列水电站为代表的一大批水电项目的实施，实现利用绿色资源发展生态工业的多年夙愿；以桂林恭城龙星锌业有限责任公司为代表的矿产品深加工项目，进一步延伸了产业链；以汇源果汁为代表的农产品加工项目，极大推进了农业产业化进程。同时，旅游、城建、商贸等方面的项目都有重大进展，恭城工业的崛起，为经济的较快发展增强了后劲。

四　生态旅游彰显特色

恭城瑶族文化底蕴浓郁，文物古迹众多，自然风光旖旎。历代先贤呕心沥血，在艰苦卓绝的社会实践中打造的人文景观，大自然鬼斧神工锻造的自然风光共同造就了恭城得天独厚的旅游资源。文庙、武庙以及周渭祠、湖南会馆、朗山民居等古建筑展现了瑶乡恭城厚重的历史沉淀，“三位一体”生态农业形成的2万多公顷生态果园以及红岩、大岭山、横山瑶寨、社山等20多个特色鲜明旅游新村是“生态恭城”的最佳诠释。瑶寨水寨项目实施更将精彩的“瑶族世界”展现于世人面前。历届中共恭城县委、恭城县人民政府高度重视旅游工作，制定并完善《恭城县旅游发展总体规划》，按照“生态恭城、瑶族世界”的特色旅游定位谋划和推介恭城旅游。一是斥资4亿多元完善县城食、住、行、游、娱、购旅游功能，丰富和完善文庙、武庙、周渭祠、湖南会馆内涵；完善红岩、大岭山等新村建设，使之具备旅游接待功能，形成“一村一品味”的多样化格局；提升西岭乡大岭山至挖沟十里桃花长廊建设，使之形成多功能风景区。二是加大宣传推介力度，统一制定全县旅游宣传促销计划和阶段性宣传规划，制作发行反映恭城县旅游形象的光碟、图书、画册、折页，坚持每年到广州、深圳等大中城市开展旅游推介活动。加强与中央及地方各级媒体的协作，广泛宣传，提高恭城县旅游知名度。三是精心策划，彰显恭城县旅游亮点。以“节庆活动”为载体，展示恭城县旅游的独特魅力。自2003年开始，举办每年一度的“桃花节”和“月柿节”。首届桃花节更是产生轰动效应，短短的20多天时间里，10多万名外地游客蜂拥而至，仅开幕式当天游客就超过4万人，大岭山桃园景区人山人海，蔚为壮观。创造恭城县旅游的历史。桂林旅游高校把恭城县桃花节现象写入教材，进行研究和探讨。区外旅游媒体高度评价恭城县旅游的创意和特色，称之为“黑马”。至2005年，共举办3届桃花节和3届月柿节，接待游客100多万人，旅游社会收入近4877万元。桃花节还因占尽季节先机，填补了桂林春季旅游空白而倍受推崇，成为桂林春季旅游的点睛之笔。加之宋祖英、孙楠、潘长江等著名艺术家倾情加盟，恭城县节庆旅游活动红红火火，备受关注和青睐。2005年，红岩村被国家旅游局列为“全国农业旅游示范点”。是年，全县接待游客60多万人次，实现旅游收入5768万元。“生态恭城，瑶族世界”的恭城县生态特色之旅渐入佳境。

五　新村建设如火如荼

“三位一体”的生态农业让恭城县这个名不见经传的山区小县一时声名鹊起。而恭城农民则是该场变革的最大受益者。生态农业的蓬勃发展，让广大的农民群众品尝了脱贫致富的喜悦。如何引导致富后的广大农民建设美好家园，真正提升生活质量，摆上中共恭城县委、恭城县人民政府的议事日程。2001年，中共恭城县委、恭城县人民政府作出引导致富农民建设“富裕生态家园”的决策，由此拉开新农村建设工作的序幕，成为全自治区第一个率先启动该项工作的县。至2005年，红岩、横山、社山、大岭山、潮水岩、黄家厂、牛岂、杨梅垒、白芒垒、岩口等“富裕生态家园”示范点相继建成，其“一村一品味”的格局成为全县新农村建设的样板。

建设之初，恭城县把“富裕生态家园”定位为“特色产业发展的基地，农村新村建设的样板，生态环境保护的典范，科技普及推广的先导，农民增产增收的园地，精神文明建设的先锋，农村党员发挥作用的舞台”。该定位给新农村建设注入了强大的活力，为“一村一品味”的新村格局的最终形成奠定了坚实的基础。红岩新村依托得天独厚的自然环境和月柿节主会场之便利，办起“农家乐”休闲旅游，每逢节假日、双休日，该处成了都市人们休闲度假的好去处。世代务农的红岩人轻松地在家里赚到了非农收入的第一桶金。2003年，红岩村每户的“农家乐”年收入都在4万元以上。西岭乡大岭山和潮水岩新村则依托万亩桃园，以花为媒，通过市场运作的方式举办桃花节，也成功地增加了村民的非农收入。在恭城，特色新村不仅靓丽了乡村的视线，更重要的是为农民拓宽了收入渠道。2006年，红岩新村入选“中国十大魅力乡村”。

政府引导、部门配合、农民自愿是恭城县新农村建设获得成功的重要法宝。2001年，由政府主导对全县173个村屯进行统一规划，对新村点的山、水、田、林、路进行科学规划，确保新村建设的高起点。坚持每年推进1～2个示范点，要求县直部门以包村的形式出资出力完善新村示范点的道路、绿化等基础设施。该种运作模式，既减轻了农民建设新村的压力，又大大加快了新村建设的进度，更重要的是营造全县上下齐心协力建设社会主义新农村的浓厚氛围。人心齐，泰山移。2001—2005年，短短的几年时间里，12个高规格的“富裕生态家园”示范新村拔地而起。

恭城县的“富裕生态家园”新村建设自设计之初就赋予它丰富的内涵和强大的产业支撑。“三位一体”的生态农业给新村建设打下坚实的基础，新村建设反过来又为生态农业产业链的延伸探索道路，两者相辅相成，相得益彰。恭城县的“富裕生态家园”新村建设从真正意义上实践了中共中央关于社会主义新农村建设的20字目标要求，按照“生产发展、生活宽裕、乡风文明、村容整洁、管理民主”的标准不断完善，取得了丰硕的成果。2006年3月29日，国家外文局组织的由《北京周报》《中国报道》《今日中国》《中国画报》、中国网的编辑记者、外国专家组成的采访团到恭城采访，认为：中共十六届五中全会提出的建设社会主义新农村在恭城得到了很好的体现，实现了中共中央提出的20字目标要求，值得其他地方借鉴学习。点缀在青山绿水间的座座“富裕生态家园”新村，掩映在绿色果海中的栋栋洋房别墅，仿若人间仙境，让人魂牵梦绕，流连忘返。

六 瑶族文化推陈出新

恭城是一个古老而神奇的地方。隋末置县以来已有1390余年历史。古往今来，中原文化与岭南文化在此交融，造就了瑶乡丰厚的历史文化积淀和独具特色的地域风情。建于明清时期的文庙、武庙、周渭祠、湖南会馆，虽历经沧桑，依然保存完整、气势恢宏，堪称天下之绝；瑶族山歌、民间舞蹈丰富多彩、题材广泛，令人叹为观止；恭城油茶香飘千年，情系万家，久负盛名，获准申报国家级非物质文化遗产，尽展瑶乡美食之魅力。

恭城是一个年轻而充满活力的地方。自新中国成立，特别是改革开放30年间，恭城县在中国共产党的民族政策指引下，沐浴着改革春风，文化事业得到大繁荣大发展，文艺形式、文艺队伍、演出质量都有大幅度的提升。1995—1998年，县文工团连续四届参加广西国际民歌节，参加自治区成立40周年大庆文艺展演。瑶族舞《歌圩情韵》获2001年桂林市文艺大赛一等奖；歌舞剧《红门槛》获第六届广西戏剧展览会优秀剧目奖；《敲起挞鼓把歌唱》获第七届中国岭南瑶族盘王节民族歌舞大赛金奖。小画家王亚妮2周岁学画，4周岁开始举办个人画展，先后在北京、上海、常州、香港及日本、德国、新加坡、美国、英国举办个人画展24次，获美国迪士尼公司米老鼠金像奖，被列入《世界名人》栏目。青年画家郑军里，在北京中国美术馆举办个人画展，开瑶族画家先河。与此同时，群众文化也十分活跃。2001年，在县城建起文化中心广场，之后每月在文化中心广场要举行数次大型文艺演出和电影放映活动。每年春节和其他大的节日，除了有文艺会演，还有比较大型的“中秋山歌会”。活跃在城乡的业余文艺团体主要有老年文工团，莲花镇山歌队、三江彩调队、县个体协会文艺队，以及黄岭村民、社山村民、红岩村民民俗风情演出团。县文工团曾赴天津、上海、广东等地演出，将瑶族文化、瑶族风情展现得淋漓尽致，深受外界喜爱。莲花镇的赵梅英是公认的“山歌王”，把恭城山歌唱到了中南海，瑶族山歌成为外界了解恭城瑶族文化的一个窗口。

七　社会事业长足进步

1989—2005年，恭城县社会各项事业均取得长足进步。科技进步、科技创新的支撑作用初步显现。获得“全国科技进步先进县”“全国科普示范县”的称号，成为广西第一个“国家可持续发展实验区”，被农业部确定为“青年农民科技培训项目实施县”。基础教育长足发展，“两基”（基本扫除青壮年文盲，基本实现普及九年制义务教育）工作、“普实”（普及中小学实验教学）工作通过自治区验收。学校办学条件得到明显改善，教育教学质量稳步提高。高标准新建民族中学，实施农村寄宿制学校建设，有效解决少数民族学生上学难的问题。恭城中学成为自治区第一批示范性普通高中。高考、中考连续多年保持在全区、全市领先水平。广播电视和文化事业欣欣向荣。新建广播电视大楼，实施广播电视“村村通”工程，全县50户以上的村屯基本解决收听收看广播电视问题。完成老年活动中心、青少年活动中心、会议中心建设和县体育馆改造工作。广泛开展群众性体育活动，文化活动日益活跃。卫生工作进一步加强，被评为“全国农村中医工作先进县”。卫生基础设施不断完善，乡镇卫生院建设有效加强，县疾控中心竣工投入使用，农村初级卫生保健强化项目取得阶段性成果，启动新型农村合作医疗试点工作。人口与计划生育工作较好地完成各项指标，荣获全国“优质服务先进县”称号，2005年，取得全区第二名的好成绩。政法综治工作取得新成果，“平安恭城”建设稳步推进，被评为2003年度“全区社会治安综合治理先进县”，荣获2001—2004年桂林市社会治安综合评比第一名。精神文明创建活动广泛开展，获“全区文明县城创建工作先进单位”称号。至2005年，全县创建市级文明卫生村达100多个。国防教育和民兵预备役建设工作稳步推进，党管武装工作得到全面加强。以抓好基层商会建设、“百企入桂”（加强对外招商，引领大批企业进入广西发展）、非公有制人士和中国共产党党外代表人物工作为主要内容的统战工作向纵深发展。重视落实老干部待遇，加强思想政治教育。中国共产党的建设得到进一步加强，基层组织的堡垒作用、党员个体的先锋模范作用得到有效发挥。全县党组织的凝聚力、战斗力、号召力全面提高。民族、民政、青年、妇女、工会等工作也取得新的成绩。

千淘万漉虽辛苦，吹尽狂沙始见金。恭城县17年所取得的成就是全县人民在中共恭城县委、恭城县人民政府的领导下，励精图治、团结奋斗、锐意创新的结果；是坚持以经济建设为中心，抢抓机遇，紧扣发展第一要务，齐心聚力谋发展的结果；是坚持政治文明、物质文明、精神文明一起抓，正确处理改革、发展、稳定关系，致力于构建和谐社会的结果。在肯定成绩的同时，也应该看到恭城县在前进和发展过程仍然存在着一些困难、问题和挑战。改革方面的主要问题有：政治体制改革与经济体制改革措施不够完善，执行不够到位；部分企业改革后期工作不细，急于求成遗留问题不少。发展方面的主要问题有：一是发展的环境欠佳，少数部门还存在服务意识不够，服务能力不强等问题；二是农业产业化的链条延伸不够，农业防灾抗灾的能力及农产品市场竞争能力不强；三是工业底子薄、规模小、科技含量低；四是科技较为落后，科技对经济增长的贡献率较低；五是经济总量小，财政收入少，收支矛盾突出。稳定方面的主要问题有：就业压力偏大；社会保障能力较弱；黄、赌、毒等现象还一定程度地存在。所幸该类问题已得到中共恭城县委、恭城县人民政府的高度重视，正在采取积极有效的措施逐步加以解决。

如今，恭城人民已站在历史发展新的起跑线上，在中共恭城县委、恭城县人民政府的领导下，高举邓小平理论和“三个代表”重要思想的伟大旗帜，全面贯彻落实科学发展观，朝着全面建成小康社会的宏伟目标，振奋精神、奋力拼搏、抢抓机遇、加快发展，为全面建设“富裕、文明、和谐新瑶乡”而努力奋斗。

大事记

1989 年

1 月 30 日　开始全县土地登记发证。至 1996 年完成，登记发证总面积 618.97 万平方米。

是月　全（州）二（塘）线改名全（州）沙（子）线，其中恭城境内里程 58.0 公里。原全（州）二（塘）线恭城至平乐二塘段更名恭（城）二（塘）线，由省道改为县道。

4 月 21 日至 22 日　联合国计划开发署环境卫生顾问卡普麦顿、世界银行驻中国代表处负责人恰纳尔到恭城调查饮水情况。

5 月 16 日　国家计划生育委员会主任彭珮云到恭城考察计划生育工作。

7 月 12 日　自治区在恭城召开改燃节能经验交流座谈会，自治区人民政府主席韦纯束到会。

7 月 18 日　美国国家职业病防治中心博士弗郎克、麦克·凯利特到栗木锡矿考察矽肺病防治情况。

9 月 12 日　经自治区人民政府批复，撤销城厢乡并入恭城镇；新成立龙虎乡，辖龙岭、源头、龙虎、狮子 4 个村公所。

10 月 15 日至 18 日　自治区第七届少数民族传统体育运动会在恭城召开，恭城运动员获女子轻量级顶竹杠金牌。

11 月 23 日至 25 日　召开县工商联合会第六届会员代表大会，恢复工商联合会。

是年　秋冬旱。9 月 25 日至 11 月 1 日，38 天的降雨量为 4.8 毫米，11 月 18 日至 12 月 20 日，33 天无雨。

是年　县委开展“为官一任，造福一方”活动，年内完成茶江大桥桥面扩宽等 8 项项目建设。

是年　恭城成为桂林地区第一个无省际纠纷县。

是年　峻山水库大坝枢纽工程全部竣工。

1990 年

2 月 3 日　国务院批准撤销恭城县，成立恭城瑶族自治县，行政区域不变。

5 月 4 日　在县城（县城城区）、栗木镇（栗木镇区）、栗木锡矿等范围内开征城镇土地使用税。

8 月 11 日至 9 月 22 日　降雨量仅有 4.3 毫米，晚稻受旱面积达 5512 公顷（其中，绝收面积 846 公顷），减产 848 万千克。

9 月 24 日至 26 日　在县城召开恭城瑶族自治县政协第一届委员会第一次全体会议。选举陈祖勋为政协自治县第一届委员会主席。

9月24日至28日 在县城召开恭城瑶族自治县第一届人民代表大会第一次会议。选举江万德为自治县第一届人大常委会主任，肖芳佐为自治县县长。

10月15日 在县城召开庆祝恭城瑶族自治县成立大会。

11月1日 零时启动第四次全国人口普查，全县共有总户数58794户、总人口266720人。

12月29日 经广西壮族自治区第七届人民代表大会常务委员会第二十次会议批准，施行《恭城瑶族自治县自治条例》。1996年8月6日，修正后的《恭城瑶族自治县自治条例》经广西壮族自治区第八届人民代表大会常务委员会第二十三次会议批准实施。

12月 开展农村社会主义思想教育试点工作。下年2月月底全面铺开，至1992年6月结束。

是年 全县推行邮政编码，按行政辖区编码。县城及恭城镇编码为542500。

是年 全县开始推广水稻垄作栽培技术。

是年 恭城基本消灭疟疾，1995年达到消灭疟疾标准。

1991年

2月 完成第一代居民身份证发证工作。

5月 全县稳定和完善家庭联产承包责任制工作全面铺开。至是年年底，全县共建立2309个经济合作社。

5月 开展城镇社会主义思想教育活动，12月结束。

10月7日至9日 在县城召开中共恭城瑶族自治县第七次党员代表大会。大会选举产生中共恭城瑶族自治县第七届委员会委员25名，候补委员5名；县纪律检查委员会委员15名。

11月15日 全国人大常委会副委员长阿沛·阿旺晋美到恭城视察。

1992年

1月24日 栗木锡矿“3·17”特大案件（1991年3月17日晚，中国有色金属工业公司栗木锡矿财务室被盗76万元案）专案组被公安部授予一等功。

1月 在恭城镇洲塘村试行农村土地使用权流转。

4月15日 在西河大桥附近发生一起4人死亡、重伤5人、轻伤14人的特大交通事故。

4月 建成恭城有线电视站。至1994年，县城有线电视安装完毕，全县9个乡镇中有7个乡镇开通有线电视。

是年春 恭城生产的第一批耕整机投入使用。1993年4月，经自治区农机鉴定站鉴定为多功能耕整机，取得合格证书。

7月13日 栗木锡矿水溪庙辖区一处民矿采矿点发生4人死亡的特大工伤事故。

7月29日 《1989—2010年恭城县城总体规划》经自治区人民政府批准实施，规划区面积为20.5平方千米。2002年，规划区面积调整为30平方千米。

11月 对通过行政划拨取得国有土地使用权的单位或个人试行有偿出让，收取土地有偿使用费。至1995年，全县全面实施国有土地有偿使用制度。

是年 县城新区开发开始起步。至1998年，建成渔翁撒网等6个住宅小区，建筑总面积20148

平方米。

是年 恭城矿泉水厂生产的“银殿牌”矿泉水在北京首届天然矿泉水展览会上获开发奖。

1993 年

1 月 在县城拱辰街民贸市场原址重建的城南民贸市场建成开业，建筑总面积近 8000 平方米。

是月 峻山至营盘公路开通，取消澄江航道运输。

3 月 开通程控电话和无线寻呼，恭城成为桂林地区第一个乡乡开通程控电话的县。

5 月 18 日 举行人民警察授衔仪式，126 名警察被授衔。

10 月 23 日至 24 日 在县城召开中共恭城瑶族自治县第八次党员代表大会。大会选举产生中共恭城瑶族自治县第八届委员会委员 25 名，候补委员 3 名；县纪律检查委员会委员 15 名。

10 月 虎尾道班荣获全国“模范职工小家”称号。

11 月 24 日至 28 日 自治区群众文化工作先进经验交流会在恭城召开。

11 月 25 日至 28 日 在县城召开政协自治县第二届委员会第一次全体会议。选举苏光伦为政协自治县第二届委员会主席。

11 月 26 日至 30 日 在县城召开自治县第二届人民代表大会第一次会议。选举卢新忠为第二届自治县人大常委会主任，肖芳佐为自治县县长。

11 月 恭城中学被国家体育运动委员会授予“全国群众体育先进单位”称号。

12 月 21 日至 24 日 自治区村干部政绩管理工作现场会在恭城召开。

是年年初 全县正式开始创建文明卫生城镇活动。同年年底，共有 14 个单位获得自治区级“爱国卫生先进单位”称号。

是年年底 恭城实现全海拔绿化达标。

1994 年

1 月 1 日 在全县推行公费医疗改革，实行医疗费与医疗责任单位（即定点医院）、享受单位、享受人员经济挂钩的办法。

4 月 10 日 自治区创建文明县城、文明村经验交流会在恭城召开。

4 月 11 日 栗木镇水溪庙采矿区一违法无证采矿窿道突发泥石流，致 6 人死亡、2 人轻伤。

4 月 19 日至 21 日 自治区党委书记赵富林到恭城召开桂林地委、行署及恭城、平乐、荔浦、永福、灌阳 5 个县主要领导座谈会。

4 月 自治县人民政府制定《恭城瑶族自治县基本农田保护办法》。下年 10 月，完成全县基本农田保护区的划定，划定保护面积 16597.3 公顷，占总耕地面积 73.2%。

5 月 自治区创建文明县城（村）经验交流会在恭城召开，自治区人民政府副主席李振潜到恭城考察指导精神文明建设工作。

6 月 开始全面征收农村教育费附加。2003 年，取消对农业人口教育费附加的征收。

7 月 莲花乡朗山古民居被公布为自治区重点文物保护单位。

是月 修复武庙正殿，总投资 115 万元。

8 月 恭城矿泉水厂改制，成为境内首家改制的国有企业。

9月20日 莲花乡改镇建制，原辖行政区域不变。

11月 自治县人民政府下发《恭城城镇国有土地使用权管理暂行办法》。

12月 县城城北水果市场建成开业，建筑总面积6000平方米。

是年 实行分税制财政体制，将财政收入划分为中央固定收入、地方固定收入和中央地方共享收入3类。

是年 土地联产承包进入第二轮承包期。原经济合作社社员所承包的水田、旱地、山林承包期顺延30年不变。

是年 根据自治县委、人民政府1993年下发的《批转县体改委关于我县国有企业股份制和集体企业股份合作制试点工作意见通知》，县水泥厂改组为股份合作制企业，为县内第一家股份合作制企业。

1995年

1月10日 自治区教委批复同意成立恭城瑶族自治县民族中学。2002年9月，县民族中学一期工程建成，占地3.33公顷，建筑总面积9900平方米。

2月12日 恭城瑶族自治县委机关报《恭城报》（公开出版物）创刊出版。

2月25日 开通移动电话。

4月 全国政协科教文卫常务副主任王济夫，全国政协常委、中国文联副主席吴祖强率全国政协群众文化调查组到恭城视察。

5月1日 峻山佳宾饭店发生131人食物中毒，经抢救后全部康复。

6月9日 恢复关公庙会，定名为"恭城关公文化节"。

6月 全县党员开展"双学"（学习建设有中国特色社会主义理论、学习党章）活动。

7月26日至27日 自治区党委政策研究室在恭城召开"恭城模式"研讨会。

10月20日 全国政协常委、副秘书长张治率全国政协无党派人士委员考察团到恭城考察生态农业。

10月31日 完成恭城瑶族自治县与湖南省江永县的省际勘界工作。

12月 全县117个村公所改为117个村民委员会。

是月 恭城烈士陵园被确定为自治区级爱国主义教育基地。

是年 开展"春蕾计划"活动。截至2005年年底，共扶持女童336人。

是年 开征土地增值税。

是年 开始对本县级预算执行和其他财政收支的情况实行审计监督。

1996年

2月8日 恭城第一所希望小学在恭城镇江贝小学奠基开工，同年9月建成，建筑面积690平方米。

2月27日 国家环保局批准恭城为全国生态示范区建设试点县之一。

3月 恭城获中国特产之乡命名宣传活动组委会授予的"中国月柿之乡""中国椪柑之乡"称号。

4月18日至19日 遭特大暴雨及冰雹袭击，全县平均降雨量达到300毫米，大小河流水位都超过历史最高水位。

4月 恭城瑶族自治县人民武装部收归军队建制。

5月 全国首次国土资源开发与保护经验交流现场会在恭城召开。

5月24日 恭城岛坪铅锌矿老厂浮选厂尾矿坝发生透水事故，致4人死亡、1人受伤。

5月 国家计委、农业部授予恭城“全国农村能源综合建设先进县”称号。

7月12日至15日 自治区基本消灭麻风病考核验收小组对恭城县麻风病防治工作进行考核验收。同年，自治区卫生厅授予恭城为“基本消灭麻风县”称号。

7月 实行更换“电脑加密户口簿”，实现户籍人口电脑管理。

9月22日至23日 中共中央组织部部长张全景到恭城考察干部队伍和农村基层组织建设工作。

12月 经桂林地区行政公署批准，莲花镇、三江乡被划为解放战争游击根据地；恭城镇及巨塘、北溪、土陂、和平、大岭、栗木、栗木街、五福、大枧、大营、龙虎、吉山、太平、大山、秧家、豸游、杨溪、新安、西岭、西岭街被确定为第二次国内革命战争老区。

是年 卫生部、联合国儿童基金会、世界卫生组织授予县人民医院“爱婴医院”称号。

1997年

1月 恭城被自治区列为第三批水土保持执法试点县。

4月15日 自治区政协主席陈辉光到恭城考察“三位一体”生态农业。

4月 水稻栽培引入塑盘育秧抛秧新技术，全年示范56公顷。

7月25日 经广西壮族自治区第八届人民代表大会常务委员会第二十九次会议批准，《恭城瑶族自治县森林资源管理条例》开始实施。

8月 在全县117个行政村全面推行“政务公开、民主管理”工作。

9月1日 试行社会统筹医疗基金与个人账户相结合的医疗保险制度。

10月2日 自治区党委书记曹伯纯到恭城考察“三位一体”生态农业。

10月25日至26日 自治区生态农业现场会在恭城召开，自治区党委书记曹伯纯作《总结经验，开拓进取，开创广西生态农业建设新局面》的讲话。

11月1日 中共中央政治局委员、书记处书记、宣传部部长丁关根在自治区党委书记曹伯纯陪同下到恭城考察党建精神文明建设工作。

12月 完成《恭城瑶族自治县土地利用总体规划（1997～2010年）》编制。

是年 退耕还林还牧，至2005年共3286公顷。

是年 开始实施教师资格过渡，于1998年全面展开教师资格认定。至2005年年底，全县在职教师均获得各类教师资格认定。

1998年

5月 恭城被全国绿化委员会授予“全国造林绿化百佳县”称号。

是月 开始县城旧城区改造。至2002年，拆除总建筑面积17000平方米，回建建筑面积51000平方米。

8月11日 越南民族与山区委员会访华团到恭城考察生态农业。

10月18日至20日 在县城召开中共恭城瑶族自治县第九次党员代表大会。大会选举产生中共恭城瑶族自治县第九届委员会委员25名，候补委员5名；县纪律检查委员会委员13名。

12 月 15 日　国务委员司马义·艾买提在自治区副主席周明甫陪同下到恭城考察旅游业。

12 月 22 日　成立 110 巡逻警察大队。

是年　互联网进入恭城。

1999 年

1 月 4 日至 7 日　在县城召开自治县政协第三届委员会第一次全体会议。选举苏光伦为政协自治县第三届委员会主席。

1 月 5 日至 9 日　在县城召开自治县第三届人民代表大会第一次会议。选举林中贤为第三届自治县人大常委会主任，杨程为自治县县长。

1 月至 5 月　全县降雨量累计仅 309.2 毫米，同比减少 344.2 毫米，14000 公顷水果受旱。

5 月　开始村村通广播电视工程建设。至 2005 年 10 月，完成自治区下达的 184 个村（点）任务。

是月　成立“12315”消费者申诉举报投诉指挥中心，设立“12315”举报投诉电话。

6 月 13 日　恭城瑶族自治县“普及九年义务教育”和“基本扫除青壮年文盲”工作通过自治区评估验收。

6 月 21 日至 22 日　全区农村电网建设与改造工作现场会在恭城召开。同年 8 月，恭城农网建设与改造工程正式启动。至 2005 年 10 月，全县农网建设与改造工程竣工，总投资 6206.99 万元。

6 月　社会保障资金被纳入县财政管理。

是月　栗木镇耕地开垦与整理项目被确定为自治区土地开发整理试点示范项目。至 2005 年，共计开垦整理耕地 135.59 公顷，新增耕地 100.51 公顷。

7 月 1 日　全县机关事业单位开始开展养老保险基金统筹。

9 月　全县推行农村合作医疗一体化管理。是年年底，全县 117 个村建立农村合作医疗管理机构，覆盖人口达 22.7 万人，占农村总人口的 88.4%。

9 月 9 日　县老年大学成立。

11 月 17 日　印度尼西亚国会议员农业科技考察团到恭城考察生态农业。

11 月 18 日　斯洛文尼亚共和国代表团的专家学者到恭城考察生态农业。

12 月 20 日至 26 日　全县遭受严重霜冻灾害，受害果树面积约 9667 公顷。

是年　开始实施农村居民和城镇居民最低生活保障，以及行政村干部、个体户基本养老保险。

2000 年

1 月 21 日　县人民医院通过自治区二级甲等医院评审。

是月　对拟提任为乡科级领导职务的委任制领导干部实行任职前公示制度。

2 月 24 日　县中医院通过自治区二级甲等中医医院评审。

3 月　恭城县被农业部确定为“全国‘百县千村’平衡施肥示范推广项目”示范点之一。同年，在龙虎、栗木、嘉会、莲花 4 个乡镇的 10 个村作示范推广，推广面积 1320 公顷。

3月至6月　在全县全体中共党员中开展以“讲学习、讲政治、讲正气”为主要内容的党性党风教育。

5 月 24 日　世界能源理事会、国际能源署可再生能源国际研讨会的专家学者到恭城考察生态能源建设。

7 月 27 日 自治区土地开发整理经验交流会在恭城召开。

是日 中午，栗木镇上宅村三寨屯发生区域性蝗灾，受灾面积 3.33 公顷。

7 月 嘉会乡豸游周氏宗祠被确定为自治区重点文物保护单位。

8 月 14 日 老挝副总理兼财政部部长本扬·沃拉吉率老挝高级干部理论研讨班成员到恭城考察生态农业。

9 月 21 日 成立恭城县 120 急救指挥中心。

9 月 24 日至 26 日 在县城举行自治县成立 10 周年庆祝活动。

9 月 27 日至 28 日 自治区计划生育优质服务工作经验交流会在恭城召开。

10 月 17 日至 18 日 美国、巴基斯坦、印度尼西亚、日本等国家及国内的国际环境与发展高级培训项目的 70 多位专家学者到恭城考察。

10 月 29 日 全国政协副主席王文元率全国政协委员扶贫工作视察团到恭城视察。

11 月 1 日 进行第五次人口普查，全县总户数 73534 户，总人口 273322 人。

11 月 13 日至 15 日 广西瑶学会瑶族学术研讨会在恭城召开，北京、湖南、广东、广西、贵州、云南以及美国、越南的瑶学专家学者 80 多人参加。

12 月 恭城被列为广西第一个国家级可持续发展的综合实验区。

是年年底 省道全州至沙子线改建成二级公路。

是年 开始实行行政事业领导干部任期和离任经济责任审计。

2001 年

2 月下旬 在全县范围内开展“三个代表”重要思想学习教育活动，至 2002 年 6 月月底结束。

3 月 恭城被列为卫生部和联合国儿童基金会合作的 2001—2005 周期农村初级卫生强化项目。5 月，自治县人民政府颁发《恭城瑶族自治 2001—2005 周期农村初级卫生保健强化项目实施方案》。至 2005 年年底，全县农村初保项目 10 项内容、32 项具体目标，提前达标和基本达标已有 22 项。

4 月 在县城建局、卫生局、教育局、交通局、民政局、计生局、水电局、土地局 8 个单位展开会计委派试点工作。

是月 在行政事业单位开始实施政府采购。

7 月 3 日 开展首次无偿献血活动，共采血 1.86 万毫升。

8 月 26 日 联合国国际能源署执行副署长拉姆赛到恭城考察沼气能源建设。

8 月 恭城从 1996 年开始实施的国家级飞播牧草示范县项目通过自治区级验收，共种草改草 2353 公顷。

9 月 18 日 县城滨江苑开发区动工，规划总面积 27 万平方米。至 2005 年，共开发用地 15.19 万平方米，房屋建筑总面积达 25 万平方米。

9 月 19 日 县内首座 110 千伏变电站建成运行，总投资 2300 多万元。

9 月 建成县城中心广场，建筑面积 7000 多平方米，总投资 145 万元。

11 月 17 日 全国政协副主席杨汝岱到恭城视察生态农业。

12 月 6 日 中共中央宣传部原部长朱厚泽到恭城考察生态农业。

是年 恭城被农业部列为全国第一批创建无公害水果生产示范基地县之一。2004 年，恭城正式成为广西首个无公害水果生产基地县。

是年 实施“母亲安全”工程。同年，全县住院分娩率达 88.82%。

是年 开展第二次全国公路普查，全县公路里程590.40千米，桥梁76座、2122.2米。

2002年

2月 经自治区质监局审核，恭城成为“消灭无标生产县”。

3月 恭城被国家环保总局命名为“国家级生态示范区”。

4月 实现疫情全自治区联网。下年，全县启动公共卫生突发事件“三网”（责任网、处置网和信息网）建设，健全完善县、乡、村三级疫情监测报告体系。

6月21日 农业部部长杜青林到恭城考察生态农业。

6月至7月 两度发生洪灾。三十年未遇的特大洪水使全县9个乡镇遭受不同程度灾害，造成直接经济损失34251万元。

7月 月初，由新华社、中国新闻社、《中国环境报》、广西电视台等20家媒体组成的广西环保世纪行记者采访团第一分团到恭城采访生态示范区建设。

8月15日 中国人民解放军外国语学院授予恭城中学“军校生源基地”称号，为该校在全国范围内的中学授出“军校生源基地”的第一块牌匾。

9月26日 恭城县创建无公害农产品生产示范基地县工作通过农业部专家检查组的验收。

10月13日至16日 在县城召开中共恭城瑶族自治县第十次党员代表大会。大会选举产生中共恭城瑶族自治县第十届委员会委员29名，候补委员5名；县纪律检查委员会委员15名。

10月18日至21日 在县城召开自治县政协第四届委员会第一次全体会议。选举林中贤为政协自治县第四届委员会主席。

10月19日至22日 在县城召开自治县第四届人民代表大会第一次会议。选举苏光伦为第四届自治县人大常委会主任，唐云舒为自治县县长。

10月28日至11月1日 在广西第十届少数民族传统体育运动会中，恭城运动员参加高脚马项目比赛，获金牌2块，银牌1块，铜牌3块。

11月2日至3日 自治区推进“优果工程”建设现场会在恭城召开。

11月 农业部、对外贸易经济合作部认定恭城为全国园艺产品出口示范区。

12月25日 全县遭受霜冻，果树受冻面积为2100万公顷，油菜、蔬菜、芋头等农作物损坏500万公顷。

12月 栗木有色金属公司破产。2004年12月2日，原栗木有色金属公司社会职能由恭城瑶族自治县人民政府接管。

是年 恭城被农业部确定为“全国生态家园富民计划示范县”，被科技部确定为“可持续发展实验区”。

是年 恭城被卫生部确定为实施降低孕产妇死亡率和消除新生儿破伤风项目县，建设周期为2003—2005年。

是年年底 全县有效沼气池累计总量为5.23万座，入户率达到85.3%，实现沼气入户率全国第一的目标。

2003 年

2 月　峻山灌区项目被批准为大型灌区节水改造国债项目。

3 月 1 日至 10 日　首届恭城桃花节在西岭乡大岭山举行。

5 月 15 日　中共桂林市委员会作出《关于开展向大岭山村学习的决定》。

5 月 23 日　自治区党委书记曹伯纯到恭城考察富裕生态家园建设、无公害标准化水果生产等。

5 月　恭城中学成为自治区首批示范性普通高中之一。

6 月 30 日　县文工团创作的民族歌舞剧《大岭山人》在县人民大会堂首演成功。

10 月 16 日　自治区生态富民小康村建设现场会在恭城召开。

10 月 18 日至 11 月 23 日　恭城县举办首届恭城月柿节。

10 月 23 日　全国政协副主席李兆焯到恭城考察富裕生态家园建设、无公害标准化水果生产等。

10 月 30 日　峻山至老厂矿区公路发生一起特大交通事故，死亡 9 人。

11 月 10 日　第二届中国甜橙产业化论坛暨名优柑橘产品展销会在恭城举行。

11 月 16 日　全县"普及九年义务教育"和"基本扫除青壮年文盲"工作通过自治区复核验收。

12 月 17 日至 18 日　台湾少数民族文化交流团到恭城进行文化交流活动。

12 月　恭城被国家中医药管理局批准为"全国农村中医工作先进县"；被农业部列入沼气国债建设项目县。

是年　茶东、燕新工业园区开始规划建设。至 2005 年年底，共开发 70 公顷，入园企业 25 家。

是年年底　全县公路总里程 586.22 千米，9 个乡（镇）、117 个行政村全部通货车，村通车率为 100%。

2004 年

2 月　中央电视台第七套《乡约》栏目组到恭城摄制专题节目《四任县官，十年跨越》。

3 月 18 日　成立自治县法律援助中心。

4 月 5 日　开通光纤有线电视。

4 月 27 日　北京汇源集团桂林生态果业有限公司恭城汇源工厂建成投产，一期工程投资 1.47 亿元。2005 年，其生产的橙汁类产品被界定为国家免检产品。

4 月　日产 3.5 万吨的县水厂建成生产，改铺城区总长 5937 米的供水主干管，并在部分区域实现恒压供水。

5 月 16 日至 17 日　美国布莱蒙基金会董事主席迪安－埃德戈顿・米勒带领考察团到恭城考察沼气项目，以探索可持续发展的"公司＋农户"的发展模式。

7 月 11 日至 12 日　全县境内遭受特大暴雨，日降雨量最高达到 187 毫米，恭城河段超过警戒水位 2.21 米，流量每秒 2750 立方米。

8 月中旬至 11 月 5 日　全县干旱。受旱面积果树 17333 公顷、晚稻 5333 公顷、其他农作物 5133 公顷。

是年　秋季学期，对义务教育阶段学校开始实施"一费制"收费。

11 月 9 日　莲花镇、龙虎乡遭受百年罕见的特大冰雹和龙卷风袭击，农作物受损面积 800 公顷。

11 月　恭城广播电视局与桂林电视台合作拍摄的专题片《大岭山之路》在全国第十届少数民族

题材电视“骏马奖”评选中获三等奖。

是年 开始免征除烟叶以外的农业特产税。

是年 对全县 203 株古树名木和 7 个古树群进行挂牌保护。

是年 恭城获“全国生态农业建设先进县”“全国科技进步县”“全国计划生育优质服务县”荣誉称号。

2005 年

1 月 1 日 免征农业税。

1 月 在全县开展以实践“三个代表”重要思想为主要内容的保持共产党员先进性教育活动，至 2006 年 6 月结束。

2 月 恭城被列入广西首批实施“整村推进”贫困开发工作县。

4 月 28 日 成立栗木锡矿管委会。

6 月 18 日至 22 日 晚 11 时，全县普降暴雨，降雨量 280 毫米，山塘、水库暴满，大小河流山洪暴发。

7 月 20 日至 21 日 自治区“整村推进”工作现场会在恭城召开。

7 月 启动人工放流增殖、平衡茶江生态工程。

8 月 恭城成为全国 400 个水电农村电气化建设达标县之一，乡村通电率达 100%。

9 月 25 日 恭城瑶族自治县成立瑶族研究学会。

9 月 全县党政机关公文传输系统开通使用。

是月 自治县人民政府确定每年 9 月 28 日至 11 月 28 日为恭城河“禁渔期”。

11 月 24 日 恭城县普及中小学实验教学工作通过自治区级评估验收。

11 月 28 日 莲花镇红岩村创建全国生态农业旅游示范点通过全国生态农业旅游示范点验收。

是年 全县 13 家全民所有制工业企业完成体制改革。

是年 开行莲花红岩、东寨、西岭、嘉会、北洞源 5 条城乡公交线。

是年 全县开展创建“平安恭城”活动。

第一篇

行政区划

第一章　政区

恭城县位于广西壮族自治区东北部，桂林市东南部。1990 年，经国务院批准撤销恭城县，设立恭城瑶族自治县，以原恭城县的行政区域为恭城瑶族自治县的行政区域，辖 2 个镇、7 个乡。1998 年，桂林市与桂林地区合并，恭城县属于桂林市管辖。

第一节　境域

位置

恭城县地处广西壮族自治区东北部，东与富川瑶族自治县及湖南省江永县交界，南邻钟山、平乐两个县，西同阳朔县、灵川县相接，北与灌阳县毗邻。地理坐标介于北纬 24° 37′～25° 17′、东经 110° 36′～111° 10′之间。东西最长横距 56 千米，南北最长纵距 75 千米。县城距自治区首府南宁市 466 千米（公路里程，下同），距桂林市 108 千米。第二次土壤普查全县总面积为 2149.02 平方千米，占桂林市总面积的 7.73%，占自治区总面积的 0.91%。

界线

与江永县界　恭城县与湖南省江永县行政区域界线共涉及双方 9 个乡镇，其中湖南省江永县涉及源口乡、粗石江镇、桃川镇、允山镇，恭城瑶族自治县涉及三江乡、平安乡、嘉会乡、龙虎乡、观音乡。由位于野猪坪南面海拔 1261.5 米山峰的江永、恭城、灌阳 3 个县交汇处 0327033243S 号界桩点起，至位于旧天岩北面海拔 1288.6 米山脊的江永、恭城、富川 3 个县交汇处 0332242843S 号界桩止，全长 79 千米。中途埋设界桩 2 个，即 4345021Q1 号、4345022Q1 号。界线东北面为江永县，西南面为恭城县。4345021Q1 号界桩埋设地点：碑记坳（湖南省永州市江永县允山镇大畔村与广西壮族自治区桂林市恭城瑶族自治县观音乡水滨村交界处），海拔 630.2 米；4345022Q1 号界桩埋设地点：龙虎关（湖南省永州市江永县粗石江镇仙姑塘村与广西壮族自治区桂林市恭城县龙虎乡龙虎村交界处），海拔 208 米。

与灌阳县界　恭城县与灌阳县行政区域界线共涉及双方 5 个乡镇，其中灌阳县涉及洞井瑶族乡、观音阁乡、黄关镇，恭城县涉及栗木镇和观音乡。界线由灵（川）灌（阳）恭（城）3 个县交会点的 032303270332S 号界桩起，由西往东延伸至江（永）灌（阳）恭（城）3 个县交会处 0327033243S 号界桩点止，全长 55.18 千米。中途埋设 2 个界桩，即 0327033201 号、0327033201–1 号。从 032303270332S 号界桩点起至 0327033201 号界桩止，长 21.74 千米，西北面为灌阳县，东南面为恭城县；从 0327033201 号界桩起至 0327033201–1 号界桩止，长 12.90 千米，西北面为灌阳县，东南面为恭城县；

从0327033201-1号界桩起至0327033243S界桩止，长20.54千米，西北面为灌阳县，东南面为恭城县。界桩位置：032303270332S号为三面型花岗岩界桩，位于灵川县大境瑶族乡淞江村与灌阳县洞井瑶族乡保良村和恭城县栗木镇泉会村相交处。0327033201号为双面型花岗岩界桩，位于灌阳县洞井瑶族乡椅山村和恭城县栗木镇苔塘村之间的界线上。0327033201-1号为木质代用界桩，位于灌阳县观音阁乡文明村和恭城县栗木镇石头村之间的界线上。0327033243S号是灌阳县与恭城县和湖南省江永县的交会点，实地未埋设界桩，位于灌阳县黄关镇陡水村与恭城县观音乡水滨村和湖南省江永县相交处。

与灵川县界　恭城县与灵川县行政区域界线共涉及双方5个乡镇，其中灵川县涉及海洋、大境2个乡，恭城涉及栗木、嘉会、西岭3个乡镇。界线由灵（川）灌（阳）恭（城）3个县界线交会处的032303270332S号界桩起，由北往南延伸至灵（川）阳（朔）恭（城）3个县交会点的032103230332S号界桩止，全长47.28千米。中途埋设两个界桩，即0323033200-1号、0323033200-2号。界线从032303270332S号界桩起至0323033200-1号界桩止，长10.64千米，界线的西南面为灵川县，东北面为恭城县；从0323033200-1号界桩起至0323033200-2号界桩止，长15.97千米，界线的西北面为灵川县，东南面为恭城县；从0323033200-2号界桩起至032103230332S号界桩止，长20.67千米，界线的西北面为灵川县，东南面为恭城县。界桩位置：032303270332S号为三面型花岗岩界桩，位于灵川县大境瑶族乡淞江村与灌阳县洞井瑶族乡保良村和恭城县栗木镇泉会村相交处；0323033200-1号为木质代用界桩，位于灵川县大境瑶族乡群英村和恭城县栗木镇泉会村之间。0323033200-2号为木质代用界桩，位于灵川县大境瑶族乡黄埌江村和恭城县西岭乡椅子村之间。032103230332S号为三面型花岗岩界桩，位于阳朔县兴坪镇大源村和灵川县大境瑶族乡新寨村与恭城县西岭乡营盘村相交处。

与阳朔县界　恭城县与阳朔县行政区域界线共涉及双方3个乡镇，其中阳朔县涉及福利、兴坪镇，恭城县涉及西岭乡。界线由北向南，从阳（朔）灵（川）恭（城）3个县交会点的三面型界桩032103230332S号起，到阳（朔）平（乐）恭（城）3个县交会点的三面型界桩交会点032103300332S号界桩止，全长24.66千米。界线西边为阳朔县，东边为恭城县。界桩位置：032103230332S号为三面型花岗岩界桩，位于阳朔县兴坪镇大源村和灵川县大境瑶族乡新寨村与恭城县西岭乡营盘村相交处。032103300332S号为三面型花岗岩界桩，位于阳朔县福利镇龙尾村与平乐县沙子镇保安村和恭城县西岭乡新合村相交处。

与平乐县界　恭城县与平乐县行政区域界线共涉及双方7个乡镇，其中平乐县方面涉及沙子、二塘、张家、同安4个乡镇，恭城县方面涉及莲花、恭城、西岭3个乡镇。界线由北向南，从阳朔、平乐、恭城3个县界线交会点的三面型界桩032103300332S号起，到平乐、恭城、钟山3个县界线交会点的三面型界桩033003322427S号止，全长66.85千米，中途设3个界桩并实地埋设。界线的总走向从西北走向东南，界线西南面为平乐县，东北面为恭城县。界线从032103300332S号界桩起至0330033200-1号界桩止，长22.42千米，界线的西面为平乐县，东面为恭城县；界线从0330033200-1号界桩起至0330033201号界桩止，长19.93千米，界线的西面为平乐县，东面为恭城县；界线从0330033201号界桩起至0330033201-1号界桩止，长12.25千米，界线的西面为平乐县，东面为恭城县；界线从0330033201-1号界桩起至033003322427S号界桩止，长12.25千米，界线的西南面为平乐县，东北面为恭城县。界桩位置：032103300332S号为三面型花岗岩界桩，位于阳朔县福利镇龙尾村与平乐县沙子镇保安村和恭城县西岭乡新合村相交处。0330033200-1号为木质代用界桩，位于平乐县沙子镇治平村和恭城县乐湾村之间；0330033201号为双面型花岗岩界桩，位于平乐县二塘镇甑山村和恭城县莲花镇竹山村之间。0330033201-1号为木质代用界桩，位于平乐县张家镇香花村和恭城县莲花镇岩口村之间。033003322427S号界桩石榴界（地名）用三角点代替，材质为混凝土，位于平乐县同安镇仁塘村与恭城县莲花镇蒲源村及钟山县花山乡三叉村相交处。

与钟山县界　恭城县与贺州市钟山县行政区域界线简称“恭钟线”，代号为“03322427”。界线总体呈西南至东北走向。西南起于平乐县、恭城县、钟山县3个县交会点033003322427S号界桩，东北止于恭城县、钟山县、富川瑶族自治县3个县边界线交会点033224272428S号界桩，长36.42千米。界线西北面为恭城县，东南面为钟山县。中途埋设界桩1个，即0332242701号。界线从石榴山顶的033003322427S号界桩起至0332242701号界桩止，长17.72千米；从0332242701号界桩起至蓝靛山0332242272428S号界桩止，长18.70千米。钟山县涉及两安乡和花山乡，恭城县涉及三江乡、莲花镇。界桩位置：033224272428S号为木桩代用三面型界桩。位于恭城县三江乡对面岭村与钟山县两安瑶族乡沙坪村和富川瑶族自治县富阳镇涝溪村交界处。0332242701号为木质双面型界桩，位于恭城县莲花镇黄坭岗村与钟山县两安瑶族乡小白村之间。033003322427S为II等三角点代用，位于平乐县同安镇仁塘村与恭城县莲花镇蒲源村和钟山县花山乡三叉村相交处（石榴界）的独立山头上。

与富川县界　恭城县与贺州市富川瑶族自治县的行政区域界线共涉及双方4个乡镇，其中恭城县涉及三江乡，富川县涉及朝东、城北、富阳3个镇。界线由北向南，从江永、恭城、富川3个县界线交会点的三面型0332242843S号界桩起，到恭城、钟山、富川3个县界线交会点的033224272428S号界桩止，全长30.20千米，中途埋设1个界桩，即0332242800–1号。界线从风吹坳0332242843S号界桩起至交颈0332242800–1号界桩止，长5.63千米；从0332242800–1号界桩起至蓝靛山顶033224272428S号界桩止，长24.57千米。界线的西边是恭城县，东边是富川瑶族自治县。界桩位置：0332242843S号界桩是恭城瑶族自治县、富川瑶族自治县与湖南省三交点，位于恭城县三江乡大地村与富川瑶族自治县朝东镇高宅村和湖南省江永县源口乡交界处。0332242800–1号为双面木质代用界桩，位于恭城县三江乡三联村与富川瑶族自治县朝东镇高宅村之间。033224272428S号为木质代用三面型界桩，位于恭城瑶族自治县三江乡对面岭村与钟山县两安瑶族乡沙坪村和富川瑶族自治县富阳镇涝溪村交界处。

第二节　建置

秦始皇三十三年（公元前214），恭城属于桂林郡。

汉武帝元鼎六年（公元前111），恭城属于苍梧郡之富川县治（今钟山县钟山镇）。

三国时，吴末帝甘露元年（265），恭城属于始安郡之平乐县。

隋大业十四年（618），萧铣称梁帝，分平乐地，置茶城县。此为建县之始，治所在今恭城镇凤凰山下，以其地盛产茶叶而民喜油茶而名“茶城”，辖今恭城大部分区域。隶属于始安郡。

唐武德四年（621），茶城县改名恭城县，隶属于乐州。唐贞观八年（634），恭城县改隶由乐州更名的昭州。天宝元年（742），改隶平乐郡；乾元元年（758），复改隶昭州。五代、宋沿唐制。治所于北宋太平兴国元年（976）由凤凰山下迁北乡龙渚市（今栗木镇上宅村大源头）；南宋景定五年（1264），复迁旧址。

元大德五年（1301），恭城县改隶由昭州改升的平乐府。明、清沿元制。明成化十三年（1477），治所迁至今县城，住址为今恭城镇拱辰街46号。

民国2年（1913）7月，恭城县隶属于漓江道。下年6月，恭城改属桂林道。民国16年（1927），废道制，恭城直属广西省政府。民国19年（1930），恭城改属平乐民团区。民国21年（1932）4月，恭城改属桂林民团区。民国23年（1934）3月，恭城改属平乐行政监督区。民国29年（1940）4月，恭城改属第二区行政督察专员兼保安司令公署。民国31年（1942）3月，恭城县改属第一区行政督察专员兼保安司令公署。民国38年（1949）7月，恭城县改属第十四区行政督察专员兼保安司令公署。

1949年12月11日，恭城解放，属平乐专区。1958年，撤平乐专区，改属桂林专区。1971年，桂林专区改为桂林地区，恭城县随属桂林地区。

1990年2月3日，经国务院批准撤销恭城县，设立恭城瑶族自治县，以原恭城县的行政区域为恭城瑶族自治县的行政区域，全县为2个镇、7个乡。1994年10月，经自治区人民政府批准，莲花乡撤乡建镇，全县为3个镇、6个乡。

1998年，桂林市与桂林地区合并，恭城瑶族自治县属于桂林市管辖，至2005年不变。

第三节　行政区域调整划分

1989年9月，撤销城厢乡并入恭城镇，将嘉会乡的龙虎村、狮子村及栗木镇的龙岭村、源头村共4个村划归新设的龙虎乡。是年年末，全县辖2个镇、7个乡（包括莲花、西岭、三江、观音4个瑶族乡）、117个村公所、4个街道居民委员会、515个村民委员会、2285个村民小组。

1990年8月，莲花乡龙围村公所原梅江口、丹江、山琶塘、龙围、新渡坪、月亮冲6个村民委员会，调整合并为山琶塘、龙围、月亮冲3个村民委员会；增设西岭乡虎尾村公所的岩底榨村民委员会、西岭乡挖沟村公所的小黄埠村民委员会、观音乡水滨村公所的矮寨村民委员会、龙虎乡龙岭村公所的老江厂村民委员会、栗木镇常家村公所的董黄家村民委员会；撤销西岭乡东面村公所的柑子坪村民委员会合并至刘家洞村民委员会。

1994年10月，经自治区人民政府批准，莲花乡撤乡建镇，全县为3个镇、6个乡。

1995年12月，全县撤所改委，村公所改设为村民委员会，原村民委员会不再保留。全县设117个村民委员会、4个街道居民委员会。

2002年5月，在西岭乡设立西岭乡街道居民委员会。2003年11月，撤销恭城镇街道居民委员会，设立茶东、茶西、茶南3个社区居民委员会。2004年12月，恭城瑶族自治县人民政府正式接管栗木有色金属公司，在原公司矿区设栗木矿区社区，并设立栗木矿区社区居民委员会负责社区管理。

2005年年末，全县辖3个镇、6个乡，117个村民委员会，4个街道委员会，4个社区居民委员会，2265个村（居）民小组。

2005年恭城瑶族自治县行政区域一览表

表1-1　　单位：个

乡镇	所辖社区、街道居民委员会		所辖村民委员会		所辖村（居）民小组
恭城镇	3	茶东社区、茶南社区、茶西社区	14	洲塘、门楼、孟家、满塘、化育、白马、西河、江贝、同乐、乐湾、天堂、庄埠、渡雷、古城	243
栗木镇	2	栗木街、栗木矿区	17	苔塘、上枧、马路桥、大营、石头、上宅、栗木、大合、大枧、高岭、五福、建安、六岭、良溪、常家、上灌、泉会	359
莲花镇	1	莲花街	23	莲花、竹山、枧头、笔山、朗山、湖山、门等、东寨、岩口、崇岭、老君、坪岭、独石、凤岩、势江、东科、杨梅、龙围、坪冲、黄坭岗、蒲源、桑源、蓝洞	432
平安乡	—	—	15	和平、大岭、下山源、陶庄、大江、北洞源、北溪、巨塘、新街、桥头、路口、三新桥、绹马坪、黄埠、土陂	352

续表 1-1

乡镇	所辖社区、街道居民委员会		所辖村民委员会		所辖村（居）民小组
三江乡	—	—	10	大地、三联、黄坪、三寨、栗田、十八岭、对面岭、三江、安冲、洗脚岭	114
嘉会乡	1	嘉会街	13	白燕、共和、太平、嘉会、吉山、豸游、苏陂、西南、秧家、泗安、松林、大山、白羊	224
西岭乡	1	西岭街	17	新合、下宋、八岩、挖沟、虎尾、费村、西岭、三合、新安、杨溪、罗卜、龙岗、德良、岛坪、营盘、东面、椅子	363
观音乡	—	—	4	观音、洋石、狮塘、水滨	78
龙虎乡	—	—	4	龙虎、狮子、源头、龙岭	100
合计	8	—	117	—	2265

2005 年恭城瑶族自治县自然村村名一览表

表 1-2

乡镇名称	村民委员会	自然村（屯）
恭城镇	洲塘村	洲塘、高洲、张家逑、牛岂、黄家、新合、洞尾、杨柳井
	门楼村	门楼、庙背、廖洞
	孟家村	孟家、车田、乐家寨
	满塘村	满塘、龙尾
	化育村	凉亭脚、沙洲、乌石、大丛林、大逑、小村
	白马村	白马、坝角
	西河村	下里洞、叫化祖、枫木逑、西河
	江贝村	江贝、东门、黄家圳、南门
	同乐村	上洲、下洲
	乐湾村	乐湾
	天堂村	兰家厂、天堂坪、高浪、明月洲
	庄埠村	山脚、上村、下村、下榨、龙颈
	渡雷村	渡雷
	古城村	古城、牛路冲、凤田、岭尾
莲花镇	莲花村	莲花街、竿竹车、水圳口、田厂、老圩、中段
	竹山村	竹山、红岩、南山桥、新桥
	枧头村	枧头、山狮角、董家垌、社塘、弯里、凤凰岩
	笔山村	笔山、上段、猪头厂、马岭堡、八角塘、前面岭、大岭、对面山
	朗山村	朗山、高塘、白竹、野鸭塘、长田、大坪子、高车、荆柴塘、葫芦
	湖山村	凉山、湖里
	门等村	门等、蛟鱼口、矮寨、高桂、正东堡
	东寨村	东寨、白马、西岸、周家湾

续表 1-2

乡镇名称	村民委员会	自然村（屯）
莲花镇	岩口村	岩口新村、沙沟、新龙、凤凰堡、凤凰山脚、洪水井、陆地坪、榕树脚、三岔塘、马湾、龙眼、棉竹冲、新田
	崇岭村	崇岭、蟠龙、孔里、新村、新河口、杨梅站、龙珠塘、南坪冲、乌田、涝水
	坪岭村	坪岭、大坪子、栗木岭、桐油坪、仁角洼、社垚新屋、社岭、罗带、上炉、大石排、小石排
	老君村	老君、白水、大岭脚、塘头
	独石村	独石、独石洲、廖楼、上廖、贝家、龙田、大庄岭、山旗头
	凤岩村	凤岩、上板脚、下板脚、蛟津塘、石板路、沙子冲、蓝家
	势江村	势江、香粉厂、楼地、钟家、五龙、牛塘、大源坪
	东科村	东科、乌石冲、长岭、白竹塘、黄家、马头山、孙家、禾稿庄
	杨梅村	湖塘、东科山、东头田、杨梅冲、老人垌、大峦山、马岗岐、杀猪冲、坑基头、梅子坪、粘禾田、小势江、李子坪、盘古冲
	龙围村	龙围、堕恶口、山琶塘、鳖塘、上龙围、桃子根、茶叶梁、月亮冲、秋石坪、杉木坪、孤滩、龙塘坪、新渡坪、康熙冲、茶坪、丹江、坪石塘、槽碓冲、上望坪、杨梅滩、梅江
	坪冲村	坪冲、冲坪寨、银冲、丝线田、水段、江岔
	蓝洞村	黄竹岗、南岜、榴石脚、古里洞、胜洞
	黄坭岗村	黄坭岗、油竹冲、梅子坪、清水、丹地冲、钟家、大祖、大黄坭、小黄坭、墨砚田、牛路冲、牛路冲头、落眼冲
	蒲源村	大涝、蒲源、寨面、楼梯田、下棚、佛子背、油草窝、木洞、架桥冲、南源、腊树根
	桑源村	黑石洞、大坝面、黄泥冲、盘家、大岜旱田、桑源、冲头
栗木镇	苔塘村	苔塘、千里源、大坪、南蛇岐、马眼、定岗坳脚、毛家寨、岜脚、桥头铺、堰塘
	上枧村	上枧、井塘、上布结、下布结、老村
	马路桥村	聂家坪、马路桥街、陈家、三渡、茹菜、垒口、墨塘、车田、大石桥、倘江、邱家、黄口凼、蛋子江
	大营村	小营、洞口、毛梨凼、老虎沟、上大营、下大营、狗头寨、上吉洞、尹杨家、老屋、明月田
	栗木村	栗木街、田洞、羊公塘、江边寨、马坪
	石头村	石头、白竹岭、长埠、东湾、小湾、岩口、凤凰、花园、梅山岩
	上宅村	山下寨、上宅、上东村、下东村、江家、白屋、戴家、油榨、九工堰、上江家、下江家、老虎头、大布头、岭木脚、大布尾
	大合村	上大合、下大合、马鞍山、殷杨家、合家坝、渡船头、苟头园、陈家、黑石垒、左家
	大枧村	黄板桥、灯笼铺、黑木园、刘家、新村、大弄口、雷公坝、丁家、茅坪、龙垒、白沙井
	五福村	五福街、沙田、灯盏塘、仁义、欧寨、矮山、庙垒口、新厂
	六岭村	六岭、马头寨、陀塘、三家村、糖榨边、黄家厂、江西滩、佛寺庙、白芒垒
	高岭村	刘家、鱼鳞塘、田心、上高岭、下高岭、薛家、大仙洞、张家、戈家、小常家
	建安村	兰家、平垒、棉花洲、大井、紫厂庙、新洞、牛坪、蚂蜴垒、邬家、冷水弄
	泉会村	上炉、泉会、长靖江、铁钉石、坪沙洞、墨江、铃子山、淌源江、下炉、上石盘、中石盘、下石盘、上狗尾洞、下狗尾洞
	上灌村	永安、上灌、凤凰、小围子、高吉、双坝、毛头石、乌仔岭、高车、刘家湾、赵家、祠堂边、福塘、江边、新屋、许家、马家
	常家村	常家、瓜子洲、董黄家、廖家

续表 1-2

乡镇名称	村民委员会	自然村（屯）
栗木镇	良溪村	广田垌、良田垌、对门河、黄牛坪、黄家厂、陈家厂、大石洲、竹凤村、清水沟、张家
嘉会乡	白燕村	九板、白燕、石盆、小明源、大明源、大逑、簩竹逑、鹅屏
	共和村	高车、油麻逑、颜家、艾家、塘黄、婆田、林家厂
	太平村	太平、麒麟山、岩头、大枧头、莲塘、二龙洞、岜脚底、蒋家
	吉山村	吉山新村、大龙、秀才桥、吉山老村、马鞍、余家新村
	嘉会村	嘉会陈家、大洲、豆腐榨、张家、上楼、下楼
	豸游村	豸游、龙头逑、甘家、蔡家坝、仙仔脚、竹园尾、吴家厂、弯村
	苏陂村	苏陂、田家、老村、木里碛
	西南村	水油榨、中龙垒、下龙垒、两岔河、雷鸣江、棉花槽、吴家、油草田、平步垒、观音座、漕子垒、养牛界、大穴、豹子山、南江源、莫家槽、将军帽
	秧家村	秧家、上岩、中村、晓山、木厂
	泗安村	泗安榨、五海塘、寨头、鸭塘洲、余家榨、老坝塘、正隆榨、怡隆榨
	松林村	松林、黄家厂、清水塘
	大山村	大山脚、绵羊脚、老村、白山脚、上蕉、下蕉、鸡爪树脚、双妈塘
	白羊村	白羊、大村、蟠龙、南蛇堆、雷破、鸭塘、林秀
西岭乡	新合村	棉花地、路口、瓮塘、黄腊界、老村、歇凉、田厂、高界瑶、斋公坪、小源瑶、新村瑶、芹菜瑶
	下宋村	下宋、马槽、上莫坪、水家、龙岩、莫家坪、下莫、大井塘
	八岩村	八岩、老寨、文家厂、小源岭脚、白石、新坝洲、麒麟寨、刘家厂
	挖沟村	挖沟、小黄埠、岩背、凤鸡窝、鱼田、潮水岩、石脚、盘岩、高桥
	虎尾村	川岩、佛寺坪、黄滩、杨柳、岩底榨
	费村	费村、寨脚、夏立社、羊角山、湖塘、岭脚、大岭山、大田坊
	西岭村	圩市街、翠峰街、河边街、螺蛳寨
	新安村	新安、邱家厂、龟山、河头寨、张家
	三合村	糖河、对河、老圩
	杨溪村	杨溪、朝川、凤凰、殷家垌、双溪寨
	罗卜村	罗卜、畔田岜、柜木塘、豪洞、龙家厂、小营桥、韦家、螃蟹坝、古当
	龙岗村	老村、凉水井、大山脚、银子石、源口、龙角山、六岩冲、崇江头、马山脚
	东面村	刘家垌、磨底塘、枫木坪、田厂、禾木岭、高车、马鹿鞍、鸡公畔、老村、柑子坪、普庆、桐油坪、陡江坪、花山、垒田、周家、代家、香江、小坪头、大水槽
	营盘村	茶江、漕对坪、茅坪、棕树坪、桐子湾、淌竹源、社公岭、老厂、密岱江、柚子坪、安家田、水油榨、崩山、泗仙塘
	德良村	长山、兰厂、槽坊、伍家坪、德良田、泥鳅塘、马鹿塘
	岛坪村	岛坪、杉木坪、杉树林、兰厂、田头、田厂、金竹坪、下席、芒塘、苦竹江
	椅子村	椅子坪、牛沙界、白沙界、庙厂、四厂、老山、大扒界、半工田、十工田、螺垢、二十工田、二工半、乱石窝、围山田、车洲岭、陶家岭、新村、大竹山、丹竹岭、大江洲

续表 1-2

乡镇名称	村民委员会	自然村（屯）
平安乡	和平村	和平、张家、心田、马鞍、虎溪、葫芦洞
	大岭村	对河、大岭、云峰
	下山源村	北塅、小源冲、黄茅坪、芹菜冲
	陶庄村	陶庄、杨梅、杉木寨、老虎头、旺塘
	北洞源村	北洞源、观音塘、石排岭、马塘厂
	巨塘村	巨塘、横山、桐竹新村、桐竹老村、牛路头
	大江村	双江口、大垌田、石坪塘、黄泥界、野熊冲、老源
	北溪村	北溪上村、北溪下村、涧山、何家厂、回头寨
	新街村	凤凰、邓扒、山湾、社山、塘边、黄岭
	桥头村	桥头、詠棠、里陂、里陂、李家村、蟠龙、龙肚
	路口村	路口老村、路口新村、蚂蝗塘、迴龙洲、林家埠、龙逑
	三新桥村	三塅、新洲、上桥头
	绚马坪村	绚马坪、陈家厂
	黄埠村	黄埠村、竹搭桥
	土陂村	土陂、茶垒、牛角山
三江乡	大地村	村子脚、深冲、大寨、宾开源、地坪头、八月坪、双源
	三联村	小河、梓木冲、结子坪、毛栗山、田垌、鲤鱼山、狮塘岭、茅塘、古木源、南卡
	三寨村	松木寨、马鞍垌、小卡、俸头寨、新寨
	黄坪村	黄坪、大丛、和尚坪、玉木湾、欧菜坪、黄板桥、屋背岭、九时冲、正冲、大坪、黄江河
	栗田村	三江口、大桥源、大栗田、黄塘、大坪底、湖塘、老街塘
	十八岭村	十八岭、板栗源、背岜、小栗田、长面街、旱江、牛栏冲
	安冲村	头山、小界岜、大界岜、发塘、牛尾寨、黑冲、鹧鸪坪、安冲
	三江村	三江街、石口、月亮地、牛岩冲、南江源、车头岜、四方石、犁头山
	对面岭村	坪溪河、桃溪河、养牛坪、西岭垌、岗头坪、对面岭、牛塘
	洗脚岭村	洗脚岭、西岭岗、鸟仔坪、腰子坪、日山头、清水卡、老屋冲、竹根冲、李子冲、水底冲
观音乡	观音村	大兴里、井头、观音、逑里、老逑、周家塘、水源堡
	水滨村	白荆铺、牛眼塘、垒里头、莲花、石坪、狮尾、矮寨、矮山脚、茶园、岗子上、旱地、上源漯、水滨
	洋石村	洋石、杨梅、小洞、通沙坪
	狮塘村	狮塘、老虎塘、新村、老村、蕉山、涧里源
龙虎乡	龙虎村	龙虎街、古寺、牛塘、陈家、九十工、大岭头
	狮子村	狮子街、麻滩洲、白竹坪、深塘、双坪
	源头村	上源头、下源头、月亮形
	龙岭村	实乐、蒋家垒、岭尾、马颈口、老江厂、夹心洲

第四节 行政区域界线勘定

恭城县东与富川瑶族自治县及湖南省江永县交界，南与钟山县、平乐县毗邻，西接阳朔县、灵川县，北临灌阳县。1995—2002 年，先后开展省际勘界、县际勘界以及乡际勘界工作。

省际勘界

恭城县东与湖南省江永县交界，省际界线总长为 79 千米，共涉及县内 5 个乡、9 个村。省界湘桂线恭城 / 江永段，多以都庞岭山脉山脊倒水为界，自旧天岩（照天岩）附近以北海拔 1288.6 米处的江永、恭城、富川 3 个县边界线交汇点，至野猪坪以南海拔 1261.5 米的江永、恭城、灌阳 3 个县界交会点。

1994 年，恭城县开始进行与湖南江永县省际勘界的准备工作。1995 年 3 月，成立自治县勘界工作领导小组。1996 年 9 月，湘桂双方在桂林召开勘界工作会议。会后，自治县人民政府对勘界工作进行布置和安排，调整和充实勘界工作领导小组，落实工作经费。工作人员开始收集整理有关资料，分组到相关各乡的交界点，进行实地勘界和调查了解。

1996 年 10 月，召开湘桂永州首次核界工作协商会议，恭城与江永县进行核界。核定重合约 67 千米，重合率 85%。永州会议后，恭城和江永 2 个县又本着实事求是和互谅互让的原则，对未重合的边界线进行二轮实地勘察和友好协商，形成共识，采取省际行政界线与实际管辖权属分开的办法，达成协议。2 个县的勘界领导于 10 月 31 日在龙虎乡签订协议。湘桂省界线恭城 / 江永段埋设界桩 2 个，即 4345021Q1 号、4345022Q1 号界桩。界桩埋设地点：4345021Q1 号界桩碑记坳，海拔 630.2 米；4345022Q1 号界桩龙虎关，海拔 208 米。

2003 年，根据国务院《行政区域界线管理条例》《关于开展省级行政区域界线联合检查，加强行政区域界线管理工作的通知》，广西壮族自治区民政厅《关于开展湘桂和桂黔省级行政区域界线联合检查工作的通知》精神，由恭城县勘界办牵头，对恭城、江永 2 个县行政区域界线进行联合检查。检查边界线管理及插花地管理的现状及存在的主要问题；双方执行定界协议、遵守边界纪律的情况；是否存在历史遗留的边界问题，有无新的边界争端发生；未经批准，是否存在单方擅自改变已勘定的行政区域界线；界桩是否丢失、损坏或移动；因生产生活需要、是否需要增设界桩或边界线标志物。检查结果未发现异常情况，没有新的处理事项。最后作出恭城、江永 2 个县行政区域界线联合检查工作纪要。

县际勘界

1997 年，恭城先后与阳朔、灌阳开展县际勘界工作。是年，与阳朔县完成 26.1 千米的勘界任务，实现全线贯通；与灌阳县进行第一次核界，贯通率约为 30%。1998 年，完成与贺州地区富川县的勘界任务，实现全线贯通；与钟山县的勘界任务除三江与两安约有 5 千米未通外，其余已全线贯通。1999 年，与钟山、富川、平乐、灵川、灌阳等县实现全线贯通。2000 年，城市界、市内界已 100% 贯通埋碑，测绘工作全部结束并完成资料整理工作。

乡际勘界

2002 年 5 月，恭城县人民政府成立乡级行政区域界线勘定工作领导小组，印发工作实施方案，开展乡际勘界工作。全县 9 个乡镇共有乡级行政界线 14 条，全长约 195 千米，计划用两年时间完成乡际勘界工作任务。乡际勘界遵行的原则：一、已明确或者核定的边界线，按照有关文件、协议、地图予以核定。已明确划定或者核定的边界线是指根据行政区划管理的权限，上级人民政府在确定行政区划时明确划定的界线，发生边界争议之前，由双方人民政府核定一致界线。二、在国家土地利用现状调查和林业资源调查中，经乡镇人民政府核定一致，双方签字盖章的，无争议的界线应立即认定。三、涉及跨乡镇的县级以上农（林）场，乡级行政区域界线除双方有协议外，以建农（林）场前双方的习惯线为基础确定为界线。四、勘界前，双方乡镇人民政府达成的边界协议，或者争议双方的上级人民政府解决边界争议的决定，不涉及自然村隶属关系变更的，经双方村民小组以上组织和群众代表达成关于边界地区土地权属的争议，作为确定行政边界的基础。五、行政区域界线原则上要与自然资源权属相一致，特殊情况必须分开的，在划定边界线的同时，要明确跨越边界线的自然资源权属。对骑线的地物、文物、自然保护区及不可分割的自然资源，在划分边界线的同时，要根据有关法律、法规和政策的规定，明确管理和使用的办法。同年年底，9 个乡镇完成主张线的勾画，3 个乡镇完成对口核界工作，全县乡际界线贯通 42 千米，贯通率 21.54%。至 2005 年，完成乡际勘界、各乡镇与周边县的实地勘界工作并签订协议书。

第二章 县城 乡镇

1984 年 7 月，政社分开，建立乡镇人民政府，改城厢、平安、莲花、三江、嘉会、西岭、观音公社为乡，栗木公社为镇，连同原恭城镇全县共设 7 个乡、2 个镇。同年 9 月，改莲花、三江、西岭、观音 4 个乡为瑶族乡。1989 年 9 月，撤销城厢乡并入恭城镇，新设龙虎乡。1989 年年末，全县辖 2 个镇、7 个乡（其中 4 个瑶族乡）。1990 年，设立恭城瑶族自治县，行政区域不变，全县仍为 2 个镇、7 个乡。1994 年 10 月，经自治区人民政府批准，莲花乡撤乡建镇，全县为 3 个镇、6 个乡，至 2005 年不变。

第一节 县城

恭城县治在恭城镇。隋末建县时，治所设于江贝村凤凰山麓。北宋太平兴国元年（976），曾迁北乡龙渚市（今栗木镇上宅村大源头）。南宋景定五年（1264），迁回原址。明成化十三年（1477），迁至今址。中华人民共和国成立前，县城区域狭小，东北至东门头，南至燕岩、西至武庙，总面积 1.50 平方千米，仅有拱辰、太平、吉祥、兴隆、太和 5 条小街道。交通运输以恭城河水运为主，每天有近百艘木帆船在该处停泊和过往。民国 22 年（1933），修平乐县二塘至栗木公路，自南向北纵贯县城。1961 年建成茶江大桥后，陆续修筑通往桂林、全州和湖南省江永县等地的公路。1966 年，恭城河筑坝断航，公路完全取代水路，县城成为全县公路交通的枢纽。1989 年，每天有 50 多个班次客车在该处始发和过往。1992 年起，县城按照《1989—2010 年恭城县城总体规划》进行建设。规划建设区面积 2.55 平方千米，东至凤凰山、桥头，南至天堂坪，西至白马村，北至恭城镇锌品厂、满塘。1995—2000年，进行旧城改造工程，总投资6000万元。新建拱辰东路新区、信合大厦、瑶山鑫宾馆、人民会堂；道路铺设 3.80 万平方米。2001 年起，累计投入 2.10 亿元，完成 110 千伏输电工程、全城供电线网、供水管网改造，拓展县城西区、滨江区、燕新区，新建县城中心广场、周渭祠门前广场、滨江苑防洪堤、水果批发市场，重修民贸市场—县医院—防疫站道路、民乐路、茶北路、茶东路、滨江西区道路等。至 2005 年，县城街道总长 26 千米，其中主街道除原有的茶南路、茶北路、茶东路、茶西路外，另新建拱辰东路、拱辰西路、城中西路、滨江路；县城住宅总面积达 152.78 万平方米，人均住房面积 52.68 平方米；公房总面积 73.68 万平方米。

第二节 乡镇

恭城镇

位于县境西南部，行政区域面积92.94平方千米，东接平安乡，西与平乐县沙子镇毗邻，南与莲花镇相连，北与西岭乡相邻。镇人民政府驻燕岩大桥南。恭城镇是恭城瑶族自治县的政治、经济、文化中心。

民国23年（1934），成立城厢镇。1950年4月，属于第一区。1955年10月，各区改为以地名称谓，属于乐湾区。1958年9月1日，成立城厢人民公社，下辖原城厢镇、乐湾乡。1980年5月，原村级城厢镇改为乡级镇，称恭城镇，下辖原有街道及城厢公社的江贝、红星大队。1984年7月，政社分开，建立乡镇人民政府，改城厢公社为乡，下设11个村民委员会。同年，恭城镇下设3个村民委员会、5个街道居民委员会。1987年，村民委员会改为村公所。1989年9月，撤城厢乡并入恭城镇，5个街道居民委员会合并为恭城镇街道居民委员会。恭城镇辖14个村公所，1个街道居民委员会。

1995年12月，撤所改委，村公所改设为村民委员会。2003年11月，撤恭城镇街道居民委员会，设茶东、茶西、茶南3个社区居民委员会。

2005年，恭城镇辖洲塘、门楼、孟家、满塘、化育、白马、西河、江贝、同乐、乐湾、天堂、庄埠、渡雷、古城14个村民委员会，茶东社区、茶南社区、茶西社区3个社区居民委员会，村民小组243个。

莲花镇

地处县境南隅，行政区域面积319.22平方千米，东接贺州市钟山县，西与平乐县二塘镇毗邻，南与平乐县同安镇相连，北与平安乡相邻。镇人民政府驻地莲花街，距县城14千米。

民国23年（1934），设立莲花乡，属于第二区。1958年9月1日，与东寨、势江2个乡合并成立莲花公社。1962年下半年，改称莲花区。1969年1月，复称莲花公社。1984年7月，改设莲花乡，下设23个村民委员会、1个街道居民委员会。同年9月，改称莲花瑶族乡。1987年，村民委员会改为村公所。1989年，莲花瑶族乡设15个村公所、1个街道居民委员会、108个村民委员会。1990年2月，复称莲花乡。1994年10月，莲花乡撤乡建镇，设莲花镇至今。1995年12月，撤所改委，村公所改设为村民委员会，原村民委员会不再保留。

2005年，莲花镇辖莲花、竹山、枧头、笔山、朗山、湖山、门等、东寨、岩口、崇岭、老君、坪岭、独石、凤岩、势江、东科、杨梅、龙围、坪冲、黄坭岗、蒲源、桑源、蓝洞23个村民委员会及莲花街道居民委员会，村民小组432个。

栗木镇

位于县境北部，行政区域面积273.76平方千米，东接龙虎乡、观音乡，西与灵川县大境乡毗邻，南与嘉会乡相连，北与灌阳县洞井乡相邻。镇人民政府驻栗木街，距县城38千米。

民国23年（1934），设立栗木乡，属于第四区。1950年10月，改称栗木镇。1958年1月，复称栗木乡。同年9月1日，与大枧、六岭乡合并成立栗木公社。1959年4月，泉会公社并入栗木公社。1962年下半年，改称栗木区。1969年1月，复称栗木公社。1984年7月，改设栗木镇，下设19个村民委员会、1个街道居民委员会。1987年，村民委员会改为村公所。1989年10月，龙岭、源头2个村公所划归新设立的龙虎乡。同年年底，栗木镇设1个街道居民委员会、17个村公所、93个村民委员会。1995 年 12 月，撤所改委，村公所改设为村民委员会，原村民委员会不再保留。

2005 年，栗木镇辖苔塘、上枧、马路桥、大营、石头、上宅、栗木、大合、大枧、高岭、五福、建安、六岭、良溪、常家、上灌、泉会 17 个村民委员会，栗木街、栗木矿区 2 个街道（社区）居民委员会，村民小组 359 个。

平安乡

位于县境东部，行政区域面积 240.74 平方千米，东接三江乡，西与恭城镇毗邻，南与莲花镇相连，北与嘉会乡相邻。1997 年 12 月，乡人民政府驻地从和平村搬迁至桥头村，距县城 2 千米。

民国 23 年（1934），设立和平乡，属于第一区。1952 年年末，将陶庄乡并入和平乡。1958 年 9 月 1 日，与詠棠、北洞源 2 个乡合并成立和平公社。1962 年下半年，改称和平区。1969 年 1 月，复称和平公社。1982 年 11 月，更名为平安公社。1984 年 7 月，改设平安乡至今，下设 15 个村民委员会。1987 年，村民委员会改为村公所。1989 年，平安乡设 15 个村公所、61 个村民委员会。1995 年 12 月，撤所改委，村公所改设为村民委员会，原村民委员会不再保留。

2005 年，平安乡辖和平、大岭、下山源、陶庄、大江、北洞源、北溪、巨塘、新街、桥头、路口、三新桥、绹马坪、黄埠、土陂 15 个村民委员会，村民小组 352 个。

三江乡

地处县境东部，行政区域面积 321.78 平方千米，东接贺州市富川县，西与平安乡毗邻，南与贺州市钟山县相连，北与湖南省江永县相邻。乡人民政府驻地三江圩，距县城 47 千米。

1950 年 4 月，设立三江乡，属于第三区。1952 年 1 月，属于第七区。1958 年 9 月 1 日，改称三江公社。1962 年下半年，改称三江区。1969 年 1 月，复称三江公社。1984 年 7 月，改设三江乡；同年 9 月，改称三江瑶族乡，下设 10 个村民委员会。1987 年，村民委员会改为村公所。1989 年，三江瑶族乡设 10 个村公所、33 个村民委员会。1990 年 2 月，复称三江乡。1995 年 12 月，撤所改委，村公所改设为村民委员会，原村民委员会不再保留。

2005 年，三江乡辖大地、三联、黄坪、三寨、栗田、十八岭、对面岭、三江、安冲、洗脚岭 10 个村民委员会，村民小组 114 个。

嘉会乡

位于县境中部，行政区域面积 255.09 平方千米，东接湖南省江永县，西与西岭乡毗邻，南与平安乡相连，北与龙虎乡、栗木镇相邻。乡人民政府驻地嘉会街，距县城 22 千米。

民国 23 年（1934）设立嘉会乡，属于第三区。1958 年 9 月 1 日，与龙虎乡合并成立嘉会公社。1962 年下半年，改称嘉会区。1969 年 1 月，复称嘉会公社。1984 年 7 月，改设嘉会乡，下设 15 个村民委员会、1 个街道居民委员会。1987 年，村民委员会改为村公所。1989 年 9 月，龙虎、狮子两个村公所划归新设立的龙虎乡。同年年底，嘉会乡设 13 个村公所、1 个街道居民委员会、65 个村民委员会。1995 年 12 月，撤所改委，村公所改设为村民委员会，原村民委员会不再保留。

2005 年，嘉会乡辖白燕、共和、太平、嘉会、吉山、豸游、苏陂、西南、秧家、泗安、松林、大山、白羊 13 个村民委员会及嘉会街道居民委员会，村民小组 224 个。

西岭乡

位于县境西隅，行政区域面积 434.46 平方千米，东接嘉会乡，西与阳朔县兴坪镇毗邻，南与恭城镇、平乐县沙子镇相连，北与灵川县大境乡相邻。乡人民政府驻地西岭街，距县城 16 千米。

民国23年（1934），设西岭乡，属于第五区。1950年4月，西岭乡仍属于第五区。1955年，改称西岭区。1958年1月，撤区并乡，复称西岭乡。同年9月1日，西岭、杨溪、新合3个乡合并成立西岭公社。1962年下半年，改称西岭区。1969年1月，复称西岭公社。1984年7月，政社分开，改设西岭乡。9月，改为西岭瑶族乡，下设17个村民委员会。1987年，村民委员会改为村公所。1989年，西岭乡设17个村公所、78个村民委员会。1990年2月，复称西岭乡。1995年12月，撤所改委，村公所改设为村民委员会，原村民委员会不再保留。2002年5月，设立西岭乡街道居民委员会。

2005年，西岭乡辖新合、下宋、八岩、挖沟、虎尾、费村、西岭、三合、新安、杨溪、罗卜、龙岗、德良、岛坪、营盘、东面、椅子17个村民委员会及西岭街道居民委员会，村民小组363个。

龙虎乡

位于县境东北部，行政区域面积58.34平方千米，东接湖南省江永县，西与栗木镇毗邻，南与嘉会乡相连，北与观音乡相邻。乡人民政府驻地龙虎街，距县城34.4千米。

民国18年（1929），湖南省所辖龙虎关的湖南街及黄沙湾划归恭城县九板乡。中华人民共和国成立后，龙虎街全部改属嘉会区。1958年1月，建龙虎乡；同年9月，并入嘉会公社。1961年，划分为龙虎公社；1962年下半年，撤销合并到嘉会区。1989年9月，成立龙虎乡，将嘉会乡的龙虎、狮子及栗木镇的龙岭、源头共4个村公所划入。同年年底，龙虎乡设4个村公所、18个村民委员会。1995年12月，撤所改委，村公所改设为村民委员会，原村民委员会不再保留。

2005年，龙虎乡辖龙虎、狮子、源头、龙岭4个村民委员会，村民小组100个。

观音乡

地处县境东北部，行政区域面积153.69平方千米，东、南接湖南省江永县，西与栗木镇毗邻，北与灌阳县相邻。乡人民政府驻地观音村，距县城47千米。

民国23年（1934），设立观音乡，属于第四区。1950年4月，属于第六区。1958年1月，成立观音乡。1958年9月1日，改称观音公社。1962年下半年，改称观音区。1969年1月，改称立新公社。1982年，改为观音公社。1984年7月，改设观音乡。同年9月，改设观音瑶族乡，下设4个村民委员会。1987年，村民委员会改为村公所。1990年2月，复改称观音乡。1995年12月，撤所改委，村公所改设为村民委员会，原村民委员会不再保留。

2005年，观音乡辖观音、洋石、狮塘、水滨4个村民委员会，村民小组78个。

第二篇

自然　环境

第一章　地质　地貌

恭城县处于中国大地构造位置江南古陆南缘，次一级构造海洋山隆起、都庞岭—银殿山隆起、灌阳—恭城地槽的南端。由于地壳多次构造运动的影响，地层时代较多，褶皱、断裂构造发育，火成岩活动强烈，矿产资源十分丰富。

恭城境内以山地、丘陵为主，河流沿岸有较为平坦的小冲积平地。全县东、西、北三面为中低山环抱，中间为一条南北走向的河谷走廊，其间河谷、平地、台地、丘陵相互交错。县内最高处为银殿山顶，海拔 1885 米；最低处为恭城镇古城村岭尾屯，海拔 130 米。

第一节　地质

地层

由于地壳的多次运动，在奥陶纪以前，恭城是一片汪洋大海；奥陶纪初期，地壳上升，隆起成山；奥陶纪晚期，地壳下降，成为海洋，沉积泥盆系、石炭系、二叠系、侏罗系；到了侏罗纪，地壳上升，海水全部退出，恭城成为陆地。

恭城境内最老地层为寒武系，局部有奥陶系。泥盆系发育齐全，分布广，厚度亦大。石炭系只有下统分布，缺二叠、三叠系。然后有下侏罗统沉积。白垩纪及第三纪亦未接受沉积。第四系分布不大广泛。

寒武系　分布于东部、北部及北西边境地带，组成中高山地。岩性主要为浅海相砂岩，页岩具复理式建造的韵律特征，轻度变质，泥质一般已绢云母化。在西部老厂地区夹少量灰岩、白云岩，共有 5 个层位。下部页岩较多，上部多砂岩。东部的银殿山地区，以砂岩为主，似相当于老厂地区碳酸盐岩标志层以上层位。寒武系厚度大于 3579 米。

奥陶系　仅见其下统黄隘组分布于县境东北部大山地区。为浅海相灰黄绿色页岩与同色含云母中细粒砂岩互为夹层。上部以页岩为主，下部以砂岩为主。奥陶系厚度约 2000 米。

泥盆系　分布广，不整合于寒武系、奥陶系之上。分下统、中统、上统，其中下统分莲花山组、那高岭组；中统分郁江组（阶）、东岗岭组（阶）；上泥盆统未分组。

下石炭统　分布于县境中南部，亦属碳酸盐岩相为主地区，与泥盆系碳酸盐岩的主要区别为颜色变深，常为灰黑色，分为岩关阶、大塘阶。在县城西南的未分段大塘阶上部，有数米厚的含锰硅质岩，是该区堆积锰矿的主要来源。

下侏罗统　分布于县城附近的盆地中心部位，由砾岩、砂岩、页岩、夹泥灰岩及薄煤层组成，分天堂组、石梯组、大岭组。下侏罗统厚 855 米。

第四系　分布于现代河流的两侧及山前凹地。岩性为砂土、黄土和腐殖质土。局部砂质土中赋存有砂锡矿，如上下蕉；黄土中赋存有锰矿，如燕岩、乐湾锰矿等；腐殖质土中赋存有朱砂矿（汞），如八岩、门楼等地。分为更新统、全新统。未分统部分主要为残坡积、洪积等混合类型的堆积物，厚度 5～13 米。残坡积黄褐色黏土层中，常夹铁锰结核。

恭城瑶族自治县地层一览表

表 2-1

界	系	统阶（组）			厚度（米）		岩性简述
新生界	第四系	全新统			5～13	3～7	Q 残坡积层、黄褐色黏土、次生锰矿、洪积砂砾层
		更新统				15～36	Qh 第一阶地冲积层，上部亚砂土，亚粘土下部砾石层，局部夹泥炭
							Qp 第二、第三阶地冲积层、中上部棕黄色泥砾层，下部棕红色黏土
中生界	侏罗系	下统	石梯组		小于 371		浅黄色含长石石英砂岩，夹紫红色页岩、粗砂岩、细砂岩
			大岭组		181		紫红色页岩夹粉砂岩、中下部夹泥质灰岩、炭质页岩及二层薄煤
			天堂组		303		黄红长石石英砂岩、黄白色长石石英砂岩、紫红色页岩、粉砂岩、底部砾岩
上古生界	石炭系	下统	大塘阶	罗城段	512		灰色灰岩、灰黑色灰岩、泥质灰岩、含燧石石灰岩、硅质灰岩
				寺门段	70		黑色页岩夹钙质页岩、泥质灰岩、栗木附近夹炭质页岩及一层煤
				黄金段	651		上部灰岩、下部深灰色灰岩含燧石团块及条带、夹泥质灰岩
			岩关阶		197～495		上段灰黑色灰岩夹白云岩，中段泥质灰岩夹页岩，下段灰黑色白云岩夹灰岩
	泥盆系	上统	未分组		1606		浅灰灰岩夹白云岩、灰白色灰岩夹白云岩，中上部夹鲕状灰岩，底部为黑色灰岩
		中统	东岗岭组		30～485		上部为灰、深灰色灰岩，中下部为深灰、灰黑色白云岩，底部为灰岩、泥质灰岩，局部含燧石
			郁江组		177～253		灰白紫红色石英砂岩、灰绿色粉砂岩夹页岩，夹鲕状赤铁矿 1～2 层，厚 0.3～4 米，含 TFe25%～47%，局部含硫、磷、钾
		下统	那高岭组		83～340		深灰及灰黑细砂岩、灰绿色细砂岩、粉砂岩夹页岩
			莲花山组		469～664		上部紫红色细砂岩夹粉砂岩，钙质页岩；下部紫红色细砂岩夹中粗砂岩，底部砾岩夹砾粗砂岩
下古界	奥陶系	下统	黄隘组		2000		灰至灰绿色页岩与同色含云母砂岩互为夹层，上部以页岩为主，下部以少岩为主
	寒武系	（水口群）			小于 3579		上部灰绿灰色中厚层状含云母砂岩、夹灰黄红色页岩及数层泥质灰岩、白云岩、白云质灰岩（厚 3～4 米）具铅锌矿化下部灰至灰绿页岩，夹云母质砂岩，及灰岩、泥质灰岩、白云质灰岩（厚 10 米左右）具界铅锌矿化、微层理发育

岩浆岩

全县各乡镇都有分布。按产出方式论，以侵入岩为主。按岩类分，以酸性岩为主。岩浆活动的时间以燕山期岩浆活动影响面最广。岩浆活动与内生金属矿产关系密切，几乎主要岩浆活动期都伴随有各种金属矿产的成矿作用，其中尤以燕山期的有色金属和稀土金属矿产为最主要。这些矿产多依岩体分布，有些岩体本身即属矿产。

县境内的岩浆岩以侵入岩为主，属于南岭侵入岩中的中酸性花岗岩的一部分，包括印支期侵入岩、燕山早期侵入岩。

印支期侵入岩 其中杨梅山岩体，位于莲花南东的蟠龙村东侧，呈北东向长条形分布，与中上泥盆统呈侵入接触，花山岩体明显侵入本岩体。岩体为细粒斑状黑云母角闪花岗岩，长石斑晶占15%～20%。矿物成分中石英占24%～28%、微纹长石占26%～33%、中长石占25%～28%、黑云母占5%～10%、普通角闪石占4%～13%，副矿物有锆石、磷灰石、磁铁矿、钛铁矿，岩体内有电气石石英脉充填。

燕山早期侵入岩 包括栗木岩体、园石山岩体、花山岩体。

栗木岩体同位素年龄值为160百万年至196百万年。位于栗木向斜轴部，沿南北向断裂贯入组成岩墙群复合体，外围南面下部有隐伏花岗岩。岩体侵入下石炭统大塘阶灰岩，接触面倾角极陡。岩体边缘为细粒白云母花岗岩。受过较强的钠长石化，含石英41%、斜长石40%、微纹长石13%、白云母6%。岩体中部为中粒白云母花岗岩，灰白色，较前者含石英稍低，含微纹长石及白云母较多。

岩体裂隙构造很发育，利于含矿热液沉淀。内外接触带发育各种不同类脉岩中，以石英脉型含矿量富，如围岩裂隙中的水溪庙钨锡铌钽矿区、岩体裂隙中的牛栏坪钨锡矿区。在老虎头及金竹源的岩体顶部，钨、锡、铌、钽矿富集。

园石山岩体同位素年龄值为157百万年。出露于东部银殿山穹窿轴部，为斑状黑云母花岗岩；斑晶由长石、石英组成，基质为石英、长石、黑云母，偶见角闪石。边缘相细粒结构，斑晶含量10%～20%。矿物成分中，石英占32%～34%；过渡相为中细粒结构，斑晶含量20%～30%、石英占26%～35%；中心相为中粗粒结构，斑晶30%～40%、石英占23%。岩体外围有钨、锡、铜、铅锌矿点。

花山岩体同位素年龄值为158百万年。出露于蟠龙以东的蓝洞一带，县境内只占有整个花山岩体的北西部分。中粗粒黑云母花岗岩，分相不明显，呈浅肉红色。矿物成分中，石英占21%～33%、微纹长石大于35%、斜长石19%、中长石大于15%、奥长石22%～26%、黑云母2%～8%、普通角闪石小于1～2%。岩体中的伟晶岩脉中含钾长石，石英脉中含水晶。外围有铅锌矿点。

燕山早期各岩体副矿物大体相似，主要有磁铁矿、钛铁矿、锡石、黑钨矿、磷钇矿、独居石、锆石及金红石等。其中，以栗木岩体的锡石、黑钨矿及含锆石的含量为高。磷钇矿、独居石、锆石则以花山岩体较高。

构造

恭城县境大地构造位置，处于广西“山”字形构造的东弧向北东消失的部位，包括褶皱、断层。

褶皱 县境西北为海洋山隆起的南端，东北和东部为都庞岭—花山山系隆起，中部为灌（阳）恭（城）地槽的南端。局部地方，形成更次一级的构造，为矿床的形成起到容矿作用。

老厂穹窿位于县西与灌阳、阳朔县交界边境，县内只占有东南部分。寒武系基底出露较广，泥盆系盖层多已被剥蚀，穹窿呈长宽比约2∶1的椭圆状，长轴南北走向，是铜、铅、锌的有利控矿构造。

银殿山穹窿位于东部边境，南北长40千米、东西宽20千米，核部由寒武系及花岗岩侵入体组成，两翼为下泥盆统呈单斜产出。有钨锡及铜铅锌矿产分布。

栗木—莲花复式向斜为纵贯县境的主要构造单元，南北向分布，南宽北窄。轴部由下石炭统及下侏罗统组成，两翼为泥盆系分布。其中，西翼较宽、岩层平缓；东翼较窄，倾角较大。北段的栗木附近有燕山早期花岗岩侵入。盛产钨锡，亦有铜铅锌分布。

三江向斜位于东南边境，轴向南北，长20千米，宽约12千米。北端封闭，南端为花山岩体所截，中轴部为中泥盆统、两翼由下泥盆统组成，是一个地层及构造上均较简单的平缓开阔向斜。近花岗岩地带有铅锌矿分布。

断层 境内有近南北向断层、北东向断层、北北西向断层3组断层。

近南北向断层。多与褶皱平行、断面多向西倾。其中，观音—蟠龙正断层，位于银殿山穹窿西侧，北端随褶皱转向北东出县境。南端被花山岩体掩没。全长80千米，切割寒武、泥盆、石炭系，断距各地不一，100～1000米不等，倾向260度、倾角55度。中段的东侧有次级断层发育。硅化破碎带中，含钨锡铅锌等矿；黄埠—新街逆断层，北端设于第四系，南端接北北西向断层，切割泥盆系、石炭系；栗木—麻窝断层，位于向斜中部，南北均出县界，切割泥盆系、石炭系、侏罗系。南段属逆断层，并为北东向断层错移，中段为第四系掩盖，北段断层性质不明，有栗木花岗岩体及钨、锡、钽、铌矿形成。西侧有大致平行的分支断层。

北东向断层。其中，泗安—门楼逆断层，北端设于第四系，南端出县界，切割泥盆系、石炭系、侏罗系及麻窝断层；椅子—营盘正断层，位于岛坪西侧，两端均出县界，倾向西，切割寒武系、泥盆系。两侧有铜、铅锌矿分布。

北北西向断层。其中，陶庄断层位于蟠龙断层两侧，切割泥盆系、石炭系；莲花逆断层位于西南边境，切割泥盆系、石炭系、侏罗系，大致与褶皱平行。

第二节 地貌

恭城境内以山地、丘陵为主，河流沿岸有较为平坦的小冲积平地。全县东、西、北三面为中低山环抱，中间为一条南北走向的河谷走廊，其间河谷、平地、台地、丘陵相互交错。县内最高处为银殿山顶，海拔1885米；最低处为恭城镇古城村岭尾屯，海拔130米。

全县总面积2149.02平方千米（1992年版《恭城县志》）。其中，山地面积104692.67公顷，占总面积的48.71%；丘陵47314.33公顷，占总面积的22.02%；台地1914公顷，占总面积的0.89%；平地58325.53公顷，占总面积的27.14%；水面及其他2655.43公顷，占总面积的1.24%。

山地

县境内东、西、北三面环山，山地山脉属于南岭山脉的都庞岭和海洋山，山地面积占全县总面积48.71%。东部山地属于都庞岭南段的花山山脉，北部山地属于都庞岭中段支脉，西部山地属于海洋山南段山脉。东部山地与北部山地相连，分界线以龙虎关的河流为界；西部山地与北部山地也相连，分界线以栗木镇定岗坳为界。

县内山地主要为中低山，多为砂页岩土山，坡度25°～35°。中山主要生长灌木、杂木，低山主要生长杉木、松木、杂木和竹子。人工栽培林木以杉木、马尾松和毛竹为主，厚朴、杜仲、黄柏等药材林为次。土壤以红壤和黄壤分布最广泛，其次是石灰土。

县境东部为都庞岭南段的花山，山脉长约70千米，略呈南北走向，海拔1000米以上的山峰有202个。花山主体分布在恭城县境内，小部分在钟山县、富川县及湖南省江永县。中部为寒武纪砂页岩，南北两部为燕山期花岗岩侵入体，四周为泥盆纪沉积岩。山地西坡较平缓，河流沿坡面平行发育；森林茂密，野生动植物丰富，1982年，该区域内成立自治区级银殿山自然保护区。有国家Ⅰ类保护陆生野生动物：蟒蛇、黄腹角雉、白颈长尾雉；国家Ⅱ类保护陆生野生动物：穿山甲、红腹锦鸡、红腹角雉、大灵猫、小灵猫、娃娃鱼、虎纹蛙；属国家Ⅰ类保护野生植物：银杏；属国家Ⅱ类保护野生植物：福建柏、华南五针松、柔毛油杉、黄枝油杉、楠木、香樟、喜树、红豆。主要山峰有银殿山（又名南山，因山顶分两峰，亦名兼山、银锭山），位于平安、三江两个乡交界处，系花山山脉主峰，海拔1885米，也是全县最高山峰；古木源山（又名北卡山），位于三江乡三联村桐油坪屯东与富川县交界处，主峰海拔 1857.1 米，为恭城第二高峰、恭城河发源地，有较多的原始森林，动植物资源丰富，主要有杉、松、杂木、方竹等稀有竹类及各种珍贵野生动物。其他山峰有小银殿山，海拔 1595 米；石榴界，海拔 1372 米；石址界，海拔 1757 米；圆石山，海拔 1531 米；羊岭头，海拔 1615 米；朝天龙，海拔 1468 米。

图 2-1　恭城第一高峰——银殿山（《梦里瑶乡》编委会办公室提供）

县境北部山地为都庞岭中段两支脉的南端，沿北部和东北部县界，各约 30 千米，呈东北—西南走向，1000 米以上的山峰有 47 个。分布在观音乡、龙虎乡及栗木镇。都庞岭中段山脉地层以加里东期和燕山晚期的花岗岩为主，南北两端为寒武纪砂页岩，为一断块山地，在加里东运动时伴随花岗岩的侵入隆起成山，在燕山期花岗岩大规模侵入。山体高大，河流沿东西两侧平行对称发育。该段山脉在县境内主峰为李笋界，海拔 1253 米，植被保存较好，发现有珍贵的福建柏、铁杉、白克木混交林。

县境西部山地为海洋山南段山脉，伸入县境 30 余千米，1000 米以上的山峰有 69 个。这些山脉均为纵向排列，奇山异洞，遍布各乡，自然风景秀丽。海洋山为花岗岩穹窿构造的山地，以加里东期花岗岩为核心，外围为古生代奥陶纪和泥盆纪的砂页岩及灰岩。在加里东运动时隆起成山，燕山运动时再度隆起。山体庞大，水资源丰富，植被为亚热带常绿阔叶林，森林茂密，野生动植物丰富，区域内有自治区级水源保护区—海洋山自然保护区（1982 年成立）。有国家Ⅰ类保护陆生野生动物：蟒蛇、黄腹角雉、白颈长尾雉；国家Ⅱ类保护陆生野生动物：穿山甲、红腹锦鸡、红腹角雉、大灵猫、小灵猫、娃娃鱼；属国家Ⅰ类保护野生植物：红豆杉、银杏；属国家Ⅱ类保护野生植物：福建柏、华南五针松、柔毛油杉、黄枝油杉、楠木、香樟、喜树、红豆。主要山峰有鸡笼山，海拔 1644 米；高山顶，海拔 1603 米；椅子山，海拔 1591 米；轿顶山，海拔 1593.1 米；凉伞顶，海拔 1429 米；金竹源山，海拔 1466 米。

丘陵

境内丘陵有高丘（250～500米）和中丘（100～250米）两种，除三江乡外，分布各乡镇。高丘占全县总面积15.58%，系砂页岩和石灰岩构成，坡度15°～25°，土山约占四分之三，半土半石山占四分之一，大部分已开成水田、旱地和种植油茶、马尾松。中丘占全县总面积6.44%，亦为砂页岩和石灰岩构成，坡度5°～15°，土山约占五分之四，半土半石山占五分之一，已大部分开成水田、旱地和种植水果、马尾松。境内丘陵面积最大的是西岭乡，有高丘10666.7公顷、中丘3553.3公顷；其次是恭城镇，有高丘773.3公顷、中丘2766.7公顷。上述丘陵地带是柑橙、沙田柚、月柿、桃等水果经济作物主产区。

台地

有台地（含阶地）1914公顷，占全县土地总面积的0.89%，零散分布于各乡镇，均已开成水田、旱地。

平地

县内平地分布于各河流沿岸，为小冲积平地，总体呈纵向狭长形，共58325.5公顷，占全县总面积27.14%。以恭城河两岸平地较为广阔，栗木镇12620公顷，嘉会乡10453.3公顷、平安乡9666.7公顷、恭城镇4660公顷，其次是西岭河两岸的西岭乡，有8946.7公顷；再次是莲花河、势江两岸的莲花镇，有8520公顷。上述平地土质肥沃，水利良好，是水稻、水果的主产区。

第二章　气候　水文

恭城属于中亚热带季风气候，特点是夏湿冬干，夏长冬短，四季分明，光照多，热量足，雨量充沛。县境内河流大部分属于珠江流域，很小一部分属于长江流域，其中恭城河纵贯全县境内的大部分区域。

第一节　气候

日照

1989—2005 年，年平均日照时数为 1427.7 小时，比 1957—1989 年的年平均日照时数少 162.9 小时。最多是 1992 年的 1695.7 小时，最少是 1997 年的 1075.3 小时。从季节看，冬季最少，只有 220.5 小时，占全年日照时数的 15.44%，平均每天 2.42 小时。夏季最多，达到 499.9 小时，占全年 35.01%，平均每天有 5.43 小时。

1989—2005 年，年日照率为 34%。最少是 3 月，只有 15%。最多是 9 月，达 52%。2—4 月，月均小于 20%；7—9 月，月均大于 50%。

1989—2005 年恭城瑶族自治县日照时数旬月季年平均值一览表

表 2-2　　单位：小时

月份	上旬	中旬	下旬	月	季	年
1	23.70	13.30	21.50	58.60	220.50	1427.70
2	20.00	15.30	14.30	49.50		
3	22.40	9.90	15.70	48.10		
4	19.70	24.30	26.10	70.10	226.10	
5	33.10	31.70	43.20	107.90		
6	43.80	36.30	44.60	124.70		
7	55.20	59.90	67.50	182.60	499.90	
8	66.20	59.60	66.80	192.60		
9	64.30	61.10	57.20	182.60		
10	57.00	51.70	55.80	164.60	481.20	
11	48.20	43.50	42.30	134.00		
12	36.10	33.90	42.40	112.40		

气温

1989—2005年，年平均气温为20.0℃，比1957—1989年的年平均气温升高0.3℃。年平均气温最高是1998年，年均20.71℃；年平均气温最低是1996年，年均19.34℃；1月最冷，平均气温9.5℃；7月最热，平均气温28.3℃。极端最低气温-3.8℃出现在1991年12月28日；全县日最高气温35℃以上出现在7月、8月、9月，最高值40.5℃出现在2003年7月23日；高温主要出现在平原、河谷区域，山区罕见。

气温的水平分布，因受地理纬度、海拔高度和地形等因素影响，南高北低，平地高于山区。

1989—2005年恭城瑶族自治县各月平均气温一览表

表2-3 单位：℃

月 年	1	2	3	4	5	6	7	8	9	10	11	12	合计	年均
1989	8.00	8.80	14.70	20.00	23.50	26.90	28.70	29.10	27.10	22.90	16.90	12.10	238.70	19.89
1990	9.40	10.10	15.30	19.00	23.00	27.70	28.60	30.70	27.70	22.80	18.20	12.20	244.70	20.39
1991	8.50	12.50	13.60	20.00	23.70	27.50	29.00	28.90	27.00	21.70	16.60	12.00	241.00	20.08
1992	9.60	9.90	11.60	21.20	23.00	26.50	28.20	29.90	27.00	20.90	17.00	13.70	238.50	19.88
1993	7.60	12.90	14.50	19.40	23.40	26.30	28.40	28.40	26.00	20.20	15.80	11.00	233.90	19.49
1994	10.70	9.90	12.90	21.10	25.30	26.40	27.30	27.20	25.20	20.00	18.10	12.70	236.80	19.73
1995	8.30	10.80	14.00	20.00	24.20	27.10	28.70	27.80	26.40	22.30	16.10	11.30	237.00	19.75
1996	8.00	9.70	12.40	17.20	23.20	27.10	28.00	27.50	26.60	22.40	17.20	12.80	232.10	19.34
1997	11.20	11.60	15.90	19.40	24.70	26.40	26.60	27.90	23.50	22.20	16.60	10.80	236.80	19.73
1998	7.90	11.50	13.60	22.60	24.00	26.30	28.50	29.80	27.20	24.60	18.60	13.90	248.50	20.71
1999	11.10	14.20	14.90	21.20	23.00	27.60	28.40	27.30	26.20	22.40	16.90	11.70	244.90	20.41
2000	10.20	8.70	14.80	19.50	24.30	27.20	29.00	28.80	26.10	21.40	14.50	12.70	237.20	19.77
2001	10.00	11.40	16.10	19.00	24.50	26.20	28.20	27.80	27.20	23.20	16.80	9.70	240.10	20.01
2002	11.90	13.90	16.40	20.50	24.50	27.50	27.70	26.80	24.90	20.90	16.90	10.70	242.60	20.22
2003	10.50	13.60	14.80	21.00	24.40	26.60	30.20	29.00	26.60	21.80	17.40	11.40	247.30	20.61
2004	9.70	13.50	14.10	21.80	23.90	27.40	27.00	28.30	26.90	22.30	17.80	12.00	244.70	20.39
2005	7.80	8.20	14.00	20.80	26.20	26.80	29.10	28.10	27.00	22.80	18.50	10.40	239.70	19.98

1989—2005年恭城瑶族自治县各月极端最高、最低气温一览表

表2-4 单位：℃

月份	极端最高气温		极端最低气温	
	极值	日期	极值	日期
1	27.10	1997.01.01	−0.70	2004.01.21
2	28.90	1996.02.15	−0.60	1996.02.20
3	32.00	1999.03.05	1.90	1994.03.03
4	34.40	2005.04.30	5.70	1996.04.04

续表 2-4

月份	极端最高气温		极端最低气温	
	极值	日期	极值	日期
5	35.70	2005.05.01	11.50	1990.05.05
6	37.20	2004.06.30	16.70	1997.06.11
7	40.50	2003.07.23	19.30	1989.07.30
8	39.20	1990.08.27	20.10	1994.08.23
9	38.30	1990.09.05	14.20	1997.09.27
10	35.70	2005.10.01	8.60	1991.10.29
11	32.70	2005.11.04	3.80	1993.11.22
12	27.80	2002.12.05	−3.80	1991.12.28

降雨

1989—2005 年，年平均降雨量 1462.7 毫米，比 1957—1989 年的年平均降雨量多 25 毫米。最多年是 2002 年，达 2029.3 毫米，最少年是 1991 年的 1100.4 毫米，相差 928.9 毫米。

月降雨量差异很大，全县月平均雨量最多的是 5 月达 262.7 毫米，最少的是 12 月为 48.5 毫米。极端最多月是 2005 年 6 月，达 600.6 毫米；极端最少月是 2004 年 10 月，为 0.0 毫米。大雨汛期由 4 月开始，至 9 月结束。

雨日分布 1989—2005 年，全县年平均雨日 212 天，占全年 58%。最多年是 1997 年的 236 天，最少年是 2003 年的 178 天。最长连续无雨日数是 2004 年 9 月 21 日至 11 月 4 日，共 45 天。最长连续降雨日数是 1994 年 8 月 4 日至 8 月 21 日，共 18 天，降雨量共计 311.1 毫米。

降雨强度 1989—2005 年，县内 10 分钟最大降雨量为 28.0 毫米（1996 年 4 月 18 日 19 时 51 分至 20 时 01 分）；1 小时最大降雨量为 82.8 毫米（1996 年 4 月 18 日 19 时 29 分至 20 时 29 分）；4 小时最大降雨量为 111.6 毫米（1996 年 4 月 19 日 00 时 38 分至 04 时 38 分）；12 小时最大降雨量为 215.9 毫米（1996 年 4 月 18 日 19 时 08 分至 19 日 07 时 08 分）；24 小时最大降雨量为 222.1 毫米（1996 年 4 月 18 日 18 时 01 分至 19 日 18 时 01 分）。

1989—2005 年恭城瑶族自治县各月降雨量一览表

表 2-5

单位：毫米

年＼月	1	2	3	4	5	6	7	8	9	10	11	12	合计
1989	120.60	76.00	85.50	165.90	268.90	155.90	61.10	114.30	96.50	4.80	14.70	23.60	1187.80
1990	150.50	165.00	210.90	151.20	244.10	61.50	116.10	5.90	76.70	87.10	116.90	45.90	1431.80
1991	63.20	72.70	83.90	109.60	135.80	245.40	96.00	90.40	7.10	19.90	79.40	97.00	1100.40
1992	103.80	146.90	159.80	110.80	318.60	121.00	197.90	31.20	133.20	2.00	15.60	74.60	1415.40
1993	68.40	111.60	62.30	147.90	326.40	428.40	157.80	121.80	92.30	50.10	68.40	17.80	1653.20
1994	5.70	71.00	139.30	112.80	299.00	406.10	383.30	321.70	78.00	69.30	24.60	112.80	2023.60
1995	115.70	87.90	74.60	202.90	130.20	470.20	118.30	222.40	111.90	101.90	34.70	7.50	1678.20
1996	68.50	35.40	203.90	282.70	305.70	345.90	210.60	212.90	11.30	31.40	0.30	9.20	1717.80

续表 2-5

年\月	1	2	3	4	5	6	7	8	9	10	11	12	合计
1997	130.10	70.30	206.70	301.90	298.30	262.50	297.40	115.40	37.80	70.40	39.50	108.60	1938.90
1998	97.10	67.60	194.50	175.30	299.00	305.70	177.70	20.10	28.90	13.40	36.20	20.40	1435.90
1999	40.40	10.10	19.00	209.60	232.90	242.90	98.00	284.50	54.70	80.50	61.30	2.60	1336.50
2000	15.10	48.20	135.70	313.40	305.40	109.40	57.90	50.40	26.70	176.80	28.60	10.30	1277.90
2001	88.90	62.30	153.90	204.40	189.30	330.60	157.60	150.00	1.90	75.80	73.30	44.90	1532.90
2002	57.50	51.80	94.30	176.30	333.50	423.60	233.00	251.10	14.10	179.10	41.80	173.20	2029.30
2003	76.80	63.40	100.50	246.30	217.40	210.50	26.90	104.60	66.60	3.20	4.20	8.70	1129.10
2004	62.90	57.00	69.10	149.80	299.10	120.50	334.50	101.90	18.90	0.00	51.90	19.00	1284.60
2005	39.80	40.70	202.90	107.70	264.90	600.60	88.10	175.10	41.30	12.20	54.70	64.80	1692.80

湿度

1989—2005 年，全县年平均相对湿度为 75%，与 1957—1989 年的年平均相对湿度持平。最高年是 1994 年、2002 年，为 79%；最低年是 1992 年、2004 年，为 72%。4 月为最高，达 81%；10 月、11 月、12 月最低，为 70%。

蒸发量

据县气象局小型蒸发器的测试，1989—2005 年，全县年平均蒸发量 1616.2 毫米，比 1957—1989 年的年平均蒸发量减少 130.8 毫米。年序比较，蒸发量大于降雨量的有 1989 年、1990 年、1991 年、1992 年、1998 年、1999 年、2000 年、2003 年、2004 年，蒸发量小于降雨量的有 1994 年、1995 年、1996 年、1997 年、2002 年，两者持平的有 1993 年、2001 年、2005 年。月序比较，7—12 月蒸发量大于降雨量，1—6 月蒸发量小于降雨量。蒸发量最多的年份是 1990 年，为 1854 毫米；最少的年份是 2002 年，为 1364.1 毫米。月蒸发量最大为 8 月，平均为 214.2 毫米。

风

恭城受地理环境影响，北风最多，频率为 19%。1 月、2 月、10 月、11 月，以北风为主，北风频率分别为 30%、28%、27%、27%。4 月，季节转换，南、北风向均较多，北风频率为 14%，南风频率为 8%。7 月，以南风为主，频率为 15%。

1989—2005 年，平均风速为 1.3 米 / 秒。月均风速 10 月最大，均达 1.67 米 / 秒；最小是 6 月，平均风速只有 0.94 米 / 秒。1989—2005 年，共出现过 12 次大于 17 米 / 秒的大风，平均每年有 0.7 次。北部嘉会乡，处于峡谷地带，每年冬春季节都有 5～6 级的大风。

霜雪

1989—2005 年，初霜出现最早是 1990 年 12 月 5 日，最晚是 1993 年 1 月 24 日；终霜出现最早是 1990 年 12 月 6 日，最晚是 1989 年 2 月 12 日；年平均霜日数为 26 天。县内北部及山区的初霜均比县城早，终霜期比县城晚，无霜期比县城短。

根据极端最低气温小于 4℃的霜冻指标，1989—2005 年，共出现霜冻 364 天次，平均每年 21.41

天次，比1956年11月至1989年3月霜冻多0.47天。最多是1988年12月11日至1989年2月12日，出现64天次。最少是1998年，没有出现霜冻。

1989—2005年，年平均无霜期为339天。最长是1991年、1998年，为365天；最短是2004年，为301天。

平地年平均下雪日数2天左右；高山地带初雪在11月下旬，终雪在下年3月上旬，雪期长3个月。山区平地，差异很大。

物候

1989—2005年，根据在县城附近物候观察点记录的月柿树、桃树及橘树等乔木的物候现象，全年春、夏、秋、冬四季分初春、仲春、季春、初夏、仲夏、季夏、初秋、深秋和冬季9个物候阶段。

春季79天。初春阶段始于2月11日至3月10日共28天，候平均气温10℃至12.9℃，物候现象是柿树、桃树及橘树等乔木植物萌动发芽。仲春始于3月11日至4月15日共36天，候平均气温13℃至19.9℃，物候现象是苦楝树、桑树及板栗树等乔木植物展叶，泡桐树、毛桃树等乔木植物开花。季春始于4月16日至4月30日共15天，候平均气温20℃至21.9℃，物候现象是柿树、桃树及橘树等乔木植物迅速抽梢开花。

夏季长达5个月，是气温最高、雨量最多的季节。初夏始于5月1日至5月25日共25天，候平均气温22℃至25℃，柿树、桃树、橘树等乔木植物生长迅速，长梢长果。仲夏始于5月26日至9月30日共128天，候平均气温由25℃上升至一年中最高气温后再下降，该阶段最炎热，有暴雨、台风雨，物候现象是枣树、梧桐树等乔木植物进入开花末期，桃树、李子树等乔木植物进入果实成熟期。季夏始于10月1日至10月15日共15天，候平均气温22℃，物候现象是植物生长速度明显减慢。

秋季的初秋始于10月16日至11月15日共31天，候平均气温16℃，雨量稀少，柿树、橘树等乔木植物生长缓慢，苦楝树、泡桐树等乔木植物果实成熟，枣树、板栗树及梧桐树等落叶植物进入变色期。深秋始于11月16日至12月25日共40天，候平均气温10℃，气候比较干燥，乔木、灌木生长缓慢，桃树、柿树等落叶植物普遍叶色变黄或变红，并开始落叶。

冬季始于12月26日至下年2月10日共47天，候平均气温低于10℃，该期间有霜雪，桃树、柿树等落叶树木叶落尽，进入冬眠状态，橘树等常绿阔叶树生长极慢，甚至停止生长。

第二节　水文

县境内各河流年总径流量21.18亿立方米，另有过境客水量10.13亿立方米。

地表水

县内河流大部分属于珠江水系，少部分属于长江水系。属于珠江水系河流集雨面积共2113.27平方千米，占全县总面积的98.3%。属于长江水系的河流，只有位于都庞岭北坡栗木镇泉会村一带的山溪，流入灌阳县牛江，经灌江汇入湘江，集雨面积35.75平方千米，占全县总面积1.7%。

恭城河　古名乐川水，又名茶江。自北向南逶迤纵贯穿恭城中部，属于桂江一级支流。恭城河全长162千米，总集雨面积4323平方千米。

恭城河发源于县境东部三江乡黄坪村的古木源北卡山，北流经三联、大地在落岭界出县境，县境内上游山区段称古木源。干流长26千米，集雨面积165.75平方千米。进入湖南省后，向北流经源口、桃川，然后折向西经粗石江，再向西南流经龙虎关重入恭城县境，称源口河段。干流长 42 千米，集雨面积 882.62 平方千米。流入县境内后，在实乐村有马林源河自右侧汇入，再经龙岭、良溪、常家，在六岭二渡桥有栗木河自右侧汇入，然后折向南流，经大石洲、吉山，在豸游有苏陂河自右侧来汇。再经嘉会、泗安、松林，在鸭塘有龟山河自右侧汇入。然后经白羊，在蟠龙有上蕉河自左侧汇入；再经黄埠、路口，在伏地岩左汇路口河；又经江贝，在小河口左汇北洞源河。过县城，在西河口村右会西岭河；再经乐湾、庄埠在龙颈村左汇势江，在古城村左汇莲花河，经岭尾村出县境。恭城河自龙虎关进入县境至出境，该段干流长 58 千米，集雨面积 2080.78 平方千米，其中县境内集雨面积 1936.57 平方千米。以上 3 个河段干流共长 126 千米，集雨面积 3129.15 平方千米（其中，过境水集雨面积 1026.83 平方千米），年均降雨量 1691 毫米，年降雨总量 52.92 亿立方米（年径流总量 30.95 亿立方米，年平均流量 98.13 立方米 / 秒，年径流深 989 毫米，年径流模数 31.36 升 / 秒 · 平方千米）。恭城河出恭城县境后向西经平乐县沙子、龙船岩南折经虎豹电站大坝，流至平乐县城上关之令公庙注入桂江。

图 2-2 恭城河（孟华 2005 年 摄）

径流量。据恭城水文站（恭城河的中游控制站，位于恭城镇乐湾村）实测，恭城河段年径流量与降水量趋势一致，多年平均径流深 1009.9 毫米，年径流深变幅在 593.6 毫米至 1430.5 毫米之间；多年平均流量为 84.1 立方米 / 秒，最小与最大平均流量变幅为 49.3 立方米 / 秒至 119.0 立方米 / 秒；多年平均径流量 26.96 亿立方米，最小与最大径流量变幅为 15.55 亿立方米至 37.48 亿立方米；多年平均径流系数 0.58，变幅在 0.53 至 0.63 之间。恭城河汛期出现在 3 月至 8 月，洪峰多出现在 5 月至 6 月，3 月至 8 月多年平均径流量为 21.48 亿立方米，占全年径流量的 81%；非汛期出现在 9 月至下年 2 月，多年平均径流量 5.03 亿立方米，占全年总径流量的 19%。连续最大 4 个月（4—7 月）的多年平均径流量 17.75 亿立方米，占全年总径流量的 67.1%。

水温。据恭城水文站的实测资料分析得出，多年平均水温 19.7℃，历年最高水温 34.4℃（1963 年 9 月 3 日），历年最低水温 2.0℃（1961 年 1 月 7 日）。

水位。据恭城水文站水位观测资料统计分析得出，恭城河床平均水位 127.99 米。5 月水位最高，平均水位 128.60 米；1 月水位最低，平均水位 127.66 米；多年平均水深 0.94 米。

历史最高水位出现于 1877 年 6 月 4—6 日（丁丑年农历四月十三至十五），最高水位 135.37 米，最大洪峰流量 6800 立方米 / 秒。历史最枯水位 127.25 米（1954 年 12 月 1 日），枯水流量 3.69 立方米 / 秒，最高水位与最低水位之差为 8.12 米。

恭城瑶族自治县河各河段基本情况一览表

表 2-6

区间	干流长（千米）	流域面积（平方千米）			
		小计	县境内	县境外	流出县境外后汇入恭城河
恭城县境内古木源区间	26.00	165.75	165.75	—	—
湖南省境桃川区间	42.00	882.62	—	882.62	—
恭城县区间	58.00	2080.78	1936.57	144.21	—
平乐县区间	36.00	1193.85	—	1182.90	10.95
合计	162.00	4323.00	2102.32	2209.73	10.95

恭城瑶族自治县河上游、中游水资源基本情况一览表

表 2-7

地点	集雨面积（平方千米）	河长（千米）	年平均降雨总量（亿立方米）	年平均径流总量（亿立方米）	年平均流量（立方米 / 秒）
龙虎关	1048.37	68.00	17.85	10.35	32.82
岭尾村	3129.15	126.00	52.92	30.69	97.27

恭城河各支流　恭城河纵贯全县境内的大部分区域，有马林源河、栗木河、苏陂河、龟山河、上蕉河、路口河、北洞源河、西岭河、势江、莲花河 10 条支流。

马林源河发源于观音乡的二九源，自东北向西南流，经龙虎乡实乐村在老江（氹）附近从右侧注入恭城河，干流长 16 千米，集雨面积 33.64 平方千米，流量变幅 0.1 立方米 / 秒至 162.0 立方米 / 秒，平均比降 40.31‰，砂卵石河床。年均降雨总量 0.62 亿立方米，年均径流量 0.38 亿立方米，多年平均流量 1.2 立方米 / 秒。支流有源头河，于实乐村两叉河汇入。

栗木河古名平川江，又名观音河。发源于观音乡水滨村之大龙源山，向西南流，经水滨、狮塘、观音、石头、上宅、栗木、大枧、建安，在六岭村二渡桥附近注入恭城河。干流长 49 千米，集雨面积 328.52 平方千米，流量变幅 1.0 立方米 / 秒至 1190.0 立方米 / 秒，平均比降 17.35‰，砂卵石河床。年均降雨总量 6.0 亿立方米，年均径流总量 3.78 亿立方米，多年平均流量 11.99 立方米 / 秒。主要支流有上枧河，上枧河主要支流有蛋子江。

苏陂河发源于栗木镇泉会村八字界糍粑岭之南侧，向南经西南村水油榨，折向东经苏陂村，在豸游村附近注入恭城河。干流长 30 千米，集雨面积 100.08 平方千米，流量变幅 0.3 立方米 / 秒至 360.0 立方米 / 秒，平均比降 34‰，砂卵石河床。年均降雨总量 1.8 亿立方米，年均径流总量 1.06 亿立方米，多年平均流量 3.36 立方米 / 秒。支流有南江源河、雷鸣江等。

龟山河发源于西岭乡罗卜村之红花岭，向东南流，经罗卜在嘉会乡鸭塘村附近注入恭城河。干流长 14 千米，集雨面积 27.07 平方千米，流量变幅 0.05 立方米 / 秒至 130.0 立方米 / 秒，平均比降 13.57‰，砂卵石河床。年均降雨总量 0.46 亿立方米，年径流总量 0.27 亿立方米，多年平均流量 0.86 立方米 / 秒。

上蕉河发源于嘉会乡上蕉村之东的田厂岭，向西南流，经上蕉、白羊，在蟠龙村附近注入恭城河。干流长 15 千米，集雨面积 49.71 平方千米，流量变幅 0 立方米 / 秒至 200.0 立方米 / 秒，平均比降 90.67‰，砂卵石河床。年平均降雨总量 0.84 亿立方米，年均径流量 0.48 亿立方米，多年平均流量 1.52 立方米 / 秒。支流有下蕉河，在大山村汇入。

路口河古名下山源北（塅）河，发源于平安乡下山源之东的白沙界岭。向西南流，经大岭村的对河、云峰、陶庄，在平安乡路口村的伏地岩附近注入恭城河。干流长 23 千米，集雨面积 81.43 平方千米，流量变幅 0.25 立方米 / 秒至 300.0 立方米 / 秒，平均比降 57.91‰，砂卵石河床。年平均降雨总量1.31亿立方米，年均径流总量0.73亿立方米，多年平均流量2.31立方米/秒。支流有南（塅）河，在社坪汇入。

北洞源河发源于银殿山西麓，自东向西流经大江、北洞源、北溪、桥头，在恭城镇江贝村附近注入恭城河。干流长27千米，集雨面积101.52平方千米，流量变幅0.3立方米/秒至365.0立方米/秒，平均比降 43.93‰，砂卵石河床。年均降雨总量 1.57 亿立方米，平均径流总量 0.88 亿立方米，多年平均流量 2.79 立方米 / 秒。

西岭河古名西水江，上游山区段名澄江，下游名西河，为恭城河最大的一条支流。发源于海洋山东麓、灵川县黄泥江乡笑天狮岭。向东南流，经椅子村进入县境，向南流至磨底塘汇方田江水，向西南流至刘家洞汇陡江水，至营盘上汇川江水，营盘下汇茶江水，至岛坪上汇桃花江水，进入峻山水库库区。下游河床干涸，至杨溪汇朝川水，至费村、羊角山有龙岗河水和峻山水库西干渠回归水来汇，南流进入恭城镇高洲、洲塘，在孟家屯与下宋河汇，经白马、西河口村附近从右侧注入恭城河。干流长 77 千米（其中，县境内长 56 千米），集雨面积 601.76 平方千米（其中，县境外集雨面积 125.26 平方千米）。流量变幅 2.5 立方米 / 秒至 2166.0 立方米 / 秒，平均比降 10.65‰，砂卵石河床。年均降雨总量10.33亿立方米，年均径流总量6.04亿立方米，多年平均流量19.15立方米/秒。有栗木镇泉会村石盘江、倘源江，西岭乡的方田江、陡江、川江、茶江、桃花江、朝川河、龙岗河、下宋河 10 条支流。

势江发源于三江的涝溪界，自东向西流，经三江、洗脚岭、龙围、杨梅、势江、独石、横山、山狮角、桐竹、社山，在恭城镇的龙颈村附近注入恭城河。干流长 53 千米，集雨面积 334.68 平方千米，流量变幅 1.0 立方米 / 秒至 2105 立方米 / 秒，平均比降 19.28‰，砂卵石河床。年均降雨总量 5.35 亿立方米，年均径流总量 3.0 亿立方米，多年平均流量 9.51 立方米 / 秒。势江支流有桃溪河、本源河、南江源河、安冲河、西岭岗河、黄坭岗河、小势江及东科河等。

莲花河古名南坪江，发源于莲花镇桑源村东的石榴界岭。自东向西北流，经黑石洞，出谷口南坪进入平原地区的东寨、门等、朗山、笔山、莲花、竹山、凤凰岩及平乐县的矮山，在恭城镇古城村附近注入恭城河。干流长 38 千米，集雨面积 174.47 平方千米（其中，平乐县境内集雨面积 18.95 平方千米）。流量变幅 0.5 立方米 / 秒至 560.0 立方米 / 秒，平均比降 19.55‰。年均降雨总量 2.61 亿立方米，年均径流总量 1.43 亿立方米，多年平均流量 4.53 立方米 / 秒。莲花河的主要支流有蓝洞河、蒲源河。

恭城瑶族自治县境内河流基本情况一览表

表 2-8

河流名称	流经县内乡镇	集雨面积（平方千米）	县境内长度（千米）	县境内落差（米）	平均比降（%）	最大流量（立方米 / 秒）	最小流量（立方米 / 秒）	多年平均流量（立方米 / 秒）
恭城河全流域	三江乡、龙虎乡、嘉会乡、平安乡、恭城镇	4323.00	162.00	63.22	3.59	6800.00	3.69	83.89
栗木河	观音乡、栗木镇	328.52	49.00	850.15	17.35	1190.00	1.00	11.99
苏陂河	栗木镇、嘉会乡	100.08	30.00	1020.00	34.00	360.00	0.30	3.36
上蕉河	嘉会乡	49.71	15.00	1360.00	90.67	200.00	0.00	1.52
路口河	平安乡	81.43	23.00	1331.93	57.91	300.00	0.25	2.31

续表 2-8

河流名称	流经县内乡镇	集雨面积（平方千米）	县境内长度（千米）	县境内落差（米）	平均比降（%）	最大流量（立方米 / 秒）	最小流量（立方米 / 秒）	多年平均流量（立方米 / 秒）
北洞源河	平安乡	101.52	27.00	1186.11	43.93	365.00	0.30	2.79
西岭河	西岭乡、恭城镇	601.76	56.00	596.40	10.65	2166.00	2.50	19.15
势江河	三江乡、莲花镇、平安乡、恭城镇	334.68	53.00	1021.84	19.28	2105.00	1.00	9.51
莲花河	莲花镇、恭城镇	174.47	38.00	742.90	19.55	560.00	0.50	4.53

地下水

县境内地下水有地下河和泉井两种。地下河主要有观音乡老洣地下河；泉井大部分为农田利用，常年不涸的有 60 多处，总正常流量约 1.0 立方米 / 秒。全县地下水总静储量约 11.3 亿立方米，多为降雨补给，枯水季节 0.94 亿立方米（流量 2.98 立方米 / 秒）。

县境内地下水有碳酸盐岩类裂隙岩溶水和碎屑岩类孔隙裂隙水两大类，出露地层为古生代中、上泥盆纪，石炭纪为较厚层和较薄层灰岩，岩溶发育，以管状流为主，出口处表现为大泉或暗河口，多数位于恭城河各支流两岸石岩、岩峰丛、洼地之中。水化学特征为碳酸钙型淡水，其次为石灰岩沉积地区泉水。地表为丘陵、砾石土覆盖，深度 5 米至 10 米不等。含岩溶裂隙水，一般具有承压性质，水流正常，出口接近河谷，属古生代泥盆纪。如观音乡老洣地下河、栗木镇苔塘村桥头铺岩井、毛家寨岩井、石头村长埠岩井、小湾岩井，西岭乡挖沟村小黄埠岩井、陡八岩山暗河、高桥四十八井、潮水岩间歇泉，莲花镇东寨周家湾犀牛井、栗木镇大枧村白沙井、建安村泉水井等。碎屑岩类孔隙裂隙水，多在断层裂隙出露，分布在海洋山、都庞岭、花山一带，主要有平安乡仙姑垒、大江、白沙界，莲花镇桑源、小势江，嘉会乡上蕉、西岭乡峻山及三江乡等地的地下水。

老洣地下河 属双向补给型地下河。位于观音乡，源于该乡北部岩溶与非岩溶接融带谷地，进口位于韭菜山仙姑岩，出口位于老洣村，流程 3.5 千米，流域面积 12 平方千米，其中非岩溶面积 3 平方千米。枯水季节最小流量 42.7 升 / 秒，洪峰最大流量 3.11 立方米 / 秒，不稳定系数 72.89，最小径流模数 5.34 升 / 秒 · 平方千米，水力坡降 51.42‰，径流通畅，流速大。

九牛井 位于龙虎乡龙虎关恭城河边。井水甘甜而带酒味，含有近 30 种人体所需的微量元素，无有害物质。

热水冲、石空田矿泉 位于莲花镇坪冲村，经地质矿产部岩溶地质研究所勘查，水温为 28℃至 30℃，含偏硅酸 52 毫克 / 升至 65 毫克 / 升，含氡 57 毫克 / 升至 71.6 毫克 / 升，还含有锂、锶、锌、钼、铁及铜等 10 多种有益人体健康的微量元素。微生物、放射性、污染及元素的组成限量指标，符合国家饮用天然矿泉水标准的规定，可作瓶装矿泉水。

恭城瑶族自治县著名泉井分布情况一览表

表 2-9

泉井名称	地理位置		所在乡、村	正常流量（立方米 / 秒）
	北纬	东经		
三岔塘泉	24° 39′	110° 54′	莲花三岔塘	0.01
犀牛泉	24° 40′	110° 54′	莲花周家湾	0.05

续表 2-9

泉井名称	地理位置		所在乡、村	正常流量（立方米/秒）
	北纬	东经		
湖山井	24°40′	110°53′	莲花湖山	0.01
步边湾泉	24°40′	110°55′	莲花步边湾	0.02
野鸭塘泉	24°41′	110°53′	莲花朗山	0.02
凤胆泉	24°44′	110°54′	莲花凤岩	0.02
大逃塘泉	24°48′	110°47′	恭城化育	0.05
四十八泉	24°52′	110°46′	西岭高桥	0.05
龙岩泉	24°52′	110°43′	西岭下宋	0.03
玉兰井泉	24°53′	110°44′	西岭下宋	0.03
鱼田塘泉	24°54′	110°45′	西岭挖沟	0.03
清水桥泉	24°54′	110°45′	西岭挖沟	0.05
白岩泉	24°54′	110°53′	平安土陂	0.05
茶垒泉	24°54′	110°54′	平安土陂	0.05
小黄埠泉	24°55′	110°46′	西岭小黄埠	0.03
金龙岩泉	24°57′	110°45′	西岭西岭	0.02
红岩泉	24°57′	110°45′	西岭西岭	0.02
村岩泉	24°57′	110°52′	嘉会大山	0.05
老九板岩泉	25°00′	110°53′	嘉会九板	0.10
蓝家泉	25°04′	110°52′	栗木建安	0.03
薛家泉	25°05′	110°52′	栗木五福	0.03
白沙泉	25°07′	110°53′	栗木大枧	0.02
大营塘泉	25°08′	110°52′	栗木大营	0.02
老逑泉	25°10′	110°56′	观音老逑	0.02
小湾泉	25°11′	110°55′	栗木石头	0.02
长埠泉	25°11′	110°55′	栗木石头	0.02
水源山泉	25°12′	110°54′	栗木苔塘	0.02

第三章　土壤　植被

据1980—1983年第二次土壤普查，恭城县全县土壤可分为红壤、黄壤、石灰土、红色石灰土、紫色土、冲积土、水稻土7个土类。县内植被森林植被、草本、藤本和农作物植被构成，其中森林植被主要是壳斗科、茶科、樟科、木兰科、金缕梅科、山矾科的常绿树种阔叶林，为原生性植被。

第一节　土壤

1980—1983年第二次土壤普查，全县土壤分红壤、黄壤、石灰土、红色石灰土、紫色土、冲积土、水稻土7个土类，25个亚类，61个土属，146个土种。

土壤分类与分布

按土壤利用状况，全县分水稻土壤、旱地土壤、自然土壤三大部分。

水稻土壤　是县内主要耕地土壤，主要分布于栗木、西岭、嘉会、平安、恭城、莲花等乡镇地势较低平的地区。面积13088.24公顷，占耕地总面积18700.00公顷的70%。分7个亚类，其种类及分布如下。

淹育型水稻土，一般分布在地势较高、水耕水种时间不长、施肥水平不高，无水或缺水灌溉之处。面积1193公顷，占水田面积的9.13%。

潴育型水稻土，主要分布在县中部地区的平地垌田和低丘垌田，面积10393.33公顷，占水田面积的79.41%。

潜育型水稻土，一般分布在山冲、溪口以及排水不良的低洼处，面积312.51公顷，占水田面积的2.39%，是分布较广的低产土壤类型，有中潜底田、深潜底田、浅浸田和深浸田。

沼泽型水稻土，分布在地势低洼、长期渍水难排之处，面积57.1公顷，占水田面积的0.43%，有深洼田、浅埋黑泥田及深埋黑泥田等。

侧渗型水稻土，一般分布在坡麓地段的梯田和一些古河道上，面积87.2公顷，占水田面积的0.67%，土种为深侧渗白胶泥田。

碳酸盐渍性水稻土，一般分布在石灰岩地区，有1006.7公顷，占水田面积的7.68%，是分布最广的一种低产土壤类型。

矿毒性水稻土，主要有原县氮肥厂废水田和铅锌矿矿毒田2个土种（栗木锡矿矿毒田和燕岩锰矿矿毒田未做调查），面积38.4公顷，占水田面积的0.29%。

旱地土壤　面积5606.8公顷（不含水旱轮作地和轮歇地），占耕地面积的30%，主要用于栽培甘蔗、水果、黄豆、花生、木薯及西瓜等。分10个亚类，其种类及分布如下。

红壤，面积1686.7公顷，其中第四纪红土红壤906.7公顷，耕型砂页岩红壤639公顷，耕型花岗岩红壤38.7公顷，耕型页岩红壤78.9公顷，耕型硅质岩红壤65.7公顷，主要分布在各乡镇海拔500米以下的缓丘平地。

黄红壤，面积1013.3公顷，其中耕型砂页岩黄红壤946.7公顷，耕型花岗岩黄红壤69.2公顷，分布于观音、西岭、平安、莲花及三江等乡镇海拔500～800米的砂页岩缓坡地和花岗岩坡地。

红壤性土，面积1100公顷，其中砾石红土980公顷，多砾石红土117.8公顷，除恭城镇、观音乡外，其余各乡、镇均有分布。

黄壤，面积65.9公顷，其中耕型花岗岩黄壤19.1公顷，耕型砂质岩黄壤46.8公顷。

棕色石灰土，面积748.6公顷，其中棕泥土643.3公顷，含沙棕泥土87.9公顷，砾石棕泥土7.9公顷，埋藏黑泥棕泥土9.5公顷，分布在各乡镇石灰岩地区。

红色石灰土，面积69.4公顷，主要分布在石灰岩坡脚或地势平缓的岩溶盆地。

酸性紫色土，面积202.5公顷，其中紫沙土25.5公顷，紫泥土177公顷，分布在栗木、嘉会、西岭等乡镇紫色岩地区。

中性紫色土，面积152.1公顷，其中紫沙土27.3公顷，紫泥土124.8公顷，无分布地带性规律。

河流冲积土，面积446.8公顷，其中石灰性潮沙土12.9公顷，酸性潮沙土425.9公顷，酸性潮泥土8公顷，分布在河流两岸阶地。

洪积土，面积120.5公顷，其中砾质沙土67.9公顷，砾质壤土34.8公顷，多砾质壤土17.8公顷，分布在观音、嘉会、西岭等乡山前堆积平地。

自然土壤　包括林地、牧地和荒地土壤148146.7公顷，有地带性土壤和非地带性土壤。各种成土母质发育而成的红壤属地带性土壤，广泛分布在海拔700米以下的丘陵、台地；非地带性土壤如石灰土、紫色土则零星分布。自然土壤分红壤、黄壤、石灰（岩）土、红色石灰土、紫色土5个土类、8个亚类、15个土属、36个土种。

红壤，面积58466.7公顷，主要分布在海拔700米以下的低山、丘陵地区。

黄壤，面积56100公顷，分布在海拔800～1200米的山地。分布面较广，所处地形部位高，湿度大，自然植被较好。

石灰（岩）土，面积9086.7公顷，主要分布在栗木、嘉会、西岭、平安、恭城、莲花等乡镇的岩溶地区。

红色石灰土，面积1973.3公顷，主要分布在石灰岩坡脚或地势平缓的岩溶盆地。

紫色土，面积22520公顷，分布无地带性规律。

耕层厚度

全县土壤耕层浅，尤其是旱地。水稻土耕层厚度12厘米以下的952.3公顷，12～18厘米的11612.6公顷，18厘米以上的525.4公顷。旱地耕层10厘米以下的29.9公顷，10～15厘米的3195.8公顷，15～20厘米的1698.9公顷，20厘米以上的682.5公顷。

土壤性状

土壤质地　多为壤质、小块状或碎块结构。水田中，沙土300公顷，沙壤土1700公顷，壤土9700公顷，黏壤土1153.3公顷，黏土240公顷。旱地中，沙土400公顷，沙壤980公顷，壤土3580公顷，黏壤土500公顷，黏土146.7公顷。

土壤有机质　县内土壤有机质含量偏低，含量4%以上的1826.7公顷，其中水田1013.3公顷，多为排水不良潜育型或沼泽型田，生产性差。含3%～4%的3186.7公顷，多是高产土壤。含2%～3%的8753.3公顷，多属一级土壤，产量较高。含量2%以下的4920公顷，属低产土壤。

土壤速效磷 全县耕地严重缺磷。含量大于5ppm的9413.3公顷（水田8113.3公顷、旱地1300公顷），占耕地的50.35%；小于5ppm的9280公顷（水田4973.3公顷、旱地4306.7公顷），占耕地的49.65%。

土壤全氮 耕地土壤含量大于0.15%的6146.7公顷（水田4480公顷、旱地1666.7公顷），占耕地的32.86%；含量0.1%～0.15%的7613.3公顷（水田6240公顷、旱地1373.3公顷），占40.73%；含量0.1%以下的4940公顷，占26.41%。

土壤速效钾 耕地缺钾，水田较旱地为甚。含100ppm以上的3100公顷（水田533.3公顷、旱地2566.7公顷），占耕地的16.59%；含50～100ppm的9273.3公顷（水田6533.3公顷、旱地2740公顷），占49.59%；含50ppm以下的6326.7公顷（水田6020公顷、旱地306.7公顷），占33.82%。

土壤酸碱度 强酸的73.3公顷，占耕地的0.4%，全为旱地；酸性的4513.3公顷（水田2640公顷、旱地1873.3公顷），占24.13%；微酸的9720公顷（水田7300公顷、旱地2420公顷），占52.01%；中性的2993.3公顷（水田1913.3公顷、旱地1080公顷），占16.02%；微碱的1386.6公顷（水田1233.3公顷、旱地153.3公顷），占7.44%。

第二节 植被

全县植被包括森林植被、草本、藤本和农作物植被。草本、藤本和农作物植被未做调查。县内森林植被主要是壳斗科、茶科、樟科、木兰科、金缕梅科、山矾科的常绿树种阔叶林。该类原生性植被，在县内三江、西岭、平安、嘉会等乡山区分布较多。由于人为活动较少，一些稀有品种尚有保存。其他交通方便、人为活动频繁的原生性植被基本被杉树、松树、油茶树、果树及杂木替代，或被次生阔叶林替代。植被状况亦随海拔高度而异。1000米以上的中山，多为矮林及部分常绿落叶阔叶混交林，树种有高山杜鹃、白栎、水青冈及银荷木等；500～1000米的地段，主要是常绿阔叶林、杉木林、毛竹林、松林、次生阔叶林，树种有诸楞、荷木等优势树木；500米以下的丘陵，多为松林、油茶及果木林；岩溶地区多为石山灌丛树种，有榔榆、青冈栎、粗糠柴及火把果等；村落附近风景林多为残存的阔叶林。

天然林中，林木属于亚热带常绿阔叶林，多分布在海拔800米以下。主要树种是樟科的樟树，其次是壳斗科的红椎、白椎、米椎、红缘及白缘等。常绿阔叶林群落结构一般可分为四层：高层为椎、椽类；次层为樟、荷木等植物；第三层为灌木层，主要成分有厄木、桃金娘及杜鹃等；最下层为草本植物，以兰科为主，常见有五节芒、黄茅草等。海拔800米以上有香桦、漆树、红果槭、香枫、山毛榉、鹅耳枥等落叶阔叶树。1300米以上分布有少量广西马尾松、福建柏、长苞铁杉、钦杉、二尖杉和罗汉松等构成的针阔叶混交林。在1600米以上的山顶，植被多为矮林，以石柯、南烛、杜鹃、山柳及雪竹等为主，局部有草甸分布。

人工栽培林木以杉木、马尾松和毛竹为主，厚朴、杜仲及黄柏等药材林为次。

第四章　自然资源

全县耕地面积占全县土地总面积的比例，在第二次土壤普查时为11.30%，而到2005年为9.98%，耕地面积占比呈下降趋势。1989—2005年，降水量和径流总量与多年平均值变化不大，分别为1692.8毫米、21.25亿立方米，但因人口增加，人均有水下降，加之降水季节时明显，水资源供需季节性矛盾突出。境内蕴藏有较为丰富的动植物资源、矿产资源，但随着开采量加大，资源越来越少，开采与保护的矛盾日益加剧。

第一节　土地资源

全县土地总面积，民国27年（1938）广西省陆地测量局测算为225425公顷（2254.25平方千米）；全县第二次土壤普查（1980—1983年）计为214902公顷（2149.02平方千米）；全县土地详查（1986—1993年）结果是214240.3公顷（2142.40平方千米）。土地详查采用航测遥感技术，数据比前两次准确，总面积比第二次土壤普查少6.62平方千米。

1993年，全县土地详查结果总面积为214240.3公顷，其中耕地面积24212.6公顷，占土地总面积的11.30%；园地面积2294公顷，占1.07%；林地面积140666.4公顷，占65.66%；居民用地面积4576.8公顷，占2.14%；水域面积4152.5公顷，占1.94%；交通用地面积469.9公顷，占0.22%；牧草地面积13014.6公顷，占6.07%；未利用地面积24853.5公顷，占11.60%。其中，未利用地包括荒草地、沼泽地、裸土地、裸岩、田坎及沙地等。未利用地中，荒草地面积（15873.17公顷）最大，占比64%，以西岭乡、观音乡、栗木镇、三江乡分布最广；裸岩面积（6177.63公顷）次之，占比25%，以栗木镇、平安乡、嘉会乡、西岭乡分布最广；田坎面积（2659.1公顷）再次，占比11%，以栗木镇、莲花镇、嘉会乡分布最广。

2005年，全县耕地面积21410.7公顷，占土地总面积的9.98%；园地面积14409.4公顷，占土地总面积的6.72%；林地面积139706.5公顷，占土地总面积的65.20%；居民用地面积4672.5公顷，占土地总面积的2.18%；水域面积4178.9公顷，占土地总面积的1.95%；交通用地面积569.0公顷，占土地总面积的0.30%；牧草地面积9305.6公顷，占土地总面积的4.34%；未利用地面积19987.7公顷，占土地总面积的9.33%。

据统计，1993—2005年，受国家和个人建设用地增加及退耕还林、退耕还牧力度加大等因素影响，以及全县农村产业结构向“长抓林，中抓果，短抓种养”的方向调整，林地面积、居民用地面积、水域面积变化较小，耕地面积、园地面积、交通用地面积、牧草地面积、未利用地面积变化较大。其中，耕地面积有所减少，由24212.6公顷减少到21410.7公顷，共减少2801.9公顷；园地面积增加，由2293.9公顷增长到14409.4公顷，共增加12115.5公顷；交通用地面积增加，由469.9公顷增长到569公顷，共增加99.1公顷；牧草地面积减少，由13014.6公顷减少到9305.6公顷，共减少3709公顷；未利用地面积减少，由24853.5公顷减少到19987.7公顷，共减少4865.8公顷。

第二节 水资源

1992年，县水利电力局编写《恭城瑶族自治县水资源开发利用现状分析》，对全县水资源现状进行客观的、科学的分析计算，为县境内水资源的开发利用提供科学依据。

可利用水量

恭城县年降水总量53.75亿立方米（包括过境水），年平均流量99.27立方米/秒；地面径流总量31.31亿立方米，其中过境水（客水）10.13亿立方米。平均每人有水量7909立方米，客水量3783立方米，合计有水量11692立方米。平均每公顷耕地有水量108390立方米，客水量51840立方米，合计水量160230立方米。地面径流可利用水量可利用系数按《广西水利化简明区划报告》的非灰岩部分，分别为频率50%时取0.47、频率75%时取0.44、频率95%时取0.41。

1990年恭城瑶族自治县可利用水量计算成果一览表

表2-10

分区	频率（%）	地表水量（亿立方米）	利用系数（B）	可利用水量（亿立方米）
全县	50.00	21.84	0.47	10.30
	75.00	18.17	0.44	8.07
	95.00	14.00	0.41	5.70
恭南区	50.00	8.74	0.47	4.12
	75.00	7.19	0.44	3.19
	95.00	5.42	0.41	2.21
恭北区	50.00	13.10	0.47	6.18
	75.00	10.98	0.44	4.88
	95.00	8.58	0.41	3.49

可供水量

当频率50%时，全县的蓄水工程、引水工程及提水工程可供水量4.68亿立方米；当频率75%时，全县可供水量4.54亿立方米；当频率95%时，全县可供水量4.33亿立方米。

需水量

分农田灌溉用水、工业用水、居民生活饮用水、牲畜饮用水、家禽饮用水、养鱼用水共6类用水来计算其用水量；当频率50%时，全县需水总量2.0041亿立方米，其中恭南区0.7683亿立方米，恭北区1.2358万立方米；当频率75%时，全县需水量2.2401亿立方米，其中恭南区0.8495亿立方米，恭北区1.3906亿立方米；当频率95%时，全县需水量2.7016亿立方米，其中恭南区0.9909亿立方米，恭北区 1.7107 亿立方米。

恭城地处亚热带，气候温和，雨量充沛，境内多为山地，且地形地貌复杂而形成沟渠纵横，溪流密布，水资源较丰富，总量供需平衡。但恭城水资源年内分布不平衡，降雨主要集中在 4—7 月，占全年的 70%～80% 以上。雨季常降大雨、暴雨，造成坡地水土流失，并频发洪涝灾害，利用率不高。而在旱季，特别是秋季、冬季，降雨量小，水资源不足，常出现干旱灾害，水资源供需矛盾突出。1989—2005 年，恭城通过水利工程、人饮工程等建设不断改善水资源供需矛盾。

第三节　生物资源

动物资源

境内有国家Ⅰ类保护陆生野生动物：蟒蛇、黄腹角雉、白颈长尾雉；国家Ⅱ类保护陆生野生动物：穿山甲、红腹锦鸡、红腹角雉、大灵猫、小灵猫、娃娃鱼、虎纹蛙；广西壮族自治区重点保护陆生野生动物：灰胸竹鸡、赤腹松鼠、果子狸、狸猫、豪猪、猪獾、眼镜王蛇、银环蛇、刺胸蛙、黑框蟾蜍（其他动物在 1992 年版《恭城县志》已有记载，本志略）。

植物资源

林木类　分乔木、灌木两类。乔木类主要有杉、马尾松、黄枝油杉、铁坚杉、华南五针松、海南五针松、三尖杉、长苞铁杉、福建柏、红豆杉、侧柏、扁柏、竹柏、粗榧、香樟、梓木、楠木、大叶椎、细叶椎、苦槠、红椆、青冈栎、枫杨、柳、苦楝、乌桕、山乌桕、木莲、白花木（水冬瓜）、岭南栲、枫香、荷木、光皮树、泡桐、油桐、大叶槐、细叶槐、女贞、朴树、黄檀、酸枣、厚朴、桉、桂、鸭脚木、杨梅、皂角、毛栗、野板栗、山瓜木、漆树、盐肤木、香椿、臭椿、大叶榕、小叶榕、银杏、合欢、野八角、柿、柚、桃、李、梨、枇杷、五味子、杜仲、构树、牛尾树、鸟梨、山柿、鸡爪树、喜树、红豆、观光木、榉木、鹅掌楸及山苍子等。其中，属国家Ⅰ类保护野生植物：红豆杉、银杏；属国家Ⅱ类保护野生植物：福建柏、华南五针松、柔毛油杉、黄枝油杉、楠木、香樟、喜树、红豆；属国家Ⅱ类珍贵树种：观光木、榉木、鹅掌楸。

灌木　主要有油茶、桑、黄栀子、冬青、野杨梅、花椒、接骨金粟兰（九节风）、千斤拔、枸杞、荆柴、罗眼柴、乌药、山茶花、月季花、杜鹃、使君子、臭牡丹、吴茱萸（茶辣）、十大功劳、救必应、桃金娘、了哥王、狗骨头及茶叶等。

藤类　主要有鸡血藤、白藤、威灵仙、防己、金古榄、瓜鳖、瓜蒌、九牛藤、王不留行、勾藤、金银花、葛藤、木通、百部、淮山、金刚藤、牵牛花、金樱子、大茶叶、天花粉、土茯苓、白药、红花倒水莲、小牙皂、藤茶、冷饭团、大钻及小钻等。

草类　主要有黄茅草、黄茅叶、芦苇、龙须草、芭芒草、石蒜、石汗菜、牛筋草、铁马鞭、狗尾草、板蓝根、蒲公英、百合、柴胡、竹叶艾、淫羊藿、青天葵、细辛、野油麻、过江龙、天南星、绣花针、地榆、蛇莓、铁扫帚（串鱼草）、田字草、马蹄金、铺地蜈蚣、辣蓼、七叶一枝花、野棉花、山芝麻、黄精、香薷草、小田基黄、续断、旋复花、生地、薄荷、泽兰、车前草、大小蓟、白眉草、益母草、桔梗、各种吊兰、天冬、麦冬、青葙子、独活、前胡、石菖蒲、射干、苦参、升麻、草决明（夜关门）、夏枯草、甘菊花、六角莲、八角莲、灵香草、四块瓦及紫苏等。

竹类　分丛生和散生两种。丛生竹有篙竹、牛角竹、刺竹、吊丝竹、黄竹、水竹、丹竹及观音竹等。散生竹有厘竹、毛竹（淌竹）、楠竹、紫竹、四方竹、甜竹、苦竹、京竹、箭竹、麻竹、花竹、笔杆竹及罗汉竹等。

蕨类　有贯众、狗脊（金狗蔸）、凤尾蕨（凤尾草）、铁芒萁（龙角草）、东方乌毛蕨、铁线蕨等。

微生物资源

菌类有香菇、草菇、蘑菇、灵芝、木耳、茯苓、松树菌、荔枝菌及夏至菌等，地衣类有石耳、苔藓等。

第四节　中药材资源

恭城属于中亚热带季风气候区，境内以山地、丘陵为主，森林植被覆盖率高，野生动植物品种繁多，其间蕴藏着极丰富的中药资源。

植物药材

民国26年（1937）版《恭城县志》药之属载：恭城有桔梗、车前、何首乌、山栀、黄精、蓖麻、满天星、金樱子、山豆根、桑白皮、水萍、艾叶、香附、五加皮、忍冬（金银花）、大蓝（板蓝根）、茵陈、木通、萆薢、泽兰、独脚莲（重楼）、黄牙根、老虎芋、陈皮、黄连、黄柏、茯苓、柴胡、丁香、威灵仙、槐角、干葛、胆草、山药34种通产和石斛、黄荆、伸筋藤、走马胎4种特产药材。

1981年10月，县森工局林木种子资源调查组编写的《恭城县野生经济植物及树种名录》一书中载有下列药用植物：半边旗、乌毛蕨、狗脊、银杏、厚朴、芦山厚朴、冷饭团、戟叶杜板灶（蛇不过）、天竺桂、香叶树、山胡椒、乌药、鸡爪黄连、花叶八角莲、大血藤、千金藤、土茶果、细辛、鱼腥草、草珊瑚、博落回、马桑、罗汉果、天花粉、铺地锦、常山、龙芽草、金樱子、鸡血藤、野葛（钩吻）、枫香、牛蚕木、苦楝、盐肤木、八角枫（华瓜木）、三七、香独活、泪木、朱砂根、华山矾、女贞、牛皮消、徐长卿、栀子、钩藤、小老鼠刺泽兰、白花蒲公英、蔓龙胆、车前、菟丝子、山藿香、夏枯草、天南星、山熊胆54种。

1984年10月，全县中药普查，初步探明恭城县药源分布和蕴藏量，全县中药材共413种。其中，植物药材有：桔梗、百部、天冬、威灵仙、何首乌、土茯苓、天花粉、黄精、前胡、独活、续断（毛杜仲藤）、防己、独脚莲（重楼）、干葛、柴胡、淮山、桂党参、土牛膝、红芽、地榆、石菖蒲、白芨（互叶醉鱼草）、麦冬、穿破石（翼核果）、山豆根、苦参、良姜、黄连、草乌、南沙参、百合、黄药、白药、贯众、千斤拔、玄参、藕节、仙茅、郁金大戟、姜黄、莪术、射干、西芎、升麻、骨碎补、木通、钩藤、天丁、槲寄生、胡黄边、薤白、玉竹、狗脊、隔山消（白首乌）、鸡血藤、野田七、厚朴、黄柏、桑白皮、官桂皮、九牛藤、青皮、陈皮、橙皮、冬瓜皮、石榴皮、瓜蒌皮、橘红、五加皮、杜仲、四花青皮、羊藿叶、淡竹叶、紫苏叶、冬桑叶、枇杷叶、卷柏、泽兰叶、侧柏叶、山慈菇、白茅根、山刁竹（徐长卿）、青天葵、香菇草、红茜草、夏枯草、益母草、黑草、车前、蒲公英、白眉草、仙鹤草、灵香草、水兰、铁皮兰、铜皮兰、紫皮兰、鸡爪兰、黄草（黄草石斛）、青蒿、豨莶草、蒙花（密蒙花）、白菊花、鸡冠花、土茵陈、山栀子、水栀子、苏子、香附子、苍耳子、花椒、呈茄子、青箱子（草决明）、使君子、女贞、金英肉、木鳖子、蓖麻子、五倍子、茺蔚子、槐米、槐角、瓜蒌仁、桃仁、李仁、桔核、小牙皂（猪平皂）、大皂角、乌梅、山楂、法夏、天南星、金果榄、吴茱萸、木瓜、苦瓜干、柿蒂、佛手香橼（金华佛手）、牛心香橼（牛心果）、薏仁、莱菔子、樟砂（砂仁）、车前子、罗汉果、枳壳、枳实、蔓荊子、桂子、湘莲子、巴豆、松茯苓、灵芝、浮马勃、石耳、冬瓜仁、黄皮果核、柚子仁、桑枝、葫芦茶、瓜子莲、水杨梅、飞扬草、五指牛奶、白花蛇舌草、绣花针、一点红、寻骨风、坐骨风、金耳环、大钻、小钻、九节风、半边莲、穿心莲、鹅不食草、黄花倒水莲、十大功劳、火炭母、半枝莲、胃草、止血草、白术、生地、水半夏、山芝麻、海金沙、香白芷、草豆蔻、石南藤、不出林、板蓝根、羊耳菊、山姜子、通脱木、陆英、野茶辣、野葛、血党、九节茶、六棱菊、寻麻藤、地稔、山乌桕、饿蚂蟥、铁包金、苦李根、八角枫、五加、百鸟不落（鹰不扑）、一支黄花、白英、牡荆、大罗伞（九节）、红背丝绸（毛叶白粉藤）、一包针、假厚朴、毛冬青、兔耳枫、桑柏树、铜钻（定心藤）、牛尾钩（牛尾泡）、东风菜、小木通、金香炉（天香炉）、华泽兰、扶芳藤、凤尾草、叶下珠、算盘子、草龙、白毛蛇、粗叶悬钩子、醉鱼草、曼陀罗、黄花千里光、野芋头、夜香牛、刺苋菜、马瓜交儿、小罗伞、龙葵、土荆芥、鸢尾、三百草、鸭脚木、羊耳枫、三叶五加、石上柏、血水草、九龙藤、马蹄蕨、湖南连翘、老鼠拉冬瓜、玉叶金花、藤茶、沿阶草、地桃花、乌桕、铁苋菜、小叶紫珠草、了哥王、路边菊、臭牡丹、苦楝、络石藤、白花千里光、崩大碗、白饭树、牡蒿、防风草、假地蓝、木芙蓉、芽鞘花、九节风、断肠草、山黄麻、鼠鞠草、瓜子菜、类箕笃、紫箕、牛耳桐、深裂羊蹄甲（首冠藤）、梅叶冬青、江南蕨、望江南昇、枱板救、草鞋板（球兰）、路边青、胡叶果、山黄皮、小叶寻麻藤、小二仙草、蔓生百部、蚂蟥七、箭杆风、接骨木、博锦香、台湾相思、路路通、宽筋藤、三椏苦、猪屎豆、盐肤木、石山柴、山萎（山蒟）、小金花草、天星草、茅蒲（叶茅蒲茶）、杨梅、薜荔、铁线莲、桃金娘、三叶鬼针草、毛果排线草（毛果茜草）、鼠刺、胜红蓟、阴行草、博落回、菝葜、吴麻藤、石桐子、纤弱木贼（节节草）、杏叶沙参、毛萎、牛白藤、翠云草、三月泡、毛叶轮环藤、铁扫帚、板栗、喜树、三叶人字草、三叶木通、毛果排线木、野桑、白花丹、鸡屎藤、金刚莵、桑树、凌霄花、石油菜、虎耳芋（化骨丹）、重盆草、园叶节节草、毛果算盘子、狗足迹、马蹄金、红背桐、土玄参、铁冬青、牛尾菜、小叶女贞、厚果鸡血藤、石麻、异叶榕、槐树、水蓼、香青树、蟹爪寄生、红帽顶、雷公根、牛耳朵、大叶金花草、胡颓子、百解藤、朝天灌、咳嗽草、白背桐、马甲子及钝齿沙参等。

桔梗为宣肺散寒、消痰排脓之药，味甘苦，以嘉会乡秧家村龙骨岩一带所产最佳，条粗均匀、长而无杈，质坚色白，横断面有菊花心及浅棕色环纹，早在清末民初就以“秧桔”闻名并远销中国香港、澳门地区。

金银花为清热解毒之药，味微苦，为忍冬科植物忍冬的花蕾，可内服也可外用，全县各地均产。

山栀子性味苦寒，有清热、凉血之功效。全县各地均产，主产区为栗木镇和嘉会乡。

厚朴以皮为药，有温中下气、燥湿消痰之效，是肠胃病和痰壅喘嗽等配方的常用药。

钩藤，全县山区均产。春秋时节，将其嫩枝带钩的茎枝剪下。再剪成一节一节的双钩，置锅内蒸约 10 分钟后晒干，色泽光滑呈紫红者为钩藤佳品。

天冬，为百合科植物天门冬的块根，县内大部分石山区均产，肉肥饱满，色泽鲜黄呈半透明状。

百部，县内所产的百部，条肥坚实，为百部中佳品，有润肺、杀虫之功效。县内大部分石山区均产，药源非常丰富。

独活有搜风祛湿的功效，是主治伤风头痛、腰膝酸痛、风寒湿痹、手脚挛痛的常用药。主产三江乡古木源北卡山，所产之独活，其根粗肥，质地坚实，香味浓郁，又名“香独活”。

槐花槐角，系槐花树的花及果实。夏季槐花将开时，将花朵采摘下来并及时晒干，即成槐花。立冬之时，摘下成熟的果实晒干，即得槐角。县内平原地区大部分有产，以栗木镇为主产区。

动物药材

1984 年药源普查，系动物药材的有山甲片、麝香、豹子、猴子、水獭、红毛鸡、白花蛇、鸡内金、鸭内金、龙衣、蝉蜕、桑蛸、斑毛虫、竹蜂、蜂糖、蜂蜡、狗鞭、蜂房、龟板、鳖甲、虻虫、水蛭、蚕沙、夜明砂、上树蜈蚣共 25 种。

矿物药材

主要有钟乳石、朱砂等。

第五节 矿产资源

20世纪90年代初，全县已发现矿产38种：铁、锰、钒、钛、钆、钨、锡、钼、铜、铅、锌、锑、汞（辰砂）、金、银、钽、铌、铷、铍、铀、硫（黄铁矿）、泥炭、重晶石、磷、钾、石灰石、花岗岩、大理石、高岭土、黏土、方解石、煤、矿泉水、萤石、砷（毒砂）、电气石、水晶及硅石；共有各类矿床13处，矿点90处，矿化点8处，合计111处；重砂异常区9处，点3处；金属量异常区7处，点1处。

锡矿分布于栗木矿田及大小明源锡矿点。栗木矿田位于栗木镇马路桥一带。地处恭城南北向复式向斜北部扬起端。出露岩层有寒武纪变质砂岩、粉砂质板岩，泥盆纪砂岩、砂页岩和灰岩，下石炭统硅质页岩及灰岩等。岩浆岩有燕山期白云母花岗岩，呈岩株产出，地表出露面积约1.5平方千米。东西、南北向断裂发育。在花岗岩体顶部有岩浆晚期分异—交代含锡钨花岗岩型矿床，在岩体内外接触带有岩浆期后热液充填交代锡石黑钨矿石英脉型矿床和锡石黑钨矿长石石英脉矿床。该矿田包括水溪庙、老虎头香檀岭、牛栏岭、三黄等锡矿床及其附近若干砂锡矿床。

水溪庙锡矿床，在栗木矿田的东南部。中细粒含锂云母钠长石化花岗岩隐伏于下石炭统灰岩和泥盆纪灰岩、大理岩之下，埋深300米左右，面积约0.35平方千米，呈南北长、东西窄的似椭圆形突起的小岩株状产出。顶部矿化强烈，为花岗岩型矿床。岩体外接触带石灰岩中赋存有锡石、黑钨矿的长石石英脉矿床，矿化面积0.3平方千米，有36条矿脉。矿脉长20～450米，延深50～200米，厚0.10～1.03米，以近南北向矿脉为主，东西向矿脉次之，均为陡倾斜脉体。矿石矿物有锡石、黑钨矿、黝锡矿、毒矿、黄铁矿及黄铜矿等。脉石有长石、石英、方解石、萤石及白云母等。矿石具块状、脉状和条带状等构造，有固溶体分解结构及破碎、交替结构等。矿石平均含锡0.420%，钨0.202%，靠近岩体钽、铌含量增高。勘探探明储量为小型矿床，已开采。

老虎头锡矿床，居栗木矿田中部。含矿钠长石化花岗岩体出露地表，呈椭圆形作南北向展布，面积0.08平方千米，呈小岩株产出。岩体顶部钨锡钽铌比较富集，呈似皮壳状或似层状，长415米，宽132～196米，西部厚约18.00～72.00米，东部较薄，为3.80～13.00米。矿石具浸染状、斑点状、细脉状构造，自形半自形粒状、压碎结构等。矿石主要矿物为锡石、胶态锡石、黑钨矿、辉钼矿、毒砂、黄铁矿、黝锡矿、钽铌铁矿、钽铌锰矿、钽金红石、黄铜矿、磁黄铁矿。脉石主要有长石、石英、锂云母、钠长石、黄玉、微斜长石。矿石平均含锡0.339%，钨0.0105%。原矿含锡0.113%～0.130%的矿石经选矿可获含锡50.650%～63.680%的精矿，回收率50.46%～51.22%。勘探探明储量为小型矿床，已开采。

香檀岭、牛栏岭、三黄锡矿床，居栗木矿田中部，均为锡石—石英脉型矿床，产于中粗粒锂白云母花岗岩中。有矿脉百余条，走向南北，倾向东，陡倾斜产出，一般长100～150米。香檀岭矿床矿脉长460米，宽30～75米，厚0.1～3米；牛栏岭矿床1号矿脉长800米，厚0.20～3.00米；三黄矿床主矿脉长550米，厚4.60米。矿石具脉状、块状、条带状及浸染状等构造。矿石主要矿物为锡石、黑钨矿、毒砂、黝锡矿、黄铁矿、黄铜矿、辉铋矿、辉钼矿、闪锌矿。脉石有石英、长石、白云母及黄玉等。香檀岭矿床矿石平均含锡0.084%，钨0.520%；牛栏岭矿床矿石平均含锡0.483%，钨0.767%；三黄矿床矿石平均含锡0.457%，钨0.361%。勘探探明储量均属小型矿床，已开采。

栗木砂锡矿床，分布于高屋坪、水溪庙、疗养院、大岐岭4处第四纪松散堆积物中。主要矿物为锡石、黑钨矿、白钨矿及锆石等。高屋坪为冲积型砂锡矿，矿体长1100米，宽60～310米，厚5.70～13.50米，平均含锡0.0916%，三氧化钨0.0396%；水溪庙为残积、冲积型砂锡矿，矿体长1400米，宽140米，厚2.00～17.40米，平均含锡0.110%；疗养院为残积型砂锡矿，矿体长600米，宽200米，厚12.68～28.30米，平均含锡0.119%；大岐岭为残坡积型砂锡矿，矿体长250米，宽80米，厚5.40～12.97米，平均含锡0.141%。勘探探明储量属小型矿床，已开采。

铅锌矿点分布马头岭、城朝天龙、庙厂、莲花石、腰小坪、旺江界、小蕉。

钨矿点分布栗木界、冯家、大小明源。

图2-3　锌矿石（县招商局提供　2005年）

图2-4　花岗岩石料（县招商局提供　2005年）

铜矿矿产分布西岭老山铜矿床，产出于寒武纪与下泥盆统莲花山组不整合接触面附近砂岩、板岩的东北向断裂裂隙中，属于热液型矿床。有矿体6个，主矿体长170米，厚9.28米，平均含铜1.460%。

锰矿分布于恭城镇乐湾、门楼。

铁矿分布于莲花镇、三江乡，小型沉积矿床。矿层均产出于中泥盆统信都组砂泥质岩—碳酸盐岩组合中，有矿1～3层，一般1层。矿层出露长200～5000米，宽10～1200米，厚0.50～3.58米。矿石为鲕状赤铁矿，含全铁36.98%～46.57%，硫0.10%～0.228%，磷0.252%～0.746%，二氧化硅16.87%～30.52%。

汞矿点分布于恭城镇门楼村。

银矿点分布于腰子坪、大水槽。

稀有金属矿产分布于栗木老虎头锡矿床，勘探探明储量钽矿达中型规模，铌矿属于小型规模，矿石中含五氧化二铌0.0089%，五氧化二钽0.0082%，已开采；栗木水溪庙锡矿床，勘探探明储量钽矿达大型规模，铌矿属于小型规模，矿石含五氧化二钽0.0015%，五氧化二铌0.0150%，已开采。

泥炭矿点分布在栗木镇的小营、平安乡的土陂、莲花镇的山琶塘、笔山。

第五章　自然灾害

恭城境内自然灾害以水害、旱灾为主，次为风灾、雪灾、冰雹灾。从明嘉靖十六年（1537）至民国25年（1936）的400年中，共发生大水灾15次、大旱灾5次，平均每20年发生一次大水灾、旱灾。1950—1988年的38年中，发生大水灾13次，旱灾8次，平均每1.81年发生一次大水灾、旱灾。1989—2005年的16年中，发生大水灾6次、旱灾4次，平均每1.6年发生一次大水灾、旱灾。发生大水灾、旱灾的周期越来越短，旱涝双至年份时有发生，并夹杂风灾、雪灾、低温冷害、冰雹灾害及地质灾害发生。

第一节　水灾

恭城地处季风气候区，每年4—7月冷暖空气在上空交锋频繁，降雨特多，易造成暴雨洪涝。1989—2005年的6次大水灾，多发生在4—7月。

1994年6月中下旬，全县先后4次遭受百年未遇的特大洪涝灾害，全县9个乡镇、117个村公所不同程度受灾，受灾人口15万多人。其中，特重灾民29351人，因灾死亡10人，农作物受灾面积17008公顷；倒塌房屋1455间，一些水利、公路、桥涵被摧毁，直接经济损失3亿多元。其间，6月25日至26日，受台风登陆而减弱的低压环流、高空槽和低层切变共同影响，全县出现大范围大暴雨天气，气象站测得26日24小时雨量为198.2毫米，峻山水管处测得雨量为146毫米，蓝洞电站测得雨量为202毫米。

1997年8月8日，西岭乡遭受连续5个小时特大暴雨的袭击，降雨量达87毫米，局部达120毫米，龙岗村一村民被洪水冲走淹死。农作物受灾面积886.66公顷。

1999年下半年，遇洪水的袭击，9个乡镇、110个村委受灾，受灾人口22万人，成灾人口12万人，因灾死亡10人，被洪水围困转移灾民3.5万人，倒塌房屋397间，农作物受灾面积10560公顷，成灾面积9267公顷，粮食减收285万千克。全县因灾损失1.67亿元，其中农作物直接经济损失1.05亿元。

2002年4月、6月，两度发生洪灾。4月5日，全县出现雷雨大风天气。6月15日至17日，72小时雨量达208.9毫米，其中17日雨量达203.5毫米，为有记录以来日最大降水量。特大洪水使全县9个乡镇遭受不同程度灾害，直接经济损失3.43亿元。全县受灾人口23.6万人，成灾人口14.28万人。农作物受灾21200公顷，其中水稻4133公顷，水果10600公顷，其他经济作物6467公顷，农作物绝收2247公顷。180公顷农田被毁，220公顷鱼塘被淹。倒塌房屋490间，损坏房屋12553间，316人无家可归。水毁渠道172处、6794米，堤坝217处、1215米。县城供水站被淹，供水中断。西岭乡老

图 2-5　恭城河洪水（县水利局提供　1994 年）

图 2-6　恭城河洪灾过后的果园（县水利局提供　1994 年）

圩和嘉会乡苏陂输电线路被冲断，造成多个乡镇和栗木锡矿供电中断；县内干线公路全沙线、恭二线、恭龙线、嘉龙线塌方 7 处、2042 立方米，路面被毁 3 处、629 平方米，路基被毁 336 平方米，路肩被毁 2 处、828 平方米。县村级道路被冲毁 50 千米，被毁涵洞 34 个、桥梁 23 座，边坡塌方 25000 立方米；岛坪矿、矿产公司、龙星公司、水泥厂等工业企业 25 家因洪水造成经济损失 4353 万元。学校校舍被淹 3400 平方米，34 所学校的 2787 名学生无法上课。

2004 年 7 月 11 日至 12 日，全县范围出现暴雨洪涝灾害，48 小时雨量达 101.8 毫米。7 月 19 日至 20 日，全县范围出现暴雨洪涝灾害，48 小时雨量达 108.8 毫米。9 个乡镇受到不同程度的洪水袭击，受灾特别严重的有龙虎、嘉会、栗木、西岭、恭城镇等乡镇。茶江河段最高水位 99.21 米，超过警戒水位（97 米）2.21 米，流量 2750 立方米 / 秒。全县因洪涝灾害造成直接经济损失 7864.4 万元。

2005 年 6 月 19 日至 21 日，全县范围出现暴雨洪涝灾害，72 小时雨量为 207.7 毫米。山塘、水库暴满，大小河流山洪暴发。尤其恭城河上游的湖南省江永县梅冲水库出现险情，直接威胁沿河两岸人民群众的生命安全。造成直接经济损失 13258 万元，其中农业直接经济损失 12043 万元。全县受灾人口 13.61 万人，因灾伤病 152 人，被洪水围困 8000 多人，被洪水围困村庄 6 个，10108 人饮水困难。农作物受灾面积 9621 公顷（其中，水稻受灾 3815 公顷，玉米受灾 566 公顷，水果受灾 5240 公顷），绝收面积 2210 公顷；毁坏耕地 248 公顷。鱼塘过水 73 公顷，因灾减产 380 万千克，损失口粮 250 万千克，损失种子 2.8 万千克；损坏房屋 1400 间（其中，倒塌房屋 163 间）；损坏桥梁 9 座，其中龙虎乡村道木桥冲走 3 座，涵管桥损坏 1 座，平安乡陶庄杨梅桥、土陂鸟仔田拱桥、林家埠桥、银凤村桥冲坏，恭城镇孟家大桥桥墩被洪水掏空下沉。村级公路被冲坏 31 处，10.25 千米；西岭至恭城公路中断近 3 日；20 日，莲花至三江，莲花至桑源，莲花至蒲源，峻山至岛坪公路因塌方道路中断；20 日，嘉会至恭城的全沙公路因 3 处水漫公路中断交通 6 小时。水渠损坏 46 处、1.4 千米，堤坝损坏 85 处、22 千米。岛坪矿、老厂、莲花崇岭花岗岩采石场和三江乡在建的三河电站因道路中断、山体滑坡等受损严重。

第二节　旱灾

1989—2005 年，恭城每年都发生旱情，以夏季、秋季为主，少数年份发生春旱或冬旱。其中，大旱灾 4 次。

1990 年，遇历史上罕见的旱灾，从 8 月 11 日至 9 月 22 日，雨量仅有 2.6 毫米，全县 30 条大小河流断流，76 处塘库干涸，1.85 万人饮水困难。晚稻受旱面积达 5511 公顷（其中，绝收面积 846 公顷），减产 848 万千克，全年粮食减产损失共计 2492.8 万元。

1999 年，旱涝双至。1 月至 3 月雨量偏少，3 个月总雨量为 69.5 毫米，4 月雨量正常，5 月雨量偏少，1 月至 5 月总雨量为 458.6 毫米，同比少 279.3 毫米。全县 43 条河流断流，76 座山塘水库干枯，水库蓄水量同比减少 5193 万立方米，14000 公顷水果受旱。因缺水无法插秧 267 公顷，533 公顷已插秧水稻受旱。

2003 年 7 月 1 日至 31 日，雨量仅为 26.9 毫米，出现旱灾。全县 9 个乡镇、117 个村委会，868 个自然村都不同程度遭受旱灾。据气象部门统计，从 6 月下旬至 8 月 9 日，全县持续高温 35℃以上的天气有 30 天，最高温度达 40.5℃，同比年均降雨量减少 800 毫米，全县大小河流 45 条均近断流，山塘 76 座全部干枯，24 座水库除 4 座水库存有水外，其余 20 座只剩下死库容；峻山水库库容量仅 5100 多万立方米，比同期减少 1600 万立方米。据统计，全县水果受旱 18667 公顷，2000 公顷晚稻无水插秧，333 公顷山区望天田绝收，其他农作物受旱 6325 公顷，退耕还林苗木枯死 200 多万株，1853 公顷新造林苗木受旱，毛竹成活率只有 45%。全县受旱人口 22.5 万人，大、小牲畜受旱 12 万多头，经济损失 1.86 亿元。

2004 年 8 月后发生严重旱灾，8 月 15 日至 11 月 4 日雨量仅为 36.0 毫米，9 月 21 日至 11 月 4 日没有降雨量，出现旱灾。历时 3 个多月的干旱，旱情超过 2003 年的特大旱灾。全县大小河流均已断流，水库干枯，峻山水库无法发电，失去灌溉能力。全县 9 个乡镇、117 个村委会，都不同程度地受旱，受旱人口 19 万多人，全县经济损失达 1.4 亿元。果树受旱 17333 公顷，晚稻受旱 5333 公顷，其他农作物受旱 5133 公顷（其中，绝收 933 公顷），农业经济损失 1.02 亿元。

第三节　风雪冰雹灾害

1989—2005 年，县内有记载的风雪冰雹灾害共 7 次。20 世纪末，县内风雪冰雹灾害发生频率较低。进入 21 世纪后，由于气候变化和人类活动对自然的破坏加剧，自然灾害的发生频率和破坏程度呈加大趋势。

1989 年 5 月 11 日，嘉会乡遭遇大风和冰雹袭击，冰雹直径约 60 毫米，有 5 个村公所的 7 个自然村遭受冰雹袭击，受灾 223 户、1200 人，损坏房屋 630 间。

1993 年 5 月上旬，全县 9 个乡镇都遭受不同程度的暴风雨及龙卷风的袭击，受灾 12365 户、43230 人，损坏房屋 380 间。

2001 年 4 月 20 日，县境内北部出现短时冰雹天气。

2002 年 12 月 26 至 27 日，出现冰粒、雨淞、结冰，最低气温 -0.4℃，形成低温冷害，受灾人口 15 万人，成灾人口 12.5 万人。全县果树受冻面积为 2100 公顷，留在树上的鲜果被冻坏 3000 多吨；各种油茶、蔬菜及芋头等农作物损坏 500 公顷，损坏房屋 1370 间（其中，倒塌 65 间）；部分乡镇供电中断，恭城至三江、恭城至龙虎、恭城至西岭、恭城至栗木交通中断，引发 2 起翻车事故，经济损失 8700 万元，农业直接经济损失 6700 万元。

2003 年 8 月 5 日 17 时至 18 时 30 分，恭城镇、莲花镇、三江乡等地遭受雷电和暴风的袭击。造成 2 人死亡，1 人重伤，倒房 4 间，损坏房屋 2400 多间，直接经济损失 3000 多万元。

2004 年 11 月 9 日，莲花镇、龙虎乡遭受冰雹和龙卷风袭击。莲花镇的南山桥、新桥、中段、红岩、大岭、八角塘、大（小）石排、高塘、白竹等村屯农作物（特别是月柿）及房屋受损严重，农作物受损面积 800 公顷，房屋受损 100 多间，经济损失 1680 多万元。

2005 年 3 月 28 日 21 时 30 分，三江乡遭受罕见的风雹袭击，洗脚岭、安冲、三江、对面岭及十八岭等村屯受灾。风雹袭击时风级达 5 级以上，冰雹直径在 1 厘米以上，其中最大的达 5 厘米，历时半小时，地上冰雹厚达 2 厘米。全乡受灾人口 7263 人，成灾人口 5560 人，直接经济损失 94.5 万元。其中，房屋不同程度地受损 1.2 万间，直接经济损失 20 万元；农作物受灾 187 公顷，其中果树 100 公顷，损失 30 万元；树木受损 20 万株，直接经济损失 20 万元；蔬菜受损 87 公顷，损失 13 万元，道路塌方 25 处，交通中断 1 天，间接经济损失 10 万元；通信线路受损 5 处，150 部电话中断受损 5000 元；木材加工厂房受损 20 间，直接经济损失 1 万元。

第三篇

人口　人民生活

第一章　人口

1989—2005 年，恭城县人口发展的特征是人口增长速度减慢，寿命延长，文化水平提高，从事农业人口减少，非农业人口逐年增加，瑶族人口比重提高。2005 年年末，全县人口 282174 人，比 1989 年增加 16238 人。1989—2005 年，平均每年增加 1015 人，比人口生育高峰期 1966—1976 年的年均增加 4354 人下降 3339 人，降幅为 76.69%。2005 年，人口密度为每平方千米 131 人，比 1989 年的 124 人增加 7 人，是 1889 年 39 人的 3.36 倍。

第一节　总量及分布

数量

1989 年，全县人口总数为 265936 人。2005 年为 282174 人，2005 年比 1989 年增加 16238 人。1989—2005 年的年递增率为 0.37%，比 1967—1977 年的年递增率 2.06% 降低 1.69 个百分点，比 1978—1988 年的年递增率 1.62% 降低 1.25 个百分点。1989—2005 年，人口增长幅度最大一年是 1992 年，为 1.24%；人口增长幅度最小一年是 1998 年，为 -0.01%。1992 年，人口增长幅度最大的主要原因为同年人口净迁入 1557 人，占是年净增人口 3348 人的 46.51%；1998 年，人口增长幅度为负数的主要原因为同年出生人口为 2355 人，死亡人口为 1861 人，自然增长的 494 人小于机械负增长的 498 人（迁出的人口 2180 人比迁入的人口 1682 人多 498 人）。1989—2005 年，总人口数净增，人口增长速度放慢，其原因一是计划生育工作力度加强，计划生育率提高，自然增长率降低；二是迁出人口比迁入人口多，1989—2005 年累计迁出人口为 39826 人，累计迁入人口为 37379 人，净迁出 2447 人。

1989—2005 年恭城瑶族自治县人口数量变动一览表

表 3-1

年份	年末总人口（人）	年增长率（%）	年份	年末总人口（人）	年增长率（%）
1989	265936	1.21	1994	275460	0.58
1990	267758	0.68	1995	275924	0.17
1991	269286	0.57	1996	276340	0.15
1992	272634	1.24	1997	276593	0.09
1993	273878	0.46	1998	276555	−0.01

续表 3-1

年份	年末总人口（人）	年增长率（%）	年份	年末总人口（人）	年增长率（%）
1999	276826	0.10	2003	279565	0.25
2000	277516	0.25	2004	280309	0.27
2001	278392	0.32	2005	282174	0.67
2002	278863	0.17	1989—2005 年递增率		0.37

说明：1. 年增长率（%）=（本年总人口 - 上年总人口）÷ 上年总人口；
2. 1988 年度总人口为 262764 人

人口分布

县内人口分布，为山区小、平地大、农村小、城镇大的特点。人口密度最大的是恭城镇，人口密度最小的是三江乡。

1989 年，恭城镇有人口 38699 人，每平方千米 416 人；平安乡有人口 34369 人，每平方千米 143 人；莲花瑶族乡有人口 51621 人，每平方千米 162 人；三江瑶族乡有人口 12954 人，每平方千米 40 人；嘉会乡有人口 24725 人，每平方千米 97 人；西岭瑶族乡有人口 35444 人，每平方千米 82 人；栗木镇有人口 50660 人，每平方千米 185 人；观音瑶族乡有人口 8334 人，每平方千米 55 人；龙虎乡有人口 9130 人，每平方千米 156 人。

2000 年，恭城镇有人口 45256 人，每平方千米 487 人；平安乡有人口 35478 人，每平方千米 147 人；莲花镇有人口 53323 人，每平方千米 167 人；三江乡有人口 13591 人，每平方千米 42 人；嘉会乡有人口 25295 人，每平方千米 99 人；西岭乡有人口 36437 人，每平方千米 84 人；栗木镇有人口 42454 人，每平方千米 155 人；观音乡有人口 8797 人，每平方千米 57 人；龙虎乡有人口 9959 人，每平方千米 170 人。

2005 年，恭城镇有人口 48230 人，每平方千米 519 人；平安乡有人口 36376 人，每平方千米 151；莲花镇有人口 54259 人，每平方千米 170 人；三江乡有人口 13685 人，每平方千米 43 人；嘉会乡有人口 25256 人，每平方千米 99 人；西岭乡有人口 36542 人，每平方千米 84 人；栗木镇有人口 41984 人，每平方千米 153 人；观音乡有人口 8917 人，每平方千米 58 人；龙虎乡有人口 10268 人，每平方千米 176 人。

第二节　人口变动

自然变动

1989—2005 年，全县人口出生共 47664 人、死亡 27391 人，全县自然净增长人口数 20273 人。其中，人口自然增长最多的一年是 1992 年，增长 1704 人，自然增长率为 6.29‰；人口自然增长最少的一年是 1998 年，自然增长 494 人，自然增长率为 1.79‰。人口出生最多的一年是 2005 年，出生 3644 人，出生率为 12.96‰；人口出生最少的一年是 1999 年，出生 2134 人，出生率为 7.71‰。人口死亡最多的一年是 1996 年，死亡 1947 人，死亡率为 7.05‰；人口死亡最少的一年是 1995 年，死亡 1289 人，死亡率为 4.67‰。

1989—2005年恭城瑶族自治县人口自然变动一览表

表3-2

年份	年平均人数（人）	出生		死亡		自然增长	
		人数	出生率（‰）	人数	死亡率（‰）	人数	自增率（‰）
1989	264350	2958	11.19	1556	5.89	1402	5.30
1990	266847	3106	11.64	1736	6.51	1370	5.13
1991	268522	2844	10.59	1483	5.52	1361	5.07
1992	270960	3338	12.32	1634	6.03	1704	6.29
1993	273256	3268	11.96	1667	6.10	1601	5.86
1994	274669	3029	11.03	1554	5.66	1475	5.37
1995	275692	2538	9.21	1289	4.67	1249	4.53
1996	276132	2833	10.26	1947	7.05	886	3.21
1997	276467	2539	9.18	1620	5.86	919	3.32
1998	276574	2355	8.51	1861	6.73	494	1.79
1999	276691	2134	7.71	1396	5.05	738	2.67
2000	277171	2885	10.41	1891	6.82	994	3.59
2001	277954	2307	8.30	1444	5.20	863	3.10
2002	278628	2451	8.80	1572	5.64	879	3.15
2003	279214	2735	9.80	1670	5.98	1065	3.81
2004	279937	2700	9.65	1473	5.26	1227	4.38
2005	281242	3644	12.96	1598	5.68	2046	7.27
合计	—	47664	—	27391	—	20273	—

说明：该表系统计局提供，年平均人数 =（年初人口数 + 年末人口数）/2

机械变动

1989—2005年，县内人口迁入迁出主要是工作调动、男女结婚及读书就业等，累计全县共迁入37379人，迁出39826人。17个年份中，有12个年份迁出大于迁入，累计迁入比迁出少2447人。

1989—2005年恭城瑶族自治县人口迁移变动一览表

表3-3

年份	年平均人数（人）	迁入		迁出		净迁入	
		人数	迁入率（‰）	人数	迁出率（‰）	人数	净迁入率（‰）
1989	264350	1370	5.18	568	2.15	802	3.03
1990	266847	1316	4.93	1449	5.43	−133	−0.50
1991	268522	2226	8.29	2014	7.50	212	0.79

续表 3-1

年份	年平均人数（人）	迁入		迁出		净迁入	
		人数	迁入率（‰）	人数	迁出率（‰）	人数	净迁入率（‰）
1992	270960	5070	18.71	3513	12.97	1557	5.75
1993	273256	3749	13.72	4241	15.52	−492	−1.80
1994	274669	3242	11.80	3030	11.03	212	0.77
1995	275692	2456	8.91	3138	11.38	−682	−2.47
1996	276132	1728	6.26	2158	7.82	−430	−1.56
1997	276467	1782	6.45	2385	8.63	−603	−2.18
1998	276574	1682	6.08	2180	7.88	−498	−1.80
1999	276691	2171	7.85	2498	9.03	−327	−1.18
2000	277171	2402	8.67	2545	9.18	−143	−0.51
2001	277954	1999	7.19	1971	7.09	28	0.10
2002	278628	1608	5.77	2021	7.25	−413	−1.48
2003	279214	1986	7.11	2349	8.41	−363	−1.30
2004	279937	1019	3.64	1587	5.67	−568	−2.03
2005	281242	1573	5.59	2179	7.75	−606	−2.15
合计	—	37379	—	39826	—	−2447	—

第三节　人口结构

性别结构

1990—2005 年，人口性别结构总的情况是男性人口比女性人口多。1990 年，男性 140704 人，占总人口的 52.55%；女性 127054 人，占总人口的 47.45%；性别比为 110.74。2000 年，男性为 145881 人，占总人口比为 53.37%；女性为 127441 人，占总人口比为 46.63%；性别比为 114.47。2005 年，男性 148102 人，占总人口的 52.49%；女性 134072 人，占总人口的 47.51%；性别比为 110.46。

年龄结构

1990 年，第四次全国人口普查，登记总人口为 266682 人。其中，0～14 周岁 76725 人，占登记人口的 28.77%；15～59 周岁 167485 人，占登记人口的 62.80%；60 周岁以上的 22472 人，占登记人口的 8.43%。

2000 年，第五次全国人口普查，登记常住总人口为 273322 人（11 月 1 日人口普查公布数）。其中，0～14 周岁 58438 人，占登记人口的 21.38%，比第四次人口普查降低 7.39 个百分点；15～59 周岁 182849 人，占登记人口的 66.90%，比第四次人口普查提高 4.1 个百分点；60 周岁以上的 32035 人，占登记人口的 11.72%，比第四次全国人口普查提高 3.29 个百分点。

2000年第五次全国人口普查恭城瑶族自治县常住人口年龄分组性别构成一览表

表3-4

年龄组（周岁）	总人口（人）	性别（人）		性别构成（%）		性别比（女=100）
		男	女	男	女	
0	2614	1306	1308	49.96	50.04	99.85
1～4	10896	5737	5159	52.65	47.35	111.20
5～9	19993	10865	9128	54.34	45.66	119.03
10～14	24935	13653	11282	54.75	45.25	121.02
15～19	25662	14386	11276	56.06	43.94	127.58
20～24	18346	10304	8042	56.16	43.84	128.13
25～29	22185	12029	10156	54.22	45.78	118.44
30～34	29115	15473	13642	53.14	46.86	113.42
35～39	24935	12878	12057	51.65	48.35	106.81
40～44	17040	8812	8228	51.71	48.29	107.10
45～49	19115	9774	9341	51.13	48.87	104.64
50～54	14967	8168	6799	54.57	45.43	120.14
55～59	11484	6475	5009	56.38	43.62	129.27
60～64	10260	5580	4680	54.39	45.61	119.23
65～69	8806	4566	4240	51.85	48.15	107.69
70～74	6175	3007	3168	48.70	51.30	94.92
75～79	3895	1762	2133	45.24	54.76	82.61
80～84	1788	729	1059	40.77	59.23	68.84
85～89	787	273	514	34.69	65.31	53.11
90～94	248	79	169	31.85	68.15	46.75
95～99	66	24	42	36.36	63.64	57.14
100周岁及以上	10	1	9	10.00	90.00	11.11
合计	273322	145881	127441	—	—	—

2005年年底恭城瑶族自治县百岁老人统计表

表3-5

姓名	性别	出生年月	家庭住址
唐桂英	女	1903年4月	恭城镇洲塘村
余六妹	女	1904年4月	恭城镇天堂村
钟娩妹	女	1904年12月	恭城镇江贝村
熊玉英	女	1904年12月	恭城镇茶南社区
王玉琼	女	1902年1月	西岭乡费村岭脚屯
梁凤高	女	1905年8月	西岭乡西岭村
黎玉光	女	1904年8月	西岭乡下宋村
容老八	女	1903年7月	莲花镇枧头村
余盛昕	男	1905年5月	莲花镇竹山村

续表 3-5

姓名	性别	出生年月	家庭住址
陈小毛	女	1905 年 4 月	莲花镇莲花村 4 组
魏桂秀	女	1904 年 12 月	平安乡和平街
张秀英	女	1905 年 12 月	平安乡下山源村
鄢雪莲	女	1901 年 12 月	三江乡大地村黄江口屯
田秀英	女	1900 年 11 月	嘉会乡共和村

民族结构

1990 年，第四次全国人口普查时，全县有 19 个民族，总人口 266682 人，其中瑶族占 49.85%；汉族占总人口的 46.87%；壮族占 3.16%；其他民族 0.12%。

2000 年年末，县内有 25 个民族，总人口 277516 人。其中，瑶族 147976 人，占全县总人口的 53.32%；汉族 121518 人，占 43.79%；壮族 7611 人，占 2.74%；苗族 137 人，占 0.05%；黎族 50 人，占 0.02%；回族、彝族各 45 人，分别占 0.02%；满族 33 人；侗族 32 人；布依族 13 人；蒙古族 11 人；土家族、仫佬族、毛南族各 8 人；高山族 7 人；傣族 4 人；朝鲜族 2 人；佤族、维吾尔族、纳西族、京族、畲族、傈僳族、拉祜族、仡佬族各 1 人。

2005 年年末，县内共有瑶族、汉族、壮族、苗族、彝族、黎族、侗族、回族、满族、土家族、布依族、仫佬族、高山族、傣族、毛南族、蒙古族、佤族、藏族、水族、仡佬族、纳西族、朝鲜族、京族、畲族、傈僳族、维吾尔族、土族、景颇族、拉祜族共 29 个民族，总人口 282174 人，其中瑶族人口占 57.34%，汉族人口占 39.96%，壮族人口占 2.52%，其他少数民族占 0.18%。

农业（非农业）人口结构

1990 年年末，农业人口 233969 人，占全县总人口的 87.38%；非农业人口 33789 人，占全县总人口的 12.62%。2000 年，农业人口 238821 人，占全县总人口的 86.06%；非农业人口 38695 人，占全县总人口的 13.94%。2005 年，农业人口 241801 人，占全县总人口的 85.69%；非农业人口 40373 人，占全县总人口的 14.31%。

文化结构

1990 年，第四次全国人口普查，全县总人口 266682 人，其中 6 周岁及以上人口 236202 人。6 周岁及以上人口中，大专以上文化程度 1172 人，占全县总人口的 0.44%，占 6 周岁及以上人口的 0.5%；中专（含高中）文化程度 17278 人，占全县总人口的 6.48%，占 6 周岁及以上人口的 7.31%；初中文化程度 51631 人，占全县总人口的 19.36%，占 6 周岁及以上人口的 21.86%；小学文化程度 135370 人，占全县总人口的 50.76%，占 6 周岁及以上人口的 57.31%；文盲 30751 人，占全县总人口的 11.53%，占 6 周岁及以上人口的 13.01%。

2000 年，第五次全国人口普查，全县总人口 273322 人，其中 6 周岁及以上人口 256389 人。6 周岁及以上人口中，大专以上文化程度 3350 人，占全县总人口的 1.23%，占 6 周岁及以上人口的 1.31%；中专（含高中）文化程度 21456 人，占全县总人口的 7.85%，占 6 周岁及以上人口的 8.37%；初中文化程度 97048 人，占全县总人口的 35.51%，占 6 周岁及以上人口的 37.85%；小学文化程度 118499 人，占全县总人口的 43.36%，占 6 周岁及以上人口的 46.22%；文盲 12405 人，占全县总人口的 4.54%，占6周岁及以上人口的4.84%。

2000年人口的文化结构与1990年相比，大专以上文化程度在总人口中占比增加0.79%，中专（含高中）文化程度在总人口中占比增加1.37%，小学文化程度在总人口中占比减少7.4%，文盲在总人口中占比减少6.99%。

职业结构

1990年，第四次全国人口普查，全县在业人口151439人（男85295人，女66144人），占总人口的56.8%。其中，各类专业技术人员5158人，国家机关、党群组织、企事业单位负责人1191人，办事人员和有关人员1473人，商业工作人员2482人，服务性工作人员1422人，农、林、牧、渔劳动者130793人，生产工人、运输工人和有关人员8920人。按行业分，农业、林业、牧业、渔业、水利业131381人，工业8715人，地质普查和勘探业1人，建筑业786人，交通运输1220人，商业、公共、饮食业、物资供销和仓储业3105人，房地产管理、公用事业、居民服务和咨询服务业468人，卫生、体育和社会福利事业771人，教育、文化艺术和广播电视事业2629人，科学研究和综合技术服务事业1人，金融、保险业355人，国家机关、政党机关和社会团体2005人，其他行业2人。

2000年，全县从业人员年末数为145814人。其中，第一产业从业人数为112805人，第二产业从业人数为15940人，第三产业从业人数为17069人。在第一产业从业人数中，农业为107760人，林业为1453人，畜牧业为3012人，渔业为580人。在第二产业从业人数中，工业为14803人（其中，采掘业为1885人，制造业为12171人，电力、煤气及水的生产和供应业为747人），建筑业为1137人。在第三产业从业人数中，农林牧渔服务业为522人，地质勘查业、水利管理业为153人，交通运输、仓储及邮电通信业为1967人，批发和零售贸易、餐饮业为7104人，金融保险业为411人，卫生、体育、社会福利业为679人，教育、文艺、广播、电影、电视业为3235人，科学研究和综合技术服务业为23人，国家机关、政党机关和社会团体为1953人，其他行业为1022人。

2005年，全县从业人员年末数为134349人。其中，第一产业从业人数为113548人，第二产业从业人数为5185人，第三产业从业人数15616人。在第一产业从业人数中，农业为110501人，林业为1288人，畜牧业为1051人，渔业为426人。在第二产业从业人数中，工业为4775人（其中，采掘业为768人，制造业为3223人，电力、燃气及水的生产和供应业为784人），建筑业为410人。在第三产业从业人数中，农业、林业、牧业、渔业、服务业为282人，交通运输、仓储和邮政业为1385人，信息传输、计算机服务和软件业为43人，批发和零售业为4961人，住宿和餐饮业为1159人，金融业为489人，教育业为2863人，其他行业4434人。

第二章　计划生育

1989—2005 年，恭城县的计划生育工作围绕稳定低生育水平，提高出生人口素质开展，通过完善依法管理、村民自治、优质服务等工作新机制，开展计划生育“三好一满意”和“婚育新风进万家”活动，全县各年度的计划生育率在 89% 以上，其中，2001 年和 2002 年的计划生育率达 99% 以上。1990 年，恭城县被国家计生委、人事部授予“全国计划生育先进集体”荣誉称号。2004 年，恭城县被国家计生委授予“全国计划生育优质服务先进县”荣誉称号。

第一节　机构

1990 年 10 月，原县计划生育领导小组改称县计划生育委员会（以下简称计生委）。1991 年 9 月，计生委内设信访政法宣传股、财会统计股。1992 年 4 月，增设统计股。1996 年 7 月，更名为县计划生育局，内设人事秘书股、宣传法规股、流动人口管理股、统计股 4 个股。

2002 年，机构改革，县计划生育局内设办公室、政策法规流动人口管理股、规划统计股、宣传教育股、科技股共 5 个股（室）。2004 年，县计划生育局更名为县人口和计划生育局，内设办公室、政策法规流动人口管理股、规划统计股、宣传教育股、科技股共 5 个股（室），共有编制数 11 名，实有 11 人。至 2005 年不变。

1989—2005 年，历任主任（局长）：卢玉荣、周勋、何毅、何树兰、蔡启强。

第二节　人口规划与实施

规划

1986 年 4 月，恭城县第八届人民代表大会第三次会议讨论并批准《恭城县国民经济和社会发展第七个五年计划》，对恭城在 1986—1990 年的人口发展提出明确的规划，即“七五”期间，恭城人口自然增长率必须控制在 10.05‰以内，期末 1990 年年底人口总数控制在 265096 人以内。

1991 年 4 月，恭城瑶族自治县第一届人民代表大会第二次会议讨论并批准《恭城瑶族自治县国民经济和社会发展“八五”计划和十年规划》，对恭城人口“八五”和十年规划提出明确的规划，即“八五”（1991—1995 年）和十年规划期间，恭城人口自然增长率必须控制在 7.00‰以内，期末 1995 年年底和 2000 年年底人口总数分别控制在 277261 人、287102 人以内。

1996 年 3 月，恭城瑶族自治县第二届人民代表大会第四次会议讨论并批准《恭城瑶族自治县国民经济和社会发展第九个五年计划和2010年远景目标纲要》，对恭城人口“九五”规划（1996—2000年）和远景目标提出明确的规划，即人口自然增长率每年控制10.00‰以内，期末2000年年底人口总数控制在28.57万人以内。

2001年3月，恭城瑶族自治县第三届人民代表大会第三次会议讨论并批准《恭城瑶族自治县国民经济和社会发展第十个五年计划纲要》，对恭城人口“十五”规划（2001—2005年）提出明确的规划，即“十五”期间，恭城人口年平均自然增长率必须控制在5.00‰以内，期末2005年年底人口总数控制在28.50万人以内。

实施

“七五”期间（1986—1990年），因生育观念一时难以转变，人力、财力和技术服务投入不够，1986年的人口自然增长率为10.52‰，超计划数0.47‰。1987—1990年的四个年度分别为8.35‰、5.39‰、5.30‰、5.13‰，均低于计划数。但由于该时期净迁入人口增长，1990年年末全县总人口为267758人，比计划多2662人。

“八五”至“十五”期间，恭城严格执行计划生育政策，坚持计划生育工作党政“一把手”负总责，各单位包村落实计划生育政策，坚持把计划生育纳入党政及各部门的考评内容，层层签订目标责任制，形成党政领导、部门配合、单位负责、社会参与的综合管理模式，人口发展规划基本执行到位。1991—2004年，人口自然增长率每年都控制在规划数以内（相关数据见本篇第一章第一节），只有2005年的人口自然增长率为7.27‰，超“十五”规划2.27‰。2005年年末的总人口为282174人，控制在“十五”规划人口增长预期内。

第三节　人口控制

调节生育

1989年12月，县委、县人民政府发布《关于把我县计划生育工作推向新的发展阶段的决定》，提出计划生育的管理制度：（1）计划管理机制做到：①人口计划是指令性计划，具体政策要服从人口计划。②每年年底把下一年的计划层层落实下去，是年年初到个人，张榜公布，接受群众监督，填发准生证。③符合生二胎条件的，由本人申请，村公所审查，乡镇人民政府调查，张榜公布，最后报县计生委审查批准发证。（2）自我约束机制，普遍推行育龄夫妇合同制。（3）建立监督机制：①在村民小组建立信息员、定期报告孕情以逐步转向孕前管理；②建立党员联系户制度；③建立计生协会会员联系户制度。1990年，全县有3873人实施结扎手术，另有2871人次实施放环节育措施。1990年，全县计划生育率为96.46%。1991—1999年，全县共有17045人实施结扎手术，有20512人次实施放环节育措施。1991年，全县计划生育率为97.69%；1999年，全县计划生育率为98.28%。

2000年5月，自治县委、县人民政府发布《关于进一步开展计划生育优质服务工作的通知》，决定从2000年5月起开展避孕节育方法知情选择试点工作，把原有的“一环二扎”（即已生育一孩的一般采取放环，生育二孩的一般采取绝育）改为“知情选择”，群众可根据自身的身体状况在医生的指导下自主地选择避孕节育方法。2001年3月，自治县委、县人民政府发布《关于全面开展计划生育工作优质服务推进村民自治开创我县计划生育工作新局面的决定》，提出积极稳妥地开展避孕节育措施“知情选择”。“知情选择”试点村均以《生殖健康服务手册》代替“一孩生育证”，试点村的“知情选择”对象“知情选择”率达到100%，综合避孕节育率达90%以上，药具使用有效率确保96%以上，药具使用率占综合节育措施的7%以上。实施“知情选择”之后，结扎手术人数减少，2000

年为574例，2001年为525例。

2002年，《广西壮族自治区计划生育条例》修改后规定：可以生育第二个子女的条件不变，符合《条例》规定要求生育第二个子女的，生育间隔时间应当满4周年，但女方年龄满28周岁以上的，不受生育间隔时间限制。2002年，全县“二孩”出生775人，比上年增加57人。2003—2005年，“二孩”出生人数呈增长态势。

1989年，全县计划生育率为94.74%，之后逐年上升，到2001年为99.14%，是1989—2005年计划生育率最高的一年。1989—2005年，共有17593对夫妇领取二胎生育证，有14404个“二孩”出生。

晚婚晚育

1989—2005年，恭城鼓励晚婚晚育，并实施奖励：男年满25周岁以上、女年满23周岁以上初婚为晚婚，除国家规定假期外，增加晚婚假12天。已婚女职工在24周岁以上生育第一胎的为晚育，可增加晚育假14天。增加的婚假、产假视为出勤，不影响评奖，农村人口中晚育的夫妻，可免去当年的集体义务劳动工。2002年，《广西壮族自治区计划生育条例》规定：男年满25周岁以上、女年满23周岁以上初婚为晚婚，已婚妇女年满24周岁以上妊娠生育第一个子女为晚育。男女双方晚婚的，除国家规定的婚假外，另增加晚婚假12天；女方晚育的，除国家规定的产假外，增加产假14天，同时给予男方护理假10天。增加的婚假、产假、护理假，视为出勤，工资、奖金照发，不影响其应享受的福利及评奖评优。1989年，女性初婚2223人，其中晚婚1360人，晚婚率为61.18%。2005年，女性初婚1627人，其中晚婚911人，晚婚率为55.99%。

流动人口管理

20世纪90年代，随着改革开放的不断深入和市场经济的发展，流动人口大量增加，流动人口计生管理工作成为计生工作的突出难点。

1998年，成立县流动人口管理协调领导小组，由县委、县人民政府的主要领导和分管领导担任正、副组长；县计生局成立流动人口计生管理股开展工作。同年8—9月，县计生局开展全县流动人口计划生育集中宣传活动，根据“谁用工、谁管理；谁受益、谁负责；谁的地盘、谁清理”的原则，由县计生局与流入人口形成劳动用工、房屋租赁关系的单位或个人签订《人口目标责任状》，初步形成自上而下的垂直、系列的流动人口计生管理体系。同年，共清查流动人口1329人，登记2406人。

1999年，各乡镇成立乡镇流动人口计划生育工作协调领导小组，各乡镇、县直计生办配备1～3名流动人口计生管理人员，将流动人口计生管理工作纳入各单位年终考核中。在对流动人口的管理中，对流入人口建立查验证制度，未办证人员须签订计生合同并于合同期限内回原籍办理“流动人口婚育证明”，每半年由县计生局组织1次流入人员妇检；对流出人口，未办证人员要办理“流动人口婚育证明”，已婚妇女外出前须签订计生合同，每半年向县计生局邮寄1次妇检证明。

2000年，流入人口中以从事务工、经商或以生育为目的育龄期（15～49周岁）妇女，须到县计生局进行登记，并交验户籍所在地县级人民政府计划生育行政管理部门或乡镇人民政府、街道办事处办理的婚育证明，其中已婚的育龄妇女须每季度到县计划生育技术服务站进行孕情检查。与流入人口形成劳动用工、房屋租赁关系的单位或个人，与县计生局签订共同管理计生合同。流出人口中，到外地从事务工、经商的育龄期妇女，到户籍所在地的乡镇填写“流动人口婚育证明”申请表，再凭身份证到县计生局办理证明。同年，流动人口登记4844人。

2003年，对流动人口的管理坚持两地共同管理原则，继续完善以现居现地管理为主的管理体制，建立完善流动人口计划生育档案、账卡和已婚育妇女妇检制度、妇检报告单回寄制度及双向管理信息通报制度；外出人员外出前必须办理“流动人口婚育证明”，外出已婚的育龄妇女严格执行孕检报告单回寄制度，每季度回寄1次孕检报告单。至2005年不变。

1998—2005年，全县共登记流动人口43296人次。

第四节 奖励与保障

对自愿终身只生育一个子女的夫妻，经本人申请，由所在单位和乡镇人民政府、城市街道办事处审核，报县级计划生育行政部门批准后，发给“独生子女父母光荣证”，凭证享受以下奖励或保障：（1）给予一次性奖金100元，从申请当月起至子女年满18周岁止，每年发给儿童保健费144元。职工由夫妇双方所在单位各发一半，一方不是职工的，由另一方所在单位全付；城镇待业人员和农民的由所在乡镇人民政府负责兑现。1989—2005年，全县共3453人领取独生子女一次性奖金，共计21.28万元；共22802人次领取儿童保健费，总金额136.81万元。（2）对终身只生育1个子女或者婚后终身无孩的职工，退休时可提高退休金计发比例的5%；符合生育“二孩”条件，自愿终身只生育一个子女的职工，退休时可提高退休金计发比例的10%。（3）对已领取“独生子女父母光荣证”的城镇困难居民可优先纳入当地最低生活保障，并提高10%的生活保障金。（4）农村独生子女家庭在发展经济中，给予资金、技术及培训等方面的支持和优惠；对实行计划生育的贫困家庭，在扶贫贷款、以工代赈、扶贫项目和社会救济等方面予以优先照顾。

1989—2005年，全县共有2223对夫妇领取独生子女证。其中，1989年领取独生子女证夫妇1043对，2005年领取独生子女证夫妇200对。

第五节 宣传及技术服务

计生宣传

计生宣传主要采取宣传车、出版专栏、标语、培训班、简报、演讲会、抢答赛、上街咨询、印发资料、文艺演出及山歌赛等群众喜闻乐见形式，宣传婚育新风和法律法规知识。1989年，共印刷《广西壮族自治区计划生育条例》7万份并发放到户。1990年，全县121个行政村（居委会）全部开办各种不同类型的计生基础知识教育学习班805期，参加学习人员105387人，占应受教育面106186人的99.2%，在乡镇、村开辟计生活动展览室46个。

2000年，充分发挥县、乡、村电视广播网络的作用，定期、系统地向群众进行宣传教育。县级举办电视讲座12次、广播讲座48次，乡镇举办电视讲座28次、广播讲座62次。制作18万份计生宣传品，针对未婚青年、新婚夫妇、已婚育龄夫妇、孕妇、产妇、独生子女户、不孕不育户、符合生育“二孩”户、贫困户及重点管理户等对象，开展“十进家、十宣传、十服务”活动，将宣传品面对面交给育龄人群，既保证宣传品入户到人，又增强宣传品的针对性和实效性。2005年，开展以“婚育新风进万家”为主题的一系列宣传教育活动。

计生服务

1989—2005年，计生工作实行计划生育承包责任制，采取层层承包，风险抵押，黄牌警告，一票否决制度，坚持以各级党政领导“一把手”为核心的人口与计划生育目标管理责任制，通过层层签订责任状，责任到人和督促检查，考核评估，促进人口与计划生育工作稳步发展。

图 3-1 计生服务人员到红岩村传授生育知识（县计生局提供 2005 年）

技术服务计划生育技术服务有县站、乡镇服务所、村服务室。其中，县计生站能开展放环、结扎和引产术。

计划生育技术服务部门注重新技术的引进和对技术人员的培养。1992 年 3 月，县计生站最早在广西区内开展输卵管结扎术应用下腹部横切口皮内缝合术，切口小，速度快，不需拆线，受术者当天可回家休息。1995 年 12 月起，开展输卵管、输精管吻合手术。2002 年起，为生育“一孩”的已婚育龄妇女发放《生殖健康服务手册》，每个已婚育龄妇女都享受到每年 1 次的生殖健康检查服务，并建立生殖健康档案。2005 年，为 4 万多名妇女进行妇科检查，对检查中发现的疾病及时给予治疗。到 2005 年年底，县、乡镇共有技术人员 31 人；共设村级服务室 107 个，有服务人员 107 人。

计生“三结合” 1994 年，在全县开展计划生育“三结合”帮扶活动。1996 年，县委、县人民政府下发《关于在全县开展计生“三结合”创优夺标活动的决定》，进一步明确“三结合”的目标、任务、措施和方法，要帮扶 3000 户以上计生户脱贫致富。2005 年，共帮扶计生贫困户 1100 户，年人均增收 200 元以上。

婚前检查 根据国家计划生育有关法律、法规，禁止在医学上认为应该禁止结婚的疾病患者结婚，禁止近亲结婚，提倡婚前检查。1992 年起，全县实施婚前检查。1992—2005 年，婚检人数达 27627 人，疾病检出率为 4.39%，新生儿缺陷发生比例降低。1998 年，县、乡镇建立出生缺陷干预网络，计生部门与卫生部门联合开展产前诊断、地中海贫血筛查、新生儿疾病筛查，实施降低孕产妇死亡和消除新生儿破伤风项目等工作，全县优生检测率达 80%。1992—2003 年，婚检率年均 69.2%，最高年为 2002 年、82.9%，最低年为 1997 年、54.4%。2004 年，婚检取消，年内婚检率明显降低，为 1.32%。2005 年，婚检率为 8.5%。

随访服务 2004 年，制定《恭城瑶族自治县计划生育优质服务随访工作规范》，明确县、乡镇、村三级计生管理和服务人员的职责、任务，明确孕期、产后、术后及药具等对象的随访时间、内容次数、分类随访，并实行《承诺服务卡》制度，采用在承诺服务卡上签名随访的办法，向育龄群众传授生殖保健知识，征求意见和需求，解决群众的实际困难，做好全程监测和服务。2005 年，共开展孕期随访 3046 人，产后随访 2896 人，术后随访 2484 人，药具随访 3878 人。

1989—2005 年恭城瑶族自治县计划生育情况一览表

表 3-6

单位：人

年度	“一孩”出生		“二孩”出生		计划生育率（%）
	人数	“一孩”率（%）	人数	“二孩”率（%）	
1989	2154	73.59	751	25.66	94.74
1990	2118	75.83	670	23.99	96.46
1991	2012	71.32	796	28.22	97.69

续表 3-6

年度	“一孩”出生		“二孩”出生		计划生育率（%）
	人数	“一孩”率（%）	人数	“二孩”率（%）	
1992	2293	65.09	773	21.94	89.33
1993	2329	66.54	1153	32.94	97.11
1994	2188	66.69	1082	32.97	97.84
1995	2049	70.12	866	29.63	98.56
1996	1961	71.75	767	28.06	97.88
1997	1837	70.54	755	28.99	98.46
1998	1809	67.98	842	31.64	98.61
1999	1736	67.68	819	31.93	98.28
2000	1766	71.64	690	27.99	98.74
2001	1606	68.96	718	30.83	99.14
2002	1593	66.96	775	32.57	99.03
2003	1628	65.46	849	34.14	98.43
2004	1749	62.62	1028	36.81	97.64
2005	1815	62.67	1070	36.95	95.89
合计	32643	—	14404	—	—

第三章　人民生活

1989—2005年，随着改革开放的深入和经济发展，经济收入增加，贫困人口逐年减少，文化生活水平大幅提高。全县社会消费品零售总额由1989年的9185万元增至1993年的17833万元、1998年的20460万元、2005年的58170万元。城乡储蓄余额由1989年的7411万元增至1993年的15291万元、1998年的48639万元、2000年的51232万元、2003年的77174万元、2005年的124603万元。农民人均纯收入由1989年的556.6元增至1995年的1154元、2000年的1403元、2005年的3151元。先富群众在生活上以细粮为主，菜肴求精，穿着时尚，私人新建住宅逐年增多，部分家庭用上中高档耐用消费品。但因病返贫、因缺少劳力和缺少生产投入而导致生活贫困的现象仍然存在，贫富差距加大，贫困户生活困难；部分人红白喜事大操大办，民众人情开支较重；部分人生活中吸烟喝酒过量，损害身体健康的事件时有发生；住房（建房）支出占民众消费支出的比重过高，还购房（建房）的借贷款成了民众沉重负担，农村仍有茅草房，城镇还有无房户。

第一节　农村居民生活

1989年，全县农民人均口粮344.5千克，人均纯收入为556.6元，生活相对处于低消费水平。在生活消费结构中，以吃饱为主，食品消费占主要比重。穿着方面，主要以结实耐用、御寒保暖为主，服装式样朴素单调。全年衣着消费支出及文化娱乐生活方面的消费支出甚少。20世纪90年代，随着农民收入逐年增长，农村家庭生活消费能力逐步增强。食品消费所占的比重仍较大，其他消费水平有所提高。衣着方面，农村居民由注重结实耐穿、以御寒保暖为主逐步对衣服的布料、式样和花色品种有了较多的讲究和选择。

图3-2　2005年，红岩村新农居（县招商局提供）

2000年以后，农村居民生活消费水平进一步提高，消费结构趋向多元化。在食品消费构成中，粮食消费占食品消费的比重逐年下降，副食品消费所占比重上升，农村居民对营养高的肉、禽、蛋奶及鱼虾等的消费量不断增多。据县统计局农村住户调查，2001年，农村居民家庭购买商品人均支出1815元，其中，购买生活消费品人均支出788元，衣着类人均支出64元，居住类人均支出164元，家用设备和日用品类人均支出

73 元，交通及通信工具和用品类人均支出 101 元，文化、教育、体育、娱乐用品人均支出 195 元，医疗卫生、保健用品人均支出 75 元，其他杂项人均支出 355 元。在购买生活消费品人均支出的 788 元中，其中食品类人均支出 388 元（购买稻谷人均 3 千克，金额3元；购买大米人均21千克，金额35元），购买肉、禽、蛋、奶及制品人均支出180元，购买水产品及制品人均支出 13 元，购买烟酒人均支出 53 元。2005 年，农村居民消费水平和生活质量显著提高，各种消费支出增多。农村居民家庭购买商品人均支出 2559 元，其中，购买生活消费品人均支出 1461 元，衣着类人均支出 75 元，居住类人均支出 436 元，家用设备和日用品类人均支出 127 元，交通及通信工具和用品类人均支出 121 元，文化、教育、体育、娱乐用品人均支出 52 元，医疗卫生、保健用品人均支出 15 元，其他杂项人均支出 272 元。在购买生活消费品人均支出的 1461 元中，其中食品类人均支出 614 元（购买稻谷人均 2 千克，金额 3 元；购买大米人均 36 千克，金额 61 元），购买肉、禽、蛋、奶及制品人均支出 299 元，购买水产品及制品人均支出 21 元，购买烟酒人均支出 85 元。

图 3-3 农民的生活家园（县招商局提供 2005 年）

第二节 城镇居民生活

城镇居民收入

1989 年，全县在岗职工年平均工资 1991.52 元；到 2000 年，在岗职工年平均工资增至 6764 元，比 1989 年增加 4772.48 元；2005 年，在岗职工年平均工资 13103 元，比 2000 年增加 6339 元。

自谋生活的城镇居民，主要靠务工、经商和各种服务等增加收入。据县统计局抽样调查，2004 年城镇居民人均可支配收入 6283 元，2005 年 7482 元。

城镇居民消费

2004 年前，县统计局对城镇居民消费未做过住户抽样调查。有据可查的只有 1999 年、2000 年、2001 年 3 个年度的城镇居民消费水平，分别为 3738.12 元、3946.77 元、4411.28 元。从 2004 年起，自治县统计局根据自治区统计局的抽样对 60 户居民进行记账调查。据 2005 年城镇居民抽样调查，人均可支配收入 7482.43 元，生活消费支出 6265.16 元，占 83.73%。其中，食品消费支出 2360.41 元，占生活消费支出的 37.68%；衣着消费支出 312.32 元，占 4.99%；居住消费支出 1343.37 元，占 21.44%；文化教育和娱乐服务消费支出 964.16 元，占 15.39%；家庭设备和用品消费支出 318.53 元，占 5.08%；医疗保健消费支出 213.93 元，占 3.41%；交通和通信消费支出 686.50 元，占 10.96%；其他商品和服务消费 65.95 元，占 1.05%。

服装 1989 年后，城镇居民衣着渐现多样化、个性化特征。儿童服装讲究舒适、保暖；青少年、青年以牛仔服、夹克、T 恤衫、连衣裙、短裙为主，喇叭裤、踩脚裤等风靡一时；中老年人以休闲服为主；城镇职工以制服、西装、套装、休闲服为主。至 21 世纪初，随着经济、文化发展，居民思想观念发生变化，年青女性服装日趋时尚、性感，低腰裤、短裤、超短裙、露背装不再罕见。2005 年，全县城镇居民人均衣着消费支出 312.32 元，占全年生活消费支出的 4.99%。

饮食　县内城镇居民以大米为主食，且素来喜食油茶。20 世纪 90 年代，将大锅茶改为小锅茶，煮油茶变成打油茶。居民习惯早餐喝油茶，佐以三角粽、年糕、菜肚粑、柚叶粑、艾粑、船上糕、萝卜粑及莲花粉等。居民逢年过节喜做酿菜，有辣椒酿、茄子酿、南瓜酿及油豆腐酿等。冬至前后，熏制腊肉、腊肠。随着经济发展，生活水平逐渐提高，宴席菜肴由 10 碗增至 12 碗及以上。另外，居民有食甜酒的习俗，大多为自酿自食。90 年代中期，嘉会清泉酒厂、恭城志强甜酒厂、瑶乡糯酒厂等规模投产，大多数居民由自制甜酒转为购买成品甜酒。

2000 年后，由于生活水平提高，五谷杂粮做的健康食品重回餐桌，深受居民喜爱。居民饮食逐渐转为营养精致、荤素均匀搭配。2005 年，全县城镇居民人均食品消费支出 2360.41 元，占生活消费支出的 37.68%。

居住　20 世纪 90 年代起，县内城乡公、私房屋按照规划要求建设，结构形式有砖混、框架、框混等，建筑风格以现代建筑风格为主。室内装修较为简易，采用木制门窗加钢筋窗条，设开放式阳台，少量采用铝合金窗，内墙粉刷水泥砂浆加石灰纸筋浆盖面。2000—2005 年，房屋装修多改用铝合金窗，三开或可折叠式木门和金属门。内墙多刮腻子，部分使用乳胶漆。2005 年，县城住宅总面积达 152.78 万平方米，人均面积 52.68 平方米；公房总面积 73.68 万平方米。

交通通信　1989 年，全县居民出行以自行车、客运班车为主。1996 年，县城出现从事客运的出租三轮摩托车。2002 年，微型面包车在城乡间开始营运。2003 年，出租轿车开始营运。2005 年，莲花红岩、东寨、西岭、嘉会、北洞源 5 条城乡公交客车开行。2005 年年底，县城通往乡镇主要是微型面包车、公交客车；开往省内外的客运班线共 25 条，县内居民可很方便地到达桂林、柳州、南宁、贺州、广州及湖南江永县等地。

1989 年，有城市电话 276 部。1990 年，全县各乡镇通电话比重 100%。1993 年，开通城乡程控电话。2005 年，城市电话达 3 万部。

耐用消费品　1990 年，电视机、录音机、电冰箱、洗衣机及缝纫机等仍为县内居民的高档消费品。

随着经济的发展，电冰箱、洗衣机、热水器、电磁炉、微波炉、消毒柜、影碟机、电子音响、电取暖器、空调机、电风扇、电吹机及电熨斗等逐渐成为居民家中常见家电。至 2005 年，据城镇居民抽样调查推算 100 户耐用消费品拥有量：成套家具 95 套，摩托车 60 辆，自行车 132 辆，助力车 8 辆，家用汽车 2 辆，洗衣机 93 台，电风扇 308 台，电冰箱 88 台，冰柜 13 台，彩色电视机 137 台，影碟机 78 台，录音机 27 台，录放像机 10 台，电脑 18 台，组合音响 37 套，照相机 17 架，微波炉 33 台，空调 37 台，取暖器 72 台，电炊具 88 台，热水器 68 台，排油烟机 27 台，消毒碗柜 48 台。

第四篇

交通　邮电

第一章　交通运输

1989年，恭城县有省道58千米、县乡公路224.8千米、专用线66.8千米、林区公路32.1千米、蔗区公路54.5千米、机耕路454.5千米（含部分蔗区路和村公路），共计有各种机动车辆道路890.7千米。1989年，水路运输航道有桂江航道、澄江航道。澄江航道货运量每年约600吨、客运量45万人次，1993年峻山至营盘公路开通后，该航道取消。从1990年起，县财政逐步加大对交通建设的投入。1996—2000年，进行公路建设大决战，初步形成县、乡、村三级公路网。2003年年底，117个行政村全部通行汽车，行政村通车率为100%。2005年，全县公路通车里程524千米，其中等级公路里程169千米，实现乡乡通油路，村村通汽车；全县有营运汽车540辆，其中班线客车65辆、城乡公交客车11辆、7座微型小客车164辆、出租轿车60辆、货运汽车240辆；完成客运量136万人次，货运量60万吨。

第一节　机构

交通局

1989年年底，县交通局内设办公室、财务股，下设公路管理站、交通运输管理所。1997年4月机构改革后，县交通局内设人事秘书股、财务统计股、综合股，下设县交通运输管理所、公路管理所、地方交通规费征收办公室、货运服务站。1999年5月，设立县国防动员委员会交通战备办公室。

2002年3月，根据中共桂林市委、桂林市人民政府《关于印发恭城瑶族自治县党政机构改革方案的通知》规定，自治县交通局为自治县人民政府主管全县公路和水路交通行业的工作部门，内设人事秘书股、财务统计股、综合股3个行政管理股室，共有行政编制8名、工勤编制1名；下设行业管理及其他部门为县交通运输管理所、公路管理所、地方交通规费征收稽查所、货运站、交通战备办公室及交通服务公司等，编制共57名。至2005年年底，编制、人员不变。

1989—2005年，历任局长：董先林、谢富荣。

公路局

1989年，县公路段下设12个养护道班。1993年6月，公路段改设公路局，归桂林公路管理局直属管理。下设办公室、养护股、工程股、财务股、机料股、公路派出所、路政大队以及恭城、秧家、栗木、山狮角4个养护站，共有管理人员19人、工人57人。至2005年年底，编制、人员不变。

1993—2005年，历任局长：覃德兴、贾水生、彭国平、陈志华、朱胜清。

第二节 公路

公路建设

1989 年，全县共有各种机动车辆道路 890.7 千米，其中省道 58 千米、县乡公路 224.8 千米。1990 年起，县财政逐步加大对交通建设的投入。1991—1995 年，全县投入公路建设资金达 1717.94 万元，新建公路 57.5 千米，新铺沥青路面 34.15 千米，改建四级公路 31.2 千米；新建桥梁 2 座，加固和改建桥梁 2 座。至 1995 年年底，全县 117 个行政村共有 105 个村可以通车，通车率达 89.74%。1996—2000 年，进行公路大决战，初步形成县、乡、村三级公路网。由北至南贯穿境内中部河谷走廊的 S201 全州—沙子线与省道 305 线相接，东北走向的恭城—龙虎线与湖南省的江永县相接，东南走向的恭城—同安线在平乐县同安镇与 323 国道相接，东西走向的黄岭—莲花线与钟山县相接，其间 43 条乡村公路纵横交错。至 2005 年年底，全县公路总里程 524 千米，路网密度 0.24 千米 / 平方千米；9 个乡镇、117 个行政村全部通车，行政村通车率为 100%。

省道　S201 全州—沙子线原名全二线（全州—二塘），1989 年 1 月，改称全沙（全州—沙子）线，全长 192 千米，其中恭城境内里程 58 千米。2000 年，全沙线恭城段改建成二级公路，长 57 千米，路基宽 12 米，其中 48 千米沥青次高级路面宽 9 米，9 千米混凝土高级路面宽 9 米；最大纵坡 7.72%，最小平曲线半径 89 米；设计荷载为汽 -20，挂 -100。

县道　2005 年年底，全县有恭城—二塘、恭城—龙虎、黄岭—莲花、大境—洞井、虎尾—龙岗共 5 条县道，总长 110.18 千米。

恭城—二塘线始建于民国 22 年（1933），境内里程 18 千米，原为四级公路，2005 年改建为二级公路，路基宽 12 米，混凝土路面宽 9 米，荷载汽 -20，挂 -100，最小平曲线半径 150 米，最大纵坡为 4.5%。

恭城—龙虎线始建于民国 23 年（1934），全长 34.13 千米，原为四级公路。2003 年，恭龙线改建完工嘉会至龙虎段 16.13 千米为二级公路，路基宽 12 米，路面宽 9 米。桥头至嘉会段四级公路 18 千米未改建。

黄岭—莲花线始建于 1967 年 4 月。1976 年，由林区公路改为县道。1990 年，三江至插牌头公路竣工后与黄岭至两安公路相接，全长 37.5 千米，为四级路，路基宽度 6.5 米，路面宽 3.5 米；最小平曲线半径为 30.0 米，最大纵坡为 9%；桥涵设计荷载为汽 -50、挂 -80。

图 4-1　全沙公路恭城境内秧家段（陈革 摄　2005 年）

大境—洞井线全程 51 千米，其中恭城境内 8.25 千米，于 1992 年 7 月开工，1998 年 1 月竣工。为山岭重丘区四级公路，路基宽度为 6.5～8.5 米，泥结碎石路面宽 3.5 米；最小平曲线半径为 15.0 米，最大纵坡为 9%；桥涵设计荷载为汽 -10、履带 -50。

虎尾—龙岗线始建于 1958 年，全程 12.3 千米，原为等外路。1997 年，虎尾至西岭段 5

千米改建成沥青三级路，路基宽 7.5 米，路面宽 5 米。

乡（村）道　1990—2000 年，乡（村）公路建设迅速发展，仅 1997—1999 年，全县共修通 43 条、206.22 千米的乡（村）道。2001 年，第二次全国公路普查，全县乡道总长 311.7 千米、村道总长 230 千米，共计 124 条、541.7 千米。至 2003 年年底，全县 117 个行政村的乡道全部能通汽车。

2005 年年底，全县乡道共计 52 条、总长 339.66 千米，村道总长 221.41 千米。主要的乡道有：西岭—治平、莲花—芹菜塘、三江—大地、峻山—营盘、桥头—北洞源、路口—竹搭桥、大石桥—水滨、河口—丹地冲、梅子岭—坪冲、莲花—孔里、蟠龙桥—下蕉、门楼—下宋、晋东堡—湖山、莲花—独石、势江—东科、坪岭—古里洞、庄头岭—三联、大锅塘—北洞源、栗木—实乐、五福—欧寨、五福—庙垒口、五福—高岭、锰矿—天堂、锰矿—古城、大枧—蛋子江、嘉会—良溪、平安—大岭、山渡—布结、挖沟—八岩、大帮山—下榨、平安—土陂、豸游—苏陂、农机校—泗安、新安—罗卜、螺丝山—绹马坪、建安—常家、九板—共和、八岩—新合、双溪寨—德良、磨底塘—椅子、叫化祖—满塘、观音—洋石、洗脚岭—石巺冲、化育—渡雷、西岭—朝川、回头寨—涧山、南门石—水闸头、农机校—鸭塘、锰矿—同乐、糖河—龙岗、凤凰—峻山、西岭—三合、八岩—下宋、苏陂—西南、北洞源—大江、大岭—下山源等。

2005 年年底恭城瑶族自治县境内省（县）道一览表

表 4-1

路线编号	路线名称	经过主要村庄	境内里程（千米）	路面状况	公路等级
S201	全州—沙子	莕塘、上枧、栗木、大枧、五福、建安、六岭、豸游、秧家、虎尾、洲塘、西河、白马、化育	57.00	路基宽 12.00 米，其中 48.00 千米沥青次高级路面宽 9.00 米，9.00 千米混凝土高级路面宽 9.00 米	二级
X161	恭城—二塘	江贝、桥头、新街、巨塘、枧头、莲花、竹山	18.00	沥青路面，路基宽 6.50～12.00 米	四级
X160	恭城—龙虎	江贝、桥头、路口、黄埠、白羊、松林、嘉会、太平、白燕、狮子、龙虎	34.13	高级和次高级路面 16.13 千米，路基宽 12.00 米，路面宽 9.00 米；沥青简易公路 18.00 千米，路基宽 6.50 米，路面宽 6.00 米	二级、四级
X707	黄岭—莲花	三江、安冲、洗脚岭、龙围、杨梅、势江、凤岩、独石、莲花	37.50	沥青路面 5.70 千米，泥结碎石路面 31.80 千米，路基宽 6.50 米，路面宽 3.50 米	四级
X118	大境—洞井	泉会	8.25	泥结碎石路面，路基宽 6.50～8.50 米、路面宽 3.50 米	四级
X164	虎尾—龙岗	西岭、龙岗	12.30	沥青路面 5.00 千米，路基宽 7.50 米，路面宽 5.00 米；泥结碎石路面 7.30 千米，路基宽 6.00 米，路面宽 3.50 米	三级、等外

专用公路　2005 年，全县专用公路有矿区公路、水库公路、林区公路。矿区公路有栗木—栗桂、营盘—老厂、营盘—回头山、杉木坪—莲花厂；水库公路有坪岭—黄竹岗；林区公路 1989 年原有詠棠—北洞源、大地—分开源、如伐口—南木龙、陈家厂—马林源共 4 条，2001 年，詠棠—北洞源交付县交通局管理，其余 3 条、30.06 千米仍作林区道路。除此，另有绕城线、嘉会支线。

绕城线位于县城，为县水泥厂至虾里洞，长 2 千米，于 1979 年初建，1988 年改建为三级公路，2000 年改建成二级公路，路基宽 12 米，混凝土水泥路面宽 9 米。嘉会支线位于嘉会至秧家之间，全长 0.8 千米，1991 年初建，为三级路，1997 年改建为沥青路，路基宽 9.2 米，路面宽 7 米，2002 年改建为二级公路，混凝土水泥路面。

1990—2005 年恭城瑶族自治县专用公路建设情况一览表

表 4-2

路线名称	路面状况	里程（千米）	公路等级	建成时间	备注
栗木—栗桂	路基宽 8.50 米，沥青路面宽 8.00 米	3.30	四级	1990 年改建	栗木锡矿专用
营盘—回头山	路基宽 4.50 米，碎石泥土路面宽 3.00 米	24.60	四级	1990 年建	县矿产公司专用
杉木坪—莲花厂	路基宽 4.50 米，碎石泥土路面宽 3.00 米	13.10	四级	1998 年建	县矿产公司专用
绕城线	路基宽 12.00 米，混凝土水泥路面宽 9.00 米	2.00	二级	1979 年建，1988 年、2000 年两次改建	—
嘉会支线	路基宽 9.20 米，混凝土水泥路面宽 7.00 米	0.80	二级	1991 年建，1997 年、2002 年两次改建	—

桥梁

1989 年年底，全县共有公路桥梁 63 座，共长 2080.66 米。全州—沙子线有苔塘桥、上枧桥、石门堰桥、栗木桥、仁义桥、五福桥、建安桥、龙家桥、六岭桥、豸游桥、秧家桥、通板桥、杨柳桥、西河大桥；恭城—二塘线有茶江大桥、里陂桥、山狮角桥、枧头桥、枧头二桥、莲花新桥；恭城—龙虎线有路口桥、蟠龙桥、白羊桥、新林桥、龙江桥、嘉会桥、狮子桥；栗木—水滨线有上宅桥、周家塘桥、帡口桥；栗木—大合线有栗木桥；栗木—栗桂线有蛋子江桥；莲花—大地线有势江桥、河口桥、安冲桥、三江桥、本源河桥、岗头坪桥、旱江桥、牛栏冲桥、三江口桥、老岩桥、黄江口桥、木底冲桥；洗脚岭—石帡冲线有腰子坪桥、社冲桥；坪岭—黄竹岗线有黄竹岗桥；河口—丹地冲线有坪冲桥、清水桥；笔山—东寨线有笔山桥；虎尾—峻山线有羊角山桥，西岭—沙子线有杉木桥；猪头厂—上段线有上段桥；岛坪矿区公路有桃花江口桥、茶江口桥、川江口桥、龙塘桥、大石江桥、青竹塘桥、陡江坪桥、柳塘桥、丹竹岭桥、梅子坪桥。

随着省道、县道的改建和乡（村）道的新（改）建，1990—2005 年共新建桥梁 29 座，改建 17 座，总长 2097.93 米。

1990—2005 年恭城瑶族自治县公路桥梁建设一览表

表 4-3　　单位：米

线路	桥梁名称	长度	面宽	桥高	结构	建成时间
全州—沙子	定岗坳桥	20.80	9.20	4.80	片石拱桥	2001 年新建
	苔塘桥	20.00	12.00	3.60	片石拱桥	2002 年改建
	寡婆桥	10.00	12.00	2.00	片石拱桥	2002 年改建
	上枧桥	35.10	12.00	2.10	料石微拱板桥	2002 年改建
	石门堰桥	36.20	12.00	2.70	片石拱桥	2002 年改建
	栗木桥	17.10	12.00	3.00	R.C 板	2002 年新建
	仁义桥	11.30	12.00	2.50	R.C 板	2002 年改建
	五福桥	7.00	12.00	2.70	片石拱桥	2002 年改建
	建安桥	8.70	12.00	3.80	片石拱桥	2002 年改建

续表 4-3

线路	桥梁名称	长度	面宽	桥高	结构	建成时间
全州—沙子	龙家桥	8.70	12.00	3.60	片石拱桥	2002 年改建
	六岭桥	7.80	12.00	2.60	片石拱桥	2002 年改建
	豸游桥	63.00	12.00	3.80	混凝土空心板桥	2002 年新建
	秧家一桥	8.00	14.00	1.50	片石拱桥	2002 年改建
	秧家二桥	16.00	12.00	1.70	R.C 板	2002 年改建
	通板桥	9.90	12.00	3.20	R.C 板	2002 年改建
	杨柳桥	6.00	12.00	2.80	R.C 板	2002 年改建
	西河大桥	178.00	9.00	10.40	双曲拱桥	1996 年改建
恭城—二塘	里陂桥	53.40	10.00	4.60	混凝土空心板桥	2005 年新建
	山狮角桥	116.00	11.00	6.85	混凝土空心板桥	2005 年新建
恭城—龙虎	狮子桥	36.00	12.00	—	钢筋混凝土桥	2003 年新建
黄岭—莲花	小势江桥	28.00	7.00	3.10	混凝土板桥	1993 年改建
栗木—实乐	大合桥	71.00	7.50	—	T 型梁	2005 年改建
大石桥—水滨	莲花桥	9.00	5.40	2.30	片石拱桥	1998 年新建
挖沟—下莫	八岩桥	35.30	3.70	1.50	混凝土板桥	1997 年新建
门楼—下宋	牛坪桥	9.40	4.50	—	空心板桥	2004 年改建
峻山—营盘	澄江桥	60.00	8.00	10.70	片石拱桥	1992 年新建
燕岩—新街	燕岩桥	267.80	12.00	13.70	刚架拱桥	1996 年新建
观音—洋石	洋石桥	93.00	2.70	3.00	片石拱桥	1996 年新建
	洋石附桥	22.00	3.00	2.00	片石拱桥	1996 年新建
锰矿—古城	古城桥	32.00	5.10	—	片石拱桥	1996 年新建
势江—东科	势江桥	81.00	7.00	6.50	双曲拱桥	1998 年新建
桥头—北洞源	北洞源桥	32.00	4.50	—	片石拱桥	1998 年新建
	北洞源桥	27.20	4.50	3.50	混凝土板桥	1999 年新建
叫化祖—满塘	满堂桥	72.00	4.50	5.00	混凝土板桥	1998 年新建
山渡—布结	六公桥	12.70	6.50	1.80	混凝土板桥	1998 年新建
九板—共和	九板桥	21.63	4.50	2.80	混凝土板桥	2001 年新建
建安—常家	常家桥	52.20	5.00	5.30	混凝土板桥	2001 年新建
双溪寨—德良	双溪桥	13.40	6.00	—	混凝土板桥	2001 年新建
	蓝厂桥	8.00	4.50	—	片石拱桥	2001 年新建
糖河—龙岗	龙岗桥	34.00	4.50	—	双曲拱桥	2001 年新建
嘉会支线	嘉会大桥	165.50	9.00	—	平坦石拱双向坡桥	1991 年新建
岛坪矿区公路	飞鸾桥	62.50	10.30	6.50	石拱桥	1996 年新建
	桃花江桥	88.00	10.00	9.20	石拱桥	1996 年新建
苏陂—西南	水油榨桥	35.00	4.50	—	等截面悬链线空腹式拱桥	2003 年新建
大岭—下山源	对河桥	33.90	4.50	—	等截面悬链线空腹式拱桥	2003 年新建
磨底塘—椅子	两岔河桥	32.40	5.50	—	等截面圆弧拱桥	2003 年新建
	老虎江桥	30.00	4.50	2.50	混凝土板桥	2005 年新建

茶江大桥 位于县城东北江贝村西侧茶江河上，为 X161 恭城至二塘线的主要桥梁。1959 年 7 月 15 日开工，1961 年 7 月 10 日竣工。1964 年 4 月 25 日，大桥引道完工，茶江大桥正式通车，为广西第一座公路大跨径石拱桥。1988 年 5 月，扩建桥面。1989 年 3 月完工，桥面宽度由原来的 8.0 米扩为 12.0 米。

茶江大桥为料石台墩双孔悬链线空腹式结构，主孔每孔跨径 52.0 米，桥长 148.8 米，高 16.0 米，桥面宽 8.0 米，荷载汽 -13，拖 -60。总投资 37.79 万元，总投工 39 万余个。建桥时，自治区曾在该处召开现场会，中南五省曾组织现场参观，评价极高，为广西修建大型料石桥梁奠定设计和施工的技术基础。

图 4-2 茶江大桥（孟华 摄 2004 年）

嘉会大桥 位于嘉会乡嘉会街西面的茶江河上，为平坦石拱双向坡桥，为连接 S201 全州至沙子、X160 恭城至龙虎关两条干线公路的主要桥梁。

1989 年 10 月，嘉会大桥动工，1991 年 3 月竣工。共投资 99.91 万元，其中县、乡自筹 55.91 万元，交通部门补助 44.0 万元。嘉会大桥全长 165.5 米，桥面宽为 9.0 米，设计荷载为汽 -15，挂 -80；引道为三级公路，全长 583.7 米，路基面宽 9.0～12.0 米，路面宽 7 米。

图 4-3 嘉会大桥（陈革 摄 2004 年）

西河大桥 位于恭城镇西河村北面的西岭河上，为混凝土双曲拱桥，S201全沙线的主要桥梁之一。长176.8米，面宽9.0米，高10.4米，荷载汽-13，拖-60。1977年9月开工，1979年竣工。1990年5月，经重庆交通科研所测试，西河大桥被确诊为危桥。同年下半年，投资35万元加固大桥拱肋；1996年，投资40万元加固腹拱圈。经重庆交通学院静态、动态荷载测试，西河大桥达到汽-15、挂-80的承载能力。

燕岩大桥 位于县城南面的茶江河上，为钢筋混凝土刚架拱桥，Y0781燕新公路的主要桥梁。全长267.8米，其中主桥长127.59米，引桥长140.21米；桥宽12.0米，引道全长605.2米，设计荷载为汽-20，挂-100。

图4-4 燕岩大桥（陈革 摄 2004年）

燕岩大桥的主桥为3孔40.0米净跨的钢筋砼刚架拱，布置合理，桥型结构轻巧、美观，引道布线合理。整座大桥共投资712.0万元，由区交通厅、地区交通局和恭城县人民政府共同筹资。1993年12月动工，1996年5月竣工。

公路养护

道班 1989年，全县有道班28个，职工120人，其中工程师4人、技术员3人。属于县公路段管理的有12个班：全沙线有恭城、化育、虎尾、秧家、五福、六岭、上枧7个班；恭龙线有糖厂、白羊、太平、九十工4个班；恭二线有山狮角班。各有职工7～8人。属于县交通局管理的有16个班：莲花至大地有势江、山琶塘、洗脚岭、大界、三江、黄坪6个班；洗脚岭至石誇冲线有清水卡班；河口至丹地冲线有黄垅岗班；莲花至孔里有笔山班；莲花至东寨线有东寨班；新街至燕岩线有燕岩班；西岭至门楼线有挖沟班；栗木至水滨线有观音班、狮塘班；路口至竹搭桥线有和平班；西岭至峻山有糖河班，每班2～3人。

1993年，县公路段改为县公路局，设恭城、秧家、栗木、山狮角4个养护站、12个道班。1997年，地方公路的路况逐渐改善，县交通局的道班由11个合并为三江、洗脚岭、山琶塘、势江、坪沙垌共5个站，每站2～3人。2000年，县公路局道班由12个合并为8个。2002年，撤销道班单设恭城、秧家、栗木、山狮角共4个养护管理站，每站定员8～10人。

工具 1989年，全县养护工具有汽车4辆、革新车27辆、碎石机23台、压路机4台，逐步实现机械化和半机械化。20世纪90年代始至2005年年底，逐步增添养路器械，有中型压路机、轻型压路机、自卸载重汽车、沥青洒布机（车）、洒水车等，实现养护机械化。

养护里程 1989年，全县公路养护里程286.1千米，其中公路段养护118.7千米，交通局养护167.4千米。公路段养护的118.7千米干线和专用线中，三等路9千米，四等路109.7千米，共绿化里程16千米；交通局养护的167.4千米地方公路中，经常养护138.9千米，晴雨通车；季节养护28.5千米，晴通雨阻；四等路42千米，余为等外路。2005年，全县公路养护里程522.48千米，其中公路

图 4-5 公路养护（陈革 摄 2005 年）

局养护里程 118.7 千米，交通局养护里程 403.78 千米。

省道养护 全沙线由县公路局养护，其路段为栗木镇定岗坳 K113 至恭城镇化育村 K170 共 57 千米，全路线设栗木站、秧家站、恭城站 3 个养护站。1990 年，K127—K138 修建油路 11 千米，投资 30.24 万元。1992—1996 年，改建 K115—K125 段 10 千米等外路为三级油路，投资 286.8 万元。1997 年，K113+450—K113+650 处降坡 40200 立方米，投资 80.4 万元。1998—2000 年，对省道全面进行二级公路改建，其中 48 千米为沥青次高级路面，9 千米为混凝土高级路面，投资 5400.76 万元。改建后，县公路局推行职工承包管养制。每月由公路局派人考核路况指标、自备路料、路肩水沟质量、数量及安全生产及文明建设等各项达标情况，月末由公路局发给当月承包款。至 2005 年，全线保持昼夜畅通，有优等路 15 千米、良等路 42 千米，好路率为 100%，绿化里程 56 千米，平均昼夜混合交通量 3234 车次。

地方公路养护 1989 年起，广西公路局开始推行《公路养护经济承包责任制试行办法》。1990 年，又在全自治区开展“公路养护优胜杯”竞赛活动，定工作目标任务，定人员经费，定质量要求，将工资与工作效率挂钩。根据经济承包责任制的实施办法，县公路局把任务资金全额分解到各养护站，实行计件工资制。山狮角养护站管养恭二线 K0—K18、恭龙线 K0—K11，共 29 千米；秧家养护站兼管恭龙线 K11—K34.16，嘉会支线 0.8 千米，共 23.9 千米；恭城养护站兼管县城绕城线 2 千米，虎尾—龙岗线之虎尾—西岭段 4.94 千米；栗桂线 3.3 千米由栗木养护站兼管。同年，恭龙线、嘉会支线年均好路率为 82.44%，绿化里程 34.16 千米，平均昼夜混合交通量 1072 车次。恭二线年均好路率为 100%，绿化里程 18 千米，平均昼夜混合交通量 2887 车次。虎龙线、栗桂线年均好路率、绿化里程均为 100%。

1991 年，在县交通局成立公路管理所负责全县地方公路的全面养护，共养护公路 15 条、189.10 千米，其中常年养护里程 160.5 千米、季节性养护 28.60 千米。1995 年，推行公路养护经费承包责任制，配备专职管理员抓常年养护工作，对超龄油路养护采用乳化沥青稀浆封层新材料、新技术，管养的乡道 230.82 千米，好路率为 35.29%，从 1994 年的桂林地区第五名上升到第三名。1996 年 3 月，原属于县公路管理所直接管理养护的乡道开始移交给各公路所在的乡镇，专用公路移交给专用单位养护。至 2000 年年末，县公路管理所管养的县乡公路共 353.80 千米，其中的 305.49 千米乡道全部移交乡镇管养。2003 年，县人民政府下发《恭城瑶族自治县乡级公路养护和管理暂行办法》，县道养护实行经费包干，黄岭—莲花公路则实行全额承包制度。同年，县交通局养护公路里程 398.31 千米，其中县道 48.67 千米、乡道 340.64 千米。2004 年 3 月，在全县推行乡级公路养护公示制，乡级公路的养路补助费由每千米 250～300 元提高到 600 元，同年完成莲同公路、栗观油路、洞大公路、西峻路等 36.7 千米县乡公路绿化。2005 年年底，由县公路局养护的地方公路有恭城—二塘、恭城—龙虎、虎尾—龙岗、栗木—栗桂、穿城线及嘉会支线等，由县交通局养护的地方公路有大境—洞井、西岭—峻山、黄岭—莲花、燕岩—新街及莲花—同安等，乡（村）道由各乡镇养护。

第三节 水路

航道

桂江航道 上通桂林，下通梧州，全程350千米。为1966年茶江河断航后，县航运公司搬迁到平乐后所开。

澄江航道 从峻山水库大坝至岛坪杉树林，长14.5千米。1993年，营盘公路开通，取消该航道。

渡口

1989年，常年性渡口恭城河有渡雷、岭尾、鲤鱼、林家埠、黄埠、陈家厂、鸭塘、吉山、六岭、深塘洲及龙虎共11个；季节性渡口，恭城河有常家、实乐、岭尾，西岭河有孟家、满塘、牛岜、大田坊、寨脚、沙湾、老圩；栗木河有朱家寨、常家西河渡等12个。船工报酬和船只修造费均由县财政、乡村事业粮补贴和当地群众集资解决。

图4-6 位于恭城镇的岭尾渡口码头（李少琼 摄 2005年）

1990年，开始渡改桥的建设。至1996年，全县渡改桥16处，其中水泥钢筋结构桥6处、浮桥3处、铁索桥4处、木便桥1处、过水路堤2处。尚存3处渡口，即恭城镇的岭尾渡、渡雷渡，平安乡的鲤鱼渡，均为常年渡口。2005年，在鲤鱼渡修建约120米长的浮桥。同年年底，全县仅存岭尾渡、渡雷渡。

第四节 公路运输

运输工具

汽车 1989年，县汽车站有客车25辆、966个客位，社会客车10辆、240个客位；县汽车站有货车15辆、75吨位，社会货运汽车134辆、693吨位。20世纪90年代中期、前期，社会货运、客运汽车都呈逐年增长的趋势。1995年，全县营运客运汽车48辆，1191个客位；货运汽车618辆，1257吨位。20世纪90年代后期，境内货源减少，货运车辆呈逐年下降的趋势，1997年，县汽车站货运车辆全部报废。2000年，货运车辆547辆，1000吨位；2005年，共有240辆，549吨位。中长途客运汽车则保持在60～70辆；微型面包车自2002年开始营运后，同年达123辆、1148个客位；出租轿车从2003年开始营运，40辆、200个客位；2005年，开行莲花红岩、东寨、西岭、嘉会、北洞源5条城乡公交客车，11辆、216个客位。2005年年底，全县有营运汽车540辆，其中班线客车65辆、客位1493个，城乡公交客车11辆、216座，7座微型小客车164辆、客位984个，出租轿车

60 辆，客位 240 个，货运汽车 240 辆、549 吨位。

1989—2005 年恭城瑶族自治县班线客车情况统计表

表 4-4

单位：辆、个

年度	车辆数	客位	年度	车辆数	客位
1989	35	1206	1998	56	1221
1990	36	1221	1999	60	1215
1991	37	1236	2000	66	1353
1992	35	1196	2001	64	1321
1993	40	1193	2002	70	1496
1994	47	1222	2003	67	1233
1995	48	1191	2004	61	1493
1996	54	1307	2005	65	1493
1997	57	1321	—	—	—

1989—2005 年恭城瑶族自治县社会营运货运汽车统计表

表 4-5

单位：辆、吨

年度	车辆数	吨位	年度	车辆数	吨位
1989	134	693	1998	584	978
1990	—	—	1999	567	1160
1991	134	693	2000	547	1000
1992	186	720	2001	562	1078
1993	496	889	2002	547	1000
1994	492	1509	2003	433	501
1995	618	1257	2004	304	344
1996	594	1123	2005	240	549
1997	607	1210	—	—	—

说明：1990 年，无数据可查

摩托车 1996 年，县城出现从事客运的出租三轮摩托车，俗称“摩的”，年底增至 37 辆。1999 年，西岭、嘉会、龙虎、平安、栗木等乡镇始有“摩的”，全县共有 400 辆。2002 年，三轮摩托车入户 1047 辆，其中参加营运审验换证的“摩的”460 辆（县城 266 辆，乡镇 194 辆）。由于三轮摩托车数量无序增长，部分非营运车辆从事营运业务，干扰正常的营运市场秩序。2003 年 1 月，停止办理三轮摩托车入户业务，城乡“摩的”调控总数为 565 辆，其中县城 365 辆，乡镇 200 辆。此后，不再增加新运力，报废车或严重违章被吊销证照的，不再更新。2005 年，全县“摩的”450 辆、900 客座。

拖拉机 主要有方向盘式和手扶式两种。20 世纪 80 年代后，部分农户购买手扶拖拉机用于农田生产和运送农作物，以及在农闲期间外出运砖石、水泥等建筑材料，以运养机，增加收入。2000 年，从事营运的拖拉机有 700 台；2003 年 560 台；2004 年 480 台；2005 年 600 台。

革新车 1989 年，全县有 1～1.5 吨革新车 27 辆从事短途运输，后全部报废并被微型汽车逐步取代。

客运

班线及班次 1989年，每天由县城始发和过往班车共50多个班次。1993年，开行三江至八步班线1班次，同年共计开行客运班线19条、119班次，过往客车20班次。1994年11月，开行恭城至南宁班线，2辆对开，62座。1996年，增开恭城至钟山班线，1辆17座；莲花至桂林客车1辆，16座。1997年，从桂林始发至恭城的客车增至21辆、381座；从恭城发往桂林的客车有15辆、230座；从桂林发往湖南江永途经恭城的客车1辆、42座；由县城发往县内各地有栗桂3辆、117座，观音1辆、16座，三江3辆、62座。1999年1月，增开至泉会班线。是年，共计开行客运班线28条、152班次，其中跨省班线3条、跨地（市）班线6条、跨县班线9条、县内班线10条。2000年1月，增开至广州班，9月月初开行恭城到南宁直达快班，11月开行恭城至桂林直达快班、日发8班次。2002年10月，增开至佛山班。2005年，全县开行客运班线25条。

2005年恭城瑶族自治县客运线路、班次、里程统计表

表4-6

线路	日发班次（个）	里程（千米）	线路	日发班次（个）	里程（千米）
恭城—广州	0.5	496	恭城—桂林（直达）	4	108
恭城—道县	1	133	恭城—全州	2	165
恭城—江永	8	86	恭城—灌阳	2	97
恭城—南宁（直达）	1	505	栗桂—荔浦	1	80
恭城—南宁（普通）	1	482	恭城—平乐	4	45
恭城—贺州	1	165	大地—恭城	1	65
恭城—八步	1	143	黄坪—恭城	1	57
栗桂—柳州	1	263	三江—恭城	8	47
恭城—柳州	1	221	恭城—黄坭岗	2	47
栗桂—桂林	7	152	恭城—栗桂	13	42
西岭—桂林	2	124	恭城—水滨	1	65
莲花—桂林	2	122	恭城—泉会	2	76
恭城—桂林（普通）	14	108	—	—	—

客运量 1989年，县汽车站年客运量116.91万人次，旅客周转量4300.74万人千米；社会客运量3.1万人次，旅客周转量36.09万人千米。20世纪90年代，县汽车站客运量呈下降趋势，1996年降至最低谷为45.96万人次。此后略有回升，至2002年重回100万人次，达到103.25万人次。2005年，县汽车站客运量136万人次、旅客周转量8680万人千米；社会客运量140万人次、旅客周转量9046万人千米。

1989—2005年恭城瑶族自治县社会客运统计表

表4-7

单位：万人次、万人千米

年度	客运量	旅客周转量	年度	客运量	旅客周转量
1989	3.10	36.09	1992	106.00	3679.00
1990	104.00	3735.00	1993	61.00	2906.00
1991	104.00	3778.00	1994	58.00	3309.00

续表 4-7

年度	客运量	旅客周转量	年度	客运量	旅客周转量
1995	62.00	3480.00	2001	83.00	5274.00
1996	67.00	2363.00	2002	92.00	5720.00
1997	80.00	2310.00	2003	79.00	5154.00
1998	127.00	2907.00	2004	102.60	7836.00
1999	58.00	5382.00	2005	140.00	9046.00
2000	68.00	5322.00	—	—	—

1989—2005 年恭城汽车站客运统计表

表 4-8　　单位：万人次、万人千米

年度	客运量	旅客周转量	年度	客运量	旅客周转量
1989	116.91	4300.74	1998	59.37	3798.12
1990	106.09	3773.61	1999	65.66	4020.31
1991	105.21	3777.76	2000	69.48	4388.89
1992	105.91	3678.52	2001	93.67	7065.22
1993	60.83	2922.59	2002	103.25	8183.99
1994	58.01	3315.66	2003	89.00	7327.98
1995	49.44	2600.06	2004	114.60	7780.00
1996	45.96	2146.29	2005	136.00	8680.00
1997	54.34	3267.22	—	—	—

说明：据恭城汽车站资料编制

货运　1989 年，县汽车站有货车 15 辆，货运量 2.17 万吨。1992 年，货车减至 6 辆，30 吨位，实行租赁承包。1997 年年初，货车全部报废。

1989—1996 年恭城汽车站货运统计表

表 4-9　　单位：万吨、万吨千米

年度	货运量	货物周转量	年度	货运量	货物周转量
1989	2.17	299.54	1993	0.92	125.88
1990	1.33	136.03	1994	1.06	167.58
1991	2.79	136.03	1995	49.44	0.95
1992	1.03	160.20	1996	0.24	25.02

1989 年，社会货运车辆有 134 辆、693 吨位，货运量 13.38 万吨，货物周转量 1284.7 万吨千米。1995 年，有货车 618 辆，完成货运量 86 万吨，货物周转量 6013 万吨千米。1996 年 594 辆，完成货运量 29 万吨，货物周转量 2607 万吨千米。2000 年 547 辆，完成货运量 27.62 万吨，周转量 1996.2 万吨千米。2005 年 240 辆，完成货运量 60 万吨，货物周转量 3580 万吨千米。

1989—2005 年恭城瑶族自治县社会货运统计表

表 4-10

单位：万吨、万吨千米

年度	货运量	货物周转量	年度	货运量	货物周转量
1989	13.38	1284.70	1998	39.00	4080.00
1990	1.00	123.00	1999	26.00	2091.00
1991	3.00	136.00	2000	27.62	1996.20
1992	1.00	160.00	2001	35.00	2150.00
1993	10.50	69.00	2002	34.00	1882.00
1994	78.00	1509.50	2003	44.00	3419.00
1995	86.00	6013.00	2004	26.00	3697.00
1996	29.00	2607.00	2005	60.00	3580.00
1997	21.00	2007.00	—	—	—

第五节 水路运输

县内水路运输主要在桂江航道和澄江航道，其次为各渡口的零星运输。

桂江航道运输 1966 年，恭城河断航后，县航运公司搬至平乐，开辟桂江航道，于漓江、桂江间运载货物。1989 年，县航运公司对船舶实行经济承包，将船只承包给职工营运。集体船每月每吨收承包费 10.80 元，个体船每月每吨 5.40 元，每年以 10 个月计算。1989—1994 年，航运公司有船 48 艘，1120 吨位。货源充足，年均货运量 15000 吨，营业收入 100 万元。1995 年，货源分流到公路运输，县航运公司仅完成货运量 6100 吨，货运收入 5100 元，亏损严重。1994—1997 年，年均货运量 4000 吨，营业收入 22 万元。1997 年后，由于船只的老化报废以及货源少，县航运公司只剩下 6 艘船、420 吨，仅有 30 多人从事航运，年均货运量 2500 多吨，主要经营滑石粉、圆松木、杉树、玻璃的运输，主要线路为阳朔—广东，途经钟山、江铃、东莞及珠海等地。至 2005 年，其运输量无大的变化。

澄江航道运输 从 1985 年起有机动客货船 21 艘，动力 263 马力，客位 535 个，货运吨位 86 吨。每年客运量 45 万人次，旅客周转量 630 万人千米；货运量 600 多吨，货物周转量 8400 吨千米。运输物品主要是矿产品、林木产品及生活用品。1993 年，营盘公路开通，道路运输较水运更方便、及时和安全，取消澄江航道的运输。

第六节 交通运输管理

20 世纪 80 年代末，运输业已实行多种形式并存，坚持国营、集体、个体共同经营运输的方针，以国营运输为主，发展集体运输，支持保护个体运输。从事客（货）运的单位和个人，经交通主管部门批准后，方准参加营运。

公路客运管理

1989 年，全县营运客车由县交通运输管理所统筹安排，实行定运行路线、定停靠点和到达站点、定运行班次、定发车时间。凡在县境内从事运输业务的单位和个人，必须经交通主管部门批准，发给道路运输经营许可证，并经工商行政管理部门审核，发给营业执照，再到交通部门领取营运证照。此后，每年进行审验1次，审验合格的可继续经营；审验不合格的限期改正，再审验仍不合格的，由运管部门收回证照并责令停业。1991年，在县汽车站设立客运服务站，接纳社会车辆进站经营。参加客运的国营、集体、联户、个体客运车实行“三定一挂”，即定运行线路、定发车时间、定运行班次、挂线路牌运输，由客运服务站统一售票、统一验票、统一乘车。

1995年3月，实行客运班线议标经营有偿使用班线经营权管理，发放议标经营权属牌证，征收议标经营费。同时，将桂林班线的固定时间发车，改为循环按时发车，为各营运业主创造公平竞争条件。2001年，取消客运营运班线议标经营，班线经营管理逐步实行服务质量招标。

每年春运前，成立自治县春运领导小组，加强对春运工作的领导，做好客源调查及运力情况安排，检查客运安全措施、车辆运力及技术状况、维修后勤；派出运管监督员到客运站协助抓好车辆运输安全，坚持检验报班制度，加强危险“三品”检查；落实春运统计人员，掌握春运动态，及时做好统计资料汇总上报。加强春运稽查，纠正违章运输，查处客车宰客、甩客、卖客行为；抓好“车进站，人归点，站管车，服务好”工作。2002年春运期间，共投入客车66辆、微型客车92辆，班线客车正常发班6801班次，完成客运量6.8万人次，旅客周转量594.56万人千米。2003年，开展春节等各旅游黄金周的运输市场专项治理，规范各场、站的经营行为；严格春运车辆准运制度，坚持运前检验合格报班制度和强制二级维护制度。春运期间投入班线客车68辆1488座，7座小客车180辆1260座，完成客运量13.63万人次。在春运期间无旅客投诉和运输安全事故，获桂林市“2003年度春运工作先进单位”荣誉称号。2005年，春运投入班线客车62辆1461座，7座小客车140辆980座，5座出租车50辆250座，共完成客运量16.45万人次，旅客周转量1630万人千米。

公路货运管理

1990年，在县城设立县货运服务站，同时在莲花、栗木车站内各设货运服务代办站，负责填发路单、开具货票、代结算运杂费、代征税款及货源配载等，凡个体（联户）和拥有10辆（含）车以内以及拥有车辆数虽超过10辆，但未实行独立核算经营的单位的营业性载货汽车，其货运业务均由县货运服务站管理。外地车辆从恭城回程载货，凭原籍地的行车路单到就近服务站（点）签证开票。1992年3月，县化工厂、岛坪铅锌矿、矿产公司、木材公司、罐头厂、生资公司、物资局、木材加工厂、节柴服务公司、粮食局、商业局、水泥厂、电扇厂、建筑公司、冶炼厂、供销社及恭城镇锌品厂共17个单位被确定为县重点大宗货物（年货运量1000吨以上，每批量在300吨以上）运输单位，纳入计划运输管理，由县运输管理部门向货运服务站或专业运输部门下达运输计划。各重点大宗货物运输单位和货主按月或季填报运输计划（含自运计划）送县运管所审核，由县运管所综合平衡，合理安排运力，把运输计划下达给货运服务站进行统筹兼顾。大宗重点货物的运输，承托双方必须签订运输合同。承运大宗重点货物的车辆必须到货运服务站领签“货物装车证”，货主必须凭“装车证”装车。1995年7月，根据《广西壮族自治区道路运输管理条例》，县级运政管理机构负责本县辖区内从事道路货物运输业务的审批。道路货物运输，实行谁受理谁承运的原则。货主可以择优托运，并与承运人签订运输合同，实行合同责任运输。至2005年，无变化。

水路运输管理

1989年起，县财政每年拨付水上安全管理专项经费5000元，配1名专职船舶管理员负责全县的水上运输安全船舶的管理。

1990年8月7日，澄江航道上一艘恭城小型机动船装运旅客10人、货物5.55吨，由峻山水库大坝往岛坪方向行驶，航至刀板界脚，发生沉船，造成1人死亡。沉船事故发生后，县交通局全面整顿峻山水库的客、货运输船只，加强乡镇横水渡船管理，对客、货船只、横水渡进行换证、换牌，坚持每月26日安全活动日学习。同时，对运输船舶不定期现场检查，每月检查3次；节假日或天气恶劣季节，每月检查6～7次；船只定期维修，船况技术达到规定要求。并发动群众筹劳筹资，逐步把各处渡口改为各类便桥。

1998年，全县横水渡仅剩岭尾、渡雷、鲤鱼渡3处，所用渡船均改为铁质船。2002年，在3个横水渡口安装永久性石碑渡口守则3块，增补简易救生块32块。至2005年，县内渡口持续保持安全生产、运营，没有发生事故。

危险品运输管理

1993年前，恭城的危险品货物运输由外县车辆完成。1993年，县运管所组织危险货物运输人员进行上岗培训。经考试，31人获危险货物运输上岗操作证。同年，恭城有危险品货运车12辆。

2001年年初，全县仅有4辆危险品货运车。同年年底，县农机加油站危险品运输车报废；石油公司的3辆危险品运输车中有1辆报废，2辆转户挂靠桂林泰通危险品运输公司。

安全管理

20世纪90年代起，每年均开展“百日无事故”活动，加强春运管理。每季度召开安全管理工作会议，传达上级有关文件及指示精神，认真分析研究安全工作情况，提出做好安全工作的相应措施。加强安全宣传教育，组织运输行业从业人员开展安全生产宣传学习、培训、竞赛等活动，对安全生产做得好的单位和个人进行表彰。定期组织有关人员对行业安全情况进行检查，发现问题、限期整改。1990年，对参加春运的32辆车加强监督管理，查收炸药0.5千克、导火索3.5米、易燃品31.15千克、鞭炮11万头。1999年起至2005年年底，各有车单位与交通安全管理部门签订交通安全责任状，落实安全措施。为确保运输车辆的技术性能，所有运输车辆需到荔浦县检测站进行车辆技术性性能检查，才允许参加年度审验，使车辆良好率保持在95%以上。增加上路检查的次数，对超限车进行劝阻，在车辆年审期间办理“大吨小标”更正。其中，2003年“非典”防控期间，县交通、卫生防疫等部门互相配合，对客运企业和县城营运车辆加强监控和消毒，从源头上切断“非典”传播途径。

汽车维修管理

从事汽车维修业务，由县运输、工商、税务部门审批，方可开业经营。1991年，全县有维修网点9个，其中甲类1个、丙类8个，维修从业人员持运政机构核发的上岗证上岗。1997年起，每年对汽车维修厂（点）进行审核，确定其资质后，实施“定点合同维修，强制二级维护”制度。1997年，签订维护合同车辆为500辆，按期进厂保养483辆，进厂维护率85.2%；组织检测评定等级营运客、货车460辆。2005年，全县维修网点92个，其中甲类1个、乙类11个、丙类80个，同年签订合同维护车辆520辆，按期进厂保养车辆489辆，进厂维护率94%；检测评定技术等级营运车辆472辆；共办理二级维护签章2000车次。

路政管理

1989年前，路政管理工作由县公路段兼管，实行管养合一。1990年8月，县公路公安值勤室改设为公路公安派出所，仍负责公路局管养路线的路政管理。1992年8月，县交通局授权县公路派出所行使对地方道路方面的路政管理权。1998年2月，成立县交通局路政大队，负责县交通局管养地方公路的路政管理。

20世纪90年代，随着农村经济体制改革的深入、商品经济的发展及集市贸易的兴隆，路政管理出现的问题日益增多：占用公路作圩场，在公路摆摊买卖，堵塞交通；公路两侧违章建筑失控，或挖路为田，缩小了公路原有的宽度；路树、标志和其他设施被盗、被毁严重；公路料场被封闭，养护和工程施工不能正常进行。为保障公路交通运输的畅通，路政人员利用各种方式宣传公路条例，提高群众公路法制意识；在公路沿线书写永久性标语，埋设公路界桩；增加上路执勤次数，处理或纠正违反路政管理的行为。据不完全统计，1995—2005年，县公路公安派出所处理路政案件108件，共挽回路产损失65.09万元。1998—2005年，县交通局路政大队共处理路政案件53件，共挽回路产损失4.83万元。

交通规费征收

交通规费由自治区统管，分别由县交警大队、县地方交通规费征收稽查所代收逐月上交，供新建、维修、改建公路之用。金额按吨位征收，1989年，货车每吨每月110元，客车每吨每月125元，全年共收170.13万元。1990年，营运客车、后三轮摩托车、主要从事旅客运输的客货两用车，每吨每月征收160元；普通货车、特种车辆、重型汽车、大型平板车、不是主要从事旅客运输的客货两用车、非营运客车、汽车挂车，每吨每月征收130元。从事运输的拖拉机，每吨每月征收120元，每年缴费不得少于8个月，从事田间作业兼公路运输的拖拉机，每年缴费不少于5个月。是年，共征收交通规费203.39万元。1995年5月1日，开始征收微型拖拉机养路费，每月65元，每年缴纳养路费不少于5个月。是年，共征收交通规费372.8万元。

2001年，车辆建设附加费（公路建设基金）归入公路养路费征收，车购费改为车购税。车辆建设附加费征收标准：营运客车、从事旅客运输的（包括客货兼营的）后三轮摩托车、客货两用车（以载客为主的）微型汽车，每吨每月230元；货车、非营运客车、简易机动车（包括农用运输车）、汽车拖带的挂车、上公路行驶的拖拉机和从事货运的微型汽车、后三轮摩托车、客货两用车，每吨每月200元；手扶拖拉机每吨每月140元；两轮摩托车每辆每月20元；三轮摩托车每辆每月25元。至2005年不变。

1989—2005年恭城瑶族自治县交通规费征收情况一览表

表4-11

单位：万元

年度	小计	交通规费	地方交通规费	年度	小计	交通规费	地方交通规费
1989	170.13	170.13	—	1998	603.27	430.00	173.27
1990	203.39	203.39	—	1999	675.20	458.60	216.60
1991	218.67	218.67	—	2000	680.59	429.10	251.49
1992	332.03	293.80	38.23	2001	687.56	384.44	303.12
1993	438.39	394.60	43.79	2002	798.46	453.07	345.39
1994	466.83	410.50	56.33	2003	880.61	482.25	398.36
1995	460.33	372.80	87.53	2004	1026.14	519.55	506.59
1996	622.78	479.74	143.04	2005	1052.00	549.70	502.30
1997	613.89	456.01	157.88	合计	9930.27	6706.35	3223.92

第二章　邮政

1989年，邮政业务有函件、包裹、汇兑、报刊发行、集邮及邮政储蓄等。同年，邮政业务总量为48.03万元。1996年6月，县城邮政营业窗口实现电子化。1998年9月，邮政、电信分营，撤销恭城瑶族自治县邮电局，成立自治县邮政局。同年，全县邮路总长222千米，覆盖全县117个村委会，全年邮政业务总量103.39万元，比1997年增加23.44万元。2000年，邮政局实现扭亏为盈，业务总量从1998年的103.39万元提高到450.7万元。

2005年，县邮政局（所）共11个，主要的业务有函件、包件、汇兑、机要件、特快专递、集邮、报纸杂志发行以及邮政储蓄等，全年完成邮政业务总量556.68万元。21世纪初，民营快递业务在县内逐步发展。

第一节　机构

1989年年末，县邮电局内设办公室、邮政班、话务班、机线班、报务班、载波班，下辖栗木、马路桥、莲花3个邮电支局及观音、嘉会、平安、三江4个邮电所。1994年，设立龙虎邮电所。1997年年末，县邮电局在册职工104人，邮政局、所10处，固定资产价值2840万元。1998年9月，邮政、电信分营，撤销恭城瑶族自治县邮电局，成立自治县邮政局，下辖9个邮政支局（所），年末职工58人，全县有10个营业点，3处邮政储蓄点，1个集邮门市部和1个音像门市部。2000年9月，增设大桥邮政营业所。2005年，县邮政局下辖县城十字街、栗木、莲花、嘉会、西岭5个电子化邮政所，三江、观音、龙虎、平安、马路桥5个手工邮政所。拱辰街、茶南路、栗木、嘉会4个邮政储蓄点，县城十字街邮政所集邮门市部。

1989—2005年，历任局长：谢鸣础、林土春、唐兴星、罗杰、文海林、唐碧英。

第二节　邮政编码与邮路

邮政编码

1990年，在县境内开始推行邮政编码，按行政辖区编码，邮政编码依次为：县城及恭城镇为542500、莲花镇542501、栗木镇542502、马路桥（含栗木锡矿）542503、观音乡542504、嘉会乡542505、三江乡542506、西岭乡542507、平安乡542508、龙虎乡542513。

邮路

1989年，县境内邮路总数为8条，其中农村7条；总长度（单程，下同）222千米，其中农村221千米；农村投递路线26条，单程长度896千米。委办汽车邮路长度191千米，摩托车邮路长度1千米，自行车邮路长度30千米，步班邮路长度101千米。除县城外，在农村设邮票代售处40处、信箱37个、信报站12个。包裹、大件印刷品、特挂信函、保价信函、专用信箱挂号邮件在县城或乡镇营业窗口投交，其他的按地址投递，县城机关单位投到单位收发室（人），居民投送到户，农村投递到村公所。邮运、投递频次为：县局至分局机构的干线每天发班1次，向外埠发邮件1次；恭城同桂林邮车，县局及分支机构同汽车站每天交换邮件各1次；县局及支局（所）所在城镇每天投递邮件1次；农村邮件分周一、周二、周三、周六班投递。2000年起至2005年，全县邮路共计9条，总长度258千米，其中委办汽车邮路227千米，其他邮路31千米。农村投递路线总长度826千米，城市投递段道3条。县城、乡镇投递频率每日1次，乡村除栗木—泉会为周一班外，其余为周三班。邮件投递乡镇按固定班期投递，城区每日平均投递次数1次，农村每周平均投递次数6次；城区局内信箱（筒）每日开箱次数2次，城区局外信箱（筒）每日开箱次数1次。

第三节　邮政业务

1989年，全县邮政业务有函件、包裹、汇兑、报刊发行、集邮及邮政储蓄等，在企业管理上逐级推行承包经营责任制和继续推行劳动合同制，同年邮政业务总量为48.03万元。1992年起，实行局长经营目标承包责任制，按照业务性质设立营业班、营业厅，重新调整业务管理人员，各股室的管理责任更明确，分工更细。同年，邮政业务总量为50.92万元。1996年6月，县城邮政营业窗口实现电子化，邮政各项业务均可同台处理，极大地提高工作效率和服务质量。1998年9月，撤销县邮电局，成立恭城瑶族自治县邮政局。同年，实现包裹分拣自动化；建成挂号登单、包裹登单、转运登单、挂号查询微机管理系统，特快专递185查询系统，邮票IC卡管理系统，报刊零售系统；邮政储蓄计算机网络工程（绿卡工程）通过验收，实现全国联网通存通兑并免收手续费。全年邮政业务总量103.39万元，比1997年增加23.44万元。

1998年9月邮政、电信分营后，县邮政局制定《恭城邮政局工效挂钩办法》《恭城邮政局风险抵押办法》，按“人权、事权、分配权”全面推行经营承包，将任务分解到人，工资、奖金与营销任务数挂钩，通过全员营销竞赛活动，提高职工的劳动积极性。至2000年，邮政局实现扭亏为盈，业务总量从1998年的103.39万元提高到450.7万元。2005年，全县邮政业务总量556.68万元。

1989—2005年，全县邮政业务总量合计为3737.52万元。

1989—2005年恭城瑶族自治县邮政总量统计表

表4-12　　单位：万元

年度	总量	年度	总量	年度	总量
1989	48.03	1995	60.57	2001	474.90
1990	39.81	1996	73.31	2002	465.90
1991	42.14	1997	79.95	2003	495.05
1992	50.92	1998	103.39	2004	483.48
1993	62.22	1999	192.49	2005	556.68
1994	57.98	2000	450.70	合计	3737.52

函件

1989年，全县函件业务量完成52.42万件，机要件230件。1990年，停办邮件回执业务。1991年，开办贺年（有奖）明信片业务。1992年，开办电子信函业务。1996年，新增信函销票机、自动捆扎机各1台，提高业务处理自动化程度。1989—2005年，全县函件业务量完成927.45万件，机要件1.38万件。

邮政快件特快专递

1989年，邮政快件业务量1.92万件。1998年，建立特快专递185查询系统，开办国内特快专递业务，同年业务量为1629件。同年下半年，取消邮政快件业务。特快专递业务逐年上升，至2005年为2.12万件。1989—2005年，邮政快件业务总量完成38万件；1998—2005年，特快专递业务总量完成6.29万件。

包件

1989年前，民用包裹和商品包裹一律实行保价交寄，纸质品包裹用户需要也可作保价交寄。1989年，停止办理代收货价包裹业务，取消快递小包业务，全县包件业务量完成0.52万件。1998年，邮政包裹分为普通包裹、直递包裹两种，以每1000克为计算单位，每件收取挂号费2元，最高保价10万元为限，最大重量35千克。同年，实现包裹分拣的自动化，建成挂号登单、包裹登单、转运登单、挂号查询微机管理系统，全年业务量完成0.54万件。2000年，调整国际包裹的计量单位为：普通包裹，重量以100克为单位，不足100克进为100克；保价包裹，重量以10克为单位，不足10克进为10克。是年，包件业务量完成1.77万件。2001年8月，开办国内快递包裹业务，重量以40千克为限。普通包裹业务量逐年下降，从2001年的1.83万件下降到2005年的0.15万件。1989—2005年，包件业务总量完成15.57万件。

汇兑

有普通汇款和电报汇款2种。1989年，汇兑业务量为3万张。1996年12月，每笔汇款最高限额由5000元提高到1万元。1998年7月，停办邮政快件汇款业务。2002年1月，正式启用网络化汇兑业务，同时取消电报汇款业务。2003年1月，开办特快送汇服务。2005年，汇兑业务量为2.91万张。1989—2005年，汇兑业务总量完成51.54万张。

集邮

1990—2005年，集邮业务共发行邮票108.84万枚，其中发行量最高的为1993年、15.27万枚，价值量6.87万元。2000—2005年，共发行集邮品1.31万册，其中最多的为2002年、0.41万册。

1989—2005年恭城瑶族自治县函件、包件、汇兑、机要件、快件、快递、集邮业务量统计表

表4-13

年度	函件（万件）	包件（万件）	汇兑（万张）	机要件（件）	快件（万件）	特快专递（件）	集邮（万枚）	集邮品（万册）
1989	52.42	0.52	3.00	230.00	1.92	—	—	—
1990	42.45	0.47	2.70	286.00	4.40	—	5.78	—
1991	41.70	0.38	1.41	353.00	3.83	—	4.63	—

续表 4-13

年度	函件（万件）	包件（万件）	汇兑（万张）	机要件（件）	快件（万件）	特快专递（件）	集邮（万枚）	集邮品（万册）
1992	42.00	0.40	2.76	306.00	4.49	—	7.52	—
1993	52.00	0.49	2.82	238.00	5.09	—	15.27	—
1994	53.00	0.50	2.83	376.00	4.81	—	6.43	—
1995	41.00	0.50	2.80	323.00	4.80	—	2.23	—
1996	44.10	0.61	2.82	269.00	4.15	—	5.63	—
1997	34.10	0.50	2.40	98.00	3.10	—	5.14	—
1998	35.48	0.54	2.15	232.00	1.41	1629.00	5.93	—
1999	88.18	1.99	4.46	1722.00	—	2480.00	13.83	—
2000	76.45	1.77	4.03	1561.00	—	3072.00	2.43	0.21
2001	76.75	1.83	3.54	1557.00	—	3176.00	13.46	0.34
2002	67.79	1.75	3.80	1652.00	—	3174.00	7.48	0.41
2003	70.47	1.64	3.37	1531.00	—	12479.00	8.13	0.15
2004	65.18	1.53	3.74	1756.00	—	15686.00	3.15	0.14
2005	44.38	0.15	2.91	1290.00	—	21224.00	1.80	0.06
合计	927.45	15.57	51.54	13780.00	38.00	62920.00	108.84	1.31

报刊发行

县邮政局设有专职发行员，支局（所）配兼职报刊发行员 1 名。1989 年，县城设报刊零售门市部 1 处，全县另有社会报刊发行站（点）21 处。1996 年 10 月，建成报刊发行计算机自动管理系统，提高报刊发行业务的工作效率。2000 年，在县城及马路桥、莲花、栗木等乡镇共设立 10 个邮政报刊亭，发展报刊零售业务。在每年报刊大收订期间，由业务人员到县直学校、机关、企业、事业单位上门收订，重点抓好专业报及学校报刊收订的发展。同时争取地方政府部门的支持，确保党报党刊发行任务的完成。1989—2005 年，报纸期发数最高年为 1998 年、21203 份，最低年为 2005 年、7122 份；杂志期发数最高年为 1989 年、13677 份，最低年为 2005 年、8157 份。

1989—2005 年恭城瑶族自治县邮政局报纸杂志发行情况统计表

表 4-14

单位：份、万元

年度	报纸期发数	杂志期发数	报刊流转额	年度	报纸期发数	杂志期发数	报刊流转额
1989	15793	13677	43.51	1998	21203	15984	124.74
1990	14780	9790	109.53	1999	13377	10171	134.89
1991	16250	11351	116.30	2000	10379	10781	137.00
1992	17160	10850	127.60	2001	10683	11117	167.00
1993	18160	10900	143.00	2002	9965	11119	169.00
1994	15150	11510	139.80	2003	8850	9390	161.00
1995	14450	11900	131.20	2004	8432	11020	116.05
1996	16083	10851	114.93	2005	7122	8157	78.42
1997	11766	9691	108.53	—	—	—	—

第三章　电信

1989 年，县内通信类有电报、长途电话、农村电话、城市电话。有电报电路 3 路；长途电话话路 11 路，交换机容量 50 门；城市电话话中 112 条，交换机容量 400 门；农村电话有交换点 8 处，交换机总容量 500 门。1993 年，县城及 9 个乡镇开通程控电话，交换机总容量 1984 门，成为桂林地区第一个乡乡开通程控电话的县。同年，县内开通无线寻呼。1995 年，开通移动电话。1998 年 9 月，邮政、电信分营，成立恭城瑶族自治县电信局。1999 年 9 月，移动通信与电信分离，成立中国移动公司恭城分公司。2000 年 5 月，成立中国联通公司恭城县分公司。至此，全县电信业共有电信、移动、联通共 3 家独立运作的公司，共同将恭城的电信业推向一个新的发展时期。2005 年，县电信局有程控交换机容量 46804 门，固定电话用户 35710 户；县移动分公司有基站 36 座，信号覆盖率 85%，用户 45000 户；县联通分公司有基站 17 座，信号覆盖率 18%，用户 5500 户。县电信局另有数字数据网中继电路带宽 2Mbps；互联网中继电路带宽 100Mbps，用户 2583 户。

第一节　机构

电信局

1989 年年末，县邮电局内设办公室、邮政班、话务班、机线班、报务班、载波班，下辖栗木、马路桥、莲花 3 个邮电支局及观音、嘉会、平安、三江 4 个邮电所。1994 年，设立龙虎邮电所。1997 年年末，自治县邮电局下辖邮政局、所 10 处，固定资产价值 2840 万元。1998 年 9 月，撤销自治县邮电局，邮政、电信分营。恭城瑶族自治县电信局成立后，有服务网点 10 个，职工 47 人，固定资产原值 2984.59 万元。同年，完成业务总量 1143.53 万元。1999 年 9 月，移动通信从电信局分离。2005 年年末，县电信局有 1 个县城服务网点、9 个乡镇服务网点，职工 40 人，固定资产原值 4913.09 万元，全年完成业务总量 930.04 万元。1989—2005 年，共完成业务总量 13455.05 万元。

1989—2005 年，历任局长：谢鸣础、王兰鸿。

中国移动公司恭城分公司

1999 年 9 月，移动与电信分离，成立中国移动恭城县移动分公司，有职工 7 人，下辖县城 1 个服务厅、2 个代办点。2002 年，新建 9 个乡镇服务厅。2005 年年末，有员工 62 人。1999—2005 年，中国移动恭城分公司完成营业收入 6200 万元。

1999—2005 年，历任总经理：董开胜、卿飞跃、张彦、秦长顺。

中国联通公司恭城县分公司

2000年5月，成立中国联通公司恭城县分公司，下辖1个自有厅，2个一级代办点，5个二级、三级代办点。2005年，除1个自有厅外，另有7个一级代办点，18个二级、三级代办点。2000—2005年，中国联通公司恭城县分公司共完成业务收入338万元，总经理为杨平。

第二节　电报　无线寻呼

电报

1989年，电报电路有恭城—南宁、恭城—桂林、县邮电局—县气象局共3路，传输方式为明载，通报方式为电传。电报营业网点主要在县邮电局营业厅及乡镇邮电所。1989年，全年发报47825份。1992年，发报49902份，为县内有电报以来的最高发报数。1996年后，电报电路保留恭城—桂林、恭城—南宁2路，均为二级省内电路。1996年，发报12541份。2002年，随着电话的逐步普及，电报业务减少，每年发报不足1万份。2005年，全县电报业务量为877份，采用传真机发送。

1989—2005年恭城瑶族自治县电报业务量统计表

表4-15　　单位：份

年度	电报	年度	电报	年度	电报
1989	47825	1995	27045	2001	16310
1990	46932	1996	12541	2002	7130
1991	42928	1997	9862	2003	6443
1992	49902	1998	8429	2004	5176
1993	48965	1999	16171	2005	877
1994	34029	2000	12472	合　计	393037

说明：电报量含国内、国际及港澳台地区的电报、传真

无线寻呼

1993年，开通无线寻呼，有无线寻呼发射机1部、无线寻呼操作终端机2部。同年，有无线寻呼用户30户，1994年增至431户。1995年9月，无线寻呼并入桂林网，使用127台寻呼。至年底，无线寻呼1007户。

1996年，无线寻呼一、二、三频点与全自治区联网，同年无线寻呼用户1929户，普及率0.70部/百人。1998年，开通280兆赫高速无线寻呼，无线寻呼用户达4860户，无线寻呼业务总量119.27万元，占电信业务总量922.99万元的12.92%。1999年9月，寻呼业务由电信局划归联通公司（1999年，寻呼业务归联通公司后无数据统计）。2004年，无线寻呼退出通信市场。

第三节　固定电话

1989年，全县固定电话用户766户，其中县城市内电话（以下简称市话）用户276户，农村电

话（以下简称农话）用户 490 户。城内电话杆路 4 千米，架空明线 23 对千米，电缆 3 条 3.2 皮长千米，用户线对总数 300 对；交换机容量 400 门。农村杆路 165 千米，均为架空明线；交换机容量 500 门。1993 年 3 月，县城开通程控电话，程控交换机容量 1024 门；12 月，全县 9 个乡镇全部开通程控电话，程控交换机容量 984 门。同年年底，全县共装有市话 804 部、农话 269 部，采用 6 位电话号码“21××××”。1994 年 3 月，恭城至桂林光缆通信建成开通，总容量 240 路，实占容量 60 路。1995 年 4 月，恭城县电话号码在原 6 位基础上升至 7 位，在原号码的首位加“8”，即电话号码由原来的“21××××”升级为“821××××”，并进入桂林市本地网。同年，铺设恭城至栗木农话光缆线路 40 千米。至 1998 年，9 个乡镇实现数据通信光缆化，106 个村委会通电话，占全县村委会总数的 90.6%。1999 年，市话程控交换机设备升级至 E7.4 版，交换机总容量为 1000 门，传输方式全部由载波过渡到 PDH 或 SDH 光传输。2000 年，新铺设电缆 432.77 皮长千米、光缆 51.2 皮长千米，9 个电信支局（所）的农话交换机设备升级，县到乡传输数字化，交换机总容量 6848 门，数字数据网端口 56 个，分组交换口 28 个。同年年底，全县固定电话用户总数达 13536 户，城乡电话普及率 4.36%。2001 年后，继续优化城乡电缆布局，合理布放向乡村延伸的电缆，至 2005 年，共铺设电缆 1323.85 皮长千米、光缆 89.2 皮长千米。2005 年，程控电话交换机总容量 50480 门，其中市话交换机总容量 20480 门、农话交换机总容量 30000 门；固定电话用户 48910 户，其中市话用户 30000 户、农话用户 18910 户；城乡电话普及率 14.16%。

长途电话

1989 年，长途电话话路共 11 路，均为架空明线，其中 10 条为载波电路；磁石长途交换机容量 50 门，实占 30 门；长途对端设备容量 4 路。1993 年，恭城开通程控电话，有长途程控交换机 90 路端，载波端机 3 部。与 1992 年相比，长途电话业务翻了一番多；1993 年，长途电话达 169678 张；1992 年，仅 70552 张。2001 年，长途电话通话突破一百万张。此后，每年的长话通话量均呈稳步上升状态。2005 年，长途电话达 1975639 张。

1989—2005 年恭城瑶族自治县长途电话业务量统计表

表 4-16　　单位：张

年度	电话	年度	电话	年度	电话
1989	39068	1995	286509	2001	1227483
1990	44745	1996	324513	2002	1366811
1991	48950	1997	389416	2003	1437704
1992	70552	1998	767681	2004	1651612
1993	169678	1999	911115	2005	1975639
1994	220392	2000	964598	—	—

说明：长途电话业务量含国内、国际及我国港、澳、台地区

城市电话

1989 年，有杆路 112 条 4 千米，架空明线 23 对千米，电缆 3 条 3.2 皮长千米；交换机容量 400 门，实占 341 门；用户交换机容量 70 门，用户交换机中继线 2 对，用户线对数 300 对，实占线对 232 对；电话 276 部。1993 年 3 月，县城 1000 门程控电话开通。同年年底，市话程控交换机容量 1024 门，实占容量 736 门，装电话 804 部，比 1992 年增加 415 部。1998 年，市话用户达 4668 户，局用交换

机容量6000门，实占容量4587门；用户交换机容量144门。同年通话量为1231824张。1999年，市话有中继电路181路，本地电话网至长话交换机中继电路120路，电缆长度96.5皮长千米；局用交换机容量10000门，实占容量5228门，电话用户5299户。下年，市话中继电路331路，本地电话网至长话交换机中继电路210路，电缆长度202皮长千米，市话用户达7729户，通话量2749976张，县城电话普及率42.47%。2005年，局用交换机容量20480门，电话用户达到3万户。

农村电话

1989年，农村电话有交换点8处，交换机总容量500门，实占311门，电话机490部。1993年年底，9个乡镇全部开通程控电话，程控电话交换机容量984门，实占268门；载波电话终端机24部。同年，通话量为151921张。1998年9月，邮政、电信分离，农话有中继电路870路，用户交换机中继电路13路，电缆长度108.5皮长千米，中继光缆线路95.0千米，中继光缆长度139.0皮长千米，中继光缆纤芯长度643芯千米。局用交换机容量5000门，实占容量2150门。有农村电话用户2304户，通话量7199205张。1999年，无线通信与有线通信分离，农话局用交换机容量5000门，实占容量2730门，全县农村电话用户2887户。2000年，农村电话发展迅速，农话中继电路204路，光缆长度139皮长千米，局用交换机容量6848门、实占容量4927门，用户交换机容量336门。同年年底，共有用户5807户，通话量突破1000万张，全县117个行政村有111个村委会通电话，城乡电话普及率4.36%。2005年，农村电话交换机容量达3万门，电话用户18910户。

1989—2005年恭城瑶族自治县城市（农村）电话基本情况统计表

表4-17 单位：门、户

城市电话			农村电话		
年度	交换机容量	电话用户	年度	交换机容量	电话用户
1989	400	276	1989	500	490
1990	400	276	1990	500	517
1991	400	342	1991	550	543
1992	500	389	1992	550	579
1993	1024	804	1993	984	612
1994	1024	975	1994	1500	812
1995	3072	1460	1995	1500	1020
1996	6000	2944	1996	1500	1247
1997	6000	3720	1997	2600	1900
1998	6000	4668	1998	5000	2304
1999	10000	5299	1999	5000	2887
2000	10000	7729	2000	6848	5807
2001	10000	9031	2001	9440	9210
2002	10000	13059	2002	10592	11930
2003	11024	21000	2003	21344	14540
2004	15240	21000	2004	26740	18560
2005	20480	30000	2005	30000	18910

说明：1993年起，交换机为程控交换机

公用电话

1989—1993年，县城、乡镇的公用电话设在县城和8个乡镇邮电营业厅，共10部。其中，县城营业厅2部、各乡镇各1部，均采用计时方式来计费，采用人工拨号拨打电话。1993年3月，建成自动电话程控后，县城、乡镇营业厅公用电话改装程控电话，一些临街店铺店主购置公用电话智能电话机开通公用电话，由县邮电局通过专用公用电话交换机进行管理，即时计费。至1995年统计，全县共有公用电话53部。1999年6月，在县城街道及车站、医院等公共场所开始安装IC卡公用电话亭，另在马路桥、栗木、莲花、西岭、嘉会圩镇所在地各安装2部IC卡公用电话亭，全县共安装IC卡公用电话106部。2000年，全县公用电话322部。2005年，全县公用电话863部。

无线市话

2002年5月，无线市话引入恭城，有流动市话"小灵通"（PHS）及农村无线市话（ETS）两种。同年，建"小灵通"基站11座，设备容量4500门；ETS有基站2座，无线接入设备容量120门，信道10个；"小灵通"用户975户，ETS用户110户。2004年，无线市话接入容量共7150门，实占6203门；"小灵通"基站269个、830个信道，用户6071户；ETS基站2个、信道12个。2005年，ETS结束试用阶段，采取大放号的形式，同年用户增加到3764户；小灵通用户5180户。

第四节　移动电话

1994年，在县城建模拟蜂窝移动电话基站1个、24个信道，数字蜂窝移动电话基站1个、8个信道。下年，移动电话于2月25日开通使用，年底有移动电话用户179户。1996年，移动电话用户361户，移动电话普及率0.13部/百人。1998年，开通栗木、莲花、西岭3个GSM基站和栗木、莲花2个模拟移动电话基站，移动电话共覆盖全县5个乡镇，共有用户974户。同年，移动电话业务总量322.74万元，占电信业务总量922.99万元的34.96%。

1999年9月，移动与电信分离，成立中国移动公司恭城县分公司，加大网络设施的建设。同年，新建移动通信基站5座，有移动电话用户1200户。2000年5月，成立中国联通公司恭城县分公司，同年建有基站5座，电话用户700户。2005年，全县移动通信基站共计53座，用户45500户。其中，中国移动公司恭城县分公司移动通信基站有36座，信号覆盖率为85%，用户45000户；中国联通公司恭城县分公司移动通信基站有17座，信号覆盖率为18%，用户5500户。

1999年以前，移动电话为模拟移动电话和数字移动电话。2000年起，中国移动公司恭城县分公司主要的品牌为全球通、神州行、动感地带，新增的主要业务为话音、来电显示、短信、漫游、全球呼、虚拟网、IP直通车、企信通、GPRS、彩信、手机彩票、1258手机杂志、邮件提醒、移动梦网、短信群发、手机证券、彩铃、12580移动小秘书、手机报及来电提醒等。中国联通公司恭城县分公司主要的业务有130/131/132 GSM移动电话，133 CDMA业务，193长途电话，17911 IP电话、大灵通及宽带数据业务等。其他的业务有短信、如意邮箱、炫铃、联通小秘书、秘书点歌台及查费直通车等；主要的品牌有世界风、如意通、新势力。

1999—2005年中国移动公司恭城县分公司、中国联通公司恭城县分公司网络设施及移动用户统计表

表4-18

年度	中国移动公司恭城县分公司							中国联通公司恭城县分公司				
	基站数（座）		扩容基站数（座）		覆盖率（%）	移动用户（户）		基站数（座）		覆盖率（%）	移动用户（户）	
	合计	新增数	合计	新增数		当年数	新增数	合计	新增数		当年数	新增数
1999	5	5	1	1	5	1200	1200	—	—	—	—	—
2000	8	3	2	1	30	5000	3800	5	—	2	700	—
2001	12	4	4	2	35	10000	5000	8	3	5	1200	500
2002	16	4	6	2	42	13000	3000	11	3	10	2000	800
2003	20	4	10	4	45	25000	12000	12	1	11	2500	500
2004	27	7	13	3	60	36000	11000	14	2	15	3000	500
2005	36	9	20	7	85	45000	9000	17	3	18	5500	2500

1999—2005年中国移动公司恭城县分公司、中国联通公司恭城县分公司各年度服务网点及项目情况一览表

表4-19

年度	中国移动公司恭城县分公司	中国联通公司恭城县分公司
1999	县城1个服务厅，2个代办点	—
2000	发展代办点5个，1860服务台24小时服务	1个自有厅，2个一级代办，5个二级、三级代办
2001	推出缴费卡、话费套餐服务、10人以上可组虚拟网	1个自有厅，4个一级代办，6个二级、三级代办
2002	新建4个合作专营厅，新建9个乡镇服务厅，建立VIP俱乐部	1个自有厅，4个一级代办，10个二级、三级代办
2003	增加村级代办点建设，开通合作厅缴费、入网等功能	1个自有厅，4个一级代办，12个二级、三级代办
2004	完善SP服务的监督管理，提供话费清单打印查询系统	1个自有厅，6个一级代办，15个二级、三级代办
2005	广大乡村以“一村一点”为目标，实现“村村通”工程目标	1个自有厅，7个一级代办，18个二级、三级代办

第五节 数据通信

1994年，作为互联网前身的数字数据网（DDN），有56个端口，在县内金融、保险、公安系统中使用。1996年，数字数据网节点机端口发展到62个。1998年，数字数据（DDN）用户5户，计算机互联网用户7户。2000年，因特网用户509户，数据通信业务总量24.10万元。2001年，因特网用户1227户；2002年，因特网用户1701户。2004年，互联网用户2067户，其中窄带接入用户917户，宽带接入户1150户，基础数据业务用户端口总数8个。2005年，新建化育、势江等9个点的宽带设备，新建栗木、三江、县城城西局3个点的450MB设备，开通公安、信用社、国税四级网和武警、交警、车检所、稽查所三级网的电路，与县委、县政府一起组建“政府机关电子公文网”。同年年底，网络接通率为97.43%，互联网用户2583户。

第五篇

城乡建设　环境保护

第一章　城乡建设

随着《1989—2010年恭城县城总体规划》的批准实施，以及参与自治区城市市容环境综合整治“南珠杯”竞赛活动，恭城县财政加大县城基础设施的投入力度，县城街道、给水排水、电力通信、房屋建筑等设施建设迅速发展，县城环境容貌迅速改观，2002年获“南珠杯”先进城市奖。至2005年年底，县城街道总长26千米，其中主街道除原有的茶南路、茶北路、茶东路、茶西路外，另新建拱辰东路、拱辰西路、城中西路、滨江路；新建日产3.5万吨的水厂，重新铺设供水主干管，供水量从1989年的112吨提高至2005年的283吨；县城住宅总面积达152.78万平方米，人均面积52.68平方米；公房总面积73.68万平方米。

与此同时，恭城县加强城镇化建设进程。2001年，莲花、栗木两个建制镇重新编制其总体规划，全县173个村（屯）经自治县人民政府批准实施新村规划建设，乡镇村规划与建设走上正轨。建设富裕生态家园示范点以推动新农村建设，修建人畜饮水工程及村村通公路、村村通广播电视工程以提高农民的生活质量，成为恭城乡镇村基础设施建设中的新亮点。至2005年，全县建成富裕生态家园示范点共16个。

第一节　机构

1989年，恭城县建设委员会内设秘书股、规划股、环境保护股、房屋管理所、建筑质量监测股共5个股，编制25名，其中行政编制10名、事业编制15名。1996年7月，县建设委员会更名为自治县建设局（环境保护人员从原建设委员会人员分离），下设规划管理股、施工管理站、质监站、房地产管理所、环境卫生管理站、建筑设计室、城市监察大队，编制39名。2002年，党政机构改革后，建设局内设机构有办公室、规划管理股、施工管理站、质监站、房地产管理所、环卫站、设计室、县村镇规划建筑设计室、县城镇园林管理站，人员编制48名。至2005年不变。

1989—2005年，历任主任（局长）：欧应礼、王章荣、伍楚连、陈孝云。

第二节　城乡规划

县城总体规划

1989年12月，县人民政府委托广西城乡规划设计院与县建设委员会修订1985年经桂林地区行政公署批准实施的县城总体规划，形成《1989—2010年恭城县城总体规划》，于1992年经自治区人民政府批准实施。县城总体规划建设区面积255公顷（2.55平方千米），东至凤凰山、犁头，南至天堂坪，西至白马村，北至恭城镇锌品厂、满塘。恭城县城是全县政治、经济、文化中心，以发展农副产品及矿产加工业为主的城镇。

《1989—2010年恭城县城总体规划》用地总布局以旧城区为中心，联结外围各片区，形成一个组团式的有机综合整体。居住用地集中成片，形成各类生活小区。公共建筑、服务设施、商业网点、机关学校及绿地古迹等分布于生活区内。城区向四周发展，工业区设置在城区边缘，生产、生活相配套。整个县城分为城区片、城西片、江贝片及河南片共4大片。城区片即旧城区或建成区，规划为生活居住用地；城西片接城区片西部，宜做生活居住用地；江贝片位于茶江大桥东侧，适宜为居住用地和建设用地；河南片位于茶江南岸，分东南区和西北区，东南区可开发为工业用地，西北区宜为居住用地。

1999年，自治县建设局与自治区规划设计院对《1989—2010年恭城县城总体规划》进行修订。2002年，经桂林市人民政府批准实施。修编后的县城总体规划：近期（2000—2005年）人口规模3.5万人，用地规模360公顷（3.6平方千米）；远期（2000—2020年）人口规模6.5万人，用地规模650公顷（6.5平方千米）。规划范围：东至凤凰山；西至白马村；北至黄家圳道公山；南至鹅山岽。恭城县城为全县政治、经济、文化中心，利用地方资源发展农副产品及矿产加工业为主，并兼发展旅游业职能的具有瑶族特色山水园林生态城。同时，对县城用地作部分调整，由原1个区划分为江贝区、老城区、城西区、河南区、城北区5个区。江贝区即江贝村所在地，属于一类建设用地，布置生活居住、商业贸易及污染较小的食品加工工业；老城区为现状建成区，宜布置商贸、行政办公、居住用地，是全县的行政、商业、文化旅游中心；城西区紧挨老城区边缘，作为近期建设发展用地，集中开发、成片建设，成为县城的副中心；河南区在茶江河南岸，适宜安排有污染的工业用地、仓储用地，作为县城的工业区；城北区在县城东北角，可作为远景发展备用地，宜布置市政公用设施、行政办公区等。

建制镇规划

2001年10月，在1985—2000年规划的基础上，莲花、栗木镇重新编制总体规划，近期规划为2001—2005年，远期规划为2006—2015年。

莲花镇　总体规划范围为1个居委会、23个村委会，面积361平方千米。建立以镇区为中心，以势江为副中心，以河口、东寨、马湾为次中心，枧头、凤岩、势江、杨梅、龙围、河口、黄坭岗、笔山、朗山、门等、蒲源、桑源、蓝洞为网络，自然村围绕中心村沿主要公路、乡村道路布局的“城镇—中心村—基层村—自然村”四级体系。近期规划（2001—2005年）镇域人口控制在5.69万人以内，建设用地1479公顷（14.79平方千米）；远期规划（2006—2015年）镇域人口控制在5.97万人以内，建设用地1655公顷（16.55平方千米）。

镇区规划区面积为2.06平方千米，以莲花旧镇区为基点，莲花至二塘公路及莲花至同安公路莲花镇区段为主轴，原有街道为次轴，向北延伸至莲花加油站，向西以莲花至二塘公路以西250米为界，南抵莲花纸箱厂，东以国加石材厂为界，东南至莲花高中。

栗木镇　总体规划范围为1个居委会、17个村委会，面积277.31平方千米。建立以镇区为中心，栗木矿区为副中心，五福、上枧、泉会为次中心，上枧、上宅、大合、石头、大营、大枧、高岭、建安、常家、良溪、六岭、上灌为网络，自然村围绕中心村沿公路、农村道路布局的“集镇—中心村—基层村—自然村”四级体系。近期规划（2001—2005年）镇域人口控制在5.38万人以内，建设用地1235公顷（12.35平方千米）；远期规划（2006—2015年）镇域人口控制在5.7万人以内，建设用地

1356.3 公顷（13.56 平方千米）。

镇区规划区面积为 2.15 平方千米，以栗木旧镇区为基点，全州至沙子公路朱家至大石桥栗木镇区段为主轴，原有街道为次轴，向北延伸至大石桥，向西至田洞，西北至蛋子江，南抵朱家，东以栗木河为界，包括振兴路、太平街、中山街、十字街。

第三节　县城建设

旧城区改造

1998 年 5 月，开始旧城改造，对水泥厂至燕岩大桥主要街道的陈旧房屋装修或拆迁重建。至 2002 年，拆除总建筑面积 1.7 万平方米，回建建筑面积 5.1 万平方米；扩建后街路长 400 米、宽 12 米，重修恭沙路入口、茶西路、茶南路、太平街、拱辰街 5 条街道，共 3.84 万平方米，建成茶江桥头绿地、文（武）庙周边绿地、公共场所配套绿地共 3200 平方米，重建占地 7000 平方米的县城中心广场，维修文（武）庙、周渭祠、湖南会馆 4 大古建筑，绿化美化烈士陵园，重修水泥厂至燕岩桥主街人行道并更换绿化树。2001—2005 年，改建茶东路、民乐路、茶北路，新建周渭祠门前小广场，在茶江大桥一带始建茶江瑶族文化长廊，在燕岩大桥以下至乐湾浮桥一带建设茶江河水上乐园。

图 5-1　2003 年，县城城中西路完成建设（县住建局提供）

新城区开发

1992 年，县城新区开发开始起步。1993—1998 年，先后开发建设渔翁撒网、老干部宿舍区、明月新村、茶东路住宅小区、拱辰东路住宅区、城北住宅小区。兴建的公、私房屋 747 户，建筑总面积 2.02 万平方米。1998 年年底，县城综合开发面积达 12.82 万平方米，城区建设面积为 6.41 万平方米。

1999 年后，县城综合开发建设的区域为城中西路、滨江路开发区。

城中西路开发区　从 1994 年开始规划勘察，至 1998 年征地 8 万平方米，设计修建长 1120 米、宽 26 米的商业综合大街，建设用地为 4 万平方米。2002 年年初，城中西路新区开发段总工程量完成 98%，房屋建设完成 95%。同年 3 月，主街两旁铺设人行道并种植桂花树 200 余株。2003 年 10 月，占地 4 万平方米的城西区水果批发城建成，建筑面积 3 万平方米，其中商住楼建筑面积 2.5 万平方米。至 2005 年，城中西路全面建成商贸经济开发区，商业综合大街成为由桂林方向进入县城的交通要道。

滨江路开发区　总面积为 27.73 万平方米，以燕岩大桥为界，分为东区、西区。西区由燕岩大桥至西河凉亭，总面积 18.98 万平方米。2002 年，引进客商开发西区。至 2005 年，共开发用地 15.19

万平方米，房屋建筑总面积达25万平方米，建有农贸市场、学校、青少年活动中心、文化馆、民政局办公楼及居民住宅楼。

街道

图5-2 2005年，县城滨江苑（路）完成建设（县住建局提供）

1989年，以茶江大桥为中心，南至燕岩码头为茶江南路（以下简称茶南路），东经茶江大桥至金芝寺为茶江东路（以下简称茶东路），北至黄家圳为茶江北路（以下简称茶北路），西至西河大桥为茶江西路（以下简称茶西路）。茶南路是县城中心的主要道路，宽24～30米，长2100米。除茶北路外，街道路面均铺上混凝土或沥青渣，总面积达8万平方米。1996—1997年，扩宽延伸500米长的拱辰东路，形成以新华书店为中心的十字街闹市区。2000年，扩宽改造后街路长400米的道路，重修恭沙路、茶西路、茶南路、太平街、拱辰街5条街道，铺装路面3.84万平方米。2001年，长1140米、宽26米的城中西路道路开通。2002—2005年，开发滨江苑小区，拱辰西路一直延伸至滨江苑茶江边，滨江苑至燕岩大桥大道于2004年铺修完成。2005年，县城主要街道有茶南路、茶北路、茶东路、茶西路、拱辰东路、拱辰西路、城中西路。

1989—2005年恭城瑶族自治县县城主要街道一览表

表5-1

街道名称	起讫	路面结构
茶南路	以恭城车站为中心，南至县城燕岩大桥为茶江南路	柏油路
茶北路	以恭城车站为中心，北至恭城镇中学为茶北路	柏油路
茶东路	以恭城车站为中心，东至金芝寺为茶江东路	柏油路
茶西路	以恭城车站为中心，西至西河大桥为茶西路	柏油路
拱辰东路	县城十字街经民贸市场至卫生局门口路段	柏油路
拱辰西路	县城十字街经文武庙至滨江西路（在建）路段	柏油路
城中西路	茶南路水电局交叉路口至迎宾路路段	柏油路
城中东路	茶南路水电局交叉路口至县医院路段	柏油路
印山北路	茶西路财茂水泥厂交叉路口至迎宾路路段	柏油路
印山南路	印山北路恭城镇派出所接口至城中西路路段	柏油路
太和街	县医院至东门码头、矿产公司与茶东路接口路段	水泥路
太平街	傅家街至中医院接拱辰东路路口	水泥路
兴隆街	县医院经民贸市场至拱辰东路路段	水泥路
吉祥街	拱辰东路百货公司接口至周渭祠路段	水泥路

供电

1989年，县城用电由恭城变电站、燕岩变电站供电，变压器容量10950千伏安。居民已全部用电照明，机关、企事业单位职工和部分城镇居民已用电代柴。20世纪90年代始，随着城镇建设的加快以及城镇居民的增多和经济的快速发展，供电线网建设加快。至2005年，整个县城的供电线路计有10千伏13.67千米，400伏15.62千米；公用变压器56台，容量16125千伏安；县直单位自备配电变压器16台，容量2870千伏。2005年，城镇居民用电户9211户，用电量1506万千瓦小时。

1989年，县城各街道装有立柱路灯，茶江大桥装有多管立柱路灯。1992年，在县城街道重新埋设路灯专线4.76千米，架空线3千米，新立灯柱、电杆200根，安装车站和十字街高杆灯塔2座。1996—2001年，铺设安装燕岩大桥、拱辰东路、水泥厂至虾里洞、城中西路等路段路灯。2005年，在主街道设立红绿灯，并安装铺设滨江苑路灯。同年年末，整座县城有路灯2146盏，与1989年相比，增加1945盏。

供水

1989年，县城建有1座水厂，采用电解食盐水产生次氯酸钠消毒工艺净化自来水，全城装置供水主管道13.7千米，年供水113万吨。1994年，新建供水日产1万吨的水厂，将取水点改至茶江大桥上游500米处，净化处理采用“穿孔旋流网格絮凝池—斜管沉淀池—虹吸滤池—消毒—清水池”工艺，出厂水符合生活饮用水水质标准。1997年，县城供水主管道分两路：第一路从水厂至黄家圳，第二路从水厂东至平安乡人民政府，西至茶西区，南至茶南区，总长29.4千米。

图5-3 2000年，铺设县自来水厂至县民族中学的过江水管（县水利局提供）

2003年，扩建县水厂及供水配套管网。2004年，日产3.5万吨的县水厂运行生产，改铺城区给水管网总长5937米的供水主干管，在部分区域实现恒压供水。2005年年底，供水管网共计铺设9.6千米，占规划11.58千米的82.9%，铺设范围有茶江旅社至水泥厂路口、茶江旅社至燕岩大桥、交警队至印山街全段、水利局路口至迎宾路口、迎宾路口至水果批发城、十字街至审计局路口、民乐路至滨江苑、燕岩大桥过河管、燕新工业区主管道、水泥厂路口至合力公司及惠丰花园至交警队等。

排水排污

1989年年底，县城共修建有排水沟7条，总长6100米。县城废水和地表水排泄基本畅通，但多排入恭城河，污染河水。至1995年，另修建印山街、茶南路、太平街等处排水排污通道，县城排水排污通道总长10.46千米。1996—2001年，改建恭城中学后门300米明沟为暗道，修建幼儿园至林业局茶江边、明月新村、渔翁撒网、江贝开发区、拱辰东路开发区及城中西路开发区的排水排污通道等。至2001年，县城建成区面积3.68平方千米，排水管道有效服务面积3.32平方千米，共有管道15.3千米。2002—2005年，分别建成滨江路开发区和燕新工业园区的排水排污系统。

防洪堤

1989年，有防洪堤长500米，分布在黄家圳新水厂、东门头、燕岩浮桥头共3处。2002—2005年，新建滨江苑及茶江大桥一带共1000多米的防洪堤，按20年一遇防洪标准设计。

绿化

1989年，县城区绿化覆盖率为36.2%。1995年，县城主街道植树绿化总长为2.6千米，覆盖面积为7145平方米，约占绿化街道总面积的12%。2005年年底，县城建成区8.3平方千米范围绿地率为53.3%，绿化覆盖率53.9%，其中公共绿地面积39.88公顷，人均8.2平方米；道路绿地面积0.93公顷，风景绿地359.46公顷，防护绿地17.45公顷；单位附属绿地21.38公顷，县城91个单位有78个单位庭院绿地率达30%以上，庭院绿化覆盖率达32%以上；居住区绿地1.2公顷，生产绿地2.47公顷。

园林绿化　1989年，县城有文庙岭和武庙岭两大园林，共31015平方米，园内有许多古松、古樟等。建于文庙岭中的烈士陵园是县城最大的公共绿地，园内建有水泥道路、烈士纪念塔、烈士纪念亭、烈士墓及凉亭等，是人们游乐休闲的理想场地。2001年，建成县城中心广场并进行园林绿化，使之与文庙岭园林连为一体。同年，拆除文庙与武庙之间的民居，扩大文庙岭与武庙岭园林的范围。2001—2005年，在茶江大桥头的银丰商场与信合大厦一带进行小区园林化建设，在城中西路的迎宾广场，周渭祠门前广场、滨江苑至燕岩大桥一带河岸也进行园林化建设。

街道绿化　1995年，县城主街道植树绿化总长为2.6千米，覆盖面积为7145平方米，约占绿化街道总面积的12%。至2005年，植树绿化拱辰东路、城中西路、迎宾广场至西河桥头，改植茶南路天竺桂树为桂花树。

办公居住地绿化　据1995年调查，县城办公场所的绿化由70多个单位组成，总绿地面积为12.02公顷，其中包括乔木、灌木、花卉以及人工栽种和自然生长的草地。1996—2005年，随着办公场所的扩展，办公场所的绿化不断扩大。其中绿化面积增长较多的单位庭院有县人民政府大楼大院、县委部门办公楼大院、县公安局办公楼大院、县卫生局办公楼大院、县财政局办公楼大院、恭城中学校园、民族中学校园、恭城镇政府大院、县党校校园、县直中心小学校园、县直一小校园、机关幼儿园、县直二小校园、恭城镇中学校园、县民政局大院、县教育局大院、县中医院大院、县人民医院大院、县地税局大院、县国税局大院、县人民检察院大院、人民银行大院、县林业局大院及县交警大队大院等。

居住地绿化主要分布在建城区周边地方，有果园、灌木、杂木林，也有自然草地。1995年调查，城区居住地绿化总面积为53.32公顷。1995—2005年，由于城区的改造和建设，居住地绿化面积不稳定，由于建筑物的增加，居住地绿化面积不断减少。

公路绿化　1995年以前，县城范围内的公路绿化主要为茶江大桥至桥头村路段、叫化祖至县水泥厂路段以及水泥厂至西河桥头路段，总长6586米。1999—2005年，绿化燕岩大桥至新街公路，长3000多米。

1995年恭城瑶族自治县县城古树名木调查登记一览表

表5-2 单位：米

地址	树种	编号	胸径	树高	树冠	树龄	株数（株）	管养单位	备注
武庙岭	樟树	1	1.42	22	13	200	1	县人民政府	林调序号10005
	樟树	2	1.00	12	14	100	1		—
	樟树	3	0.99	11	13	100	1		—
政府院内	榕树	4	1.12	9	10	120	1		—
	白玉兰	5	0.56	17	13	80	1		恭城最大的玉兰树
	罗汉松	6	0.40	7	4	80	1		恭城最大的罗汉松
烈士陵园	木棉	7	0.58	16	13	24	1		恭城稀少树种
	木棉	8	0.58	16	13	24	1		—
	木棉	9	0.66	16	13	24	1		—
总工会对面	皂角	10	0.90	18	10	120	1		—
	皂角	11	0.63	18	5	120	1		—
浮桥头	椰树	12	1.20	14	10	150	1	街委会	林调序号00105
	樟树	13	0.93	14	9	100	1		—
东门头	樟树	14	1.16	14	12	120	1		—
江贝村	樟树	15	1.84	15	13	250	1	江贝村委会	—
	樟树	16	1.90	13	9	250	1		—
	樟树	17	1.50	14	12	220	1		—
凤凰山脚	樟树	18	0.73	12	18	100	1	氮肥厂	—
	樟树	19	1.30	12	13	300	1		—
文庙岭	马尾松	46	0.60	30	4	200	84	县人民政府	林调序号0011～0084
黄家圳	樟树	20	0.93	14	9	100	1	江贝村委会	—
	樟树	21	1.02	14	9	100	1		—
	樟树	22	1.67	14	12	220	1		—
	樟树	23	1.02	14	10	100	1		—
	樟树	24	0.22	12	5	100	1		—
	樟树	25	0.81	12	7	100	1		—
	樟树	26	0.84	13	8	100	1		—
	枫树	27	1.20	16	6	100	1		—
	樟树	28	0.70	14	8	100	1		—
	樟树	29	0.72	14	8	100	1		—
	樟树	30	0.72	14	7	100	1		—
	樟树	31	0.60	14	8	100	1		—
虾里洞	冬青	32	0.50	10	8	200	1	西河村委会	—
	冬青	33	0.70	10	10	200	1		—

环卫设施

垃圾处理场（站） 1989年，县城生活垃圾没有固定的场、池倾倒，每天由清洁工人收集，用木板车运往偏僻角地或果园倒掉。1990年起，县城内摆设铁制垃圾桶让居民倒放垃圾，每天由清洁工人用汽车和人力车将垃圾运往城外作果树肥料用。1991年，整个县城有铁制垃圾桶86个，有自动装卸运送垃圾的专用车2辆、双轮人力车6辆。1992年，在县水泥厂旁建成大型垃圾池。1994年，改建为垃圾转运站及垃圾堆放处理场，占地3.34公顷。

1995年，投资50多万元建成1座占地4公顷的垃圾综合处理场。2000年年初停用后，2001年在恭城镇化育村福兰塘新建1个占地9.33公顷的垃圾堆放场。2002年停用后，县城垃圾仍运往垃圾转运站及垃圾堆放处理场堆放处理。

公共厕所 1989年，县城有公厕4座，均有化粪池。机关团体建设的宿舍区内，一般都有公用卫生间。

1998年，新建公厕2座；1999年，新（改）建公厕8座。至2000年，县城公厕有19座（处），大部分达到二类标准。2005年，主要街道和公共场所有公厕31座（处），其中太平街、县工会旁、交通停车场、汽车站门口、城中西路、石油公司加油站、农贸市场、虾里洞加油站、滨江苑、中心广场、体育场、武庙旁等地公厕达二级标准。此外，一些宾馆、饭店、机关企事业单位也设有对外开放、半开放、内部公用的厕所，总共100多座（处），均达到卫生标准。

供气

20世纪80年代末，天然液化气进入恭城市场，以瓶装液化石油气作为气源，其销售网点均为个体经营。1998年2月，成立自治县建设局燃气管理办公室负责全县的燃气管理工作。2000年5月，开始实施《恭城瑶族自治县燃气管理暂行办法》，是年县城有供气点5个。2002年年底，全县有榨菜厂燃气储配站1座。2003年12月，华鑫燃气储配站建成使用。2004年，榨菜厂燃气储配站停业，建成银城燃气储配站。2005年年底，全县共有2家燃气企业，52家燃气供应网点。

第四节 集镇村屯建设

建制镇建设

1989年，全县建制镇集镇有恭城镇和栗木镇。1994年10月，莲花乡撤乡设镇，全县建制镇集镇增至3个，至2005年不变。

恭城镇 恭城镇是自治县人民政府所在地建制镇，其集镇所辖范围全部包含在县城范围内。1989年，恭城镇与城厢乡合并，镇人民政府所在地在县城兴隆街。1997年，镇人民政府迁至县城燕岩大桥南端。恭城镇集镇的规划建设与县城规划建设同一进行。至2005年不变。

栗木镇 栗木集镇是栗木镇政治、经济、文化和教育的中心，是重点发展以矿产品加工和农副产品加工业为主的圩镇。集镇的范围东至栗木河，南至马坪老榨菜厂，西至北极街西延300米处，北至大石桥、栗木中学。1990年，集镇用地规模236.82公顷，其中建设用地34.38公顷。1989—2000年，栗木镇农业产业结构不断调整，沙田柚、月柿、槟榔芋、西红柿、玉米、花生及黄片糖等农副土特产品的生产日趋规模化，农贸市场建设投入增加。1995年，栗木镇建成面积1.33万平方米的新农贸市场。1999年，栗木镇被桂林市委、市人民政府确定为桂林市13个重点镇建设之一。2000年，栗木集镇建成总长2000米的综合产品商品商业街，加上原有的1.33万平方米的农贸市场，形成5.2平方千米的集镇区域中心。2001 年，在 1986 年完成的栗木镇总体规划编制的基础上，自治县建设局对栗木镇总体规划进行修订，同年起，栗木集镇建设根据修订后的总体规划中的近期规划（2001—2005 年）进行；同年，栗木集镇居民拆除旧房 160 处，自筹资金回建房屋 4.53 万平方米；新建占地面积 1565.8 平方米的第三菜市。此后至 2005 年，没有新的建设。

莲花镇　1994 年 10 月以前，莲花圩镇为农村集镇。1994 年 10 月，莲花撤乡改镇。莲花镇盛产月柿、柑橙、槟榔芋、桐油、松脂、杉松木及厘竹等农副土特产品及林产品，莲花集镇为县境内一个重要的商品贸易地。1998 年，莲花集镇拆除旧建筑物 2500 平方米，扩宽街道 1100 米，新建房屋 4150 平方米。2000 年 4 月，莲花镇被列为全自治区小城镇建设试点镇范围。2001 年 11 月，自治县人民政府批准实施《莲花镇总体规划》。同年，改造莲花圩农贸市场，建成势江水果市场；铺设完工莲花东街长 734 米的柏油路；占地面积 3453 平方米的停车场于 2003 年建成启用。2003 年 3 月，镇财政所至镇政府街道改造工程动工，拆除两侧民房 42 户、面积 996 平方米，拆除镇老圩厂 2300 平方米。至年底，长 300 米、宽 12 米的水泥街道以及街道两侧排水沟、路灯建成，两侧居民自筹资金开始回建房屋；莲花东街、田厂大圆盘至莲花中学街道 1100 多米道路路灯安装完毕。乡科技文化中心于 2004 年建成。2005 年，未开展新的建设。

农村集镇规划建设

1989 年，全县农村集镇有莲花、三江、平安、嘉会、西岭、龙虎、观音共 7 个。1994 年，莲花乡改建制镇后，至 2005 年全县农村集镇均为 6 个，均为乡镇人民政府所在地。

集镇规划　1990 年，完成莲花、三江、平安、嘉会、西岭、龙虎、观音 7 个农村集镇的总体规划。规划的指导思想是有利生产，方便生活，节约用地，配套建设，同时注意保护环境，造福人民，逐步把集镇建设成为新型的文明集镇。规划的期限：三江、西岭、观音、嘉会、平安 5 个集镇为 1985—2000 年，莲花为 1988—2005 年，龙虎近期建设规划为 1990—1995 年、远期为 1995—2005 年。在规划中，除将各集镇规划为全乡镇政治、经济、文化中心外，还根据各自的特点作出相应的规划：莲花是以农副产品加工和商业、农贸为主的综合性集镇，平安、嘉会、观音是以农贸为主的综合性集镇，西岭是以农副产品贸易为主的综合性集镇，龙虎是农副产品及土特产品的集散地和对外贸易中心，三江是山货交易的集散地和农副产品加工的对外贸易中心。

集镇发展规模以现有人口为基数，分别按增长率 18%～20% 计算出 20 年后发展人口数。集镇用地规划以因地制宜，节约用地，不占或少占耕地为原则。居住用地方面，原住宅群不作大的变动，逐步进行改造。新建公共建筑要求 3 层以上，底层作商店，2～3 层作宿舍及办公用。

集镇建设　1990 年至 2005 年年底，全县完成的集镇建设项目主要有：1993 年，嘉会乡开发建设嘉会大桥以西区域，形成长 350 米、宽 8 米的河西集镇街道。1994 年，平安乡开发建设桥头综合经济开发区。1996 年，西岭乡在西岭街东侧兴建 1000 平方米简易钢架棚顶式市场。1998 年，三江乡重建简易钢架和砖木结构圩厂 1450 平方米。2003 年，嘉会开发建设河东二级公路旁路段。

村屯规划建设

新村规划　1992 年，全县基本完成 618 个村庄的粗线条规划，其中恭城镇 63 个，平安乡 62 个，莲花乡 102 个，三江乡 36 个，观音乡 33 个，栗木镇 119 个，西岭乡 85 个，嘉会乡（含龙虎）118 个，总计面积 2643 公顷。

1996 年 1 月，乐湾、江贝、西岭、北溪、枧头、栗木、大山、狮塘、黄坭岗、大地、化育、桥头、狮子、三合共 14 个村公所被列为恭城第一批小康文明示范村。在新村个体规划上，重点突出个体特色，对示范点新房建设和山、水、田、林、路等坚持科学规划，并将文化、体育、卫生等配套设施和公益设施列入村居建设规划来考虑。同年，乐湾、天堂、黄岭、江贝、北溪共5个村（屯）的规划设计完成，为“养殖—沼气—种植”三位一体的农村综合生态环境特色村（屯）。如黄岭式的以沼气为主的新村（屯），天堂村的以沼气、水果式的庭院生态农业，江贝村龙基明户的科技式的新型农户。1997年7月，自治县委、自治县人民政府成立新村建设规划领导小组和村镇规划建筑设计室，对全县新村建设实行统一规划。规划内容包括村（屯）住宅、村（屯）集体企业、村（屯）公共设施、公益事业、供水、供电、道路、绿化、环境卫生及生产配套设施，结合“养殖—沼气—种植”三位一体生态农业的模式进行规划建设。至2001年年底，除地处偏僻、人口稀少、交通不便、实施村（屯）规划难度较大的山区村（屯）共513个暂不进行规划外，全县共有173个村（屯）经自治县人民政府批准实施新村规划。其中，恭城镇32个、西岭乡11个、莲花镇62个、嘉会乡20个、平安乡42个、观音乡1个、龙虎乡5个。其中，西岭乡大岭山屯、嘉会乡麒麟村、莲花镇势江村、栗木镇大石桥村、马路桥村、恭城镇杨柳井村及凤凰山脚村7个村为新村规划建设试点村。2002—2005年，又对368个（屯）进行统一规划。

富裕生态家园建设　1999年，确定县城附近公路沿线村（屯）和平安乡北溪、桐竹，恭城镇天堂、凤凰山脚、杨柳井，西岭乡大岭山等村（屯）为重点，共拆除旧房820户、3.81万平方米，以建设规划的新农村。新房建设实行统一规划、统一设计，规划建房10户以上，新房建设每座两层钢混结构，面积250平方米至300平方米，造价7万～10万元，资金以农户自筹为主，政府的扶持主要倾向公共基础设施和产业发展。2001年，按照“五改十化”（改水、改路、改房、改厨、改厕和交通便利化、村屯绿化美化、户间道路硬化、住宅楼房化、厨房标准化、厕所卫生化、饮用水无害化、生活用能沼气化、养殖良种化、种植高效化）的标准在西岭乡大岭山和平安乡社山两个村进行新村的基础设施建设和发展产业试点，于2002年建成。至2005年年底，全县除龙虎乡外，其余8个乡镇都建有富裕生态家园示范点，计有大岭山、社山、白芒垒、杨梅垒、红岩、潮水岩、横山、黄岭、牛崀、岭脚、黄家厂、黄坪共12个。

第二章　建筑业

1989年以来，恭城全县建筑队伍和建设规模从小到大，建筑业总产值逐年增多。随着建筑业的不断发展，建设部门对建筑业的管理逐步严格化、规范化和制度化，至2005年，在对建筑市场秩序管理、建筑质量管理、建筑施工安全管理和建设工程招标管理等方面，已形成一整套管理制度、管理措施和管理办法。

第一节　建筑队伍

1989年，全县有县建筑安装公司、县第二建筑公司、县水利工程队、栗木锡矿建筑队4个建筑企业，从业人员共744人。县建筑安装公司、县第二建筑公司为集体所有企业，县水利工程队、栗木锡矿建筑队为全民所有制企业。同年，县城出现农民工组织的临时施工队，承包3层以下的民用建房。

1992—1993年，先后成立县第三建筑公司、市政工程公司。1995年11月，成立龙虎建筑责任公司。20世纪90年代，非建筑部门直接管理的独立的民间建筑队（组）也逐年增多。1999年，始有县外专业建筑公司进入恭城承建工程。主要的建筑公司有桂林市建设工程发展公司、桂林市地建总公司、自治区第三建筑公司、桂林市基础工程公司、桂林市政总公司、临桂建设有限责任公司、荔浦建筑安装公司、桂林市建筑工程承包公司以及桂林市第二、第三、第九建筑公司等。

2000年8月，市政工程公司更名县建设工程公司。2001年4月，第三建筑公司由集体所有制企业改制为股份制企业。同年，水电工程公司（即县水利工程队）解体。2002年3月，第二建筑公司、第四建筑公司合并组成新城建筑有限责任公司。2005年年底，全县有县建筑安装公司、第三建筑公司、建设工程公司以及新城建筑有限责任公司共4家，均具有房屋建筑三级资质，从业人员共410人。

第二节　建筑业经营

1989年，全县建筑业总产值3140万元，占全县国内生产总值8.24%。统计至2005年（不包括2004年），全县建筑业总产值总计97129万元。其中，总产值最高年为2003年，共11135万元，占同年全县国内生产总值7.15%；最低年为1994年，共2493万元，占同年全县国内生产总值3.72%。从2000年起，全县每年建筑业的总产值均在7000万元以上，实现税净额在700万～1000万元。2000年，建筑业总产值7019万元，税净额1073万元；2001年，建筑业总产值7591万元，税净额

864万元；2002年，建筑业总产值7169万元，税净额784万元；2003年，建筑业总产值11135万元，税净额911万元；2005年，建筑业总产值9527万元，税净额1112万元。

图5-4 由恭城县建筑安装公司承建的恭城中学科技楼
（陈革 摄 2004年）

图5-5 由恭城县建筑安装公司承建的政协办公楼
（陈革 摄 2004年）

图5-6 由恭城县市政工程公司承建的县财政局办公大楼
（陈革 摄 2004年）

1989—2005年恭城瑶族自治县部分建筑基本情况一览表

表5-3

建筑名称	承建单位	竣工时间	质量等级
水电局培训中心楼	县建筑安装工程公司	1996年	优良
县医院传染病房楼	龙虎建筑责任公司	1997年	优良
城市信用社综合楼	县市政工程公司	1997年	优良
峻山电站综合楼	县建筑安装工程公司	1998年	优良
公安局住宅楼	县市政工程公司	1999年	优良
财政局办公楼	县市政工程公司	1999年	优良
蓝洞电站综合楼	桂林市建设工程发展公司	2000年	合格
二轻集体工业联社综合楼	桂林市建设工程发展公司	2000年	优良
县人民检察院办公楼	桂林市建设工程发展公司	2000年	合格
县人民大会堂	桂林市地建总公司	2000年	优良

续表 5-3

建筑名称	承建单位	竣工时间	质量等级
县体育馆	自治区第三建筑公司	2000 年	合格
食品公司综合楼	县第四建筑公司	2000 年	优良
恭城中学科技楼	县建筑安装工程公司	2000 年	优良
国税分局办公楼	县建设工程公司	2000 年	优良
县委部门办公楼	桂林市基础工程公司	2002 年	合格
教育局办公楼	县建设工程公司	2000 年	优良
县中心文化广场	桂林市政总公司	2001 年	合格
科技培训中心	县建设工程公司	2001 年	优良
县政协办公楼	县建筑安装工程公司	2001 年	优良
恭城中学综合楼	桂林市第九建筑公司	2003 年	合格
恭城中学教学楼	桂林市第九建筑公司	2003 年	合格
汇源集团恭城工厂	桂林市第二建筑公司	2003 年	合格
恭城民族中学教学综合楼	桂林市第三建筑公司	2004 年	合格

第三节 建筑管理

建筑市场管理

1989—1994 年，全县建筑施工队伍单一，建筑市场不复杂，由县建设部门直接管理，市场秩序良好。1995 年起，建筑业发展迅速，建筑市场不断扩大也不断复杂化，市场管理规则也逐年规范化。1996 年，自治县人民政府制订《恭城瑶族自治县建设工程施工招标投标管理办法》。1997 年，自治县人民政府印发《恭城瑶族自治县建筑市场管理实施办法》，对建筑行业中的资质管理、工程报建管理、施工队伍管理、工程发包承包管理、建筑经济合同管理、工程造价管理、中介服务组织管理、建筑市场检查与执法、法律责任等诸方面作出条款规定。1997 年起，县人民政府每年都成立县整顿规范建筑市场领导小组及办公室，由分管副县长任组长，从自治县监察局、建设局质监站、施工管理站、招投标站抽调人员全面整顿规范建筑市场。1997 年 9 月，对全县 1995 年以来竣工、1996 年在建和新开工的 54 个工程项目（工程投资在 30 万元以上）、总面积共计 11.44 万平方米全部纳入执法监察检查范围，纠正处理违章违规工程 4 个，补缴税费 2.9 万元。2001 年 5 月，经逐项检查，共查出未领取施工许可证擅自开工的项目 6 个，面积 9990 平方米，投资总额 294 万元。2002 年，经查全年新开工程 32 个，建筑面积 33050 平方米，工程总造价 1470 万元，招标工程 10 个，其中公开招标工程 4 个、邀请招标工程 6 个，招标率及公开招标率达 100%；全年受监工程 57 个，受监率为 100%；核验工程 36 个，其中优良工程 13 个，优良品率 49%。2003—2005 年，全县建筑市场秩序良好，开工工程受监率 100%。

工程质量监理

1989—2005 年，全县国家机关、企事业单位、投资商的建设工程，城镇规划区内的私人建筑工程质量，均由县建筑工程质量监督站（2005年，更名为建设工程质量安全监督站）负责。建设局内设的建筑材料试验室则负责对建筑材料及半成品、成品、试件、试块进行检测，防止劣质建材和构配件用于建筑工程。在工程质量监督中，强化责任追究，实行项目法人、施工企业、责任设计员、责任质监员、责任安监员、工程质量终身责任制，对工程参建各方主体质量行为和地基基础、主体结构及使用功能进行全方位的质量监督。1991年，全县受监督建设工程项目33个，监督面90%。1992年，全县受监督建设工程项目22个，监督面100%。1993—2005年，全县受监督建设工程项目共计631个，监督总面积79.86%，监督面均达100%，杜绝新建危房的出现。

建筑安全管理

1989—1999年，建筑施工的安全管理主要以定期定时进行检查的方式进行。一般每个季度进行1次检查，检查时采取“先通知、后检查”的方式。检查中发现的主要问题有工人不戴安全帽施工，楼梯口、通道口无防护措施，脚手架架设不规范以及配电设施不规范等。对检查中发现的问题，均提出整改意见并加以监督。2000年起，随着施工单位的增多，部分施工单位出现应付检查的现象，安全检查开始采取不定期、不定次、不通知的方式，对在建工程进行突击检查，及时发现、及时解决工程质量通病和安全隐患。2000年上半年，县建设局对城区内15个临街施工现场进行重点检查，检查结果表明各施工企业将安全生产列入企业管理的议事日程，但与建设部颁布的《建筑施工安全检查标准》相比仍存有一定的问题，检查后发出安全隐患整改通知书15份。同年，桂林市建设委员会在恭城举办一期施工用电培训班，各施工企业的47名电工参加培训。2001年，对全县在建工程进行6次大检查，每个季度进行1次拉网式大检查，对检查不合格作出处罚：每个在建工程项目，第1次检查不合格者，发出整改通知书，限期整改；第2次检查不合格者，停工整改，取消该项目经理为期1年的投标资格。每次检查在建工程项目合格率低于70%的施工企业，取消该企业为期半年的投标资格；每次检查在建工程项目合格率低于60%的施工企业，取消该企业为期1年的参加投标资格。同年，安全生产伤亡率为零。2002年4月，在对全县的23个工程检查后，发现各公司及项目经理放松对安全生产、文明施工的管理力度，安全生产意识不强。对此，县建设局要求各公司马上开展自查自纠并加以整改。整改后，对4个安全隐患问题较多的工程发《停工整改通知书》，后在复查中对整改未达标的2个工程继续停工整改，直至达到开工标准。2005年，组织各建筑公司有关人员学习《建设工程安全生产管理条例》。同年，共进行4次安全生产大检查，下发19份整改通知书，其中2份为停工整改，验收合格后才予复工。

招（投）标管理

1997年1月1日，开始实施《恭城瑶族自治县建设工程施工招标投标管理办法》。同年3月，成立县建设工程招标投标事务所；5月，开始第1个工程的招投标。1997年，全县招标工程确定为8个，建筑面积11974平方米，造价396万元，分别占应招标工程12个的66.67%，占应招标面积17474平方米的68.52%，占应招标工程造价605万元的65.45%。2001年，开工建设工程34个，总投资2126万元，建筑面积45153平方米；招标工程9个，造价1132.1万元。其中，公开招标工程5个，邀请招标工程4个，招标率达100%。2002年，全县开工建设工程36个，招标工程10个。其中，公开招标工程4个，邀请招标6个，招标率及公开招标率均达100%，中标价与标底价相比下浮38.53%。2005年，新开工工程24个，建筑面积43506.98平方米，应招标工程24个，实际招标工程24个，招标率100%。

第三章　房地产开发和管理

恭城境内的房地产开发，在 20 世纪 90 年代初期进入一个日益兴盛时期。在房地产开发中，严格实行统一规划、合理布局、因地制宜、综合开发配套建设的方针。伴随县城新区开发的起步，至 1998 年年底，县城综合开发面积达 12.82 万平方米。1999 年后，重点开发城中西路、滨江路西区。2002 年年初，城中西路房屋建设完成 3.8 万平方米；2005 年，滨江路西区共开发 15.19 万平方米，房屋建筑面积 25 万平方米。

1994 年，根据《广西壮族自治区房地产交易市场管理若干规定》，培育恭城房地产市场。至 2005 年年底，全县房地产交易共 903 宗，成交额 3036.5 万元。

第一节　房地产开发

1986 年 4 月，成立县房地产开发公司，为县城乡建设环境保护局的二层机构，属于企业管理事业单位，独立核算，自负盈亏，从事城镇房地产综合开发和商品房屋的经营活动。1991—1998 年，先后开发明月新村、渔翁撒网、老干部宿舍区、茶东路住宅小区、拱辰东路住宅区及城北住宅小区等地房地产（均为只具备单一住宅功能的小区），共完成商品房开发综合产值 1075.9 万元，竣工商品房面积 2.7 万平方米。其中的 1991—1992 年，开发面积合计 19056.5 平方米，商品房施工面积合计 11386.5 平方米、竣工 10410 平方米。1996 年，在开发茶东路住宅小区房地产后，由于经营不善，管理混乱，经营严重滑坡，经审计部门于 1997 年 6 月审计，县房地产开发公司已资不抵债。2001 年，县房地产开发公司停止运作，开发资质被取消，企业营业执照不再办理年审手续。

1994 年，自治县人民政府作出开发建设县城城中西路的决定。1995 年，城中西路的房屋建设共筹集 560 万元资金，征地 7 万平方米，预计建房用地面积 4 万平方米。至 2002 年年初，城中西路房屋建设完成 3.8 万平方米。同年，引进外地客商开发滨江路（滨江苑）商住小区。2003 年 10 月，城西区水果批发城落成投入使用。水果批发城占地 4 万平方米，房屋建筑面积 3 万平方米，其中商住楼建筑面积 2.5 万平方米。

在开发建设滨江苑的住宅房屋中，开发商采取综合开发建设的方式，改变过去单一的住宅房屋建设的局面。至 2005 年年底，滨江苑商住小区建设共投入 5000 多万元，除住宅外，另建有农贸市场、学校、青少年活动中心、文化馆、民政办公楼。小区共开发用地 15.19 万平方米，房屋建筑面积 25 万平方米。同年，又引资 3000 多万元开发建设惠丰花园商住小区。

第二节 房地产管理

房屋产权证管理

1989年5月，始由县城乡建设委员会房产管理所管理全县房屋地产。1990年，全年登记房屋509户，发证509户，测量土地面积165982平方米、建筑面积174336平方米。1994年，贯彻《广西壮族自治区〈城镇房屋所有权登记暂行办法〉实施细则》，全年核发房屋产权证1188户。1995年11月，自治县人民政府下发《恭城瑶族自治县贯彻〈国务院关于深化城镇住房制度改革的决定〉的实施办法》的通知，对已出售的公有住房进行房产确权。1995—1996年，共核发房屋产权证1117户。2000年，以恭城镇旧城改造及栗木、莲花、平安等乡镇产权产籍管理为中心，开展房屋初始登记、房屋转移登记。下年，相继在其他6个乡开放发证。2000—2001年，共发放房屋所有权证及共有权证1438户，办证建筑面积28.16万平方米；他项权证801户，办证建筑面积20.46万平方米。2005年，共办理房屋产权证登记456户，办证建筑面积达10.78万平方米；他项权证登记320户。

1989—2005年，共发放房屋所有权证及共有权证11235户，办证建筑面积207.47万平方米；他项权证1601户，办证建筑面积403.88万平方米。

房地产市场交易

1994年，恭城开始培育房地产市场。同年，促成房地产交易47宗、成交额275万元，创税费59.13万元。1995年，开始县内房地产评估业务。同年10—12月，共承担评估业务20宗，面积4757.75平方米，估价金额190.6万元。2000年11月，《恭城瑶族自治县人民政府关于上报已购公有住房上市交易实施细则的请示》得到自治区住房制度改革委员会“原则同意”的批复，全县房改房正式上市交易。至2005年年底，全县房地产交易共903宗，成交额3036.5万元；评估房地产共727宗，面积21.94万平方米，估价金额13673.32万元。

住房制度改革

1992年6月，成立县城镇住房制度改革领导小组，由县人民政府县长任组长，下设住房制度改革办公室在县经济体制改革委员会，负责全县城镇住房制度改革日常工作。1993年7月，县人民政府下发《恭城瑶族自治县城镇住房制度改革实施方案》及《恭城瑶族自治县城镇公有住房出售办法》《恭城瑶族自治县调整公有住房租金的暂行办法》《恭城瑶族自治县公有住房出售评估试行办法》3个房改配套细则，全县公有住房开始出售。1995年11月，县人民政府下发《恭城瑶族自治县贯彻〈国务院关于深化城镇住房制度改革的决定〉的实施办法》及《恭城瑶族自治县公有住房租金改革实施办法》《恭城瑶族自治县公有住房出售和评估办法》《恭城瑶族自治县住房公积金暂行办法》3个细则。1996年，在全县推行住房公积金制度。1999年3月，为深化全县城镇住房制度改革，加快住房建设步伐，县城镇住房制度改革领导小组更名为县住房制度改革委员会。同月，成立县城镇住房普查工作领导小组，下设办公室于县公有住房改革办公室（以下简称房改办）。2000年11月，自治区住房制度改革委员会对《恭城瑶族自治县人民政府关于上报已购公有住房上市交易实施细则的请示》作出“原则同意”的批复，全县房改房正式上市交易。

公有住房出售 1993年，全县开始公有住房出售。全县出售的公有住房分为旧住房和新住房两种，凡于1992年1月1日后建成的住房为新住房，在该期限以前建造的住房为旧住房。除危房、平房、层数在二层（含二层楼以下的楼房），已列入城镇改造规划的房屋，临大街宜改造为生产、营业用的房屋，产权尚未明确，有争议的房屋以及县人民政府规定不能出售的房屋外，其余公有住房均可出售。其时，公有住房出售只出售住房部分产权，新住房每平方米标准价为 210 元，旧住房每平方米标准价为 170 元，旧房原住户有优先购买权。同时，出售住房以建筑面积计算，公共楼梯和公共走道不出售。

1995 年 6 月，贯彻《国务院关于深化城镇住房制度改革的决定》，公有住房出售实行成本价，原出售的部分产权的住房，逐步按成本价过渡为完全产权。职工按成本价购买公有住房，每个家庭只能享受 1 次，购房面积超过本人控制标准的部分，一律按市场价购买。按成本价出售公有住房有 3 项折扣政策：现住房折扣、工龄折扣和一次性付款折扣。全县出售公有住房价格、现住房折扣、工龄折扣、一次性付款折扣的数额为：1993 年，平均成本价为 400 元 / 平方米，现住房折扣为 12.23 元 / 平方米，工龄折扣为 2.39 元 / 平方米；1994 年，平均成本价为 505 元 / 平方米，现住房折扣为 15.44 元 / 平方米，工龄折扣为 3.02 元 / 平方米；一次性付款折扣率为应付房款的 20%。1999 年，全县公有住房出售基本结束，共出售公有住房 1405 户，总建筑面积 95608.06 平方米。已出售的公有住房 1405 户中，有 1174 户购买全产权。

在公有住房逐步出售后，县政府办、县农业银行、人事劳动局、环保局、民族局及审计局等部分县直单位开始采取全额集资建房形式进一步解决职工住房。至 2005 年年底累计，全县行政企事业单位个人住房共计 1778 套，建筑总面积 110680.4 平方米，其中 70 平方米以下的 960 套、建筑面积 53892.85 平方米，70～75 平方米 155 套、建筑面积 43670.14 平方米，90～120 平方米 134 套、建筑面积 13117.44 平方米。

住房公积金管理 1993 年 7 月，成立恭城瑶族自治县房改资金管理分中心，隶属于县房改办，负责全县住房资金的归集、管理和运营。2004 年 2 月，撤销自治县房改资金管理分中心，改设恭城瑶族自治县住房公积金管理部，为桂林市住房公积金管理中心的派出机构，具体承办所在县住房公积金归集管理和使用业务。

1996 年，推行住房公积金制度，行政和企事业单位中的固定职工、合同制职工、外资企业中的中方职工均可缴存住房公积金。职工个人缴存的标准为每人每月 10 元，县财政按相同数额拨付。1998 年 1 月 1 日起，住房公积金缴存的标准为职工工资上年 12 月工资总额的 2%，县财政按相同标准拨付。2000 年 10 月，参加住房公积金缴存的职工 5270 名，累计归集住房公积金达 577 万元。2001 年 1 月 1 日起，住房公积金缴存的标准按职工工资 3% 的比例缴存，县财政按相同标准拨付。至 2005 年年底，全县共有 205 个单位、8227 名职工缴存住房公积金，累计缴存额 3395.67 万元。住房公积金按国家规定的利率计息，公积金的结息日为每年的 6 月 30 日。至 2005 年 6 月 30 日，县住房公积金管理分中心（县住房公积金管理部）为缴存职工计付住房公积金利息共计 113 万元。

参加缴存住房公积金的职工在购买、建造、翻修、大修自住住房，可以按规定提取公积金存储余额来偿还住房贷款本息。职工离（退）休或出国定居的、离职或开除处分的、与单位终止劳动关系的，均可以按规定提取本息余额。至 2005 年年末，全县共支取金额 903.67 万元，其中购买、建造、翻修、大修住房支取额 220 万元，还购房贷款本息额 18 万元，离（退）休等情况销户支取额 243 万元，其他支取额 422.67 万元。

2000 年，县房改资金管理分中心开始向职工发放公积金个人住房贷款，贷款对象为需购买、建造、翻修、大修自住住房的在职职工，贷款额度最高不超过 25 万元，贷款期限最长 30 年。2005 年年末，全县共有 715 户职工家庭使用公积金个人住房低息贷款 4116.5 万元，累计收回公积金贷款 1294.78 万元。

经济适用房建设 1997 年，开始经济适用房建设。至 2005 年，在明月小区建成经济适用房 3 栋 50 套，建筑面积在 90～110 平方米，销售时参照《广西壮族自治区经济适用房管理暂行办法》执行，对象为常住城镇的无房中低收入家庭及现有住房建筑面积未达到《自治区人民政府办公厅关于控制职工住宅标准的通知》规定的住房面积控制标准的中低收入家庭。

第四章　环境保护

20 世纪 90 年代以前，恭城县的环境建设与污染治理处于较低水平。工业行业中的采、选、冶矿业的工业废水及居民生活污水直排恭城河，农药化肥使用量与日俱增，导致地面水环境质量处于Ⅲ类标准或低于Ⅲ类标准，直接影响到人民的健康和全县社会经济可持续性发展。1995 年起，加大环境保护工作的力度，在县内化工、造纸、建材、酿酒、采矿、选矿、有色冶炼、制糖及塑料制品等 10 多个行业的企业推行清洁生产和规模生产，建立烟尘控制区。至 2000 年，全县共投入资金 780 多万元，工业污染源治理达标率达到 100%，烟尘控制区达标区覆盖率为 87.5%。同时，通过实施县级行政首长环境目标责任制、建设项目环境影响评价与审批制度、环保“三同时”（同时设计、同时施工、同时投产）制度、污染物排放总量控制制度、征收排污费制度以及动植物自然保护区建设、生态示范区建设、小流域水土流失治理，极大地改善全县的环境。2002 年，恭城被国家环保局命名为“国家级生态示范区”。2005 年，恭城河丰、平、枯水期各项监测指标达标率 100%，达到《地表水环境质量标准》Ⅱ类水质；饮用水水质量达到《地表水环境质量标准》Ⅱ类水质标准，水质良好；大气环境质量总体为良好水平，均达到国家环境空气质量Ⅱ级标准；县城声环境除四类区（交通干道两侧区）超标外，其余一、二、三类区噪声均不超标。

图 5-7　农村的早晨（李庆才 摄　2005 年）

第一节　机构

1989 年，环境保护办公室为县建设委员会内设的股室。1996 年 7 月，环境保护办公室从县建设局分离，成立自治县环境保护局，内设综合管理股，下设环境保护监测站，编制 10 名。其中，行政编制4名，事业编制6名。2002年1月，党政机构改革，自治县环境保护局内设办公室、综合管理股、环境监理股，编制9名。其中，行政编制6名。2004年8月，环境监理股更名为环境监察大队。至2005年，自治县环境保护局内设机构、人员编制不变。

1996—2005年，历任局长：蒋国义、李希贵、邬弘鹊。

第二节 环境质量

水环境质量

地面水监测与质量 1989—2005年，以恭城河乐湾断面为监测点，每年在枯水期、平水期和丰水期进行监测，监测水温、pH值、悬浮物、电导率、氟化物、溶解氧、高锰酸盐指数、化学需氧量、氨氮、挥发性酚、硫化物、砷、镉、铅、锌及大肠菌群等。1989年，恭城河检出非离子氨、大肠菌群、镉指标超标，地面水环境质量略低于Ⅲ类水质标准。1995年，恭城河年均值16项主要指标除氨氮超标外，其余指标均达到地面水环境质量Ⅱ类标准。2005年，恭城河丰、平、枯水期各项监测指标达标率100%，达到《地表水环境质量标准》Ⅱ类水质。

1991—2005年恭城河水质定点定期监测情况一览表

表5-4

单位：毫克／升

年份	氨氮	溶解氧	化学耗氧量	生化需氧量	总氰化物	挥发性酚	六价铬	总铜	总锌	总铅	总镉
1991	0.053	7.80	—	1.00	0.002	0.001	0.002	—	—	0.0200	0.0020
1992	0.104	8.60	—	1.00	0.002	0.001	0.002	—	—	0.0400	0.0020
1993	0.103	7.60	—	1.00	0.002	0.001	0.002	—	—	0.0200	0.0020
1994	0.122	8.20	—	1.00	0.002	0.001	0.002	—	—	0.0200	0.0020
1995	0.121	8.80	—	—	0.002	0.001	0.002	—	—	0.0100	0.0020
1996	0.186	7.90	—	—	0.002	0.001	0.002	—	—	0.0100	0.0020
1997	0.190	8.90	—	—	—	—	—	—	—	0.0400	—
1998	0.046	8.00	—	—	—	—	—	—	—	—	—
1999	0.068	8.10	—	1.00	0.002	0.001	0.002	—	—	0.0070	0.00090
2000	0.071	7.90	—	1.00	0.002	0.001	0.002	—	—	0.0010	0.00160
2001	0.071	7.90	—	1.00	0.002	0.001	0.002	—	—	0.0013	0.00160
2002	0.178	8.30	—	3.30	0.002	0.001	0.002	—	—	0.0005	0.00005
2003	0.097	8.20	2.50	1.00	0.002	0.001	0.002	0.02	0.02	0.0005	0.00005
2004	0.167	8.80	2.50	1.00	0.002	0.001	0.002	0.02	0.02	0.0005	0.00005
2005	0.072	8.60	2.50	1.00	0.002	0.001	0.002	0.02	0.04	0.0007	0.00072

说明：以恭城河乐湾断面为监测点

饮用水水源质量 1989年，县城自来水厂饮用水源（恭城河东门渡河段）检出大肠菌群、镉、细菌总数三项因子超标，水质达地面水环境质量Ⅲ类标准。1995年，县城自来水厂饮用水源丰、平、枯水期16个项目全部达标，符合Ⅱ类水质标准，水质清洁。2005年，县城自来水厂饮用水源（恭城河黄家圳河段）丰、平、枯水期16项指标达标率100%，水质量达到《地表水环境质量标准》Ⅲ类水质标准，水质良好。

2005年恭城瑶族自治县县城生活饮用水水质监测情况统计表

表5-5

单位：个、毫克／升（pH无量纲、大肠菌个／升）、%

监测项目	样本数	最小值	最大值	平均值	超标率
pH值	3	7.18	8.41	7.98	0.00
溶解氧	3	7.60	9.90	8.40	0.00
高锰酸盐指数	3	0.90	1.20	1.00	0.00
生化需氧量	3	1.00	1.00	1.00	0.00
氨氮	3	0.012	0.074	0.05	0.00
硝酸盐氮	3	0.26	0.41	0.34	0.00
挥发酚	3	0.001	0.001	0.001	0.00
总砷	3	0.0001	0.0010	0.0005	0.00
总镉	3	0.00005	0.00005	0.00005	0.00
总汞	3	0.00005	0.00005	0.00005	0.00
总铅	3	0.0005	0.002	0.001	0.00
六价铬	3	0.002	0.002	0.002	0.00
总氰化物	3	0.002	0.002	0.002	0.00
氟化物	3	0.09	0.24	0.18	0.00
石油类	3	0.02	0.02	0.02	0.00
大肠菌群	3	330.00	54000.00	2710.00	0.00

说明：以县城自来水厂水源为检测对象

大气环境监测与质量

1989年，在县城茶南路县建设局办公大楼顶、县建筑安装公司办公大楼顶设立大气环境监测点。2001年，调整监测点，撤销原有监测点，在县城拱辰东路县环保局办公大楼顶、茶南路县岛坪矿办事处楼顶设立大气环境监测点。监测的项目有二氧化硫、总悬浮颗粒物、烟尘、粉尘、烟气参数、烟气黑度、气压、湿度、风向及风速等，重点监测二氧化硫、大气总悬浮颗粒物。从1992年起，以国家大气质量标准二级标准检测，恭城大气环境质量达Ⅱ级标准。至2005年，全县大气环境质量总体为良好水平，均达到国家环境空气质量Ⅱ级标准。

1995—2005年恭城瑶族自治县大气环境质量情况一览表

表5-6

单位：毫克／立方米

年度	二氧化硫	总悬浮颗粒物	年度	二氧化硫	总悬浮颗粒物
1995	0.018	0.120	2001	0.012	0.086
1996	—	—	2002	0.012	0.087
1997	0.034	0.140	2003	0.008	0.081
1998	0.016	0.150	2004	0.008	0.077
1999	0.011	0.102	2005	0.007	0.076
2000	0.012	0.086	—	—	—

声环境监测与质量

1990—1991 年，县城噪声的主要超标点为汽车站门前、新华书店门口、菜市场中心，为交通、商业噪声超标。1998 年，监测印山街居民区、明秀路居民小区、恭中校园、农贸市场、县医院、电扇厂门口、建设局门口共 7 个点，有电扇厂门口、建设局门口 2 个点超标，主要声源为车辆流动。2003 年，县城始用功能分区监测，一类区为居民文教区，二类区为居住、商业、工业混杂区，三类区为工业集中区，四类区为交通道路干线两侧区。至 2005 年，除四类区超标外，其余 3 个分区噪声均不超标。

2005 年恭城瑶族自治县县城功能区噪声定期监测统计一览表

表 5-7　　单位：分贝 dB（A）

类别	一类区		二类区		三类区		四类区	
	昼间	夜间	昼间	夜间	昼间	夜间	昼间	夜间
标准值	55.00	45.00	60.00	50.00	65.00	55.00	70.00	55.00
监测值	48.20	38.00	—	—	51.20	36.60	66.00	64.10

第三节　环境污染与治理

环境污染

工业“三废”污染　县内工业以采、选、冶矿业为主，次为建材业，其排放的废水、废气、废渣所含主要污染物为砷、铅、镉、铜、锌、铬、悬浮物、化学需氧量、二氧化硫、氮氧化物、一氧化碳及烟尘等。

1989—2005 年，全县先后 4 次进行工业企业污染源调查。1989 年，调查全县乡镇工业 63 家，主要的废水污染源为恭城莲花乡纸厂、恭城镇锌品厂、龙虎乡酒厂；废气主要污染源为恭城镇锌品厂、恭城莲花乡纸厂、恭城镇洲塘红砖厂、恭城镇江贝机砖厂、恭城镇有色金属冶炼厂、恭城莲花彩色玻璃马赛克厂。2000 年，调查栗木有色金属公司等 12 家企业，工业废水排放量 298.05 万吨 / 年；工业废气排放总量 150580 万标立方米；工业固体废物产生量 23.07 万吨 / 年。2002 年，调查栗木有色金属公司等 12 家企业，工业废水排放量 205.55 万吨；工业废气排放总量 150580 万标立方米；工业固体废物产生量 15.91 万吨。2005 年，调查桂林新源钽业有限责任公司恭城分公司等 7 家企业，工业废水排放量 113.67 万吨；工业废气排放总量 42308 万标立方米；工业固体废物产生量 11.71 万吨。

1989—2005 年恭城瑶族自治县重点企业污染源调查情况一览表

表 5-8

年份	调查企业	调查情况
1989	63 家	工业废水排放量 6.61 万吨 / 年，主要是二氧化硫、烟尘、粉尘、气态氟化物；固体废物排放量 4190.00 吨 / 年，历年累计堆存量 5000.00 吨，主要是化工浸出渣、钡渣、煤渣及其他残渣
2000	12 家	工业废气排放总量 150580.00 万标立方米，废气治理设施 20 套，处理能力为 7.78 万标立方米 / 时；二氧化硫排放量 1202.41 吨 / 年，排放达标量 1202.41 吨 / 年；烟尘排放量 293.15 吨 / 年，排放达标量 293.15 吨 / 年；工业粉尘排放量 22.32 吨 / 年，排放达标量 22.32 吨 / 年。工业废水治理设施 15 套，处理能力 1.25 万吨 / 日；废水排放量 298.05 万吨 / 年，排放达标量 298.05 万吨 / 年，达标率为 100%。工业固体废物产生量 23.07 万吨 / 年，工业固体废物综合利用量 8.22 万吨 / 年，贮存量 14.82 万吨 / 年，处置量 0.04 万吨 / 年

续表 5-8

时间	调查企业	调查情况
2002	12 家	工业用水总量 277.28 万吨，其中新鲜用水量 220.07 万吨，重复用水量 57.21 万吨，重复用水率 20.63%。废水治理设施 19 套，处理能力 1.25 万吨 / 日；废水排放量 205.55 万吨，排放达标量 205.55 万吨，达标率 100%。工业废气排放总量 150580 万标立方米，废气治理设施 20 套，处理能力 7.78 万标立方米 / 时；二氧化硫排放量 829.25 吨，排放达标量 829.25 吨，达标率 100%；烟尘去除量 62.12 吨；烟尘排放量 202.17 吨，排放达标量 202.17 吨，达标率 100%；工业粉尘去除量 81.14 吨；工业粉尘排放量 15.39 吨，排放达标量 15.39 吨，达标率 100%。工业固体废物产生量 15.91 万吨。综合利用量 5.67 万吨，利用率 35.65%；贮存量 10.22 万吨；处置量 0.03 万吨
2005	7 家	工业用水总量 175.17 万吨，其中新鲜用水量 141.14 万吨，重复用水量 34.02 万吨，重复用水率 19.42%。废水治理设施 10 套，处理能力 0.45 万吨 / 日。废水排放量 113.67 万吨，排放达标量 113.67 万吨，达标率 100%。工业废气排放总量 42308 万标立方米，废气治理设施 13 套，处理能力 1.92 万标立方米 / 时；二氧化硫去除量 114.24 吨、排放量 1142.92 吨；烟尘去除量 21.12 吨、排放量 262.39 吨，排放达标量 262.39 吨，达标率 100%；工业粉尘去除量 697.00 吨、排放量 529.50 吨；工业固体废物产生量 11.71 万吨。综合利用量 9.69 万吨，利用率 82.72%；贮存量 2.02 万吨

生活污染　由于县内没有污水处理厂，生活污水全部直注入境内各条河流，1989 年采样分析，感官部分和理化方面均有超标。2005 年，全县城镇非农业人口 4.99 万人，城镇生活污水排放量 492 万吨，化学需氧量产生量 1639.2 吨，化学需氧量排放量 1639.2 吨，氨氮产生量 127.5 吨，氨氮排放量 127.5 吨；生活及其他二氧化硫排放量 32 吨，烟尘排放量 20 吨。

化肥农药污染　恭城为农业县，粮食种植、水果种植以及经济作物种植均要施用大量化肥，导致水体硝酸盐氮、亚硝酸盐氮增高，湖塘富营养化；高毒高残留农药的施用，加重谷物、蔬菜、水果和地表水、地下水的污染。

环境治理

工业污染治理　1989 年，县内国有工业企业中，采选厂均建有水采尾矿坝，糖业、食品加工厂、建材装有除尘装置。其中，栗木锡矿建有选矿尾砂沉淀工程和废水浓密池等项设施，外排废水合格率达 80% 以上；采用扁布袋除尘法处理冶炼烟气，使烟尘排放浓度达林格曼一级。县糖厂设置蔗渣炉水膜除尘装置，除尘效率达 95%。罐头食品厂、葡萄糖厂安装锅炉玻璃纤维布袋除尘室，解决除尘问题。县水泥厂采用双管旋风除尘器、库底布袋收尘装置，除尘效率达 95%。但是，乡镇企业中污染治理能力差，大都没有环保设施，有机物污染指数较高。

1995 年起，在县内化工、造纸、建材、酿酒、采矿、选矿、有色冶炼、制糖、塑料制品等 10 多个行业的企业推行清洁生产和规模生产，建立烟尘控制区。1995 年，恭城银殿矿业有限公司投资 522.5 万元治理铅冶炼厂废气。1999 年，县岛坪铅锌矿投资 190 万元治理老厂浮选厂废水，龙星公司投资 150 万元治理西岭铅锌矿浮选厂废水，县矿产公司投资 20 万元治理老山铅锌浮选厂废水，三江铅锌矿投资 4 万元治理浮选厂废水。2000 年，除县矿产公司老山铅锌浮选厂废水治理工程未竣工外，其余工程均竣工。2000 年年底，全县共有废气治理设施 20 套、处理能力为 7.78 万标立方米 / 时；工业废水治理设施 15 套、处理能力 1.25 万吨 / 日，工业污染源治理达标率达到 100%，烟尘控制区达标区覆盖率为 87.5%。2001 年，将银殿集团公司、栗木有色金属公司、岛坪铅锌矿老厂浮选厂、恭城财茂水泥建材有限公司等 10 多家重点企业列为重点监测治理对象；2001—2005 年，该类企业工业废水、废气排放达标为 100%；2005 年，固体废物利用率达 82.72%。2005 年，非重点监测治理企业工业废水排放达标率 97.09%，二氧化硫排放达标率 97.5%，工业烟尘排放达标率 96.94%，粉尘排放达标率 96%。

生活污染治理　1989 年，县人民医院、栗木锡矿工人医院建有污水处理站（室），含病毒浮体污水经处理后可达到排放标准。1991年后建的公房、私房，都建有三级化粪池，城镇居民的生活污水逐步采用三级化粪池处理后再排放，饭店、宾馆建有油烟处理设施。1992年，在县水泥厂旁建成大型垃圾池；1995年，改建成占地4公顷的垃圾综合处理场，城镇固体废弃物处理率达75%。2003年，城镇固体废物处理率达88%，2005年超过90%。

噪声污染治理 2003年，开始在县城区建立噪声达标区，占县城总面积95%以上。在噪声达标区内，采取工地限时段作业、工业加工噪声隔声法来降低噪声污染。同年年底，据监测，县城区域和交通干线环境噪声昼夜平均值分别为48.4分贝、63.1分贝，均低于相应标准。2005年，四类区（交通干线道路两侧）夜间噪声为64.1分贝，超过标准值，其余一类区、二类区、三类区噪声均不超标。

2000—2005年恭城瑶族自治县重点企业工业污染治理投入情况一览表

表5-9

年度	工业企业（家）	工业废水排放总量（万吨）	其中，化学需氧量排放量（吨）	工业废气排放			工业粉尘排放量（吨）	工业固体废物产生量（万吨）	“三废”综合利用产生产值（万元）	处理设施运行费用（万元）	治理三废设施（套）
				总量（万标立方米）	烟尘排放量（吨）	二氧化硫排放量（吨）					
2000	12	108.98	34.04	99680.00	297.27	694.63	1278.06	1.76	—	782.50	11
2001	10	90.22	24.00	62626.00	47.51	410.79	822.48	11.73	—	220.50	33
2002	12	205.55	164.45	150580.00	202.17	829.25	15.39	15.91	19.00	141.50	39
2003	9	156.77	171.03	50360.00	230.90	877.31	489.00	12.74	69.00	90.50	20
2004	9	146.72	145.46	36410.00	234.26	1118.53	527.25	7.95	—	115.60	20
2005	7	113.67	111.40	42308.00	262.39	1142.92	529.50	117.71	—	161.00	23

第四节　环境建设

生态示范区建设

1996年2月，恭城县被国家环保局确定为全国生态示范区建设试点县之一。同年7月，成立县生态示范区建设领导小组，下设办公室于县环保局；9月，自治县人民政府下发《关于开展生态示范区建设工作的通知》；12月，成立以县环保局、科技局、经贸局、农业局、林业局等18个部门为成员单位的县生态示范区建设规划办公室，编制《恭城瑶族自治县生态示范区建设总体规划》。1997年3月，自治县第二届人大常委会第二十三次会议批准实施《恭城瑶族自治县生态示范区建设总体规划》。

在生态示范区建设中，开展营造珠江流域防护林体系工程、大力发展沼气、普及省柴节煤炉（灶）、发展小水电和推行清洁生产和规模生产。在珠江流域防护林体系工程营造中，划定银殿山水源林保护区和海洋山水源林保护区两个自然保护区，对野生动植物加以保护；采用人工造林与封山育林相结合的方法治理裸露石山，凡25度以上坡地一律退耕还林、还竹、还草；采用小流域综合治理、坡改梯和生物措施相结合的方法治理水土流失，复垦矿山废弃地。至2000年年底，防护林体系工程共完成8648.2公顷，占总体计划的86.48%；完成人工造林和低效林改造面积6648.2公顷。在农村能源建设中，大力发展沼气，普及省柴节煤炉（灶），提倡使用太阳能，发展小水电，改造农村电网。“九五”期间，共投入资金2800多万元，新建沼气池1.407万座；投资50多万元新建省柴节煤炉（灶）5200套，累计达5.60万套，入户率91.2%；投资100多万元，新推广太阳能热水器370平方米；投资6400多万元，新建小水电站18座，新增装机容量1.43万千瓦；投资7400多万元进行农网改造工程，全县村通电率达99.1%，户均通电率达96.16%。另外，投资110万元建设生活垃圾处理场，城镇固体废弃物处理率达75%；建立完整的烟尘控制区、噪声达标区；投入污染源治理资金1200多万元，工业污染源达标率为100%。

至2000年年底，全县有林面积达16.47万公顷，比1995年增加3.53万公顷；活立木蓄积总量达571.52万立方米，增加86.06万立方米；森林覆盖率（含灌木林）达77.02%，增长6.18%。林业用地绿化率96%，道路河流、城乡居民点“四旁”绿化率均在95%以上。种草（改草）面积2000公顷。全县生态公益林6.96万公顷，占全县陆地总面积的32.5%。治理水土流失106.58平方千米，治理率53.5%。复垦矿山废弃地573公顷，复垦率45.8%。城镇单位GDP（国内生产总值）能耗由1995年的1.60吨/万元降到2000年的1.38吨/万元；单位GDP水耗由412立方米/万元降到353立方米/万元。建设项目环境影响评价审批率、“三同时”执行率、工业污染源达标治理率、“十五小”企业依法关停率均为100%；城镇固体废弃物处理率88%，比1995年提高23%；城市气化率82%，上升62%；县城大气环境质量由二级标准提高到一级标准；饮用水源水质达到国家Ⅱ类标准，地表水环境质量达到水功能区划要求，各项指标达标率为100%，12种主要工业污染物排放总量控制在计划指标内；烟尘控制区达标区覆盖率为87.5%，环境噪声达标区覆盖率达95%，区域环境噪声昼夜平均值48.4分贝，交通干线环境噪声平均值为63.1分贝，均低于相应标准。

2001年9月，国家环境保护总局验收组到恭城实地验收，对生态示范区验收考核的经济发展、生态环境保护、社会发展25项验收考核指标作出评审。2002年，恭城被国家环境保护总局命名为“国家级生态示范区”。

水土流失治理

恭城县总面积2149.02平方千米，其中，冲积地面积257.47平方千米，河流塘库等水面面积26.54平方千米，素有“八山一水一分田”之称。县境内大小河流纵横交错，年径流总量21.18亿立方米，最大流量6290立方米/秒，年径流模数31.25升/平方千米。山高水陡，一遇暴雨，极易山洪暴发，沙石淤积，河床抬高、改道，给沿河两岸造成极大的危害。

1980年，全县水土流失面积12193公顷，占全县总面积的5.67%。其中，片蚀面积7800公顷，沟蚀面积4393公顷，中度以上的片蚀和沟蚀面积占总流失面积的一半以上。随着经济体制改革，县境内开矿采石、修路取土，过度砍伐森林，随坡开荒，乱垦植被等生产活动日趋增多，特别是开矿采石、修路等生产建设项目缺少水土保持措施，损毁地貌，一遇暴雨，极易造成水土流失。1990年，全县水土流失面积增大，达到19940公顷，占全县总面积的9.27%；其中，Ⅳ级侵蚀面积4733公顷，占2.2%；Ⅱ级侵蚀面积8793公顷，占4.09%；Ⅲ级侵蚀面积6413公顷，占2.98%。

1997年，自治区水土保持委员会将恭城县列为第三批水土保持执法试点县。同年，成立县水土保持委员会，制定《恭城瑶族自治县水土流失防治规划》及《恭城瑶族自治县水土保持若干规定》。根据全县水土流失的实际，将水土流失防治规划划分为预防区、治理区和监督区。预防区包含平安乡、嘉会乡、龙虎乡、恭城镇；治理区包含栗木镇、莲花镇、三江乡；监督区包含西岭乡、观音乡。在治理中分别采取措施，突出重点，综合治理。在治理区中，势江河小流域（含莲花、三江乡）由于受无水土保持措施的矿业开采，植被破坏严重，1994年、1996年，两度发生特大洪水。在1998年开始的水土流失防治中，在势江河小流域采取坡耕地退耕还林，山上种树，山下种果，河边种竹的措施，以及建堤岸、小段面积和局部的河道疏浚等工程治理措施。至2005年，经治理后的势江河小流域没有再发生重大灾害。

在重点治理势江河小流域的同时，与建设国家级生态示范区结合，营造珠江流域防护林体系工程，大力发展沼气，普及省柴节煤炉（灶），发展小水电，使用太阳能，既涵养水土，又创经济效益。同时采用人工造林与封山育林相结合的方法治理裸露石山，采用小流域综合治理、陡坡地退耕还林、坡地改梯地、复垦矿山废弃地相结合的方法治理水土流失，规范山区矿产开采。至2000年年底，营造珠江流域防护林体系工程完成治理面积8647公顷，占总计划的86.48%。全县有林面积164700公顷，比1995年增加35300公顷；森林覆盖率77.02%（含灌木林），增长6.18%；治理水土流失面积10660公顷，复垦矿山废弃地面积540公顷。

据2001年统计，全县水土流失面积9273公顷，占总面积的4.13%；与1990年相比，减少水土流失面积10667公顷。在水土流失面积9273公顷中，轻度流失面积8180公顷，中度流失面积593公顷，强度流失面积500公顷。

第五节　环境管理

管理制度

1989—2005年，县环保局对化工、造纸、建材、酿酒、采矿、选矿、有色冶炼、制糖、塑料制品等行业以及小水电、公路建设均实行环境影响评价制度。在做出环境影响评价后，再经环境保护行政主管部门批准后，各项目方可进行建设。1989—2005年，建设项目环境影响行政审批共计285个。在项目建设中，主体工程建设与污染治理设施建设，实行同时设计、同时施工、同时投产的“三同时”制度。

1991年1月起，实行县级行政首长环境目标责任制，由桂林地区行署下达环境目标责任制环境保护指标与各县。在县行政首长的领导下，将环保任务分解到基层，由县环保局组织实施。凡完成目标责任制在80分以上的县，为环保工作达标县。1991—2005年，恭城县均为环保达标县，1991年得分80.4分，1995年94.5分，2005年90.5分。

1998年起，由桂林地区行政公署环境保护局下达各县主要污染物总量控制指标，实行污染物总量控制指标管理制。“九五”期间，恭城县主要污染物总量控制指标为二氧化硫1550吨，烟尘2300吨，粉尘2000吨，化学需氧量2500吨，石油类2吨，砷30千克，汞1千克，铅4000千克，镉746千克，工业固体废物3500吨。“十五”期间为化学需氧量1500吨，工业氨氮150吨，生活氨氮100吨，二氧化硫1500吨，烟尘500吨，工业粉尘1000吨，工业固体废物500吨。根据总量控制指标，县环保局将指标分解下达各重点企业，由县环保局对各企业的污染处理设施运转和排污实行动态监测，对造成环境严重污染的企业，予以限期、停产治理。1998年，县矿产公司老山浮选厂尾矿坝、恭城县银殿锌品公司被列为限期治理项目。2000年，县染织厂、皮革厂被实施停产治理，龙星矿业有限责任公司西岭铅锌矿浮选厂尾矿库坝体被限期整治。2003年，莲红石材厂等13家石材加工企业被实行限期治理。另外，加强污染事故纠纷的调处，1994—2005年共计调处污染事故纠纷59件。

排污费征收

1989年，恭城县对超标排放污染物继续征收超标排污费，征收标准以国家标准为准。2000年，自治县物价局、财政局下达恭城瑶族自治县饮食、娱乐、服务业超标排污征收费标准：废气每点每月征收20～50元，废水每吨征收0.5～0.6元。2003年7月1日起，执行国务院《排污费征收使用管理条例》，实行多因子总量征收排污费，征收标准是：废气排污费按每一污染当量征收0.6元；污水排污费按每一污染当量征收0.7元；超标环境噪声排污费按超标分贝每月征收350～11200元。1989—2005年，全县累计征收超标排污费667.04万元。其中，1989年征收金额34.08万元，2000

年 52.35 万元，2005 年 40.45 万元。收上的排污费，用于监测站建设、生态建设以及污染治理支出 534.79 万元，上解 84.4 万元。

环保宣传

1989—2005 年，每年都在“六五”世界环境日进行环保宣传。采用出板报、张贴标语、发放传单、法律咨询、知识竞赛、征文活动、广播电视宣传及图片展览等多种方式，对全民进行环保宣传教育。如 1997 年利用广播电视新闻媒介，组织了为期半年（每天一版二次）的环保法律、环保知识宣传活动，并组织干部职工、学生参加自治区“南丹龙泉杯”新颁环保法律法规知识有奖竞赛活动。

第六篇

农业　水利

第一章　农业管理

恭城县为农业县，其农业经济以种植业为主，林业、牧业、渔业、副业全面发展。1989—2005年，县委、县人民政府为发展农村经济，增加农民收入，提高农民生活水平，在继续完善家庭联产承包责任制及水利基础设施、逐步减轻农民负担的同时，大力推广“养殖—沼气—种植”三位一体生态农业，调整农业产业结构，大搞农业综合开发，发展高产优质高效农业。2005年年底，全县总有效灌溉面积从1989年的13840公顷增加到26459.9公顷，稻谷种植面积从1989年的19110公顷调减为15423公顷，水果种植总面积从1989年的1214公顷增加到25264公顷；农业生产总值从1989年的14482万元增加到99303万元，年均增长13.70%。

第一节　机构

农业局

1989年，县农业局设办公室、农科所、农业技术推广中心站、土肥站、经作站、病虫测报站、植检站、科教站、种子公司、蚕种站、能源站共11个二层机构。1992年，能源站挂靠林业部门管理。1998—2000年，先后设立农药检定管理所（与植保站合署办公，一个机构、两块牌子）、种子管理站和环境保护站。2002年机构改革后，农业局内设文秘股、财务股、法制股，编制9名，其中行政编制8名；下设植检站等12个站（所、场）；县糖业生产办公室与经作站合并。2005年，除3个内设行政股外，县农业局所辖的13个二层机构为农科所、农业技术推广中心站、土肥站、经作站、病虫测报站、植检站、科教站、种子管理站、农药检定管理所、种子公司、蚕种站、环保站、农业综合执法大队，共有农业技术干部62人，其中高级农艺师1人，农艺师37人，助理农艺师24人。

1989—2005年，历任局长：徐明球、费自宏、杨长林、雷守琳、梁锦星、黄华明、张廷锋。

水果生产服务中心

1987年9月，成立县特产局，定事业编制3名。1991年12月，更名为水果生产办公室。1994年11月，水果生产办公室改名水果局，定事业编制13名。1996年7月，再次更名为水果生产办公室。2001年12月，党政机构改革，水果生产办公室更名为水果生产服务中心，定事业编制13名，内设秘书股、技术业务股、项目管理股，有农业技术人员9人。至2005年不变。

1989—2005年，历任局长（主任）：朱德芝、梁锦星、陈广高、周运忠、赖平荣。

畜牧水产事业管理中心

1989年，成立县畜牧水产养殖事业局，各乡镇设畜牧水产技术推广站，共有事业编制32名，其中局属编制16名。2002年4月，改称县畜牧水产事业管理中心，下设二层机构有畜牧兽医站、兽医检疫站、禽类检疫站、畜禽品种改良科教站、兽医卫生监督所、水产站、渔政站，有事业编制68名。同年，9个乡镇畜牧水产技术推广站划归各乡镇人民政府管理。2003年6月，增挂县畜牧水产局牌子，一个机构、两块牌子。

2005年1月，9个乡镇畜牧水产技术推广站重新收归畜牧水产事业管理中心管理。同年年底，畜牧水产事业管理中心共有事业编制68名（其中，局属编制41名），在编62人，其中具备中级技术职称资格34人、初级技术职称28人。

1989—2005年，历任局长（主任）：常建民、陈绍养、蓝照新、朱泽光。

林业局

1989年，县林业局下设二层机构有营林公司、林政办公室、马林源林场、河口采育场、木材加工厂、林业汽车队、嘉会苗圃、鹅山岽苗圃、林业公安股、林工商联合公司及乡镇林业站、检查站、林政站各6个，水源林、鸟类保护站3个。1993年，调整全县行政、事业单位原有编制。调整后，林业局行政编制7名，事业编制112名。1997年3月，机构改革，林业局内设政秘股、财会股、林政股3个职能股，行政编制7名、工勤编制1名。2002年1月，自治县森林防火指挥部办公室在林业局挂牌，事业编制4名。2005年，林业局设政秘股、财会股、林政股、营林股、林政办公室、森林病虫防治检疫站、森林公安分局、山林纠纷调处办公室、林业工作总站；8个乡镇林业办事处及虾里洞、龙虎、莲花、马湾、三江5个木材检查站，嘉会、鹅山岽2个苗圃；马林源林场、河口采育场、木材公司、木材加工厂4个独立核算单位；以及挂靠林业局办公的自治县绿化办公室、森林防火指挥部办公室。

1989—2005年，历任局长：廖振坤、杨先玉、李邓辉、文受都、刘武忠、罗荣光。

水利局

1989年，县水利电力局内设机构有办公室、水利股、水利工程管理站，下设水利工程管理所（处）有龙虎、势江、峻山3个。1996年机构改革后，县水利电力局内设机构为办公室、工管站、建设站、电力股、水政水资源管理股、财务股、物资供应站共7个职能科室，编制73名。1997年11月，成立县水利电力设计室和县水电培训中心，定编11名。2002年，机构改革，县电力公司从水利局分离，水利电力局更名水利局；县防汛抗旱指挥部办公室挂靠水利局，定事业编制3名。县水利局内设办公室、水政水资源股、财务股、水利水电股共4个职能股室，定行政编制8名，工勤人员编制1名；下设事业单位有峻山水电工程管理处、势江水利工程管理所、龙虎水利工程管理所等。2005年，新设立蓝洞水库水利工程管理所，峻山水电工程管理处更名峻山水利工程管理处。同年，水利局下设的峻山水利工程管理处等4个处（所）改为准公益性事业单位，共有编制92名。

1989—2005年，历任局长：卢达林、李耀林、尹甫学、黄绍德、黄晓云。

农业机械化事业管理中心

1989年，县农业机械化管理局下设县农机管理站、农机校、农机安全管理站、农机推广站、农机公司及乡镇农机站，共有干部职工62人。1996年7月，县农业机械化管理局改为农业机械化事业管理处，赋予行政职能，定编制 8 名。2002 年 4 月，机构改革，县农业机械化事业管理处更名为县农业机械化事业管理中心，编制不变。下设二层机构有农机管理站、农机推广站、农机安全监理站、农业机械化学校和农机供应公司，各乡镇农机管理站划归各乡镇人民政府。2005 年，农机供应公司改制撤销，农机管理站等 4 个二层机构共有编制 29 名。

1989—2005 年，历任局长（主任）：祝绍义、王章荣、邓康武、蒋合民、吴万军、邓杰。

农村能源办公室

1984 年，成立县沼气办公室；1988 年，更名为县农村能源办公室，为县农业局二层机构，编制 7 名。1992 年年初，县农村能源办公室划归林业局管理；5 月，定为副科级单位，有事业编制 17 人。1998 年 3 月，县农村能源办公室定为正科级单位，从林业局剥离，属于行政性事业单位。至 2005 年不变。

1989—2005 年，历任主任：唐咸明、邓世平。

生态农业开发建设管理中心

1954 年 8 月成立，称恭城县委农业部。1976 年 6 月，改为县委农村部；1985 年 2 月，改为县农业委员会。1996 年 7 月，改称县农业开发领导小组办公室。1997 年，设人事秘书股、财务股、生产技术股，有事业编制 6 名。2002 年 1 月，更名为县生态农业开发建设管理中心，内设经管站、区划股，编制 9 名，其中区划股 3 名。至 2005 年不变。

1989—2005 年，历任主任：龙志兴、徐明球、黄华明、杨家青、林堃、周廷锡。

第二节 经营体制与农民负担

经营体制

土地联产承包 1989 年，全县农村经营体制延续 1983 年的家庭联产承包为主的责任制和统分结合的双层经营体制，主要采用包干到户的形式。但因大部分是各生产队自发开展的，承包合同很不规范，甚至有小部分生产队是口头合同或表格合同。1990 年 12 月下旬，自治县委组建工作队进驻恭城镇洲塘村，开展稳定和完善家庭联产承包制的试点工作。一是建立农村合作经济组织，确定以家庭联产承包前的老队建立 12 个经济合作社；二是本着大稳定小调整的原则，对责任田进行适当的调整；三是收取土地承包费。到下年 2 月上旬，12 个经济合作社制定调田方案，其中 4 个经济合作社采用均田制，8 个经济合作社采用互补法；收取 1989—1990 年土地承包费 9335 元，占应收总额的 100%。1991 年，自治县委、县人民政府先后颁布《关于进一步稳定和完善农村家庭联产承包责任制有关问题的通知》和《关于适当调整责任田，完善农村土地承包责任制的若干规定》，从健全农村社区性合作经济组织入手，适当调整责任田，完善全县的联产承包责任制，同时加强对农村土地承包合同的管理。至年底，全县共建立 2309 个经济合作社，签订承包合同 49037 份，承包土地面积 24346 公顷，收取土地承包费 44.11 万元。

1994 年，土地联产承包进入第二轮承包期，自治县委、县人民政府颁布《关于稳定和完善农村土地承包责任制的通知》，规定“对已经形成的土地承包关系稳定不变，原来经济合作社社员所承包该合作社的水田、旱地、山林承包期顺延 30 年不变，新开发的荒山、荒水、荒滩、荒坡承包期可延长到 50 年至 70 年。承包期内，实行‘增人不增地，减人不减地’的办法”。同年，签订承包合同

42382份，签订承包土地面积21127公顷。

1999—2003年，全县完善第二轮延包期的农村土地承包合同工作，共有63312户农户重新签订合同，占应签合同数的99.73%；签订承包合同耕地面积14422公顷，占应签面积的99.62%；发放经营权证书60377户，占应发户数的95.36%。

土地流转　1992年，在恭城镇洲塘村进行农村土地使用权流转试点工作，第一经济合作社将5.23公顷土地发包给2个组，承包期20年。1994年，农村土地流转面逐渐扩大。在坚持土地集体所有的前提下，在承包期内经发包方同意并报乡镇人民政府批准，允许土地使用权依法有偿转让、出租、入股；荒山、荒坡、荒滩、荒水及成林地、果园可进行公开招标转让给能人经营，经营期限与承包期内一致。原来由集体经营的土地、山林、果园及鱼塘等，不准再分散承包到户，可采取招标转让承包、租赁和实行股份制经营。同年，全县有668个社、3219户参与农村土地流转，土地流转面积516.93公顷。此后，县内土地流转形式多为转包转让、租赁的形式，参与人数、流转面积均比不上1994年。2005年，全县土地流转面积33.8公顷，均为租赁形式。

农民负担

农民负担有国家税金、提留统筹两大类。国家税金有农业税、农林特产税、屠宰税和教育费附加；村提留包含农村公积金、公益金、管理费3项，统筹有计划生育、民兵训练、军烈属优抚、乡村两级办学和乡村道路建设5项（称“三提五统”）。

1989年，全县农民负担总额474万元，占农民家庭总收入的3.7%，人均负担20.43元。其中，国家税金占86%，提留统筹占14%。1989—2002年，全县农民负担总额41604.1万元，年均2971.72万元，负担总额占农民家庭收入的比重在3.7%～8.9%。2003年，全县农业税实行改革，从计税面积、税率、常年产量等方面对农业税进行重新计量，改革后农业税税率为6.5%、农业税附加按正税的20%提取；取消对农业人口教育费附加的征收，取消“三提五统”。2004年，农村税费改革进一步深入，农业税税率降为5.5%；免征农业特产税，取消屠宰税。2005年1月，根据《广西壮族自治区人民政府令》，全县免征农业税。2003—2005年，全县农民负担总额9020万元，年均3006.67万元，负担总额占农民家庭收入的比重在2.7%～4.3%。2005年年底，全县农民人均负担109.41元，占家庭收入的2.7%。

1989—2005年，全县农民负担最重的年份为1998年，人均254.98元；最轻的年份为1989年，人均20.43元；负担总额占家庭收入最高的为1998年的8.9%，最低的为2005年的2.7%。

第三节　农业区划

根据1984年编制的《恭城县农业综合区划》，全县分东部中低山用材林、牧区，发展方向以用材林和经济林为主，大力发展草食牲畜，兼营粮食生产；南部平川粮、果、牧区，发展方向以粮果为主，发展养猪、养鱼，开展多种经营，发展乡镇企业；中部丘陵平川粮、蔗、油、牧、果区，发展方向以粮蔗为主，兼营畜牧业、果树及其他经济作物，发展乡镇企业；北部丘陵平川粮、油、牧区，发展方向以粮、油、牧为主，兼营果类，发展乡镇企业；西北中山水源林、牧区，发展方向以水源林为主，兼营用材林、经济林，大力发展草食牲畜。

1984年恭城瑶族自治县农业综合区划简况一览表

表6-1

分区	范围	农业基础情况
东部中低山用材林、牧区	包括三江、观音乡全部，莲花乡（1994年，撤乡改镇）的蒲源、桑源、蓝洞、坪冲、黄坭岗、龙围、杨梅，平安乡的大江、下山源，嘉会乡的大山、共和、白燕，栗木镇的源头等27个村及河口采育场、马林源林场	区内土地总面积87907.00公顷，占全县土地总面积的40.90%，其中耕地面积3393.00公顷，占全县耕地面积的17.20%。区内以中低山为主，可经营面积84467.00公顷，占全区总面积96.10%。区内林地面积62600.00公顷，占全县林地面积的62.90%，木材蓄积量301.30万立方米，占全县木材总蓄积量的64.50%，为恭城最大的林业基地，木材生产区。有牧地和间牧地15667.00公顷，占全县牧地的33.60%
南部平川粮、果、牧区	包括莲花乡的岩口、东寨、门等、湖山、崇岭、坪岭，老君、朗山、笔山、莲花、竹山、枧头、独石、凤岩、势江、东科，平安乡的巨塘、新街、北溪、北洞源、桥头	区内土地总面积29393.00公顷，占全县总面积的13.70%，其中耕地面积4980.00公顷，占全县耕地面积25.20%。灌溉面积占耕地面积的71.90%，稻田旱涝保收面积占90.30%，是恭城双季稻主产区
中部丘陵平川粮、蔗、油、牧、果区	包括平安乡的路口、陶庄、大岭、和平、土陂、黄埠，嘉会乡的白羊、松林、嘉会、太平、秧家、豸游、吉山、狮子、龙虎、泗安、苏陂，西岭乡的虎尾、新安、罗卜、杨溪、三合、西岭、费村、挖沟、八岩、下宋等27个村	区内土地总面积31747.00公顷，占全县土地总面积的14.80%，其中耕地面积5933.00公顷，占全县耕地面积的30.10%。有效灌溉面积占耕地面积64.70%，水田旱涝保收面积为85.30%。为恭城经济作物主产区，县甘蔗生产基地
北部丘陵平川粮、油、牧区	包括栗木镇的苕塘、上枧、石头、上宅、马路桥、大营、栗木、大合、大枧、五福、高岭、上灌、龙岭、常家、良溪、建安、六岭共17个村	区内土地总面积23487.00公顷，占全县土地总面积的10.90%，其中耕地面积3780.00公顷，占全县耕地面积的19.20%。耕地有效灌溉面积为68.20%，水田旱涝保收面积占72.70%，水田面积占全区耕地面积78.20%。为全县人均水田及产量最高区
西北中山水源林、牧区	包括西岭乡的东面、椅子、营盘、岛坪、德良、新合、龙岗，嘉会乡的西南以及栗木镇的泉会共9个村	区内土地总面积42367.00公顷，占全县土地总面积的19.70%，耕地面积1640.00公顷，占全县耕地面积的8.30%。区内森林资源丰富，为海洋山水源林保护区的一部分，有林地面积30400.00公顷，占全县林地面积30.55%，林木总蓄积量125.90万立方米，占全县总蓄积量的26.90%

1991年6月至12月，为编制农业区域开发总体规划，县农业区划办公室对全县农业“四低”“四荒”[“四低”“四荒”资源，即中低产田（地）、中低产园、中低产林地、中低产水面、荒山、荒地、荒滩、荒水]后备资源进行一次全面调查。调查显示，全县中低产田（地）、中低产林地、荒山、荒地面积的相对量和绝对值都较大，共62625公顷，占全县“四低”“四荒”总面积的97.2%。至2005年，新的《恭城县农业区域开发总体规划》没有编制出来，但根据1992年县农业区划办公室编制的《广西恭城瑶族自治县“四低”“四荒”资源调查综合研究》，对中低产田（地）、荒山荒地开发重点和布局也作了初步区划。

中低产田（地）开发重点和布局

全县中低产田（地）面积16535.9公顷，占全县土地总面积8.11%，占“四低”“四荒”资源总量的25.7%。按中低产田（地）形成原因、生产水平和改造利用方向，全县中低产田（地）开发以粮、果为主，分为4个类型区。

1. 北部丘陵平川干旱瘠薄粮、果开发区。包括栗木、观音、龙虎、嘉会4个乡镇，有耕地7620公顷。6433公顷中低产田（地）面积中，有易旱（田）地3073公顷，占该区中低产田（地）面积的47.77%；瘠薄田907公顷，占14.1%。该区年降雨量较大，但比较集中，森林被破坏严重，水利不发达，水源短缺、易受秋旱；人均耕地1.3亩（866.67平方米）、全县平均1.08亩（667.78平方米），是县内人均耕地最高区之一，但生产水平较低，中低产田（地）占耕地面积84.42%。气候、土壤等自然条件很适合发展沙田柚、月柿等水果生产，有丰富的土地资源。因此该区中低产田改造以改善水源、培肥土壤为主，结合开沟治潜，提高管理水平等措施增加土壤生产能力。中低产旱地开发以发展沙田柚、月柿生产为主，可发展沙田柚1000公顷、月柿667公顷。

2. 西部丘陵、小平原瘠薄粮、果开发区。该区以西岭乡为代表，有耕地3140公顷。2833公顷中低产田（地）中有瘠薄田（地）1287公顷，占该区中低产田（地）面积的45.43%；缺水田地573公顷，占20.23%。该区人均占有耕地面积大（886.67平方米），但生产水平低；水利灌溉条件较好，但耕层浅薄面积分布较大，影响生产潜力的发挥；旱地开发种果有一定潜力。因此，该区中低产田改造以增加耕层厚度，培肥土壤为主结合推广科灌，加强管理，提高土壤生产能力。旱地开发种果以月柿较适宜，可发展267公顷。

3. 中、南部丘陵小平原干旱瘠薄粮、果开发区。包括恭城镇、平安和莲花3个乡镇，有耕地7093公顷。5353公顷中低产田（地）面积中有缺水田（地）2540公顷，占该区中低产田（地）面积的47.45%；瘠薄田（地）1093公顷，占20.42%。该区人均耕地面积少（620.00平方米），生产水平相对较高；有一定水利灌溉条件但后劲不足，易受秋旱；适宜发展多种水果，种果面积大，但仍有一定开发潜力。因此，中低产田开发以改善水源，加强水利设施建设为主，结合培肥地力，加强管理，建设吨粮田为目标进行中低产改造。旱地开发种果以月柿为主，适当发展沙田柚。可开发月柿、沙田柚种植1067公顷。

4. 东南部低山粮食开发区。主要是三江乡，有耕地1280公顷，其中中低产田（地）1267公顷，占全乡耕地面积98.98%。该区地处海拔相对较高，阳光少，积温低，冲田只能种植单季稻，耕层浅薄，水利不过关，生产水平低。中低产田（地）开发难度大，潜力小。

荒山荒地开发重点和布局

全县有荒山荒地面积19576.3公顷，占全县土地总面积的9.6%，占“四低”“四荒”资源总量的30.4%。分布海拔高、坡度大、土层薄、肥力较低，宜农、宜果、宜牧的荒地少，宜林的荒山荒地面积大。荒山荒地面积较大的有西岭、莲花、栗木3个乡镇，面积在3500公顷以上；面积较小的是龙虎和恭城镇。根据县内荒山荒地呈东南和西北两条带状且主要分布在丘陵、低山地区的特点，全县荒山荒地开发的布局分为两个区。

1. 西北部低山、丘陵水源林开发利用区。该区东起观音乡水滨村与灌阳县交界处，往西南海洋山系走向西岭乡新合一带，包括观音、栗木、嘉会乡的西部、北部，西岭乡的全部、恭城镇的部分地区，共有荒山荒地1.11万公顷，其中海拔800米以下荒山荒地6340公顷。该区东北部的苔塘、大营、五福、建安是县内有名的耕作旱区，西部是峻山水库主要发源地。因此，该区荒山开发以建设水源林保护利用区为主，加速荒山绿化。土层厚、坡度小、条件好的荒山可营造用材林如松、杉、竹，有907公顷可作农、牧用后备资源。

2. 东部及东南部低山、丘陵水源林、用材林建设区。该区北起龙虎乡，沿山脉往南经嘉会、平安的山区村至莲花的蓝洞、崇岭一带，包括龙虎乡的全部、嘉会乡的东部、平安、莲花、三江乡的全部，共有荒山荒地8486公顷，其中海拔800米以下荒山荒地面积5480公顷。区内的狮子、白燕、土陂、和平、路口、莲花、竹山、朗山、湖山是县内著名的耕作干旱区。因此，该区荒山荒地开发以建设水源林基地为主，可适当营造用材林，提高荒山开发的生态效益和经济效益。

第四节　农业产业结构调整与综合开发

农业产业结构调整

1990年，全县农业总产值完成8618元（1980年不变价），比1985年增加1405万元，年均递增 3.62%。在 1991 年开始实施的《恭城瑶族自治县国民经济和社会发展"八五"计划》中，明确提出在"八五"期间（1991—1995 年）全县农业总产值为年均增长 5%。为此，自治县委、县人民政府提出发展全县农村经济的"多元战略"和"长廊战略"，即在抓好粮食生产的同时，长抓林、中抓果、近抓猪（即"多元战略"），在产业布局方面统一规划、连片开发、形成规模，做到一村一品或数村一品，一乡一业或数乡一业（即"长廊战略"）。实施"多元战略"和"长廊战略"，首先就是要调整全县农业产业结构，在抓好粮食生产的同时，因地制宜发展经济作物，重点种植柑、橙、柚、柿等。1991—1992 年，全县新种柑、橙、柚、柿等水果 7844 公顷，造林 7357 公顷，养猪 43.84 万头。1993 年，发展高产优质高效农业（即"两高一优"）被提到农业产业结构调整中，在自治县委、县人民政府下发的《关于调整农业产业结构做好我县 1993 年高产优质高效农业工作的通知》中明确提出：大幅度调整农业产业结构，调减粮食种植面积 2667 公顷（水田，含复种面积）发展经济作物，主要经济作物（甘蔗、红瓜子、花生、槟榔芋、生姜、蔬菜等）种植面积 10533 公顷。在水稻栽培上抓好早、中晚品种（组合）布局，在品种上推广多种丰产高抗病优质迟熟品种（组合）和粮食增产综合技术，主攻单产，增加总产；在经济作物种植中抓好早熟、高产、高糖甘蔗基地建设。1994 年，主要经济作物种植面积调整为 11333 公顷，比 1993 年增加 800 公顷；水果种植面积增加 133 公顷。1995 年，农业产业结构调整的目标为新种植水果、水果改低创高、新种竹及毛竹低改高各 3333 公顷。经 5 年的农业产业结构调整，1996 年，全县稻谷种植面积 18079 公顷，比 1990 年减少 466 公顷；水果种植总面积 13851 公顷，比 1990 年增加 12349 公顷；油料种植面积 3538 公顷，比 1990 年增加 1249 公顷；蔬菜种植面积 5543 公顷，比 1996 年增加 4707 公顷。农业产业结构调整带来显著的经济效益，"八五"计划时期，全县农业总产值年均增长 22.13%。

"九五"计划时期（1996—2000 年），全县农业产业结构以规模化、集约化、商品化、专业化为发展原则，"钱粮并举，效益为主"，在稳定粮食总产的基础上，采用规模经营的方式抓好槟榔芋、花生、生姜及蔬菜等经济作物生产，水果生产抓好扩种和改低创高。2000 年，全县稻谷种植面积 16866 公顷，比 1996 年减少 1213 公顷；水果种植总面积 20114 公顷，比 1996 年增加 6263 公顷；油料种植面积 4001 公顷，比 1996 年增加 463 公顷；蔬菜种植面积 7522 公顷，比 1996 年增加 1979 公顷。"九五"计划时期，全县农业总产值年均增长 3.42%。

"十五"计划时期（2001—2005 年），以农民增收、财政增收为目的，继续调整农业产业结构，发展高产优质高效农业。至 2005 年年底，经 15 个年头的产业结构调整，全县稻谷种植面积从 18545 公顷调减为 15423 公顷，比 1990 年减少 3122 公顷；水果种植总面积从 1502 公顷增加到 25264 公顷，比 1990 年增加 23762 公顷；油料种植面积从 2289 公顷增加到 4450 公顷，比 1990 年增加 2161 公顷。新造林共 30861 公顷，其中用材林 12467 公顷，毛竹 5966 公顷，经济林 6951 公顷，防护林 5477 公顷。"十五"计划时期，全县农业总产值年均增长 5.65%。

农业综合开发

1989 年至 20 世纪末，恭城的农业综合开发以开发"两荒"（即荒山、荒坡）、改造"两低"（即低产田、低产园）作为重点。"两荒"以林地开发为主，1989—2000 年，全县新造林 34592 公顷（含用材林、经济林、防护林、毛竹）。"两低"改造中，针对中低产田土壤养分贫乏、耕作层浅薄、质地偏沙或偏粘、土壤过酸或过碱、缺磷少钾，或是地下水位高、长期渍水的状况采取各种行之有效的办法，比如在石灰性水稻田，采用停施石灰，增施磷、钾、锌肥，推广稻草还田等；在潜育型水稻田，采取开沟排水的方法降低地下水位和冬翻晒田，以及垄稻栽培技术；在质地偏沙的水田掺入黄泥或肥泥；在质地偏粘的水田掺入细河沙，并增施有机肥，合理安排品种。同时，推广测土配方施肥技术和冬种绿肥，增强中低产田的肥力。对中低产园的改良采取的方法，比如增施有机肥，种好果园绿肥，利用有机质的蓄水供肥能力强的作用，缓解果园的干旱状况；挖掘灌溉潜力，加强水利设施建设；通过示范栽培点的示范以及科技宣传和技术指导，提高农民的管理水平和技术水平。全县粮食总产量逐年上升，1989年104858吨，1995年120383吨，2000年134284吨；水果总产量也是大幅增长，1989年5706吨，1995年103902吨，2000年273953吨。

2001年，农业综合开发由以改造中低产田和开垦宜农荒地相结合，转到以改造中低产田为主，停止开垦荒地，把农业综合开发与保护生态环境有机结合起来；由以增加农产品产量为主，转到调整结构，依靠科技进步发展优质、高产、高效农业上来。2001—2005年，分别在栗木、龙虎、嘉会、西岭等乡镇实施国家农业综合开发土地治理项目5个，总投资2104万元，以抓好农田水利基础建设为重点，实行山、水、田、林、路综合治理，改善农业生产条件，带动耕作制度的改革、农作物品种的改良、栽培技术的改进及农业生产结构的调整，促进农业科技在项目区的推广，提高农业和农村经济的发展水平。2005年，全县农业总产值99303万元，与2000年相比增加24402万元；农民人均纯收入3151元，与2000年相比增加1748元。

中低产田改良 据1991年全县农业“四低”“四荒”后备资源调查，全县中低产田面积9938.4公顷，其中年亩产500～700千克中产田面积4763公顷，分别占全县水田面积和中低产田面积的比重为37.9%、47.92%；年亩产500千克以下低产田面积5175.4公顷，分别占全县水田面积和中低产田面积的比重为41.2%、52%。在改良中，除广种绿肥及推广配方施肥，还针对各种类型的水稻土，开展各种不同的治理方法。

改良潜育性水稻土 1988—1992年，在莲花、嘉会、龙虎、平安等乡镇采取开沟治潜的办法改良潜育性水稻中低产田。共修建独石村至廖楼屯、嘉会村清泉酒饼厂至嘉会街尾、龙虎中学至龙虎村九十工、新街村广东五屯至邓扒屯排水沟4条、总长5412米，治理面积47.7公顷，受益面积136.58公顷。此外，农民自己还开挖大量的农毛沟、田边沟、田中沟。全县共治理潜育性稻田203.85公顷，占全县性稻田313.33公顷的65.06%。改良后的水田，水稻产量均有提高，最高亩增产44.48%、最低13.28%。

1990年，始在西岭、龙虎、嘉会3个乡作垄稻栽培试验示范改良潜育性水稻中低产田。采用单纯垄稻栽培，一垄一沟为100厘米，垄面63厘米，沟宽37厘米、深15～20厘米；垄稻沟鱼栽培，一垄一沟为103～107厘米，垄面63厘米，沟宽40～47厘米、深33厘米。水稻插植规格为4行，中间两行宽23厘米，两边行宽17厘米。验收测产，垄稻栽培亩产318～450千克，比平栽亩产增产14.55～75千克。下年，全县推广垄稻栽培345.5公顷，平均亩产495.2千克，比平栽亩产增产114.2千克。至2005年，每年垄稻栽培推广面积约在250公顷左右。

改良石灰性水稻土 1989—2005年，对全县有石灰性水稻土1000公顷，采用停施石灰，增施磷、钾、锌肥，推广稻草还田等改良措施。其中，根据1983年在平安乡北溪村进行的早稻硫酸锌肥试验成果，在全县石灰性水稻土推广亩施硫酸锌肥1.5千克作基肥，每亩可增产35千克以上。根据1982—1984年在栗木、三江、恭城等乡镇稻草还田的试点经验，每年在全县范围推广稻草还田年均6500公顷，每亩增产稻谷2.85～32.5千克。

改良瘠薄田 西岭、嘉会两个乡镇是境内瘠薄田主要分布区，1989—1994年，县农机部门组织手扶拖拉机110多台次，共计完成433公顷机耕面积，占全县瘠薄田的52%。机耕后，农作物的平均亩产比机耕前提高117～2205千克。1995年，恭城-4型耕整机批量生产并逐步进入农家，县内农民播种农作物前大部分使用耕整机或手扶拖拉机耕地，瘠薄田的土层变软增厚，再加上种植绿肥，肥力得到改善，农作物产量得到提高。

中低产园改良 据1991年全县农业“四低”“四荒”后备资源调查，全县中低产园面积1033.3

公顷中，有中低产果园 850.5 公顷，占全县果园总面积 3040.9 公顷的 28%。其中，亩产 1300 千克以下的中低产柑橙园面积 636.7 公顷，占柑橙采摘面积 927 公顷的 68.6%；亩产 1000 千克以下的中低产沙田柚园面积 100 公顷，占沙田柚采摘面积 105.8 公顷的 94%；亩产 1000 千克以下的中低产月柿园面积 70.5 公顷，占月柿采摘面积 83.3 公顷的 84.63%；其他杂果、茶园 43.3 公顷。

从 1988 年开始，在嘉会乡狮子、太平、龙虎及栗木镇上枧、苔塘等村实施沙田柚低产园示范改造，面积 75.6 公顷。在实施过程中，重点普及沙田柚常规栽培技术和锈壁虱等主要病虫害重点防治时期的防治，传授利用酸柚花给沙田柚人工辅助授粉技术及对沙田柚老龄树修剪更新，生长势极弱落叶严重已无结果能力的树采取露骨更新，尚有部分结果能力、树势较弱树采取压顶更新或轮换更新；同时深耕并施以硼、镁、铁、锌及尿素、磷酸二氢钾肥，恢复树势。同年，在莲花乡竹山村、南山桥屯对 40～50 年生的老龄柿树进行改良，采取施重肥、防治病虫害及树冠更新等措施。1990 年经过验收，沙田柚低产园示范改造平均每公顷 33.75 吨，新增产量 29.25 吨 / 公顷（1.94 吨 / 亩）；月柿园平均亩产由改造前的 0.2～0.3 吨提高到 1.3～1.5 吨。1991—1996 年，全县共改良中低产园 1557 公顷。

1997 年，实施月柿高产规范化栽培技术应用 684 公顷，下年在县内推广。1999 年，在 7 个乡镇、77 个村委实施水果“万元园”3333 公顷建设。在莲花镇莲塘岭、平安乡巨塘村及莲花镇枧头村、龙虎乡龙虎村分别建立月柿、柑橘、沙田柚共 333 公顷建设示范点。在实施过程中，共开办春季管理、保花保果、肥水管理、综合防治病虫害为主要内容的技术培训 308 期，培训果农 15340 人次；发放技术资料 1.13 万份，出版技术专栏 103 期。采取科学的施肥技术——增施农家肥、麸饼肥及沼液沼渣等有机肥，合理施好萌芽肥、稳果肥、壮果肥、采果肥、叶面肥及扩坑施重肥；实施科学的土壤管理技术——深翻改土、中耕除草、树盘覆盖；实施科学的保花保果技术和综合防治病虫害。同年 10 月，在龙虎村大岭头沙田柚示范点实地验收，平均亩产 6065.28 千克，亩产值达 1 万元。2000 年，在 7 个乡镇、83 个村委实施水果“万元园”面积 4011 公顷，其中柑橙 1915 公顷、沙田柚 678 公顷、月柿 1418 公顷。经实地测产验收，月柿平均亩产 5188.7 千克，以当时市场收购价 2 元 / 千克计亩产值 10377.4 元；柑橙平均亩产 6034.24 千克，以当时市场收购价 1.6 元 / 千克计亩产值 9654.78 元；沙田柚平均亩产 5593.84 千克，以当时市场收购价 2 元 / 千克计亩产值 11187.68 元。水果“万元园”达到预期效果，2001—2005 年，在全县继续实施水果“万元园”建设。

绿肥生产　20 世纪 60 年代末至 70 年代初，全县种植绿肥非常普遍，1972 年达到历史最高峰，种植面积 12163 公顷，占稻田面积 92.92%，鲜苗亩产在 2500 千克左右。1983 年农村实行联产承包责任制后，冬种绿肥一度遭到家禽（畜）的破坏，农民种植绿肥的积极性受挫，绿肥面积急剧减少，或冬闲丢荒，或种而不管，土壤地力特别是有机质严重下降。1987 年始，全县经从上到下的层层发动，掀起消灭冬闲田、大种绿肥的热潮。1989 年，全县种植绿肥 6927 公顷，绿肥品种为茹菜、红花草，鲜苗亩产量 2031～5942 千克。2005 年，全县种植绿肥 7570 公顷。

1989—2005 年，全县共种植绿肥 130933 公顷，平均每年 7702 公顷，鲜苗亩产量在 2000 千克以上，最高种植面积为 1995 年的 8803 公顷。

测土配方施肥　1982 年，全县耕地土壤普查共普查耕地面积 18697 公顷，测试耕层地块样 9770 个。普查表明全县耕地土壤有 67.14% 的面积全氮处于低水平，57.5% 的土壤严重缺乏速效磷，49.98% 的土壤缺乏速效钾。同年，开始在各乡镇开展水稻、甘蔗、水果等氮、磷、钾配方施肥试验示范。据验收，西岭乡早稻推广配方施肥（氮、磷、钾比例为 14：4：9 或 16：4：9）并根据水稻各个生育时期进行补肥、结合栽培管理及病虫害防治，平均每亩增产稻谷 59.5 千克。1984—1989 年，在西岭、平安、嘉会、栗木及县农科所的早晚稻多点对比试验，配方施肥比习惯施肥亩增稻谷 68.8～117.8 千克。1982—1994 年，全县推广配方施肥面积累计 247243 公顷（含复种面积），年均

19019 公顷，其中粮食作物 183853 公顷、经济作物 63387 公顷。1994 年验收的 20 块共 2.3 公顷稻田，平均亩产 413.5 千克，比习惯施肥每亩增谷 30.7 千克，增产率 8.02%。

1998 年，县土肥站集土壤诊断、电脑应用、配方施肥技术为一体，形成“测、配、产、供、施”的“一条龙”服务。同年，测试 258 个土壤样品，获得化验数据 1392 个，发放施肥建议卡 3158 张，生产复混肥 1580 吨，完成土壤诊断施肥 8173 公顷、示范样板田面积 1547 公顷。经测产验收，平均亩产 423.7 千克，平均每亩比对照增谷 28.4 千克，共增谷 348.07 万千克。1999—2005 年，继续推广测土配方施肥，年均 6700 公顷左右。

农业综合开发土地治理 2001 年，开始实施国家农业综合开发土地治理项目。至 2005 年，在栗木、龙虎、嘉会、西岭等乡镇实施国家农业综合开发土地治理项目共 5 个，总投资 2104 万元。项目的实施以抓好农田水利基础建设为重点，实行山、水、田、林、路综合治理。水利措施有水库除险加固、疏浚（衬砌）渠道及修建渠系建筑物；农业措施有采取冬种茹菜和红花草、推广稻草还田、测土配方施肥等培肥地力，推广杂交水稻、旱育稀植、塑盘育秧抛秧及免耕抛秧提高水稻单产，修整机耕路等。

栗木镇农业综合开发项目分别于 2001 年、2002 年进行，项目区设在栗木镇苔塘、上枧、石头、上宅、大合、马路桥村。2001 年，在大枧村设中心示范区，总投资 269 万元，其中中央财政资金 121 万元、自治区财政配套 61 万元、县财政配套资金 26 万元、自筹资金 61 万元。项目实际投资 261.5 万元，占到位资金 97.21%。综合开发后，新增灌溉面积 67 公顷、除涝面积 33 公顷、节水灌溉面积 267 公顷，改善灌溉面积 467 公顷；增加防护林面积 6 公顷，改善土壤 493 公顷，增加机耕面积 200 公顷。全年新增粮食 1350 吨；农民人均纯收入增加 250 元。2002 年，在石头村设中心示范区，面积 72 公顷，辐射面积 821 公顷。项目到位资金 441 万元，其中中央财政资金 200 万元、自治区财政配套 99 万元、县财政配套资金 42 万元、自筹资金 100 万元；项目实际完成投资 418.26 万元，占到位资金 95%，改造中低产田 893 公顷。综合开发后，项目区新增灌溉面积 67 公顷、除涝面积 134 公顷、节水灌溉面积 268 公顷，改善灌溉面积 469 公顷，年节约水量 28 万立方米；增加防护林面积 6 公顷，改善土壤 887 公顷，增加机耕面积 20 公顷。每亩粮食平均增产 150 千克，新增粮食 1995 吨；种植油菜 633 公顷，新增油料 1430 吨；种植蔬菜 37 公顷，新增蔬菜 1430 吨。新增收入总额 302.75 万元，人均增收 250 元。

龙虎乡农业综合开发项目设在龙虎乡狮子、龙虎、龙岭、源头村，总受益面积 573 公顷。总投资 404 万元，其中，中央财政资金 200 万元、自治区财政配套 74 万元、县财政配套资金 30 万元、自筹资金 100 万元。项目实际完成投资 367.64 万元，占到位资金 91%。2004 年，该项目综合开发后，项目区新增灌溉面积 133 公顷、除涝面积 67 公顷、节水灌溉面积 67 公顷，改善灌溉面积、除涝面积各 133 公顷。新增粮食 1515 吨、油菜 875 吨、蔬菜 1020 吨，农民人均纯收入增加 200 元。

嘉会乡农业综合开发项目设在嘉会乡嘉会村、吉山村、松林村、太平村，总受益面积 533.33 公顷。总投资 440 万元，其中，中央财政资金 200 万元、自治区财政配套 80 万元、县财政配套资金 20 万元、自筹资金 140 万元。项目实际完成投资 404.8 万元，占到位资金 92%。2004 年，该项目综合开发后，项目区的农业生产条件和生态环境得到改善，新增稻谷 127.53 万千克、油菜籽 50.92 万千克、槟榔芋 61.72 万千克，新增产值共 489.23 万元。

西岭乡农业综合开发项目设在西岭乡西岭、费村、三合村。总投资 550 万元，其中中央财政资金 250 万元、自治区财政配套资金 100 万元、县级财政配套 25 万元，自筹资金 175 万元；实际完成投资 529.32 万元，占计划总投资 96.24%，完成改造中低产田 647 公顷。2005 年，该项目综合开发后，项目区新增灌溉面积 167 公顷，除涝面积 100 公顷，节水灌溉面积 307 公顷；改善灌溉面积 233 公顷，除涝面积 167 公顷；改善土壤面积 407 公顷。年新增粮食生产能力 145.5 万千克，农产品优质率达 98.96%；新增油料 56.25 万千克，蔬菜 90 万千克；新增种植业总产值 556.2 万元。

2001—2005 年恭城瑶族自治县农业综合开发项目投资情况一览表

表 6-2 单位：万元

项目	总投资	其中				实际完成投资
		中央财政	自治区财政配套	县财政配套	自筹	
栗木镇	269.00	121.00	61.00	26.00	61.00	261.50
	441.00	200.00	99.00	42.00	100.00	418.26
龙虎乡	404.00	200.00	74.00	30.00	100.00	367.64
嘉会乡	440.00	200.00	80.00	20.00	140.00	404.80
西岭乡	550.00	250.00	100.00	25.00	175.00	529.32
合计	2104.00	971.00	414.00	143.00	576.00	1981.52

第五节 农业执法

1999 年，县农业局成立法制股，同年有 9 人通过岗位培训，取得农业行政执法证，开始行使全县农业生产资料的监督权力。2001 年开始组建农业行政综合执法大队，2003 年 7 月正式成立，确定编制人员 3 名。

农业行政执法管理的对象为农药、化肥及种子（苗木），与农业生产的安全息息相关。1999—2005 年，在宣传《中华人民共和国农业法》《中华人民共和国农业技术推广法》《中华人民共和国种子法》《农药管理条例》《植物检疫条例》《肥料登记管理办法》以及广西壮族自治区《农业环境保护条例》等农业方面的法律法规活动中，共出动宣传车 481 辆次，悬挂横幅和张贴宣传标语 1965 条，印发宣传资料 12.59 万份；共出动车辆 1562 辆次，检查农资种子经营门店 2883 家（次），立案查处违法案件 605 起，其中种子案件 35 起、肥料案件 82 起、农药案件 488 起，结案 605 起，没收销毁假劣农药化肥 2981.63 千克，为群众挽回经济损失 2241.3 万元。2001 年，查处群众举报嘉会乡个体户谢 × 销售禁用农药杀虫脒案，查获该产品 520 千克并监督销毁。2002 年，查处群众举报莲花蜈蚣岭陶 × 制售假农药案，查获假农药 1330 千克，案值 10.5 万元。2004 年，加强果树苗木市场管理，张贴《关于加强果树苗木市场管理的通告》1800 张，印发宣传资料 85000 份，销毁进入县境带有黄龙病等检疫性病虫害外县苗木 58966 株。2005 年，与县工商局一道立案查处假劣农资案件 50 起，没收假劣、不合格化肥 19.3 万千克、不合格农药 200 多件，销毁未经检疫的果苗 1.8 万株，为农民挽回直接经济损失 80 多万元。

1989—2005 年恭城瑶族自治县农林牧副渔业总产值构成一览表

表 6-3 单位：万元、%

年度	总产值	1. 农业		2. 林业		3. 牧业		4. 渔业		5. 其他	
		产值	占比	产值	占比	产值	占比	产值	占比	产值	占比
1989	14524.00	7372.00	50.63	1899.00	13.10	3645.00	25.17	150.00	1.04	1458.00	10.06
1990	14132.00	9376.00	66.35	1838.00	13.01	2725.00	19.28	101.00	0.71	92.00	0.65
1991	14893.00	9979.00	67.00	2125.00	14.27	2521.00	16.93	159.00	1.07	109.00	0.73
1992	16521.00	11433.00	69.20	2069.00	12.52	2705.00	16.37	197.00	1.19	117.00	0.71
1993	19102.00	13181.00	69.00	2370.00	12.41	3011.00	15.76	346.00	1.81	194.00	1.02

续表 6-3

年度	总产值	1. 农业		2. 林业		3. 牧业		4. 渔业		5. 其他	
		产值	占比	产值	占比	产值	占比	产值	占比	产值	占比
1994	29924.00	16295.00	54.45	3370.00	11.26	9248.00	30.90	725.00	2.42	286.00	0.96
1995	40466.00	24952.00	61.66	3970.00	9.81	10167.00	25.12	1072.00	2.65	305.00	0.75
1996	63310.00	49375.00	77.98	4207.00	6.65	7553.00	11.93	1964.00	3.10	211.00	0.33
1997	57570.00	45794.00	79.54	4350.00	7.56	4596.00	7.98	2564.00	4.45	266.00	0.46
1998	61185.00	50950.00	83.27	3661.00	5.98	3754.00	6.14	2668.00	4.36	152.00	0.25
1999	68725.00	59607.00	86.73	2575.00	3.74	3575.00	5.20	2802.00	4.08	166.00	0.24
2000	74901.00	62886.00	83.96	1782.00	2.38	6385.00	8.52	3531.00	4.71	317.00	0.42
2001	75452.00	63707.00	84.43	1549.00	2.05	6288.00	8.33	3530.00	4.68	378.00	0.50
2002	81451.00	68549.00	84.16	2732.00	3.35	6737.00	8.27	3169.00	3.89	264.00	0.32
2003	81468.00	68467.00	84.04	2453.00	3.01	7681.00	9.43	2516.00	3.09	351.00	0.43
2004	92996.00	77149.00	82.96	2733.00	2.93	9926.00	10.67	2825.00	3.04	363.00	0.39
2005	99303.00	82304.00	82.88	2698.00	2.71	10946.00	11.02	2923.00	2.94	432.00	0.44

第二章　种植业

恭城县的种植业以粮食种植为主，次为经济作物。1989 年，全县农作物播种总面积 31109 公顷，其中粮食作物 23556 公顷，占播种总面积 75.72%；经济作物 6339 公顷，占 20.38%；水果 1214 公顷，占 3.9%。

20 世纪 90 年代初，为达到农民增收、财政增收的目标，县委、县人民政府审时度势，及时调整全县农业产业结构，在抓好粮食生产的同时，因地制宜发展经济作物，大力种植柑、橙、柚、柿、桃等水果，促进种植业产业结构的变化。2005 年，全县农作物播种总面积 71528 公顷，其中粮食作物 27112 公顷，占播种总面积 37.9%；经济作物 19152 公顷，占 26.78%；水果 25264 公顷，占 35.32%。

第一节　生产条件

耕地

1989 年，新增耕地 710 公顷，减少耕地 631 公顷。同年年末，全县耕地 19261 公顷，其中水田 12550 公顷，旱地 6711 公顷；全县总人口人均占有耕地面积 726.67 平方米，其中农业人口人均占有耕地面积 826.67 平方米，农业人口人均占有耕地面积比 1952 年人均 1520 平方米减少 693.33 平方米。1989—2005 年，通过划定基本农田保护区、耕地开垦与整理和鼓励开荒造地等新增耕地 7433 公顷，但因国家和个人建设用地和退耕还林、还牧等减少耕地 8400 公顷，17 年间净减少耕地 967 公顷。2005 年年末，全县耕地面积 18215 公顷，其中水田面积 11727 公顷，旱地 6488 公顷；全县总人口人均占有耕地面积 646.67 平方米，其中农业人口人均占有耕地面积 751.31 平方米；与 1989 年相比，全县总人口人均占有耕地面积减少 80 平方米，农业人口人均占有耕地面积减少 75.36 平方米。

1989—2005 年恭城瑶族自治县耕地面积变化情况统计表

表 6-4　　单位：公顷

年度	年末耕地			是年新增耕地		是年减少耕地		
	面积	水田	旱地	面积	新开荒	面积	建设占地	退耕还林还果等
1989	19261	12550	6711	710	710	631	—	631
1990	19541	12551	6990	847	841	567	4	563
1991	19549	12565	6984	711	711	703	2	701
1992	19483	12505	6978	506	506	572	14	558
1993	19194	12280	6914	405	405	694	23	671

续表 6-4

年度	年末耕地			是年新增耕地		是年减少耕地		
	面积	水田	旱地	面积	新开荒	面积	建设占地	退耕还林还果等
1994	19053	12146	6907	379	379	520	15	505
1995	18841	12027	6814	397	395	609	13	596
1996	18735	11953	6782	383	383	489	9	480
1997	18904	11918	6986	511	511	342	4	338
1998	19014	11892	7122	429	427	319	5	314
1999	19003	11872	7131	380	380	391	13	378
2000	18982	11864	7118	387	387	408	6	402
2001	18883	11832	7051	287	287	386	24	362
2002	18640	11800	6840	406	406	649	21	628
2003	17907	11750	6157	157	154	890	24	866
2004	18146	11729	6417	384	384	145	22	123
2005	18215	11727	6488	154	154	85	11	74
合计	—	—	—	7433	7420	8400	210	8190

说明：1. 以上数字来自恭城瑶族自治县统计局年报表；
2. “年末耕地面积”等于“上年年末耕地面积”加“是年新增耕地面积”减“是年减少耕地面积”；
3. 1988 年年末，耕地面积为 19182 公顷

劳动力

1989 年，全县农村劳动力 111526 人，占全县总人口 41.94%。2005 年，增加至 128696 人，比 1989 年增长 15.40%，占全县总人口 45.61%。

1989—2005 年，农村劳动力从事人数最多的行业是农林牧副渔业。1989 年，为 103307 人，占是年农村劳动力的 92.63%；2005 年，为 113266 人，占是年农村劳动力的 88.01%。2005 年，在农村劳动力从事的行业中，按人数多少排列依次为农林牧副渔业、外出打工及其他、工业、批发零售贸易餐饮业、建筑业、交通运输邮电仓储业。人数增长最快的是建筑业，1989 年为 318 人，2005 年为 2294 人，是 1989 年的 7.21 倍。

为提高全县劳动力的劳动技能，各涉农单位及教育科研单位，如县农业技术推广学校、县农机校、各乡镇党校及村级夜校，开展农村人才科技培训活动。1989—2005 年，全县共举办科技讲座 27 场次、科技培训班 8806 期，培训 74 万人次。其中，2005 年，通过农村劳动力转移培训，对农村富余劳动力 5725 人进行职业技能培训。

1989—2005 年恭城瑶族自治县劳动力情况统计表

表 6-5 单位：人

年度	合计	其中					
		农林牧渔业	工业	建筑业	交通运输邮电仓储业	批发零售贸易餐饮业	外出打工及其他
1989	111526	103307	2227	318	654	1463	3557
1990	112970	105302	2073	296	589	1456	3254
1991	113106	105567	1823	268	596	1517	3335

续表 6-5

年度	合计	其中					
		农林牧渔业	工业	建筑业	交通运输邮电仓储业	批发零售贸易餐饮业	外出打工及其他
1992	117703	108309	2533	870	753	1595	3643
1993	119376	108198	2250	1142	1018	1859	4909
1994	122935	109952	3910	854	988	1992	5239
1995	125300	111900	3000	1400	1300	2000	5700
1996	126142	112815	2970	2010	1452	2112	4783
1997	128700	114400	2800	2100	1500	2200	5700
1998	131149	113410	2550	2087	1672	5909	5521
1999	125956	112855	2397	1983	1564	2015	5142
2000	126492	112805	2304	2096	1671	1975	5641
2001	127322	113447	2049	2247	1698	2143	5738
2002	126835	112970	1928	2407	1706	2092	5732
2003	128571	114168	2102	2452	1686	2258	5905
2004	129413	114492	2225	2330	1436	2431	6499
2005	128696	113266	3432	2294	1446	2337	5921

机具

传统农具　恭城传统农业生产以畜力耕田为主，农具主要有步耕犁（俗称狗牯犁）、箭犁和铁犁、木制耙、十二齿（十六齿）铁耙、锄头、铁刮、铁爪钩、铁锹、斧头、镰刀、柴刀、蔗刀、麻刀、果剪、枝剪、果梯、谷桶、风柜、擦棒、风车、木轮胶皮手推车、木制独轮手推车、畜力木轮大车及农用小木船等，在 2005 年年底仍在使用。

现代农具　主要有耕整机、旋耕机、农用水泵、半机械化手动式喷雾器、动力喷雾（喷粉）机、人力脚踩脱粒机、动力脱粒机、联合收割机、农用载重汽车、农用运输车、大中小型拖拉机等。

农药

1989—2005 年，县内农药用量最多的是杀虫剂，其次是杀菌剂和除草剂。水稻常用农药有杀虫双、三唑磷、阿维菌素、敌敌畏、吡虫啉、扑虱灵、井冈霉素、丰登、三环唑等，果树常用农药有达螨灵、克螨特、好年冬、吡虫啉、氯氰菊酯、灭多威、代森锰锌、可杀得、多菌灵等。所用产品多从外地调入，县内只有 1 家农药厂生产三唑锡。1995 年，全县农药用量为 1417 吨；2000 年，为 1106 吨；2005 年，为 736 吨。2004 年，县农业执法部门根据国家《农药管理条例》制定《全县无公害农产品生产农药、化肥使用规范》下发到农资经销商店，禁止销售使用高毒、剧毒农药。其中，在蔬菜（含食用菌、西瓜、甜瓜）果树、茶叶、中草药材上禁止使用甲胺磷、甲基对硫磷、对硫磷、久效磷、磷胺、甲拌磷、甲基异柳磷、特丁硫磷、甲基硫环磷、治螟磷、内吸磷、克百威（呋喃丹）、涕灭威（铁灭克）、灭线磷、硫环磷、蝇毒磷、地虫硫磷、氯挫磷、苯线磷 19 种农药及混配制剂；在茶树上禁止使用三氯杀螨醇、氰戊菊酯（包括各种异构体）及其混配制剂。

肥料

1989—2005年，县内常用的有机肥料主要有人粪尿、厩肥、绿肥、饼肥与沼气肥。厩肥是用稻草或其他农作物的茎秆、杂草等垫栏材料，吸收牲畜粪尿，定期清出栏堆沤发酵1～2个月，呈腐熟或半腐熟状态后施用，农民称为“猪牛栏粪”。绿肥有紫云英（红花草）、茹菜，兼用绿肥有油菜、蚕豆、豌豆。饼肥主要有豆饼、花生饼、芝麻饼、菜子饼、茶子饼、桐子饼等。沼气肥料是用农作物茎秆、落叶、杂草等放入沼气池内与人畜粪尿混合，经过微生物的嫌气分解腐烂而成。2005年年末，全县实有有效沼气池56390座，年产沼液和沼渣67.7万吨。

无机肥施用量呈逐年增加趋势。1990年，化肥施用量2200万千克，有效成分占施肥总量的60%～65%。其中，氮肥用量占化肥总量51.4%，主要施用尿素、碳酸氢铵；磷肥用量占化肥总量29.2%，主要施用过磷酸钙、钙镁磷肥；钾肥用量占化肥总量13.8%，主要施用氯化钾、硫酸钾；复合肥用量占化肥总量5.6%。1995年，化肥施用用量3890万千克，其中，氮肥用量占化肥总量51.2%，磷肥占25.8%，钾肥占11.7%，复合肥占11.3%。2005年，化肥施用用量5560万千克，其中，氮肥用量占化肥总量41.3%，磷肥占18.7%，钾肥占13.9%，复合肥占26.1%。

第二节 粮食作物

恭城的粮食作物以稻谷为主，次为玉米、红薯、大豆。1989—2005年，耕地面积虽由1989年的19261公顷减少到2005年的18215公顷，但复种指数由192%上升为325%，农作物播种面积由36993公顷上升为59088公顷。其中，粮食作物种植面积由23556公顷上升为27112公顷，总产量由104858吨上升为131333吨，2005年总产量比1989年增长25.25%；粮食作物占农作物总播种面积比例由1989年的63.7%下降为2005年的48.9%。随着作物品种改良和耕作制度变革及水果种植面积增加，旱地粮食作物种植面积减少，但复种指数上升，粮食作物结构也发生变化。1990年与2005年比较，在粮食总产量中各类作物所占百分比：稻谷由94.4%下降为75.7%，玉米由1.2%上升为9.7%，红薯（折谷）由2.8%上升为9.2%，大豆由1.4%上升为4.7%，其他杂粮由0.2%上升为0.6%。

耕作制度

水田　恭城以双季稻为主，复种绿肥、油菜、蔬菜、冬豆，部分田晒冬。1990年，水田复种指数197.9%，其中水稻播种面积占水田面积的147.7%，早、中、晚稻比例为52.9%、5.1%、42%。水田耕作制度：稻—稻—绿肥、油菜、蔬菜或冬闲；稻—绿肥、红薯、雪豆等。

1991年起，调整产业结构，水稻播种面积有所减少，改种水果或经济作物。1997年，水稻复种指数由1991年的144.7%下降到142%，早、中、晚稻播种面积比例为49.5%、6.2%、44.3%。至2005年，基本保持该比例。水田耕作制度：稻—稻—绿肥、油菜、蔬菜、雪豆；稻—玉米—花生、黄豆、红薯—绿肥或冬闲；基本上以三熟为主，两熟次之，旱田瘠田为一季作物。山区历来以中稻为主，收获后种蔬菜，冲田晒冬。2000年后，部分山区农户在水田种一季槟榔芋，如三江乡各村种植一季槟榔芋面积67～100公顷。

旱地　恭城主要旱地作物有玉米、大豆、红薯、木薯、红瓜子、油料作物和水果等。根据土质肥瘠和农作物品种不同，耕作制度：木薯、水果等生长期长的作物均为一年一熟；其他作物复种或套种，如早玉米—晚红薯，早大豆—晚玉米、红薯，早花生—晚红薯、玉米、大豆、绿肥，以两熟制为主，三熟较少。有些作物可以间种，如水果幼苗期间种花生、大豆，木薯间种红瓜子等。随着水果种植面积的增加，旱地作物播种面积的减少，复种指数上升。1990 年，旱地作物复种指数 124.7%，其中红薯、玉米、杂粮、大豆、油料作物等播种面积占旱地作物复种面积的 79.4%，而木薯、红瓜子播种面积占 27.6%。2005 年，旱地作物复种指数上升为 131.9%，其中红薯等 5 种粮油作物播种面积占旱地作物复种面积比例上升为 86.5%，而木薯等经济作物播种面积占旱地作物复种面积比例下降为 22.8%。

品种与种植

1989—2005 年，恭城粮食作物以稻谷为主，次为玉米、红薯、大豆、杂粮。随着作物品种改良和耕作制度变革，粮食作物结构也发生变化。1990 年与 2005 年比较，在粮食总产量中各类作物比重：稻谷由 94.4% 下降为 75.7%；玉米由 1.2% 上升为 9.7%；红薯（折谷）由 2.8% 上升为 9.2%；大豆由 1.4% 上升为 4.7%；杂粮由 0.2% 上升为 0.6%。

水稻　恭城水稻种植品种繁多，主要以杂交水稻为主（杂交水稻中有三系稻、两系稻）。1989—1996 年，早稻、中稻、晚稻推广三系杂交稻，先后种植组合约 130 个，主要组合有威优 64、威优 49、威优 402、汕优 402、博优 402、威优 35、金优 402、汕优 49、博优 49、金优 77、博优 77、汕优 36 辐、特优 63、汕优桂 33、汕优桂 34 等；种植生育期早稻以 105～115 天、中稻以 120～125 天、晚稻以 110～115 天的品种为主；常年播种杂交稻面积 14867 公顷左右，占水稻播种面积 84.2%；常年杂交稻谷总产 84584 吨左右，平均公顷单产 5690 千克。1997—2000 年，早稻、中稻、晚稻推广三系稻组合有金优 974、威优 974、中优 974、优Ⅰ 974、威优 207、优Ⅰ 207、金优 804、金优 404、金优 463 及金优桂 99 等，两系杂交稻组合有培两优 288、培两优 275、培两优桂 99、培杂山青、培杂双七、培杂茂三等；常年播种杂交稻面积 16467 公顷左右，占水稻播种面积 93.9%；常年杂交稻总产 99974 吨左右，平均公顷单产 6060 千克，其中两系稻平均公顷单产 6320 千克。2001—2004 年，早稻、中稻、晚稻引进推广杂交稻组合有金优 463、T 优 433、金优 253、中优 315、中优 253、金优 2155、特优 253、特优 86 及华优 86 等；常年播种杂交稻面积 13800 公顷左右，占水稻播种面积 87.3%；常年杂交稻谷总产 88496 吨左右，平均公顷单产 6402 千克。2005 年，引入杂交稻组合有金优 808、金优 899、岳优 9113、超级稻Ⅱ优 084 及红莲优 6 号等，早稻、中稻、晚稻播种杂交稻面积 13040 公顷，占水稻播种面积 84.5%；全年杂交稻谷总产 83227 吨，平均公顷单产 6383 千克，其中超级稻面积 18 公顷，公顷产量 7500～8250 千克。稳产、高产的杂交稻是水稻的主要种植品种，常规稻种植只占 10% 左右。2001 年，引入常规优质稻新品种有康民 18 号、八桂香、桂小占、柔软香及泰国 18 号等，与杂交稻配套种植，常规稻平均公顷单产 5676 千克。

旱稻　旱稻俗称地禾，主要品种有红米旱禾、白米旱禾及巴西旱稻等，零星分布山区坡地，年播种面积 4～60 公顷，公顷产量 750～1125 千克。1989 年，播种面积 153 公顷，总产量 2.1 万千克；最高年产量是 1997 年的 6 万千克。

玉米　玉米俗称苞谷。主要的杂交玉米品种有桂顶 1 号、桂顶 3 号、桂顶 4 号、桂顶 5 号、桂三 5 号、桂单 22 号、掖单 13 号及登海三号等，平原种植公顷产量 2250～3000 千克，山区坡地种植公顷产量 1500～2250 千克。由于大力推广杂交玉米高产栽培技术，单产提高，播种面积逐年增加。1989 年，播种面积 1211 公顷，占粮食播种面积的 5.14%，总产 1338 吨。2000 年，播种面积 3554 公顷，占粮食播种面积的 12.5%，总产 11305 吨。2001 年，引入甜玉米农甜 1 号、农甜 2 号、糯玉米桂香糯 6 号，平原种植公顷产量 3000～3450 千克。是年，播种玉米面积 3693 公顷，占粮食播种面积的 13.5%，总产 11929 吨。2002—2004 年，引入农大 108、正大 99、正大 619 及迪夫 007 等，平原种植公顷产量 3750～4200 千克，其中 2003 年播种面积 3607 公顷，占粮食播种面积 13.8%，总产 11755 吨。2005 年，引入新品种南校 18 号高产栽培技术示范 17 公顷，平原公顷产量 5250～6000 千克，最高公顷单产 8954 千克。是年，播种面积 3820 公顷，占粮食播种面积 14.1%，总产 12831 吨。

大豆　1989—1997 年，大豆播种面积在 1040 公顷至 3299 公顷，年总产 1169～5586 吨，公顷产量 1124～1693 千克，主要品种有鸡窝豆、青皮豆、东北大豆、闽穗豆、矮脚早及威来姆斯等品种，西岭、嘉会、栗木、莲花、平安等乡镇平原地区为主产区。1998 年，相继引进品种桂早 1 号（8901）、品种 98-1 等高产品种，大豆种植面积逐年扩大。2002 年，种植 4184 公顷，总产 5695 吨。2005 年，全县播种大豆 4288 公顷，总产 6195 吨，其中品种桂早 1 号、品种 98-1 面积 2423 公顷，一般公顷产量 1500 千克。

红薯　红薯为县内主要杂粮，品种有黄心薯、红藤子、六十薯、四季薯、湛江薯、灌阳薯、紫红薯、徐州 284 等。1989—2005 年，种植面积最多的一年是 1997 年，为 3373 公顷，一般年份种植面积 2000～3100 公顷，水田、旱地均有种植。2005 年，种植面积 3012 公顷，总产量 12096 吨（折谷）。

高粱　高粱品种有红高粱、马尾高粱、矮脚高粱、珍珠高粱等。播种面积最多的为 1996 年，为 68 公顷，平均公顷单产 1425 千克；1999 年，为 65 公顷；2000—2004 年，在 47～53 公顷，2005 年，为 46 公顷，总产 99 吨。

其他粮食作物还有狗尾粟、穇子，山区少量种植。1999 年 33 公顷，2002 年 34 公顷，其余年份多在 27 公顷左右，平均公顷单产 975 千克左右。2005 年，没有播种面积。豆类还有绿豆、饭豆、豌豆（俗名雪豆）、蚕豆等，多为间种。

水稻栽培技术

图 6-1　水稻田（孟华 摄　2005 年）

播种育秧　恭城地形狭长，早稻播种时间，南面早于北面，平原早于山区，晚稻则相反。早稻播种期为惊蛰、春分至清明。惊蛰期间播秧易受倒春寒影响，造成烂秧，需用尼龙薄膜覆盖。根据气象要素及历年经验教训，70% 的年份免受中等程度寒冷影响，以春分播种为宜，大量播种期在 3 月 24 日至 30 日，少量在清明播种。晚稻播种期要求在寒露风出现前齐穗，常规稻不受中等程度寒露风影响，90% 保证率的齐穗期是 10 月 10 日前，杂交稻是 9 月 30 日前，以此安排播种时期。20 世纪 90 年代，开始普遍推广大田育秧，即推行起厢畦定量撒播、盖膜，厢沟灌溉，易于管护，烂秧率低。推行石灰水选种、药物消毒、壮秧剂或种衣剂拌种、催芽，播种后轻压，盖一层腐熟细粪，浅水排灌，减少烂秧，培育多蘖壮秧。1995 年，开始在水田或旱田、蔬园地、果园地推广旱育稀植育秧、塑盘育秧，节省秧田，有利于扩大早稻面积。

插秧　恭城主要以杂交稻为主，常规稻为次。杂交稻插植规格一般是行距 0.24 米、株距 0.17 米，或行距 0.24 米、株距 0.20 米，每蘖 2～3 苗；常规稻插植规格一般是行距 0.20 米、株距 0.20 米，或行距 0.24 米、株距 0.20 米，每蘖 4～6 苗。大田抛秧一般每公顷抛 27 万～30 万苗。

施肥　有化学肥料、绿肥、猪牛粪、沼气肥、麸饼和稻秆等无机肥和有机肥料，无机肥占总施肥量的 70% 左右。无机肥主要是氮磷钾配合施用。氮肥以碳铵为主，占 62.7%；尿素次之，占 35.4%。磷肥以过磷酸钙为主，占磷肥总量 87.6%；钾肥以氯化钾和硫酸钾为主，还有一定数量的复合肥。碳铵、过磷酸钙多用作基肥，撒于大田，耙后抛（插）秧。尿素、钾肥多作追肥，并逐步推广为根外施肥。有机肥以绿肥为主，有茹菜、红花草、稻秆等。1990—2005年，绿肥面积稳定在5300～7500公顷。2005年，为7570公顷。冬种绿肥用于早稻秧田和大田作基肥，晚稻普遍用稻秆作基肥。

田间管理 插秧后一般不耘田，在第一次追肥时结合施用除草剂，除掉田间杂草。1992年，开始采用“薄、浅、湿、晒”的科学灌溉方法，推广水稻节水灌溉，并逐步被农户接受使用。

优质水稻推广

长期以来，人们对水稻生产注重产量而忽视质量，造成库存稻谷积压严重，且有70%为品质不优的早稻谷，农民不愿吃，城乡居民不愿买。粮食产业面临着收购和销售难，农民丰收而不增收，增加财政负担的局面。1997年，县内开始种植优质稻谷；1998年，全县种植优质稻谷面积4593公顷，占水稻播种面积26%，平均公顷单产6063千克；1999年，为4940公顷，占水稻播种面积28.1%，平均公顷单产6102千克；2000年，为6740公顷，占水稻播种面积39.9%，平均公顷单产6209千克；2001年，为10340公顷，占水稻播种面积63.3%，平均公顷单产6279千克；至2004年，优质稻种植面积14387公顷，占水稻播种面积92.8%，平均公顷单产6251千克；2005年，为14693公顷，占水稻播种面积95.2%，平均公顷单产6321千克。

常规稻 1997年，引入康民18号在恭城镇、平安乡进行示范，面积19公顷，平均公顷单产6219千克。1998年后，全县推广种植。2001年，引入桂小占、柔软香、泰国18号、八桂香、桂丝占，在栗木镇、嘉会乡、西岭乡进行示范，面积17公顷，平均公顷单产5810千克。其中，栗木镇的桂小占、柔软香、泰国18号、八桂香的示范面积为11公顷；嘉会乡的桂丝占示范面积为4公顷；西岭乡的桂丝占示范面积为2公顷。在示范中，由于八桂香、桂丝占发生稻瘟病严重，产量损失较大，没有推广价值。至2005年，主要推广桂小占、柔软香及泰国18号等。

三系杂交稻 1997年，引入中优桂99、中优207、博优253、华优99及秋优1025等组合，全县示范面积378公顷，平均公顷单产6297千克。1998年，全县大面积推广。2001年，引入金优253、金优207、枝优253、新香优207及新香优80等，全县示范面积549公顷，平均公顷单产6324千克，2002年，全县大面积推广。

二系杂交稻 1997年，引入培两优288在莲花镇示范，面积6公顷，经验收，平均公顷单产7676千克；第二年扩大推广面积。1998年，引入培杂山青、培杂双七、培杂茂三及培两优275等，全县示范面积125公顷，平均公顷单产7400千克；1999年，扩大推广面积。

杂交超级稻 2005年，引入杂交超级稻的Ⅱ优084、红莲优6号两个组合品种，在栗木镇、三江乡作中稻种植示范，面积18公顷。其中Ⅱ优084在栗木镇苔塘村作中稻连片示范7公顷，在三江乡栗田村示范3公顷，验收平均公顷单产9551千克，最高公顷单产11144千克，是全县获得单季单产最高的组合。

水稻栽培新技术推广

1989—2005年，县内先后引进和推广旱育稀植、塑盘育秧抛秧、免耕抛秧以及节水灌溉等新技术。

旱育稀植 1992年引入，小面积试验，示范4公顷，平均公顷单产6714千克，比半水育秧每公顷增产350千克。小示范成功后，1993年，示范面积扩大到687公顷，平均公顷单产6626千克，比半水育秧每公顷增产312千克；1994年，示范推广面积4473公顷，占水稻播种面积25.3%，平均公顷单产6543千克，比半水育秧每公顷增产326千克。1999年，为10087公顷，占水稻播种面积57.3%，平均公顷单产6429千克，比半水育秧每公顷增产281千克。2000年后，由于扩大推广水稻塑盘育秧抛秧技术，水稻旱育稀植面积有所下降。2005年，推广面积4913公顷，占水稻播种面积31.9%，平均公顷单产6440千克，比半水育秧每公顷增产141千克。

图 6-2 1997 年，塑盘抛秧技术示范（县农业局提供）

塑盘育秧抛秧　于 1996 年引入，在栗木、嘉会、西岭 3 个乡镇试验 2.46 公顷，平均公顷单产 6489 千克，与手插秧相比每公顷增产 264 千克。1997 年，扩大试验范围和多点示范面积 56 公顷，平均公顷单产 6461 千克，与手插秧相比每公顷增产 287 千克。1999 年，推广面积 2233 公顷，占水稻播种面积 12.7%，平均公顷单产 6404 千克，与手插秧相比每公顷增产 243 千克。2000 年后，推广面积逐年扩大，到 2005 年为 6353 公顷，占水稻播种面积 41.2%，平均公顷单产 6432 千克，与手插秧相比每公顷增产 182 千克。

免耕抛秧　于 2001 年引入，试验 0.37 公顷，平均公顷单产 6476 千克，与常耕比，每公顷增产 168 千克。2003 年，推广面积 1340 公顷，占水稻播种面积 8.6%，平均公顷单产 6434 千克，与常耕比，每公顷增产 95 千克。2005 年，推广面积 1613 公顷，占水稻播种面积 10.5%，平均公顷单产 6395 千克，与常耕比，每公顷增产 86 千克。

节水灌溉项目　1992 年，开始推广千公顷水稻节水灌溉项目，采用“薄、浅、湿、晒”的科学灌溉方法。同年，早稻、晚稻共推广 1.15 万公顷，增产粮食 233.82 万千克，平均每公顷增产 203 千克；节水 1365.7 万立方米，平均公顷节水 1188 立方米。至 1996 年，全县推广节水灌溉面积共计 64053 公顷，平均每年推广面积 12813 公顷；共增产粮食 1563.22 万千克，每公顷年增产粮食 244.05 千克；节水总量 9688.6 万立方米，平均每公顷年节水量 1876.95 立方米。此后，“薄、浅、湿、晒”的科学灌溉方法被农户逐渐接受，并在水稻田间管理中继续使用和推广。

1992—2005 年恭城瑶族自治县水稻新技术推广面积统计表

表 6-6　　单位：公顷、千克

年份	旱育稀植		塑盘育秧抛秧		免耕抛秧	
	面积	公顷单产	面积	公顷单产	面积	公顷单产
1992	4	6714	—	—	—	—
1993	687	6626	—	—	—	—
1994	4473	6543	—	—	—	—
1995	7426	6581	—	—	—	—
1996	9251	6416	—	—	—	—
1997	9616	6534	56	6461	—	—
1998	10076	6312	501	6363	—	—
1999	10087	6429	2235	6404	—	—
2000	9492	6519	3262	6341	—	—
2001	7188	6506	4185	6417	0.4	6476
2002	6756	6561	4909	6521	9.0	6459
2003	6649	6482	5041	6468	1340.0	6434
2004	5050	6513	6143	6486	1348.0	6444
2005	4913	6440	6353	6432	1613.0	6395

1989—2005年恭城瑶族自治县粮食作物统计表

表 6-7

单位：公顷、吨

年份	总计		1. 稻谷小计		早稻		中稻		晚稻		旱稻		2. 红薯（折谷）		3. 玉米		4. 大豆		5. 杂粮	
	播种面积	总产量	面积	总产量	面积	产量	面积	产量	面积	产量	面积	产量	面积	产量	面积	产量	面积	产量	面积	产量
1989	23556	104858	19110	99851	9789	54849	947	4907	8221	40074	153	21	1767	2235	1211	1338	1040	1169	428	265
1990	23100	105299	18545	99355	9811	56514	940	5120	7785	37717	9	4	1973	2959	944	1288	1163	1448	475	249
1991	24353	113726	19060	105437	9777	58384	955	5389	8297	41645	31	19	2086	3473	1388	2775	1263	1649	556	392
1992	24355	118368	18816	106458	9575	56095	958	5746	8244	44603	39	14	2208	4783	1485	4783	1381	1952	465	392
1993	23855	112652	17153	95980	8440	49159	1035	6386	7647	40415	31	20	2410	7703	1822	5042	2020	3529	450	398
1994	25798	114276	17693	94383	8666	45852	1100	6379	7898	42133	29	19	2657	9322	2308	5969	2598	4084	542	518
1995	27296	120383	18067	99591	8919	49891	1117	6728	7965	42921	66	51	3033	8657	2728	7128	2828	4369	640	638
1996	28014	125786	18079	103125	8930	50693	1114	6836	7978	45556	57	40	3119	9420	2987	7535	3073	4893	756	813
1997	28510	128882	18095	103021	8925	51663	1113	6976	8002	44322	55	60	3373	11425	2952	7982	3299	5586	791	868
1998	28806	129494	17705	104895	8783	51681	1025	6796	7848	46360	49	58	3365	9318	3559	10054	3419	4393	758	834
1999	29121	132770	17618	106907	8740	52978	1023	6861	7840	47040	15	28	3219	9947	3469	10307	4186	4912	629	697
2000	28508	134284	16866	105697	8362	53087	1010	6824	7482	45761	12	25	3217	11157	3554	11305	4145	5235	726	890
2001	27891	132395	16330	102858	7983	50731	1085	7480	7249	44619	13	28	2953	11018	3693	11929	4248	5810	667	780
2002	27228	129458	15926	101026	7709	49409	1110	7624	7091	43961	16	32	2916	10083	3567	11871	4184	5695	635	783
2003	26628	127857	15576	98656	7671	49146	976	6310	6929	43200	—	—	2881	11217	3607	11755	3939	5411	625	818
2004	26549	108980	15466	79287	7512	39000	980	4648	6974	35639	—	—	2880	11354	3561	11802	4062	5760	580	777
2005	27112	131333	15423	99424	7476	48355	973	6360	6974	44709	—	—	3012	12069	3820	12831	4288	6195	569	814

第三节 经济作物

恭城经济作物主要有甘蔗、槟榔芋、木薯、生姜、花生、芝麻、红瓜子、蔬菜及绿肥等。1989年，经济作物播种面积为1.33万公顷，占农作物播种总面积的36.03%。随着农村产业结构的调整，经济作物播种面积逐年增加，至2005年年末，经济作物播种面积为2.67万公顷，是1989年的2倍多。

品种与种植

甘蔗　有糖蔗、果蔗。糖蔗是1989—2000年主要经济作物之一，种植品种主要有新台糖16、新台糖20、新台糖22系列，公顷产量67.5吨左右，主要在嘉会、西岭、平安乡旱地种植。1992年，全县甘蔗总面积1562公顷、总产量86106吨，其中糖蔗1516公顷、产量82522吨。2002年，由于南宁阳光甘化有限公司对中标竞得的县糖厂（于1998年破产）进行全面改造后，以淀粉生产为主，原料甘蔗需求逐年减少，全县甘蔗种植面积随即减少。2005年，全县甘蔗种植仅18公顷，总产量1148吨。

芋头　有槟榔芋、杂芋两大类。杂芋有红苗芋、白紫芋、甘薯芋、旱芋、狗爪芋等品种，各地零星种植，产量不大。槟榔芋是恭城的名特优品种，产量、质量在广西均名列前茅，主产三江、观音、西岭、栗木4个乡镇。1989年，种植面积270公顷，产量2607吨。经1991—1995年农业产业结构调整，槟榔芋的种植面积、产量逐年增加。种植面积从1991年的496公顷提高到2000年的1386公顷、2005年的1565公顷；产量从1991年的6874吨提高到2000年的19729吨、2005年的25088吨。

生姜　有大肉姜、藤姜等品种，以藤姜为主，主产莲花镇、三江乡的山区。1989—1993年，生姜种植面积在320公顷以内，年均产量300吨左右。1996—2005年，生姜每年种植面积基本在670公顷以上，年均产量8800吨左右。2005年，种植面积1005公顷，产量6741吨。

图6-3　莲花镇蓝洞村种植的生姜（李云韬 摄　2005年）

花生　为恭城主要油料作物，各地均有种植，以栗木镇、嘉会乡种植面积最多。品种主要有桂花17、桂花22、桂花26。春播及秋繁花生种植的面积：1989年为2127公顷；1995年为3244公顷。1999—2005年，每年种植面积在4000公顷以上，年最高总产为1999年的10509吨。

红瓜子　恭城红瓜子粒大、鲜红、油亮、仁饱满、味香甘，为传统出口商品，主产嘉会、栗木、龙虎、西岭等乡镇，多在幼龄果园和旱地种植。1989—2005年，一般年份种植面积在600～750公顷，总产量在250～800吨。

蔬菜　叶菜类有大白菜、小白菜、油菜、甘蓝、芥菜、韭菜、菠菜、茼蒿、芫荽及苦妈菜等；根菜类有萝卜、莴苣笋、胡萝卜、藕、头菜及凉薯等；瓜类有黄瓜、苦瓜、丝瓜、南瓜、节瓜、斑瓜、冬瓜、西葫芦等；茄果类有茄子、西红柿及辣椒等；葱蒜类包括葱、蒜及藠头等；豆类有豆角、四季豆、荷兰豆及荷包豆等；薯芋类包括芋头、马铃薯等。蔬菜播种面积：1989年为643公顷；1995年为4105公顷；2005年为10135公顷。

图6-4　嘉会乡茄子规模种植基地（县志办提供　2005年）

无公害标准栽培技术

1. 槟榔芋栽培技术

选种　选用抗病、耐病、无病种芋，种前用施保克1000倍液进行种芋消毒。

选地　选择土层深厚、肥沃疏松、排灌方便、未被污染的土壤进行种植；忌选槟榔芋连作的田地。

栽培方式及时间　株距40厘米，行距100厘米，每公顷种2.25万～2.4万株；3月上旬栽植为宜，采用地膜覆盖的可提前在1月下旬至2月月初栽植。

大田管理　施肥：以生物肥料等有机肥为主，多元复合肥为辅，配合施用；不能单一施用氮肥，禁止施用未腐熟粪肥、未经无害化处理后的垃圾肥。施足基肥。每公顷施腐熟牛粪2.25万～3万千克加正丰生态颗粒肥750～900千克。追肥一般在第2片叶展开时，每公顷用淡粪水或沼液1.2万～1.5万千克淋施；第4叶至第5叶时，每公顷用正丰生态颗粒肥300千克兑粪水2.25万～3万千克淋施，并同时覆盖1000～2000千克鲜嫩绿肥壅蔸；第6叶至第7叶时，每公顷施正丰生态颗粒肥600～750千克加浓粪水3万千克淋施。所有淋施追肥应施入距芋苗根部约10厘米处，避免烧根。灌溉：生长前期防渍水，中期干旱要灌溉；干旱

图6-5　嘉会乡槟榔芋种植基地（县志办提供　2005年）

时应在畦沟灌“跑马水”，炎热酷暑天灌“满沟水”，大暑过后沟内经常保持约 15 厘米深的水层，使畦垅保持湿润；严禁使用工业废水、生活污水等进行灌溉。中耕除草培土：出苗后至第 2 叶至第 3 叶时进行 1 次至 2 次中耕，进入生长盛期时只除草不中耕。一般培土两次：5 月中旬进行小培土；6 月下旬至 7 月上旬进行大培土。培土必须结合除草施肥进行，严禁使用除草剂。割叶、除子芋：在芋叶长至 9 片以上时割去基部垂黄叶，每隔 15～20 天割叶 1 次，每次每株须保留 9 片以上健康叶，一般割叶 3～5 次；中耕培土过程中铲除部分子芋。在槟榔芋长出第 7 叶至第 8 叶时，若苗长势过旺，可用 600 倍多效唑淋根。病虫害防治以农业防治为主，如选用不带病芋种，忌连作，深翻芋田消灭越冬蛹，摘除病虫害叶片；其次是药物防治，选用高效低毒低残留农药。

收获　霜降后，芋叶变黄，槟榔芋即可采收，采收前 15 天要将沟内水全部排干。

2. 花生栽培技术

选地　选择良好的生态环境，要求生产区域内的环境、土壤、灌溉水、大气不能受到污染。地块最好选择生茬地，或者与水稻、红薯、玉米轮作，耕作层深 30 厘米以上的砂壤为好，地力中等以上，旱能浇涝能排。

选种　选择适宜桂北栽培的花生品种，如桂花 17 号、桂花 22 号及梧油 6 号等。花生播前 5 天左右剥种，剥前凉晒种果 2～3 天，以提高种子活力和消灭病菌。

施肥　以有机肥为主，配合施用少量化肥（禁用硝态氮肥）；花生进入结荚期可叶面喷施豆植宝、叶绿宝等生物肥料。施肥量：产量 4500 千克花生，公顷施有机肥 1.5 万～2.25 万千克、尿素 150 千克、生物磷钾肥 25 千克；或者有机肥不变，生物复合肥 750 千克。产量 6000～7500 千克，施肥量在上述基础上增加 25%～30%。花生结荚期，公顷用豆植宝 120～150 毫升或叶绿宝 300～375 毫升，兑水 900～1125 千克喷雾，每次间隔 7～10 天，连喷 2～3 次。施肥方法：有机肥的三分之二于冬耕时铺地，剩下的和化肥一起于翌春耙地时铺施；生物肥集中撒施在播种沟内。

栽培管理　每公顷播 13.5 万穴，每穴 2 粒。播种后及时用 50% 的乙草胺 1125 毫升加扑草净 750 克，兑水 900～1125 千克喷雾；若覆盖地膜宜选用厚度为 0.004～0.005 毫米地膜。

图 6-6　恭城产花生油、茶油（陈革 摄　2005 年）

徒长应人工去顶，即用手摘掉第一、第二对侧枝的生长点；严禁使用任何化学生长调节剂。管理中注重科学排灌，挖好排灌沟，确保产量和质量。

病虫害防治技术　坚持“预防为主，综合防治”方针，突出生态控制，协调应用农业、生物、物理、化学的综合治理技术。防治蛴螬等地下害虫，每公顷用白僵菌剂 15 千克与生物肥混合施于播种沟；防治根结线虫病，每公顷用 30 千克无毒高脂膜或者 37.5 千克农乐 1 号拌种，也可用爱福丁 150 克，兑水 750 千克，于始花期叶面喷洒；防治蚜虫，每公顷用 3750 毫升灭蚜菌或 750 毫升百草 1 号（苦参碱）兑水 750 千克喷雾。花生叶部病害，每公顷用中生菌素 300 毫升或井冈霉素 1500 克或硫磺胶悬剂 225～300 克，兑水 900～1125 千克叶面喷洒；也可用托布津、多菌灵 800～1200 倍喷雾。

收获　当大部分饱果果皮外表发青、内果皮变浅黄，俗称“青皮金色”状时，即及时收获，收回的花及时晒干入库。

1989—2005年恭城瑶族自治县经济作物种植情况一览表

表6-8

单位：公顷、吨

年份	甘蔗		槟榔芋		木薯		生姜		花生		芝麻		红瓜子		蔬菜面积	绿肥面积
	面积	产量	面积	产量	面积	产量	面积	产量	面积	产量	面积	产量	面积	产量		
1989	1284	45658	270	2607	1127	2192	—	—	2127	3134	36	18	852	252	643	6927
1990	1235	48969	290	2652	1286	2701	266	3207	2255	3710	34	20	737	425	839	5195
1991	1316	63783	496	6874	1213	2532	305	—	2302	3832	29	15	775	—	1964	6228
1992	1562	86106	486	6731	1203	2858	316	—	2274	4202	27	17	1609	—	1711	7155
1993	942	51576	—	—	1175	4282	—	—	2713	5816	69	44	—	—	3004	8088
1994	665	35451	894	12381	1258	4399	500	—	2882	6505	81	57	757	—	2992	8617
1995	637	34246	—	—	1361	5736	—	—	3244	7315	73	50	423	—	4105	8803
1996	575	28249	1039	11293	1457	5845	670	7536	3451	7729	87	56	528	295	5543	7949
1997	368	17561	—	—	1509	6275	911	15101	3619	8538	120	112	667	490	6324	8015
1998	407	17366	1328	16344	1472	6071	911	15101	3874	9040	127	100	628	386	7146	8039
1999	466	26298	1227	17476	1439	5927	837	11974	4184	10509	59	46	711	578	7291	8296
2000	585	31208	1386	19729	1361	5651	233	5250	3947	10206	54	45	674	576	7522	8074
2001	376	21193	1580	19573	1428	3652	867	8808	4079	9935	646	40	612	544	8451	8366
2002	117	6131	1384	20466	1384	5468	865	5774	4184	10046	45	46	628	558	9458	8024
2003	112	5743	1474	22189	1347	5317	857	5908	4159	8977	44	46	588	640	9362	8094
2004	62	3288	1496	23160	1316	5342	981	6360	4228	9375	38	39	599	721	9692	7493
2005	18	1148	1565	25088	1373	6031	1005	6741	4413	9886	37	41	606	797	10135	7570

第四节　水果

恭城境内种植的水果，以橘、橙、柚、柿、桃 5 大类为主要品种，另有少量的李子、西瓜、香瓜等品种。在经历 1983—1988 年水果生产的初级阶段后，1989 年，全县的水果生产进入发展阶段，水果面积、产量以及种植技术都有很大发展。据统计，县水果生产部门 1989—2000 年共举办水果技术培训班 1060 期，培训 90700 人次，推广应用柑橘、月柿密植、早结、丰产技术，大抓水果低产园改造和水果品种优良单株培育和病虫害防治研究，实施“桂林地区二万亩柑橘密植早结高产技术大面积推广应用”“月柿早结丰产综合栽培技术研究”“桂林地区十一万亩柑橘中低丰产综合技术应用”“桂林地区二万亩月柿高产优质规范化栽培技术”及万元园建设项目，橘、橙、柚、柿、桃 5 类水果的种植面积由 1989 年的 1214 公顷发展到 2000 年的 20114 公顷，总产量由 1989 年的 0.57 万吨增加到 2000 年的 27.40 万吨。2001 年，全县水果生产进入提高阶段。为提高水果品质，县水果生产管理部门 2001—2005 年共举办水果技术培训班 928 期，培训 96800 人次，深化低产园改造，引进优良水果新品种，推行无公害水果生产标准化栽培技术，全县水果种植面积、产量稳步提高。2005 年年底，全县水果种植总面积 25752 公顷，总产量 462215 吨，其中橘、橙、柚、柿、桃 5 类水果的种植面积 25264 公顷，占水果总面积的 98.11%；产量 457576 吨，占水果总产量的 99%。

2005 年，水果产业成为全县农民收入的支柱产业，人均水果面积、人均水果产量、人均水果收入名列广西第一位。恭城先后被农业部、外贸部确定为“全国无公害农产品（种植业）生产示范基地县达标单位”“全国园艺产品出口示范区”，并被誉为“中国椪柑之乡”“中国月柿之乡”。

水果种植

月柿　在县内已有近 400 年的种植历史。20 世纪 80 年代，在苗圃育苗嫁接的基础上，采用去根尖和摘顶育苗法，即在野柿子催芽长出根尖时断去顶尖或在苗高 10～20 厘米长出第 2 叶至第 4 叶时，去根尖移于苗圃排苗培育，促使侧根发育。苗木嫁接后，柿苗高 30～50 厘米时去顶，培育分枝。移植后继续采用起顶法，培育 2～3 级分枝，形成优良树冠。1989 年，县科委验收莲花乡竹山村韦水养栽植的柿树 0.27 公顷，每公顷 900 株，移植 3 年每株挂果 30～40 个、5～6 千克；平安乡巨塘村容克旺种的柿树 0.1 公顷，6 年树龄，每株挂果 220 个，共 30 千克。采用去根尖和摘顶苗技术育苗法比苗圃育苗嫁接管护提早 1 年产果。

图 6-7　丰收的柿园（县招商局提供）

1995 年，月柿生产开始进入一个快速发展阶段。全县月柿种植面积从 1994 年的 1777 公顷增加到 2000 年的 5944 公顷、2005 年的 6696 公顷；总产量从 1994 年的 0.57 万吨增加到 2000 年的 6.71 万吨、2005 年的 10.85 万吨。

柑橘　有橘类和橙类。橘类主要有椪柑、蜜橘，以椪柑居多；橙类主要有新会橙、红江橙、脐橙、夏橙等。全县各乡镇均种植，种植面积在橘、橙、柚、柿、桃

5类水果中占比最大。1989年，柑橘类水果种植面积598公顷，占5类水果总种植面积的49.16%；2005年，为11625公顷，占46.01%。

图6-8 柑橘园（县招商局提供）

1989年，全县开始推广椪柑密植早结高产栽培技术，种植规格为行距和株距都是167厘米，或株距182厘米、行距200厘米，每公顷植3000～3600株，有的多达6450株，8年果园封行后采用间伐，保持合适间距，同年全县推广567公顷。经验收，恭城镇29公顷密植椪柑，树龄5～6年，每公顷产量7.76吨。在相同管护条件下，比一般稀植单产提高4倍。1992年，推广柑橘中低丰产综合技术应用，对水果低产园进行一系列的改造。该类栽培技术的成功推广，提高了全县的椪柑总产量。与1989年相比，2005年橘类水果每公顷产量28.36吨，比1989年每公顷产量6.6吨增加21.76吨。橙类与橘类相比，产量低，故种植面积大但总产量不大。2005年，全县橙类种植面积5179公顷，总产量77619吨，每公顷产量14.98吨，比橘类每公顷少13.38吨。

柚　以沙田柚为主，至2005年已有120年的种植历史，主产栗木、龙虎、嘉会、西岭、平安等乡镇。1989年，柚类种植面积237公顷、产量95吨，发展到2005年面积为5081公顷、产量68091吨。

沙田柚苗的培育有嫁接法、驳枝（圈枝）法和扦插法，嫁接苗优于驳接苗和扦插苗。1995—2005年，多采用嫁接法繁殖柚苗，驳枝法和扦插法逐步淘汰。嫁接方法有小芽切接法、枝切接法和“T”字形芽接法。小芽切接法对小砧木更为适用，能提早嫁接，提早出圃。嫁接时期，小芽切接法和“T”字形芽接法宜在2月下旬到3月上旬（气温在15℃～20℃）进行，嫁接的苗木成活率最高。

沙田柚树冠高大，枝叶茂盛，结果多，果实大，需要肥水多。如果柚园肥水不足，就会导致有效养分含量低（有机质含量低于1.5%），会造成根系生长不良、树势衰弱、结果少、产量低。这是恭城沙田柚低产的主要原因之一。技术缺乏，管理不善，不能根据柚树生长发育特点进行科学管理，造成花朵发育不全，花质差是引起沙田柚低产的又一原因。1988—1990年连续3年的调查表明，花朵发育完全的大朵花（1.3克以上），花质好，着果率高，平均为11.22%；花朵发育不完全的小花（1.3克以下），花质差，着果率低，平均为2.94%。1990年，在沙田柚主产区推广沙田柚低产园改造，提高沙田柚园肥力，沙田柚产量稳步上升。1989年，每公顷产量3.37吨；1995年为4.83吨；2000年为7.83吨；2005年为13.40吨。

图6-9 桃子（县招商局提供）

桃　原为县内少量生产的水果品种，20世纪90年代中后期才发展起来，品种有红花桃、小满桃、四月红、苹果桃等，主产西岭、恭城镇的部分村屯。1996 年，全县首次作单项统计，种植面积为 699 公顷、产量 5154 吨，成为继橘、橙、柚、柿 4 大类水果品种之后的又一大类水果品种。2005 年，种植面积为 1862 公顷、产量 20599 吨。

水果种植示范基地建设

柑橙示范基地 1994—1996 年，在恭城镇天堂坪村和平安乡黄岭村各实施 3.33 公顷椪柑优果工程，辐射面积 33.33 公顷。通过三年的合理修剪、科学施肥、综合防治病虫、人工疏果，平均每公顷产量达 48000 千克，比上年产量递增 15%，一级、二级果每年上升 5 个百分点，达 55%。1997 年，优果工程逐渐辐射到各村屯，较大地提升了椪柑品质，在市场上占有一定份额。1995—2000 年，天堂坪、黄岭柑橙生产示范基地成为县内外果农考查、学习的现场。

沙田柚示范基地 1997—2000 年，分别在龙虎乡的龙虎村、狮子双坪屯，栗木镇的建安村、六岭村，观音乡的观音村各实施 3.33 公顷沙田柚优果示范，辐射面积 133.33 公顷。通过开天窗、疏除直立枝、增施有机肥、人工异花授粉、及时防治病虫害、人工疏果，平均每公顷产量达 33000 千克以上，优质果率均比上年提升 8%，消除大小年挂果现象，可溶性固形物达 14.8%。各示范点对周边村屯起到较好的示范带动作用，全面推动全县沙田柚优果工程建设。

月柿示范基地 2001—2005 年，分别在恭城镇化育村、白马村，平安乡的和平村、路口村、土陂村，莲花镇的竹山村、黄坭岗村、蓝洞村、东寨村，三江乡的对面岭、洗脚岭村，嘉会乡的泗安村、松林村，西岭乡的杨溪村、岛坪村，栗木镇的栗木村、六岭村各实施 2 公顷恭城月柿优果工程，辐射面积 800 公顷。通过锯除柿树中间的直立主干枝；大枝回缩，压顶；剪除枯枝、病虫枝、重叠枝；疏除顶部生长过旺的直立强枝，剪除枝条粗度小于 0.3 厘米的下垂枝及大于 1 厘米的直立枝，1 个基桩上一般保留 2～3 个结果母枝。通过科学修剪，枝条分布合理、从属分明，树冠凹凸有致，培育立体结果的树冠。冬季使用 2 次石硫合剂清园，增施有机肥，适时环割保果，综合防治病虫，平均每公顷产量达 37500～42000 千克，比上年增产 10% 以上，优质果率比上年增加 5～6 个百分点，优质果率均达 65% 以上。各示范点对周边村屯起到较好的示范带动作用，恭城月柿优果工程在全县得到全面的普及和推广。

无公害水果生产示范基地县创建

2001 年，农业部把恭城列为全国第一批创建无公害水果生产示范基地县之一，为广西唯一的创建无公害水果生产示范县。

2002 年，全县开始推行水果无公害标准化生产，在各乡镇建立 3000 公顷无公害水果生产示范基地，辐射面积 2 万公顷。由县无公害水果生产办公室提出无公害水果生产农药安全使用规范，禁止使用的农药品种（含其复配剂）有高毒、高残留的农药：六六六、滴滴涕、林丹、硫丹、三氯杀螨醇、久效磷、对硫磷、甲基对硫磷、治螟磷、地虫硫磷、蝇毒磷、丙线磷、苯线磷、甲基硫环磷、甲拌磷、乙拌磷、甲胺磷、甲基异柳磷、氧乐果、磷胺、涕灭威、克百威、福美砷、福美甲砷、又胍辛胺、除草醚、草枯醚；致癌、致畸、致残的农药：杀虫脒、三环锡、薯瘟锡、毒菌锡、敌枯双、二溴乙烷、二溴氯丙烷。2003 年，经广西壮族自治区农业厅农业环保站对自治县水果基地的土壤、灌溉水、空气等进行检测化验，各项指标均达到无公害生产基地环境条件标准。随后，广西种植业无公害农产品产地认定现场检查组到水果基地进行现场检查验收，基地各项指标均合格。2004 年，在莲花镇莲塘岭月柿园建立 3 公顷无公害高标准栽培中心核心园，在平安乡里陂村建成椪柑品种改良中心 3 公顷，在龙虎乡陈家屯建立沙田柚品种改良中心 4 公顷；同时，全县建立示范点 18 个，面积 903 公顷，参加农户 3028 户，推行水果无公害标准化栽培面积 2 万公顷。同年 11 月，恭城所送沙田柚、柑橙、月柿等产品样品，经农业部亚热带果品蔬菜质量监督检验测试中心依照 NY/T 5015—2001 标准对果品全项（19 项）、月柿样品依照 DB/32.3 标准全项（20 项）进行检测，检测表明各项指标全部合格。同月月底，恭城获得农业部发放的“无公害柑橙、无公害月柿、无公害沙田柚”证书，正式成为广西首个无公害水果生产基地县。

2005 年，全县无公害水果产地认定面积 18213.33 公顷。其中，无公害柑橙面积 7493.33 公顷，分布在全县 9 个乡镇，产量 14.50 万吨；无公害沙田柚面积 4086.67 公顷，分布在全县 9 个乡镇，产量 5.10 万吨；无公害月柿面积 5633.33 公顷，分布在莲花、三江、平安、恭城、西岭、嘉会等乡镇，产量 7.82 万吨；无公害桃面积 1000 公顷，分布在恭城镇、西岭乡等。

名优土特果品

恭城气候、土质、灌溉用水，适宜多种作物生产，尤其符合林果类产品产地环境技术条件要求。经农业部亚热带果品蔬菜质量监督检验测试中心检测，月柿、柑橙、沙田柚等果品获“无公害柑橙、无公害月柿、无公害沙田柚”证书。

恭城月柿 恭城月柿为柿子的干品，民国时期因畅销广东、港澳地区及东南亚一带，被外商挂牌标明“恭城月柿”招揽顾客，出口数量和质量居自治区首位，成为广西传统名牌水果，果型美观、色泽鲜艳、个大皮薄、肉厚无核、含糖量高，为 20 世纪 90 年代中期前柿子的主要加工产品。随着市场的需求，恭城月柿从单一的干品逐步发展为多种果品，一为柿饼，二为脆柿，三为红柿（冻柿）。脆柿味甜可口，冻柿清香甜蜜，柿饼甘柔如饴、清甜芳香。据测定，柿饼含糖量 55.8%，100 克果肉含维生素 C 6.91 毫克、维生素 A 35.0 毫克，铁 601 毫克、钙 1359 毫克、磷 432 毫克。史料记载，柿饼具有止咳、降血压、止腹泻、减肥之功效。1989 年，全县柿子种植面积 379 公顷，产量 771 吨；1995 年，种植面积 2765 公顷，产量 11213 吨。1996 年，获全国“中国月柿之乡”荣誉称号；2000 年，获“中华名果”荣誉称号。至 2005 年年底，恭城月柿实现规模化生产，产量大、品质优，除销往传统的销售区域外，还畅销东亚及欧美多国。

图 6-10 柿子（县招商局提供）

沙田柚 恭城传统出口产品，果实呈梨形或葫芦形，果顶有金钱印，果皮油胞细小、呈金黄色，果肉晶莹透明、脆嫩化渣、清甜爽口、香味浓。经测定，可食部分 47.7% 以上，可溶性固形物高达 13.7%，含糖量 12.4%，含酸量 0.36%，100 克果汁含维生素 C 71.7 毫克，含氨基酸 739.4 毫克。具有养颜、润肺、利便、降低胆固醇之功效，被称为“天然水果罐头”。1996 年，在全国第四次柚

图 6-11 沙田柚（县招商局提供）

图 6-12 椪柑（县招商局提供）

类评比获两个金杯奖。2001 年，在农业部举办的中国国际农业博览会上，恭城沙田柚被评为全国名牌农产品。

椪柑 恭城椪柑因推广施用液肥、沼渣及农家肥等有机肥，具有果大皮薄、色泽鲜艳、肉质脆嫩、汁多化渣、清甜可口、酸甜适度且耐贮运等优点而闻名中外。恭城椪柑可食率为 68%～75%，可溶性固形物含量为 12% 以上。据测定：100 毫升果汁含糖量 11～13 克、酸 0.5～1 克、维生素 C 25～35 毫克；100 克果肉含热量 171.66 焦耳、水分 88.6 克，富含蛋白质及钙、磷、铁等人体所需的营养物质。经常食用可降低人体中的胆固醇含量，排泄体内的有害物质，促进身体健康。1996 年，在全区优质水果评比中，恭城椪柑获银奖。同年，恭城获“中国椪柑之乡”荣誉称号。

恭城椪柑品质优，产量大。2005 年，种植面积 6446 公顷、产量 18.28 万吨。产品畅销大江南北，出口越南、俄罗斯及中国香港、澳门地区。

1989—2005 年恭城瑶族自治县五大类水果生产情况统计表

表 6-9 单位：公顷、吨

年份	合计		橘		橙		柚		柿		桃	
	面积	产量	面积	产量	面积	产量	面积	产量	面积	产量	面积	产量
1989	1214	5706	393	2593	205	1543	237	799	379	771	—	—
1990	1502	6813	421	3159	212	1684	365	1195	504	775	—	—
1991	3749	21631	1671	11794	1011	7458	440	1443	627	936	—	—
1992	4095	28335	1830	16028	1015	9314	522	1802	728	1191	—	—
1993	4840	41569	2125	23983	1039	10906	676	3344	1000	3336	—	—
1994	6417	62711	2333	35877	1108	16108	1199	5066	1777	5660	—	—
1995	9717	103902	3199	56457	1412	24933	2341	11299	2765	11213	—	—
1996	13851	157594	4375	80332	1989	32404	3203	19956	3585	19748	699	5154
1997	16366	211401	5040	98253	2288	39286	3826	28480	4438	36952	774	8430
1998	17011	212025	5161	97862	2356	41194	4018	26843	4593	37809	883	8317
1999	18433	244520	5333	110248	2327	43840	4591	33588	5214	49498	968	7346
2000	20114	273953	5542	114724	2444	43943	5033	39421	5944	67093	1151	8772
2001	20991	297570	5856	119361	2554	46251	5036	48959	6151	71497	1394	11502
2002	22000	328718	6136	136042	2721	50889	5071	50129	6487	79246	1585	12412
2003	22929	362478	6228	158707	3345	58945	5044	55539	6474	75403	1838	13884
2004	24024	411498	6358	178714	4129	66797	5054	61730	6643	88205	1840	16052
2005	25264	457576	6446	182822	5179	77619	5081	68091	6696	108445	1862	20599

第五节 农作物病虫害防治

病虫害种类

1983年，经县农业部门初步调查，县内危害农作物的害虫有178种：水稻有三化螟、稻飞虱、卷叶虫、稻瘿蚊、稻叶单等60种；红薯有中华蚱猛、蝗、红薯小象甲、短翅负蝗等23种；玉米有蝽类、蚱猛、玉米螟等46种；甘蔗有甘蔗棉蚜虫、蔗茎介壳虫、蔗叶蓟马、蔗根象鼻甲等21种；花生有中华油葫芦、棉绿叶蝉、蝗类等14种；柑橘类有桔刺粉虱、介壳虫类、柑橘木虱、桔大绿蝽、星天牛、柑橘恶性叶甲、达摩凤蝶、桔春凤蝶、柑橘潜叶蛾等14种，有的害虫危害多种作物。农作物病害147种：主要有水稻稻瘟病、纹枯病、白叶枯病、细菌性条斑病；红薯软腐病、红薯瘟、斑点病、褐斑病；玉米黑粉病、大斑病、小斑病、幼苗白化病；甘蔗黑粉病、赤斑病、虎斑病、环斑病、凤梨病、烟煤病、眼斑病、花叶病、甘蔗细菌性赤条斑病；花生冠腐病、褐斑病、黑斑病、青枯病；柑橘类煤霉病、炭疽病、煤烟病、疮痂病；芋头芋疫病、叶斑病、污斑病、花叶病等。1984年至2005年，均没有对农作物病虫害种类做系统调查。但在农作物病虫害防治实践中，对农作物危害较大的新增病虫害主要有柑橘粉虱、柑橘黄龙病。

1989年以来，随着耕作制度的改变，种植结构的调整，作物品种的更迭，栽培技术的改良和产量需求的提高等，也随之出现病虫种类演替、种群数量消长、害虫抗药性产生和作物品种抗性消失等新问题，以水稻病虫为例：1989—1996年，县内推广种植高产良种，如汕优桂99、威优77、汕优35辐、汕优36辐等品种，该类品种高杆、叶片浓绿，故该时期“两病一虫”即水稻纹枯病、稻瘟病、稻瘿蚊危害严重，年均发生面积26533公顷次，占种植面积的147.24%。另外，水稻细菌性条斑病、三化螟、稻飞虱、卷叶虫也危害较重。1997—2005年，水稻品种在求高产的基础上，向优质方向发展，水稻病虫主要为“三虫两病”，即三化螟、稻纵卷叶螟、稻飞虱、稻瘟病、稻纹枯病，年均发生面积33187公顷次，占种植面积的189.5%。其中，迁飞性害虫如稻纵卷叶螟、稻飞虱连年成为主要害虫，而稻瘿蚊、水稻细菌性条斑病逐年减轻。

三化螟 县内一年可发生4代半。以老熟幼虫在晚稻稻桩内越冬，3月下旬化蛹，4月中下旬成虫羽化后产卵于早稻秧田，5月上中旬第1代幼虫危害早稻，一般枯心率在0.1%～0.5%；6月中下旬第2代幼虫危害早稻，一般白穗率在0.2%～1%；第3代幼虫于7月下旬至8月上旬危害中稻造成白穗，危害晚稻造成枯心苗；第3代幼虫于9月中旬、下旬危害晚稻，造成白穗。1989—2005年，全县发生面积累计168666.67公顷。其中，发生面积最高的年份为2002年，面积为17000公顷；其次为1990年，面积为15666.67公顷；发生面积最少的年份为1998年，面积为2933.33公顷。

稻纵卷叶螟 县内一年可发生6～7代，每年从4月上旬至10月下旬出现幼虫。该虫是迁飞性害虫，第3代和第6代为主害代，在该期若虫出现降雨过程，则外地虫源大量迁入，与本地虫源一起，对水稻危害严重。2004年6月中旬的强降雨，外地虫源大量迁入恭城县。在西岭乡调查，蛾量高达15万头/公顷～22.5万头/公顷。1989—2005年，全县发生面积累计136466.67公顷。其中，发生面积最高的年份为1989年，为14400公顷；其次为1990年，面积为13866.67公顷；发生面积最少的年份为2001年，面积为5333.33公顷。

稻飞虱 县内有褐飞虱和白背飞虱两种，以褐飞虱对早稻、晚稻危害较大。一年可发生7代，各代交替发生。该虫是迁飞性害虫，被害稻田常发在田中间出现“黄塘”（穿顶），逐渐扩大成片，严重时造成全田荒枯。1997—2005年，该虫在县内连年大发生。1989—2005年，全县发生面积累计243533.33公顷。其中，发生面积最高的年份为2002年，面积为18200公顷；其次为1989年，面积为17133.33公顷；发生面积最少的年份为2004年，面积为11333.33公顷。

稻瘟病　县内种植的水稻品种以威优系列杂交组合为主，如新香优207、桂小占、金优974、金优桂99等，感病性强，稻瘟病发生严重。1993年，西岭乡八岩、挖沟村稻瘟病暴发成灾，失收面积18.67公顷。1989—2005年，全县发生面积累计138666.67公顷。其中，发生面积最高的年份为1991年，面积为10133.33公顷；其次为1995年，面积为9933.33公顷；发生面积最少的年份为2002年，面积为5866.67公顷。

稻纹枯病　为高温高湿病害，发病高峰期大都是水稻处于孕穗抽穗的易感阶段。早稻、中稻、晚稻均可发生，引起结实率和千粒重显著降低，甚至植株倒伏枯死。1989—2005年，全县发生面积累计191733.33公顷。其中，发生面积最高的年份为1995年，面积为14600公顷；其次为1993年，面积为13866.67公顷；发生面积最少的年份为2005年，面积为9000公顷。

柑橘黄龙病　为细菌性病害，柑橘木虱为该病的唯一传播虫媒。1997年冬，县植保站组织各乡镇农技人员开展一次全面调查，在峻山电站附近一柑橘园发现木虱。1998—2005年，县内柑橘黄龙病逐年加重，成为柑橘生产中一种毁灭性病害。

柑橘炭疽病　为真菌性病害，在恭城主要是慢性炭疽、花柄炭疽、果柄炭疽。慢性炭疽高峰为3月至4月，发病主要品种为椪柑；花柄炭疽、果柄炭疽主要发生在沙田柚和椪柑，病果（花）率高的达27.2%。2005年，由于秋季持续高温时间长，果树抗性下降，椪柑园果柄炭疽发生较重，个别果树果实甚至落光。

柑橘溃疡病　为细菌性病害，发病品种以新种脐橙及沙田柚为主。叶发病高峰在5月，果发病高峰在5月下旬至7月。

沙田柚疫霉褐腐病　为真菌性病害。主要危害沙田柚果实，特别是近地面果实。果实从鸡蛋大小至碗口粗均可受害，感病果实易脱落。

月柿炭疽病　为真菌性病害。主要危害果树新梢和果实，有时也侵染叶片。果实受害后变红、变软，提早脱落，枝条发病严重时，往往折断枯死。

月柿角斑病　为真菌性病害。主要危害果树叶片和果蒂。叶上病斑扩展往往受叶脉限制形成多角形；柿蒂染病多发生在蒂周围，发病重的引致落叶和落果。

柑橘红蜘蛛　县内一年可发生20～24代，世代重叠明显，发生高峰期在春季、秋季两季。影响柑橘红蜘蛛发生因素较多，有气候、天敌、人为（如施用农药、栽培措施）等，其中气温往往起主导作用。2005年，柑橘红蜘蛛属轻发生年，其原因是2004年冬一直以阴雨天气为主，2005年1月上旬普降大雪，红蜘蛛越冬基数轻，夏季持续高温时间长，导致2005年一直未出现明显成若螨高峰。

柑橘锈蜘蛛　县内主要发生时段为7月至9月。7月、8月为柑橘锈蜘蛛猖獗时期，叶片和果面往往附有大量虫体和脱皮壳，好像薄敷一层灰尘，若不及时喷药防治，会造成“黑皮果”，影响果实的商品价值。

柑橘蚧壳虫　县内发生优势种为褐圆蚧、紫牡蛎蚧、矢尖蚧。由于最佳用药时间易错过，使用复配农药对成蚧效果差等原因，果实受害较普遍。

柑橘潜叶蛾　只危害果树嫩叶，有嫩梢时都会发生。

柑橘花蕾蛆　只危害果树花蕾，易引起畸形花。2005年，由于阴雨天气多，花蕾蛆发生较重，主要发于近山边、近桃园边的柑橙柚果园，花蕾受害严重的达到40%，平均3.2%。

柑橘粉虱　该虫于1998年在莲花镇一柿子园首次发现，随后逐渐上升为县内危害柑橘、月柿的主要害虫，造成柑橘的煤烟病、月柿的落果。县内一年主要发生4代。2005年，为大发生年，发生面积22333公顷。

柑橘蚜虫　主要危害果树嫩梢，易引起煤烟病。2005年，由于越冬基数偏低，夏季高温干旱等原因，发生偏轻。

柿蒂虫 一年发生2代。幼虫以蛀果为主，亦蛀嫩梢，蛀果多从果梗或果蒂基部蛀入，幼果干枯，大果提前变黄早落俗称“红脸柿”“旦柿”。

柿绵蚧 若虫及雌成虫吸食柿叶、枝及果实汁液，致嫩梢呈现黑斑以致枯死，叶畸形早落，果实出现黄绿小点，严重的下陷变黑或木栓化，幼果易脱落。

恭城县内的经济作物虽有一定面积，但各个品种难以形成一定规模，面积相对稍大的有花生、槟榔芋、白菜类蔬菜等。花生的病虫害主要有花生锈病、花生青枯病等，槟榔芋的病虫害主要有芋疫病、芋软腐病、斜纹夜蛾等，白菜类蔬菜的病虫害主要有白菜类软腐病、霜霉病、菜青虫、小菜蛾等。

病虫害综合防治

1989年以来，对农作物病虫害的防治仍采取“预防为主，综合防治”的植保方针。

植物检疫 1999年，县农业局建立法制股，在县内各主要交通路口设立柑橘苗木检查组，对外县进入恭城县的柑橘苗木进行植物检疫，阻断黄龙病苗木在恭城销售的渠道。仅2004—2005年，经检疫查获的黄龙病苗木达7.7万株。

农业防治 采用水稻旱育稀植、塑盘抛秧技术、培育无病壮秧，及测土配方平衡施肥方法，提高水稻自身抗病虫能力。在农事活动中，采用一些针对性措施，也能降低病虫发生或蔓延的概率。如“春灌灭螟”使越冬三化螟化蛹前被大量消灭；“打捞菌核”减少水稻纹枯病菌源；挂多频振式杀虫灯诱杀以鳞翅目为主的害虫，以及黄板诱杀粉虱、蚜虫等。

生物防治 利用天敌昆虫防治害虫；利用病原微生物防治害虫，用得较广的微生物制剂有1.8%阿维菌素、5%井冈霉素水剂、72%农用硫酸链霉素可湿性粉剂等；利用其他有益动物防治害虫，如稻田养鸭；利用害虫不育性防治害虫；利用昆虫激素防治害虫。

药物防治 20世纪80年代末至90年代，高效、低毒的化学农药为县内农民防治农作物病虫害的首选。2001年，县无公害水果生产办公室根据国家制定的安全用药标准提出无公害水果生产农药安全使用规范，禁止使用的农药品种（含其复配剂）有六六六、滴滴涕、林丹、硫丹、三氯杀螨醇、久效磷、对硫磷、甲基对硫磷、治螟磷、地虫硫磷、蝇毒磷、丙线磷、苯线磷、甲基硫环磷、甲拌磷、乙拌磷、甲胺磷、甲基异柳磷、氧乐果、磷胺、涕灭威、克百威、福美砷、福美甲砷、又胍辛胺、除草醚、草枯醚、杀虫脒、三环锡、薯瘟锡、毒菌锡、敌枯双、二溴乙烷、二溴氯丙烷等，县内农民在生产中只能使用高效、低毒、低残留的农药。

水稻的病虫害防治

1989—1994年，发生的水稻病虫主要有“三虫二病”和细菌性条斑病，使用的农药主要以甲胺磷、水胺、敌敌畏等高毒有机磷农药为主，对螟虫和稻纵卷叶螟防治效果较好，防治效果一般在90%以上；防治稻瘟病农药主要使用富士一号和多菌灵，防治效果一般；对细菌条斑病主要使用叶青双，防治纹枯病主要使用井冈霉素。1995—2000年，稻瘿蚊暴发成灾，防治重点是推广益舒宝和呋喃丹在秧田和本田颗粒施药，对螟虫和稻纵卷叶螟有较好的兼治作用；同时，由于大面积推广强氯精种子消毒，细菌性条斑病的发生也越来越轻。2001—2005年，迁飞性害虫稻飞虱和稻纵卷叶螟发生较重，大面积推广使用扑虱灵和吡虫啉，对稻飞虱防治效果较好；推广使用75%三环唑、丙环唑，对稻瘟病和纹枯病的防效较好。

水果的病虫害防治

月柿 主要的病虫害有炭疽病、叶角斑病、叶圆斑病、柿棉蚧、柑橘粉虱、柿蒂虫，尤以炭疽病、柿棉蚧、柑橘粉虱发生面广，危害严重。

炭疽病的防治要加强果园管理，培育健壮树势，提高树体抗病能力。在新梢生长期少施氮肥，多施磷肥、钾肥，特别是草木灰等有机钾肥；生长旺盛的枝条生长期通过短截（摘心）和喷施叶面肥加速春梢老熟，提高树叶的抗病能力，疏除影响通风透光的多年生枝条和内膛弱小无效枝，并及时抹除夏梢；剪除病枝、病叶，摘除病果并及时处理，避免二次传染；开好果园排水沟，及时排除果园积水。搞好冬季清园，减少越冬病源。柿树落叶后至萌芽前彻底剪除病树上的病枝、枯枝、落叶等集中烧毁，再喷 3～4 波美度石硫合剂 1～2 次；成年树刮去粗树皮后涂上石硫合剂与石灰混合液。抓住关键时期及时喷药。当春梢萌芽长至 3 厘米时开始喷药，直至春梢完全老熟，此期喷药，每隔 10 天 1 次。所用农药为 70% 甲基托布津 800～1000 倍液，50% 多菌灵 600～800 倍液，80% 代森猛锌 600～800 倍液；25% 咪鲜胺 800～1000 倍等。

柿棉蚧的防治要加强植物检疫，不种带虫苗木；农业防治措施：冬季刮除树干鞘皮，减少该虫越冬场所，并剪除受害枝条连同枯枝落叶一同烧毁；化学防治措施：在柿树落叶后至萌芽前喷石硫合剂 2～3 波美度 1～2 次；在若虫期选用 25% 扑虱灵 1000～1200 倍液、48% 乐斯本 1000 倍液或 40% 速扑杀 1000 倍液。

柑橘粉虱的防治要挖除园边的四季青、黄荆柴等寄生植物，剪除果树内膛的弱枝、交叉荫蔽枝，根据植报站病虫情报，及时用药防治。所用农药为 10% 一遍净（吡虫啉）2000 倍加 30% 速克毙 1000 倍；20% 灭多威 1500～2000 倍；4.5% 高效氯氰菊酯 2000 倍加 10% 一遍净（吡虫啉）2000 倍。

柑橙主要的病虫害有柑橘黄龙病、柑橘疮痂病、柑橘溃疡病、柑橘炭疽病、柑橘红蜘蛛、柑橘木虱、柑橘粉虱、桔蚜和锈壁虱等。

防治方法以预防为主。在新梢未完全转绿前每隔 15 天左右用 1 次药，如遇连续阴雨或大风大雨天气应缩短喷药间隔期。防治柑橘疮痂病、炭疽病可选用 50% 多菌灵 600 倍、70% 托布津 700 倍、80% 大生 (代森锰锌) 可湿性粉剂 700 倍液、70% 代森锰锌可湿性粉剂 600 倍液、25% 使百克乳油 1000 倍等药剂；防治柑橘溃疡病可选用 20% 龙克菌（噻菌铜）悬浮剂 500 倍液、47% 加瑞农（春雷霉素・王铜) 可湿性粉剂 1000 倍液、72% 农用硫酸链霉素可湿性粉剂 3000 倍液等药剂。当柑橘红蜘蛛平均每叶虫量达 5 头以上的果园应及时施药防治，药剂可选用 10% 哒螨灵 1000 倍、24% 螨危（螺螨酯）悬浮剂 4000～5000 倍液或 1.8% 阿维菌素乳油 2000 倍液或 25% 螨克（双甲脒）乳油 1500 倍液等药剂雾喷。在新梢未老熟时，慎用克螨特、三唑锡等易产生药害的农药雾喷。防治柑橘黄龙病的办法是扑杀木虱、挖除病树、种植无病苗木。防治柑橘木虱可选用 4.5% 高效氯氰 1000 倍、20% 三唑磷乳油加 20% 甲氰菊酯乳油 1000 倍液、40% 乐斯本（毒死蜱）乳油 1000 倍液等药剂轮换使用。防治蚧壳虫可选用 40% 速扑杀（杀扑磷）乳油 1000 倍液、48% 乐斯本乳油 1000 倍液、25% 扑虱灵可湿性粉剂 1000 倍液等药剂雾喷。

沙田柚 主要病害有黄龙病、溃疡病、疮痂病、炭疽病，其防治方法同柑橘。溃疡病对柚子危害比较严重，侵害新梢、嫩叶和幼果。防治方法以预防为主，综合治理：严格检疫制度，建立无病母本园、采穗圃和育苗基地，防止病苗出圃。发病园地应用采取综合措施防治：彻底清园。采收后剪除病枝、病叶，清理病果落果，就地烧毁。清园后全面喷洒石硫合剂，消灭越冬病源；每次抽梢期及时防治传染病源的害虫，如潜叶蛾和恶性叶虫等；每次新梢露顶后（自剪前）及花谢后每隔 10 天、30 天、50 天喷 1 次药，可选药物有 1∶2∶100 倍量的波尔多液、每毫升 600～1000 单位的农用链霉素加 1% 乙醇溶液、50% 代森锌粉剂 500～800 倍液、50% 退菌特粉剂 500～800 倍液等药液。

沙田柚主要虫害有红蜘蛛、锈壁虱等螨类，矢尖蚧、褐圆蚧等蚧类，柑橘潜叶蛾，桔实蕾瘿蚊，吉丁虫类等。螨类防治可用 73% 的克螨特乳油 2000～4000 倍液、50% 的三唑环锡 1500～2000 倍液、20% 三氯杀螨醇乳油 800～1000 倍液等药液雾喷。蚧类防治可在幼虫发生期连续喷洒 40% 的氧化乐果乳油 1000 倍液、20% 杀灭菊酯乳油 3000 倍液 1～2 次。柑橘潜叶蛾可在大多数新梢长到 0.5～1.0 厘米时开始每隔 5～10 天喷 1 次 25% 溴氰菊酯 2500～3000 倍液或 40% 水胺硫磷 800～1000 倍液。吉丁虫类可在成虫羽化盛期而未出洞前，刮光树干已死树皮，用 1∶1 的 40% 乐果乳油加煤油涂在被害处；成虫出洞高峰期，用 80% 的敌敌畏乳油 1000 倍液或 90% 敌百虫 1000～1500 倍液喷射树冠。

桃类　主要病害有桃缩叶病、细菌性穿孔病、果实炭疽病、疮痂病、褐腐病及枝干流胶病等，害虫主要有红颈天牛、桃蛀螟、梨小食心虫、桃蚜、桑白蚧、叶蝉和刺蛾等。

桃缩叶病防治方法是在桃芽膨大而尚未绽开时喷波美 5 度石硫合剂，严重时在展叶后再喷波美 0.3 度石硫合剂，同时结合人工及时摘除病叶、病梢烧毁，减少病源。细菌性穿孔病多在春夏之际发生，造成叶片穿孔、脱落。防治方法：在早春萌芽时 (露绿期) 喷布 1∶1∶100 倍的波尔多液。喷药时需注意与石硫合剂的喷药期之间有 7～10 天间隔期，且在展叶后宜改喷 65% 代森锌 400～500 倍液防治，以免产生药害。桃炭疽病在 4 月至 7 月间均能发生，桃花开后连阴雨天气易造成该病暴发。可结合对桃缩叶病和桃疮痂病的喷药进行防治。桃疮痂病主要为害果实，幼果期喷波美 0.3～0.4 度石硫合剂，或 25% 多菌灵 400～500 倍液，或 75% 托布津 1000 倍液。桃流胶病的防治主要从加强管理，增强树势入手，做好树体保护工作。

防治红颈天牛的方法：在 5 月下旬成虫产卵前，对主干及主枝分杈部位涂白 (涂白剂用生石灰和水按 1∶3 的比例调制而成，加入少量食盐或少量石硫合剂渣滓)。同时人工捕杀成虫。在生长期经常检查树干，发现幼虫为害时可行钩杀或药杀。桃蛀螟和梨小食心虫的防治方法：在产卵盛期喷布 50% 杀螺松乳油 1000 倍液药杀幼虫，隔 10～15 天再喷 1 次，也有在喷药后进行套袋防护。桃蚜的防治方法：在春季卵盛孵期喷 10% 吡虫啉 3000～4000 倍液，危害严重时在秋季桃蚜回迁桃树时再喷药 1 次。

第三章　畜牧水产业

恭城县境内的山地和丘陵面积广阔，占全县面积的70.8%，为畜牧业提供了丰富的自源资源。传统性畜业以养殖牛、猪为主，禽业以养殖鸡、鸭为主。1990年起，逐渐从家庭零星养殖发展到规模型专业养殖。2000年，又逐渐出现以竹鼠、山鸡为主的特种养殖。1989年，全县畜牧业生产总值为1871万元，2005年为10946万元。

恭城宜渔水面广阔，饵料资源较为丰富。从1990年起，全县成鱼养殖逐渐从传统沟塘养殖向水库养殖和江河网箱养殖方面发展。1995年，水库养殖面积从1989年的387公顷发展至451公顷，又逐步发展到2005年的483公顷。网箱养殖：1990年始有900平方米养殖面积；2005年发展到2200平方米。2005年，全县放养水域面积共1167公顷，放养鱼苗159万尾，捕捞成鱼4292吨。

第一节　养殖资源

畜牧养殖资源

草场资源　1984年草源普查，全县草场面积65733公顷，可利用面积47260公顷。1998年核查，尚存各类草场5400公顷，比1984年普查时减少11733公顷，减少17.8%。在可利用的草场中，山地草丛类14000公顷，农林间隙地草场10866公顷，山地荒林草丛类7067公顷，丘陵疏林草丛类3333公顷，石山灌丛草场3333公顷，丘陵草丛类6733公顷。2000—2005年，恭城实施国家级“飞播牧草示范项目”和“南方草山草坡开发示范项目”，引进珍珠高粱、黑麦草、狗尾草、合萌、任豆树、银合欢、桂牧一号、桂牧二号、矮象草、海牛草、柱花草、白三叶等十多种优质牧草，共全垦种草1607公顷，改良草场747公顷。

种植饲料　种植的精粗饲料有稻谷、玉米、芋头、红薯、木薯；农作物副产品有统糠、细糠、花生麸、豆麸、酒糟、豆渣；青绿饲料有红薯藤、芋苗、牛皮菜、苦马菜及其他蔬菜下脚料；秸秆饲料有稻草、花生藤、甘蔗叶、玉米秆等。20世纪90年代，全县玉米、红薯、木薯等专用饲料作物每年种植面积（含复种）有4667公顷，专用青饲料种植747公顷。2005年，专用饲料面积3667公顷，其中玉米867公顷、红薯2333公顷、木薯467公顷。

商品饲料　1992年开始，全县调减粮食和饲料种植面积，每年须调运销售外地玉米、麦麸、豆粕、配（混）合饲料和添加剂等商品饲料。1993年，全县销售配（混）合饲料1163.72万千克，浓缩饲料196.4万千克，生长素3.5万千克，各种添加剂7.38万千克。1994年，在栗木镇六岭、平安乡新街建成两个饲料加工厂，年生产配混合饲料1万吨。1995—2000年，全县有饲料经营店95家，每年经销饲料3000万千克。2005年，全县饲料经销不到1000万千克。

水产养殖资源

水域资源 1990年调查显示，全县江河面积3047公顷，宜渔面积2173公顷；水库28座，宜渔面积1347公顷；山塘50处、面积44公顷，池塘128公顷，沟渠18公顷，家庭鱼窝4公顷。另外，在保水田中可兼用于养鱼的有1667公顷。

饵料 境内河流发源于有机质较丰富的山林地区，沿河土壤肥沃，水质优良，易于浮游动植物生长繁殖；池塘多位于乡村宅前屋后，水质肥沃，饵料资源丰富。水生植物饵料有轮叶、苦草（扁担丝）、马来眼、子菜（竹叶丝）、油草及浮萍等。陆生草38种，主要有野生稗子草、花草（烂草）、人字草、水花生、铺地绒及人工种植的象草、苏丹草、茹菜、苦妈菜、蔗叶等。水生动物有原生物类、轮虫类、枝角类、桡足类，底栖生物有摇蚊幼虫、水蚯蚓、螺、虾及小鱼等。另外，芝麻麸、花生麸、茶麸、米麦糠等均可作鱼料。

第二节 畜牧养殖

品种改良与推广

全县各类畜禽品种共有牛、猪、羊、兔、马、鸡、鸭、鹅、鸽等。

牛 1989年，县内畜养的牛品种有本地水牛（黄牛）、广西新水牛、秦川牛、南阳杂交牛、摩拉杂交水牛等。1999年，引进法国夏洛来、利木赞、西门塔尔种公牛与本地黄牛杂交配种。杂交黄牛初生重30～35千克，3年后成年公牛达1000千克，比成年土黄牛重1倍多。2002年，开始大量引进夏洛来、利木赞、西门塔尔、拉非等良种牛冻精，开展人工授精配种。2003年，全县有黄牛品改示范村11个，全年牛人工授精2722头，本交改良911头。2005年，全县良种牛人工授精配种达到11589胎（次）。

2005年年末，县内留存的牛品种有本地水牛（黄牛）、广西新水牛、摩拉杂交水牛、拉非杂交水牛、夏洛来杂交黄牛、利木赞杂交黄牛、西门塔尔杂交黄牛。

猪 1989年，县内畜养的猪品种有本地黑白花猪、东山猪、约克猪、长白猪及丹麦猪等。1999年，引进杜洛克、大约克、新长白、皮特兰、迪卡种猪，下年即有纯繁种猪和二元杂交母猪供应繁殖。2004年，引进斯格猪，并建成斯格原种猪场。2005年，全县瘦肉型种猪存栏1100头。

图6-13 栗木镇建安村绿健牧业养猪场（县畜牧局提供）

2005年年末，县内留存的猪品种有本地黑白大花猪、东山猪、斯格猪、约克夏猪、新长白猪、外三元杂交猪、内二元杂交猪。

羊 1989年，县内畜养的羊品种仅有本地山羊。1990年后，陆续引进隆林山羊、贵州黑山羊、小尾寒羊、南江黄羊等。2005年年末，留存的羊品种有本地山羊、隆林山羊、杂交羊。

兔 1989年，县内畜养的兔仅有本地短毛兔。1990年后，陆续引进安哥拉毛兔、日本大耳兔、西德长毛兔等。2005年年末，留存的兔品种有本地短毛兔、安哥拉毛兔、日本大耳兔、西德长毛兔。

鸡　1989年，县内畜养的鸡品种有本地鸡、多种杂交鸡。1990年后，陆续引进澳洲黑、洛岛红、海岸红、来航鸡、固始鸡、泰和鸡、红布罗、星杂288、罗斯鸡、斗鸡、白洛克、新汉鸡、芦花鸡、三黄鸡、七彩山鸡等品种。2005年年末，留存的鸡品种有本地黄毛鸡、澳洲黑、芦花鸡、来航鸡、288AA鸡、罗斯鸡、新汉鸡、红布洛、斗鸡、固始鸡、三黄鸡、七彩山鸡。

鸭　1989年，县内畜养的鸭品种有本地鸭、桃川麻鸭、荔浦麻鸭。1990年后，陆续引进北京鸭、樱桃谷鸭、红毛鸭、浙江麻鸭、番鸭、江西蛋鸭等。2005年年末，留存的鸭品种有桃川麻鸭、荔浦麻鸭、北京鸭、樱桃谷鸭、红毛鸭、浙江麻鸭、江西蛋鸭、番鸭。

除上述品种外，县内畜养的畜禽还有马、鹅、鸽等。1990—2005年，引进的品种有青海马、卡巴金马（苏联）、狮头鹅、合浦鹅、王鸽、澳洲白鸽等。至2005年年末，留存的马、鹅、鸽品种有本地（广西）马、本地鹅、狮头鹅、杂交鹅、本地灰鸽、王鸽、澳洲白鸽。

畜禽饲养

猪　以饲养本地母猪与长白（约克）公猪杂交一代商品猪为主。1989年，全县生猪饲养193250头，出栏肉猪88031头，存栏105219头。1994年，“养猪—沼气—种果”的生态农业模式初步形成，养猪业进入一个快速发展的阶段。同年年底，全县生猪饲养467991头，出栏肉猪288975头，年出栏10头肉猪以上的规模养猪户4884户，占总农户5.4万户的9%，规模养猪出栏量占全县生猪出栏的27.8%。2005年，开始瘦肉型猪养殖，全县有瘦肉型猪养殖小区5个，种猪规模大小养殖户972户。同年，全县生猪饲养553248头，其中出栏肉猪349372头，存栏203876头。

牛　1989年，农民养牛主要用于耕作畜力，少量作为商品牛出售。同年，牛存栏43298头，出栏1582头。1995年起，因产业结构逐年调整以及市场需求，养牛业得到逐步发展，并出现畜养5头以上至10头的小型专业养牛户。1996—2005年，年均养牛84204头，最高年为1998年的92771头；年均出栏12761头，最高年为1998年的19060头；年均存栏71442头，最高年为2005年的75387头。2005年，全县养牛91586头，出栏16199头。1989—2005年，全县牛养殖年均增长4.28%。

羊　1989年，只有少量散养户，养殖个体小、生长慢的本地羊，年饲养量不足1000只。1996年，以“公司+基地+农户”的方式，引进个体大、生长快的隆林山羊和贵州黑山羊共2400只，在西岭乡、嘉会乡、栗木镇建立项目区繁殖推广。1997年，又引进杂交种羊2000只。1997年年底，全县饲养羊75821只，出栏37252只，年末存栏38569只。2000年，恭城成为全国生态农业示范县，严禁在山坡、丘陵草地养羊，由此全县养羊数量明显下降。2005年，全县存栏400只。

鸡　1989年，鸡养殖以散养为主，全县养鸡71万羽，出栏肉鸡34.63万羽，年末存栏36.37万羽。1990—1992年，在103个行政村的16097家农户，实施以“五推”（推广优良品种、推广人工孵化和人工育雏、推广全价配合饲料、推广科技饲养管理技术、推广家禽疫病综合防治技术）科学养禽技术，3年共出栏86.1万羽。1995年，全县出栏肉鸡104.87万羽，年末存栏72.86万羽；2000年，出栏肉鸡124万羽，年底存栏75.44万羽；

图6-14　规模标准化养牛场（县畜牧局提供）

2005年，出栏肉鸡193.57万羽，年末存栏95.22万羽。

鸭 1989年，鸭养殖以散养居多，全县鸭存栏3.33万羽。1995年，出栏肉鸭13.9万羽，年末存栏6.17万羽；2005年，全县出栏肉鸭38.65万羽，存栏14.97万羽。规模养鸭户不多，最多的蛋鸭养殖户存栏800羽，肉鸭蛋鸭一般以百羽以内、数十羽以上居多。

1993年后，竹鼠、七彩山鸡、黑豚、豪猪等畜禽品种先后被引入恭城养殖。2005年，全县饲养竹鼠的农户70户，鼠栏面积2889平方米，存栏竹鼠4901只；七彩山鸡存栏400只；黑豚栏舍40平方米，存栏种鼠400只；豪猪栏舍80平方米，存栏45只。

1989—2005年恭城瑶族自治县畜牧业生产情况一览表

表6-10

单位：头、匹、只、万羽、吨

年度	牛			马存栏	猪			山羊	肉兔出笼	家禽出笼	家禽存笼	禽蛋	蜂蜜
	小计	出栏	存栏		小计	出栏	存栏						
1989	44880	1582	43298	—	193250	88031	105219	282	—	38.11	55.73	—	—
1990	51900	2400	49500	—	199100	89000	110100	560	—	41.50	42.06	—	—
1991	53678	2131	51547	—	212799	98227	114572	348	400	39.93	43.83	845.70	8.00
1992	56958	2729	54229	—	225567	108824	116743	646	2748	56.43	52.21	970.00	9.00
1993	60753	4289	56464	159	289923	163573	126350	2196	3260	69.36	58.92	1266.60	12.00
1994	62743	4925	57818	162	467991	288975	179016	3448	2200	100.33	69.94	1509.00	8.00
1995	67630	5912	61718	245	685347	458068	227279	14077	5200	118.93	79.16	1583.00	18.00
1996	77290	10561	66729	154	756483	507934	248549	24395	7000	200.58	108.08	1929.00	9.00
1997	87521	15209	72312	247	789278	530814	258464	37252	6778	263.16	118.57	2115.00	7.00
1998	92771	19060	73711	272	660529	419366	241163	35549	5730	297.71	124.19	2327.00	4.00
1999	77455	8213	69242	309	419993	240257	179736	27520	22800	129.49	82.41	1390.00	3.00
2000	79679	10246	69433	312	435776	247152	188624	17661	3200	148.96	88.22	1633.00	10.00
2001	81148	10769	70379	337	460226	265048	195178	24340	2700	159.74	95.98	1329.50	6.35
2002	82849	11636	71213	340	485361	287690	197671	160	4400	165.48	97.17	1772.00	11.00
2003	82957	11673	71284	352	486634	297549	189085	1508	4856	171.17	95.38	1769.00	11.00
2004	88789	14053	74736	348	518162	322009	196153	—	6381	184.55	103.07	2199.00	13.00
2005	91586	16199	75387	348	553248	349372	203876	—	7328	206.03	106.05	2420.00	14.20

畜禽病防疫

1989—2005年，全县家畜家禽疫病的防疫主要是牲畜五号病、猪瘟、猪丹毒、猪肺疫、猪链球菌病、牛炭疽病、牛出败、狂犬病、鸡瘟、禽流感等。

牲畜五号病 又叫口蹄疫病。采取春秋两防（两季防疫），与平时市场及窝边注射相结合的方式。1989—2005年，共注射五号病278.57万头（次），病源普查583.41万头（次），防疫面均达100%，密度达98%以上。如发生五号病，则对发生五号病的牲畜及同群畜实行强制性扑杀，对疫区和受害威胁区实行紧急接种，对疫点实行封锁、紧急消毒。1989—2005年，全县五号病发生349头，扑杀病畜同群畜 448 头。

1997 年 12 月 28 日，县城屠宰场 121 头存栏猪发生大规模五号病。1999 年 12 月 15 日，嘉会乡九板桥和余家屯发生牛五号病。2000 年 2 月 19 日，栗木布结、嘉会雷破、西岭下莫等乡镇出现 23 个疫点，183 头牛、3 头猪相继发病。2000 年 4 月 15—23 日，相继有嘉会乡秀才桥、马鞍山、蟠龙、松林，平安乡对河，栗木镇栗木、高岭、马路桥，恭城镇门楼 3 个乡镇、9 个屯发生五号病，其中猪 18 头、牛 1 头。2000 年 6 月 7—13 日，莲花镇东寨村周家湾屯暴发牛五号病，波及岩口、湖山、东寨 3 个行政村、4 个屯，共查出病牛 83 头。

猪瘟、猪丹毒、猪肺疫　俗称“老三瘟”。1989—2005 年，采取春秋两防与常年免疫相结合，20 日龄采用猪瘟兔化弱毒苗首次免疫，共计 289 万头；60 日龄左右上市时，用猪瘟、猪肺疫、猪丹毒三联苗第二次免疫，共计 328 万头。1989—2005 年，“老三瘟”呈零星发病状，猪瘟发病共计 1073 头，猪丹毒 725 头，猪肺疫 526 头。

猪链球菌病　1989—2005 年，累计预防注射 26.4 万头，尚有零星散发，但未造成流行。

牛出败　1989 年，栗木上枧及莲花凤岩两个村发生牛出败 12 头，死亡 10 头。疫情发生后，采取紧急消毒并对病畜及尸体无害化处理，对周邻区紧急接种 1.2 万头。此后，连续采取以发病村、相邻村为重点的计划免疫，累计 18.68 万头。至 2005 年，全县无该病发生。

狂犬病　1989—2005 年，共接种狂犬疫苗（或五联苗）10.82 万只，大大降低该病的发生。

鸡免疫　1989—2003 年，每年组织鸡瘟Ⅰ系（含二联苗）Ⅱ系 160 万羽份。2004—2005 年，每年组织 200 万羽份（含各种二联苗）注射，通过示范场户，带动农户养鸡免疫。免疫密度从 1989 年的 42% 逐年提高到 2005 年的 58%，养鸡成活率也由 86% 提高到 92%。

畜禽病治疗

仔猪黄白痢　呈地方流行性，发病率在 50%～70%，因母猪饲养管理不善和栏舍卫生条件差而引起仔猪发病。仔猪一般在 7 日龄内易患黄痢，7～30 日龄易患白痢。2002 年，县畜牧局种猪场有 68 头仔猪患黄白痢，采用杀痢王、喹诺酮类等药物治疗，结合消毒搞好栏舍清洁卫生，治愈 63 头。

仔猪水肿病　多在突然改变饲料发生该病，呈零星散发，治疗不及时会死亡。1994 年，栗木镇车田一养殖户发病 6 头，采用亚硒酸钠、复方恩诺沙星等药物治疗全部治愈。

猪流行性腹泻　呈季节性流行，因冬春冷暖季节更替而引起发病，发病率可达 100%，有传染性，但死亡率不高。2005 年冬季大面积流行，经采用诺氟沙星等抗生素治疗结合补液，治愈率 98% 以上。

猪附红细胞体　由病原破坏血液红细胞引起，临床表现发热贫血黄疸红尿。2002 年 9 月，龙虎乡九十工村 32 头猪发病，经用三氮脒治疗，治愈 30 头。

鸡球虫　多发生于湿度大、气温高的季节。病状为拉红色粪便，或粪中带血丝，排粪时异常鸣叫，鸡体消瘦，有传染性。1995 年春，栗木白芒垒一鸡场发生该病，186 羽鸡发病，用球康、球痢灵克球粉等药物治疗，有效率 95% 以上。

鸡传染性支气管炎　呈季节性流行，以冬春季节多发，传染性强。2002 年冬，恭城镇燕岩一养殖户 202 羽鸡发病，采用泰乐菌素等治疗，治愈 188 羽。

法氏囊　1999 年，栗木建安耀达鸡场暴发该病，病鸡 2000 余羽，解剖症状主要是法氏囊肿胀，胸肌、腿肌出血，临床表现为怕冷、扎堆、拉稀。经用双抗加蛋黄液紧急注射治疗，治愈率为 86%。

畜禽检疫

1989 年 10 月，开始实行生猪及肉品一律凭免疫证上市、收购和转运的检疫制度，屠商、猪贩及从事烧、卤、腊的摊位业主凭县畜牧局培训核发的兽医卫生合格证（1998 年，更名为动物防疫合格证）经营。1989—2002 年，共核发卫生合格证 7188 份。1996 年，开始实行牲畜定点屠宰，全县设县城、平安（新街）、莲花、嘉会、西岭、栗木 6 个定点屠宰场，肉品检疫由市场转到屠宰场。

1989—2005 年，活畜共检疫猪 1147043 头、牛 24948 头，检出病猪 2277 头；肉品卫生检验共计猪 1205148 头、牛 25567 头，共检出病猪（牛）1586 头。

第三节　水产养殖

养殖

鱼苗繁殖　鱼苗繁殖分自然繁殖和人工繁殖两种。江河鱼类属于自然繁殖，每年春秋季节，各种鱼类在河湾浅水等地带自行交配、产卵、自生自长。建于 1979 年的县鱼种场，占地面积 7.5 公顷，建有亲鱼池 8 个，产卵池 1 个，孵化槽 60 平方米，每年人工孵化海花 2000 多万尾，供应县内各养鱼户。2004 年，鱼种场停产，县内所需鱼种均由外地购进。

成鱼养殖　成鱼养殖以“四大家鱼”为主，草鱼占 60%，鲤鱼、鲢鱼、鳙鱼共占 40%，逐步向池塘—水库—稻田—网箱养殖方面扩展。1990 年，落实自治区“科技兴渔”号召，养鱼水面 714 公顷，放养鱼苗 172.53 万尾，捕捞成鱼 391.50 吨。2005 年，放养水域 1167 公顷，放养鱼苗 159 万尾，捕捞成鱼 4292 吨。

池塘养鱼　县内农民有把村宅或田园旁侧坑洼开辟成鱼塘的习惯，以放养草鱼为主。4—9 月，投放油草、丝草等自然饲料，养殖方法较为传统。1990 年，共有家养池塘 1267 个，面积 122 公顷，此后增积不大。

水库养鱼　全县共有大小型水库 28 处，山塘水库 76 处，多属于山谷型水库，水质营养丰富，是全县最大的人工渔业水域资源。峻山水库曾投放鱼苗 27 万尾，从 2000 年起停止投放鱼苗。2001 年，在蓝洞水库放养银鱼 600 万尾。各小型水库和山塘水库养鱼原以自然放养为主，1989—1995 年，推广化肥养鱼技术，造成水体富营养化和水质污染；2001 年，停用该技术，仍以有机饲料喂养为主。

1989—2005 年恭城瑶族自治县水库养鱼情况统计表

表 6-11　　单位：公顷、吨

年度	面积	产量	年度	面积	产量
1989	387	745	1998	451	1087
1990	387	778	1999	451	1125
1991	387	816	2000	479	1168
1992	387	852	2001	479	1219
1993	387	887	2002	479	1243
1994	387	913	2003	479	1278
1995	451	972	2004	479	1316
1996	451	1012	2005	483	1352
1997	451	1058	—	—	—

网箱养鱼　1990 年下半年，在县城附近茶江河段上，23 户农（渔）民采用竹木结构置网箱 23 个、约 900 平方米，养鱼 5 万尾。同年年底，产鱼 22 吨，平均每平方米产鱼 24 千克。1991 年，采用聚乙烯胶丝网箱，网箱增至 28 箱、1080 平方米，是年共产鱼 31 吨，每平方米产鱼 28.7 千克，产

值 12.78 万元。2005 年，江河网箱养殖面积 2200 平方米，网箱 93 个。

稻田养鱼　亦称“垄稻养鱼”。1990 年，在龙虎乡试验稻田 2.7 公顷，每公顷放养罗非鱼和鲤鱼共 12000 尾，平均公顷产 450 千克。1992 年，增至 7 个乡镇、19 个村、1037 户，面积 58 公顷，平均每公顷产鱼 645 千克，每公顷增产稻谷 2625 千克。此后，因市场鱼价过低，效益不高，稻田养鱼面积逐渐减少。

鱼病防治

鱼病　主要流行的鱼病细菌性的有肠炎、烂腮、赤皮病，俗称鱼类“三大病”；侵袭性的有车轮虫、小瓜虫、指环虫、绦虫病等；真菌性的有水霉病；病毒性的有出血病。另有“鱼翻塘”现象及水蛇、水蜈蚣等敌害引起的病害。

鱼病发生的一般规律：5 月下旬以后，气温水温回升，各种病原体也开始危害刚下塘不久的鱼苗，常感染车轮虫病、水霉病、小瓜虫病和指环虫病，进而引发细菌性疾病。7 月中旬以后，草鱼食量增大，常出现肠炎、烂腮等病。8 月下旬以后，易流行小瓜虫病、车轮虫病和出血病。“三伏”期间，水温高，最易出现鱼翻塘。

防治　冬季清塘打鱼以后，及时清除塘中杂草淤泥，进行晒塘，或者撒石灰消毒杀虫，再将茶麸沤入塘泥中。入夏后，经常清除腐物废料，保持塘水清洁。高温时节，经常不断地灌入清水，放出污水，减少“鱼翻塘”现象。

针对草鱼的“三大病”及出血病，采取鱼苗下塘前注射免疫苗预防最为有效。细菌性病一般施用含氯成分的药物对池塘水体全面消毒，肠道性疾病则采取投放药饵的方法治疗。大水面的山塘水库，采取综合调控水质的方法预防。

1989—2005 年恭城瑶族自治县水产养殖情况一览表

表 6-12　　单位：吨

年度	水产品总产量	养殖产量	捕捞量	年度	水产品总产量	养殖产量	捕捞量
1989	1996	1300	696	1998	3667	2786	981
1990	2153	1437	716	1999	3963	2968	995
1991	2271	1519	752	2000	4258	3260	998
1992	2415	1629	786	2001	4583	3581	1002
1993	2536	1721	815	2002	4765	3759	1006
1994	2693	1861	732	2003	4912	3903	1009
1995	2896	1820	976	2004	5168	4055	1013
1996	3185	2221	964	2005	5303	4292	1011
1997	3426	2454	972	—	—	—	—

渔政管理　1999 年，成立渔政监督管理站。2000 年 12 月，自治县人民政府发布《关于禁止炸鱼、毒鱼、电鱼的通知》。同年，渔政站联合公安、工商、交通、环保、林业、司法局等查处 3 起较大的电鱼案，缴获 1 只渔船以及一批电鱼工具。2003 年，没收电鱼机 4 台，没收一批禁用鱼药、禁用氯霉药物，没收虎纹蛙 25 千克并全部放生。2004 年，成立渔业联合执法队，全年查处各类案件 87 宗，收缴电鱼器材 90 套，竹排 6 张。2005 年，查处各类渔业案件 75 宗，收缴电鱼器材 60 套，竹排 11 张，没收并放生虎纹蛙和棘腹蛙 115 千克。1999—2005 年，查处各种渔政案件 232 件，处理涉案人员 44 人次。

2003 年 8 月，试行水域养殖证核发工作。2004 年，发证率 85%；2005 年，发证率 100%。

第四章　林业

恭城县是桂林东北重点林区县。1989年，全县林业用地面积16.20万公顷，森林面积11.60万公顷，活立木总蓄积量422.39万立方米。1989—2005年，自治县委、县人民政府始终把“长（长期收入计划）抓林，中（中期收入计划）抓果”作为全县的发展规划，先后颁布《恭城瑶族自治县森林资源管理条例》《关于保护生态环境禁止放养山羊的规定》和《禁止采伐阔叶林实施方案》等地方法规、政策，通过开展全民义务植树、退耕还林、封山育林、营造珠江防护工程等活动。1992年，实现灭荒达标；1993年，实现全海拔绿化达标；1998年，获“全国造林绿化百佳县”称号。

图6-15　恭城林区（孟华/摄）

据1999年全县林区森林资源现状调查，全县林业用地面积17.07万公顷，森林面积15.28万公顷，活立木总蓄积量578.01立方米。2005年，全县的森林覆盖率从1988年的54.21%（1989年全县森林资源调查结果）提高到77.09%；绿化程度从71.67%提高到99.6%；森林蓄积量从422.39万立方米提高到560.88万立方米。

第一节　营林

育苗

嘉会苗圃和鹅山塝苗圃为恭城的国有育苗单位。嘉会苗圃位于嘉会乡豸游村，占地面积140公顷。其中，80公顷为山林，种有杉树及竹子；60公顷为苗圃用地，主要培育湿地松、杉树、油桐、橙子等商品苗木树种。鹅山塝苗圃位于平安乡新街村邓扒屯，占地面积10公顷，主要培育天竺桂、柏枝等绿化树种。1989—2005年，用于全县造林的湿地松苗、毛竹、任豆苗等树种由县林业局营林股根据造林面积统一安排育苗。除嘉会苗圃和鹅山塝苗圃为主要育苗基地外，营林股还根据各乡镇造林面积，就近安排在山区培育。营林股负责种子采购、育苗技术指导和苗木调配，由山区林农负责劳力投入。1989—2005年，全县共育出5306万株苗木。其中，杉树苗1740万株，湿地松苗900万株，相思树苗120万株，马尾松苗186万株，任豆树苗140万株，毛竹苗1300万株，尾叶桉树苗

140 万株，八角树苗 10 万株，月柿树苗 70 万株，板栗树苗 10 万株，其他树苗 690 万株。

植树造林

1989 年，全县开始实行层层签订造林绿化责任状，坚持“谁种谁有，谁开发谁受益”的原则，号召林农造林并实施全民义务植树，是年，造林 3731 公顷。1990 年，县委、县人民政府确定恭城林业发展目标：3 年内消灭森林赤字，5 年消灭宜林荒山，7 年绿化全县大地，全县森林覆盖率由 54.2% 提高到 65% 左右。同年，造林 2571 公顷，封山育林面积 2698.53 公顷，四旁植树 4 万株。至 1993 年 6 月，全县共人工造林 1.6 万公顷，封山育林 3.27 万公顷（含石山），与 1988 年相比，宜林荒山由 1.83 万公顷下降到 208 公顷，森林覆盖率由 54.2% 上升到 57%，绿化程度由 71.7% 上升到 74.2%，提前 3 年实现消灭宜林荒山的目标。1995 年 3 月，经自治区绿化委员会、林业厅对恭城绿化达标验收，绿化率 97.11%，道路绿化达标率 97%，河流绿化达标率 96.3%，居民点绿化达标率 98.71%，森林覆盖率（含灌木林）72.71%，各项指标均达到自治区规定的绿化达标的标准，被认可为实现全海拔的绿化达标。1996—2005 年，结合“退耕还林”“珠江防护林工程建设”等项目，坚持“造、封、管、节”（造林、封山、严管、节约）方针，共造林 11389 公顷。据统计，1989—2005 年，全县造林投入累计 1.056 亿元，共造林 34592 公顷，迹地更新面积 5834 公顷。其中，用材林 15084 公顷，毛竹 6031 公顷，经济林 7970 公顷，防护林 5507 公顷。

1989—2005 年恭城瑶族自治县造林情况一览表

表 6-13　　单位：公顷

年度	造林面积合计	其中				是年迹地更新面积
		用材林	毛竹	经济林	防护林	
1989	3731	2617	65	1019	30	—
1990	2571	1937	36	595	3	—
1991	4887	3809	25	1053	—	233
1992	2470	2272	6	71	121	358
1993	5557	1968	69	1844	1676	150
1994	3086	946	100	1990	50	152
1995	901	382	519	—	—	171
1996	764	5	59	700	—	455
1997	417	305	60	52	—	148
1998	203	106	57	—	40	1146
1999	—	—	—	—	—	1563
2000	84	41	—	43	—	527
2001	10	—	—	10	—	188
2002	2086	642	—	259	1185	94
2003	3591	—	1855	244	1492	96
2004	2300	—	1633	64	603	264
2005	1934	54	1547	26	307	289
合计	34592	15084	6031	7970	5507	5834

抚育管理

1989 年，幼林抚育作业面积 1099 公顷，成林抚育实际面积（包括间伐，下同）207 公顷。抚育间伐以杉木中幼林抚育间伐为主，每年冬季由营林技术人员按《广西中幼林抚育间伐调查设计工作方法（试行）》进行调查设计，按照砍小留大、砍密留疏、砍弯留直、砍劣留优、砍病腐木留健康木，照顾林分分布均匀的“五砍五留、一照顾”的原则进行。施工前开展技术培训，先划号，砍伐的准确率在95%以上，间伐强度不得超过调查设计的 ±5%。各林区村委、村林场、林农到县营林公司、林政办公室办理抚育间伐技术承包合同、间伐材收购合同及间伐许可证后，才能进行抚育间伐。1989—2005年，幼林抚育作业面积合计39581公顷，成林抚育实际面积合计19614公顷。

1989—2005年恭城瑶族自治县幼（成）林抚育情况一览表

表6-14　　单位：公顷

年度	是年幼林抚育作业面积	成林抚育实际面积	年度	是年幼林抚育作业面积	成林抚育实际面积
1989	1099	207	1998	1764	1326
1990	—	—	1999	3660	2908
1991	—	—	2000	4345	2866
1992	2298	403	2001	950	965
1993	—	—	2002	1752	1438
1994	1339	503	2003	2086	1662
1995	1812	525	2004	8500	3663
1996	1940	245	2005	5406	2903
1997	2630	—	合计	39581	19614

封山育林

1990年，封山育林面积2699公顷。至1993年6月，封山育林共计3.27万公顷（含石山），使1988年1.83万公顷的宜林荒山下降到208公顷，森林覆盖率由原来的54.2%上升到57%，绿化程度由71.7%上升到74.2%，提前3年实现消灭宜林荒山的目标。1997年，新增封山育林面积1104公顷。2001年，自治县第三届人民代表第三次会议通过《关于保护生态环境禁止放养山羊的规定》，在全县范围内禁止放养山羊。2003年，在全县范围规划国家级公益林面积49373.5公顷，9个乡镇、2个场、103个村（分场）划入规划区，签订管护责任书259份，落实管护人员688人，禁止乱砍滥伐、毁林开垦。2005年8月，自治县人民政府实施《禁止采伐阔叶林实施方案》，规定在2006年1月1日至2016年12月31日内，除重点建设外，不再发放阔叶林（杂木）采伐指标。

第二节　护林

森林防火

防火队伍　为统一指挥全县的护林防火工作，县、乡镇、场成立森林防火指挥机构，行政村成立防火指挥小组，由行政首长兼任第一指挥长，分管领导任指挥长。每年10月，定为秋冬防火宣传月，采取多种形式，利用广播、电视、标语、墙报、宣传单、宣传车进行护林防火宣传，提高全社会爱林、护林的意识。1992年，始建由70人组成的县专业扑火队伍。之后，各乡镇也成立半专业扑火队伍，每年都组织扑火队员进行专业培训。

防火林带建设　截至1992年年底，共建有200千米外围防火林带。1996年，编制生物防火林带规划，总规划生物防火林带长度 868.6 千米，面积 1823.9 公顷，实施年限 15 年。2002 年，在与湖南省交界的龙虎乡黄沙湾种植一条 7.2 千米的防火林带。2003—2005 年，全县共建设防火林带 39 千米。至 2005 年年底，全县共建有防火林带 246.2 千米。

病虫害防治

恭城林区主要虫害为马尾松毛虫，在境内一年发生有越冬代、第一代、第二代共 3 代。1993 年始，以固定样点和踏查方法对森林病虫害进行监测，监测覆盖率在 95% 以上。各年度监测实际成灾面积：1993 年，为 20 公顷，成灾率 0.5%；1995 年，松毛虫发生面积 289 公顷，全部是第二代发生，发生率为 0.79%，主要分布在龙虎、嘉会、西岭、恭城镇 4 个乡镇；1996 年，松毛虫发生面积 638.8 公顷（包括重复发生面积）；1997 年，累计发生松毛虫面积 215.3 公顷，比上年减少 423.5 公顷；1998 年，发生松毛虫面积 167 公顷，其中越冬代 49 公顷，第一代 63 公顷，第二代 55 公顷；1999 年，松毛虫发生面积 216 公顷，发生率为 0.14%；2001 年，松毛虫发生面积 172 公顷，发生率 0.11%。2005 年，全县进行有害生物普查，普查面积 3.87 万公顷，未发现松材线虫病。

对马尾松毛虫根据不同的虫类型（即越冬代、第一代、第二代），以化学防治和生物防治相结合的方法来防治。越冬代以生物防治或仿生物防治为主，施放白僵菌、灭幼尿；第一代、第二代以化学防治为主，施放菊酯粉。1998 年后，对 3 代松毛虫，均以生物或仿生物防治为主。

1995—2003 年恭城瑶族自治县松毛虫发生及防治情况一览表

表 6-15

年份	松毛虫发生及防治
1995	以化学防治为主，发生面积 289.00 公顷，防治面积 257.00 公顷，防治率为 88.92%
1996	松毛虫一年 3 代，发生面积 638.80 公顷，防治面积 598.70 公顷，防治率为 93.70%。第一次越冬代防治采用生物防治，全部施放白僵菌，防治面积 226.60 公顷；第一代、第二代采用化学防治，防治面积 372.10 公顷
1998	发生面积 167.00 公顷，防治面积 118.00 公顷，防治率为 71.00%；生物防治率为 95.00%
1999	发生面积 216.00 公顷，防治面积 201.00 公顷，防治率为 93.00%；生物防治、仿生物防治率达 100.00%
2003	发生面积 104.70 公顷，防治面积 104.70 公顷，防治率为 100.00%，生物防治率 100.00%

野生动植物保护

境内有海洋山、银殿山两个自治区级自然保护区，设置三江管理站、西岭管理站。两个保护区总面积 73349 公顷，有林面积大，林分郁闭度高，不仅是珠江流域支流的发源地，而且有丰富的森林植物资源和珍稀保护动物。森林植物资源主要有壳斗科、山茶科、樟科等常绿阔叶林。属国家Ⅰ级重点保护植物有红豆杉、福建柏。属国家Ⅱ级重点保护野生植物有香樟、华南五针松、红椿、大叶榉、半枫荷等。属国家Ⅰ级重点保护野生动物有黄腹角稚、林麝；属国家Ⅱ级重点保护野生动物有猕猴、穿山甲、大灵猫、小灵猫、红腹角稚、大鲵、虎纹蛙等。

1989—2005 年，共查处非法捕杀保护野生动物案 63 件。其中，1994 年，查处一起非法捕杀国家二级保护野生动物（水鹿）案，被告人郑 ×× 被法院判处有期徒刑，为县内第一起因触犯《中华人民共和国野生动物保护法》而被法院判处有期徒刑的案件。2003 年 4 月，开展打击破坏野生动物违法犯罪的“春雷行动”，共出动警力 90 人次，检查宾馆、饭店、酒楼 15 家，清理市场 7 个，收缴野生动物 581 只（条），其中国家二级保护动物小灵猫 2 只，眼镜蛇、索蛇 105 条，七彩山鸡、野鸡 12 只，野兔 1 只，箭猪 1 头，山蛙、青蛙 460 只，涉案价值 10220 元。

第三节 采伐与经营

木材采伐

1989—2005年，由县计委（县计划局）在上年度下达木材生产预砍伐计划，县林政站根据各林区造林和林木蓄积量的实际情况，本着多造多砍、少造少砍、不造不砍的原则安排预砍伐计划，向各林场发放砍伐证。凡属于水源林、风景林的，一律不准砍伐。农民自用材，由用户提出申请，经当地林政站及村委、乡镇政府签署意见，由林业局在市（地区）下达的自砍自用控制指标内从严审批，发放自砍自用砍伐证。1989—2005年，全县共采伐毛竹372.73万根；采伐木材90.06万立方米，平均每年采伐5.30万立方米，采伐最多的一年是1991年，采伐9.86万立方米，采伐最少的一年是1989年，采伐0.50万立方米。

1989—2005年恭城瑶族自治县木材、毛竹采伐情况统计表

表6-16　　单位：立方米、万根

年度	木材	毛竹	年度	木材	毛竹
1989	5040.00	9.00	1998	49509.00	34.22
1990	5890.00	12.00	1999	28077.00	1.50
1991	98630.00	15.00	2000	39615.00	9.80
1992	55742.00	14.85	2001	38185.00	4.40
1993	80545.00	27.80	2002	57210.00	6.70
1994	45691.00	41.85	2003	74615.00	5.62
1995	56623.00	42.56	2004	71929.00	12.51
1996	58098.00	44.62	2005	72394.00	23.46
1997	62781.00	66.84	合计	900574.00	372.73

木材运输

运输管理　1989—2005年，凡是在自治区内运输的木材（包括木制品、柴、炭）一律经自治区林业厅批准签章后，运输部门才能承运放行（自用木制家具运往区外的凭县林业局发给的运输证放行）。对无证运输的木材，视其情节分别给予罚款、征收和没收处理。县内木材运输证，由各林政站、场办理；需运输木材到县外的，一律到县林政办公室办理区外和区内运输证。

运输方式　林区内部木材上段集运，以人力集运和小河流送为主，加上手扶拖拉机和胶轮车运输至木材收购站点。下段运输以汽车陆运为主，水运为辅。汽车陆运比例在85%以上，水运比例不足15%。

林副产品生产

松脂　主产莲花、平安、三江、观音、嘉会、西岭等乡镇。1991—2005年，平均年产量1280吨，其中最高年份为1994年，产量为1748吨；最低年份是1996年，产量内1020吨。2005年，产量1442吨。

香菇　恭城名贵传统产品，主产三江乡、西岭乡，次为平安乡、观音乡等山区。1989年产量

图6-16 恭城土产（陈革 摄）

11.9 吨；2005 年产量 100 吨。

黄笋干　金黄透明，柔软脆口，远销中国港澳地区、日本、加拿大及东南亚各地，出口数量、质量占自治区首位，主产嘉会乡的西南村和西岭乡的德良村。1989 年，产量为 25.4 吨；2005 年，产量为 115 吨。

茶叶　恭城茶叶为粗加工毛茶，以北洞源所产为佳。1989 年，全县茶叶种植面积 227 公顷，产茶叶 112 吨。2005 年，种植面积 265 公顷，产量 453 吨。

第四节　林区森林资源现状调查

1999 年 9 月至 2000 年 1 月，对全县林区的森林资源现状进行全面调查。调查结果显示：全县集体林区有用材林面积 82976.4 公顷，蓄积为 3561746 立方米。其中，松林面积居多，阔叶树类居中，杉木次之，蓄积量以阔叶树类居首，松类居中，杉木次之。全县集体林区用材林各龄组面积、蓄积结构中，中幼林面积蓄积分别占 38.8%、22.5%，近、成、过熟林面积、蓄积分别占 61.2%、77.5%，可供利用资源较多。全县集体林区用材林单位面积产量，综合为 42.9 立方米 / 公顷。按树种分：阔叶树最高，达 54.3 立方米 / 公顷。按龄组分，过熟林蓄积最高为 68.6 立方米，其中杉木过熟林为 69.7 立方米，松木过熟林为 68.7 立方米，阔叶树过熟林为 70.8 立方米。全县集体林区防护林面积 39053.4 公顷，占土地总面积的 18.9%，占有林面积的 26.7%；防护林蓄积 1689603 立方米，占有林地蓄积的 32.2%。全县集体林区共有经济林 20512.8 公顷，占土地总面积的 9.9%，占有林地用地面积的 14.0%。在经济林中以柑橙、月柿等水果居多，油茶次之。竹木面积 3532.1 公顷，占土地总面积的 1.7%，占有林地面积的 2.4%。在竹林中，毛竹占主要部分，面积 2613.3 公顷，占 74.0%。

经计算，全县集体林区林分总蓄积 5251349 立方米，比 1988 年二类调查 3850604 立方米净增 1400745 立方米，说明全县集体林区森林生长量大于消耗量，向良性发展。

全县集体林区森林资源变化动态，根据 1988 年、1999 年两年森林资源调查的成果资料分析。全县集体林区 1999 年有林地面积为 146074.7 公顷，1988 年为 108838.3 公顷，1999 年比 1988 年净增 37236.4 公顷，总净增率为 34.2%，年净增率为 3.1%。森林覆盖率从 1988 年的 53.13% 增加到 1999 年的 76.53%（不含灌木林的森林覆盖率为 70.87%），有林地面积和森林覆盖率逐年稳步上升。

用材林面积、经济林面积、竹林面积逐年上升，防护林面积略有减少，但杉木、松木、阔叶树主要树种面积逐年增加，全县活立木蓄积逐年增加，其中以杉木、阔叶树增幅较大。1999 年调查全县集体林区用材林面积为 8.29 万公顷，比 1988 年增加 4.07 万公顷。其原因：一是近 10 年来大力植树造林，荒山荒地减少；二是一部分防护林划归到用材林。

与 1988 年二类调查相比较，全县集体林区原有面积 205366 公顷，现有面积 206103 公顷（减少原因是河口采育场划出 737 公顷面积的山林补偿给当地少林群众）。活立木总蓄积从 3850604 立方米增加到 5412792 立方米，净增 1562188 立方米，年均增加 142017 立方米。森林面积从 108837.3 公顷增加到 146074.7 公顷，净增 37237.4 公顷（减去河口划入部分为 36500.4 公顷），灌木林地面积从 9356 公顷增加到 11661.3 公顷，净增加 2305.3 公顷，荒山面积从 22472 公顷减少到 1050.3 公顷。表明全县集体林区通过 10 年来的保护和发展，特别是大力植树造林、封山育林、改燃节柴，发展“三位一体”的生态农业，取得了显著成效，蓄积量、森林覆盖率都有了显著提高。

第五章　水利

1989 年，恭城县有引水、蓄水、提水工程 584 处，有效灌溉面积达 13840 公顷。其中，蓄水工程 104 处，有效灌溉面积 5500 公顷；引水工程 385 处，引水流量 17.1 立方米 / 秒，灌溉面积 7800 公顷；提水工程 95 处，装机 147 台，灌溉面积 540 公顷。1990—2005 年，全县水利电力总投入 22000.46 万元，新建龙垒引水工程，建成峻山大坝水力平衡自控翻板闸，完成蓝洞水库等 18 座水库的除险加固，实施峻山灌区节水改造与续建配套项目以及龙虎水利工程等渠道的防渗项目。截至 2005 年年底，全县共有引水、蓄水、提水工程 323 处，总有效灌溉面积 26459.2 公顷。其中，蓄水工程 82 处，有效灌溉面积 19219.23 公顷；引水工程 210 处，引水流量共 15.84 立方米 / 秒，有效灌溉面积 6626.67 公顷；提水工程 31 处，有效灌溉面积 613.3 公顷。

在兴修水利工程的同时，利用灌区渠道高程引水、利用河道泉井安装电泵提水、安装水管引山泉水以及发动农户打手摇泵井等办法解决石山区或水源条件差的地方人畜饮水问题，1990 年至 2005 年年底，累计建成大小不等的供水设施 108 处，日供水量 12500 立方米，受益人口 57463 人。

第一节　水利基础设施

蓄水工程

1989 年，全县共建蓄水工程 104 处。总库容 16923 万立方米。其中，中型水库有蓝洞、峻山 2 处，小（1）型水库有长山岸、豪洞、花田岗、金钱岸、马林源、周家塘、毛家寨 7 处，小（2）型水库有二龙、小毛洞、豆腐田、松毛垒、下蓝田、雷公井、韭菜塘、芹菜塘、八岩、小黄埠、水路冲、清水桥、古寺、柿花塘、龙岗、团结、小石排、蛋子江、瑶头塘 19 处，塘库 76 处，总灌溉面积 5500 公顷。

经多年运行，各水库大多存在坝体单薄、渗漏严重、大坝稳定性差、溢洪道泄洪能力不够等问题。1997 年 2 月，成立蓝洞水库除险加固工程指挥部，按照由桂林水电设计院设计、自治区水电厅批复的除险加固方案，对水库进行上坝公路、放水涵管封堵、发电兼泄洪隧洞出口下游防护、副坝整治、主坝加固、测压管埋设等工程建设。2002 年 5 月，完成蓝洞水库除险加固工程任务，共投资 1002.8 万元。

1998 年，全县有 15 座小水库被自治区鉴定为三类危险水库。1999 年始，县水电局根据县水电局设计室对全县小型水库进行的除险加固设计组织各水库的除险加固施工。至 2002 年 4 月，小（1）型水库金钱岸、长山岸、花田岗、马林源、豪洞水库和小（2）型水库松毛垒、二龙、古寺、清水桥、芹菜塘、小黄埠、水路冲、韭菜塘、蛋子江、柿花塘、八岩、龙岗 17 座水库除险加固完工，除芹菜塘水库申请降级待批外，其余全部通过验收并交付使用。

2005年，全县蓄水工程共82处，总库容16786.53万立方米，兴利库容12915.2万立方米。其中，大型水库有峻山水库1处，中型水库有蓝洞水库1处，小（1）型水库有长山弄、豪洞、花田岗、金钱弄、马林源5处，小（2）型水库有二龙、小毛洞、豆腐田、松毛垒、下蓝田、雷公井、韭菜塘、芹菜塘、八岩、小黄埠、水路冲、清水桥、古寺、柿花塘、龙岗、蛋子江16处，塘库59处，总有效灌溉面积19219.93公顷。1989—2005年，毛家寨水库报废，周家塘水库、团结水库、小石排水库、瑶头寨水库未建成使用，部分塘库因失修废弃。

2005年年底恭城瑶族自治县蓄水工程情况统计表

表6-17

单位：处、平方千米、万立方米、公顷

	大型水库	中型水库	小（1）型水库	小（2）型水库	塘库	合计
处数	1	1	5	16	59	82
集雨面积	32.00	21.70	34.73	41.23	—	—
总库容	10370.00	3740.00	1256.00	725.53	695.00	16786.53
兴利库容	8069.00	3050.00	787.70	513.50	495.00	12915.20
设计灌溉面积	20760.00	1600.00	533.30	293.30	233.30	23419.90
有效灌溉面积	17360.00	1133.30	253.33	213.30	260.00	19219.93
实际灌溉面积	17360.00	1133.30	253.33	73.30	153.30	18973.23
旱涝保收面积	2780.00	720.00	253.33	73.30	153.30	3979.93

峻山水库水利工程　峻山水库水利工程于1972年9月动工建设，原设计灌溉面积17334公顷，其中自流灌溉14827公顷，提水灌溉2507公顷。1989年，实现灌溉面积3347公顷。

峻山水库位于西岭乡糖河村澄江（西岭河）河谷中，是一座以灌溉为主，兼顾防洪、发电、航运、养殖等综合利用的年调节水库。1989年，总库容9900万立方米，其中调洪库容2520万立方米，有效库容6790万立方米，死库容590万立方米；设计灌溉面积恭城县16000公顷、平乐县1334公顷。大坝为浆砌石溢流重力坝，高69米，长220米，中间留有80米长的溢洪段。1994年5月，投资228万元在原大坝顶部建成水力平衡自控翻板闸，总库容增加至10370万立方米，兴利库容8069万立方米。

峻山渠道分东、西两条总干渠，通过流量合计为27.7立方米/秒。东总干渠于1976年竣工，全长8.26千米，通过流量10.7立方米/秒，跨澄江河，经双溪寨，过朝川到罗卜村的柜木塘分支为东北干渠、东南干渠，其中的东北干渠于1979年春贯通。西总干渠于1975年6月竣工，全长9.4千米，通过流量17立方米/秒，穿金龙山，过大岭坪到小黄埠，至清水桥分支为西左干渠、西右干渠，西左干渠经门楼、车田到岭尾，西右干渠经八岩、平乐县的金鸡坪入平乐县沙子镇。1979年年底，西总干渠的西左干渠、西右干渠竣工通水，全长37.2千米，总计通过流量8.7立方米/秒。渠道附属工程：渡槽10座，总长2542米；隧洞11座，总长3061米；暗涵5座，总长460米；防渗衬砌35.5千米。

图6-17　峻山水库库区（县水利局提供）

1990年后，续建西左干渠、东北支渠和灌区配套与节水改造工程。西左干渠设计全长24.6

千米，控制面积2209公顷，1990年前开通约20千米，未做防渗处理，支渠尚未配套。1989年3月，成立峻山水库西左干渠工程指挥部，同年投资94万元，完成干渠9+400至17+400防渗及挖沟渡槽补漏处理8千米、挖沟支渠3.24千米、孟隧支渠3.98千米，配套斗门21座，涵洞6座，便桥18座，溢洪堰4座，新增有效灌溉面积451.73公顷，改善灌溉面积273.3公顷。1993年，又续修西左干渠3.5千米。东北支渠于1990年投资10.7万元，实际完成1.57万元。1999年至2000年3月，投入资金432.53万元，完成10.82千米的渠道三面光防渗工程，其中，东总干渠1.6千米、西总干渠1.95千米、西左干渠3.81千米、西右干渠3.46千米。

图6-18 峻山灌区东总干渠（县水利局提供）

2000年，自治区水利厅批复峻山灌区设计灌溉规模扩大为20760公顷，其中2005年先达到19866.7公顷。2001年2月，成立峻山灌区续建配套与节水改造工程指挥部，工程正式开工。规划投资1.45亿元，分10年实施。2001—2003年，投资1350万元，其中国债资金900万元，地方配套450万元。截至2003年年底，完成渠道防渗20.3千米，附属工程完成暗涵及隧洞5座，人行桥5座、码头5座，新建铸铁斗门5座，码头12座，泵房1座。恢复灌溉面积1587公顷，改善灌溉面积2800公顷。2004年，投资450万元，其中国家投资300万元、地方投资150万元，续建东南干渠1.12千米及配套附属建筑物10座。同年年底，峻山灌区有效灌溉面积由2002年的13640公顷增加到14886.7公顷。

图6-19 蓝洞水库（李云韬 摄 2005年）

蓝洞水库水利工程 蓝洞水库位于莲花镇蓝洞村，是一座以发电为主，兼顾灌溉、防洪综合利用的年调节水库。于1966年9月开工，1969年11月建成。总库容3740万立方米，其中有效库容3050万立方米，调洪库容610万立方米，死库容80万立方米，设计灌溉面积1600公顷。大坝为均质土坝，坝高42.5米，坝体长122米，顶宽5米。水库设计开桑源、罗塘、坪冲3条引洪渠，总集雨面积42.93平方千米。

经多年运行，蓝洞水库的主坝、副坝、放水涵管、泄洪隧洞等逐渐出现一些问题。1997年2月，成立蓝洞水库除险加固工程指挥部，对蓝洞水库开始实施除险加固工程。2001年年底，蓝洞水库除险加固工程完工。共计完成上坝公路长8.88千米，放水涵管封堵长59.6米，发电兼泄洪隧洞出口下游排洪道修建及防护长244米，主坝贴坡反滤、坝肩帷幕灌浆、排水砂井、坝坡

图6-20 蓝洞灌区总干渠的门等渡槽（刘炽松 摄 2005年）

整治、坝脚排水沟，副坝整治，测压管埋设7根，桑源至胜洞公路长4.2千米。投入资金1002.8万元，其中自治区农田水利补助资金693万元，桂林市财政资金135万元，县自筹资金174.8万元。

蓝洞水库水利工程设计灌溉面积1600公顷，自蓝洞电站尾水渠开始，从白马村中穿过至塘头村3千米为总干渠，在塘头村分东、西两干渠：东干渠由塘头村至山旗头，汇势江水利工程的南支渠，设计流量2立方米/秒，全长5.8千米；西干渠由塘头村至竹山，全长10.6千米。1974年9月始建；1978年3月，总干渠及东、西干渠建成通水，全部为浆砌石衬砌防渗。2005年，有效灌溉面积1133.3公顷，旱涝保收面积720公顷。

2005年恭城瑶族自治县大型、中型水库基本情况一览表

表6-18

分类	峻山水库	蓝洞水库
开工时间	1972年9月	1966年9月
竣工时间	1989年3月	1969年11月
主坝结构	浆砌石重力坝	土坝
最大坝高（米）	69.00	42.50
集雨面积（平方千米）	32.00	22.50
库区水面面积（公顷）	160.00	166.70
引洪渠（条）	—	3
总库容（万立方米）	10370.00	3740.00
兴利库容（万立方米）	8069.00	3050.00
设计灌溉面积（公顷）	20760.00	1600.00
有效灌溉面积（公顷）	17360.00	1133.30
实际灌溉面积（公顷）	17360.00	1133.30
旱涝保收面积（公顷）	2780.00	720.00

2005年年底恭城瑶族自治县小型水库基本情况一览表

表6-19

工程名称	开工时间	竣工时间	主坝结构	最大坝高（米）	集雨面积（平方千米）	总库容（万立方米）	兴利库容（万立方米）	有效灌溉面积（公顷）	库区水面（公顷）	引洪渠（处）	引洪面积（平方千米）
长山弄水库	1956年9月	1957年5月	土坝	15.60	2.63	175.00	95.40	①	20.00	1	2.00
豪洞水库	1957年9月	1958年2月	土坝	11.50	6.50	326.00	244.00	②	30.00	1	14.00
花田岗水库	1957年9月	1958年5月	土坝	21.00	5.00	144.00	88.00	③	16.67	1	14.00
金钱弄水库	1957年9月	1958年4月	土坝	16.20	2.20	460.00	323.80	200.00	46.67	3	21.71
马林源水库	1959年10月	1960年4月	土坝	20.50	18.40	151.00	36.50	53.33	13.33	—	—
二龙水库	1955年9月	1956年3月	土坝	15.00	1.48	98.00	75.00	④	10.00	—	—
小毫洞水库	1957年9月	1972年12月	土坝	10.00	1.00	14.90	7.80	20.00	1.33	—	
豆腐田水库	1958年9月	1959年12月	土坝	12.60	0.20	19.07	17.80	33.33	1.00	1	1.20

续表 6-19

工程名称	开工时间	竣工时间	主坝结构	最大坝高（米）	集雨面积（平方千米）	总库容（万立方米）	兴利库容（万立方米）	有效灌溉面积（公顷）	库区水面（公顷）	引洪渠（处）	引洪面积（平方千米）
松毛垒水库	1957 年 9 月	1958 年 4 月	土坝	11.00	3.15	90.59	60.00	⑤	6.67	1	1.40
下蓝田水库	1958 年 9 月	1975 年 4 月	土坝	6.00	0.34	29.80	24.80	6.67	1.33	1	1.00
雷公井水库	1959 年 9 月	1960 年 4 月	土坝	8.00	0.26	25.50	18.70	20.00	1.33	—	—
韭菜塘水库	1954 年 9 月	1965 年 4 月	土坝	11.61	1.96	20.06	13.50	13.34	1.00	—	—
八岩水库	1965 年 9 月	1970 年 12 月	土坝	17.00	0.90	98.96	93.90	⑥	8.00	1	11.00
小黄埠水库	1965 年 9 月	1970 年 4 月	土坝	11.00	3.50	68.11	35.00	⑦	2.67	—	—
水路冲水库	1966 年 9 月	1969 年 12 月	土坝	7.00	0.50	10.60	6.00	20.00	1.67	—	—
清水桥水库	1968 年 9 月	1969 年 5 月	土坝	11.50	5.00	92.96	65.00	⑧	3.33	—	—
古寺水库	1969 年 9 月	1973 年 12 月	土坝	12.00	3.10	48.20	26.00	13.34	1.67	—	—
柿花塘水库	1970 年 9 月	1971 年 4 月	土坝	6.63	0.16	24.00	20.00	⑨	1.33	1	—
龙岗水库	1970 年 9 月	1974 年 5 月	堆石坝	17.73	11.90	14.00	10.00	33.33	2.67	—	—
蛋子江水库	1967 年 9 月	1969 年 9 月	土坝	12.60	6.88	45.08	29.00	53.33	4.67	—	—
芹菜塘水库	1954 年 9 月	1966 年 12 月	土坝	8.50	0.90	25.70	10.00	6.67	1.00	—	—

说明：①④⑤归龙虎灌区；②⑥⑦⑧⑨归峻山灌区；③归势江灌区

引水工程

1989 年，全县共有大小引水工程 385 处。其中，引水流量 1 立方米 / 秒以上的有势江、龙虎水利工程 2 处；引水流量 0.5 立方米 / 秒～1 立方米 / 秒的有合同坝、五重坝 2 处；引水流量 0.5 立方米 / 秒以下的工程 318 处；水长流，可供村庄人畜饮水及灌田的泉井 63 处。全县引水工程的引水流量共 17.1 立方米 / 秒，有效灌溉面积 7800 公顷，形成长藤结瓜的水利灌溉网。

1990—2005 年，在原有灌区延修渠道修复被洪水毁坏的渠道，或是对渠道进行防渗加固处理。据不完全统计，累计新修渠道长 21.3 千米，修复渠道长 187.65 千米，防渗加固渠道长 55.86 千米。1998 年，位于栗木镇五福村集灌溉、防洪、发电及交通功能的龙垒引水工程动工。在龙垒河上游筑 26 米长的拦河坝，拦截龙垒河的水通过 1643 米长的引水隧洞，设计引水流量 0.75 立方米 / 秒，总干渠 1800 米，南干渠 5200 米，北干渠 1200 米，南北饮水输水管道 6250 米，工程总投资 1070.4 万元。2000 年 9 月，拦河坝、隧洞及总干渠竣工并通水（实际引水流量不足 0.5 立方米 / 秒），实际灌溉面积 600 公顷。

2005 年，全县引水工程共 210 处。其中，引水流量 1 立方米 / 秒以上的有势江、龙虎水利工程 2 处；引水流量 0.5 立方米 / 秒～1 立方米 / 秒的有合同坝、五重坝 2 处；引水流量 0.5 立方米 / 秒以下的工程 206 处。全县引水工程的引水流量共 15.84 立方米 / 秒，有效灌溉面积 6620 公顷。全县渠道总长 420.76 千米。其中，引水流量 0.1 立方米 / 秒至 1.0 立方米 / 秒渠道长 164.7 千米，引水流量 1.0 立方米 / 秒以上渠道长 256.36 千米；已进行防渗加固渠道总长 158.42 千米；其中，引水流量 0.1 立方米 / 秒至 1.0 立方米 / 秒渠道长 61.66 千米，引水流量 1.0 立方米 / 秒以上渠道长 96.76 千米。与 1989 年比较，全县渠道总长度增加 23.26 千米，防渗加固渠道总长度增加 64.02 千米。

2005 年年底恭城瑶族自治县引水工程概况统计表

表 6-20

单位：处、立方米 / 秒、公顷

分类	座	设计流量	正常流量	设计灌溉	有效灌溉	旱涝保收	实际灌溉
引水流量 1 立方米 / 秒以上	2*	8.20	8.00	2760.00	2313.33	1680.00	2133.33
引水流量 0.5 立方米 / 秒～ 1 立方米 / 秒	2**	1.00	1.00	560.00	533.33	493.33	453.33
引水流量 0.5 立方米 / 秒以下	206	6.84	6.84	3860.00	3780.00	2213.33	380.00
合计	210	16.04	15.84	7180.00	6626.66	4386.66	2966.66

说明：1. “2*” 指龙虎、势江水利工程，“2**” 指五重坝、合同坝。峻山、蓝洞水利工程不统计在内；
2. 引水流量 0.5 立方米 / 秒以下的工程有部分因年久失修废弃

势江水利工程 位于莲花镇势江村头，于民国 33 年（1944）年初建成。于 1951 年重建，将浆砌石梯形溢流坝改建为溢流重力坝。南、北干渠总长 33.01 千米，设计自流引水 4.2 立方米 / 秒、灌溉面积 2253 公顷，有效灌溉面积 1333 公顷。南干渠流经莲花镇的势江、凤岩，在山旗头分 3 支至枧头、笔山、平乐矮山。北干渠分 2 支至庄埠、同乐。2003 年，投入 20 万元修复被洪水冲毁的小岩龙坝。2005 年，势江灌区有效灌溉面积 1180 公顷，旱涝保收面积 1060 公顷。

龙虎水利工程 位于龙虎乡龙虎街头，于 1960 年在九牛坝原址筑坝，1961 年 4 月，完工水泥浆砌石重力坝。设计正常引水流量 5 立方米 / 秒，自流灌溉 1780 公顷，实际灌溉面积 1333 公顷。于 1965 年龙虎渠完工，经坝首沿狮子、良溪、吉山、太平、松林、白羊、土陂、黄埠、三新桥等村。渠道结瓜工程有二龙、长山弄、松毛垒 3 个水库，总库容 363.59 万立方米。

1990 —2005 年，据不完全统计，投入资金 300 多万元，多次对龙虎水利工程进行防渗、加固维修及水毁修复。2005 年，龙虎水利工程正常流量 5.5 立方米 / 秒，有效灌溉面积 793.3 公顷，实际灌溉面积 653.3 公顷。

图 6-21 龙虎渠（刘炽松 摄 2005 年）

提水工程

1989 年年底，提水工程设施 95 处，装机 147 台，总功率 504 千瓦，有效灌溉面积 540 公顷。20 世纪 90 年代后，抗旱中多采用手扶拖拉机柴油机头带动抽水机抽水，使用灵活方便，颇受群众欢迎。提水工程失修，并逐年减少，2005 年仅存 31 处，有效灌溉面积 613.3 公顷。

防洪排涝工程

1989 年年底，全县有恭城镇门楼村的琉璃塘、平安乡的邓扒村、西岭乡的杨溪村等处排洪沟，总长 38 千米；恭城、势江、西岭、栗木 4 条河流两岸的防洪堤总长 34 千米；共保护耕地面积 1713 公顷。

1999 年 7 月，恭城县城区防洪治涝工程由桂林市水利电力勘测设计院设计完成。

图6-22 建设中的县城城区防洪堤（县水利局提供）

县城区按20年一遇洪水设防，河道相应洪峰流量4817立方米/秒，洪峰水位134.4米，工程规划防洪堤长2.98千米，排涝站2座。2002年4月，县城防洪堤设计方案由桂林市水利电力勘测设计研究院完成：县城防洪堤总堤长2.67千米，自恭城河右岸滨江苑至县人民医院；排涝闸及排涝泵站各1座，排涝闸按自排20年一遇最大24小时暴雨洪水设计，排涝泵站按抽排雨洪同期10年一遇24小时暴雨设计。县城防洪堤建成后可保护城区面积0.6平方千米，保护耕地面积13多公顷，保护人口0.8万人。同年8月，县城防洪堤动工。至2004年5月，累计投资683万元，建成桩号0+324至1+224段长600米的防洪堤，将城区这一易淹河段的防洪标准提高到防御20年一遇洪水。桩号0+074至0+324段防洪堤，工程总投资250万元，计划施工期为2006年9月至2007年1月。

2005年年末，全县防洪工程总计43.73千米，共有栗木河排洪沟、周家湾防洪涝工程、独石、董家洞防洪堤、势江防洪堤、江贝防洪堤、凤岩防洪堤、桐竹防洪堤和县城防洪堤，共保护耕地4380公顷。

第二节 水利工程管理

管理体制

国营水利工程管理　县境内跨乡镇的骨干水利工程，由县人民政府设立水利工程管理处，负责工程的维修、养护、防洪、供水和推广科学灌溉技术，征收灌区水费和利用水利工程的水土资源，发展综合经营。1989年，全县有势江水利工程管理所、龙虎水利工程管理所、峻山水库工程管理处，编制人数248人，管理中型水库1座、小（1）型水库3座、小（2）型水库2座，引水工程2座，主渠道320千米、支渠260千米。其中，势江水利工程管理所管理势江水利工程及花田岗水库，龙虎水利工程管理所管理龙虎水利工程及松毛垒水库和长山弄水库，峻山水库工程管理处管理峻山水库枢纽工程及毫洞水库和八岩水库。

经过几十年的运行，水管单位存在的体制不顺、机制不活、经费短缺、人员老化及管理粗放等问题日益突出。2004年6月，县人民政府成立自治县水利工程管理体制改革领导小组；7月，组织县财政、劳动人事、审计、编制办、水利等部门对3个国营水管单位进行定性、定岗和经费测算。2005年1月，经县编制委员会核定3个国营水管单位人员编制79人；设立蓝洞水库工程管理所，核定人员编制13人。改革后，全县共有势江水利工程管理所、龙虎水利工程管理所、峻山水库工程管理处、蓝洞水库工程管理所4个国营水管单位，为准公益性事业单位，经费纳入财政差额预算管理；编制人数共92人，其中管理人员41人、养护人员51人。在管理上，实行管养分开，在“养”上按定岗、定员、定工资、定维修费等，实行包干制，年终考核清算。另外，在峻山灌区内的栗木镇建安村委及白芒垒村试点推行“水管＋协会＋农户”的水管模式，由协会负责支渠以下的供水任务、渠系维修、水费征收、水事纠纷调处等。

集体水利工程管理　集体所有制水利工程，多为灌溉1个乡镇内土地的水利工程，由乡镇人民政府建立水管站来管理，业务由县水利电力局指导，管水人员由乡镇及受益的村屯选派。1989年，全县有三江乡古木源水利工程管理所，莲花乡蓝洞总干渠水利管理所，平安乡花田岗、五重坝、北洞源水利工程管理所，城厢镇同竹圳、乐化渠水利工程管理所，西岭乡杨溪渠水利工程管理所，栗木镇金钱寨、马林源、合同坝、跑马圳水利工程管理所等。

1997年，乡镇水管站经管理体制改革后，为乡镇人民政府隶属的事业单位，人员经费由县水电局负责，除上级核拨的以外，不足部分由县水电局划拨给县财政局，由财政局拨给各乡镇。全县除龙虎乡外，其余8个乡镇均设1个水管站，管理各乡镇集体水利工程。

灌溉管理

国营水利工程的主干渠、支渠由水管所负责，支渠以下由自然村或一个田垌的看水员负责。集体所有制水利工程，由集体选配人员负责，按需要放水管水。小型水利，采取按水码分水的方法。一般情况下，国营、集体水利工程采取定额灌水的方法，每年年初由县水利局下发各乡镇站、水管处（所）灌溉计划表，灌溉总面积中包括实际灌溉面积、统一看水面积、春灌面积，所需灌溉水量以势江水利工程灌溉实验站1957年取得的灌溉需水量的科学数据，实验成果表明：早稻、晚稻每亩共需水量843.6立方米，减去生长期有效降雨量333.5立方米，需灌溉用水量510.1立方米，加早、晚泡田用水量157.2立方米，总计需净灌水量667.3立方米。当灌溉渠道有效利用系数取0.7时，毛灌水量每亩953.3立方米。1立方米/秒流量灌溉1万亩（667公顷）水田面积已有余裕为准。无论国营、集体或小型水利工程遇天旱，水量不能满足需要时，都实行轮灌润田。无论国营、集体或小型水利工程遇天旱，水量不能满足需要时，都实行轮灌润田。全县有效灌溉面积，1989年13840公顷，占总耕地面积71.86%；1994年起至2000年，每年12360公顷左右，约占总耕地面积67.9%。

图6-23　莲花镇莲塘岭采用低压节水灌溉的月柿园（县水利局提供）

1992年，开始推广千公顷水稻节水灌溉项目，采用“薄、浅、湿、晒”的科学灌溉方法，平均公顷节水1188立方米。至1996年，全县推广节水灌溉面积共计64053公顷，平均每年推广面积12813公顷。1998年，在莲花镇莲塘岭推广节水管道灌溉工程，面积200公顷，水果亩产量提高500千克左右，最高达750千克。2005年，全县共建成旱地节水灌溉工程2处，总投资233万元，节水灌溉面积226.7公顷。其中，莲花莲塘岭200公顷、栗木白芒垒26.7公顷。

农业水费征收

征收水费由工程管理单位先核定灌溉面积，计算收费金额、造册列表，再由当地财政、粮食部门在农户公购粮入库结账时代收。水费收入用于工资、工程维修、防汛、抢险、扩大工程效益、多种经营等。1989—2005年，全县共征收水费2262.41万元。其中，峻山水管处征收1530.11万元，势江水管所征收371.73万元，龙虎水管所征收360.57万元。

1989—1994 年恭城瑶族自治县水利工程农业水费征收标准变化情况一览表

表 6-21

年份	水利工程类型	水费征收标准
1989	国营水利工程	每年每亩征收稻谷 12 千克
	国营水利工程（经同意，由乡镇、村自备机具提水灌溉）	每年每亩征收稻谷 6 千克
	各乡、镇、村集体管理的水利工程	参照国营水利工程水费征收标准
1992	国营水利工程	每年每亩征收稻谷 12 千克
	集体水利工程：小（1）型水库、小（2）型水库、引水工程、机电泵工程	每年每亩征收稻谷 8 千克
	集体水利工程：小（2）型水库及以下工程	每年每亩征收稻谷 5 千克
1994	国营水利工程	每年每亩征收稻谷 12 千克
	集体水利工程	每年每亩征收稻谷 10 千克

1989—2005 年恭城瑶族自治县灌溉情况统计表

表 6-22

单位：千公顷

年度	有效灌溉面积			旱涝保收面积			实际灌溉面积		
	小计	水田	水浇地	小计	水田	水浇地	小计	水田	水浇地
1989	14.22	12.19	2.03	10.03	9.05	0.98	11.51	10.94	0.57
1990	14.30	12.19	2.11	10.03	9.05	0.98	12.83	12.17	0.66
1991	14.64	12.19	2.45	10.09	—	—	12.84	—	—
1992	14.10	11.57	2.53	9.95	8.88	1.07	11.61	11.16	0.45
1993	12.93	11.57	1.36	9.24	8.88	0.36	11.62	11.17	0.45
1994	12.36	11.26	1.10	7.97	7.88	0.09	11.47	11.17	0.30
1995	12.36	11.26	1.10	8.93	7.88	1.05	11.47	11.17	0.30
1996	12.36	11.26	1.10	8.93	8.66	0.27	11.47	11.17	0.30
1997	12.36	11.26	1.10	8.93	8.66	0.27	11.47	11.17	0.30
1998	12.36	11.26	1.10	8.93	8.66	0.27	11.47	11.17	0.30
1999	12.36	11.26	1.10	8.93	8.66	0.27	11.47	11.17	0.30
2000	12.36	11.26	1.10	8.93	8.66	0.27	11.47	11.17	0.30
2001	22.75	19.01	3.74	8.93	8.66	0.27	15.27	14.97	0.30
2002	22.81	19.01	3.80	8.93	8.66	0.27	15.27	14.97	0.30
2003	24.05	19.01	5.04	8.93	8.66	0.27	15.27	14.97	0.30
2004	24.05	19.01	5.04	8.93	8.66	0.27	15.27	14.97	0.30
2005	24.05	19.01	5.04	8.93	8.66	0.27	15.27	14.97	0.30

第三节 防汛抗旱

恭城县地处季风气候区，4 月至 7 月冷暖空气在上空交绥频繁，加以强大低空气流的影响，降雨特多，容易造成暴雨洪涝。暴雨最易出现的是 5 月、6 月，4 月、8 月次之。县内因山区地形陡峻，山溪河床切割深狭，河源短，水流湍急，洪水历时短，洪涝周期也较短。据县水文站的实测资料统计，恭城河洪峰水位超过130米的，20世纪80年代4次，平均3年1次；90年代7次，平均1.7年1次；21世纪前5年，每年1次。因降雨集中于4月至7月，易发生秋旱，少数年份发生春旱或冬旱。1989—2005年，每年都有旱情发生，其中1990年、1999年、2003年、2004年大旱。

1958年，成立县防汛抗旱指挥部，为常设机构，设正、副指挥长，下设委员若干人，统一协调有关水利工程兴建、防汛、抗旱、物资器材、劳力、资金调拨等工作。1991年8月，成立自治县防汛抗旱指挥部办公室，隶属于县水利电力局，主要职责是负责全县防汛抗旱正常工作，定事业编制3人。

防汛

水利工程防汛管理　每年在汛期到来之前，县防汛办要对全县大小水利工程进行一次详细检查，找出存在的险情并制定相应的应对措施，下发全县水库汛期水位表。有引洪渠的水库，在5月至6月要停止引洪；病险水库要控制蓄水，并组织起以民兵为骨干的抢险队伍做应急保障。

1989年，持续干旱，大部分水库长期处于低水位运行、抽死库容的水进行灌溉，甚至长期处于干涸状态。由于水库水位下降太快太低，使坝体内坡下部浸润线反向，对坝身有一定影响。1990年汛期，水位又迅速上涨。为确保水库安全度汛，使工程充分发挥效益，县防汛办重新确定各工程汛期控制运行4个（或5个）水位，并安排防汛经费1.70万元。1994年6月至8月，县境内先后遭受4次特大暴雨的袭击，部分水利设施受损。由于年初对各个水库进行彻底的安全检查，通过定人员、定责任、定任务把工程安全管理落实到基层，全县没有出现山塘、水库垮坝事故。1998年4月，汛前水库安全检查共检查22座水库，其中小（1）型水库6座，小（2）型水库16座。经参照水利部《水库大坝安全类别鉴定办法》鉴定后，全县22座水库中达到二类工程标准的小（2）型水库有小豪洞水库、豆腐田水库、雷公井水库、下蓝田水库4座，其余18座为三类工程，对强化水利工程管理，建立岗位责任制以及对病险水库除险加固中在资金投入上采取重点安排，集中使用，确保工程尽快脱险，安全度汛提供重要依据。同年6月18日24时至19日8时，全县普降大雨，西岭、栗木、嘉会、观音、恭城等乡镇遭受特大暴雨。据岛坪水文点的测量，6月19日凌晨，6个小时降雨量140毫米，致使澄江河水位急剧暴涨。6月19日8时5分，峻山水库水位247.01米，是建库以来的最高水位，主坝、副坝都经受住该次最大洪水的考验。

2001年，在基本完成全县水库的除险加固后，县防汛办对全县24座水库进行汛末安全检查。根据《水库大坝安全类别鉴定办法》，鉴定为二类水库的有中型水库1座即峻山水库，小（1）型水库有花田岗、马林源、毫洞、金钱岽水库4座，小（2）型水库有小毫洞、豆腐田、雷公井、下蓝田、龙岗、蛋子江、柿花塘、八岩水库8座；定为三类工程的有中型水库1座即蓝洞水库，小（1）型水库有长山岽水库，小（2）型水库有松毛垒、古寺、二龙、清水桥、小黄埠、水路冲、芹菜塘、韭菜塘水库8座。鉴定结果为制定新的水库防汛水位及抗旱水位提供科学依据。

冬修水利　冬修水利是防汛抗旱的重要保障，恭城地处中亚热带季风气候区，雨量充沛，每年都要遭遇不同程度的洪涝灾害，水利基础设施被毁坏也时有发生。每年冬闲季节，都进行冬修水利，由县、乡两级财政拨款和村、群众集资，农民投工。1989—2005年，修复水毁工程、渠道清淤、渠道防渗、疏通河道、水库除险加固及渠道附属工程等2000余处。

1989年，全县农田水利冬修完成147处；县乡村投资45.78万元，其中，县财政投资10万元、乡投资12.39万元、集体和群众投资23.39万元；投入劳动积累工145.09万工日；完成渠道防渗长70.8千米、清淤长707.8千米；新增灌溉面积20.53公顷，恢复灌溉面积310公顷、改善灌溉面积1486.67公顷。

1990年，全县农田水利冬修计划工程完成312处，投劳194.12万工日；完成工程量：砌石方

26.09万立方米，浆砌石1.49万立方米，干砌石0.03万立方米，混凝土1664立方米；完成渠道防渗长37.26千米、清淤长995.56千米，斗闸门维修更新138座；新增灌溉面积40.47公顷，恢复灌溉面积471.4公顷，改善灌溉面积2166.67公顷。

1991年，全县农田水利冬修工程完成188处，投劳269.74万工日；完成工程量：土石方139.21万立方米，浆砌石2.52万立方米，干砌石1620立方米，混凝土1957立方米；完成渠道防渗长18.35千米、清淤长784.1千米，斗闸门维修更新123座，机电泵维修完成12台、总容量451千瓦，水轮泵80台；砌墙保土面积34公顷；新增灌溉面积44公顷，恢复灌溉面积473.33公顷，改善灌溉面积1626.67公顷。县、乡镇、村投入水利冬修72.59万元，其中，县财政18万元，乡镇财政13.6万元，集体和群众40.99万元。

1992年，全县农田水利冬修工程完成108处，投劳223.99万工日；完成工程量：土石方81.97万立方米，浆砌石1.64万立方米，混凝土2319立方米；完成渠道防渗长32.3千米、清淤长949千米，斗闸门维修更新72座；堤防维修完成15处、共长3.57千米，水土流失治理面积140公顷；新增灌溉面积46.67公顷，恢复灌溉面积386.67公顷，改善灌溉面积2400公顷万亩，改造低产田面积210.67公顷。县、乡镇、村共投入水利冬修资金58.62万元，其中，县财政10万元，乡镇财政10.1万元，县水利电力局16.13万元，水利工程0.86万元，村和群众21.53万元。

1993年，全县农田水利冬修工程完成70处，投劳147.84万工日；完成工程量：土石方51.04万立方米，浆砌石1.77万立方米，混凝土473立方米；完成渠道防渗长9.57千米、清淤长926千米，斗闸门维修更新72座，附属建筑物完成25座；坡改梯砌墙保土面积46.8公顷；堤防维修完成16处、共长2.3千米；有效改善灌溉面积336公顷。县、乡、水利工程，集体或群众共投入资金44.4万元，其中，国家7万元，县财政10万元，乡财政6.7万元，水利工程3.6万元，集体和群众17.10万元。

1994年11月8日至12月15日，全县完成459处农田水利工程的维修、清淤等冬修任务。

1995年，全县农田水利冬修完成渠道防渗共长18.33千米、清淤共长961千米；投劳274.38万工日，投资168.71万元。

1996年，全县农田水利冬修总投资182.48万元，其中，县、乡财政30.08万元，群众自筹152.4万元。完成工程102处，投劳237.61万工日；完成土石方42.79万立方米，浆砌石2.57万立方米，混凝土28立方米；完成渠道三面光共长27.64千米，渠道清淤共长718千米。

1997年，全县农田水利冬修工程完成107处，投劳274.38万工日，完成土石方79.7万立方米，浆砌石1.82万立方米，混凝土1655立方米；完成渠道防渗共长18.33千米，清淤共长961千米，斗闸门维修69座，机电泵维修44台；完成投资168.71万元，其中，群众集资133.61万元；改善灌溉面积6673.33公顷。

1998年，累计农田水利冬修投入资金262.08万元，其中，县、乡财政投入115.3万元，群众集资146.78万元；投劳67.92万工日；完成土石方29.36万立方米、浆砌石3.5万立方米、混凝土9191立方米；完成渠道防渗硬化共长32.6千米，清淤共长100千米，更新斗闸门56座，维修机电泵6台、总容量300千瓦、水轮泵14台；修复水毁工程40处。

1999年，农田水利冬修累计投劳56.69万工日，投入资金210.37万元，其中，政府投资120.87万元，群众投资89.50万元；累计完成土石方36.58万立方米，浆砌石1.16万立方米，混凝土4200立方米；完成渠道三面光防渗共计长21.96千米，渠道清淤共长897千米，斗闸门维修更新41座，修复水毁工程24处。

2000年，农田水利冬修投劳7.385万工日，完成渠道清淤共长893千米。在遭受2次暴雨袭击后，龙虎渠被冲坏渠道外堤7处、共长122米，排水闸门4座，冲塌挡土墙3处、共长132米，渠外坡沉陷2处、共长62米，县水利电力局垫支粮食自给工程款8.79万元，及时修复水毁工程。

2002 年，全县农田水利冬修完成投资 153 万元，修复水毁工程 12 处，堤防修复长 1.5 千米；完成工程量：土方 5.1 万立方米，石方 11.81 万立方米，浆砌石 2.45 万立方米，混凝土 2100 立方米；完成渠道防渗共长 14 千米，渠道清淤共长 216 千米，疏通河流长 1.5 千米。

2003 年，全县农田水利冬修工程完成 188 处，投劳 37.24 万工日；投资 221.95 万元，其中，政府投资 10 万元，群众自筹 49.2 万元，其他投资 162.75 万元；完成土石方 20 万立方米、浆砌石 1.4 万立方米、混凝土 1205 立方米；修复水毁工程共 12 处，完成渠道三面光防渗共长 13.64 千米、渠道清淤共长 216 千米，斗闸门维修更新 2 座，完成机电泵维修 5 台、总容量 155 千瓦，疏通河道长 1.55 千米。

2004 年，全县农田水利冬修工程完成 118 处，投资 147 万元；完成渠道防渗共长 9.4 千米、渠道清淤共长 612 千米，维修机电泵 7 台，斗闸门维修 59 座，河道疏通长 1.45 千米。恢复有效灌溉面积 26.67 公顷，改善有效灌溉面积 860 公顷，新增除涝面积 100 公顷。

2005 年，全县农田水利冬修工程完成 227 处，投劳 36.3 万工日；总投资 1319 万多元，其中，中央 396 万元，市、县、乡共 343 万多元，群众自筹 580 多万元；完成工程量有土石方 16.8 万立方米，浆砌石 2.44 万立方米，混凝土 2100 立方米；完成渠道防渗共长 35.6 千米、渠道清淤共长 599 千米，疏浚河道长 3.5 千米，新建水柜 5 个，完成水毁修复 44 处；改善农田灌溉面积 1286.67 公顷。

防洪保安费　征收 1997 年，根据自治区人民政府下发的《关于开征防洪保安费决定的通知》精神，在全县范围内开征防洪保安费。至 2005 年，累计征收防洪保安费 2063.1 万元。

抗旱

1989 年，全县受旱面积 6213.33 公顷，其中，晚稻面积 3986.33 公顷。全县出动 4.97 万人，柴油抽水机 490 台、总功率 3712 马力，电泵 207 台、总容量 894 千瓦、其他机具 67 件，打水井 587 个；投入抗旱资金 85.86 万元，其中，县财政 15 万元、县水利电力局 3 万元、乡自筹 3.38 万元、群众自筹 64.48 万元。共抢救晚稻面积 2331.4 公顷，减少受灾损失，全县粮食生产仍获得增产约 250 万千克的好收成，实现粮食增产三连冠。

1990 年，持续干旱，全县受旱晚稻面积 4454 公顷，旱地作物面积 5551 公顷；全县用于抗旱的投资 228.32 万元，其中，县财政 9.04 万元，乡财政 10.8 万元，县水利电力局 12.05 万元，群众自筹 196.43 万元；出动抗旱人数 6.51 万次，投入抗旱的机具有柴油机 1392 台、总功率 6395 马力，电泵 280 台、总容量 1076 千瓦，其他机具 61 件，缓解受灾面积 2064.67 公顷。

据 1995 年 8 月 1 日统计，全县受旱面积 13600 公顷。全县投入抗旱 8.73 万人次，水利部门科学地管好水，尽可能保证灌区能抢插下晚稻，插下的进行轮灌保苗；各乡镇共出动柴油机 2655 台、总功率 18248 马力，电泵 95 台、总容量 754 千瓦。

2003 年 7 月，全县连续出现炎热的高温天气，久不下雨，至 30 日，全县受旱面积 12641 公顷，9 个乡镇均不同程度受旱。西岭、平安、栗木 3 个乡镇受旱严重，总受旱面积近 10666.67 公顷。西岭乡群众自筹资金 5.5 万元，投入抗旱 7500 人次，水泵 4 台及其他机动抗旱设备 6500 套。平安乡投入抗旱资金 17.1 万元，其中，乡政府 5.1 万元，群众自筹约 12 万元；机动抗旱设备 8176 套，机动车 1816 辆进行抗旱。栗木镇共投入小型抽水机约 600 台抗旱。

第四节　人畜饮水工程

恭城县人均有水量丰富，但分布不均匀，居住在石山区或水源条件差的地方，秋冬干旱时，人畜饮水仍有困难，有些村（屯）要到 1～2 千米以外去挑水，给生产生活带来许多不便。在兴修水利工程的同时，还要想方设法解决人畜饮水困难问题，如利用灌区渠道高程引水、利用河道泉井安装电泵提水、安装水管引山泉水以及发动农户打手摇泵井等办法。1989 年年底，共解决 1.51 万人、0.53 万头牲畜的饮水困难。据 1990 年统计，全县没有解决饮水困难的共 15100 户、67800 人，占全县总农户的 30.69%、农业总人口的 29%。

1991 —1995 年，全县人畜饮水项目合计投资 122.26 万元，其中以工代赈 61.13 万元，地方配套 61.13 万元。完成人畜饮水项目共 20 处，解决和改善 15722 人、7965 头牲畜的饮水困难。1996 年，在平安乡北溪村建成全县第一个村级自来水厂，日供水 200 吨，解决 300 多户人畜饮水。1998 年，全县共投资 201 万元，完成人畜饮水工程 90 处，解决 2.28 万人、2.33 万头牲畜的饮水。2001 —2005 年，县财政筹集资金 846.37 万元，其中，中央补助 284 万元、自治区补助 123 万元、地方配套资金 439.37 万元，完成人畜饮水工程 31 处，解决饮水困难村（屯)28 个，人口 23951 人。至 2005 年年底，累计建成大小不等的供水设施 108 处，日供水量 12500 立方米，受益人口 57463 人，占 1990 年饮水困难人口 67800 人的 84.75%。

图 6-24 未建成人畜饮水工程前的农村用水状况（县水利局提供）

图 6-25 建成人畜饮水工程后自来水进农家的情景（李云韬 摄）

图 6-26 农村人畜饮水工程设施（李云韬 摄）

第六章　农业机械

1989年，随着农村经济的发展、农民购买力增强及农机服务、农机推广等工作的深入，恭城县农业机械化发展开始进入一个农户独户经营、自择农机的高速发展时期。1995年，全县农机总动力达5.18万千瓦，与1989年相比增加1.34万千瓦，拥有大中小型拖拉机1320台，机引农具1551台，农用载重汽车62辆，农用运输车135辆，农业动力机械4698台，农产品加工动力机械2193台。1999年，随着农业产业结构的调整，耕整机和微型拖拉机以及相配套的小微型机引农具的推广，全县出现农民“购机热”的势头。至2005年，全县农机总动力达到23.72万千瓦，各种农机具10.30万台套，其中，农用车、拖拉机、微型拖拉机和耕整机共1.56万台，农业人口占拥有量6.5台/100人；机动脱粒机1.8万台，排灌机组2.5万台（套），植保机组2.3万台（套），农副产品及工副业加工机械1.8万台（套），其他动力机械375台（套）。是年，实际机耕作业面积为12761公顷，占农作面积的70%；机械植保水果2.13万公顷，占水果种植面积的90%。

1989—2005年，全县累计投入农业机械化资金9603.06万元，其中，财政投入591.45万元，集体投入193.98万元，农民个人投入8759.63万元，其他投入58万元。

第一节　农业机具

动力机械

1989年，全县农业机械总动力3.83万千瓦。其中，柴油机2.80万千瓦，汽油机0.22万千瓦，电动机0.79万千瓦，其他0.01万千瓦。2005年，全县农机总动力达到23.72万千瓦，其中柴油机22.46万千瓦，电动机1.23万千瓦，其他0.03万千瓦。1989—2005年，全县农业机械总动力增加19.89万千瓦。

1989—2005年恭城瑶族自治县农业机械总动力统计表

表6-23　　单位：千瓦

年度	总计	其中			
		柴油机	汽油机	电动机	其他
1989	38337	28038	2198	7948	153
1990	46915	36776	1660	8293	186
1991	47375	37901	1012	8260	202
1992	48200	38957	563	8478	202

续表 6-23

年度	总计	其中			
		柴油机	汽油机	电动机	其他
1993	49198	42251	110	6585	252
1994	51151	42563	—	8372	216
1995	51778	42594	5	8973	206
1996	58026	48866	58	8947	155
1997	57967	50062	—	7768	137
1998	98323	89795	—	8362	166
1999	148015	133287	6593	7821	314
2000	160815	148684	—	11661	470
2001	185215	171472	4	13315	424
2002	205842	192321	4	13080	437
2003	207252	195310	4	11539	399
2004	216427	204064	4	11992	367
2005	237244	224581	4	12292	367

柴油机　在农机动力机械中占主要地位，主要的机型有 195 型柴油机、2105 型柴油机、170–175 型柴油机、160 型柴油机。195 型柴油机用于工农 –12 型手扶拖拉机、小四轮拖拉机及排灌机械、农副业产品加工机械等配套动力，拥有量占 2005 年动力机械总量的 50% 以上。170–175 型柴油机用于微型拖拉机及耕整机配套动力的农田和运输作业，拥有量占 2005 年动力机械总量的 40% 左右。2105 型柴油机用于排灌机械、农副业产品加工机械等配套动力，160 型柴油机用于脱粒机配套动力脱粒、排灌机械，拥有量占比不大。

以柴油机为动力的拖拉机，在 20 世纪 60 年代中期逐步引进恭城，至 70 年代末全县基本实现耕田机械化。80 年代初期，全县全面实行家庭联产承包责任制，受经济条件及土地经营规模等因素制约，大型、中型拖拉机逐步减少，适应个体农户经营的手扶拖拉机、微型拖拉机逐年增加。1989 年，大型、中型拖拉机由 1980 年的 158 台、4573 千瓦减少至 37 台、1020 千瓦。1990 年，国营场站集体企业改制，大型拖拉机消失。中型拖拉机在 2001 年重新进入一个新的发展时期，从 2001 年的 165 台、2903 千瓦增加到 2005 年的 374 台、6345 千瓦。手扶拖拉机以体积小、结构简单、易操作、适应该县山区小块田耕作、修理费用低等特点被农户接纳，一直呈稳步增长的状态。从 1989 年的 1087 台、9587 千瓦增加到 2005 年的 2548 台、2.50 万千瓦。微型拖拉机于 1983 年引进，1985 年后容县金牛 –3 型微型拖拉机因其配套相应农具可以犁、耙、运输及各种固定作业，得到推广。1993 年，县电风扇厂研制生产的耕整机，经自治区农机鉴定站鉴定后，被命名为恭城 –4 型三轮拖拉机，配套相应农具可以犁耙田地、运输及加工、排灌、植保等作业，得到快速发展。1989 年共有 42 台、103 千瓦；2000 年共有 4445 台、22665 千瓦；2005 年共有 12723 台、67437 千瓦。

汽油机　有 1101 型汽油机，用于抽水机、脱粒机、喷雾机及果树植保等机械动力。由于以柴油机为动力的小型（微型）拖拉机的大幅增长，植保机械都以小型（微型）拖拉机的柴油机为动力，2005 年，汽油机几乎退出农业机械。

电动机　在县内应用于脱粒、排灌、农副产品加工及乡镇企业，因耗电量较大，发展缓慢。2005 年与 1989 年相比，只增加 0.43 万千瓦。

耕作机械

1989—2005年，县内农民使用的耕作机具主要有机引犁、机引耙、旋耕机、耕整机，机耕船在1989年存2台，1991年后无存。

机引犁　1990年前，与大中型拖拉机配套的机引犁有旱地悬挂4铧犁、5铧犁两种，水田有3铧犁、4铧犁、5铧犁3种，适应稻草还田作业和稻茬田、绿肥田及畬地耕作。与手扶拖拉机配套的机引犁有栅条式，但因使用技术要求较高，用者渐少，1990年从1980年的632台减少为482台。1993年，恭城-4型三轮拖拉机配套铧犁、平衡盘，装上座盘后可座耕水田和自走式耕作，省力省工，使用量逐年增加。1995年533台，2000年1303台，2005年2553台，平均每台微型拖拉机配套0.25台。

机引耙　1989年，与拖拉机配套的机引耙有PL8-20星形水田耙、PTS-24至27型，以及县农械二厂研制的工农12-1.2型手扶拖拉机座耕水田耙等4种型号，适用于绿肥及稻草还田作业。1992年，恭城微型拖拉机厂仿照工农12-1.2型水田耙研制微型拖拉机水田耙成功，随机配套销售。至2005年，手扶拖拉机、微型拖拉机机引耙成为县内农户用于耕耙的主要工具。

旋耕机　1989年，全县旋耕机有135台，均为适应水旱田耕耙作业的工农-12型旋耕机。随着多功能耕整机在20世纪90年代中期的应用推广，至2005年，旋耕机仅存46台。

图6-27　小型农用耕整机（县农机局提供）

图6-28　农民使用动力喷雾机在柿子园喷药水（李云韬 摄）

耕整机　1989年，全县有耕整机42台、103千瓦，为从湖南引进的水田耕整机。1991年，县电风扇厂研制成功4型多功能三轮耕整机；1993年，经自治区农机鉴定站鉴定后，被命名为“恭城-4型”三轮拖拉机。1997年，经技术改进及自治区农机鉴定站鉴定，被命名为GCH-7D型手把式和方向盘式三轮拖拉机、GCH-7SH型方向盘式四轮拖拉机等3种。恭城生产的多功能耕整机功能多，结构简单，灵活方便，一机多用，适应个体农户使用，在县内很快得到推广。1995年，全县有耕整机240台、884千瓦；2000年4445台、22665千瓦；2005年12723台、67437千瓦。

植保与施肥机械

半机械手动式喷雾器　1989年，有半机械手动式喷雾器34067部，种类有上海工农-16型、漓江-15型担架式手摇喷雾器，工农-15型背负式塑料喷雾器。之后，由于机动喷雾（喷粉）机的普及，半机械化喷雾器的使用功效及节能技术日显落后，2005年，降为22100部。

机动喷雾（喷粉）机　1989年，有机动喷雾（喷粉）机161台、214千瓦。20世纪90年代中期，随着农业产业结构调整，水果种植发展迅速，再加上喷药机与多功能耕整机配套杀虫机械同步增长，动力机械喷雾机得到迅速增长。1996年，全县有动力喷药机1529台、1407千瓦；2000年，5625台、1.19万千瓦；2005年，增至1.14万台、3.13万千瓦，水果病虫害防治在恭城基本实现机械化。

化肥深施器 20世纪80年代初期，引进推广使用化肥深施器500多台。由于化肥深施器对化肥颗粒规格要求高，常出现施肥不均，省力不省工，不如人工手撒深施快，因而得不到推广使用。1995年，降为360台；2005年，降至180台。

收获机械

脱粒机 20世纪50年代至80年代，推广人力脚踏脱粒机。1989年，有24510台；1993年，为25695台，脱粒面积2.14万公顷。随着农业机械化的发展，人力脚踏脱粒机被动力脱粒机所代替。1989年，全县有动力脱粒机244台、244千瓦，机脱面积2133公顷；1996年，2252台、4785千瓦，机脱面积4289公顷；2005年，1.26万台、2.08万千瓦，机脱面积1.42万公顷，机动脱粒收获98%。

收割机 1993—1998年，县农机部门先后引进水稻割晒机和背负式收割机，因其达不到农艺的要求，谷物受损大，未能得到推广。2004年，恭城镇天堂村一蒋姓农民购置1台36千瓦的桂林超越牌联合收割机，是年机收面积20多公顷。

排灌机械

水轮泵灌 20世纪80年代初，全县有水轮泵141台。峻山水库建成，小型水轮泵站逐渐被淘汰，水轮泵逐渐减少。至2005年，全县使用水轮泵仅有10多处。

电力排灌 20世纪80年代中期，有电灌站26处，电动机31台、1289千瓦，电灌面积177公顷；90年代后，由于电灌不方便，电灌站逐步减少为6处，部分农户又回到使用动力机械排灌。

农用水泵灌溉 恭城农民使用的农用水泵有BA型单级单吸式、SH型单级双吸式离心泵以及浙江永康旭日牌水泵。1989年，共有499台；2005年，发展到17365台。

农业运输机械

1982年，实行家庭联产承包责任制后，个体农民自主经营，除种植业外，家庭副业开始发展，农用运输机具随运输业的发展有新的增长。

1989年，全县拥有农用载重汽车42辆、2762千瓦，农用运输车44辆、837千瓦，挂车1121辆，小型拖车595辆，运输作业量417.84万吨/千米，运输值216.85万元。1995年，拥有农用汽车135辆，大中型拖拉机8台，手扶拖拉机1072台，微型拖拉机240台。2005年，农用运输车969辆，1.2万千瓦，其中，三轮运输车865辆、9724千瓦，四轮运输车104辆、2252千瓦，运输作业量为5348.62万吨/千米，运输值7762.72万元。

农副产品加工机械

1989年，全县有碾米机、粉碎机、磨面机、榨油机、榨糖机等农副产品加工机具1784台；1995年，共有2193台、1.85万千瓦。由于农村的发展由粗放型转为集约型，产生市场竞争，农副产品加工机具至2005年降为1491台、9729千瓦。

农副产品加工机具以碾米机、饲料粉碎机为多。1989年，全县有碾米机839台；1995年，共有1074台；2005年，共有1001台。1989年，全县有饲料粉碎机738台；1995年，共有1023台；2005年，降至860台。1989年，全县有榨糖机118台；1995年，降至98台；1996年后，因发展水果种植，种植甘蔗逐步减少，榨糖机也随之减少；2003年，仅有榨糖机19台；2005年，消亡。1989年，全县有榨油机71台；1995年，共有120台；2005年，增至138台。1989年，全县有月柿刨皮机1018台；1995年，共有1310台；2005年，共有1542台。

1989—2005年恭城瑶族自治县耕作机械情况一览表

表6-24　　单位：台、千瓦

年度	总计		中型以上拖拉机		小型拖拉机		耕整机及微型拖拉机		机耕船		大中型机引农具	小型、微型机引农具
	混合台	动力	混合台	动力	混合台	动力	混合台	动力	混合台	动力		
1989	2479	10719	37	1020	1087	9587	42	103	2	9	78	1233
1990	2766	10983	25	707	1140	10053	70	214	2	9	46	1483
1991	2762	10945	26	733	1123	9906	94	306	0	0	44	1475
1992	2788	11069	24	680	1132	9988	109	401	0	0	40	1483
1993	2891	10843	18	516	1101	9711	175	616	0	0	36	1561
1994	2854	10813	16	462	1082	9545	228	806	0	0	25	1503
1995	2871	10572	8	245	1072	9443	240	884	0	0	12	1539
1996	2631	9242	—	—	978	8265	264	977	0	0	—	1389
1997	2656	8935	—	—	878	7762	325	1173	0	0	—	1453
1998	5387	20298	—	—	1421	12470	1718	7828	0	0	—	2248
1999	9146	41941	—	—	2304	22303	3783	19638	0	0	—	3059
2000	9953	44934	—	—	2323	22269	4445	22665	0	0	—	3185
2001	13321	59297	165	2903	2549	24780	6162	31614	0	0	—	4445
2002	15783	75279	273	4763	2679	26087	8274	44429	0	0	—	4557
2003	18520	86956	315	5356	2547	24987	10277	56613	0	0	—	5381
2004	20073	92334	359	6071	2542	24855	11587	61408	0	0	—	5585
2005	21153	98827	374	6345	2548	25045	12723	67437	0	0	2	5506

1989—2005年恭城瑶族自治县农副产品加工、运输及其他机械情况一览表

表6-25

年度	农副产品加工机械					运输机械						其他机械			
	饲料粉碎机（台）	碾米机（台）	磨面机（台）	榨油机（台）	榨糖机（台）	农用载重汽车		机动运输船		农用运输车		微型水力发电机组		柴油发电机组	
						辆	千瓦	艘	吨	辆	千瓦	套	千瓦	套	千瓦
1989	738	781	25	71	118	42	2762	2	—	44	837	207	153	21	157
1990	819	984	19	95	127	61	4615	26	307	80	1598	231	186	67	1506
1991	964	1087	24	97	123	54	4085	22	98	102	1848	242	202	22	333
1992	958	1095	29	97	123	39	2125	15	90	98	2059	242	202	29	435
1993	898	1100	40	99	123	58	4668	0	0	132	3447	247	252	40	791
1994	1016	1074	41	112	127	62	5140	0	0	146	3624	247	216	26	771
1995	1023	1074	18	120	98	62	5126	0	0	135	3040	234	206	28	789
1996	873	883	16	117	76	70	5158	0	0	136	3161	146	140	28	773
1997	1012	1004	16	115	71	56	4494	0	0	134	3874	163	137	28	773
1998	1469	1290	16	128	70	63	4879	0	0	150	4128	188	166	34	803
1999	875	1181	16	139	44	63	3702	0	0	162	4306	330	314	61	630

续表 6-25

年度	农副产品加工机械					运输机械						其他机械			
	饲料粉碎机（台）	碾米机（台）	磨面机（台）	榨油机（台）	榨糖机（台）	农用载重汽车		机动运输船		农用运输车		微型水力发电机组		柴油发电机组	
						辆	千瓦	艘	吨	辆	千瓦	套	千瓦	套	千瓦
2000	882	968	14	125	44	37	1289	0	0	197	4236	370	470	25	358
2001	889	1066	14	138	42	41	1383	0	0	187	4419	414	424	43	493
2002	905	1093	14	151	42	8	797	0	0	545	7604	404	437	54	540
2003	778	994	14	136	19	0	0	0	0	716	9514	375	399	50	392
2004	779	994	14	136	0	0	0	0	0	823	10705	355	367	50	392
2005	860	1001	14	138	0	0	0	0	0	969	11976	355	367	52	416

1989—2005 年恭城瑶族自治县植保、排灌、收获、脱粒机械情况一览表

表 6-26

年度	植保机械		排灌机械		收获机械		脱粒机械	
	台	千瓦	农用水泵	喷灌机械	台	千瓦	台	千瓦
1989	161	214	499	38	—	—	244	—
1990	99	123	1664	87	—	—	668	—
1991	102	124	1941	349	—	—	830	—
1992	108	128	2055	298	—	—	1138	—
1993	9	110	2102	70	—	—	1263	—
1994	—	—	2158	425	—	—	1585	—
1995	—	—	2201	459	—	—	1703	—
1996	1529	1407	3803	446	—	—	2252	4785
1997	1490	742	2753	814	—	—	2884	7039
1998	3816	6200	5556	938	—	—	5556	11541
1999	3816	6200	9946	348	—	—	9311	21426
2000	5625	11850	12402	351	—	—	10452	23503
2001	9327	15275	13431	351	—	—	10248	23927
2002	10394	14118	15887	395	—	—	11413	20911
2003	11308	20299	15026	492	—	—	11996	21184
2004	9656	22032	15619	596	1	36	12565	20685
2005	11358	31305	17365	645	1	36	12574	20767

第二节 农机水平与效能

主要作业机械水平

田间作业机械化水平 20 世纪 70 年代末，全县基本实现农田作业机械化和半机械化。1978 年，拖拉机总作业量达 5.6 万标准公顷，机耕面积 1.2 万公顷，占总耕地面积 62.11%；机脱面积 2 万公顷，

占水稻收获面积90.51%；机收面积3.33公顷，农业运输和非农业运输量69.3万吨千米。80年代，由于田地块数划小，大中型拖拉机失去适合作业田地；农民自主生产，多数农户生产以畜耕为主，农业机械化水平略有降低。1992年，恭城生产的耕整机推广后，至2005年，90%以上的农户拥有农业机械和半机械。2005年，全县拥有各种农业机械1.59万台，农机作业总值11546万元，机耕面积1.28万公顷，占总耕地面积70.33%。

植保机械化水平　1989年，全县有机动喷雾（喷粉）机161台、214千瓦。1990年后，个体农户为减轻劳动强度，筹资购置柴油机、电动机配套带动喷药机进行农作物植保防治。90年代中期、后期，多功能耕整机大量进入农家，带动喷药机进行农作物植保。2005年年底，全县机械植保面积2.16万公顷，80%以上农作物使用机动防治，植物保护基本实现机械化。

农业运输机械化水平　1989年年末，除肩挑、背驮外，使用胶轮木车、独轮手推车作运输工具为普遍。90年代中期，微型拖拉机逐步成为农村普遍使用的运输工具。至2005年，除部分交通不便的田地作业仍用肩挑背驮外，农业运输基本实现机械化。

1989—2005年恭城瑶族自治县主要农业机械化运用情况一览表

表6-27　单位：公顷

年份	耕地总面积	年实际机耕面积				年实际机电灌溉面积	机械植保面积	动力机械脱粒面积
		合计	机犁面积	耒犁旋耕面积	机耕面积			
1989	19261	90108	31328	11273	47507	—	4990	2133
1990	19541	121496	44843	10459	66194	—	3480	3210
1991	19500	8500	2700	1700	4100	10800	100	3400
1992	19500	8916	3015	2984	2917	8745	179	3825
1993	19200	9916	3277	4649	1990	6756	269	4099
1994	19100	10777	4071	1674	5032	2243	—	3897
1995	18840	10529	4455	1590	4484	2650	—	4289
1996	18735	11813	4938	1470	5405	6526	6622	8585
1997	18902	9939	4046	1488	4405	4335	7785	9439
1998	19012	15361	6953	1645	6763	10303	8032	12412
1999	19000	14748	6849	1019	6880	16474	10980	12581
2000	19020	13652	6468	665	6519	16553	14265	15001
2001	18880	13598	6098	690	6810	12793	16906	14667
2002	18640	13448	6233	620	6595	11553	21218	16503
2003	17913	13861	6720	6713	428	13393	18066	15235
2004	18144	14031	7040	414	6577	13812	22361	14714
2005	18214	12761	6158	6353	250	16123	21563	14203

农机效能

1990年，抽样调查西岭和龙虎两个乡的2台中型拖拉机年下田作业为每台90天，犁田60公顷，耙田21公顷，作业值9780元，每千瓦完成作业值330元，平均每元作业值耗油0.23千克，作业总成本5600元，盈利4180元。

2001 年，调查农用运输车 2 辆，作业量 400 天，运输作业 41600 吨千米，作业值 42900 元，耗油 4.18 吨，平均每元作业值耗油为 0.1 千克；手扶拖拉机 5 台，总作业量为 987 天，机犁耙面积 47.22 公顷，运输作业 29222 吨千米，作业总值 48286 元，耗油 4.5 吨，平均每元作业值耗油 0.09 千克；微型拖拉机及耕整机 2 台，作业量为 195 天，机犁耙面积 6.6 公顷，运输作业 4290 吨千米，作业值 6690 元，平均每元作业耗油 0.09 千克。

2003 年，抽样调查中型拖拉机 2 台，每台作业 168 天；小型拖拉机 4 台，每台作业 188 天；微型拖拉机及耕整机 2 台，每台作业 80 天；机耕面积共 230 公顷，运输作业 57767 吨千米，作业值 8.18 万元，每千瓦完成作业值 430 元，平均每元作业值耗油 0.3 千克，作业总成本 5.68 万元，盈利 2.49 万元。

第三节　农机所有制

1989 年，县内农业机械为国营、集体和个体所有制，全县农机总动力共计 37238.19 千瓦。其中，国营所有 1498.55 千瓦，占 4.02%；集体所有 1675.35 千瓦，占 4.50%；个体所有 34064.29 千瓦，占 91.48%。随着农民经济收入的不断增长、个人购买力的增强，国有和集体所有的农业机械经过产权转让、出售，或机械报废，产权所有制进一步削弱，1995 年，全县农机总动力共计 51778 千瓦，其中，国营所有 608 千瓦，占 1.17%；集体所有 361 千瓦，占 0.70%；个体所有 50809 千瓦，占 98.13%。2005 年，全县农机总动力共计 237244 千瓦，其中集体所有仅为 4 千瓦，其余全部为个体所有。

国家所有

1989 年，国有农机总动力 1498.55 千瓦，拥有农用汽车 13 辆，大中型拖拉机 3 台，手拖 2 台，国有农业机械原值 36.98 万元。1990 年，全民所有制农机总动力为 1964 千瓦，共有农用汽车 13 辆，运输车 11 辆，大中型拖拉机 1 台，手拖 7 台，农业动力机械 66 台，全民所有制农机原值 70.6 万元，净值 39.4 万元。1991 年，国营场站实行承包责任制，国有农业机械产权逐步转让给个人，到 1995 年，全民所有制农机总动力仅为 608 千瓦，农业动力机械 48 台，农用汽车 1 辆，手拖 4 台，排灌动力机械 5 台。1997 年，全民所有制农机总动力降为 205 千瓦，农业动力机械 11 台，手拖 2 台。1998 年，全民所有制农机总动力为 0。

集体所有

1989 年，集体所有农机总动力 1675.35 千瓦，大中型拖拉机 4 台，小型拖拉机 4 台，集体所有制原值 33.84 万元。20 世纪 90 年代，集体所有农业机械产权逐步转让给个人。1995 年，集体所有农机总动力降至 361 千瓦，农业动力机械 34 台，大中型拖拉机 1 台，排灌动力机 6 台；2005 年，集体所有农业动力机械仅 1 台，总动力为 4 千瓦。

个体所有

1989 年，个体所有农机总动力 3.41 万千瓦，农业动力机械 2451 台（套），耕作机械大中型拖拉机个体所有 29 台，手扶拖拉机 1102 台，农用汽车 73 辆、机引农具 814 台、植保机械 73 台、收获机械 42 台、碾米机 316 台、粉碎机 312 台、人力脱粒机 1.86 万台；农机原值个体所有 796.3 万元。随着农村经济的发展，个体农户所有产权逐步增加，农业生产机械化水平不断提高。1995 年，个体所有农机总动力 5.08 万千瓦，农用汽车 61 辆、大中型拖拉机 7 台、手扶拖拉机 1068 台、排灌动力机

1654 台、农产品加工动力机 2193 台、机动脱粒机 1703 台、碾米机 1007 台、粉碎机 1023 台、榨糖机 98 台、动力发电机组 262 台套；农机总值个体所有 2351 万元，净值 1542 万元。2005 年，个体所有农业机械总动力 23.72 万千瓦，是 1989 年的 6.96 倍。其中，农用汽车 969 辆、大中型拖拉机 374 台、手扶拖拉机 2540 台、微拖耕整机 1.27 万台、排灌动力机 1.43 万台，加工动力机 2230 台、动力发电机组 350 台套、机动脱粒机 1.26 万台、碾米机 1000 台、粉碎机 856 台、动力植保机械 1.34 万台。农机总值个体所有 9100 万元，净值 8010 万元。

第四节　农机推广

1989 — 2005 年，在全县推广的主要农机有人力脚踏脱粒机、动力脱粒机、微型水力发电机组和多功能耕整机等。

人力脚踏脱粒机　1978 年，县农机部门研制成功人力脱粒机，比传统谷桶脱粒工效高 3 倍多，具有脱粒干净、飞溅少、损失少和拆卸移动方便等特点。经推广，至 1989 年，全县有 22.45 万台。后因动力脱粒机的推广，人力脱粒机于 1993 年降为 25695 万台（以后无统计数）。

动力脱粒机　动力脱粒机具有脱粒快及干净等特点，1980 年，开始在县内推广。1989 年，全县已有动力脱粒机 244 台，机脱面积 2133 公顷。1995 年，共有 1703 台，机脱面积 4289 公顷，2.05 万吨。2005 年，为 12574 台，机脱面积 1.42 万公顷，7.60 万吨。

微型水力发电机　1988 年，开始在西岭乡德良、营盘村推广 0.6 ～ 12 千瓦的微型水力发电机组。至 1989 年，全县累计安装微型水力发电机组 207 台套、152.87 千瓦。1990 年，县农机技术推广服务站推广微水电项目获农业部农业科技推广年“先进集体”称号。2005 年，全县累计推广 355 台套、367 千瓦，装机最多的是西岭乡德良、营盘、东面、椅子、岛坪、新合村。

多功能耕整机　1992 年，县电风扇厂生产的多功能耕整机投放市场，由于其配套相应的农具可犁耕田地、运输、加工、排灌和植保，适合县内平原、山区或半山区个体农户使用，很快得到推广。1995 年，全县耕整机有 240 台；2005 年，达 12723 台。

第五节　农机培训与安全监理

农机培训

图 6-29　拖拉机机手培训（李云韬 摄）

农机培训由隶属于县农机中心的县农业机械化学校负责，校址位于恭城镇茶东路 109 号，占地面积 7610 平方米，建筑面积 866 平方米，教练场地 1200 平方米；有初级专业技术人员 5 人、高级工 2 人、初级工 1 人。培训的对象主要有农用车驾驶员、拖拉机手、动力机手、修理工。

20 世纪 80 年代至 90 年代末，采取每季办班 1 期，学员自由报名，村公所（村委会）出具证明，身体合格者均可入学，集中到县农机校培训 1 个月。2000 年后，采取每月办班 1～2 期，集中学员到县农机校按照教学大纲，进行理论学习与实践操作培训。培训后，由县农机监理站组织理论和实际操作考试，对考试合格者发给由桂林市农机监理所签发的驾驶证。

1989—2005 年，累计培训各类机手 5851 人。其中，农用运输汽车驾驶员 456 人，大中拖机手 739 人，手扶式和方向盘式拖拉机手 4656 人；农机具修理工 144 人。

1989 年，培训大中拖机手 7 人、手拖机手 183 人、修理工 5 人。1995 年，培训大中拖机手 10 人、手拖机手 312 人、修理工 17 人。2005 年，培训大中拖机手 158 人、手扶式和方向盘式拖拉机手 424 人。至 2005 年年末，全县累计有拖拉机驾驶员 15645 人，农机修理人员 299 人，农用汽车驾驶员 1004 人，机手（柴油机）20311 人。

农机监理

对农机实施安全监理的有隶属于县农机中心的县农机安全监理站和乡镇农机站，主要的业务为牌证管理、驾驶人员管理、安全技术检验、违章及事故处理。

图 6-30 农机监理（陈革 摄）

拖拉机牌证管理 1989—2005 年，累计新车入户 2770 辆。其中，1989 年，新车入户 77 辆；2005 年，新车入户 178 辆。

驾驶人员管理 1989—2005 年，每年对农用机车驾驶（操作）人员验证审核 1 次；每月组织驾驶员进行安全学习日 1 次。1989 年、1995 年、2000 年、2005 年的驾驶员年检人数依次为 1508 人、780 人、1121 人、1420 人；1989 年、1995 年、2000 年、2005 年的驾驶员安全学习人次依次为 10165 人、13000 人、11700 人、9800 人。

安全技术检验 1989—2005 年，每年对农用车、拖拉机进行 1 次全面的车辆年检，1989 年、1995 年、2000 年、2005 年依次为 927 台、780 台、834 台、968 台。

违章及事故处理 1989 年，路检 753 人次，路查 4816 台次，查出违章 1521 人次，其中无牌 48 人次，无证 51 人次。2005 年，路检 2340 人次，路查 6426 台次，查出违章 1860 人次，其中无牌 240 人次，无证 68 人次。1989—2005 年，累计路检 18934 人次，路查 79388 台次，查出违章 27845 人次，其中无牌 2497 人次，无证 1166 人次。1989—2005 年，机车发生事故进行现场调查和处理累计 38 次，其中，一般事故 21 次，重特大事故 17 次；死亡 13 人，重伤 13 人，轻伤 7 人；经济损失累计 47750 元。

第七章　沼气建设

20世纪80年代初，为解决农村能源问题，保护森林资源，保护生态环境，县委、县人民政府制定“以沼气为纽带，省柴灶、太阳能并行，多能互补，一点带多点，多点带全县”的农村能源长远发展计划，成立沼气技术指导站，在全县推广使用沼气、省柴灶等农村节能技术。1989—2005年，上级及县财政为农村能源综合建设共投入资金1519.4万元，促进农户投资农村能源建设的积极性。2005年年末，全县实有沼气池56390座，入户率86.62%；省柴节煤灶累计59550户，太阳能热水器累计推广2190平方米。沼气能源的发展，促进了全县养猪种果业的发展，并形成“养殖—沼气—种植”三位一体的生态农业，国家和自治区、市级政府和有关部门多次在恭城召开会议，把以沼气为纽带的生态农业定为“恭城模式”。中央电视台多次进行报道，“恭城模式”成为全国生态农业“南方模式”的典范。恭城县先后获“全国省柴节煤工作先进集体”“全国农村能源综合建设先进县”荣誉称号。

第一节　资金技术

资金

沼气建设的资金来源于上级拨款、县财政拨款和群众自筹。1989—2005年，上级及县财政共投入农村能源综合建设资金共计1519.4万元，其中，上级拨款1140万元、县财政379.4万元。上级及县财政拨款，主要用于沼气池建设的补贴。1989—2000年，每座沼气池补助100元，即每池补助水泥50元和技术人工费50元。2001—2002年，属于小型公益设施项目的，每池补助600元。2002年，不属于小型公益设施项目的沼气池，每座补助270元。2003—2005年，属于国债项目的，每池补助1000元。2004—2005年，属于扶贫项目的每池补助450元。

除上级及县财政补助外，建沼气池的资金仍以农户自筹为主。1989—2000年，每建1座6～8立方米的沼气池，平均建池成本为1300元，国家只补助100元，农户需自筹1200元。2001年以后，国家扶持提高标准，每池按450～1000元补助，减少农户自筹。2005年，全县累计建60477座沼气池，累计投资7054.3万元，其中，农户自筹累计6231.4万元。

恭城瑶族自治县6立方米沼气池建池成本一览表（1995年价）

表6-28

分类	用量	单价（元）	总价（元）
425＃水泥（吨）	0.65	400.00	260.00
粗沙（立方米）	1.50	50.00	75.00

续表 6-28

分类	用量	单价（元）	总价（元）
细沙（立方米）	1.00	50.00	50.00
卵石（立方米）	1.00	70.00	70.00
钢筋（千克）	4.00	3.00	12.00
软输气管道	—	—	40.00
灶	1.00	250.00	250.00
灯	1.00	14.00	14.00
劳动和其他费用	—	—	133.00
拱顶暂用 300 块红砖	—	—	92.00
塑料薄膜 23 平方米	—	—	17.00
技术员施工费	—	—	172.00
伙食费	—	—	115.00
建池总成本合计	—	—	1300.00

技术人员培训

1989—2005 年，全县沼气技术人员的培训以集中培训为主，并与各乡镇沼气建设示范点相结合。培训时，第一步，由县能源办专业技术人员给学员上理论课；第二步，在专业技术人员指导下现场实践操作。首先，每个学员当小工并观摩师傅建1座沼气池；然后，学员与师傅共建1座沼气池；接着，在师傅的指导下学员建 1 座沼气池；最后，学员自己独立建 1 座沼气池，作为考试池。在试压合格的基础上，由县能源办技术人员对学员的建池各部位尺寸、工艺水平评分，及格者再参加理论考试。只有理论考试和实践操作都合格，而且遵守纪律、服务态度好的才发给施工证，获得施工证的学员才有承包施工的资格，由县能源办委聘的施工队长安排承包施工。1992 年，在全县进行 1 次沼气技术人才评聘，共评出农技师 24 人、助理农技师 90 人、农技员 126 人。2003 年，有 600 名沼气技术人员通过农业部职工技能鉴定中心的考核鉴定，取得“中华人民共和国职工资格证书”（五级 / 初级技能）。经历年的培训、复训，2005 年，全县拥有农村能源技术人员 1324 名，其中，农村沼气技术人员 958 名。

技术改造

旧式沼气池“方、大、深”，排渣难，产气低。为改进旧式沼气池，县能源办的技术人员先后做池型改进、自动排渣装置、钢筋网水泥浮罩贮气、沼气总成新技术、大中型沼气池等项目的技术改造创新。

池型改进　20 世纪 80 年代初，由县能源办公室技术人员唐咸明设计，将“方、大、深”的池型改进成“圆、小、浅”的双管水压式沼气池型。1985 年 12 月，在平安乡新街村试点成功后开始推广。该设计具有标准化的输配气系统，在综合利用方面能形成规模效益。

自动排渣装置　20 世纪 90 年代初，由县能源办公室技术人员李书军设计。1991 年 10 月，在恭城镇江贝村试点成功后开始推广。该设计可降低发酵间压力，创造出适宜甲烷菌生产繁殖的环境，使产气量平均每池每天增加 0.3 立方米，解决产气率低的问题。

钢筋网水泥浮罩贮气　20 世纪 90 年代初，由县能源办公室技术人员李书军设计。1995 年 10 月，在恭城镇洲塘村试点成功后开始推广。该设计通过日常用肥，形成池内水位差，在水气压渣的作用下使池内沉渣自动排出，解决出渣难问题，节省出料工日。

沼气总成新技术　21世纪初，由县能源办公室技术人员邓世平设计。2001年10月，在平安乡北溪村试点成功后开始推广。该设计将沼气开关、脱硫器、安全阀进行科学组合，保证各部件功能质量和输配气系统畅通，达到规范标准和美观实用之功效。

大中型沼气池　21世纪初，由县能源办公室技术人员邓世平设计。2003年，分别在莲花镇红岩村和嘉会乡黄家厂试点成功后开始推广。该设计为规模养殖建大中型沼气池集中供气配以市场运作的沼气建设技术，可以节约建池用地和降低管理成本。

第二节　沼气池建设

1958年，在恭城镇江贝村办沼气试点未获成功。1975年，又在莲花镇板脚村建池，终获成功。但各种原因影响了该成功经验的推广，以至1982年全县建沼气池仅38个。1983年冬，在平安乡黄岭村试点农村能源建设。3年后，黄岭村共建沼气池128座，97%的农户用上沼气，100%的农户用上省柴灶。1986年年底，县委、县人民政府成立沼气建设领导小组及沼气技术指导站，制定“以沼气为纽带，省柴灶、太阳能并行，多能互补，一点带多点，多点带全县”的长远发展计划，在农村推广使用沼气、省柴灶等农村节能技术。

1989—2005年恭城瑶族自治县沼气建设情况一览表

表6-29　　单位：座、万元

年度	是年新建		历年累计	
	数量	投资金额	数量	投资金额
1989	3482	453	8077	591
1990	3800	494	11877	736
1991	7200	936	19077	1672
1992	4344	565	23421	2237
1993	1007	131	24428	2368
1994	3105	404	27533	2772
1995	1537	200	29070	2972
1996	1286	167	30356	3139
1997	2227	290	32583	3428
1998	4249	552	36832	3980
1999	4158	541	40990	4521
2000	2150	280	43140	4801
2001	2137	278	45277	5078
2002	8500	1105	53777	6183
2003	3000	390	56777	6573
2004	1800	234	58577	6807
2005	1900	247	60477	7054

1989年，建沼气池3482座，同年年底，全县累计建有沼气池8077座。1991年，恭城被列为全国农村能源综合建设县。1991—1995年，共新建沼气池17193座。1995年，全国农村能源综合建设县各个项目指标通过国家农村能源项目验收组的验收。1997年10月25日，自治区生态农业现场会在恭城召开。之后，加大沼气池建设力度，至2000年年末，累计建池43140座。

2001—2002年，实施农业部下达的小型公益设施——农村沼气建设项目，两年实施项目新建沼气池3000座。2002年年底，全县有效沼气池累计总量为52300座，入户率达到85.3%，实现沼气入户率全国第一的目标。2003年，恭城被列入农业部沼气国债建设项目县，是年新建国债建设项目沼气池2000座。2004—2005年，新建国债建设项目沼气池2500座，自治区沼气扶贫项目1150座。2005年年底，全县建沼气池累计60477座，除去历年损毁报废的4087座，实有56390座。

2003年，在莲花红岩村和嘉会黄家厂等富裕生态家园示范新村实施沼气集中供气工程。2004年，又在平安乡横山富裕生态家园示范新村实施集中供气工程，另在莲花食品公司、牛行岭林家酒厂和矮寨周永新种猪场分别建设3座池容为150立方米的中型沼气池。2005年，完善莲花镇红岩村沼气集中供气工程输配气系统及沼气灯、炉具的安装与维修管理，制定运行管理机制，使“人畜分居、规模养殖、集中供气”的沼气发展模式得到进一步推广。

第八章 “恭城模式”

中共十一届三中全会以来，恭城历届领导班子团结和带领全县各族群众探索脱贫致富的新路子，调整农业产业结构，实施“以养殖业为基础，以沼气为纽带，以种植业为重点”的发展战略，走出一条“猪—沼—果”循环发展的道路，取得了生态效益、经济效益和社会效益。1995 年，自治区党委政策研究室把恭城发展农业的典型个案作为课题进行研究，把恭城“养猪、办沼气、种果树”的农业发展路子归纳为“三位一体”生态农业，并正式定名“恭城模式”。1997 年 10 月，自治区党委、人民政府在恭城召开全区生态农业现场会，在全自治区推广恭城经验。1998 年南方 18 省沼气综合利用经验交流会、2000 年世界能源理事会能源署可再生能源研讨会先后在桂林召开，将恭城作为现场参观点，与会专家对恭城生态农业发展模式给予高度评价，认为恭城生态农业模式是解决当今生态保护难题的成功范例。同年，恭城县被联合国授予“发展中国农村生态经济发展典范”称号。2001 年，恭城县被农业部、外贸部授予“全国园艺产品出口示范区”称号；被科学技术部确定为“可持续发展实验区”；2002 年，被国家环保总局授予“国家级生态示范区”称号。2003 年，恭城县被农业部授予“2001 — 2002 年全国无公害农产品生产示范基地县达标单位”称号。2004 年，恭城县被农业部授予“第十批农业部定点市场”“全国生态农业建设先进县”称号。

第一节 “恭城模式”发展历程

恭城县是一个不沿海、不沿边、不沿铁路、不沿国道线的贫困山区县，辖 6 个乡、3 个镇。1982 年，农村联产承包责任制从推广阶段转入全面铺开，极大地调动农民的生产积极性。1983 年，全县工农业总产值 1.25 亿元，其中，农业总产值 8548 万元，比 1978 年增加 3174 万元；粮食总产量 11.17 万吨，比 1978 年增加 3.04 万吨；农民人均口粮 401.5 千克，创历史最高水平。但与此同时，生态环境却严重恶化：山林承包到户之后，由于管理松懈，出现毁林开荒，砍多种少的情况；薪炭林区每年向深山推进 3 ～ 5 千米，年砍伐量超过生长量 5 万立方米以上。沙土流失、水源枯竭成为影响农民生产生活的一大问题。

实际调查研究之后，1984 年，恭城县委、县人民政府提出封山育林，绿化荒山，大办小水电与大力发展沼气推广省柴节能灶相结合的路子，成立沼气建设领导小组及沼气技术指导站，将平安乡黄岭村列为全县农村能源建设试点村。

黄岭村前临盆地后靠青山，全村 107 个“老虎灶”吞掉后山的 18 公顷松林，使 13.33 公顷“长山”土石裸露，成了一个烧柴难、饮水难的穷山村。县工作队入村后，一方面宣传林业“造、封、管、节”，另一方面通过算账对比的方法，激发群众大办沼气的热情。经过 3 年的努力，黄岭村共建沼气池 128 座，

97% 的农户用上沼气，100% 的农户用上省柴灶，后山绿了起来，山泉水又开始流淌。

黄岭村试点的成功经验表明使用沼气最大的特点是省柴、省钱、方便、卫生。1986 年年底，国家能源办公室对恭城办沼气的做法进行考察后，肯定了恭城县委为解决农村能源问题选择发展沼气、保护生态的路子。1987 年，县委、县人民政府及时总结黄岭村的典型经验，将农村能源建设纳入各级领导任期责任目标，制定“以沼气为纽带，省柴灶、太阳能并行，多能互补，一点带多点，多点带全县”的长远发展计划。1987 年年底，地处平原的恭城、平安等乡镇，形成大办沼气的热潮，全县建成沼气池 2475 座。

为使沼气池有足够的原料，就要多养猪。沼气多了，沼液、沼渣也随之增多，一些农民就在房前屋后种水果、蔬菜，挖小鱼塘养鱼。养猪、种果（菜）、养鱼又给农民带来多方的收入。经验收，使用沼气的农户比不使用沼气的农户平均多收入 1994.5 元。县委、县人民政府及时总结群众创造的成功经验，将其完善概括成“一池带四小”（一个沼气池，带一个小猪圈、一个小果园、一个小菜园、一个小鱼塘）的庭院经济模式，并作为解决农民温饱问题的措施大力推广。1988 年冬，“一池带四小”的格局初步形成，恭城成为全国使用沼气比例最大的县。

1990 年，全县建成的沼气池累计 1.19 万座，种果累计 3520 公顷，生猪出栏 8.9 万头，农民人均纯收入 500 多元，但全县国民生产总值在 1980 年的基础上只翻了 0.69 番，在桂林地区排名倒数第一。“一池带四小”的庭院经济虽然是一种较好的生产与经营形式，但层次低、规模小，仍没有走出小富即安的小农经济范畴。1991 年，自治县委、县人民政府提出全县农村经济发展的新思路：以经济建设为中心，以改革开放为动力，以市场为导向，以科技为先导，以养殖、沼气、种植“三位一体”的生态农业为龙头，实行规模化、集约化经营，粮钱并举，工农齐上，效益为主，物质文明和精神文明一起抓，带领农民群众脱贫致富奔小康。一是实施“多元战略”，即在抓好粮食生产的同时，长抓林、中抓果、近抓猪，也就是更深、更广地发展以养殖、沼气、种植“三位一体”的生态农业；二是实施“长廊战略”，即在产业布局方面统一规划、连片开发、形成规模，做到一村一品或数村一品，一乡一业或数乡一业。恭城镇、平安乡种柑橘、月柿，栗木镇、龙虎乡种沙田柚，莲花镇种月柿，西岭乡成为桃子基地。并根据“重点发展，全面开花”的原则，在县内主干公路两侧，突出抓好以月柿、沙田柚、柑橘为主的百里水果长廊、以养猪为主的百里养殖长廊、以沼气为主的百里庭院经济长廊。至 1997 年，先后建成黄岭、北溪、天堂、桐竹、蚂蟥田等 50 多个生态示范点，以点带面，极大地推动全县的生态农业建设。在资金投入方面，采取县乡财政拨款、银行贷款、群众个人筹款和争取上级支持等方法，对农民建沼气池及连片种植水果给予适当补助。1991 — 1997 年，全县共投入农村能源综合建设项目资金 4439.3 万元，投入发展林果业和畜牧业 3 亿多元。科技、水果、畜牧、能源等部门协同作战，大力推广科学技术，先后培养出沼气技术能手、种果能手、养殖能手 2000 余名。至 1997 年，全县共建成沼气池 3.26 万座，占全县总农户的 65.8%，比 1990 年增加 2.07 万座；水果产量 21.34 万吨，农民人均有果 772 千克；生猪出栏 53.1 万头，比 1990 年增加 44.2 万头。至此，经过 10 余年的艰难探索，形成“养殖—沼气—种植”三位一体生态农业的新格局。

至 2000 年年底，全县沼气池累建 4.3 万座，入户率 73%，形成柑橙、月柿、沙田柚、红花桃四大名特优水果生产基地，水果总产 27.4 万吨。2001 年，为延伸产业链，自治县委、县人民政府作出“跳出农业抓农业，加快产业结构调整，提高生态农业质量，加速农业产业化进程”的决策。改进沼气建设技术，提高沼气能源利用，按照“优质、高产、高效、生态、安全”的要求，加快水果无公害标准化生产基地建设。2002 年，全县新建顶返水贮气水压式自排渣沼气池 0.85 万座；2003 年，开始试点推广大中型沼气池，进行“规模养殖、集中建池、统一供气”的探索并取得成功。2005 年年底，全县沼气池累计 6.05 万座，生猪出栏 34.94 万头、存栏 20.38 万头，牛出栏 1.62 万头、存栏 7.54 万头，水果面积 25264 公顷，其中推广无公害标准化生产技术 21333 公顷，总产量 45.76 吨。在继续推进“养殖—沼气—种植”三位一体生态农业进程时，开始“养殖—沼气—种植”三位一体生态农业向“养殖—沼气—种植—加工—旅游”五位一体的现代化生态农业的发展。扶持扩大甜酒、果酒生产规模，引进浓缩果汁、月柿系列产品加工生产线，汇源果汁生产项目于2005年实现产值7000万元，汇坤、联发月柿系列产品加工厂年加工原料2万吨。开辟社山、大岭山、横山、红岩生态旅游线路，第一产业向第二产业、第三产业转移，增加农民的非农收入。2003年3月至2005年3月，全县举办3届桃花节和月柿节，首开桂北生态旅游先河。

第二节 “恭城模式”形成与影响

1995年，广西壮族自治区党委政策研究室成立恭城模式课题组，经扎实的调查研究，一致认为恭城“养殖—沼气—种植”三位一体的生态农业和农村经济、社会发展已经形成链式反应和场式反应的双重循环，该种生态良性循环是世界性命题，是人类追求的发展方向，该种模式在广西是独特的，对于其他地区尤其是贫困地区引导农民走向市场，脱贫致富奔小康，建设社会主义新农村，有着深刻的意义，值得总结推广。后经整理编辑，写就《恭城模式》一书。1997年10月，自治区人民政府在恭城召开全区生态农业现场会，自治区党委书记曹伯纯作《总结经验，开拓进取，开创广西生态农业建设新局面》的讲话，将“恭城模式”（“养殖—沼气—种植”三位一体生态农业）向全自治区推广。

全区生态农业现场会后至2005年年底，中共中央政治局委员、书记处书记、中宣部部长丁关根，全国政协副主席王文元、杨汝岱、李兆焯，中宣部原部长朱厚泽，农业部部长杜青林，中央委员、新华社社长郭超人，国务委员司马义·艾买提等先后到恭城考察生态农业；越南民族与山区委员会访华团，印度尼西亚国会议员农业科技考察团，斯洛文尼亚共和国代表团的专家学者，老挝副总理兼财政部长本杨·沃拉吉率老挝高级干部理论研讨班成员，世界能源理事会、国际能源署可再生能源国际研讨会的专家学者，美国、巴基斯坦、印度尼西亚、日本等国及我国国内的国际环境与发展高级培训项目的专家学者，联合国国际能源署执行副署长拉姆赛等外国代表团、专家学者先后到恭城考察生态农业，充分肯定恭城“养殖—沼气—种植”三位一体生态农业取得的经验和成功。

从2000年恭城被列为广西第一个国家级可持续发展的综合实验区起，至2005年，恭城先后被农业部列为全国第一批创建无公害水果生产示范基地县之一；被农业部、对外贸易经济合作部认定为全国园艺产品出口示范区；被科技部确定为可持续发展实验区；被国家环保总局命名为国家级生态示范区。2004年，恭城荣获农业部授予“全国生态农业建设先进县”称号。

第三节 “恭城模式”效益

生态效益

发展生态农业，用沼气取代柴草作燃料，有效地保护森林资源，改善生态环境，实现“生态利用—生态保护”的良性循环。以每户每月烧柴200千克，一年烧柴2400千克计算，3万户农户用沼气，1年可减少烧柴7680万千克，如果5万户农户用上沼气，1年可减少烧柴1.28亿千克，相当于每年少砍伐2667公顷森林。1991年，恭城森林资源消耗量从15.64万立方米，下降到9万多立方米，农村能源短缺、供需矛盾日益尖锐的状况从根本上得到解决，乱砍滥伐、破坏植被的现象得到有效控制。1992年，提前两年实现造林灭荒达标。1994年，全县林木生长量超过砍伐量17万立方米，森林覆盖率由1987年的47%提高到70.84%，林地绿化率95.69%，道路绿化率、河流绿化率、城乡居民绿化率均在 95% 以上。1995 年，提前 3 年实现全海拔绿化达标。1997 年，森林覆盖率达到 73%；2005 年，为 77.09%。濒临断流的河溪又长流不断，县内 4 条主要河流的平均水流量比 1985 年增加 15%。县城大气环境质量由二级标准提高到一级标准，饮用水源、水质达到国家二类标准，主要河流水质全部达到相应功能区划标准。恭城全县成了一个大果园，有人赞誉恭城“春天是花园，夏天是林园，秋天是果园，冬天是公园，一年四季是乐园”。

经济效益

恭城的生态农业建设实现农业生产内部的良性循环，推动恭城经济的发展。全县经济综合实力明显增强，1997 年全县生产总值 14.74 亿元，比 1990 年增长 4.51 倍，其中农业总产值 10.77 亿元，畜牧、水果产值占农业总产值的 63%；2005 年，实现 23.3 亿元，年增幅在桂林市 17 个县（区）中排名第五，农业总产值完成 15.2 亿元，工业总产值完成 12.39 亿元。财政收入增长加快，1997 年全县财政总收入 6285 万元，2005 年实现 1.15 亿元。农民收入大幅度增加，1997 年，全县农民人均纯收入 2837 元，比 1990 年增长 3.67 倍，其中 65% 的收入来自水果。由于果树施用沼液、沼渣，不仅降低成本（每千克水果降低成本 0.1～0.12 元），而且有机肥的增加，使水果产量提高 35%～38%，糖分提高一两个度。恭城水果以汁多、果甜、肉嫩、个大、色艳而走俏市场，价格上扬 30%～50%。恭城月柿风靡东南亚，沙田柚荣获全国柚类优质产品金奖，恭城被命名“中国椪柑之乡”“中国月柿之乡”。贫困人口逐年减少，由 1990 年以前的 9.8 万人下降到 1997 年的 1.7 万人，贫困人口占全县总人口的比例由 42.49% 下降到 6.1%，再下降到 2005 年的 1.2%。在继 1995 年甩掉“贫困县”的帽子后，被自治区授予“扶贫先进县”称号。

社会效益

“养殖—沼气—种植”三位一体的生态农业改善了农村卫生环境。沼气以人畜粪便、各种杂草为原料，人畜粪便经过沼气池发酵处理，消灭各种病菌，变废为宝，减少农业生产的二次污染，降低传染病的发生率。不用柴草煮饭炒菜，减少了烟熏火燎和大气污染，卫生环境有极大好转，断绝常见传染病、肠道寄生虫病的传染源，全县法定传染病发病率从 1990 年的 361.46 人 /10 万下降到 2005 年的 304.80 人 /10 万。增加了农民收入，提高了农民的生活质量。2004 年抽样调查统计，全县 56% 的农户拥有耕整机、拖拉机，67% 的农户拥有摩托车，40% 的农户建起钢筋水泥楼房。1990—1997 年，全县农村有 1.12 万户建了新楼房，面积 89.6 万平方米，户均 80 平方米。由于经济实力的增强，加大基础设施建设的力度。在继 2003 年全县 117 个行政村全部通行货车后，至 2005 年年底，全县公路通车里程 524 千米，其中等级公路里程 169 千米。1993 年，恭城 9 个乡镇全部开通程控电话，成为桂林地区第一个乡乡开通程控电话的县，至 2005 年，全县固定电话用户 3.57 万户、移动电话用户 5.05 万户。1996 年，在乐湾、天堂、黄岭、江贝、北溪等村（屯）开始“养殖—沼气—种植”三位一体的农村综合生态环境特色村（屯）建设。2001 年，在此基础上又开始了富裕生态示范家园建设，同年，全县农村竣工住宅面积 12.3 万平方米。至 2005 年，全县建成富裕生态家园示范点共计 16 个，推动全县农村新建住房的发展。经济的发展、社会环境的好转，带来良好的社会治安，全县刑事和治安案件大幅度下降，果园无须看守，农家夜不闭户，恭城成为广西社会治安综合治理模范县。稳定的社会治安，给人们带来祥和的心态；殷实富庶的生活，提供了学子求学的物质基础。恭城的教育创造出“少数民族教育史的奇迹”，全县 117 个村，在 1994 年就村村有学子考上大学。1989—2005 年，全县高考报考人数共 11136 人，录取大专以上共有 7527 人，其中被清华大学和北京大学录取的共 27 人。“多子多福”的旧观念得以破除，“少生快富”新观念深入人心，人口增长率得到有效控制，人口自然增长率保持在 4‰以内。

第七篇

工业

第一章　工业体制

1989年年底，全县工业由国有工业、集体工业、个体和民营工业构成，其主流为国有工业和集体工业。1993年，自治县委、县人民政府成立县国有企业股份制和集体企业股份合作制领导小组，在县属国有、集体工业企业开始产权制度改革。1994年，乡镇集体企业也开始产权制度改革。至2005年年底，全县工业经过10多年的改革，个体和民营工业成为工业的主体。1989年，全县工业总产值17104万元，其中国有工业总产值11281万元；1995年，全县工业总产值63400万元，其中国有工业总产值11040万元；2000年，全县工业总产值55702万元，其中国有工业总产值14061万元；2005年，全县工业总产值65039万元，其中国有工业总产值14461万元。总趋势是国有工业总产值占比逐年下降，个体及民营工业总产值逐年上升，国有工业总产值占全县工业总产值从1989年的65.96%下降至2005年的22.23%。

1989—2005年恭城瑶族自治县工业生产总产值情况统计表

表7-1

单位：万元（当年价）、%

年度	总产值	国有工业		年度	总产值	国有工业	
		产值	占比			产值	占比
1989	17104	11281	65.96	1998	73300	19979	27.27
1990	18959	12624	66.59	1999	49460	12094	24.45
1991	19457	12624	64.88	2000	55702	14061	25.24
1992	27689	14759	53.30	2001	59534	16364	27.49
1993	47094	20071	42.62	2002	65712	17129	26.07
1994	62900	17485	27.80	2003	69709	9416	13.51
1995	63400	11040	17.41	2004	41254	10183	24.68
1996	53200	6321	11.88	2005	65039	14461	22.23
1997	60400	8165	13.52	—	—	—	—

第一节　管理机构

经济贸易局

1963年9月，成立恭城县经济委员会。1996年7月，县经济委员会改为县经济贸易局（以下简称县经贸局），为政府工作部门，定编12人，内设机构有人事秘书股、生产技术股、财务股、经营管理股。同时，县经济体制改革委员会并入县经贸局，在经贸局挂经济体制改革委员会办公室牌子。2001年，党政机构改革，县乡镇企业局合并到县经贸局，同时在县经贸局加挂县对外经济技术协作办公室和县安全生产监督管理局牌子，内设人事秘书股、规模工业管理股、技术管理股、财务股、经济体制改革股、乡镇企业管理股，定行政编制16名、工勤编制2名。2004年6月，撤销县对外经济协作办公室，其职能划入县经贸局；划出县安全生产监督管理局、乡镇企业局。内设办公室、经济运行股、企业管理股、财务股、贸易市场股，定行政编制11名、工勤人员1名。至2005年不变。

1989—2005年，历任局长（主任）：范仁辉、雷祖康、陈瑞章、林寿同、张远东、林新华、欧金。

中小企业局

1989年，成立县乡镇企业局。1992年3月，乡镇企业局更名为乡镇企业管理委员会。1996年7月，恢复原名。2001年，乡镇企业局与经济贸易局合并。2003年2月，恢复乡镇企业局，编制7名。2004年，机构调整，撤销在经济贸易局挂牌的乡镇企业局，将其职能再次划出，改为中小企业局，内设人事秘书股、项目规划管理股、生产经营管理股、财务管理股。至2005年不变。

1989—2005年，历任局长（主任）：邓树楷、李仲德、周克贤、全德胜、潘绍龙、吴万军。

城镇二轻工业联社

1989年，二轻工业管理部门有县二轻工业管理局和手工业联合社，一个机构、两块牌子。二轻工业管理局设人事秘书股、财务股、生产技术股，主管全县下属的集体企业；手工业联合社为其各下属企业的联合组织。1996年5月，二轻工业管理局更名为轻工总会，定事业编制6名。2002年1月，手工业联合社与轻工总会合并，改称城镇二轻工业联社，定事业编制6名，设人事秘书股、财务股、生产技术股。至2005年不变。

1989—2005年，历任局长（主任）：何国仁、郑剑琴、李仲德、张国成、吴万军、蒋合民。

第二节　国有工业

1989年，除隶属于中央企业的栗木有色金属公司外，全县另有县属国有工业企业共43家，分别由县经贸局、水电局、林业局、商业局、粮食局、教育局和县供销合作社管理。其中隶属于县经贸局的有县糖厂、县罐头厂、县厘竹厂、县水泥厂、县岛坪铅锌矿、县腰子坪铅锌矿、县矿泉水厂、县锰矿、桂林地区恭城冶炼厂、县电风扇厂、县马路桥锡钨矿、县印刷厂、县矿产公司13家；隶属于县水利局的有县小水电公司、县供水公司、县水泥预制构件厂（1995年，改称县水泥制品总厂）、峻山水电站、蓝洞水电站、势江水电站6家；隶属于县林业局的有县木材公司、河口采育场、木材加工厂3家；隶属于县粮食局3家、商业局2家、教育局1家。同年，国有工业企业总产值11281万元，占全县工业总产值65.96%。

1989—1993年，县属国有工业企业继续实行经营承包责任制，生产总值占全县工业总产值的比例维持在40%～70%。1994年，县电风扇厂等企业开始实行租赁经营，县水泥厂改组为股份合作制企业。2005年年底，县属国有工业企业中，产权改制的有13家，承包经营7家，租赁经营1家，停产3家。国有工业企业总产值14461万元，占全县工业总产值的22.23%。

县属国有工业

经营体制 1988年，县委、县人民政府对县属国有工业推行“承包基数，确保上缴，超收多留，歉收自补”的承包经营责任制，承包期3年。1991—1993年，实行第二轮承包，采用“两包一挂”（包上缴利润，包技术改造任务，工资总额与经济效益挂钩）的承包形式，并实行全员风险抵押。1994年，在第二轮经营承包制结束后，县属国有工业继续实行经营承包制，经营方式为照章纳税、税利分流，利益分配比例：利润在3万元以下的，税后利润企业全留；利润在3万元以上至10万元以下的，税后利润财政占10%，企业占90%分成；利润在10万元以上的，税后利润财政占20%，企业占80%分成。

1992年4月，自治县人民政府先后下发《关于在我县全民所有制工业企业进行转换经营机制综合改革试点的通知》《关于我县国营工业企业进行转换经营机制综合改革的通知》，在县岛坪矿、县水泥厂、县电风扇厂、县电力公司、桂林地区恭城冶炼厂等工业企业，以改革干部人事制度、工资分配制度和稳定产品质量、打开市场销路为突破点进行转换经营机制的试点工作。县水泥厂从玉林水泥研究所引进工程技术人员实行技术承包，使产品质量一直稳定在425#、525#，并实行销售承包。同年1—9月，县水泥厂水泥产量2.1万吨，工业总产值达320万元，实现利润36万元、税利72万元，成为全县国营工业亏损企业第一个扭亏为盈的企业。

1994年，部分国有工业开始实行租赁经营。同年，县电风扇厂、县岛坪铅锌矿、桂林地区恭城冶炼厂及县糖厂的复合肥分厂实行租赁经营。至2005年年底，先后实行过租赁经营的工业企业有县罐头厂、县锰矿、县腰子坪铅锌矿、县木材公司、县银殿锌品有限公司、县鸿雁食品有限公司等。

国企产权制度改革 1993年，自治县委、县人民政府下发《批转县体改委关于我县国有企业股份制和集体企业股份合作制试点工作意见通知》和《关于加快发展股份合作制企业的决定》，成立县国有企业股份制和集体企业股份合作制领导小组，确定县水泥厂为股份制改革试点；同年，县水泥厂完成资产评估。1994年，县水泥厂采取先买后股的形式，成功改组为股份合作制企业；县矿泉水厂出售转让给南丹龙泉矿冶总厂。1995年，县水泥厂按建材股份合作公司营运操作，企业增效明显：生产水泥5.3万吨，比1994年增加1.1万吨，增长26.2%；完成工业产值967万元，比1994年增加137万元，增长16.4%；实现销售收入（不含税）1149.7万元，实现利税237.8万元，成为桂林地区12家同行企业中4家盈利企业之一。

1997—1998年，自治县委、县人民政府先后下发《恭城瑶族自治县全方位推进企业改革的实施意见》《关于我县企业改革优惠政策若干规定的通知》和《关于贯彻自治区企业改革整顿的总体方案的实施意见》。1998年年底，隶属于县经贸局的13家国有工业企业，实施产权改革的有水泥厂、糖厂、印刷厂、矿泉水厂、厘竹厂5家。1999—2005年，除县矿产公司继续实行承包经营外，另外7家隶属于县经贸局的国有工业企业均实施产权改制。隶属于县水电局的5家企业（不含县水泥制品总厂）因属于专营公益性企业，没有实施产权改制，但都通过人事制度、分配制度、劳动制度三项改革。

下岗再就业服务 1994年起，随着国有工业企业经营机制和产权制度改革，以及计划经济向市场经济的转型，部分国有工业企业由于设备陈旧、技术落后、产品单一、债务沉重等原因，逐步处于停产、半停产的困境，下岗职工逐日增多。1998年，自治县人民政府制定《恭城瑶族自治县国有企业下岗职工管理暂行办法》，成立以县长为组长，分管工业和财政的副县长为副组长的国有企业下岗职工基本生活保障和再就业工作领导小组。全县经贸口国有企业13家，职工1381人，其中有下岗职工的企业10家、下岗职工452人，10家企业建立再就业服务中心，进入再就业服务中心的职工68人，全部签订托管协议，领取基本生活费共1.5万元；实现再就业159人，占下岗职工数的35.2%。再就业的主要途径：一是企业内部分流，如县罐头厂的衣架厂就内部分流40多人；二是私营企业招用下岗职工工作；三是下岗职工自谋职业，如搞货运、客运、修理、饮食、服装等。

2003年，县冶炼厂、县供销社等企业进行改制，县电扇厂、县矿泉水厂、县葡萄糖厂、县印刷厂的改制正在进行，国有企业下岗失业人员1505人。自治县人民政府制定印发《全县再就业优惠证管理办法》，全县发放“再就业优惠证”495本，凡有就业愿望，符合条件的下岗失业人员凭“再就业优惠证”可享受税费减免的再就业优惠政策。同年，安排462名下岗失业人员再就业。据统计，1996—2005年，全县共安排下岗失业人员再就业5111人次。

恭城瑶族自治县属国有工业现状统计表（截至2005年年底）

表7-2

分类	概况
承包经营	县矿产公司、河口采育场、县电力公司、县自来水公司、峻山水电站、蓝洞水电站、势江水电站
产权改制	县矿泉水厂（1994年，出售转让）、县糖厂（1998年破产）、县厘竹厂（1998年，划归莲花镇人民政府管理）、县岛坪铅锌矿（1999年，改为股份合作制）、县腰子坪铅锌矿（2000年，改为股份合作制）、县锰矿（2000年，改为股份合作制）、县马路桥钨锡矿（2000年，改为股份合作制）、县罐头厂（2001年破产）、桂林地区恭城冶炼厂（2001年破产）、县电风扇厂（2005年出售）、县水泥厂（2005年拍卖）、县印刷厂（2005年资产变现）、县水泥制品总厂（2005年破产）
停产	县木材公司（2001年）、酱料酒厂（1994年）、糖业食品厂（1997年）
租赁经营	县木材公司加工厂（1995年）

中央企业

恭城境内的中央企业为栗木有色金属公司，其前身是位于栗木镇的栗木锡矿，南距县城42千米。矿区地处山间盆地边缘，近金竹源主峰一带向东南延伸的岗岭、丘陵、坡谷及冲积平地均矿田所在。地势西北高东南低，北、东两面为溶岩孤峰和中低山地形，南面为冲积小平原。主峰金竹源顶海拔1466米，矿点地表最高处海拔660米，最低处195米。1990年，栗木锡矿固定生产总产值为5261万元，产品由单一的锡、钨发展到钽、铌、钨、锡四大系列，近60个品种，其中稀有金属产品约占80%。主要产品及年生产能力：精锡1500吨、钨产品500吨；氟钽酸钾300吨、钽粉10吨、氧化钽20吨、碳化物20吨；氧化铌200吨、锡合金焊料200吨、三唑锡农药250吨、铵松腊炸药600吨、氢氟酸3000吨、氟化钙3000吨等。1992年，栗木锡矿改名为栗木有色金属公司，由中型企业改划为大（2）型企业。

随着矿产资源的萎缩与枯竭，矿山生产成本高以及钽铌产品滞销，1993年7月，老虎头采选生产线、水溪庙采矿线关停。1996年，在桂林西城工业开发区新建临桂有色金属厂，项目总投资2298.7万元。同年，该项目第一期投资200万元，建成焊锡生产车间和碳化钽生产车间，形成年产焊锡250吨、碳化钽6吨的生产规模。

1995年，稀有金属冶炼厂1000吨/年能力钨扩建一期工程（500吨/年）全线投产运行。至2000年，国际钽铌市场日趋看好。2001年3月，开始筹建水溪庙采选厂，同年12月竣工，形成1500吨/日采选规模。

2002年，因资源枯竭、历史债务及负担沉重等原因，栗木有色金属公司生产经营步入困境。同年12月，桂林市中级人民法院宣布栗木有色金属公司破产。2004年7月，原公司职工共同出资625.2万元，购买企业资产，重组成立恭城栗桂钽铌有限责任公司，下辖金竹源采选厂、水溪庙采选厂、氢氟酸厂、稀有金属冶炼厂5个生产单位。2005年1月，恭城栗桂钽铌有限责任公司与宁夏东方钽业股份有限公司合资建立桂林新源钽业有限公司。

1989—2002年，栗木有色金属公司生产的主要产品：精锡4818.88吨，各种钽铌产品1035.46吨。

1989—2002年栗木有色金属公司生产情况一览表

表7-3 单位：吨

年度	精锡	氧化铌	氧化钽	三氧化钨	仲钨酸铵	钽粉	氟钽酸钾	碳化钽	碳化铌	高纯氧化铌	钽条	粗精矿锡金属	焊锡丝	三唑锡	条焊锡
1989	322.60	4.09	—	115.04	70.25	3.60	20.27	507.21	—	—	—	—	—	—	—
1990	921.56	6.03	—	234.76	0.01	0.46	22.70	—	1.03	—	—	—	—	—	—
1991	788.98	10.71	—	64.69	27.05	1.73	15.05	0.64	0.42	—	—	—	—	—	3.08
1992	801.67	18.25	2.61	7.84	41.00	1.53	6.11	0.57	—	—	7.90	—	6.57	51.94	17.40
1993	1072.21	1.43	—	58.27	—	1.44	—	0.63	—	—	—	—	19.66	45.71	12.05
1994	442.75	2.57	2.20	62.00	89.00	0.52	—	0.51	—	—	—	—	17.68	40.27	23.53
1995	265.73	3.77	6.24	105.44	48.00	0.05	1.01	0.60	—	—	—	—	49.58	63.53	29.26
1996	202.99	10.31	1.61	145.86	45.00	0.11	22.58	0.28	—	—	—	—	52.91	101.14	23.46
1997	0.39	14.86	1.65	137.10	15.00	—	37.06	0.51	—	—	—	—	63.99	123.89	13.97
1998	—	40.60	—	78.82	—	—	93.37	0.01	—	—	—	—	82.29	50.60	12.24
1999	—	44.30	0.20	24.84	—	—	96.34	0.01	—	29.12	—	116.29	77.20	48.95	38.53
2000	—	90.25	4.22	—	—	—	180.75	2.80	—	45.11	—	143.03	66.29	31.91	59.10
2001	—	98.14	21.58	—	—	—	123.71	1.66	0.50	—	—	120.86	59.11	28.54	40.50
2002	—	32.59	6.87	—	—	—	47.41	1.17	0.28	—	—	121.98	24.66	24.99	30.73
合计	4818.88	377.90	47.18	1034.66	335.31	9.42	666.36	516.60	2.23	74.23	7.90	—	519.94	609.50	303.85

第三节 集体工业

县属集体工业企业

1989年，隶属于县二轻工业局的工业企业有县二轻皮鞋厂、县皮鞋劳保厂、县民族服装厂、县冶炼化工厂、县木材加工厂、县二轻副食品厂、县染织厂、县车木厂、县民族五金厂、县竹器厂、县二轻供销公司、县糖果厂、县工艺美术厂13家。

1991年，始于1988年的推行"承包基数，确保上缴，超收多留，歉收自补"的承包经营责任制第一轮到期，县二轻局下属工业开始实施第二轮承包。1994年，根据自治县委、县人民政府1993年下发的《批转县体改委关于我县国有企业股份制和集体企业股份合作制试点工作意见通知》和《关于加快发展股份合作制企业的决定》，县二轻局下属13家集体工业企业开始实施产权制度改革。10月，县二轻皮鞋厂、县劳保皮鞋用品厂等企业改制为股份合作制企业，县民族服装厂和县糖果食品厂被拍卖，县民族五金厂、县车木厂、县二轻副食品厂3家企业实行租赁经营。1995年起，由于生产技术落后，产品成本高，企业利润低下以及银行贷款负担过重等多方原因，县工艺美术厂、县二轻副食品厂、县染织厂、县竹器厂、县木材加工厂、县二轻供销公司相继停产。1997—2002年，先后被拍卖的有县工艺美术厂、县染织厂，被自治县人民政府征用土地而关闭的有县车木厂、竹器厂。2005年年底，县城镇二轻工业社下属的13家集体工业仅剩2家，其中县民族五金厂承包经营，冶炼化工厂出租经营。

1990—2005年，县城镇二轻工业社下属的13家集体工业共完成生产总值7274.92万元。

恭城瑶族自治县城镇二轻工业社集体工业基本情况一览表（截至2005年年底）

表7-4

企业名称	基本情况
县染织厂	2003年拍卖。1990—2000年，共计总产值1303.56万元、销售收入1075.85万元、上缴税金63.92万元、利润-15.18万元
县糖果食品厂	1994年拍卖。1990—1994年，共计总产值698.60万元、销售收入668.92万元、上缴税金20.63万元、利润8.16万元
县二轻副食品厂	1996年停产至2005年。1990—1995年，共计总产值57.14万元、销售收入45.91万元、上缴税金2.12万元、利润-1.90万元
县工艺美术厂	1997年拍卖。1990—1995年，共计总产值37.12万元、销售收入15.15万元、上缴税金0.70万元、利润-0.15万元
县竹器厂	2002年，被县人民政府征用，解体关闭。1990—2000年，共计总产值65.70万元、销售收入62.93万元、上缴税金3.42万元、利润0.47万元
县二轻皮鞋厂	1994年，改为股份制企业。1990—2000年，共计总产值243.87万元、销售收入244.08万元、上缴税金14.66万元、利润-2.96万元
县车木厂	2002年，被县人民政府征用，停产关闭。1990—2001年，共计总产值910.86万元、销售收入717.14万元、上缴税金49.28万元、利润-11.63万元
县冶炼化工厂	1995年出租至2005年。1990—1997年，共计总产值2564.29万元、销售收入2490.40万元、上缴税金231.86万元、利润40.11万元
县民族五金厂	承包经营。1990—2005年，共计总产值604.22万元、销售收入529.67万元、上缴税金49.25万元、利润9.78万元
县劳保皮鞋用品厂	1994年，改制为股份合作制企业。1990—1994年，共计总产值183.91万元、销售收入128.84万元、上缴税金7.48万元、利润1.30万元
县民族服装厂	1994年拍卖。1990—1994年，共计总产值595.12万元、销售收入276.39万元、上缴税金16.61万元、利润-0.49万元
县木材加工厂	1993年成立至1994年，共计总产值10.53万元、销售收入3.84万元、上缴税金0.24万元、利润-0.63万元。1995年解散
县二轻供销公司	1994年，停业解散。1990—1993年，共计销售收入78.00万元、上缴税金4.40万元、利润0.63万元

乡镇集体工业企业

1989年，乡镇办、村办集体企业共156个，主要分布在矿业、竹木加工业、建筑材料业、水电业、林产品加工业。1993年，全县乡镇办、村办的集体企业发展进入最高峰，共有384个，占全县乡镇企业7391家的5.2%。1994年，乡镇集体工业产权开始改制。全县384个企业完成改制279家，其中，实行股份合作制企业46家、租赁190家、拍卖4家、其他39家。随着产权改制的不断推进，集体企业的占比呈逐年下降的趋势，从1997年的223家减至1998年的169家，再减至1999年的71家，2002年的18家。至2005年，已无集体企业。

第四节 个体和民营工业

1989年，全县乡镇企业由乡镇办、村办的集体企业与个体办、联户办的私有企业组成。全县4000个乡镇企业中，联户办134个、个体办3710个，分布在农业、工业、建筑业、交通运输业、商业饮食业和服务业中。1994年，乡镇集体企业产权改制，从384家逐渐减至1999年的71家。而与此同时，联户办、个体办企业进入大发展阶段，1994年达7481家，1997年达9668家。

2001年，贯彻实施西部大开发的战略决策，通过招商引资形式，外来投资办厂的企业主日益增多，仅2003年至2005年就引进50多家外商投资企业。2005年年底，全县中小企业共7779家，其中私有企业157家、台商投资企业4家、有限责任公司5家、个体企业7613家，从业人员21988人，实现工业总产值69553万元，利润6601万元。年产值在200万元以上的私营企业有165家，分布在机械制造、矿产品开采及冶炼、酒类、化工、包装等行业，其中已具规模的私营企业有恭城多功能微型拖拉机制造总厂、恭城第一光明微型拖拉机厂、桂林联发食品有限公司、恭城合力金属有限公司、龙星矿业有限公司、桂林恭城长行冶金炉料有限公司、恭城易达矿业有限公司、恭城汇坤农品有限公司、恭城生态果业发展有限公司、桂林国加石材有限责任公司、龙虎酒厂、松宝林化有限公司、广西连发纸箱厂、千锤方解石厂、恭城顶好石材厂、恭城丰华园食品厂、嘉会清泉酒饼厂、恭城志强酒饼厂等。

2005年恭城瑶族自治县工业销售收入200万元（含）以上民营企业一览表

表7-5

单位：万元

企业名称	总产值	销售收入	净利税	上缴税金	固定资产原值
恭城合力金属有限公司	4070.00	3301.00	78.00	47.00	616.00
桂林恭城长行冶金炉料有限公司	1047.00	901.00	57.00	19.00	763.00
龙星矿业有限公司	3497.00	2497.00	362.00	347.00	1079.00
桂林鑫鸣耐磨材料厂	530.00	512.00	10.00	3.00	11.00
松宝林化有限公司	520.00	520.00	24.00	7.00	540.00
恭城生态果业发展公司	510.00	510.00	10.00	免税	319.00
嘉会大明源磁铁矿	516.00	508.00	11.00	6.00	330.00
恭城新江果袋厂	486.00	486.00	10.66	18.00	70.00
恭城永鸿塑料厂	378.00	378.00	9.32	14.00	70.00
佳兴晶体宝石厂	395.00	395.00	—	—	200.00
新华家具厂	433.00	273.00	20.00	5.00	10.00
恭城多功能微型拖拉机制造总厂	1400.00	1311.00	83.00	33.00	72.00
恭城第一光明微型拖拉机厂	600.00	600.00	70.00	8.00	68.00
北京汇源集团恭城加工厂	8500.00	2145.70	−179.10	—	—
恭城汇坤农品有限公司	620.00	540.00	−40.00	—	—

1989—2005年恭城瑶族自治县中小企业基本情况统计表

表7-6

单位：个、人、万元

年度	企业个数	从业人数	营业收入	总产值	工业总产值	利润	税金
1989	4000	9430	7002	5733	4389	369	376
1990	4944	10726	8186	6738	5056	439	446
1991	5194	10653	8984	7445	5569	504	476
1992	6387	13369	17328	16292	10722	758	630
1993	7391	18354	34729	35993	18100	1236	893
1994	7586	21596	41917	40335	19910	2286	1505
1995	9105	25915	50443	45246	21901	5697	1686
1996	9865	33560	60703	50729	24091	12310	2172
1997	9891	31891	73050	56878	26500	16060	2530
1998	9697	32967	87661	63772	29150	3945	2107
1999	6602	19882	102600	76462	32065	4617	2224
2000	6657	19147	117000	88949	35272	7668	2129
2001	7101	20499	133300	100500	38800	8360	2560
2002	7073	21046	137299	103513	43000	6934	2820
2003	7160	21725	136148	99527	43190	6596	3014
2004	7122	21572	136873	98444	46604	6599	2855
2005	7779	21988	137635	107299	69553	6601	3571

说明：表中统计均含乡镇集体企业

第二章　工业行业

恭城矿产资源、水力资源丰富，金属矿主要有钨、锡、铅、锌、铁、铜、锰、钽、铌等，非金属矿有花岗岩、大理石等，水力资源蕴藏量 11.07 万千瓦。1989 年后，继续坚持以工业为支柱的经济工作方针，立足本县资源优势，进一步优化产业结构，形成以电力工业为能源基础，以有色金属采选、有色金属冶炼为支柱，辅以机械制造业、食品加工业、建材业、竹木加工业的产业结构。

第一节　采冶业

铅锌矿采冶业

铅锌矿采冶业，为恭城主要的工业行业。1989 年，县内铅锌矿采冶企业主要有县岛坪铅锌矿、县矿产公司、腰子坪铅锌矿、桂林地区恭城县冶炼厂、恭城镇锌品厂、三江铅锌矿等，全县铅精矿年产量 418 吨、锌精矿年产量 7050.4 吨。1995 年，龙星矿业公司成立，辖川江矿、七星界矿、鸡笼山矿、香江矿、桃花江矿 5 个矿山和 1 个 300 吨 / 日的选矿厂。2001 年，桂林地区恭城县冶炼厂破产拍卖，改制成立桂林广银金属有限责任公司，辖电解铅厂、三江铅锌矿、硫酸分厂、电解锌分厂。

至 2005 年年底，经产权改制或资源整合，全县铅锌矿采冶业主要的有岛坪铅锌矿、县矿产公司、龙星集团公司、桂林广银金属有限责任公司（原桂林地区恭城县冶炼厂）等。桂林广银金属有限责任公司生产的“银殿牌”电解锌和电解铅属于广西名优产品，80% 免检出口韩国及东南亚等国家。1999 年，获外经贸部核发的自营进出口权。

2005 年，全县铅锌精矿总产量 13120 吨。其中，铅精矿 3369 吨、锌精矿 9751 吨。

岛坪铅锌矿　前身为建于 1958 年的恭城县岛坪铅锌矿，为县办国营企业。矿区位于西岭乡老厂、崩山、倘竹园，矿区总面积 22.5 平方公里。1988 年，开始承包经营；1999 年，改制成股份合作制企业，改“恭城县岛坪铅锌矿”为“恭城岛坪铅锌矿”，辖峻山浮选厂、老厂浮选厂、崩山分矿、老厂分矿和龙垒分矿，员工 300 人。1989 — 1999 年，生产锌金属 72904 吨，铅金属 8396 吨。累计完成工业总产值 32850 万元，实现销售收入 23937 万元、利税 3436 万元，上缴税金 4241.3 万元，固定资产原值由 1989 年的 612 万元增加到 1999 年的 1925 万元。1999 年，改组成股份制企业后，按市场运作经营机制进行生产，企业效益逐年提升。2000 — 2005 年，共生产锌金属 44014 吨，铅金属 5188 吨，累计完成工业总产值 19790 万元，销售收入 18877 万元，实现利润 4241 万元，上缴税金 2714 万元。2005 年年底，固定资产原值增加到 2774 万元。

县矿产公司　建于 1966 年，为县办国营企业。矿区总面积 32.4 平方公里，其中，回头山矿区 22.5 平方公里，桃花江矿区 9.9 平方公里。下辖桃花江、回头山、桐油坪 3 个矿点和 1 个日选 300 吨

的峻山浮选厂，年采矿能力5万吨，主要开采、加工铅锌矿石，销售铅锌金属。1989—2005年，共生产锌金属100928吨，铅金属14395吨，实现工业总产值28511万元，销售收入30032万元，利润4631万元，上缴税金3164万元。固定资产原值由1989年的107万元增加到1995年的1326万元、2000年的1563万元，2005年年底的2568万元。

龙星集团公司　始建于1995年，称龙星矿业公司，辖川江矿、七星界矿、鸡笼山矿、香江矿、桃花江矿5个矿山和1个300吨/日的选矿厂，年选铅锌金属6000吨。2004年，成立子公司龙泰公司，收购恭城镇锌品厂，组建龙星锌业公司，投入技术改造资金3600多万元，对原有生产线进行全面改造，拆除原年产3500吨“一转一吸”制酸焙烧系统，新建年产2.5万吨“二转二吸”制酸焙烧生产线，形成年加工锌矿金属2万吨、年产硫酸2.5万吨生产规模；同时，新建2条3000吨/年等级氧化锌生产线。2005年年底，龙星集团公司下辖龙星矿业有限责任公司、龙星锌业有限责任公司和龙泰公司3个子公司，员工800多人，为铅、锌、锰等有色金属采选、冶炼加工的民营企业，主要以铅锌矿产品为主，包括铅、锌金属、锌焙砂、硫酸和等级氧化锌等。2005年，实现工业总产值3497万元，销售收入2253.1万元，利税814.1万元。

桂林地区恭城冶炼厂　前身为恭城化工厂，属于县办国营工业企业，位于县城城南。1985年，动工兴建；1988年11月，电炉锌粉车间建成投产；1990年6月，锌精矿沸腾炉车间与制酸系统建成投产；同年8月，电解锌系统建成投产；1993年5月，完成电解锌二次浸出及电炉熔铸技改项目。1992年，恭城化工厂更名为桂林地区恭城冶炼厂。1995年，与岛坪铅锌矿合并组建矿冶总厂，由岛坪矿实行采、选、冶一体化生产。1996年，桂林地区恭城冶炼厂与岛坪铅锌矿分离，独立核算。主要产品有锌焙砂、硫酸、锌锭、粗铅、锌粉、铅锭，主导产品“银殿牌”电解锌、电解铅，属于广西名优产品，产品80%免检出口韩国及东南亚等国家，1999年，获对外经济贸易合作部核发的自营进出口权。1989—2000年，累计生产锌焙砂43196吨、硫酸49643吨、锌锭13977吨、粗铅2936吨、锌粉1138吨、铅锭3748吨，实现工业总产值24164万元，销售收入23847万元，上缴税金973万元，亏损640.3万元。

2001年9月，桂林地区恭城冶炼厂依法破产拍卖，重组更名为桂林广银金属有限责任公司（属于民营企业），下辖电解锌厂、三江铅锌矿、硫酸分厂、电解锌分厂。2001年，桂林广银金属有限责任公司投入上千万元对冶炼系统和硫酸车间进行全面技改扩建，将原9平方米方形沸腾炉改为12平方米圆形沸腾炉，新建一套“二转二吸”先进工艺制酸系统，取代“一转一吸”工艺转化素系统，硫酸生产能力由原来的年产10000吨提升到年产20000吨，锌焙砂产能由原来的年产8000吨提高到年产12000吨，电解锌生产能力由原来的年产3000吨提高到年产8000吨。2001—2005年，累计生产锌焙砂25590吨、硫酸37836吨、锌锭8464吨、粗铅6571吨、锌粉190吨，实现工业总产值29475万元，销售收入19884万元，上缴税金463万元，亏损287.2万元。

腰子坪铅锌矿　前身为恭城县腰子坪铅锌矿，建于1964年，属于县国营工业企业。矿区位于三江乡洗脚岭村腰子坪，矿区总面积0.64平方千米，开采、销售铅、锌矿。1995年6月，租赁给恭城银殿矿业有限公司开采、经营，租期自1995年6月至2001年5月，但承租方于1998年8月要求提前解除合同。2000年，该矿改为股份合作制企业，将国有资产权转让给恭城腰子坪铅锌矿。1989—1994年，累计生产锌精矿325.02吨、铅精矿15.06吨、锌铅混合矿1834.75吨，实现工业总产值145.5万元，销售收入130万元，利润1.7万元，上缴税金4.74万元。固定资产原值由1989年的6万元增加到1994年的10.4万元。

1989—2005 年恭城瑶族自治县主要铅锌矿采冶业产品产量情况统计表

表 7-7 单位：吨

年度	岛坪铅锌矿		县矿产公司		恭城广银金属有限公司					
	锌金属	铅金属	锌金属	铅金属	锌焙砂	硫酸	锌锭	粗铅	锌粉	铅锭
1989	7776	281	2289	3	0	0	0	0	237	0
1990	5454	547	4626	6203	2094	2520	830	0	0	0
1991	5460	706	5522	14	3659	4496	1815	0	192	0
1992	10202	969	8633	261	3974	4174	1568	0	99	0
1993	7462	1017	15272	0	5634	5625	1719	0	270	0
1994	9653	972	6570	342	5704	5387	1546	0	291	0
1995	1867	803	9255	250	5564	7605	251	0	0	0
1996	6713	830	8266	1814	1513	0	0	0	49	0
1997	6937	865	4138	365	4287	5657	1627	0	0	3748
1998	6379	788	3004	1921	0	0	0	0	0	0
1999	5001	618	3271	0	5586	7095	1381	1610	0	0
2000	6912	788	4061	0	5181	7084	3240	1326	0	0
2001	7769	763	4415	0	272	2199	1529	790	0	0
2002	8719	1045	5926	1411	4078	4850	1112	1730	0	0
2003	9067	875	6723	1014	5059	6800	1711	1251	0	0
2004	5946	730	4807	797	8622	11550	2164	1359	0	0
2005	5601	987	4150	2380	7559	12437	1948	1441	190	0
合计	116918	13584	100928	16775	68786	87479	22441	9507	1328	3748

钨锡矿采冶业

1989 年年底，县境内开办的钨锡矿业有栗木锡矿、马路桥锡钨矿、栗木矿产社、栗木镇矿产品精选厂和栗木民矿站等；有粗选厂 3 处，粗选能力共 1910 吨 / 日，精选厂 1 处；有反射炉 2 座，熔析炉 1 座，螺旋溜槽 2 座，氧化锅容量 14.7 立方米，精锡铸锭装置 1 套，炼锡能力 800 吨 / 年。据统计，1950—1989 年，全县共采掘锡钨金属 37163 吨，主要产品有精锡、钨精矿（65%）、氧化钨及仲钨酸铵等，其中精锡产量 11439 吨、钨精矿（65%）17107 吨、氧化钨 807 吨、仲钨酸铵 169.9 吨。

1994 年起，随着矿产资源的萎缩与枯竭，矿山生产成本增高，县内钨锡矿采冶业生产呈下滑趋势。栗木有色金属公司（原栗木锡矿）先后关停老虎头采选生产线、水溪庙采矿线和水坑老井采选厂，钨、锡矿产量急剧下降。1994 年，精锡年产量 442.75 吨；1997 年，仅 0.39 吨。2002 年，栗木有色金属公司破产；2004 年，重组成立恭城栗桂钽铌有限责任公司，下辖金竹源采选厂、水溪庙采选厂、氢氟酸厂、临桂有色金属厂及稀有金属冶炼厂等。2005 年，与宁夏东方钽业股份有限公司合资建立桂林新源钽业有限公司，主营钽铌冶炼加工。1989—1997年，栗木有色金属公司累计生产精锡4818.88吨；1999—2002年，累计生产粗精矿锡金属502.16吨。

县马路桥矿建于1968年，为县国营工业企业，属收购经营性质，主要业务为钨锡矿的收购、加工及委托栗木锡矿选厂、冶炼厂加工锡锭。1989—1994年，收购加工锡钨矿1041吨，实现工业总产值1664万元，销售收入1996万元，上缴税金83万元，亏损50.8万元。2000年11月，改制为股份合作制企业，将国有资产产权以101万元出让给马路桥锡钨矿。2005年6月，因安全生产整治而停产。

2005年，县内钨锡矿业已不成规模，栗木矿产社、栗木镇矿产品精选厂、栗木民矿站等均为依托栗木有色金属公司经营生产的企业，随着栗木有色金属公司的破产、转产，也处于停产或半停产状态。同年年底统计，全县锡精矿产量仅为90吨。

钽铌矿采冶业

1989年年底，县境内钽铌矿的采选、冶炼均在栗木有色金属公司矿区，有老虎头、水溪庙2个采选工程及金竹源探矿工程，在稀有金属冶炼厂建有钽铌生产线。老虎头矿区已采掘原矿石461万吨，采选钽铌金属1072吨，占该矿区储量的70.5%。水溪庙矿区采掘原矿石5.8万吨，采选钽铌金属15吨，占该矿区储量的0.18%。金竹源探矿工程掘进坑道1400余米，探明钽铌金属储量3036吨。

1991年，栗木有色金属公司投入1000万元对金竹源钽铌锡矿实行探采结合工程建设，于1993年上半年完成，形成220吨/日的采矿能力。1992年，水溪庙选厂扩建1000吨/日的工程及6000千瓦热电机组配套工程开工。1993年，由于矿山生产成本高、钽铌产品滞销等原因，水溪庙选厂被迫停产，扩建工程停止。1999年，钽铌市场日益好转，改（扩）建稀有金属冶炼厂钽铌生产线。2001年5月，水溪庙选厂1500吨/日的采选工程动工，2001年12月竣工。主要产品有氟钽酸钾、碳化钽和氧化钽、氧化铌、高纯氧化铌等。2000年的产量与上年相比，氧化钽年产量从0.2万吨提高到4.22万吨、氧化铌从44.3万吨提高到90.25万吨、氟钽酸钾从96.34万吨提高到180.75万吨、碳化钽从0.01万吨提高到2.8万吨、高纯氧化铌从29.12万吨提高到45.11万吨。1999—2002年，共生产氟钽酸钾448.21万吨、碳化钽5.64万吨、碳化铌0.78万吨、氧化钽32.87万吨、高纯氧化铌74.232万吨、氧化铌265.28万吨。2004年，重组恭城栗桂钽铌有限责任公司，下辖金竹源采选厂等5个生产单位，主营钽铌冶炼加工。2004—2005年，共生产钽铌产品193.1吨，其中钽76.11吨，铌116.99吨。

锰矿采掘业

县内锰矿的开采，除恭城县锰矿机械化采掘外，另有一些个体零星的土法开采，年产量不高。据统计，最高年产量为1994年，共3.02万吨。1997年，县锰矿停产。同年，全县锰矿年产量为450吨。至2005年，零星的个体土法开采仍有，产量低，不做统计。

非金属矿采掘业

县内非金属矿采掘主要为花岗岩石和大理石开采。花岗岩有芝麻色、浅红色、肉红色和红色4种，大理石有汉白玉、墨玉、玫瑰红等品种。

大理石矿的开采，始于20世纪80年代。但因技术力量不足，产品质量不高，80年代末曾停止开采。1992年，县岛坪铅锌矿开办大理石石材综合加工厂，重新开采大理石矿，但每年开采量都不大。同年，全县开始在莲花乡蒲源一带开采花岗岩矿。1992—2005年，年开采量（荒料）最多的年份为1996年、1997年。1996年，年产量33.75万立方米；1997年，年产量28.2万立方米；其余年份，产量在3万立方米以上。

第二节 电力及自来水业

电力工业

1989年，全县电力工业实现工业产值801万元，占工业总产值的5.09%，利税总额181.29万元，占工业利税总额的10.45%。2005年，全县电力工业实现工业产值4767万元，利税总额492.85万元。

电站建设 1989年，全县建成中小微型电站57处（含火力发电2处），装机78台，容量27936.7千瓦。1993年，新增栗木锡矿火电装机容量3900千瓦。1997年，取消县糖厂火电装机。1998年，栗木锡矿火电厂装机容量减至500千瓦，并处于停产状态至2005年。

20世纪90年代中期，全县进入一个开发小水电热潮。从1996年起，鼓励集体、外商、私人联营投资开发小水电站。一些有识之士，纷纷投资，全县掀起开发水电热潮。下年，全县兴建的小水电有银山、大山、桃溪河等8个小水电站，总装机容量7300千瓦。至2002年，全县新建成小水电站24处，装机37台，共16250千瓦。2003年起，对中小河流实行“流域、梯级、流动、综合”开发，建设有调节性能的中小型水电站。2005年年底，全县上网发电中小型水电站共39处，装机66台，总容量39155千瓦；在建小水电站10处，装机23台，共32570千瓦。其中，装机1000千瓦以上的有蓝洞、峻山、势江、峻山二级、清水卡、龙神、大山、大明源、冷水源、五福、桃江河、银山电站共12处，装机27台，共30790千瓦。

蓝洞水电站位于莲花镇崇岭新村，属于国营电站。1975年5月，建成投产，为引水道式高水头电站。引水渠道全长1916米，流量为3.6立方米/秒，压力管道全长1221米，毛水头高431.74米，装机3台，容量为9600千瓦。1995年，投资80多万元，改造1#、2#、3#机组，发电能力从原来的6000多千瓦恢复至9600千瓦，每年增加发电量630万千瓦小时。

峻山水电站位于西岭乡糖河村峻山脚下，属于国营电站。1979年，建成投产，为输水压力隧洞式电站，装机3台，容量为8000千瓦，设计年发电量2598万千瓦小时。峻山二级站于1987年建成投产，装机3台、1200千瓦。1994年，进行峻山电站一期技改工程。一是在峻山水库溢流坝顶加装4米高的水力自控平衡翻板闸，二是改造1#机，更换新转轮。同年5月月底，水力自控翻板闸吊装完毕，水库正常高水位提高，电站运行水头也相应提高。机电部分于11月组装完毕，12月月初正式投入运行。年发电量由原设计的2598万千瓦小时（实际年发电量为2300万千瓦小时）增加到3042.7万千瓦小时，比原设计增加年发电量444.7万千瓦小时，比实际年发电量增加742.7万千瓦小时，年利用小时为3803小时，比原设计增加653小时。

图7-1 蓝洞水电站（县水利局提供 2005年）

势江水电站位于莲花镇势江村，为国营电站。1972年8月，建成投产，为径流式电站。设计年均流量4.7立方米/秒、水头33米、年发电量为400万千瓦小时，装机容量为3台、1000千瓦。1995年，投入180多万元进行全面改造，电站面貌焕然一新。2005年，年发电量为594万千瓦小时，发电设备平均利用为5519小时。

银山水电站位于平安乡大岭村对河屯，为股份制电站。1999年，投产运行，为径流式高水头发电站，水头高409米，压力管长1500米，引水隧洞长4275米，明渠长1350米，设计过水能力为1.15立方米/秒，装机2台容量2500千瓦。2005年，发电量为832.23万千瓦小时，发电设备平均利用为6658小时。

大山水电站位于嘉会乡大山村境内，为民营股份制企业。1998年，建成投产，为高水头径流式电站，坝址以上集雨面积16.5平方公里。设计水头315米，设计年均流量0.84立方米/秒，装机2台容量1260千瓦，发电设备平均利用为3397小时。2005年，发电量为424.68万千瓦小时。

冷水源电站位于观音乡水滨村，为民营股份制企业。1999年，投产发电，为高水头引水式径流式电站，集雨面积6.8平方公里。设计水头485米，设计年均流量0.314立方米/秒，装机1台容量1250千瓦。2005年，发电量为322.10万千瓦，发电设备平均利用为2577小时。

清水卡水电站位于三江乡洗脚岭村，为民营电站。1999年，建成发电，为径流式水电站，集雨面积80平方公里。设计水头80米，设计年均流量2.5立方米/秒，装机2台容量1260千瓦，发电设备平均利用为2195小时。

五福水电站位于栗木镇五福村沙田屯，为股份制企业。2000年3月，投产发电，为径流式电站，集雨面积14平方公里。设计水头321米，设计年均流量0.59立方米/秒，装机2台容量1260千瓦。2005年，发电量为262.34万千瓦小时，发电设备平均利用为2099小时。

桃江河水电站位于莲花镇崇岭村，为股份制企业。2002年，建成投产发电，为径流式电站，集雨面积6平方公里。设计水头205米，设计年均流量0.4立方米/秒，装机1台容量1000千瓦。2005年，发电量为226.98万千瓦小时。

大明源电站位于嘉会乡大明源村，为民营电站。2001年11月，投产发电，为径流式高水头电站，集雨面积6.5平方公里。设计水头404米，设计年均流量0.4立方米/秒，装机2台容量1260千瓦。2005年，发电量为304.20万千瓦小时，设备平均利用为2434小时。

龙神电站位于三江乡三联村，为民营电站。2002年1月，建成投产发电，为径流式电站，集雨面积34.35平方公里。设计年均流量0.5立方米/秒，发电引水流量0.8立方米/秒，设计水头165米，装机容量为1200千瓦。

2005年年底恭城瑶族自治县上网发电小水电站情况统计表

表7-8

电站名称	装机台/千瓦	站址	建成投产时间	河流	备注
英雄电站	1×125	莲花镇蟠龙村	1971年	蓝洞河	民营
良溪电站	1×240	栗木镇良溪村	1971年	龙虎河	民营
太平电站	1×40	嘉会乡太平村	1971年	龙虎河	民营
蓝洞电站	3×3200	莲花镇崇岭新村	1975年5月	蓝洞河	国营
峻山电站	2×3200+1×1600	西岭乡糖河村	1979年5月	澄江河	国营
势江电站	2×400+1×200	莲花镇势江村	1972年	势江河	国营
马林源电站	1×125	龙虎乡马林源	1973年	马林源河	民营
西岭电站	1×125+1×100	西岭乡西岭村	1978年	澄江河	民营
峻山二级站	3×400	西岭乡糖河村	1988年	澄江河	国营

续表 7-8

电站名称	装机台 / 千瓦	站址	建成投产时间	河流	备注
南江源电站	1×200+1×90	三江乡南江源	1989 年	南江源河	民营
岽口电站	1×400+1×100	观音乡观音村	1990 年	观音河	民营
蓝洞坝后电站	1×320	莲花镇蓝洞村	1990 年	势江河	民营
龙围电站	2×100	莲花镇龙围村	1992 年	势江河	民营
黄坭岗电站	1×200	莲花镇黄坭岗村	1997 年	势江河	民营
牛路口电站	1×200	莲花镇牛路村	1998 年	势江河	民营
黄坭岗三级电站	1×320	莲花镇黄坭岗村	1998 年	势江河	民营
桃溪河电站	2×250	三江乡桃溪河村	1998 年	三江河	民营
狮塘电站	1×200	观音乡狮塘村	1998 年	栗木河	民营
木狮江电站	1×400	观音乡木狮塘村	1998 年	木狮江	民营
大龙源电站	1×400	观音乡大龙源村	1998 年	观音河	民营
大山电站	2×630	嘉会乡大山村	1999 年	大山河	民营
河口电站	2×200	三江乡河口村	1999 年	三江河	民营
冷水源电站	1×1250	观音乡水滨村	1999 年	观音河	民营
银山电站	2×1250	平安乡大岭村	1999 年	银山河	民营
鱼梁坪电站	1×320	三江乡鱼梁坪村	2000 年	三江河	民营
峡口一级站	2×125	三江乡三江村	2000 年	三江河	民营
清水卡电站	2×630	三江乡洗脚岭村	2000 年	三江河	民营
龙塘电站	2×100	三江乡龙塘村	2000 年	古木源河	民营
杨梅电站	1×320+1×500	观音乡杨梅村	2000 年	观音河	民营
五福电站	2×630	栗木镇五福村	2000 年	龙垒河	民营
黄坭岗四级电站	1×320	莲花镇黄坭岗村	2001 年	势江河	民营
大明源电站	2×630	嘉会乡大明源村	2001 年	大明源河	民营
木狮江二级电站	1×320	观音乡木狮塘村	2001 年	木狮江	民营
峡口二级站	1×400	三江乡三江村	2002 年	三江河	民营
龙神电站	3×400	三江乡三联村	2002 年	古木源河	民营
黄岭电站	2×55	平安乡黄岭村	2002 年	势江河	民营
桃江河电站	1×1000	莲花镇崇岭村	2002 年	桑源河	民营
新渡坪电站	2×320	莲花镇新渡坪村	2004 年	势江河	民营
黄坭岗二级电站	2×200	莲花镇黄坭岗村	2005 年	势江河	民营

发电　1989—2005 年，全县发电总量 148271 万千瓦小时。其中，蓝洞、峻山、势江水电站为国营电力工业，总装机 9 台、18600 千瓦。1989—2005 年，发电量共计 107449.3 万千瓦小时，占全县总发电量 72.47%。其中，蓝洞水电站 47178.9 万千瓦小时、峻山水电站 50271.4 万千瓦小时、势江

水电站 9999.0 万千瓦小时，售电量共计 102321.6 万千瓦小时，销售收入共计 11605.6 万元，上缴税金共计 923.9 万元。

1989—2005 年恭城瑶族自治县发电量统计表

表 7-9

单位：万千瓦小时

年度	发电量	年度	发电量	年度	发电量
1989	5679	1995	8621	2001	10937
1990	4559	1996	7556	2002	13802
1991	4828	1997	9064	2003	13038
1992	5496	1998	10262	2004	10273
1993	7416	1999	7855	2005	10423
1994	8194	2000	10268	合计	148271

说明：1989 年的发电量含火力发电量

图 7-2　2001 年建成的西河 110 千伏变电站（刘炽松 摄　2005 年）

供电　1991 年 10 月，县小水电公司更名为自治县电力公司。1994 年 7 月，实行厂网分开，县电力公司、蓝洞电站、峻山电站、势江电站各自为独立核算单位。先后在全县范围内设立城镇供电所、栗木供电所、莲花供电所、嘉会供电所、西岭供电所、平安供电所、三江供电所、观音供电所。2002 年，设立龙虎供电所。农网改造结束后，2004 年 8 月，由广西水利电业有限公司、恭城县电力公司组建恭城水利电业有限公司，隶属于广西水利电业有限公司。2005 年 2 月，接管栗木锡矿供电营业区，设立栗桂供电所。

1989 年年底，全县有 4 座 35 千伏变电站，0.4～35 千伏输电线路共长 1811.97 千米，变压器 663 台总容量 117144 千伏安，全县供电总量 5491.75 万千瓦小时。1999 年 8 月，农村电网改造之前，县电网共覆盖全县 9 个乡镇，117 个村委会中由县网供电的为 116 个，占 99.1%；全县用电户 56100 户，占全县总户数的 93%。2005 年 10 月，农村电网改造结束后，全县有 10 座变电站，其中有 1 座 110 千伏变电站，变压器 1019 台，总容量 124610 千伏安；35～110 千伏输电线路长 280.3 千米；10 千伏送电线路长 1160 千米；0.4 千伏配电线路长 2495 千米；全县 9 个乡镇、117 个村委会通电率 100%，户通电率 99.45%。2005 年年底，全县用电户 87251 户，总用电量 13396 万千瓦小时，人均年用电量 477.9 千瓦小时。

1989—2005年恭城瑶族自治县水利电业有限公司经营情况一览表

表7-10　　单位：万千瓦时、万元、%

年度	供电量	售电量	销售收入	线损率	上缴税金
1989	5491.75	4878.09	643.90	11.17	28.98
1990	6493.25	5814.39	767.50	16.46	34.53
1991	7232.93	6452.33	848.95	10.79	38.48
1992	7590.00	6781.00	1058.50	10.65	46.22
1993	7912.89	7113.83	1400.00	10.10	188.75
1994	8327.61	7484.82	1210.00	10.12	66.00
1995	8098.00	7291.72	1435.90	9.97	198.00
1996	7149.00	6401.00	1568.00	9.96	203.00
1997	8616.96	7194.00	2048.00	9.91	289.00
1998	9959.56	8971.38	1932.80	9.92	290.00
1999	8202.36	7398.85	2132.00	9.80	336.00
2000	10150.00	9151.00	2700.00	9.80	365.22
2001	10520.00	9486.00	3000.00	9.79	425.00
2002	10800.00	9709.00	2929.00	10.11	492.00
2003	11900.00	10500.00	3254.00	11.98	472.80
2004	12570.00	11300.00	4090.00	11.46	579.00
2005	13330.00	11815.00	4590.00	11.36	561.37

自来水

1989年，县内有县自来水厂和莲花自来水厂，全县供水112万吨，产值28万元。1994年1月，原隶属于县建设委员会管理的县城镇供水公司划归县水利电力局管理。1997年，县水利电力局接管莲花自来水厂。

1994年，投资430万元，新建供水能力日产1万吨的自来水厂。1995年，投资100万元开发黄家圳、江贝和桥头村等供水区，增加供水面积5平方千米。同年，县自来水公司全年供水量163万吨，比1994年增长12.4%，完成总产值200万元。1996年，投资298万元进行县城供水管网扩伸，新增用户300多户，总用水户1690户。

图7-3　恭城自来水厂（县水利局提供　2005年）

1998年，县自来水公司进行劳动、人事和分配制度的改革。建立劳动合同制，实行以岗定员，减员增效，将奖金与劳动贡献大小挂钩，提高劳动效益。改革后，全公司共有职工 74 人，其中，退休职工 19 人（包括内退 10 人）。1998 年，完成供水量 224 万立方米，销售收入 180 万元。与 1997 年相比，供水量、销售收入分别增加 41 万立方米、28 万元。

1999 年，县自来水公司筹措资金 100 多万元，建成莲花镇红岩村旱地节水灌溉工程，为莲花圩镇周围红岩岭、云盘岭、莲塘岭、鬼窝岭、长龙岭、上段等处 500 多户农户的果园提供生产用水，扩大自来水供水的范围。

1989 — 2005 年，县自来水公司总计供水量 3212 万立方米，实现销售收入 2410 万元，上缴税金 232.18 万元。

1989 — 2005 年恭城瑶族自治县自来水公司经营情况统计表

表 7-11

单位：万立方米、万元

年度	供水量	销售收入	上缴税金	年度	供水量	销售收入	上缴税金
1989	112.00	24.00	1.20	1998	224.00	180.00	15.00
1990	104.00	23.00	0.98	1999	216.00	166.00	14.00
1991	109.00	25.00	1.30	2000	221.00	218.00	17.00
1992	122.00	30.00	2.00	2001	220.00	229.00	17.00
1993	134.00	45.00	3.30	2002	231.00	235.00	18.00
1994	145.00	49.00	7.40	2003	276.00	275.00	26.00
1995	163.00	84.00	17.00	2004	281.00	280.00	31.00
1996	188.00	97.00	13.00	2005	283.00	298.00	34.00
1997	183.00	152.00	14.00	合计	3212.00	2410.00	232.18

第三节　制造业

机械电器制造业

1989 年，全县有机械和电器制造业 6 家，主要是农机修造、五金制造、日用电器制造等。主要产品为电风扇系列产品、农业机械配件、铸件及小农具，如 72–3 碾米机、275 型饲料粉碎机、切蔓机、373 型和 620 型人力打谷机、12 型动力打谷机、茶江 100–3 型割晒机、水轮机、3 千伏电动机、5 千伏发电机等。1991 年，县电风扇厂研制出恭城 –4 型多功能三轮耕整机，并于 1992 年春生产出第一批耕整机。1992 年，生产耕整机的民营企业兴起，共有光明微型拖拉机（以下简称微拖）厂等 4 家。1993 年 4 月，经自治区农机鉴定站鉴定，恭城电风扇厂、光明微拖厂、多功能微拖厂、平安微拖厂、新池微拖厂、莲花微拖厂和民族五金厂共 7 家企业生产的恭城 –4 型多功能三轮耕整机和 GCH–7D 方向盘式三轮微型拖拉机共 8 个产品获得鉴定合格证书。

图 7-4　恭城 –4 型多功能三轮耕整机（陈革 摄　2005 年）

1995 年 10 月，县电风扇厂停产耕整机，开始加工联合收割机的搅龙部件。2005 年，全县有微型拖拉机厂 19 家，微型拖拉机制造业实现税利 40 多万元。其中，年产值在 500 万元以上的有恭城多功能微型拖拉机制造厂、恭城光明微型拖拉机厂、恭城茶江微型拖拉机厂共 3 家。主要产品为 GCH–7D 型方向把式三轮微型拖拉机、GCH–7D 型方向盘式三轮微型拖拉机和 GCH–7SH 型方向盘式四轮微型拖拉机。

恭城电风扇厂　由县农械厂更名而来，主要生产电风扇产品系列，“回春牌”电风扇畅销区内外，被评为华南五省名优产品。1991 年，实行产品转型，主产水泵。1994 年，采取“切块分离”方式改换经营机制，分为水泵厂、电机厂、汽车修理厂、铸造厂、收割机配件厂 5 个分厂，主要生产水泵、电机系列产品、收割机配件、恭城 –4 型多功能三轮耕整机。2005 年，全面停产，实施改制。

恭城多功能微型拖拉机制造厂　建于 1992 年，固定资产原值 33 万元，员工 22 人。同年，生产恭城 –4 型多功能三轮耕整机 147 台，实现销售总额 99 万元。1999 年，恭城 –4 型多功能三轮耕整机产量突破 1000 台。2000 年，开始生产四轮微型拖拉机。2005 年年底，固定资产原值 175 万元，厂房建筑面积 6140 平方米，员工 109 人，同年共生产恭城 –4 型多功能三轮耕整机 2450 台、四轮微型拖拉机 154 台，销售额 1106 万元。1992 — 2005 年，共生产恭城 –4 型多功能三轮耕整机 14928 台、四轮微型拖拉机 344 台，销售总额 6714 万元，实现毛利总额 546.2 万元，上缴税利 194.3 万元。

恭城光明微型拖拉机厂　建于 1992 年，固定资产原值 1.5 万元，员工 5 人。同年，生产恭城 –4 型多功能三轮耕整机 5 台、四轮微型拖拉机 3 台，销售额 1.6 万元。1999 年，厂房扩建，生产规模扩大，一年中共生产恭城 –4 型多功能三轮耕整机 256 台、四轮微型拖拉机 29 台，销售额 125 万元。至 2005 年年底，固定资产原值达 237.5 万元，厂房建筑面积 3980 平方米，员工 41 人，同年共生产恭城 –4 型多功能三轮耕整机 637 台、四轮微型拖拉机 181 台，销售额 382 万元。1992 — 2005 年，共生产恭城 –4 型多功能三轮耕整机 3819 台、四轮微型拖拉机 723 台，销售总额 2046.8 万元，实现毛利总额 204.5 万元，上缴税利 58.22 万元。

恭城茶江微型拖拉机厂　建于 1996 年，固定资产原值 0.7 万元，员工 3 人。同年，生产恭城 –4 型多功能三轮耕整机 5 台，销售额 2 万元。至 2005 年年底，固定资产原值达 15 万元，厂房建筑面积 1280 平方米，员工 33 人，同年共生产恭城 –4 型多功能三轮耕整机 555 台，销售额 222 万元。1996 — 2005 年，共生产恭城 –4 型多功能三轮耕整机 3221 台，销售总额 1282.4 万元，实现毛利总额 133 万元，上缴税利 38.01 万元。

食品加工业

县内有粮油加工、制糖、糕点糖果、饮料、罐头、酒、月柿等食品加工业。

制糖　县糖厂为县内唯一以甘蔗为原料生产砂糖的工厂，生产规模为 650 吨 / 日。1989 — 1998 年，累计生产白砂糖 13906 吨、赤砂糖 5596 吨，实现工业产值 8785 万元，实缴税金 801 万元。1994 年，开始实行对外承包经营，由玉林大秦公司承包。由于甘蔗种植面积逐年减少，原料不足，玉林大秦公司在 1995 — 1996 年榨季后被迫停产，开始产品转型，以淀粉为主导产品。1998 年，

图 7-5　丰华园生产的月饼（孟华 摄　2005 年）

县糖厂因负债过重等原因，实施破产重组，由南宁阳光甘化有限公司中标竞得。南宁阳光甘化有限公司对糖厂进行全面改造，产品以淀粉为主。

1983年建成的县综合食品加工厂（1987年，更名为县葡萄糖厂），主要产品为液体葡萄糖和口服葡萄糖。1991—1993年，由南宁化工厂承包经营；1994年，因原料不足转产为矿泉水厂，生产银殿牌矿泉水，不久停产。同年8月，出售转让。

糕点糖果、罐头　品种有菠萝、荔枝、柑橘等水果罐头，各种水果糖、酥糖、冬瓜糖、姜糖、柚皮糖及各种糕点，中秋月饼有豆蓉、莲蓉、叉烧、火腿、鸡丝、蛋黄、冰饼、果月（什锦）和酥皮等种类。从1994年起，县罐头厂、糖果食品厂、二轻副食品厂、茶江糕点厂、糖业食品厂相继停产全部产品或部分产品。除中秋时节，尚有丰华园食品厂、燕兴食品厂生产各种口味的月饼外，各种糕点大都由西点面包房生产。

饮料

果汁　2004年4月，北京汇源集团桂林生态果业有限公司恭城加工厂第一期工程建成投产，有7条生产线，主产PET瓶装果汁、冰红茶、冰绿茶、纯净水，屋顶包和直立袋包装的各种果汁产品。2005年，实现产值8500万元，实现销售产值7094万元。

图7-6　汇源果汁恭城加工厂灌装车间的生产线（县经贸局提供　2004年摄）

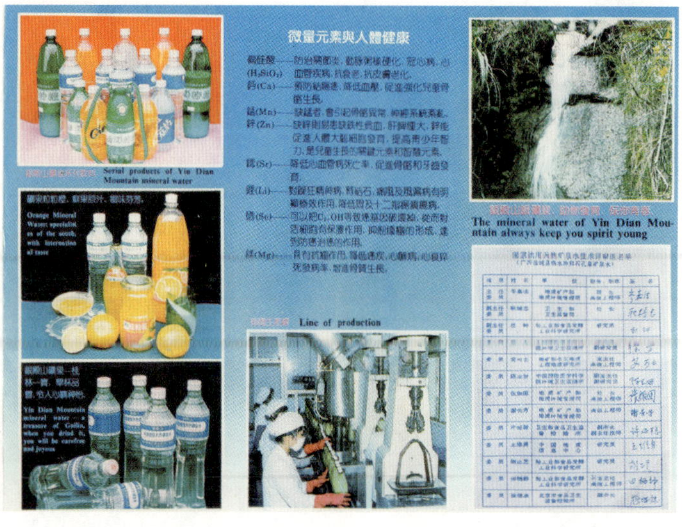

图7-7　“银殿山”矿泉水系列产品（县经贸局提供1993年摄）

矿泉水　1992年，恭城矿泉饮料厂建成，引进1条生产线，生产能力达年产2000吨。恭城矿泉饮料厂所用之水，产自距离县城东南处40千米的深山中，经地质部、卫生部、轻工部饮用天然矿泉水技术评审组评审，含有硒、锶、锌、铁、锂、钼等20多种人体必需的微量元素，于1990年获得中华人民共和国地质部地质环境管理司颁发的国家级鉴定证书，达到国家饮用矿泉水标准和命名标准，属于低钠、低矿化度、极软水的优质天然饮用矿泉水。在中国桂林1992年国际经贸洽谈会上，“银殿山”矿泉水被指定为会议唯一饮料；同年，在北京首届矿泉水评比中荣获开发银奖。

酿酒　民间历来有自酿自食习惯，平地多酿米酒，山区多酿杂粮酒，蔗区熬制糖泡酒。县糖业酒公司酱料酒厂为地方国营酒厂，年产白酒数十吨。1992年新建的龙虎酒厂年产500吨酒，主产“九牛井”系列瓶装酒、袋装酒和甜酒，为米香型酒。由恭城生态果业发展有限公司以月柿为原料生产的“野木酒”系列，有干红果酒、半干红果酒、白兰地

图 7-8 “野木酒”系列产品图（陈革 摄 2005 年）

图 7-9 “九牛井”酒（陈革 摄 2005 年）

图 7-10 糯米甜酒（陈革 摄 2005 年）

酒。原为民间用传统工艺自酿自食的甜酒，因市场需求量大，逐步形成产业化，至 2005 年年底恭城有甜酒生产企业 5 家，年产甜酒 400 多万瓶。

月柿系列 除传统产品柿饼（恭城月柿），新研发投入生产的产品另有红柿子、脆柿、柿子果酒、柿子饮料、柿子浓缩汁等系列。柿饼以民间传统手工分散制作为主，也有专门从事月柿加工的民营企业用传统手工制作。生产月柿系列产品的主要厂家有桂林市恭城生态果业发展有限公司、桂林联发食品有限公司、汇坤农品有限公司、丰华园食品厂、桂林普兰德生物科技有限公司、桂林润泽生物科技有限责任公司等。

图 7-11 恭城月柿系列产品之柿饼（县招商局提供 2005 年）

图 7-12 恭城月柿系列产品之脆柿（孟华 摄 2005 年）

桂林市恭城生态果业发展有限公司于1999年3月建成投产，主要从事果类酒酿造、果汁饮料生产销售、果类深加工技术开发。已研发并投入生产的产品有柿子红酒、柿子白兰地、柿子饮料、柿子浓缩汁等产品，正在研发产品有柿子果胶、柿子单宁、柿子红色素等品种。2002年，被列为国家星火计划项目；2003年，被列为广西50家重点扶持产品加工企业之一；2004年，获国家知识产权局授予的“柿子果酒酿制新工艺”发明专利；2005年，被评为桂林市农业产业化重点龙头企业。同年，达到年产400吨柿子果酒的生产能力，总产值510万元。“野木牌”月柿酒即为其主导产品，以月柿做原料，采用现代生物工程技术和传统发酵工艺酿造而成，保留月柿独特的果香味及月柿所含丰富的维生素和氨基酸。

建材业

县内建材业主要有水泥、水泥预制构件、砖瓦、花岗岩和大理石板材等。恭城县水泥厂和恭城县水泥制品总厂是恭城最主要的建材企业。20世纪90年代初期、中期，全民大力兴办石材加工厂，全县年生产石材荒料可达3万立方米以上，加工板材20万平方米。2005年，全县花岗岩板材加工企业近20家，年产成品板材近20万平方米，主要的石材产品有桂林红、桂林白、富丽红、芝麻花、银河白、绿晶石、旺宝红等香槟钻、粉红麻板材及荒料等品种，质量过硬，色泽、花色均匀一致，抗压强度、抗折强度、放射性强度都达到国家标准，远销全国各地及韩国、美国等国家以及中国香港地区等地区。砖瓦生产以乡镇企业办红砖厂为主，个体生产为辅，全县每年生产红砖的厂家均在16家左右。红砖生产量：20世纪90年代中期，在1亿块以下；1996年后，为2亿块以上。瓦生产量：20世纪90年代中期，在0.4亿块以下；1996年后，为5.5亿块以上。

图7-13 水泥预制管（陈革 摄 2005年）

图7-14 花岗岩板材加工（陈革 摄 2005年）

恭城县水泥厂 始建于1968年，1973年投产，原设计年产量1.2万吨。1984年，扩建为年产4.4万吨。1994年，县水泥厂改组为股份合作制企业。经多次技术改造，年生产能力逐步扩大到8万吨、12万吨直至15万吨。生产的“茶江牌”水泥产品中主要型号为32.5型、42.5型等级普通硅酸盐水泥，主要销往广东、梧州、贺州及桂林周边邻县。产品多次被自治区评为“消费者信得过产品”。2005年，经竞拍成功组建恭城财茂水泥有限公司；同年，生产水泥7.06万吨，实现工业产值2104万元，上缴税金107万元。

县水泥制品总厂 原县水泥预制构件厂于1969年年末投产，1989年产值37万元。1992年，转换企业经营机制，开拓新产品，产品主要有各种规格的钢筋混凝土排水管、压力1.5兆帕以下各种规格的预应力水泥管、18米长以下各种规格水泥电杆等。1993年，工业总产值230万元，实现利税30万元，比建厂以来最好水平的1988

年翻两番。1995年5月，栗木预制分厂建成，可生产18米长度以下的各种规格的电杆和直径1.2米以下各种钢管。1998年，全县开始农村电网改造。1998—1999年，县水泥制品总厂先后向县农业银行贷款340万元投资生产水泥电杆，成为桂北地区水泥电杆制品规格最齐全的厂家。2003年，农网改造结束后，市场需求急下，企业步入困境。2005年，企业因资不抵债，破产改制。

图7-15 花岗岩板材（浅红、中红、莲花红、中浅红）
（陈革 摄 2005年）

顶好（桂林）石材有限公司 是恭城规模最大的石材生产厂家，位于莲花镇，每月生产花岗岩板材1万多平方米。产品有桂林红、富丽红、银河白等品种，畅销欧美、韩国、东南亚等国以及中国港澳台地区，年产值4000万元以上。位于莲花镇的莲通石材厂为另一家具有一定生产规模的厂家，生产的产品主要有莲花红、浅红、中红、中浅红等。1994年4月，自治区党委书记赵富林考察时称，"'莲花红'可以同岑溪红媲美"。

木材及家具加工业

县境内木材加工业，除隶属于县林业局的县木材加工厂为规模生产，其余主要分散在莲花、三江、西岭和嘉会等乡镇，主要产品为锯材、人造板。1989年，全县锯材总产量2227立方米，人造板785立方米；1996年，锯材总产量32485立方米，人造板11321立方米；2005年，人造板总产量3750立方米。

木家具加工业，除稍具规模的新华家具厂外，其余均为民间分散加工。新华家具厂位于三江乡，年销售收入过200万元。据不完全统计，全县家具产量：1992年，为13.04万件；1996年，为5.62万件；2005年，为0.26万件。

塑料制品加工业

1992年，县内始有塑料制品加工，有曜亿塑料制品有限公司、恭城新江果袋厂和恭城永鸿塑料厂等，生产各种规格的水果保鲜袋和工业、商业食品袋。1992年，全县塑料制品总产量为70吨；1996年，总产量为394吨；2005年，总产量为1485吨。

印刷业

1989年，县印刷厂完成工业产值93万元。但由于市场、体制、管理等诸多因素的制约，从1990年起，县内印刷业一直处于时好时坏的经营状态；1996年后，县印刷厂处于半停产状况；2005年，被县水泥厂兼并停产。

第四节 工业园区

恭城工业园从2003年开始规划，采取组合式多分区的形式集中开发建设，拟建茶东、燕新2个工业园区核心区和高洲、虎尾、峻山、开花山、栗木矿区和莲花月柿小区6个辅助区。

工业园核心区

茶东工业园区，地处县城城东，规划总面积36公顷，位于恭城—二塘线两侧，西起茶江大桥桥头，东至县农机校宿舍，北至茶江河南，以现有公路为轴线进行深400米为规划控制范围（现有村庄除外），以环保型工业为主，重点发展食品加工业和微型拖拉机产业。至2005年，共有入园企业20家，固定资产投入2亿元。主要有北京汇源桂林生态果业有限公司恭城加工厂，另有机械加工、塑料包装等十几家企业。

燕新工业园区，地处县城城南，起于燕岩南蛇岭，止于新街三岔道口，全长4360米，规划总面积为253.33公顷，从燕岩大桥往新街方向右侧500米、左侧300米为规划控制范围。第一期规划建设总面积为42.7公顷，2003－2004年，累计投入1000多万元，用于集中区基础设施建设。至2005年，集中区内有广银金属公司、翊龙傲公司、汇坤农品公司、长行冶金炉料有限公司、汇昌包装厂等企业22家，主要以矿产冶炼、果酒、机械制造、农产品加工等行业为主，固定资产投入1.2亿元。

工业园辅助区

虎尾工业集中区，位于西岭乡虎尾村，全州—沙子公路从园中通过，距县城11千米。规划总面积约200公顷，东面以鸡公山为中心，沿山北延伸至柳蔗糖山区、倒水为界，沿山南延伸至山脚小路为界；南面自灰窑直过水岩；西面自跌人山末端齐山顶为线，向北至园艺场山顶。集中区地势平坦，道路交通便利，全沙二级公路从集中区穿过，装有30千伏变压器5台和20千伏变压器1台。

峻山工业小区，地处西岭乡峻山区，距县城19千米，可供规划面积为12.32公顷，尚可开发利用的面积为9.55公顷，区内电力条件优越（峻山电站）。主要以废钢铁冶炼、木材加工业为主，2005年年底，有福建投资商兴办的轧钢厂1座。

开花山集中区，地处嘉会开花山，距县城18千米，距嘉会街1.5千米。南接西岭乡新安村，西北面接嘉会秧家村，南北最长距离2.8千米，东西最宽距离1.65千米，规划总面积为288.6公顷。地域宽阔，发展空间较大，交通、通信、电力条件比较优越。

栗木矿集中区，地处栗木镇西北面，距县城42千米，以原栗木锡矿为雏形，进一步整合规划，可供开发面积为71.3公顷。集中区基本功能齐全，开发基础较好。

2005年，除峻山工业小区已入园1座工业企业外，其余虎尾工业集中区等3个工业园区无入园企业。

附：燕新工业园区优惠政策（2003年开始执行）

1. 税收优惠政策

（1）对园区内企业，可实行确立综合税收基数，超基数奖励办法。由企业提出，园区管委会审核，县人民政府审批兑现。

（2）县人民政府对在园区内新办企业的纳税大户给予奖励扶持，其年缴税达10万元以上的，自投资之日起3年内，每年按上缴税额的5%给予奖励。

（3）企业所得税享受国家西部大开发的优惠政策，享受《自治区人民政府关于印发贯彻实施西部大开发政策若干规定的通知》和《广西壮族自治区关于加快工业发展的若干规定》文件规定的优惠政策。

2. 土地优惠政策

（1）工业用地基准地价：二级工业用地150元／平方米。基准地价，三级工业用地165元／平方米。

（2）对在园区内新办企业的用地优先予以安排。新办企业除支付土地征用补偿和需上缴上级的费用外，减免收取县级收费的费用。企业按优惠办法取得的工业用地，在不改变用地性质的前提下，可转让、抵押和斥资入股。自取得工业用地权属之日起，不按合同规定的期限和条件开发利用的，由县人民政府依法收回其土地使用权。

（3）鼓励单位或个人带（筹）资金到茶东工业园区开发建设，对园区或园区内功能小区进行整体购地建设的，县人民政府将给予特别优惠，具体优惠办法由管委会与投资业主协商后，拟定优惠申请报请县人民政府批准执行。

3. 其他优惠政策

（1）无费制度。进入园区企业，除依法缴交税金外，免除各种行政事业性收费。如确因有关规定不能免除的，则按县收实得部分全额奖励的办法执行。

（2）凡在园区内新办的企业，除法律、法规明确规定的必须收取的税费以外，属本县权限范围内的收取部分，一律免收。

（3）对在园区内的新办企业一律免收用水、用电的入户费用，县有关部门接到申请后，应予以优先安排，并在2个工作日进行进场安装。

（4）鼓励企业采用新技术，开发新产品，年销售收入500万元以上的规模企业，可按销售收入1%～2%提取新产品开发基金，列入生产成本，专项用于技术改造和新产品开发。

4. 其他政策

新办企业从政策咨询、合同签约、项目审批、到证照办理，实行全程“一条龙”服务，由招商引资管理中心受理。为投资企业颁发“重点企业优待证”，实行封闭管理；为投资商发放“绿卡”。企业投资商及其配偶、子女，在县城有固定住所或相对稳定工作的企业员工，可自愿办理城镇户口，子女上学享受本县城镇居民同等待遇。

第八篇

商贸旅游

第一章　商贸管理

1989年，恭城县商业经济管理机构有商业局、物资局、对外经济贸易局、粮食局、农机管理局、医药管理局和烟草专卖局等。20世纪90年代，根据中央商业体制改革的有关政策，逐步实行政企分开，所有权和经营权分离，精简商业行政机构，将商业局、物资局、对外经济贸易局、医药管理局、农机管理局等商业行政管理部门转移部分行政职能改变为公司（有的继续保留部分行政职能），粮食局直属企业与粮食局完全脱离隶属关系。同时，贯彻落实中央到地方出台的一系列促进私营和个体商业经济发展的政策措施，促进全县个体和私营商业的快速发展。至2005年，初步形成企业（个人）自主经营、商品市场体系逐步完善、政府的宏观调控渐趋成熟的格局。

第一节　管理机构

商业总公司

1989年，县商业局内设政秘股、财务物价统计股、业务股、职工教育股、党总支办公室，编制13人。下辖百货公司、饮食服务公司、食品公司、糖业烟酒公司、五金公司和栗桂商店（1991年，栗桂商店划归栗木锡矿）。1992年，县商业局转为企业，改称县商业总公司，继续履行行业管理职能，负责牲畜定点屠宰、食品及酒类管理。1994年1月，恢复县商业局，与县商业总公司一个机构、两块牌子，编制仍为13人。1996年7月，撤销县商业局，保留县商业总公司，部分行政职能转入县经济贸易局。1999年4月，县商业总公司被县政府明确为全县商业流通主管部门，行使酒类流通监督管理职能，负责酒类零售许可证的发换和登记备案；12月，增加全县食盐转批发及市场监督管理。2002年，县商业总公司的行政许可职能划归县经贸局，其余如牲畜定点屠宰、食盐和酒类的管理、行业管理、食盐转批和市场监督管理等职能继续保留，至2005年不变。

1989—2005年，历任局长（总经理）：莫毓禾、廖振明、刘富冬、傅达选、唐四清。

物资总公司

1989年，县物资局内设办公室、财务股，下辖金属建材公司、机电化工公司，有干部职工27人。1996年7月，县物资局转为企业，改称县物资总公司，保留行使炸药、雷管、导火索等民用爆破物资的计划供应职能，配合公安、工商行政管理部门行使民用爆破物资管理职能。2005年，县物资总公司保留办公室、业务股、财务股，有干部职工45人。

1989—2005年，历任局长（总经理）：王文华、黄家连、陈元祥、胡赞忠。

对外贸易公司

1989年，县对外经济贸易局为主管全县对外经济贸易工作的职能部门，有干部职工41人。1990年10月，改称县对外贸易管理局；1992年，被撤销，成立县对外贸易经济委员会，原内设机构、编制、人员保留不变。1996年7月，转为企业，改称县对外贸易公司，其行政职能转入县经济贸易局。

1989—2005年，历任局长（经理）：吴树华、陈元祥、何桂金、何承坤、王芳龙、黎慧珍、翟灵娟。

粮食局

1989年，县粮食局内设秘书股、财会股、购销股、统计股、储运股、加工基建股共6个股（室），人员编制10人，实有12人；下辖9个乡镇粮食管理所和县粮油贸易公司、民族贸易公司2个经营性公司，共11个独立核算单位，共有干部职工450人。1998年，成立9个乡镇附营企业，县粮食局下辖20个独立核算企业，干部职工365人。2002年，县乡机构改革，县粮食局7个股（室）合并为人事秘书股、购销储运股2个职能股，干部职工12人。2003年，全县9个国有粮食购销企业和9个附营企业合并为5个粮食购销企业。2005年年底，县粮食局内设人事秘书股、购销储运股2个机构，有干部职工12人；下辖5个粮食购销企业，有干部职工360人。

1989—2005年，历任局长：张镇环、唐芳美、李希贵、陈水养、余军。

供销合作联社

1989年，县供销合作联社编制9人，实有13人。内设人秘教育股、监察保卫股、财会股、经营管理股、计划业务股、内部审计股、生产科技股；下辖农业生产资料公司（以下简称农资公司）、果品土产公司、贸易总公司、虎尾园艺场和城厢、平安、莲花、三江、嘉会、西岭、栗木、观音8个基层供销社。1998年，观音供销社归栗木供销社托管，基层社减少至7个。同年，县供销社改制为自收自支事业单位，内设人秘教育股、监察保卫股、财会股、综合股，人员编制9人，至2005年不变。

1989—2005年，历任主任：陈瑞章、赵建存、孟洪能、陈兴。

桂林市食品药品监督管理局恭城瑶族自治县分局

1989年，成立县医药管理局，与县医药公司采取一个机构、两块牌子的管理模式，有干部职工39人。2002年4月，成立桂林市药品监督管理局恭城瑶族自治县分局，与县医药公司脱钩，属于行政单位，编制10人，设办公室、市场监督股、综合业务股3个股（室）。同年9月，改称桂林市食品药品监督管理局恭城瑶族自治县分局，内设机构增加食品安全综合协调股。至2005年，内设机构、人员编制不变。

1989—2005年，历任局长：陈敬林、罗以生。

烟草专卖局

县烟草专卖局于1985年5月成立，与同时成立的县烟草专卖支公司一个机构、两块牌子，下设业务股、专卖股、财会股、批发部，至1989年机构人员不变。1991年，改专卖股为专卖办公室。2004年10月，撤销莲花、栗木、嘉会、西岭管理所（批发部），在县局设综合办公室、专卖办公室、营销股，稽查中队整合为两个稽查中队。2005年5月，撤销综合办公室、营销股，定编23人，设局长（经理）1人、物流经理1人、营销经理1人、专卖员8人、客户经理5人、配送员7人，设专卖办 1 个股室。

1989—2005 年，历任局长（经理）：罗绍区、黄裕森、马志平、石沛林。

第二节 经营体制

国有商业

1989 年，县内国有商业共有隶属于县商业局的县百货公司、饮食服务公司、食品公司、糖业烟酒公司、五金公司和栗桂商店；隶属于县物资局的县金属建材公司、机电化工公司；隶属于县粮食局的 9 个乡镇粮食管理所和县粮油贸易公司、民族贸易公司；隶属于县农业机械化管理局的县农业机械供应公司。县医药公司等机构的经营方式开始从计划经济向市场经济逐步转变。县石油公司、县烟草公司则分别经营石油、烟草等国家专卖商品。

县属国有商业从 1987 年起开始实行“人定岗、责定额、额定分、分定奖”的内部经营承包制，职工的工资、奖金与各项考核指标的完成情况挂钩。1994 年，在结束第一轮承包后，继续实行内部经营承包。随着市场经济的快速发展，部分国有商业从 90 年代后期先后进行产权制度改革。县商业局所属的百货公司、饮食服务公司采用整体出租的形式，转为个体经营；五金公司采用部分资产抵债，部分资产出让，一次性安置职工的形式；糖业烟酒公司采用一次性产权转让方式改制；酱料厂实行破产改制。2002 年，县物资总公司在连年亏损经营的状态下，对所属的金属建材公司、化工轻工材料公司、机电设备公司、汽车贸易公司、物联公司、农村物资供销公司、龙垒铅锌矿、上枧选厂等各专业公司和厂矿进行资产处置、清偿债务、安置和分流职工。2005 年，县农业机械供应公司完成破产改制，县外贸公司进入破产改制的法律程序。

商业总公司　下辖的百货公司、饮食服务公司、五金公司、食品公司、糖业烟酒公司 5 大公司，在 1997 年以前基本上采用内部经营承包制。其中，百货公司于 1999 年因拆除百货大楼及百货仓库，暂时停止批发和零售业务。2004 年，百货大楼建成，采取整体出租的方式经营。饮食服务公司于 20 世纪 90 年代采取整体出租方式经营，企业内部职工优先承包经营，自负盈亏。食品公司于 1995 年前实行承包经营，定死基数税利包干，超利润部分按一定比例分成。1996 年起，业务重心转移到定点屠宰管理，全县建立 11 个手工屠宰场和 17 个代管点，至 2005 年各屠宰场实行费用包干管理。五金公司在 1998 年前实行承包经营，于 1999 年改制。糖业烟酒公司在持续实行承包经营后，于 2001 年完成改制。

物资总公司　1989 年，实行企业化管理，工资与效益挂钩。1992 年，各专业公司先后在南京、武汉、广州、柳州、珠江三角洲、西南地区等地区建立起购销网络。1994 年，计划供应的工业生产物资实行市场化购销，集体商业和个体工商户加入工业物资的市场竞争，个体工商户迅速占据市场的主导地位，县国有物资部门企业同年亏损 21 万元。1995 年 11 月，对金属建材公司、化工轻工材料公司、机电设备公司、汽车贸易公司、物联公司、农村物资供销公司、龙垒铅锌矿、上枧选厂、财务股、办公室共 10 个二层机构，干部职工 55 人进行定员定编，优化组合。1996 年，亏损额增至 400 多万元。为扭转局面，开始推行内部承包经营。总公司保留民用爆破物资经营权，核定各专业公司、厂、矿的承包金额基数，由各专业公司经民主推荐承包人进行招标，实行集资上岗和风险抵押承包。一系列的经营体制改革，仍未能扭转亏损局面。2002 年，对部分资产进行处置、清偿债务、安置和分流职工。2003 年，停止各专业公司、厂、矿的购销经营业务。2005 年，物资总公司实现扭亏为盈，实现利润正增长，偿还债务。

县对外贸易公司　主要经营轻工艺品、土特产品、粮油新产品和矿产品。1990—1996 年，实际从事国内贸易。1995年，停止购销业务。因资不抵债，于2005年进入破产改制程序。

县农机公司　1979年成立，统一供应机械化、半机械化机具类及配件、拖拉机及配件类、农用动力机械、农副产品加工机械等农机物资，实行有偿服务经营。20世纪70年代至80年代中期，实行计划供应，进货须经县物资管理部门和农机主管部门的审批。80年代后期，仅有少数农机物资实行计划分配，大多放开经营。农机公司自主经营，自负盈亏。1989年，农机公司经营尚有4.2万元的利润，此后连年亏损。随着农机市场的开放，农机个体民营企业迅速崛起，国有农机公司由于内部管理不善，经营亏损日益严重。1994年，县农机公司开始负债；2004年，进行改制；2005年10月，完成改制。

集体商业

1989年，恭城的集体商业机构以供销合作联社系统的商业企业为主，包括农资公司、果品土产公司、贸易总公司及8个基层供销社。

1989—2005年，县供销联社及所属企业不断寻求、试行各种形式的承包经营责任制，转换、理顺企业经营机制。1989年起，在基层社实行三种形式的承包经营模式：（1）"六定"（人员、销售、利润、资金、经营品种和库存结构、资金周转）、"两联"（联销计酬、联利计奖）超利税后分成承包经营；（2）定利润基数超利税后分成经营；（3）包干上缴利润承包经营。至1998年，在基层社和直属企业先后进行抽本经营和生产承包经营改革，全县供销系统的经营网点、门店全部由职工承包自主经营，供销系统停止以企业为主体的商业活动。

1994—2005年，恭城全县集体商业机构销售额累计完成49557.5万元，年平均4129.79万元。销售额最大的年份是1997年，为7791.5万元，是平均销售额的188.67%；销售额最小的年份是1999年，为2347万元，是平均销售额的56.83%。集体商业机构销售额平均占全社会消费品的10.19%。

农资公司　1985年成立，负责全县化肥、农药、农膜、农药械等主要农资商品经营业务。1994年1月，更名为农资联营总公司，实行统一购销、联合经营、风险共担的经营管理模式，并在各基层社设立农资分公司。农资总公司对资金、进货、销售、价格实行统一管理、分级核算，流动资金由农资总公司与各基层社筹集，以农资总公司为主，实行有偿使用；农资流动资金实行封闭运行管理，各分公司销售货款一律存入专户，只存不取，由农资总公司派专人办理提款手续。农资联营收益分配实行上少下多的原则，在进销差价收入分摊前，提取20%作为联营公司的风险金，80%按三七开比例，即总公司占30%，基层社占70%。1996年12月，农资总公司实行全员上岗风险抵押制，所有风险金统一由农资总公司管理，并按15%年息计付，年终兑现。后由于农资经营完全市场化，1998年，农资联营业务终止。

贸易总公司　1979年9月，与果品土产公司统一核算，共负盈亏。在经历数次分合后，1995年5月，将果品土产公司与贸易公司合并，组建恭城供销社贸易总公司，下设五交化、百货针纺、果品日杂、建材农机4个分公司，原两家公司的资产、债权、债务合二为一，统归贸易总公司承担处置。

烟花爆竹专营有限责任公司　2000年9月，组建恭城烟花爆竹有限责任公司，负责全县烟花爆竹的货源采购、批发业务。2000年11月至2003年6月，烟花爆竹的批发总额419万元，年均130多万元。2003年7月，改称为恭城烟花爆竹专营部，由合作联社直接管理，实行承包经营责任制。

私营（个体）商业

1989年，全县有个体商业户1366户。1993年，贯彻发展个体私营经济政策，放宽经营范围，改革登记注册、简化办照手续，全年新发展个体商业户726户，私营商业6户。全县个体商业户

2809户、私营商业13户，从业人员3395人，注册资金1029万元。2000年，个体商业户增至4441户，从业人员4777人，注册资金4536万元；私营商业增至27户，雇工人数457人，注册资金1514万元。2005年，个体商业户5516户，从业人员7424人，注册资金6489万元；私营商业52户，从业人员694人，注册资金4222万元。

1989年，个体商业零售额为2768万元，占全县商业零售额29.47%。至2005年，私营和个体商业的比重平均保持在六成以上。2000年，为60.66%；2005年，为67.92%。知名的私营商业企业有百乐家电、城北家电、百佳汇超市、99超市和皇者超市等。

1994—2005年恭城瑶族自治县私营商业和个体商业在社会消费品销售中的比重一览表

表8-1　　单位：万元

年份	私营商业	个体商业	在社会消费品销售中占比（%）
1994	56.00	12135.00	53.37
1995	75.00	19287.00	63.32
1996	10.00	21981.00	58.57
1997	80.00	24457.80	54.58
1998	41.00	24336.00	56.81
1999	88.00	27650.00	60.90
2000	49.00	29529.00	60.66
2001	700.00	30070.00	57.63
2002	1684.00	33914.00	57.49
2003	6395.00	13257.00	57.68
2004	3589.00	22036.00	61.01
2005	5510.00	34000.00	67.92

说明：1989—1993年，无私营和个体商业相关数据

第二章　市场及商品贸易

1989年，全县社会商品零售总额12009万元。其中，商业零售总额9392万元。商业零售中，国有商业占24.62%，集体所有制商业占45.91%，个体所有制商业占29.47%。1992年起，商业贸易体制改革深入进行，国有企业、集体企业相继改制、转型、破产、重组，商业贸易经济成分中的国有、集体贸易交易额逐渐减少，个体私营经济逐步壮大。1994—2005年，全县社会消费品销售额累计完成522686.8万元。其中，国有商业销售额累计92454.5万元，占17.69%；集体商业销售额累计完成49557.5万元，占9.48%，私营商业销售额累计完成18277万元，占3.50%；个体商业销售额累计完成292652.8万元，占55.99%。2005年，社会消费品销售额为58170万元。其中，国有商业占21.48%，集体商业占10.19%，私营商业占9.47%，个体商业占58.45%。

第一节　圩市商场

圩市

县城圩市　1989年，县城有城南农贸市场1个，有圩亭67间，占地2960平方米。1991年，投资410万元拆除城南农贸市场回建；1993年1月，建成开业，总建筑面积8796平方米。第一层、第二层为市场用房，第三层、第四层为办公用房。1994年12月，投资240万元，在城北建成框架结构、建筑面积为6000平方米的城北水果市场。

2005年，县城共有农贸市场2个，其中城南农贸市场有商业门面89个，摊位887个；城北水果市场有商业门面18个，摊位179个。

乡镇圩市　1989年，有莲花、栗木、嘉会、西岭、三江、和平6个乡镇圩场，有固定的圩期，每逢圩期有成千上万人赶集。此外，莲花乡势江、西岭乡八岩、三江乡黄坪、栗木锡矿的马路桥等地圩场没有固定圩期，平常有少量日用百货交易，遇节假日、传统节日或农忙季节，有猪肉、蔬菜等商品交易。1995年年底，在平安乡新街村委会建成1个村级交易市场，建筑面积100平方米。1998年，莲花镇势江桥建成，在桥头自发形成水果交易市场，每到月柿摘收季节，龙围、黄坭岗、东科等瑶山月柿汇集该处交易，吸引不少外地水果商贩。2000年冬，投资近14万元在势江大桥桥头建成水果交易市场，面积400平方米，2005年市场面积增至580平方米。

莲花圩每月3日、6日、9日为圩期，商品交易以豆类、黄糖、茶叶、月柿、槟榔芋、柑橙、猪肉、猪花、蔬菜、竹木器等农副土特产品为主。1989年4月，投资100万元的莲花圩贸易市场（一层）建成使用，建筑面积5000平方米。1996年春，在莲花粮所门前征地1866.67平方米，投资20多万元建成简易钢架棚顶式结构的水果猪花市场，建筑面积1300多平方米。2000年春，在莲花圩贸易市场一层加盖简易钢架棚，市场使用面积扩大到5794平方米。2005年，有商业门面81个，鲜肉、土产和杂食、服装、鞋帽等摊位594个。

栗木圩每月3日、6日、9日为圩期，主要交易商品有大米、黄豆、黄糖、肉类和蔬菜等。1989年，使用的市场面积2700平方米，有商户230余家。1994年，投资280多万元兴建新市场，于12月建成使用。市场占地约1万平方米，四面为砖混结构门店，前排二层为工商部门办公宿舍，中间5排为砖瓦结构圩厂。2004年，门店统一搭建钢架雨棚。2005年，有商业门面107个，有服装、鲜肉、蔬菜等摊位617个。

嘉会圩每月2日、5日、8日为圩期。1989年，使用的市场占地面积近2000平方米。2005年，有商业门面2个，有蔬菜摊200个，鲜肉摊70个，服装摊54个，其他摊位136个。

西岭圩每月1日、4日、7日为圩期，上市商品有红瓜子、花生、黄糖、豆类、猪肉、猪花、鸡、鸭、鱼、茶叶、蔬菜，以及香菇、木耳和黄笋干等。1989年使用的市场有圩亭2排、36间，占地1924平方米。1996年，在西岭街东侧新开发区投资13万多元兴建1008平方米的简易钢架棚顶式市场；1998年春，另投资近100万元增建简易钢架棚式结构的新农贸市场，于同年12月建成使用，市场总建筑面积增至6400平方米。西岭圩与峻山电站及岛坪等矿区交通便利，是恭城成交额较大、市场经济较繁荣的乡镇集市之一。2005年，西岭新老农贸市场面积扩大至7558平方米，有商业门面24个，摊位355个。

三江圩每月1日、4日、7日为圩期，上市商品有猪肉、猪仔、瓜果、豆类、柴炭、茶叶、香菇和木耳等。1989年使用的市场有圩亭1排，占地300平方米。1998年，拆除旧圩亭，扩建为简易钢架和砖木结构的圩厂，共1450平方米。2005年，市场占地扩大至1150平方米，有摊位199个，其中服装摊60个、鞋帽和蔬菜摊各30个，百货摊20个，鲜肉摊19个，其他60个。

龙虎圩每月1日、4日、7日为圩期。1989年，有圩亭26间、1200平方米，上市商品有猪肉、豆类、黄糖和沙田柚等。2005年，市场占地1200平方米，有鲜肉摊14个，蔬菜摊30个，另有家禽、服装等摊位55个。

和平圩每月1日、4日、7日为圩期，以大米、豆类、猪肉和蔬菜等农副产品交易为主。1989年，有圩亭3排、20余间，建筑面积1200平方米。2005年，市场占地增至3000平方米，有门面2个，摊位125个。

其他圩市有观音圩、桥头圩、新街圩、黄坪圩、马路桥圩等，圩期不定，集市成交额或大或小，以买卖日用百货和农副产品为主。另有富有瑶乡风味的西岭八岩瑶圩，以农历二月初二、六月二十三、十二月二十为圩，八岩村附近的瑶民每逢圩日，在该处交易竹木农具、土特产等。

商场

1989年，县城主要商场包括百货公司、五金公司、医药公司、食品公司、饮食服务公司、糖业烟酒公司、物资供应公司等的批发部和零售部。其中，位于县城中心十字街东北侧的百货大楼是全县最大的商场，营业面积2000多平方米。百货公司另有2个批发部和3个零售部。五金公司有3个零售部；医药公司有1个门市部；食品公司有6个零售部；饮食服务公司有8个门市部；糖业烟酒公司有5个批发部、6个零售部；物资供应公司在县城有1个门市部。2005年，县城的主要商场有百货大楼、银丰商场、千禧楼和恭城百乐家电等，营业面积均在1000平方米以上；莲花、栗木、西岭等乡镇各有1～2个营业面积500平方米以上的商场。

百货大楼 位于县城中心十字街东北侧，营业面积2000多平方米。主要经营纺织品、百货、文具、五金、交电等商品。1999年，百货大楼拆除重建，占地1296.28平方米，总建筑面积8004.18平方米，总投资为750万元，于2004年建成使用，对外招租经营。一楼经营百货，二楼、三楼经营家具。

银丰商场 位于茶南路，是饮食服务公司主要商业和饮食服务经营场所。1989年，营业面积1000多平方米，经营冷饮品、副食品、烟酒等商品的批发零售。1992年，拆除回建；1993年年底竣工，商业经营面积1300多平方米，一楼经营五金交电、针织鞋帽、文化办公用品、烟酒副食品、日用百货和冷饮品批发零售，二楼经营酒席。2004年，向外承包经营，一楼改为日用百货自选超市，二楼经营家具。

供销社门店　1990年，恭城供销联社有151个营业门店，经营农资、工业品、食杂等商品的批发零售。其中，农资零售门店36个，工业品门店36个，食杂门店21个，批发部13个，日用杂品14个，农产品收购17个，综合门店6个，旅店和饮食店各8个。1995年，生活资料经营门店实行抽本经营承包，由职工自主经营。至2005年，联社所有门店全部由个人承包经营。

恭城百乐家电　位于县城茶南路，于1995年5月成立，以家电代理经销和批发为主，兼营家电维修等，营业面积500平方米。2005年，经营面积扩大到2000平方米，从业人员增加到30人。2000—2005年，百乐家电负责人陈娜先后资助20多名贫困学生完成大学、中学、小学学业，捐助希望工程和各项公益事业款20多万元。先后获得自治区级、桂林市级“销售者信得过单位”称号。

城北家电城（宏昌电器行）　位于县城茶西路，是恭城县城较大的家电行业经销商。1998年开业，营业面积500平方米，从业人员5人，经销格力、容声、九阳、万宝等各种知名品牌的家电产品。

第二节　商品购销

日常生活用品

1989—2005年，日常生活资料经营品种包括布匹、服装、鞋帽、纺织品、针织品、化妆品、钟表、炊具、文具和日用家电等，共有百货类600多种，文具类300多种，针织类800多种。1989年，国有商业零售网点销售额6000多万元。

据恭城县经济统计资料，1995年，全县批发零售贸易业商品销售完成23381.9万元，其中日常用品完成11392.5万元。1998年，全县社会消费品零售完成42911万元，其中，批发零售贸易业完成24900万元。2000年，批发零售贸易业完成27933万元。2003年起，采用新统计口径。2003年、2004年、2005年，全县批发零售贸易业分别完成30019万元、31391万元、46020万元。

国有商业商品购销　县内经营日常生活用品购销的主要有县百货公司、食品公司、饮食服务公司、糖业烟酒公司和糖业食品厂等。

百货公司。1989—1998年，共销售商品6351万元，年平均635.1万元。销售额最大的年份为1989年，为1220万元；最小的年份是1998年，为280万元。

食品公司。1989—2005年，累计购进8535万元，年平均502.06万元，其中购进额最大的年份是1989年，为1003万元。累计销售10472万元，年平均616万元，其中销售额最大的年份是1989年，为1144万元。

饮食服务公司。1989—2005年，累计购进2221.5万元，年平均130.68万元。其中，购进最大的年份是1996年，为360万元；最小的年份是1990年，为1万元。销售累计完成2478万元，年平均145.76万元。销售最大的年份是1994年，为344.71万元；最小的年份是1990年，为3万元。税金累计完成160.96万元，年平均9.47万元。

糖业烟酒公司。1989—2001年，累计购进4360万元，年平均335.38万元。其中，购进最大的年份是1990年，为933万元。销售累计完成5638万元，年平均433.69万元。其中，销售额最大的年份是1989年，为956万元。

糖业食品厂。1989—1999年，累计销售872.4万元，年平均销售72.7万元，销售额最大的年份是1989年，为159万元。

个体商业商品购销　20世纪90年代中期，县城城南农贸市场二楼1000多平方米商场建成，有近100个摊位，以经营成衣、布匹、纺织品、鞋帽等日用百货为主。县城茶南路沿街商铺也是生活资料经营的主要地段，乡镇圩场中的莲花、栗木、西岭、嘉会的小百货市场也十分繁荣。日用百货的进货渠道多种多样，自治区外以广东、湖南为最多，自治区内以柳州、梧州为多。2002年，县城茶南路皇者超市开业，营业面积400平方米，以经营日用百货、食品为主，是百货经营规模较大的个体工商户，至2005年，平均年销售额60万元。

2005年，县城内营业面积1000多平方米的百佳汇超市开业，经营成衣、化妆品、小家电、鞋帽、纺织品、炊具等日用百货，食盐、糖果、饼干等食杂用品以及猪肉、蔬菜等生鲜商品。

五金交电、化工用品

1989年，县城经营五金的门店有10多个，栗木、莲花、嘉会、西岭、和平、三江等乡镇圩场有1～3个门店。经营品种有电视机、洗衣机、电冰箱、收音机、自行车、电风扇等。县五金公司于1989年销售自行车7000辆，电视机1200多台，洗衣机491台，电冰箱96台，铁丝75吨。20世纪90年代中后期，大量个体工商户加入到五金交电的市场竞争中，繁荣了市场，同时对国有和集体商业经济造成巨大冲击。县五金公司的销售额从1993年的1000余万元的历史最高纪录逐年下滑。1994年，为900多万元。1995年，为750多万元。1996年，为500多万元。1997年，为300多万元。1989—1997年，县五金公司商品购进累计完成5073.34万元，年平均563.70万元；销售累计完成7346.78万元，年平均716.31万元。1998年，五金公司将全部门面转卖给职工，公司终止。

1995年5月，恭城百乐家电公司开业，营业面积500平方米。经销空调、电冰箱、洗衣机、电视机、热水器、电压力锅、电磁炉、电饭锅、微波炉、电水壶、豆浆机、吸尘器、饮水机和油烟机等上千种家电产品，成为恭城规模最大的个体家电批发销售中心。2005年，营业额960万元。1998年，位于县城北部的城北家电城（宏昌电器行）开业，营业面积500平方米，从业人员5人，经销格力、容声、九阳、万宝等各种知名品牌的家电产品。1998—2005年，累计销售额2120万元，年平均265万元，其中，2005年营业总额330万元。其他较大的个体家电经销门店还有康师傅家电、金凤凰家电和老百姓音响家电等。

2005年，县城五金商店以茶北路汽车站到水泥厂路段为多，有20多家门店。茶东路段、茶南路段、茶南农贸市场周边等有零星五金经销店，销售锁类、门窗类、家庭装饰、建筑装饰、工具类和厨房等五金，兼营染料、颜料、涂料、表面处理剂、胶粘剂和橡胶制品等化工商品。

农业生产资料

农机农具　1989—2005年，竹木制品、犁头、犁面等中小农具产品在各基层供销社生产资料门市部、圩市均有售，全县年销售量4万～5万件。

20世纪80年代，农业机械、拖拉机及配件、动力机械、加工机械、农机具等由县农机公司及各乡镇有农机供应站（点）经营。农械品种以上海、桂林产的背负式手压喷雾器为主，年均销售3000多台，机动、电机喷雾器械仅有10多台。1989年，全县有各种型号的拖拉机和机引农具2479台，柴油机1364台，电动机911台，脱粒机、粉碎机982台，机动喷雾（喷粉）机161台，农副产品加工机械995台，农用运输车86辆。90年代起，随着改革开放的深入，从事农机购销的个体商业迅速兴起，并逐步占据农机销售市场主导地位。同时，随着农村经济的发展，农村居民生活水平的提高和农业生产条件的改善，加上恭城水果种植产业逐步走上规模化，农机农具购销形势也发生巨大变化，各种型号拖拉机、机引农具、农用运输车、柴油机、脱粒机、粉碎机、喷雾（喷粉）机市场需求增长迅猛，电动机需求稳步增长，农副产品加工机械需求量平稳，直播机、插秧机等种植机械被淘汰出市场。2005年年底，全县有耕整机及微型拖拉机12723台、机引农具5506部；农用排灌动力机1.50万台、农用水泵1.74万千瓦、喷灌机645台；半机械化喷雾器22100部、动力喷药机1.34万台；动力打谷机1.26万台、联合收割机1台；农用运输车969辆、大中型拖拉机374台、手扶拖拉机2548台、微型拖拉机1.05万台；碾米机1001台、饲料粉碎机860台、榨油机138台、月柿刨皮机1542台；柴油机529台、电动机962台。

化肥　1989年，全县化肥销售3.22万多吨，平均每亩化肥使用量超过100千克。用于水果、水稻的化肥种类，主要有尿素（含氮46%）复合肥（含氮磷钾三种元素各15%，以下简称三元复合肥）氯化钾复合肥（含钾50%～60%）、硝酸安（含氮34%）硫酸铵（含氮25%）等。产地以广西柳州、河池等为主，少量为进口产品。用于旱地经济作物的化肥品种主要有碳酸氢铵（含氮15%），普通过磷酸钙（含量14%～15%）、钙镁磷肥（含量15%）、复混肥（含量3×15%）等。产地以自治区内为主，有灵川、永福、鹿寨县和邻省湖南的道县、新田、零陵、郴州等。

1990—2005年，全县累计销售化肥71.80万吨，年平均4.49万吨。销售量最少的年份是1993年的3.22万吨，最多的年份是2004年的5.62万吨。其中，1989—1998年，县供销系统销售的氮肥、碳铵、尿素年平均分别为11656.9吨、7714吨、3942.9吨。

农药　20世纪80年代，主要农药产品（含油剂、水剂、粉剂、除草剂）有约40个品种，近百个规格型号（含微量元素）。杀菌剂、除草剂药品有稻温净、多菌灵、代森铵、托布津和草甘膦等10多个品种，年销量在10吨以下。年销量10吨以上的有敌百虫、单甲脒、三环唑、井冈霉素；年销量20吨以上的有敌敌畏、水安硫磷、氧化乐果；年销量30吨以上的有乐果乳油、杀虫双；年销量50吨以上的有甲胺磷、叶蝉散、呋喃丹、甲基异柳磷。1989—1998年，县供销系统累计销售农药4881吨，年平均488.1吨。90年代，推广无公害栽培技术和生物防治与药物防治相结合方法，选择使用高效、低毒、低残留和对环境安全的农药，全县农药使用维持在较低水平。2002年，推行水果无公害标准化生产，禁止使用的农药品种（含其复配剂）有高毒、高残留的农药：六六六、滴滴涕、林丹、硫丹、三氯杀螨醇、久效磷、对硫磷、甲基异硫磷、治螟磷、地虫硫磷、蝇毒磷、丙线磷、苯线磷、甲基硫环磷、甲拌磷、乙拌磷、甲胺磷、甲基异柳磷、氧化乐果、磷胺、涕灭威、克百威、福美砷、福美甲砷、叉胍辛胺、除草醚、草枯醚；致癌、致畸、致残的农药：杀虫脒、三环锡、薯瘟锡、毒菌锡、敌枯双、二溴乙烷、二溴氯丙烷。2004年6月1日起，禁止任何销售和使用甲胺磷、甲基异硫磷、异硫磷、久效磷和磷胺共5种高毒有机磷农药及其混配制剂。全县农药销售量呈下降趋势，2003年为995吨，2004年为901吨，2005年为736吨。

1992—2005年，全县累计销售农药14328吨，年平均1023.42吨，销售量最少的年份是1992年的634吨，销售量最多的年份是1995年的1417吨。

农膜　分育秧膜（有聚乙烯、聚氯乙烯两种型号）、地膜、玉米膜等。

1989—2005年，全县农膜平均年销售65.75吨。其中，1989—1998年，县供销系统累计销售农膜444吨，年均44.4吨。

1990—2005年恭城瑶族自治县农药、化肥、农膜销售情况统计表

表8-2　　单位：吨

年份	农药	化肥	农膜	年份	农药	化肥	农膜	年份	农药	化肥	农膜
1990	—	32223	67	1996	953	44381	60	2002	1113	54692	73
1991	—	32559	71	1997	995	47758	77	2003	995	55309	69
1992	634	34285	69	1998	1120	47511	87	2004	901	56244	69
1993	1158	32152	31	1999	1104	48207	74	2005	736	55570	67
1994	984	37311	40	2000	1106	48517	75	—	—	—	—
1995	1417	38881	48	2001	1112	52352	75	—	—	—	—

工业生产资料

20 世纪 80 年代，工业生产资料的购销主渠道是县物资局。以计划供应为主，主要有有色金属材料及制品，建筑材料及制品，矿产品、化工原料、汽车、机电产品、民爆物品，塑料原料及制品，橡胶，轮胎及制品、摩托车及配件。1989 年，县物资局销售钢材 2033 吨，水泥 2907 吨，汽车 8 辆。90 年代起，除民用爆破物资以外，物资生产资料全面放开经营，个体和私营经济加入到市场竞争中，国有物资经销部门的经营业务受到极大冲击。1993 年，县物资总公司完成物资销售 4750 万元；1997 年，降至 430 万元。此后，连年亏损。2002 年，县物资总公司除了保留民用爆破物资经销，停止其他物资的经营。1989—2005 年，民用爆破物资销售总额累计 4238 万元，年平均 249.29 万元。其中，销售额最大的年份是 2005 年，为 807 万元，是年平均销售额的 323.72%；最小的年份是 1989 年，为 89 万元，是年平均销售额的 35.70%。

农产品购销

1989—2005 年，恭城农产品有水果（柑橘、橙、柚）、土特产（槟榔芋、松脂、香菇、黄笋干）、家畜、家禽和水产品等。1989 年至 1995 年，农产品的购销以国有、集体收购企业为主。1996 年起，随着经济体制改革的深入，部分原国有和集体企业员工、下岗职工和商贩加入到农产品购销队伍，大大拓展购销渠道，促进农产品流通，活跃农产品的购销市场。

水果　1989 年，全县上市交易的柑橘、橙、柚、柿等 5700 多吨。1992 年，增至 2.8 万多吨。1996 年、1999 年、2002 年、2005 年（1996 年起，增加桃类产量统计），柑橘、橙、柚、柿、桃等上市水果分别为 15.76 万吨、24.45 万吨、32.87 万吨、45.76 万吨。

槟榔芋　1989 年，全县上市槟榔芋 2607 吨；1998 年，1.63 万吨；2005 年，2.51 万吨。

松脂　1991—2005 年，全县平均年销售量 1280 吨。其中，最高年份为 1994 年，为 1748 吨；最低年份是 1996 年，为 1020 吨。

香菇　1989 年，上市 11.9 吨；2005 年，上市 100 吨。

黄笋干　1989 年，上市 25.4 吨；2005 年，上市 115 吨。

家畜　1989—2005 年，生猪累计出栏 4761889 头，年均出栏 280111 头，出栏最多的年份是 1997 年的 530814 头。肉牛累计出栏 151587 头，年均出栏 8916 头，出栏最多的年份是 1998 年的 190660 头。1989—2003 年，山羊累计出栏 189942 头，出栏最多的年份是 1997 年的 37252 头。1991—2005 年，肉兔出栏累计 84981 只，年平均 5665 只。

家禽　1989—2005 年，全县家禽出栏累计 2391.46 万羽，年均 140.67 万羽，其中出栏量最多的年份是 1998 年的 297.71 万羽。

水产品　1989 年，全县水产品销量 696 吨。1992 年、1996 年、2000 年、2005 年，分别为 786 吨、964 吨、998 吨、1011 吨，价值分别为 51.09 万元、91.58 万元、94.81 万元、96.05 万元。

第三章 粮油

1989 年，粮食实行国家定购，农业税实行实物（粮食）征收。城镇居民和行政、企事业单位人员用粮实行凭证定量平价计划供应。每年在按规定完成粮食定购任务之前，任何单位或个人不得进入农村收购粮食，不得长途贩运和转手倒卖粮食。1993 年，国家放开粮油价格，取消非农业人口的定量平价粮油供应，非农业人口购置粮油随行就市，国有粮食企业收购的粮食除按规定储藏或计划调拨外，其余推向市场销售。2002 年，取消定购粮任务，粮油购销市场全面放开，国有粮食企业改革重组、职工身份置换，个体私营粮油购销网点迅速发展。随着粮食购销体制改革的深入，国有粮食购销企业日趋弱化，社会粮油消费市场被个体和私营企业取代。国有粮食经营机构主要从事政策性经营，参与早稻收购和储备粮食的管理。1989—2005 年，粮食储藏工作贯彻“以防为主，综合防治”的方针，实现“一符四无”（账实相符，无虫、无霉、无鼠雀、无事故），确保粮食安全和供应。

第一节 经营体制

国有粮食企业

1989—1992 年，沿用粮油平价计划供应政策，统一由国有粮食经营企业负责县内购销平衡和城乡粮食供应，保证军需民食。其间，粮食部门贯彻以“以本业为主、多种经营”的方针，开展多种经营活动，在政策范围内因地制宜调整粮食价格。

1993 年，粮食购销价格放开，基层粮食管理所采取多种措施减员增效、优化组合、竞争上岗，鼓励干部职工停薪留职，自谋出路。1998 年，实行“四分开、一完善”改革，即政企分开、中央与地方责任分开、储备与经营分开、新老粮食财务挂账分开、完善粮食价格机制。粮食行政主管部门代表县人民政府对全县粮食流通进行管理，内设机构、人员编制维持现状。

1998 年，粮食流通体制改革的重点是贯彻执行按保护价敞开收购余粮、粮食收储企业实行顺价销售、农业发展银行收购资金封闭运行的“三项政策”。在粮食收购期间，各购销企业实行挂牌敞开收购，落实“五不”（不拒收、不限收、不停收、不打白条、不代扣自治区规定以外的各项提留款）粮食收购政策，除国家粮食收购任务的国有粮食企业之外，其他任何单位和个人都不得到农村收购粮食。对库存粮食实行顺价销售，尽量避免亏本销售。为及时掌握粮食销售情况，县粮食局统一印制《粮食销售报单》发至各粮所，要求将销售的粮食品种、数量、成本价、销售价等内容如实填写，报县粮食局备案。

2001 年，取消市镇居民粮食供应转移证明。城镇居民户口在全国范围内迁移，以及农业户口转为非农业户口，不再办理市镇居民粮食供应转移证明。县粮食管理部门增加以下职能：依据《粮食收购条例》《粮食购销违法行为处罚办法》和有关政策、法规等履行相应的行政执法职能；依据粮食购销管理法规、规章的规定，组建区域性粮食交易市场，对社会粮食流通市场进行管理；检查落实消化粮食财务挂账措施，负责监管粮食收购资金，粮食风险基金及其他各项资金；指导国有粮食企业改革机制和减员增效。

2003 年，粮食行政管理部门转变职能，对全县的粮食流通和粮油经营行业加强管理，推进国有粮食企业改革，提高国有企业效益，重点解决粮食企业机构的"三老"（老人、老账、老粮）问题。一是将县粮食局的粮食储备业务从行政部门划分出来，组建县储备粮管理公司，负责县储备粮的管理工作。二是撤并粮食收储企业。将全县 9 个粮食收储企业合并为 5 个粮食购销企业，购销企业按粮食购销量和保管量定员定编，由县财政负责 10 人（不占定员指标）的工资福利，实行公平竞争，择优上岗。年满 55 周岁的男性职工和年满 50 周岁的女职工以及不能坚持工作的长期病残者，按本人工资的 70% 安排内部退休。不能竞争到购销企业的人员，则全部分流到附营企业岗位工作。三是将县粮食局和 1998 年年底前乡（镇）粮所的退休人员的养老保险费用由县财政和企业共同负担（企业负担 55%，财政 45%），在职的粮食企业职工，实行统一的养老保险制度。至 2005 年不变。

个体粮油经营

1993 年，开始放开粮食价格，个体粮油交易日趋活跃。恭城的个体粮食经营品种主要有大米、玉米、面粉、豆类和饲料等，主要在县城和各乡镇农贸市场零售。2005 年，全县参与粮食经营的个体户有 131 家，莲花、栗木、西岭等乡镇各有近 10 家粮油经销门市部，三江、嘉会、龙虎、平安各有 5～6 家。县城的粮油经销商遍布各街道，其中，城南和城北农贸市场最为集中。

第二节　粮油购销

粮食收购

1989—2001 年，恭城粮食定购计划任务累计为 95820 吨（其中，公粮计划任务为 19640 吨），实际累计完成定购任务 94430 吨，占粮食定购计划任务的 98.55%。在完成的 94430 吨定购粮中，公粮实际收购 21883 吨，占公粮收购计划任务的 121.60%。其间，粮食定购任务进行 8 次调整，其中调整幅度较大的有两次：1996 年 8350 吨的定购任务调整至 1997 年的 7150 吨，调减 1200 吨，减幅 14.37%；1999 年的 7150 吨调整至 2000 年 3605 吨，调减 3545 吨，减幅 49.58%。2002 年，取消定购任务，粮油收购市场全面放开，收购价格随行就市，国有粮食企业实行议价收购，粮食入库量逐年下降，2003 年、2004 年、2005 年分别为 4574 吨、2426 吨和 19 吨。

1989—2005 年，议价粮平均收购价格为每 100 千克 105.53 元。最高的年份是 1995 年，每 100 千克 160 元；最低为 1992 年，每 100 千克 53 元。在实行粮食定购计划期间，从 1997 年起，开始实施国家粮食保护价收购政策，即当市场粮价低于定购价时，实行保护价收购。1997 年，早籼稻粮保护收购价为每 100 千克 120 元；1998 年，为 110 元；1999 年，为 102 元。2000 年新粮上市起，广西早籼稻退出保护价收购范围。

1989—2005年恭城瑶族自治县粮食收购情况一览表

表8-3

单位：吨

年度	计划定购任务		实际完成收购		议价粮收购
	合计	其中：公粮	合计	其中：公粮	
1989	8360	2100	8488	2133	11752
1990	8420	2100	8442	2144	8842
1991	8430	2100	10539	2156	10462
1992	8450	2100	8503	2100	7360
1993	8400	2100	7755	911	8247
1994	8400	2100	6024	1918	5087
1995	8350	2100	8350	2000	3922
1996	8350	2100	10860	2000	3464
1997	7150	2000	8431	2000	4563
1998	7150	2100	5857	1710	1154
1999	7150	2100	5254	1651	1974
2000	3605	2100	3138	1699	5041
2001	3605	2100	2789	1461	1771
2002	0	0	0	0	2881
2003	0	0	0	0	4574
2004	0	0	0	0	2426
2005	0	0	0	0	19
合计	95820	27200	94430	21883	83539

说明：2002年，取消定购

1989—2005年恭城瑶族自治县粮食收购价格一览表

表8-4

单位：元/100千克

年度	定购粮收购价	议价粮收购价	年度	定购粮收购价	议价粮收购价
1989	45.50	72.00	1998	120.00	110.00
1990	45.50	68.00	1999	106.00	102.00
1991	44.50	72.00	2000	86.00	85.00
1992	50.00	53.00	2001	90.00	86.00
1993	65.00	75.00	2002	—	104.00
1994	110.00	125.00	2003	—	100.00
1995	120.00	160.00	2004	—	152.00
1996	140.00	150.00	2005	—	130.00
1997	140.00	150.00	—	—	—

粮食销售

国营粮食销售　1989—1993年，沿用非农业人口的粮食定量供应体制，对非农业人口按工种的劳动强度，分等级实行粮食平价供应。供应标准根据国家制定的《市镇粮食定量供应暂行办法》划分为9个等级。1989—1992年，全县共销售平价粮33678吨，平均年销售8419.5吨，平均每年供应11.30万人的定量口粮。1993年1月，取消定量口粮，全部改为议价销售。1989—2005年，共销售议价粮食58482吨，年平均销售3440吨。其中，2003年销售量最大，为7305吨；1999年销售量最少，为168吨。

个体粮食销售　1993年，粮食价格放开，个体粮食交易日趋活跃，并逐步占据粮食市场主导地位。个体粮食经营品种主要有大米、玉米、面粉、豆类、饲料等，主要在县城和各乡镇农贸市场零售，年均销售量在1万吨以上。2005年，全县参与粮食经营的个体户有131家。规模较大的个体粮油经营商店有城北粮油店、佳佳粮油店和盛源粮油店等，年销售量分别为62吨、70吨和75吨。

1989—2005年恭城瑶族自治县议价粮食销售情况统计表

表8-5　　单位：吨

年度	销售数量	年度	销售数量
1989	1099	1998	515
1990	1613	1999	168
1991	2793	2000	4836
1992	6131	2001	5552
1993	6974	2002	5046
1994	4379	2003	7305
1995	2444	2004	4341
1996	1563	2005	1134
1997	2589	合计	58482

食用油购销

1989年，食用油购销已全面放开，价格随行就市。国有粮食企业基本退出食用油销售市场，民营企业和个体粮商全面占据食用油购销市场，是年，全县商业食用植物油销售完成55吨。1990年64吨，交易额241.28万元。1995年69吨，交易额296.77万元。2001年销售量76.85吨，交易额511.05万元；2002年销售量68.52吨，交易额254.89万元；2003年66.43吨，交易额284.68万元，2004年销售量75.62吨，交易额560.34万元；2005年销售144.08吨，交易额2305.28万元。

第三节　粮食仓储调拨

粮食仓储

仓储容量　1989年，全县粮食仓库分布在恭城镇、平安、莲花、三江、嘉会、龙虎、西岭、栗木、观音共乡镇9个粮所，仓储容量36850吨。2005年年末，库存为3911吨。库存量最多的年份是1998年，为23791吨；最少的是1993年，为827吨。

1989—2005年恭城瑶族自治县粮食仓容和库存统计表

表8-6 单位：原粮、粮

年度	仓容	年末库存	年度	仓容	年末库存
1989	36850	10593	1998	40500	23791
1990	37100	10106	1999	40270	16559
1991	37100	12444	2000	39270	6464
1992	37100	17876	2001	38670	14090
1993	37100	827	2002	38670	10786
1994	37100	22229	2003	38420	8734
1995	37100	17614	2004	38420	7933
1996	37700	19476	2005	38420	3911
1997	40300	19006	—	—	—

仓储管理　1989—2005年，粮食储藏工作贯彻“以防为主，综合防治”的方针，做到“一符四无”（账实相符，无虫、无霉、无鼠雀、无事故）。县级粮食管理部门在春、秋两季组织对各粮所、站粮油保管工作进行普查。各粮所每月组织1次仓库检查，仓内应符合卫生要求，粮面平整、清洁，有防鼠措施、大梁上无灰尘；仓内无蜘蛛网，无粮食流溢；仓外卫生清洁、无垃圾和杂草；进仓检查有登记，进仓检查间隔时间不得多于7天。在粮油保管过程中，因管理不善，玩忽职守而造成粮油霉坏、短少等，属于责任事故的，当事人赔偿损失额的30%～50%，对粮所负责人处以损失额10%的罚款。

储备粮实行“三专”（专人管理、专仓保管、专账记载）、“四落实”（数量、质量、品种、地点落实）管理工作。每年除春、秋两季进行的粮食安全普查外，平时进行不定期的抽查。国家储备粮食和国家专项储备粮食的计划、统计、财务、储存数量和地点严格保密。储备粮主管部门建立《专项储备粮专账》，详细记载；储备单位建立专项储备粮专卡。专项储备粮的保管，执行“以防为主、综合防治”的保粮方针和《国家粮食仓库管理办法》及《粮油储藏技术规范》。县级专项储备粮出库、入库凭县粮食局签发的《专项储备粮出库通知书》或《专项储备粮入库通知书》，上报自治区、地、市粮食局备案。储备单位在办理专项储备粮出、入库手续时，注明签发的出、入库通知书字号和时间。专项储备粮的轮换以保管年限和储藏控制指标为主要依据进行。每半年进行1次品质检测，对质量情况进行排队，接近保管年限的粮食及时轮换。粮食储备数量较大，粮食品质接近储藏控制指标或储存时间接近轮换年限，轮出轮入有困难的，可进行架空轮换。但架空期限最长不得超过3个月，架空轮出粮食数量不超过储备总量的20%，每年最多申报1次架空轮换计划。储存专项储备粮的库点，应填报《自治区级、市县级专项储备粮储存时间年报表》并逐级汇总上报。县级专项储备粮库存管理人员离任交接，要全面清查本县所辖库（所、站）的粮油实物及账卡。

粮食调拨

1989—1997年，恭城县粮食部门共调入粮食（贸易粮）12242吨（其中，1994年无粮食调入），年均调入粮食1360.22吨。调入最多的年份是1992年的4326吨。累计调出37767吨，年均调出4196.33吨，调出最多的年份是1990年的8020吨，最少的年份是1997年的82吨。1998—2005年，无粮食调拨。

第四节 粮油加工

粮食加工

1989 年，全县国有粮食加工独立核算单位 2 个，员工 25 人。9 个乡镇粮所附属加工厂 8 个，有员工 31 人。1993 年，粮食价格放开，取消居民定量口粮供应，国有粮食加工机构的加工量急剧减少，粮食加工量从 1989 年的 8034 吨贸易粮减少到 2004 年的 581 吨。1993 年起，各乡镇粮所加工厂主要代农加工，民间加工厂主要以经营加工为主。

1989—2004 年，国有粮食加工机构加工原粮 37470 吨，年均加工 2341.87 吨，加工量最大的年份是 1989 年的 8144 吨，最小的年份是 2001 年的 15 吨。累计收回成品 36882 吨。2005 年，国有粮食加工机构停止加工。

油料加工

1989 年，粮食部门有油料加工厂 4 个，全部是粮所附属厂，有 4 套小型榨油机械设备，油料品种以花生、茶籽、菜籽油为主，其中花生油加工量最大。1991 年，因原料收购困难，粮食系统油料加工生产停止，油料加工市场全部由个体和私营油料加工企业取代。1989—2005 年，全县年平均加工花生 7573 吨。2005 年，加工吨数为 9886 吨。

1989—2004 年恭城瑶族自治县国有粮食加工机构粮食加工情况一览表

表 8-7 单位：吨

年度	原粮付出	收回成品	年度	原粮付出	收回成品
1989	8144	8034	1997	834	810
1990	4160	4076	1998	133	124
1991	7603	7502	1999	2144	2140
1992	5476	5354	2000	105	103
1993	279	276	2001	15	15
1994	1212	1198	2002	334	332
1995	3079	3060	2003	484	480
1996	2818	2797	2004	650	581

第五节 粮食票证管理

粮食票证

恭城境内使用的粮食票证从 1955 年 10 月 1 日城镇居民实行粮食定量供应时始，至 1992 年 12 月结束。全县粮食票证由县粮食行政管理部门总控制管理，一季度或半年发放到住户。农村居民如自带粮食或将粮食卖给国家粮站或粮站指定的代理人，也可以换取粮票。县内流通使用的粮食票证有 5 种：全国通用粮票、广西通用粮票、广西壮族自治区流动人口粮油定额供应卡、广西壮族自治区转移粮票、广西壮族自治区奖售粮票。

城镇居民粮食供应证

1989—1993 年，城镇非农业人口购粮凭证。供应标准：特殊体力劳动者每月定量平价供应大米 23 千克，重体力劳动者 18 千克，其他非重体力劳动者、大中学生 15 千克，一般居民及 10 周岁以上儿童 13 千克，6 周岁至不满 10 周岁儿童 11 千克，3 周岁至不满 6 周岁的儿童 7 千克。食油每人每月补贴 1.5 元，实行议价敞开供应。工商行业用粮实行议价供应或由用粮户直接到市场采购。每年核实供应人口、月定量标准和数量，并换发新的供应证，凭证平价供应城镇居民口粮。1993 年，粮食购销价格全面放开，取消城镇居民非农业人员口粮平价供应，停止使用城镇居民粮食供应证。1996 年，将城镇居民粮食供应证更换为城镇居民粮籍证，保留城镇居民非农业人口的粮籍关系。

农村粮食供应证

农村缺粮户的粮食供应，按照在“当地有什么供应什么”和“何时缺粮何时供应”的原则，对缺粮户粮食供应量和分月供应计划进行核定，由国家粮食机关规定购粮地点，并填发农村缺粮户粮食供应证。农村缺粮户按照粮食供应证上规定的供应数量、时间、地点到指定的粮站购买。缺粮户如需要外出的，可凭农村缺粮户粮食供应证到指定的粮站在规定的供应量内领取粮票。1993 年，粮食购销全面放开，取消农村经济作物的定销口粮供应，停止使用农村粮食供应证。

农村居民粮食供应转移证

1989 年，沿用 1955 年开始使用的农村居民粮食供应转移证，农村居民迁居时凭公安机关的户口迁移证办理农村粮食供应转移证。2001 年 5 月，停止使用。

第四章　医药购销

1989年，全县有国有药品批发企业1家，国有药品零售门店8家，经营2000多种药品。1993年，药品市场放开，全县药品购销进入市场运作。2002年，个体药店开始进入药品零售市场。2003年，县医药公司对所属零售门店实行承包到员工组合经营。2005年，全县药品零售药店共38家。

第一节　药品器械购销

药品批发与零售

1989年，全县有国有药品批发企业1家，经营中药材、中药饮片、中成药、化学原料药、化学药制剂、抗生素、生化药品及生物制品，共2000多种。有国有药品零售门店8家，其中县城1家，另外7家分布在莲花、栗木、平安、嘉会、西岭等乡镇。1990年、1997年、2001年，县医药公司先后在县城增开第二、第三、第四药品零售门市部；2001年，分别在莲花镇、栗木镇增开2个零售门市部。2002年，放宽开办药品零售市场条件，个体药店开始进入药品零售市场。同年，在县城先后增开同德堂、康业、惟忻、永福堂4家个体药店及茶江大药房、康乐堂2家个体连锁药店，县医药公司第五、第六零售门市部。2003年，在县城新开平安大药房、恒康、广德堂、康溢4家个体及连锁药店，在乡镇开设的个体药店也逐步增多。至2005年年底，全县药品零售药店增加到38家（其中，25家为个体零售门市部），分布在除观音乡以外的8个乡镇。

1993年前，全县的药品购销统一由县医药公司经营。1993年，药品市场放开，部分医院及药店自主到外地采购药品，全县药品购销步入市场运作。2005年后，县医药公司批发业务几近中断。

1989—2005年恭城瑶族自治县医药公司药品批发及零售情况统计表

表8-8

年度	批发（万元）	比上年增减（%）	零售（万元）	比上年增减（%）
1989	371.21	21.17	34.62	29.37
1990	401.01	8.03	41.00	18.43
1991	463.05	15.47	52.22	27.37
1992	478.73	3.39	62.20	19.11
1993	497.61	3.94	63.28	1.74
1994	358.25	−28.01	64.93	2.61

续表 8-8

年度	批发（万元）	比上年增减（%）	零售（万元）	比上年增减（%）
1995	381.59	6.52	101.98	57.06
1996	351.57	−7.87	113.76	11.55
1997	267.00	−24.05	106.68	−6.22
1998	349.29	30.82	102.46	−3.96
1999	279.24	−20.05	127.90	24.83
2000	292.33	4.69	159.65	24.82
2001	290.89	−0.49	177.58	11.23
2002	180.86	−37.83	227.12	27.90
2003	90.92	−49.73	192.74	−15.14
2004	56.23	−38.15	159.72	−17.13
2005	69.32	23.28	135.64	−15.08

1989—2005 年恭城瑶族自治县医药公司药品购销及利润情况统计表

表 8-9

年度	购进（万元）	比上年增减(%)	销售额（万元）	比上年增减(%)	税利总额（万元）	利润总额（万元）
1989	370.86	15.67	481.04	15.22	26.72	20.68
1990	403.29	8.74	507.92	5.59	33.81	26.47
1991	448.01	11.09	530.58	4.46	38.87	29.78
1992	464.98	3.79	557.96	5.16	36.18	27.85
1993	462.00	−0.64	579.89	3.93	43.88	29.17
1994	345.22	−25.28	441.81	−23.81	41.70	24.71
1995	437.63	26.77	501.49	13.51	35.34	25.41
1996	385.88	−11.83	483.07	−3.67	38.28	17.67
1997	302.02	−21.73	398.68	−17.47	23.25	3.54
1998	359.93	19.17	465.49	16.87	25.52	4.06
1999	321.75	−10.61	419.52	−9.96	21.72	1.66
2000	366.16	13.80	463.90	10.58	23.62	1.85
2001	369.60	0.94	476.37	2.69	34.21	6.75
2002	265.17	−28.25	411.38	−13.64	26.20	2.23
2003	196.58	−25.87	286.19	−30.43	−5.05	−30.05
2004	142.74	−27.39	218.07	−23.80	−47.57	−57.47
2005	141.50	−0.87	207.75	−4.73	−47.54	−62.27

说明：以上数据出自县医药公司财务报表，购进、销售不含税；个体药店零售额无法统计，不在其中

医疗器械批发与零售

1989—1993年，全县的医疗器械均由县医药公司销售经营（无个体经营），销售经营品（规）共200多种，主要有注射器、输液器、药棉、纱布、胶片、手术器械及玻璃仪器等医疗器械。除一次性注射器及一次性输液器销量较大外，其他品种销量均较小。1994年起，由于医疗机构对用量较多的一次性注射器及输液器直接从外地或厂家直接购进，在医药公司只补一些小品种，因而医药公司医疗器械的销售呈逐年萎缩趋势。医疗器械销售额最高年度为1993年，最低年度为2003年，销售额分别为19万元、2.52万元。

1989—2005年恭城瑶族自治县医药公司医疗器械批发情况统计表

表8-10

年度	批发（万元）	比上年同期增减（%）	年度	批发（万元）	比上年同期增减（%）
1989	11.86	23.03	1998	13.96	-0.99
1990	13.95	17.62	1999	11.76	-15.76
1991	15.31	9.75	2000	10.73	-8.76
1992	17.03	11.23	2001	7.79	-27.40
1993	19.00	11.57	2002	3.40	-56.35
1994	18.63	-1.95	2003	2.52	-25.88
1995	16.54	-11.22	2004	2.11	-16.27
1996	15.54	-6.05	2005	2.79	32.23
1997	14.10	-9.27	—	—	—

第二节　中药材加工销售

恭城属于中亚热带季风气候区，境内以山地、丘陵为主，森林植被覆盖率高，其中蕴藏着丰富的中药资源。1984年10月，全县中药普查，初步探明恭城县药源分布和蕴藏量，全县野生中药材共413种，其中植物药材370种，有192种已开发利用；动物昆虫类药材26种，矿物药材2种。每年五月初五，大量野生鲜药材在县城、乡镇集贸市场销售，品种多达数百种。

中药材收购

恭城野生药材的采集，历来为本地中医及老百姓自主采集。中药材收购除县医药公司收购外，其他对中药材收购的部门以各基层供销社和个体经营收购为主，都是以土特产、农副产或中草药的形式收购，包括地产野生药材和引进种植药材。

1989—1999年，县内常用地产中药材收购逐年减少，主要以县医药公司为主。县医药公司中药材收购部只收购金银花、黄柏、厚朴、枳实、陈皮、虫退、淡竹叶、鱼腥草、桔梗、苦参、独活、茯苓、威灵仙、首乌、香附子等40多种常用中药材。2000年，由于地产常用野生药材资源的减少，县医药公司停止中药材收购。中药材收购全部转入个体药材收购，收购量较大的收购点有恭城恒华中草药购销公司和嘉会中草药收购部。收购野生中草药较大的品种有田基黄、金刚蔸、一点红、五指牛奶、鸡血藤、白花蛇舌草等，每年收购量都达到上百吨；枳实、陈皮的收购量每年达上千吨，主要调往药厂、玉林药材市场，或外地药材老板到本地直接调拨。至2005年，全县中药材收购全部是个体药材收购部经营。

中药材加工及销售

1990年，县医药公司改建180平方米的中药材加工厂房，配备中药切片机1台，晒药专用升降机1台及其一些手工炮制工具，能够实施修治、水治、火制、水火共制及部分其他制法，加工品种有姜制水半夏、川芎、黄精、何首乌、香附子、郁金、玄胡、杜仲、厚朴、白术、炭山栀、龟板、鳖甲、穿山甲、牡蛎、乳香、没药、党参、当归、白芍、荆芥、薄荷等200多种饮片，并对中药饮片实行定量包装。1989—2002年，各年度中药饮片销售额30万元至40多万元，其中最高销售额为2000年的50.45万元。2002年，国家重新收回中药饮片加工审批权，提高准入门槛，要求实施GMP（药品生产质量管理规范）改造。由于医药公司各项业务萎缩，已无力承担加工硬件的改造费用，至此停止中药饮片加工业务，销售所需的中药饮片直接从外地调进。

1992年，栗木锡矿在平安乡新街鹅山疗养院一天然岩洞中，利用中草药研制开发一种抗硅肺病、风湿病、高血脂的新药——克矽风，经过临床试验，正式批准生产。1993年，产品在全国推销。该制药厂名称：桂林大东亚制药厂。2002年，停产。

1989—2005年恭城瑶族自治县医药公司中药饮片销售情况一览表

表8-11

年度	饮片销售（万元）	比上年同期增减（%）	年度	饮片销售（万元）	比上年同期增减（%）
1989	63.25	−15.26	1998	49.09	19.85
1990	51.96	−17.98	1999	41.90	−14.65
1991	40.52	22.02	2000	50.45	20.41
1992	46.72	15.29	2001	41.17	−18.39
1993	35.62	−23.75	2002	32.93	−20.01
1994	31.46	−11.68	2003	30.67	−6.87
1995	42.80	36.04	2004	19.94	−34.99
1996	49.26	15.09	2005	15.73	−21.11
1997	40.96	−16.85	—	—	—

第五章　石油专营　烟草专卖

1989—2005年，全县的石油继续实行专卖管理。其中，1992年，石油销售政策放开，始建有石油系统以外的加油站点共14个。2000年，石油政策归口管理，石油公司收购石油系统以外的加油站点。2005年，全县建有正规加油站7座，其中属恭城石油分公司经营的6座，社会集资兴建的1座，石油系统的石油销售市场占有率95%。

1989年，继续对卷烟的经营、专卖、执法等实行全面管理，卷烟销售由1990年的委托批发送货上门，发展到1998年的网络销售，2003年的电话访销，2004年的网上订货、电子结算。2005年，全县有卷烟零售点户1465户，卷烟电话订货率为100%，电子结算率79.46%，市场占有率100%。

第一节　石油专营

加油站建设　1992年，实行石油销售放开政策，全县先后建有县城农机加油站、虎尾加油站、嘉会供销社加油站、栗木矿山加油站、栗木供销社加油站及9个乡镇农机加油点等石油系统以外的加油站。1993年，建莲花加油站；2000年，建虾里洞加油站；2001年，建三江加油站（社会集资）。2000年，石油政策归口管理，石油系统以外的加油站划为中国石油化工股份有限公司广西桂林恭城石油分公司管理。恭城石油分公司先后收购栗木矿山加油站、县城农机加油站、嘉会供销社加油站等。2005年，全县建有正规加油站7座，其中属恭城石油分公司经营的6座，社会集资兴建的1座。其分布情况为省道全州至沙子沿线有栗木加油站、嘉会加油站、虎尾加油站、虾里洞加油站；县道恭城至二塘沿线有莲花加油站，以及县城老城区的城西加油站、三江加油站。按等级划分，城西加油站、虾里洞加油站、莲花加油站、嘉会加油站4座加油站为二级加油站，虎尾加油站、栗木加油站共2座加油站为三级加油站。

营销　恭城石油分公司批发和销售的主要产品有汽油、柴油、煤油、润滑油、润滑脂5大类产品。

1989—1991年，石油经营由国家统一分配计划供应，由县石油分公司独家统一销售，垄断经营，对汽油、柴油等统一管理，统一分配，计划性分配用油。执行自治区人民政府定购粮与指标柴油挂购办法，每100千克定购粮供应平价柴油2.7千克。对农业用油落实计划，提前调拨，优先发运，确保重点。1992年，国家取消计划分配供应的经营模式，实行议购议销。1993年，国家取消石油销售专营政策。同年，自治区取消“粮油挂购”办法。县石油分公司经营从计划分配经营转向市场经济开放经营。是年，石油销售总量4894吨，销售总额880万元，利税91.8万元。2003年，石油销售总量14300吨，销售总额4004万元，利税356万元，市场占有率95%。2005年，销售总量15384吨，销售总额4307万元，利税387万元，市场占有率95%。

2005 年恭城石油分公司加油站概况一览表

表 8-12

单位：立方米、个

名称	地址	公路线	容量		加油机	
			汽油	柴油	汽油	柴油
城西站	恭城镇茶西路	茶西路	65	55	6	4
虾里洞站	恭城镇虾里洞	全沙线	60	60	4	4
虎尾站	西岭乡虎尾村	全沙线	50	25	2	2
嘉会站	嘉会乡秧家村	全沙线	40	40	2	2
栗木站	栗木镇大枧村	全沙线	50	25	2	2
莲花站	莲花镇莲花街	恭二线	45	40	3	3

政策性用油供应 1989—2005 年，全县多次发生洪涝、大旱灾害。灾情发生后，县政府、恭城石油分公司对受灾地区、受灾群众实行统一供应抗灾政策性用油，帮助群众恢复生产。全县抗灾政策性用油实行平价供应。1990 年，遇历史上罕见的旱灾，供应抗灾平价油约 40 吨，完成抗旱面积达 4665 公顷，解决 1.85 万人饮水困难问题。1999 年，旱涝双至，供应抗灾平价油约 55 吨，完成水稻、水果抗旱面积 14533 公顷。2003 年 7 月，出现旱灾，供应抗灾平价油约 30 吨，完成水稻、水果及其他作物抗旱面积 26992 公顷。2004 年 8—11 月，出现历时 3 个多月的干旱，供应抗灾平价油 80 吨，完成水稻、水果及其他作物抗旱面积 26866 公顷。

1989—2005 年恭城瑶族自治县石油购销一览表

表 8-13

年度	购进总额（万元）	销售总额（万元）	利润总额（万元）	上缴税金（万元）	销售总量（吨）	其中			
						煤油（吨）	汽油（吨）	柴油（吨）	润滑油（吨）
1989	191.00	23.00	20.90	25.60	3100.00	279.00	775.00	1860.00	186.00
1990	323.00	398.00	23.80	31.00	3320.00	320.00	835.00	1992.00	173.00
1991	336.00	414.00	24.80	33.00	3454.00	341.00	877.00	2072.00	164.00
1992	415.00	506.00	30.00	36.00	3615.00	354.00	937.00	2169.00	155.00
1993	748.00	880.00	52.80	39.00	4894.00	305.00	2111.00	2336.00	142.00
1994	867.00	1023.00	61.00	41.00	5862.00	376.00	1842.00	3517.00	127.00
1995	1347.00	1467.00	88.00	44.00	5241.00	340.00	1668.00	3144.00	89.00
1996	1325.00	1506.00	90.00	45.00	5379.00	335.00	1721.00	3227.00	96.00
1997	1518.00	1724.00	103.00	51.00	6157.00	309.00	2155.00	3588.00	105.00
1998	1721.00	1956.00	117.00	58.00	6984.00	271.00	3108.00	3492.00	113.00
1999	1885.00	2142.00	129.00	64.00	7650.00	203.00	3560.00	3785.50	101.50
2000	2020.00	2296.00	138.00	69.00	8272.00	190.00	3480.00	4510.00	92.00
2001	2384.00	2710.00	162.60	81.00	9680.00	177.00	4564.00	4840.00	99.00
2002	2790.00	3310.00	206.70	99.00	11713.00	155.00	5582.00	5856.00	120.00
2003	3483.00	4004.00	222.00	110.00	14300.00	134.00	6184.00	7865.00	117.00

续表 8-13

年度	购进总额（万元）	销售总额（万元）	利润总额（万元）	上缴税金（万元）	销售总量（吨）	其中			
						煤油（吨）	汽油（吨）	柴油（吨）	润滑油（吨）
2004	3532.00	4060.00	244.00	121.00	14500.00	105.00	7010.00	7250.00	135.00
2005	3734.00	4307.00	258.00	129.00	15384.00	92.00	7352.00	7792.00	148.00
合　计	28619.00	32946.00	1971.60	1076.60	129505.00	4286.00	53761.00	69295.50	2162.50

说明：1. 民营加油站的销售情况未统计在内；
2. 润滑油销量包括润滑脂在内

第二节　烟草专卖

1989—2005 年，全县销售的卷烟以广西产卷烟为主。卷烟销售分一般品牌和畅销品牌，一般品牌有田七花、甲天下、三月三、白沙、长沙、阿诗玛、恭贺新禧、希尔顿、黄果树等 40 多个品种；畅销品牌有甲天下、恭贺新禧、红塔山、阿诗玛、玉溪、真龙、大伯爵等 30 多个品种。

全县销售的卷烟主要从桂林二级批发站购进。1989—2003 年，卷烟销售共计 106192 箱，年平均销售 7079 箱；总销售额 27340.20 万元，年平均销售额 1822.68 万元；总利润 1006.77 万元，年平均利润 67.12 万元；共上缴税金 620.33 万元，年平均上缴税金 67.12 万元。

全县卷烟销售流通渠道为烟草公司—乡镇（城镇）委托批发站—零售户—消费者。1990 年，县烟草专卖公司城区配送中心开始对委托卷烟批发点实行送货上门，遏制非正常渠道卷烟流入市场。同年，全县有卷烟批发点 15 个、零售点 1012 个，全年销售卷烟额 904 万元，比 1989 年的 835 万元增加 69 万元；实现利润 29.05 万元，增加 6.45 万元，增长 28.54%。1996—1997 年，取消委托卷烟批发点，先后在栗木、莲花、平安、嘉会、西岭建立专卖管理所（卷烟批发部），采取先访后销的方式进行访销配送服务（村屯实行直访直销）。1998 年，通过网络销售地产烟 3589 箱，占总销量的 95%。2000 年 5 月中旬，恭城烟草公司计算机网络化管理通过广西烟草商业企业管理系统的验收，城区卷烟配送中心及莲花、栗木、嘉会、西岭 4 个乡镇烟草专卖管理所（批发部）构成一个卷烟销售网络。2003 年 7 月至 2004 年 4 月，先后推行电话访销、网上订货、电子结算。2004 年 10 月，撤销莲花、栗木、嘉会、西岭 4 个乡镇烟草专卖管理所（批发部），整合配送线路和车辆，26 条配送线路合并为 17 条，由城区卷烟配送中心统一电子订货，全县有零售点 1433 个。同年年底，全县共有电子订货数 1428 户，电子结算户 301 户。2005 年，全县有零售点户 1465 户，卷烟电话订货率为 100%，电子结算率 79.46%。

1989—2005 年恭城瑶族自治县卷烟购进、销售额、税利统计表

表 8-14

年度	购进数（箱）	销售额（万元）	税金（万元）	利润（万元）
1989	8703.00	835.80	11.10	6.20
1990	8371.00	904.70	14.40	10.30
1991	8329.00	917.50	14.70	9.60
1992	9733.00	1098.50	16.90	11.20
1993	7854.00	1145.90	11.50	29.30

续表 8-14

年度	购进数（箱）	销售额（万元）	税金（万元）	利润（万元）
1994	4753.00	1046.00	50.00	45.70
1995	3647.00	1129.40	40.50	26.00
1996	5644.00	2305.50	27.66	111.84
1997	4548.00	1672.10	40.29	37.37
1998	4256.00	1488.30	57.50	55.19
1999	6544.00	2044.80	40.57	75.74
2000	7486.00	2670.70	41.59	86.40
2001	8284.00	2850.00	76.84	152.13
2002	8869.00	3343.00	90.42	193.83
2003	9171.00	3888.00	86.36	155.97
2004	—	5231.00	154.33	—
2005	—	6183.00	169.21	—

说明：1. 每箱 250 条；

2. 2004 年后，改为桂林市烟草公司营销管理中心配送，无购进及利润统计

第六章　服务业

20 世纪 90 年代中期，由于县域经济快速发展，全县服务业随之有了新的发展，继传统的餐饮业、旅馆业等为主的服务业之后，娱乐业、信息咨询服务业等现代服务业不断增加和扩大。1989 年，全县有食宿设施 18 家、床位 312 个。20 世纪 90 年代中后期，开始兴起娱乐业、计算机运用服务业；2000 年，新增洗浴业、信息咨询服务业；2004 年，始有商标广告业。

第一节　商业服务

1989 年，全县有个体工商户 2689 户，从业人员 2767 人。随着市场经济的发展，全县的个体工商户、私营企业有了很大发展。全县个体工商户由 1991 年的 2725 户、从业人员 2920 人增加到 1997 年的 6866 户、从业人员 7800 人；2000 年的 7090 户、从业人员 8597 人；2001 年的 6892 户、从业人员 8866 人；2005 年的 7880 户、从业人员 10605 人。1990 年，开始有私营企业，是年有私营企业 5 户，从业人员 48 人；1994 年，增至 40 户，从业人员 504 人；1999 年，降至 32 户，从业人员 680 人；由 2000 年的 39个、从业人员 653 人又增加到 2003 年的 52 个、从业人员 573 人；2005 年的 74 个、从业人员 991 人。

餐饮旅馆业

1989 年，全县有餐饮店 208 个，从业人员 271 人，其中，有证个体户 190 个、从业 208 人；旅馆业 63 个（公安局特种行业登记 59 个），从业人员 81 人。20 世纪 90 年代起，县城、圩镇、风景区的餐馆、酒店、农家饭馆、风味小食摊、大排档、宾馆、旅社、客栈等餐饮、住宿设施不断增多。至 2005 年，全县有非星级酒店 23 家，客房 925 间，床位 1387 张，从业人员 138 人；农家乐 58 家，客房 344 间，床位 684 张，从业人员 232 人。餐饮设施 603 家，从业人员 1047 人。设施较齐全的酒店有新华酒店、信合大酒店、白天鹅酒店、瑶山鑫酒店、水电宾馆、茶江旅社等。具有恭城特色风味的餐饮有铭新油茶店、吕钟油茶店、德胜狗肉馆和古妹狗肉馆等。

新华酒店地处县城十字街，于 2001 年 4 月建成投入使用，总投资 260 万元，占地面积 500 平方米，建筑面积 3300 平方米，内设客房部、餐饮部、歌舞厅、休闲园等，是县首家星级饭店。客房部有豪华套间、双人标准间客房 46 间（套）、90 张床位，配有空调、热水、电话、电视、网络宽带、电梯、停车场、会议室等。餐饮部宽敞明亮、豪华舒适，设有豪华包间，可同时接待 600 人用餐，承办各类宴席，提供粤、湘、桂美味佳肴及民族风味食品。2001—2005 年，酒店营业额为 935 万元、上缴税利 48 万元、利润 41 万元。

信合大酒店地处恭城镇茶北路 1 号，于 1997 年建成投入使用，总投资 800 万元。建设占地面积900平方米，建筑总面积7000平方米。内设客房部、餐饮部、歌舞厅、休闲园等。客房部设有豪华套间、双人标准间客房106间（套）、200张床位，配有空调、热水、电话、电视、网络宽带、电梯、停车场、会议室等。餐饮部宽敞明亮、豪华舒适，设有豪华包间，承办各类宴席，每天可同时接待1800人用餐，有白切鸡、烧鹅、蒜香排骨、多宝鱼等特色菜。1998—2005年，酒店营业额为1953.88万元、上缴税利150.03万元、利润62.4万元。

第二节　社会服务

1989年，全县有理发业、修理业、装卸搬运及其他服务业等传统服务业。20世纪90年代中后期，开始有娱乐业、计算机运用服务业、洗浴（足浴）业、信息咨询服务业、商标广告业等现代服务业。

传统服务业

1989年，全县传统服务业有理发业、修理业、装卸搬运及疏通管道、照相冲印等，均为个体经营。至2005年，全县共有其他服务业71户，从业人员123人。

理发业　1989年，全县有个体理发户139户，从业人员143人。1993年，个体理发户311户，从业人员408人。20世纪90年代中期、后期，在理发业中逐渐兴起美容化妆、美体服务业。2000年，全县有理发、美容化妆、美体服务业173户，从业人员233人。至2005年，全县理发、美容化妆、美体服务业273户，从业人员441人。

修理业　恭城的修理业有农机、农业生产修理、日常修理等业务。1989年，全县城镇有修理业26户，农村有修理户133户；1993年，全县有修理户242户，从业人员309人；1997年，有修理户259户，从业人员281人；2005年，有修理户218户，从业人员251人。

装卸搬运　1955年，组建县搬运社。1974年，城厢搬运社与恭城镇木车社合并为恭城搬运社。1984年，县搬运社改称为县运输公司。1989年，全县共有运输公司（集体企业）1个，从业人员70多人。2000年，由于交通运输及县域经济的快速发展，全县服务业随之有了新的发展，以搬运社为代表的非机动运输组织自行解散。

现代服务业

20世纪90年代中后期，全县开始有打字复印、娱乐、计算机应用服务等现代服务业。2000年，开始有洗浴业及信息咨询服务业。2004年，始有商标广告服务业。2005年，全县有娱乐业65家，从业人员88人；计算机运用服务业16户；打字复印业8家，从业人员20人；洗浴业（足浴）1家，从业人员1人；信息咨询服务业1户，从业人员1人；商标广告服务业1户，从业人员2人。

娱乐业　20世纪90年代中后期，恭城开始出现娱乐性服务业。1997年，县内有娱乐性歌舞厅（含卡拉OK厅）服务业30家，从业人员41人，其中，县城12家，乡镇18家。随着人们对精神文化和物质文化要求的提高，一些环境差、音响差的歌舞厅被逐渐淘汰。2001年，各乡镇的歌舞厅全部停业，县城还有7家歌舞厅，从业人员11人。2003年，随着经济发展和物质文化的提高，全县歌舞厅增加至62家，从业人员83人。2005年，全县的娱乐性服务业有白天鹅、信用联社等65家，共有从业人员88人。

计算机运用服务业　该行业兴起于20世纪90年代中期、后期，主要从事计算机购销、计算机应用软件、计算机信息传输、计算机维修等服务。1999年，全县有计算机购销、应用软件、信息传输、维修服务业1户，从业人员2人；2003年，增加至11户，从业人员17人。2005年，全县有计算机购销、应用软件、信息传输、维修服务业16户，从业人员22人。

第七章　旅游

恭城县地处桂东北，系中原与岭南相接地段，地理位置独特，境内青山绿水，文物古迹众多，民族风情浓郁，旅游资源十分丰富，与桂林、阳朔旅游地连为一体，已被列入桂林旅游综合开发试验区。

第一节　旅游规划

恭城旅游业发展规划纲要

1997年10月，恭城县制定《恭城旅游业发展规划纲要》，规划旅游地分区建设和旅游线路。

旅游地分区建设　县城文物古迹旅游区抓好文庙、武庙两个庙，湖南会馆和周渭祠等古建筑的维修和回建，增设旅游和服务内容，使之成为集观光、宗教、爱国主义及传统美德教育为一体的多功能旅游胜地。

生态诗境家园以红岩、黄岭等村的生态农业观光点为代表，集万亩果海、千座沼气池、农民新居以及朴实浓郁的民族风情（瑶家小吃、婚嫁礼仪、民族歌舞）为一体。重点抓好通途、休息、旅游购物（地方特产）、公厕等基础配套设施建设。莲花瑶壮民族风景区重点抓好朗山瑶族民居的维修和回建，以及蓝洞天池垂钓、游艇观光等项目，建成集生态农业观光、民族风情、度假休闲为一体的旅游区。峻山水库风景区重点抓好峻山水库码头、停车场的建设，完善度假村配套设施，开辟垂钓、狩猎项目，建成集游船观光、休闲避暑为一体的旅游区。罗汉肚岩、大明源峡谷及龙虎古雄关风景区重点抓好罗汉肚岩洞内景点的全面开发工作，使旱河与地下河联结，从地下河用游艇载客出洞。其次，抓好自公路至景点的通途、停车场、餐饮亭等基础配套设施建设，可开发为溶洞猎奇、暗河泛舟、森林探险、药泉健身、幽谷烧烤、雄关怀古等。

旅游线路规划　在开发风景区（点）、建设特色旅游格局的基础上，以县城为中心，以桂林、阳朔、荔浦的主要景点为桥梁，形成如下旅游线路：

A线：桂林（荔浦）—阳朔—乐湾古樟林—天堂万亩果海—恭城（民族风情）—朝拜文武圣庙—北溪新村—蚂蝗田农民新居—黄岭能源示范村—桐竹生态示范村—鹅山乐园—荔浦（桂林）两日游。

B线：桂林（荔浦）—恭城—龙虎雄关—石山脚新村—黄岭能源示范村—桐竹生态示范村—鹅山乐园（民族风情）—朝拜文武圣庙—观赏湖南会馆、周渭祠—农贸市场购物—桂林（荔浦）。

恭城历史文化与生态农业旅游资源开发与保护规划

2003年，成立《桂林恭城历史文化与生态农业旅游资源开发与保护规划》（以下简称《规划》）编制工作领导小组。同年12月，桂林工学院旅游规划设计研究院、桂林市投资咨询公司共同编制

《桂林恭城历史文化与生态农业旅游资源开发与保护规划》，2004年1月通过评审专家组评审。

历史文化景区景点　以文庙、武庙、周渭祠、湖南会馆、朗山古民居为建设重点，“三庙一馆”景区整体修缮和回建工程基本完成，重点充实其文化内涵和增设服务内容，使集观光、宗教、爱国主义、传统美德教育为一体的“三庙一馆”成为大桂林旅游圈的多功能旅游胜地；朗山古民居重点修缮7个门楼及更换主体建筑部分损坏的瓦梁、扁角和民居中的石板路。

生态农业景区景点　以红岩、社山、黄岭、横山、北洞源和牛岜古樟林、大岭山、鱼田野荷塘、潮水岩、青年渡槽为重点，依托新农村建设结合旅游观光功能，建设集山水风光、沼气池、万亩月柿园、十里桃花长廊、百亩野荷塘、神奇潮水岩、青年渡槽奇迹以及朴实浓郁的民族风情为一体，抓好通途、休息（餐饮）、旅游购物、节庆活动主会场、停车场、公厕等配套设施建设，建设集生态农业观光、民族风情、度假休闲为一体的旅游区。

旅游线路规划　以县城为中心，依托桂林、阳朔、贺州的主要景点为桥梁，形成两条旅游线路。

A线一日游：桂林—阳朔—恭城（“三庙一馆”）—大岭山（午餐·农家乐）—桃花园—野荷塘—潮水岩、青年渡槽（挖沟）—县城太和街（古街·晚餐油茶）—荔浦。

贺州—钟山—朗山古民居—莲花古榕—红岩新村（午餐·农家乐）—横山—黄岭—社山—县城太和街（古街·晚餐油茶）—桂林。

B线两日游：桂林（荔浦）—恭城（“三庙一馆”）—县城太和街（古街·午餐油茶）—黄岭—横山—朗山古民居—红岩新村（晚餐·住宿农家乐，参与风情表演活动，第二天早餐）—社山—大岭山（午餐·农家乐）—桃花园—野荷塘—潮水岩、青年渡槽（挖沟）—县城太和街（古街·晚餐油茶）—桂林（荔浦）。

第二节　旅游管理

管理机构

1989—1992年，县内旅游业还未形成，少量旅游业务由县文化局代管。1992年，成立县旅游局，负责全县旅游工作。1993年，县文化局与旅游局合并，定名为恭城瑶族自治县文化旅游局（以下简称县文旅局），负责全县文化旅游行政事务工作，至2005年不变。

1992—1993年，县旅游局局长为林中。

服务管理

1989—1993年，恭城旅游业处于萌芽期，旅游执法由旅游局机关人员实施。1994年4月，成立县文化市场管理办公室（内设稽查队），负责文化、旅游市场的行政执法。县文化旅游局经常与公安局、税务局、县技术监督局联合进行执法管理，规范市场秩序。

旅行社管理　1989—2005年，县内未成立旅行社。设立在恭城的台联、国旅、假日等旅游经营部，均属于桂林市相关旅行社的派出机构，由桂林市相关旅行社进行管理，在县文化旅游局备案。

重点景区、景点管理　1992—1993年，分别对嘉会罗汉肚岩、文庙、武庙等景点、景区制定《景区安全管理规定》《景区门票管理制度》。1997年，制定《旅游公司管理制度》。2000年，制定《文化旅游开发中心管理规定》。2003—2005年，对桃花节、月柿节景区等主要旅游景点制定一系列管理制度，实行制度上墙、岗责分明。从安全、卫生、质量等各个方面实行规范管理，做好应急预案。县内各景区、景点都设有旅游咨询中心，免费为游客服务。县文化旅游局业务综合股，专门受理游客的投诉。

2002—2005年，每年的旅游黄金周期间，全县组织有关部门齐抓共管，加强对县城及各景区、景点的住宿、交通、购物、游览等一系列活动安排、协调、疏导和咨询等工作，做到安全、有序、有效，使游客游得安心和舒心，均无重大安全责任事故发生。

导游队伍管理 1996—2005年，全县共举办导游（讲解员）培训班30期，共培训900余人次。导游人员要持证上岗、年度验证，至2005年，全县持有全国导游证的导游员5名，本土讲解员25名。

旅游促销 2002年前，县文旅局组织相关人员，每年关公文化节前到桂林市区进行旅游宣传促销活动。2003—2005年，由县节庆办公室组织相关人员到桂林、柳州、南宁、广州等地进行旅游宣传促销工作，印刷宣传广告、图片，扩大对外宣传，开拓旅游市场。在县内分别举办第一、第二、第三届桃花节、月柿节，借助县外媒体报道宣传恭城。

第三节 旅游景点

奇山丽水

银殿山 又名南山，山顶分为两峰，因此又叫兼山，海拔1885米，系花山山脉主峰。位于平安乡东部和三江乡的交界处，距县城约25千米，总面积600多平方千米。山峰高耸入云，傲然矗立，四季白云缭绕，冬天积雪经久不化，远望犹如一座银色的宫殿，故名，有“雪飞银殿”之誉，为恭城旧八景之一。

图8-1 1999年，银殿山主峰（县文旅局提供）

银殿山地形陡峭，绝壁千丈，沟谷切割，怪石嶙峋，有一流瀑，泉水从山顶涌出，形成石涧，晴天远眺，似千条银线垂挂，皎如白雪。处士钟丽天的诗句“似劳玉女纤纤手，织就冰绡作水帘”，是其生动写照。

从山下至山顶，有自然风化形成的石级，人们攀藤附石而上，可达山巅。近山顶处，有一块约2米长、只容一人通过的天然石桥，桥底为6米多深的沟壑，外侧凌空千丈，触目惊心，登上山顶远望，万物皆在脚下。最为迷人的是云海奇观：初时，轻纱般的薄雾从山腰飘起，冉冉上升。俄顷，山风突来，浓云骤至，呼啸翻腾，弥漫山间，变成一片茫茫雾海，扑朔迷离。置身其中，如临仙境，令人流连忘返。古往今来，不少文人骚客，慕名游览，写下了咏叹的诗句。

银殿山自然资源十分丰富，是自治区划定的水源林保护区。松、杉、竹、木四季葱郁，森林覆盖率达80%多。有珍贵的野生动物黄腹角雉、麝（石羊）和可取茸的山牛等。

燕岩山 位于县城南燕岩大桥附近，山脚临恭城河（茶江），有石岩，高3米余，长约200米，深3～10米。常有燕子栖息，故名燕子岩。岩顶山头林木繁茂，岩下潭深百尺。沿河两边茂林修竹，杨柳垂岸，风景宜人。燕岩大桥横跨河面，沟通南北。河中常有渔舟载着鱼鹰捕鱼。岩下有突出河中的巨石，人们茶余饭后，常到巨石垂钓。恭城旧八景之一的“燕岩垂钓”即此。

凤凰山 位于县城东北部，整座山两峰分豁，中峰昂耸，形如展翅凤凰，故名凤凰山。隋大业十四年（618）建县时，县城曾建于该山麓。现古城墙尚残存，长约200米，高1～5米，已被列为县级重点文物保护单位。北面山脚有一石岩，石角庵即建于此。岩内有一钟乳石，击之若钟，铛铛作响，故名“石角鸣钟”，为恭城旧八景之一。庵内有石刻，为宋朝御史周渭《游兼山》诗，亦被列为县级重点文物保护单位。东面山脚，有周渭少年放牧时观牛的石台——“御史台”（已毁）。台高约2米，长4米，宽2.5米，台面平整，中间有一小孔，吹之如号角声。收牧时，吹响号角，群牛便自动下山归栏。民国24年（1935）在台面刻“周得臣先生纪念台”8个字。凤凰山南麓原有金芝寺（已毁），始建于南宋绍定四年（1231），位于一天然石洞中．洞高约16米，宽约13米。洞内钟乳石林立，一石有如灵芝，故名金芝寺。“露滴金芝”为恭城旧八景之一。

老虎山　位于西岭乡虎尾村公路旁，距县城10千米。形如一只猛虎匍匐于地，前有岩洞如虎口，如吼叫状，后有一石柱如虎尾，直翘冲天。山下有穿岩，高阔数丈。岩中横跨一石梁，酷似桂林象鼻山。岩旁有石柱，高与岩齐，状如珊瑚树，击之响若鼓声。西岭河从岩下穿过，澄清明静。渔舟穿行其间，棹声人语，交相回荡，令人恍在月宫。夏天凉气袭人，是游览避暑的好地方。

穿山　在西岭乡虎尾村公路旁，距县城10千米。山上树林苍郁，半山有穿洞如镜，人称“美女梳妆”。穿山距老虎山仅数百米，与翠微峰、峻山水库风光连成一线，是极好的游览之地。

翠微峰　又名翠峰山，在西岭乡西岭村，距县城15千米。一峰平地突起，犹如桂林独秀峰。山上林木苍翠，山下碧水环流，清静幽雅。宋代武德大夫周弘意曾于崇宁年间（1102—1106年）在山顶筑读易坛。民国期间，乡人又在山上山下建有亭园，供人游览憩息。自清朝以来，人们游览后留下不少诗句。

图8-2　峻山水库大坝洪流飞瀑（县水利局提供）

峻山水库风光　峻山水库位于县西北距县城19千米处的澄江河中游，总库容1亿立方米，为县内最大的水库，水库除防洪、灌溉、发电和养殖外，还是人们游览的去处。在14.5千米长的库区内，库面绿水粼粼，库岸林木葱郁。乘着游艇，可饱览两岸瑶寨风光。春夏时节，鱼翔于水，鸟鸣在山，一派天然幽意。闲者于此垂钓，更显自得其乐。晚上若从坝顶极目四眺，远近村寨，明灯万盏，有如点点繁星。尤为壮观的是大坝上的洪流飞瀑。该水库大坝高70余米，为水泥石砌坝，溢洪水道在坝顶，装有广西首创的水力平衡自控翻板闸。每逢春夏雨季，水位上涨，河水从80米宽、69米高的坝顶端溢洪道倾泻而下，犹如一幅巨大的银幕，水花四溅，山谷轰鸣，声震遐迩。

蓝洞水库　从莲花镇坪岭村盘山而上，登至山巅，蓝洞水库即现，人称它大山上的水库，雅称天池。该水库积雨面积21.7平方千米，库区碧水荡波，沟谷幽深，林木繁茂。远离繁华的喧闹，是休闲度假的好去处。

怪岩险关

猴子岩　在嘉会乡九板村的猴岩山，离县城20多千米。猴子岩洞长约1500米，最宽处达200多米，有自然形成的十字通道，东西向约500米。洞内砾石遍布，大者数吨，小者如同鹅卵。洞内钟乳石林立，有的拔地而起，有的悬空倒挂，千姿百态，如龙如虎，似鹊似鹰，像瓜像果，若梁若柱，

图 8-3 2001 年，湘桂交界之地——龙虎雄关（县文旅局提供）

特别是“猴子捧西瓜”“猴子拜寿”等石景，形象尤为逼真；还有坪、台、潭、柱，甚为奇观。

读书岩 位于平安乡塘边村后的天梯山，距县城 7 千米。天梯山三面林木郁郁苍苍，南面却是悬崖峭壁，势江河水从峭壁下面流过，读书岩便在离河面 30 多米高的半山之间。岩内宽阔数丈，洞口朝南，冬暖夏凉，其间有一光滑如镜的坐印，传说为明代举人龙时曜在此攻读诗书而磨成。

罗汉肚岩 在嘉会乡罗汉山中，有一贯穿山体的大溶岩洞，称罗汉肚岩。共开发出 4 个大厅，长约 600 多米。岩内景观奇异，是县内较好的旅游地。

龙虎关 位于县境东北的龙虎乡侧，距县城 35 千米。西汉称谢沐关，宋朝时称荆峡镇，明朝时称镇峡寨。清顺治四年（1647），永州总兵曹志建抗清，统兵万余人驻守镇峡寨，改名为龙虎关。民国 20 年（1931），在山脚峡口处建关门一座，题名“桂门关”。龙虎关自古以来为湘桂水陆交通要道，地势险要，南有龙头岭，北有虎头岭，中间为一峡谷，恭城河从中流过，仅一条小道相通。关外有宝塔岭、狮子岭雄居左右，有“一夫当关，万夫莫开”之势，宋朝、元朝、明朝、清朝均派兵驻守。民国 21 年（1932），在龙头岭、虎头岭、宝塔岭、狮子岭以及距龙虎关西北 6 千米的麻溪垒、新关坳各添置炮台 1 座，形成犄角之势，历代不少战事发生在此。

中华人民共和国成立后，修通龙虎至湖南省江永县的公路，成为湘桂交通要道。在龙虎河上拦河筑坝，修建龙虎水渠，蜿蜒数十千米。

龙虎关山清水秀，风景宜人。附近有县级重点文物保护单位“九牛井”，井水含酒精度 3°～5°，人称酒泉，是观光游览胜地。

潮水岩 位于西岭乡挖沟村潮水岩屯后的山腰上，平时只见洞口不见水。一年四季，该岩冬暖夏凉，一潭清水静静地藏于洞中。但奇特的是，春夏之季，岩洞之水会不定时地涨涌着经洞口汩汩地流往山下。伴随着水流，不时还有指头般大小的鱼儿嬉戏其中。半小时后，潭水又回归平静，故而得名：潮水岩。

名胜古迹

文庙 始建于明永乐八年（1410）于原县城凤凰山麓，明成化十三年（1477）迁于黄牛岗，明嘉靖三十九年（1560）迁至今址县城西山南麓。后部分毁于兵燹，清康熙九年（1670）进行修复。清道光二十年（1840）派人赴山东曲阜孔庙考察，按曲阜孔庙格局缩小兴建。现存孔庙为清道光二十二年至二十四年（1842—1844 年）仿山东曲阜孔庙重建，是广西保存最完整、规模最宏伟的古建筑，也是南方地区保存最为完整的孔庙之一。

文庙坐北朝南，背靠西山，依山而起，逐级筑台建庙，庄严雄伟。占地面积 3600 多平方来，建筑面积 1300 多平方米。正大门为“状元门”，原封闭不开，人们由东侧的“礼门”和西侧的“义路”进出。中华人民共和国成立后，为便于人们参观游览，开正大门。正大门进去是“棂星门”。棂星即苍龙星，象征东方苍龙七宿。青石结构，门顶有阴刻“棂星门”三字，门坊两侧刻有“双凤朝阳”“二龙戏珠”浮雕和“封侯拜相”“百鸟朝凤”平刻图案。门坊6根石柱的顶端各刻有1尊小狮，互相窥望。过棂星门是泮池，形如半月，因此又叫月池。池周围有石栏，池上有泮池桥，俗称状元桥。桥面正中有一云纹石浮雕，寓“青云直上”之意。池和桥是仿山东曲阜孔林珠水桥式样所建，造型小巧雅致，布局错落有序。泮池东西两侧为托碑亭，碑宽1米，高2米，刻有赞文。东为孔子赞并序，西为四配（颜子、曾子、子思子、孟子）赞。赞文为清康熙户部尚书文华殿大学士张玉书手书，行笔工整，苍劲有力。碑亭后是厢房，东厢房为“忠孝祠”和“更衣所”，西厢房为“省牲斋”和“宿所”。过泮池，沿台阶登上平台，便是屏风式的“大成门”。门高4米，由22扇门叶组成，全为木结构，面阔5间。正面有4条石柱，里面有4条砖柱。门头高悬“大成门”竖匾1块，两边挂有清代皇帝御笔题词匾额8块：雍正四年（1726）清世宗胤禛题“生民未有”、乾隆三年（1738）清高宗弘历题“与天地参”、嘉庆四年（1799）清仁宗颙琰题“圣集大成”、道光元年（1821）清宣宗旻宁题“圣协时中”、咸丰元年（1851）清文宗奕䜣题“德济帱载”、同治元年（1862）清穆宗载淳题“神圣天纵”、光绪元年（1875）清德宗载湉题“斯文在兹”、宣统元年（1909）清宪宗溥仪题“中和位育”。门上雕饰方格图案和精细的镂空立体雕花，中有花鸟虫鱼，栩栩如生。大成门东面是“乡贤祠”、西面是“名宦祠”。两祠再进为东西庑房和“昭文楼”“尊经阁”，是供奉历代先贤和储藏经典著作之所。两庑房之间是宽阔的杏坛，亦称露台，是祭祀的地方。正中有青石为栏的平台，台前有拜阶，正面一大青石刻有“云龙丹墀”浮雕。

从露台拾级而上是大成殿，为孔庙的主体建筑，面阔5间，进深3间。正面由14扇门叶组成，为木结构，镂空雕刻有珍禽异兽、花鸟虫鱼，形态生动逼真。内堂有红木圆柱16根，外围四角有方木柱4根。另有仿石砖柱14根立于四周，直通檩椽，承受全殿堂上部的压力。殿内天花藻井，色彩缤纷，鲜艳夺目。屋面飞檐高翘，重檐歇山，有“二龙抢珠”“双狮滚球”“鳌鱼戏水”“麒麟镇潭”等彩釉陶饰画；8只铜铃高悬四角，风动铃响，惊飞鸟雀。殿内原供有“大成至圣先师孔子神位”牌，神龛内刻有大龙9条，小龙99条。1989年10月，新立孔子塑像一尊，高3.7米，为恭城籍著名雕塑家朱培钧所塑。

大成殿再上两级是崇圣祠，又叫后殿或启圣祠，为供奉孔子五代祖先的殿堂。历代每年春、秋仲月上丁日都举行隆重的祭祀活动。

中华人民共和国成立后，文庙的保护受到重视，国家拨专款进行全面维修，保持其原有建筑风格。1963年，被列为自治区级文物保护单位，并由文物部门管理。2006年5月，被列为国家级文物保护单位。

武庙　即关帝庙，位于县城西山南麓，为纪念三国名将关羽而建，与文庙相距约50米，并列于文庙右侧。始建于明万历三十一年（1603），清咸丰四年（1854）毁于兵火。清康熙五十九年（1720）、同治元年（1862）两次重建。坐西北向东南，由中轴线的戏台、雨亭、头门、正殿、后殿和两侧东西厢的配殿组成，四进院落式建筑布局。占地面积2250平方米，建筑面积1033平方米。

戏台为全庙之精华，台高1.3米，以青石垒砌台基，上层为木质结构。台前刻有“加官晋爵”人物浮雕，台面内侧两边各有石雕小狮1尊，台上有雕花门窗格扇和神龛，8根大柱直通顶层，承受上层压力。台下雨亭东西两侧，各有重约2吨的巨型石狮镇守。戏台屋面重檐歇山，飞檐高翘。脊山花饰浮雕，龙凤起舞，巧夺天工；明暗八仙，人物花鸟，千姿百态。台后丹墙，顶为黄绿色琉璃瓦，金碧辉煌。台内画栋雕梁，流光溢彩。出入马门有“鉴古”“观今”匾额。中壁有福禄寿三星工笔彩画，鲜艳夺目。台顶正中建藻井，上尖下圆，形如一倒置的大缸，传声极好。台外左右入口为拱门，各有一副对联，左为“协天今古无双帝，至圣华夷第一宫”，横批为“忠君爱国”；右为“俎豆馨香崇圣武，诗书礼乐继文宣”，横批为“济世安民”。

前殿门楼悬有“武庙”二字的雕花竖匾1块，两侧挂有横匾各2块，左为“德庇鹰飞”“气配道义”，右为“运筹帷幄”“浩气同天”，内间有东西将军祠，有高约3米的泥塑马、将军手拉战马的神像。

正殿门前高悬“天目人心”匾额1块。正中为神龛，塑有关羽坐像1尊，木雕行像1尊。两侧塑有关平、王甫、周仓、廖化四将军立像。神龛上端悬有“威镇华夷”匾额1块。后殿分3间，正中供奉九天玄女、左间供奉观音大士、右间供奉九子娘娘塑像。塑像形象生动，神态各异，具有很高的艺术价值。但在20世纪50年代初期被毁掉。后来后殿又被拆毁。

中华人民共和国成立后，曾为县政府机关使用。1981年，被列为自治区级文物保护单位。1995年，重建后殿，恢复整个武庙的原貌。2006年5月，被列为国家级文物保护单位。

周渭祠　位于县城太和街，坐西北向东南，与湖南会馆相连，为纪念宋朝御史恭城籍人周渭所建，占地面积1600多平方米。始建于明成化十四年（1478），清雍正元年（1723）重修。

周渭祠分为戏台（已毁）、门楼、正殿、后殿（已毁）和左右厢房，占地面积共1600平方米。门楼为祠的主体建筑，是全祠的精华。面阔三间，分为明间、左右吹间和稍间。门楼重檐歇山，两层屋面之间饰有斗拱，分为坐斗、交互斗、鸳鸯交手斗。以坐斗为基础，交互斗垂直于坐斗，并受坐斗的依托。下层交互斗通过坐斗与上层交互斗吻合保持力量平衡，两侧鸳鸯交手斗，使屋檐的重量渐次集中下来分于柱和梁上，以“一斗三升”为一组，共有300组。上层斗拱与下层斗拱构成一个完美的图案，严谨而有规律，形如蜂房，因此又称为“蜜蜂楼”。整个门楼斗拱以千余根坚木为榫，互相衔接吻合，彼此扶持。门楼稍间外围墙壁檐挑上，还饰有砖形假斗拱相映衬。檐口是绿色寿字纹图案的方形瓦当和瓦滴，重檐歇山，泥塑花饰，花鸟虫鱼，飞禽走兽，惟妙惟肖。两层屋的四角，各悬有一只大铜铃。其建筑艺术，具有很高的科研价值和观赏价值。历代每逢农历六月十五周渭的诞辰日，县城及附近农村群众即举行盛大的纪念祭祀活动。

周渭祠在中华人民共和国成立后曾为县人民医院使用。1981年，被列为自治区级文物保护单位后，县人民医院迁出交文物部门管理。后又全面维修，2002年，修复后殿及厢房，基本恢复周渭祠的原貌。2006年5月，被列为国家级文物保护单位。

湖南会馆　是在恭城经商的湖南人兴建的联络议事的场所，坐西北向东南，由门楼、戏台、正厅、后厅和左右厢房组成四合院式建筑，建筑面积约800平方米。湖南会馆是清代恭城四大会馆（广东会馆、湖南会馆、福建会馆、江西会馆）仅存下来的1座会馆建筑。会馆建于清同治十一年（1872），戏台（建筑面积105平方米）矗立于会馆前幢门楼上，呈“凸”字形，布局严谨，台顶上窄下宽，顶尖底圆，形如龛钟；台底浅埋大缸36个，传声、共鸣效果极好。青石垒砌台基。整个戏台布局严谨，重檐碧瓦，画栋雕梁，美观大方。门窗檐板均有花鸟虫鱼镂空雕花和精致的图案。看台可容1000人。两边原有古榕，荫凉幽雅，可惜被毁。

中华人民共和国成立后，曾将湖南会馆作为粮仓和五金厂。1981年，被列为自治区级文物保护单位后，占用单位迁出交文物部门管理。2006年5月，被列为国家级文物保护单位。

朗山古民居　位于莲花镇朗山村，距县城20多千米。6座古民居在村中自东向西依次排列，坐北朝南，形成长约200米，进深100米的扇状古建筑群，各房占地约300平方米左右。

古民居建于清光绪八年（1882），清一色的砖墙，砌筑工整细致，风火山墙错落有致，艺术构件花饰繁多，显示了往昔主人家的富贵、儒雅。各户独门独院，都是三进三开间带厢房或跑马楼一层至二层的建筑。首进为三开间正大门，两层楼高的清水砖硬檐，拾级而上进入一字大门，两侧为厢房、跑马楼，中留天井。过天井到第二进为两层高的主楼，楼下为敞厅（俗称堂屋），两侧为厢房。第三进为厨房，厨房后有一条自东而西流淌的溪流。各户从溪流分出一条小支流引入户内，饮水在溪流中提取。

6座古民居的窗棂格扇多为雕花，多数堂屋置有做工精细的神龛，个别堂屋楼顶还置有斗八藻井，绘以太极图饰，古朴大方。各房都有内涵丰富的彩绘壁画，除福、禄、寿、喜诸多的吉祥图饰外，还有很多题词题诗，书法有正楷、行书、篆体、隶书、魏碑，更有意趣的还有反书，像这样的壁画多达100余幅。

图 8-4 1994 年，朗山古民居（县文旅局提供）

古民居呈扇状一字排列，大门都朝南开，街中有高耸的碉楼，寨头、寨尾置有门楼，村边砌筑青石方料的寨墙，小街、巷道多为石板路，平整光溜。6 家房舍有院墙相隔，但又有侧门和巷道相通连成一体，既防火又防盗。

朗山村头还有一座建于清光绪十二年（1886）的惜字炉，该炉为塔式建筑，塔分 3 层，六角形。据当地老人介绍，朗山村历代都出文人雅士，舞文弄墨者甚多，常将不成器之手稿焚于塔内，从不乱扔乱丢，养成良好的惜字风俗。

朗山古民居原为周姓祖业，土地改革时期分给农民居住，由各人自行维护，产权属于私人。是广西现存的一处规模最大、建筑最精美、平面布局规划最科学的古建筑群，是一处研究少数民族文化的典型实物例证。1994 年，被列为自治区级文物保护单位。

豸游周氏宗祠　位于嘉会乡豸游村，建于清光绪六年（1880），占地面积 1291 平方米，建筑面积 653 平方米。祠堂由照壁、天井、头门、回廊、正殿及左右厢房组成。彩绘、雕饰工艺精巧，内涵丰富，装修别致，古朴典雅。2000 年 7 月，被列为自治区级文物保护单位。

革命烈士陵园　位于县城文庙岭，建于 1950 年 3 月。1985 年 6 月，被列为县级文物保护单位。陵园内有恭城保卫战烈士公墓，墓地前面为烈士亭，内竖纪念碑。1963 年，于岭顶建纪念塔，塔身东面有原广西壮族自治区主席张云逸的题字“革命烈士永垂不朽”，南面有广西省军区司令员李天佑的题字“继承先烈遗志，把革命进行到底”，西面是中共恭城县委、恭城县人民委员会的题字“为保卫恭城县人民革命胜利果实而牺牲的烈士万古长青”。1985 年 6 月，被列为县级文物保护单位。

生态农业风光

乐湾古樟林　位于恭城镇乐湾村附近，距县城 3 千米。樟树林沿河岸绵延 3～4 千米，占地 10 多公顷。林中古樟有直冲云霄的，有垂河入水的，有绿叶碧碧的，有老朽枝枯的，有裸露树根的，千姿百态，形成特异景观。入古樟林，幽情雅意油然而生，鸟鸣让人沉醉，虫吟给人舒心。古樟衬托着乐湾村一派生态农业风光，人称“快乐湾”。

图 8-5 1995 年，乐湾古樟林（县文旅局提供）

黄岭风情园　距县城 5 千米，属平安乡所辖。风情园有两大特色：民族风情，入园游玩者可亲自体验瑶族各种风俗，如抛绣球、当新郎、抢亲等。园林情趣，入园者既可观赏沼气、果园、幽林、田野风光，还可以主人身份使用沼气、耕耘果园、闲游幽林、采风田野和品果尝新等。

鹅山乐园　距县城 2 千米，占地约 6 平方千米。该地山色诱人，岩洞奇特，环境幽雅。园内集观光、娱乐、吃住为一体，既可游玩，又可用于商务、会议、休假和疗养等。

鱼跃清渠　在龙虎乡龙虎街边，距县城 30 多千米。茶江河水流过龙虎关口，关口处有一个河坝，将江水拦入龙虎水渠。水渠两岸，绿树成荫，清澈的渠水里，挂牵着一串串竹篓，竹篓里鲜鱼跳跃，鱼篓无人守候，只要游客选准鱼，叫一声“要鱼呵”！渔家姑娘便笑盈盈地来迎客。

北溪新农村　距县城 5 千米，属平安乡所辖。1985 年后，快速发展水果种植业，经济收入居全县领先地位。新村交通、通信方便，环境风景宜人，集生活、购物、玩乐、观光、风情于一体。

大明源峡谷　位于嘉会乡白燕村，距县城 30 千米，有道路通达。大明源峡谷是探险旅游之地，石径古朴、老树参天、古藤缠绕、兽类出没、怪鸟鸣叫、涧水声声，为年轻人探险之地。

红岩新村　位于莲花镇万亩月柿园景区，是集山水风光旅游、田园农耕体验、餐饮住宿休闲、会议商务观光等多功能为一体的乡村特色旅游村。莲花河从村中穿过，两岸错落有致的农家别墅和绿树倒映在水面上；一座瑶族风格的风雨桥使河两岸携手相连，漫步桥上，耳闻潺潺流水，眼前树影婆娑，别有一番情致；建有滚水坝、梅花桩、观景台、月柿节主会场、停车场等旅游设施。景区内拥有无公害水果万亩月柿基地，山明水秀，生态怡人，一年四季瓜果飘香；有塘边垂钓、田间耕耘、园里采果、水中娱乐、山上观景和对歌等，一幅如诗如画，岭南乡土韵味。每逢秋日，柿子黄了、红了，万亩果园呈现的是一派丰收的景象。

社山风光　位于平安乡，是集自然山水、休闲度假、农家采风为一体的生态旅游景区。景区内秀丽的石山，清清的河水，别致的民居，连绵的果园，好似一幅“桂林山水”的景象。读书岩即位于该景区内。2003 年，中央电视台平安保险广告平安乡平安桥亦摄于该处。

图 8-6 2003 年，平安乡社山屯的平安桥（县文旅局提供）

横山瑶寨　位于平安乡，环境优美，生态怡人，鱼塘星罗棋布，是休闲垂钓的好去处。寨子后面的石山，是一片原始枫树林，秋冬时节，红枫漫山，景致格外壮观。

大岭山桃花园　位于西岭乡境内，是

图 8-7 2003 年，大岭山桃花（县文旅局提供）

集自然山水和田园风光为一体的山岳型风景旅游区。景区总面积 12.6 平方千米，拥有大岭山至潮水岩万亩桃园。景区内水碧山奇，风光绮丽，虎尾山、奶头山形象逼真，惟妙惟肖；阳春三月，万亩桃花竞相绽放，艳丽妖娆，初夏时节，成熟的桃子缀满枝头，一派丰收的景象；一年一度举办的桃花节，更是使桃园景区热闹非凡。其他主要景点有百亩仙竹林，似一片绿色的海洋，与桃花园交相辉映；三百亩野生莲花塘，满地飘香，令人陶醉；千亩油菜花，一片灿烂，一片金黄。还有堪称大自然神秘景观的“潮水岩”，令游人惊叹不已。

茶江水上乐园　位于县城，是集水上自然风光旅游、水上娱乐、风味饮食为一体的多元化景区。景区拥有 12 平方千米水域，两岸青山对影，风光秀丽，田园野趣，果海连绵，一年四季瓜果飘香。河畔翠竹林立，杨柳飘逸，沿途岸边瑶韵千般，尽可领略民族风情。

恭城瑶族自治县旅游景区（点）简况一览表

表 8-15

资源类型		主要景区或景点
人文景观	古建筑类	孔庙、武庙、周渭祠、湖南会馆、朗山古民居、豸游祠堂、东门头古街、仙姑庙等
	古遗址类	古城墙、龙虎雄关、傅家街贞节牌坊
	出土文物类	春秋战国及唐宋时期的历史文物
	摩崖石刻类	石角庵石刻、天梯山读书岩
	民族风情类	新村瑶、高界瑶、芹菜瑶、瑶乡民俗、瑶乡歌舞、瑶乡食俗
	纪念地	马君武故居、恭城“1·25”保卫战烈士陵园
自然景观	生物景观	恭城版纳（古樟虬根）、莲花古榕、龙虎古榕、三江古榕、银杏、泗安奇樟等
	生态景观	红岩万亩月柿生态旅游景区、社山生态园、大岭山万亩桃园景区、黄岭万亩柑橙园、红源生态园、龙虎万亩沙田柚生态园等
	河湖风光	峻山水库环游、茶江漂流、龙虎水上乐园
	岩貌景观	罗汉肚岩、犀牛岩、观音岩、潮水岩、鹅山洞等
	泉井	九牛井山泉、热水冲和石孔田矿泉、苔塘和大山温泉、大明源温泉等
	山岳风光	银殿山、卧虎山、穿山、月亮山、笔山、龟山、奶头山等

第四节　桃花节　月柿节　关公文化节

桃花节

“恭城桃花节”始于 2003 年，举办时间为每年的 2 月月底至 3 月上旬。桃花节由县政府主办，企业单位承办，文化旅游部门协办，举办地点在西岭乡大岭山至潮水岩万亩桃园景区和县城中心广场。是时，在主会场举行开幕式，开幕式后举行大型歌舞表演，邀请国内著名表演艺术家登台献艺，同时举办各种民间传统活动和经贸洽谈会。游人们在欣赏歌舞表演的同时，领略民族风情，观赏万亩桃花胜景，游览自然山水风光，品尝地方特色小吃，体验农家生活情趣。

从 2003 年至 2005 年，恭城桃花节共连续举办 3 届。第一届桃花节活动内容有大型文艺演出、瑶族风情表演、桃花园游园观花活动、特色美食产品展示、各种民间竞技等活动；接待游客 15.3 万人次，社会旅游收入 800 多万元。第二届桃花节活动内容有大型文艺演出（特邀节目主持人周涛，艺术家宋祖英、孙楠、潘长江、雪莲三姐妹等登台献艺）、瑶族风情表演、桃花园游园观花等活动；接待游客 17.8 万人次，社会旅游收入 1000 多万元。第三届桃花节活动内容有大型文艺演出、瑶族风情表演、桃花园游园观花活动、特色美食产品展示、各种民间竞技等活动。接待游客 18 万人次，社会旅游收入 1080 万元。

月柿节

“恭城月柿节”始于 2003 年，举办时间为每年 9—11 月。恭城月柿节由县政府主办，企业单位承办，文化旅游部门协办，月柿节地点为莲花镇红岩旅游景区，景区内设有主会场。是时，在会场举行开幕式，举行大型歌舞表演，邀请国内著名艺术家、歌唱家登台表演，同时举办经贸洽谈以及各种民间竞技活动。游人们在欣赏精彩歌舞节目的同时，可领略浓郁的瑶族风情，品尝其独特的瑶乡风味小吃。至 2005 年，恭城月柿节共举办 3 届，共接待游客 56.6 万人次，创造丰富社会旅游效益。第一届月柿节举行大型文艺演出（特邀彭丽媛、李谷一等歌唱家加盟演出）、瑶族风情表演、万亩月柿园游园观景摘果活动、特色美食产品展示、各种民间竞技等活动，接待游客 28 万人次，社会旅游收入 360 万元。第二届月柿节接待游客 15.6 万人次，社会旅游收入 697 万元。第三届月柿节特邀江涛、刘和刚等众多明星登台献艺，举行瑶族风情表演、高空踩钢丝表演、万亩月柿园游园观景摘果活动及特色美食产品展示、各种民间竞技等活动，接待游客 13 万人次，社会旅游收入 940 万元。

图 8-8 2003 年，首届月柿节文艺演出（李云韬 摄）

关公文化节

每年的农历五月十二是关公庙会日。1995 年，恢复关公庙会，并定名为“关公文化节”。

“关公文化节”自恢复举办以来，每年一小祭，三年一大祭，由民间举办。是时，尤其是大祭年，数万名群众进行传统的民间祭祀活动，同时还

图 8-9 1995 年，关公文化节盛况（县文旅局提供）

举行舞龙舞狮、排灯、桂剧、彩调、戏曲表演及山歌擂台、武术、个人才艺表演和工艺特产商品展示等多种民俗民艺活动。庆典期间，均有 5 万名至 8 万名游客到恭城，与当地群众一道参加祭祀活动。

第五节　旅游服务与设施

20 世纪 90 年代，随着改革开放，全县旅游服务业有了新的发展，县城、圩镇、风景区的餐馆、酒店、农家饭馆、风味小食摊、大排档、宾馆、旅社、客栈等餐饮、住宿设施不断增多。

1996 年，成立恭城瑶族自治县旅游公司，属于事业单位，编制 8 人，实行企业化管理，自主经营，独立核算，自负盈亏，恭城的旅游业逐渐兴起。1997 年年底，因收不抵债而停业。2001 年，成立恭城瑶族自治县文化开发中心，属于独立法人资格的国有企业，注册资金 20 万元，实行自主经营、自负盈亏、依法纳税。主要经营文化旅游产业开发（旅游景区景点开发）、旅游服务和文化旅游商品销售等，在当地接待旅游团及组团外出旅游。2002 年，组建桂林恭城文化旅游发展公司，经营武庙、文庙、周王庙（又称周渭祠）、湖南会馆共 4 个旅游景区（即“三庙一馆”）。2002 年 7 月，宁波商人独立经营桂林恭城文化旅游发展公司。2003 年，桂林漓江国际旅行社在恭城设立分部，在县内经营旅游业务，主要以当地接待旅游团和组团外出旅游为业务工作。2005 年，桂林台联旅行社在恭城设立分部，工作业务以当地接待旅游团和组团外出旅游为主。

旅游交通

主要有出租车、客运三轮摩托车（俗称“摩的”）、短途定线班车和长途定线班车 4 种。

出租车（的士） 集中停靠在县城十字街，可供游客租用到县内各风景区（点）和周边县市观光游览。2003 年有 20 辆；2005 年有 50 辆。

“摩的” 1996 年，县城从事客运出租三轮摩托车（俗称“摩的”)37 辆，停靠在县城十字街附近，可供游客租用到县内风景区（点）观光游览和本地群众搭乘。1999 年，增至 400 辆。2002 年，营运三轮摩托车 700 辆。2003 年，城乡有“摩的”565 辆。2005 年，有 434 辆。

短途定线班车 为中小型客车，定时定线在各乡镇及风景区（点）往返行驶，方便游客及本地群众搭乘。

长途定线班车 为大型、中型客车，往返于恭城至桂林以及周边市县，并开通多条省内省际长途线。2005 年，有短途定线班车、长途定线班车共 229 辆次。

旅游宾馆、酒店、饭店

1996 年，旅游业逐渐兴起。2003 年，随着桃花节、月柿节、关公文化节的举办，全县旅游业开始走入正轨。是年，全县有非星级酒店 23 家，客房 710 间，床位 1216 张。农家乐 26 家，客房 76 间，床位 119 张。2005 年，全县有非星级酒店 23 家，客房 925 间，床位 1387 张；农家乐 58 家，客房 344 间，床位 684 张。设施比较齐全的酒店有新华酒店、信合大酒店、白天鹅酒店、瑶山鑫酒店、水电宾馆和茶江旅社等；恭城特色风味的餐饮有铭新油茶店、吕钟油茶店、德胜狗肉馆和古妹狗肉馆等。

旅游产品

主要有恭城月柿、沙田柚、椪柑、恭城油茶（浓缩）和糯米甜酒等。

恭城月柿 恭城月柿为柿子的干品，中华民国时被外商挂牌标明“恭城月柿”以招徕顾客，出口数量和质量居广西首位，成为广西传统名牌水果。恭城月柿可分为柿饼、脆柿、红柿（冻柿）。

1996 年，获“中国月柿之乡”荣誉称号；2000 年，获“中华名果”荣誉称号。2005 年，恭城月柿实现规模化生产，产量大，品质优，除销往传统的销售区域外，还畅销东亚及欧美多国。

沙田柚　恭城沙田柚已有 120 年的种植历史，是恭城传统出口产品，果实呈梨形或葫芦形，果顶有金钱印，果皮油胞细小、呈金黄色，果肉晶莹透明、脆嫩化渣、清甜爽口、香味浓。1996 年，在全国第四次柚类评比获 2 个金杯奖。2001 年，在农业部举办的中国国际农业博览会上，恭城沙田柚被评为全国名牌农产品。

椪柑　恭城椪柑因推广施用液肥、沼渣及农家肥等有机肥，具有果大皮薄、色泽鲜艳、肉质脆嫩、汁多化渣、清甜可口、酸甜适度且耐贮运等优点而闻名中外，产品畅销大江南北，出口越南、俄罗斯及中国港澳地区。1996 年，在广西优质水果评比中，恭城椪柑获银奖。同年，恭城获“中国椪柑之乡”荣誉称号。

特色美食

主要有油茶、扣肉，各种糕粑、酿菜和腊菜等。

恭城油茶　是恭城瑶胞的一种传统食品，距今已有 1000 多年的历史。恭城油茶以茶叶为基本原料，清明茶、谷雨茶、白露茶为上品。制作时，先将泡软去烟味的茶叶放入茶锅中，再放生姜、花生、蒜片等佐料一起锤打，并不时旋转搓揉，待茶锅冒烟发出沙沙响声时，再倒入适量开水，茶水沸后放盐，起锅滤入碗中。2005 年，恭城油茶经桂林市人民政府批准成为市级非物质文化遗产。喝油茶时佐餐食品有花生、黄豆、玉米、红薯、芋头、米花、麻旦以及各类糕粑和面食品。

糕粑　恭城糕粑是喝油茶时的佐料。分糯米类和粳米类。糯米类的有“三角粽”（俗称“羊角扭”）、大粽粑、年糕（又分为肉糕、芋糕和糖糕等）、“大肚粑”“柚子叶粑”“汤圆粑”“艾粑”“熟粉粑”“船上糕”、糍粑、各类杂粮糕粑以及“米花”等。粳米类的有“水浸粑”“萝卜粑”“芋头粑”“发糕粑”“七层糕”（俗称“水糕”）及“莲花粉”“麦子粑”等。

酿菜　将鲜肉剁碎，加入切碎的香菇、葱、蒜、韭菜等香料拌成馅心，然后酿入菜中，即成“× 酿”。恭城的特色酿菜有辣椒酿、茄子酿、南瓜酿、节瓜酿、南瓜花酿、蒜酿、蘑菇酿、香菇酿、小笋酿、黄笋酿、水豆腐酿、油豆腐酿、四叶菜包、芥菜包、白菜包及瘦肉丸、鲜鱼丸、海鲜丸等。

腊菜　冬至前后，将猪肉切成块，放入盐酒等配料腌放几天，然后吊晒或烟熏，干后蒸熟切片上盘，即为“腊菜”。有“冬至腊肉”“冬至腊肠”及腊鸡、腊鸭、腊鹅、腊鱼、腊鼠、腊鸭掌包等。

扣肉　为恭城各类筵席主要菜肴。取猪腰部五花肉，水煮至皮软，用筷针皮，去油涂姜酒，入油锅炸至皮呈焦黄色并全部起泡，起锅入冷水再泡至皮软，然后切片配料镶入碗中，入锅蒸熟，以碗翻扣上席，即成扣肉。且有净扣、夹扣之分，夹扣以夹恭城槟榔芋为主，切片后或用油煎熟，肉、芋间镶，蒸至熟即可。

甜酒　取上等糯米，泡软后蒸熟，发酵而成。其色如稀奶、味微甘，酒度约 5°～10°，大人小孩皆乐饮。酒浆喝完，余下酒渣再与水煮放入姜、糖，又是“甜酒”。

第九篇

财税　金融

第一章　体制改革

1989—1993年，随着社会主义市场经济体制改革的不断深入，财政预算制度也发生较大变化。1994年以前，主要沿袭地方财政包干体制，即“划分收支、分级包干、分灶吃饭”的办法。1994年1月1日起，执行国务院《关于实行分税制财政管理体制的决定》，改革财政包干体制，实行分税制财政管理体制。

金融体制改革，一是专业银行向商业银行转轨。1994年，成立中国农业发展银行，管理粮食收购贷款的发放、收回和政策性贷款业务。1998年，专业银行企业化改革开始，工商银行、农业银行、建设银行等国有专业银行恭城支行按照营利性、安全性、流动性的原则，向自主经营、自负盈亏、自担风险、自求资金平衡的商业银行转变，工商银行、建设银行撤离恭城。二是农村信用社自成体系，于1996年9月与农业银行脱离隶属关系。2005年3月，恭城县农村信用合作社联合社选择统一法人管理模式，由自治区联社依法管理、指导、协调，由中国银行业监督管理委员会进行监管。

第一节　财税体制改革

包干体制

1989—1993年，自治区对县实行“划分税种、核定收支、分级包干”的财政管理体制，基本原则是坚持“统一领导，分级管理”的原则，进一步明确各级财政的权利和责任，做到权、责结合，充分发挥各级政府当家理财的积极性。财政收入包干基数，一律以1983年决算收入数为基础，按收入划分范围和企事业单位隶属关系改变等的变化情况计算确定。财政支出基数，以1983年各地既得财力为准，即按照1983年决算实际得到的分成收入，加减调整因素后，作为新的支出包干基数。1989年，恭城县收入包干基数是400万元，核定支出包干基数是531万元，核定当年预算支出基数是1980万元；是年，实际收入完成2240万元，上级定额补助156万元，一次性补助588万元，上年结余507万元，收入总计3491万元；是年，实际支出3102万元，结余389万元。

分税制财政体制

根据《国务院关于实行分税制财政管理体制的决定》，从1994年1月1日起改革地方财政包干体制，全国实行新的“分税制”财政体制。“分税制”就是在合理划分中央与地方政府事权及其相应的支出范围基础上，按税种划分中央与地方的税收收入及其相应的管理权限。包括三项内容：一是事权与财权相结合，合理划分支出范围；二是将税种统一划分中央税、地方税和中央地方共享税；三是分设中央与地方两套税务机构，分别征税。

按“分税制”改革方案的规定，从1994年起，属于地方预算固定收入包括：营业税（不包括铁道系统、各银行总行、保险总公司缴纳的营业税）；土地使用税；个人所得税；固定资产投资方向调节税；城市维护建设税；房产税；车船税；印花税（不含证券交易印花税）；屠宰税；农牧业税；耕地占用税；契税；遗产税；土地增值税；国有土地有偿出让收入；地方企业所得税（包括上缴的利润）。属于中央与地方共享的收入包括：增值税、资源税和证券交易税。其中，增值税中央分享75%，地方分享25%；证券交易税中央和地方五五分享。资源税按品种分享，其中，海洋石油资源税归中央，其他资源税归地方。除上述收入项目外的其他各项预算收入（包括收入退库），原属于地方预算固定收入的，仍作为地方预算固定收入；原属于体制分成的其他收入，作为地方预算固定收入；原属于中央与地方按固定比例分成的收入，仍作为中央与地方固定比例分成收入（中国人民保险公司所得税原来由中央与地方五五分成，是年起先上缴中央财政，年终统一清算后再按规定返还地方）。

2002年1月1日，根据《国务院关于印发所得税收入分享改革方案的通知》，实施所得税收入分享改革。除少数特殊行业或企业外，对其他企业所得税和个人所得税收入实行中央与地方按比例分享。分享比例：2002年，所得税收入中央分享50%，地方分享50%；2003—2005年，所得税收入中央分享60%，地方分享40%。

2004年，为缓解县乡财政困难，自治区对财政体制又进行一些微调，将一些自治区参与分成的税种再次下放各地、市、县。具体如下：国内增值税地方分享25%部分由自治区与征管属地按比例分享，其中自治区分享8%，征管属地市或县（市）分享17%；税收返还增量自治区不参与分享；区内各级各类银行及非银行金融机构的金融保险营业税继续作为自治区本级固定收入，其余营业税由自治区与征管属地按比例分享，其中自治区分享40%，征管属地市或县（市）分享60%；企业所得税地方分享40%部分，除中央明确规定划分为中央收入的企业所得税及中央核定的跨地区经营集中缴库企业所得税（40%部分）外，不再按企业隶属关系划分为各级财政收入，由自治区与征管属地按比例分享，其中自治区分享10%，征管属地市或县（市）分享30%；利息所得税地方分享40%部分继续作为自治区本级固定收入，其余个人所得税地方分享40%部分由自治区与征管属地按比例分享，其中自治区分享15%，征管属地市或县（市）分享25%；按照保证既得利益的原则，以上四个税种以2004年为基期年，按上述分享比例计算的市或县（市）四税分享收入，如果小于市或县（市）来自四税收入的一般预算收入的实得收入，差额部分由自治区财政作为基数返还市或县（市）财政；如果大于市或县（市）来自四税收入的一般预算收入的实得收入，差额部分由市或县（市）财政作为基数上解自治区财政。

第二节　金融体制改革

专业银行向商业银行转轨

1994年，国家成立中国农业发展银行，以管理粮食收购贷款的发放、收回和政策性贷款业务为主体。自治县农业支行于是年6月将粮食收购贷款及部分政策性贷款划转农业发展银行，划转贷款余额1433万元；自治县工商银行划转贷款201万元；共计贷款总额1634万元。恭城瑶族自治县农业发展银行业务属于永福县农业发展银行管理，自治县农业支行代理其业务。1998年，开始专业银行企业化改革，工商银行、农业银行、建设银行等国有专业银行按照营利性、安全性、流动性的原则，向自主经营、自负盈亏、自担风险、自求资金平衡的商业银行转变。1999年9月，中国工商银行撤销恭城瑶族自治县支行，储蓄存款划归县邮政储蓄办理，对公存款划归县农村信用联社办理，贷款划归工商银行平乐县支行管理。1999年11月，中国人民建设银行撤销恭城瑶族自治县支行，存款划归县农业银行办理，贷款上划建设银行桂林分行管理。2003 年 5 月 1 日，中国工商银行平乐县支行又成立恭城茶江分理处，主要办理各种存款和工商业贷款、住房贷款等，年末共有职工 9 人。

农村信用社自成体系

1989 年至 1996 年 9 月，自治县联社、各乡镇信用社和农行一直延续 20 世纪 80 年代的管理模式，即各乡镇信用社和自治县联社分别是独立经营、独立核算、自负盈亏的法人单位，自治县联社还承担负责协调、管理、检查监督各乡镇信用社的工作；信用社由人民银行委托农业银行管理。自治县信用联社主任由县农行行长兼任，县农行内设信用合作管理部门负责全县农村信用社各项管理工作。1996 年 9 月，农村信用社与农业银行脱离行政隶属关系，对农村信用社的业务管理由地（市）成立的农村金融体制改革领导小组负责，对农村信用社的金融监管由人民银行县支行承担，农村信用社业务独立经营，独立核算和管理。2003 年，农村信用社由中国人民银行监管过渡给中国银行业监督管理委员会领导和监管。2005 年 3 月，恭城农村信用社启动深化改革试点工作，推进产权制度改革，农村信用社真正成为自主经营、自我约束、自我发展和自担风险的地方金融机构。自治县农村信用合作联合社选择统一法人管理模式，由自治区联社依法管理、指导、协调，由中国银行业监督管理委员会进行监管。到 2005 年年底，联社机关辖城镇农村信用社、平安农村信用社、莲花农村信用社、嘉会农村信用社、西岭农村信用社、栗木农村信用社、城区农村信用社共 7 个基层法人社、21 个营业网点。

第二章 财政

1989—2005年，恭城县通过培植财源、加强税收征管、强化财政监管，确保财政收支的基本平衡。2005年，地方可用财力总计23488万元，其中，县级一般预算收入6184万元，上级财政补助收入17304万元，分别是1989年的6.73倍、2.76倍、23.23倍。财政支出坚持“量入为出，量力而行”的原则，确保社会稳定、国家机关正常运转、支持重点项目建设。2005年，财政支出23148万元，其中，县财政当年决算支出22512万元，上解上级支出636万元，分别是1989年的7.46倍、7.32倍、23.56倍。

1989—2005年恭城瑶族自治县财政收支情况一览表

表9-1

单位：万元

年度	地方可用财政收入			财政支出			滚存结余
	总计	其中：1.一般预算收入	其中：2.上级财政补助收入	总计	当年决算支出	上解上级支出	
1989	3491	2239	745	3102	3075	27	389
1990	3779	2359	1030	3292	3265	27	487
1991	4056	2496	1026	3844	3741	39	212
1992	4244	2540	1278	4530	3935	19	−286
1993	4335	3432	680	4140	4118	22	195
1994	4973	2225	2529	4832	4728	104	141
1995	5346	2879	2292	5754	5522	232	−408
1996	5801	3718	2281	6098	5803	295	−297
1997	6771	4409	2550	6669	6336	333	102
1998	7773	4672	2854	7772	7439	333	1
1999	10106	4824	4548	9742	9015	435	364
2000	11194	5102	5689	10971	10305	666	223
2001	11860	5449	6411	11860	11285	575	—
2002	14831	5295	9536	14831	14261	570	—
2003	17772	5959	11813	17772	17009	763	—
2004	20992	6989	14003	19396	18595	801	1596
2005	23488	6184	17304	23148	22512	636	340
合计	160812	70771	86569	157753	150944	5877	—

说明：以上数据来自财政局

第一节 机构

1989年年底，财政局设人事秘书股、预算股、企财股、农财股、农税股（1985年6月成立）、事财股、综合计划股、预算外资金管理股、中华会计函授站、资金管理所共10个二层机构和9个乡镇财政所。1990年5月，设国有资产管理股。1991年7月，设财政监察室；撤销企财股，分设商财股和工财股。1992年4月，财政局增挂国有资产管理局牌子。同年5月，撤销预算外资金管理股，具体业务划归综合计划股；设会计事务所。1994年6月，成立县资产评估事务所，属于国有资产管理局二层机构。1995年6月，设社会保障股。1997年4月，机构改革，设人事秘书监察股、预算股（含控购办）、综合计划股、社会保障股、行政事业单位财务股、农业税征收管理股（含检察院驻财政局检察室）、商财股、工财股、基建财务股、农财股、税收财务物价检查办公室（简称三查办，原设在县财委，机构改革后设在县财政局）11个职能股室和国有资产评估事务所、会计事务所、中华会计函授学校恭城县函授站、资金管理所4个二层机构及9个乡镇财政所。同年11月，增设基建股。1999年5月，县税收财务物价大检查办公室更名为县财政稽查办公室。2001年4月，撤销农业税征收管理股、县资产评估事务所，同时成立农业税征收管理局、县政府采购办公室。同年6月，成立县会计管理中心。

2002年4月，机构改革后，财政局内设办公室、预算股、行政事业财务股、社会保障股、综合股、农业财务股（挂农业综合开发办公室牌子）、农业税征收管理局、经济建设企业股、财政监督检查办公室9个职能股室，中华会计函授站、政府采购办、资金管理所、会计事务所、会计管理中心（会计事务所、会计管理中心一个机构、两块牌子）5个二层机构，及恭城镇、平安乡、栗木镇、龙虎乡、嘉会乡、西岭乡、莲花镇、观音乡、三江乡共9个乡镇财政所。2005年4月，设立国有资产管理办公室。同年年底，县财政系统干部职工共109人。

1989—2005年，历任局长：包君发、钟麟、段凡徐。

第二节 财政收入

预算收入

地方可用财力 1989—2005年，县级财政预算收入主要来自工商各税、企业收入、专项收入、其他收入共5大类别。1994年，分税制改革，全县财政收入分别由县国家税务局、地方税务局、财政局征收入库。国税部分由上级财政在确定的基数内返还。

1989—2005年，县财政一般预算收入累计是70771万元，占地方可用财力累计的44%；上级财政补助收入1989年是745万元，占是年地方财政收入21.3%，2005年是17304万元，占是年地方财政收入73.7%。在一般预算收入中，1989—2005年，随着改革开放不断深入，个体工商业、私营企业迅猛发展，加之生态农业效益逐步呈现，工商各税及农业税收大幅增长。工商各税收入累计39380万元，占一般预算收入的55.6%；农业四税收入累计12780万元，占一般预算收入的18.1%；国有企业（资产）收益收入累计2297万元，占一般预算收入的3.2%。

上划收入 1994年，实行分税制财政体制，将财政收入划分为中央固定收入、地方固定收入和中央地方共享收入3类。1994—2005年，上划中央收入累计28116万元。2005年，上划自治区收入1147万元。

1989—2005 年恭城瑶族自治县财政组织收入情况一览表

表 9-2　　　　　　　　　　　　　　　　　　　　　　　　单位：万元

年度	组织收入合计	地方可用财力									上划收入	
		合计	其中：1. 县级一般预算收入						其中：2. 上级财政补助收入	其中：3. 其他	中央	自治区
			小计	工商各税	农业四税	国有企业（资产）收益	专项收入	其他				
1989	2239	3491	2239	1638	239	122	—	240	745	507	—	—
1990	2359	3779	2359	1801	251	48	24	235	1030	390	—	—
1991	2496	4056	2496	1889	302	118	30	157	1026	534	—	—
1992	2540	4244	2540	1909	304	24	37	266	1278	426	—	—
1993	3432	4335	3432	2723	353	28	53	275	680	223	—	—
1994	3897	4973	2225	1328	581	—	74	242	2529	219	1672	—
1995	4649	5346	2879	1609	866	9	75	320	2292	175	1770	—
1996	5460	5801	3718	1937	1071	10	71	629	2281	-198	1742	—
1997	6253	6771	4409	2523	912	—	—	974	2550	-188	1844	—
1998	6518	7773	4672	2526	938	50	28	1130	2854	247	1846	—
1999	6557	10106	4824	2496	954	28	34	1312	4548	734	1733	—
2000	6943	11194	5102	2688	949	70	51	1344	5689	403	1841	—
2001	7499	11860	5449	3064	1001	2	55	1327	6411	—	2050	—
2002	8333	14831	5295	2581	1145	24	37	1508	9536	—	3038	—
2003	9345	17772	5959	2742	1920	74	49	1174	11813	—	3386	—
2004	10006	20992	6989	3379	700	108	83	2719	14003	—	3017	—
2005	11508	23488	6184	2547	294	1582	125	1636	17304	—	4177	1147
合计	100034	160812	70771	39380	12780	2297	826	15488	86569	3472	28116	1147

预算外收入

县级财政预算外收入主要由行政性收费收入、地方财政部门收入、国有企业及其主管部门收入、乡镇自筹统筹资金收入和上级补助收入等组成，其中绝大部分来自行政事业单位收入。1989—2005 年，县财政预算外收入总额为 40464 万元，其中行政事业单位收入 33040 万元，占 81.65%；其他依次为国有企业及其主管部门收入共 3642 万元，占 8.98%；地方财政部门收入 2855 万元，占 7.06%；乡镇自筹统筹资金收入共 640 万元，占 1.58%；上级补助收入共 287 万元，占 0.71%。

1989—2005 年恭瑶族自治县财政预算外收入统计表

表 9-3　　　　　　　　　　　　　　　　　　　　　　　　单位：万元

年度	合计	地方财政部门收入				行政事业单位收入					国有企业及其主管部门收入	乡镇自筹统筹资金收入	上级补助收入
		小计	各项附加收入	集中企业收入	其他收入	小计	行政事业性收费	专项基金	主管部门集中收入	其他收入			
1989	158	33	33	—	—	114	114	—	—	—	11	—	—
1990	1862	201	43	145	13	645	490	155	—	—	1016	—	—
1991	2408	327	52	148	127	729	556	173	—	—	1301	—	51
1992	2641	229	42	116	71	996	822	174	—	—	1314	—	102
1993	1837	305	38	176	91	1434	1097	337	—	—	—	—	98
1994	2217	250	34	—	216	1967	1096	446	—	425	—	—	—
1995	2643	482	45	—	437	2125	1269	510	—	346	—	—	36
1996	2770	565	339	—	226	2123	1003	594	256	270	—	82	—

续表 9-3

年度	合计	地方财政部门收入				行政事业单位收入					国有企业及其主管部门收入	乡镇自筹统筹资金收入	上级补助收入
		小计	各项附加收入	集中企业收入	其他收入	小计	行政事业性收费	专项基金	主管部门集中收入	其他收入			
1997	3649	463	118	—	345	3069	1336	1122	211	400	—	117	—
1998	2969	—	—	—	—	2961	1731	854	256	120	—	8	—
1999	2257	—	—	—	—	2231	1614	142	92	383	—	26	—
2000	2800	—	—	—	—	2701	2113	176	86	326	—	99	—
2001	2291	—	—	—	—	2110	1800	161	87	62	—	181	—
2002	2221	—	—	—	—	2094	1439	480	108	67	—	127	—
2003	2360	—	—	—	—	2360	1667	341	239	113	—	—	—
2004	2305	—	—	—	—	2305	1524	591	95	95	—	—	—
2005	3076	—	—	—	—	3076	1396	526	38	1116	—	—	—
合计	40464	2855	744	585	1526	33040	21067	6782	1468	3723	3642	640	287

第三节 财政支出

预算内支出

财政支出坚持“量入为出，量力而行”，从严控制支出，实现保工资发放、保工作正常运转、保财政收支平衡。1989—2005年，县财政一般预算支出总计160427万元。其中，教育支出32231万元，占总支出20.09%；行政管理费20598万元，占12.84%；行政事业单位离退休支出13047万元，占8.13%；农林水利气象等事业费10246万元，占6.39%；公检法支出费8201万元，占5.11%；基本建设支出7359万元，占4.59%；医疗卫生支出6642万元，占4.14%；其他部门事业费5655万元，占3.52%；支援农村生产支出5216万元，占3.25%；抚恤和社会福利救济费5175万元，占3.23%；文体广播事业费4554万元，占2.84%；企业挖潜改造资金4149万元，占2.59%；社会保障补助支出2113万元，占1.32%；政策性(价格)补贴1741万元，占1.09%；城市维护费1392万元，占0.87%；专项支出700万元，占0.44%；支援不发达地区支出622万元，占0.39%；科技三项费用244万元，占0.15%；工业交通等部门事业费224万元，占0.14%；农业综合开发支出175万元，占0.11%；科学事业费126万元，占0.08%；流通部门事业费58万元，占0.04%；简易建筑费45万元，占0.03%；国防支出14万元，占0.01%；其他支出费29900万元，占18.64%。

预算外支出

1989—2005年，县财政预算外支出累计为44321万元。其中，地方财政部门支出：行政事业支出547万元，占支出总额1.23%；基本建设支出137万元，占支出总额0.31%（包括更新改造）；城市维护支出557万元（主要用于城镇道路的扩宽、维护），占支出总额1.26%；其他支出679万元，占支出总额1.53%。行政事业单位支出：行政事业支出21946万元，占支出总额49.52%；专项基金支出4072万元，占支出总额9.19%；基本建设支出5276万元，占支出总额11.90%；城市维护支出313万元，占支出总额0.71%；其他收入支出2855万元，占支出总额6.44%。国有企业及其主管部门支出（基本建设支出、更新改造支出、大修理支出、其他支出）共4808万元，占支出总额10.85%。乡镇自筹统筹资金支出共650万元，主要用于教育、民兵训练、优抚、“五保”户和困难户补助、社会公益事业建设、计划生育及其他支出。政府调剂资金支出1931万元，占支出总额4.36%（上缴县财政，弥补县财政资金不足）。上解上级支出550万元，占支出总额1.24%。

1989—2005年恭城瑶族自治县财政一般预算支出统计表

表9-4

单位：万元

年度	地方财政预算内支出合计	其中：1.基本建设支出	2.企业挖潜改造资金	3.科技三项费用	4.支援农村生产支出	5.农林水利气象等事业费	6.城市维护费	7.文体广播事业费	8.科学事业费	9.抚恤和社会福利救济费	10.行政管理费	11.政策性（价格）补贴	12.支援不发达地区支出	13.工业、交通等部门事业费	14.流通部门事业费	15.其他部门事业费	16.公检法支出费	17.专项支出	18.农业综合开发支出	19.教育支出	20.医疗卫生支出	21.行政事业单位离退休支出	22.简易建筑费	23.社会保障补助支出	24.国防支出	25.其他支出费
1989	3102	20	60	—	160	138	53	124	8	59	414	0	32	4	1	69	145	—	—	592	187	—	—	—	—	1036
1990	3265	50	0	8	265	136	30	126	6	62	420	368	43	7	1	119	163	24	—	619	216	—	—	—	2	600
1991	3844	38	68	6	331	171	28	144	6	72	474	470	52	10	1	108	167	30	—	709	236	—	10	142	—	571
1992	3954	16	644	9	274	145	35	201	7	59	637	73	44	10	2	125	176	15	—	788	253	—	0	—	—	441
1993	4118	0	768	6	197	127	31	146	3	90	611	89	30	8	7	122	163	52	—	917	238	—	0	—	—	513
1994	4897	0	229	6	415	169	19	306	4	96	775	46	0	12	1	162	276	46	—	1375	176	—	10	—	—	774
1995	5760	97	153	10	355	238	52	514	5	304	952	121	8	13	1	247	340	68	7	1349	37	—	—	—	—	889
1996	6039	27	71	11	312	236	50	201	5	288	1030	103	0	13	1	253	431	52	3	1464	351	—	5	—	—	1132
1997	6610	46	123	32	313	274	93	228	5	197	1168	71	65	19	1	341	503	0	1	1623	357	—	—	—	—	1150
1998	7794	59	159	15	446	513	59	241	6	278	1088	53	30	15	1	775	419	50	5	1544	396	590	20	2	—	1030
1999	9354	60	79	15	526	339	58	223	5	167	1135	157	209	22	8	358	567	18	11	1852	374	878	—	144	3	2146
2000	10822	329	175	25	667	517	111	283	8	151	1727	95	73	8	9	488	598	24	17	2196	486	1114	—	105	3	1613
2001	11954	418	79	24	598	669	219	287	13	249	1644	15	2	12	8	629	811	43	100	2339	526	1428	—	158	—	1683
2002	15073	1089	11	28	357	813	156	328	5	498	1901	20	10	17	6	384	716	50	31	3265	636	1993	—	339	3	2417
2003	18662	1749	550	18	0	1653	105	330	6	810	1790	20	14	14	3	531	842	43	—	3058	659	2169	—	367	3	3928
2004	20230	1342	573	25	0	1635	97	413	11	896	1893	20	4	14	3	554	1022	76	—	3422	724	2266	—	503	—	4737
2005	24949	2019	407	6	0	2473	196	459	23	899	2939	20	6	26	4	390	862	109	—	5119	790	2609	—	353	—	5240
合计	160427	7359	4149	244	5216	10246	1392	4554	126	5175	20598	1741	622	224	58	5655	8201	700	175	32231	6642	13047	45	2113	14	29900

1989—2005 年恭城瑶族自治县财政预算外支出统计表

表 9-5　　　　单位：万元

年度		1989	1990	1991	1992	1993	1994	1995	1996	1997	1998	1999	2000	2001	2002	2003	2004	2005	合计
合计		184	1819	3086	3205	1840	2653	2743	2692	3305	2975	2209	3903	3087	3079	2739	2282	2520	44321
财政部门支出	小计	116	190	280	259	301	288	486	—	—	—	—	—	—	—	—	—	—	1920
	行政事业支出	95	66	90	186	39	5	66	—	—	—	—	—	—	—	—	—	—	547
	基本建设支出	—	64	19	19	20	—	15	—	—	—	—	—	—	—	—	—	—	137
	城市维护支出	21	60	60	26	125	128	137	—	—	—	—	—	—	—	—	—	—	557
	其他支出	—	—	111	28	117	155	268	—	—	—	—	—	—	—	—	—	—	679
行政事业单位支出	小计	68	557	703	938	1398	2353	2235	2435	3188	2787	2037	3611	2711	2748	2433	2037	2223	33462
	行政事业支出	68	346	467	595	995	1318	1972	1511	1476	2134	1595	2226	1696	1513	1325	1354	1355	21946
	基金支出	—	—	—	—	—	—	—	—	176	—	—	906	609	833	431	591	526	4072
	基本建设支出	—	205	226	234	322	924	127	372	1143	404	138	145	324	200	512	—	—	5276
	城市维护支出	—	3		10	20	21	12	42	—	110	24	24	25	22	—	—	—	313
	其他支出	—	3	10	99	61	90	124	510	393	139	280	310	57	180	165	92	342	2855
国有企业及其主管部门支出		—	913	1961	1934	—	—	—	—	—	—	—	—	—	—	—	—	—	4808
乡镇自筹统筹资金支出		—	—	—	—	—	—	—	82	117	18	26	93	175	120	19	—	—	650
政府调剂资金支出		—	—	—	—	—	—	—	175	—	170	146	199	201	211	287	245	297	1931
上解上级支出		—	159	142	74	141	12	22	—	—	—	—	—	—	—	—	—	—	550

第四节　财政管理

行政事业财务管理

预算编制管理　1989—2005 年，全县行政事业单位实行预算编制管理，按照“量入为出，量力而行”的原则，在上年预算支出的基础上，权衡轻重，保证发放工资，确保单位正常运行所需经费。

在编制单位预算中，人员经费以上年年末的工资为基数安排预算；公用经费一般单位按人均每年 400 元安排，四家班子部门及政法部门按人均每年 600 元安排；教育部门公用经费主要由公务费和修缮费组成，1989—2004年，公务费按小学生人均每年0.5元、中学生人均每年5元标准测算；修缮费按小学生人均每年0.7元、中学生人均每年1.2元标准测算；2004年，减除修缮费；2005年，公务费按小学生人均每年5元、中学生人均每年10元标准测算；专项业务费、设备购置费根据单位工作需要安排，每年不尽相同。预算资金的编排需经县委、县人民政府审查，最后报县人大审批。

会计管理　1989—2000年，县财政局主要对会计人员进行教育培训，对会计从业资格证进行管理，并依据《中华人民共和国会计法》（以下简称《会计法》）以及有关法律法规和政策对会计工作进行执法监督等。2001年，成立县单位会计人员委派工作领导小组，在县财政局成立县会计委派管理中心，选择县城建局、卫生局、教育局、交通局、民政局、计生局、水电局、土地局8个单位展开会计委派试点工作。经考试考核，共录用15名委派会计。除县计生局未委派出纳外，每个单位配备会计股长兼主管会计、出纳各1名。委派会计直接从事被派驻服务单位的财务管理工作，负责指导、监督、培训和组织管理所属基层单位财务活动。依照《会计法》和国家、地方法律、法规制度，代表县人民政府行使从事服务单位会计核算和监督职责。建立健全单位财务管理制度，确保单位资金的合理使用、国有资产的安全完整以及国家税收按时足额入库。参与服务单位财务决策，帮助单位制定内部会计管理制度。2005年，委派会计实有在岗14人。

社会保障基金管理

1999年11月，设立"社会保障基金财政专户"，启用"社会保障基金财政专户专用章"，将基本养老保险基金、失业保险基金、残疾人基金纳入财政管理体系。2002年7月，城市居民最低生活保障金纳入财政管理。2002年8月，机关事业养老基金、农村养老基金纳入财政管理。2003年5月，医疗保险基金纳入财政管理。2004年12月，对移交地方的栗木矿区离退休人员管理费进行专户管理。2005年10月31日，全县企业职工基本养老基金余额全部划入市财政养老专户。

县财政部门对社会保障基金实行"收支两条线"管理，即分别设立"收入户""支出户""财政专户"对社会保障基金进行管理。如对"基本养老保险基金"，在协商确定的同一个国有商业银行由社会保险经办机构开设"基本养老保险基金收入户"和"基本养老保险基金支出账户"，财政部门开设"社会保障基金财政专户"。银行根据凭证将企业和职工个人缴纳的基本养老保险费从企业基本账户中划入"基本养老保险基金收入户"，再由社会保险经办机构按月将"基本养老保险基金收入户"资金全部划入"社会保障基金财政专户"。之后，当社会保险经办机构按月向同级财政部门提出用款计划后，经财政部门审核，审核完毕后及时将基金从"社会保障基金财政专户"拨到"基本养老保险基金支出账户"。

1989—2005年，社会保障基金总收入13693万元，总支出11992万元。其中，养老保险基金收入9939万元，支出9424万元；失业保险基金收入1492万元，支出955万元；医疗保险基金收入2262万元，支出1613万元。

预算外收入管理

管理制度　1995年前，根据《国务院关于加强预算外资金管理的通知》的规定，对行政事业单位的预算外资金实行专户储存、集中管理的办法进行管理。从1996年开始，根据《国务院关于加强预算外资金管理的决定》的规定，对预算外资金建立统一财政专户，实行"收支两条线"管理。2001年，根据《自治县人民政府关于进一步完善行政事业性收费罚没收入收缴及"收支两条线"管理工作的通知》规定，对行政事业性收费收入征收政府调剂资金，比例如下：全额预算拨款单位，按行政事业性收费收入总额的60%征收政府调控资金，有自理人员的单位可降低10%的比例征收；原财务实行差额补助的单位，按收费收入总额的30%征收；原财务实行自收自支管理的单位，按收入总额的20%征收；主管部门集中收入和单位的其他收入按收入总额的30%征收；有偿经营服务收入，按扣除成本后的纯收入的 20% 征收。2003 年，根据《自治县人民政府关于进一步加强行政事业单位预算外资金收支两条线管理工作的通知》，对行政事业性收费收入征收政府调剂资金进行调整，比例如下：全额预算拨款单位，按行政事业性收费收入总额的 60% 征收政府调控资金，有自理人员的单位可降低 10% 的比例征收；非全额预算拨款的单位，按收费收入总额的 30% 征收；单位的非行政事业性收入，按收入总额的 30% 征收；原财务实行自收自支管理的单位，核定工资支出和规定应缴上级支出后，按收入总额的 40% 征收；主管部门集中收入按收入总额的 30% 征收；单位的其他收入按收入总额的 30% 征收。

2003 年，对预算外资金收入收缴管理制度进行改革，将预算外资金收入统称为非税收入；同年 9 月，根据自治县人民政府颁布的《恭城瑶族自治县非税收入收缴管理暂行办法》，实行非税收入收缴分离，并建立实施政府调剂资金申报制度。

票据管理 自 1994 年 1 月起，根据《广西壮族自治区行政事业性收费管理条例》及《广西壮族自治区收据管理办法》的规定，在加强对票据的领用、发售、核销手续的同时，认真审核票据的金额，并将发售票据与收据金额缴入财政专户的会计账目中进行管理。建立票据的年度核销制度，配合物价、审计部门对各单位的收费票据进行年度审验检查工作，控制乱收费现象，规范行政事业性收费管理工作。

专项资金管理

财政周转金 财政周转金是由各级财政部门管理、按照有偿原则周转使用的财政资金。财政周转金资金来源于：财政预算支出中按国家财政制度规定可以由无偿拨款改为有偿使用的资金；按照国家有关规定可以有偿使用的财政预算外资金；从上级财政部门借入的财政周转金；周转金占用费、存款利息及其他收益。财政周转金的使用范围主要包括：支持农业开发和农村集体经济的发展；支持科学、教育、文化、卫生等各项事业的发展和城市基础设施建设；扶持老、少、边、山穷地区发展生产、开发财源、脱贫致富和社会事业的发展；支持第三产业的发展；支持产业结构的调整，支持国有企业经济增长方式的转变，支持企业技术改造和高新技术产品的开发，帮助企业解决资金临时性周转困难；适合财政周转金扶持的其他项目。1990 年 1 月，县资金管理所将原企财股管理的企业周转金借出款 44.8 万元、银行存款 4.8 万元，共计 49.6 万元作为财政周转金本金，开展财政周转金借贷业务。截至 1998 年 12 月，累计发放财政周转金 4848 万元给县冶炼厂、县矿产公司、县龙星矿业有限责任公司等 40 余家县属中小企业周转使用。1999 年 1 月，停止办理财政周转金贷款业务，并按上级的“深化金融改革、整顿金融秩序、防范金融风险”的统一部署，开展清理账目，回收到期借款，重新核实债权、债务等业务活动。截至 2005 年 12 月，核定债权 1485.7 万元，债务 1225.7 万元。

支农周转金 1989 年开始，从本级农业特产税中按一定比例提取支农周转金，至 1997 年，累计借出支农周转金近 259 万元。其中，1996 年筹措支农周转金 125 万元，为借出最多的一年。1998 年，取消支农周转金项目。

农业综合开发项目资金 该类资金在 1989 年前后一直实行专人管理，专户储存，专账核算。财政无偿资金通过财政部门逐级拨付，有偿资金通过财政部门逐级承借，统借统还。2001 年 7 月，桂林市财政局下发《关于恭城县 2001 年农业综合开发土地治理项目计划的批复》，恭城县正式开始实施国家农业综合开发项目。2001—2005 年，先后在栗木镇、龙虎乡、嘉会乡、西岭乡 4 个乡镇实施农业综合开发土地治理项目，累计总投资 2104 万元。其中，中央财政资金 971 万元，自治区财政资金 414 万元，县级财政资金 143 万元，群众自筹资金 576 万元。

世界银行贷款 1995 年 10 月，自治县政府与自治区财政厅签订关于实施“贫困和少数民族地区

基础教育项目”的转贷协议，将世行贷款用于实施教育基础建设，项目转贷期限20年。1995—2000年，完成项目总投资1917万元。其中，世行贷款780万元，配套资金1137万元；扩建学校52所，新建教学楼56栋，增加校舍43061平方米，维修校舍9500平方米，购置图书326800册。

政府采购

2001年4月，成立恭城县政府采购办公室，为事业单位，定编3人。2001年至2005年年末，共有178个（次）单位参加采购，采购预算金额为2227万元，实际采购金额为2015万元，节约资金214万元，节约率为9.52%。2003年8月，委托桂林市人民政府采购办对县广电局的30万元（预算金额）“广电光纤网络工程设备”采购项目进行大型的公开政府采购招标大会方式采购，节约资金12万元。2005年3月，对县畜牧局种猪场栏内设备预算60万元的采购项目，实行竞争性谈判采购方式招标，节约资金7万元；同年9月，对县教育局预算资金100万元教学实验仪器设备采购项目实行邀请招标采购，节约资金13万元。

财政监督

1989—1997年，每年开展一次税收财务物价大检查。1990—1997年，共抽调895人次，查出违纪金额1451.43万元。其中，偷漏工商税967.2万元，偷漏企业所得税及应缴利润178.5万元，偷漏能源交通基金及预算调节基金45.94万元，不按规定用途支用各项财政资金4.58万元，违反国家价格法规25万元，乱收费、乱罚款、乱集资、乱摊派47.46万元，私设“小金库”2.4万元，其他180.35万元（包括违反控制社会集团购买规定23.5万元）。1999年5月，县财务税收物价大检查办公室改为县财政稽查办公室。同年，对县司法局及7个乡镇法律服务所收费票据及收费收入进行检查，对票据管理、预算外资金管理的方式方法、实行“收支两条线”等方面存在问题进行处罚。

2000—2005年，财政部门进一步加大财政监督和查处力度，对单位财务管理、清理“小金库”等工作进行专项检查。先后查处县林业局林政办、莲花镇人民政府、糖业烟酒公司等单位“小金库”违纪金额110万元；对西岭、平安、栗木、龙虎等乡镇人民政府的统筹款进行检查，将违法金额和罚款87708元全部上缴国库；对县自来水公司、建设局、房管所、农机管理中心、畜牧局、城管大队、土地局、公安局及二层机构的财务管理进行检查，对存在问题给予处理。

第五节　国有资产管理

产权登记和年检

1990年6月，在县财政局成立国有资产管理股。1992年，国有资产管理股升格为国有资产管理局，代表县人民政府行使国有资产管理行政职能。

1991年，开始对国有企业及实行企业化管理的事业单位进行产权登记工作，全县共登记53户，登记国有资产总额9431万元（其中，地方9362万元，中央69万元），此后每年都进行年检和登记工作。2000年，全县进行国有企业重新占用登记和换发新的产权登记表证工作，重新登记和换证47户。2005年，共换证21本，检查登记国有资产总额3084万元。

1996年，开展全县行政事业单位的国有资产产权登记工作，并逐户颁发“中华人民共和国国有资产产权登记证”。全县行政事业单位119户进行产权登记，登记资产总额为22252万元，负债7270万元，国有资产总额14982万元。2000年，参加国有资产产权登记和检查的单位94户，年检资产总额18426万元，负债3898万元，国有资产总额14528万元（其中，固定资产12224万元）。2005年，参加国有资产产权登记和检查的单位105户，年检资产总额48205万元，负债7789万元，国有资产总额40416万元。

国有资产评估和确认

1993—2001年，国有资产管理局针对国有资产管理混乱和国有资产流失的问题，对全县国有资产分期分批进行评估和确认，先后对县水泥厂股份制试点企业、矿泉水厂、冶炼厂、糖业烟酒公司、印刷厂、五金交化公司、岛坪铅锌矿、对外经济贸易公司、糖厂及其造纸分厂、饮食服务公司、木材公司土地资产、三江法庭、水泥制品总厂、粮食局饲料公司、老党校土地使用权、龙星矿业有限责任公司、财政局、腰子坪矿、县锰矿、莲花粮所、法院莲花法庭、计划局宿舍门面、五福电站、马路桥钨锡矿、矿产公司、农机供应公司、矿产资源管理处等34个单位进行国有资产评估和确认，总评估确认值29319万元。

第三章　税务

1989 年，境内征税机关是县税务局和县财政局。1994 年 9 月，撤销恭城县税务局，分别成立恭城县国家税务局和恭城县地方税务局。1995 年 1 月 1 日，县国税局和地税局正式独立运行。

1989—2005 年，各征税部门通过不断建立和完善《纳税申报制度》《干部管理制度》《执法过错责任追究制度》《廉政建设监督制度》等规章制度，推行政务公开，实行“征收管理、检查两分离”的征管模式，确保各种税收正常入库。工商各税收入：1989 年为 1687.2 万元，1994 年为 2936.08 万元，1989—1994 年的年递增率为 11.71%。1994 年后，国税和地税分设。2005 年，国税局、地税局组织各项税收收入分别为 4079 万元、4418 万元，分别是 1995 年的 1.61 倍和 4.71 倍。

第一节　机构

税务局

1989 年，恭城县税务局设办公室、人教股、监察室、会统股、征管股、税政股、税务检查股、发票所 8 个内设机构，下辖城镇、栗桂 2 个分局和城镇税务所、平安税务所、嘉会税务所、龙虎税务所、西岭税务所、栗木税务所、观音税务所、莲花税务所、三江税务所 9 个乡镇税务所，共有在职干部职工 141 人。1989—1994 年，税务局开征产品税、增值税、营业税等 23 种工商税种，累计完成工商各税收入 24910 万元。1994 年 9 月，撤销恭城县税务局，成立恭城县国家税务局和恭城县地方税务局。

1989—1994 年，县税务局局长为黄五临。

国家税务局

1994 年 9 月，成立恭城县国家税务局，内设人事股、监察室、计财股、税政股、涉外税收管理股、办公室，下辖稽查分局、发票管理所、城镇直属分局、栗桂分局及 9 个乡镇税务所，共有人员 117 人。1997 年，涉外税收管理股与税政股合并为税政股，乡镇税务所也进行合并，西岭税务所、平安税务所、城镇直属分局合并为县城分局，龙虎税务所、嘉会税务所合并为嘉会分局，栗木税务所、栗桂分局、观音税务所合并为栗木分局，莲花税务所、三江税务所合并为莲花分局。2005 年，栗木分局、嘉会分局又合并为嘉会分局，县城分局更名为恭城分局，国税局内设办公室、人事教育股、监察室、计划征收股、征收管理股、综合业务股、信息中心、下辖稽查局。至年末，全局在职人数 73 人。

1994—2005 年，历任局长：黄五临、罗勤康、李峰。

地方税务局

1994年9月，成立县地方税务局，内设办公室、税政股、征管股、会统股、人教股5个股和直属分局。1995年4月，成立稽查分局。1995年7月，成立县人民检察院驻县地方税务局检察室；1998年1月，撤销检察室。同年9月，设立栗桂及9个乡镇所。1997年8月，将栗木税务所、嘉会税务所、莲花税务所分别改为栗木税务分局、嘉会税务分局、莲花税务分局。1998年1月，稽查分局改为稽查局。2002年3月，增设监察室，直属分局改为直属征收管理分局，撤销栗桂税务所和观音税务所。

1994—2005年，历任局长：包君发、陈绍铭、罗双生、傅宏、杨沙沙。

第二节 分税前税务

税种

1989—1994年，县税务部门实行多税种、多层次的税制。1989年，县内开征的有产品税、增值税、营业税、工商统一税、城镇个体工商业户所得税、盐税、建筑税、城市维护建设税、国营企业奖金税、国营企业所得税、集体企业奖金税、集体企业所得税、屠宰税、牲畜交易税、车船使用税、个人收入调节税、房产税、印花税、特别消费税、筵席税、城镇土地使用税、资源税、国营企业工资调节税、事业单位奖金税、集市交易税、私营企业所得税、个人所得税27种工商税种。1990—1993年，辖内新增税种有土地增值税、固定资产投资方向调节税；1994年，税制改革，国营企业所得税、集体企业所得税、私营企业所得税合并，统一开征企业所得税；个人所得税个人收入调节税、城镇个体工商业户所得税合并，统一开征个人所得税；特别消费税改为消费税。停止征收的税种有产品税、工商统一税、盐税、牲畜交易税、集市交易税、奖金税、工资调节税。

税款征收

1989—1994年，全县税收入库共计13344.14万元。其中，1989年1687.20万元、1990年1861.50万元、1991年2094.99万元、1992年2039.07万元、1993年2725.30万元、1994年2936.08万元。县税务部门采取自报核缴（对财务制度比较健全的国营企业和集体企业、个体工商大户）、查定征收（对生产不固定、账证不健全的农村酒坊）、定期定额征收（个体工商户）及委托代征（对农村和边远山区）等征缴方式。

税源培植

1989—1994年，县税务部门大力扶持税源，在征收过程中促产增收，促进农村生产发展和企业增产增效。税源培植主要依靠税务人员深入企业，帮助企业在产、供、销、财务管理等方面提出合理化建议，为政府决策出谋划策，对有发展前途和经济效益好的企业实施扶持性减免税。

第三节 地方税务

1989—1994年，县税务局先后共开征产品税、增值税、营业税、集体企业所得税、个体户所得税、个人收入调节税、国有企业工资调节税、私人企业所得税、国营企业奖金税、集体企业奖金税、事业单位奖金税、特别消费税、建筑税、投资方向调节税、资源税、房产税、印花税、城市维护建设税、车船使用税、城镇土地使用税、屠宰税、牲畜交易税、消费税共23种税种，完成工商各税收入24910万元。工商各税中，增值税占的百分比最大，1994年为74.86%；其次是营业税和产品税。

从1994年起，全国实行新的“分税制”财政体制。同年9月，撤销恭城县税务局，分别成立恭城县国家税务局和恭城县地方税务局。是年，仍是合并工作，税收工作仍按原规定执行。1995年1月1日，县地税局正式独立运行。

1995—2005年，县地税税收总收入27601万元。其中，工商各税26128万元，占总收入94.66%；国有企业所得税935万元，占3.39%；防洪保安费收入123万元，占0.45%；教育费附加399万元，占1.45%；文化教育事业费16万元，占0.05%。2005年，地税各项收入合计为4418万元，是1995年收入938万元的4.71倍。

1995—2005年恭城瑶族自治县地方税收收入情况一览表

表9-6 单位：万元

年度	1995	1996	1997	1998	1999	2000	2001	2002	2003	2004	2005	合计
一、工商税收合计	664	1105	1820	1929	2073	2215	2491	2693	3073	3765	4300	26128
1. 营业税	356	434	716	767	717	832	787	867	1151	1821	1489	9937
2. 个人所得税	39	314	619	662	499	608	791	791	885	791	1300	7299
3. 土地增值税	2	—	2	1	1	—	3	3	4	7	12	35
4. 城市维护建设税	15	59	91	156	72	96	92	99	114	94	148	1036
5. 车船使用税	3	4	3	4	11	9	7	15	19	20	25	120
6. 房产税	49	49	55	102	80	78	84	88	119	168	167	1039
7. 屠宰税	3	59	58	44	59	53	65	53	16	—	—	410
8. 资源税	—	7	6	11	15	10	18	33	31	113	51	295
9. 印花税	3	3	3	4	2	7	6	4	5	9	8	54
10. 固定资产投资方向调节税	127	84	111	24	112	—	—	—	—	—	—	458
11. 土地使用税	22	12	40	44	55	39	46	45	34	40	40	417
12. 滞纳、罚金	—	1	6	2	—	—	—	—	—	—	—	9
13. 集体企业所得税	45	79	110	108	450	483	592	695	695	702	1060	5019
二、国有企业所得税	274	260	277	124	—	—	—	—	—	—	—	935
三、防洪保安费收入	—	—	12	14	19	17	10	6	11	15	19	123
四、教育费附加	—	—	—	28	34	51	55	37	47	51	96	399
五、文化教育事业费	—	—	—	—	—	4	2	2	2	3	3	16
收入合计	938	1365	2109	2095	2126	2287	2558	2738	3133	3834	4418	27601

税种税率

营业税 营业税是1984年从原工商统一税中分离出来后单独设立的税种，设9个税目，税率按行业设3档税率，税率3%行业有交通运输业、建筑业、邮电通信业、文化体育业；税率5%的行业有金融保险业、转让无形资产、销售不动产、服务业；税率20%的行业为娱乐业。1995年，营业税入库356万元；2005年，营业税入库1489万元。1995—2005年，营业税入库共9937万元。

个人所得税 1989—2005年，征收范围包括：工资、薪金所得；个体工商户的生产、经营所得；

对企事业单位的承包经营、承租经营所得；劳务报酬所得；稿酬所得；特许权使用费所得；利息、股息、红利所得；财产租赁所得；财产转让所得；偶然所得。从2000年1月1日起，对个人独资企业和合资企业不再征收企业所得税，只征收个人所得税。税率：工资、薪金所得，适用9级超额累进税率，按月应纳税所得额计算征税；按年计算、分月预缴税款的个体工商户的生产、经营所得和对企事业单位的承包经营、承租经营所得适用5级超额累进税率，最低一级为5%，最高一级为35%；对个人的稿酬所得，劳务报酬所得，特许权使用费所得，利息、股息、红利所得，财产租赁所得，财产转让所得，偶然所得和其他所得，按次计算征收个人所得税，适用20%的比例税率。1995年个人所得税入库39万元，2005年个人所得税入库1300万元，年递增率为42.00%。1995—2005年，个人所得税入库共7299万元。

地方企业所得税　1994年税制改革，取消按企业所有制形式设置所得税的办法，将国营企业所得税与集体企业所得税、私营企业所得税合并，统一征收内资企业所得税。纳税人为所有实行独立经济核算的中华人民共和国境内的内资企业或其他组织，包括6类：（1）国有企业；（2）集体企业；（3）私营企业；（4）联营企业；（5）股份制企业；（6）有生产经营所得和其他所得的其他组织。根据《中华人民共和国企业所得税暂行条例》的规定，企业所得税采用33%的比例税率。另外，为照顾规模较小、利润较少的中小型企业，还设置两档低税率：（1）对年应纳税所得额在3万元以下的企业，按18%的税率征收企业所得税；（2）对年应纳税所得在3万元以上，10万元以下的企业，按27%的税率征收企业所得税。1995年企业所得税入库319万元，2005年企业所得税入库1060万元，年递增率为12.76%。

城市维护建设税　凡缴纳产品税、增值税、营业税（1994年税改后，调整为增值税、消费税、营业税）的纳税单位和个人，为城市维护建设税的纳税义务人，以纳税人实际缴纳的产品税（消费税）、增值税、营业税税额为计税依据，分别与产品税、增值税、营业税同时缴纳。税率：纳税人所在地在市区的，税率为7%；纳税人所在地在县城、镇的，税率为5%；纳税人所在地不在市区、县城或镇的，税率为1%。1995年城市维护建设税入库15万元，2005年城市维护建设税入库148万元，年递增率为25.72%。

房产税　征税范围是城市、县城、建制镇、工矿区，但不包括农村的房屋。从价计征的，依照房产原值一次减除10%～30%后的余值依1.2%税率计算缴纳；从租计征的，按房产出租的租金收入依12%税率计算缴纳（对个人按市场价格出租的居民住房，用于居住的，可暂减按4%的税率征收房产税）。1995—2005年，房产税入库共1041万元。

车船使用税　1986年9月，国务院发布《中华人民共和国车船使用税暂行条例》，对各类企业、行政事业单位和个人征收车船使用税。根据有关规定，该条例不适用于外商投资企业和外国企业及外籍个人，对外商投资企业和外国企业及外籍个人仍征收车船使用牌照税。车船使用税和车船使用牌照税的税率按吨位或车辆情况征收，有多个档次。1995—2005年，车船使用税入库共121万元。

车船使用税税额表（一）

表9-7

类别		计税标准	每年税额	备注
机动船	150吨以下	每吨1.20元	按净吨位计征	—
	151～500吨	每吨1.60元	按净吨位计征	—
	501～1500吨	每吨2.20元	按净吨位计征	—
	1501～3000吨	每吨3.20元	按净吨位计征	—
	3001～10000吨	每吨4.20元	按净吨位计征	—
	10001吨以上	每吨5.00元	按净吨位计征	—

续表 9-7

类别		计税标准	每年税额	备注
非机动船	10 吨以下	每吨 0.60 元	按载重吨位计征	—
	11～50 吨	每吨 0.80 元	按载重吨位计征	—
	51～150 吨	每吨 1.00 元	按载重吨位计征	—
	151～300 吨	每吨 1.20 元	按载重吨位计征	—
	301 吨以上	每吨 1.40 元	按载重吨位计征	—

说明：该表所示为 1986—2005 年使用标准

车船使用税税额表（二）

表 9-8

类别	项目	计税标准	每年税额（元）	备注
机动车	乘人汽车	每辆	60.00～320.00	包括电车
	载货汽车	按净吨位每吨	16.00～60.00	
	二轮摩托车	每辆	20.00～60.00	
	三轮摩托车	每辆	32.00～80.00	
非机动车	人力驾驶	每辆	1.20～24.00	包括三轮车及其他人力拖行车辆
	畜力驾驶	每辆	4.00～32.00	
	自行车	每辆	2.00～4.00	

说明：该表所示为 1986—2005 年使用标准

车船使用牌照税税额表（一）

表 9-9

类别	计税标准	每季税额	备注
机动船	50 吨以下	每吨 0.3 元	按净吨位计征
	51 吨至 150 吨	每吨 0.35 元	按净吨位计征
	151 吨至 300 吨	每吨 0.4 元	按净吨位计征
	301 吨至 500 吨	每吨 0.45 元	按净吨位计征
	501 吨至 1000 吨	每吨 0.55 元	按净吨位计征
	1001 吨至 1500 吨	每吨 0.65 元	按净吨位计征
	1501 吨至 2000 吨	每吨 0.8 元	按净吨位计征
	2001 吨至 3000 吨	每吨 0.95 元	按净吨位计征
	3001 吨以上	每吨 1.1 元	按净吨位计征
非机动船	10 吨以下	每吨 0.15 元	按载重吨位计征
	11 吨至 50 吨	每吨 0.2 元	按载重吨位计征
	51 吨至 150 吨	每吨 0.25 元	按载重吨位计征
	151 吨至 300 吨	每吨 0.3 元	按载重吨位计征
	301 吨以上	每吨 0.35 元	按载重吨位计征

说明：该表所示为 1986—2005 年使用标准

车船使用牌照税税额表（二）

表 9-10

类别	项目	计税标准	每季税额（元）	备注
机动车	乘人汽车	每辆	15～80	—
	载货汽车	按净吨位每吨	4～15	
	机器脚踏车	两轮者每辆	5～15	
	—	三轮者每辆	8～20	
非机动车	兽力驾驶者	每辆	1～8	包括三轮车、黄包车及其他人力拖行车辆
	人力驾驶者	每辆	0.3～6	
	脚踏车	每辆	0.5～1	

说明：该表所示为 1986—2005 年使用标准

土地增值税 土地增值税的课税对象是有偿转让国有土地使用权及地上建筑物和其他附着物产权所取得的增值额。土地增值税采用四级超率累进税率。其中，最低税率为 30%，最高税率为 60%。1995—2005 年，土地增值税入库共 34 万元。

印花税 凡在中国境内书立、使用、领受规定的经济凭证、并应依法履行纳税义务的单位和个人为印花税的纳税人。具体指各类合同的合同人、产权转移书据的立据人、营业账簿的立账簿人、权利及许可证照的领受人、在国外书立领受及在国内使用应税凭证的使用人。1995—2005 年，印花税入库共 55 万元。

印花税税率表

表 9-11

税目	范围	税率	纳税对象	说明
1. 购销合同	包括供应、预购、采购、购销结合及协作、调剂、补偿、易货等合同	按购销金额 3‰贴金	立合同人	—
2. 加工承揽合同	包括加工、定作、修缮、修理、印刷广告、测绘、测试等合同	按加工或承揽收入 0.5‰贴花	立合同人	
3. 建设工程勘察设计合同	包括勘察、设计合同	按收取费用 0.5‰贴花	立合同人	
4. 建筑安装工程承包合同	包括建筑、安装工程承包合同	按承包金额 3‰贴花	立合同人	
5. 财产租赁合同	包括租赁房屋、船舶、飞机、机动车辆、机械、器具和设备等合同	按租赁金额 1‰贴花。税额不足 1 元，按 1 元贴花	立合同人	
6. 货物运输合同	包括民用航空运输、铁路运输、海上运输、内河运输、公路运输和联运合同	按运输费用 0.5‰贴花	立合同人	单据作为合同使用的，按合同贴花
7. 仓储保管合同	包括仓储、保管合同	按仓储保管费用 1‰贴花	立合同人	仓单或栈单作为合同使用的，按合同贴花
8. 借款合同	银行及其他金融组织和借款人（不包括银行同业拆借）所签订的借款合同	按借款金额 0.5‰贴花	立合同人	单据作为合同使用的，按合同贴花
9. 财产保险合同	包括财产、责任、保证、信用证等保险合同	按保险费收入 1‰贴花	立合同人	单据作为合同使用的，按合同贴花

续表 9-11

税目	范围	税率	纳税对象	说明
10. 技术合同	包括技术开发、转让、咨询、服务等合同	按所载金额 0.3‰贴花	立合同人	—
11. 产权转移书据	包括财产所有权和版权、商标专用权、专利权、专有技术使用权等转移书据	按所载金额 0.5‰贴花	立据人	
12. 营业账簿	生产、经营用账册	记载资金的账簿，按实收资本和资本公积的合计金额 0.5‰贴花。其他账簿按件贴花 5 元	立账簿人	
13. 权利、许可证照	包括政府部门发给的房屋产权证、工商营业执照、商标注册证、专利证、土地使用证	按件贴花 5 元	领受人	

说明：该表所示为 1988—2005 年使用标准

资源税　1996 年，开始征收资源税，设 7 个税目。凡在中华人民共和国境内开采规定的矿产品或者生产盐的单位和个人，为资源税的纳税义务人，应当依法缴纳资源税，按幅度税额征收。1996—2005 年，资源税入库共 291 万元。

按幅度税额征收。其中，原油 8 元 / 吨～ 30 元 / 吨，天然气 2 元 / 千立方米～ 15 元 / 千立方米，煤炭 0.3 元 / 吨～ 5 元 / 吨，其他非金属矿原矿 0.5 元 / 吨～ 20 元 / 吨，黑色金属矿原矿 2 元 / 吨～ 30 元 / 吨，有色金属矿原矿 0.4 元 / 吨～ 30 元 / 吨，固体盐 10 元 / 吨～ 60 元 / 吨，液体盐 2 元 / 吨～ 10 元 / 吨。

城镇土地使用税　在城市、县城、建制镇、工矿区范围内使用土地的单位和个人，为城镇土地使用税的纳税人，按幅度税额征收。1995—2005 年，城镇土地使用税入库共 417 万元。

城镇土地使用税幅度税额为（每平方米年税额）：县城、建制镇、工矿区 0.2 ～ 4 元。

屠宰税　1989 年至 1994 年 6 月，农民、居民宰杀生猪、菜牛出售的，除一类税收照顾区免税外，其余地区一律实行定额征收，生猪每头征税 10 元，菜牛每头征税 8 元；自食的，生猪每头征税 5 元；对少数民族地区在 4 个节日自食的减半征收，即生猪每头征税 2.5 元。1994 年 6 月后，屠宰牲畜自食的，税额：猪每头 8 元；牛、马、骡、驴每头 10 元；羊每头 1 元；对少数民族地区在 4 个节日自食的减半征收。2003 年，全县共征收屠宰税 16 万元。2004 年 1 月，取消屠宰税。

教育费附加　1989—2005 年，该项税收的计征方法以各单位和个人实际缴纳的产品税、增值税、营业税（1994 年税改后，调整为增值税、消费税、营业税）的税额为计征依据，附加率为 3%，分别与产品税（消费税）、增值税、营业税同时缴纳。1998—2005 年，教育费附加入库共 399 万元。

农业税　1989—1995 年，征收农业税基本上以征收实物为主，主要集中在每年 7 月、8 月的夏征，以统一在各乡镇粮食管理所集中征收为主要方式，每年的农业税入库任务近 80% 在这两个月内完成。1995 年后，农业税的征收由单一的实物征收逐渐转向征收实物和代金两种征收方式，征收代金由农户自行到各乡镇财政所缴纳税款。1998 年后，缴纳农业税代金成为农户缴纳农业税的主要方式。2003 年，根据国务院《关于全面推进农村税费改革试点工作的意见》文件精神，在全县范围内开展农村税费改革，农业税税率由 10.63%（平均税率）降为 6.5%，农业税附加按正税的 20% 提取。2004 年，农村税费改革进一步深入，农业税税率降为 5.5%。2005 年，根据《广西壮族自治区人民政府令（第 10 号）》精神，从 2005 年 1 月 1 日起，免征农业税。1989—2004 年，农业税入库共 5450 万元。

农林特产税　1989 年，农林特产税的征收方式以下乡设点征收为主，征收难度较大，税收流失情况严重。1994 年后，特产税所占比重增大，从 1993 年的 186.6 万元上升为 1994 年的 320.4 万元。1999年，特产税入库888万元。同年，对特产税的征管进行改革，全县实行申报纳税，由纳税人主动到财政所缴纳农业特产税，实行农税电算化办税，有效地控制税收流失。2004年，根据《财政部 国家税务总局关于取消除烟叶外的农业特产税有关问题的通知》文件精神免征农业特产税。1989—2002年，农林特产税入库共8070万元。

税务管理

税法宣传 1995—2005年，县地方税务局从各分局、所、股、室选出文字表达能力强、业务水平高的人员担任该局的信息新闻报道员，以一年一度的税法宣传月活动为重点，以专项宣传为补充，以广播电视、文艺晚会等为载体，多渠道、多层次、多形式宣传地税机关的职能职责、征管范围、税收法规。2001年，获得自治区地税局授予的"税收宣传月活动先进单位"称号；2002年，获得自治区地税局授予"税收宣传月活动优秀创新项目奖"。2005年，由税务干部职工及家属等文艺爱好者自发组成的税官文艺宣传队在县内小有名气，被誉为"恭城县第二文工团"。多次参加县内的广场文艺晚会，并到企业、厂矿、学校及红岩、横山、十八岭等新村宣传税法。

税收服务 1995—2005年，县地方税务局严格履行《中华人民共和国税收征收管理法》赋予税务机关的义务，切实保护纳税人合法权益。组织开展税收专项检查和清缴欠税，日常稽查和专项检查结合，严厉打击偷漏税行为，维护正常的税收秩序，为纳税人创造公开公正的税收环境；采取媒体宣传、印发资料、出版专栏、有奖竞猜、文艺宣传、开办税法知识辅导班等手段为纳税人提供及时准确的税收法律法规服务；发挥税收联系面广、信息灵通的特点为纳税人提供信息服务；完善办税服务厅功能，统一受理纳税人的咨询、申报、申请、审核、审批等涉税事项。恭城税务分局（原直属分局）、栗木税务分局、西岭税务所先后荣获自治区级"青年文明号"称号；其余分局、所均获市级"青年文明号"称号。2004年，开始在全县地税系统开展"心连心"纳税辅导活动，全体干部职工明确义务，一人负责给一户企业（纳税人）担任辅导员，开展纳税宣传服务。

纳税申报 1989年以来，尤其是1994年县地税局成立以来，从全县实际出发，加强和改进纳税申报工作。从1996年起，地税局改变过去税务人员上门收税的传统做法，全面实行纳税人到税务机关办税厅申报纳税办法（即上门申报）。2001年，在莲花税务分局推行"银税一体化"缴税方式。2003年，简化个体工商户纳税申报手续，实行简易申报和简并征期申报。2004年6月，全县所有地税基层征收单位都实行"银税一体化"。

税务登记 1995年，国税、地税机构分设后，恭城县地税局根据所管税种及地税工作特点，抓好纳税人的户籍管理，对纳税人设立、变更、停业、失踪、注销户及非正常户的认定管理。截至2005年年底，在县地税局办理税务登记的户数为4271户。其中，国有企业52户，集体企业43户，股份合作企业4户，股份有限公司8户，有限责任公司56户，其他有限责任公司5户，私营企业8户，其他企业39户，个体工商户4056户。

发票管理 1995—2005年，县地税局管理的发票主要有交通运输业、建筑业、金融保险业、邮电通信业、服务娱乐业、文化体育业、转让无形资产销售不动产等几类。除金融保险业、邮电通信业发票由企业申请印制自行管理外，其他发票一般采取批量供应、验旧购新、交旧购新3种管理方法。

1999年，为加强对娱乐业的税收管理，对全县所有的卡拉OK歌舞厅等娱乐场所使用的消费单列为营业票据范围统一纳入地方税务机关管理，实行"定额发票和消费单双重管理"的办法。办法规定，经营者在领用定额发票时即以定额发票金额为计税依据计征地方各税，同时按经营者每月消费单金额减除当月领用定额发票金额后的余额为计税依据计征地方各税。2004年10月，取消"定额发票和消费单双重管理"的办法，对娱乐业实行定期定额管理，在发票管理方面重新作出规定。纳税人当月购买或开具发票票面金额累计数不超过主管税务机关核定其当月应纳税营业收入额40%（含本数）的，不征收地方各税；累计数超过核定其当月应纳税营业收入额 40% 的部分，按规定申报缴纳地方各税。

税源培植

1995—2005 年，用活税收优惠政策扶持重点税源。1998 年起，在原征收 8% 营业税的基础上，逐年减征营业税至 5%。2003 年，开始对 600 余户下岗失业人员从事个体经营 3 年内免征营业税、城市维护建设税、教育费附加和所得税。2005 年起，减按 3% 的优惠税率征税及暂免征企业所得税。2003—2005 年，共减免税费 35.4 万余元。其中，对汇源果汁工程项目实行减免企业所得税 3 年的税收优惠政策，并在土地使用税、房产税方面也实施政策性优惠照顾；对水利电业等重点企业实施国家西部大开发税收优惠政策，对企业所得税减按 15% 的优惠税率征收。

税务稽查

日常稽查　1989—2005 年，发挥税务稽查“以查促管”的职能作用，每年均制订全年检查工作计划。在日常检查中，根据征管部门移送的纳税人申报资料进行分析，对表现可疑的纳税人进行税务检查以纠正其在涉税方面的不规范行为。1998—2005 年，县地税局稽查局实施检查纳税户 326 户（次），查补税款逾 1000 万元。

专项检查　1994—1997 年，在全县范围内先后对国有、集体、外贸、股份制企业、行政事业单位和个体工商户等开展行业性专项检查，共检查 80 户，查补入库税款 115 万元。1998—2005 年，在全县范围内先后对交通运输业、娱乐业、金融业等行业开展行业性专项检查和企业所得税、个人所得税等税收专项检查，共检查 161 户，查补入库税款 115 万元。

第四节　国家税务

1994 年，全国实行新的“分税制”财政体制；9 月，撤销恭城县税务局，成立恭城县国家税务局。是年，仍与地税局合并工作；年末，划分出上划中央收入为 1672 万元。1995 年 1 月 1 日，县国税局正式独立运行。至 2005 年，县国税局先后开征的税种有国内增值税、国内消费税、营业税（金融保险业）、内资企业所得税、储蓄利息个人所得税、车辆购置税 6 种。1995—2005 年，累计上划中央收入 22368 万元、上划自治区收入 1174 万元、国家税收收入 31643 万元。

1995—2005 年恭城瑶族自治县上划中央、自治区收入及国税局税收收入情况一览表

表 9-12　　单位：万元

年度	1995	1996	1997	1998	1999	2000	2001	2002	2003	2004	2005	合计
上划中央	1718	1742	1844	1846	1733	1841	2050	2295	2419	2121	2759	22368
上划自治区	—	—	—	—	—	—	—	—	—	—	1174	1174
国家税收收入合计	2534	2363	2474	2558	2044	2659	3010	3350	3530	3042	4079	31643
1. 国内增值税	2355	2282	2429	2442	1921	2434	2716	3026	3226	2800	3701	29332
2. 国内消费税	25	29	27	27	26	26	25	38	32	32	30	317
3. 营业税（金融保险业）	70	—	—	71	67	63	42	14	2	—	—	329
4. 企业所得税（内资企业）	38	44	18	18	29	30	40	90	83	7	3	400
5. 外资和外国企业所得税	—	—	—	—	—	—	—	—	—	—	—	—

续表 9-12

年度	1995	1996	1997	1998	1999	2000	2001	2002	2003	2004	2005	合计
6. 储蓄利息个人所得税	46	8	—	—	1	106	187	182	187	203	218	1138
7. 海关代征进口增值税	—	—	—	—	—	—	—	—	—	—	—	—
8. 车辆购置税	—	—	—	—	—	—	—	—	—	—	127	127

税种税率

产品税　恭城县内主要以酒、立德粉、氧化钽、氧化钨、氟钽酸钾、仲钨酸铵、氧化铌、电力、原木为课税品种。税率主要分两档，即 6% 和 17%。1989 年，产品税入库 342 万元；1993 年，产品税入库 391 万元。1994 年，实施《中华人民共和国增值税暂行条例》，取消产品税。1989—1993 年，共征收入库产品税 1715 万元。

增值税　对商品的生产、批发、零售和进口全面征收增值税，实行价外计征。税率分 3 种：基本税率，为 17%；低税率，为 13%；零税率。2003 年，根据广西壮族自治区个体经营及其他个人征收增值税的起点确定：销售货物的起征点为月销售额 2000 元；销售应税劳务的起征点为月销售 1500 元；按次纳税的起征点为每次（日）销售额 150 元。对不达起征点的个体工商户在此前已征收入库的税款由原征收机关按规定办理已征税款退库手续。1995—2005 年，共征收入库增值税 29332 万元。其中，1995 年征收入库 2355 万元，2005 年征收入库 3701 万元，年均递增率为 4.62%。

消费税　消费税的征收品目有 11 个，开征酒类和鞭炮产品两个。酒类的比例税率为 20%，定额税率为 1 元 / 千克；鞭炮税率为 15%。1995—2005 年，共征收入库消费税 317 万元。其中，1995 年征收入库 25 万元，2005 年征收入库 30 万元。

营业税　恭城县征收范围以金融保险业为主，税率为 5%。1995—2005 年，共征收入库营业税 329 万元。

所得税　1994 年 1 月 1 日开始征收，包括国有企业、集体企业、私营企业、联合企业、股份制企业以及生产经营所得和其他所得的其他组织。2000 年 1 月 1 日后，独资、合伙性质的私营企业改按《中华人民共和国个人所得税法》征收个人所得税。企业所得税采用 33% 的比例税率。对年应纳税所得额 10 万元以下企业实行优惠税率，年应纳税所得额 3 万元（含 3 万元）以下的企业，按 18% 的税率征收；年应纳税所得额 3 万元至 10 万元（含 10 万元）的企业，按 27% 的税率征收。1995—2005 年，共征收入库内资企业所得税 400 万元。

个人储蓄利息所得税　1999 年开征。以取得储蓄存款利息所得的个人为纳税义务人，以办理结付个人储蓄存款利息的储蓄机构为扣缴义务人，税率为 20%。1999—2005 年，共征收入库个人储蓄利息所得税 1138 万元。

车辆购置税　2001 年 1 月 1 日开征，征收范围包括汽车、摩托车、电车、挂车、农用运输车，税率为 10%。2001—2004 年，由交通部门车购办负责征收；2005 年 1 月 1 日后，由县国家税务局负责征收；同年，共征收入库车辆购置税 127 万元。

税收征管

1995 年，县国税局正式独立运行，设立办税大厅，实行银税一体化服务。大厅配置微机，实行内部微机联网，设税务登记、纳税申报、税款征收、税务咨询、发票管理等窗口。征收税款时，通过审核纳税户申报资料、税款划转入库等一系列程序，简便、高效地完成税款申报、征收、入库全过程工作，增加办税透明度。2003年，合并办税服务厅的窗口功能，实现增值税专用发票认证、报税、纳税申报的一窗办结；推行首问责任、限时服务、提醒服务、延时服务和预约服务等多种服务方式。各税务分局在办税大厅专门为下岗失业人员开辟“办税绿色通道”，提供方便快捷的服务。2004年，各税务分局实行“一窗一人一机”管理模式，发挥防伪税控系统的作用，提高票表比对效率，并在办税服务厅推行触摸屏导税服务平台。2005年，统一规范办税服务厅环境、税收业务流程、税收服务标准，实现融涉税事项为一窗、集全能服务为一人、汇集信息处理为一机的“一窗式”管理、“一站式”服务。

在税收征管中，根据国家经济调控政策，落实涉外企业、西部大开发企业、下岗失业人员再就业、调整增值税起征点未达起征点退税等税收优惠政策，1995—2005年，累计为企业和个体工商业户减免税收402万元。

税务登记 凡从事生产、经营、实行独立经济核算，并经工商行政管理部门批准开业的纳税人，自领取营业执照之日起30日内，应向当地税务机关申报办理税务登记。1989年，全县办理税务登记2054户；1996年，3298户；2005年，3469户。1996—2005年，全县共有49985户办理税务登记，年均2940户。

1993年，始行增值税一般纳税人认定制度。至2005年，共认定增值税一般纳税人840户，年均70户。

发票管理 1989年，有15家企业经税务机关批准印制种类普通发票13820本，税务机关自行设计印制普通发票4115本供给纳税人使用。1994年，县国税局建防盗报警票房1个，分局和税务所购防盗保险柜7个；增值税纳税人购防盗报警大保险柜2个，购防盗报警小保险柜36个，22户购有普通保险柜。1996年12月，将栗木有色金属公司开具百万元版增值税专用发票纳入防伪税控系统管理。1997年，对开具10万元以上增值税专用发票的企业（银殿集团、岛坪矿、矿产公司、西岭乡矿）纳入防伪税控系统管理。2001年后，所有开具增值税专用发票的企业都纳入防伪税控系统管理。

税法宣传 1995—2005年，县国税局在税法宣传工作中，每年举办1次税法宣传文艺晚会，共出动税法宣传车100多台次，在县城繁华街道及9个乡镇进行巡回宣传，举办纳税人税收知识培训班40多期，印制各种税收宣传资料5万多份，在广大群众中普及国家税收法律法规知识。其中，1996年，举办“税收与文明”中学生作文竞赛；2002年，开展“恭城县十名诚信纳税人”评选表彰活动；2004年，在全县中学生中开展“我与税法”有奖征文活动；2005年，与移动公司合作制作税收宣传手机彩铃，向广大手机用户普及税收知识。

税务稽查

1989年，进行征管模式改革，将日常征管与纳税检查分开，实行征查两条线。县税务局成立检查股，各分局、所设检查组。1990年，查补税款14.02万元，罚滞纳金0.24万元，罚款1.62万元。至1994年，共查补税款62万元，罚滞纳金0.24万元，罚款1.6万元。1995年后，国家税务分立运行，1995—2005年，县国家税务局共查补税款1253万元，罚滞纳金18万元，罚款62万元。

第四章　金融

1989 年，全县金融机构各项存款余额和贷款余额分别为 7411 万元和 7826 万元；2005 年，分别为 124603 万元和 63049 万元，分别是 1989 年的 16.81 倍和 8 倍。2005 年，全县金融业生产税净额 307 万元，营业盈余 1207 万元，年末从业人员 489 人。

第一节　机构

中国人民银行恭城瑶族自治县支行

1989 年，中国人民银行恭城支行设有办公室、综合股、会计股、发行股、保卫股，共有职工 19 人。1993 年，增设国库股、稽核股。1997 年，设立农村合作金融管理股；同年撤股改设“三部一室”，即监管部、营业部、保卫部、办公室。1998 年，撤部改设办公室、综合股、会计国库股、发行股、保卫股、农村合作金融管理股。2000 年，撤销发行股、保卫股。2003 年 12 月，人民银行与银行业监督管理委员会分设，撤销农村合作金融管理股。2004 年，撤销综合股，合并到会计国库股，改称为营业室。2005 年，撤销办公室，统一归并为营业室，年末有职工 13 人。

1989—2005 年，历任行长：张廷裕、阳峻屹、王熙进、牟桂雄、黄显清。

中国农业银行恭城瑶族自治县支行

1989 年，中国农业银行恭城县支行机关及二层机构设置为行长室、办公室、监察室、人事股、农业信贷股、计划统计股、工商信贷股、会计股、出纳股、保卫股、信用合作管理股、存款股、工会共 13 个股（室），下辖县支行营业部、城厢营业所、平安营业所、莲花营业所、三江营业所、嘉会营业所、西岭营业所、栗木营业所、观音营业所、茶江营业所、茶南储蓄所、莲花储蓄所、栗木储蓄所共 13 个营业机构。1993 年年初，恭城县支行与县信用联合社推出改革措施，行社统一并设“五科一室一会”：资金营运科、会计出纳科、人事教育科、稽查科、安全保卫科、农村金融工会、行社联合办公室。1996 年 9 月，行社正式脱钩。1995 年 7 月，支行茶南储蓄所升格为茶南分理处。1996 年，对业务量小的边远山区营业机构进行撤并；10 月，撤销观音营业所；12 月，撤销三江乡营业所。1997 年 5 月，桥头分理处开业。1999 年 4 月，撤销桥头分理处、莲花储蓄所。2001 年 9 月，撤销西岭营业所、嘉会营业所、平安营业所。2002 年 12 月，城厢营业所更名为城厢分理处，茶江营业所更名为茶江分理处，莲花营业所更名为莲花分理处，栗木营业所更名为栗木分理处；撤销栗木储蓄所，其业务并入栗木分理处。2005 年，推行“扁平化”管理，进一步精简机关职能机构，分流富余人员，自治县支行机关只设“四部一室”，即行长室、综合管理部、客户部、信贷部、风险部；辖设分支营业机构为“五处一部”，即营业部、城厢分理处、茶南分理处、茶江分理处、栗木分理处、莲花分理处；在职人数83人。

1989—2005年，历任行长：朱远兴、江义生、林周清、黄莘、傅国锋。

中国工商银行恭城支行

成立于1984年4月，主要经办各种存款和工商贷款；内设5个股室，下设栗桂分理处、栗桂储蓄所、城中分理处、大桥分理处、大桥储蓄所、茶西分理处。1989年，职工共86人。1996年，撤销栗桂分理处和栗桂储蓄所。1999年9月，撤销中国工商银行恭城县支行，储蓄存款划归县邮政储蓄办理，对公存款划归农村信用联社办理，贷款划归工商银行平乐县支行管理。2003年5月1日，又在恭城成立中国工商银行平乐县支行恭城茶江分理处，主要办理各种存款和工商业贷款、住房贷款等业务，职工9人。至2005年不变。

1989—2005年，历任行长：林桂英、钟奇兵、唐国富。

中国人民建设银行恭城支行

成立于1976年9月3日，原为办事处。1984年5月，升格为县支行，主要办理各种存款、基本建设贷款等。内设3个股室，下设有太平街分理处、十字街分理处、车站分理处。1989年，职工11人。1999年，职工共34人；同年11月撤销，存款划归县农业银行办理，贷款上划建设银行桂林分行管理。

1989—1999年，陈坤扬任行长。

恭城县农村信用联社

1989年至1996年10月，县信用联社辖城厢乡信用社、平安乡信用社、莲花乡信用社、嘉会乡信用社、西岭乡信用社、栗木乡信用社、三江乡信用社、观音乡信用社8个基层法人社，7个分社、21个信用站，共有职工108人。1996年，信用社与农行正式脱钩，县信用联社辖9个信用社、16个分社。2003年，人事教育股更名为人力资源部，稽查股更名为稽核监察部，会计出纳部分设为会计出纳部和电脑信息部。2005年，联社机关内设“六部一室一会”，即人力资源部、会计出纳部、信贷部、稽核监察部、安全保卫部、电脑信息部、办公室和工会委员会；辖城镇、平安、莲花、嘉会、西岭、栗木、城区7个基层法人社、21个营业网点，职工共187人。

1989—2005年，历任主任：朱远兴、江义生、林周清、郑定桥。

中国人民保险公司恭城县支公司

1982年10月，恢复成立中国人民保险公司恭城县支公司，设办公室和计财股、城市业务股、人身险股、农险股，职工共17人。1996年，中国人民保险公司实行分业经营，分别设立中国人民保险财产保险有限公司恭城支公司和中国人民保险人寿保险有限公司恭城县营业部。

1989—1996年，历任经理：曹德深、卢强、张建玲、曾振辉。

中国人民财产保险股份有限公司恭城县支公司

1996年4月，中国人民保险公司实行分业经营，设立中国人民保险财产保险有限公司恭城支公司，设经理室、办公室、财务股、财产股、运工股，职工共13人。

1999年，中国人民保险财产保险有限公司恭城县支公司更名为中国人民保险公司恭城县支公司，设经理室、办公室、财务股、展业股、理赔股，共有职工12人。2003年7月，中国人民保险公司恭城县支公司更名为中国人民财产保险股份有限公司恭城支公司。设经理室、综合部、业务一部、业务二部，职工共10人。至2005年不变。

1996—2005年，历任经理：曾振辉、黎明。

中国人民保险人寿保险有限公司恭城县营业部

1996年4月，中国人民保险公司实行分业经营，设立中国人民保险人寿保险有限公司恭城县营业部，专营人身保险业务，职工共4人。2005年，设经理室、综合部、客服中心、个险部、团体部、银邮中介部，职工共15人。

1996—2005年，历任经理：易忠、沈潜。

第二节 存款

存款种类

1989年，全县各项存款余额为7411万元。1990年，突破1亿元大关；1999年，突破5亿元；2004年，突破10亿元大关。2005年为12亿元，是1989年的16.81倍。

银行存款包括对公存款（结算往来存款）和储蓄存款。1989年，各项存款余额7411万元，其中，对公存款余额3435万元，占总余额46.35%；储蓄存款余额3976万元，占53.65%。1991年后，对公存款所占百分比逐年下降；到1998年，对公存款只占14.69%。之后，对公存款所占百分比有所回升，2005年，对公存款占20.64%。1989—2005年，对公存款余额占全县存款余额的比例最高为1990年的50.23%，最低为1998年的14.69%。

1989年，恭城县金融机构开办的储蓄存款种类有活期存款、定期存款。其中，定期存款有整存整取、零存整取、整存零取、存本取息、定活两便。按存款时间长短分，整存整取分为三个月、半年、一年、二年、三年、五年、八年；零存整取、整存零取、存本取息分为一年、二年、三年。另外还对单位和个人发行大额可转让定期存单，对个人三年（含三年）以上定期储蓄存款实行保值。1989年年末，全县储蓄存款余额为3976万元。其后，对储蓄存款的种类，进行相应调整：1991年12月1日，取消保值储蓄业务；1993年7月11日，重新开办保值储蓄业务；1996年4月1日，再次取消保值储蓄业务；1996年5月1日，整存整取增加“九个月”存款档次；1997年10月23日，取消整存整取“八年期”存款档次；2002年，取消“九个月”存款档次。2005年年末，金融机构开办的储蓄种类有活期、定期、教育储蓄3种。定期存款有整存整取（三个月、半年、一年、二年、三年、五年）、零存整取、整存零取、存本取息（一年、二年、三年）、定活两便。2005年，储蓄存款余额为98883万元，是1989年的24.87倍。

1989—2005年恭城瑶族自治县各项存款余额情况一览表

表9-13　　单位：万元、%

年度	各项存款余额	储蓄存款		对公存款								
				余额	占百分比	其中						
		余额	占百分比			企业存款	财政存款	机关团体存款	农业存款	信托存款	委托存款	其他存款
1989	7411.00	3976.00	53.65	3435.00	46.35	2145.00	131.00	382.00	434.00	32.00	—	311.00
1990	10202.00	5078.0	49.77	5124.00	50.23	2896.00	219.00	668.00	993.00	49.00	—	299.00

续表 9-13

年度	各项存款余额	储蓄存款		对公存款								
		余额	占百分比	余额	占百分比	其中						
						企业存款	财政存款	机关团体存款	农业存款	信托存款	委托存款	其他存款
1991	10916.00	6376.00	58.41	4540.00	41.59	1897.00	256.00	593.00	1432.00	5.00	—	357.00
1992	12960.00	7918.00	61.11	5042.00	38.89	2422.00	156.00	683.00	1370.00	2.00	—	409.00
1993	15291.00	9811.00	64.16	5480.00	35.84	2449.00	67.00	699.00	1860.00	5.00	—	400.00
1994	26595.00	20910.00	78.62	5685.00	21.38	4715.00	51.00	672.00	227.00	20.00	—	—
1995	31532.00	25402.00	80.56	6130.00	19.44	4907.00	75.00	707.00	189.00	252.00	—	—
1996	37255.00	30864.00	82.85	6391.00	17.15	5353.00	25.00	571.00	196.00	246.00	—	—
1997	42942.00	35541.00	82.77	7401.00	17.23	6344.00	66.00	778.00	157.00	56.00	—	—
1998	48639.00	41493.00	85.31	7146.00	14.69	5003.00	6.00	892.00	1117.00	—	98.00	30.00
1999	55721.00	46750.00	83.90	8971.00	16.10	4648.00	47.00	766.00	3377.00	—	96.00	37.00
2000	62439.00	51231.00	82.05	11208.00	17.95	5463.00	3.00	666.00	4982.00	—	—	94.00
2001	68545.00	57337.00	83.65	11208.00	16.35	4717.00	7.00	1670.00	4566.00	—	48.00	200.00
2002	77909.00	64262.00	82.48	13647.00	17.52	5033.00	83.00	3161.00	5052.00	—	35.00	283.00
2003	94835.00	77174.00	81.38	17661.00	18.62	6679.00	23.00	3713.00	6845.00	—	—	401.00
2004	109104.00	84492.00	77.44	24612.00	22.56	10998.00	1556.00	4173.00	7757.00	—	—	128.00
2005	124603.00	98883.00	79.36	25720.00	20.64	11808.00	611.00	3740.00	9223.00	—	—	338.00

说明：以上数据来源于中国人民银行恭城支行

存款利率

1989—2005年，恭城县内各金融机构执行的存款利率，均按照中国人民银行规定的存款利率的上下限来确定。1989—2005年，根据中国人民银行存款利率的调整共进行14次调整。其中，1990年2次、1991年1次、1993年2次、1996年2次、1997年1次、1998年3次、1999年1次、2002年1次、2004年1次。

1989—2005年恭城瑶族自治县存款利率变化情况一览表

表 9-14

单位：年利率、%

项目＼时间	1989年8月21日	1990年4月15日	1990年8月21日	1991年4月21日	1993年5月15日	1993年7月11日	1995年1月1日	1995年7月1日	1996年5月1日	1996年8月23日	1997年10月23日	1998年3月25日	1998年7月1日	1998年12月7日	1999年6月10日	2002年2月21日	2004年10月29日
一、活期	2.88	2.88	2.16	1.80	2.16	3.15	3.15	3.15	2.97	1.98	1.71	1.71	1.44	1.44	0.99	0.72	0.72
二、定期	—	—	—	—	—	—	—	—	—	—	—	—	—	—	—	—	—
1. 整存整取	—	—	—	—	—	—	—	—	—	—	—	—	—	—	—	—	—
三个月	7.56	6.30	4.32	3.24	4.86	6.66	6.66	6.66	4.86	3.33	2.88	2.88	2.79	2.79	1.98	1.71	1.71
半年	9.00	7.74	6.48	5.40	7.20	9.00	9.00	9.00	7.20	5.40	4.14	4.14	3.96	3.33	2.16	1.89	2.07
九个月	—	—	—	—	—	—	—	—	8.19	6.66	4.86	4.68	4.32	3.6	2.205	—	—
一年	11.34	10.08	8.48	7.56	9.18	10.98	10.98	10.98	9.18	7.47	5.67	5.22	4.77	3.78	2.25	1.98	2.25
二年	12.24	10.98	9.36	7.92	9.90	11.70	11.70	11.70	9.90	7.92	5.94	5.58	4.86	3.96	2.43	2.25	2.70
三年	13.14	11.88	10.08	8.28	10.80	12.24	12.24	12.24	10.80	8.28	6.21	6.21	4.95	4.14	2.70	2.52	3.24
五年	14.94	13.68	11.52	9.00	12.06	13.86	13.86	13.86	12.06	9.00	6.66	6.66	5.22	4.5	2.88	2.79	3.60
八年以上	17.64	16.20	13.68	10.08	14.58	17.10	17.10	17.10	17.10	17.10	—	—	—	—	—	—	—
2. 零存整取、整存零取、存本取息	—	—	—	—	—	—	—	—	—	—	—	—	—	—	—	—	—
一年	9.54	8.28	7.20	6.12	7.20	9.00	9.00	9.00	7.20	5.40	4.14	4.14	3.96	3.33	1.98	1.71	1.71
三年	11.34	10.08	8.64	6.84	9.18	10.98	10.98	10.98	9.18	7.47	5.67	5.22	4.77	3.78	2.16	1.89	2.07
五年	13.14	11.88	10.08	7.56	10.80	12.24	12.24	12.24	10.80	8.28	6.21	6.21	4.95	4.14	2.25	1.98	2.25
3. 定活两便	按同期整存整取利率打九折				按一年以内定期同档次利率打六折												

第三节 贷款

专项贷款

支农再贷款 支农再贷款是人民银行给农村信用社发放的专项用于支持农民、农村、农业经济发展的贷款。2000年开始发放，是年共发放贷款500万元，贷款年利率为2.79%。2001年，发放贷款3500万元，贷款年利率为2.79%。2002年和2003年，每年发放贷款6000万元，贷款年利率为2.25%。2004年，发放贷款5500万元，贷款年利率为2.25%。2005年，发放贷款4000万元，贷款年利率为3.24%。至2005年年末，累计发放贷款2.55亿元；同年年末，贷款余额3000万元。

发展少数民族经济贷款 发展少数民族经济贷款是国家专项用于支持少数民族地区经济发展的贷款，1991年开始发放，1993年停止发放。1991—1993年，贷款年利率为5.76%，累计发放贷款1063万元，重点支持栗木锡矿氢氟酸厂、营盘公路、县染织厂、印刷厂、水泥厂、城北水果市场、栗木水泥制品厂7个项目。

商业贷款

1989—1993年，各金融机构贷款以短期贷款为主，主要投向工商企业。1989年，短期贷款占贷款余额的93.90%，工业、商业贷款各占贷款余额的38.82%、41.77%，农业贷款仅占7.26%，建筑、乡镇企业、私营企业占比更少，分别为0.70%、4.33%、1.02%；中长期贷款主要是技术改造贷款，占贷款余额的5.69%。1993年，短期贷款占贷款余额的80.75%，工业、商业贷款各占贷款余额的42.28%、26.74%，农业贷款仅占7.18%；在中长期贷款中，技术改选贷款占贷款余额的11.74%，其他中长期贷款占贷款余额的6.94%。

1994—1998年，乡镇企业快速发展，乡镇企业贷款占比快速提高。1994年，乡镇企业贷款余额2274万元，是1993年的5.52倍，占贷款余额的10.20%，超过农业贷款。1998年，乡镇企业贷款余额4922万元，是1993年的11.95倍，占贷款余额的11.58%。

1999—2005年，由于工商银行、建设银行先后从恭城撤销，工业、商业、建筑贷款受到影响，占比快速降低，而农业贷款和其他贷款占比快速提高。1999年，工业贷款余额为709万元，仅是1998年的10%；商业贷款余额也比上年减少6.38%，无建筑贷款。农业贷款余额为7824万元，占贷款余额的20.67%，比1998年提高6.84个百分点。其他贷款余额为4593万元，占贷款余额的12.14%，比1998年提高1.30个百分点。2005年，全县各项贷款余额为63049万元，是1989年的8倍多；以短期贷款为主，占70.56%。在短期贷款中，工业贷款为4945万元，占各项贷款余额的7.84%；商业贷款为182万元，占各项贷款余额0.29%；建筑贷款为20万元，占各项贷款余额0.03%；农业贷款为32460万元，占各项贷款余额51.48%，成为占比最高的贷款项目。

1989—2005 年恭城瑶族自治县金融机构各项贷款情况一览表

表 9-15

单位：万元

年度	各项贷款余额	其中											
		短期贷款							中期流动资金贷款	中长期贷款			其他贷款
		工业贷款	商业贷款	建筑贷款	农业贷款	乡镇企业贷款	私营企业贷款	其他贷款		基本建设贷款	技术改造贷款	其他中长期贷款	
1989	7826	3038	3269	55	568	339	80	—	—	—	445	—	32
1990	9687	4131	3323	51	760	327	69	—	—	—	350	612	64
1991	11405	5236	3502	65	1012	285	68	—	—	—	433	739	65
1992	13109	5657	3614	180	1062	415	55	—	—	395	1171	442	118
1993	14951	6321	3999	175	1073	412	63	—	—	—	1755	1037	116
1994	22294	6924	3328	176	2260	2274	475	908	—	—	1651	1929	2369
1995	26930	6798	7103	161	3428	3762	325	2356	—	—	825	2057	115
1996	33293	7261	10081	179	5467	3731	288	2868	—	—	1606	1664	148
1997	37677	7048	10890	393	5284	4881	283	4619	—	—	1586	2448	245
1998	42509	7068	10881	328	5881	4922	444	4611	—	1329	2711	3472	862
1999	37846	709	10187	—	7824	6063	524	4593	145	818	1266	5153	564
2000	38892	575	8629	—	10072	4907	543	4729	434	768	—	7796	439
2001	45717	580	8307	—	14161	5647	924	3771	263	768	—	11296	—
2002	51345	650	7622	50	18613	6078	276	5050	1132	768	—	11106	—
2003	59637	1720	6976	50	21191	6173	327	5558	1309	964	—	14599	770
2004	58789	4410	195	50	24719	6126	90	5599	2307	551	—	14676	66
2005	63049	4945	182	20	32460	133	80	6666	—	—	—	18563	—

贷款利率

1989—2005 年，恭城县内各金融机构执行的贷款利率，均按照中国人民银行规定的贷款利率的上下限来确定。1989—2005 年，共进行 16 次调整。其中，1990 年 2 次、1991 年 1 次、1993 年 2 次、1995 年 2 次、1996 年 2 次、1997 年 1 次、1998 年 3 次、1999 年 1 次、2002 年 1 次、2004 年 1 次。

1989—1993 年贷款利率变化情况一览表

表 9-16

单位：年利率，%

项目 \ 时间	1989 年 2 月 1 日	1990 年 3 月 21 日	1990 年 8 月 21 日	1991 年 4 月 21 日	1993 年 5 月 15 日	1993 年 7 月 11 日
一、一般流动资金贷款	—	—	—	—	—	—
三个月	11.34	7.92	7.92	—	—	—
六个月	11.34	9.00	8.64	8.10	8.82	9.00
一年	11.34	10.08	9.36	8.64	9.36	10.98
二、固定资产贷款	—	—	—	—	—	—
（一）技术改造贷款	同基本建设	10.08	9.36	8.46	9.18	10.98

续表 9-16

项目＼时间	1989年2月1日	1990年3月21日	1990年8月21日	1991年4月21日	1993年5月15日	1993年7月11日
（二）基本建设贷款	—	—	—	—	—	—
一年以内	11.34	10.08	9.36	—	9.18	10.98
一年以上至三年	12.78	10.80	10.08	9.00	10.80	12.24
三年以上至五年	14.40	11.52	10.80	9.54	12.06	13.86
五年以上至十年	19.26	11.88	11.16	9.72	12.24	14.04
十年以上	—	11.38	11.16	—	—	—

说明：1. 贷款利率可按规定的浮动幅度上、下浮动；
2. 贷款逾期按规定罚息

1995—2005 年各项贷款利率调整表

表 9-17 单位：年利率、%

项目＼时间	1995年1月1日	1995年7月1日	1996年5月1日	1996年8月23日	1997年10月23日	1998年3月25日	1998年7月1日	1998年12月7日	1999年6月10日	2002年2月21日	2004年10月29日
一、短期贷款	—	—	—	—	—	—	—	—	—	—	—
六个月以内	9.00	10.08	9.72	9.18	7.65	7.02	6.57	6.12	5.58	5.04	5.22
六个月至一年	10.98	12.06	10.98	10.08	8.64	7.92	6.93	6.39	5.85	5.31	5.58
二、中长期贷款	—	—	—	—	—	—	—	—	—	—	—
一年以内（固定资产）	11.70	12.24	11.52	10.08	—	—	—	—	—	—	—
一年至三年	12.96	13.50	13.14	10.98	9.36	9.00	7.11	6.66	5.94	5.49	5.76
三年至五年	14.58	15.12	14.94	11.70	9.90	9.72	7.65	7.20	6.03	5.58	5.85
五年以上	14.76	15.30	15.12	12.42	10.53	10.35	8.01	7.56	6.21	5.76	6.12

说明：1. 贷款利率可按规定的浮动幅度上、下浮动；
2. 贷款逾期按规定罚息

第四节 货币

1989—2005 年，县内流通的人民币有第一套人民币的分币、第三套人民币（于 1962 年 4 月 15 日开始发行，共 13 种，有 1 角、2 角、5 角、1 元、2 元、5 元、10 元券，于 2000 年 7 月 1 日停止流通）、第四套人民币（于 1987 年 4 月 27 日开始发行，共 11 种，1980 年版有 1 角、2 角、5 角、1 元、2 元、5 元、10 元、50 元、100 元券，1990 年版有 1 元、2 元、50 元、100 元券）、第五套人民币（于 1999 年 10 月 1 日开始发行，币种有 1 角、5 角、1 元、5 元、10 元、20 元、50 元、100 元券）和可流通的纪念币、钞。1984—2005 年，发行普通纪念币、钞 61 套、76 枚（张）。

货币管理

1989—2005年，中国人民银行恭城支行每年组织县内各商业银行、农村信用社、邮政储蓄等单位开展反假货币宣传月活动。同时，强化现金结算的管理和服务，规定单位现金使用的范围，一个单位只能开立一个现金结算账户，并核定其现金库存限额。各金融机构全部实现电子化操作，国有商业银行、邮政储蓄实现全国联网，农村信用社储蓄存款实现在广西壮族自治区通存通兑，减少现金的使用。

现金流通

1989年，现金的收付量分别为19949万元和20576万元。随着国民经济的发展和人民生活水平的提高及物价的变化，现金的流通量逐年增加，特别是1999年后，随着生态农业的发展，水果产量不断增加，现金的流通量随之大量增加。1999年，现金收付量为158192万元和198990万元，分别比上年增加45526万元和41285万元。2005年，现金的收付量为390992万元和391314万元，分别是1989年的19.6倍和19.02倍；同年，现金净投放322万元。

第五节　结算

1950年4月，实行现金管理和推行划拨结算以后，恭城县内各机关、团体、企事业单位以及部分私营工商业在银行开设往来结算账户，并且逐步缩小现金结算，扩大转账结算范围，机关、团体、企事业单位所有现金除准予保留规定限额外，都必须及时存入银行。各企业之间的交易往来和货币支付，除了小额零星者外，一律通过银行转账结算，中国人民银行作为现金管理的执行机关负责办理及检查有关现金管理。各银行成为各单位各部门经济往来的结算中心，一切现金和转账结算均集中于银行，结算业务逐年发展。按结算方式划分，1989年，同城结算占77.10%，异地结算占22.90%。为规范银行结算账户的开立使用，防止多头开户，中国人民银行于1994年颁发《银行账户管理办法》，规范开立基本存款账户、一般存款账户、临时存款账户和专用存款账户。1995年，中国人民银行恭城县支行组织一次大规模清理，至年底共清理各类账户539户（其中，基本存款户334户）。随着改革形势的发展，结算业务的不断变化，《银行账户管理办法》的某些条款已不能适应经济金融改革的需要。2003年，《银行账户管理办法》更名为《人民币银行结算账户管理办法》，增加个人银行结算账户，于2003年9月1日正式实施。2005年6月，正式运行《人民币银行结算账户管理系统》，对原有单位及个人银行结算账户进行全面核实清理，县内开立单位和个人银行结算账户199077户，其中单位基本存款户581户，其他账户440户，个人结算户198056户。

同城结算，以支票结算和托收无承付结算为主要方式；异地结算则有银行汇票、商业汇票、银行本票、支票汇兑、委托收款等6种结算方式。2005年5月，中国人民银行完成大额支付系统在全国的建设和推广应用，恭城县支库也间接参与全国大额支付系统，拥有独立的资金汇划渠道，实现国库内部往来和同城票据交换，资金汇划实现“零在途”，业务量增长近1倍，由1989年的15000笔，增长到2005年的28500笔。

第六节　非金融机构的金融业务

邮政储蓄

1989 年，恭城邮政储蓄业务中开办定期储蓄业务和活期储蓄业务。定期储蓄有整存整取、零存整取、存本取息 3 种；活期储蓄有本地存取、异地存取、定活两便 3 种，也办理储转汇和汇转储业务。1990 年 6 月，增办全县范围内活期储蓄的异地存取业务。1997 年 11 月，增办全国“绿卡”工程和活期储蓄的异地存取业务。2000 年年末，栗木、嘉会等乡镇的邮政所邮政储蓄点相继成为全国邮政储蓄“绿卡”联网网点。2001 年 7 月，邮政储蓄从桂林市“绿卡”中心过渡到自治区“绿卡”中心，储户在全区范围内办理活期异地存取款业务免收手续费，办理续存及取款实行签名制；8 月，各储蓄点办理跨省异地窗口卡业务。2002 年 1 月 1 日，取消“对个人当日存入的储蓄款 24 小时内支取的必须在原存入网点办理”的规定，储户可在全国邮政“绿卡”网点办理活期即存即取业务。2005 年年末，邮政储蓄存款余额为 13087 万元。

1989 年前，邮政储蓄属于为国家银行代办，银行支付手续费给邮政。1990 年后，邮政储蓄与中国人民银行改为转存关系，邮政储蓄收入为利差；2005 年，利差收入为 278 万元。1998 年，邮政和电信分营后，邮政储蓄稳步发展，邮政储蓄收入占县邮政局总收入的 65% 左右。

农村合作基金会

1995 年 10 月和 1996 年 4 月，分别成立恭城镇、平安乡 2 个农村合作基金会，共有工作人员 12 人。截至 1999 年 7 月 25 日，2 个基金会共吸收各种股金 630.21 万元，各种借款金额 520.28 万元。1999 年 7 月，按照《国务院办公厅转发整顿农村合作基金会工作小组清理整顿农村合作基金工作方案的通知》文件精神，撤销农村合作基金会。是时，成立“两会一部”（农村合作基金会、救灾互助储金会、供销社股金服务部）清理整顿工作领导小组，从有关单位抽调人员成立清产核资小组对两个农村合作基金会进行清理整顿。经清理后按有关方法计算，两个基金会有效资产与负债差额为资产小于 22.47 万元，当年亏损 29.12 万元。为了及时将各种股金兑现给会员，采取多种渠道筹集资金 180 万元，上级专项贷款 150 万元和基金会存款余额 110 万元，共 440 万元。至 1999 年年底，会员的各种股金基本兑付完毕。在基金会关闭期间，成立由政府办、公安、人民法院、农办等有关部门参加的追收借款领导小组，把追收基金会借款的任务分配到县直各单位，实行包干负责。2002 年后，将尚未追回的借款移交给县人民法院进行追收，但仍有一部分借款户无力归还，共欠借款 88.08 万元。后期，有关业务工作移交给农村信用社代管。

供销社员股金会

1995 年 10 月，县人民政府转发桂林地区行署《关于广泛争取农民群众加入供销社扩大社员股金的通知》，按照中共中央、国务院《关于深化供销社改革的决定》文件精神在平安乡供销社做入社扩股试点工作。是年，平安乡政府抽调 19 名干部，县乡供销社派 24 人，分赴 15 个村开展宣传工作。经 1 个多月的工作，有 5219 户（占全乡总户数 70%）入股 105 万元。是年，全县吸收股金 350 万元。1996 年，在全县范围内发动农民入社扩股，城镇居民、机关、厂矿企事业单位不少职工自愿入股。是年 8 月，吸收股金余额为 550 万元。由于有了一批社员股金，对供销系统的经营业务，特别是对农业生产资料的组织、供应业务起到积极的作用，销售总额比上年增加 3966 万元。1997 年下半年，停止吸收社员股金。1999 年 7 月，按照上级有关文件精神，撤销供销社员股金会。是时，成立“两会一部”清理整顿工作领导小组，采取盘活资产卖掉闲置土地房屋、农资实行抽本经营或整体发包加强收取租赁承包费等措施筹集资金兑付社员股金。如平安供销社把桥头分社整体发包，10 年收租金 35 万元。至 2000 年，未兑付股金余额 104 万元。2001 年，县供销合作联社与县财政局签订借款 50 万元的协议兑付股金，各企业也挖掘潜力筹措资金陆续兑付股金。至 2005 年年末，尚欠社员股金 31 万元。

第七节 保险

1989—2005 年，全县财产保险保费收入累计 7348 万元，理赔累计 3953 万元；人身保险保费收入累计 17333 万元，理赔累计 2081 万元。其中，1989 年财产保险保费收入和理赔分别为 106 万元和 42 万元；人身保险保费收入 66.3 万元，理赔 9 万元。2005 年，财产保险保费收入和理赔分别是 859 万元和 423 万元，分别是 1989 年的 8 倍和 10 倍；人身保险保费收入和理赔（给付）分别是 2840 万元和 230 万元，分别是 1989 年的 43 倍和 26 倍。

财产保险

险种 1989 年至 1996 年 4 月，中国人民保险公司恭城县支公司主要开办的财产保险险种有企业财产保险、家庭财产保险、机动车辆保险、工程责任保险、货物运输保险、农业保险。

1996 年 4 月，实行分业经营后，中保财产保险有限公司恭城支公司主要开办的财产保险险种有企业财产保险、家庭财产保险、机动车辆保险、工程责任保险、货物运输保险和农业保险等。

保费收入 1989 年，中国人民保险公司恭城县支公司各种财产保险保费收入 106 万元。保费收入最多的险种是机动车辆险，保费收入 39 万元，占收入的 36.79%；其次是企业财险，保费收入 30 万元，占收入的 28.30%。之后两年，保费收入以平均每年增长 20% 速度发展。1992 年，新增工程责任保险，保费收入 20 万元，全年各种财产保险保费收入 198 万元，比上年增长 33.78%。之后，随着机动车辆的快速增长，机动车辆险的保费收入也快速提高，1993 年为 97 万元，1994 年为 141 万元，1996年为202万元，2002年为348万元，2003年为437万元，2004年为563万元，2005年为607万元。农业险从 1993 年后开始萎缩，是年，保费收入 1 万元；1996 年后，无人投保。

2005 年，中保财产保险有限公司恭城支公司各种财产保险保费收入 859 万元，是 1989 年中国人民保险公司恭城县支公司各种财产保险保费收入 106 万元的 8 倍，年平均增长速度为 13.97%。在各种财产保险保费收入中，机动车辆保费收入最多，占的份额最大，1989 年收入 39 万元，占 36.79%，2005 年收入 607 万元，占 70.66%。

理赔 1989—2005 年，机动车辆险收入多，理赔多；农业险以政府投入为主，基本收支平衡；家庭财产险效益最好。1989 年，各种财产损失保险理赔共计 42 万元。其中机动车辆理赔最多，为 34 万元，占各种财产损失保险理赔总额的 80.95%，占是年机动车辆保费收入的 87.18%；农业险理赔 2 万元，为是年农业险保费收入的 2 倍；企业财产险理赔 2 万元，为是年企业财产险保费收入的 6.67%。2005 年，各种财产损失保险理赔共计 423 万元。其中机动车辆理赔最多，为 304 万元，占各种财产损失保险理赔总额的 71.87%，占是年机动车辆保费收入的 50.08%。

1989—2005 年，各种财产损失保险理赔累计共 3952 万元，占保费累计收入 7348 万元的 53.78%。其中，机动车辆险累计理赔 2347 万元，占各种财产损失保险理赔总额的 59.39%，占机动车辆保费收入的 59.12%；企业财产险累计理赔 868 万元，占各种财产损失保险理赔总额的 21.96%，占企业财产险保费收入的 55.08%；家庭财产险累计理赔 278 万元，占各种财产损失保险理赔总额的

7.03%，占家庭财产险保费收入的39.38%；工程责任险自1992年开始运行，累计理赔409万元，占各种财产损失保险理赔总额的10.35%，占工程责任险保费收入的49.70%；货物运输险累计理赔12万元，农业险累计理赔25万元，其他险累计理赔13万元。

1989—2005年恭城瑶族自治县财产保险主要险种赔付情况一览表

表9-18　　单位：万元

年份	企业财产	家庭财产	机动车辆	工程责任	货物运输	农业	其他	合计
1989	2	4	34	0	0	2	0	42
1990	8	8	28	0	0	1	0	45
1991	62	6	36	0	0	1	0	105
1992	65	8	78	4	0	8	1	164
1993	43	13	104	18	0	10	0	188
1994	59	22	158	8	0	0	1	248
1995	25	10	140	6	0	3	0	184
1996	59	41	158	16	0	0	1	275
1997	44	31	130	43	0	0	8	256
1998	51	50	121	41	0	0	1	264
1999	45	26	135	39	0	0	0	245
2000	45	16	140	42	0	0	0	243
2001	56	9	178	33	2	0	0	278
2002	77	10	157	34	5	0	0	283
2003	72	10	190	41	1	0	0	314
2004	77	8	256	52	2	0	0	395
2005	78	6	304	32	2	0	1	423

人身保险

1989年，中国人民保险公司恭城县支公司开办的人身保险险种有简易人身险、学生平安险、司机乘客意外伤害险、旅客意外伤害险，投保人数42423人，保费收入66.3万元，理赔9万元。1989—1995年，简易人身险保费收入累计462万元，理赔累计支出86万元；人身意外险保费收入累计446万元，理赔累计支出143万元。

1996年4月月底，中国人民保险公司实行分业经营，中保人寿保险有限公司恭城县营业部专营人身保险，是年，人身保险保费收入354万元。之后，业务不断拓展，共开展人寿保险、健康保险、意外伤害保险3类、80多个险种服务业务。1996—2005年，人寿保险保费收入累计14540万元，理赔（给付）累计支付672万元；健康保险保费收入累计766万元，理赔（给付）累计支付446万元；意外伤害保险保费收入累计1810万元，理赔累计支付905万元，理赔率50%。2005年，人寿保险保费收入2519万元，理赔（给付）105万元；健康保险保费收入110万元，理赔（给付）43万元；意外伤害保险保费收入124万元，理赔50万元，理赔率40%。

第十篇

经济综合管理

第一章　计划

1989—2005年，自治县计划委员会共编制恭城国民经济和社会发展的17个年度计划和4个五年计划，为全县经济和社会发展勾画蓝图。同时，在计划执行的过程中，加强对基本建设投资项目、以工代赈项目的管理，在推动全县经济社会发展以及贫困地区的脱贫致富发挥了重要的作用。

第一节　机构

1996年7月，自治县计划委员会更名为自治县计划局，内设秘书股、综合计划股、项目股、固定资产投资股，核定行政编制6名、工勤人员编制1名。1999年5月，增设国防动员委员会国民经济动员办公室，核定事业编制1名。2002年1月，计划局更名为发展计划局，内设办公室、综合股、项目股，核定行政编制6名、工勤人员1名；物价局、国民经济动员办公室在发展计划局挂牌。2004年6月，发展计划局改称发展和改革局，保留物价局、国民经济动员办公室牌子，至2005年不变。

1989—2005年，历任主任（局长）：雷祖康、彭祖遐、盆万忠、陈义军。

第二节　计划体制改革

进入“八五”计划时期（1991—1995年），县计划体制与市场经济基本接轨，改变1989年前采取的“计划经济为主，市场经济为辅”的原则，工作的重点转变为加强宏观经济的统一计划指导，着重对工农业的发展方向、比例关系、增长速度、基本建设投资规模及项目实行全面安排。运用市场经济搞好产、供、销综合平衡，加大对农业基础项目的建设投资，采用一系列优惠投资政策，鼓励外商引进资金开发项目，简化项目审批手续。同时重点控制非生产性固定资产的投资，放宽对生产性基本建设的投资规模，强化用地计划管理，改革金融体制。“九五”计划期间（1996—2000年），是社会主义市场经济逐步建立健全的时期，国家通过宏观政策调控，压缩非生产性建设项目，加大基础设施建设投入。恭城县抓住机遇，利用国债资金，新上一批重大项目。全社会固定资产投资累计完成1.57亿元，实施公路、广播电视“村村通”工程，完成水库除险加固8座、渠道“三面光”112.53千米，建成小水电站16座，率先启动农村电网建设与改造工程。21世纪初期，随着经济的不断发展，对计划工作提出新的要求，一些计划经济色彩较浓的职能逐步弱化、淡出，除极少数指标仍实行指令性计划外，大多以指导性计划为主，并进一步简政、放权、让利，实行鼓励个私企业和外商投资企业的优惠政策，同时把工作重点转移到收集、储备、筛选、论证全县投资建设项目，并负责向外推荐介绍、发布项目，争取国家和上级投资以及招商引资上来。

第三节 计划编制与实施

县计划部门编制国民经济和社会发展计划，有年度计划和五年计划，计划的内容包括工业、农业、林业、商业、基建、财政、乡镇企业、交通邮电、人口、文化、科技、教育、卫生和体育等。在计划编制过程中，成立自治县规划工作领导小组，各相关部门成立相应的规划编制工作机构，落实研究编制力量，并密切配合，编制出符合县情并具指导性的国民经济和社会发展计划。

年度计划和五年计划编制完成，经提交自治县人民代表大会审议通过再予以执行；执行结果也要向自治县人民代表大会报告。

“七五”计划执行结果

1990年，是第七个国民经济和社会发展五年计划完成之年。“七五”计划时期（1986—1990年）坚持中国共产党“一个中心、两个基本点”的基本路线，全面进行经济体制改革，发挥优势，推进对外开放，对内搞活，是为20世纪90年代打基础的重要时期。在“七五”计划的指导下，全县经济和社会发展指标都完成或超额完成。

经济总量有较大的增加：1990年，工农业总产值（1980年不变价格）17540万元，比1985年增加6391万元，增长57.32%，年均递增9.49%。其中，工业总产值完成8922万元，比1985年增加4986万元，增长126.68%，年均递增17.78%。农业总产值完成8618万元，比1985年增加1405万元，增长19.48%，年均递增3.62%。粮食总产量达108804吨，比1985年增加15760吨，增长16.94%，年递增3.18%。人均占有粮食407千克，达到国家人均400千克的要求。农民人均纯收入607元，比1985年增加246元，年均递增10.95%，与1980年比较翻了2.44番。1990年，社会商品零售总额11527万元，比1985年增加5346万元，年均递增13.27%。财政收入为2620.7万元，比1985年增加1664.7万元。年均递增22.35%。

教育事业取得进一步发展：全县“四率”（入学率、巩固率、毕业率、普及率）工作超过国家规定标准，改善教学条件，抢修了一大批中小学危房，面积达12万平方米。

“八五”计划

1990年下半年，自治县计划委员会（以下简称县计委）开始编制恭城瑶族自治县国民经济和社会发展“八五”计划（1991—1995年）和十年规划安排。其时，影响恭城经济发展的主要困难和问题，一是农业、基础工业和基础设施的发展，不适应经济建设和社会发展的需要；二是加工增值和积累能力差，资金短缺。针对这两方面的困难和问题，县计委在编制“八五”计划和十年规划安排时，指导思想一是坚持把农业放在经济工作首位，大力加强和发展农业；二是加强基础工业和基础设施建设，增强国民经济发展后劲。同年年底，《恭城瑶族自治县国民经济和社会发展“八五”计划和十年规划安排（草案）》编制完成。1991年4月4日，自治县第一届人民代表大会第二次会议审议批准下达实施。

“八五”计划主要指标 1991—1995年，全县国民生产总值年均增长9%；工农业总产值年均增长10%，其中工业总产值年均增长14.09%，农业总产值年均增长5%；水电发电量年均增长2.7%，粮食总产量年均增长1.61%，农民人均纯收入年均递增7.12%。固定资产总投资15227万元，其中，

1991 年 3771 万元，1992 年 3654 万元，1993 年 2736 万元，1994 年 2710 万元，1995 年 2356 万元。财政收入年均递增 8.26%，社会商品零售总额年均递增 12.2%，外贸出口总额年均递增 8.03%。1995 年年末，全县人口控制在 27.73 万人，人口自然增长率 7‰。

“八五”计划执行结果 “八五”时期，遵循“改革开放、搞活经济”的原则，一是加强农业基础地位，依靠科技调整产业结构，加快全县农业综合开发，发展以养猪为主的畜牧业生产，大力种植月柿、沙田柚及柑橙；二是以乡镇为突破口加速工业发展，在实行国营、集体、个体、联户一起上的指导思想下，大力发展个体、私营和股份合作企业，突出发展矿产、冶炼、建材、林木深加工业；三是加快第三产业发展，加强交通、邮电及市场基础设施建设，以旅游为龙头推动第三产业发展；四是发展县内外经济横向联合，建立引进资金、项目、人才和技术的激励机制。1991—1995 年，全县国民经济和社会发展保持较快的发展，与全国同步提前 5 年实现与 1980 年相比翻两番的目标。1995 年，工农业总产值由 1990 年的 37186 万元（1990 年不变价，下同）增加到 163299 万元，年均递增 34.44%，平均递增速度比“七五”计划提高 24.44 个百分点；国内生产值由 27397 万元增加到 65490 万元，平均每年递增 19.04%，平均递增速度比“七五”计划提高 10.04 个百分点。乡镇企业发展迅速，营业收入以 85.26% 的平均速度增长。1991—1995 年，共完成全民基础建设投资 12036 万元、全民更新改造投资 6527 万元，农村集体投资 22399 万元。1995 年，地方财政收入 4649 万元，比 1990 年增加 2028 万元，年均递增 12.14%，平均递增速度比“七五”计划提高 4.54 个百分点。社会商品零售总额 30581 万元，比 1990 年的 11527 万元增加 19054 万元。城乡居民储蓄存款余额 2.54 亿元，比 1990 年的 0.71 亿元增加 1.83 亿元；农民人均纯收入由 1990 年的 556 元增加到 1154 元。

“八五”计划实施后，仍存在的问题主要有：农业基础设施不足及老化，抗灾能力差，科技水平低，农业产业化程度不高；工业经济效益与发展速度不能协调一致，能源生产落后状况在一定程度上制约工农业生产发展；交通、邮电还不能满足生产发展需要，村（屯）程控电话没有开通，有 5 个村委会不通公路，原有公路等级低，简易公路比例大；第三产业增加值占国内生产总值的比重偏低；经济发展所需资金不足，人员素质偏低。

“九五”计划

1995 年下半年，自治县计划委员会开始编制恭城瑶族自治县国民经济和社会发展“九五”计划（1996—2000 年）和 2010 年远景目标纲要。针对恭城经济发展处于工业化初期的实际，在编制时的指导思想：围绕经济建设这个中心，重点扩大工业规模，增加工业比重；以市场需求为导向，遵循“市场—资源—商品”发展生产；以技术进步为动力，对现有基础设施和企业进行重点改造；继续增加投入，改善全县经济发展环境，提高生产技术水平。同年年底，《恭城瑶族自治县国民经济和社会发展“九五”计划和 2010 年远景目标纲要（草案）》编制完成。1996 年 3 月 29 日，自治县第二届人民代表大会第四次会议审议批准下达实施。

“九五”计划主要指标 1996—2000 年，全县国内生产总值年均增长 19.86%，其中第一产业年均增长 10.30%，第二产业年均增长 23.00%，第三产业年均增长 28.17%。2000 年，第一产业、第二产业、第三产业的结构比重分别为 25.64%、48.62%、25.74%；乡镇企业工业总产值年均增长 23.0%；全社会固定资产投资年均增长 13.9%，财政收入年均增长 15%。社会消费品零售额年均增长 25%，城乡居民存款余额年均增长 15%，农民人均纯收入年均增长 19.14%。2000 年年末，全县人口控制在 28.57 万人，人口自然增长率 10‰。

“九五”计划执行结果 “九五”期间，贯彻“抓住机遇，深化改革，扩大开放，促进发展，保持稳定”的基本方针，推进经济体制和经济增长方式的转变。“九五”期间，全县国内生产总值年均增长 11.9%，其中，第一产业年均增长 14.9%，第二产业年均增长 5.27%，第三产业年均增长 11.8%。

全县财政收入年均增长8.35%，其中，地方财政收入年均增长12.12%，县本级财政收入年均增长9.89%。全社会固定资产投资累计完成1.57亿元，年均增长11.32%。“两基”工作通过自治区级评估验收，全县广播、电视覆盖率分别达到92.5%和95%。“八七”扶贫攻坚计划胜利完成，解决4.1万人的温饱问题，贫困面由“八五”末的31.86%下降到“九五”末的1.8%。社会消费品零售总额年均增长9.78%，金融机构存款余额年均增长13.9%。

“九五”计划实施后，仍存在的问题主要如下：农业基础比较薄弱，农民增收渠道单一，受品种、品质、销售渠道等因素的影响，抵御市场风险的能力不强；工业、乡镇企业规模小，发展后劲不足，新的增长点不多。

“十五”计划

2000年下半年，自治县计划局开始编制恭城瑶族自治县国民经济和社会发展“十五”计划（2001—2005年）纲要。针对“九五”计划实施后存在的主要问题，抓住西部开发契机，在编制“十五”计划纲要时，以经济结构调整为主线，以加快工业企业发展为重点，巩固和加强农业基础地位，大力发展服务业，进一步加强基础设施建设。同年年底，《恭城瑶族自治县国民经济和社会发展“十五”计划纲要（草案）》编制完成。2001年3月7日，自治县第三届人民代表大会第二次会议审议批准下达实施。

“十五”计划主要指标 2001—2005年，全县国内生产总值年均增长8%，农业总产值年均增长5%，工业总产值年均增长12%，财政收入年均增长7%，全社会固定资产投资年均增长8%。社会消费品零售额年均增长10%，2005年年末人口自然增长率控制在5‰以内。

“十五”计划执行结果 “十五”期间，贯彻落实自治区党委“三大战略，六大突破”决策，以西部大开发为契机，对所有制结构、经济布局结构、产业结构、产品结构、技术结构等进行全面调整，突出生态农业特色，发挥资源优势，大力发展外向型经济。2005年，完成地区生产总值23.3亿元，总量是2000年的1.7倍，2001—2005年，年均增长10.6%。人均国内生产总值由2000年的4807元增加到8286元，突破1000美元大关。三次产业结构比由2000年的56∶18∶26调整为45∶31∶24。2005年，农林牧渔业总产值完成14.61亿元，比2000年的11.64亿元增长25.52%；工业总产值完成12.4亿元，是2000年的2.2倍，年均增长17.3%。水果业持续健康发展，农民人均有果面积、人均产果、人均水果收入继续保持全自治区第一，成为自治区规模最大的无公害水果生产基地，被列为全国无公害水果生产示范基地县、全国园艺产品出口示范区。共建沼气池1.73万座，全县沼气池累计5.66万座，入户率达到88%，连续多年居全国第一。建成红岩、横山、社山、大岭山等16个富裕生态家园示范点。各项存款余额12.5亿元，比2000年增加6.2亿元，增长99.7%；各项贷款余额6.3亿元，比2000年增加2.4亿元，增长62%。全社会消费品零售总额5.82亿元，同比增长16.1%，5年间年均增长9.2%。农民人均纯收入达2670元，比2000年的1403元增加1267元，增长90.3%。累计投入城镇建设资金2.1亿元，比“九五”时期增加7512万元，增长280%。全县117个行政村全部通公路、通电话、通广播电视。

“十五”计划实施后，仍存在的问题主要如下：经济总量偏小，产业结构不够合理，工业比重仍然偏低；招商引资项目特别是工业生产性项目规模不够大，质量不高，拉动作用不够明显；企业技术开发和创新能力不强，经济外向度低，竞争力不强；农业基础设施抵御自然灾害的能力还需增强。

“十一五”规划编制

2005年下半年，自治县计划局开始编制恭城瑶族自治县国民经济和社会发展“十一五”规划（2006—2010年）纲要。其指导思想是要以科学的发展观统领经济社会发展全局，推进经济结构优化升级，切实转变经济增长方式，不断提高经济增长的质量和效益；以科技为动力，以产业为依托，以项目为载体，做到环境保护与开发利用并举、生态建设与产业发展并重，进一步提升生态农业，突出发展工业，加快招商引资和项目建设，做大做强县域优势产业，推进工业化、城镇化和农业产业化，提高城乡人民生活质量和公共服务水平，推进社会主义精神文明建设、民主法制建设，实现经济社会全面协调可持续发展。

“十一五”规划经济发展目标　2010年，地区生产总值超过40亿元，年均增长12%；第一产业、第二产业、第三产业增加值占地区总产值的比重分别为40%、36%、24%。财政总收入达到2.2亿元，年均增长14%左右。全社会固定资产投资年均增长15%以上，累计完成投资52亿元。消费品零售总额达到9.37亿元，年均增长10%以上。

“十一五”规划社会发展目标　“十一五”期间，小学适龄儿童净入学率、初中毛入学率保持在99%以上，高中阶段毛入学率达60%以上，特殊教育、职业教育得到较快发展。科技对经济增长的贡献率达45%以上。建成3个乡镇文化活动中心，广播电视综合覆盖率达98%以上，有线电视入户率达50%以上。人口自然增长率年均控制在6‰以内。

“十一五”规划人民生活发展目标　2006—2010年，城镇居民人均可支配收入年均增长6%以上，2010年超过9000元；农民人均纯收入年均增长9%以上，2010年超过4000元。至2010年，城镇化水平达到30%以上。交通达到乡乡通二级路，村级道路等级逐步提高。城镇登记失业率控制在4%以内。

“十一五”规划资源环境发展目标　“十一五”期间，全县森林覆盖率巩固在77%以上，“三废”治理达标率95%以上。

第四节　项目管理

计划部门对项目的管理，按照自治县人民政府和上级计划部门的有关规定进行。凡是全民所有制的基本建设项目，均须自治县计划局审批，按基本建设程序进行投资项目可行性分析和评估论证，报自治县人民政府投资主管部门批准后，由县投资主管部门下达基本建设计划后实施。1991—2005年，共对180个基本建设投资项目做可行性分析和评估论证，并批准建设。

1990年，开始下放固定资产投资项目审批权限，凡投资在2万元以下（1996年，放宽至5万元以下）的非生产性项目由建设主管单位审批，报自治县计划局备案。1996年起，实行项目法人责任制。1998年，对固定资产投资项目执行资本金制度。2000年，国家为扩大内需，刺激经济增长，加大固定资产投资建设投资，暂停投资方向调节税，并取消投资许可证制度。2002年，根据《桂林市人民政府关于印发桂林市基本建设投资项目登记备案暂行办法的通知》，自治县人民政府对部分项目取消了审批，对不需要中央、自治区、市、县政府投资，符合国家鼓励发展的产业，符合恭城发展规划及专项规划，在自治县人民政府审批权限内的利用自有资金的基本建设项目实行登记备案制。2003—2005年，共有95个基本建设项目登记备案。

“七五”期间（1986—1990年）：扩宽茶江大桥、县城十字街至燕岩渡口街道，修通西岭至平乐治平公路，铺设恭城至平乐沙子公路油路，县中医院、莲花农贸市场、县政府办公大楼、县图书馆、县城第二小学、第三小学建成使用。

“八五”期间（1991—1995年）：峻山至营盘、岩口至蒲源公路、嘉会大山公路、洞井至大境公路恭城段、嘉会大桥建成通行，全县总容量3000门程控电话、移动通信、无线寻呼开通使用，峻山水库水力平衡自控翻板闸、县城民贸市场、城北水果市场、栗木农贸市场建成，完成县城自来水厂、峻山水电站、蓝洞水电站技改以及县城民族文化中心第一期工程、坪冲引洪渠、峻山西左干渠配套第一期工程，修复湖南会馆戏台和武庙古建筑。

“九五”期间（1996—2000年）：燕岩大桥、势江大桥、燕岩至新街及恭城至平乐沙子二级公路建成使用，县城至定岗坳二级公路完成封油层路面铺设，县城主街道、拱辰东路建设与改造基本完成，信合大厦、民政福利大楼、林业培训中心、人民会堂建成使用，水库除险加固8座、渠道“三面光”112.53千米，建成小水电站16座，新增装机容量1.25万千瓦，在全自治区率先开始农网建设与改造。

“十五”期间（2001—2005年）：重点实施耕地整理、沼气池建设、富裕生态家园建设、水库除险加固、峻山灌区节水改造与续建配套、刘家垌系列电站、西南电站、大地电站等项目，完成人畜饮水工程31处、水利基础设施建设项目138个，土地开发整理项目3个，农业综合开发项目5个；完成嘉会至龙虎、县城至莲花二级公路建设，完成栗木至观音油路、莲花至三江油路改建，以及天气雷达标准自动站建设。

第二章　统计

1989—2005 年，恭城统计部门在做好国民经济各行业定期统计的基础上，先后开展农业普查、工业普查、基本单位普查、经济普查和农民人均纯收入统计调查、城镇住房调查、1% 人口抽样调查等重大国情国力普查和调查工作，为全县国民经济、社会发展和科技进步提供决策和发展依据。

第一节　机构

1989 年，恭城县统计局编制 7 人。1992 年，设工业交通投资股、综合统计信息股。1994 年，设农村经济股、农村经济调查队、城市经济调查队。1999 年，设人事法规股、普查股。2005 年，恭城统计局编制 15 人，内设 5 个机构：政秘法规股、综合核算股、工业交通投资股、农村社会经济调查队、城市社会经济调查队。

1989—2005 年，历任局长：邓锋、张德维、康尚勤、康剑。

第二节　专业统计

1989—2005 年，恭城开展的专业统计主要有国民经济核算和农业及农村统计等 9 种，对国民经济、社会发展和科技进步情况进行统计分析、统计预测和统计监督，为县委、县政府及有关部门提供决策依据。每年编制出版《恭城县国民经济统计提要》册子和各年度的《统计年鉴》，为县委、县政府拟订恭城中远期经济社会发展规划提供重要参考依据。1998—2005 年，恭城党史县志办与相关部门合作编纂出版《恭城卫生志》《恭城土地志》《恭城交通志》等专业志，大量翔实的信息来源于统计资料。

国民经济核算

1992—2002 年，自治县试行国家统计局颁布实施的《中国国民经济核算体系（试行方案）》。1999 年，桂林市实施地区生产总值（GDP）市、县分级核算制度改革，规范 GDP 核算方法。2000 年，加快统计制度方法改革，规范第三产业中大部分行业增加值核算资料来源。2003 年，根据广西县级年度 GDP 核算基础数据统计规范，执行桂林市、县年度 GDP 核算的规定。2005 年，执行桂林市统计局《关于改进地区生产总值核算工作的规定》对地区生产总值年度、季度核算资料来源的相关规定。

农业及农村统计

1991年起，使用和完善农村社会经济统计一套表制度。1994年，成立农村经济调查队，对水稻等农产品开展抽样调查。2000年，开展农民人均纯收入调查工作，抽样调查10个村、100户进行记账调查。2003年，开展用价格指数缩减法计算农业发展速度试点工作，调整农业总产值计算方法和统计口径，剔除农民家庭兼营商品性工业产值，包括森林工业产值，自治区统一规范农业总产值核算方法，价格统一制定。2004年，试行按上年度价格法计算农业总产值。2005年，农业改革速度同时采用两种方法计算，实行市、县、乡镇三级按上年价格法计算农业发展速度的制度。

工业交通能源统计

1989年，执行全部乡及乡以上工业总产值、交通邮电业、能源与物资统计报表制度。1993年，计算填报工业增加值、工业经济效益综合指数等指标。1998年，调整工业进度统计口径，统计口径由原来执行全部乡及乡以上工业总产值统计报表制度改执行国有及年产品销售收入500万元以上非国有企业（以下简称规模工业）工业总产值统计报表制度。2002年，推行用价格指数缩减法计算工业发展速度。2005年1月开始，执行新的工业发展速度计算方法——价格指数缩减法。

固定资产投资统计

1989年，执行全民所有制基本建设、更新固定资产投资及集体所有制投资、私人固定资产投资统计年报制度。按全民所有制、集体所有制执行建筑业统计年报制度，计算建筑业总产值、净产值、建筑面积等。1998年，开展对固定资产投资500元以上项目跟踪调查。1999年，开展现有房屋及其占用土地抽样调查。2000年起，实行基本建设、更新改造、房地产、其他投资月报表超级汇总，实施全社会固定资产投资月报表制度，重点反映固定资产投资50万元以上、农村集体、小城镇建设和农村私人建设等情况，此外，增加小城镇建设投资指标，全面反映小城镇建设情况。同年，建筑业推行季报超级汇总。2003年，开展农村和城镇住户房屋装修费用抽样调查。是年，按在地统计原则实施固定资产投资和建筑业统计报表制度。

贸易统计

1989年，执行批发和零售业、住宿和餐饮业统计月报、季报和年报制度。1999年，完善小贸易、餐饮业抽样调查制度。开展商品交易市场快速调查和现有房屋及占用土地情况调查评估工作。2003年，按在地统计原则实施贸易统计报表制度。

旅游业统计

1989年，开展旅游统计月报、季报和年报工作。2000年，开展部分旅游企业利、税、费的调查，逐步形成制度。2002年，开展春节旅游黄金周、“五一”旅游黄金周统计预报预测及旅游市场秩序整顿问卷调查。

社会统计

1989年，执行国有、集体及其他所有制职工人数和工资总额统计报表月报制度；1995年起，实行按季度统计，执行季报制度。2000年，实施桂林市妇女、儿童发展纲要监测。2005年，进行发展纲要中期检测。2003年，按在地统计原则实施劳动工资统计报表制度。

服务业统计

1994 年起，执行服务业统计年报制度。2002 年，服务业统计方法制度改革，重点是对服务业企业、企业化管理的事业单位和服务业行政事业单位实行全面调查。2003 年，按在地统计原则实施服务业统计年报制度。

统计资料的整理汇编

恭城统计部门每月、每季度、每年进行数据统计，同时每季度编印《统计资料》册子，撰写统计分析，通过数据统计反映经济发展的现状，为领导进行经济决策提供参考。1989—1996 年，每年编制出版《恭城县国民经济统计提要》册子。1998年，出版《统计年鉴》(1993—1997年)。1998年起，在统计年报结束后，及时整理全县主要经济指标数据，报送自治区、桂林市统计部门编印《广西统计年鉴》和《桂林统计年鉴》。

第三节 统计调查

1990 年起，先后开展第四次、第五次全国人口普查，经济普查、基本单位普查、常规抽样调查等项目的统计调查。

人口普查

根据国务院部署，于 1990 年 7 月 1 日零时为标准时间进行第四次全国人口普查。普查经过成立机构、调查摸底、宣传动员、业务培训、普查登记、数据审核、数据录入处理共 7 个阶段。该次普查显示：全县总户数 58977 户，其中家庭户 58628 户，集体户 349 户；总人口 266682 人，其中男性 140673 人，女性 126009 人；瑶族 132807 人，汉族 124807 人，壮族 8267 人，其他民族 801 人。

第五次全国人口普查以 2000 年 11 月 1 日零时为标准时间进行。普查经过成立机构、调查摸底、宣传动员、业务培训、普查登记、数据审核、数据录入处理共 7 个阶段，有 1340 名普查指导员和普查员参与调查。该次普查显示：全县总户数 73534 户，其中家庭户 73170 户，集体户 364 户。总人口 273322 人，其中男性 145881 人，女性 127441 人。

农业普查

1996 年，恭城执行第一次全国农业普查工作。普查以 1996 年 12 月 31 日为时点指标，1996 年 1—12 月为时期指标，对全县辖区内的 157 个农业生产经营单位和 8 个乡镇、121 个村 (居) 委会、54236 个农村住户及 128 个非农乡镇企业进行详细、全面的访问调查登记。通过普查，对全县的农业和农村生产经营单位数量、结构、农业从业人员及素质、地域分布、农业机械设备和结构、耕地质量数量和结构、乡村社区环境和基础设施、乡镇非农企业经济状况等情况有了较为详细的了解。普查显示：全县农业生产经营户 59560 户，其中农作物种植业 58467 户，林业 644 户，畜牧业 409 户，渔业 26 户，农林牧渔服务业 14 户。农业生产经营单位 94 个，其中农作物种植业 19 个，林业 39 个，渔业 1 个，农林牧渔服务业 35 个。农业从业人员 151462 人，其中住户农业从业人员 150704 人，单位农业从业人员 758 人。在住户农业从业人员中，按性别分，男 82195 人，女 68509 人；按劳动能力分，整劳动力 130986 人，半劳动力 19718 人，其中 16～17 周岁 2498 人；按年龄分，20 周岁以下 10218 人，21～30 周岁 32372 人，31～40 周岁 39021 人，41～50 周岁 31520 人，51～60 周岁 25478 人，

60周岁以上12095人；按户籍所在地分，在本村内149686人，在村外乡内432人，乡外县内198人，县外市内64人，市外省内55人，外省256人，其他13人。按受教育程度分，未上学3914人，小学56064人，初中82873人，高中7433人，大专及以上420人。

全县农业技术人员2974人，村内2771人，农业生产经营单位203人。年末拥有大中型拖拉机250台，小型拖拉机23923台，大中型拖拉机配套农具197台，小型拖拉机配套农具23034台，联合收割机13台。

农村常住户耐用消费品拥有量中，彩电48354台，汽车895辆，摩托车35987辆，固定电话23039部，手机43555部，电脑290台，用本户电脑上网138户。

工业普查

1995年，全县执行全国第三次工业普查工作，由县政府办牵头，以县统计局、经贸局、计划委、工商局、税务局、财政局、宣传部、技术监督局、乡镇企业局和各乡镇政府为主要成员单位组成普查领导机构，普查主要程序分为调查摸底、宣传动员、业务培训、普查登记、数据处理、资料开发利用共6个阶段。普查标准时点为1995年12月31日，时期指标为1995年度。经过调查登记，全县辖区内1995年全部工业的主要概况为工业企业183家，总产值7.9亿元，从业人员1403人。该次普查对销售收入100万元以上的企业进行16个大方面、近68个经济指标的调查登记。

基本单位普查

1996年，根据国务院部署，全县组织开展第一次全国基本单位普查工作。普查的对象是全县辖区内的所有法人单位及产业活动单位，普查内容主要有单位的经济类型、所属行业、从业人员、企业规模、营业状态等基本情况和主要标识。普查标准时点为1996年12月31日。普查结果，全县1996年12月31日有法人单位513个，其中单产业法人单位448个；产业活动单位758个，其中多产业法人单位的产业活动单位310个。

2001年，根据国务院部署，开展第二次全国基本单位普查。以2001年12月31日为标准时点，对全县辖区内的所有法人单位和产业活动单位、个体工商户进行通信地址、行业类别、经济类型、营业状态、从业人员、营业收入等主要指标的普查登记。普查结果，全县有457个法人单位，853个产业活动单位，6830个个体工商户，其中有执照6387个，无执照443个。

经济普查

2004年，开展第一次全国经济普查，普查的标准时点为2004年12月31日，时期资料为2004年度。普查对象是在全县境内从事第二产业、第三产业的全部法人单位、产业活动单位和个体经营户，其中对全县的第二产业、第三产业法人单位进行普查登记，个体私营企业则抽样调查登记。普查时，对规模以上工业企业的生产经营及财务状况，产品及能耗，企业科技等情况进行详细的登记；对建筑企业和交通运输、电信业、房地产业的经营及财务进行普查登记；对商贸及住宿、餐饮业个体生产经营户做了抽查登记。普查结果，全县经济的基本状况：全县法人单位406个，产业活动单位894个，个体经营户8296个。其中企事业法人88个，从业人员5046人；机关法人74个，从业人员2169人；事业单位法人65个，从业人员4326人；第三产业企业法人26个，从业1155人，社会团体法人18个，从业人员84个。全县全部工业企业42家，2004年全年总产值4.13亿元，固定资产原值3.02亿元，平均从业人员3308人。其中，规模以上工业企业21家，实现产值3.84亿元，增加值1.67亿元，固定资产原值2.45亿元，从业人员2703人。规模以下工业企事业采取抽样调查进行，从全县971个规模以下工业企事业中抽中21个，实现工业产值2811万元，固定资产原值6772万元，年平均从业人数605人。全县建筑企业5家，实现总产值5.38亿元，年末从业人数696人，增加值7257万元。全县限额以下批发和零售业抽中法人单位22家，产业活动单位114个，从业人员947人，销售总额99247万元。

常规抽样调查

1%人口抽样调查　根据《1996年全国1%人口抽样调查抽样设计方案》，恭城瑶族自治县被抽样中标。该次抽样调查以1996年10月1日零时为标准时点，县统计局组织抽中的乡镇及抽查小区的相关人员进行业务培训，开展入户调查登记、反复核查和质量抽查、调查数据审核及计算机录入等。抽样调查结果，因县级不汇总，无数据提供。

农村农民人均纯收入统计调查　2000年起，农民人均纯收入统计调查核算工作纳入各级统计部门的职能范围。调查内容主要是农村住户社区和农村住户及其家庭成员基本情况；农村劳动力从业情况；农村住户生产性固定资产、农村住户经营耕地以及建房和居住情况；农村住户耐用消费品拥有情况；农村住户生产、出售产品、总收入和纯收入、总支出情况；农村住户现金收支平衡情况；农村住户消费支出、购买商品情况；农业生产资料价格调查等。经抽样，确定2000—2004年全县调查点为栗木镇上宅村、大枧村，平安乡土陂村、三新桥村，西岭乡八岩村，莲花镇凤岩村、东科村，嘉会乡白羊村，龙虎乡源头村。每村抽10户，共100户进行调查记账。2005年，经抽样换点，确定2005—2009年调查样本为栗木镇苔塘村、上宅村，西岭乡新合村、费村，嘉会乡吉山村、泗安村、大山村，恭城镇洲塘村，莲花镇笔山村，三江乡三联村，每村抽10户农户，共计100户进行记账调查。经调查计算，全县各年的农民人均纯收入：2000年1403元；2001年1661元；2002年1863元；2003年2032元；2004年2183元；2005年2670元。

企业景气调查　2002年开始进行，至2005年共开展16次调查，调查范围和对象是工业、建筑业、交通运输、仓储及邮电通信业，批发和零售贸易、餐饮业、房地产业、社会服务业。每次调查样本视企业的稳定情况保持在10家左右。每次调查发放8份左右的问卷，收回100%。

城镇住户调查　2004年，恭城开始城镇住户调查，采取多阶段随机抽样方法确定调查城市（或县城）、街道、家庭户。住户调查采用样本户进行连续记账方式，由记账户对其家庭的各项支出逐笔记账，然后由调查员定期整理，按月汇总。记账户一般连续被调查3年，每年轮换三分之一。经自治区统计局调查处抽样为县城3个社区居委会中的60户居民。通过调查登记和收表计算，得到城镇居民可支配收入：2004年6183元；2005年7482元。

据城镇住户抽样调查，2004年全年城镇居民人均可支配收入6183元；家庭总支出7910元，人均消费性支出5353元。其中，食品支出2124元；衣着支出240元；居住支出675元；家庭设备用品及服务支出472元；医疗保健支出261元；交通和通信支出657元；教育文化娱乐服务支出858元；其他商品和服务支出66元。

第四节　统计法制

统计法学习宣传

1995年5月,《广西壮族自治区统计监督检查条例》颁布实施，全县开展《条例》学习活动。结合“三五”“四五”普法活动，通过广播电视、发放资料等形式，宣传统计监督检查条例和有关法律法规。2001年12月4日，在首次全国法制宣传日活动中，县统计局在县城十字街出版统计法规宣传专栏，发放宣传资料2000多份。此后在每年的“12·4”法制宣传日，均组织开展形式多样的《中华人民共和国统计法》及相关法规的宣传活动，特别是在专业统计业务培训中开展统计法律法规学习，很大程度上提高了统计人员知法守法意识。

统计执法检查

1995 年起，按照统计监督检查计划，每年对全县部分单位进行统计执法情况抽查。每 2～3 年开展一次全县性的统计执法检查。在抽查和检查中，对迟报、拒报、虚报、瞒报的统计违法单位和个人进行立案查处，并依照统计法律法规给予经济处罚或下达统计处罚警告通知。至 2005 年，共查出统计违法行为并作出处理决定 17 起，其中虚报、瞒报统计资料 16 起，拒报和屡次迟报统计资料 1 起；分别给予警告 6 起；给予通报批评 6 起；给予罚款 2 起。

第三章　审计

1989年，恭城已开展行政事业单位定期送达审计、县级金融机构的财务收支及其经济效益的审计、乡级财政预决算执行情况审计、农业银行世界银行贷款项目的审计。1995年起，推行审计监督，增加对县级财政预算执行和其他财政收支的情况、基本建设竣工决算、厂矿（企业）领导任期经济责任、行政事业单位领导干部任期经济责任的审计监督，以及中央、自治区下拨的扶贫资金、以工代赈资金、救灾资金、卫生基础设施建设资金、教育专项资金、农业机械化资金、粮食基地资金、水利专项资金、南方草山草坡综合开发示范工程资金、农业综合开发土地治理项目资金、国土专项资金、退耕还林工程资金、"非典"专项资金、城市居民低保专项资金等的审计，县内自筹的房改资金、养老保险基金、失业保险基金、残疾人就业保障金、医疗保险基金、电力规费等专项资金的审计。1989—2005年，共审计各种项目406个，查出违纪违规金额9409.45万元，管理不规范金额9603万元，其中应缴财政金额2083.88万元。

1989—2005年恭城瑶族自治县审计工作统计表

表10-1　　　　单位：个、万元

年度	审计项目	审计总金额	其中		
			违纪违规金额	管理不规范	应缴财政金额
1989	31	8158.00	322.42	—	60.79
1990	23	6305.00	57.99	—	19.15
1991	26	6285.00	81.50	—	22.94
1992	19	7018.00	75.63	—	13.02
1993	21	14710.00	646.20	—	32.04
1994	20	2260.00	0	—	2.79
1995	14	8571.70	6.03	—	1.63
1996	20	16271.00	501.00	—	56.00
1997	21	39829.00	491.00	—	251.80
1998	24	17590.00	249.60	—	82.97
1999	21	16285.00	457.00	—	439.00
2000	23	23298.45	1652.03	—	82.56
2001	22	25446.00	2695.00	—	419.00

续表 10-1

年度	审计项目	审计总金额	其中		
			违纪违规金额	管理不规范	应缴财政金额
2002	24	—	101.00	—	24.00
2003	33	—	343.00	—	55.00
2004	30	—	733.00	2822.00	481.00
2005	34	—	997.05	6781.00	40.19
合　计	406	192027.15	9409.45	9603.00	2083.88

说明：从 2002 年起，不再统计审计总金额

第一节　机构

1989 年，恭城审计局定编 8 人，内设办公室、行政事业审计股、企业审计股。1990 年 10 月，改称恭城瑶族自治县审计局。1992 年 10 月，成立恭城瑶族自治县审计事务所。1997 年 3 月，改办公室为秘书股，编制增至 10 人，其中行政编制 9 人、工勤编制 1 人。1999 年 5 月，设固定资产投资审计股。2001 年 4 月，设经济责任审计股。2005 年，内设综合股、行政事业企业审计股、固定资产投资审计股、经济责任审计股共 4 个职能股，定编 10 人，其中行政编制 9 人、工勤编制 1 人。

1989—2005 年，历任局长：邝款玉、黄耀雄、钟麟、孟洪能、唐福銮。

第二节　国家审计

财政审计

1989—2005 年，累计进行的财政审计项目 42 个，查出违纪违规金额 10231.58 万元，应缴财政金额 131.54 万元。1995 年起，开始对本县级预算执行情况和其他财政收支情况实行审计监督或调查。在对县级财政预算执行情况进行的审计中，发现存在的主要问题：年度县级追加预算支出部分，未编制预算调整方案报经县人大常委会批准，不符合《预算法》规定；本级财政其他资金管理中存在财政有偿使用资金逾期借款数额大，资金回收率低和资金占用费难回收；预算付贷款利息利率过高，加重预算支出；部分预算收入未按规定及时上缴、支出不实、借出周转金明细账不清、部分专项资金未能及时足额拨付；在执行拨付预算资金时部分拨款未经主管领导批示和财政审核；行政性收费收入未全额纳入预算；地方税务部门存在税种上解时人为混库现象，变相提高代征、代收业务费；违规设置税款过渡户以及漏征城建附加税、教育附加费和防洪保安费等。

1989—2005 年，对全县 9 个乡镇进行财政预算执行情况和决算的审计 25 次。审计发现存在的主要问题如下。预算环节：预算编制不合法、内容不齐全；编制赤字预算；支出预算大于收入预算；年初预算资料和决算资料不全；预算调整不按法定程序；等等。征收环节：农业税款、特产税不及时解缴入库，跨年度入库；超标准提取代征代扣手续费和业务费；教育附加、优抚、计生、民兵训练统筹未足额缴交预算收入。管理和使用环节：统筹款未足额上解；预算外资金、自筹资金和乡属企业应上缴的其他资金未纳入乡级财政管理和监督；违反规定将财政收入账外管理；白条抵库和坐支现金，将预算拨款收入和一些预算外收入作为暂存款，并在其中直接列支；业务招待费超标；挪用、违规挤

占以工代赈项目资金、民政专项资金等专项资金用于补充乡镇政府的经费不足等。

1989—1994年，进行财政审计项目12个，审计金额3888万元，查出违纪违规金额16.28万元，应缴财政金额4.24万元。

1995年，开始对本县级预算执行情况和其他财政收支的情况实行审计监督或调查。1995—2001年，进行的财政审计项目24个，查出违纪违规金额612.3万元，应缴财政金额122.3万元。

2002—2005年，进行财政项目审计6个，查出管理不规范金额9603万元，应缴财政金额5万元。

金融税务审计

1989—2005年，先后对税务局、中国农业银行恭城支行、中国人民财产保险股份有限公司恭城支公司、中国人寿保险股份有限公司恭城支公司、中国工商银行恭城支行共5个金融税务部门的财务、资产、负债及损益项目进行9次审计，审计金额3131万元，查出违纪违规金额329.44万元，应缴财政金额7.70万元。

行政事业审计

1989—2005年，共审计行政事业单位191个（次），查出违纪违规金额4998.35万元，管理不规范金额6258万元，应缴财政536.53万元。审计发现，县直部门存在预算外收入未按规定缴纳相应的税费、挪用专项资金、业务招待费超标准列支、固定资产账目不清楚、账务处理不规范等现象，一些部门还存在乱收费、擅自提高收费标准、私设“小金库”的行为；各乡镇政府存在经费超支、挤占挪用专项资金、招待费与交通费用的支出较大、固定资产管理不规范、财务基础工作不够规范等行为。

其中，1989—1994年，共进行73个（次）行政事业审计，审计金额7915万元，查出违纪违规金额214.02万元，应缴财政金额27.03万元；1995—2001年，进行59个（次）行政事业审计，查出违纪违规金额4024.33万元，应缴财政金额375.5万元；2002—2005年，进行59个（次）的行政事业审计，共查出违纪违规金额760万元，管理不规范金额6258万元，应缴财政金额134万元。

企业审计

20世纪80年代末，国有工业企业逐步实行承包经营责任制。开始对承包经营合同双方及企业经营者进行审计监督。

1989—1994年，进行企业审计30个（次），审计金额25141万元，查出违纪违规金额923.15万元，上缴财政金额71.1万元。1995—2001年，进行企业审计28个（次），查出违纪违规金额1152.9万元，上缴财政金额669.4万元。2002—2004年，进行企业审计9个（次），查出违纪违规金额79万元，管理不规范金额1043万元，上缴财政金额5万元。2005年，未进行企业审计。

任期经济责任审计

1999年，开始对县内厂矿、企业领导实行经济责任审计。2000年，对行政事业领导干部进行任期经济责任审计。至2005年，共审计48人次，其中行政事业领导干部任期经济责任审计42人次、厂矿、企业领导经济责任审计6人次。

专项资金审计

1990年起，对扶贫、以工代赈、救灾、卫生、教育、农业、电力规费、社会福利及社会保障等专项资金进行审计。1990—2005年，共审计50个项目。其中，扶贫资金共审计8个项目，审计金额1838.59万元；以工代赈资金共审计4个项目，审计金额2014.90万元；救灾款物共审计5个项目，审计金额 907.82 万元；教育专项资金共审计 2 个项目，审计金额 139.17 万元；卫生专项资金审计 2 个项目，审计金额 113.13 万元；农业专项资金共审计 8 个项目，审计金额 6031.5 万元；电力规费审计 3 个项目；社会福利资金审计 1 个项目，审计金额 205.22 万元；职工住房资金审计 3 个项目，审计金额 5994.93 万元；养老保险基金审计 8 个项目，其中企业养老保险 6 个年度，农村社会养老保险 1994—2002 年共计金额 434.99 万元，机关事业单位养老保险 1995—2002 年共计金额 7692.05 万元；失业保险基金审计 2 个项目，城市居民低保资金审计 1 个项目，残疾人就业保障金审计 1 个项目；医疗保险基金审计 2 个项目。

扶贫资金审计　1995 年，对 1988—1994 年的扶贫发展资金进行审计发现，借出的扶贫发展资金到期回收率低，影响资金的周转。

2004 年，审计 1998—2003 年扶贫发展资金 111.85 万元，查出违纪违规金额 57679.38 元，应缴财政金额 5767.94 元。存在的问题：一是对扶贫资金采取以拨代支，对资金拨到项目后的具体使用情况，未制定相应的管理制度；二是部分暂付款借出多年未收回，影响扶贫资金的周转；三是挤占挪用扶贫资金；四是扶贫财务基础工作不规范，往来明细账不规范，记账凭证附件不全。审计建议：加强扶贫资金的监督管理，保证扶贫资金专款专用、合理使用；财务人员应严格执行财务制度，账务处理要以实际发生的业务活动为依据，真实反映财务收支。审计决定：归还被挤占挪用的扶贫资金，并给予违规金额 10% 的罚款上缴县财政；列入暂存款中的其他收入按规定比例补缴调控资金。

以工代赈资金审计　1995 年，对 1991—1994 年以工代赈资金 436.96 万元进行审计，上级欠拨 111.18 万元。恭城利用以工代赈发展资金，完成修建人畜饮水工程 18 处，解决 8000 多人、7000 多头牲畜的饮水困难，修建小型水利 14 处，扩大灌溉面积 7400 亩，完成村级公路、机耕路等一批基础设施项目。

1996 年，审计以工代赈 1995 年度项目建设和资金核销共计 252.1 万元。审计发现：以工代赈项目投资采取以拨代支，只凭银行转账传票记账，没有对方开具的收据，存在产生财务挪用专款的风险；以工代赈项目专款收回不及时，资金被占用，影响项目投资和资金周转；暂付款余额大，借出的款项未能按期收回；上级拨入的以工代赈资金，通过扶贫办以暂付款的形式投放到企业，但企业还款及支付占用费均不再通过县扶贫办财务，而是直接偿还到上级拨款部门，不利于扶贫办的财务处理。

2005 年，对 2003—2004 年以工代赈资金 551 万元进行审计，查出违纪违规金额 4.85 万元。

救灾资金审计　1991 年，对县民政局主管的 1985—1990 年自然灾害救济事业费扶贫资金进行财务审计和重点项目调查。1985—1990 年，共发放扶贫资金 88 万元，其中用于扶持经济实体 14 个、金额 69.06 万元，占投放总数的 78%；用于扶持复退军人和贫困户 1144 户、金额 18.95 万元，占投放总数的 22%；回收 40.02 万元，占投放总数的 45%。扶贫资金投放后的效益情况：1985—1990 年，扶持复退军人和贫困户 1144 户，按时脱贫 582 户，占 50%；扶持扶贫经济实体 14 个，实现盈利的 8 个，占 57%。经审计，扶贫经济实体中有 6 个生产不正常，经济效益不好，共投放的扶贫资金 21.1 万元，有 12 万元未能按合同规定回收。

1994 年，对救灾专项资金及捐赠款物的收入、分配情况进行审计。跟踪审计到西岭乡、莲花镇、恭城镇等重点受灾乡镇及部分村，同时对上级直接拨到各部门的专项资金进行审计调查。专项救灾资金共计 88 万元。审计结果，民政部门接受资金手续齐全，专户单独设账，由专人负责管理，有总账和明细账，编制的会计报表科学规范。民政部门还加强对乡到村、到户两级救灾款物的管理，在付款及分发物资时能造册登记，灾民签字领取，手续完备。未发现救灾款物被截留挪用和私分等违规违纪现象。

至 2003 年，对 1995 年、1997 年、2001—2002 年自然灾害救济资金的管理和使用进行审计，上级下拨和收到的救灾捐赠款累计 428.8 万元。经审计，县民政部门在管理和使用中，各项生产救灾补助、房屋修缮、水毁民房重建、灾民生活救济、修建敬老院和学校、医院重建等以及用于救灾款物的接收、转运等支出项目清楚规范。未发生截留和私分救灾款物等违规违纪现象。

卫生建设项目专项资金审计　2001—2002年，自治区财政预算安排恭城卫生专项资金97.5万元，县财政配套资金20万元。

2003年，经审计发现卫生专项资金用于非指定项目。自治区安排的乡镇卫生院基础设施建设为嘉会、西岭、三江、平安、观音共5个乡镇（中心）卫生院。县卫生局报请县政府同意，将专项资金拨付莲花中心卫生院10万元、栗木中心卫生院10万元，用于卫生基础设施建设和购买医疗设备，违反自治区人民政府办公厅《关于印发全区基层公共卫生基础设施卫生建设项目实施方案的通知》第8条的规定；部分乡未按建设工程程序立项报建，工程进展缓慢；已竣工的平安乡卫生院扩建、改建工程没有县建设工程质量监督站的质量评估报告，西岭、三江乡卫生院未按建设工程承包合同规定施工；相关部门违规收取嘉会、西岭乡卫生院病房楼建设各项费用合计4.37万元。

"非典"专项资金审计　截至2003年7月16日，县非典办共收到县财政拨入防治非典专项资金11万元、桂林市非典办拨入专项资金4万元，民政局收到县内各单位捐赠款物折价0.63万元。经对该专项资金的审计，县非典办提供的资料真实地反映了县防治非典专项资金和捐赠款物的收支情况，全部资金和捐赠款物均及时入账，规范管理，拨付及时，未发现违纪违规等问题。

教育专项资金审计　1991年，对1988—1990年抢修中小学危房集资进行审计。由县教育局主管的资金集资总收入金额113.60万元。经审计发现：集资账目不够规范清楚；抢修危房的经费管理存在不足；上下账目不衔接。

1997年，对1995—1996年希望工程收支进行审计发现：1995年度希望工程中有违规列支业务招待费现象；收、拨款未使用财政部门统一规定的行政事业收款收据；玉柴希望小学由县委、县政府负责配套资金10万元、恭城镇政府和县教育局负责配套资金10万元均未及时到位；希望小学建设资金未设立专户管理。

房改资金审计　1997年，对1996年县住房资金管理中心房改资金进行审计。1993—1996年，累计出售公有住房1347户。截至1996年年底，累计归集住房公积金63.19万元，住户资金收入合计974.93万元。审计发现：管理费用超限额列支，净收益未建立风险准备金；售房存款未按时结算应付存款利息；借出售房资金本息未能及时收回。

2000年，对1999年至2000年6月住房资金归集、管理和使用进行审计。至2000年6月月底，全县累计归集住房资金2070万元。审计发现超规定范围发放住房资金贷款，长期占用住房资金。在委托贷款的697万元中，有614万元属于逾期贷款、逾期贷款，占委托贷款总额的88.09%，逾期委托贷款累计欠利息197.18万元。

2002年，对2000—2001年住房资金归集管理使用进行审计。审计发现：未按规定发放住房资金贷款，于1994年、1995年、1997年擅自发放流动资金贷款20万元，至2001年年底，仍有18.6万元未收回；违反规定借用82.6万元未按期归还；超限额列支管理费52.8万元；超范围支付应由个人负担的购买土地契税和手续费，共计6828.84元。

养老保险基金审计　1992年，对县社会劳动保险所1990—1991年养老金的财务进行审计，部分账目审核追溯至1987年。1987—1991年，共收入全民退休统筹金、合同制职工保险金、临时工养老保险金、集体统筹退休金、个体统筹退休金、统筹周转金、外地转入养老金及其他收入等，合计512.45万元。审计发现，占用养老金作其他开支共10.20万元，1989年以来每年均有占用养老基金支付购房款现象。

1996年，对养老保险基金的审计发现：1995年劳动保险所基金和管理服务费违规设同一个银行账户，未分户核算；违规放贷20万元。1999年，对1998年企业职工基本养老保险基金审计发现：

将养老保险基金借作他用；国有企业欠交基本养老保险费严重；基本养老保险基金支撑能力较差。2001 年，对养老保险基金的审计发现：2000 年的企业职工基本养老保险基金未纳入财政专户管理；企业抵缴职工基本养老保险基金的固定资产未被纳入基金账户管理和核算；共有 54.05 万元基金被长期借用；基金资产租金收入 5.29 万元未被纳入基金收入账户核算。2002 年，对 2001 年企业基本养老保险基金进行审计发现：被挤占挪用的基金未收回；企业用固定资产抵缴基本养老保险基金未被纳入基金账内管理和核算。同年，对 1995 年 8 月至 2002 年 4 月机关事业保险基金 7692.05 万元的审计发现：挤占挪用养老保险基金，基金暂付款过大，使基金的保值和增值受到影响。

2004 年，对 1994 年 12 月至 2002 年 4 月农村社会养老保险基金进行审计，基金总收入为 434.99 万元。审计发现：2002 年 3 月，农保基金户的调剂金有 1 万元被违规用于发放工资；1995 年 12 月，农保基金利息收入 1.68 万元被违规作管理经费账户利息收入，造成基金收支不真实；欠缴上级管理机构管理费 1.05 万元。同年，对 1995 年 8 月至 2002 年 4 月机关事业单位基本养老保险基金进行审计发现：养老保险基金挤占挪用；基金暂付款过大，影响基金有保值和增值。

外资审计

1989—2005 年，对外资项目共进行 27 个（次）的审计。全县使用世界银行贷款的单位有县土产公司虎尾园艺场、栗木供销社平垒月柿基地、县农业局、县防疫站和县教育局。

1989 年，对虎尾园艺场使用世界银行贷款进行审计，世界银行贷款发放总指标 72.23 万元于 1988 年年底投放完毕，用于柑橘生产基地和柑橘保鲜基地投资，已形成规模，纯收入 2.5 万元。1993 年，对平垒月柿基地使用世界银行贷款进行审计，贷款金额 46 万元于 1991 年年底发放，已种植 13.33 公顷月柿。1994—2002 年，先后 6 次对县农业局使用的世界银行贷款投资项目进行审计，项目资金共计 859.08 万元，其中世界银行贷款 594.55 万元。

1995 年，县教育局开始使用世界银行贷款用于贫困和少数民族地区基础教育项目，至 1997 年年底共投入项目资金 1623.3 万元，其中世行借款回补资金 523.3 万元，累计完成竣工面积 32801 平方米，占计划扩建面积 29363 平方米的 117.7%。

1997—2002 年，先后对县防疫站 1995 年使用世界银行贷款疾病预防项目计划免疫子项目（以下简称卫Ⅶ计免项目）进行 4 次审计。项目总投入 90.30 万元（其中，世行贷款 43.37 万元）。2004 年，审计使用世界银行贷款的结核病控制项目。2005 年，审计世界银行贷款 / 英国赠款的中国结核病控制项目，审计金额 24.16 万元，其中世行借款 20.63 万元。

固定资产投资审计

1989—1996 年，对固定资产投资项目的审计作为对企事业单位、政府各部门的财务审计内容。1997 年，由县审计师事务所按照国家审计署等六部委局联合下发的《建设项目审计处理暂行规定》开展基本建设竣工决算审计，针对施工单位高估冒算、从高套取定额、材料价格取定未按市场价取定等特点将审计的重点放在对工程结算造价的审核上。是年，完成 10 个基建竣工项目审计，总金额（原造价）732.52 万元，核减 9 个项目的工程造价 65.18 万元，核减率为 8.9%，最高的核减率为 19.84%。

1999 年 5 月，成立固定资产投资审计股。12 月，县人民政府下发《恭城瑶族自治县基本建设项目审计试行办法》，凡有基本建设活动的部门和单位，以及利用各种建设资金的各类工程项目（外资、独资及私营企业除外），接受审计监督。审计部门依据国家有关政策法规，对各类基本建设项目及其经济活动的真实性、合法性、效益性，进行审计监督。审计的主要任务有工程建设年度计划的编制与执行情况，工程建设项目的立项等前期准备情况，工程招标、合同管理及开工准备情况，建筑安装工程施工预算、竣工结算，工程建设的财务、物资管理情况，工程建设竣工决算和投资效益，工程建设中严重违反财经法规、损害国家利益的问题以及工程建设其他问题。其中对工程建设项目立项的审计，主要审查建设资金（包括上级投资、自筹资金）来源和落实情况；对建筑安装工程预结算的审计主要审查工程预（结）算编制的依据，工程量计算、套用定额编号及主要材料价格取定是否按施工期间县城实际市场价格取定，各项综合取费基数、取费率及工程类别取定情况，有关单位对施工企业的工程拨款、结算和材料、设备供应等情况，与建筑安装工程预（结）算编报有关的其他问题；对工程施工期间管理审计主要审查各项内部控制制度的建立和落实情况，建设工期和施工进度、资金、材料到位情况，隐蔽工程验收记录，施工日记记录，施工进度月报表及其有关情况，工程建设面积和装修标准情况，物资订购、储存、使用等管理情况以及与工程施工期间管理有关的其他问题；对基本建设项目决算审计为审计的重点，主要审查竣工决算编制的依据，建设项目批准的设计方案，续建设项目当年和以前年度完成工程量，投资及其存在的问题，竣工项目的实际建设内容和投资完成情况，竣工验收和遗留问题的处置情况，库存材料、设备的实际成本和差异的摊销，以及剩余物资清理情况，设备投资、其他投资和待摊投资的完成额，以及交付使用资产结转的情况，竣工决算报表的真实、合规和完整情况以及与基本建设项目决算有关的其他问题。至 2005 年，累计完成 168 个基建竣工项目的审计，总金额 1.36 亿元，核减工程造价或投资 913.17 万元，平均核减率为 6.45%，最高的核减率为 2001 年的 11.68%，最低核减率为 2003 年的 2.9%。

1997—2005 年恭城瑶族自治县固定资产投资审计概况一览表

表 10-2　　单位：万元

年度	项目数	总金额	核减工程造价或核减投资	核减率（%）
1997	10	732.52	65.18	8.90
1998	21	980.00	57.60	5.90
1999	17	791.83	41.13	5.20
2000	20	1790.00	85.00	4.75
2001	17	2289.80	267.38	11.68
2002	24	1442.60	84.78	5.90
2003	23	1442.60	48.00	2.90
2004	20	2116.00	94.20	4.45
2005	16	2037.00	169.90	8.34
合计	168	13622.35	913.17	—
平均	—	—	—	6.45

第三节　审计调查

利用外资审计专项调查

1992 年，对借用外债的虎尾园艺场、平垒月柿场、栗木锡矿 3 个单位进行审计专项调查。虎尾园艺场于 1987 年借用中国农业银行恭城县支行使用世行第一笔农村信贷贷款 72.28 万元，借期 5 年，用于柑橘生产基地、柑橘保鲜基地 2 个项目，种植柑橘 62.73 公顷，建成 4 栋水果保鲜仓库，至 1991

年年底归还贷款 9 万元。平垒月柿场于 1991 年借用中国农业银行恭城县支行使用世行第四笔农村信贷贷款 46 万元，期限 11 年。计划种植月柿 20 公顷，总投资 95 万元。1991 年，共种植 13.33 公顷。栗木锡矿于 1982 年开始向中国银行桂林支行贷款 110 万美元，借期 5 年，1988 年 10 月到期。按计划分年归还，至 1987 年年底归还 10 万美元。至 1990 年年底尚欠本金 100 万美元、历年利息 40 万美元。1990 年 12 月，经中国有色总公司南宁分公司和中国银行南宁分行协商同意，将外汇转贷款 100 万美元改为生产流动资金贷款人民币 285 万元，办理归还到期外汇转贷款 100 万美元的还款手续，重新办理生产流动资金贷款 785 万元的贷款手续，规定从 1991 年起，每年到中国银行桂林支行办理一次转借手续，转借本金还清当年利息，用于栗木锡矿新建水溪庙日采 500 吨钽铌采选工程，从 1986 年投产起到 1991 年，每年亏损 100 万元，其中 1987 年亏损 300 万元，1988 年亏损 250 万元。由于项目连年亏损，借用的贷款无法归还。

1999 年，对农业支持服务项目、第二期国家贫困地区义务教育工程项目、卫Ⅶ计免项目等进行审计调查。经审计调查，农业支持服务项目 1992 年立项，1993 年 6 月经国家计委批复，正式使用世界银行贷款。该项目概算总金额 554.7 万元，截至 1998 年年底，项目累计到位资金 567 万元，其中世界银行贷款 327 万元，配套资金 240 万元。项目实际累计支出 539.63 万元，在实际支出中已移交固定资产 261.74 万元，流动资产 24.79 万元，在建工程 114.13 万元，其他支出 138.96 万元。通过该项目的启动，恭城新建县农业办公大楼及实验大楼 1 栋，全县 9 个乡镇新建经营房及培训用房共计 1260 平方米，每个乡镇约 70 平方米，1998 年年底全部完工。1993 年，用该资金培训研究生。第二期国家贫困地区义务教育工程项目总投资 1854.03 万元，至 1998 年年底，累计到位资金 1870 万元，其中世界银行贷款 746.81 万元，配套资金 1123.19 万元，至 1998 年年底，项目累计支出 1829.27 万元，支出中已移交固定资产 1691.59 万元，其他支出 137.68 万元。全县新建或扩建学校 54 所，是计划数 36 所的 1.5 倍，完成校舍竣工面积 43061 平方米，占计划面积 29364 平方米的 146%。竣工校舍全部为砖混结构，经工程质检部门验收，合格率 100%。1999 年年初，恭城通过自治区的“普九”验收。卫Ⅶ计免项目于 1995 年 7 月实施，至 1998 年年初项目资金累计 27.61 万元，其中配套资金 9.36 万元，待报账资金 14.89 万元，向自治区项目办报账提款 3.36 万元。

其他专项审计调查

1992—2005 年，先后开展 9 个审计调查：1990—1991 年县粮食局粮油销售价提高后对粮食企业盈亏及财政收支影响的审计调查；1990—1992 年农业资金投入的调查；县糖厂、罐头厂 1993 年百万元亏损的审计调查；1992—1993 年财政支农周转金的审计调查；1994 年至 1995 年上半年公路局交通建设资金和基金的财务收支审计调查；1999 年至 2000 年 10 月各乡镇统筹资金征收管理和使用情况的审计调查；2002—2004 年实施的农业综合开发项目的审计调查；各乡镇政府 2003—2004 年财政财务收支的审计调查；全县国有粮食企业截至 2004 年 6 月月底政策性亏损挂账的清理核实调查。

其中，1994 年 7 月，对全县财政支农周转金 1992—1993 年使用进行审计调查，对乡镇审计调查重点是恭城镇、莲花、平安、栗木、西岭共 5 个乡镇财政所。利用支农周转金的投入，1994 年全县建沼气池的农户增至 2.46 万户，占全县农户的 48%，其中平安、恭城、莲花乡镇占 70% 以上。恭城进入全国农村能源建设先进行列。在扶持乡镇企业、种植业等方面取得一定成效：共投入支农资金 1113 万元，实现产值 1335.7 万元，利润或纯收入 25.8 万元，上缴税金 17.9 万元。审计调查发现：各种周转金（有扶贫办、农税、农财）集中记在同一会计账本，三种周转金未分别独立记账，收支账目不规范；业务办理手续不齐全、合同签写不规范，错用会计科目；未做好可行性调查，造成周转金的盲目投放，致使部分投资项目未能取得预期经济效益，有的项目不能按合同期限归还借款，影响资金的周转率。

1995年，对县公路局1994年至1995年上半年的养路资金上级拨入及支出情况进行审计调查显示：县公路局遵守“专款专用，勤俭节约”的原则。1994年度养路资金结余69870.76元。在投资方面讲究经济效益，1994年共有5个公路大中修工程，共计节约19223.79元；公路抢修工程共9个，节约1439.97元；绿化资金投资10200元，实际开支8997.40元，节约1202.60元。

2000年，对各乡镇1999年至2000年10月民政优抚、民兵训练统筹、教育附加费、民办教师统筹及土地承包费的征收、管理和使用情况进行审计调查。存在的问题：征收票据不统一；个别乡镇对统筹资金的财务管理混乱；会计、出纳违规管理和使用统筹资金。各乡镇的统筹款项分别由教育组、乡镇政府负责征收，除民办教师统筹费全部由教育组征收外，其他4项的统筹由乡镇政府负责征收，有的乡镇政府征收的教育附加未上缴县教育局，直接作乡镇政府经费支出；各乡镇未按规定将各项统筹款（除土地承包费外）纳入乡镇财政管理；有的乡镇仅征收到应征额的50%；统筹资金被挪用、截留、挤占。

2005年，对自2002年实施农业综合开发项目进行审计调查。2002—2004年，共实施农业综合开发项目5个，其中土地治理项目3个、多种经营项目2个。项目计划总投资1940万元，其中中央财政资金890万元（含有偿资金287万元）、自治区财政资金372万元（含有偿资金134万元）、县财政配套资金133万元、项目区单位自筹545万元。截至2005年7月，5个项目都已完工交付使用。

第四章　价格

1989—2005 年，物价部门对物价监管的重点是整顿价格秩序，稳定市场物价，控制物价上涨幅度，维护正常的价格秩序。

第一节　机构

1989 年，县物价局下设物价检查所，全县共有物价人员 35 人，其中专职物价员 23 人。1994 年 4 月，成立价格事务所（2001 年 6 月，更名为价格认证中心），无专职人员。1997 年 5 月，物价局改称物价管理处，同时挂物价局牌子。2002 年 1 月，机构改革，县物价局在县发展计划局挂牌，内设秘书综合股、价格股（价格认证中心），有工作人员 11 人。2005 年年底，物价局有行政编制 7 名，物价检查所有事业编制 5 名。

1989—2005 年，历任主任（局长）：王家任、邓海云、唐福銮、周冠友、周春生。

第二节　价格体制改革

1989 年第一季度，除钢材、石油、化肥、棉花等紧俏物资仍执行计划价格外，其余均放开，实行国家指导价或市场调节价。

1991 年，除自行车、黑白电视机、电冰箱、洗衣机、小药品按自治区物价局规定实行差率控制外，其他商品一律放开，由企业根据市场供求情况自主制定销售价格，不受原规定的各种差率和作价办法的限制。明令取消仍在实行的提价申报和差率控制等级价措施，其中属国家定价的商品有糖、盐、卷烟等 43 个，属国家指导价的商品有茶叶、酒精等 48 个。同年 9 月，自治区物价局下发《关于进一步深化价格改革促进我区经济振兴的若干规定》，恭城全县共放开商品价格 311 种，其中农产品价格 6 种，轻工业产品价格 14 种，药品价格 246 种，重工业产品价格 45 种。除对议价粮、油、饲料、粮食优良种子、猪肉、大宗蔬菜、电冰箱、电视机、自行车、铝锅等商品列名实行差率、费率控制外，国家列名放开的小商品价格全部放开。

1992 年 3 月，全县国营、供销合作商业、集体商业企业价格放开。1993 年 3 月，全县粮食购销价格予以放开。

第三节 价格管理

商品价格管理

1989—2005年，县物价局对商品价格实行管理形式有3种：一是国家定价的商品价格，必须坚决执行，不得擅自调整；二是实行国家指导价的商品价格，指导企业制定商品价格和收费标准，规定基准价和浮动幅度、差率、利润率、最高限价、最低保护价和提价必须进行申报等进行调控；三是实行市场调节价的商品价格，由买卖双方自由协商议定。

1989—1990年，对放开的商品价格出现涨、降幅度较大时，在一定时期内对价格规定最高限价、最低保护价，并监督执行提价申报制度。1989年，县物价局从严控制调价措施出台，严格执行计划外重要生产资料的最高限价。对工业品的批发、零售环节加以整顿，对已放开的重要商品，采取规定申报制度、最低限价、协商价、浮动价、利润率和进销差率等进行干预。全县社会零售物价总水平比上年上升12.24%，与上年相比，回落3.02个百分点。1991年，县物价部门根据分管权限，对碳铵销售实行县产、外采综合销售价管理，减少流通环节，由县农资公司、基层供销社两道环节改为基层供销社直接到工厂进货销售的计价办法，费率由两道环节的14%减为9%，农资经营部门在不超过物价部门核定的最高零售价前提下，在保本微利基础上，由经营部门灵活让利于农民销售，碳铵零售价每吨由上年的448元降到400元以下。议价尿素由于进价高，零售价每吨均比上年高百元以上，群众难以接受，物价部门根据市场供求情况，建议农资部门让利基层供销社和农户，农资经营部门在保本微利基础上尽量降低经营差率，每吨让利70元以上。是年，县物价局核发“企业定价许可证”47份。

1993年1月1日起，粮食购销价格全面放开。1994年，根据中央和自治区的统一部署，对成品油、化肥等重要生产资料价格实行计划内外价格“并轨”，并在全县推行商品和服务价格明码标价制。

2001年，对县自来水厂要求调整供水价格的请示进行初步审核，报县人民政府召开价格听证会，并上报上级价格主管部门审批。

行政事业性收费管理

1988年，开始实行行政事业收费许可制度。收费单位凭县财政局统一印制的票据，按规定的项目和标准进行收费。1989年，发放“行政事业性收费许可证”106份。1991年，物价部门核发“行政事业性收费许可证”348份。1992年，县人民政府决定从1月1日起对县电业公司电网供电用户按每千瓦时在原来应缴电费的基础上加收0.01元的电力发展基金。同月，调整医疗收费标准。1993年，县物价部门开展涉农负担收费大检查，公布取消34个不合理收费项目。

1994年7月，调整全县中小学收费标准。收费项目分为应收费和代收费。应收费项目：高中的学费，电教设备费，选校费；初中、小学的杂费和借读生费。代收费项目：课本费、练习本费、水电费、内宿生费、民办代课教师统筹费、内宿内膳生工友费、学生证、学生手册、毕业证书费。收费标准：（1）高中学费50元，杂费40元。借读或选校生费300元，电教设备费30元，内宿生费35元、水电费29元，民办教师统筹费8元，内膳生工友费22元。（2）初中：县直初中杂费40元，借读或选校生费300元，电教设备费10元，内宿生费35元，水电费29元；农村初中杂费30元，借读或选校生费150元，内宿生费30元，水电费26元。（3）小学：县直小学杂费30元，借读或选校生费200元、电教设备费5元，农村小学杂费20元，借读或选校生费100元。（4）学前班：县城学费45元、杂费30元，乡镇学费35元、杂费20元，村屯学费30元，杂费20元。（5）幼儿园：4周岁以下学杂费105元，4周岁以上学杂费70元。各学校除了上述应收和代收费项目，不得自行设置其他收费项目，同时必须到当地物价部门申领收费许可证，并使用财政部门统一制发的行政事业性收费票据。

1998 年，县物价局取消 18 项涉及其他经济组织、公民税外收费项目，金额 30 多万元；修改规范收费项目 3 项；查处 15 个医疗单位擅自提高药品进销价费率，将违法所得没收上缴国库；经群众举报调查发现，某乡中心小学违反规定收取学生书本费、作业费、班级活动费共 3917 元，责令其停止违法行为，并将所收取的费用退还给学生。同意县环保办公室自同年 6 月 10 日起对全县饮食、娱乐、服务业的排污进行收费，具体标准：小吃店、米粉店每月 20 元；理发店、美容美发厅每月 25 元；小旅馆、小餐馆（包括快餐、小炒、大排档等）每月 55 元。

2000 年，对各项行政事业性收费进行全面清理，全年换发收费许可证 328 份。2002 年，开展涉及外来或外出务工人员收费专项检查，重新审核涉及外来或外出人员行政事业性收费，取消或降低部分收费项目和标准，减轻外来或外出务工人员的费用负担；对各种涉及城镇化和工业化建设的收费进行清理整顿，调整房屋所有权登记费和房屋交易手续费，降低城镇购建房屋费用；取消县自来水厂收取的新增供水增容费；1 月 1 日起，对一般供电要求的电力用户申请新装及增加电容量的，停止收取供（配）电工程贴费。同年，开始推行涉农价格和收费公示制度，在县城、各乡镇政府所在地及各中小学校设立收费公示牌，增加价格和收费政策透明度。2003 年，自治区授权县级人民政府管理教育收费、出租汽车票价、旅游参观点门票价格和物业服务收费等，并完成县内行政事业性收费项目、标准的重新审核和换证工作。2005 年，行政事业性收费基本维持不变。

第四节　主要商品价格

1989—2005 年，恭城商品价格总的呈现上升趋势，2005 年同 1989 年相比，粮食上升 18.8%，烟酒类上升 27.7%，鲜果类上升 3.78%，生产资料上升 9.56%。商品零售物价总指数，1995 年与 1989 年相比上升 3.66%，2000 年与 1995 年相比上升 5.79%，2005 年与 2000 年相比上升 19.7%。但个别时期商品价格上升幅度时高时低，甚至有的比上年有所下降。

主要商品价格

稻谷　1989 年、1995 年、2000 年、2005 年，1 千克价格分别为 0.6 元、0.9 元、1.1 元、1.3 元。

大米　1989 年、1995 年、2000 年、2005 年，1 千克价格分别为 1 元、1.3 元、1.7 元、2.2 元。

猪肉　1989 年、1995 年、2000 年、2005 年，1 千克价格分别为 6.47 元、13 元、11.2 元、16 元。

河鱼　1989 年、1995 年、2000 年、2005 年，1 千克价格分别为 6.8 元、11 元、13 元、14 元。

辣椒　1989 年、1995 年、2000 年、2005 年，1 千克价格分别为 0.8 元、1.2 元、2.5 元、4 元。

1989—2005 年恭城瑶族自治县主要副食品价格一览表

表 10-3　　单位：元 / 千克

年份	猪肉	鸡	鸡蛋	草鱼	籼米	辣椒	茶油	橙子	橘子
1989	6.47	9.00	8.32	6.67	0.65	0.80	30.00	0.94	0.90
1990	5.47	9.60	9.44	6.53	0.68	0.85	25.00	1.28	0.92
1991	5.47	9.60	9.44	6.53	0.74	0.96	25.00	1.00	1.40
1992	6.47	9.27	7.68	6.47	0.79	1.07	30.00	1.50	1.53
1993	7.73	11.20	9.92	7.07	1.68	1.10	39.20	0.78	1.22

续表 10-3

年份	猪肉	鸡	鸡蛋	草鱼	籼米	辣椒	茶油	橙子	橘子
1994	14.00	16.00	10.00	10.00	2.40	1.15	60.00	2.20	1.85
1995	13.00	14.00	10.00	10.00	2.40	1.20	75.00	2.00	2.00
1996	15.00	16.00	10.00	10.00	2.40	1.30	65.00	1.80	3.00
1997	—	—	—	—	2.00	—	60.00	1.70	2.00
1998	12.00	16.00	9.00	8.40	1.80	1.50	65.00	1.80	2.45
1999	13.00	17.00	8.00	9.00	1.80	2.30	68.00	0.80	3.00
2000	11.20	17.00	9.00	9.00	1.80	2.50	60.00	2.40	3.26
2001	11.00	16.00	8.00	10.00	1.70	3.05	65.00	0.80	2.20
2002	11.00	16.00	8.00	10.00	2.00	3.20	60.00	0.80	3.10
2003	13.00	20.00	10.00	10.00	2.30	3.61	70.00	1.00	2.80
2004	16.00	24.00	12.00	10.00	2.30	3.87	75.00	1.00	2.80
2005	16.00	24.00	12.00	11.00	2.00	4.00	75.00	1.50	3.00

1989—2005 年恭城瑶族自治县主要日用工业品零售平均价格一览表

表 10-4

年份	香烟（元/盒）	精盐（元/500克）	浅花布（元/米）	涤棉细布（元/米）	白砂糖（元/千克）	混纺毛线（元/千克）	牙膏（元/中号支）	洗衣粉（元/500克）	尿素（元/千克）	机械手表（元/只）（国产）	彩色电视机（21英寸）
1989	0.57	0.33	3.82	4.67	2.50	35.90	0.95	1.64	0.87	50.00	3000.00
1990	0.62	0.33	3.94	4.93	2.80	39.68	1.05	1.80	0.83	50.00	3100.00
1991	0.67	0.36	4.34	5.13	2.90	40.82	1.16	1.90	0.83	50.00	3300.00
1992	0.67	0.48	3.15	4.47	2.60	40.82	1.30	2.00	0.83	50.00	3300.00
1993	0.80	0.50	3.15	4.57	3.00	40.82	1.40	2.30	1.20	50.00	3200.00
1994	1.00	0.64	4.20	5.70	5.00	40.82	1.60	2.40	1.95	50.00	3200.00
1995	1.00	0.70	4.20	5.70	5.30	40.82	1.80	3.20	2.50	50.00	3000.00
1996	1.00	0.70	4.80	6.00	5.20	42.00	1.80	3.20	2.56	50.00	2700.00
1997	1.00	0.70	4.80	6.00	4.40	45.00	1.80	3.20	—	50.00	2700.00
1998	1.40	0.70	8.00	10.00	4.20	45.00	1.80	3.20	1.69	50.00	2500.00
1999	1.60	0.70	8.00	10.00	3.20	50.00	1.80	3.20	1.96	45.00	2300.00
2000	1.80	0.80	7.00	11.00	2.40	50.00	1.80	3.10	1.36	45.00	2300.00
2001	1.80	1.00	7.00	10.00	4.60	50.00	1.80	3.20	1.26	45.00	2200.00
2002	2.00	1.00	7.00	11.00	4.40	55.00	2.50	3.50	1.36	40.00	1900.00
2003	2.00	1.00	7.00	11.00	4.40	55.00	2.50	3.50	—	40.00	1450.00
2004	2.40	1.00	7.00	12.00	4.40	60.20	2.50	4.00	—	38.00	1450.00
2005	2.50	1.00	7.00	12.00	4.40	60.20	2.50	4.00	—	38.00	1200.00

1989—2005年恭城瑶族自治县自来水价格一览表

表10-5 单位：元/吨

分类 \ 年度	1989—1990	1991—1992	1993—1994	1995	1996—1998	1999—2004	2005
生活、行政、工业用水	—	0.25	0.50	0.75	0.85	1.05	1.30
经营服务用水	—	0.25	0.60	0.75	1.10	1.35	1.60
特种行业用水	—	—	—	—	—	1.35	1.75

说明：1998年9月，国家计委、建设部颁发《城市供水价格管理办法》，对城市供水实行分类水价，按使用性质可分为居民生活用水、工业用水、行政事业用水、经营服务用水、特种用水共五类。此前，自来水价格共分三类，即生活用水、工业用水、经营用水

第五节 价格认证

1994年4月，成立恭城瑶族自治县价格事务所，属于县物价局的二层机构，主要负责行政执法机关、司法机关办理案件中的赃物估价工作。2001年，更名为价格认证中心。

1995年，县价格事务所正式开展工作，是年评估收入3000多元。1996年，评估收入3500多元。1997年，开始受理各类涉案物品价值评估、鉴定，是年共评估、鉴定46件，鉴定金额110.4万元。1998年，共受理各类价格评估、鉴定及认证67件，总金额542.6万元。1999—2004年，共办理各种价格认证、签证等561宗，金额1313万元。其中，刑事案件364宗，金额491万元；民事案件126宗，金额431万元；价格认证57宗，金额391万元；价格咨询及事业性工作14件。2005年，共办理涉案资产价值鉴定108件，标的数额83.5万元；道路交通事故车物损失鉴定17宗，鉴定金额15.1万元；旧机动车辆评估6宗，鉴定金额7.8万元；其他资产评估5宗，标的金额45.4万元。2005年开始，接受部门委托，配合市公物处理拍卖中心成功召开3场拍卖会，拍卖土地及房屋等标的一批，成交额达85.7万元。

2000年7月，成立车物损失鉴定中心。2000—2005年，共受理车物损失鉴定300多宗，金额500多万元。

第六节 价格监督检查

1989—1992年，县人民政府组织“税收、财务、物价”三大检查活动，对各企事业单位的物价执行情况进行检查，重点是商品价格检查。1992年，国家放开大部分商品价格，检查的重点逐渐向收费检查过渡。检查的重点是电价、药品价格，行政执法部门、教育部门和涉农部门的收费。物价人员对不执行政府定价、政府指导价的部门和自立收费项目，提高收费标准、扩大收费范围的个别单位进行必要的处罚，对能退还用户的坚决予以退还，不能退还用户的依法收缴财政。1996年，取消“三大检查活动”，实行“收支两条线”大检查，检查的重点主要是事业单位的收费情况，在检查过程中，执法人员互相配合，严格执行国家有关规定，对违法违纪单位进行必要的处罚，规范商品价格和收费单位的收费秩序。1989—2005年，物价部门在每年的“五一”劳动节、“十一”国庆节、元旦、春节等重大节日期间都开展市场物价大检查，重点打击哄抬物价、价格欺诈等不法行为。

1989年，查处县二轻工业供销公司将生产小农具专用钢材平价转议价销售一案，没收非法所得6120元；查处县木材公司在销售木材时，自定向购材单位收取10元/立方米～20元/立方米的劳务

费共3.2万元，价外加收购材户20元/立方米的运杂费共3.4万元，两项扣减补交部分税金和已开支的部分后，没收上缴财政3.23万元。

1989—1991年，对计划外购进的销售的碳铵12175吨，尿素3250吨，磷肥9140吨，农药1036.3吨，农膜50多吨，杂优水稻种子300吨，汽油、柴油、煤油2108吨，实行严格的进货成本审核制度，分期分批综合作价，限价销售；查处物价违法案件250起，查处违法金额54万元，全部上缴财政。1994年，县保险公司委托县电力公司在收取电费时一并收取电力责任综合保险，超过政府规定的电力保险费标准，共查出价格违法金额32万多元，至年底上缴国库20万元。1997年，对平安中学、西岭中学、县第二职业中学及龙虎初中的收费进行检查，查处代收费不实行多退少补和收取补课费、建校费等违纪问题，涉及金额2.3万元，责成上述学校限期改正，及时造册退回学生。查处县建设局向建房户收取施工管理费的问题，乱收费金额29.4万元，其中没收1.2万元，退还建房户主17.5万元。1992—1998年，查处物价违法案件156起，查出违法金额159.77万元，上缴财政107万元，退还用户14.13万元。2000年，查处县电信局违反政策擅自向申请安装代办公用电话的用户收取安装工料费及其他未按自愿原则且未提供服务的收费等共9.6万元，全部予以没收上缴财政。

2001年5月，开通“12358”统一价格举报电话。2001—2005年，共查处价格违法案件40多起，查处违法金额3153万多元，退还用户金额28.94万元。其中2001年，查处栗木中学多收学生住宿费，责令退还学生金额1.8万元；查处詠棠初中收取班费，责令退还学生5613元；莲花中学提高内宿生费收费标准，没收多收款2500元；查处县直一小收取借读生杂费，没收多收款3690元；查处县直二小收取借读生杂费，没收多收款2430元。

第五章　工商行政管理

1989—2005年，恭城工商行政管理的职能转变为服从和服务于社会主义市场经济发展上来。随着全县农村经济的快速发展，在县财政的大力支持下，先后投资兴建县城民贸市场等10个、共计4万多平方米的农村集贸市场，为农村经济发展提供不可缺少的平台。同时，着力推进职能转变，简化办照程序，大力支持个体私营经济和企业发展，提供高效、优质、便捷的公共服务。针对不同时期市场秩序的突出问题，集中开展维护流通领域产品质量和食品安全、保护商标专用权、查处虚假违法广告、打击传销、处理合同欺诈及消费纠纷等专项整治行动，促进市场秩序的进一步好转，为全县经济健康有序发展提供有力的保障。

第一节　机构

工商行政管理局

1989年，县工商行政管理局设秘书股、工商股、财会股、市场管理股、合同股5个股室；下设城镇、莲花、平安、嘉会、西岭、栗木、三江7个工商行政管理所。1990—1992年，先后增设经济检查股、个体股、外资企业股、商标广告股。1995年7月，撤销城镇工商所，成立城南工商所、城北工商所。1996年10月，成立市场开发服务中心、法制股。1997年4月，党政机构改革，内设机构有人事秘书法制股、公平交易股、企业登记管理股、商标广告管理股、市场监督管理股、个体私营经济管理股、财务股、经济检查股共8个职能股室。

1999年1月1日，工商行政管理体制改革，省级以下工商机关实行垂直管理，恭城瑶族自治县工商行政管理归桂林市工商行政管理局领导，县市场开发服务中心归县工商局代管。同年5月，成立巡查大队。12月，设立车辆运输管理工商所、办公室和人事教育股。2000年7月，设立纪检监察股。12月，撤销三江工商所，并入莲花工商所。2001年12月，市场开发服务中心与县工商行政管理局脱钩。2002年6月，工商行政管理机关机构改革，内设办公室，法规股，政工科，公平交易、商标广告与消费者权益保护股，企业注册与个体私营经济管理股，市场与合同规范管理股，财务股，机关后勤服务中心8个股室；下设城南、城北、嘉会、西岭、莲花、栗木、平安7个工商所和运输市场管理所。机关后勤服务中心属事业编制，编制为7名；6个股室、8个工商所和局领导均属于行政编制，编制69人。2005年年底，设办公室、政工科、纪检监察室、财务股、法制股、注册登记管理股和个体私营经济发展办公室、巡查大队、消费者权益保护与食品安全监督股、机关后勤服务中心9个股室，下设8个工商所不变。

1989—2005年，历任局长：蔡启儒、张绍民、徐先德。

市场管理服务中心

市场管理服务中心的前身为成立于1996年10月的市场开发服务中心，原属于工商行政管理局内设机构。2001年12月，市场开发服务中心与工商行政管理局脱钩，所属人员、各类市场及债权债务移交自治县人民政府管理。2003年5月，市场开发服务中心更名市场管理服务中心。2004年，市场管理服务中心内设办公室、财务股、综合股，下设城南、城北、栗木、莲花、嘉会、西岭、三江7个市场物业管理所，定事业编制22名。2005年，撤销综合股，增设经营股、物业股。

2003年，设主任一职。至2005年，由周小梅任主任。

第二节　市场管理

集贸市场管理

1989年，全县共有县城农贸市场、莲花、栗木、嘉会、西岭、三江、和平共7个集贸市场，分别由城镇、莲花、平安、嘉会、西岭、栗木、三江工商行政管理所管理。1996年10月，成立市场开发服务中心（2003年，更名市场管理服务中心），负责全县集贸市场的建设和开发、物业管理和服务工作，以及市场秩序的维护。

根据广西壮族自治区核定的收费标准，县市场管理服务中心收取市场的摊位租赁费、设施费和服务费等市场管理费，用于集贸市场维修并维护市场交易正常运转。2004年，在城南民贸市场猪肉行、西岭市场鱼仔行实行公开招标，市场管理费分别增收21%、16%；同年，市场成交额达1.5亿多元。2005年，继续在城南、西岭2个市场公开招标，市场管理费比上年增收32%和25%，市场成交额达2亿多元。据统计，2003—2005年，共收取市场管理费752.31万元。

查处市场违法行为　1993年，组织人员处理西岭、嘉会市场肉商霸占肉台、拒交管理费并殴打管理人员的市场欺行霸市行为；查处注水猪肉182千克，灌石粉鸡19只，其他市场违章行为136起。1999年，查处县城猪肉行屠商串通投标肉桌案件1起，没收灌砂鸡、鸭140只及不合格计量器具一批。2001年，处罚莲花市场猪肉行屠商串联抗交个体管理费行为。2004年3月月初，莲花市场成衣行和小百货行在个别业主的煽动下，寻找各种借口拒缴摊位费并威胁停业罢市。经县物价部门调查确认以及市场管理部门的反复宣传解释，帮助经营业主弄清事实真相，自愿补缴摊位费。

市场物业管理　2001年12月，市场管理服务中心接收工商行政管理局移交的市场面积共41405平方米，总建筑面积48030平方米，摊位1418个，债务555万元。2003—2005年，共投入128万元为各市场增建设施和日常维修。其中，更换西岭集市、三江集市、莲花集市瓦面，县城城南集市、莲花集市电线，并为部分集市装设隔热层、灭火器、防盗网，为各市场物业所增添办公设施，扩建部分集市摊位，2005年，全县农贸市场摊位从2003年的3943个增加到4171个。

2001年年底恭城瑶族自治县市场物业情况一览表

表10-6　　单位：平方米、个

市场名称	地点	占地面积	建筑面积	摊位
城南民贸市场	县城	7930	8796	320
城北市场	县城	6600	6000	100
栗木新老猪花市场	栗木镇	1430	10000	266
莲花市场猪花市场	莲花镇	6547	5794	200

续表 10-6

市场名称	地点	占地面积	建筑面积	摊位
西岭新老市场	西岭乡	7558	6400	130
嘉会市场	嘉会乡	4890	4090	129
平安、桥头市场	平安乡	3800	3800	80
三江市场	三江乡	1450	1150	113
龙虎市场	龙虎乡	1200	2000	80
合计	—	41405	48030	1418

农资市场管理

1989—2005年，县工商部门对农资市场的管理，实行国家工商总局制定的农资商品市场准入制、巡查制和监管责任制，严格审查农资经营主体资格，对农资经营者实行进销货台账、留样备查等制度。严厉打击违法经营行为，以种子、化肥、农药、农机具、农膜等为重点，开展全面巡查，严厉打击无照经营、制假售假、虚假宣传等农资违法经营行为。1993年，查获已出售的劣质复合肥120.2吨，没收劣质复合肥27.85吨，为农民挽回直接经济损失（退货款）2.5万多元；查获农药5.54吨，征收杂交水稻近8吨，为农户追回货款8.3万元。1996年，查处非法经营化肥、农药、农膜行为24起，没收过期、三证不全农药2084瓶，劣质再生膜41千克。1999年，查处不合格二氢钾9000千克、农药400瓶，没收不合格种子300多千克。2000年，查扣价值约19万元的“三无”（无生产日期、无质量合格证、无生产厂家）柴油机152台、喷雾器113台。2001年，查扣冒牌和过期农药1200千克、化肥3.35万千克，“三无”药水机80台、胶管300米、柴油机250台。2005年，立案查处假劣农资案件50起，没收假劣、不合格化肥19.3万千克、不合格农药200多件，销毁未经检疫的果苗1.8万株，为农民挽回直接经济损失80多万元。

市场专项治理

工商行政管理局每年都开展市场专项治理工作，清理假冒伪劣商品、生产资料市场、无照经营以及无生产日期、无质量合格证、无生产厂家的“三无”产品等，查处各种违章违法经济案件。1989—2005年，在专项治理中共查处种类案件5040件，收取罚没款274.04万元。

1991年，对全县集贸市场、生产资料市场、食品市场、文化市场、专营商品市场、汽车交易市场等进行检查、清理整顿，全年查处市场违章行为361起，经济违法案2起；没收劣质农药15千克、假兽药45千克、虎骨25千克、香烟41条、味精20千克、洗发精700千克、非法出版物130份，处理劣质鞋668双、灌石粉鸡49只、注水牛肉2次，销毁旧服装551件、变质食品饮料5850袋，并放生野生保护动物650千克。1996年，根据县政府制定的生猪定点屠宰管理办法对全县生猪、猪肉市场进行大规模的清理整顿，打击猪肉注水、短斤少两行为，使人民群众吃上放心肉；查处假劣质棉胎193床、小抱被13床，冒牌棉花、劣质棉花700多千克，冒牌劣质谷种2700多千克、杂交玉米种497千克。1998年，强化粮食市场监管，查处一批个体粮商、非国有粮食收储企业到农村收购粮食的违法行为，查扣稻谷10多吨、没收大米2.9吨，罚款0.6万元。2002年，开展集贸市场、节日市场、农资市场、屠宰市场、食品市场、成品油市场、危险化学品市场、室内装饰材料市场和烟花爆竹等专项治理，查办各类违法违章案件366件，没收过期变质、假冒劣质商品2000多件（支、盒），捣毁制售假冒伪劣商品窝点1个（案值30多万元）。

1989—2005 年恭城瑶族自治县市场治理情况统计表

表 10-7　　单位：件、万元

年度	查处各类案件	罚没款	年度	查处各类案件	罚没款
1989	5	1.05	1998	22	2.59
1990	10	6.51	1999	203	6.90
1991	361	3.64	2000	170	22.70
1992	303	1.33	2001	571	13.64
1993	385	11.94	2002	366	11.00
1994	468	5.36	2003	490	40.00
1995	600	1.60	2004	491	68.00
1996	19	20.41	2005	533	46.90
1997	43	10.47	合计	5040	274.04

第三节　工商登记管理

企业登记

1989 年，全县完成企业法人登记 893 户，注销国营、集体企业营业执照 53 户。1993 年，乡镇企业、机关办实业发展到一个兴盛时期，全县企业执照登记 1323 户，与 1992 年相比，增加 376 户。1996 年，借换发新营业执照清理整顿“假集体”企业，全年换发新执照 1023 户。1997 年，支持国有企业、集体企业改革，将非生产性的服务机构分离成为独立核算的经济实体。同年，全县有企业 985 户，其中国有企业 375 户、集体企业 561 户、股份制企业 10 户、股份合作制企业 12 户，注册资金 28085 万元。1998 年，县粮食系统改革整顿，行政部门与企业在人、财、物等方面彻底脱钩，依法对粮食企业进行登记注册。同年，全县共有企业 1024 户，其中国有企业 423 户、集体企业 573 户、股份制和股份合作制企业 28 户，注册资金 42415 万元。2000 年始，各工商企业随市场经济的发展优化整合，同年全县工商企业登记 989 户。2002 年 652 户；2005 年 689 户。

个体工商户登记

1989 年，全县个体工商户有 2689 户，从业人员 2767 人，注册资金 213.6 万元。1992 年，贯彻发展个体私营经济有关政策，放宽经营范围，改革登记注册、简化办照手续，同年个体工商户增加到 3751 户，与 1991 年相比增加 976 户；注册资金 387 万元。1994 年，自治县委、县政府制定《关于进一步加快我县个体私营经济发展的决定》，进一步放宽政策，放开经营范围和经营方式，简化办照手续，只要不是涉及国家和人民生命财产安全和国家专控经营商品的，直接发照允许经营，全年新发展个体工商户 1202 户，同年年底全县共有个体工商户 4600 户，注册资金 1419 万元。1996 年，建立个体工商户档案登记，设立档案登记卡，实行规范化管理，同年年底，全县有个体工商户 5969 户，注册资金 2396 万元。1997 年，以安置国有企业下岗人员再就业为重点，实施“再就业”工程，减少审批环节，并在个体工商户中开展“一帮一”活动，与 1996 年相比新增个体工商户 837 户。2000 年，按照全国统一更换营业执照的规定，完成全县个体工商户营业执照更换，全县共有个体工商户 5315 户，从业人员 6821 人，注册资本 3996 万元。2005 年，开始执行《广西壮族自治区个体工商户分层分类登记管理办法》，对个体工商户实行委托工商所登记制，全县共有个体工商户 7880 户，从业人员 10605 人，注册资金 9270 万元。其中，新注册个体工商户 1320 户，从业人员 2163 人，注册资金 2995 万元。

第四节 合同管理

1989年，合同监管归工商部门合同股负责。1997年，县工商局撤销合同股，合同监管划归公平交易股。2002年6月，成立市场合同股，合同监管划归市场合同股。合同监管一是鉴证各类经济合同，二是处理合同纠纷。

1989—2005年，县合同管理部门与客户共签证各类经济合同411份，合同总金额17847.15万元；其中，鉴证合同最多的为1992年66份，最少的为1997年、1998年、2005年，均为3份。共受理合同纠纷55件，总金额445.6万元。除此，工商部门还利用合同仲裁监督手段为企业清理三角债，1989—2005年，为企业挽回经济损失594.45万元。

第五节 商标广告管理

商标管理

至1989年，全县共有注册商标30件。其中，以县电扇厂注册的“回春牌”（电扇）商标为著名。1990—2005年，全县共有30件注册商标登记成功。其中，较为著名的有恭城水泥厂注册的“茶江牌”（水泥）、恭城银殿集团有限公司的“银殿牌”（电解锌、电解铅）、桂林恭城生态果业发展公司的“野木牌”（月柿酒）、恭城县多功能微型拖拉厂的“农牛牌”（多功能耕整机、微型拖拉机）、恭城县恭城镇酒饼厂的“瑶乡糯”（甜酒）、广西名特优果品集团公司恭城瑶族自治县分公司的“恭城月柿”（柿饼、鲜柿果）等。同时，开展商标违法和侵权案件的查处，工商部门每年开展专项整治活动。1998年，查处无证制商标企业1家，没收商标标识25000多份；2005年，查处商标侵权案件1件。

1990—2005年恭城瑶族自治县注册商标情况登记一览表

表10-8　　单位：个

序号	名称	持有人	注册时间
1	栗木（杀虫剂）	栗木锡矿	1992年1月30日
2	栗木（碳化钽、碳化铌、钨粉）	栗木锡矿	1992年1月30日
3	栗木	栗木锡矿	1992年4月30日
4	栗木（锡）	栗木锡矿	1992年4月30日
5	回春牌	桂林恭城电扇厂	1993年3月1日
6	银殿山（柑橘）	桂林恭城矿泉水饮料厂	1993年6月21日
7	银殿山（矿泉水）	桂林恭城矿泉水饮料厂	1993年6月21日
8	玉马	恭城县白马果脯厂	1993年7月7日
9	茶江	桂林地区恭城冶炼厂	1994年6月7日
10	九牛井	桂林恭城九牛井酒厂	1994年6月21日
11	栗木（酒）	恭城栗木粮所	1995年11月14日
12	桂达	恭城平安粮所	1995年11月14日
13	茶江（柿饼）	广西名特优果品集团公司恭城分公司	1995年12月21日
14	茶江（鲜柑）	广西名特优果品集团公司恭城分公司	1995年12月21日

续表 10-8

序号	名称	持有人	注册时间
15	仙人井	桂林恭城嘉会清泉酒饼厂	1997 年 3 月 28 日
16	仙人井	恭城县嘉会清泉酒厂	1997 年 3 月 28 日
17	天娥泉	恭城县栗木中学天娥泉酒厂	1997 年 4 月 14 日
18	栗木（蓄电池）	栗木有色金属有限公司	1997 年 5 月 7 日
19	茶江	恭城水泥厂	1998 年 9 月 20 日
20	银殿	恭城银殿集团有限公司	1999 年 11 月 21 日
21	岛坪	恭城县岛坪矿	2000 年 1 月 14 日
22	野木	桂林恭城生态果业发展公司	2000 年 9 月 21 日
23	强仔	恭城志强酒饼厂	2000 年 9 月 28 日
24	新鹏	恭城县平安新鹏塑料厂	2001 年 2 月 28 日
25	新江	恭城县鸿发实业有限公司	2001 年 4 月 7 日
26	农牛	恭城县多功能微型拖拉厂	2001 年 8 月 14 日
27	婆皇山泉	桂林恭城嘉会清泉酒饼厂	2001 年 12 月 28 日
28	瑶乡糯	恭城县恭城镇酒饼厂	2002 年 2 月 28 日
29	恭城月柿（柿饼）	广西名特优果品集团公司恭城瑶族自治县分公司	2005 年 11 月 28 日
30	恭城月柿（鲜果）	广西名特优果品集团公司恭城瑶族自治县分公司	2005 年 11 月 28 日

广告管理

1989 年，县内广告由县工商局企业股代行管理，户外广告的发布和印刷品广告的印刷均由企业股审核。1992 年，全县始设广告栏 26 个，全年审核可张贴广告 410 份、不准张贴广告 590 份，处理违章张贴广告 4 起。1997 年，成立商标广告管理股，借全县大抓文明县城治理整顿之机，在县城设立 14 个公共广告栏，各乡镇设立 4～5 个广告栏。同年，共审批电视广告 85 条、户外广告 125 条，共批准张贴广告 2 万多份，查处非法张贴行医广告案件 1 起，乱张贴广告 2 起。

1998 年，重点加强对农药、化肥、药品、医疗器械等广告的监督管理，全年共登记审批户外广告 105 条，电视广告 42 条。2000 年，查处违法违章广告 6 起，没收非法广告 3500 份，违章条幅 350 条，收缴各种牌匾 30 多块。2001 年，重点对药品、医疗、保健、食品广告进行检查，共检查 96 户，整顿不合格广告经营户 4 户，收缴印刷品广告 200 份，店堂横幅广告 5 起，限期整改医疗服务广告 3 起，责令广播电视台停止播放违章医疗广告 1 起。全年共查处违法违章广告 36 起，罚款 12000 元。2002 年，撤销商标广告管理股，广告管理工作由公平交易股管理，全年办理登记广告 100 件，查处广告案件 15 起，罚款 3000 元。2004 年，全年共审批户外广告 128 件，路牌广告 5 件，查处广告违法案件 24 件。2005 年，全年审批户外广告 90 件，路牌广告 2 件，灯箱广告 10 个，查处广告违法案件 15 件。

第六节　消费者权益保护

1989 年，县工商行政管理局组织开展第一次“纪念‘3·15’国际消费者权益日”宣传活动，发放 1100 份资料至各部门及农村。1994 年 1 月 1 日,《中华人民共和国消费者权益保护法》(以下简称

《消费者权益保护法》）正式实施，县工商管理部门举办电视广播宣传和假冒伪劣商品展览活动。1997年起，“3·15”消费者权益日纪念活动形成制度化，至2005年共开展8次主题活动，其主题依次为“讲诚信、反欺诈，为了农村消费者”“安全健康消费”“明明白白消费”“绿色消费”“科学消费”“营造放心消费环境”“诚信、维权”“健康、维权”。在各年度的“3·15”消费者权益日纪念活动中，展出（销毁）假冒伪劣商品，发放宣传资料，解答群众咨询，提高消费者鉴别假劣商品知识和自我保护能力。

1989年至1998年2月，县内消费者投诉案件由工商局受理，全县共受理投诉案件527件，为消费者挽回经济损失51.85万元。其中，1994年，由于大力宣传新实施的《中华人民共和国消费者权益保护法》，消费者自我维权意识大大增强，同年共受理投诉案件132起，调解处理131起，为消费者挽回损失1.6万多元。1998年3月，恭城瑶族自治县消费者协会正式成立，担负起全县消费者权益维护工作。1999年5月，成立“12315”消费者申诉举报投诉指挥中心，设立“12315”举报投诉电话，为人民群众提供申诉举报之便。根据各年度“3·15”消费者权益日活动主题，县消费者协会组织开展“3·15”消费者权益日活动，指导广大群众明明白白消费；受理各种投诉案件，1998—2005年，共受理投诉案件1009件，为消费者挽回经济损失50.2万元。

1993年，在全县范围内开展无假冒伪劣产（商）品评比活动，有11家企业门店荣获全县首批“消费者信得过门店”荣誉称号，有2家企业荣获自治区“消费者信得过企业”荣誉称号。2001年，开展创建“打假维权、消费者满意一条街”活动，对县城茶南路汽车站至十字街路段验收合格的148户个体工商户和私营企业授予“消费者满意户”牌匾，初步形成行政保护与社会保护相统一的消费者权益保护工作新机制。2005年，全县有6家门店、企业获“诚信单位”称号。

图10-1 2005年，县工商局工作人员在县城中心向群众讲解识别假冒商品知识（县工商局提供）

第六章　质量技术监督

1989—2005 年，县质量技术监督部门加强标准化、计量和认证等技术基础性工作，促进产品质量安全水平的提高，同时加强产（商）品质量监督管理，严厉打击制售假冒伪劣商品行为，维护消费者合法权益。1991 年起，对全县企业的生产设备及产品质量进行定期或日常监督抽查，采取扶优扶强措施，加强全过程监管，质量管理体制逐步健全。2000 年后，以食品、农资、建材等关系群众切身利益的产品为重点，组织开展质量安全整治行动，全社会的质量意识得到增强，质量安全水平明显提高。

第一节　机构

1987 年，成立县标准计量局。1989 年，有编制 12 名，其中行政编制 1 名、事业编制 11 名，内设办公室、综合股、法规股。1990 年 5 月，县计量标准局更名县技术质量监督局。1999 年 3 月，县技术监督局上划自治区质量技术监督局垂直管理，内设办公室、综合股、法规股，下辖恭城瑶族自治县标准计量所。2001 年 12 月，原本由县人事劳动局负责的锅炉、压力容器、管道特种设备监察职能划归县质量技术监督局。2005 年，县质量技术监督部门共有干部职工 16 人。

1989—2005 年，历任局长：贝义刚、潘炳耀、黄俊军、吕生瑞、陆小春、唐祖力。

第二节　计量管理

计量器具使用管理

县内先后流通的计量器具，度器有市尺、米尺，量器有竹、白铁皮或塑料制成的酒提、油提以及精密度高的玻璃量器、燃油加油机，衡器有杆秤、磅秤、地秤、案秤和电子秤等。

1989 年，在县内市场上使用的均为市制单位的度量衡器。根据《中华人民共和国计量法》以及 1986 年 10 月恭城县人民政府发布的《关于限期停止使用市制度量衡器的通告》，1989 年年底，采用市制单位的度量衡器全部停止使用。1990 年，采取更换刻度片的办法，将全县在使用中的各种型号的台秤、案秤共计 899 台改制为法定计量单位的千克（公斤）秤，同时改制杆秤 1363 支、地秤 6 台，并停止市制杆秤的生产，组织制造千克秤 3600 支。据统计，1988—1990 年，共改制枰秤、台秤、地秤 3388 支（台）。至 1990 年年底，台秤、案秤、杆秤改制率达 90%，液体量提由传统的重量制全部改为容量制，度器由市尺改为米尺。

1995 年，县内商店和集市使用的杆秤有部分无法达到《零售商品称重计量监督规定》对计量器具的要求，一些经营者利用杆秤作弊、短秤少量欺骗消费者。1996 年，开始限制使用和逐步淘汰杆秤，从 1 月 1 日起，县城商店和集市的固定摊位推广使用符合《零售商品称重计量监督规定》的案秤、台秤、双面字盘秤及电子计价秤；7 月 1 日起，全县范围内的商店和集市的固定摊位全面推广使用案秤、台秤、双面字盘秤及电子计价秤。1997 年 9 月，县计量局与县工商行政管理局联合发出《关于在全县民贸市场及固定摊位中淘汰杆秤、使用台案秤的通知》，整顿仍大量使用杆秤的莲花、西岭两大农贸市场的肉摊，强制推行案秤。

地秤于 1969 年 12 月随着县糖厂建成投产引入恭城，至 2000 年止，全县共引进地秤 13 台，秤量分别为 20 吨、30 吨。其中县物资局、水泥厂使用的 30 吨秤量的地秤（计量箱读数为度盘式读数），由于使用年限长，计量精度等级明显下降。1998 年，县标准计量所引进托利多常州衡器有限公司生产的电子器材，将其改制为机、电两用式，秤的精度等级由四级秤上升到三级秤。

1989—2005 年，县质量技术监督部门贯彻《中华人民共和国计量法》和《零售商品称重计量监督规定》等法律法规，加强对商品交易中计量行为的规范管理，针对群众反映强烈的“米袋子”“菜篮子”等热点和焦点问题，进行定期、不定期监督检查，共检查各类计量器具 2.43 万台（件）次，检查定量包装商品 6 万余件，查处计量违法案件 56 起。

计量检定

1989—2000 年，共检修杆秤、台秤、案秤、天平、地秤、燃油加油机及电子收费计时器等合计 40279 支、台次。其中，杆秤 18140 支，台（案）秤 21168 台，天平 239 台，地秤 253 台次，燃油加油机 420 台次以及电子收费计时器 59 台。2001—2005 年，累计完成对天平、压力表、电能表、加油机和电话计费器等计量器具检定 8912 台件，检修合格率达 99.98%。

计量监督

《中华人民共和国计量法》实施后，县计量管理所加强计量监督工作，同时联合工商行政管理部门等相关单位开展计量大检查。1989 年 5 月，对 34 户国营、集体、个体企业进行计量监督检查，其中 17 户有违反计量法行为，主要的违法行为有故意破坏计量器具、加大秤盘绳抬高空秤以及使用未经检定和不合格计量器具、改制量提等。1991 年 4 月，开展推行法定计量单位检查验收，9 个乡镇、18 个县直单位、20 个基层单位都使用法定计量单位。随着市场经济的日益繁荣，计量监督的对象日益增多，克扣消费者的手段除了在衡器、量器等计量器具上作弊外，在定量包装商品中也出现违反定量包装商品计量监督规定的违法行为。1995 年，采用计量大检查与日常检查相结合、综合性检查与单项检查相结合的办法，共检查商（产）品 1500 多批次，检验 170 多个样品，查处计量违法案件 9 起。1998 年 6—7 月，对全县 31 个综合经营批发部的糖果、饼干、方便面、饮料、酒、洗涤用品、茶叶、奶粉、食用油、食盐、白糖、酱油、味精、醋、化妆品、大礼包及 23 个液化气供应站（点）罐装液化气，共 18 类定量包装商品进行计量监督检查，对违反有关计量法规的行为给予相应的经济处罚。2004 年，对已由法定计量检定机构建立社会公用计量标准的县电力公司计量监督，情况较好。同年，对定量包装商品净含量抽检 16 批次，合格 13 批次，合格率 81.25%。2005 年 12 月，检查燃油加油站 8 家、燃油加油机 39 台，未发现有计量违法行为。

第三节 标准化管理

产品标准化管理

恭城对县内生产的产品实行标准化管理始于1987年，至1988年年底产品标准覆盖率不足80%。针对县内工业企业和产品增长较快的情况，1989年10月，县人民政府批转下发《关于贯彻执行强制性标准，实行工业产品临时生产许可证制度的意见》，各工业企业必须制定有产品技术标准才能组织生产，所生产的产品样品经法定机构检验合格后发给“工业产品临时生产许可证”才能规模生产。1990年7月，对全县范围内的42家企业、109个产品进行调查，其中94个产品有生产标准，产品标准覆盖率86.2%。同年，新制定民政福利厂等3家企业、薏米芝麻糊等3个品种的标准。1992年下半年，对食品类产品普遍实行“食品标签”，标明食品标准、产品标准号和标准批准号。至1993年年底，完成102个厂家食品标签审查认证工作，占应认证企业总数的92.8%。同时，加强企业制定产品标准工作。至1998年，全县企业共制定123个产品标准。1999—2000年，新制定85个产品标准，全县基本消灭无标生产产品。2001年7月，对全县界定为“消灭无标生产”范围的170家企业的257个产品进行标准登记注册，为企业查询产品标准178个，制订产品标准104个，完成产品标准备案普查登记数285个，检验产品数241个，标准覆盖率提高到90%以上。2002年2月，经自治区质监局审核，正式批准恭城为“消灭无标生产”县。此后，为继续做好标准化工作，每年均为企业进行产品标准登记注册，帮助企业起草制订、修订产品标准及企业标准备案。2005年，县内企业北京汇源集团桂林生态果业有限公司已列入自治区71家农产品加工龙头企业标准化示范点之一，其生产的果汁橙汁类产品获得国家免检产品称号，其饮料及果汁饮料获“QS”（食品质量安全生产许可）认证。

组织机构代码数据管理

1993年，开始全县企事业单位和社会团体统一代码标识制度工作，同年完成569个单位的代码和证书发放。1994年，又新发放代码证书140多个。至2000年年底，全县共完成近1000个机关、企事业单位、社会团体等机构的代码证书发证或换证工作，将组织机构的管理纳入规范化、法制化的管理轨道。2001—2002年，全年共发放代码证书591个，年检代码证书1548个。2003年，办证301个单位、年检证书908个单位，同时推出IC集成电路卡办证工作，共办理IC卡442个。2004年，完成代码证办证580个，年检证书380个。2005年，完成代码证办证或变更289个，年检代码证书750个。

第四节 质量监督管理

商品质量监督

1989年上半年，假酒、假农药、假化肥、假种子和劣质电器、洗衣粉、饮料等商品在县内市场日渐增多。7月，开展全县性商品质量大检查，采取现场处理、限期整改和重大违纪立案查处等方法，共检查501户，查出违纪户197户，占检查总数39.32%，其中国营违纪户2户、集体违纪户13户、个体违纪户182户；封存或销毁变质饮料5631瓶、霉变食品1108袋，收取罚款2604元。至同年年底，先后又开展2次大检查。据统计，1989年的3次商品质量检查行动，共封存或销毁变质饮料、啤酒13580瓶，封存或销毁霉变食品1158袋，封存劣质电热管55支，劣质洗衣粉86袋。1990年5月，县标准计量局改为技术监督局，开始对市场商品质量的日常监督。同年，共抽查日用电器、食品等21个商品种类，处理案件16起，没收违法所得5439元，销毁伪劣商品价值3842元。

1991年起，商品质量监督将日常监督与大检查活动结合起来，并通过开展常年性“信得过商店”和“无假冒伪劣商品单位”等活动，促进全县商贸交易的健康发展。其中，1992年，配合全县开展的“质量、品种、效益年”活动，与工商行政管理部门展开集贸市场商品大检查活动，共检查177家商店、309批次商品，清理并销毁假冒伪劣商品总价值2.47万元，罚款0.3万元。1995年，4次商品质量大检查共检查商店326家，商品1290批次，合格906批次，总合格率70.2%，与1993年商品检查总合格率相比下降20%。1996年，检查商品2306批次，没收假冒伪劣商品1200多件，立案处理13家，罚款14万元。其中，县种子公司经营不合格稻种一案被依法查处，责令换退种子12000多千克，向510户农民赔偿损失1.8万元。1997年起，农药、化肥、种子等农资商品成为重点监督商品。同年5月，查封各乡镇数处农资销售点销售的假农药“特杀灵”。1999年2月，共检查农资门店105个，抽样检验化肥142个，合格105个，合格率74%；农药类132个，合格103个，合格率79%；不合格的化肥、农药均被封存销毁。2000年8月，共抽样检验化肥、农药301批次，不合格23批次，不合格率7.64%。2001年，全年共查处案件173起，结案170起，涉案金额80多万元，处以罚没款50多万元；抽检和定期检验样品506批次，其中化肥样品113个、合格率69%，农药样品206个、合格率77%；受理商品质量投诉28起，为消费者挽回经济损失6万多元。2002—2005年，共抽样检验973批次，查处案件460起，涉案货值金额1050多万元，罚没款150多万元；受理质量投诉59起，为企业和消费者挽回经济损失16.3万元。

产品质量监督

1989年至1991年春，对境内27家企业的56个品种进行产品质量检查，合格24个。随后，对产品质量不合格企业作出限期改正的处理决定。1992年，抽查142个厂家、153批次产品，合格率为94.1%。1994年，检查36家企业的产品，合格率为82%。同年，查处西岭乡唐××掺杂使假生产黄糖片（掺入滑石粉）一案，没收其违法所得5万余元。2000年，抽查14家红砖生产厂家12批次样品，有4个批次不合格；抽查14家月饼生产厂家82批次样品，4个批次不合格。

20世纪90年代初以来，恭城微型拖拉机生产发展迅速，形成点多、分散、质量差，生产、销售市场比较混乱的局面。2001年，经县质监局、县工商局、县农机局的努力，全县33家（点）整合成9家，最后整合成具有一定规模和技术水平的3家微拖生产厂，改变了散、乱、差的状况，为企业做强做大创造条件。2002年7月，对2001年以来发放的临时生产许可证进行认真清理和自查自纠，收回49张临时生产许可证，规范质量管理行为和制度。2003年2—3月，同意恭城名特优农产品协会在该县范围内按照《中华人民共和国产品质量法》（以下简称《产品质量法》）规定的程序和方法，开展月柿、椪柑、沙田柚质量检验工作。同年7月，开始实施食品质量安全市场准入制度，对“五类食品”（小麦粉、大米、食用植物油、酱油、食醋），“十类食品”（肉制品、乳制品、饮料、调味品、方便面、饼干、罐头、冷冻饮品、速冻面米食品、膨化食品），“十三类食品”（糖果制品、茶叶、葡萄酒及果酒、啤酒、黄酒、酱腌菜、蜜饯、炒货食品、蛋制品、可可制品、水产加工品、淀粉制品）实施“QS”认证。是年，对县内企业产品进行定期检验120批次，配合桂林市质监局抓好米、面、油、酱油、醋五类食品生产许可证的申办、发放工作，把好市场准入关。2003年，开通“12365”质量技术监督举报投诉热线服务电话。2004—2005年，对县内食品及相关产品生产加工企业许可情况及食品生产企业基本情况，开展专项调查。对涉及食品类大米、挂面、面包糕点、膨化食品、食用植物油厂家近80家进行建档，规范发证，从源头上把好食品质量关，实现食品质量安全市场准入制。

食品生产加工环节监督

1989—2004年，恭城质监局坚持“查食品，保健康”方针，对食品生产加工环节进行常规监督。对粑粑、油炸食品、柿饼加工作坊产品进行定期检验，确保产品稳定。对甜酒、酥饼类的11家生产企业进行定期监督检查，督促4家大米加工厂改善卫生条件及生产工艺，尽快申请“QS”认证；引导北京汇源集团桂林生态果业有限公司申报国家免检产品，使该公司的果汁橙汁类产品获国家免检产品称号，其饮料及果汁饮料获“QS”认证。对使用食品添加剂的13家企业进行调查摸底，建立档案，随时抽查，一旦发现添加剂超标，立即处理。与桂林市质量技术监督局签订《食品安全监管责任书》，将目标责任分解到领导和股室，落实到人，充分调动执法、管理人员的主观能动性，鼓励他们努力做好食品加工环节的监管工作。

2005年1月，原由卫生部门承担的生产加工环节的食品卫生监管职责划归质量技术监督部门。同年4月，成立食品监管股，对全县食品生产加工企业进行全面普查。据统计，2005年，全县有13家食品生产加工企业。同年，帮扶九牛井酒厂、栗木大米加工厂共2家企业取得国家质检总局颁发的食品生产许可证。

特种设备安全监察

锅炉、压力容器和管道等特种设备的安全监察，1989年至2001年11月由县劳动部门负责。1995—2005年，全县70多台特种设备、锅炉每年强制检查一次，起吊设备每2年检查一次，液化气瓶每四年检查一次，连续十三年没有发生安全事故。

2001年12月，原本由县劳动部门负责的特种设备安全监察职能划转到质量技术监督局。2002年6月，对全县的35台起重机械、18台锅炉、5台电梯、5台压力容器进行普查登记。2003年9月，举办一期特种设备管理人员培训学习班，73人参加培训。2004年4月开始，加强对液化气的监督管理，特别是对液化气瓶的安全管理，对全县的液化气钢瓶进行普查登记，查出超期瓶860多个，责令报废93个，对在用的特种设备每年配合市特种设备检验所进行年检，定检率100%。2005年，实现对全县所有特种设备（除压力管道外）使用和管理、检验检测、操作人员的网络化和动态化监管，实现安全监察机构与检验机构之间的数据及时交换。2001—2005年，未发生重特大特种设备安全责任事故，无人员伤亡。

第七章　国土资源管理

1986年10月，成立县土地管理局（2002年1月，改为国土资源局），对全县土地、地政开始实行统一管理。为缓解农业用地与非农业建设用地的矛盾，对非农业建设用地实行计划管理的同时，1992年开始试行国有土地有偿使用，通过有偿出让和拍卖的形式，将闲置的划拨土地用于各种非农业建设项目。1993年，在完成土地详查后，在全县农村土地初始登记完成99%的基础上开始日常变更登记并试行农村宅基地有偿使用。1996年年底，国有土地使用制度改革顺利完成，使用土地从无偿、无期、无流动改变为有偿、有期、有流动，极大地促进社会的进步和经济发展。经过10多年的努力，全县营造了依法批地、管地、用地的良好环境，“三无”（无违法批地、无违法管地、无违法用地）达标乡镇的达标率在1999年达78%，被列入广西第一批创建“执法模范县”。

为缓解人均占用耕地日趋减少的局面，自治县人民政府鼓励农民利用剩余劳动力开荒种果种林，仅1990—1997年，全县新开耕地共计773.33公顷。1999年起，采取项目立项的方式，至2005年开发整理耕地12500公顷。为保持基本农田的保有量，1995年开始设立基本农田保护区，到2000年11月，基本农田保护区面积达19564.8公顷，占全县耕地面积的86.3%。

恭城因地壳多次构造运动的影响，褶皱、断裂构造发育，火成活动强烈，矿产资源十分丰富。1987年3月，成立县矿产资源管理局，加强矿产资源的勘查、开发利用和保护工作，使矿产资源的开发利用、监督管理工作走上法制化轨道。至2005年年底，全县开采利用的矿种主要有铅锌、花岗岩，其次是钨锡、铁、铜、锰、硅灰石、方解石、石灰石、黏土和高岭土等。

第一节　机构

国土资源管理局

国土资源管理局的前身为成立于1986年10月的县土地管理局。1989年，土地管理局定编10名，其中行政、事业编制各5名；各乡镇设土地管理站，每站配备人员1～3名，隶属于各乡镇人民政府。1992年，土地管理局内设土地监察股、用地地籍股、地产公司；9个乡镇土地管理站改称乡镇土地管理所。1996年7月，成立县土地价格评估所；12月，乡镇土地管理机构体制改革，实行以县土地管理局管理为主的县、乡镇双重领导体制，在编人员的经费改由县财政负责，各乡镇土地管理所为全民所有制事业单位，共定编32名。1997年5月机构改革，土地管理局内设人秘股、财务股、土地规划建设股、地籍股、土地监察股，行政编制10名，工勤编制2名。2002年1月，党政机构改革，土地管理局改为国土资源局，内设办公室、法制监察股、规划利用管理股、耕地保护股、地籍管理股，行政编制12名，工勤编制1名；各乡镇土地管理所改称国土资源管理站，由县国土资源局实行垂直管理，共定编 24 名。2004 年 1 月，矿产资源管理中心并入国土资源局，国土资源局内设办公室、土地矿产执法监察股、规划管理股、耕地保护地籍管理股、地质环境管理股、矿产开发管理股，共有行政编制 12 名、工勤编制 1 名、事业编制 12 名。

2005 年 1 月，国土资源系统管理体制改革，县国土资源局机构编制仍由恭城瑶族自治县人民政府管理，领导干部则实行双重管理体制（即以桂林市国土资源局党组管理为主，恭城瑶族自治县委协助管理）；乡镇国土资源管理站上收到县人民政府管理，为县国土资源主管部门的派出机构。同年年底，国土资源局内设办公室（含财务）、法制监察股、规划利用股、耕地保护股、地籍测绘股、矿产地质股，编制 25 名，其中行政编制 12 名、工勤编制 1 名、事业编制 12 名；派出机构为 9 个乡镇国土资源管理所，共有事业编制 28 名；局属事业单位有土地整理中心、土地交易所、国土资源执法监察大队，共有编制 17 名。

1989—2005 年，历任局长：孟文超、罗德兴、周兢克。

矿产资源管理中心

矿产资源管理中心的前身为 1987 年 3 月成立的县矿产资源管理局，定编制 8 名，其中行政、事业编制各 4 名。1992 年，矿产资源管理局与县矿产公司合并成立县矿产总公司，实行一个机构、两块牌子。1996 年 7 月，机构改革，改为矿产资源管理处，为事业单位赋予行政职能，内设矿政秘书股、征财股、生产技术矿业开发管理股，编制 10 名。2002 年 1 月，矿产资源管理处更名矿产资源管理中心，内设股室、编制不变。2004 年 1 月，矿产资源管理中心并入国土资源局。

1989—2005 年，历任主任（局长）：邓康武、齐济强、潘铭德、林敦辛、盆万恒。

第二节　土地规划

全县土地利用总体规划

1995 年 4 月，启动编制全县土地利用总体规划（1997—2010 年），1997 年年底完成。1998 年，对土地利用总体规划进行调整、修编，2000 年 2 月，经自治区人民政府批准实施。

利用结构　1996 年，全县农业用地面积 187553 公顷，占全县土地总面积的 87.54%；至 2000 年，为 192343.58 公顷；2010 年，为 196186.34 公顷，占 91.58%。其间，净增 8633.34 公顷。建设用地面积 6002.23 公顷，占土地总面积的 2.8%；至 2000 年为 6160.18 公顷；2010 年，为 6405.51 公顷，占 2.99%。其间，净增 403.28 公顷。未利用土地面积 20685 公顷，占土地总面积的 9.66%；至 2000 年，降至 15736.50 公顷；2010 年，为 11638.44 公顷，占 5.43%。其间，净减 9246 公顷。已开发利用耕地 436.71 公顷，园地 5418.74 公顷，林地 1739.50 公顷，牧草地 588.93 公顷，水面 995.2 公顷，建设用地 67.21 公顷。

利用布局　以县城为中心的带状发展的布局，即中间谷地沿河两岸以发展农业为主且居民点及工矿用地集中，南北丘陵山地发展林业和园地，南北浅山区发展林牧采矿业。

利用分区　1997 年，全县土地划为农业用地区、园地区、林业用地区、牧业用地区、城镇建设用地区、村镇建设用地区、独立工矿用地区、自然与人文景观保护区（复区）、禁止开垦区（复区）和土地开垦区（复区）共 10 个用地区。其中，农业用地区面积 22881 公顷，占全县土地总面积的 10.68%，分为基本农田保护区和一般农业地区，主要分布于县境的中部地带，为全县的粮、蔗、蔬菜、油料作物的生产基地，其中，基本农田保护区 19564.83 公顷，分布在栗木、莲花、西岭、嘉会和恭城镇等乡镇。园地区面积 1911 公顷，主要分布在西岭、栗木、莲花、嘉会、平安、恭城镇等乡

镇。林业用地区面积 140456 公顷，占全县土地总面积的 65.56%，主要分布于县境西部、东南部、北部的山区地带。牧业用地区面积 105612.73 公顷，主要分布于莲花、西岭、平安等乡镇。城镇建设用地区面积 488.10 公顷，占全县土地总面积的 0.23%。村镇建设用地区面积 3755 公顷，占全县土地总面积的 1.75%。独立工矿用地区面积 814 公顷，占全县土地总面积的 0.38%，主要分布于栗木、平安、西岭、恭城镇等地。自然与人文景观保护区(复区)面积93.10公顷，占全县土地总面积的0.04%，主要分布在恭城镇、莲花镇、平安乡。禁止开垦区(复区)面积4725公顷，占全县土地总面积的2.2%，分布在西岭、平安、三江等乡，包括银殿山水源林保护区、海洋山水源林保护区。土地开垦区(复区)面积 7500 公顷，占全县土地总面积的 3.5%。

土地整理、复垦和开发　土地整理的区域范围主要在栗木、龙虎、嘉会等乡镇，中低产田改造的范围主要在西岭、栗木、龙虎、观音、平安、嘉会等乡镇，复垦范围主要在莲花、平安、观音等乡镇。1997—2000 年，土地整理面积 35200 公顷，开发未利用土地 3235.21 公顷。2001—2005 年，土地整理面积 6783 公顷。

县城土地利用规划

1989 年 12 月，修订 1984 年编制的县城总体规划，形成新的《县城土地利用规划（1989—2010年）》，分近期(1989—1995 年)和远期(1996—2010 年)规划。

用地总布局　根据县城现状和用地特点，居住用地集中成片，形成各类生活小区。公共建筑、服务设施、商业网点、机关学校、绿地古迹等分布于生活区内。城区向四周发展，工业区设置在城区边缘，生产、生活相配套。整个县城以旧城区为中心，联结外围各片区，形成一个组团式的有机综合整体。

用地分片　县城用地分为四大片，即城区片、城西片、江贝片及河南片。城区片即旧城区或建成区，可规划发展的用地不多，属一类用地，为生活居住用地。城西片分为东、西两区，东区主要是山坡旱地，有少量果园和农田，西区向外延至县城西部边线，有一类用地，主要是二类和三类用地，宜作为生活居住用地。江贝片位于茶江大桥东侧，地势平坦，有大片的果园和农田，属一类用地，适宜为居住用地和建设用地。河南片位于茶江南岸，该片分东南区和西北区，东南区可开发为工业用地，西北区宜为居住用地。

功能分区　分为工业、仓储、生活居住地、公建及服务设施、商业网点、文体设施、教育卫生设施、绿化地、文物古迹保护区。

工业用地规划　分工业用地、仓储用地、生活住地、公建及服务设施用地、商业网点、文体设施用地、教育卫生设施用地、绿化地及古迹保护地以及文物古迹保护地等。为城区片、城西工业区、江贝工业区、河南工业区共 4 个区，对县城内原有工业进行调整，新建工业企业按照不同的性质相对集中建成工业区。城区片规划搬迁水泥厂、五金厂、预制厂外，其余工厂均原地保留和发展；城西工业区规划形成以木材加工为主的工业区。江贝工业区规划为以农副产品加工为主的食品工业区；河南工业区规划为冶炼化工工业区。

仓储用地规划　县城内的仓库主要是为县城和附近乡村生产、生活服务的供应仓库，除搬迁危险品仓库外，其余仓库可在原地加以改造。随着发展需要，在县水泥厂搬迁后原址规划一处仓库用地。规划石油库搬迁到叫化祖北面的山坳内，火柴、武器仓库搬迁到黄家圳北面的山坳内。

生活居住地规划　旧城生活居住用地主要集中在茶南路以东采取局部改造、道路沿线改造和成组成片改建等方式进行，以利于分期建设和县城面貌的改观。新居住用地主要规划在城西片(东区)，并结合江贝、河南、城西等工业区建设配套生活居住区。为节约用地，住宅一般以 4～6 层为主，个人建房不低于 3 层。

公建及服务设施用地规划　采用集中与分散相结合、规划与现状相结合的方式，规划两个公建中心，一是城区片十字街一带，一是城西片的中心部位。

商业网点规划　主要集中在十字街和茶南路县城中心区。随着新区的开发建设，在城西片中心规划商业中心区，在茶江大桥西端、江贝片、河南片的生活居住区内规划商业服务中心，其他住宅区内和街道也适当设置较小的日常生活服务点，形成比较完善的商业服务网点。

文体设施用地规划　主要集中在城区片，随着新区开发，要逐步在江贝片、河南片、城西片的生活区内规划此类用地。

教育卫生设施用地规划　教育卫生设施现主要集中在城区片，规划在各新建生活区内逐步增设。

绿化地规划　利用烈士陵园及其他现有条件，规划一个公园、四处公共小绿地、两条江滨林路和五条防护林带，形成一个道路绿化点、线、面有机结合的绿化系统。

恭城公园。利用县体育场与糖烟仓、看守所之间的坡地、林地、水面和烈士陵园，规划为县级综合性公园，占地面积 19 公顷。

公共小绿地。在茶江大桥西端桥头、县汽车站加油站后的山坡、现教师进修学校西侧和后街地分别根据用地条件规划 4 处大小不同的公共绿地，以疏林、草地、花卉为特色。

滨江林路。在江贝片生活居住区北侧和城区党校至燕岩大桥的沿岸各修建一条滨江林路，重点绿化美化，设置园林小路、亭廊、椅、园灯等，为居民散步、游览服务。

防护林带。在城西、江贝、河南三个工业区与生活区之间规划防护林带，宽度为 36～68 米，污水处理厂防护林带为 28～46 米，汽车加油站防护林带为 35～56 米。

苗圃。利用现有苗圃，扩大树苗、花木培养基地，以满足县城绿化需要，规划苗圃总面积4公顷。

文物古迹保护区规划　规划成 2 个文物古迹保护区。一个是孔庙文物古迹保护区，包括武庙。一个是周渭祠文物古迹保护区，包括湖南会馆。文物古迹四周划出 60～80 米的区域，作为该保护区的范围。在环境控制范围内，必要的建筑物改建或新建在建筑体量、高度、形式和风格等方面都应与文物古迹相协调。五金厂占用湖南会馆，规划搬出。县委办公楼及文化馆插在孔庙与武庙之间，规划迁至县人民政府大院和城西片中心区。

第三节　土地使用制度改革

城镇国有土地使用制度改革

1992 年，对通过行政划拨取得国有土地使用权的单位或个人试行有偿出让，开始收取土地有偿使用费。1994 年 11 月，县人民政府下发《恭城城镇国有土地使用权管理暂行办法》。1995 年，全县全面实施国有土地有偿使用制度，扩大出让范围，出让的地块扩展到县城和建制镇以上的区域。1996 年年底，全县国有土地使用制度的改革顺利完成，不论是商品房用地，还是工业和乡镇企业用地以及国家行政事业单位用地，一律实行有偿出让。1992—2005 年，全县共出让地块 1613 宗，面积 76.63 公顷，收取出让金 7830.15 万元。1994 年，开始招标拍卖有竞价条件的地块。同年 8 月，在莲花镇政府所在地举行首宗包括土地使用权出让的拍卖活动。1995 年，招标拍卖位于县城城北水果市场内的空闲国有土地，拍卖总面积 784 平方米，成交地价为 27.96 万元。2002 年 12 月，成立县土地交易所，负责收购储备土地及土地交易市场的管理，对经营性土地使用权一律实行招标、拍卖、挂牌出让。2002—2005 年，招标、拍卖、挂牌出让经营性土地 147 宗，面积 31674.55 平方米，收取地价款 2592.18 万元。

集体土地使用制度改革

农村宅基地有偿使用 1993 年，试行农村宅基地有偿使用制度，栗木镇高岭村公所为全县的试点；同年 6 月，试点工作完成。该村应缴有偿使用费的为 473 户（“五保”户除外），440 户上缴，上缴金额 4009.77 元，占应缴金额的 93%，平均每户 9.11 元。1993 年下半年，根据国务院有关减轻农民负担的文件精神，农村宅基地有偿使用制度改革的工作不再进行。

农村土地使用权流转 1992 年 1 月，在恭城镇洲塘村公所进行农村土地使用权流转的试点工作。本着有利生产、发展经济这个原则，在自愿、平等、互利的条件下，第一经济合作社将 5.23 公顷土地发包给两个组，承包期为 20 年。1994 年，农村土地使用权流转面逐渐扩大。是年，全县有 668 个农业合作社，3219 户参与农村土地使用权流转，土地面积为 516.93 公顷。1995—2005 年，全县土地使用权流转共 7693 宗、面积 66.53 公顷，其中转让 1702 宗、面积 44.09 公顷；出租 5991 宗、面积 22.44 公顷。

第四节 地籍管理

土地登记

初始登记 1989 年 1 月，开始全县土地登记发证工作。1993 年年底基本完成，共发放证书 47644 本，农村完成 99.4%，县城完成 90.2%。至 1996 年年底，全县发证总面积 618.97 万平方米，登记发证 50881 本，其中国有土地使用证 2603 本，发证率 100%；集体土地使用证 47978 本，发证率 100%。2001—2005 年，新发放土地使用证 10071 本，其中，国有土地使用证 3932 本，集体土地使用证 6139 本。

变更登记 1993 年，在初始登记基本完成的基础上，开始日常变更登记工作，是年登记变更宗数 46 宗，变更面积 93875 平方米。至 2001 年年底，全县土地变更登记共 631 宗（不含 1998 年的变更宗数，下同）、面积 30.84 万平方米，其中土地所有权变更登记 31 宗、面积 13.31 万平方米，土地使用权变更登记 600 宗、面积 17.54 万平方米。2002—2005 年，办理土地使用权变更 1677 宗，面积 50.171 万平方米，其中办理房改房土地使用权变更 787 宗，面积 1.37 万平方米。

较大的变更登记：1993 年，三江乡三联村集体赠送 8.8 万平方米的土地给三联完全小学作校办农场用地；1994 年，县化肥厂转给县矿产公司 2.76 万平方米，矿产公司鸿达汽修厂转给南丹龙泉矿冶总厂 1.6 万平方米；1995 年，县教育印刷厂转给龙星矿业公司 4442 平方米；1997 年，栗木镇政府与栗木水泥预制厂联营的 4.82 万平方米使用权变更为栗木水泥预制厂独家使用；2003 年，桂林广银金属有限公司将位于恭城镇燕新路西侧的工业用地变更为综合用地，面积 5.93 万平方米；2005 年，桂林广银金属有限公司位于燕新路部分国有土地使用权变更给恭城广银凯恒锌化工有限公司为工业用地，面积 4.72 万平方米。

地籍调查

1989 年 3 月，开始对县城区和栗木镇 2 个点进行国有土地的地籍调查试点工作，共调查 2374 余宗土地、面积 105.80 万平方米，其中县城区 2034 宗、面积 103.50 万平方米，栗木街 340 宗、面积 2.30 万平方米；收集 2300 余宗地籍调查资料，测制一套 1∶500 城区地籍图。1990 年年初，开展栗木镇大营村公所和平安乡三新桥村公所农村集体土地建设用地的调查试点工作。至 5 月月底，基本完成 900 宗地的调查工作。同年下半年，在全县范围铺开初始登记的地籍调查工作。至 1993 年 11 月，全县的地籍调查任务基本完成，共收集 49680 宗土地、面积 568 万平方米的地籍资料，其中国有土地 2380 宗、面积 107.50 万平方米，集体土地 47300 宗、面积 460.50 万平方米。

土地资源调查

1986年5月，恭城县被列为全自治区第二批开展土地资源调查的试点县；12月，开始全县土地资源调查工作。1991年3月，完成土地利用现状地类调绘、土地权属调查、田埂扣除系数调查以及耕地实测等外业工作。1994年11月，历时8年的全县土地资源调查工作结束，取得全县各类土地资源的面积与分布情况：全县总面积214240.27公顷，其中耕地24212.56公顷，占土地总面积的11.3%；园地2293.91公顷，占1.1%；林地140666.39公顷，占65.7%；居民用地4576.81公顷，占2.1%；水域4152.5公顷。占1.9%；交通用地469.99公顷，占0.2%；未利用地24853.54公顷，占11.6%；牧草地13014.57公顷，占6.1%。

图10-2　1993年，自治区国土厅专家组到恭城验收县土地利用现状外业调查成果（县国土局提供）

土地变更调查

1991年，土地资源调查中的外业工作结束后，全县农业开发、植树造林发展迅速，地类图斑发生很大变化，相当多的图斑变化超过20%，有的高达30%～40%。1996年，选择2个乡、3个村作为土地变更调查试点，侧重于农业用地和村镇用地、交通用地的地类变更。1997年9—10月，全县进行以耕地、非农业建设用地变化情况为主的外业调查，在1998年建立全县的以土地所有权（使用权）为单位的土地初始台账。1999年始，土地变更调查成为常规工作，变更一宗，调查一宗，调绘、登记一宗。1997年年末，全县耕地面积22670.73公顷，园地13137.43公顷，林地139446.29公顷，牧草地9521.37公顷，城镇村及工矿用地4643.17公顷，交通用地508.84公顷，水域4146.51公顷，未利用土地20165.89公顷。2005年年末，全县耕地面积21410.69公顷，园地14409.39公顷，林地139706.47公顷，牧草地9305.61公顷，城镇村及工矿用地4672.53公顷，交通用地568.99公顷，水域4178.91公顷，未利用土地19987.68公顷。

第五节　征拨用地管理

土地征用

1992年，经桂林地区行署批准，全县共建立莲花、嘉会、西岭、栗木、平安、恭城镇6个经济开发区。至年底，全年共征用土地30.02公顷（其中，耕地9.57公顷），保证37个国家建设项目、5个集体建设项目及977个个人建房的用地，其中提供给国家和集体建设的用地面积22.98公顷。1996年始，改革征地办法，由分散、零星征用土地变为集中征地，统一安排，做到征用一片、开发一片、收益一片。是年，征用民兵武器仓库至恭沙公路交接处的恭城镇江贝村土地4.54公顷，作为开发建设城中西路的建设用地；征用平安乡、恭城镇相关村屯土地6.53公顷，用于县“九五”计划重点建设项目燕新二级公路的建设。2001 年，征用恭城镇江贝村集体土地 18.56 公顷，用于修建县城防洪堤及新城区。2002 年，根据《广西壮族自治区实施〈中华人民共和国土地管理法〉办法》，征地方式由原来的协议征地改为一律实行公告征地。至 2005 年年底，完成滨江苑、民族中学、汇源恭城加工厂、广银公司、县垃圾场、新汽车站、农产品批发市场和城西办公区等项目及其他建设用地征用。

1989—2005 年，全县非农业建设用地共征用 338.9367 公顷，其中耕地 152.779 公顷，非耕地 196.5681 公顷，用于国家集体项目建设及个人建房。

征地补偿

1992 年 7 月，自治县人民政府下发《关于我县土地征用管理的有关规定》。1999 年 1 月，自治县三届人大一次会议通过《关于公路建设征用土地房屋拆迁等有关问题的规定》。2002 年，随着国家对征地补偿政策的调整及征地方式的转变，县国土资源局在实施征地工作中逐步从过去采用协议征地方式转变为实行公告征地方式，建设用地涉及农用地转为建设用地的都依法定程序报经自治区批准农地转用及征用（收），获批准后实施，严格按《征用土地公告办法》的规定进行公告及登记，然后会同统计、物价有关部门制定符合法律规定、切实可行、被征地群众基本满意的征用（收）土地补偿安置方案，并将方案在被征用（收）土地所在地的乡镇、村予以公告，最后依据公告标准进行补偿安置。1989—2005 年（不含 1998—2000 年），土地征用补偿 160.40 公顷，补偿金额 5711 万元。

用地管理

非农业建设用地实行计划管理，由桂林地区行署（桂林市人民政府）下达计划指标。1989—2005 年，共下达恭城非农业建设用地计划指标共 328.47 公顷（1997—1998 年，未下达指标数）。

1992 年，县地产公司及各乡镇地产服务站相继成立，具体承担对经批准征用的成片土地的征地手续办理和基础开发工作，对全县各经济开发区的建设用地实行统一规划，统一征地，统一开发，统一出让和划拨，统一管理。1998 年，非农业建设用地实行节流与开源并重的方针，对城乡居民建房用地认真核实地类，除因水灾造成房屋毁损而确需占用耕地建房外，其余占用耕地的一律不予审批。同时提倡相对集中建房，保证集中紧凑、合理布局、统一规划、统一安排，提高土地利用率。农村居民建房要在符合土地利用总体规划的前提下，充分利用村内空闲地、宅基地和非耕地。国家、单位、城镇个人建设用地要利用存量土地和闲置土地。1996—2005 年，共收回划拨闲置土地面积 109.12 公顷。

第六节　土地保护

基本农田保护

1994 年 4 月，根据《基本农田保护条例》《广西壮族自治区实施〈基本农田保护条例〉办法》等，自治县人民政府制定《恭城瑶族自治县基本农田保护办法》，成立县基本农田保护区领导小组。同年 11 月，在西岭乡开展试点工作。1995 年 10 月，完成全县基本农田保护区的划定任务。通过实地调查，确定保护地块，绘图量算，在全县 9 个乡镇、109 个村、1 个国营月柿基地中，共划定基本农田保护区 9 个，保护片 110 个，农田保护块 277 块，划定保护面积 16597.3 公顷，保护率是 1994 年年末统计耕地数的 73.2%，其中一级保护面积占 88%，二级保护面积占 12%。基本农田保护区划定后，基本农田得到法律法规上的保障。同年，全县冬种绿肥14166.67公顷，改造中低产田（地）237.53公顷，开发耕地397.53公顷。2000年11月，在1995年划定基本农田保护区的基础上，结合全县土地利用总体规划开展基本农田保护区调整划定工作，增划2967.5公顷，使基本农田保护面积达到19564.8公顷，占全县耕地（详查数）面积86.3%。2002年，国土资源局设立耕地保护股，加大对基本农田的保护力度，在审批各类建设用地上，严格把关，凡使用基本农田的一律不批，并把基本农田保护列入岗位责任制，签订责任状，实行一票否决。据2004年统计，县与乡签订基本农田保护责任书9份，乡与村签订117份，村签到组2310份，签到农户13750户。2005年，下拨资金1.52万元，对全县范围内的基本农田保护标志（250个）进行维修，并重新设立保护牌9块。

2000年恭城瑶族自治县调整划定基本农田保护区面积统计表

表10-9

单位：公顷

名称	耕地总面积	保护区面积	建设留用地面积	未列入保护区耕地面积	耕地保护率（%）	调整情况		
						原划定面积	调定后面积	净增减面积
观音	840.60	726.10	10.00	104.50	86.40	617.20	726.10	+108.90
栗木	4399.80	3814.50	40.00	545.30	86.70	3338.50	3814.50	+476.00
龙虎	988.00	846.30	10.00	131.70	85.70	768.50	846.30	+77.80
西岭	3654.80	3166.30	30.00	458.50	86.60	2818.10	3166.30	+348.20
嘉会	2835.40	2447.00	30.00	358.40	86.30	2135.10	2447.00	+311.90
恭城镇	1715.20	1478.90	145.00	91.30	86.20	1105.50	1478.90	+373.40
平安	3180.20	2753.40	30.00	396.80	86.60	2491.70	2753.40	+261.70
三江	1022.20	875.90	10.00	136.30	85.70	620.90	875.90	+255.00
莲花	3929.40	3405.20	45.00	479.20	86.70	2701.80	3405.20	+703.40
场站	105.20	51.20	—	54.00	48.70	—	51.20	+51.20
合计	22670.80	19564.80	350.00	2756.00	6.30	16597.30	19564.80	2967.50

土地开垦整理

1999年，实施《中华人民共和国土地管理法》，加强土地整理、复垦和土地后备资源的开发成为确保实现耕地总量动态平衡的重要措施，农民自发开垦与计划开发整理耕地成为耕地开发的主要形

图10-3 栗木镇耕地开垦与整理项目1999年原貌与2005年现状对比图（县国土局提供）

式。同时，为调动各方面参与土地开发整理的积极性，自治县人民政府制定《开垦高标准耕地及土地整理实施方案》，坚持“谁开发、谁受益”的原则，规定对于新增耕地，70%交由集体组织统一调整承包给农户使用，30%由开垦单位统一管理；新增耕地的农业税，前10年所得全部收益用于项目的完善和发展。

1999年9月，栗木镇耕地开垦与整理项目（386.67公顷）被确定为自治区土地开发整理试点示范项目，至2005年共计开垦整理耕地135.59公顷，新增耕地100.51公顷。2003年9月，栗木镇六岭村西面地段荒草地开发项目经国土资源部批准，作为国家投资重点项目于12月开工建设，2004年12月竣工，项目总投资1107.71万元。实施开发土地282.15公顷，新增耕地186.24公顷，净增耕地面积占总面积的66%。2004年2月开工建设的栗木镇良溪土地整理项目，实施整理面积330.0公顷，至2005年完成大部分的基础设施建设，平整土地尚未施工。

县内靠近村庄的荒草地以及交通方便的一些油茶残次林地，地形平坦，土层深厚，成了农民开垦耕地的首选目标。1999—2000年，农民共开垦耕地272.28公顷，其中新增耕地271.03公顷。2000—2005年，全县建设占用耕地40多公顷，而连片开垦整理耕地321公顷。在加大城镇建设步伐，完善城镇建设，新增建设用地有较大增加的情况下，仍达到耕地占补平衡。2005年年末，全县耕地面积为22683.57公顷，园地13579.26公顷（不含可调整果园），林地139706.46公顷。

第七节　土地监察

1989年，县土地管理局成立监察股。1992年，各乡镇成立土地管理执行室，各村公所设立兼职土地监察员1名，形成县、乡镇、村三级监察网络。同时结合开展“三无”（无违法批地、无违法管地、无违法用地）乡镇活动及创建土地执法模范县活动，至2005年，共立案2511件，查处2431件，查处率96.81%；查处面积9.15万平方米，收取罚没款79.63万元。

查处“三违”建房

1989年8月，成立县清查违法违章违纪建私房领导小组，全面清查1982年以来干部职工建私房。至1991年8月月底，清理全面结束。全县共有219户干部职工建私房或批了地准备建私房，其中干部177户、职工42户。全县共处理55户，其中无证建房，共计没收1户、面积114.37平方米(其中，没收作价面积54.37平方米)、作价款3805.90元；罚款52户、面积885.60平方米、罚款额37727.93元；2户作补“三材”（钢筋、水泥、木材）差价款处理，共补款2411.82元。另外对借（贷）公款建房的，责令还款，共收回借（贷）公款78800元。

非农业建设用地大清查

1989年起，在1988年全县范围内非农业建设用地清查的基础上，实施每年每季度进行1次执法检查的制度。尽管县人民政府提倡农村建房要尽量利用山坡、荒地和闲置宅基地，但乱占耕地建房现象仍时有发生。1997年，在全县范围内对1991年1月1日至1997年4月14日批准使用及未经批准而占用的各类非农业建设用地进行一次大清查。至8月月底，共清查登记各类非农业建设用地12044宗、面积195.2公顷，其中耕地91.18公顷。查出违法占地332户、面积3.01公顷，处理213户，结案率94%。1998年，继续非农业建设用地清查的扫尾工作，共处理遗留案件643件，查处是年违法用地6宗、面积820平方米（其中，耕地160平方米），结案率和补办手续率100%。土地大清查后，县土地局监察股和各乡镇土地管理所利用三级监察网络和动态巡查，严格依法办案，发现一件查处一件。1998—2005年，共查处违法案件1228件，其中历年隐漏案件686件。

砖瓦窑业用地整顿清理

1998年4月，开始清查全县的砖瓦窑业生产、经营及用地。在清查中，对使用淘汰窑炉设备的化育红砖厂予以取消拆除吊丝窑的处理，对超占用地的虎威砖厂、虎威川岩分厂、闽桂砖厂、燕岩砖厂依法补办超占用地手续。同年12月，自治县人民政府下发《关于加强砖瓦窑业管理、切实保护耕地的通知》，从1999年1月1日起对新建砖瓦窑企业实行审批管理制度，砖瓦窑企业用地走上正规化。至2005年，全县对砖瓦窑企业用地审批和管理制度保持不变。

治理整顿土地市场

1994年12月，清理整顿划拨土地使用权自发进入市场工作。下年4月，共清理出划拨土地使用权出租713宗，面积34597平方米，收取1994年度土地受益金12.97万元；清理划拨土地使用权转让8宗，面积5587.14平方米，补交出让金26.50万元。1999年10月，在全县范围内全面清查土地转让、土地炒卖行为。经逐一分类登记，共计国有建设用地43宗，实际土地转让1.0公顷；国有土地使用权出租、抵押共370宗，其中出租280宗，抵押90宗。2001年8月，清理整顿县贸易公司、县锰矿、县百货公司、县供销社、县农资公司、县糖业烟酒公司、莲花供销社以及银殿集团公司共8个集体企业的土地面积33361.91平方米、收取出让金44.80万元。同时，对划拨土地已转为经营性用地收取土地受益金，共收50.29万元。2003年，对1999年来县内的168宗各类建设用地进行重点核查和全面的清理整顿，共处理面积27180.14平方米，收取罚没款13万多元，补交出让金2.14万元。2004—2005年，在多次治理整顿土地市场后，县内各项建设用地在转让或出让时，均按规定交付出让金或土地收益金。

土地执法模范创建活动

1994年5月起，开展创建“三无”乡镇活动。一方面，在用地审批坚持政府“一支笔”及按计划批地；另一方面，及时查处违法占地案件及各种土地遗留积案。1994年，全年仅发生9起违法占地案，由于发现及时，很快就查处8件、面积640平方米。另外，还查处遗留积案477件、面积1.4万平方米，收取罚款9万多元。其中，查处的莲花镇沈××骗取批准用地建房一案影响较大。1997年，全县9个乡镇被自治区人民政府授予“三无”乡镇称号，恭城县成为“三无”乡镇达标单位。1998年，恭城被列入全区第一批创建“执法模范县”的先进单位。县成立活动领导小组，除土地部门外，另协调城管、交通、水利、人民法院等部门配合开展土地执法工作，将土地执法工作纳入县、乡政府责任制。增加土地监察“三级”网络信息员，由1997年的120人增加到2002年的315人。2000年，始行土地执法监察动态巡查责任制，将全县分为4个行政巡查区域。在规划新村建设用地时，以改造旧村为主，开源节流，不占耕地。统一规划，统一施工管理。2000年，西岭、龙虎、嘉会、恭城、平安、观音、栗木共7个乡镇被桂林市人民政府授予“土地执法模范乡镇”称号；2001年，莲花、龙虎共2个乡镇也通过土地执法模范乡镇验收。

信访调处

1989—2005年，共收到群众来信来访904件次。其中，1989年，与湖南省江永县一道解决省际纠纷12起，成为桂林地区第一个无省际纠纷县。2002年，全年共调处纠纷28件，调结25件，其中有西岭乡下宋村积压多年的土地权属纠纷，栗木镇马路桥、莲花镇势江村2起较大的土地权属纠纷。

第八节　矿产资源管理

矿产资源调查

20世纪50年代至90年代，先后有冶金勘探公司270队、271队，自治区地质局桂东北地质大队、第一地质队、第八地质队、物探队、651队，区域地质测量队等到恭城县进行钨、锡、铁、硫、铅、锌、钾、煤、钽、铌、锰矿以及水晶石、花岗岩矿普查、踏勘或勘探。至90年代末，全县共发现各类矿床13处，矿点90处，矿化点8处，合计111处；重砂异常区9处，点3处；金属量异常区7处，点1处；矿产有铁、锰、钒、钛、钆、钨、锡、钼、铜、铅、锌、锑、汞（辰砂）、金、银、钽、铌、铷、铍、铀、硫（黄铁矿）、泥炭、重晶石、磷、钾、石灰石、花岗岩、大理石、高岭土、黏土、方解石、煤、矿泉水、萤石、砷（毒砂）、电气石、水晶、硅石共38种。

矿产资源开发

2005年年底，全县共开采利用的矿产有钽、铌、钨、锡、铅、锌、铜、铁、锰、大理岩、石灰岩、花岗岩、河砂、黏土、钛铁、煤、矿泉水等。有岛坪铅锌矿等矿山企业48家，有栗木钽铌有限公司等有色金属采、选、冶企业3家，主要开发有色金属产品锡、铌、钽、铜、铅、锌；非金属矿山企业45家，主要以生产硅酸盐水泥、方解石矿粉、红砖、河砂、建筑石料和花岗岩板材为主。

矿产开发管理

开采规划管理　2002年，根据县内矿产开发现状，县矿产资源管理中心对全县矿产开采实行规划管理。

调控矿产资源开采总量　铅锌矿是县内主要开采的有色金属矿种之一，经过几十年的开采，许多老矿山如岛坪铅锌矿、桃江铅锌矿等，资源接近枯竭，2001年年底，全县保有铅金属资源储量24426吨，锌金属保有资源储量109595吨，产量呈下降趋势。在没有发现新矿床的情况下，2005年以前控制铅锌开采总量，金属产量以年均5%的速度递减。钽铌是恭城的优势矿产，开采规模由市场决定。2005年以前，钽铌矿石年产量增长率控制在5%左右。锡属于国家保护性开发矿种，也是县内资源储量较大的矿种，但由于选矿和冶炼等技术难题尚未完全解决，资源回收率较低，不宜大规模开采利用，2005年以前年开采量增长率控制在5%左右。花岗岩、大理岩、石灰岩、河砂和黏土等建材非金属矿产储量极为丰富，根据市场需求量确定开采量。

矿产资源开采规划分区管理　全县规划开采区分为允许开采区、限制开采区、禁止开采区共3类，分为14个允许开采区、2个限制开采区、6个禁止开采区。

限制开采区为大、小明源钨锡矿区，蓝洞花岗岩矿区；禁止开采区为西岭岗鸟类保护区核心地带及缓冲带，银殿山水源林保护区核心地带及缓冲带，县自来水厂饮用水源保护区，全县范围内的钟乳石矿点，县城及周围2公里和乡、镇政府所在地、省干线、县乡公路，重要基础设施、重大工程设施、水库及其周围500米范围内的矿区，各级政府及相关部门划定的自然保护区、重要风景旅游点、受保护的历史文物和名胜古迹等。

有偿出让采矿权　1989—2003年，县内矿产开采很长时间处于一个无序开采状态。县内矿产开采，由开矿人向矿产主管部门提出申请批准后即可。2004年，自治县人民政府制定下发《恭城瑶族自治县采矿权有偿出让实施办法》，开始以招标、拍卖、挂牌、协议等方式由出让人即国土资源管理局向采矿权申请人出让采矿权。同时，对各矿产开发业主开始收取矿产资源补偿费。至2005年年底，共有偿出让采矿权5个。

恭城矿产资源允许开采区情况一览表

表10-10

矿区名称	允许开采情况
栗木矿区	有大型钽铌矿床1个、中型砂锡矿床1个，允许开采钽铌矿石量100万吨/年，规划设置采矿权2个
马湾大理岩矿区	有中型大理岩矿床1个，允许开采荒料30万立方米/年，规划设置采矿权1个
蒲源花岗岩矿区	有小型花岗岩矿床1个，允许开采荒料20万立方米/年，规划设置采矿权1个
三江花岗岩矿区	有花岗岩矿床1个，允许开采荒料15万立方米/年，规划设置采矿权1个
银殿山石孔田、热水冲矿泉水矿区	有矿泉水矿床1个，允许开采量100吨/日，规划设置采矿权1个
建筑用河砂定点集中开采区	允许开采量30万吨/年，规划设置采矿权10个（栗木镇、龙虎乡、莲花镇、恭城镇、嘉会乡等河砂定点集中开采区）
西岭石灰岩开采区	允许开采量15万吨/年，规划设置采矿权6个
嘉会石灰岩开采区	允许开采量20万吨/年，规划设置采矿权8个
新街旱塘石灰岩开采区	允许开采量30万吨/年，规划设置采矿权10个
平安黏土开采区	允许开采量20万吨/年，规划设置采矿权2个

第八章　食（药）品监督　烟草专卖管理

1989 年至 2002 年 4 月，药品管理由县医药管理局和县卫生局分块管理。县卫生局药政股负责药品质量及医院临床使用的麻醉、剧毒药品的管理，药检所负责药品的检验；县医药管理局负责全县药品流通环节的管理。2002 年 4 月，成立桂林市药品监督管理局恭城瑶族自治县分局，对全县药品、医疗器械的生产、流通、使用进行行政管理和技术监督。2004 年 9 月，桂林市药品监督管理局恭城瑶族自治县分局变更为桂林市食品药品监督管理局恭城瑶族自治县分局，增加对食品、保健品、化妆品的专项执法监督活动。

根据国家烟草专卖条例规定，恭城境内烟草经营由县烟草专卖局管理，实行专卖许可，并不定期地开展卷烟市场整顿，及时查处各种卷烟违法违规案件，维护县内烟草市场的合法经营。

第一节　食品（药品）监督

药品监督管理

1986 年 4 月，县药检所成立。1988 年 7 月，在县卫生局设立专职药品监督员，在县医院、防疫站等设兼职药品监督员。1990 年，全县共有 26 名药品监督员，形成县、乡两级药品监督网络。县、乡国营医疗单位用药，均从县医药公司购进，如要外购药品，则由县卫生局审核批准发给一次性“药品推销证”，才可以与外地取得“三证”的药品经营单位购药，购进的药品经药检所抽查合格后才可使用。乡村医生和个体医生用药，由当地卫生院统一管理。

1990 年 8 月，成立县整顿医药市场领导小组，整治全县医药市场，共清理无证经营或超核定经营 11 户。1995 年，共查出无证经营药品批发点 1 个，查出不合格药品 105 个品种，没收无证经营药品 220 个品种、货值 0.4 万元，罚款 0.5 万元。1998 年，涉药案件共立案 40 件，结案 40 件，罚款 1.5 万元，没收药品（药材）货值 0.3 万元。1999 年，依法取缔无证非法从事药品批发个体户 12 家，没收药品货值近 3 万元，罚款 2.03 万元。

2001 年 9 月，成立县医疗机构药品集中招标采购管理领导小组，组织首次药品招投标活动，全县医疗机构将临床用量较大的注射用青霉素钠、先锋 V、氨苄西林、庆大霉素、地塞米松、维生素 C、先锋 IV 胶囊及麦迪霉素片等 9 个品种进行集中招标采购，有效降低了药价。同年，开展整顿和规范医疗服务市场秩序专项工作，共检单位 365 个、药品 54487 种（次），查出不合格药品 212 种（次），取缔 38 家无证兼营药品的个体工商户。

2002 年，成立桂林市药品监督管理局恭城瑶族自治县分局，隶属于自治区垂直管理。同年 4 月，原隶属于县卫生局药政股、药检所和县医药管理局的监管职能划归新组建的桂林市药品监督管理局恭城瑶族自治县分局，进一步加强对药品监督管理的统一行政执法职能。同年，对全县药品生产、经营企业、零售药店（含连锁药店）、基层医疗机构从业人员进行以药品管理法律、法规为主要内容的培训，共培训480人次。2002年下半年，由于药品监管职能的改变，县级医疗单位临床用药统一由市级组织公开招标集中采购，乡镇卫生院临床用药实行跟标制，所购药品均从合法经营的医药公司采购。

图10-4 2005年，药品监管执法人员对药品经营企业进行执法检查（县药监局提供）

2003年，根据国家药品监督管理局《关于GSP（药品经营质量管理规范）认证工作的通知》，逐步在县内药品零售企业推行GSP认证。2004年年底，县医药公司的批发部、莲花门市部、栗木门市部及县城9家药店（不含连锁药店）通过自治区GSP认证中心的认证。同年，在全县9个乡镇各聘请1名业余药品监督员，在60多个村各聘请1名药品信息员，逐步建立行政监督、技术监督、社会监督相结合的监督体系。2005年，20家乡镇药店共有17家提出GSP认证申请并获得通过，3家药店未提出GSP认证申请并报停业。

1995年起，每年开展药品质量大检查，当年检查21937个品种，有不合格品种105个，合格率99.52%。2002年，药品质量大检查由药品执法人员进行日常监督检查、专项检查。在日常检查中，对违法案件进行查处，2002—2005年，共立案查处涉药案件183件，没收违法药品及医疗器械货值6.81万元，没收非法药品货值金额2.4万元，没收违法所得1.25万元，罚款17.33万元，取缔无证经营药品个体户49家。

1995—2001年恭城瑶族自治县药品质量大检查情况统计表

表10-11

年度	检查种（次）	不合格种（次）	合格率（%）	年度	检查种（次）	不合格种（次）	合格率（%）
1995	21937	105	99.52	1999	49617	93	99.81
1996	16833	109	99.35	2000	66640	113	99.83
1997	21670	75	99.65	2001	54487	212	99.61
1998	30222	62	99.79	—	—	—	—

麻醉药品管理

1989年至2002年4月，全县的麻醉药品、精神药品、剧毒药品的管理由县卫生局按《中华人民共和国药品管理法》的规定监督管理。乡镇以上医院并取得主治医师资格经报卫生局备案后的医师才具有麻醉药品的处方权，可以按病情需要使用麻醉药品。麻醉药品用后，处方、空安瓿要交回药房进行登记销账。医院购进麻醉药品需要申请办理麻醉药品购用卡由县卫生局审核，经市级卫生局审批核准到指定地点购用，药品零售药店不能经营麻醉药品。全县经批准可使用麻醉药品的有县人民医院、县中医院、县妇幼保健院、栗矿工人医院、栗木中心卫生院、嘉会中心卫生院、莲花中心卫生院、西岭卫生院、平安卫生院、三江卫生院共10家，严格按照“五专”（专人、专柜加锁、专账、专册登记、专用处方）及“三专”（专人、专账、专用处方）要求管理使用精神药品、毒性药品。

2002年4月，由县药品监督管理局对全县医疗机构购进、保管和使用麻醉药品进行监督和管理。零售药店提出申请并经县药品监督管理部门审核、报市药品监督管理部门批准，可凭处方经营二类精神药品。2005年11月，对医疗机构使用麻醉和精神药品的管理权重新交回卫生行政部门，而药品监督部门只对麻醉药品和精神药品生产、经营企业负有监管职责。

制剂监督

1989—2005年，有制剂配制机构2家，即县医院联合制剂室、县中医院制剂室。1993年，县医院制剂室生产5%葡萄糖注射液、葡萄糖氯化钠注射液、氯化钠注射液、盐酸普鲁卡因注射液、甘露醇注射液、弱蛋白银滴眼液、强蛋白银滴眼液、氯霉素滴眼液Ⅰ、氯霉素滴眼液Ⅱ、盐酸丁卡因滴眼液、呋麻滴鼻剂、复方甘草合剂、颠茄合剂、汞溴红溶液、甲紫溶液、2%碘酊、复方碘溶液、硼酸酒精、碳酸氢钠滴耳液、盐酸麻黄硷滴鼻液、碘甘油、炉甘石洗剂、0.75%碘酊、10%葡萄糖注射液等25个品种。1998年，经换证重新审核，生产品种有葡萄糖注射液、氯化钠注射液、甲硝唑注射液、盐酸普鲁卡因注射液、乳酸环丙沙星注射液、诺氟沙星葡萄糖注射液、盐酸麻黄碱滴鼻液、复方甘草合剂、氯化钾溶液、盐酸雷尼替丁胶囊、头孢氨苄胶囊、诺氟沙星胶囊等16个品规。2005年12月31日，县医院制剂室因医疗机构制剂许可证到期，停止制剂生产。县中医院制剂室于1998年8月经自治区卫生厅药政处检查验收合格，发给制剂许可证，生产散剂、颗粒剂、糖浆剂、合剂、胶囊剂等，2001年自行停止生产。

食品安全监管

2004年9月，桂林市药品监督管理局恭城瑶族自治县分局变更为桂林市食品药品监督管理局恭城瑶族自治县分局。2005年1月，成立县食品安全协调委员会，由县食品药品监管分局、宣传部、发改局、经贸局、教育局、公安局、监察局、财政局、农业局、卫生局、质监局、工商局、畜牧兽医局、环保局、粮食局、林业局16个单位组成，共同担负全县食品安全的职责，定期、不定期开展食品安全检查工作，强化食品安全监管（具体内容见本篇第六章）。

第二节　烟草专卖管理

烟草专卖许可证管理

1989—2005年，根据《中华人民共和国烟草专卖法实施条例》的规定，县级烟草专卖机构负责全县委托批发点、零售网点的设立及批发、零售点许可证的发放工作，县内从事卷烟批发、零售经营活动的单位和个人，必须到县烟草专卖局申办批发、零售经营许可证，到县工商行政管理局办理营业执照；批发、零售的卷烟必须在县烟草公司或县烟草专卖局在乡镇设立的卷烟委托批发点购进，不得到县外任何单位和个人购进卷烟。烟草专卖许可证年检每年一次，换证5年一次。

2003年7月，对原有零售点进行调整：50户以上的综合贸易批发市场设置卷烟零售点不得超过10个，50户以下的综合贸易批发市场设置卷烟零售点不得超过5个点，车站候车大厅内零售点不得超过5个点，全县设1575个零售点。2000年后，每年发放的零售许可证总数均为全县人口的5.4‰～5.5‰。

卷烟批发管理

1989年，除县烟草专卖局自办的城区批发中心，全县另有委托批发点11个。1996年，撤销委托批发点，在平安、莲花、栗木成立烟草专卖管理所（卷烟批发部）；1997年，成立嘉会、西岭烟草专卖管理所（卷烟批发部）。各乡镇卷烟批发分别由各所负责。1999年6月，撤销平安烟草专卖管理所（卷烟批发部），所辖零售点由城区配送中心管理和送货。2004年10月，卷烟批发销售网络化，撤销莲花、栗木、嘉会、西岭卷烟批发点，保留城区配送中心。

卷烟零售户管理

1998年4月，对卷烟零售户开始“四定”（定检查人员、定管理对象、定检查路线、定检查次数）送货，通过微机系统对经营户实行户籍化管理，建立经营户档案、销售台账和专卖台账等，每月月末根据经营户当月的守法情况和卷烟销售情况进行综合考核，将其分为A、B、C三类采取适当的方法来管理。2000年，县烟草公司计算机网络化管理软件投入运转，自此城区卷烟配送中心及莲花、栗木、嘉会、西岭4个乡镇烟草专卖管理所（批发部）构成一个卷烟销售网络，由访销员手持访销单上门对经营户进行访销、登记订单，并将订单输入电脑，汇总形成配送出库单，由配送车第二天将卷烟送至经营户，收回货款；是年，全县卷烟零售户1422户中有1365户加入卷烟经销网络，入网率96%，卷烟经销网络销售率94%，农村网络访销配送率99%。2003年7月，推行电话访销；11月，启用广西区烟草公司分销资源计划管理系统（以下简称分销系统），建立网上交易平台，实现网上订货；同月，全县现管经营户1780户，纳入户籍化管理管销分离户531户、管销合一户1044户。2004年4月，推广电子结算；9月，县城和乡镇所在地的卷烟零售户逐步实现货款的电子结算；11月，以辖区线路为单位，20～25名经营户为1组，成立卷烟零售户自律小组10个，纳入自律小组的卷烟零售户共计212户。是年，制定卷烟零售统一价格标签，发放到城区卷烟零售户摊位。同年年底，全县电子订货户1428户，占99.41%；电子结算户301户，电子结算率21.3%。2005年，全县共成立卷烟零售户自律小组27个，纳入自律小组的卷烟零售户共计608户，占持证经营户42%，卷烟零售统一价格标签全部发放到零售户摊位；电话订货率为100%，电子结算率达到79.46%。

执法管理

专卖宣传　1992年1月1日起，施行《中华人民共和国烟草专卖法》（以下简称《烟草专卖法》）。县烟草专卖局与县工商局、技术监督局每年利用“3·15”消费者权益日在县城十字街及各乡镇圩市开展烟草专卖法律法规咨询及识别真假卷烟活动，并当场销毁各类假烟及各种走私烟叶、烟丝等。

图10-5　2004年，县烟草专卖管理人员在县城中心广场向群众指导如何识别假烟（县烟草局提供）

市场监管　1995年，县烟草专卖局为打击非法渠道进货及无证运输烟草行为，规定凡在县烟草专卖公司购进的卷烟，在条盒上加印“恭城瑶族自治县烟草业务专用章”，未盖印章的即被视为以非法渠道购进或无证运输卷烟。1996年7月，整顿卷烟市场，共检查经营户1200户，查获走私烟50条、非正常渠道购进卷烟6000条，罚款2.75万元。1998年2月，成立清理整顿烟草专卖品交易市场领导小组，县烟草专卖局、工商行政管理局联合发出清理整顿烟草专卖品交易市场的通告，要求各经营户必须有营业执照、特种烟草专卖零售许可证，按规定到县烟草公司或所属批发网点购进卷烟；同年6月，启用防伪标志，即在每小包卷烟上贴防伪标志。至是年8月，卷烟月销售量持续稳定增长，其中地产烟平均每月销售量比启用前增加84箱，增长34.85%，广西区外烟每月销售量增加5.8箱，增长45.67%。

2000年，成立专卖稽查大队。同年，开展市场整顿5次，出动各种车辆45辆次，人员890人次，打假行动120人次，捣毁非法窝点11个，查处卷烟违法违规案件13起，收缴走私烟0.32件，假冒卷烟85件，非正常渠道卷烟19.75件，烟丝、烟叶2900千克，取缔卷烟非法大户6个。2004年，稽查分专卖一中队、二中队，共有8名稽查人员，专卖一中队管辖县城、平安、莲花、三江，专卖二中队管辖栗木、西岭、嘉会、观音、龙虎。同年，结合烟草专卖零售许可证年检换证，运用“打击＋防范＋控制＋服务”立体模式综合治理烟草市场，出动专卖稽查22000人次，查获各类涉烟违法案件28起，其中立案处理9起。

案件查处　1991年2月，在县烟草局设立县烟草专卖局检察室。1989年、1992年，分别在龙虎关截获私运烤烟叶36000余千克、2000千克。1995年，设立县公安局驻烟草专卖局执勤室。1998年，捣毁销售假冒卷烟窝点4个，查获假冒卷烟422件、非法渠道卷烟62件，烟叶3000千克，烟丝600千克，罚没款8万多元。1999年，查获各种假冒商标卷烟431件，罚没款1.69万元。2000年，成立专卖稽查大队；是年，查处违法违规案件106件（其中，假冒商标卷烟867件，非法渠道卷烟19.8件，走私卷烟15.7件），查获烟叶、烟丝2900千克，罚没款2.26万元（其中，1人被刑事拘留）。2002年，在专卖办成立稽查中队；同年，查处卷烟违法违规案件25起，案值2.59万元，共计罚没款1.50万元（其中，龙虎关查处案件数9起，查获非法运输烟叶4900千克，查获无证运输卷烟294条，案值1.80万元）。2003年，出动检查车辆3000辆次、检查经营户18000户次，查获非法电动切烟丝机2台，各种违法卷烟39.782件、烟叶烟丝2860千克。2004年，查获各种违法卷烟27个品种、525条，查获烟叶烟丝7282千克，缴获土制电动切烟丝机1台。2005年，出动专卖稽查人员1769人次，查获各种违法卷烟63.9条，查获烟叶烟丝651千克。

第九章　招商引资

恭城的自然气候条件和丰富的矿产资源，造就恭城独特的经济发展模式。工业以水电业、矿业为主，农业则以种植水果为主，并逐渐成为广西的水果种植大县。1991 年起，自治县委、县人民政府开始注重向外界推介恭城，组织参加在南宁举办的新产品技术交易会，邀请自治区内外企业家和客商到恭城旅游观光和投资考察，扩大对外交流和交往。至 2005 年年底，共引进自治区外投资 50 万元以上项目 246 个，总投资 4.76 亿元。

第一节　招商

20 世纪 90 年代初，恭城开始招商引资活动。1991 年 11 月，自治县委、县人民政府下发《关于进一步搞活经济的几项政策性规定》，其中就对引进外资、扶持企业开发新产品新技术作出政策上的规定。1992 年 8 月，自治县委、县人民政府决定在县城一带设立经济开发区，并作出《关于我县经济开发区优惠条件的规定》。同时，为鼓励外商到恭城投资，自治县委、县人民政府又作出《关于鼓励外商投资的优惠办法》。1994 年，自治县委、县人民政府修订下发《关于鼓励外商投资的若干规定》，在税收方面又作出一些新的优惠。同年，随着软硬环境的逐步改善，外商开始到恭城投资，共有台商独资企业 2 家、资产 1320 万元。

1996 年，全县开始实施"工业兴县"战略，至 1997 年新开工 100 万元以上的项目 31 个，其中投资 300 万元以上的项目 13 个，实际利用外资 182 万美元，引进内资 1.24 亿元。

2001 年，贯彻实施西部大开发的战略决策，自治县委、县人民政府制定《关于进一步搞好我县经济软环境建设试行办法》，改革招商引资办法，采取集体招商、委托招商、网络招商、项目首席谈判等招商形式，对投资者予以多方面的优惠。2002 年 1 月，成立自治县招商引资管理中心，负责全县对外招商引资的策划、推介和管理工作。2003 年起，自治县委、县人民政府修订和完善各项招商政策，主要的有《关于构筑优势扩大对外开放加快非公有制经济发展的若干意见》《自治县茶东工业园区规划建设和管理暂行办法的通知》《自治县燕新工业园区优惠办法的通知》《关于进一步加快开放型经济发展的若干规定》等。

在整个"十五"期间，自治县委、县人民政府把招商引资作为加快发展的一号工程，不断创新招商方式、方法，表彰奖励招商引资人员，成功引进一批较大和拉动作用明显的项目，投资 100 万元以上的项目 123 个，是"九五"时期的 2.1 倍。资源型的有以合力公司氧化锌、翊龙傲公司锌化为代表的矿产品深加工项目，以汇源集团、汇坤公司为代表的农产品加工项目，以裕丰斯格原种猪养殖项目为代表的畜牧业发展项目，以刘家垌系列电站、大地电站等为代表的小水电项目；科技型的有宏力

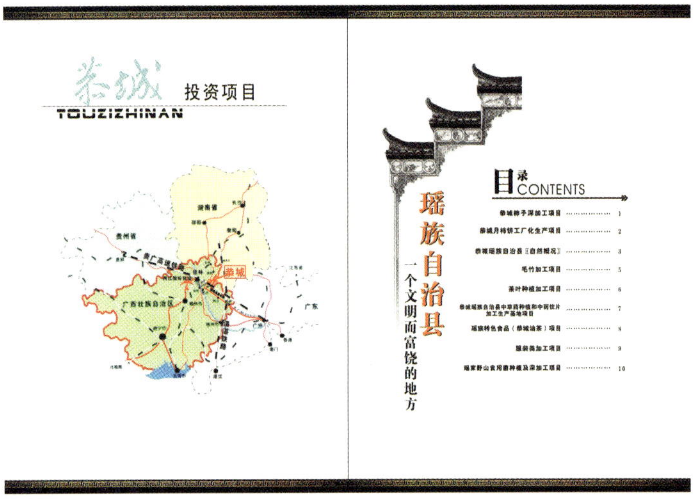

图 10-6 恭城投资指南

机械制造项目；技术改造型的有水泥厂技改、广银集团公司技改等项目；城镇开发型的有惠丰房地产项目等。2003 年，举办首届桃花节、月柿节活动期间，邀请 160 多位自治区外企业家及客商进行观光旅游和考察，通过举办“两节”的经贸洽谈会，共引进合同、协议项目 20 个，总投资 5.07 亿元。2004 年，通过中国－东盟博览会和县举办的桃花节、月柿节等活动，共邀请自治区外客商 226 人到恭城开展投资考察和项目考察，共引进自治区外投资项目（企业）22 个，计划总投资 22416 万元，累计完成投资 13422 万元；自治区外意向项目 8 个，计划投资 4600 万元。

据统计，2002—2005 年，共引进项目 271 个，引进资金完成固定资产投入 5.82 亿元。其中，2002 年，共引进项目 23 个，引进资金完成固定资产投资 3000 万元；2003 年，引进项目 69 个，引进资金完成固定资产投资 1.08 亿元；2004 年，引进项目 75 个，引进资金固定资产投资 1.64 亿元；2005 年，共引进项目 104 个，引进资金固定资产投入 2.8 亿元。271 个引进项目中，有外资项目 2 个，总投资 115 万美元。

第二节 经济技术协作

图 10-7 重大招商引资项目——北京汇源集团恭城工厂，2004 年建成投产（孟华 摄）

1986 年 4 月，成立对外经济协作办公室，负责全县经济技术协作工作。1989—1995 年，累计完成引资项目 89 个，引进资金 8000 多万元，引进技术 35 项，引进技术人才 50 人次，协进协出物资 1500 多吨，新增产品 123 个。其中，1989 年签订合同（协议）项目 12 个（自治区内项目 8 个，自治区外 4 个），引进资金 502.1 万元，新增产值 287.28 万元，新增利税合计 80.71 万元。1991 年引资新建的恭城矿泉水饮料厂生产的银殿牌矿泉水产品在 1992 年北京首届天然矿泉水展览会上荣获开发奖。1995 年，引进实施项目 20 个，引进资金 1815 万元，引进技术 10 项，其中台商陈盛亿投资 1150 万元，在平安乡桥头村兴办曜亿塑料制品有限公司，成为落户恭城的第一家台商企业。

第十章 安全生产监督管理

1972年，成立县安全生产领导小组及办公室后，恭城境内的安全生产工作逐步走向正轨。至2004年9月，县安全生产监督管理局升格县人民政府工作部门后，进一步强化对安全生产的监管。通过实行安全生产目标管理责任制，形成动力和压力同在的机制，促进安全目标责任制的落实。2003年，开始实行安全生产经营许可制度，提高高危行业安全生产准入的门槛。而每年开展的安全生产大宣传、大检查、大整改，时时向人们敲响安全生产的警钟。从而使"安全第一、预防为主"的安全生产方针得到较好的宣传、贯彻与落实，增强各级领导和广大群众重视安全生产的思想意识，杜绝重特大事故的发生，全县事故频率和伤亡人数得到有效控制。

第一节 机构

1972年11月，成立恭城县安全生产领导小组，下设办公室。1978年4月，县安全生产领导小组改为县安全生产委员会。1991年4月，改称自治县安全生产委员会。2002年1月，根据自治县委、县人民政府《关于自治县党政机构改革的实施意见》，成立自治县安全生产监督管理局，在经济贸易局挂牌。2004年3月，自治县安全生产委员会办公室下设生产安全办公室（设在县安全生产监督管理局）、交通安全办公室（设在县交警大队）、消防安全办公室（设在县消防大队）。同年6月，根据中共桂林市委办公室、桂林市人民政府办公室关于印发《恭城瑶族自治县人民政府机构改革方案》的通知，自治县安全生产监督管理局（挂"生产安全委员会办公室"牌子）改为县人民政府工作部门，定编5名。强化对全县安全生产的监督管理和协调指导，提高安全生产监管工作的权威。

1972年，县安全生产领导小组成立后，县安全生产领导小组（县安全生产委员会）组长（主任）由分管副县长担任；1989—2003年，历任组长（主任）：蒋开乾、余祖祥、陈祖勋、郑远图、王定统、黄才华、邓文川、唐厚军、唐云舒。2004年3月，县安全生产委员会主任改由县长担任，常务副主任由分管副县长担任。2004—2005年，县安全生产委员会主任为唐云舒，常务副主任为罗永东。1989—2004年，县安全生产委员会办公室历任主任：何守钦、欧应礼、唐德全、贲定钦、周克贤、姜富春。2005年，县安全生产监督管理局第一任局长为姜富春。

第二节 管理制度

安全生产目标管理责任制

1989—2005年，继续实行安全生产目标管理责任制，将安全生产目标分解到9个乡镇及县直有关部门，实行条块结合、双重控制、年终考评、奖优罚劣。各乡镇人民政府、县直有关部门与县人民政府签订“安全生产目标管理责任状”，明确本年度任务，交纳风险押金，将安全生产目标管理工作纳入重要议程。签订责任状后，各乡镇及县直各有关部门均成立安全机构，工矿企业成立安全科（小组），各设有3～6名成员，并设专职或兼职安全管理员若干名；建立健全各级安全规章制度，制定标准化安全班组建设达标目标，各所属企业分别与各乡镇人民政府及县直主管部门签订责任状，交纳风险抵押金，形成动力和压力同在的奖惩机制，促进安全目标责任制的落实。每年年终，经量化指标考核，由县人民政府对安全生产先进集体及个人作出表彰和奖励。

安全生产经营许可制度

2003年，开始对危险化学品经营企业和销售网点实行经营许可制度。同年，由桂林市专家评价组对全县82家危险化学品销售网点进行评价，共有82家评价合格，发放“危险化学品经营许可证”。2004年，全县80家地下开采及露天开采矿山企业中，4家地下开采矿山企业、74家露天开采矿山企业通过安全评价验收。2005年，根据国务院2004年颁布的《安全生产许可证条例》规定对非煤矿山、危险化学品、烟花爆竹、建筑等高危行业实行安全生产准入制度。2005年，全县经评价合格的危险化学品经营企业和销售网点共有166家，有42家非煤矿山、5家烟花爆竹厂生产企业、5家危险化学品生产企业申请办理安全生产许可证。

第三节 安全生产检查

1989—2005年，全县安全生产检查以县安全生产委员会办公室牵头组织的大检查和各部门自行组织检查相结合的方式进行。每年，安全生产大检查至少要进行4次，检查的主要内容有安全生产责任制落实情况、各项规章制度贯彻落实情况、事故隐患监控和整改情况、安全监督管理力量配备和职责履行情况、事故调查和处理结案情况以及宣传教育和培训情况等。通过检查，对发现的重大安全隐患均及时作出整改方案并发送到有关单位，限期整改。据不完全统计，1989—2005年，在大检查中共查出各类安全隐患1259个，整改1123处，共投入整改资金1159.1万元。其中，2000年7月，在自治县人民政府办公室下发《关于印发恭城瑶族自治县安全生产大检查活动方案的通知》后，全县开展1次重点检查烟花爆竹等易燃易爆物品生产、经销企业及运输、存放场所，矿山企业、采石场及石材开采加工企业，加油站（点）及液化气库，建筑行业、交通运输业及锅炉、电梯等危险设备和设施，选厂尾矿库、小水电站及病险水库，各类学校、体育场馆、宾馆商场等公共场所的活动。分交通行业检查组、矿山检查组、石油液化气站点检查组、烟花爆竹及爆炸物品检查组、学校商场和文化娱乐场所检查组、建筑行业检查组、水电行业及特种设备检查组，采取自行检查与抽查相结合，以单位自行检查为主的方式进行，查出隐患26处，发出整改通知书20份。其中，对6家爆竹厂下达停业整顿通知书，限期对其厂区布局、生产设施、原材料采购、生产、储存、运输、销售等执行国家有关规定、标准和安全规章制度、产品质量、安全培训等进行整改。经过四个月的整顿，经检查基本符合上级的规定、布局、要求，上报自治区公安厅批准同意5家爆竹厂继续生产。同年，为加强烟花爆竹销售管理，成立县烟花爆竹生产管理委员会，归口县供销社统一管理，全县设7家批发网点、300个零售点。2005年，自治县人民政府发出《关于对列入县级重点监督的10项重特大安全事故隐患进行整改的通知》，将龙虎乡黄沙湾地质灾害隐患、恭城镇岭尾渡口渡船安全隐患、农用车拖拉机非法载客隐患、两轮摩托车违章驾驶隐患、阳光甘化公司2瓶废弃液氯及电扇厂废弃危险化学品隐患、栗木马路桥非法采矿隐患、非法开采铁矿锰矿隐患、在建小水电站的安全隐患、烟花爆竹生产企业安全隐患、木材生产企业安全隐患共10项重特大安全事故隐患列入县级重点监督整改对象，并确定整改要求、责任单位、责任人、督查单位和期限等。同年，共组织6次安全生产大检查、4次矿山专项整顿、交通安全专项整顿，特别是加强春节、"五一"劳动节、国庆节黄金周安全生产工作的督查以及对全县非煤矿山（尾矿库、在建水电站）、旅游聚集场所安全、危险化学品、烟花爆竹、建筑安全等行业的安全大检查，共查出各类安全隐患180处、限期整改160处，纠正各类违章370人次。其中，对在安全检查中发现的阳光甘化公司、县电扇厂、县印刷厂、栗木锡矿等破产企业留有的一批有毒危险化学品，县财政及时拨出专款进行处置。

结合安全生产大检查，1989年起，每年5月都开展一次安全生产周活动。自治县人民政府成立安全生产周组委会，下设办公室具体负责活动的日常工作，各乡镇人民政府、县直有关部门，如经委、建委、二轻局、企业委、农机局、水电局、林业局、供销社、商业总公司、公安、交警等相应成立安全生产周领导小组，分工专人负责日常工作。在活动周中，采取边宣传、边检查、边整改的做法，搞好安全生产检查。在1993年的安全生产周活动中，县交警队分南北两片检查过往车辆600多台次，发现手续不全的有50多人次；县农机监理站召开手扶拖拉机驾驶员会议，全县80%的驾驶员参会，另上路检查手扶拖拉机200多台次；县建委以所属公司为主，开展1次施工现场安全大检查，各施工现场重新张贴安全标语和整理安全标志牌；县水电局自行统一命题在本系统进行电力和水力知识考试，参加人数668人，占94.5%，及格率为100%；电力公司组织200多人对全县600多千米的供电线路、600多台变压器进行全面安全检查，对不符合规范和要求的进行整改。2004年起，安全生产周活动改为安全生产月活动，定每年的6月为"安全生产宣传月"。在2004年、2005年安全生产月活动期间，一是搞好宣传工作，自治县安全生产委员会常务副主任分别作"以人为本，安全第一""遵章守法，关爱生命"为主题的电视动员讲话，县安委会组织公安、消防、交警、农机、交通、文化旅游、国土等12个单位出动宣传车到各乡镇、行政村广泛宣传《中华人民共和国交通安全法》《中华人民共和国矿山安全法》等法律法规，提高全民的安全意识；二是强化源头管理，狠抓事故隐患整改，将农用车、拖拉机非法载客、两轮摩托车违章驾驶、横水渡口安全、矿山、消防、在建小水电站列为重点检查整治范围。2005年，恭城镇岭尾渡口船安全隐患被列入市级重点监督安全事故隐患整改项目，自治县委、县人民政府召开2次县长办公会议听取有关部门的汇报，落实整改措施、整改责任人、整改期限，拨款5万元购买标准化渡船，增加安全救生设施。同年，对农用车、拖拉机非法载客及两轮摩托车非法载客隐患进行专项整治，加强路面整治和监控力量，在危险路段增强警示标志；加强对驾驶员的安全教育培训工作，组织农机重特大事故应急预案演练。

第四节　专项整治

道路交通安全整顿

由交警大队与农机监理站负责，充分利用广播、宣传车、宣传标语、宣传资料等宣传形式，在乡镇、村广泛开展宣传活动；加强对车辆的管理和驾驶员的安全教育，对不合格车辆和不合格的驾驶员严禁上路。1995 年，道路交通清理无牌无证 14805 辆台次；1997 年，清理无证违章等车辆 4315 台次。2001 年，将无证驾驶和驾驶无牌、无证或报废机车的行为以及柳微车、拖拉机、农用车、微型拖拉机（耕整机）车辆载人或载客从事营运的行为、擅自拼装耕整机和扩大、加高车厢栏板、超载超车行驶、酒后驾车的行为列为专项整顿，共纠正各种违章行为 156 次，处罚无证驾驶人员 81 人，违章载客、营运车辆户主 112 人。2005 年，开展路货车超载治理和农用车非法载客、摩托车违法驾驶专项整治，依法查处各类违章行为 1500 多起，暂扣车辆 150 辆，强制报废车辆 20 多台。

春运安全生产整顿

1989 年至 2005 年的春运期间，均按照“严防死守”确保安全的指导思想抓好源头管理，以县汽车站客运为重点，严格审查驾驶员春运驾驶资格及客运车辆，加强对易燃易爆危险物品的查禁，实行“死看、死守”式管理，把好客运场站“发车关”，确保超载客车和病车不出站。如 1999 年，在县公安局干警协助开展“三危品”检查，共查出鞭炮 400 万头、雷管 28 发、导火索 35 米、砂枪 2 支、硝药 54 千克，确保春运的生产安全。2003 年，进一步严格春运车辆准运制度、运前检验合格报班制度和强制二级维护制度，整个春运期间完成客运量 13.63 万人次，无旅客投诉和运输安全事故。2005 年春运，安全完成客运量 16.45 万人次，比 2003 年增加 2.82 万人次。

水上交通安全管理

1990 年前，全县原有横水渡 19 处，渡船 20 艘。经渡改桥建设，至 2000 年只剩下渡口 3 处，渡船 3 艘。虽然渡口及渡船较少，但自治县人民政府仍然非常重视水上运输安全，成立有由县政府分管副县长为组长，有关乡镇和部门领导为成员的乡镇船舶安全检查领导小组，并成立办公室，落实专人负责此项具体工作。2000 年 10 月中旬，开展乡镇船舶安全生产大检查，查看台账，检查渡口船舶以及乡镇船舶管理职责、机构人员、管理责任制的落实情况。2005 年，恭城镇岭尾渡口渡船被列入市级重点监督安全事故隐患整改项目，县财政拨款 5 万元新购 1 艘标准化渡船，及时消除安全隐患。1991—2005 年，每逢春节、“五一”劳动节、“十一”国庆节等重大节日和洪水季节，均组织有关人员到渡口码头进行现场督促检查，增加渡工和群众的安全意识。自 1990 年 8 月在峻山水库发生 1 起沉船造成 1 人死亡的事故后，至 2005 年年底，全县水上交通无伤亡事故。

矿山采石场安全生产整顿

恭城矿产资源较为丰富，县内的乡镇矿山，个体和联户采矿，点多面广，乱采乱挖，无证开采十分严重。1991 年 5 月，自治县人民政府对栗木锡矿水溪庙采空区域实施全面爆破封闭措施，但乱挖乱采的非法采矿活动屡禁不止，致使重大事故连续发生，后果极其严重。 1991 年 6 月至 1992 年 7 月，水溪庙民窿共发生 3 起伤亡事故。1992 年 8 月，自治县人民政府下发《关于水溪庙民窿连年发生事故的通报》后，县安委组织乡镇人民政府和有关部门对全县大、小矿山进行 1 次专项检查，对查出有事故隐患的要求立即整改，坚决取缔无证采矿，再次封闭栗木水溪庙采空区域内无证采矿点。2001 年 8 月 16—31 日，在全县性的矿山采石场安全生产整顿中，县安委共组织 200 多人对栗木锡矿水溪庙、牛坑、牛栏坪、老虎头、金坑等非法开采区实施爆破封窿，共炸掉窿口 84 个，拆除工棚 98 个，限期搬走机械设备 33 台，拆除变压器 6 台、高压线 2000 多米。同年，全县矿山采石场没发生伤亡事故。2004 年，多次开展非法开采矿点专项检查和整治活动。对莲花镇马湾磁铁矿非法开采点进行清理整顿，采取爆破封窿方式，取缔 70 多个非法开采矿点；组织工商、公安、环保、国土资源等部门对全县 68 家露天开采矿山进行全面检查，对不符合开采规程、证照未年审、安全隐患大的矿山企业发放停产整顿通知书，并当场停止 1 家企业生产。2005 年，开展 4 次矿山专项整顿活动，共组织县安监局、公安局、国土资源局等部门人员1300多人次，出动公、检、法、司人员2100多人次，依法取缔260处无证非法开采矿点，炸毁窿口120多座，拆除工棚2000多平方米，暂扣设备20多台，对25家未申办安全生产许可证的露天采矿山责令其停止生产。

事故处结

据不完全统计，1989—2005年县内发生的各种事故中以道路交通事故为多，伤亡人数也最多。1994年至2005年间统计的9个年度，共发生道路交通事故1770起，年均197起，最高为2004年326起，最低为1998年58起；死亡83人，伤544人。财物损失大的为城乡火灾事故，1991—2005年，因发生火灾直接损失财物共计449.25万元。

事故处结按照“三不放过”（查不清事故原因不放过，没有采取防患措施不放过，干部、职工没有吸取事故教训不放过）的原则进行，依照国务院、最高人民检察院、劳动部和自治区人民政府的有关政策、规定，实事求是地查清事故原因，分清责任，按事故性质、责任大小分别进行处分。如1992年7月13日，栗木水溪庙采空区卢××窿口发生1起4人死亡的特大事故。经调查后，8月11日自治县人民政府作出《封闭栗木水溪庙采空区域内无证采矿点，立即封闭周××、卢××两个窿口，没收非法采矿的所得收入的决定》。1989—2005年，对各类事故的处结率均达100%。

第五节　安全生产宣传与培训

安全生产宣传

1991年起，在每年5月举行的全国“安全生产周”宣传活动中，由县安全委员会办公室组织有关部门在全县范围开展劳动安全卫生、交通、消防、保险防灾等安全法律、法规知识的宣传咨询活动。至2005年，共开展15次“安全生产周”宣传活动。除此，还开展多次的消防“119”、“道路交通安全宣传周（月）”、《中华人民共和国矿山安全法》宣传、交通“冬防行动”及“百日安全无事故”活动等宣传活动。宣传的形式主要有发表电视广播讲话、播放安全录像片，出版墙报、板报、专栏，书写永久性标语、悬挂（张贴）标语，组织知识竞赛和出动宣传车。如1998年，县水电局、交警大队、消防科在县有线电视台开设《安全用电》《交通安全》《防火安全》警语栏目，每天播放2次；同年春运期间，县交警大队、文明办、安委办联合在全县范围内开展“讲文明，树新风”告别不文明交通行为的宣传活动，发放学习资料1500多份；3—4月，县交警大队对在校学生普遍进行1次交通安全常识的辅导学习。

1989—2005年恭城瑶族自治县安全生产宣传概况一览表

表10-12

时间	基本情况
1991年	开展各种宣传活动（用电、消防、道路交通）99场，受教育约6万人次，下发简报、通报16期
1993年	开展“安全生产周”、消防“119”、“百日战役”和“道路交通安全宣传周”等活动及《矿山安全法》宣传工作，县领导发表电视讲话3次，广播讲话8次，出动宣传车6台、宣传42天；张贴各类宣传标语2968条（幅），出版专栏、黑板报、墙报122期；播放录像23场。全县受教育面达到90%
1998年	第八次“交通安全周”期间，县交警大队与团县委、文明办、恭城中学联合举行围绕宣传“增加交通安全意识，预防交通事故”为主题的交通安全宣传游行活动，散放宣传资料2000多份，观看群众有上万人；县直11个单位在县城十字街开展宣传活动，发放宣传资料5470份。据不完全统计，书写巨幅标语34幅、小标语4530条，出板报、墙报19期，放录像10场，出动宣传车2部，受教育28万人次

续表 10-12

时间	基本情况
2000 年	第十次全国“安全生产周”期间，在县城十字街开展咨询宣传活动，发放宣传资料 5210 份，展示宣传图挂 4 幅、32 张；书写巨幅横幅标语 14 条、小标语 1234 条，出板报、墙报 8 期，放录像 10 场次，出动宣传车 2 部，受教育达 11 万人次；参加安全生产“人保杯”知识竞赛 1500 人，优秀率 100%
2005 年	开展“安全生产月”活动期间，县领导发表“遵章守法，关爱生命”为主题的电视讲话；县直 12 个单位在县城十字街进行安全生产法律法规咨询服务，发放宣传资料 20000 多份，在大街上悬挂横幅宣传标语，出动宣传车下乡宣传；组织市安全生产月文艺巡回演出

安全生产培训

安全生产培训的对象主要为新上岗人员、特种作业人员（电工、爆破工、电焊工、司炉工）、安全员，厂长、经理、矿长亦被列为培训对象。培训的轮空主要有特种作业操作知识、卫生防护知识、消防知识等。

1989—2005 年恭城瑶族自治县安全生产培训简况一览表

表 10-13

时间	培训情况
1991 年	举办特种作业和卫生防护知识、消防培训 9 期
1993 年	培训电工、焊工、司炉工、爆破工共 335 名；全县持证人数 1062 人，上岗数 1056 人，持证上岗 100%
1994 年	培训爆破工 60 名、电工 50 名，特种作业换证达 98%；安全员培训 47 人，厂长经理 26 名、矿长 4 名“三级”教育人数 3631 名，消防知识培训 65 人
1997 年	培训新上岗人员 342 人，消防知识培训 78 人，培训电工 96 人、矿山爆破员 68 人
2004 年	共组织电工培训班 2 期，举办全县矿山企业厂长、矿长及在建小水电站人员、各乡镇安全培训班，培训人员达 400 多人

第十一篇

中国共产党　群众团体

第一章　中国共产党恭城瑶族自治县委员会

1989—2005年，中国共产党恭城县委员会坚持“围绕党建抓经济，抓好经济促党建”，抓住机遇，真抓实干，按照中央、自治区党委和桂林市（地）委的要求，结合恭城实际，深入开展加强党组织自身建设、农村和城镇社会主义思想教育、“双学”、“三严四自”教育、“三讲”教育、“三个代表”重要思想学习教育、保持共产党员先进性教育等一系列重大活动，结合恭城实际，制定《关于教育改革和发展若干问题的决定》《关于建设农业强县的决定》《关于加快发展工业若干问题的决定》《关于加快工业经济发展的决定》《关于依靠科技振兴恭城的决定》《关于搞好我县企业改革的决定》《关于进一步加快旅游产业化进程的决定》《关于全面开展计划生育优质服务、推进村民自治、开创我县计划生育新局面的决定》《关于进一步加强民族工作的决定》《关于进一步抓好党风责任制，加强党风建设的决定》《自治县委关于进一步加强乡镇党委建设，开展“创三新树四优争红旗”活动的决定》《中共恭城瑶族自治县委关于在全县农村普通党员开展设岗定责活动的通知》《自治县委关于在全县开展学习“大岭山精神”活动的决定》等一系列重大决策，党的基层组织和党员队伍不断发展壮大，基层党组织的战斗堡垒作用、党员队伍先锋模范作用得到充分发挥。全县各级党组织、广大党员干部和各族群众在县委的领导下齐心聚力，开拓进取，全力实施“富民兴县新跨越”战略，全县经济、社会各项事业迈上新台阶。

第一节　领导机构

1949年12月12日，成立中国共产党恭城县委员会（以下简称中共恭城县委，或县委）。1954年2月，设立中共恭城县委常务委员会。1956年4月，召开中共恭城县第一次党员代表大会，选举中共恭城县第一届委员会。1990年2月，国务院批准撤销恭城县，成立恭城瑶族自治县，中国共产党恭城县委员会改称中国共产党恭城瑶族自治县委员会（以下简称中共恭城县委）。至2005年10月，中共恭城县委员会已历十届。

1949—2006年中共恭城瑶族自治县委员会一览表

表11-1

届次	时间
中共恭城县委员会	1949年12月至1956年4月
中共恭城县第一届委员会	1956年4月至1962年4月

续表 11-1

届次	时间
中共恭城县第二届委员会	1962 年 4 月至 1970 年 12 月
中共恭城县第三届委员会	1970 年 12 月至 1978 年 12 月
中共恭城县第四届委员会	1978 年 12 月至 1985 年 12 月
中共恭城县第五届委员会	1985 年 12 月至 1988 年 10 月
中共恭城县第六届委员会	1988 年 10 月至 1991 年 10 月
中共恭城瑶族自治县第七届委员会	1991 年 10 月至 1993 年 10 月
中共恭城瑶族自治县第八届委员会	1993 年 10 月至 1998 年 10 月
中共恭城瑶族自治县第九届委员会	1998 年 10 月至 2002 年 10 月
中共恭城瑶族自治县第十届委员会	2002 年 10 月至 2006 年 8 月

1989—2005 年中共恭城瑶族自治县委员会历届常委会成员一览表

表 11-2

届次	职务	姓名	性别	民族	文化程度	籍贯	任职时间	备注
第六届（1988 年 10 月—1991 年 10 月）	书记	蓝世琦	男	汉族	初中	广西荔浦	1988 年 10 月—1990 年 2 月	—
		陈祖勋	男	汉族	初中	广西恭城	1990 年 3 月—1991 年 3 月	—
		伍先华	男	汉族	初中	广西资源	1991 年 3 月—1991 年 10 月	—
	副书记	唐开斌	男	汉族	专科	广西灌阳	1988 年 10 月—1990 年 3 月	—
		伍先华	男	汉族	初中	广西资源	1988 年 10 月—1991 年 3 月	—
		万重谋	男	汉族	本科	江西南昌	1988 年 10 月—1988 年 11 月	—
		陈祖勋	男	汉族	初中	广西恭城	1989 年 5 月—1990 年 3 月	—
		刘开仁	男	汉族	专科	广西兴安	1990 年 3 月—1990 年 6 月	挂职
		苏光伦	男	汉族	专科	广西恭城	1990 年 3 月—1991 年 10 月	—
		黄必贵	男	汉族	专科	广西荔浦	1990 年 3 月—1991 年 10 月	—
		肖芳佐	男	瑶族	中专	广西恭城	1990 年 10 月—1991 年 10 月	—
		张广苏	男	汉族	中专	广西兴安	1991 年 8 月—1991 年 10 月	—
	常务委员	苏光伦	男	汉族	专科	广西恭城	1988 年 10 月—1991 年 10 月	—
		俸永辉	男	瑶族	专科	广西恭城	1988 年 10 月—1991 年 10 月	—
		唐代华	男	汉族	高中	广西恭城	1988 年 10 月—1991 年 10 月	—
		王定统	男	汉族	不详	广西桂林	1989 年 5 月—1990 年 7 月	—
		林中贤	男	汉族	专科	广西恭城	1990 年 3 月—1991 年 10 月	—
		陆斌	男	汉族	本科	广西灌阳	1990 年 4 月—1991 年 10 月	—
		刘文金	女	瑶族	专科	广西恭城	1990 年 11 月—1991 年 10 月	—

续表 11-2

届次	职务	姓名	性别	民族	文化程度	籍贯	任职时间	备注
第七届（1991 年 10 月—1993 年 10 月）	书记	伍先华	男	汉族	专科	广西资源	1991 年 10 月—1993 年 10 月	—
		张明沛	男	汉族	大学普通班	广西荔浦	1993 年 9 月—1993 年 10 月	—
	副书记	肖芳佐	男	瑶族	中专	广西恭城	1991 年 10 月—1993 年 10 月	—
		苏光伦	男	汉族	专科	广西恭城	1991 年 10 月—1993 年 10 月	—
		黄必贵	男	汉族	专科	广西荔浦	1991 年 10 月—1992 年 6 月	—
		张广苏	男	汉族	中专	广西兴安	1991 年 10 月—1993 年 10 月	—
		陆斌	男	汉族	本科	广西灌阳	1993 年 4 月—1993 年 10 月	—
		卢新忠	男	瑶族	专科	广西恭城	1993 年 9 月—1993 年 10 月	—
	常务委员	俸永辉	男	瑶族	专科	广西恭城	1991 年 10 月—1992 年 7 月	—
		唐代华	男	汉族	高中	广西恭城	1991 年 10 月—1993 年 10 月	—
		林中贤	男	汉族	专科	广西恭城	1991 年 10 月—1993 年 10 月	—
		陆斌	男	汉族	本科	广西灌阳	1991 年 10 月—1993 年 10 月	—
		刘文金	女	瑶族	专科	广西恭城	1991 年 10 月—1992 年 3 月	—
		唐金升	男	汉族	专科	广西灵川	1992 年 5 月—1993 年 10 月	—
		邓文川	男	汉族	专科	广西上林	1992 年 5 月—1993 年 10 月	—
		黄金屏	女	汉族	专科	广西恭城	1992 年 7 月—1993 年 10 月	—
		唐德良	男	汉族	专科	湖南武冈	1993 年 9 月—1993 年 10 月	—
第八届（1993 年 10 月—1998 年 10 月）	书记	张明沛	男	汉族	大学普通班	广西荔浦	1993 年 10 月—1996 年 8 月	—
		肖芳佐	男	瑶族	中专	广西恭城	1996 年 8 月—1998 年 10 月	—
	副书记	肖芳佐	男	瑶族	中专	广西恭城	1993 年 10 月—1996 年 8 月	—
		卢新忠	男	瑶族	专科	广西恭城	1993 年 10 月—1995 年 1 月	—
		张广苏	男	汉族	中专	广西兴安	1993 年 10 月—1996 年 12 月	—
		胡先友	男	瑶族	本科	湖南江永	1995 年 1 月—1998 年 8 月	—
		唐代华	男	汉族	高中	广西恭城	1996 年 3 月—1998 年 9 月	—
		张耀中	男	汉族	研究生	广西阳朔	1996 年 2 月—1998 年 10 月	—
		杨程	男	瑶族	专科	广西恭城	1996 年 12 月—1998 年 10 月	—
		蒋家柏	男	汉族	专科	广西全州	1997 年 2 月—1998 年 10 月	—
		姚兵	男	汉族	本科	江西彭泽	1997 年 10 月—1998 年 10 月	—
	常务委员	林中贤	男	汉族	专科	广西恭城	1993 年 10 月—1995 年 3 月	—
		邓文川	男	汉族	专科	广西上林	1993 年 10 月—1995 年 1 月	—
		黄金屏	女	汉族	专科	广西恭城	1993 年 10 月—1995 年 9 月	—
		唐代华	男	汉族	高中	广西恭城	1993 年 10 月—1996 年 3 月	—
		唐金升	男	汉族	专科	广西灵川	1993 年 10 月—1995 年 8 月	—
		蒋家柏	男	汉族	专科	广西全州	1995 年 1 月—1997 年 2 月	—
		唐厚军	男	汉族	本科	广西全州	1995 年 6 月—1998 年 8 月	—
		李光荣	男	瑶族	中专	广西恭城	1995 年 8 月—1996 年 12 月	—

续表 11-2

届次	职务	姓名	性别	民族	文化程度	籍贯	任职时间	备注
第八届（1993 年 10 月—1998 年 10 月）	常务委员	成正良	男	汉族	高中	广西恭城	1995 年 8 月—1998 年 10 月	—
		唐云舒	男	瑶族	专科	广西恭城	1996 年 1 月—1998 年 10 月	—
		刘永安	男	汉族	高中	湖南汉寿	1996 年 6 月—1998 年 10 月	—
		伍楚贤	男	汉族	专科	广西恭城	1997 年 2 月—1998 年 10 月	—
		朱政光	男	汉族	专科	广西永福	1997 年 8 月—1998 年 7 月	—
第九届（1998 年 10 月—2002 年 10 月）	书记	粟增林	男	汉族	专科	广西资源	1998 年 10 月—2001 年 1 月	—
		蒋洪	男	汉族	专科	广西灵川	2001 年 1 月—2002 年 10 月	—
	副书记	杨程	男	瑶族	专科	广西恭城	1998 年 10 月—2002 年 10 月	—
		姚兵	男	汉族	本科	江西彭泽	1998 年 10 月—2000 年 11 月	—
		谢海明	男	汉族	专科	广西灌阳	1998 年 10 月—2002 年 10 月	—
		李庆才	男	壮族	专科	广西浦北	1998 年 10 月—2002 年 10 月	—
		李才银	男	汉族	本科	湖南祁东	1999 年 1 月—2000 年 1 月	挂职
	常务委员	唐云舒	男	瑶族	专科	广西恭城	1998 年 8 月—2002 年 10 月	—
		张凌发	男	汉族	专科	广西荔浦	1998 年 8 月—2002 年 8 月	—
		奉海峰	男	瑶族	本科	广西全州	1998 年 8 月—2002 年 10 月	—
		刘永祥	男	汉族	专科	广西永福	1998 年 8 月—2002 年 9 月	—
		成正良	男	汉族	高中	广西恭城	1998 年 8 月—2002 年 9 月	—
		伍楚贤	男	汉族	专科	广西恭城	1998 年 8 月—2002 年 10 月	—
		刘永安	男	汉族	本科	湖南娄底	1996 年 4 月—1999 年 3 月	—
		罗永东	男	瑶族	专科	广西平乐	2002 年 9 月—2002 年 10 月	—
		宛高云	男	汉族	本科	湖南新宁	2002 年 9 月—2002 年 10 月	—
		黄绍德	男	瑶族	本科	广西平乐	2002 年 10 月—2005 年 2 月	—
		唐汝盛	男	汉族	本科	湖南靖州	1999 年 3 月—2001 年 3 月	—
第十届（2002 年 10 月—2006 年 8 月）	书记	蒋洪	男	汉族	专科	广西灵川	2002 年 10 月—2006 年 8 月	—
	副书记	唐云舒	男	瑶族	本科	广西恭城	2002 年 10 月—2006 年 8 月	—
		李庆才	男	壮族	专科	广西浦北	2002 年 10 月—2006 年 8 月	—
		奉海峰	男	瑶族	本科	广西全州	2002 年 10 月—2006 年 8 月	—
		阳建诚	男	汉族	大专	广西灵川	2002 年 10 月—2006 年 8 月	—
		章有怀	男	汉族	本科	广西兴安	2003 年 5 月—2005 年 5 月	挂职
		杜峰	男	汉族	本科	山西五台	2005 年 5 月—2006 年 5 月	挂职
	常务委员	罗永东	男	瑶族	专科	广西平乐	2002 年 10 月—2006 年 8 月	—
		何韬佑	男	汉族	本科	湖南道县	1999 年 3 月—2002 年 3 月	—
		沈荔芳	女	汉族	本科	广西荔浦	2002 年 9 月—2005 年 10 月	—
		宛高云	男	汉族	本科	湖南新宁	2002 年 10 月—2005 年 10 月	—
		黄绍德	男	瑶族	本科	广西平乐	2002 年 5 月—2005 年 10 月	—
		李风元	男	汉族	本科	河北唐山	2001 年 3 月—2004 年 3 月	—
		陶芝杰	男	汉族	本科	广西钦州	2002 年 3 月—2006 年 3 月	—

第二节 县委工作机构

县委工作部门

1989年前，县委工作机构设县委办公室、组织部、宣传部、纪律检查委员会、统一战线工作部、政法委员会、直属机关党委、党校、党史办公室、老干部局、岗位责任制办公室、台湾工作办公室、政策研究室共13个机构。1989年5月，增设精神文明办公室。1990年3月，增设机要局。同年2月，撤销恭城县，成立恭城瑶族自治县；10月16日，全县启用新印章，各工作机构均冠以恭城瑶族自治县名称。1991年7月，增设县委督查办公室。1992年3月，撤销直属机关党委，成立县直属机关工作委员会。1994年1月，县老龄委员会办公室并入老干部局；党史办与县志办合并，称党史县志办公室。12月，增设保密局。1996年7月，机构改革，撤销政策研究室，其职能转入到县委办公室；机要局、保密局、信访办设在县委办公室；党史县志办改为事业单位；直属机关工委改为直属机关党委，在组织部挂牌；老干部局并入组织部；精神文明办公室设在宣传部，台湾工作办公室设在统一战线工作部，岗位责任制办公室设在人事劳动局；纪律检查委员会与监察局合署办公，一套人员、两个机构。至此，县委工作机构设县委办公室、组织部、宣传部、统一战线工作部、政法委员会。

2001年12月，县乡党政机构改革，县委工作部门设县委办公室、组织部、宣传部、统一战线工作部、政法委员会、直属机关工作委员会。县纪律检查委员会机关与县政府监察局合署办公，一个机构、两块牌子。至2005年，县委工作部门设置不变。其中，县委办公室挂县委督查室、县委信访办公室（县政府信访办公室）、县委保密委员会办公室（县政府保密局）、县委机要局牌子；县委老干部局在县委组织部挂牌；县精神文明建设委员会办公室在县委宣传部挂牌；县委台湾工作办公室（县政府台湾事务办公室）、县委宗教事务管理办公室（县政府宗教事务局）、县工商业联合会、县归国华侨联合会（县政府侨务办公室）在县委统一战线工作部挂牌；县社会治安综合治理委员会办公室在县政法委员会挂牌。纪律检查委员会机关与监察局合署办公，一个机构、两块牌子。

县委办公室 1989年，县委办公室设秘书股、行政股、督办股、信息调研股，编制29人（含事业编制3人）。1997年，机构改革，内设机构不变，编制34人，实有26人。2005年，县委办公室编制34人，实有26人，内设机构不变。1989—2005年，历任主任卢德俊、洪庆云、唐金升、成正良、伍楚贤、黄绍德。

县委组织部 1989年，县委组织部编制20人（含事业编制3人），内设机构有办公室、干部股、干部审查股、组织股、电教股、调研室、干部档案室、县委干部教育领导小组办公室、知识分子工作领导小组办公室、农村基层组织建设工作领导小组办公室在组织部挂牌办公。1997年，机构改革，编制19人，实有16人。2005年，电教股单列编制为党员电化教育中心，在组织部挂牌办公。2005年，县委组织部在编人员19人，内设机构不变。1989—2005年，历任部长黄必贵、陆斌、唐德良、蒋家柏、朱政光、奉海峰、沈荔芳。

县委宣传部 1989年，县委宣传部设办公室、干部教育股、理论股、社会宣传股、新闻股，编制10人（含事业编制2人），在职9人。1992年，县精神文明建设办公室与宣传部合署办公，挂靠宣传部，编制5人，副部长兼精神文明建设办公室（以下简称文明办）主任。1997年，机构改革，宣传部（含文明办）编制10人，实有10人。2002年，精神文明建设办公室仍与宣传部合署办公，县委宣传部设办公室、文明办、外宣办、社会宣传股、新闻报道股、干部教育股、理论股，机关在职干部12人。2005年，县委宣传部职干部12人。设办公室、县文明办、社会宣传股、新闻报道股、干部教育股、理论股，县委外宣办（县人民政府新闻办）在县委宣传部挂牌，合署办公。1989—

2005年，历任部长俸永辉、黄金屏、李光荣、伍楚贤、刘永祥、宛高云。

县委统一战线工作部　1989年，统一战线工作部编制6人，实有6人，内设办公室、侨务办公室、宗教办公室、工商联。1997年，机构改革，编制4人，实有4人。2005年，统战部编制5人，在编人员5人，其中部长1人，副部长1人，内设机构不变。1989—2005年，历任部长李绍梅、唐代杰、龙中平、温晨光。

县委纪律检查委员会（监察局）　1989年，县纪委有编制14人，在职14人，设秘书科、审理室、纪检室和调研室。县监察局成立于1987年11月，设秘书股、监察股、审理股。1993年3月，县纪委、监察局合署办公，一个机构、两块牌子，行使中国共产党的纪律检查和行政监察职能。设办公室、纪检监察室、信访室、审理室、宣教室。1997年，机构改革，编制22人，实有19人。2002年，县纪委设办公室、纪检监察室、信访室（举报中心）、案件审理室、执法监察室、调查研究宣传教育室、党风廉政建设室、纠正行业和部门不正之风办公室、综合监察室9个职能室。2005年，县纪委编制22人，在职22人，内设机构不变。1989—2005年，历任书记苏光伦、林中贤、唐云舒、张凌发、阳建诚。历任（监察局）局长赵晓荣、廖振坤、周定宏、郑家庆、石新秘、龙裕松。

县委政法委员会　1989年，编制1人（另占用公安编制4人），在职5人。1991年8月，设立县社会治安综合治理委员会办公室，与政法委合署办公，定编4人。1997年，机构改革，编制5人，实有5人。2002年，机构改革，编制、在职人数不变，设办公室、政工室、执法监督室、综合治理办公室（下设综合治理督导室）。2005年，县政法委在编在职人员均5人（书记1人、副书记2人），内设机构不变。1989—2005年，历任书记俸洪波（兼）、伍先华（兼）、苏光伦（兼）、卢新忠（兼）、胡先友（兼）、唐代华（兼）、胡先友（兼）、成正良。

县直属机关工作委员会　1989年，县直属工委编制5人，辖141个党组织（党总支9个、党支部132个）。2002年，更名为直属机关工作委员会，编制5人。2005年，在编人员5人，辖152个党组织（党总支10个、党支部142个）。1989—2005年，历任书记陈观德（兼）、廖振坤、文受都、黄金屏、李宗儒、吴艳琴、莫模林、陈广仪。

其他部门

县委督查室　成立于1991年7月，在县委办公室挂牌。1996年7月、2001年12月，两次机构改革均保留督查室，在县委办公室挂牌，在职2人。2005年，在职2人。1991—2005年，历任主任何明华、梁恩军、温晨光、罗以生、周春生。

县委政策研究室　1988年4月，中共恭城县委设立政策研究室，隶属于县委，编制2人，在职2人。1995年，并入县委办公室。1996年7月5日，机构改革撤销，其职能转入县委办公室。历任主任洪庆云（兼）、黄仁斌、罗荣富。

县老干部局　1986年3月成立；1989年，老干部局编制5人（含事业编制1人）；1995年11月，与老龄委合署办公。1997年，机构改革，编制5人，实有5人。2002年，机构改革定编5人，在县委组织部挂牌，辖老干部活动中心。2005年，编制体例不变。1989—2005年，历任局长李兴祥、刘茂萱、侯建萍、刘敏芳。

县国家保密局（办）　1990年11月，成立县委保密委员会办公室，编制2人，在职3人。1994年12月，成立保密局，与县委保密办合署办公，一个机构、两块牌子，核定编制2人，在职3人。1996年、2001年，再次机构改革均保留县保密局（办），在县委办挂牌，由副局长主持工作，编制1人，在职2人。2002年12月，保密局更名为县国家保密局（办）。2005年，在职2人。1994—2005年，历任局长李荣国、李萍、罗智。

县机要局　1990年3月成立，编制4人，在职4人。1996年7月，机构改革，设在县委办公室。1996—2005年，编制及在职人员不变，均为4人。1990年至1994年1月，由副局长主持工作。1994—2005年，历任局长黄世斌、莫毓记。

县信访办　1989年，有编制4人，在职4人。1996年7月，机构改革，定编4人，在职6人。2001年12月，再次机构改革，定编3名，在职4人。2005年，在职4人。1989—2005年，历任主任唐秀珍、莫毓禾、许桂兰、李栋强、杨建昭。

县接待办公室　1990年11月成立，在县政府办公室挂牌。1994年1月，与县机关事务管理办公室合并为县接待机关事务管理办公室。1997年5月，机关事务管理办公室更名为县机关事务接待处；11月，成立县接待办公室，归口县委办公室，定编3名。1990—2005年，历任主任胡水三、马锦玲、林武民、陈孝云。

县台湾工作办公室　成立于1988年2月，编制2名，在职3人。1996年，机构改革，设在县委统战部，编制2名，在职2人。2001年12月，机构改革，与县人民政府台湾事务办公室合署称台湾工作办公室，编制1名，在职1人。至2005年不变。1989—2005年，历任主任龙中平、李媛。

县宗教事务局　2004年以前，由县委统战部兼管宗教工作。2004年，对外挂牌成立县宗教事务局，与统战部合署办公，实行一个机构、两块牌子。2005年，未增加人员编制。

党校　1989年，县委党校在编人员15人，设办公室、教务室、科研室、后勤室。1997年，机构改革，有编制16人，在职19人。2002年，机构改革，在编16人，在职19人，仍设办公室、教务室、科研室、后勤室。2005年，人员编制及内设机构不变。1989—2005年，历任校长黄德宗、秦光贤、张广苏（兼）、唐代华（兼）、谢海明（兼）、奉海峰（兼）。

党史办公室　1989年，县党史办公室在编人员4人。1994年，与县地方志编纂办公室合并为党史县志办公室，在职9人，2005年，有编制9人，实际在岗9人，内设机构有办公室、党史股、县志股。1989—2005年，历任主任周存实、杨建昭、吴艳琴、赖芳志、邱文胜、林贤培。

第三节　党员代表大会

代表选举

1991年6月至2002年7月，中共恭城县委员会第七届、第八届、第九届、第十届党员代表大会相继召开。参加会议的代表，由基层党委按照分配的代表名额，采用自下而上的方式提名，上下协商，根据多数党员的意见，提出代表候选人的初步人选；基层党委对候选人初步人选进行考察；基层党委召开委员会全体会议，按多于应选代表20%的差额确定代表候选人预备人选，对候选人预备人选进行充分酝酿，然后经过差额预选产生候选人名单，再进行正式选举（也可以不经过预选，直接进行差额选举）。

1991年，全县共有中共党员7179人，选出党代表201人，占全县中共党员总数的2.8%。其中，各级领导干部146人，占代表总数的72.6%；各类专业技术人员48人，占23.8%；各条战线先进模范人物119人，占59.2%；武警、政法干警5人，占2.5%；妇女代表30人，占15%；瑶族代表121人，占60.2%。

1993年，全县共有中共党员7132人，选举党代表215人，占全县中共党员总数的3.01%。其中，各级领导干部167人，占代表总数的77.6%；各类专业技术人员63人，占29.3%；各条战线先进人物75人，占34.9%；武装、政法干警4人，占1.9%；妇女代表29人，占13.5%；瑶族代表145人，占67.4%；45周岁以下的131人，占60.9%；大专文化程度35人，占16.3%。

1998年，全县共有中共党员9439人，选举党代表240人，占全县中共党员总数的2.54%。其中，各级领导干部179人，占74.6%；各类专业技术人员71人，占29.6%；各条战线先进模范人物109人，占45.5%；驻军代表4人，占1.7%；妇女代表45人，占18.8%，少数民族代表160人，占66.7%；年龄在45周岁以下的代表158人，占65.8%。

2002年，全县共有中共党员10900人，选举党代表230人，占全县中共党员总数的2.11%。其中，各级领导干部137人，占代表总数的59.6%；各类专业技术人员48人，占20.9%；各条战线先进模范人物42人，占18.3%；驻军代表3人，占1.3%；妇女代表44人，占19.1%；少数民族代表160人，占69.6%；45周岁以下的161人，占70%；大专以上文化的110人，占47.8%。

历次党员代表大会

中共恭城县委员会第六次党员代表大会　于1988年10月18日至20日在县城召开，到会代表190人，特邀代表5人，列席代表74人。

大会的主要任务：回顾和总结恭城县第五次党代会以来的工作，明确今后3年的目标和主要任务；听取中共恭城县纪律检查委员会工作报告；选举产生中共恭城县第六届委员会和中共恭城县纪律检查委员会。

大会审议并通过蓝世琦代表第五届县委所作的《坚持党的基本路线，加强党的领导，把恭城县两个文明建设推上一个新阶段》的报告，审查、批准县纪委工作报告。

大会选举产生中国共产党恭城县第六届委员会委员25人，候补委员4人；选举产生中国共产党恭城县纪律检查委员会委员13人。

大会闭幕后，召开中共恭城县第六届委员会第一次全体会议，选举万重谋、蓝世琦、伍先华、苏光伦、陈祖勋、唐开斌、唐代华、俸永辉、黄必贵为中共恭城县第六届委员会常务委员，蓝世琦为书记，唐开斌、伍先华、万重谋为副书记。

中共恭城县委员会第七次党员代表大会　1991年10月7日至9日在县城召开，到会代表192人。特邀、列席代表97人。

大会的主要任务：回顾和总结恭城县第六次党代会以来的工作，明确今后3年的目标和主要任务；听取中共恭城县纪律检查委员会工作报告；选举产生中共恭城县第七届委员会和中共恭城瑶族自治县纪律检查委员会。

大会审议并通过伍先华代表第六届县委所作的《坚持党的基本路线，加强党的建设，为我县的振兴和繁荣而努力奋斗》的报告，审查、批准县纪委工作报告，通过关于加强恭城县精神文明建设的决议。

大会选举产生中共恭城县第七届委员会委员25人，候补委员5人；县纪律检查委员会委员15人。

大会闭幕后，召开中共恭城县第七届委员会第一次全体会议，选举伍先华、肖芳佐、苏光伦、黄必贵、张广苏、刘文金、林中贤、陆斌、俸永辉、唐代华为中共恭城县第七届委员会常务委员，伍先华为书记，肖芳佐、苏光伦、黄必贵、张广苏为副书记。

中共恭城县委员会第八次党员代表大会　于1993年10月23日至24日在县城召开，到会代表213人，列席代表101人。

大会的主要任务：回顾和总结恭城县第七次党代会以来的工作，明确今后5年的目标和主要任务；听取中共恭城县纪律检查委员会工作报告；选举产生中共恭城县第八届委员会和中共恭城县纪律检查委员会。

大会审议并通过张明沛代表第七届县委所作的《加强党的领导，加快改革步伐，为大力推进我县经济和社会全面发展而努力奋斗》的报告，审查、批准县纪委工作报告，通过有关反腐倡廉的决议。

大会选举产生中共恭城县第八届委员会委员25人，候补委员3人；县纪律检查委员会委员15人。

大会闭幕后，召开中共恭城县第八届委员会第一次全体会议，选举张明沛、肖芳佐、卢新忠、张广苏、邓文川、林中贤、黄金屏、唐代华、唐金升为中共恭城县第八届委员会常务委员，张明沛为书记，肖芳佐、卢新忠、张广苏为副书记。

中共恭城县委员会第九次党员代表大会　于1998年10月18日至20日在县城召开，到会代表240人，列席代表110人。

大会的主要任务：回顾和总结恭城县第八次党代会以来的工作，明确今后5年的目标和主要任务；听取中共恭城县纪律检查委员会工作报告；选举产生中共恭城县第九届委员会和中共恭城县纪律检查委员会。

大会审议并通过粟增林代表第八届县委所作的《深入学习邓小平理论，加快改革开放和发展步伐，为实现我县跨世纪的战略目标而努力奋斗》的报告，审查、批准县纪委工作报告。

大会选举产生中共恭城县第九届委员会委员25人，候补委员5人；县纪律检查委员会委员13人。

大会闭幕后，召开中共恭城县第九届委员会第一次全体会议，选举粟增林、杨程、谢海明、李庆才、姚兵、唐云舒、张凌发、奉海峰、刘永祥、成正良、伍楚贤、刘永安为中共恭城县第九届委员会常务委员，粟增林为书记，杨程、谢海明、李庆才、姚兵为副书记。

中共恭城县委员会第十次党员代表大会　于2002年10月13日至16日在县城召开，到会代表229人，列席代表104人。

大会的主要任务：回顾和总结恭城县第九次党代会以来的工作，明确今后5年的目标和主要任务；听取中共恭城县纪律检查委员会工作报告；选举产生中共恭城县第十届委员会和中共恭城县纪律检查委员会；选举出席中国共产党桂林市第二次代表大会代表。

大会审议并通过蒋洪代表第九届县委作的《全面贯彻落实“三个代表”重要思想，为实现我县富民兴县新跨越战略目标而努力奋斗》的报告，审查、批准县纪委工作报告，选举出席中国共产党桂林市第二次代表大会代表18人。

大会选举产生中共恭城县第十届委员会委员29人，候补委员5人；县纪律检查委员会委员15人。

大会闭幕后，召开中共恭城县第十届委员会第一次全体会议，选举蒋洪、唐云舒、李庆才、奉海峰、阳建诚、罗永东、刘永祥、何韬佑、沈荔芳、宛高云、黄绍德为中共恭城县第十届委员会常务委员，蒋洪为书记，唐云舒、李庆才、奉海峰、阳建诚为副书记。

第四节　县委全体会议

1988年10月至2005年年底，中共恭城县委员会共召开27次全体会议。按照惯例，出席县委全会的有县委委员、县委候补委员、县纪委委员，非县委委员、非县委候补委员的乡镇党委书记、乡镇长、县直各部委办局行社中心的主要领导列席会议。此期间召开的比较重要的全会如下。

中共恭城县委六届四次（扩大）会议　1990年2月1—2日，县委召开六届四次全委（扩大）会议。

会议主要议题是要求加大农业发展力度，重点是发展水果种植，并部署当前各项工作任务。

中共恭城县委六届六次全委（扩大）会议　1991年4月21—22日，县委召开六届六次全委（扩大）会议。

会议传达中共桂林地委工作会议精神，围绕“翻两番，奔小康”进行专题讨论，要求进一步解放思想，集中精力发展恭城经济。

中共恭城县委七届二次全委（扩大）会议　1992年1月7—9日，县委召开七届二次全委（扩大）会议。会议主要内容：传达贯彻中共十三届八中全会精神及区党委六届三次全会精神，开展“五整治、五树立”整顿作风；进行普法学习动员。会议通过《中共恭城瑶族自治县委员会关于1992年的工作意见》《关于加强我县各级领导干部作风建设的决定》。

中共恭城县委七届三次全委（扩大）会议 1992年4月28—30日，县委召开七届三次全委（扩大）会议。

会议主要内容：传达和贯彻落实区党委六届四次全委（扩大）会议精神和民族工作会议精神，解放思想，敢闯敢“冒”，加快改革开放的步伐，抓住机遇，真抓实干，推动全县经济建设跃上新台阶。

会议通过《关于加快改革开放步伐，加速发展我县经济的决定》。

中共恭城县委七届六次全体委员（扩大）会议 1993年7月21—22日，县委召开七届六次全体委员（扩大）会议。

县委书记伍先华在会上作《以整风精神再学习社会主义市场经济知识，解放思想换脑筋，促进全年经济任务的超额完成》的报告。

会议主要任务：根据中共中央、中共广西壮族自治区委员会和中共桂林地区委员会的指示精神，总结交流全县开展社会主义市场经济大学习、大教育的经验，部署以整风精神再学习社会主义市场经济知识，进一步解放思想换脑筋，促进全年经济任务的超额完成。

在会上，县委副书记苏光伦作《认真分析计划生育形势，坚持不懈地完成人口计划》的讲话。县委常委、常务副县长邓文川代表县人民政府通报全县上半年经济工作情况。

中共恭城县委八届三次全体委员（扩大）会议 1994年10月22日，县委召开八届三次全体委员（扩大）会议。

主要内容：传达贯彻中共十四届四中全会精神，中共广西壮族自治区委员会六届八次全会以及中共桂林地区委员会扩大会议精神，学习《中共中央关于加强党的建设几个重大问题的决定》和《中共广西壮族自治区委员会关于贯彻党的十四届四中全会精神，加强党的组织建设的决定》，并结合实际研究在新形势下加强全县党的建设的措施，动员全县各级党组织和广大党员，努力把全县党的建设提高到一个新的水平，大力推进全县两个文明建设。

县委书记张明沛作《认真学习贯彻两级〈决定〉和地委扩大会议精神，努力把我县各级党组织建设成坚强的领导核心》的讲话。

中共恭城县委九届二次全会 2002年7月30日，县委召开九届二次全会。

会议通过《关于召开中国共产党恭城瑶族自治县第十次代表大会的决议》。确定县第十次党员代表大会于2002年9月26日召开。会议还研究了其他事项。

中共恭城县委十届三次全体委员（扩大）会议 2003年12月26—27日，县委召开十届三次全体委员（扩大）会议。

会上，县委书记蒋洪对实施跨越式发展战略进行深刻的阐述；求实创新，明确今后全县农业、工业和城建旅游等方面跨越式发展的新思路和新举措。县委副书记、县长唐云舒总结分析全县2003年经济社会发展所取得的显著成绩和面临的困难、机遇与挑战，提出2004年该县经济发展各项工作的目标任务和具体措施。全会还审议通过《自治县委常委2003年度工作报告》《自治县委自治县人民政府关于加快工业经济发展的决定》。作为会议的重要成果，《关于加快工业经济发展的决定》充分体现县委、县政府实施“工业强县”战略，加快工业化进程的决心，是实现富民兴县新跨越的迫切要求，对促进该县经济社会发展具有深远意义。

第五节 重要决策

教育改革与发展

1995 年 2 月 25 日，恭城县委颁布《关于教育改革和发展若干问题的决定》，要求县、乡（镇）党委、政府主要领导要亲自抓教育，把教育列入重要议事日程和任期目标责任制。切实调整好投资结构和教育结构，真正把教育列入重要议事日程和任期目标责任制，树立教育投入是战略性投资的新观念。制定和颁布促进教育发展的重大措施，加快教育改革和发展，使全县教育的发展适应社会主义现代化建设和发展社会主义市场经济的需要。《决定》要求到 1997 年全县基本普及九年义务教育和扫除青壮年文盲。具体要求：小学阶段的适龄儿童入学率达到 99.8%，初中阶段的入学率达到 90%；小学辍学率控制在 2% 以内，初中辍学率控制在 3% 以内；小学毕业率达到 96%，初中毕业率达到 90%；小学毕业升初中达到 95%；13～15 周岁人口入初中入学率达 90% 以上；15 周岁人口完成小学六年教育的完成率达 96%，17 周岁人口完成初中教育的完成率达 90%。

《决定》要求大力发展职业教育和成人教育。坚持扫盲与技术培训相结合，巩固提高乡（镇）成人文化技术学校。加快发展少数民族教育。在“普九”的基础上，鼓励、支持社会力量办学。各级各类学校都要全面贯彻中国共产党和国家的教育方针，坚持以教学为中心，全面提高教育质量。要采取切实措施，加强和改进学校德育工作，科学地对各教育阶段的德育目标、内容、实施途径和方法进行整体规划。加强德育工作队伍建设，进一步增强全体教职工的德育工作责任感。要设立多种形式的德育教育机构，吸引社会各界支持学校德育工作，实行学校教育、家庭教育、社会教育的紧密结合，优化育人环境。

建设农业强县

1996 年 5 月 3 日，县委、县政府作出《关于建设农业强县的决定》，提出建设农业强县的基本构想：从 1996 年到 1999 年，经过 4 年努力，恭城县形成产出量大、效益好、质量高、结构优，以及生产技术较为先进，农业基础设施较为完备，生态效益好的农业生产体系；农民人均农业增加值、农业劳动生产率、土地产出率、农产品商品率、农民人均纯收入以及主要的农业技术装备要超过桂林地区平均水平；主要农产品产量人均拥有量居桂林地区前列，优质率达 60% 以上；非农产值占农村社会总产值的 85% 以上。主要措施是狠抓“三位一体”的生态农业：沼气建设每年要以新增 3000 座的速度发展；加大以月柿、沙田柚为主的水果生产力度，改低创高，推广新的科学技术，切实做好柑橘“黄龙病”的防治，加强管理，抓好水果的规模生产，狠抓亩产万斤高产果园，力争实现人平水果面积 1 亩、人均水果占有量 800 千克以上；稳定发展生猪生产，肉猪出栏量每年要以 20% 的速度增长，力争达到人均 3 头猪；大力发展牛羊等草食动物，并把它作为加速畜牧业发展的突破口，牛出栏量每年要以 15% 的速度增长，羊出栏量每年要以 50% 的速度增长；水产品产量每年要以 15% 增长。

实施“工业兴县”战略

1996 年，是实施自治县国民经济和社会发展第九个五年计划的第一年，也是全县经济和社会发展起好步、开好头关键的一年。3 月 17 日，县委、县人民政府作出《关于实施“工业兴县”战略，加快 1996 年工业经济发展的决定》，确定工业经济发展的指导思想，提出 1996 年工业发展任务目标，明确加快工业经济发展的主要措施：深化改革，转换经营机制，激发企业活力；依靠科技，强化管理，推动企业上规模、上水平，提高企业整体发展素质；外引内联，狠抓投入和大上项目，发挥优势，增加工业经济的总量；努力实现经济体制从传统的计划经济体制向社会主义市场经济体制转变，经济增长方式从粗放型向集约型转变；实现工业发展速度、经济效益和引资项目抓投入三方面取得较大的突破。2001 年，抓住西部大开发的历史机遇，3 月 23 日，县委、县人民政府作出《关于关于加快发展工业若干问题的决定》，在税收、企业用地、用水用电、服务承诺以及奖惩等方面政策和措施作出 33 条规定；7 月 4 日，县委、县人民政府作出《2001 年加快工业化进程实施方案》，明确加快工业化进程的指导思想及优先发展方向，提出加快全县工业化进程的主要目标及措施。指导思想：以加快产业结构调整和长级为主线，以市场导向，以企业为主体，以科技进步和创新为支撑，以信息化和争创品牌为动力，以加快城镇化进程为依托，抓好基础设施建设，发挥优势，突出重点，不断发展壮大传统产业，着力培植新的经济增长点，大力推进产业优化和升级，切实提高工业经济综合效益。优先发展方向：提升有色金属采选冶“一条龙”生产规模和档次；扩大花岗岩和大理石等石材开采加工规模，大力发展异型材和旅游工艺品等石材产品加工；依托生态农业，建立绿色食品基地，着力发展水果规模加工；积极引导扶持甜酒、果酒、米酒、酒饼规模化生产；采取有力措施，促进微型拖拉机、耕整机等农机规模化标准化生产；扶持竹木深加工。主要措施：加强宏观指导和有效监控；加强投资软环境治理；加大制度创新和科技创新力度，促进科技成果迅速转化为生产力；扎实抓好项目库建设；加大招商引资力度；加快国有企业改革步伐；加大财政支持力度，扩大融资渠道；加强环境保护，确保可持续发展；吸引、培养和用好人才；建立完善社会保险体系；创办和完善企业中介服务机构；加强行业管理；以城镇为依托，加快工业化进程；加快基础设施建设，促进工业发展。2003 年 12 月 27 日，县委、县人民政府作出《关于加快工业经济发展的决定》，明确富民兴县加快工业发展的指导思想：以解放思想为先导，以重点项目为中心，以招商引资为重点，以发挥生态农业优势为基点，以“工业新区”为载体，以机制体制创新和改善投资环境为突破口，千方百计发展食品饮料业、矿冶业、建材业、电力工业，建立生态型、开放型工业经济构架；提出力争到 2005 年，第二产业生产总值占国内生产总值的比重达到30%，工业总产值达到10亿元，规模工业产值增加到5.8亿元；投资软环境明显改善，企业市场竞争力明显增强，重点领域的重点项目招商引资有突破性进展；初步形成以农产品加工业、矿冶业、建材业、农机制造业为支柱的地方工业构架，建成茶东、燕新工业新区，完善 5 个乡镇工业新区，使之成为体制创新实验区、招商引资承载区、财政收入主产区、科技创新先行区、环境保护示范区。

依靠科技振兴恭城

1991 年 12 月 14 日，县委、县人民政府作出《关于依靠科技振兴恭城的决定》，提出依靠科技振兴恭城的基本任务：一是实施“科技兴农”战略；二是组织“科技兴工”；三是开展科技扶贫；四是搞好对外开放和技术引进；五是提高决策和管理现代化水平。1994 年 8 月 16 日，县委、县人民政府下发《恭城瑶族自治县“科教兴县”活动实施方案》，组织千人科技队伍下乡、下厂、进校、入户开展科技咨询和科技服务。1996 年 12 月 18 日，县委、县人民政府作出《关于加快实施科教发展战略的决定》，提出实施科教发展战略的工作重点是科教兴工、科教兴农，即抓好科技成果的引进、消化、提高，搞好新品种新技术的示范，加强新品种和适用技术的推广、应用、普及；抓好企业的技术进步，强化科学管理；抓好继续教育和科技培训，提高劳动者的技术素质和生产能力。

企业经营机制改革

1994 年 5 月 28 日，县委、县人民政府作出《关于搞好我县企业改革的决定》，明确全县企业产权制度改革的指导思想是通过产权组织形式的改革和产权转换形式的改革，引进股份制、股份合作制、个体、私营企业等经营机制，彻底转变企业的经营机制，从根本上解决企业存在的产权不明、政企不分、机制不活的问题，建立起产权明晰、权责明确、政企分开、管理科学的现代企业制度。整个改革分6步进行：一是成立改革领导小组；二是学好文件政策；三是宣传发动制定可行方案；四是资产评估和审定批准方案；五是全面展开并执行；六是办理完备各种手续。要求在1994年年底，在继续转换国有企业经营机制的同时，在全县工商企业中全面推行以"改、租、卖"为主要内容，以"卖"为重点的产权制度的改革。

加快旅游产业化进程

2003年4月12日，县委、县人民政府作出《关于进一步加快旅游产业化进程的决定》，提出恭城的旅游开发要以桂林现代化国际旅游城市为依托，着眼于大桂林旅游圈，突出恭城文物古迹多、生态田园风光别具一格、民族风情浓郁的特点，使之与阳朔的山水风光旅游、荔浦的休闲度假旅游联为一体，并与兴安的娱乐康体旅游、龙胜、资源的探奇览胜旅游遥相呼应，推动旅游业的产业化进程，在"十五"期间把恭城建设成全自治区乃至全国的"生态文化旅游名县"。

加强人口与计划生育工作

2001年3月1日，县委、县人民政府作出《关于全面开展计划生育优质服务，推进村民自治，开创我县计划生育工作新局面的决定》，提出从2001年起至2003年全县9个乡镇要全面开展计划生育优质服务工作，主要的措施是加强对计划生育优质服务和村民自治工作的领导，开展以妇女"五期知识"（青春期知识、新婚期知识、孕产期知识、育儿期知识、更年期知识）和避孕节育及生殖健康知识为主的宣传教育活动和已婚育龄妇女生殖健康检查和诊治活动；健全县、乡、村三级计划生育服务网络；配齐配好县、乡、村三级服务技术人员，加强培训，提高计生队伍素质；开展避孕节育措施"知情选择"；在创建计划生育"三为主"（以宣传教育为主、以避孕为主、以经常性工作为主）合格村的基础上，全面推行计划生育村民自治。

加强民族工作

2004年12月29日，县委作出《关于进一步加强民族工作的决定》，要求牢牢把握民族工作"共同团结奋斗，共同繁荣发展"的主题，紧紧围绕县委、县人民政府确定的工作目标，全面贯彻中国共产党的民族政策，巩固和发展民族团结，加快发展民族经济，推动全县经济社会事业全面进步，努力开创民族工作的新局面。明确从2005年至2010年民族工作的基本任务：抓住西部大开发的历史机遇，加大少数民族地区特别是边远地区基础设施建设力度，进一步改善少数民族地区的生存和发展条件；大力发展区域性特色经济，加快科技、教育、文化、卫生等社会各项事业，建立健全与《中华人民共和国民族区域自治法》相配套的地方性民族法制与法规，加强少数民族干部队伍和民族工作队伍建设，培养和造就一支结构合理、素质较高的少数民族干部队伍和民族工作队伍，培养更多适应全县发展需要的各类人才；巩固和发展平等、团结、互助的社会主义新型民族关系，把恭城逐步建设成为民族团结、政治稳定、社会进步、富裕文明的现代化的少数民族自治县。

加强党建工作

党风责任制　1990年2月10日，县委作出《关于进一步抓好党风责任制，加强党风建设的决定》，要求各级党组织特别是党员领导干部，坚持和发扬中国共产党在长期革命实践中形成的理念联系实际、密切联系群众、批评与自我批评以及自力更生、艰苦奋斗等优良作风。围绕中国共产党的"一个中心，两个基本点"的基本路线，贯彻"一要坚决，二要持久"的方针，坚定不移、扎实稳妥、注重实效、持之以恒把党风责任制纳入岗位目标责任制的轨道，使党风建设经常化、制度化。各级党组织坚持把党风建设摆到重要议事日程上，经常分析、研究、检查本地、本部门的党风状况，发现问题，及时纠正把不正之风解决在萌芽状态。各级党组织要确定一名副书记（副支书）抓党风建设，实行定领导、定目标、定责任，管好所属单位的党风，并定期向上级党委和纪委报告工作。各级纪委（含支部纪检委员）要把协助本级党委（总支、支部）搞好党风建设作为自己的主要任务来抓，为促进党风的进一步好转尽职尽责。坚持一级抓一级，层层负责的党风责任制。各级党组织，特别是党员领导干部要在建设好的党风方面做出表率，并教育好所属单位的党员、干部带头遵纪守法。要对本地和本单位群众反映强烈的不正之风，情节严重的，要认真负责地查处，坚决纠正，并及时报告上级党委和纪委。对有案不查、不报的，年终岗位责任制评比要扣分，造成严重影响的，要追究主要领导的责任。建立党建工作定期汇报制度。县委每年召开两次党建工作汇报会，乡镇（县直）党委每季一次的党支部书记例会，都要把党风党纪建设作为汇报的重要内容。一季一次的县委常委扩大会，半年一次的县委全会，有关领导和部门的工作汇报，也要有党风党纪的内容。每半年由县、乡镇两级纪委牵头，组织有关部门配合，分别对乡镇、村的党风建设及落实党风责任制情况进行一次检查，以表彰先进，鞭策后进，检查情况要向同级党委和上级纪委报告。把党风建设作为考核各级党组织和党员的重要内容。

乡（镇）党委建设 1997年5月30日，县委作出《自治县委关于进一步加强乡（镇）党委建设开展“创三新树四优争红旗”活动的决定》进一步加强全县乡（镇）党委建设，开展“创三新”就是通过加强乡（镇）党委建设，要求各乡（镇）党委创建一支“公正求实、热情高效、团结奋进、勤政廉洁”高素质的党员、干部队伍，塑造新的公仆形象。在硬件建设方面，以“五化”要求乡（镇）道路柏油化、小城镇绿化美化、乡（镇）大院园林化、办公设施现代化、机关管理规范化为目标，创建一个精神文明建设的新环境。各乡（镇）要制订硬件建设两年规划，力争1998年9个乡（镇）办公环境有新的变化。创建一个安定团结的新局面，使乡（镇）物质文明建设和精神文明建设登上新台阶。“树四优”（全体干部都要树立优良的职业道德、优良的工作作风、优良的服务态度和优良的勤政廉政，建功立业新风）、争“红旗”（争当红旗基层党委，争当红旗党支部，争当标兵党员或最佳人民公仆）活动，以全面提高乡（镇）党委的战斗力，增强乡（镇）党委的凝聚力和号召力，充分发挥乡（镇）党委在发展经济和社会各项事业中的作用，努力改善党群关系、干部关系，实现乡（镇）组织建设“八个好”[乡（镇）领导班子自身建设好；以党支部为核心的村级组织建设抓得好；干部党员队伍带头作用好；乡（镇）发展经济路子选得好；带领群众发展经济好；经营管理体制完善好；管理制度建设好；精神文明做得好]目标。工作重点是抓好班子的思想作风建设，以整风精神，搞好检查对照，切实解决乡（镇）党委存在的突出问题；建立和完善制度，以规范乡（镇）党委的工作行为，逐步形成合理的工作运行机制和监督制约机制；抓好乡（镇）机关、企事业单位党支部的建设，理顺关系，增强乡（镇）党委、政府管理和协调的功能；广泛开展向吴金印同志学习活动，安心基层，扎实工作，建功立业。

开展设岗定责活动 为迎接中共十六大的胜利召开，2002年11月22日，县委发出《中共恭城瑶族自治县委关于在全县农村普通党员开展设岗定责活动的通知》在全县范围内开展普通党员设岗定责活动。以激发农村普通党员争先创优意识，充分发挥农村党员的先锋模范作用，提高党员队伍的整体素质和能力，促进农村经济社会的全面发展，增强农村基层党组织的创造力、凝聚力和战斗力。活动的宗旨是通过开展“设岗定责”活动，将具体的工作责任制落实到党员身上，解决“大家负责、无人负责”的问题，使党员感到身上的担子和群众的期望，充分调动起个体党员的积极性、主动性和创造性，切实履行党员义务，进一步增强农村党员参与村组事务管理的热情，增强荣誉感和责任感，焕发政治活力。《通知》要求，各乡镇在开展农村普通党员“设岗定责”活动当中，从实际出发，加强针对性，力求抓出特色、抓出实效。要以中共十六大精神为动力，深化以创建“五个好”（领导班子

好、党员干部队伍好、工作机制好、发展业绩好、群众反映好）支部、“六个好”（建设一个好的领导班子、带出一支好的干部队伍、选准一条好的发展路子、健全一套好的管理制度、保持一种好的工作作风、形成一个好的工作格局）乡镇党委、农村基层组织建设先进县为内容的“三级联创”活动，开展以“争当科技致富先锋，争当联系群众先锋、争当文明守法先锋”为主要内容的先锋活动，始终保持共产党人在思想道德和行动上的先进性。要紧密结合当前全县农村开展“富裕生态家园”工程建设工作的要求，依托生态农业示范县的优势，使广大党员成为特色产业发展的生力军、生态环境保护的监护员、科技推广普及的排头兵、新村规划建设的带头人、农业产业结构调整的先行者和精神文明建设的好样板，通过加强党的工作的深度和力度，提高党的社会影响力，巩固党的执政基础。

学习“大岭山精神”活动 2003年4月7日，县委作出《自治县委关于在全县开展学习“大岭山精神”活动的决定》。《决定》指出，大岭山是西岭乡费村的一个自然屯，全屯共34户、146人，大岭山屯党支部有中共党员4名。过去，该屯坐落在荒山石岭之中，交通极为不便，且缺水少土，易旱易涝，自然环境恶劣，群众的生产生活条件相当艰苦。1992年以来，大岭山屯群众在党员骨干的带领下，团结一心，艰苦创业，因地制宜选准经济发展路子，在短短的十年间发生“提高、跨越、转变、发展”的深刻变化：人均纯收入从1992年以前的不足200元提高到2002年的5000元；居住条件从过去破烂不堪的茅草屋跨越到具有现代生活气息的崭新民居；思想观念迅速转变，逐步摆脱落后思想的束缚，成为讲科学、讲文明的典范；生产生活水平提高，农村经济长足发展，从过去有名的贫困村发展成为小康示范村。这些成绩的取得，是大岭山屯党支部发挥战斗堡垒作用和共产党员发挥先锋模范作用，团结带领大岭山群众树立信心、立足实际、自力更生、艰苦创业、不断开拓、锐意进取的结果。

大岭山的实践具有很强的典型性和时代性，为全县人民提供了宝贵的经验和精神食粮，展现了新时期共产党员的精神风貌，是全县各级党组织和干部群众学习的榜样。为树立典型，弘扬正气，推动全县各项工作全面发展，县委研究决定，在全县深入开展学习“大岭山精神”活动，并在大岭山建立全县党员教育基地。

县委要求，全县各级党组织要切实抓好学习“大岭山精神”的活动，把学习活动的开展作为贯彻中共十六大精神和胡锦涛同志在西柏坡学习考察时的讲话精神的一项重要内容来抓，按照县第十次党代会提出的目标要求，继续推进党的建设新的伟大工程，在全面建设小康社会的征途中，务必保持谦虚、谨慎、不骄、不躁的作风，务必保持艰苦奋斗的作风，充分发挥党组织的战斗堡垒作用和党员的先锋模范作用，在全县营造一个“一心一意谋发展、聚精会神搞建设、万众一心奔小康”的良好氛围，为全县全面建设小康社会做出积极的贡献。

第六节 重大教育活动

社会主义思想教育

根据中共中央、国务院关于1991年农业和农村工作的通知精神和自治区第六次党员代表大会精神，中共恭城瑶族自治县委决定从1991年开始，用2年至3年时间，在全县农村分期分批开展社会主义思想教育。

农村社会主义思想教育 全县农村社教工作分两期开展。第一期于1990年12月进行试点，1991年2月月底全面铺开，至12月结束，用10个月时间在全县117个行政村进行农村社会主义思想教育。首先，利用各种会议及宣传车、映前宣传、文艺队、广播、山歌会、标语、走访及专栏墙报等各种形式进行广泛地宣传发动，宣传发动面达95.8%。其次，抓好骨干培训，深化面上授课教育，9个乡镇

利用各自的党校举办支部书记、村委主任、党员、青年、妇女合作社干部等各类骨干培训班 155 期，培训骨干 31500 人，占农村总人口的 13.5%，其中培训授课教员 694 人；工作队员与村干部、党员组织群众集中到村公所和自然村上大课辅导教育 1571 次、123614 人，使占农村总人口的 52.9% 的群众受到全面系统的教育，其中受教育人数最多的是恭城镇达到 69%，最少的观音乡也达到 41.6%。该次教育活动，加强了以党支部为核心的村级组织建设。按照“稳定一类，调整二类，转化三类”的原则，调整支部委员 112 人，其中支部书记 28 人，新任支部书记 26 人，调整村委会干部 70 人，新聘村干部 117 人，并按照新时期农村工作对干部的要求，落实村级后备干部 351 人，全县 502 个村民委员会，新选干部 270 人，其调整面占村民委员会干部总数的 5.2%。经过调整和整顿，全县农村党支部一类达到 71 个，占 60.7%；二类支部 34 个，占 29%；三类 2 个，占 0.2%。117 个党支部进一步完善责任目标管理制度，116 个行政村建立健全村干部值班制度和岗位责任制。3574 名中共党员与党支部签订责任状，占农村党员总数的 91.8%。与党支部相配套的村级妇代会、团支部、民兵营、计生协会、治保会、调解会、科普协会等 814 个进行组织整顿，同时建立经济合作联社 113 个、占 96.65%，建立经济合作社 2306 个、占 99.7%。进一步完善统分结合的双层经营体制，逐步发展壮大村级集体经济。全县 2306 个经济合作社，共收取土地承包费 34.64 元。在经济合作社开展以“大稳定，小调整”为原则的土地调整，至 1991 年 11 月月底有 1795 个经济合作社完成土地小调整，占全县经济合作社的 77.7%。为“空壳村”脱壳找到起步项目和突破口。社教开始时，全县有不足 1000 元以上纯收入的行政村 68 个，占行政村总数的 58.8%，县委、县政府把脱壳问题当作办实事来抓。通过深入细致的调查，因地制宜，帮助制定集体经济发展项目 53 个，并协助村公所积极组织实施，在县财政十分紧张的情况下，拨出 17.6 万元作为扶持空壳村发展经济的有偿铺底资金。平安乡北溪村，在联系点单位的扶持下，办起 1 个养猪、养鸡喂鱼“一条龙”的饲养场，是年 8 月月底收到近 2000 元的效益；栗木镇大营村自筹资金 5 万元办起 1 个机制砖厂。全县新办集体林场 17 个、701 公顷，办集体果场 11 个、40 公顷。

第二期农村社教工作 1992 年 1 月开始，结合打造“双百工程村”进行，至 6 月结束。在活动中广泛开展宣传教育，各乡镇党委大力宣传中共十三届八中全会，召开动员大会，组织宣传周活动，全县张贴宣传标语 4857 条，出动宣传车辆 18 台，书写永久性标语 286 条，出版各类宣传专栏墙报黑板报 1897 期，印发宣传资料 34739 份，召开骨干座谈会 861 次，参加座谈会 38260 人，同时开展影前宣传 99 场，广播讲座 614 次，播放社教录像辅导 101 场，通过宣传，受教育面达到 95% 以上。各乡镇党委组织党员、村干部、妇女、青年民兵骨干集中培训教育 42 期，参加培训 10624 人次；培训村干部 150 期、6176 人，占农村总人口 12%；工作组与村干部组织群众分片授课教育 452 次，直接系统受教育人数占全县农村人口的 43%；加强以党支部为核心的村级组织建设，一是各党支部按照县委的要求进一步完善党员责任目标管理制度，莲花乡、观音乡、嘉会乡对村干部实行政绩目标管理，把工作实绩与个人工资报酬挂钩，并试行村干部优化组合，把竞争机制引入村干目标管理，有效地推进村自为战工作向纵深发展。二是各乡镇村在普遍建立村级社会治安综合治理网络方面有新的进展，建立和完善组织制度，明确责任目标，开展治安防范工作，20 个村建立治安队 25 个、队员 508 人。莲花乡在村级普遍设立治安维护员、青少年教导员，多层次建立治安联防队，每月定期召开 1 次例会，行政村以下实行村主任，经济合作社社长、农户家长负责的社会治安综合治理目标管理责任制，全乡共有 4466 个农户向经济合作社签订保证书，农村治安状况明显好转。三是建立村级计生网络，落实计生中心户长和经济合作社大嫂子队长，发展计生协会会员，开展计划生育的宣传管理和服务工作。建立计生协会 20 个，截至 4 月月底，全县按政策完成结扎手术 1131 例，计划生育率保持在 97% 以上。发展壮大村级集体经济，全县 25 个村制定集体经济发展规划，除桂林行署机关支持的 5 个村外，20 个村因地制宜新上村办经济实体项目 39 个，总投资 43 万元。20 个村建有篮球场 37 座、业余文体队

38个，文化活动室24个，农民文化夜校13个，仅栗木村就有文体队员70人，每逢重大节日都开展活动。黄坭岗村虽然地处偏僻的山区，但青年之家每星期六晚上都有活动，设有图书室，经常举办象棋、扑克、舞会等活动。

城镇社会主义思想教育　城镇社会主义思想教育（以下简称城镇社教）活动从1991年5月开始，9月在全县铺开，12月结束。全县开展城镇社教单位共687个，其中党委12个，党支部236个，参加总人数7700人。召开动员大会32次，各种座谈会147次，出版宣传专栏213期，墙报板报391期，印发宣传材料15800份，演出88场，广播294次，举行社会主义好演讲比赛和中华大家唱卡拉OK演唱比赛各2场。县乡集中培训8次，共培训骨干总数1436人。组织宣讲团到县直各战线、乡镇巡回宣讲，共上辅导课209次，听众52100多人次。广泛开展"雷锋在恭城""党风党纪教育"的活动。

县直机关处理13名有违纪问题和不起作用的党员。据统计，为期9个月的活动中，有71个单位的153名领导下基层参加造林种果和开发性农业，达1763天，人均11.5天；加强以党支部为核心的基层组织建设，机关作风开始有所转变。宣传系统及下属的8个二层机构还结合实际制定整治方案并加以实施，结合个人情况学习毛泽东的《反对自由主义》，共撰写心得体会文章86篇，同时还推行外单位人员来访办事要做到"一杯茶——一句话—送出门"，在电影公司召开办公场所的整治、绿化、美化工作现场会，推广电影公司绿化、美化环境的经验；促进社会风气、社会秩序和社会治安状况的好转，据统计，5—7月全县共发案229起，8—10月共发案108起，案件发案率与前3个月相比下降47.1%，破案65起，破案率提高51.5%，有效地推动了全县各项生产、工作的健康发展。截至11月月底，全县累计完成工业总产值14889万元，占年计划的89.06%，比1990年同期增长13.76%。

"双学"活动

根据自治区党委组织部《关于在党员中开展建设有中国特色社会主义理论和党章学习活动的意见》（以下简称"双学"活动）文件精神，1995年6月，中共恭城县委决定在全县党员中开展"双学"活动，制定恭城县"双学"活动三年规划。1996年，在学理论、学党章的活动中，根据恭城水果面积多、农民渴求科学技术知识的现状，把学理论、学党章与学科技有机地结合起来，简称"三学"。1997年，又改称为"双学"。

据统计，在1996年"三学"活动中，全县出动宣传车56台次，书写永久性标语4100多条、临时性标语2万多条，编写"三学"简报297期，编辑"三学"丛书400套、共2800册，举办各种培训班1530期，党员培训率达97%，农村党员标牌2895户，占农村党员户的77%；全县新种果树4555公顷，水果低改高16187公顷，种植油菜3638公顷，新种毛竹3345公顷，全县117个村共有112个村修通村级公路。1997年，共培训农村党员7100人次，培训面达95%，有85%的农村党员培训2次以上，有学习劳动能力的党员普遍掌握1～2门以上致富技术。

"三严四自"教育活动

为进一步巩固"学《条例》、讲正气"教育活动的成果，贯彻落实好江泽民总书记强调提出的"各级党组织对领导干部要严格要求、严格管理、严格监督（以下简称'三严'）"，"各级领导同志更应该自重、自省、自警、自励（以下简称'四自'），在各方面以身作则，树立好榜样"的指示和自治区"学《条例》、讲正气"教育活动现场经验交流会提出在自治区实施"三严四自"工程的精神，县委决定从1996年5月起至1997年12月，在全县开展"三严四自"教育活动。

该项教育活动，分三个阶段进行。第一阶段，以《条例》为依据，采取专题讨论演讲、黑板报、电视讲座、建章立制、经验交流等方式突出抓好干部"三严四自"正面教育，同时联系反面典型进行教育。第二阶段，结合开展“三整三转三实现”（“三整”，即整顿领导作风；整顿干部的思想作风；整顿机关工作作风。“三转”，即转变机关职能，增强服务意识；转变干部思想，增强公仆意识；转变机关作风，提高办事效率。“三实现”，即实现“农业强县”目标；实现营造发展工业的良好环境；实现“双文明”的各项指标）活动，加强干部的思想和作风建设，提高干部队伍素质，使每个干部在社会主义物质文明和精神文明建设中更好地发挥作用。第三阶段，结合党员“双学”活动及“当好人民公仆，为党多做贡献”的主题活动，以县局级以上领导干部为重点，集中进行以讲学习、讲政治、讲正气为主要内容的党性党风教育，切实解决干部对人民群众的态度、人生意义和大局意识等深层次问题，加强思想道德建设和制度建设，进一步整顿用人、干部和机关风气，促进经济和社会的发展。

至 1997 年 12 月“三严四自”教育活动结束时，据统计，全县共出版专栏 119 期，放电影录像片 1000 多场次，观看的干部、群众 20000 多人次，受教育面达 95% 以上，组织巡回演讲 4 场，专题报告会 10 场次，召开经验交流会 13 次，查摆出干部作风、工业经济、土地问题、计生经费等方面的问题，取得较好的效果。一是机关作风明显好转，服务意识明显增强。各乡（镇）、县直各单位大多数制定并执行严格的上下班等管理制度，增强服务意识。莲花镇党委在经费十分紧张的情况下，投资 1.1 万元购置垃圾运输车以及其他清洁工具，聘请 4 人专门管理圩场，改变脏、乱、差圩场街道环境。二是广大党员、干部的事业心、责任心得到进一步提高，如土地、工商等窗口行业针对自身的特点提出整改措施，实行社会承诺服务制度，社会反响良好。三是领导班子和领导干部能真正按照“三严”要求模范执行党政策、法规，一般党员干部能真正按照“四自”要求履行岗位职责。四是形成一系列的制度，巩固所取得的成果。制定《学〈条例〉、讲正气、改变机关工作作风，提高办事效率的决定》《关于坚持党委集体讨论干部任免的规定》等六个制度。五是编辑出版有关恭城瑶族自治县实施“三严四自”工程的丛书，即《正气篇》《“三严”经验集》《“四自”体会集》《典型案例警示集》。

“三讲”教育活动

2000 年 2 月下旬至 12 月，根据自治区党委的部署，先后在县委、人大、政府、政协四家班子和县纪委、人民法院、人民检察院、公安局领导班子及 55 名副处级领导干部，全体共产党员中开展讲学习、讲政治、讲正气（以下简称“三讲”）教育活动。该次活动以邓小平理论、中共十五大精神和“三个代表”重要思想为指导，以讲学习、讲政治、讲正气为主要内容，强化党员党性教育，进一步提高广大党员的思想政治素质，端正思想作风，激发工作热情，充分发挥先锋模范作用。

县四家班子和县纪委、人民法院、人民检察院、公安局领导班子及 55 名副处级领导干部的“三讲”教育活动从 2000 年 2 月 28 日开始，至 6 月 29 日结束，经历集中学习、查摆问题、整改建制、巩固成果共四个阶段。在查摆问题阶段，采取初查、复查和深查“三步走”的办法，认真查找领导班子存在的突出问题。3 月 28 日，县委召开第 1 次查摆会议，率先查摆县委班子 1992 年以来在党性党风方面存在的突出问题，邀请县人大、政协及人民检察院、人民法院、公安局班子的主要领导列席，以会代训。4 月 5 日，县委召开征求意见座谈会，对多年来存在的民主生活会批评少、干部提拔任用问题、对乡（镇）领导班子监督管理问题、一些领导干部名利思想严重、下乡村了解情况少、作风漂浮、领导班子不够团结、反腐倡廉抓得不紧等提出许多意见。5 月 10 日，召开“三讲”教育民主评议会，县委书记粟增林、县人大常委会主任林中贤、县长杨程、县政协主席苏光伦等四家班子的主要领导分别宣读本班子的党风分析材料。6 月 19 日，县委在县电影院召开县四家班子“三讲”教育民主生活会情况通报会。至 6 月 29 日，县（处）级领导班子、领导干部“三讲”教育活动顺利结束。该次活动，55 名“三讲”教育对象共撰写读书笔记和心得体会文章 193 万字；到农村与农民同吃、同住、同劳动，人均 4.2 天；到企业 38 家、学校 25 所进行调研；召开座谈会 197 次，参加座谈会 2113 人次，共征求意见 417 条；帮助群众解决生产生活的实际问题 127 个，为群众做好事办实事 165 件。共出台整改制度 101 项、整改措施 603 条，已经产生效果的 63 项。民主评议表明，群众对县委班子满意率为 99.4%、县人大班子为 98.8%、县政府班子为 98.2%、县政协班子为 100%、县纪委为 97.5%、县人民法院为 98.2%、县人民检察院为 99.4%、县公安局为 95%。

在全体共产党员中开展的“三讲”教育活动从 2000 年 10 月中旬开始，至 12 月中旬结束。通过思想发动、学习提高，开好民主生活会等步骤，采取个人自学与集中讨论相结合，上党课、辅导课和过专题组织生活相结合的方式，组织党员认真学习江泽民总书记在广东省高州市、江苏省、浙江省、上海市考察工作时发表的重要讲话、在中纪委第四次全会上的重要讲话和中央有关文件精神以及自治区“三讲”教育办公室编发的《党员“三讲”学习读本》；以支部为单位召开民主生活会，对照“三讲”和“三个代表”重要思想的要求，全面检查自己的思想和工作，开展认真负责、实事求是的批评与自我批评。全县 10207 名党员，参加学习 10066 人，谈心活动 12394 人次，上辅导课 1197 次、26982 人次，出简报 757 期，文艺演出 10 场，观看警示片 269 场、13890 人次，下乡“三同”3299 人次，解决实际问题 1715 个，写出调研文章 322 篇，学习心得 11137 篇，征求意见 7640 人、3689 条，制定整改措施 1431 条。

“三个代表”重要思想学习教育活动

2001 年 2 月下旬至 2002 年 6 月月底，按照自治区党委的部署，在全县范围内开展“三个代表”重要思想学习教育活动。整个教育活动分两批进行，第一批于 2001 年 2 月下旬起，在乡镇和县直部门领导班子和全体干部中开展；第二批为村级“三个代表”重要思想学习教育活动，于 2001 年 8 月在平安乡试点，11 月起在全县 117 个村铺开。

该次活动，按专题学习、对照检查、整改提高、回访复查共 4 个阶段进行。在专题学习阶段，以自学为主，由县委组织的“三个代表”重要思想学习教育活动宣讲团、“三个代表”重要思想文艺下乡巡回演出团分别到各乡镇进行演讲和演出，举行“三个代表”重要思想知识竞赛，3160 名学习对象都在规定的时间内学完 13 篇必读书目，共撰写心得体会文章 8000 余篇，学习笔记 3160 多万字。在对照检查、整改提高阶段，广大干部纷纷进村入户，了解群众的实际情况，对照查找突出问题，制定相应整改措施，在桂林市率先推出整改承诺公示制。据统计，全县 3160 名干部共住村（屯）800 多个，入户 90896 人次，住户 63250 天、人均 20 多天，征求意见和建议 1 万多条，帮助群众解决生产生活方面的实际问题 1800 多个，做好（实）事 5308 件。8 月 29 日，在平安乡开始村级“三个代表”重要思想学习教育活动试点，全乡 15 个行政村干部共进行 100 多次集中学习，学完 6 个专题和规定的必读书目，写心得体会文章 200 多篇。新街村把学习理论与开展“三个工程”（年内在全村建 1 个生态富裕家园示范村、筹建 1 个千亩农业示范园、修 1 条富民路）结合起来，桥头村通过实施带感情、带政策、带科技、带信息、带法律入户，帮助群众发家致富。11 月 26 日，全县村级“三个代表”重要思想学习教育活动全面铺开。在教育活动中，针对学习对象文化普遍较低的特点，一是抓好集中培训和专题辅导；二是抓好辅导组的领学，让学习对象达到读得懂、讲得出、能落实的基本要求；三是边学边查边改，注重解决实际问题，全体学教对象共走访农户 9780 多户，为群众办好（实）事 498 件。2002 年 3 月，进行“三个代表”重要思想学习教育活动全面回访复查。村级回访复查开展“四访四查一落实”（四访四查：访贫困户，查自己是否做到了关心群众冷暖、心系群众脱贫；访温饱户和小康户，查自己是否为群众找准发展路子，是否引导他们致富思源思进；访隔阂户，查自己是否为群众排忧解惑，促一方平安；访老党员、老干部，查自己治村方略是否完善。一落实：针对回访复查检查出来的问题，逐个落实整改措施，作出承诺，限期整改）活动。县直部门、乡镇回访复查开展以“六到六落实”为主要内容的“两深入”活动，县、乡干部到困难厂矿、企业调查研究，听取意见，落实企业脱困措施，帮助解决特困职工生活困难；到边远村屯，走访群众，共谋发展，落实山区经济发展思路；到贫困农户家中，送温暖、送技术、送资金，落实贫困群众脱贫致富的有效方法；到矛盾突出的地方，落实政策，消除隔阂，维护社会稳定；到条件最艰苦的地方，落实帮扶措施，加强道路水渠等基础设施建设，改善群众生产生活条件；到经济发展较快，农民收入较高的地方，落实文明富裕生态家园建设规划，引导村民致富思源、富而思进，进一步抢抓机遇，加快发展。其间，县四家班子领导深入企业29家，学校23所，帮助群众解决生产生活等方面的实际问题146个，为群众办好（实）事209件。

保持共产党先进性教育活动

2005年1月，按照中共中央的统一部署，县委成立以县委书记为组长的县保持共产党员先进性教育活动领导小组，制定下发《中共恭城瑶族自治县委员会关于在全县开展以实践“三个代表”重要思想为主要内容的保持共产党员先进性教育活动的实施方案》。全县384个基层党组织，11000多名党员，分3批进行保持共产党员先进性教育活动。第一批为县党政机关和部分企事业单位，从2005年1月到2005年6月；第二批为乡镇机关和城镇基层，从2005年7月到2005年12月；第三批为农村（包括农村中小学校）和部分党政机关（县纪委、组织部、宣传部、县直工委共4个单位），从2006年1月至2006年6月。教育活动按照学习动员、分析评议、整改提高共三个阶段进行。

第一批保持共产党员先进性教育活动，在县直党政机关和部分企事业单位共82个单位，116个党组织、2188名中共党员中开展。共举办先进性专题讨论会312场，组织先进事迹报告会89场，举办形势报告会91场，召开心得交流会216场，上党课121次，党员学习培训覆盖率达99.99%。共召开征求意见会417场次，参加座谈人数5782人次，发放征求意见表30900份，设立意见箱117个，设立专线电话126部，共查摆出问题563个，已落实整改372个，正在落实整改191个。其间，各级党组织把边整边改取信于民贯穿全过程。在加强党建扶贫工作方面，一是开展党员干部联系户“三访三增”（访贫问苦，增进联系；访民问愿，增进感情；访贤问计，增进了解）、“五送五帮”（送政策，帮解疑惑转观念；送法律，帮明事理保稳定；送信息，帮理思路促发展；送科技，帮强技能助增收；送温暖，帮解贫困聚民心）活动，全县共有3647名党员干部分别联系2863户贫困户，惠及贫困群众12041人，占全县贫困人口总数的76.3%；二是深入开展党建促扶贫开发“整村推进”工作，共派出94个县直单位的256名党员干部进驻贫困村开展帮扶工作；三是开展“千名党员下基层，排忧解难促发展”活动。据统计，在16个贫困村举办各类农业技术培训班50多期，受训农民达8600多人次。全县16个贫困村新种毛竹581公顷，橙类水果343公顷、月柿120公顷，种植当年见效的经济作物达400公顷，新建橙类水果、月柿、毛竹种植示范点16个。整合资金200多万元，共为16个贫困村维修公路36千米，扩建村屯机耕路69条，总长近130千米；维修水渠38条，修建人畜饮水工程2处。

第二批保持共产党员先进性教育活动，在9个乡镇党委、1个矿区党委和县直属机关工委所辖的121个单位、136个基层党组织的3234名党员中开展。各级党组织根据不同行业、单位党员的特点开展活动。在学习培训中采取化整为零、划小集中、分散自学、结对帮学、上门送学、邮学函学等方式，使每个党员都参加到先进性教育活动中。同时，开展多种形式的主题实践活动。平安乡“三创两争一实现”（以班子建设为重点，创学习型班子，争做廉洁从政的表率；以党员干部为骨干，创服务型单位，争做服务群众的典范；以加强党的组织建设为基础，创先进基层党组织，实现工作作风的转变，达到党员受教育，群众得实惠的目的）。西岭乡的“一比二评三提高”（比学习，评选优秀读书笔记、评选优秀心得体会文章，提高党员的理论水平、政治素质和工作能力）。栗木矿区的“我为矿区建设献余热”等，激发广大党员的内动力。经查摆，共查摆出问题416个，共完成整改377个。莲花镇党委根据坪冲、龙围、蓝洞等村群众反映的行路难问题，多方筹资100多万元用于全镇20多条、总长60多千米的村道的扩修和维修工作。栗木镇制定《栗木镇村级干部管理办法（试行）》，把工作业绩与奖惩直接挂钩，激发村干部的工作积极性。

第三批保持共产党员先进性教育活动，在农村21个党总支的107个党支部及县直4个党支部的共132个党组织、6254名党员中开展。在活动期间，对全县128个农村党支部书记进行为期3天的集中学习；带领支部书记到3个试点村进行现场指导；制作教学光碟2914碟、编写800本《农村党员实用文本》、10000本《农村党员实用读本》《支部书记实用手册》下发给各支部，同时开展“双联双促”（参加第一批、第二批先进性教育活动的县、乡镇党政机关、部分企事业单位党组织联系第三批先进性教育活动村党组织，参加第一批、第二批先进性教育活动的县、乡镇党政机关、部分企事业单位的党员干部定点联系农村中的党员或困难群众；促进党的先进性建设，促进恭城和谐发展）、“五下乡”活动。在“双联双促”活动中，共有108个县直单位党组织1200多名党员干部深入117个村屯开展活动，与群众结对615对，扶持学习活动经费近33万元，帮扶贫困户3.81万元，开展送学上门356人次，召开党员群众代表座谈会187次，走访群众2826人次，收集到意见和建议467条。理论下乡、科技下乡、文艺下乡、卫生下乡、法律下乡“五下乡”活动中，理论宣讲团到24个村开展理论辅导课，培训党员1000多人次；县科技服务团到13个村开展科技培训，培训党员700多人次；县文化下乡服务团到12个村开展专题文艺演出，观众10000多人；县卫生下乡服务团开展卫生知识咨询、免费看病60多场，健康咨询2185人，免费义诊1519人，免费体检669人；县法律下乡服务团到22个村开展法律培训，培训党员1100多人次。

同年年底，全县保持共产党员先进性教育活动结束，全县384个基层党组织开展教育活动，11676名中共党员参加教育活动。

第七节　组织建设

基层组织

机关党组及基层党委　1989年，在县人大常委会、县政府、县政协、人民法院、人民检察院、公安局、计划委员会、经济委员会、农业委员会、财贸金融委员会、科学技术委员会设立党组，在县人民武装部设立党委，县委下设9个乡镇党委，即恭城镇、莲花乡、栗木镇、平安乡、西岭乡、嘉会乡、龙虎乡、观音乡、三江乡党委。

1991年7月，成立矿冶系统党委；10月，成立司法局党组。1992年3月，撤销矿冶系统党委及公安局、经委、农委、财委、科委党组，成立公安局、经委、农委、财委、教委系统、县政府机关党委。同年11月，成立党群系统党委。1993年7月，成立农业银行系统党委。1995年1月，莲花乡党委改为莲花镇党委。1996年4月，成立建设委员会、水利电力局党组。同月，县人民武装部收归军队建制，改称中国人民解放军广西恭城瑶族自治县人民武装部党委。同年7月，撤销经委、农委、财委、教委系统、县政府机关、党群系统党委，成立政府办公室、经济贸易局、民族事务管理局、农业局、林业局、工商行政管理局、人事劳动局、计划生育局、粮食局、乡镇企业局、土地管理局、广播电视事业管理处、供销合作社联合社党组，计委党组、建委党组分别改称计划局党组、建设局党组；11月，成立审计局、矿产资源管理处党组。1997年7月，成立卫生局党组。1998年3月，成立交通局、总工会党组、纪检组；8月，农业银行系统党委改归中国农业银行桂林市分行党委直管。10月，成立文化旅游事业管理处党组、纪检组。1999年1月，成立农业机械化事业管理中心党组；2000年1月，成立中国共产党恭城瑶族自治县农村合作社联合社委员会。2001年7—9月，先后成立财政局、环境保护局、地方税务局党组、纪检组。2001年12月县乡党政机构改革后，于2002年2—4月先后撤销乡镇企业局、矿产资源管理局党组，先后成立工商联合会、物价局、招商引资管理中心、畜牧水产管理中心、教育局、科技局、民政局、统计局、药品监督管理局党组、纪检组。水利电力局党组改称水利局党组、土地管理局党组改称国土资源局党组、广播电视事业管理处党组改称广播电视局党组、计划局党组改称发展计划局党组、人事劳动局党组改称人事劳动和社会保障局党组、文化旅游事业管理处改称文化旅游局党组、纪检组。2002年7月，撤销工商行政管理局党组，成立中共恭城瑶族自治县工商行政管理局委员会。2004年9月，成立安全生产监督管理局党组。2005年1月，成立中共恭城瑶族自治县栗木矿区委员会。

附：中共栗木有色金属公司委员会

1958年11月1日，平桂局党委批准成立中共栗木锡矿委员会，由何道先任书记。党委成立至2002年公司破产，历经10届，先后有何道先等9人任书记。2004年12月栗木矿区移交给恭城瑶族自治县后，中共栗木有色金属公司委员会向中共恭城县委员会移交离退休党员和栗木矿区社会职能单位中的党员678人。是时，公司党委有党员总共为757人，移交678人后，公司党委还有党员79人。中共恭城瑶族自治县委员会于2005年1月同意成立中共恭城瑶族自治县栗木矿区委员会和中共恭城瑶族自治县栗木矿区纪律检查委员会，直属自治县委领导和管理，欧阳军辉为矿区党委第一任书记。同年6月，中共桂林市委组织部《关于调整我市国有、国有控股和国有参股企业领导班子及党组织隶属管理关系的通知》，将原属中共桂林市委管理的栗木有色金属公司党委调整为实行属地管理；8月，中共广西壮族自治区人民政府国有资产监督管理委员会同意撤销中共栗木有色金属公司委员会。按属地管理原则，中共栗木有色金属公司委员会归中共恭城瑶族自治县委员会管理后，其党员暂划入中共栗木矿区委员会。

中共栗木有色金属公司委员会历届党委情况一览表

表11-3

届别	批准组织	书记
第一届 1958年11月至1996年4月	中共平桂矿务局委员会	何道先
第二届 1996年4月至1962年8月	中共桂林地区委员会	何道先
第三届 1962年8月至1963年2月	中共广西壮族自治区委员会	何道先
第四届 1963年2月至1971年6月	中共桂林地区委员会	何道先、孙荣轩、郭景春、李怀玉
第五届 1971年7月至1975年1月	中共桂林地区委员会	李怀玉
第六届 1975年1月至1980年10月	中共桂林地区委员会	李怀玉
第七届 1980年10月至1985年4月	中共桂林地区委员会	冯振江
第八届 1985年4月至1988年4月	中共桂林地区委员会	陀林祥、蒲吉祥
	中共有色金属南宁公司党组批准、中共桂林地委备案	刘汉铭
第九届 1988年4月至1994年3月	中共桂林地区委员会	刘汉铭
第十届 1994年3月至2002年12月	中共桂林地区委员会	刘居雄

基层党支部 1989年，全县共有基层党支部397个，其中党总支17个，党支部380个。2000年，全县党总支发展为34个，党支部408个。2005年，全县共有基层党支部468个，其中党总支39个，党支部429个。

基层组织建设

领导班子建设 1989年以来，恭城县委根据中共中央组织部《关于领导班子年轻化几个问题》《关于调整不胜任现职领导干部职务的几个问题的通知》《关于试行地方党政领导干部年度工作考核制度的通知》和《党政领导干部选拔任用工作条例》精神，按照“稳定、完善、提高”的方针和干部“四化”（革命化、年轻化、知识化、专业化）的要求，坚持德才兼备原则，探索干部人事制度改革，全面加强领导班子和干部队伍建设。1989—2005年，县委、人大、政府、政协共任免科级干部2558人次，交流干部1776人。

领导干部选拔任用 2000年3月，县委首次拿出观音乡党委副书记和西岭乡政府副乡长两个职位，进行公开选拔，通过报名、笔试、面试、公开演讲、考核，优中选优，最终观音中学教师责定明、交通局干部俸先鹤分别入选观音乡党委副书记、西岭乡政府副乡长。2002年，在全县范围内进行中层领导职位竞争上岗424人，分流到事业单位113人，在竞争上岗中有23人因年龄偏大，文化偏低或能力低下落岗。2000—2005年，采取“选、育、管、激”并举措施，加强干部队伍建设，采取公开考试、考核的方法，公开选拔90名大中专院校毕业生到行政村挂任村党支书助理、村主任助理。2004年，围绕县委招商引资“一号工程”，通过“考选”的办法，打破工人、农民、城镇居民和干部的身份界限，不唯身份、不唯资历，不拘一格选拔使用人才，通过笔试、面试、考察、体检、政审等严格的等程序，择优选派14名中青年企业经营管理人才到乡镇挂任企业经营管理特派员。2005年1月，恭城率先在桂林市实行对乡镇党政领导班子正职拟任（推荐）人选实行全委会票决制，对莲花镇等乡镇党政领导班子7名正职拟任（推荐）人选进行票决。

在提拔干部中，除选任制干部外，一般干部提拔为副科级领导干部试用一年，试用期满，经考核能够胜任岗位工作的进行确认。1996—2005年，县委任命试用干部112人。

领导干部培训 1991年，分4批选派乡（镇）长、党委书记20人，县直部、委、办、局正职领导干部26人到桂林地委党校培训。1996年，县委制定和实施《1996—2000年恭城瑶族自治县培训规划》和《2001—2005年恭城瑶族自治县培训规划》。按照培训规划，1996—2005年开办培训班247期，培训干部（含农村支部书记、村委会主任）18969人次。培训内容主要有中共十五大、十六大精神，历年中央1号文件及领导干部财政知识、WTO知识及电脑应用等。选送143名领导干部到中央、自治区和桂林市委党校学习培训。

建立后备干部人才库 为适应领导班子长远建设的需要，调整充实后备干部，1992年，选拔20名县处级后备干部、39名乡科级后备干部。2000年，调整、充实县处级后备干部10人，建立起一支乡科级337人、村级849人的后备干部队伍。同年，首次采取公开考试、考核的办法，公开选拔10名大中专院校毕业生到行政村挂职锻炼。2003年，按照现任干部和后备干部的一定比例，建立全县200多人的乡科级后备干部人才库。在县直党政群机关及事业单位中采取组织推荐、个人报名、组织考察的办法，选派30名年轻干部到全县9个乡（镇）挂任党委书记助理、乡（镇）长助理，建立县、乡（镇）、村三级后备干部队伍。

领导干部任前公示 1999年，县委决定实行《关于实行委任制的科级领导干部任职前公示的规定》，对拟提拔为科级干部的人选，任职前均通过恭城电视台、报刊等媒体进行公示。2000年1月起实施，使干部管理工作进一步规范化。是年，首次对拟提任为乡（科）级领导职务的12名委任制领导干部实行任职前公示。至2005年年底，一共公示科级领导干部293人。

干部队伍建设

干部交流 1994—2005年，采取多种形式培养锻炼干部。一是“走出去”锻炼。通过采取组织推荐、群众举荐和个人自荐相结合的办法，有计划选派优秀年轻干部到上级机关、发达地区挂职锻炼。其中派到北京昌平区1名，派到国家民族事务委员会10名，派到桂林市直机关46名，派到自治区驻广州办事处1名，派到广东省中山市人民检察院1名。二是“派下去”锻炼。从县直部门、企业和各条战线选派干部到乡镇挂职锻炼。十几年间，按照配强领导核心，形成梯次年龄结构、重视妇女干部、党外干部、少数民族干部、村干部和选调生的配备要求，综合领导干部的年龄、知识、专业结构、个性气质及特长等特点，县内交流换岗1700多人次。

强化领导干部监督管理　2000年，县委制定《领导干部任期和离任经济责任审计暂行规定》，调动工作岗位或任职期内的单位主要领导干部进行经济责任审计。2000—2005年，共审计25人。2001年，开始实行领导干部考核前预告，至2005年，共对457名科级领导干部进行考核前预告。2005年，县委制定《关于加强对乡科级党政“一把手”监督的意见》，进一步加强和规范乡科级党政“一把手”选人用人权、用财权、事项审批权、议事决策权的监督。

民主生活会制度　1989年，县委要求县直部、委、办、局（行、社、中心）党组（支部）和乡镇党委坚持每年召开1～2次民主生活会，开展经常性的批评和自我批评。县委加强对科级领导班子民主生活会的指导，每次民主生活会要有针对性、有明确的主题，围绕主题事先进行谈心，做好基础工作，确保会议质量。2005年，县委制定出台《关于进一步加强全县党组织贯彻执行民主集中制的若干意见》。

离休干部管理

1989年，全县共有离休干部102人（其中，享受县处级干部待遇87人），属于行政事业单位的62人，企业单位40人。2005年年底，尚有离休干部51人，其中享受县处级待遇43人，属于行政事业单位的24人，企业单位的27人。按照1980年国务院颁发的《关于老干部离职休养暂行规定》，对老干部在政治上予以尊重、生活上予以照顾，按照单位尽责、社会统筹、财政支持、加强管理的原则，逐步建立和健全离休干部离休费、医药费保障机制和财政支持机制。

中共党员队伍建设

1989年，全县有基层党委10个，党总支17个，党支部380个，共有中共党员7134人，其中男性党员6037人，女性党员1097人。至2005年年底，全县有基层党委14个，党总支39个，党支部429个，共有党员12077人（含预备党员172人），占全县总人口的4.28%。少数民族党员6674人，占全县党员人数的55.26%；男性党员8124人，占全县党员总数的67.27%，女性3953人，占全县党员总数的32.73%；大专文化以上的2287人，占全县党员数总数的18.94%。

1989—2005年恭城县发展中共党员基本情况一览表

表11-4

年度	发展党员数	性别		民族		年龄			文化程度			职业		
		男	女	汉族	少数民族	35周岁以下	36～55周岁	56周岁以上	大专以上	中专（含高中）	初中以下	在职职工	农牧渔民	其他
1989	189	149	40	89	100	136	51	2	20	110	59	111	56	22
1990	149	129	20	55	94	95	52	2	26	74	49	105	41	3
1991	172	139	33	85	87	106	65	1	35	90	47	113	56	3
1992	298	246	52	203	95	—	—	—	—	—	—	—	—	—

续表 11-4

年度	发展党员数	性别		民族		年龄			文化程度			职业		
		男	女	汉族	少数民族	35 周岁以下	36～55 周岁	56 周岁以上	大专以上	中专（含高中）	初中以下	在职职工	农牧渔民	其他
1993	319	246	73	110	209	210	107	2	43	161	115	169	143	7
1994	370	284	86	119	251	258	111	1	63	185	122	171	171	28
1995	473	369	104	172	301	286	187	0	56	227	190	187	242	44
1996	592	456	136	222	370	436	156	0	98	265	229	232	308	52
1997	533	384	149	172	361	431	102	0	84	250	199	199	299	35
1998	648	470	178	238	410	514	134	0	84	322	242	183	384	81
1999	506	386	120	173	333	309	197	0	88	216	202	176	283	47
2000	431	324	107	134	297	323	108	0	60	214	157	142	240	49
2001	361	251	110	217	144	286	75	0	85	157	119	147	186	28
2002	341	233	108	127	214	261	78	2	100	139	102	158	146	37
2003	314	232	82	105	209	230	82	2	73	94	147	106	180	28
2004	252	172	80	96	156	195	57	0	75	78	99	104	101	47
2005	229	149	80	89	140	186	43	0	70	56	103	89	91	49

民主评议党员工作 1989—2005 年，在全县各级党组织中坚持组织开展民主评议党员活动。1989年5月，成立中共恭城县委民主评议党员工作领导小组，县委书记蓝世琦任组长；5月下旬开始，全县 380 个党支部的党员评议活动相继进行。全县 7134 名中共党员中，参加评议的中共党员共 6967 名，占应评议中共党员的 97.66%。通过评议活动，定为基本不合格中共党员有 223 人，占 3.13%；不合格 145 人，占 2.03%。对基本不合格和不合格党员，各基层党组织进行妥善处置，限期改正 187 人，劝退 47 名，取消预备党员资格 16 人，除名 25 人，给予党纪处分 27 人。

1991 年 12 月，在中共恭城县委统一领导下，进行全县性的民主评议党员工作。为顺利进行该项工作，中共恭城县委组织部在县委党校举办骨干训练班。全县 381 个党支部、7284 名正式党员中，有 7067 名正式党员参加民主评议，其中，被定为合格的党员 6355 名、基本合格的 441 名、基本不合格的 78 名、不合格的 86 名、暂不定格的 22 名、限期改正的 31 名、劝退的 24 名、除名的 9 人、警告处分的 6 人、留党察看处分的 4 人、取消预备党员资格的 11 人。

2005 年，在民主评议党员活动中，县直属党委有 142 个党支部的 2103 名党员参加评议活动，评议结果：合格 1984 人，不合格 79 人。

1989—2005 年恭城瑶族自治县中国共产党党组织、党员情况一览表

表 11-5　　单位：个、人

年度	党组织			党员数				党员发展情况		
	党委	总支部	支部	总人数	其中			总数	其中	
					女	少数民族	大专文化以上		女	少数民族
1989	10	17	380	7134	1097	3215	325	189	40	100
1990	10	17	381	7201	1085	3303	365	149	20	94

续表 11-5

年度	党组织			党员数				党员发展情况		
	党委	总支部	支部	总人数	其中			总数	其中	
					女	少数民族	大专文化以上		女	少数民族
1991	11	17	381	7284	1107	3398	411	172	33	87
1992	18	16	381	7404	1154	3515	461	298	52	95
1993	19	15	382	7723	1227	3834	558	319	73	209
1994	19	15	383	8031	1299	4021	630	370	86	251
1995	19	14	387	8441	1350	4194	711	473	104	301
1996	13	17	370	8901	1452	4558	845	592	136	370
1997	13	16	399	9439	1665	5086	967	533	149	361
1998	11	18	385	9813	1759	5632	1123	648	178	410
1999	11	21	382	10207	1858	5950	1163	506	120	333
2000	12	34	408	10554	1935	6004	1309	431	107	297
2001	12	36	394	10849	2016	6216	1532	361	110	144
2002	13	35	402	10972	2067	6306	1769	341	108	214
2003	13	38	419	11315	2145	6466	1928	314	82	209
2004	13	37	421	11288	2198	6537	2031	252	80	156
2005	14	39	429	12077	2353	6674	2287	229	80	140

第八节　宣传教育

理论学习

1989—2005 年，县委宣传部根据中共中央、自治区党委和桂林地委的要求，结合恭城实际，制订全县理论学习规划。要求县委学习中心组、乡镇党委学习中心组、县直党组学习中心组每年至少集中 4 次以上进行理论学习：学习前，将学习内容、学习目标和学习安排，发至中心组各成员，采取分散自学，集中辅导，集体讨论的形式进行；学习中，做到有计划、有制度、有专用学习笔记本、有学习记录；学习过后，要求有论文、心得体会文章或调查报告。县直部委办局的学习，采取在县委党校集中办班辅导和在职学习的形式进行，不定期举办培训班。乡镇干部职工、村“两委”干部和中小学校教师由各乡镇党校进行培训，由县委宣传部、县委党校等派人进行辅导学习。

学习内容主要以国家的方针政策、中央领导人讲话精神为主。1989 年，学习中共十三届三中和四中全会精神、中央农村工作会议精神和邓小平 6 月 9 日讲话精神。1990—1991 年，学习中国共产党历史，马克思列宁主义，毛泽东思想，邓小平理论，《论改革开放》《坚持四项基本原则，反对资产阶级自由化》《建设有中国特色的社会主义理论》《关于社会主义若干问题学习纲要》；1991 年，县委要求用整风精神在全县干部职工中开展一次以发展生产力为中心的再教育。1992—1995 年，学习中共十四大精神，邓小平视察南方重要讲话和《邓小平文选》第 1～3 卷，社会主义市场经济知识。1996 年，以抓“学理论、学党章、学科技”活动为主体，系统地、深入地学习邓小平建设有中国特色社会主义理论；广泛开展实现“两个转变”（即传统的计划经济体制向市场经济体制转变；经济增长方式上粗放型向集约型转变）的大学习、大讨论学习活动；以“两手抓、两手都要硬”为主题，学习《抓好党的十四届六中全会关于加强社会主义精神文明建设决议》。1997 年，学习中共十五大精神、悼念邓小平的三篇重要文献、邓小平理论和《邓小平论社会主义精神文明建设》《什么是社会主义市场经济》。1998 年，学习中共十五大精神、邓小平理论、江泽民《在全国抗洪抢险总结表彰大会上的讲话》、中共中央纪委关于重申和建立党内监督五项制度的实施和中办关于对违反《党政领导干部选拔任用工作暂行条例》行为的处理规定；社会主义初级阶段理论和党建理论。1999 年，学习社会主义初级阶段理论和党建理论，研究的专题是“党的建设与加快恭城的发展”；学习邓小平经济理论；学习辩证唯物主义和历史唯物主义，研究的主题是如何确定正确的思维方式和方法，实现全县改革与发展的新突破；学习科学技术是第一生产力理论。2000 年，学习马克思主义辩证唯物论，重点学习马克思主义唯物论和无神论的基本观点，树立正确的世界观、人生观、价值观；邓小平党建理论，重点学习党风廉政建设和反腐败方面的理论；邓小平发展战略理论；邓小平经济体制改革理论；江泽民关于“三个代表”的重要论述；“三讲”必读文件篇目。2001 年，学习江泽民“七一”重要讲话精神；中共十五届六中全会精神，即《中共中央关于加强和改进党的作风建设的决定》，“三个代表”重要思想学习教育。2002—2003 年，主要学习中共十六大精神和“三个代表”重要思想。2004 年，学习中共十六届三中和四中全会精神和“三个代表”重要思想。2005 年，学习保持共产党员先进性教育活动有关专题学习材料《建立健全教育、制度、监督并重的惩治和预防腐败体系实施纲要》等。

宣传活动

县内宣传 1994 年，抓好圩镇宣传和农村黑板报的建设工作。每个乡镇圩镇有黑板报或橱窗 5 块以上，每个自然村有 1 块黑板报。及时宣传中国共产党的政策、方针进行宣传，宣传农村新的实用技术、致富信息，普及生产生活常识，消除封建愚昧思想，倡导健康、文明的生活方式。1995 年，开展“忠心献祖国，成才跨世纪”千人长跑活动，“百首革命歌曲”卡拉 OK 大奖赛，组织中学生观看爱国主义影片等。1996 年，利用印发宣传资料、出动宣传车、召开座谈会、举办宣传栏一条街等形式，开展供销改革宣传，农业强县、工业兴县、发展科教战略“三大战役”宣传，学习贯彻中共十四届六中全会精神宣传活动。举行 1000 多人参与的“弘扬中华美德，争做四有新人”的签名仪式。1997 年，全县 9 个乡镇建有农民夜校、文化站，乐湾、北溪、莲花、笔山等村建立农民夜校及图书室。抓好香港回归的宣传工作，召开有各界人士参加的座谈会，举办专题文艺晚会。开展创文明示范县城的宣传活动。抓好文化、科技、卫生“三下乡”工作，全年举办柑橘清园、水果栽培等技术讲座 725 期，参加听课的农民 5 万多人次。印发科技资料 8987 份，出版科普知识专栏 4256 期，放映科普电影 472 场，书写张贴科普标语 2460 条。1998 年，全县建立农民夜校 120 个，建立文化站 9 个和文化室 122 个，有农民宣传员 577 人，达到每个自然村有农民宣传员 1 人以上，有黑板报 593 块，达到每个自然村有 1 块黑板报以上，开通电视率 90% 以上，广播喇叭覆盖率 80% 以上。1999 年，丌展向李向群学习活动。在全县中小学生中开展学习李向群的读书演讲比赛和征文比赛，共有 3 万多名中小学参加读书活动，出版学习、宣传李向群的板报、橱窗、黑板报 200 多期。2000 年，广泛开展爱国主义和革命传统教育活动。组织各单位干部、职工、各中小学师生及广大青少年参观雷锋、李向群事迹展，组织中小学生观看爱国主义电影《红流》，组织全县领导干部及家属、党员干部观看《生死抉择》等反腐倡廉影片。全县中小学教师及学生 3.8 万多人参加“走向新世纪”读书教育活动，有 1600 多名中小学生获全国、自治区优秀作文奖。开展送电影下乡村，到各边远乡村共放映电影 36 场。2001 年，组织举办庆祝中国共产党建党 80 周年专题文艺晚会，党史知识竞赛，论文征集评比活动，全县党员合唱比赛及图片、摄影、书法展等系列活动。组织文艺队、宣讲团到各乡镇巡回演出、宣讲

25场次，出版“三个代表”重要思想专题专栏9期、240块（版），黑板报4100块（版），抢答赛2次。2002年起，在县中心广场举行的演出活动，除重大节假日的各种演出外，每月中旬、月底由全县各单位、乡镇自编、自导、自演的文艺节目从未间断，年均演出40多场。

对外宣传　建立健全新闻报道网络，成立县中心报道组，各乡镇、县直一些单位成立通讯报道组，及时报道全县各行各业发展状况。从2003年起，利用桃花节、月柿节在桂林举行新闻发布会进一步加强对外宣传的力度。加强与市级以上新闻媒体的外联工作，邀请新华社、中央电视台、《人民日报》《经济日报》《农民日报》《广西日报》《漓江日报》《桂林日报》的编辑记者到恭城实地采访。2002年7月月初，由新华社、中国新闻社、《中国环境报》、广西电视台等20家媒体组成的广西环保世纪行记者采访团第一分团到恭城采访生态示范区建设，报道宣传恭城县“三位一体”生态农业的成效。2004年2月，中央电视台第七套《乡约》栏目组到恭城摄制专题节目《四任县官，十年跨越》，反映恭城历届县委、县政府坚持走“三位一体”生态农业路子，并不断创新，丰富其内涵，延长其产业链，向外宣传恭城由一个封闭自守、贫穷落后的山区县，发展成为民富物丰的生态农业县，使恭城的知名度得到提升。2004年，桂林电视台与恭城县电视台共同录制专题片《大岭山之路》，宣传西岭乡大岭山村党员带头创业、无私奉献、开拓创新、与时俱进、团结互助的精神。2005年，邀请《人民日报》《经济日报》《广西日报》和《桂林日报》的记者到恭城采访，把恭城的风景名胜、文物古迹、生态农业、富裕生态家园等情况推介到自治区外，其中《人民日报》上稿7篇，《广西日报》头版头条1篇，设置专版《瑶乡生活都市》《生态农业扮出亮瑶乡》2个，《桂林日报》《桂林晚报》专版《富裕生态家园》7个。

1989—2005年恭城瑶族自治县在市级以上报刊发表文章情况一览表

表11-6

年度	市级以上报刊（篇）	中央级报刊（篇）	年度	市级以上报刊（篇）	中央级报刊（篇）
1989	526	0	1998	771	0
1990	466	12	1999	800	0
1991	800	20	2000	448	8
1992	506	16	2001	709	2
1993	555	0	2002	492	0
1994	472	10	2003	814	0
1995	531	0	2004	655	12
1996	487	17	2005	872	10
1997	767	22	合计	10671	129

第九节　精神文明建设

组织机构

1989年5月21日，中共恭城县委成立精神文明建设办公室（以下简称文明办），负责协调和指导全县精神文明建设工作。1990年10月16日，改称恭城县精神文明建设委员会办公室。1991年11月26日，县委常委会决定成立精神文明建设指导委员会，伍先华任主任，黄必贵任第一副主任，刘文金、卿桂生、唐秀珍、吴嗣芳、俸永辉任副主任，委员会下设办公室，设编制6人，由1名宣传部副部长兼任县精神文明建设办公室主任；县精神文明建设委员会办公室直接受精神文明建设委员会的领导。1996年7月，机构改革，将精神文明建设委员会办公室设在宣传部。2001年12月，县乡党政机构改革，县精神文明建设委员会办公室在宣传部挂牌，行政编制1名，设主任1名。

主要活动

1991年12月16日，县委、县人民政府召开有1044人参加的创建文明县城动员大会。1992年3月印发的《1992年精神文明建设工作意见》提出认真学“三明”（福建省三明市），广泛开展以“六联六共”（思想工作联做，共育“四有”新人；科学文化联教，共同提高素质；社会治安联防，共创安定环境；公益事业联办，共建服务设施；环境建设联建，共创优美环境；经济工作联抓，共图片区繁荣）为主要内容的区域共建活动。4月9日，桂林地区文明县城建设经验交流会在恭城召开。1992年10月，桂林地区第二次在恭城召开文明县城建设经验交流会，同年11月，县文明办荣获自治区群众性精神文明建设工作“先进单位”称号。1994年5月，自治区创建文明县城（村）经济交流会在恭城召开，自治区副主席李振潜等领导到恭城视察指导精神文明建设工作。1995年、1996年，连续获得桂林地区“文明县城”称号。2002年，制定下发《关于在全县开展创建文明县城活动的通知》和《全县共创文明城清洁卫生活动方案》。2005年，县委、县政府印发《恭城瑶族自治县建设“文明恭城”创建文明县城的实施意见的通知》，继续抓好县城主街道建筑物、绿化树、单位及门店“门前五包”（包绿化美化、包卫生达标、包不乱设摊点、包安全秩序、包无乱停放车辆）责任区的管理，使县城市容市貌管理工作逐步走向正常化、规范化轨道。制定《农贸市场路段的管理规定》及《小广场至农贸市场路段的管理规定》。

创建文明单位和文明村镇 从1992年开始，在全县开展“文明大院”“花园式单位”创建及申报工作。至2005年，全县共有自治区级文明单位8个，文明村7个，绿色学校1所；市级文明单位42个，文明村24个，文明小区1个；县级文明单位120个，文明村24个，花园式文明庭院30个；各级文明市场3个。

创建文明行业 2003年，县文明办与县纠风办联合开展“创建文明行业·诚信建设年”活动，另外还对各级文明单位、文明村提高奖励标准，实行动态管理。继续加大创建“青年文明号”活动力度，提高“青年文明号”的社会知名度，截至2003年，全县“青年文明号”参赛集体中，有2个单位获自治区“青年文明号”称号，15个单位获桂林市“青年文明号”称号，7个单位获恭城瑶族自治县“青年文明号”称号。

“五星级文明户”评比活动 2003年起，创造性地开展“五星级文明户”（一星级文明户为守法光荣户、二星级文明户为卫生文明户、三星级文明户为科技致富户、四星级文明户为小康文明户、五星级文明户为小康文明示范户）评比活动，将五星级文明户评比活动与加强农村个人诚信建设结合起来，并与县信用联社磋商，建立农户个人信用档案，将评比活动与农村信用贷款挂钩。对经评审出的各星级文明户按照一颗星至五颗星的等级，由县文明办、县信用联社统 发给星级文明户证书，县信用联社参照评星等级授予优惠信贷额度，核发“广西农村信用社信用贷款证”，农户凭星级文明户证书及有效身份证明，到当地信用社可获得1000～30000元不等的优惠贷款，从而极大地调动农户参与农村精神文明建设的积极性。

文明卫生村创建活动 2003年起，按照桂林市的统一部署，有步骤地展开文明卫生村创建活动。并在创建文明卫生村过程中注重培养村民的环境卫生意识，每年按25个村的规模推进文明卫生村建设，资金上县财政给予每个村1万元物资扶持。在创建过程中，开展“讲文明、树新风”活动，开启农村追求文明健康生活方式的大门，对加强农村精神文明建设起到良好的推动作用。至2005年，全县创建市级文明卫生村89个。

第十节 纪检监察

组织机构

中共恭城县纪律检查委员会成立于1952年1月，于1956年2月撤销，同时成立中共恭城县监察委员会。“文化大革命”期间，监察委员会陷入半瘫痪状态。1978年12月，经中共恭城县第四届委员会第一次全体会议选举产生中共恭城县纪律检查委员会，选出县纪律检查委员会委员7人。至2005年，共选举产生7届纪律检查委员会，共有常委40人、委员89人。

1988年，在全县9个乡（镇）同级党委开始配备纪检委员。1993年5月，县纪委与县监察局合署办公，实行一个机构、两块牌子。1996年，全县9个乡镇党委、县直属机关工委、公安局、农业银行、信用联社、工商局、栗木矿区党委先后分别成立纪检组。1998年3月至2001年9月，先后成立县交通局、总工会、文化旅游事业管理处、财政局、环境保护局、地方税务局、国家税务局纪检组。2002年2月，党政机关机构改革，在县人民政府办公室、人民检察院、人民法院、审计局、环境保护局、民族事务管理局、工商联合会、总工会、物价局、招商引资管理中心、农机管理中心、畜牧水产管理中心、广播电视管理局（台）、供销合作社联合社、发展和改革局、经济贸易局、教育局、科学技术局、民政局、司法局、财政局、人事劳动和社会保障局、建设局、交通局、水利局、农业局、文化旅游局、卫生局、计划生育局、统计局、林业局、粮食局、国土资源局、桂林市食品药品监督管理局恭城瑶族自治县分局共34个县直单位设立纪检组。至此，全县基层纪检监察队伍基本配备完整。

1985—2005年恭城瑶族自治县纪律检查委员书记一览表

表11-7

职务	姓名	性别	民族	籍贯	任职时间
书记	苏光伦	男	汉族	广西恭城	1987年10月至1990年3月
	林中贤	男	瑶族	广西恭城	1990年3月至1995年3月
	唐云舒	男	瑶族	广西恭城	1996年1月至1998年7月
	张凌发	男	汉族	广西荔浦	1998年8月至2002年8月
	阳建诚	男	汉族	广西灵川	2002年9月至2006年8月

党风廉政监督建设

廉政自律建设 1989年，县纪委、监察局在县人事局、水泥厂、供销社进行廉政建设制度的试点工作，活动的内容为“两公开、一监督”（“两公开”，即办事程序公开、办事结果公开；“一监督”，即接受群众监督）。同年，中华人民共和国监察部《关于有贪污贿赂行为的国家行政机关人员必须在限期内主动交代问题的通告》发布以后，县监察局开展大量的宣传工作，收到很好的效果。

1990年，在连续开展2年的“为官一任，造福一方”活动的基础上，县委下发《关于继续深入开展“为官一任，造福一方”的决定》，制定《县委成员为政清廉的规定》《关于党政机关干部廉洁从政的若干规定》，并下发《关于在全县共产党员中深入开展党风党纪教育工作的通知》，成立县廉政领导小组，在全县共产党员中深入开展党风党纪教育活动，学习中纪委《中共中央纪律检查委员会关于共产党员在经济方面违法违纪党纪处分的若干规定（试行）》《关于对妨碍违纪案件查处的党组织和党员党纪处分的规定（试行）》《关于印发〈关于清理党政干部违法违纪建私房和用公款超标准装修私房的报告〉的通知》等。1991 年，根据自治区党委、人民政府关于认真清查干部、工人违法违纪违章建私房的通知，对全县 1982 年以来 219 户干部职工建房情况进行清理，收取应收款、罚款共 41534 元，给予党纪处分 1 人，没收无证建房 1 处。

1992 年 3 月，聘请 15 名身体好、清正廉洁、党性强和作风硬的离休干部为县委党风监督员，加强党内监督工作。1993 年 9 月，县委先后召开县委常委反腐倡廉民主生活会、全县反腐倡廉动员大会。10 月，县委、县人民政府下发《关于党政机关和党政干部反腐倡廉的若干规定》，全县反腐倡廉工作进入全面深入的阶段，87 个局级单位、9 个乡镇建立党风廉政制度，部分单位制定加强小车、财务、接待等方面的廉政制度。同年，根据中共中央、国务院《关于坚决制止乱收费、乱罚款和各种摊派的决定》，对“三乱”进行全面清理，至 1994 年上半年，共查处违纪金额 23.4 万元。1994 年，县委印发《关于禁止党政机关及其工作人员利用职权无偿占用企业钱物的若干规定》，在全县 87 个局级单位开展清理党政机关及其工作人员经商办企业和无偿占用企业钱物工作，对 33 个党政机关所办的 42 个经济实体进行清理，为 9 个经济实体完善划转手续、33 个经济实体办理脱钩手续。

1996 年，县委制定《关于干部考察工作的规定》《关于领导干部谈话制度的规定》《关于选拔任用领导干部走群众路线的规定》《关于坚持党委（党组）集体讨论干部任免的暂行规定》，在副局级以上单位召开“三严四自”（严格要求、严格管理、严格监督；自重、自省、自警、自励）的民主生活会，在全体党员和干部中开展“三严四自”教育活动。全县 357 名副局级以上领导干部对照领导干部廉洁自律的有关规定进行查、摆、剖析，开展批评与自我批评。其中，开展得比较好的有县工商局、卫生局、审计局，上述单位实行挂牌上岗，接受群众监督；颁布禁酒令，树立行业新风；严格纪律，提高效率；四个承诺共 4 项制度。1997 年，中共中央颁布《关于党政机关厉行节约制止奢侈浪费行为的若干规定》[即“八项规定”：一是严格控制新建和装修办公楼；二是严格控制各种会议；三是严格控制各种庆典活动；四是严禁公款大吃大喝、挥霍浪费；五是严格控制用公款安装住宅电话或购买移动电话；六是严格控制各种检查、禁止形式主义的评比和达标活动；七是严格按规定配备和更换小汽车；八是严格管理公费出国（境）]。县委成立贯彻落实“八项规定”领导小组，下发《县党政机关、事业单位厉行节约制止奢侈浪费行为的若干规定》，以及《县行政、事业单位会议费、小车费、通讯费的暂行规定》，县直各单位、乡镇共有 82 个单位制定提倡节约、制止奢侈浪费的廉政勤政制度，完成公款配置通信工作的清理工作，共清理移动电话 203 部、住宅电话 464 部、BP 机 622 部，全部折价处理给个人，收回三机折价款共 11 万元。是年，节约行政经费 58 万元；取消会议 63 个，减少开支 29 万元；取消庆典 3 个，取消出国出省考察 47 人次，减少开支 29 万元；乡镇恢复集体食堂，节约餐费 56 万元；全县 582 名副科级以上领导干部拒绝公款“吃、喝、玩、乐”，节约 98 万元。

1998 年，中共中央、国务院下发《关于实行党风廉政建设责任制的规定》，县委、县人民政府下发《关于认真学习贯彻〈中共中央、国务院关于实行党风廉政建设责任制的规定〉的通知》《恭城瑶族自治县党风廉政建设责任制实施办法（试行）》《县委、县政府领导和有关部门党风廉政建设和反腐败工作责任分工的通知》。1999 年，县委下发《恭城瑶族自治县党风廉政建设责任制考核暂行办法的通知》《关于进一步贯彻中共中央、国务院关于制止奢侈、浪费行为八条规定的几点意见》，加快全县党风廉政建设责任制建立健全的进程。同年 11 月，对全县 503 名副科级以上领导干部进行以《中国共产党纪律处分条例（试行）》《关于实行党风廉政建设责任制的规定》等党风廉政建设重要法规为内容的考试，增强执行“责任制”的责任心。为执行好关于责任制的规定，于 12 月对全县各单位（部门）党风廉政建设责任制执行情况进行考核，促进各单位党风廉政建设责任制的建立和完善工作。

2000—2005年，县委先后制定下发《关于对违反党风廉政建设责任制规定的行为实施责任追究的暂行办法》《自治县委、县人民政府领导干部党风廉政建设岗位职责》《自治县委关于认真贯执行自治区党委〈关于加强领导干部廉洁自律的规定〉的通知》《关于坚决纠正乡（镇）干部“走读”现象的若干规定》《关于进一步加强对乡科级党政“一把手”监督的意见》。全县9个乡（镇）及县直党政机关都落实“一把手”负总责，分管领导各司其职的党风廉政建设责任制，县委、县人民政府每年组成考评检查组，实行半年检查、年终考评、奖优罚劣，做到用责任制管人、管事、管班子、管好“一把手”。2000年，巩固贯彻落实“八项规定”成果，狠刹用公车嫁娶迎亲和领导干部收送“红包”歪风，注重抓领导班子民主生活会质量。2001年，在栗木镇和县农业局2个单位开展领导干部述廉评廉试点活动。2002年起，每年在8个乡镇、县直单位开展该项活动，重申狠刹铺张浪费歪风，建立科级干部廉政档案。2003年，依据责任追究的暂行办法严肃处理岛坪矿特大交通事故的4名责任人，分别给予留党察看、党内严重警告、行政警告的处分。2004年，清理单位借欠财政周转金和个人借欠公款，全县共清理干部职工个人借欠公款总额301万元，是年有149人还款169.17万元。2005年，继续开展余款的催还工作。

纠正部门（行业）不正之风　1991年2月，根据广西壮族自治区治理“三乱”领导小组《关于印发〈全国治理“三乱”领导小组办公室关于清理乱收费、乱罚款和各种摊派工作若干具体问题的规定〉的通知》，由县监察局牵头查处全县各单位乱收费、乱罚款和各种摊派的情况。1993年，县人民政府办公室下发《关于清理乱收费、乱罚款、乱摊派，纠正行业不正之风的紧急通知》，成立清理“三乱”工作领导小组，该项工作逐步常规化。每年除重点抓好涉农减负、涉企减负，以及治理中小学乱收费和进一步抓好治理公路“三乱”等问题外，还开展医药回扣、农药打假、部门行业乱收费及通信工具等清查。

减轻农民负担　1993年，县委、县人民政府对1985年以来所颁发的文件进行全面清理，撤销42份涉农文件，取消91项涉农收费项目，金额428万元，农民年人均减负18.06元。1993—1996年，对县糖厂生产榨季进行跟踪检查，督促兑现和防止向农民打“白条”。1996年，根据国务院办公厅《关于严禁农副产品收购中代扣代缴各种款项向农民乱摊派的通知》精神，对减轻农民负担进行全面检查。对1993年9月至1996年9月，县、乡两级及有关部门涉农收费文件进行清理，清理文件51份，经审查继续有效的35份，需修改的3份，撤销13份。全年农民负担占人均纯收入的1.54%，低于国家规定标准。1997年，重点清理向企业乱收费问题。取消涉企收费49项，降低标准15项；取消涉农收费21项，降低收费标准4项。

1998年，对贯彻执行中央、自治区减轻农民负担有关文件精神进行检查，全县农民负担占人均纯收入的1.25%，远低于国家规定标准。向农民发放“农民负担登记手册”54213册，占农户总数的96%。2000年，全县减轻农民负担350万元。2002年，全面推行涉农收费公示制，清退涉农收费47万元。2003年，严格执行减轻农民负担和农村税费改革的各项政策规定，将农户土地计税面积、计税常产、税率上墙“三公开”。税改后，全县农业税及附加和特产税及附加合计为1112.7万元，农民人均负担46.36元，比税改前减少36.44元；全县计税面积1.44万公顷，亩均负担51.42元，比税改前减少40.47元。2005年，落实中央农村税费改革政策，取消农业税、农业特产税，减轻农民负担713.2万元。

治理公路“三乱”　1993—1995年，开始对公路沿线乱设卡、乱收费、乱罚款（以下简称公路“三乱”）问题进行清理整顿。1995年，撤销未经批准站卡8个，整顿规范批准设立的站卡4个。1996年，县成立治理公路“三乱”领导小组，与相关部门签订责任状，定期不定期督促检查，对乱收费、乱罚款问题进行严肃处理。1997—2005年，每年不定期进行检查，开展经常性的自查自纠活动，没有发现“三乱”反弹现象。

治理中小学乱收费　1994年，清退乱收费1.4万元。1995年，对全县140所中小学收费情况进行清理，对5所学校乱收费8.25万元作出处理。1996年后，每年都对中小学收费情况进行检查，对乱收费行为给予严肃处理。2000年，县纪委印发《关于坚决制止中小学乱收费的规定（试行）》，在全县中小学校开展“校务公开”活动，查处乱收费40万元。2002年，全面落实中小学收费“一费制”，减轻学生费用负担200多万元。2003年，清退违规收费9.8万元。2004年，查处违纪金额28万元，清退4.9万元。2005年，清退违规收费3.89万元，违纪金额7.76万元。

纠正医药购销不正之风　1996年，对药品回扣问题进行清查，24个单位清查出回扣金额7万多元。2000年，实行药品公开招标，定点集中采购。在卫生部门抽检中，西药174批，检出不合格药品34种，清理销毁过期、伪劣药品7.3万元，降低虚交定价药品327种，降低药价16.6万元。2001年，全县13家医院从中标的医药公司购进药品，占医院总数的100%，药品降幅达49.06%。查封38个无证兼营药品零售单位，查处伪劣药案9起，罚款0.8万元。2004年，强化药品采购管理，落实医药费用清单制、医药价格公示制、医院平价和信息发布制度。全县医疗单位用药总金额为980.29万元，集中招标采购达237.35万元，占总额的34.41%，让利患者金额达103.67万元。2005年，集中采购1130.6万元，让利患者205.9万元。

行风评议　1998年，在县交通局、国税局、地税局、工商局进行行风评议试点工作。至2000年，全县有国税、地税、工商、交通、卫生、邮政、电信、移动、电力、公安、教育、国土、文旅、计生、环保、建设、广电共17个重点单位先后开展行风评议工作。每个行风评议单位聘请社会各界3～6个评议员，由行风评议组广泛征求各界人士的意见，整理成评议报告；再由被评议单位对评议报告所指出的意见归类，提出整改措施；最后由评议组对其整改措施进行跟踪检查，经过3年的连续评议才能评定为行风建设先进单位或合格单位，并授匾挂牌。县公安局经过3年的评议，作风大变，警风大变。2002年6月，县公安局被评为“全国公安系统优秀公安局”。2002年，行风评议延伸到各乡镇教育组、派出所、土管所等基层站（所）。2005年，全县开展“百人评风、千人评议”活动，按照“双评”的要求，各单位开展自觉服务到基层、服务企业、服务外商、服务群众，促进经济发展“四服务一促进”活动。

挂牌保护重点企业　1989—1992年，个别单位乱摊派、想方设法伸手向企业要钱的行为时有发生。1993年，在清理“三乱”过程中，县纪委发现该情况。1994年，县纪检监察机关借鉴外地经验，对12家国营、集体企业实行挂牌保护，挡住吃、拿、卡、要的“三乱”行为，被中央电视台《东方时空》1994年10月24日焦点时刻作专题报道。1996年，发展到16家；1997年，增加到32家。据不完全统计，共抵制各种摊派、集资50多人次，防止资金流失93万多元。同时，还帮企业解决疑难问题106件，追回各种款项28万元。至2005年，“三乱”现象得到有效遏制。

源头预防腐败

预算外资金管理　1996年，根据《国务院关于加强预算外资金管理的决定》的规定，对预算外资金建立统一财政专户，实行“收支两条线”管理。同年，首先对公、检、法和工商部门行政性收费实行“收支两条线”管理。1999年，在县直行政事业单位全面推行“收支两条线”管理。2001年，成立会计委派中心，在计生局、教育局、卫生局、交通局、土地局等8个单位开展会计委派工作。2002—2003年，整顿规范行政事业单位的银行账户，撤销银行账户48个，推行乡镇财务“零户位管”。2004—2005年，建立健全部门预算制度，加大对财政资金使用监督管理，加强对大额资金运行过程的跟踪监督和重大项目资金追踪问效。

清理行政审批项目　2001—2002年，对行政审批项目进行2次清理，共清理部门行政审批项目493项，取消审批项目52项，降低规格5项，改为内部管理73项，保留233项，并通过县电视台向社会进行公布。2003—2005年，共清理部门行政审批项目179项，取消审批项目37项，降低规格4项，改为内部管理 66 项。

招（投）标管理　2000 年，加强对有形建筑市场的监督管理，县委印发《关于对我县建设工程项目加强监督管理的通知》，对建设工程项目监督管理的对象、检查的范围、主要内容作出明确的规定。是年，招投标项目 5 个，招投标率 100%，同时加强建筑工程的结算审计，审计项目 13 个，审计工程投资总额 2048 万元，审减投资 187 万元，审减率为 9.13%。2001—2002 年，招投标项目各 8 个，招投标率 100%，审计建设工程项目 28 个，审计工程投资总额 3243 万元，审减投资 306 万元。2003 年，招投标工程 16 个，工程造价 5364 万元，对规避招标的 5 个单位进行处罚。2004 年，招投标项目 13 个，造价 2580 万元。2003 年，规范经营性土地招标拍卖挂牌出让工作，制定土地市场管理 9 项制度和《国有土地市场管理暂行规定》，挂牌成立土地拍卖中心，全年招标拍卖挂牌 1 次，出让土地 34 宗，面积 3438 平方米；2004—2005 年，出让土地 59 宗，面积 23152 平方米，成交金额 1837 万元。2005 年，制定《采矿权有偿出让实施办法》和《露天矿山（场）综合管理办法》，规范矿业权市场，全年挂牌出让采矿权 6 宗，协议出让 1 宗。

政府采购　2001 年，成立政府采购管理委员会，实行政府采购制度。是年，12 个单位采购 32 万元，节约 2.2 万元。2002—2005 年，采购 1748 万元，节支 167 万元。

政务公开　1997 年，县委下发《关于在全县农村推行“政务公开、民主管理”活动的通知》，在全县 117 个村全面推行“政务公开、民主管理”工作，建立《村委议事公开》《村级财务收支管理公开》《计划生育管理公开》《救灾、救济款物及木材砍伐等指标发放公开》《农村宅基地办理手续公开》《集体经济项目承包、经营和建设项目公开》《农民负担公开》《村民的批评建议及整改情况公开》《村委会任期目标公开》《村委干部责任目标公开》“十公开”制度。同年，对全县 117 个村的财务全面进行清理、整顿，共清理出贪污、挪用集体资金 17 万元，处理村干部 8 人。1997 年与上年同期相比，各村信访、举报事件减少 62%，其中三江乡比上年减少 85%。2000 年，政务公开、村务公开、厂务公开、校务公开全面推行。2002 年，政务公开在县级政权机关推行，从而使各级政权机关权力在阳光下运行。2003—2005 年，全县各级各单位政务公开工作走上正轨。

党风廉政宣传教育

1990 年，中共恭城县委下发《关于在全县共产党员中深入开展党风党纪教育工作的通知》，重点学习中共中央关于党纪处分的法规。1991 年，开展系统的党章、党规法纪教育。学习毛泽东、邓小平、陈云、江泽民有关党的宗旨和纪律教育的论述，学习《中国共产党章程》《中国共产党党员领导干部廉洁从政若干准则（试行）》和党纪政纪条规，增强党员纪律观念和法规意识。1992—1993 年，开展社会主义道德教育，采取办专栏、出简报、编话剧的形式，利用《关于共产党员违反社会主义道德党纪处分的若干规定》《警钟》等电教片在乡（镇）、县直机关开展教育活动。1994—1995 年，在全县领导干部中开展廉洁自律教育活动。1996 年，开展“双学”和“三严四自”教育活动，组织 3220 名党员干部参加全国党纪政纪条规知识竞赛。1997—1998 年，重点学习“三规一法”，即《中国共产党纪律处分条例（试行）》《中国共产党党员领导干部廉洁从政若干准则（试行）》《关于党政机关厉行节约制止奢侈浪费行为的若干规定》《中华人民共和国行政监察法》，举办学习培训班 14 期，出简报 95 期，墙报 143 期，组织 4925 名党员、干部参加全国《行政监察法》知识竞赛，获广西赛区组织优胜奖。

1999—2000 年，学习宣传中共中央、国务院《关于实行党风廉政建设责任制的规定》《中国共产党纪律处分条例（试行）》等党风廉政法规。1999 年，巡回播放《中国共产党纪律处分条例（试行）》电视系列片 93 场，组织 503 名副科级以上干部进行党风廉政法律法规集中考试，配合市纪委在恭城县筹办全市反腐倡廉理论研讨会。2000 年，制定《关于加强党风廉政教育工作的规定》，开展党风廉政建设宣传月活动，利用胡长清、成克杰等重大典型案件开展警示教育，组织2041名党政机关党员干部参加全市党纪条例法规考试，在全体党员中开展以“讲学习、讲政治、讲正气”为主要内容的党性党风教育，举办全县反腐倡廉理论研讨会。2001年，组织反腐倡廉文艺节目下乡巡回演出，组织观看《一代廉吏于成龙》《厦门特大走私案》等电教片。2002年，开展权力观教育活动，举办“以案促纪”教育演讲报告会，学习汪洋湖先进事迹，组织3279名党员、干部参加党风廉政法律法规考试。2003年，开展“艰苦奋斗、廉洁从政”主题教育活动。2004年，开展“学条例、守纪律”主题教育活动，“条例”即《中国共产党党内监督条例（试行）》《中国共产党纪律处分条例》。2005年，着重学习宣传贯彻《建立健全教育、制度、监督并重的惩治和预防腐败体系实施纲要》。在全体中共党员中分三批开展以实践“三个代表”重要思想为主要内容的保持共产党员先进性教育活动，在教育活动中，县委印发《关于严禁党员和干部参与赌博的规定》。

行政监察

县纪委、监察局合署办公前，行政监察主要是通过各种调查的方式进行。县纪委、监督局合署办公后，在机关内设置执法监察室，执法监察正式列入纪检监察机关的工作日程和工作范围之内。1993—1995年，主要开展涉农“减负”、涉企“减负”的监察，“四小一园”（县直第一中心小学、第二中心小学、第三中心小学、江贝小学共4所小学，及县直机关幼儿园）的监察、糖厂榨季的跟踪监察、救灾款物的跟踪监察。1996年，执法监察正式立项进行执法监察活动。据不完全统计，1993—2005年，共立项103项，提出监察建议108条，发出监察决定书29件，协助建章立制78项，发现案件线索12件，建议立案11件，推广典型经验3个，开展效能监察15项。2003年5月，制定《恭城瑶族自治县加强机关效能建设暂行规定》，成立县机关效能建设领导小组，在执法监察室设立机关效能投诉中心。是年，接到投诉6件，其中批评教育1件，失实5件。

受理群众来信来访是纪检监察机关的重要职责及工作方法，至2005年，形成群众来访领导接待日制度、信访监督管理制度、关于受理署实名举报工作制度、关于匿名信的处理制度、信访工作人员守则、信访档案管理制度、对署实名举报有功人员奖励办法、督办查办信访件制度、信访信息工作制度、复信与回访制度、保护检举控告人的规定、接待处理集体上访制度、首访责任制、信访双向承诺制度、受理申诉制度，形成一套完整的“处理信访问题程序”流程图，明确信访件的处理办法和流向，使整个信访举报工作走上制度化、规范化。1989—2005年，共受理来信来访电话举报共2325件次，其中属纪检监察机关业务范围内的1966件次，纪检监察业务范围外的297件；其中，检举控告类1917件、申诉49件，批评与建议19件。在业务范围内信访件中自办1521件，转办502件。

案件查处

1989—2005年，共查处违反党纪政纪案件427件，其中经济案件128件。处分党员284人，其中开除党籍104人，留党察看39人，撤销党内职务2人，严重警告38人，警告101人。1993—2005年政纪案件中，分别开除公职18人，开除留用察看4人，撤职9人，降级6人，行政记大过22人，行政记过31人，行政警告41人，除名1人，解除合同11人。

附：1989—2005年反腐败斗争的典型案例

赵××贪污受贿案　恭城供销合作联合社主任赵××，伙同副主任杨××（女）、人秘股副股长杨××，采取重复报账、虚报、私分公款进行贪污，并利用职权，收受贿赂，其中赵××贪污受贿人民币11.48万元。1995年4月，恭城人民法院依照《中华人民共和国刑法》和《关于惩治贪污罪贿赂罪的补充规定》有关条款的规定，以贪污受贿罪判处赵××有期徒刑十五年；同年8月22日，经中共恭城县委批准，中共恭城县纪律检查委员会依照《中国共产党章程》的有关规定，开除其党籍；同年10月17日，恭城县人民政府作出开除其公职的处分决定。同案杨××被判刑、“双开”（开除党籍、开除公职）；人秘股杨××跳楼身亡，被“双开”。

张××贪污案 栗木镇财政所原副所长张××因赌博，共挪用、贪污公款10.56万元。1996年6月，张××被判处有期徒刑十七年，剥夺政治权利三年，同时县人民政府开除其公职。

岛坪矿重大经济违纪案 以原矿长唐××为首的县岛坪矿经济违纪案，是恭城解放后特大经济犯罪案件，涉案金额达940.76万元，使国家税收流失219.19万元。2000年、2001年，桂林市中级人民法院以贪污罪分别判处邓××有期徒刑5年、唐××有期徒刑6年、黎××有期徒刑7年，邓××被判处有期徒刑11年并被剥夺政治权利2年。同时经中共恭城县委批准，给予唐××、邓××、盘×开除党籍的处分。

韦××贪污案 中国农业银行恭城县支行莲花营业所原会计韦××贪污公款20.27万元，用于赌博。2002年1月，韦××被依法判处有期徒刑13年，剥夺政治权利3年。

第十一节 统一战线工作

组织机构

1989年，全县有统战干部18人。1990年，全县建立乡镇基层统战网络，每个乡直单位党支部、村党支部各配备1名兼职统战委员。1997年机构改革后，全县有统战干部20人，其中县统战部（含挂牌单位）10人，乡镇9人，直属党委1人。2005年，全县有统战干部20人。

1990年以后，形成县委1名副书记、县人民政府1名副县长分管统战工作，各乡镇有1名副书记分管统战工作的格局。全县381个党支部，绝大多数都有统战委员，形成统战工作层层有人抓的格局。县委把统战理论列入县委党校的教育计划，举办领导干部培训班专门安排统战理论课。统战部和组织部对全县党支部书记和乡镇统战委员进行新时期爱国统一战线理论基础知识培训。2002年，县委成立统战工作协调领导小组。2003年，首次将统战工作纳入全县党建考核内容之一。2005年，全面建立党外代表人物“133”工作模式（“一表”：党外代表人物重点联系人员基本情况登记表；“三卡”：联系卡、效果记录卡、信息反馈卡；“三联系”：思想联系、工作联系、信息联系），建立县委常委领导联系制度、统战部领导联系制度、重点部门领导联系制度，使政治协商、民主监督逐步走上经常化、制度化轨道。

统战理论政策宣传教育

1989—2005年，各级党校把统战理论政策培训列入干部培训的必修课。县委党校开设的副科级以上领导干部培训班和中青年后备干部班均开设统一战线理论课。共召开统战工作会议107次，其中县级47次，乡级60次。其中，1994年，县、乡分别召开宣传统战工作会议，县乡党校开设统战理论课42次，受教育的党员干部965人次。同年，印发统战知识宣传资料2200份，发至有关单位、农村基层非公经济代表人士。2001年，组织学校师生、机关、企事业单位干部职工、个体工商户参加全国统战知识竞赛，发试卷2200份，并按时邮寄到中央统战部。2002—2005年，每年与县民族局上街开展民族、宗教法律法规宣传活动，设立咨询点，出版专栏及悬挂大幅标语等，印发宣传资料1700多份，宣传统战工作。

党外人士参政议政

1989—1992年，每年不定期地通过召开座谈会、情况通报会等形式，听取党外人士对恭城瑶族自治县政治、经济、社会发展的意见和建议。1993 年，推荐、考核第二届政协委员 116 人，其中非中共党员 70 人；推荐非党人大代表 57 人；推荐进人大、政府、政协领导班子非党领导干部 5 人次；推荐进科级非党领导干部共 21 人。1998 年，召开各界人士的各种类型会议，共召集各界人士座谈会、协商会和通报会 8 次，收集整理各界人士提出的建议 26 条，其中 9 条得到县委、县政府和有关部门的采纳。1999—2000 年，通过采取召开座谈会、分头走访形式，搞好参政议政工作。两年向县人大提出 4 个议案，向县政协提交 15 条提案，供领导决策参考。2001 年，召开 6 次党外人士座谈会，参加人员达 120 多人。县人大、县人民政府、县政协班子都配有党外领导干部，有副科级以上领导干部 15 人，其中担任主要领导的有 3 人。2002 年，全县有党外干部 3374 人，其中副处以上领导 5 人，科级 17 人。2003 年，全县有党外代表及科级以上领导干部 61 人。其中，自治区人大代表 1 人，桂林市人大代表 6 人，桂林市政协委员 3 人，桂林市和恭城县人大常委 2 人，政协常委 10 人，副科级以上领导干部 19 人。2004 年，召开党外人士座谈会 8 次，参加人员达 150 多人次，收集有价值的意见和建议 32 条。至 2004 年，全县有党外各类专业技术人才 2714 人，其中高级职称 43 人，县政协委员 72 人，人大代表 49 人，县人大、政府、政协领导 4 人，副科以上领导 16 人。2005 年，召开党外人士座谈会 16 次，参加人员 160 多人次，为党外人士参与经济建设起到很好的促进作用。是年，提拔、任用 2 名党外干部，至此，全县有党外领导干部 20 人，其中处级 4 人，正科级 5 人，副科级 11 人。

对台事务

1989—1996 年，共接待回乡台湾同胞 235 人次，向台胞提供恭城经济建设情况以及投资办企业的各种优惠政策，帮助台胞回乡投资办企业。统战部、对台办积极为有意向回大陆发展的台胞介绍各种情况，协调各方面关系，认真解答台胞关心的问题，努力做好服务工作。1992 年，台胞投资家乡、亲属资金 2.36 万元，其中捐 1 万元修公路 2 千米，捐 3400 元建敬老院。1993 年 4 月，恭城首家台资企业——广西恭城国嘉石材实业有限公司落户恭城。1995 年，引进台商资金共 900 万元建石材厂和塑料制品厂。2003 年，组织 5 家台商参加在桂林举办的首届“桂林—台湾经贸恳谈会”，邀请 25 家台商到恭城举办投资座谈会；通过文化艺术交流，促进海峡两岸沟通。1998 年，举办“关公文化节”时，对台办与县瑶俗艺术团联合邀请台湾省立民族舞蹈团到恭城演出。2001 年 11 月，接待台湾省花莲县国立平和国中学生一行 34 人到恭城进行友好文化教育交流。2003 年 12 月，接待第四届桂台少数民族文化交流团到恭城开展活动。2004—2005 年，台湾省花莲县国立平和国中学生两批共 83 人到恭城开展活动。

宗教事务

1989 年至 1993 年，宗教工作由统战部负责管理。1994 年 1 月，国务院颁布《中华人民共和国境内外国人宗教活动管理规定》《宗教活动场所管理条例》；同年 3 月，自治区人民政府发布《广西壮族自治区宗教事务行政管理暂行规定》，对于推动恭城宗教事务的依法管理发挥重要作用。1994 年，县委在统战部挂牌设立宗教事务办公室，行使政府职能，依法对宗教事务进行管理。

1994—1995 年，加强对中国共产党的宗教政策和国家有关法律、法规的宣传学习，民族宗教政策得以重新落实。在“文化大革命”期间被拆毁的佛教寺庙得以陆续重建，一些教职人员也陆续返回寺庙。

1994 年，修复甘草寺，并将其改名为观音寺。该寺位于观音乡观音村，建有三宝殿 1 座，住房 6 间，占地面积 400 平方米。1994—2005 年，有比丘尼 2 人，信教群众 300 多人。

1995 年，根据《宗教活动场所管理条例》规定，统战部对恢复活动的佛教寺庙进行调查登记，执行登记和年检制度，规范宗教场所的管理。同时，对一些不符合登记条件的点，坚决予以取缔。

1997 年，查处非法传教人员 50 人，处罚 37 人，收缴非法传教品 10 件。2004 年，恭城宗教三级网络建设工作得到市里充分肯定，并作为模式在全市推广。

第十二节　政法工作

组织机构

县政法委员会是中共恭城县委领导和管理政法工作的职能部门，负责全县法制建设，领导和协调人民法院、人民检察院、公安局、司法局等政法部门工作。1991 年，成立恭城县社会治安综合治理委员会，下设办公室，与政法委合署办公，实行一个机构、两块牌子。1992—2005 年，县政法工作和社会治安综合治理工作实行党委领导，党政领导班子齐抓共管，县综治委成员单位各负其责和密切配合，政法部门发挥主力军作用，动员基层单位和人民群众积极参与的工作机制，以领导责任制为龙头，县城和各乡镇为重点、农村为基础，全面开展工作。

社会治安综合治理

1989—2005 年，中共恭城县委、县人民政府将社会治安综合治理工作列入党委、县人民政府重要议事日程，作为重要工作来抓，列入“一把手工程”，层层签订责任状，与精神文明和物质文明建设工作目标管理同部署、同检查、同考评。县社会治安综合治理委员会先后制定《关于社会治安综合治理工作意见》《自治县社会治安综合治理成员单位参与社会治安综合治理的主要职责和任务》《社会治安综合治理五年规划》等指导性文件，调动人民群众参与综合治理的积极性。

1991—2005 年，坚持“打防结合、预防为主，专群结合、依靠群众”的方针，惩治各种严重危害社会治安的刑事犯罪分子。正确处理改革、发展、稳定三者之间的关系，保持社会和谐稳定。按照自治区党委提出“大事不出，中事不出，小事少出”的维护社会稳定工作的总体要求，自觉把维护社会稳定、社会治安综合治理和平安建设工作放在重要位置，采取措施，推动社会治安综合治理各项措施的落实，确保不发生造成恶劣影响、严重危害社会稳定的重大群体性事件、重大刑事案件、重大治安灾害事故和重大安全生产事故，确保人民群众安居乐业，确保社会和谐稳定和国家长治久安。

2001 年以后，创建安全文明活动按照“抓落实、再深化、有创新、求实效”的要求开展工作，维持了全县社会治安的稳定。2003 年，印发《关于开展农村社会治安综合治理“31730”重点综合整治活动实施方案》，对全县 3 个乡镇（恭城镇、莲花镇、栗木镇）及 17 个村、30 个自然村实行社会治安重点整治。2004 年，着重抓好基层综治网络建设，组建乡级调解委员会 9 个，村级调解委员会 122 个，自然村级调解组织 35 个，共有调解人员 1152 名。

开展“严打”整治专项斗争

1989 年以后，继续开展严厉打击各种严重刑事犯罪专项斗争，集中力量、统一行动、从实际出发、从重从快打击各种严重危害社会治安的刑事犯罪分子。围绕“稳定政治大局，力争治安状况好于1988 年”的目标，从政法各部门和县直各单位抽调 270 人在全县范围内整顿社会治安，重点严厉打击刑事犯罪和开展专项斗争。1990 年，集中开展严厉打击严惩刑事犯罪活动的斗争，在该次活动中，全县 117 个村公所建立治安管理委员会，配备治安特派员 117 人。1991 年，先后成立社会治安综合治理领导机构和县城治安联防大队，打击违反社会治安管理处罚条例和触犯刑律的各种违法犯罪活动。1992 年，进一步加强网络建设，探索在村以下实行“四长”（村主任、自然村村主任、经济合作社社长、农户家长）负责制。1993 年，县综治委与各乡镇签订治安管理责任状，实行社会治安目标管理一票否决制。同年，全县社会治安综合治理工作的重点是抓好“三大工程”（一是抓好以县城为龙头的社会治安综合治理的重点工程；二是抓好农村社会治安综合治理的基础工程；三是抓好城乡青少年的法制教育，培养四有新人的希望工程），全面落实社会治安责任制，把治安防范纳入县城精神文明建设的重要内容。1999—2000年，开展创建“无毒县”活动，至2001年，实现无吸毒、无贩毒、无种毒、无制毒及其他涉毒违法犯罪行为发生。在1999—2005年防范和处理邪教工作中，全县共依法处理邪教人员14人。

创建安全文明村街（单位）活动

1995年，在全县范围内开展创建社会治安模范乡（镇）、村（居）、单位活动。是年，全县创建社会治安模范乡（镇）4个，模范村（居）20个，模范单位10个。1997—1999年，分3个阶段在全县开展安全文明小区、安全文明村（街）和安全文明单位创建活动。确定全县安全创建活动的四大主要任务：预防和减少刑事案件的发生；落实有关管理措施；保持良好的社会秩序；巩固社会治安工作的基层基础工作。

1999年年初，全县开展创建“安全文明小区”“安全文明单位”“安全文明村街”以及“安全文明乡镇”活动。各乡镇都制定创建活动方案，成立相应的领导机构。恭城镇成立创建安全文明小区领导小组，由分管精神文明建设和政法的副书记具体抓创建工作。在县城街道27个小区宣传开展安全文明小区活动的成功经验，收到较好的效果。农村创建工作以栗木镇的大枧村为试点，在村委会成立社会治安综合治理小组，由村党支部书记、村委主任、治安特派员任组长、副组长；在自然村成立3人至5人组成的治安协调小组，由党小组长或村民小组长采取层层签订治安责任状的形式进行管理。大枧村建立治安联防队，有队员8名，由治安特派员担任队长，队员都是村里的党团员骨干，责任心强，敢抓敢管，治安联防队实行巡逻守夜制度，保持社会治安状况良好，全村无刑事案件和无治安案件。是年，在全县推广栗木镇大枧村创建“安全文明村”的先进典型经验，收到良好效果。

第十三节　其他工作

老干部工作

1990年10月，在继1989年成立老干部工作领导小组后，成立中共恭城县委老干部局。1989年，共有离休干部102人。2005年年底，尚有离休干部51人，其中享受县处级待遇43人。属于行政事业单位的24人，企业单位27人。按照国务院《关于老干部离职休养的暂行规定》，对老干部在政治上予以尊重、生活上予以照顾，按照单位尽责、社会统筹、财政支持、加强管理的原则，逐步建立和健全离休干部离休费、医药费保障机制和财政支持机制。

政治待遇 按照干部离休后基本政治待遇不变的要求，建立各种制度。每月组织享受副处级以上老干部集中学习一次，学文件，听取重要的时事报告、全县经济建设和各项工作进展情况。邀请老干部代表列席县级大型会议，如党代会、人代会。在重大活动，如县庆、月柿节等，组织老干部分期分批到各乡镇考察工农业生产情况或到县外、区外参观考察。1992年起，为每个离休干部订阅《中国老年报》《中国老年》《广西老干部》各1份（1993年，增订《老年知音》1份）。同年起，对离休老干部的慰问由春节1次，另增加“三节”（中秋节、重阳节、国庆节）各1次。2002年，开始为80周岁以上的老干部送生日蛋糕，并形成制度。鼓励老干部发挥余热，组织关心教育下一代宣讲团，到学校、机关、厂矿宣讲，开展关心下一代工作。2000年和2010年，离休干部、县人民政府原副县长许美玉两次被授予“全国关心下一代工作先进个人”称号。

生活待遇　老干部离休后，机关单位离休人员的离休费按原基本工资金额、事业单位离休人员的离休费按原职务工资与津贴之和全额由单位计发。1987 年至 20 世纪 90 年代中期，国营企业单位、企业化管理的事业单位和城镇集体所有制企业的离休干部都参加社会养老保险统筹，养老金由企业负责发放。1998 年，所有离休干部的离休金改由社会保险机构按时足额支付。

另享有健康疗养费、生活补贴、交通补贴以及一次性建房补贴等补助。

医疗待遇　离休老干部的医疗实行定点管理，并享受医疗费全免待遇，同时对其就医、疗养优先照顾。1989 年起，离休老干部每年到县医院健康检查 1 次。1998 年，建立老干部健康档案。

2001 年，实行城镇职工基本医疗保险制度，离休老干部的医疗费由县、乡镇财政设单项预算、县医保所单独列账管理。医疗费支付不足部分，由县、乡镇财政分级负担解决。

直属机关工委工作

1989—1992 年，为县直属机关党委；1992 年 3 月，撤销直属机关党委，成立县直属机关工作委员会。1993—2005 年，县直属机关工委内设县直机关纪检工委、工会工委、共青团工委，编制 5 人，实际在职 5 人。

思想政治建设　1989—1992 年，利用举办学习班、“三会一课”等多种形式，组织广大党员学习邓小平理论，中共十三大、十四大会议精神和社会主义市场经济知识以及邓小平视察南方重要讲话。1993 年，开展社会主义市场经济讨论和为恭城改革开放、发展经济献计献策活动。1994 年，开展学习《邓小平文选（第三卷）》活动。1995 年，组织开展建设有中国特色社会主义理论和党章学习活动。1996 年，抓好“双学”活动，开展“两个根本性转变”的核心问题讨论活动。1997 年，开展学习中共十五大精神专题活动；1998 年，开展向李向群学习活动；1999 年，开展“三讲”教育活动。2000 年，开展“学习党章、重温入党誓词”活动。2003 年，组织县直机关党组织开展“学习十六大，创建机关党建新辉煌”征文活动；2004 年，组织县直机关窗口行业开展“保持共产党员先进性实践活动”。2005 年 1 月，对县直机关党组织开展先进性教育活动进行组织、指导工作；7 月，开展保持共产党员先进性教育活动征文比赛活动，并组织领导所辖 37 个党组织开展第二批先进性教育活动。1989—2005 年，各基层党支部上党课 894 次，受教育党员 76300 多人次，党员受教育面 96% 以上。共建立党员活动室 153 个，配备党员电教器材 33 套。

基层组织建设　1989—1993 年，制定党员目标管理制度；1994 年，进一步完善党建工作制度。1996 年，在机关党组织中开展争当先进支部、争当优秀党员、争当优秀党务工作者活动。2000 年，县直机关党组织按照“坚持标准，保证质量，改善结构，慎重发展”的方针，严格程序，严格审查，建立公示制度，全年发展 68 名党员，办理预备党员转正 51 人，在恭城中学举办 1 期入学积极分子培训班，194 名入学积极分子参加培训。2001 年，对所属 100 多个基层党组织上年度贯彻机关党建目标责任制工作情况进行检查。2002 年，发展新党员 81 人、办理预备党员转正 69 人，表彰基层党组织 37 个、优秀党员 86 人、优秀党务工作者 28 人。2003 年，发展党员 66 人，举办入学积极分子培训班 1 期，156 名入党积极分子参加培训。2004 年，开展“树组工干部形象”集中学习教育活动，发展党员 71 人，培训入党积极分子 164 人。2005 年，完成基层党组织的组建和换届选举 11 个、调整充实 3 个，发展新党员 57 人，预备党员转正 63 人，培训入党积极分子 124 人。

党风廉政建设　1989—1992 年，开展正风肃纪活动。1993 年，下发《关于加强党内监督的意见》，开展民主评议机关活动。1994 年，开展“建廉政机关，当优秀公仆”活动。1997 年，开展“三严四自”活动，全年查处违纪案件 2 起，处分党员 3 人。1998—2000 年，接待和处理来信来访 16 件次，查结率 100%，查处案件 9 次，处分违纪党员 11 人。2001—2003 年，开展党风廉政建设宣传月活动，查处党内违纪案件 1 起，处分党员 2 人。2004 年，组织开展学习《中国共产党党内监督条例

(试行)》《中国共产党纪律处分条例》，是年共接待和处理来信来访13件次，结案率100%，查处案件3起，处分党员4人。2005年，接待和处理来信来访9件次，结案率100%，查处案件4起，处分党员6人，挽回经济损失30多万元。

群团组织文化建设 1989—1995年，结合党建工作，大力开展精神文明建设，每年“三八”妇女节、“五四”青年节分别与县妇联、团县委联合举办各种比赛或体育活动。每年“七一”建党节，组织县直机关党员开展歌咏比赛或演讲比赛。1996年，开展为瑶乡经济建设“建功立业”、为实现“九五”计划和2010年远景规划“献计献策”活动。1997年，开展“职工之家”评比活动和青年文明号创建活动。1998年，开展创建文明家庭活动。1999年年底至2000年年初，联合县体育事业管理中心开展迎新千年游园活动、体育活动，参加人数达1100多人次。2000年，组织县直机关党员向困难职工送温暖和向困难职工儿童捐款助学活动。2001年，组织党员参加“送温暖工程”“扶贫助学基金”活动和保护母亲河“茶江行动”。2004年，开展“世纪父母读书活动”、争创“双十佳”和“五好文明家庭活动”、在恭城中学组织师生开展“珍惜生命、拒绝毒品”大型签字仪式活动。2005年，开展向谭铠老师献爱心活动，组织县直机关女干部开展“城乡姐妹手拉手”文化扶贫献爱心活动。

政策研究工作

中共恭城县委政策研究室的工作主要有两项：一是文稿写作；二是课题研究。

文稿写作 1989—1996年，县委政策研究室或牵头，或与县委办公室及相关部门合作，参与县委历届全会工作报告的调研写作工作。主要有《关于进一步抓好党风廉政责任制，加强党风建设的决定》(1990年)、《关于依靠科技振兴恭城的决定》(1991年)、《关于搞好我县企业改革的决定》(1994年)、《关于教育改革和发展若干问题的决定》(1995年)、《关于实施“工业兴县”战略，加快1996年工业经济发展的决定》(1996年)、《关于农业强县的决定》(1996年)。

课题研究 1980—1990年，围绕农业增产、农民增收及经济发展等情况进行调查分析，为中共恭城县委制定有关政策提供参考。1991年，完成关于乡镇企业发展的课题研究。1992—1994年，县委政策研究室以县内企业发展、劳务输出、城市建设、屠宰税征收及旅游业等方面的工作开展调研，对农业增产、农民增收进行调研分析，围绕县内民营企业发展开展调查研究。1995年，协助自治区党委政策研究室研究恭城生态农业兴起和发展，为《恭城模式》的出版发行做了大量工作。

督查工作

县委督查工作以抓好县委重大决策与重要工作部署贯彻落实情况为重点，创新工作方式，改进督查手段，促进督查工作实现“刚性规则”与“柔性管理”的有机结合，不断提高督查工作水平。

2001年起，制定督查工作暂行规定，建立并执行立项、登记、送批、催办、回报、立档等督查工作程序和制度。2003年2月，成立县委、县政府重大决策督查组，负责检查督促县直各单位、各乡镇落实县委、县政府重大决策的工作。其工作直接向县委、县政府负责。

2001—2005年，县委对县直和乡镇的专（兼）职督查员进行全面系统培训，共培训督查员350多人；县委共派50多名专职人员参加自治区党委督查室举办的自治区党委系统督查人员培训班学习。

1991—2005年，总共办理督查件93件，办结率为99.6%，其中上级督查件14件。组织现场督查160余批次，办结领导批示件84件，有效地推进县委决策的落实。撰写督查调研文章23篇。

保密工作

1994年12月，成立保密局。1995年，县委保密委员会设办公室，归口县委办公室统一管理。2001年，中共恭城县委保密委员会办公室更名为保密局，并入县委办公室。

宣传教育　1995年以来，县保密局在全县范围内举办保密知识竞赛，采取广播电视、播放录像、张贴宣传标语、发放宣传资料等多种形式进行保密宣传教育，提高群众的保密意识。先后印发《中华人民共和国保密法》《保密守则》《领导干部保密知识读本》《保密法规选编》等12000多册（张）发到干部群众手中。以党校为阵地，采取以会代训的形式培训各级领导干部、涉密工作人员、企业厂长、经理，并将保密教育纳入干部培训、考核内容，增强干部对保密工作的认识。通过转发外地典型泄密案例、参观窃密泄密安全展览，发挥警示教育作用。

业务指导　1994—2005年，县保密局与县委签订保密工作责任书，并与县直部门和乡镇、县直规模以上企事业单位领导干部签订保密工作目标责任书。每年对各部门秘密文件、数据进行一次清理，并交到县保密局，统一归档，废旧秘密文件、数据统一清理，交到县档案局管理，统一监销。每年对高中考试卷管理、保管进行检查指导，确保高考、中考试卷的安全。加强对宾馆、单位的管理，没有发生泄密事件。每年对保密工作都要开展检查，重点对文秘、档案、通信、外事、印刷、复印、废旧摊点及三资企业等进行保密检查，没有发现失泄密事件。加强对计算机用户的管理，转发国家保密局《关于〈计算机信息系统保密管理暂行规定〉的通知》等一系列保密文件。加强对党政网用户的管理、检查。要求各单位要按照保密法律法规，实行物理隔离或分机运行。召开保密委员会会议，研究县内保密工作，加强对办公自动化、无线电通信、政务内网频密信息的保密管理和检查。加强对密级文件和内部数据的管理，要求县直各部门、乡镇、企事业单位对上级印发的密级文件和内部数据，由县保密局会同有关保密部门集中统一监销。2005年，县保密局要求各系统、各单位内部办的局域网、储存的内部文件和使用共享软件的计算机，加强对涉密计算机网络的保密安全管理。

完善制度　1995—2005年，坚持每年两次保密工作定期综合性检查与不定期专项执法检查相结合的制度，反复检查党政机关、要害部门的定密、文件管理、重要保密法规的贯彻等工作，加强对保密工作的依法管理。参照有关保密法规，2000年，进一步修订完善关于领导干部、涉密人员、保密文件和资料及计算机信息系统等14项保密管理制度，印发各部门、各乡镇参照执行，规范各方面的涉密事项及涉密人员的行为，促进依法治密。

机要工作

1990年3月，中共恭城县委机要股升格为机要局（正科级单位）。至2005年，县机要局贯彻中国共产党的方针、政策，认真负责做好县党政领导机关的密码电报、明传电报和中共中央、自治区党委、市（地）委的文件接收、分发、传办、管理工作，保证机要通信的安全和畅通。

1998年，普及9个乡镇的传真专线。2003年8月，成立党政机关信息加密网管理中心，配备党政网专用服务器，组建包括全县各级各部门、乡镇和企事业单位在内的单位用户的党政局域网络体系。党政内部网络可沟通全国各级党政系统横向和纵向的联系，通过明传或加密传，为上级党政机关政策传递和下级机关贯彻执行情况的回馈，提供快速、准确的服务。

2005年，全局干部获得大专以上毕业证书，全部机要人员基本掌握计算机知识和通信网络知识。

党校工作

1960年，成立中共恭城县委员会党校（以下简称县委党校）；1963年1月，设专职副校长主持工作。1966年6月“文化大革命”开始后，县委党校工作停止；1973年，恢复县委党校，归口宣传部管理，1994年6月，根据中共中央有关文件精神，县委党校由县委直接管理。1995年起，县委党校校长由分管党校工作的县委副书记兼任。1989年，县委党校在编人员15人，设办公室、教务室、科研室、后勤室；1997年，机构改革，有编制16人，在职19人。2002年，机构改革，编制16人，实有19人，仍设办公室、教务室、科研室、后勤室；2005年，人员编制及内设机构不变。

开办短期培训班 1989—2005年，县委党校落实县委下达的年度干部培训计划，与有关部门和单位配合，筹备举办各类短期培训班，培训内容根据形势教育的需要，重点对中国共产党的路线、方针、政策和重要会议精神、重大决策、决定的学习。1995—2005年，每年办班5期左右，授课30～40节次，培训500人次以上。

开办学历教育班 经中共广西壮族自治区委员会党校和中共桂林地区委员会党校批准，从1986年开始举办党政干部学历函授教育班。1992年，县委党校建立自治区党校函授学院恭城函授站，招收函授中专（政治专业）1个班、50人。1994年，举办党政中专转经济管理专科班1个、共37人；函授经济管理中专班1个、共48人。上述班次学制两年，学员学完规定课程后，经考试考核及格，颁发自治区教委验印的中等专业学校毕业证书，承认其中专学历。1993年开始，县委党校招收首届大专学员。在管理中，按照中央、自治区、地（市）委党校及其他相关大专院校的有关管理规则、教学计划等严格要求每一位学员，突出党校学历教育的特点，对学员进行党性教育，提高学员理论水平和政治觉悟。在函授、听课、作业、论文写作与答辩、考试、考核等方面，认真负责，严格要求，体现学历教育的严肃性和层次性。

教学研究 1989—2005年，为提高党校教学水平，改进教学方法，每年由教研室牵头，组织全体教师采取走出去、请进来，或者互相听课、相互点评的形式开展教学研究活动。

理论学习辅导 县委党校承担全县副科级以上领导干部集中理论学习的辅导，根据县委理论学习计划，县委党校不定期组织有教学经验的骨干教师认真备课，分阶段为副科级以上干部集中学习理论做辅导。1992年，中共十四大召开后，由党校校长为县委学习中心组作辅导。1997年，中共十五大召开后，由副校长为县委学习中心组做辅导。2002年中共十六大召开后，由副校长分别为县委学习中心组、县人民政府党组、县人民法院党组和县人民检察院党组做辅导。

调研工作 鼓励教师撰写有一定理论价值的调研文章。2000—2005年，县委党校教师每年都提供2篇以上调研文章或调查报告供县委、县人民政府决策参考。2002—2005年，党校领导或教师有18篇论文在市级以上刊物发表，8篇在国家级刊物上发表。

第二章　群众团体

1989—2005 年，恭城县群众团体有县工人联合会、中国共产主义青年团、县妇女联合会、工商联合会、归国华侨联合会、科学技术协会、残疾人联合会和红十字会等。在中共恭城瑶族自治县委的领导下，各人民团体结合行业特点和自身实际，各自开展本部门的工作。

第一节　工会

机构

1989 年，恭城县总工会有编制 9 人，设主席 1 人、副主席 1 人。内设工会经费审查委员会、女职工委员会、办公室。1997 年，机构改革，有编制 5 人，实有 8 人，内设办公室、组宣工作部和财务生产生活部 3 个职能股室。2002 年机构改革后，机关有编制 8 人，在职 8 人，内设机构未变。2005 年，县总工会实有工作人员 8 人，内设机构不变。1989—2005 年，历任主席：易宣强、龙中平、孟洪能、周冠祥。

1989 年，全县有基层工会 85 个，会员 6919 人。1991 年，在党政机关组建工会。同年年底，新建基层工会 19 个，吸收会员 1067 人。是年，全县基层工会 94 个，会员 7551 人，占职工总数的 93.48%。1992—1993 年，新建基层工会 10 个，吸收会员 862 人，全县基层工会 109 个，会员 8413 人，占职工总数的 98.5%。1994 年 7 月，开始在乡镇企业中组建工会；同年，新建基层工会 5 个，吸收会员 430 人，全县基层工会 114 个，会员 8843 人，占职工总数的 98.67%。至 1997 年年底，全县凡符合组建工会的单位均建立工会组织，建会率、入会率均为 100%。2000 年 6 月，成立县新建企业组建工会工作领导小组；8 月 15 日，完成新建企业组建工会工作，9 个乡镇机关全部建立工会；乡镇新建企业工会联合会 9 个，建入会企业 304 家，并分别建立工会小组，新增会员 973 人，其中百乐家电公司、鹤利公司、龙星公司和轧钢厂分别建立独立的工会委员会，全县新建企业 288 家全部加入工会或联合会。

2003 年 11 月，县委下发《恭城瑶族自治县开展创建合格乡镇工会活动实施方案》，成立创建合格乡镇工会领导小组，各乡镇党委也把创建合格乡镇工会活动列入党委的议事日程，成立以书记为组长的创建活动领导小组。在活动中，抓好乡镇工会“七个有”（有组织机构、有工会牌子、有印章、有办公场所、有档案资料、有工会干事、有经费台账）建设，在巩固原有组织的前提下，新发展 140 多名新会员，全县新建企业工会会员数 1748 人。2005 年，以乡镇为单位的建会率 100%，平均入会率 93%，乡镇工会联合会会员人数 1748 人，经检查验收，全县 9 个乡镇均达到“先进乡镇工会”标准。同年年底，全县基层工会 112 个，会员 9876 人，占职工总数的 94.8%。

1989—2005 年恭城瑶族自治县基层工会组织、职工、会员人数情况一览表

表 11-8　　单位：个、人

年度	基层工会数	职工总数	会员人员	年度	基层工会数	职工总数	会员人员
1989	85	7241	6919	1998	124	10654	9679
1990	87	7796	7329	1999	123	10750	9712
1991	106	8678	8396	2000	120	11001	9701
1992	112	9241	9005	2001	96	10983	9701
1993	116	9433	9258	2002	92	10254	9683
1994	116	9564	9258	2003	97	10752	9696
1995	121	9781	9688	2004	101	9804	8866
1996	124	9879	9748	2005	112	10421	9876
1997	124	10034	9748	—	—	—	—

工会会员代表大会

1989—2005 年，先后召开全县工会会员代表大会 3 次。

第八次代表大会　恭城县总工会第八次会员代表大会于 1994 年 11 月 8—9 日召开，出席会议正式代表 145 人。会议审议和通过县总工会第七届委员会工作报告和县总工会第七届经费审查委员会工作报告；选举产生县总工会第八届委员会委员 19 人，常务委员 9 人。主席孟洪能，副主席周冠祥。

第九次代表大会　恭城县总工会第九次会员代表大会于 2000 年 7 月 28 日召开，出席会议正式代表 135 人。会议审议和通过县总工会第八届委员会工作报告和县总工会第八届经费审查委员会工作报告；选举产生县总工会第九届委员会委员 19 人，常务委员 7 人，主席周冠祥，副主席唐运中。

第十次代表大会　恭城县总工会第十次会员代表大会于 2005 年 7 月 8 日召开，出席会议正式代表 150 人。会议审议和通过县总工会第九届委员会工作报告和县总工会第九届经费审查委员会工作报告；选举产生县总工会第十届委员会委员 19 人，常务委员 7 人。主席周冠祥，副主席田新连。

主要活动

职工代表大会　1989 年，县委、县政府颁发《恭城县乡镇工业企业职工代表大会工作试行办法》。是年，全县 85 个基层工会，有 36 家企业和 27 个单位建立职工代表大会制度，共召开职工代表大会 117 次。县总工会于 1990 年 4 月、1991 年分别在峻山电站、岛坪铅锌矿召开推行职工代表大会制度现场会和经验交流会，先后培训职工代表 2107 人次，使职代会工作日趋规范。1995 年 7 月、2000 年 3 月，县总工会两次邀请部分人大代表、政协委员到岛坪铅锌矿、矿产公司、水泥厂视察企业民主管理工作情况。2005 年，县内国有、集体企业 97% 以上建立职工代表大会制度。

“职工之家”活动　该项活动始于 1984 年，以“五化”（民主管理全员化、劳动竞赛多样化、思想政治工作经常化、人际关系“家庭化”、组织建设规范化）为标准，以“五小”（小食堂、小厕所、小洗澡房、小水井、小文化娱乐室）为基本要求，以建设“温暖、和谐、民主、团结、文明”的“职工之家”为目标，在全县各级工会持续开展。县总工会每年从“自身建设、工作业绩、思想建设、发挥工会‘四项职能’作用、社会保障和经费收管用”6 个方面对基层工会的“小家”进行评估验收。1990 年，经验收获县级先进职工之家 30 个。1991 年，职工之家有 50 个，经验收获县级先进职工之家 37 个，占职工之家总数的 74%。1992 年，以县公路段创建职工小家为样板，组织 62 个基层工会

近120人参观学习，全县工会建小家320个全部验收合格；职工之家有53个，经验收获得“县级先进职工之家”称号41个，占职工之家总数的77.36%。1993年，虎尾道班工会小组荣获“全国模范职工之家”称号。1996年，峻山电站工会被评为自治区“模范职工小家”。

维护职工合法权益活动　1995年，开始全面实行劳动合同制度。1996年7月，开始平等协商，推行集体协商签订集体合同。是年年底，全县48家企业（其中，国有企业28家、股份合作企业1家、合资企业1家、集体企业18家）全部签订集体合同，覆盖职工人数4123人，占全县会员职工的61.1%。1999年，由于企业改革不断深化，相当部分企业已改制为民营经济，企业工会组织自然消失，到期续签集体合同的有13家，覆盖职工数1581人，占职工会员总数的30%。2001年，凡合同到期的，100%进行续签，9个乡镇新组建的乡镇企业工会联合会也开展集体合同签订，签订率100%。2005年，全面推行以工资报酬为主要形式的集体协商制度，全县签订集体合同42份，覆盖261个企业，职工6135人，其中国有企业17份，覆盖17个企业、职工1913人；集体企业4份，覆盖4个企业、职工403人；私营企业10份，覆盖10个企业、职工1748人；外资企业2份，覆盖2个企业、职工323人；其他企业9份，覆盖228个企业、职工1748人。签订工资专项集体合同21份，覆盖企业21个、职工2316人，其中国有企业17份，覆盖17个企业、职工1913人；集体企业4份，覆盖4个企业、职工403人。

2001年，以开好一年两次的职代会（股东会），办好厂务公开栏的形式在全县国有工业企业、股份制企业全面推行厂务公开制度。8月下旬，在县电力公司召开厂务公开现场会，推广新经验和做法。2002年，有9家国有企业、3家股份制企业开展厂务公开工作，主要形式有职工代表大会报告会、党政工联席会议、设立专门公开栏目、根据地域职工分布的实际情况分片按班组公开共4种，收集整理各类职工代表提案、议案363条，职工代表351人参加对36名企业领导的民主评议，满意率均在85%以上。2005年，全县所有国有工业企业全部实行厂务公开工作，2家股份制企业、1家集体企业以及2家企业化管理的事业单位推行厂务公开工作，覆盖职工2700人，占企业职工人数的89%。同年，县电力公司获“桂林市厂务公开工作先进单位”荣誉称号。

1997年6月，随着企业改革的不断深入和现代企业制度的建立，企业富余职工、失业职工人数逐年增加，相当部分职工及家属生活无法保障，县总工会先后成立下岗职工再就业信息服务中心、女职工就业信息服务中心，是年，共组织女职工技术培训1200多人次，帮助680多名下岗职工重新就业，其中有360名女职工。1998年8月，建立促进下岗职工再就业工作领导小组，负责下岗职工培训和提供劳务信息。是年，举办下岗职工家电修理技能培训班1期、裁剪培训班3期，参加培训人员560多人次，下岗职工再就业率80%。据统计，1999—2005年，举办各种下岗职工技能培训班共22期，培训1762人次。

思想教育　1989—2005年，县总工会根据中国共产党和国家形势及恭城实际认真开展职工思想教育。1989—2001年，进行中国共产党的基本路线、走社会主义道路和爱国主义、艰苦奋斗和革命传统、社会主义民主和法制、女工“四自”（自尊、自信、自立、自强）、坚持四项基本原则及反对资产阶级自由化等教育活动。2003年，学习中共十六大精神，开展理想教育、职业道德教育、改革形势教育等系列活动，教育职工树立爱岗敬业、诚实守信、奉献社会的良好职业道德，增强职工的市场经济意识、竞争意识和创新意识；在女职工群体中开展“女职工素质达标”活动，是年参加达标活动的女职工占辖区女职工总数的81.54%。采用选送培训、以会代训等方式培训基层工会干部，6人参加自治区培训，159人次参加桂林市培训。2004—2005年，学习贯彻“三个代表”重要思想，引导广大职工正确处理国家、集体和个人之间的关系，发扬奉献精神。

文体活动　1989—2005年，县总工会积极办好工人俱乐部，发挥放映厅、录像厅、舞厅、图书室的作用，为职工的业余文体活动提供场地和丰富活动内容。组织开展大型的职工文艺演出6次，每次参加演出的基层工会组织在35个以上，每次参加演出活动的职工900人左右。演出的内容有大合唱、小合唱、独唱、歌舞、小品、器乐演奏及彩调剧等。组织开展职工拔河赛7次，参加拔河的基层工会每次均达75队以上，参加拔河的职工每次达到1000人。每年“五一”组织职工举行棋牌比赛，每次参加比赛的职工200人以上。组织职工举行“两人三足”接力赛一次。2003年，有6个非公企业工会组织首次组队参加县总工会组织的职工拔河赛活动，农民工首次参加县总工会组织的活动，至2005年参加职工拔河赛的非公企业达16个队，人数294人。

劳动竞赛 1990年，在国营企业和部分其他企业中全面开展以“双增双节”（增产节约、增收节支）为内容的社会主义劳动竞赛。在7家单位分别创效益12万多元，获桂林地区“高速高效”杯劳动竞赛银杯奖，县公路段升级竞赛班组获桂林地区“高速高效”杯劳动竞赛金杯奖。1991年，组织全县9家国营工矿企业、2700多职工开展“质量、品种、效益杯”劳动竞赛，收到合理化建议657条，采纳367条，创造经济效益117.3万元。县供销社和县化工厂分别获桂林地区社会主义劳动竞赛银杯奖和铜杯奖。县公路段获国家级达标班组1个，自治区级“双文明”道班8个。1992—1995年，劳动竞赛，收到合理化建议1023条，采纳873条，创造经济效益874万元。1996—2003年，县总工会与劳动局、经贸局和企业局一起组织职工开展“学、比、创、攀”“创经济效益杯”“扭亏为盈杯”“优质文明杯”活动，针对广大女职工深入开展“一学二比巾帼奉献”“女职工建功立业工程”等内容的劳动竞赛，共收到合理化建议1423条，被采纳756条，创造经济效益820多万元。2004—2005年，开展“创最佳经济效益”“优质、高产、低耗、安全”“争当科技创新能手”“争当教学能手”“争当优秀政法卫士”等一系列劳动竞赛，共收到合理化建议1132条，被采纳776条，创造经济效益643多万元。

劳模管理 2002年，开始对全县解放后的市级以上的劳动模范进行摸底调查，并在县总工会建立档案。1950—2005年，全县共有市级以上的劳动模范39名。其中，全国劳动模范2名、自治区级劳动模范23名、市级劳动模范14名；男劳模38名、女劳模1名；在国家机关工作的劳动模范4人、在事业单位工作的劳模8人、在企业工作的劳模12人、农民劳模15人。在39位劳动模范中，最大年龄78周岁，最小年龄29周岁，平均年龄52周岁。从2004年开始，全县市级以上的劳模全部兑现了荣誉津贴。全国劳模每月享受100元的荣誉津贴，自治区劳模每月享受70元的荣誉津贴，市劳模每月享受50元的荣誉津贴。津贴来源，财政全额拨款，单位的各级劳模由县财政统一拨款到县总工会，县总工会在每年的1月和7月发放，企事业单位按工资来源渠道由单位发放。农民劳模的荣誉津贴由县财政解决。自2002年起，县总工会每年对困难劳模进行慰问，至2005年，共慰问劳动模范66人次，发放劳模慰问金3.5万元。

帮扶困难职工活动 1991年以来，工会每年都要组织送温暖活动，通过募捐和财政拨款筹措资金，利用元旦、春节等节日慰问病残、退休和特困职工。至2005年，共慰问困难职工1292人次，发放慰问金33.4万元。1999年，开始开展为下岗特困职工子女“捐资助学”活动，是年共筹资1.3万元。至2005年，累计“捐资助学”资金3万元。2003年8月，组织参加市总工会“职工重大疾病互助保险”，是年有10个单位的1272人参保。到2005年，共有1700多名职工购买互助保险3000多份。

第二节 共青团

组织建设

共青团县委 1989年，中国共产主义共青团恭城县委员会（以下简称团县委）定编5人，实有5人，设书记1人，副书记1人。内设办公室、学校少年部、青年部。经1994年和1997年两次机构改革，人员编制均维持不变，内设办公室、学校少年部、希望工程办公室。2002年，机构改革，定编4人，实有3人，设书记1人、副书记1人、工作人员1人。2005年年底，团县委定编3人，实

有3人，内设机构不变。1989—2005年，历任团县委书记：唐建林、唐云舒、林中、李立新、盘后云、周运业、黄韬。

基层团委 1989年，全县有13个基层团委，6个团总支部，266个团支部，团员6750人。1990年，在4个乡镇试行共青团基层组织的体制改革，实行共青团干部先选后聘的管理体制。采用公开、民主、平等的方式，经文化考试、组织考查、演讲答辩、小组评议及举行团代会等程序产生团委书记，再试用半年，考核合格后正式签订聘任合同。1991年，全面进行基层团组织的整顿和调整工作，将任命制改为公开选聘制，并建立各项管理制度，同年一类支部由115个上升为191个。1992年，为全面深入地贯彻落实中共十三届八中全会精神，以全县开展“党建带团建”为主要载体的共青团基层组织建设活动。各级团组织做好深化青少年社会主义思想教育，通过各种形式对青少年进行党的“三基教育”和“共青团基本知识教育”达上万人次，办社教培训班80多期，有54928名青少年参加，上团课124次，出版专栏94期；深化“学雷锋、树新风”活动，据不完全统计，全县有1404个服务队、55791人参加活动；开展“双三十工程”（转变30个落后团支部、建设好30个先进团支部的标准）活动，深化岗位目标管理制度，建立“三会一课”制度，实行团支书工资报酬与工作实绩挂钩制度。整顿后，219个团支部，二类团支部升为一类团支部共78个，三类团支部升为二类团支部共109个，204名优秀团员被推荐给党组织列为培养对象的有139人。1993年，平安乡团委被自治区党委组织部、团区委授予“推荐优秀团员作党的发展对象先进集体”荣誉称号。1997年起，严格按照“培训—定对象—填表—审批—宣誓—颁证—注册—归档”的程序发展团员，完善团员管理。1999—2005年，大力发展和培养农村青年星火带头人，以换届培训为契机，建立健全村团支部班子，81%的村实现集村科技副主任、团支部书记、青年星火带头人“三位一体”。经过一系列组织建设，2005年，全县有19个基层团委，10个团总支部，250个团支部，团员10250人。

1989—2005年恭城县共青团组织和共青团员统计表

表11-9

年度	团委（个）	团总支（个）	团支部（个）	团员（人）	年度	团委（个）	团总支（个）	团支部（个）	团员（人）
1989	13	6	266	6750	1998	15	15	254	9900
1990	13	12	260	6943	1999	16	12	250	9950
1991	14	18	253	7152	2000	18	12	245	9890
1992	15	18	247	7232	2001	16	10	248	10125
1993	15	20	267	7720	2002	17	12	240	10056
1994	15	20	269	9781	2003	17	14	242	9980
1995	14	19	272	10324	2004	18	10	249	9995
1996	12	18	271	9877	2005	19	10	250	10250
1997	13	17	270	9788	—	—	—	—	—

共青团代表大会

1989—2005年，先后召开全县共青团代表大会5次。

第十三次代表大会 中国共产主义青年团恭城县第十三次代表大会1992年10月9—10日召开。出席大会代表180人，列席代表27人。会议听取林中作的《开拓进取，艰苦奋斗，在改革开放环境中造就一代四有新人》的报告。选举产生共青团恭城县第十三届委员会委员20人，常委5人，书记林中。

第十四次代表大会　中国共产主义青年团恭城县第十四次代表大会1994年10月10—11日召开，出席大会代表192人，列席30人。会议听取李立新作的《抓住机遇，深化改革，团结带领各族青年为加快恭城经济建设而努力奋斗》的报告。选举产生共青团恭城县第十四届委员会委员20人，常委6人，书记李立新。

第十五次代表大会　中国共产主义青年团恭城县第十五次代表大会于1997年7月12日召开，出席大会代表189人，列席27人。会议听取周运业作的《解放思想，团结一致，再创佳绩，把绚丽的共青团事业推向二十一世纪》的报告。选举产生共青团恭城县第十五届委员会委员20人，常委6人，书记周运业。

第十六次代表大会　中国共产主义青年团恭城县第十六次代表大会于2000年10月7—8日召开，出席大会代表180人，列席30人。会议听取黄韬作的《高举邓小平理论伟大旗帜，团结带领各族青年在恭城的改革和发展新突破中建功立业》的报告。选举产生共青团恭城县第十六届委员会委员17人，常委7人，书记黄韬。

第十七次代表大会　中国共产主义青年团恭城县第十七次代表大会于2003年7月30—31日召开，出席大会代表180人，列席30人。会议听取黄韬作的《深入贯彻党的十六大精神，团结带领各族青年为加快瑶乡青年奔小康进程而努力奋斗》的报告。选举产生共青团恭城县十六届委员会委员20人，常委7人，书记黄韬。

主要活动

团员教育评议　1989年，成立县团员教育评议活动领导小组，在全县开展团员教育评议活动，通过团员个人思想总结，召开团的民主生活会进行群众评议，评出优秀、合格、经教育后合格或不合格团员4个档次。同年，15个基层团委全部完成评议任务，评议出不合格团员23人。1990—2005年，共评议出不合格团员317人。

科技兴农活动　1993年，开展“科技兴农”活动，共举办129期培训班，培训28594人次，其中县级“星火带头人”108人。开展“五小”（养猪、养羊、养牛、养兔、养禽）养殖竞赛，60%的农村团员参与；发展绿化工程，新建绿化工程3个，总面积75公顷；组织青工技术比武活动，成立青年突击队28支，建立文明柜（组）14个，1000人次参加竞赛29次。1997年，配合有关部门举办水果种植技术班，培训青年2万人次，团县委分别创建面积10公顷白果、9.5公顷月柿基地。1998—2005年，全县创建共青团领办科技示范基地有“三元杂”瘦肉型种猪场、名特优品种种植示范场、江西蛋鸭养殖场共3个，领办科技推广项目共84项，其中县级3项、乡镇级9项、村级72项，种植业167项、养殖业35项、加工业12项；共办培训班1489期、17301人次，覆盖农户8.98万户。

创建青年文明号活动　1994年开始，按照团中央要求，创建“青年文明号”4个，推荐5项“五小”（小发明、小创造、小革新、小设计、小建设）成果。建立青年突击队9支，组织“青工技能月”活动，开展各类竞赛32次。引导农村青年发展高效农业，进行产业结构调整，开展“五小养殖”（小果园、小鱼塘、小林场、小养殖、小企业）竞赛活动。观音乡团委以股份合作制形式，创办猪场1个，年创效益37000元。完成创建青年股份合作体25个。2001年5月，协助地税、财政、信用社等单位开展创建工作，创市级“青年文明号”单位9个，自治区级“青年文明号”单位1个。2005年，国税局、公路局等单位创建为自治区级“青年文明号”单位。

实施希望工程　1993年3月，全县实施希望工程，县委、县人民政府成立县希望工程实施领导小组，在团县委设办公室。1994—2005年，开展的活动一是捐助失学儿童，二是争取企业在贫困地区援建希望小学。1994年5月4日，举行“希望工程”义演，获得捐款3.6万多元。1995年4月，争取玉林柴油机厂在平安乡援建恭城第一所希望小学——玉柴希望小学。1995—1996年，号召团员开展“爱心储蓄”活动，全县完成指标100万元以上，利息全部捐给希望工程。1997年，向自治区希望办争取资金20万元，莲花镇黄坭岗村兴建“陈廷骅希望小学”1所，完成“1+1”助学指标67名。2001年后，希望工程的重点转移到对品学兼优的“希望之星”进行跟踪培养和对希望小学的后续扶持上来。希望工程实施期间，恭城通过组织开展各种形式的募捐活动和向上级团委争取“希望工程”项目，共筹措资金56万元，援建2所“希望小学”，建筑面积1080平方米，救助失学儿童156人。

青年志愿者活动 2001年，团县委按照团中央统一部署开展青年志愿者活动，组建恭城西部计划大学生志愿者协会，有大学生志愿32人。是年，志愿者完成服务岗位之余，还开展“中秋月饼义卖”“弘扬荣辱观，构建和谐新恭城”“爱心助学”等活动。2002年，组织“西部计划大学生志愿者”和县“青年志愿者”开展“学雷锋、做好事”活动，义卖、捐助和志愿者服务活动。是年，志愿者61人共做好事203件，捐助失学儿童返校26人。从2003年起，每年筹集志愿者奖学金6000元，资助观音、三江乡等乡镇中小学家庭经济困难且品学兼优的学生46人。2004—2005年，先后在平安乡敬老院、第三届月柿节组织敬老志愿者服务。2005年9月10日，在县城十字街举办“伸出你的手，献出一份爱心”为主题的中秋月饼义卖活动，募集奖学金3368元。

团县委加强大学生志愿者管理工作，至2005年年底，团县委向党组织推荐11名志愿者加入中国共产党。有12名志愿者被选为自治区选调生，19人被录用为国家公务员，7人被录用为人民教师，66人获“广西优秀志愿者”称号。

少先队活动 1989—2005年，全县少先队组织先后开展“学习十佳少年”“送温暖”“红领巾读书，读报奖章”“我的祖国，我的教师”“爱科学月”等活动，培养少年儿童爱科学、爱祖国的思想感情。

1989年，全县少先队共有253个大队，队员21524人。是年，培训中小学少先队辅导员66人，并颁发聘请书。恭城镇小学开展多种形式学雷锋、学“十佳少年”、学赖宁活动，成立“送温暖”小组，全校少先队为“五保”户、军属送柴4吨。1990年暑假期间，教育局、团县委、县科委联合举办“优秀少先队员夏令营”活动，有30多名儿童参加。是年，全县有少先队员22720人，80%以上小学生加入少先队组织，全县建立少先队辅导网络。

1994年9月，成立少先队恭城县第一届工作委员会，团县委1名副书记任主任，教委1名副主任任副主任，并在县教委设立少工委办公室。1995年，全县少先队开展“五自”（自学、自理、自护、自强、自律）教育和创建“文明雏鹰小队、中队”活动，恭城镇少先队大队部被评为1995年“全国文明雏鹰大队”。1996年，贯彻落实《广西壮族自治区辅导员工作管理条例》，县少工委给167名总辅导员颁发聘任书，为569名辅导员发给少先队辅导员函授培训资料。是年，全县有226个少先队大队、1518个中队、28037名队员，建队率100%，入队率91%。1997年，县直三小“送温暖假日小队”被评为“全国文明雏鹰假日小队”。

1998年，全县有232个中队、队员29011人。2000—2004年，被桂林市教育局表彰的恭城县直第二中心校大队、栗木镇小学大队、恭城县直第三小学五年级中队、江贝小学98-4中队、恭城镇乐湾小学一（1）中队。2005年，全县少先队设114个中队，队员31205人。

第三节 妇女联合会

组织机构

县妇女联合会 1989年，恭城县妇女联合会（以下简称县妇联）内设办公室、权益部、少儿部、组宣部，有编制（专干)5人。1997年，机构改革，县妇联定编4人，实有6人。2002年，机构改革，县妇联定编4人，其中行政编制3人，事业编制1人。设主席1名，副主席1名。2005年12月，县

妇联有专职妇女干部 4 人，其中主席 1 人，副主席 1 人，办公室干事 2 人。

1989—2005 年，历任主（任）席：陈雅丽、覃勤凤、李媛。

基层组织 1989 年，全县 9 个乡（镇）都有妇女联合会，117 个行政村、4 个街道委员会均设有妇女代表会，共有专职妇联干部 9 人，兼职 11 人，妇代会主任 121 人。1990 年 10 月，成立龙虎乡第一届妇女联合会，设副主任 1 人。1991 年 12 月，成立直属机关第一届妇女联合会，设主任 1 人，兼职副主任 2 人。2004 年 6 月，原恭城镇街道委员会分设 3 个社区，成立茶东社区、茶南社区、茶西社区妇代会，各设主任 1 人。2005 年，9 个乡镇妇联主席各 1 人，县直机关妇委会 54 个，有专职妇联干部 9 人，兼职 7 人。

妇女联合会代表大会

1989—2005 年，共召开 3 次县妇女联合会代表大会。

妇女联合会第十一次代表大会 恭城县妇女联合会第十一次代表大会于 1992 年 5 月 16—17 日在县城召开。会议议程是审议第十届妇女联合会工作报告，确定下一阶段全县妇女发展工作目标，选举产生恭城县妇女联合会第十一届执行委员会。会议通过全县第十届妇女联合会工作报告，选举产生恭城县妇女联合会第十一届执行委员会委员 23 人，常委 7 人，主任陈雅丽。

妇女联合会第十二次代表大会 恭城县妇女联合会第十二次代表大会于 1998 年 6 月 8—9 日在县城召开。会议议程是审议第十一届妇女联合会工作报告，确定下一阶段全县妇女发展工作目标，选举产生恭城县妇女联合会第十二届执行委员会。会议通过全县第十一届妇女联合会工作报告，选举产生恭城县妇女联合会第十二届执行委员会委员 27 人，常委 9 人，主席陈雅丽（陈雅丽退休后，由覃勤凤、李媛分别接任）。

妇女联合会第十三次代表大会 恭城县妇女联合会第十三次代表大会于 2003 年 9 月 7—8 日在县城召开。会议议程是审议第十二届妇女联合会工作报告，确定下一阶段全县妇女发展工作目标，选举产生恭城县妇女联合会第十三届执行委员会。会议通过全县第十二届妇女联合会工作报告，选举产生恭城县妇女联合会第十三届执行委员会委员 27 人，常委 9 人，主席李媛。

主要活动

1989—2005 年，县妇联组织广大妇女参加创建“妇女之家”“美德在农家”“双学双比”（学文化、学技术、比成绩、比贡献）、“巾帼建功”“巾帼文明示范岗”“五好文明家庭”（爱国守法，热心公益好；学习进取，爱岗敬业好；男女平等，尊老爱幼好；移风易俗，少生优育好；勤俭持家，保护环境好）、“科技与环保示范户”等活动，涌现大批先进人物，共评选出“双学双比”女能手 1290 人、巾帼建功标兵 153 人、“五好文明家庭”595 户、优秀妇联干部 273 人、“科技与环保示范户”144 户。赵梅英荣获全国“三八绿色工程”奖章，常美玲、欧智荣荣获全国“双学双比”女能手称号，胡群芳获得全国“巾帼建功”标兵、全国“三八红旗手”称号，李福姣获全国“五好文明家庭”荣誉称号。

创建“妇女之家”活动 1985 年，县妇联开始开展创建“妇女之家”活动。1989 年，利用“妇女之家”的阵地，围绕经济建设这个中心，组织妇女学习党的路线、方针、政策，学文化、学技术、学法律，进行“四有”（有理想、有道德、有文化、有纪律）、“四自”（自尊、自信、自立、自强）教育，广泛开展适合妇女特点的各项活动，激发各族妇女的积极性，发挥广大妇女在两个文明建设中的“半边天”作用。1989—1991 年，共创办“妇女之家”90 家，全县参加普法学习 53273 人，参加科技培训 23397 人，接受“四自”教育 5267 人，参加文化学习 3899 人，1809 人脱盲。1992—2005 年，“妇女之家”创建 50 家，2005 年年底增至 140 家。其间，参加普法学习 76632 人次，参加科技培训 213937 人次，接受“四自”教育 67521 人，参加文化学习 18989 人。

“双学双比”活动　1989年6月，县妇联与县委、县人民政府倡导的“养猪—沼气—果树—灯—鱼塘”“五小”生态农业有机结合起来，开展“双学双比”活动（学文化、学技术、比成绩、比贡献），全县6.3万名女劳动力有6.1万名参加，占女劳动力的98%。同年，县妇联与县农业、畜牧、科技等部门联合到乡（镇）、村举办科学种养、建沼气池等农村实用技术培训，全县有60%的村建立妇女科技培训学校，至2005年累计办班560期，培训妇女14199人次，其中有1178名妇女获绿色证书，掌握1～2门实用技术，积累一套因地制宜脱贫致富奔小康的种、养经验和方法。建立以沼气为纽带的林果开发畜牧业发展示范点，以点带面。1989年，全县共评比表彰“双学双比”女能手431人（含种果单项奖、养猪单项奖、造林单项奖、食用菌单项奖、加工场单项奖、超交爱国粮奖）。1989—2005年，获全国“双学双比”女能手称号2人（常美玲、欧智荣），自治区“双学双比”女能手称号6人（赵梅英、赵凤英、唐维华、容桂琼、马丽华、常美玲），市“双学双比”女能手称号40人，县“双学双比”女能手称号1290人。其中，平安乡桥头村欧智荣，种植无公害名优水果10公顷，培育苗木10多万株，水果年收入24万多元，先后荣获自治区级“科技种养能手”称号、全国妇联授予的“双学双比”女能手荣誉称号（2004年）。恭城镇乐湾村常美玲于1990年与人联合成立第一个农民水果购销服务部，推销恭城的柑橙等水果，南至广州、深圳、海南、凭祥，北到哈尔滨，1991年起每年都为乐湾村推销柑橙水果350吨以上，1995—2005年向外推销柑橙水果3600多万吨，1999年获全国妇联授予的“双学双比”先进女能手荣誉称号和自治区“劳动模范”荣誉称号。

“巾帼建功”活动　1992年，县妇联在城镇妇女中开展以“九赛九比”（赛热爱党，热爱社会主义，比有理想、有道德、有文化、有纪律；赛尽主人翁责任感，立足本职，提高业务技术水平，比自尊、自信、自立、自强；赛“双增双节”，比利用边角余料，巧手奉献，变废为宝；赛学习先进见行动，比在各自的工作岗位上兢兢业业，艰苦奋斗，克服困难，遵纪守法、文明、团结、互助；赛质量，比产品合格率，管理工作程序条理化；赛安全，比减少设备事故等；赛想办法，提合理化建议，比采纳效果；赛优质服务，比热情主动，文明礼貌，技术业务熟练；赛支持丈夫、子女工作，比工作生产先进，家庭团结和睦）为核心内容的“巾帼建功”竞赛活动，全县城镇共21474名妇女参加该项活动。1996—2001年，先后有百乐家电公司陈娜，林伟红砖厂的林伟，开办拖拉机厂、纸箱厂、煤球厂厂长余伟民，谭子装饰公司陈元干等被评为自治区、桂林市“巾帼建功”标兵。下岗女工胡群芳下岗后创建旺达工艺厂，制作衣架，产品畅销国内外，2002—2004年，安置70名农村剩余劳动力和下岗工人就业（其中，下岗职工40多名），完成产值700多万元，上缴国家税金51万元。2003年，胡群芳获全国“巾帼建功标兵”称号；2004年，胡群芳获全国“三八红旗手”称号。1992—2005年，全县获得全国妇联表彰的“巾帼建功标兵”1人（胡群芳）；自治区妇联授予“三八红旗手”4人（陈淑英、卢达英、常建英、欧智荣），地、市妇联表彰“巾帼建功标兵”5人；县级“巾帼建功标兵”143人；创建自治区级“巾帼文明示范岗”2个，市级“巾帼文明示范岗”9个。

“党建带妇建活动”　2004年，结合全县“百里党建工作主干带”建设、乡（镇）党委“六个好”（选配一个坚决贯彻党的路线方针政策、公正廉洁、团结合作、战斗力强的好班子，首先要有一个党性强、作风正、能力强的乡镇党委书记；建设一支精干高效、素质优良、群众拥护得好的乡镇干部队伍；选准一条符合本地实际的发展经济、共同富裕的好路子；建立一套行之有效的工作、管理和监督的好制度；保持一种密切联系群众、艰苦奋斗、实事求是的好作风；形成一个坚持“两手抓、两手硬”，促进物质文明和精神文明协调发展的好的工作格局）和村级组织“五个好”（领导班子好、党员队伍好、工作机制好、工作业绩好、群众反映好）目标要求在全县开展“党建带妇建”活动，以“党团妇女民兵活动室”为场所，以家庭为阵地，举行各种有益于妇女身心健康的学习、培训、读书、健身活动。全县共建立35个村级党团妇女民兵活动室，全县有80%的农村妇女参加县妇联举办的“绿色家庭”知识竞赛；农村基层妇代会建会率达100%，县直机关、科教文卫等事业单位建会率达

85%；124 名村（社区、居委会）妇代会主任中中共党员 72 人、占 58%，村妇代会主任进“村（居）支委和村委”的 102 人、占 82%，117 名村妇代会主任达到农民技术员水平。2005 年，全县有县妇联 1 个，乡（镇）妇联 9 个，村（社区、街道）妇代会 124 个。

“五好文明家庭”评比活动　1989 年，县妇联在全县开展“五好家庭”（爱国守法，热爱公益好；学习进取，爱岗敬业好；男女平等，尊老爱幼好；移风易俗，少生优育好；勤俭持家，保护环境好）标兵户评比；1996 年后，改称“五好文明家庭”户。1989—2005 年，共获得全国级“五好文明家庭”1 户，自治区级“五好文明家庭”2 户，市级“五好文明家庭”2 户，县级“五好文明家庭”590 户。

“春蕾计划”活动　1995 年，县妇联开展“春蕾计划”活动。扶持全县品学兼优的、失去双亲的孤儿或单亲家庭困难和特困户的女童。是年，有 2 个单位和 2 位爱心人士为活动捐款，扶持女童 5 人，扶持金额 650 元。2000 年，有 20 个单位、4 位爱心人士为活动捐款，扶持女童 32 人，扶持金额 8600 元。2005 年，有 28 个单位、11 位爱心人士为活动捐款，扶持女童 58 人，扶持金额 21060 元。1995—2005 年，共有 198 个单位、76 人扶持女童 336 人次，扶持金额 11.32 万元。受助女童全部完成九年义务教育学业。其中，林业局扶持化育村的女孩罗 ××，从初中到荔浦师范毕业，成为教师；县电力公司扶持的平安乡和平村聋哑女童杨 ××，2004 年，从桂林市聋哑学校毕业后回村经营商店，自食其力。

“美德在农家”活动　2004 年，县妇联在全县范围内开展“美德在农家”活动，以全面提高广大家庭成员的思想道德素质、科学文化水平为宗旨，以创建富裕生态家园示范村为契机，按照“家家学、家家议、家家做、家家乐、家家评”5 个环节的要求，将“美德在农家”的活动内容有机融入农村“三个文明”（物质文明、政治文明、精神文明）建设中。组织农业、科技、卫生等部门下乡入村举办各类培训班，组织群众召开评议会和农事讨论会，签订家庭美德承诺书，开展改水、改路、改厕、改沟、改圈活动，创建莲花红岩、平安社山、栗木岩口示范点。同年，共举办各类培训班 208 期，培训妇女 7650 人次，妇女参加培训率达到 40% 以上；全县有 60 个村、屯，2000 多农户申请建生态文明新村；红岩村、北洞源村分别被自治区妇联、市妇联授予“美德在农家”示范村称号。至 2005 年，全县共评出“五星级文明户”867 户。观音乡杨梅垒口屯李福姣户获全国“五好文明家庭”荣誉称号。

保护妇女儿童合法权益　1989—1995 年，县妇联贯彻落实国家颁布的《女职工劳动保护规定》《全国人民代表大会常务委员会关于严禁卖淫嫖娼的决定》《全国人民代表大会常务委员会关于严惩拐卖、绑架妇女、儿童的犯罪分子的决定》《中华人民共和国妇女权益保障法》《中国妇女发展纲要》《九十年代中国儿童发展规划纲要》《中华人民共和国未成年人保护法》《中华人民共和国预防未成年人犯罪法》等法律法规。组织法律宣传讲课 180 次，听众 7421 人次，书写大小标语 6982 张，发送资料 9654 份，出墙报、黑板报 1236 期。举办演讲会 25 次，知识竞赛 12 次，文艺演出 19 场。1995—2000 年，组织法律宣传讲课 51 场次，听课人数 2.71 万人次。2001 年，维护妇女合法权益，主要是保障妇女在生产工作、参政议政、接受教育、婚姻自由、财产继承及人格尊严等方面的权利，同时帮助妇女脱贫致富，从根本上维护贫困妇女的权益，致力于促进男女平等和提高妇女地位。是年，制定《2001—2010 年恭城瑶族自治县妇女发展规划》，印发资料 13000 份，举办宣传讲座 79 期。2002—2005 年，县妇联配合公安部门依法提请逮捕拐卖妇女、儿童犯罪分子 4 人，解救被拐卖妇女 4 人、安置妇女、儿童 6 人。

“科技与环保示范户”评比活动　2002 年，县妇联为继续抓好农村“双学双比”（学文化、学技术；比成绩、比贡献）竞赛活动，提高广大农村妇女的科技文化水平，帮助妇女脱贫致富，调动妇女创业的积极性，在全县农村开展“科技与环保示范户”评比活动。至 2005 年，全县评选出“双学双比”女能手 1290 人，“科技与环保示范户”146 户。其中，获自治区级“科技与环保示范户”2 户，获县级“科技与环保示范户”144 户。

第四节　工商联合会

组织机构

县工商联合会　1989 年，恢复恭城县工商业联合会。恢复初期有工作人员 3 人。设主任委员 1 人，副主任委员 1 人。20 世纪 90 年代机构改革后，工商联定编 3 人，设会长 1 人，副会长 1 人，工作人员 1 人。2002 年，机构改革，县工商联定编 2 人，设会长 1 人，副会长 1 人。2005 年，工商联有编制 2 人，其中会长 1 人，副会长 1 人。

1989—2005 年，历任会长郑剑琴、李媛、田克生。

基层组织建设　1989 年，县工商联恢复后，首要任务是抓组织建设，扩大队伍活动力。1994 年，发展新会员 60 人，共有会员 308 人。1995 年，恢复和建立全县 9 个乡镇的工商联分会，发展新会员 103 人。

1997 年，组建工商联互助储金会，逐步把有经济实力、遵纪守法、爱国敬业的非公有制经济人士吸收入会，组织商会会员学习中国共产党的路线、方针、政策，增强非公有制经济人士爱党、爱国、爱人民的自觉性，开展“致富思源，富而思进”活动，参与地方经济建设及各种公益事业。2005 年，全县有 9 个乡镇工商联分会，分会会长 9 人，副会长 42 人，会员 2154 人。

工商联会员代表大会

1989—2005 年，共召开县工商联会员代表大会 4 次。

工商联第六届会员代表大会　1989 年 11 月 23—25 日在县城召开，63 人参加会议。主要议程是听取和审议恭城工商联第五届执行委会员工作报告，制定未来 5 年恭城工商联发展规划，选举产生第六届执行委员会，常务委员 9 人，委员 21 人，主任委员郑剑琴。

工商联第七届会员代表大会　1994 年 10 月 12 日在县城召开，87 人参加会议。主要议程是听取和审议恭城瑶族自治县工商联第六届执行委会员工作报告，制定未来 5 年恭城工商联发展规划，选举产生第七届执行委员会，常务委员 12 人，委员 23 人，李媛为会长。

工商联第八届会员代表大会　1997 年 6 月 25 日在县城召开，125 人参加会议。主要议程是听取和审议恭城瑶族自治县工商联第七届执行委会员工作报告，制定未来 5 年恭城工商联发展规划，选举产生第八届执行委员会，常务委员 16 人，委员 35 人，名誉会长县长杨程，会长田克生。

工商联第九届会员代表大会　2002 年 3 月 20 日在县城召开，131 人参加会议。主要议程是听取和审议恭城工商联第八届执行委会员工作报告，制定未来 5 年恭城工商联发展规划，选举产生第九届执行委员会，常务委员 15 人，委员 20 人，会长郑元胜。

主要活动

参政议政　1990—1994 年，县工商联组织会员对全县 8 个行业收费进行调查，写出调查报告，对一些不合理的收费和收费项目繁多提出意见和建议。县人民政府采纳这些建议，减少收费项目，减轻这些行业的收费负担。1995—2005 年，县工商联围绕全县经济建设，积极进言献策，参政议政。1997 年，向县委提出关于《加强统一领导，适度发展个体私营经济的建议》等建议，得到县领导的重视和采纳。1999 年，号召县工商联中的政协委员为全县两个文明建设“献良策，办实事，做贡献”，并作出具体活动安排。县工商联做好非公有制经济代表人士的政治安排推荐工作，每届人大代表、政协委员都有工商联会员。县工商联会员宁少可、陈娜、胡群芳当选桂林市人大代表。

招商引资 1990—2005年，县工商联多次组织人员赴自治区外参加博览会、经贸座谈会、产品展销会，学习区外先进经验，协助个体民营企业解决贴息贷款、建设用地及群众纠纷等问题，促进民营经济发展。2001年，内引外联200多万元，推销水果2万多吨，组织7家个体企业参加南宁、桂林农产品交易会。2003年，全县非公有制经济新增项目32个，投入资金5358万元，安排下岗人员205人。恭城镇商会常务副会长陈允成，投入200万元扩大月柿加工规模。2005年，莲花镇商会副会长朱金灿和会员王绍喜分别引进脆柿加工和厘竹加工项目，共引进资金400多万元。

社会公益事业 县工商联注重引导非公有制经济人士开展“致富思源，富而思进”活动，投身社会公益事业，为社会做实事好事。1994年7月，莲花乡遭受水灾，非公有制经济人士为灾区群众捐款2万余元。此外，县工商联利用工商联统战性、经济性、民间性的优势，向上级及海内外工商界友好人士争取资金，援助扶贫和教育事业。2003年起，桂林恭城财茂水泥有限公司每年都支持一些村屯10吨水泥用于修路。2004年，县工商联争取到桂林市“光彩事业”基金会扶贫资金5万元，全县企业共28家参与捐资助学和光彩事业，捐款捐物合计101万元。2005年，县工商联联系区内外工商界人士3次到西岭乡新合村、三江乡大地村及栗木镇泉会村等地开展送温暖活动，为143户特困户，23户受灾户，13户“五保”户送去慰问金4万多元，被子281床，食用油3000多千克，大米9000多千克。

服务会员 1989年，县工商联恢复后，注重做好服务会员工作。为提高会员思想政治素质，在工商联执委中成立思想政治工作小组，先后组织会员和其他私营企业人员学习市场经济有关知识，《中央统战部关于工商联若干问题的请示》，中共十四大、十五大、十六大,《邓小平文选（第三卷）》，《爱国主义教育纲要》、WTO知识、国务院《关于鼓励支持和引导个体私营等非公有制经济发展的若干意见》；县工商联合会章程；等等。印发学习资料2800份，举办学习培训班32次，参加培训人员达4500人次。1995—2000年，县工商联为维护会员合法权益，与有关部门联系，协调处理一些纠纷问题。1998年，莲花厘竹厂扩建遇到困难，县工商联多次出面协调，帮助企业解决问题。2002年8月，有12位非公有制经济代表人士参加桂林市工商联举办的世界贸易组织及工商联知识培训班，并赴越南进行商务考察。2004年，举办2期非公有制经济人士培训班，开展“三新”学习活动，即学习新政策，促进新发展，实现新进步。2005年，开展争做“爱国、敬业、诚信、守法、贡献”的学习教育活动，聘请有关专家讲课。为开阔眼界，拓宽思路，提高管理水平，县工商联先后组织企业管理人员60多人次赴江苏、浙江等省和自治区内桂林、北海等地参观学习。

第五节 归国华侨联合会

组织机构

1984年10月，成立县归国华侨联合国。1988年11月，成立县侨务办公室，与县侨联一个机构、两块牌子。2005年年底，县侨联编制1人，实有2人。

1989—2005年，历任主席王来逢、石智民。

归国华侨联合会代表大会

恭城县归国华侨联合会第一次代表大会 1984年10月6—7日在县城召开，出席会议43人。会议主要议程是学习侨联有关精神，并选举产生恭城县领导机构。会议选举潘正琨为县侨联第一届主席。

恭城县归国华侨联合会第二次代表大会 1988 年 11 月 8—9 日在县城召开第二次代表大会，52 人出席会议。会议主要议程是听取恭城县归国华侨联合会成立以来的四年间的工作报告，讨论恭城归国华侨联合会未来几年发展规划，选举产生恭城县归国华侨第二届联合会。会议选举王来逢为县侨联第二届主席。

恭城县归国华侨联合会第三次代表大会 2000 年 12 月 18—19 日在县城召开，67 人出席会议。会议主要议程是听取恭城县第二届归国华侨联合会工作报告，讨论恭城归国华侨联合会未来几年发展规划，选举产生恭城县归国华侨第三届联合会。选举石智民为县侨联第三届主席。

主要活动

1989—2005 年，县侨联（侨办）采取出版刊物《台侨动态》、进行家访等形式，对归侨、侨眷进行《中华人民共和国归侨侨眷权益保护法》《中华人民共和国归侨、侨眷权益保护法实施办法》《广西壮族自治区实施〈中华人民共和国归侨侨眷权益保护法〉办法》等法律、法规宣传，听取“三胞”亲属的反映和要求，会同有关部门，认真落实好有关侨务政策。1996 年，1 名眷属在房屋长期被占、多年申诉未果的情况下，通过县侨联（侨办）向县人大反映汇报后，县人大督促法院开庭审理，其房屋的产权和使用权得到明确的解决。2011 年，帮助香港同胞何时珍、何时梁协调处理祖遗房屋。2005 年元旦、春节期间，县侨联对侨界工作对象开展慰问走访活动，向身体多病、生活困难的老归侨发放困难补助金 500 元。据统计，1989 年至 2005 年，累计走访 427 人次，接待来信来访 382 人次，接待回乡探亲、访友、旅游 189 人次。

1989—2005 年，县侨联通过接待回乡探亲、祭祖的华侨、港澳同胞，做好“三引进”（资金、技术、人才）铺路搭桥工作。1994 年，引进平乐台联节能燃料厂在恭城开设经营部；1995 年，为县糖厂引进资金 30 万元。1997 年，通过桂林地区侨联搭桥，与香港同胞李石庵洽谈，介绍自治县文化系统瑶族艺术团情况，通过其在香港开展搭桥引线，提高恭城在港的知名度。1998 年，接待香港协和矿业进出口有限公司驻柳州办事处张羽一行 4 人到西岭乡考察。

第六节 科学技术协会

组织机构

县科学技术协会 1989 年，恭城县科学技术协会（以下简称县科协）有编制 5 人，实有 5 人，设主席 1 人，副主席 1 人。内设办公室、科普部、学会部、少数民族科普队。1997 年，机构改革，编制 3 人，实有 5 人。2002 年 1 月，机构改革，内设机构仅保留办公室，核定编制 3 人，实有工作人员 4 人。其中，主席 1 人，副主席 1 人，办公室主任 1 人、工作人员 1 人。2005 年，机构编制、实有人员不变。

1989—2005 年，历任主席林忠培、张汉东、钟振伟、邓光盛。

基层组织 1989 年，全县建有科技协（学）会、研究会 9 个，9 个乡（镇）都有科协并配备专职科协主席，乡镇科协有会员 1204 人。20 世纪 90 年代起，科协加强组织建设。至 2005 年，全县建有农学会、林学会、兽医学会、医药学会、中医学会、中草药学会、瑶族研究会，教育学会、技术监督协会、老年科技工作者协会、计生协会、兰花协会、西岭乡大岭山红花桃协会、莲花镇红岩村生态月柿协会等 27 个专业技术协会（研究会），会员 1398 人；117 个村成立科普协会或专业合作社，建有水果销售协会、毛竹生产协会、生猪产销协会、油茶林种植协会等农村专业技术协会 152 个，会员 7 万多人。

主要活动

科普宣传 1989—2005年，全县科普工作结合“恭城模式”走以养殖为龙头，以沼气为纽带，以种植为重点的“三位一体”生态农业可持续发展路子的同时，重点开展科普宣传工作。由县科协、科技局牵头，建立科普工作联席会议制度和工作制度，利用机关事业和社会各方面科技人员力量，每年结合“科技文化卫生三下乡”，安排“春季科技下乡”“十月科普大行动”等活动，编写印制科技宣传资料，制作科普宣传图片、板报、科教片。其中，1989—1994年，共印发宣传资料10万余份，受益公众达12万余人，开展科技培训600期，培训党员、村屯干部及骨干4.8万人次。1995—2005年，共制作展板1500版，发放宣传资料15万多册（份），开展广场文化活动60多场、观众11万人次，放映电影近1000场、观众30万人次。

科技培训 1989—2005年，举办“冬季大培训”培训班1000多期，培训8.5万多人次。1999年，县委制订实施“13544”（通过培训100名农村实用技术骨干、300名乡（镇）干部、500名村干部、4000名农村党员，带动40000户农户学科技、用科技）培训计划。按照“实际、实用、实效”原则，由科协、科技局、农业局、水果办、能源办、畜牧水产局、生态农业中心等涉农部门组成科技人员下乡服务团，开展多层次、大规模的农村适用技术培训和基层干部科技教育。在加强农村党员、干部技术培训的同时，重点开展“一站一栏一员”的建设，科普示范基地创建；根据不同的培训对象，对农民进行无公害标准化栽培生产与管理方面的科技培训和“绿证”培训，如测土配方施肥，整形修剪，保花保果，综合防治病虫害，果实完熟采收等；组织技术人员在上级科研部门的帮助下大力开展以改低创高，病虫综合防治为主要内容的技术攻关。2000—2003年，在柑橘高产优质无公害规范化栽培、柑橘粉虱防治技术、沙田柚褐腐病防治、柿子炭疽病防治、红蜘蛛综合防治等课题取得重大突破，先后有11项成果获得农业部和自治区科委、农业厅奖励；邀请以色列、日本等国家的水果专家和聘请广西柑橘研究所的专家到恭城开办水果技术专题讲座。2003—2005年，全县举办各类培训班800余期次，培训10万余人次。乡（镇）干部受教育面达90%以上，每年累计培训时间达80学时以上；村干部和农民党员参加培训面超过劳动力的80%，每年累计培训时间至少达100学时，农村党员、基层干部培训率达90%，均掌握1～2门适用生产技术，其中1200余人获得地市级颁发的农民技术员以上职称。2004年，恭城县获“全国科普示范县”称号。

青少年科技活动 2000—2005年，由青少年科技教育协会在全县中小学生中开展“爱科学月”和“小发明、小创造、小制作、小论文、小实验”等科技教育活动。共出版科技黑板报160期，写作科技小论文800多篇，制作科普作品500多件，科技作品和小手工作品400多件。莲花中学、恭城民族中学在校学生参与面均达60%以上，恭城中学成为首批“广西壮族自治区科技教育示范学校”之一。

表彰先进 1988年11月，成立县科学技术进步与奖励评审委员会，开展科技进步奖评审工作，对成果单位上报的申请鉴定报告、调查考察报告、技术应用情况报告及学术论文等材料办理上报、登记、鉴定等手续进行审核，然后根据科研成果的工作质量、学术水平、实际应用和成熟程度等评审标准，从学术价值、经济效益、社会影响三个方面进行评定奖励等级，每两年举办1次，从县财政拨给专项奖励经费，对优秀科技成果给予奖励。

1991—2005年，全县共有6人、1个单位荣获国家级荣誉。县农机局全裕存于1991年获全国“农业科技推广先进工作者”称号；平安乡林和羽、县农业局陈学初于1994年获全国农牧渔业丰收一等奖；县农业局孟定金于1998年获全国“科技进步二等奖”；县农业局李绍武于1998年获全国农牧渔业丰收三等奖；县科协邓光盛于2005年荣获“全国科协先进工作者”称号；县科协于2005年获自治区科协“广西创建全国科普示范县（市、区）活动优秀组织奖”。

第七节 残疾人联合会

组织机构

县残联　1991年1月，恭城县残疾人联合会（以下简称县残联）成立，与民政局合署办公，没有单独的编制和内设机构。1999年，与民政局分离，定编5人，内设办公室、综合股和计财统计股；下属单位有残疾人劳动就业服务所、残疾人康复中心办公室。2002年，机构改革，定编5人，设主席（理事长）1名，副主席（副理事长）1名，工作人员5名。2005年，县残联编制不变，内设办公室、综合股和计财统计股。

1991—2005年，历任理事长周东相、刘军、周惠宗、郑元胜。

基层残联　1991年1月至1998年9月，全县9个乡镇的残疾人工作由乡镇民政助理兼管。同年，全县残疾人总数19626人，占人口总数7%，其中视力残疾人3167人，占残疾人总数16.14%；听力残疾人4819人，占残疾人总数24.55%；语言残疾人214人，占残疾人总数1.09%；肢体残疾人5513人，占残疾人总数28.09%；智力残疾人1064人，占残疾人总数5.42%；精神残疾人1132人，占残疾人总数5.77%；多重残疾人3717人，占残疾人总数18.94%。1998年10月，9个乡镇成立乡（镇）残疾人联合会，设立县社区残疾人康复中心；117个村（居）委会成立残疾人工作领导小组。2003年，成立县肢体残疾人协会，形成自上而下的残疾人工作组织网络和工作体系。2005年，9个乡镇及栗木矿区管理委员会都设有残疾人联合会。全县残疾人20974人，占全县人口的7.23%。其中，视力残疾人3027人，占残疾人总数14.43%；听力残疾人4415人，占残疾人总数21.05%；语言残疾人261人，占残疾人总数1.24%；肢体残疾人6533人，占残疾人总数31.15%；智力残疾人1143人，占残疾人总数5.45%；精神残疾人1363人，占残疾人总数6.5%；多重残疾人4232人，占残疾人总数20.18%。

县残疾人代表大会

1989—2005年，共召开县残疾人代表大会3次。

县残疾人第一次代表大会　1991年1月7日在县城召开。出席会议代表124人，其中，残疾人代表87人，占代表总数的70.16%。选举产生县残联第一届名誉主席、主席、副主席，执行理事会理事长。名誉主席江万德，主席杨先玉，理事长周东相。

县残疾人第二次代表大会　1999年5月14日在县城召开。出席会议代表94人，其中残疾人代表67人，占代表总数的71.28%。县四家班子、乡镇和县有关单位领导37人列席会议。会议听取上一届代表大会工作总结，选举产生县残联第二届主席团名誉主席、主席、副主席，推举执行理事会理事长、副理事长。名誉主席林中贤，主席刘功友，理事长周惠宗。

县残疾人第三次代表大会　2003年3月23日在县城召开。出席会议代表65人，其中残疾人代表53人，占代表总数的81.54%。会议听取上一届代表大会工作总结，选举产生县残联第三届名誉主席、主席、副主席，推举执行理事会理事长。名誉主席苏光伦，主席吴艳琴，理事长周惠宗。

主要活动

残疾人康复　1991年，县残联成立后，开展综合精神防治工作，0～6周岁残疾儿童和麻风畸残抽样调查将残疾儿童预防、麻风畸残者康复纳入康复服务范畴。1995年5月，成立县社区康复领导小组，负责全县残疾人社区康复工作。6月，在全县开展社区残疾人康复筛查工作，并邀请国内外专家教授到恭城为残疾人进行康复服务。2004年8月，在全县开展“八桂助残行动”募捐活动，筹得善款 1.2 万元，用于残疾人康复。1991—2005 年，县内有 725 名白内障盲人重见光明，144 名聋儿听力语言得以康复，278 名肢残人、240 名智力残疾儿童得到系统康复训练，193 名低视力患者配用助视器。发放残疾人用品用具 737 件，17 名贫困肢残者安装普及型假肢和矫形器，36847 名特需人群服用碘油丸。

残疾人教育　1991—2005 年，县残联举办聋哑儿童语培训班，经过实施“希望工程”“扶残助学”等项目活动和县残联及时资助。“八五”期间，在普通小学附设特教班 1 个，共 11 人，残疾儿童随班就读 189 人，可以接受普通教育的残疾儿童少年入学率基本达到健全儿童少年的同等水平（80.2%）。1993 年，恭城中学残疾考学生明仕金以 520 分考取广西农业大学。2003 年，争取国家康复扶贫贷款 200 万元，用于恭城中学教学楼建设。2005 年，用康复扶贫贷款建的恭城中学教学楼投入使用。

残疾人就业　加大残疾人劳动技能培训，使农村残疾人能自谋职业。1996—2002 年，举办残疾人种植、养殖、加工等实用技术免费培训班，选送部分盲人到自治区特教学校学习保健按摩技术等。自治县人民政府先后制定《关于贯彻实施〈中华人民共和国残疾人保障法〉和残疾人事业“八五”计划纲要的决定》《恭城瑶族自治县分散按比例安排残疾人就业规定》《关于进一步做好全县残疾人就业保障金缴纳工作的通知》等一系列文件。1999 年 5 月，成立恭城县残疾人劳动就业服务所，向用人单位推荐残疾人就业，依法按比例安排残疾人就业 144 人。

残疾人救济　1989—2005 年，县残联用于残疾人救济的经费来源于三个方面：向上级主管部门争取扶残助学资金；县人民政府每年划拨给残联慰问金；开展社会募捐所得资金。1992—1999 年，开展为残疾人献爱心活动，共募捐资金 7.9 万元，主要救济残疾人及其子女。2004 年，县残联投入资金 2 万元，培育优质果苗 1.5 万株，扶持 90 户贫困残疾人农户发展水果生产。2005 年，县残联继续开展扶助残疾人活动。2005 年，县残联继续开展扶助残疾人活动。

残疾人维权　县人民政府成立司法援助工作领导小组，加强对司法援助工作的领导。县司法局法律援助中心及各乡镇司法所根据有关法律、法规和县人民政府的要求为残疾人提供优先、优质、优惠的法律服务和援助。2000—2005 年，共为残疾人提供法律援助 38 件。在每年的“全国助残日”期间，组织法律援助人员开展为残疾人法律援助的义务咨询活动，并印发宣传资料 14600 余份。

项目争取　1996—2005 年，县残联向中华人民共和国残疾人联合会和广西壮族自治区残联残疾人联合会争取中央康复扶贫贷款和专项扶贫资金用于残疾人事业。1997 年 10 月，县残联争取国家康复扶贫贷款 30 万元，创办残联月柿果场。1999 年 10 月，县残联争取国家康复扶贫贷款 100 万元，用于县残疾人康复中心和县医院门诊大楼建设。2003 年，县残联争取国家康复扶贫贷款 200 万元，用于恭城中学教学楼建设。

残疾人慰问　根据《中华人民共和国残疾人保障法》规定，每年 5 月的第三个星期日为全国助残日，9 月 24 日和 10 月 5 日分别是国际聋人节和国际盲人节。届时，县残联开展宣传活动，并会同民政局等部门对边远特困残疾人家庭和自强模范户进行走访慰问。其中，1995 年，慰问 97 户、103 人；2000 年，慰问 77 户、83 人；2005 年，慰问 94 户、113 人。

第八节　红十字会

机构

1991 年 1 月，成立恭城县红十字会（以下简称县红十字会），核定编制 2 人。2003 年 3 月，县红十字会编制增至 3 人。至 2005 年，不变。

主要活动

县红十字会成立后，根据《中华人民共和国红十字会法》开展救灾、救助和救护培训工作。1991—2005 年，恭城先后发生多次严重洪涝灾害和其他灾害，灾情发生后，得到各级红十字会的重视。国家、自治区和桂林市红十字会捐款捐物；我国香港、台湾地区红十字会也捐款捐物予以支援。县红十字会及时将钱物分发到灾民手中，共求助灾民 3504 人。

2001 年 7 月，县红十字会以“捐血助人，奉献爱心”为主题开展首次无偿献血活动。至 2005 年，全县无偿献血人数达 2600 多人。

2003 年 10 月，《中华人民共和国红十字会法》颁布施行后，县红十字会会同医疗部门参与 20 多次卫生下乡宣传活动，举办培训班 34 期，参加培训 2306 人次，印发资料 3.97 万份。

第十二篇

人大　政府　政协

第一章　地方人民代表大会

1990—2005 年，恭城县人民代表大会及其常委会历经四届，共召开 4 次人民代表大会。各代表按照法律规定程序选举产生。县人民代表大会及其常委会共依法进行代表选举 4 次，召开全体代表会议 22 次，常委会议 118 次，审议和决定全县政治、经济、文化、教育、卫生及城乡建设等方面的重大事项 117 项。督促办理代表议案 19 件和书面意见 1578 件。受理人民来访 6154 人次，来信 1481 件。任免政府工作人员 720 人次。至 2005 年年底，县第四届人民代表大会召开 4 次全体会议，任期未满。

恭城县人大常委会由主任 1 人、副主任 3～4 人组成。内设办公室、法制工作委员会、财政经济工作委员会、民族工作委员会及教育科学文化卫生工作委员会等工作机构。

1989—2005 年，恭城县人大常委会组织人大代表进行 27 次，共计 412 人次的视察走访和调研活动，组织开展 14 次较大规模 430 多人次参加的执法检查活动，检查 76 个法律、法规实施情况，涵盖开发性农业及农村富裕生态家园建设、农村能源（沼气）建设、水利、乡镇企业、林业、公安、卫生、教育、扫盲、计划生育、城乡建设和环境保护、公路交通及矿区等诸多方面的工作。

恭城县人大常委会按照《中华人民共和国宪法》及其他有关法律赋予的职权，贯彻执行各项法律、法规，依法对“一府两院”（县人民政府、县人民法院、县人民检察院）进行法律监督和工作监督，逐渐理顺权力机关与执行机关之间的关系，完善相互支持和联系规则，建立正常工作秩序，监督工作取得明显实效。在促进县域经济和社会事业稳步发展的同时，地方国家权力机关职权也得到有力发挥，人民代表大会及其常委会的地位和作用，在社会和人民心中逐渐得到确认和重视。

第一节　代表选举

选举机构

1990—2005 年，恭城县共进行 4 届恭城县人大代表的选举，自治人大常委会先后成立 4 届选举委员会：第一届（1990 年 9 月）14 人；第二届（1993 年 11 月）14 人；第三届（1999 年 1 月）17 人；第四届（2002 年 10 月）17 人。正、副主任一般由县委副书记和人大常委会主任、副主任担任，委员一般由县委组织部、县委宣传部、人事局、公安局、人民检察院、人民法院、司法局、民政局、人民武装部、教育局及农业局等有关部门负责人组成。选举委员会下设办公室于县人大常委会，负责换届选举日常工作。

第一届人大代表选举

自治县第一届人大代表换届选举日是 1990 年 9 月 15 日，共划分选区 152 个，确定初步候选人

783 人，是应选代表 227 人的 3.45 倍；确定正式代表候选人 389 人，是应选代表的 1.71 倍。全县具有选民资格的人数 171495 人，参加投票选举 165040 人，参选率 96.24%。选出代表 226 人，其中女性 55 人，占 24.34%；非中共人士 66 人，占 29.20%；少数民族 130 人，占 57.52%。

第二届人大代表选举

自治县第二届人大代表换届选举日是 1993 年 10 月 20 日，共划分选区 154 个，确定初步候选人 712 人，是应选代表 227 人的 3.14 倍；确定正式代表候选人 384 人，是应选代表的 1.69 倍。全县具备选民资格的人数为 179662 人，参加投票选举 175502 人，参选率 97.68%。选出代表 224 人，其中女性 47 人，占 20.98%；非中共人士 57 人，占 25.45%；少数民族 129 人，占 57.59%。

第三届人大代表选举

自治县第三届人大代表换届选举日是 1998 年 11 月 25 日，共划分选区 137 个，确定初步候选人 677 人，是应选代表 185 人的 3.66 倍；确定正式代表候选人 322 人，是应选代表的 1.74 倍。全县具有选民资格的人数为 195186 人，参加投票选举 190548 人，参选率 97.62%。选出代表 183 人，其中女性 41 人，占 22.40%；非中共人士 44 人，占 24.04%；少数民族 122 人，占 66.67%。

第四届人大代表选举

自治县第四届人大代表换届选举日是 2002 年 10 月 19 日，共划分选区 138 个，确定初步候选人 544 人，是应选代表 184 人的 2.96 倍；确定正式代表候选人 297 人，是应选代表的 1.61 倍。全县具有选民资格的人数为 209157 人，参加投票选举 200729 人，参选率为 95.97%。选出代表 180 人，其中女性 38 人，占 21.11%；非中共人士 52 人，占 28.89%；少数民族 118 人，占 65.56%。

恭城瑶族自治县第一届至第四届人民代表大会代表构成一览表

表 12-1　　单位：人

届次	代表人数	性别		政治面貌		其中：少数民族	界别					文化结构		
		男	女	中共党员	非中共人士		工人	农民	知识分子	军警	行政干部	大专以上	中专及高中	初中及以下
第一届	226	171	55	160	66	130	4	136	32	—	50	—	—	—
第二届	224	177	47	167	57	129	—	—	96	—	—	—	—	—
第三届	183	142	41	139	44	122	4	116	12	1	50	40	70	73
第四届	180	142	38	128	52	118	—	—	—	—	—	—	—	—

第二节　历届自治县人民代表大会

第一届人民代表大会

恭城县第一届人民代表大会任期为 1990 年 9 月至 1993 年 11 月，共召开 6 次人民代表大会，每次会期 2～4 天。

第一次会议于 1990 年 9 月 24—28 日在县城召开。会议应到代表 227 人，实到代表 226 人。会议听取、审议通过自治县人民政府、县人民法院、县人民检察院及县人大常委会的工作报告；选举江万德为第一届人民代表大会常务委员会主任，刘文炳、陈杰、唐秀珍、郑远图为副主任，伍荣辉、陆斌、邓德高、何明华、莫伟廷、陈雅丽、林中、黄世宏、陈文旭为委员；选举肖芳佐为第一届恭城县县长，刘文金、黄才华、龙志兴、杨先玉、卿桂生、方锡镇为副县长，吴嗣炳为恭城县人民法院院长，潘志良为县人民检察院检察长；审议并通过《恭城瑶族自治县自治条例（草案）》的决议。

第二次会议于 1991 年 4 月 2—4 日在县城召开。会议应到代表 227 人，实到代表 193 人。会议听取、审议通过自治县人民政府、县人民法院、县人民检察院及县人大常委会的工作报告；审议和通过县国民经济和社会发展十年规划，“八五”计划草案的报告；审查和批准县 1990 年财政决算报告和 1991 年财政预算；补选夏劲松为挂职副县长；补选龙中平为县人大常委会组成人员。

第三次会议于 1991 年 12 月 2—3 日在县城召开。会议应到代表 223 人，实到代表 163 人。会议增选副县长 1 人，因候选人得票数未超过代表总数的半数，未当选。

第四次会议于 1992 年 3 月 27—29 日在县城召开。会议应到代表 225 人，实到代表 225 人。会议听取、审议通过自治县人民政府、县人民法院、县人民检察院及县人大常委会的工作报告；审查和批准县 1991 年国民经济和社会发展执行情况报告与县 1992 年国民经济和社会发展计划；审查和批准县 1991 年财政预算执行情况报告和 1992 年财政预算；审议和通过关于开展创建文明县城活动的决议；审议和通过关于实施义务教育法筹措资金办学的决议。

第五次会议于 1992 年 11 月 29—30 日在县城召开。会议应到代表 219 人，实到代表 190 人，会议选举杨身华、徐爱俐、肖芳佐、马丽华、江万德 5 人为出席自治区第八届人民代表大会代表。

第六次会议于 1993 年 4 月 7—10 日在县城召开。会议应到代表 219 人，实到 165 人。会议听取、审议通过自治县政府、县人民法院、县人民检察院及县人大常委会的工作报告；审查和批准县 1992 年国民经济和社会发展计划执行情况报告与 1993 年国民经济和社会发展计划；审查和批准县 1992 年财政预算执行情况报告与 1993 财政预算；补选陈灵芝为县人民法院院长，叶建辉为县人民检察院检察长。

第二届人民代表大会

自治县第二届人民代表大会任期为 1993 年 11 月至 1999 年 1 月，共召开 8 次人民代表大会，每次会期 2～5 天。

第一次会议于 1993 年 11 月 26—30 日在县城召开。应到代表 224 人，实到 224 人。会议听取、审议通过自治县政府、县人民法院、县人民检察院及县人大常委会工作报告；选举卢新忠为第二届县人大常委会主任，郑远图、唐秀珍、廖祖才为副主任，贝荣光、邓德高、邝款群、全凤英、伍荣辉、陈文旭、陈雅丽、李金秀、李媛、孟洪能为委员；选举肖芳佐为县长，邓文川、刘功友、杨先玉、杨程、卿桂生、潘正琨为副县长；黄振先为县人民法院院长，卢义书为县人民检察院检察长。

第二次会议于 1994 年 4 月 7—9 日在县城召开。应到代表 224 人，实到代表 196 人。会议听取、审议通过自治县政府、县人民法院、县人民检察院及县人大常委会工作报告；审查和批准县 1993 年财政决算报告和 1994 年财政预算安排；审查和批准县 1993 年国民经济和社会发展计划执行情况及 1994 年计划安排；补选赵建球为县人大常委会委员。

第三次会议于 1995 年 3 月 8—10 日在县城召开。会议应到代表 221 人，实到代表 221 人。会议听取、审议通过自治县政府、县人民法院、县人民检察院及县人大常委会工作报告；审查和批准县 1994 年财政预算执行情况报告和 1995 年财政预算安排；审查和批准县 1994 年国民经济和社会发展计划执行情况报告与 1995 年国民经济和社会发展计划；会议接受卢新忠辞去第二届人民代表大会常务委员会主任职务的请求；补选林中贤为县人大常委会主任，补选蒋家柏为县人大常委会委员；通过恭城县县歌。

第四次会议于 1996 年 3 月 16—19 日在县城召开。会议应到代表 224 人，实到代表 224 人。会议听取、审议通过自治县政府、县人民法院、县人民检察院及县人大常委会工作报告；听取、审查和批准县国民经济与社会发展第九个五年计划和2010年远景目标纲要；审查和批准县国民经济和社会发展计划执行情况及1996年计划；审查和批准县1995年预算执行情况和1996年预算；审议通过县人大常委会关于《恭城瑶族自治县自治条例（修正草案）》。

第五次会议于1997年3月5—8日在县城召开。应到代表220人，实到代表220人。会议听取、审议通过自治县政府、县人民法院、县人民检察院和县人大常委会工作报告；审查和批准县1996年国民经济与社会发展计划执行情况报告与1997年计划安排；审查和批准县1996年财政预算执行情况报告与1997年财政预算安排；审议通过县人大常委会关于《恭城瑶族自治县森林资源管理条例（草案）》。补选杨程为县长。

第六次会议于1997年11月19—20日在县城召开。应到代表223人，实到代表223人。会议选举邓玉英、林中贤、杨程、徐爱俐、秦立伟5人为出席自治区第九届人民代表大会代表。

第七次会议于1998年3月9—11日在县城召开。应到代表223人，实到代表223人。会议听取、审议通过自治县政府、县人民法院、县人民检察院及县人大常委会工作报告；审查和批准县1997年国民经济与社会发展计划执行情况报告与1998年计划安排；审查和批准县1997年财政预算执行情况报告与1998年财政预算安排。

第八次会议于1998年10月8—9日在县城召开；应到代表218人，实到代表218人。会议选举出席桂林市第一届人民代表大会代表24人。

第三届人民代表大会

自治县第三届人民代表大会任期为1999年1月至2002年10月，共召开4次代表大会，每次会期3～5天。

第一次会议于1999年1月5—9日在县城召开。应到代表183人，实到代表183人。会议听取、审议通过自治县政府、县人民法院、县人民检察院及县人大常委会工作报告；审查和批准县1998年国民经济与社会发展计划执行情况报告和1999年计划安排；审查和批准县1998年财政预算执行情况报告和1999年财政预算安排；选举林中贤为县第三届人民代表大会常委会主任，卢义书、卿桂生、黄俊军为副主任，李媛、李星明、李继军、奉海峰、欧阳明资、周运业、周冠祥、赵建球、彭慧民、覃勤凤为委员；选举杨程为县长，唐云舒、刘功友、包君发、罗永东、唐秀珍、林堃、毛殊凡为副县长，张金崑为县人民法院院长，罗昌勤为县人民检察院检察长；审议通过县人民政府关于提请审议的《建设刘家垌水利枢纽有关问题的规定》《关于县城旧城改造实施办法》《关于农村拆旧房建新村实施办法》《关于对全县低效益土地综合开发利用的规定》，审议通过恭城县人大常委会主任会议提请审议《关于自治县人民代表大会设立民族法制委员会》议案的决定。

第二次会议于2000年3月7—10日在县城召开。应到代表183人，实到代表183人。会议听取、审议通过自治县政府、县人民法院、县人民检察院及县人大常委会工作报告；审查和批准县1999年国民经济和社会发展计划执行情况报告与2000年国民经济和社会发展计划；审查和批准县1999年财政预算执行情况报告和2000年财政预算安排；审议通过县人大民族法制委员会提请审议的《关于自治县第三届人大民族法制委员会工作职责》。

第三次会议于2001年3月4—7日在县城召开。应到代表183人，实到代表182人。会议听取、审议通过自治县政府、县人民法院、县人民检察院及县人大常委会工作报告；审查和批准县国民经济和社会发展第十个五年计划纲要；审查和批准县2000年国民经济和社会发展计划执行情况报告与2001年国民经济和社会发展计划；审查和批准县2000年财政预算执行情况报告和2001年财政预算安排。

第四次会议于2002年3月5—7日在县城召开。应到代表183人，实到代表183人。会议听取、审议通过自治县政府、县人民法院、县人民检察院及县人大常委会工作报告；审查和批准县2001年国民经济和社会发展计划执行情况报告与2002年国民经济和社会发展的计划；审查和批准自治县2001年财政预算执行情况报告和2002年财政预算。

第四届人民代表大会

自治县第四届人民代表大会任期为2002年10月至2006年10月，共召开5次代表大会，每次会期3～4天。

第一次会议于2002年10月19—22日在县城召开。应到代表184人，实到代表180人。会议听取、审议通过自治县政府、县人民法院、县人民检察院及县人大常委会工作报告；选举苏光伦为县第四届人大常委会主任，刘功友、成正良、黄俊军、林堃为副主任，马志华、齐勇、李媛、沈荔芳、陈远忠、欧阳明资、周冠学、周冠祥、黄韬、蒋仲先为委员；选举唐云舒为县长，罗永东、林春蓝、蒋述卫、陈波、吴艳琴为副县长，选举张金崑为县人民法院院长，蒋向东为县人民检察院检察长；选举出席桂林市第二届人民代表大会代表23人。

第二次会议于2003年2月10—13日在县城召开。应到代表184人，实到代表184人。会议听取、审议通过自治县政府、县人民法院、县人民检察院及县人大常委会工作报告；审查和批准县2002年国民经济和社会发展计划执行情况报告与2003年国民经济和社会发展的计划；审查和批准县2002年财政预算执行情况报告和2003年财政预算。

第三次会议于2004年2月15—18日在县城召开。应到代表184人，实到182人。会议听取、审议通过自治县政府、县人民法院、县人民检察院及县人大常委会工作报告；审查和批准县2003年国民经济和社会发展计划执行情况报告与2004年国民经济和社会发展的计划；审查和批准县2003年财政预算执行情况报告和2004年财政预算；组织代表对县直57个部门进行民主测评。

第四次会议于2005年2月20—22日在县城召开。应到代表184人，实到代表182人。会议审议通过自治县政府、县人民法院、县人民检察院及县人大常委会工作报告；审查和批准县2004年国民经济和社会发展计划执行情况报告与2005年国民经济和社会发展的计划；审查和批准县2004年财政预算执行情况报告和2005年财政预算；组织代表对县直60个部门进行民主测评。

第五次会议于2006年2月21—24日在县城召开。应到代表184人，实到代表181人。会议听取、审议通过自治县政府、县人民法院、县人民检察院及县人大常委会工作报告；审查和批准县国民经济和社会发展第十一个五年规划纲要；审查和批准县2005年国民经济和社会发展计划执行情况的报告与2006年国民经济和社会发展的计划；审查和批准县2005年财政预算执行情况报告和2006年财政预算；组织代表对县直60个单位进行民主测评。

第三节 自治县人大常务委员会

组成人员

1990—2005年，恭城县人大常委会是自治县人民代表大会常设机关，对自治县人民代表大会负责并报告工作，由恭城县人民代表大会在代表中选举产生，由主任1人、副主任3～4人和委员若干人组成（任期与人民代表任期相同。人民代表大会闭会期间，由主任、副主任组成主任会议主持日常工作）。第一届主任1人，副主任4人，常务委员9人；第二届主任1人，副主任3人，常务委员10人；第三届主任1人，副主任3人，常务委员10人；第四届主任1人，副主任4人，常务委员10人。各届人大常委会履行法律赋予的职责，审议“一府两院”工作报告，任免政府组成人员职务，组织代表开展执法检查、视察和走访，为恭城经济和社会各项事业的发展提出议案意见和建议。

工作机构

1990年，自治县人大常委会机关设有办公室、法制工作委员会、财政经济工作委员会、民族工作委员会及教育科学文化卫生工作委员会共5个工作机构。1997年11月，改设“一室三委”，即办公室、财经民族工作委员会、法制工作委员会、科教文工作委员会。1999年1月，撤销民族、法制2个工作委员会，改设民族法制委员会，称民族法制委员会办公室。2002年，民族法制委员会办公室改称民族法制工作委员会。2005年，自治县人大常委会内设机构调整为“一室二委”：办公室、民族法制工作委员会、教育科学文化卫生工作委员会。自治县人大常委会各办、委在自治县人大及其常委会的领导下，对属于自治县人大及其常委会职权范围的有关问题进行调查研究、提出报告和建议，为常委会重大决策起参谋助手作用；沟通与其有关联单位、部门的联系，及时反馈有关单位、部门情况、意见和建议。

1990年，自治县人大常委会办公室编制21人，实有21人。2005年，编制数调整为22人，实有22人。1990—2005年，历任办公室主任万定华、廖祖才、赵建球、李星明、马志华；财经工作委员会历任主任刘富先、邝款群、蒋贵贤、周冠学；法制工作委员会历任主任伍荣辉、张云强；民族工作委员会历任主任邓德高、李继军；民族法制工作委员会主任欧阳明资；教科文卫工作委员会历任主任廖祖才、李金秀、赵建球、李媛、蒋仲先。

1990—2005年第一届至第四届自治县人大常委会主任、副主任、常务委员任职情况一览表

表12-2

届次	职务	姓名	性别	民族	文化程度	籍贯	任职时间
第一届（1990.9—1993.11）	主　任	江万德	男	瑶族	中专	广西恭城	1990.9—1993.11
	副主任	刘文炳	男	汉族	初中	广西恭城	1990.9—1993.11
		陈杰	男	汉族	初中	广西恭城	1990.9—1993.11
		唐秀珍	女	瑶族	中专	广西恭城	1990.9—1993.11
		郑远图	男	瑶族	大专	广西恭城	1990.9—1993.11
	常务委员	伍荣辉、陆斌、邓德高、何明华、莫伟廷、陈雅丽、林中、黄世宏、陈文旭、龙中平					
第二届（1993.11—1999.1）	主　任	卢新忠	男	瑶族	大专	广西恭城	1993.11—1995.3
		林中贤	男	汉族	大专	广西恭城	1995.3—1999.1
	副主任	郑远图	男	瑶族	大学	广西恭城	1993.11—1999.1
		唐秀珍	女	瑶族	初中	广西恭城	1993.11—1999.1
		廖祖才	男	汉族	高中	广西恭城	1993.11—1999.1
	常务委员	贝荣光、邓德高、邝款群、全凤英、伍荣辉、陈文旭、陈雅丽、李金秀、李媛、孟洪能、赵建球、蒋家柏					
第三届（1999.1—2002.10）	主　任	林中贤	男	汉族	大专	广西恭城	1999.1—2002.10
	副主任	卢义书	男	瑶族	大学	广西恭城	1999.1—2002.10
		卿桂生	男	汉族	大专	广西恭城	1999.1—2002.10
		黄俊军	男	瑶族	大专	广西恭城	1999.1—2002.10
	常务委员	李媛、李星明、李继军、奉海峰、欧阳明资、周运业、周冠祥、赵建球、彭慧民、覃勤凤					

续表 12-2

届次	职务	姓名	性别	民族	文化程度	籍 贯	任职时间
第四届（2002.10—2006.10）	主任	苏光伦	男	汉族	大专	广西恭城	2002.10—2006.10
	副主任	刘功友	男	瑶族	本科	广西灌阳	2002.10—2006.10
		成正良	男	瑶族	大专	广西恭城	2002.10—2006.10
		黄俊军	男	瑶族	大专	广西恭城	2002.10—2006.10
		林堃	男	瑶族	大学	广西恭城	2002.10—2006.10
	常务委员	马志华、齐勇、李媛、沈荔芳、陈远忠、欧阳明资、周冠学、周冠祥、黄韬、蒋仲先					

人大常委会会议

1990—2005 年，自治县第一届至第四届人大常委会共召开常委会议 118 次，审议的议题 226 项。第一届人大共召开常委会议 23 次会议，审议议题 48 项，决定 6 次人民代表大会召开的日期，讨论通过《自治县人大常委会同政府、法院、检察院工作联系制度》《常务委员会会议制度》《常务委员会办公室制度》《联系人民代表制度》《自治县人大代表辞职暂行办法》《受理人民群众的来信、申诉制度》《关于审议意见书的若干规定》《自治县人大常委会关于任免国家机关工作人员的暂行办法》等决议。第二届人大共召开常委会议 38 次，审议的议题 69 项，决定 8 次人民代表大会召开的日期，组织制定《恭城瑶族自治县自治条例》《恭城瑶族自治县森林资源管理条例》，作出《恭城瑶族自治县人大常委会关于继续开展法制宣传教育的决议》《关于恭城瑶族自治县第二个五年普法教育规划的决议》等。第三届人大共举行 32 次常委会议，审议议题 61 项，决定 4 次人民代表大会召开的日期，讨论通过《自治县人大常委会议事规则》《自治县人大常委会与乡镇人大主席团联系办法》《自治县人民代表大会常务委员会与县人民政府各工作部门、人民法院、人民检察院联系的暂行规定》《自治县人民代表大会常务委员会关于在自治县人民政府、人民法院、人民检察院实行执法责任制的决定》《自治县人大常委会关于办理人民群众申诉和意见的试行办法》《自治县人大常委会开展执法检查操作规程》《自治县人大常委会对公、检、法机关进行个案监督工作实施办法》等决议。第四届自治县人大（至 2005 年年底）共举行 25 次常委会议，审议议题 48 项，决定 4 次人民代表大会召开的日期，讨论通过《自治县人大常委会会议若干规定》《自治县人大代表辞职暂行办法》《关于实行审议意见书的若干规定》等决议。

第四节 执法检查

1989—2005 年，恭城县人大常委会根据宪法和规律赋予的权力，开展执法检查工作，共组织 430 多人次对 76 个法律、法规实施情况进行检查，确保国家宪法和各项法律法规在恭城的实施。

1989 年 11 月，县人大代表 15 人组成检查组，到县人民法院、人民检察院、土地、计划生育、林业、水电等部门和栗木、西岭、三江、莲花 4 个乡镇检查《中华人民共和国刑法》《中华人民共和国土地管理法》《中华人民共和国森林法》等法律的执行情况。检查发现存在的问题：部分企业受到行政干预过多，有的企业被摊派财物，产品经营自主权受到干预；土地管理方面存在执法不严的问题，栗木镇有 205 户违章建房的相关规费和罚款共计 6 万多元应收而未全部收缴；部分商品房用地未办理征地手续；森林砍伐存在超伐现象，其中，平安乡下山源村于1989年超伐534立方米。全县共查出各种违宪、违法案件453件，查结处理322件，其中判刑75人，行政纪律处分5人（其中，开除公职1人），没收非法所得和罚款等合计4.69万元。

1992年7—9月，自治县人大常委会组织开展对贯彻执行《中华人民共和国农业法》《中华人民共和国环境保护法》《中华人民共和国消费者权益保护法》《中华人民共和国民族区域自治法》等法律法规的执法检查。查出农业方面存在的问题254件，环保方面的问题118件，消费者权益保护方面199件，均依法妥善处理。民族区域自治方面存在的主要问题：一是恭城未享受到民族贸易政策的照顾；二是中央所属企业栗木锡矿所缴工商税地方留成偏低，该企业亦未缴纳矿产资源补偿费；三是自治县财政机动资金和预备费不足；四是沙田柚基地未享受上级基地资金的扶持与优惠；五是上级国家机关给予恭城的扶贫款项未明确核定，不利于自治机关的扶贫计划安排；六是外贸外汇留成偏低，未得到优待；七是农药化肥食盐等生产生活资料供应的运费未得到补贴。自治县人大常委会根据检查组的意见，向上级相关部门报告情况，确保国家民族区域自治法律法规在恭城的全面实施和落实，使恭城各族人民享受到民族自治地区的法定权益。

1993年7月，自治县人大常委会组织代表和县直相关职能部门开展《中华人民共和国食品卫生法》（以下简称《食品卫生法》）的执法检查：共检查饭店127家，饲料生产企业4家，糕点企业10家，食品批发网点20个，冷饮店18家，米粉加工企业4家，旅店6家。封存销毁各类变质饲料1万余瓶，劣质过期食品1255袋，折合人民币4000多元，责令4家企业停业整顿。10月，县人大常委会组织检查《关于农民承担费用劳务管理条例》执行情况，听取税务、工商、教委、财政、土地等部门的执法工作汇报，对照条例认真核对，取消不合理收费项目95项，折合人民币428多万元，全县农民人均减少负担18.06元，占农民人均收入的2.54%。

1994年、1995年，分别开展民族区域自治、预算外资金管理等方面的法律法规执行情况的检查。检查发现13个单位缺报、迟报、漏报统计报表，部分单位预算外资金未依法实行专户储存，对查出问题的单位全部进行整改。

1996年5月，自治县人大常委会开展《中华人民共和国教育法》《中华人民共和国民族区域自治法》《中华人民共和国矿产资源保护法》《中华人民共和国归侨侨眷权益保护法》《中华人民共和国渔业法》《中华人民共和国劳动法》《中华人民共和国警察法》共7个法律的执法情况检查。检查出存在的问题：（1）矿山开采管理混乱，无证开采；（2）各乡镇存在不同程度的拖欠教师工资现象；（3）各乡镇教育经费的筹措发展不平衡，有的乡镇收缴筹措教育经费任务完成90%，有的仅完成任务70%，个别乡镇存在坐收坐支现象；（4）少数学校存在的土地纠纷未解决。处理意见：（1）全县拖欠教师9.2万元的工资由县财政和乡镇负责在6月月底前全部兑现；（2）由矿产资源管理部门在7月中旬完成对矿产开采企业进行清理整顿，明确地界，重新颁证；（3）詠棠中学存在的土地纠纷、莲花镇复兴中学校园受侵占等问题，由县政府和政法部门进行调查取证，作出裁决。

1997年8—9月，自治县人大常委会组织开展“六法一条例”，即《中华人民共和国产品质量法》《中华人民共和国产品质量监督管理条例》《中华人民共和国民事诉讼法》《中华人民共和国农业技术推广法》《中华人民共和国土地管理法》《中华人民共和国科技进步法》《中华人民共和国归侨侨眷权益保护法》的执行情况进行检查。发现存在的主要问题：审结的经济案件执行难的问题突出。法院审结的经济纠纷案件，已发生法律效力有执行内容应当执行的143件，应执行总金额近230万元，全部执行完毕83件，占58.04%，部分执行36件，占25.17%；尚未执行的24件，占16.78%。

2000年3—4月和7月，自治县人大常委会先后组织开展《中华人民共和国母婴保健法》和《中华人民共和国居民委员会组织法》的执法情况检查。在母婴保健执法方面存在的问题：（1）部分机关单位负责人对该法了解不够，措施落实不到位；（2）部门协调执法力度不够；（3）有的地方文件规定与该法律有冲突;（4）依法服务工作不到位，多种法律证件管理不规范;（5）政府扶持力度不够，保健经费投入不足。检查组提出五点建议:（1）县政府把宣传、贯彻实施母婴保健法列入日程，形成群众性的学法用法、依法办事的局面;（2）加强母婴保健法监督部门领导、管理人员的培训;（3）县政府及时召开有关部门协调会，便于对婚前医学检查证明、出生医学证明、母婴保健技术服务执业许可证、家庭接生员技术合格证书、母婴保健监督员证、母婴保健技术考核合格证书共6种证件的规范管理;（4）加大执法力度，及时纠正存在的问题;（5）将母婴保健事业纳入国民经济和社会发展计划，落实专项经费，逐年增加对母婴保健事业的投入。

2001年5月，自治县人大常委会组织开展《中华人民共和国水法》《中华人民共和国行政诉讼法》《中华人民共和国公路法》《中华人民共和国烟草专卖法》《中华人民共和国森林法》《中华人民共和国文物保护法》等法律的执法情况检查。发现个别地方存在公路控制区域违法修建永久性建筑物、林地被侵占等问题。检查组督促有关执法机关限期进行妥善处理。

2002年，自治县人大常委会开展《中华人民共和国公路法》《中华人民共和国水运管理条例》《中华人民共和国航道管理条例》《中华人民共和国档案法》《中华人民共和国水土保持法》《中华人民共和国职业教育法》《中华人民共和国土地管理法》《中华人民共和国医疗机构管理条例》等法律法规的检查活动。2003年，开展《中华人民共和国民事诉讼法》和《中华人民共和国互联网上网服务营业场所管理条例》的执法检查。6—9月，县人大常委会组织开展对互联网上网服务营业场所的执法检查。检查发现的问题:（1）超时经营，有的网吧通宵营业;（2）接纳未成年人进入并上网;（3）环境卫生不符合规定;（4）经营场所不符合消防安全规定;（5）网吧经营的多家主管部门在管理上协调配合不够。检查组提出建议:（1）县文化旅游局、工商局、公安局、电信局等主管部门，要经常召开联席会议，互相配合，采取措施加强对经营性网吧的管理;（2）上述主管部门加大对互联网上网服务营业场所管理规章的宣传，让社会各界人士参与监督，增强群众性的监督效果;（3）定期对经营性网吧业主和管理人员进行培训学习，提高其法制观念、职业道德和社会公德意识，促使网吧守法经营;（4）管理部门加强执法检查，杜绝网吧超时经营和接纳未成年人进入现象;（5）管理部门完善举报投诉制度，认真调查、核实和处理群众的举报，充分发挥社会监督的作用;（6）管理部门加强队伍建设，提高执法人员的业务素质和执法水准，端正行风，不给违规经营者任何可乘之机;（7）管理部门加强与教育部门的联系，营造社会、学校、家庭齐抓共管的社会氛围，保障青少年的合法权益和身心健康。

2004年7—12月，自治县人大常委会组织开展《医疗机构管理条例》《中华人民共和国职业教育法》《中华人民共和国水土保持法》《中华人民共和国档案法》《中华人民共和国民族区域自治法》《中华人民共和国土地管理法》《广西水路运输管理条例》《广西航道管理条例》《中华人民共和国公路法》等法律法规的执法检查。发现存在突出的问题:（1）全县20%的村级医疗机构用房面积未达到40平方米的规定，无法实现诊室、药房、注射室三室分开;（2）全县高级医疗技术人员比例仅占全县医疗技术人员1.77%，比例偏低;（3）25%的村级医疗机构医疗技术人员未达到中专学历，医技素养偏低;（4）县级医疗机构对急重危症病人的紧急救护能力不强，仍有突发事件和急危重症病人因无法及时接（转）运而影响施救的事例发生;（5）个别乡镇卫生院的布局不合理;（6）公立医院的医德医风有待提高。针对存在的问题，提出四点意见和建议:（1）争取上级主管机关和财政部门支持，添置医疗设施和器械，改善公立医院的医疗条件;（2）有计划地组织县、乡镇、村级医疗从业人员进行业务技术培训和进修，提高医务人员的业务水平;（3）加强对各级医疗机构的管理，严格规范医疗服务市场秩序;（4）在乡镇卫生院中开办特色、专科医院，同时开展内强素质、外树形象的创优活动，端正医德医风，为广大农村提供良好的医疗卫生保健服务。

2005年9—12月，自治县人大常委会组织开展《中华人民共和国道路交通安全法》《中华人民共和国义务教育法》《中华人民共和国税法》《中华人民共和国森林法》《中华人民共和国安全生产法》《中华人民共和国动物防疫法》《中华人民共和国兽药管理条例》《广西壮族自治区预算外资金管理条例》《广西壮族自治区行政事业性收费管理条例》《广西壮族自治区收据管理办法》等法律法规的执法检查。道路交通安全方面存在的突出问题：（1）道路交通安全法规相关配套的交通事故社会救助基金和机动车第三者责任强制保险未建立健全，交通事故造成伤亡人员难以及时得到救助；（2）交通安全社会化管理措施不力；（3）道路交通安全管理任务繁重，警力严重不足；（4）个别民警素质不高，影响交警执法队伍的形象；（5）无牌、无证、假牌套牌、报废机动车上道路行驶和非客运车辆载客营运的问题严重。意见和建议：（1）加大道路交通安全法律法规的宣传力度，加强对机动车驾驶人员的培训，严厉打击超速驾驶、酒后驾驶和非客运车辆违法载客行为；（2）加强执法人员的执法业务培训，提高执法工作质量和水平；（3）加强交警的窗口服务管理，提高服务效率；（4）加大道路交通安全监管，完善交通安全设施，消除道路交通事故隐患；（5）加大村级道路的养护和维修，加强拖拉机、摩托车驾驶员的管理，从源头上排除交通事故的隐患；（6）加强城镇夜间、节假日及的士、“摩的”的交通管理，降低城镇交通事故的发案率。在预算外资金管理、行政事业性收费管理和收据管理方面存在的突出问题：（1）未按规定填开收据；（2）未及时办理收据的变更和注销手续；（3）已使用的收据存根核销、监销不及时；（4）存在白条列收支和未使用财政收据入账；（5）已纳入预算管理的预算资金仍作预算外资金管理；（6）预算外资金和收费收入未及时缴存财政专户管理；（7）对财政专户反拨的资金缺乏后续监管；（8）管理监督部门执行条例处理不严，引用条例处罚依据不全面；（9）管理监督部门下达的处理处罚决定执行不到位，造成违法成本低，削弱条例的严肃性；（10）年审收费存在自立收费项目、扩大收费范围、重复收费；等等。建议：（1）深化“收支两条线”管理改革，加强收缴分离制度建设，完善政府调剂资金申报制度；（2）加强收费年审和行政事业性收费管理，严格依法依规办事，制止乱收费和提高标准及其他违法收费行为；（3）强化票据管理，健全财政票据的领用、核销、稽核制度，从源头上制止票据管理、使用中的违法违规现象；（4）财政、税务、审计、物价部门要认真履行职责，加强对非税收入征缴、行政事业性收费和票据管理的经常性的检查监督，加强对非税收入资金拨付后的监督，加强对企业化管理的事业单位的税收征管、税后留用资金的监督与管理，提高财政资金的使用效益，防止财政资金流失。

第五节　代表视察和调研

1990—2005年，第一届至第四届自治县人大常委会组织人民代表累计进行27次、412人次参加的视察调研和走访活动。其中，第一届进行5次视察活动，共计80人次参加；第二届进行14次，154人次参加；第三届进行3次，44人次参加；第四届进行5次，134人次参加。

1992年12月23—26日，自治县人大常委会结合普及九年义务教育小学阶段检查验收工作，组织县人大代表22人组成的视察组，会同县教委、各乡镇教育组负责人，到观音、嘉会、西岭、栗木等乡镇和县城的20所中小学校，了解校园环境、校舍、体育场地和各种教学设备的现状，查阅有关资料，访问教师并听取各校负责人的汇报，提出加强义务教育宣传力度、增强教育经费的投入等建议。

1994年11月18—19日，县人大常委会组织人大代表10人组成的视察组，到县林业局、三江、莲花、平安等乡镇视察林业工作。到三江河口采育场、三江黄春贵木制品工艺厂、欧建华木器厂，势江、莲花、虾里洞3个林业检查站，平安乡黄埠一带130多公顷湿地松种植现场等实地考察，听取林业局负责人的工作汇报，对全县林业工作进行评议，提出继续抓好《中华人民共和国森林法》的宣传，将山林纠纷列入议事日程，抓好林业结构的调整，抓好森林管护专业等建议。

1995年10月，自治县人大常委会组织县人大代表16人参加嘉会乡人大视察组，视察世界银行贷款项目豸游小学教学楼的修建及农业开发情况。11月，县人大常委会组织人大代表7人，邀请县农委、农业局、水果局、县能源办等负责人参加视察组，到莲花、平安、龙虎等乡镇视察开发性农业工作。视察龙虎乡万亩沙田柚的狮子村公所双坪、石山脚的沙田柚果园、柑橙果园；龙虎村大岭头屯由乡政府贴息扶持开发的36公顷沙田柚、柑橙果园；九十工一带333公顷油菜种植示范点；平安乡万亩月柿带红椿岂；桐竹庭院经济、沼气示范村及能源示范户；大怀肚屯的柑橙、沙田柚带；莲花镇万亩月柿开发带水圳口片；莲花枧头的柑橙果园和股份制百头猪场。代表们向县政府及职能部门提出在开发性农业工作中加强领导，县、乡、村各党政负责人抓重点、难点及示范村、示范户工作，做好种植、管理、服务“一条龙”等建议。

1996年11月4—5日，自治县人大常委会组织人大代表11人组成的视察组，对全县基本普及九年义务教育，基本扫除青壮年文盲工作进行视察。视察栗木、嘉会、龙虎、西岭等乡镇的五福初中、栗木小学、栗木中学、豸游小学、大山小学、嘉会初中、龙虎中学、虎尾小学、西岭小学、西岭初中、县二职中学共11所中小学校，听取栗木、嘉会、西岭等乡镇的教育工作汇报，提出加强领导，认真检查，分类指导，抓好教育质量保证教学秩序等建议。强调要落实实施义务教育的专项经费，落实中学、初中生的公用经费逐年增长，落实教育附加费征收、落实“两基”工作等各种政策、措施。

2002年4月18日，自治县人大常委会组织由市、县人民代表16人组成视察组，邀请桂林市人大城建环资委、市环保局、县政府、县公路局有关领导和工作人员27人，调研省道20162线恭城辖区栗木段改道后与栗桂公路交叉十字路口道路设施存在交通事故隐患问题和栗木有色金属公司污染周边环境问题。视察结束，县人大常委会撰写《市、县人大代表视察建议书》2份，以恭人函〔2002〕1号、2号文件分送县人民政府及有关部门。县政府组织栗木镇政府、信访办、环保局、林业局、农业局及水果办等部门组成联合调查组，对群众反映受污染损失而没有赔偿的问题提出处理意见。至9月10日，县公路局按照交通部门行业标准，制作、安装醒目的交通警告标志，经县安委会、交警大队验收，并报桂林公路局；环保部门对受污染造成群众经济损失作出赔偿方案。

2003年9月，自治县人大常委会组织人大代表28人的视察组，视察县城滨江苑、汇源恭城果汁加工厂、农副产品批发市场3个重点建设项目及莲花镇红岩、恭城镇牛岜、嘉会乡黄家厂和栗木镇岩口共4个富裕生态家园示范村建设进展情况。提出3点建议:（1）对汇源果汁恭城加工厂的建设，县政府要加大力度，注意协调各方关系，加快建设速度;（2）对于滨江苑小区建设，要加快基础设施和配套设施建设，以带动小区的建设进度;（3）对于新村建设，坚持每个乡镇重点抓好一两个示范点的做法，注重发挥群众的积极性和主动性，抓紧建立健全新村的管理制度。

2004年10月，自治县人大常委会组织人大代表25人视察莲花、平安、西岭、栗木、峻山北干渠、金钱岸水库、栗木合同坝、龙虎渠道等水利设施。发现存在的主要问题：设施老化，维护资金投入不足；水利设施利用率不高，造成水资源浪费严重；体制不顺，管理不善；水利设施防洪能力脆弱；群众依法用水观念淡薄，欠资消费严重。提出意见和建议:（1）开展1次全县性情况调查，掌握全县水利设施基本情况，制定1个水利维修的长远规划，并作出年度计划，按轻重缓急进行维修;（2）加大有关法律法规的宣传，建立健全和完善有关规章制度，依法征收、管理和使用水费;（3）解决基层水管部门的体制问题，充分发挥水管部门的作用，加强水源林的保护，防止水土流失;（4）加强用水管理，推广科学、先进的节约用水灌溉技术，减轻现有水利设施的压力;（5）多渠道筹集资金，加大水利设施的经费投入。

2005年9月，自治县人大常委会组织人大代表30多人视察城市规划、建设和管理工作情况。视察组视察滨江苑开发区、燕新工业园区、城南民贸市场、周渭祠门前小广场、城中西路十字路口、茶东工业园区等多处项目建设现场，听取城乡建设部门的情况介绍。发现存在的问题：（1）城镇规划设计超前意识不够，建设品位不高，未体现出生态农业示范县和少数民族恭城县特色；（2）一些地方建设未严格按原规划设计实施，造成建设与规划相冲突；（3）城市基础设施建设资金投入不足，与人民群众生活密切相关的环境卫生、城区道路、园林绿化、污水排放及处理等设施建设比较滞后，严重影响县城的规划发展；（4）规划、管理机构人员偏少，队伍不稳定，业务经费不足，之前的县城更新改造、公共基础设施建设造成的负债，也制约主管部门工作的开展；（5）对县城的综合管理力度不够，县城街道乱停放车辆、乱摆摊设点和街道人行道乱开挖等现象时有发生；（6）相关法律法规的宣传力度不够，存在未批先建、少批多建和擅自修改设计图纸建设等现象。针对存在的问题，提出意见和建议：（1）严格按照《中华人民共和国城乡建设规划法》进行规划和建设，规划工作要有超前意识，充分考虑公共基础设施建设，对现有规划进行补充和修改完善；（2）加强县城建设项目的施工管理，多渠道筹集资金加快建设进度；（3）将排污管网改造、雨水污水分离排放、污水处理厂、主街道路的维修尽快列入议事日程，制定出应对县城街道乱停、乱放、乱摆、乱挖的管理办法，处理好在建项目中未解决的如公厕、生活垃圾处理、空调排水、出租车停放点标志等问题；（4）建设主管部门要加强学习提高业务水平，注重调查研究，在规划、建设和管理方面多方听取群众意见和建议，加大规划工作经费的投入，确保规划设计工作正常开展；（5）主管部门加大相关法律法规的宣传和执法力度，增强公众的法制观念和意识。

第六节　代表议案建议办理和信访工作

代表议案、建议的收集

自治县级人民代表大会代表10人以上联名，乡镇的人民代表大会代表5人以上联名，可以向本级人民代表大会提出属于本级人民代表大会职权范围内的议案。对代表提出的议案，由大会主席团依照法定程序审理，并决定是否列入大会议案；或者先交有关的专门委员会审议，提出是否列入大会议程的意见，再由大会主席团决定是否列入大会议程，大会主席团决定不列入大会议程的议案，作为建议、批评和意见处理。

1990—2005年，自治县第一届至第四届人大任期中各次人大会议共收集到19件议案。第一届各次会议共收集到议案5件：一次会议1件，二次会议2件，四次会议2件；第二届各次会议共收到议案4件：四次会议2件，五次会议1件，七次会议1件。第三届各次会议共收集到9件议案：一次会议7件，二次会议1件，三次会议1件。第四届各次会议共收集到议案1件：三次会议1件。

1990—2005年，自治县第一届至第四届人大任期中各次人大会议共收集到建议、批评和意见1363件。第一届各次会议共收到283件，其中一次会议154件，二次会议43件，四次会议53件，六次会议33件。第二届各次会议共收到建议、批评和意见366件，其中一次会议104件，二次会议49件，三次会议36件，四次会议78件，五次会议53件，七次会议46件。第三届各次会议共收到代表建议、批评和意见386件，其中一次会议105件，二次会议90件，三次会议75件，四次会议116件。第四届人大（至2005年）各次会议共收到建议、批评和意见328件，其中一次会议130件，二次会议36件，三次会议83件，四次会议79件。

各次人大会议上收集到1363件的意见建议中，农业方面的建议373件，占27.37%；工业交通328件，占24.06%；教科文卫134件，占9.83%；财政金融130件，占9.54%；政策法律89件，占6.53%；城乡建设和环境保护48件，占3.52%；其他方面252件，占18.49%。

议案办理

1990—2005年，自治县第一届至第四届人大主席团立案，闭会后交县人大常委会审议的各届代表议案共有19件。县人大常委会对这些议案作出审议结果的决定，向县政府发出议案处理意见通知，县政府召开常务会议或县长办公会议，专题研究议案办理工作，交县政府相关职能部门办理。负责议案办理的牵头单位和协办单位一般在半年内向县人大常委会报告办理情况。

1990年9月，自治县一届一次会议期间，县人大代表翟保泉等10人提交《提议修复中共特别支部委员会旧址》列为大会（第1号）议案，由自治县人民政府办公室办理。会后县政府办会同县民政局、党史办、三江乡政府、县建设委员会等单位人员到现场实地勘察，决定拨款2万元，由三江乡党委、县委组织部、党史办负责实施。县政府办于1991年3月召开的县人大一届二次会议作出报告。

1991年4月的一届二次会议上，县人大代表俸纯球等11人提出《要求兴建社平水库，解决水田灌溉》、县人大代表谢伟仁等10人提出《及时处理中小学危房》的议案，县人大代表唐秀珍等12人针对新建教学楼存在质量问题提出《应杜绝教育部门“新建教学危房”的现象》的议案。会议闭幕后，县人大常委会立即组织人民代表10人，邀请县政府主要领导，县建设委员会、教育局、县人民检察院负责人各1人和县监察局、县审计局、县建筑工程质量检查站等部门有关人员到观音小学、松林小学、西岭职中、挖沟小学、恭城职中、门楼小学实地视察，历时3天，调查情况，找出原因并提出处理建议。县人大常委会将有关情况反馈到有关部门，有关部门对负有主要责任的人员作出处理。县人大常委会在1992年3月召开的第四次会议上，向大会代表作出报告。

1992年3月的一届四次会议，县人大代表莫伟庭等12人提出《应采取措施，筹措资金，加快实施义务教育法步伐》的议案。会后，县政府根据《中华人民共和国义务教育法》第12条规定精神，于5月6日召开县长办公会议，专题研究，制定措施，多方筹措资金，逐年保证实施义务教育所需事业费和基本建设投资。1999年6月，恭城“普九”通过自治区评估验收。

1996年3月的二届四次会议，县人大代表贝荣光等10人提出《关于提请审议自治县自治条例修正草案》的议案和《关于全县中小学教师工资应由县财政统一管理》的议案，会后得到落实。1997年，乡镇中小学教师工资由县财政统发。

1997年3月的二届五次会议，县人大代表周廷春、周冠德等20人提出《关于要求修好栗木至观音的公路》的议案。会后，恭城县人民政府把改建栗木至观音公路列入主要议事日程，多次组织相关部门进行调查研究，作出具体实施方案，于1997年8月成立改建工程指挥部，9月开工，1999年8月全线铺通柏油路。

1998年3月的二届七次会议，县人大代表卢章裕等11人提出《强烈要求县交通局及时维修三江至莲花公路》的议案。会后，县交通局负责开展该公路的测绘并作出初步实施方案。由于县政府财政紧张，上级的补助也不足，实施项目进行逐段改建。至2005年，该公路全段完成柏油路面的铺设。

1999年1月的三届一次会议，县政府提出《公路建设征用土地房屋拆迁有关问题的规定》《建设刘家垌水利枢纽有关问题的规定》《关于县城旧城改造实施办法》《农村拆旧房建新房实施办法》《对全县低效益土地综合开发利用的规定》，大会主席团提出的《恭城县人民代表大会设立民族法制委员会》，县人大代表陶克兴等60人提出的《要求解决1997年民工建勤四级公路补助款拖欠问题》等议案，先后得到落实和实施。

2001年3月的三届三次会议，县政府提出《恭城瑶族自治县关于保护生态环境禁止放养山羊的规定》议案，由县政府组织实施，放养现象得到遏制，有效地保护生态环境。

建议和意见的办理

1990—2005年，第一届至第四届各次人民代表大会闭幕后，县人大常委会将收集到的建议意见转交县政府。县政府通过召开常务会议或县长办公会议，对建议意见办理任务进行逐项分解，按部门职责明确具体承办单位，对涉及多个部门职能的，明确牵头单位负责落实。要求承办单位对承办的意见建议做到任务到人，责任到人，使办理过程有人管、有人抓，促进意见建议办理工作的有效落实。县政府办公室随时掌握进展情况，加强督促检查，保证办理工作有计划、有步骤的推进。县政府对部分意见建议办理情况进行实地督促检查，现场了解情况，及时掌握办理动态，县政府督查室定时不定时进行催办、督办，推动办理工作的落实。部分建议意见由县政府办、人大办、政协办联合召开建议、提案办理工作会议，由县政府督促各承办单位履行职责，落实建议和意见的办理工作。承办单位在规定时间内完成办理工作并作出答复，属于待解决和不能解决的，逐一说明原因和理由，使得代表提出的建议和意见，事事有落实，件件有答复。

1990—2005年的16年中，共收集到1363件意见和建议，其中1993年11月第二届人大第一次会议收集的104件意见建议，有8件因客观原因延时完成办理，其余意见建议均在规定时间内完成办理，并按规定书面答复人大代表。

1995年，在第二届人大三次会议上，县人大代表田克贞等人提出的《请传授好水果技术》意见。县水果局收到县政府办公室转办的建议后，及时召开各乡镇水果站负责人会议，针对1995年春果树保花保果工作制定应对措施，要求各乡镇水果站全力以赴搞好保花保果工作。县水果局选派专业技术人员到各乡镇共举办技术培训44期，受训人员8500人次，农村劳动力的水果管护技术水平有了明显提高。1995年，全县水果总产量达到10.39万吨。人大代表李玉明等人提出《对化肥、农药等生产资料供应问题的意见》交到县政府后，县政府根据国务院有关文件政策规定，发布《关于清理整顿我县化肥、农药、农膜流通秩序的通告》，对全县的农业生产资料流通秩序进行清理整顿。县生资公司采取措施，将一批农资商品降价让利投放市场销售，采取直线运输降低成本等，基本满足生产的需要，确保农资供应市场秩序的稳定有序。

2000年3月，自治县三届人大二次会议后，县人大代表赵永来等人提出《关于请求县政府统一规定月柿销售时间，确保我县月柿销售声誉、月柿质量》的建议，县政府多次召开有关部门会议进行专题研究。同年8月，决定采取以下措施加强月柿质量管理：（1）统一规定恭城月柿采收时间为从9月5日开始；（2）对此前从事月柿经销或中介服务的单位或个人暂缓办理水果经销营业执照；（3）对提前采收月柿的不给予税费优惠，对无证经营的从严查处；（4）要求各乡镇及有关单位广泛宣传，及时查处违反规定期限超前采收和销售月柿的行为。四条规定的出台，全县销售的月柿品质普遍好于往年，对保护恭城月柿信誉起到良好的作用。

2002年10月，自治县四届人大一次会议期间，县人大代表钟斌等人提出《关于出台小城镇建设指导性、配套性政策的建议》、苏开德等人提出《关于要求对小城镇建设加大投入和给予优惠政策的建议》，县政府组织人员认真调查研究，县委、县政府作出《2003年城建旅游工作目标管理意见》，并出台一系列优惠政策措施，把小城镇建设同发展乡镇企业和农村服务业结合起来；实施城镇户籍制度改革，放宽城镇户口的准入条件，增加城镇人口总量；制订县城工业园区和乡镇工业小区开发的优惠政策措施，吸引企业向城镇合理集聚。落实县城建设改造和栗木、莲花小城镇建设等各项措施。

2004年2月，自治县四届人大三次会议期间，县人大代表苏开德等人提出《整改全县小学教学点，逐步实施集中办学规模的建议》，反映恭城教育资源浪费、教育成本偏高、办学效益低等问题。教育部门加快落实《恭城瑶族自治县中小学布局调整规划实施方案》步伐，在同年秋季开学前，将全县148个教学点撤并到76个，撤并2所初中，另外2所初中停止招生，教育资源的配置逐步趋于合理。对县人大代表朱敬德等人提出《关于整顿网吧、电子娱乐机室等文化市场，确保青少年健康向上发展的建议》，县政府经调查研究后，及时发出《关于开展全县网吧等互联网上网服务营业场所专项整治工作实施方案的通知》，组织文化、工商、公安等部门开展专项检查，对违规网吧责令停业整顿 1 家、严厉警告 2 家，取缔电子游戏机室 2 家，网吧、电子娱乐机室经营秩序得到有效整治。

2005 年 2 月，自治县四届人大第四次会议期间，县人大代表俸振明等人提出《关于加大对赌博行为打击力度的建议》交由县公安局牵头承办。县公安局开展一次打击赌博违法犯罪活动的专项行动，在县内各新闻媒体上作大力宣传，动员广大群众提供线索，各乡镇派出所积极配合对重点地区和重点场所进行巡逻控制，社会治安环境得到有效善。县人大代表苏开德等人提出《安排农业基础设施建设资金的建议》，承办单位水利局组织人员开展调查研究，对县农村小型水利工程建设作出具体实施方案。县政府批转县水利局《关于农村小型水利工程建设 2005 年项目实施方案》。2005 年 6 月下旬，全县各乡镇遭受洪涝灾害，部分防洪堤、渠道、桥梁等水利设施损毁严重。县财政拨款 210 万元完成渠道三面光1万多米，铁丝笼及浆砌石防洪堤近5000米，疏通河道4000多米，加固拦河坝12座，确保 2000 多公顷农田的灌溉和 500 公顷农田的防洪保护。

信访工作

1990 年，自治县人大常委会在办公室设信访室，明确 1 名副主任分管信访工作，负责阅批重要的信访材料。建立由县人大常委会分管副主任牵头，县人大常委会有关委、室，县人民政府有关部门，县人民法院，县人民检察院等单位参加的信访联席会，研究解决信访工作中出现的问题。信访办公室负责受理来信来访，进行登记备案，及时送办公室主任和常委会分管副主任批阅后转办、交办、催办、督办。信访工作人员在接待信访人员时，耐心倾听来访者陈述，做好记录，依法做好解释和解答工作；向信访人宣传法律、法规和政策；接待群体访时做好说服、疏导和劝阻工作。对信访问题的办理，按“属地管理、分级负责、谁主管、谁负责、依法、及时，就地解决问题”的原则，除由人大信访部门直接办理以外的信访问题，分别转交县人民政府有关部门，县人民法院、县人民检察院办理。需要承办单位报告办理结果的信件，登记后转办并督促承办单位及时反映办理情况。对重大信访案件，提请人大常委会主管副主任或主任、主任会议，一是批阅交办“一府两院”负责人查处；二是县人大常委会各有关委室调查或人大常委会组成特定问题调查委员会调查，提出处理意见或建议。对重大、疑难、紧急信访问题及时向主管领导报告，主要领导亲自批示，亲自交办亲自督办。人大信访部门一般通过电话、派人面谈等方式，限期要求承办单位做出答复。有关承办单位，接到县人大常委会机关信访部门转交的信访案件后，及时认真查处。承办单位要及时将办理情况答复信访人。做到件件有着落，事事有回音。

第一届人大任期期间（1990 年 9 月至 1993 年 11 月），共接待来访 450 人次，来信 125 件，处结率 96.5%。其中，1992 年年初，嘉会乡村民林 ×× 因赌博输掉 74 户村民的 3 万元蔗款，蔗农们到县人大上访，声言要杀掉林 ×× 全家。县人大常委会立即召开主任会议，建议人民检察院、公安局迅速介入调查，采取果断措施，进行妥善处理，缓解群众情绪。

第二届人大任期期间（1993 年 11 月至 1999 年 1 月），共收到来信 595 封，接待来访 2737 人次。处结率 97.60%。

第三届人大任期期间（1999 年 1 月至 2002 年 10 月），共受理群众来访 546 起、1875 人次，受理来信 342 件。处结率 98.54%。

第四届人大任期期间（2002 年 10 月至 2006 年 10 月），共受理来信 419 起（件），来访 1092 人次。处结率 97.96%。

第七节　述职评议

1995年起，开始由自治县人大常委会主持部分领导干部的述职评议活动。至2005年，共进行9次民主评议，述职评议对象38人，参加评议的县人民代表278人次。

在召开民主评议会议前，县人大常委会制订实施方案，成立评议工作机构；到被评议单位做宣传动员，释惑解疑；组织参加评议的代表学习，走访选民收集意见，提前将被评议对象的总结材料发给代表，使代表有充分的时间，按“听、讲、记、阅、查、议”的方法，全面地进行评议；从人大机关抽调人员，到被评单位和各乡镇督促检查评议前的各项工作，并召开各种座谈会，征求代表和被评单位的意见和建议。评议大会后，对在评议大会中代表所提的意见和建议进行整理分类，恭城县人大常委会负责监督被评单位和个人进行整改，以交办书下达或召开交办会议方式进行反馈；县人大常委会负责人到被评单位，帮助制定整改计划；在人大常委会议上，听取并讨论被评单位的整改报告；将被评单位的整改情况，反馈给参评代表。

副县长述职评议

1996年1月9—10日，县人大常委会主持召开民主评议大会，评议县人民政府副县长杨先玉、卿桂生及其分管的1993年以来的农业、乡镇企业工作。参加和应邀参加评议会的代表、县领导、部门负责人共85人。在被评议的两位副县长分别作述职报告后，评议代表结合所在乡镇的实际情况进行发言。代表认为：1993年全县农业总产值比1992年增长15.62%；1994年比1993年增长56.65%；1995年比1994年增长35.23%。水果产量连年增产，1993年、1994年、1995年，分别为4.16万吨、6.27万吨、10.39万吨，成为桂林地区和全广西的水果先进县。提前3年实现灭荒达标，1995年绿化达标。通过几年的实践，探索出一条恭城特色的生态农业之路，十分可贵。1993—1995年，乡镇企业营业收入、工业产值、所缴税金和固定资产投入等也大幅度增长，成为恭城经济发展的重要支柱。评议代表在肯定成绩的同时，也提出批评、意见和建议。评议大会后，评议机构将意见和建议归纳成29条，分送有关单位，要求被评议人员经过一段时间的整改后，书面向县人大常委会汇报整改情况。人大代表对需要整改的重大问题、项目进行视察，掌握整改效果，运用电视录像、人大常委会公报对整改情况进行宣传。

2000年11月20日，县人大常委会主持召开民主评议大会，对副县长包君发、罗永东分管的工作进行评议，共有146人出席会议。11月23日对县人民法院进行评议，共有161人参加。两次评议会结束后，共收集意见18条，建议25条。其中针对包君发的意见有7条：一是吸取外地先进经验并结合恭城县实际、开辟和扶持新税源、扶持新经济增长点工作做得不够；二是对财政拨付经费的监督不力；三是县财政有时占用上级下拨的专项资金，影响一些项目的顺利实施；四是县财政借用个别单位的资金未及时归还；五是财政代收费转结缓慢；六是经人大审理后的财政预算内资金拨给随意性大；七是对财政任务的下达未能很好结合乡镇实际情况进行调整。针对上述问题，代表提出提高专项资金拨付工作透明度、加强对现有财政体制的调查研究、依法依规加强对财政工作的管理等12条建议。针对罗永东抓乡镇企业缺乏全局发展观、乡镇企业项目未能与环境保护工作协调发展、城建规划科学性不足、市政建设未能充分考虑实际情况和体现民众意愿等11条意见，代表们提出深入乡镇企业和基层进行调查研究、注意培养企业人才、重新调整县城总体规划及抓城建工作注重依法行政等13条建议。

对职能机构负责人的评议

自治县人大常委会对职能机构负责人的评议工作开始于2001年。评议会由县人大常委会主任主持。9月5日，19名局长上交述职报告，13名局长进行述职发言。各职能局长在报告和发言中，对照任期目标，对未完成的工作提出实施计划和措施，对存在的问题分析原因，并提出整改意见。有6个部门负责人在评议会上对评议代表的意见进行现场解答。评议代表对被评议局长的述职材料进行认真审阅，提出评议意见。经归纳综合为16条意见，其中涉及水电方面的意见有6条，交通4条，林业2条，教育、环保、公安、卫生各1条。所有评议意见送到相关单位，所涉及单位于2001年11月将整改情况向县人大常委会作出汇报。

2004年12月20日，县人大常委会组织对县司法局局长、卫生局局长进行述职评议，有23人参加评议会议。会议听取两名局长的述职报告，评议代表进行认真评议，提出评议意见。经归纳综合，对县司法局局长的评议意见和建议有4条；对县卫生局局长的意见和建议有5条。会后，县人大常委会将评议情况形成书面材料，反馈到县司法局和卫生局。县司法局、卫生局及时召开班子会议，制定整改方案，落实整改措施。在2005年5月25日召开的自治县人大常委会第二十次会议上，县司法局、卫生局作出专题汇报。

第八节 人事任免

1989—2005年，自治县各届常委会根据《中华人民共和国地方各级人民代表大会和地方各级人民政府组织法》规定的任免范围，严格按照法定程序进行。在人事任免工作中，坚持党管干部的原则，贯彻执行干部队伍革命化、年轻化、知识化、专业化的方针，坚持德才兼备的标准和注重实绩的原则，保证国家机关领导权掌握在具有开拓精神，全心全意为人民服务、密切联系群众的人手中。县长、县人民法院院长、县人民检察院检察长提请的人事任免案，人大常委会对被拟任人员进行广泛民意调查，被拟任人员在表决前根据需要作供职发言。县人大常委会会议对任免案的表决采取无记名投票方式，以县人大常委会全体组成人员的过半数通过，由县人大常委会予以公布，并发文通知提请机关和县直各单位。县人大常委会决定任命的国家机关工作人员，由县人大常委会颁发任命书，任命书由县人大常委会主任签发。在县人民代表大会闭会期间，县长、副县长、县人民法院院长、县人民检察院检察长、县人大常委会组成人员可以向县人大常委会提出辞职，由县人大常委会决定是否接受辞职，在决定接受辞职后，报县人民代表大会备案。在县人民代表大会闭会期间，提请人可提请县人大常委会决定，撤销个别副县长或县人大常委会任命的人员职务。县人大常委会主任会议，常委会组成人员三分之一以上联名，可以向县人大常委会提出撤销由县人大常委会任免的国家机关工作人员职务的议案。县长、县人民法院院长、县人民检察院检察长可以分别向县人大常委会提出撤销由县人大常委会任命的本机关工作人员职务的议案。撤销国家机关工作人员的职务，采取无记名投票方式，县人大常委会全体组成人员过半数通过，并由县人大常委会予以公告。

自治县三届人大常委会（任期1999年1月至2000年10月），在人事任免工作上不断总结经验，进行探索和创新，创造人事任免工作过“三关”。即在坚持党管干部的前提下，在组织部门考核谈话后，人大常委会决定任命之前，做好三件事：（1）由被提名人在规定时间内写出供职报告；（2）被提名人参加自治县人大常委会组织的法律知识考试（1999年3月，被提名为新一届县政府职能部门的主要领导共24人参加考试，23人考80分以上，1人78分）；（3）由自治县人大常委会组成人员采取无记名投票方式决定其任免。再由县广播电视台制作局长访谈录进行报道，既增强了被任命人员的法制观念，工作责任心，又扩大了影响。自治县人大任免工作人员的经验被桂林市人大在全市推广。

从 1989 年起至 2005 年年底，自治县人大常委会共任免国家机关工作人员 782 人次，其中任职 524 人次，免职 237 人次，接受辞职 17 人次；撤销职务 4 人次。

1989—2005 年恭城瑶族自治县人大常委会人事任免情况一览表

表 12-3　　单位：人次

届别	年度	任职	免职	同意（接受）辞职	撤销职务
县第九届人大常委会	1989	32	17	—	—
	1990	17	6	2	—
自治县一届人大常委会	1990	48	6	—	—
	1991	19	17	—	1
	1992	36	33	3	—
	1993	19	9	3	—
自治县二届人大常委会	1994	65	5	—	—
	1995	27	18	4	1
	1996	51	21	1	—
	1997	10	5	—	—
	1998	16	12	2	2
自治县三届人大常委会	1999	65	14	—	—
	2000	3	2	1	—
	2001	11	14	1	—
	2002	37	27	—	—
自治县四届人大常委会	2002	29	5	—	—
	2003	9	16	—	—
	2004	14	9	—	—
	2005	16	1	—	—
合计		524	237	17	4

第二章　地方人民政府

恭城县人民政府由正、副县长和政府部门组成，县长、副县长由自治县人民代表大会选举产生，政府部门正职领导由县人大常委会任命，任期内需要调整职务，由县人民代表大会或其常委会任免。1990—2005年，自治县人民政府经历第一届至第四届任期：第一届恭城瑶族自治县人民政府任期从1990年9月至1993年11月；第二届任期从1993年11月至1999年1月；第三届任期从1999年1月至2002年10月；第四届任期从2002年10月至2006年10月。

1989年，县政府设41个工作机构。至2005年，经3次机构改革，新增设或撤并为28个工作机构。16年间，县政府共召开全体（扩大）会议28次，政府常务会议202次，县长办公会议72次。各届县政府坚持以“勤政、务实、高效、廉洁”为准则，对全县行政工作实行计划、组织、协调、控制、监督职能，顺应国家深入改革开放的形势，以经济建设为中心，深化经济体制改革，推动全县经济社会各项事业健康、协调、持续快速发展，社会治安稳定，各族人民团结和睦，城乡居民生活得到极大改善，先后获得“全国省柴节煤工作先进单位”“中国月柿之乡”“中国椪柑之乡”“全国农村能源综合建设先进县”“民族团结进步模范单位”“全国造林绿化百佳县”“国家可持续发展实验区”“全国园艺产品（水果）出口示范区”“国家级生态示范区”“全国无公害农产品（种植业）生产示范基地县达标单位”“全国生态农业建设先进县”“全国科技进步先进县”“全国科普示范县”“全国计划生育优质服务先进县”共14项全国荣誉称号。

第一节　机构

领导机构

第一届自治县人民政府领导机构于1990年9月27日经自治县第一届人民代表大会第一次会议选举产生，县长肖芳佐，副县长刘文金、黄才华、龙志兴、杨先玉、卿桂生、方锡镇。至1993年11月换届选举前，任职第一届自治县人民政府副县长的共有13人。任职的14名正、副县长中，瑶族7人，占50%；大专及以上文化程度10人，占71.43%。

第二届自治县人民政府领导机构于1993年11月经自治县第二届人民代表大会第一次会议选举产生，县长肖芳佐，副县长邓文川、杨先玉、卿桂生、杨程、刘功友、潘正琨。至1999年1月换届选举前，任职第二届自治县人民政府副县长的共有12人。任职的14名正、副县长中，瑶族8人，占61.54%；大专及以上文化程度12人，占85.71%。

第三届自治县人民政府领导机构于1999年1月经自治县第三届人民代表大会第一次会议选举产生，县长杨程，副县长唐云舒、刘功友、包君发、邓端祥、罗永东、唐秀珍、林堃、毛殊凡。至

2002年10月换届选举前，任职第三届自治县人民政府副县长的共有8人。任职的9名正、副县长中，瑶族7人，占77.78%；大专及以上文化程度8人，占88.89%。

第四届自治县人民政府领导机构于2002年10月经自治县第四届人民代表大会第一次会议选举产生，县长唐云舒，副县长罗永东、林春蓝、蒋述卫、陈波、吴艳琴、陈敏。至2006年10月换届选举前，任职第四届自治县人民政府副县长的共有6人。任职的7名正、副县长中，瑶族4人，占57.14%；大专及以上文化程度7人，占100%

1990—2005年第一届至第四届恭城瑶族自治县县长、副县长任职情况一览表

表12-4

届次	职务	姓名	性别	民族	文化程度	籍贯	任职时间	备注
第一届（1990.9—1993.11）	县长	肖芳佐	男	瑶族	中专	广西恭城	1990.9—1993.11	—
	副县长	刘文金	女	瑶族	大专	广西恭城	1990.9—1990.11	—
		黄才华	男	瑶族	大专	广西恭城	1990.9—1993.3	—
		方锡镇	男	汉族	大学	上海市	1990.9—1992.4	—
		龙志兴	男	汉族	初中	广西恭城	1990.9—1993.11	—
		杨先玉	男	汉族	初中	广西恭城	1990.9—1993.11	—
		卿桂生	男	汉族	大专	广西灌阳	1990.9—1993.11	—
		夏劲松	男	汉族	大学	广西灵川	1990.9—1992.3	挂职
		余小华	男	汉族	大学	广西灵川	1991.6—1993.11	挂职
		潘芝勤	男	瑶族	中专	广西恭城	1991.9—1993.11	—
		邓文川	男	汉族	大学	广西上林	1992.6—1993.11	—
		俸永辉	男	瑶族	大专	广西恭城	1992.8—1993.11	—
		杨程	男	瑶族	大专	广西恭城	1993.7—1993.11	—
		刘功友	男	瑶族	大学	广西灌阳	1993.10—1993.11	—
第二届（1993.11—1999.1）	县长	肖芳佐	男	瑶族	中专	广西恭城	1993.11—1996.12	—
	副县长	杨程	男	瑶族	大专	广西恭城	1993.11—1999.1	—
		邓文川	男	汉族	大学	广西上林	1993.11—1995.1	—
		杨先玉	男	汉族	初中	广西恭城	1993.11—1999.1	—
		卿桂生	男	汉族	大专	广西灌阳	1993.11—1999.1	—
		刘功友	男	瑶族	大学	广西灌阳	1993.11—1999.1	—
		潘正琨	男	汉族	大专	广西灌阳	1993.11—1999.1	—
		唐厚军	男	汉族	大专	广西全州	1995.2—1999.1	—
		黄金屏	女	瑶族	大专	广西恭城	1995.9—1999.1	—
		吴岸鸿	男	壮族	大学	广西扶绥	1996.9—1999.1	—
		包君发	男	汉族	大专	广西恭城	1997.5—1999.1	—
		唐庆林	男	瑶族	大学	广西恭城	1997.5—1999.1	挂职
		毛殊凡	男	瑶族	大学	广西富川	1997.10—1999.1	挂职

续表 12-4

届次	职务	姓名	性别	民族	文化程度	籍贯	任职时间	备注
第三届（1999.1—2002.10）	县长	杨程	男	瑶族	大专	广西恭城	1999.1—2002.10	—
	副县长	唐云舒	男	瑶族	大专	广西恭城	1999.1—2002.10	—
		刘功友	男	瑶族	大学	广西灌阳	1999.1—2002.10	—
		包君发	男	汉族	大专	广西恭城	1999.1—2002.10	—
		邓端祥	男	汉族	大学	湖南常宁	1999.1—2002.10	—
		罗永东	男	瑶族	研究生	广西平乐	1999.1—2002.10	—
		唐秀珍	女	瑶族	中专	广西恭城	1999.1—2002.10	—
		林堃	男	瑶族	大学	广西恭城	1999.1—2002.10	—
		毛殊凡	男	瑶族	本科	广西富川	1999.1—2002.10	—
第四届（2002.10—2006.10）	县长	唐云舒	男	瑶族	大专	广西恭城	2002.10—2006.10	—
	副县长	罗永东	男	瑶族	大专	广西平乐	2002.10—2006.10	—
		林春蓝	男	瑶族	大专	广西荔浦	2002.10—2006.10	—
		蒋述卫	男	汉族	大专	广西全州	2002.10—2006.10	—
		陈波	男	瑶族	本科	广西恭城	2002.10—2006.10	—
		吴艳琴	女	汉族	本科	广西恭城	2002.10—2006.10	—
		陈敏	男	汉族	大学	广西南宁	2004.9—2005.9	挂职

县政府工作机构

机构设置 1989 年，县政府共有 41 个工作机构：县政府办公室、计划委员会、经济委员会、经济体制改革委员会、经济协作办公室、科学技术委员会、财政局、劳动局、人事局、编制局、城乡建设委员会、农业委员会、公安局、司法局、民族事务委员会、民政局、监察局、审计局、工商行政管理局、税务局、土地管理局、物价局、交通局、二轻工业管理局、财贸金融委员会、商业局、粮食局、乡镇企业局、农业局、林业局、水利电力局、畜牧水产养殖局、矿产资源管理局、特产局、文化局、教育局、卫生局、计划生育委员会、广播电视局、档案局、老龄工作委员会。未被列入政府工作机构的共 17 个：党政信访办公室、地名委员会办公室、地方志编纂委员会办公室、调处纠纷办公室、统计局、物资局、安全生产委员会、农业机械化管理局、森林防火指挥部、能源办公室、糖业办公室、标准计量局、贫困地区开发办公室、供销合作联合社、对外贸易局、医药管理局、爱国卫生运动委员会办公室。乡镇行政机构有恭城镇、栗木镇、莲花乡、观音乡、嘉会乡、西岭乡、平安乡、三江乡、龙虎乡共 9 个。

1996 年，县政府工作机构由 41 个精简为 23 个：县政府办公室、计划局、经济贸易局、农业局、教育局、公安局、民政局、财政局、人事劳动局、卫生局、计划生育局、审计局、工商行政管理局、统计局、交通局、司法局、建设局、林业局、粮食局、乡镇企业局、水利电力局、民族事务管理局、环境保护局。2001 年，以综合经济部门、专业经济管理部门、执法监管部门、社会管理和政务部门分类进行调整，县政府工作机构设 21 个，其中按自治区统一设置的政府工作部门共 18 个：县政府办公室、发展计划局、经济贸易局、教育局、公安局、民政局、司法局、财政局、人事劳动和社会保障局、国土资源局、建设局、交通局、农业局、林业局、文化旅游局、卫生局、计划生育局、统计局；

因地制宜设置的机构共3个：水利局、林业局、科学技术局。民族事务管理局作为少数民族县特设机构，不计机构个数。2002年1月，成立安全生产管理局。2004年，发展计划局改称为发展和改革局，保留物价局、国民经济动员办公室的牌子和印章；保留经济贸易局，实行工业、内外贸易与经济合作的统一管理，不再保留在经济贸易局挂牌的经济技术协作办公室的牌子，在经济贸易局挂牌的乡镇企业局更名为中小企业局；安全生产监督管理局改设为县人民政府工作部门，撤销在经济贸易局挂牌的安全生产监督管理局的牌子；计划生育局更名为人口和计划生育局。

2005年，县政府工作机构共21个：县政府办公室、发展和改革局、经济贸易局、教育局、公安局、民政局、司法局、财政局、人事劳动和社会保障局、国土资源局、建设局、交通局、农业局、林业局、文化旅游局、卫生局、人口和计划生育局、统计局、水利局、科学技术局、安全生产监督管理局。另有不计政府机构数的工作部门共7个：民族事务管理局、粮食局、监察局、审计局、环境保护局、机构编制委员会办公室、扶贫开发领导小组办公室。乡镇行政机构共9个：恭城镇、栗木镇、莲花镇、观音乡、嘉会乡、西岭乡、平安乡、三江乡、龙虎乡。

县政府办公室　1989—2005年，县政府办公室设主任1名，副主任若干名，先后有7个机构在县政府办公室挂牌，1个机构并入。1996年7月，县法制局改为法制办公室，设在县政府办公室；驻邕办改设在政府办公室，对外开放办公室并入县政府办公室。2001年12月，在政府办公室挂牌的单位：县政府督查办公室、县接待办公室、县人民防空办公室、县调处山林水利土地纠纷办公室。2005年，在县政府办公室挂牌的机构：调处山林水利土地纠纷办公室、法制办公室、督查办公室、接待办公室、人民防空办公室。

1989—2005年，县政府办公室历任主任陈杰、朱树人、贺刚、伍楚贤、黄俊军、周兢克、黄晓云、容博、廖强。

第二节　重要会议

县政府全体（扩大）会议

县政府全体（扩大）会议的任务是传达和贯彻中共中央、国务院，自治区党委、政府，桂林地委（市委）、行署（市政府）的方针、政策和重大决策以及县委重大工作部署；审议通过全县国民经济和社会发展规划草案及预算草案；提请县人大审议的政府工作报告；讨论通过重大体制改革草案和重要行政措施；通报国际、国内和该县的形势；需经县政府全体（扩大）会议决定的其他事项。出席会议人员为县政府领导班子成员、县政府工作机构的各局（办）局长（主任）。列席会议人员为县政府办公室副主任，县政府直属机构、议事协调机构的办事机构、县政府部门管理机构、直管单位主要负责人。邀请恭城县委、人大、政协、纪委的领导，县人武部、人民法院、人民检察院、武警中队、县委各工作部门、总工会、团委、妇联、工商联等单位负责人。1989—2005年，共召开27次县政府全体（扩大）会议。其中，1989年，县政府全体（扩大）会议召开2次，主要安排和部署是年农业生产工作，重点落实水果生产计划；研究和落实维护社会治安稳定措施。1999年3月8日，自治县长杨程主持召开县政府全体（扩大）会议，出席、列席和应邀出席会议的人员103人。会议组织学习《中华人民共和国地方各级人民代表大会和地方各级人民政府组织法》《恭城瑶族自治县政府工作规则》。副县长唐云舒、包君发、唐秀珍、罗永东、毛殊凡等进行学习发言。研究和布置当前的工作：（1）农业工作。开展抗旱抢春播春种和解决群众的饮水用水困难；加快推进土地延包工作；落实绿色工程的各项措施；做好甘蔗种植、春耕生产所需种子、农药、化肥的供应。（2）工业工作。抓好工业生产和企业改制；落实项目的各项措施；开展矿山安全生产和治理整顿。（3）财贸工作。确定财政收入培植财源的指标；抓好粮食、商业流通，落实粮食和商业企业的各项改革措施。（4）其他工作。社会治安综合治理、计划生育、教育收费及农村合作医疗等。

2000年1月20日，副县长唐云舒主持召开县政府全体（扩大）会议，各乡镇、县政府各工作机构负责人、应邀出席会议的人员共112人参加。分组讨论《自治县政府工作报告》，布置春节各项工作，研究和布置当前的卫生工作、科技工作、旧城改造工作及廉政建设工作等。

2001年2月17日，县常务副县长唐云舒主持召开县政府全体（扩大）会议。各乡镇、县政府各工作机构负责人、应邀出席会议的人员共92人参加。会议总结全县“九五”期间社会经济取得的成就。研究和讨论《恭城瑶族自治县国民经济和社会发展第二个五年计划纲要（草案）》。

2004年7月22日，县长唐云舒主持召开县全体（扩大）会议，各乡镇、县政府各工作机构负责人、应邀出席会议的人员共89人参加。会议总结分析上半年经济运行情况，研究部署下半年经济工作。

2005年1月28日，县长唐云舒主持召开全体（扩大）会议，县政府各职能机构负责人、各乡镇及列席、应邀出席会议人员共103人。分组讨论2004年《自治县政府工作报告（征求意见稿）》。研究和安排2005年工作，重点抓好毛竹种植、水果无公害标准栽培技术的推广、水果流通销售、农产品深加工、高致病禽流感防控、“整村推进”扶贫开发、招商引资及国有企业改革等各项工作。

县政府常务会议

县政府常务会议的任务是传达贯彻中共中央、国务院，自治区党委、政府，桂林地（市）委、行署（市政府）的重要指示、决定和会议精神，研究贯彻落实县委、人大常委会的重要决定、意见和建议的工作措施；讨论决定上报自治区、桂林市的重要请示、报告；讨论提请县委常会审议的重要请示、报告；讨论提请县人民代表大会及其常务委员会审议的工作报告和议案；研究和审定以县人民政府名义发布或批转的规章、决定和重要规范性文件；研究和决定全县国民经济和社会发展及其重要专项规划、计划，研究全县财政预决算；研究分析一定时期全县经济社会发展形势，通报县政府工作情况；讨论决定事关全局的重大建设项目安排、重要资金使用、重大经济社会活动及重大体制改革等事项；研究确定社会管理和公共服务中有关体制、机制建设和制度建设方面的重大问题，讨论决定加强政府自身建设的重大事项；研究各乡镇、县政府各工作部门上报的重要请示或重要报告；研究和决定县政府对行政部门负责人进行问责的有关事宜；讨论须由县政府作出决定给予表彰和奖励的重要事项；讨论需要县政府常务会议决定的其他事项。

出席政府常务会议的人员为县长、副县长、县长助理、其他政府党组成员、县政府办公室主任，列席人员为县政府办公室副主任，监察局局长、法制办主任，议题涉及部门和单位主要负责人。根据会议议题内容，邀请县委、人大、政协相关领导以及县委办、人大办、政协办主任出席。1989—2005年，共召开县政府常务会议202次。

1989年4月13日，县长陈祖勋主持召开县政府常务会议，县领导7人参加。研究和讨论：（1）决定撤销成立势江乡、澄江乡的报告，将恭城镇和城厢乡合并；（2）成立资金支出管理领导小组和农业后勤领导小组；（3）决定从合同定购粮中划出一部分转为议价粮销售；（4）林业改革工作；（5）糖业生产工作。

1990年5月30日，代县长伍先华主持召开县政府常务会议，县领导和相关单位负责人16人参加。研究和讨论：（1）《关于加强对柴炭管理的暂行规定》；（2）《关于市政工程设施管理暂行规定》；（3）当前乡镇企业、个体企业及造林绿化等方面的工作。

1991年7月18日，县长肖芳佐主持召开县政府常务会议，县领导10人参加。研究和讨论：（1）关于解决莲花乡蓝洞村学校公办教师指标和建立蓝洞村中心教学点问题；（2）关于在教育局设督导室问题；（3）《关于多渠道筹措教育经费的暂行规定》；（4）关于集资抢修卫生危房问题；（5）关于夏粮入库问题。

1993 年 12 月 2 日，县长肖芳佐主持召开县政府常务会议，县领导和相关单位负责人 14 人参加。研究和讨论：（1）县政府领导分工；（2）政府工作规则；（3）落实当前开发性农业、工业生产任务及乡镇企业等 10 项工作的具体措施。

1994 年 1 月 19 日，县长肖芳佐主持召开政府常务会议，县领导和相关单位负责人 27 人参加。研究和讨论：（1）机关、事业单位工资制度改革；（2）国有工业企业生产经营责任目标。

1995 年 2 月 14 日，县长肖芳佐主持召开县政府常务会议，县领导和相关单位负责人 26 人参加。研究和讨论：（1）《关于统筹民兵军事训练经费和实行集中统一管理使用的规定》；（2）《关于表彰见义勇为敢于同违法犯罪行为作斗争的暂行规定》；（3）当前乡镇企业、计划生育、教育等工作。

1996 年 12 月 9 日，县长肖芳佐主持召开政府常务会议，县领导和相关单位负责人 38 人参加。会议研究和讨论：《恭城瑶族自治县 1996 年经济工作情况汇报及 1997 年经济计划》《关于开展城镇污水处理净化沼气池的决定》《关于峻山技改淹没补偿意见》《关于多渠道筹集公路建设基金的方案》《关于调整国有土地出让金标准》等问题。

1998 年 7 月 21 日，县长杨程主持召开县政府常务会议，县政府领导和相关单位负责人共 25 人参加。会议研究和讨论《下岗职工基本生活保障和再就业工作实施办法》《旧城改造建设主要优惠政策》等。

2002 年 8 月 26 日，县长杨程主持召开县政府常务会议，县领导和相关单位负责人 23 人参加。会议研究和讨论：（1）同意建设局设计的《恭城县城西路网控制规划图》，主路段远景规划按 6 车道 45 米红线控制，已建房屋暂不拆迁；（2）原则同意国土资源局制定的《恭城县城西区局部规划方案》，县城农产品批发市场主门口设计在恭（城）沙（子）路旁，出口宽度按 12 米设计，整个市场建筑按县城总体规划和县城西区路网控制规划进行建设；（3）同意国土资源局按水田每亩 30596 元，旱地每亩 14495 元的标准对征用土地补偿予以公告；（4）决定将县政府第一招待所西楼二楼改建装修为餐厅，与客房一同对外公开招标实行租赁经营，北楼一楼临街门面公开招标出让使用权。

2003 年 8 月 22 日，县长唐云舒主持召开政府常务会议，县领导和相关单位负责人 30 人参会。会议研究和讨论党风廉政建设和反腐败工作，《恭城瑶族自治县人民政府工作规则》《恭城瑶族自治县土地收益金管理办法》《关于企业退休人员社会化管理服务工作实施方案》《恭城瑶族自治县人民政府关于公文制发处理若干问题的试行规定》《恭城瑶族自治县人民政府办公室重要紧急公文处理规定（试行）》等 9 个问题。

2004 年 10 月 8 日，县长唐云舒主持召开政府常务会议，出席会议的县政府领导 7 人，相关单位负责人 7 人列席。会议传达自治区安全生产会议《关于浦北县“10・4”特大烟花事故的紧急通知》《关于对全区烟花爆竹和打火机生产企业全面进行清理整顿的紧急通知》，通报全县安全生产形势，就道路交通安全、烟花爆竹生产经营安全等提出具体整治措施。

2005 年 6 月 21 日，县长唐云舒主持召开政府常务会议。县政府领导 6 人出席，相关单位负责人 19 人列席。会议研究和讨论审计局、财政局、发展和改革局、物价局、粮食局提出的“关于国有粮食企业政策性挂账核实情况”、国土资源局提出的“关于用地指标调整问题”、政研室提出的“关于禁止在全县范围内砍伐杂木（阔叶林）问题”等事项。

县长办公会议

县长办公会议由恭城县长、副县长、县政府办公室主任和其他县政府党组成员组成。恭城县政府调研员、副调研员、县人民政府办公室副主任列席县长办公会议；根据需要，邀请有关工作部门（单位）主要负责人和各乡镇政府主要负责人分段列席。

县长办公会议由县长或县长委托县人民政府负责常务工作的副县长召集和主持。主要任务是传达和研究国家、自治区、桂林（地）市召开的，需要在全县或相当范围落实的全局性工作会议精神；研究决定临时性经费申请和有关行政事业性收费的减免，审批县本级预算追加支出的项目；研究恭城县政府日常工作中事关全局、需要统筹安排的事项；研究需要县长办公会议讨论的其他事项。1989—2005 年，共召开县长办公会议 72 次。

1995 年 8 月 14 日，县长肖芳佐在栗木镇、莲花镇分别主持召开县长办公现场会。县政府领导、相关单位负责人，栗木镇、观音乡、莲花镇有关负责人共 58 人参加。研究和讨论栗木镇政府提出的农药、种子存在质量问题、村级公路建设、栗木—观音公路管护等问题；栗木镇、莲花镇政府提出当地企业存在的资金周转困难问题、企业用电困难问题及木材价格问题等。会议对于因种子质量问题造成农户损失，责成县种子公司给予赔偿。对于企业资金周转存在困难的问题，经与银行沟通，银行同意给予贷款一定的优惠政策。对新办企业，有关部门同意可以延缓 1 年缴纳用电增容费。

1999 年 8 月 9 日，县长杨程主持召开县长办公会，县政府、人大、政协和相关单位负责人共 32 人参加。会议研究和讨论取缔邪教“法轮功”等邪教组织、封山育林及住房制度改革等方面的问题。

2002 年 7 月 9 日，县长杨程主持召开县长办公会议，县领导和相关单位负责人 31 人参加。会议研究和讨论：动物防疫、检疫费的收取和使用，清理规范性文件工作领导小组《关于对清理文件和其他政策措施情况和意见提请审议与确认报告》，发展计划局编制的《恭城瑶族自治县 2001—2010 年以工代赈建设规划》，卫生局关于调整医疗保险定点医院年平均处方值等问题。

2004 年 3 月 1 日，县长唐云舒主持召开县长办公会议，参加会议的县政府领导、相关单位负责人共 29 人。会议研究和讨论县领导分工问题、小车经费包干使用办法、县城绕城公路规划及滨江道路南区开发规划建设等问题。听取恭城县水利局、民族中学等单位的情况汇报。

2005 年 2 月 4 日，县长唐云舒主持召开县长办公会议，县政府、人大、政协领导共 17 人出席会议，相关单位负责人 9 人列席。会议研究和讨论广播电视局《关于要求解决局、网分离遗留问题的请示》、国土资源局《关于三江乡广播电视站国有土地使用权处置的请示》等 7 个问题，通报县住房管理中心住房资金等调查情况，布置春节前后有关工作。

第三节 施政纪略

经济建设与改革

工业 1990—2005 年，第一届、第二届、第三届、第四届恭城县政府在加快工业发展过程中，以矿产品、石材、农业土特产品等资源优势为依托，将低污染、低能耗的高新技术产业作为工业发展重点，推动国有企业改革和技术改造，狠抓重点工业项目，培育新的工业经济增长点，积极引导建设工业园区，加快形成特色的园区工业。全县工业经济总量和规模不断扩大，全县工业的整体实力和发展后劲明显增强，工业化进程取得显著成果。四届政府于 2003 年、2004 年分别投入 400 万元建立茶东、燕新 2 个特色工业新区；2005 年，投入近千万元实施工业新区基础工程建设，引进企业 35 家。工业总产值由 1989 年的 17104 万元增长至 2005 年的 65039 万元。

农业 深化农村改革，减轻农民负担。1991 年，第一届自治县政府进一步稳定和完善农村家庭联产承包责任制，制定《关于适当调整责任田，完善农村土地承包责任制的若干规定》，对全县农村责任田适当调整，完善农村土地联产承包责任制。1994 年，土地联产承包进入第二轮承包期，规定“对已经形成的土地承包关系稳定不变，原来经济合作社社员所承包该合作社的水田、旱地、山林承包期顺延30年不变”。1999—2003年，第三届、第四届自治县政府进一步完善第二轮延包期的农村土地承包合同工作，全县99.73%农户重新签订合同。

1993年，第二届恭城县政府取消91项、428万元涉农收费项目，农民年人均减负18.06元。1996年，第三届自治县政府对县、乡镇两级及有关部门涉农收费文件进行清理，清理文件51份，经审查继续有效的35份，需修改的3份，撤销13份。1999年，启动农村最低生活保障工作，发放最低生活补助金27.31万元。2000年，全县减轻农民负担350万元。2002年，推行涉农收费公示制，清退涉农收费47万元。2003年，第四届政府落实减轻农民负担和农村税费改革的各项政策，农民人均负担46.36元，比税改前减少36.44元。2005年，取消农业税，全县农民人均负担109.41元。

发展生态农业，打造“恭城模式”。1989年，恭城的生态农业已经有了一定基础。此后，第一届、第二届、第三届、第四届自治县政府紧紧抓住生态农业不放松，不断提升生态农业质量。1995年，自治区党委和政府将恭城的生态农业发展经验总结为“恭城模式”。1997年，在恭城召开自治区生态农业现场会，在广西大力推广“恭城模式”。至2005年，全县沼气入户率连续十多年居全国第一。人均有果面积、人均产果、人均水果收入位列广西第一。恭城成为全区最大的无公害水果生产基地，被列为“全国无公害水果生产示范基地县”“全国园艺产品出口示范区”“国家级生态示范区”。农民人均纯收入比1989年增长近10倍，近半数农户建起钢混结构楼房，彩电、冰箱等高档消费品进入寻常百姓家。

交通　1990年起，县政府逐年加大对交通建设的投入。1991—1995年，全县投入公路建设资金1717.94万元，新建公路57.5千米；新建桥梁2座，加固和改建桥梁2座。1997年，第三届县政府作出加快公路建设的决定，开展全县公路大决战。至2000年，初步形成县、乡、村三级公路网。2003年年底，全县117个行政村通车。2005年，全县公路通车里程524千米，其中等级公路里程169千米，实现乡乡通油路，村村通汽车。

商业贸易　1989—1998年，县政府对亏损的国有商业企业进行改革，商贸体制改革进一步深化，非国有商业经济快速发展，多元化销售打破国有商贸一统天下的格局。1999年，第三届县政府完成县五金公司的产权拍卖和职工安置。其他国有商业企业和外贸经营体制以及集体商业企业改革取得切实成果。2005年，第四届政府任期内，全县共有个体工商户7880户，从业人员10605人，注册资金9270万元，个体和私营商业零售额占全县商业零售额比重上升至近七成。

财政　1989—1993年，实行“划分税种、核定收支、分级包干”的财政管理体制。1994年，实行分税制改革和金融体制改革。1998年，对专业银行进行企业化改革，县境内国有专业银行按照营利性、安全性、流动性的原则，向自主经营、自负盈亏、自担风险、自求资金平衡的商业银行转变。2001年，成立会计管理中心，开始行使对会计委派工作的管理职能。成立县政府采购办公室，规范政府采购行为。2005年，对县级财政支出以“量入为出，量力而行”为原则，确保社会稳定、国家机关正常运转、支持重点项目建设。地方可用财力总计23488万元，是1989年的6.7倍；财政支出23148万元，是1989年的7.46倍。

城镇建设

城市综合整治　1994年，第二届自治县政府作出《县城市容和环境卫生管理暂行规定》和《县城清运生活垃圾实行有偿服务的暂行规定》，在县城内取消街道公用垃圾桶（池），实行上门清运生活垃圾有偿服务，县城市容和环境卫生管理开始走上正轨。1998年，参与广西城市市容环境综合整治“南珠杯”竞赛活动，加大县城基础设施的资金投入，县城街道、给水排水、电力通信及房屋建筑等设施建设迅速发展。至1999年，建成城北、栗木、桥头、三江、西岭共5个集贸市场，市场面积明显扩大，商业网点增多。2002年，获“南珠杯”先进城市奖。2004年，第四届自治县人民政府投资新建日产3.5万吨的水厂，重新铺设供水主干管，县城区域实现恒压供水。县城主要街道安装路灯。县城绿化覆盖面积大大扩展，绿化覆盖率达到53.9%，人均8.2平方米。对主要街道和公共场所的公厕进行改建扩建，大多数公厕达到二级标准。2005年，县城电力、给排水、污水处理系统逐步完善，县城基础设施和生态环境建设取得显著成绩，城市面貌焕然一新。

城市改造　1994年，第二届自治县政府作出《关于开发县城城中西路的决定》。1998年4月，第三届自治县政府制定《县城旧城改造实施办法》，对水泥厂至燕岩大桥主要街道的陈旧房屋装修或拆迁重建。1999年3月，出台《关于加速县城旧城改造的优惠办法》。2001年，决定建设开发县城滨江路，印发《新区建设开发管理办法》。至2002年，拆除总建筑面积17000平方米，回建建筑面积51000平方米。重建占地7000平方米的县城中心广场，维修文（武）庙、周渭祠、湖南会馆四大古建筑，重修水泥厂至燕岩桥主街人行道并更换绿化树。2005年，县城形成文庙、武庙、烈士陵园、中心广场、周渭祠、湖南会馆、周渭祠前小广场、桥头公园、迎宾广场等旅游景区。

小城镇建设　1994年10月，莲花撤乡改镇，按建制镇开始编制总体规划。1996年，第二届自治县政府作出进一步加强小城镇（村屯）建设的决定，将恭城镇、栗木镇、莲花镇明确为一类乡镇进行建设规划。提出小城镇建设的基本原则、目标和任务，作出具体的工作方案和要求，建立奖惩制度。1997年12月，决定对全县村镇建房实行统一规划建设。成立新村建设规划领导小组，拨出专项工作经费，对所有平原村镇进行建设规划设计。1998年，桂林地市合并。1999年，栗木镇被列为桂林市13个重点镇之一，建设目标是工矿商贸为重点的小城镇。栗木镇总体规划于2001年编制完成。莲花镇于2000年被列为自治区小城镇建设试点范围。2001年，第三届自治县政府发文批准实施莲花镇总体规划。至2005年，第四届自治政府按照总体规划对小城镇建设实施改造和建设，并取得阶段性成果。

社会事业　1989—2005年，县政府坚持把生产科技教育放在优先发展的地位，实施科技发展战略。兴建14个电视卫星地面接收站、10个电视差转台，有多项科技项目获得自治区科技进步奖。第二届自治县政府任期内实施的科技发展战略取得突破，共取得各类科技成果21项，被评为自治区“振兴科技单位”；投入4000万元进行教育基础设施建设，中考、高考成绩进入自治区先进行列。卫生保健和卫生防疫取得新成果，获得自治区“儿童计划免疫四苗接种率实现第三个85%目标达标县”和“消灭脊髓灰质炎强化免疫先进集体”。第三届自治县政府广泛开展科普宣传和科技、文化、卫生“三下乡”活动，科技进步对经济增长的拉动作用明显增强。2001年，获得全国“婚育新风进万家”活动先进单位，恭城被科技部批准为广西第一个国家级可持续发展实验区；2002年，被中国科学技术协会批准为全国科普示范县。第四届自治县政府加大教育、卫生、广播电视等基础设施建设投入，其中基础教育建设工程投入5740万元，恭城中学成为广西第一批示范性普通高中；投入2500多万元高标准建成民族中学。农村初级卫生保健强化项目取得阶段性成果，恭城被评为“全国农村中医工作先进县”“全国计划生育优质服务先进县”。

1989—2005年，随着经济快速发展，恭城城乡面貌有巨大改观，社会政治稳定，居民生活质量随着经济的发展有了极大提高。1989年，在岗职工年平均工资1991.52元；2000年，增至6764元；2005年，增至13103元。农村居民的收入稳步增长，特别是生态农业的不断巩固和发展，水果收入为农民增收注入强大动力，年人均总收入从1989年的557元增加至2005年的3151元。2005年，全县117个行政村全部实现通公路、通电话、通广播电视，全县固定电话用户3.7万户，移动电话用户5.7万户，互联网用户2100多户，农村人均住房面积40平方米。

施政管理

依法行政　1989—2005年，自治县政府坚持依法治县，实施行政许可法，推进政务公开和电子政务，转变政府职能，深化机构改革。自觉接受人大依法监督和政协民主监督，认真办理人大代表提出的议案、建议、批评、意见和政协委员的提案以及社会各界的来信、来访。政府机关效能建设取得新进步，依法行政能力不断加强。1989 年 9 月，制定县人民政府会议规则。县政府工作实行民主集中制原则指导下的县长负责制。提请自治县人民政府全体会议和自治县政府常务会议、县长办公会议讨论的议题，由分管副县长协调或审核后提出；凡经县长办公会议、县政府常务会议研究决定或县长交办的事项，各分管领导组织所涉及的部门抓好落实；严格遵守公文办理程序。

1994 年，制定《恭城瑶族自治县人民政府工作规则》，推行民主选举、民主决策、民主管理和民主监督，实行政务、村务公开和民主评议行风工作，健全政府机关监督和制约机制。开展行政执法检查，推行行政执法情况报告制度。是年，恭城县人民政府印发政府部门行政审批事项清理目录，依法审查、完善一批涉及工业、农业、商贸、交通、城市建设、环境保护、文化、卫生及教育等各领域的规范性文件。取消行政审批事项 52 项，不再对外施行行政审批的事项 73 项，接上级下放的行政审批事项 7 项，依法保留的行政审批事项 233 项。2002 年 9 月，恭城县政府决定在全县乡镇推行行政执法责任制，制定具体的实施方案和行政执法责任制评议考核方法。在全县推行行政执法主体资格审批制度。11 月，印发《恭城瑶族自治县人民政府行政执法责任制》，对政府的责任、坚持和实施的有关制度、履行行政执法程序和纪律要求、行政执法监督、违法行政责任追究等，明确行政执法机关及其执法人员的行政执法责任。2004 年，贯彻落实全国依法行政工作电视电话会议精神，作出具体的实施工作方案。以行政许可法的实施为契机，进一步推行和健全相关配套制度：一是继续推进行政执法主体资格公告制度；二是逐步试行相对集中行政处罚权、行政许可权制度；三是坚决执行和进一步完善行政许可制度；四是健全定期对规范性文件和其他政策措施的清理和上报工作制度。

廉政建设　1989 年，开展以“两公开、一监督”（办事程序公开、办事结果公开，接受群众监督）为内容的廉政建设活动。监察部门展开中华人民共和国监察部《关于有贪污贿赂行为的国家行政机关工作人员必须在限期内主动交代问题的通告》的宣传工作，收到良好效果。1991 年，根据自治区党委、人民政府关于认真清查干部、工人违法违纪违章建私房的通知，对 1982 年以来全县干部职工建房情况进行清理。1993 年，恭城县委、县人民政府下发《关于党政机关和党政干部反腐倡廉的若干规定》，根据中共中央、国务院《关于坚决制止乱收费、乱罚款和各种摊派的决定》，对“三乱”（乱收费、乱罚款、乱摊派）进行全面清理。1994 年，印发《关于禁止党政机关及其工作人员利用职权无偿占用企业钱物的若干规定》，对 33 个党政机关所办的 42 个经济实体进行清理。1996 年，开展“三严四自”（严格要求、严格管理、严格监督，自重、自省、自警、自励）教育活动。1997 年，制定《县党政机关、事业单位厉行节约制止奢侈浪费行为的若干规定》和《县行政、事业单位会议费、小车费、通讯费的暂行规定》，对公款配置的移动电话、住宅电话、BP 机等通信工具进行清理，全部折价处理给个人。县直各部门和乡镇人民政府制定提倡节约制止奢侈浪费的廉政勤政制度。1998 年，下发《关于认真学习贯彻〈中共中央、国务院关于实行党风廉政建设责任制的规定〉的通知》《恭城瑶族自治县党风廉政建设责任制实施办法（试行）》《县委、县政府领导和有关部门党风廉政建设和反腐败工作责任分工的通知》等，在全县和乡（镇）推行党风廉政建设责任制。2000—2005 年，先后制定下发《关于对违反党风廉政建设责任制规定的行为实施责任追究的暂行办法》《自治县委、县人民政府领导干部党风廉政建设岗位职责》《自治县委关于认真贯彻执行自治区党委〈关于加强领导干部廉洁自律的规定〉的通知》《关于坚决纠正乡（镇）干部“走读”现象的若干规定》《关于进一步加强对乡科级党政“一把手”监督的意见》等。县委、县政府每年组成考评检查组，实行半年检查、年终考评、奖优罚劣。党风廉政建设制度得到完善，党风政风明显改善。

重大活动

恭城瑶族自治县成立庆典　1990 年 2 月 3 日，国务院批准撤销恭城县，设立恭城瑶族自治县。

10 月 15 日，恭城瑶族自治县筹备委员会在恭城中学操场举行恭城瑶族自治县成立庆祝大会，约 2 万人参加。国家民委司法司司长杨侯弟、自治区人民政府特邀顾问张声震、桂林地委副书记唐正安分别率中央、自治区、地区代表团到会祝贺。会后举行盛大的游行活动和舞狮、山歌会、文艺表演、体育竞赛等活动。

恭城瑶族自治县成立 10 周年庆典　2000 年 9 月 25 日，举行恭城瑶族自治县成立 10 周年庆祝大会。全国人大常委会民委助理巡视员南嘉、国家民委教育司副司长俸兰，自治区代表团团长、自治区党委副书记杨基常，副团长、自治区人大常委会副主任覃日飞，自治区政府副主席孙瑜，自治区政协副主席梁裕宁以及广西军区政治部领导、自治区直属各部、委、办、厅、局领导，桂林市代表团团长、市委书记姜兴和，副团长、市长李金早、市人大常委会主任雷熹平、市政协主席吴旭敦，以及桂林警备区政委傅庆成和市四家班子部分领导，桂林市 12 个县 5 个城区、市直各部、委、办、局的负责人参加大会。庆祝大会主会场恭城中学运动场共有 1 万人参加。恭城县长杨程在庆祝大会上介绍恭城县成立 10 周年以来的基本情况。杨基常、姜兴和、俸兰等在庆祝大会上讲话。会后，举行有 18 个方块队参加的游行活动。在人民会堂举办大型的文艺演出，举行大型焰火晚会，燃放烟花、礼炮，举办山歌赛，进行少数民族绝技表演；举办恭城瑶族自治县成立 10 周年成果实物展、图片展；播放恭城瑶族自治县成立 10 周年建设成果专题电视片；设置“产品展销”“风味小吃”“饮食服务”“旅游工艺品”一条街，开辟游览文庙、武庙、社山等旅游线路，举行篮球、门球、舞龙、舞狮表演等。

桂林恭城桃花节　2003 年 3 月 1 日，在西岭乡大岭山桃园举办首届桂林恭城桃花节庆典，举行大型文艺演出。桂林市和恭城县四家班子领导出席开幕典礼。开幕式当天接待 2 万多游客。桃花节期间，开展瑶族绝活表演、桂林获奖歌手演唱会、广西山歌王对垒赛、摄影大奖赛和一系列的旅游及经贸洽谈活动等。共接待游客 15.3 万人次，实现旅游收入 969 万元。恭城桃花节成为岭南较具影响的春季旅游品牌，每年吸引大批游客慕名前去踏青观花。此后，每年举办一次。至 2005 年，恭城桃花节共举办 3 届，累计接待游客 51.1 万人次，实现旅游收入 2880 万元。

桂林恭城月柿节　首届桂林恭城月柿节于 2003 年 10 月 19 日开幕，至 11 月 24 日结束。恭城月柿种植已有 400 多年的历史，于 1996 年被农业部命名为全国唯一的“月柿之乡”。2003 年，全县种植月柿近 10 万亩，总产量突破 13 万吨。10 月 19 日上午，在莲花镇万亩月柿园举行开幕式“走进中国月柿之乡”大型文艺演出，著名歌唱家李谷一、彭丽媛登台演唱，1 万多人在莲花镇红岩村主会场观看文艺演出。1000 多客商在新竣工的恭城城北批发城展销食品 5000 多个品种。广西电视台《趣味竞技》栏目组在社山村实地拍摄和开展“趣味竞技”活动。在县城文化中心广场举办系列民族舞蹈演出、啤酒狂欢夜等活动。首届月柿节共接待游客 17.4 万人次，实现旅游收入 951 万元。之后，每年举办一次。至 2005 年，共举办 3 届，累计接待游客 56.6 万人次，实现旅游收入 1997 万元。

第四节　其他政务工作

政府法制工作

规范性文件审查　1991 年 3 月，成立县法制局。1991—2005 年，县法制局（办）为县政府起草、审核、修改规范性文件 120 件。政府出台的政策性文件坚持通过法制论证，保障县政府行政行为的合法性、有效性。1989 年 8 月，恭城县人民政府作出办文办事的暂行规定，规定办文办事的具体规则和程序。1994 年，县政府转发《广西壮族自治区国家行政机关公文处理办法实施细则》，随后作出《关于公文处理的有关规定》，对公文处理作出具体明确的要求。1997 年，县政府下发《关于进一步提高规范性文件办理质量的若干意见》，对政府制定规范性文件的原则、报送的条件及处理办法等

问题作出具体的规定。1999 年，县政府办公室下发《关于制定规范性文件的通知》，根据《自治县人民政府工作规则》，规范性文件要有县政府法制办的论证意见，县政府常务会议才予审议。2003 年，自治县政府作出《关于公文制发处理若干问题的试行规定》，对公文制发程序和要求、有关行文规则、公文处理程序和要求、公文格式及印刷格式等作出明确规范性规定。2004 年，县政府为贯彻落实《行政许可法》工作，对行政许可项目、行政许可规定及行政许可实施主体进行清理，清理上报行政许可实施项目 284 项，上报经初审确定具有行政许可实施主体资格的单位 45 个。2005 年，法制办公室为县政府起草、审核、修改规范性文件 14 件。

行政复议应诉　1991—2005 年，县政府法制办（政府行政复议办公室）共受理行政复议案件 53 件，办结 44 件。做到依法及时立案审理，并在法定期限内作出复议决定。其中维持 16 件，撤销 14 件，中止 2 件，同意撤回 12 件。2000 年，县政府组织对各乡镇政府、恭城县政府所属各行政执法机关及其派出机构和组织进行《行政诉讼法》及有关配套法律的贯彻实施情况进行检查。2002 年，县政府对行政复议案件处理程序若干问题作出具体要求。规定县政府授权恭城县政府行政复议办公室受理的行政复议事项的情形，县政府审批或决定的行政复议事项的情形。

法制监督　1991—1997 年，行政部门的法制监督主要由县法制办行使。1998 年，县政府成立行政执法责任制领导小组，下发《自治县行政执法责任制实施方案》。1999 年，下发《关于进一步推行行政执法责任制的通知》，在全县推行执法责任制。相关行政执法部门制定实施方案，明确执法主体和执法依据，制定行政执法过错责任追究和赔偿制度、行政执法程序制度和行政执法公示制度。2002 年，县政府出台《人民政府行政执法责任制》，将各行政执法部门的行政执法责任制纳入年终评议考核内容。2005 年，县政府贯彻落实《全面推行依法行政实施纲要》，法制办会同监察局对行政许可法贯彻执行情况进行监督检查，共同检查 17 个部门，存在的主要问题是少数部门领导法制意识不强，一些工作人员执法方式简单粗暴、执法不严甚至违规行政等。提出整改意见：加强行政执法宣传力度，每年对行政执法部门领导和工作人员进行必要的业务培训，提高他们的业务素质和依法依规行政意识；完善行政执法责任制，并纳入年终考核内容。

督查督办

1989 年 8 月，县政府在办文办事的暂行规定中，明确县政府办负责督办、查办和催办县政府的重大决策和工作部署的落实。县政府领导批示或政府办公室转请有关单位办理的事项，承办单位要按时按质办理，并将办理情况回报县政府办公室。职能部门要求县政府批转、印发、下发的以部门工作为主的文件、批示、指示，主办单位要负责督促、检查，并将贯彻情况反馈到县政府办公室。1994 年，县政府作出关于加强督查工作的决定，由县委、人大、政府、政协四家班子组织 4～6 人组成督查组，负责对全县的中心工作以及各项重大决策的执行落实情况进行督查。在 1994 年制定的《自治县人民政府领导工作制度》和 2003 年制定的《恭城瑶族自治县人民政府工作规则》中，规定各级人民政府及政府各部门的主要行政领导是行政督查工作的第一责任人，行政督查工作实行报告制度，明确督查事项的要求和时限以及行政工作的督查重点，行政督查工作实行追究责任等。1989—2005 年，共督办县人大代表提出的议案 19 件，县政协委员提案 24 件。

纠纷调处

1989—2001 年，调解处理土地山林水利纠纷办公室在县司法局挂牌，负责由政府处理的土地、山林、水利“三大纠纷”的调解处理。2002 年 1 月 30 日，改在县政府办公室挂牌。2002 年 12 月，依据《广西壮族自治区土地山林水利权属纠纷调解处理条例》规定，调解处理土地山林水利纠纷办公室职能转变为组织协调、督促指导权属纠纷调处工作，定编 4 人。至 2005 年，人员、编制未变。17

年间，全县共发生山林、土地和水利“三大纠纷”案件1564件，山林纠纷占74.30%。对于林权纠纷的调处，县“三大纠纷”调处机构根据自愿和合法的原则进行调解。经调解达成协议的，作出林权争议调解书，调解书由调解人员署名，加盖人民政府林权争议调解机构印章，当事人和特别授权委托代理人同时在调解书上签字，报县（自治县）人民政府及林业行政主管部门备案。

纠纷案件被调处机构受理后，一般先由调处机构会同案件发生地的乡镇政府工作人员深入调查，掌握历史事实，以有关政策规定、法律、法令为依据，本着有利于团结、有利于生产、有利于管理的原则，充分兼顾各方利益，组织纠纷各方到现场进行协商解决，纠纷各方接受协商结果后，签订协议书。经调解达不成协议的，由县政府作出处理决定书，如有一方不服的，在60日内向市政府提请行政复议，期满未起诉的，处理决定生效；拒不执行的，另一方当事人可以向作出处理决定的人民政府申请强制执行。如有一方对市政府的行政复议不服，在有效期限内向（地）市中级人民法院提请行政诉讼（一审）；如有一方对市中级人民法院裁决不服的，在有效期限内向自治区高级人民法院提请行政诉讼（二审）；如有一方对省高级人民法院裁决不服的，在有效期限之内再向省高级人民法院提请再审（终审）。

1989—2005年，全县共发生“三大纠纷”案件1564件，调结1503件，调结率为96.1%。其中，山林纠纷1126件，调结1088件，调结率96.63%；土地纠纷369件，调结346件，调结率93.77%；水利纠纷69件，调结69件，调结率100%。

第五节 机关事务管理与服务

机构

1988年3月，成立县机关事务管理办公室。1994年2月，机关事务管理办公室与县接待办公室合并为接待机关事务管理办公室。1996年5月，改为机关事务接待处，为科级事业单位。1997年11月，对外接待事务划分出去，归口县委办公室。2001年12月，机关事务接待处更名为机关事务管理中心，为政府直属事业单位。2003年，设办公室、账务股、综合股、政府小车队4个职能机构，事业编制12人，工勤人员编制18人，设主任1人，副主任3人，至2005年，内设机构、人员未变。1989—2005年，机关事务管理中心历任主任：胡水三、陀昌贵、马锦玲、覃劲松。

机关事务管理

机关事务管理中心负责县政府的行政经费管理、使用和办公用品及设备的购置供应等。负责县四家班子（含人民会堂）房产管理和房屋、水电维修和水电费收缴工作。1993年，根据实施住房制度改革方案，制定县政府大院内房改方案和实施细则，先后完成92户公房的普查、预售、提租、收缴房改资金任务。至2005年，承担对县委、县政府大院的住房、水电管线的维修，代收缴水、电费等工作。

后勤保障

警卫安全保障 1989年，机关事务管理部门共聘请保安人员8人，负责县委大院、县政府大院等四家班子办公区、宿舍区的治安保卫、消防安全工作。制定门卫管理制度，落实分班次保障政府大院安全，完善办事人员登记、车辆出入、值班巡逻及防火防盗等措施，定期加强对保安人员的教育督查，协助信访部门及时疏导集体性上访群众。1998年，县人民会堂、县委部门办公楼竣工使用，增加安保人员6人负责该办公区域的安保工作。2005年，县政府机关事务管理中心共有安保人员7人负责县委、县政府大院、人民会堂、县委部门办公楼的安全保卫工作。

公务用车 县政府车队负责县政府领导公务用车。参与接待上级各级领导到恭城视察、指导工作的领导及重大会议、重大活动用车。车队提供全天24小时用车保障。建立和完善各种行车安全规章制度。每辆车都建立技术档案和保养维修计划，落实各项安全措施，对车队司机加强安全教育，确保行车安全无重大事故。1994年，恭城县人民政府办公室作出《关于加强车辆管理的暂行规定》，对县政府公务用车的规范管理提出具体要求。2005年，机关车队共有公务用车8辆。

会务保障　负责县委、县人民政府、人大、政协四家班子召开的全县性会议、组织的重大活动及重大节日的会场安排布置等。管理的会议室有可容纳近800人的人民会堂，县政府办公大楼的三个小型会议室等。每年提供会议服务400多场。2005年，投资237万元的会议中心竣工，共有大型会议室1个，中型会议室1个，小型会议室3个。

食堂保障　1989年，县政府食堂拆除，回建县政府办公楼。2003年，投资5.89万元对县政府大院南侧的平房300多平方米进行装修，恢复县政府食堂，添置桌椅板凳，解决部分机关干部的就餐问题。

综合服务　负责县政府大院办公区和生活区房屋、人民会堂、县委、办公楼等公共设施的维修维护，每年做好抢修电缆、疏通管道、翻修层面、清理化粪池、修理门窗、更换灯具和水龙头等工作。负责大院内车辆、杂物的归放管理，院内的美化绿化。1999年，在县政府大门和办公楼正面、临街侧面安装彩灯。2000年，新植草地400平方米，修建停车场1500平方米。2005年，改造部分电力线路，新硬化地面700平方米。

第三章　地方人民政协

1987年11月至1990年9月，中国人民政治协商会议恭城县第二届委员会召开3次会议。1990年9月，成立恭城瑶族自治县，政协恭城县委员会届次重新排序。至2005年，中国人民政治协商会议恭城县共历经4届，第一届任期为1990年9月至1993年11月，第二届为1993年11月至1999年1月，第三届为1999年1月至2002年10月，第四届为2002年10月至2006年10月。1990年9月至2005年12月，共召开政协恭城县委员会全体会议21次。政协委员会组织委员围绕经济建设、政治体制改革、城乡建设、教育及卫生等开展调研视察、提案办理、文史资料征集、服务社会及联谊牵线等活动，共组织委员参加调研视察活动62次、264人次，写出调研视察报告36篇，提出意见建议112条。

第一节　机构

政协委员会

1989年，政协恭城县委员会由主席1人、副主席7人组成。1990年，成立恭城瑶族自治县。至2005年，政协恭城瑶族自治县委员会共经历四届，各届委员会组主席均为1人，第一届、第二届、第三届、第四届政协副主席分别为6人、3人、4人、4人。

第一届任职的正、副主席共7人，其中瑶族3人，占42.86%，大专及以上文化程度3人，占42.86%；第二届任职的正、副主席共4人，其中瑶族1人，占25%，大专及以上文化程度4人，占100%；第三届任职的正、副主席共5人，其中瑶族2人，占40%，大专及以上文化程度5人，占100%；第四届任职的正、副主席共5人，其中瑶族2人，占40%，大专及以上文化程度5人，占100%。

1989—2005年恭城瑶族自治县政协主席、副主席任职情况一览表

表12-5

届次	职务	姓名	性别	民族	文化程度	籍贯	任职时间	备注
恭城县第二届（1987.11—1990.9）	主席	余祖祥	男	汉族	初中	广西恭城	1987.11—1990.9	—
	副主席	赵德成	男	汉族	初中	山东莘县	1987.11—1989.8	—
		潘正琨	男	汉族	大专	广西灌阳	1987.11—1990.9	兼
		刘通贤	男	汉族	大专	广西恭城	1987.11—1990.9	兼

续表 12-5

届次	职务	姓名	性别	民族	文化程度	籍贯	任职时间	备注
恭城县第二届（1987.11—1990.9）	副主席	彭盛华	女	汉族	本科	广西恭城	1987.11—1990.9	兼
		郑远图	男	瑶族	本科	广西恭城	1987.11—1990.9	兼
		李绍梅	男	瑶族	中专	广西恭城	1987.11—1990.9	兼
		邓树楷	男	瑶族	初中	广西恭城	1989.11—1990.7	—
自治县第一届（1990.9—1993.11）	主席	陈祖勋	男	瑶族	初中	广西恭城	1990.9—1991.4	兼
	副主席	王文华	男	汉族	高中	河北省	1990.9—1993.11	兼
		王来蓬	男	汉族	中专	广东揭阳市	1990.9—1993.11	兼
		吴嗣芳	男	瑶族	本科	广西恭城	1990.9—1993.11	—
		刘通贤	男	汉族	大专	广西恭城	1990.9—1993.11	兼
		李绍梅	男	瑶族	中专	广西恭城	1990.9—1992.11	兼
		潘正琨	男	汉族	大专	广西灌阳	1990.9—1993.11	—
自治县第二届（1993.11—1999.1）	主席	苏光伦	男	汉族	大专	广西恭城	1993.11—1999.1	—
	副主席	袁琔	男	汉族	本科	广西平南	1993.11—1999.1	兼
		卿桂生	男	汉族	大专	广西灌阳	1993.11—1999.1	—
		龙中平	男	瑶族	本科	广西恭城	1995.11—1999.1	兼
自治县第三届（1999.1—2002.10）	主席	苏光伦	男	汉族	大专	广西恭城	1999.1—2002.10	—
	副主席	龙中平	男	瑶族	本科	广西恭城	1999.1—2002.10	兼
		袁琔	男	汉族	本科	广西平南	1999.1—2002.10	兼
		黄振先	男	瑶族	大专	广西恭城	1999.1—2002.10	—
		孟定金	男	汉族	研究生	广西恭城	1999.1—2002.10	兼
自治县第四届（2002.10—2006.10）	主席	林中贤	男	汉族	大专	广西恭城	2002.10—2006.10	—
	副主席	黄振先	男	瑶族	大专	广西恭城	2002.10—2006.10	—
		孟定金	男	汉族	研究生	广西恭城	2002.10—2006.10	兼
		余军	男	汉族	本科	广西恭城	2002.10—2006.10	兼
		温晨光	男	瑶族	本科	广西昭平	2004.3—2006.10	兼

工作机构

1987 年 11 月，县政协工作机构保留办公室和学习委员会，其他各工作组改为文教、卫生、农业、工交、财贸、祖国统一、群团工作共 7 个组。1989 年 3 月，县政协调整为 7 个专门委员会，即提案法制委员会、经济委员会、学习委员会、科教文卫体委员会、群团民族宗教委员会、文史资料委员会、祖国统一联谊委员会。

1990 年 3 月，县政协保留办公室，7 个工作委员会调整为 4 个工作委员会。即提案法制工作委员会、经济科技工作委员会、文教卫体学习工作委员会、群团民族宗教联谊工作委员会，文史资料工作委员会合并到办公室。

1997年，自治县政协设1个室、3个委，即办公室、法制提案委员会、经济科技民族委员会、文教卫体工作委员会。1999年，经济科技民族委员会、法制提案委员会分别改为经济科技委员会、社会法制提案委员会。

2002年，自治县政协设办公室1个，专门委员会2个，即办公室、社会法制提案委员会、经济科技文教卫体委员会。至2005年，工作机构无变更。

1989—2005年，政协办公室历任主任为吴定甲、林德昌、欧阳社发、黄化星、潘世月、颜鸿、陈广仪；社会法制提案委员会（提案法制工作委员会）历任主任为龙中平、刘通贤、张绍禧、黄化星、何菊英、罗永强；经济科技文教卫体委员会历任主任为罗永强、欧阳植军；经济科技工作委员会历任主任为邓树楷、郑远图、尹国强；科教文卫体委员会（文教卫体学习工作委员会、文教卫体工作委员会）历任主任为万定华、郑远图、潘正琨、常定生、潘世月、尹国强、罗永强；群团民族宗教联谊工作委员会（群团民族宗教委员会、祖国统一联谊委员会）历任主任为李绍梅、何菊英；学习文史资料工作委员会（文史资料委员会）历任主任为易宣强、刘万鉴；经济科技民族委员会（经济科技委员会）主任尹国强；文教卫体文史委员会历任主任为潘世月、罗永强。

第二节　委员产生与构成

按照《中国人民政治协商会议章程》，政协恭城县委员会委员由各人民团体、各个界别等协商提出，由县委组织有关部门进行综合平衡，同各推荐方面协商形成建议名单，提交政协常务委员会会议协商和表决，经全体常务委员过半数同意予以通过。常务委员会会议通过的委员，由政协办公室分别通知推荐单位和个人，向委员发委员证书，并向社会公布。增补政协委员的程序，也需要经过提名、协商、常务委员会会议通过和公布。委员由中国共产党、民主党派、群众团体、无党派民主人士、农工商、教育卫生、少数民族等不同界别人士及特邀人员组成，具有广泛的代表性。

政协恭城县第二届委员会有19个界别：共产党、政界、农林、文化艺术、体育、宗教、农工党、科技、医药卫生、教育、少数民族人士、妇联、工会、共青团、归侨侨属、港澳台属、社会科学、工商及特邀，有委员123人。其中，中共党员34人，占27.64%；妇女17人，占13.82%；少数民族31人，占25.20%。其中，中专及以上文化程度49人，占39.84%。

政协恭城瑶族自治县第一届委员会代表21个界别，有委员107人。其中中共党员44人，占41.12%；少数民族45人，占42.06%；妇女18人，占16.82%。高中及以上文化程度65人，占60.75%；初中及以下文化程度42人，占39.25%。高级、中级、初级职称45人，占42.06%。

政协恭城瑶族自治县第二届委员会代表15个界别，有委员116人。其中，中共党员46人，占39.66%；少数民族51人，占43.97%。妇女22人，占18.97%。高中及以上文化程度96人，占82.76%，初中及以下文化程度20人，占17.24%。高级、中级职称51人，占43.97%。

政协恭城瑶族自治县第三届委员会，共设置15个界别，有委员116人。其中中共党员46人，占39.66%；少数民族60人，占51.72%；妇女23人，占19.83%。高中及以上文化程度102人，占87.93%，初中及以下文化程度14人，占12.07%。高级、中级职称59人，占50.86%。

政协恭城瑶族自治县四届委员会委员有15个界别，委员116人。其中，中共党员45人，占38.79%；妇女20人，占17.24%；少数民族68人，占58.62%。高中及以上文化程度112人，占96.55%，初中及以下文化程度4人，占3.45%。高级、中级职称66人，占56.90%。

第三节　委员会全体会议

1990—2006年，自治县政协第一届、第二届、第三届、第四届委员会全体会议每年召开1次以上，每次1～4天，共召开全体会议21次。会议主要议程：选举本届委员会的主席、副主席、秘书长和常务委员；听取和审议常务委员会的工作报告；讨论并通过有关决议；列席自治县人民代表大会，参与县内重要事务的讨论，提出意见和建议。

第一届委员会全体会议

1990年9月至1993年4月，政协恭城县第一届委员会共召开全体会议4次。

第一次全体会议于1990年9月24—26日在县城举行。出席会议102人，代表21个界别，列席54人。会议学习传达《中共中央关于加强统一战线工作的通知》；协商选举中国人民政治协商会议恭城瑶族自治县第一届委员会主席、副主席、秘书长和常务委员；听取并审议《政协恭城县第二届委员会常务委员会工作报告》和提案法制委员会提案办理情况报告；列席恭城瑶族自治县第一届人民代表大会第一次会议。会议协商选举陈祖勋为自治县第一届委员会主席，王文华、王来蓬、吴嗣芳、刘通贤、李绍梅、潘正琨为副主席；选举秘书长2人，常务委员25人。

第二次全体会议于1991年4月2—4日在县城举行，出席会议98人。会议审议通过政协恭城瑶族自治县第一届常委会工作报告、政协法制提案工作委员会关于提案办理情况的报告；听取、讨论和协商恭城县人民政府工作报告及1991年财政预算报告；听取、讨论和协商自治县国民经济和社会发展十年规划及第八个五年计划的报告；同意陈祖勋辞去自治县政协主席职务、吴嗣芳辞去政协秘书长职务的请求，选举林德昌为政协秘书长，孟定金为政协常委。

第三次全体会议于1992年3月26—28日在县城举行，出席会议103人。会议听取和审议政协自治县常委会工作报告，提案法制工作委员会关于一届二次会议以来提案办理情况报告；列席恭城县人大一届四次会议，听取和讨论政府工作报告及其他工作报告；表彰提案工作先进集体和个人；审议通过县政协常委会工作报告和提案办理情况的决议。

第四次全体会议于1993年4月6—9日在县城举行，出席会议102人。会议听取和审议政协常委会工作报告和提案法制工作委员会关于政协一届三次会议以来提案办理情况的报告；列席自治县人大第一届第六次会议，讨论、协商自治县人民政府工作报告、自治县财政预算报告及自治县人民法院、自治县人民检察院的工作报告。

第二届委员会全体会议

1993年11月至1998年3月，政协恭城县第二届委员会共召开全体会议7次。

第一次全体会议于1993年11月25—28日在县城举行。出席会议112人，代表15个界别，列席56人。会议主要议程：听取和讨论政协常委工作报告和提案工作情况报告；列席第二届人民代表大会第一次会议；协商选举政协自治县第二届委员会主席、副主席、秘书长、常务委员；通过自治县政协二届一次会议的各项决议。会议协商选举苏光伦为政协自治县第二届委员会主席，袁琁、卿桂生为副主席；选举秘书长1人，常务委员21人。

第二次全体会议于1994年4月6—8日在县城举行，出席会议110人。会议听取和审议政协第二届常委会工作报告；听取和审议提案法制委员会关于二届一次会议以来提案工作情况的报告；列席自治县第二届人民代表大会第二次会议。

第三次全体会议于 1995 年 3 月 8—10 日在县城举行，出席会议 112 人。会议听取和审议政协恭城瑶族自治县第二届委员会常务委员会工作报告；听取和审议提案法制委员会关于二届二次会议以来提案工作情况的报告；列席自治县第二届人民代表大会第三次会议；补选罗来瑞为政协恭城瑶族自治县第二届常务委员会委员；通过政协恭城瑶族自治县第二届委员会第三次会议决议。

第四次全体会议于 1995 年 11 月 29—30 日在县城举行，出席会议 111 人。会议听取、审议、协商自治县人民政府 1995 年 1—10 月经济运行情况的通报、县计委关于国民经济及社会发展第九个五年计划和到 2010 年规划纲要的说明。通过选举办法；增选龙中平为恭城县政协第二届常务委员会委员、副主席；传达自治区党委召开的全区政协工作会议精神。

第五次全体会议于 1996 年 3 月 26—28 日在县城举行，出席会议 110 人。会议传达自治区政协七届四次会议精神和自治区党委关于加强政协工作的通知；听取审议二届常委会工作报告和提案工作报告；听取、审议、协商《恭城瑶族自治县国民经济和社会发展第九个五年计划和 2010 年目标纲要》。

第六次全体会议于 1997 年 3 月 4—7 日在县城举行，出席会议 113 人。会议听取和审议政协恭城瑶族自治县第二届委员会常务委员会工作报告和提案法制委员会关于二届五次会议以来的提案工作情况报告；列席自治县第二届人民代表大会第五次会议；协商讨论自治县人民政府县长候选人及《恭城瑶族自治县森林资源管理条例（草案）》。

第七次全体会议于 1998 年 3 月 9—10 日在县城举行，出席会议 112 人。会议听取和审议政协恭城瑶族自治县第二届委员会常务委员会工作报告和提案法制委员会关于二届六次会议以来提案办理情况报告；列席自治县第二届人大七次会议。

第三届委员会全体会议

1999 年 1 月至 2002 年 3 月，政协恭城县第三届委员会共召开全体会议 4 次。

第一次全体会议于 1999 年 1 月 4—7 日在县城举行。出席会议 112 人，代表 15 个界别，列席 61 人。会议主要议程：听取和审议政协二届常委会工作报告，法制提案委员会关于二届一次会议以来提案工作情况的报告；列席自治县三届人大一次会议，听取和讨论政府工作报告及其他报告；通过自治县三届一次会议选举办法，协商选举产生恭城县第三届政协主席、副主席、秘书长、常委会成员；听取和审议政协三届一次会议法制提案委员会关于三届一次会议提案审查情况的报告；通过自治县政协第二届常委会所作的工作报告。协商选举苏光伦为政协自治县第三届委员会主席，龙中平、袁琔、黄振先、孟定金为副主席；选举秘书长 1 人，常务委员 15 人。

第二次全体会议于 2000 年 3 月 7—9 日在县城举行，出席会议 112 人。会议听取和审议政协常委会工作报告、政协提案工作报告；列席自治县人大三届二次会议，听取和讨论自治县的政府工作报告及其他报告；通过自治县政协三届二次常委会工作报告和提案审查情况报告的决议。

第三次全体会议于 2001 年 3 月 4—6 日在县城举行，出席会议 111 人。会议听取和审议政协常委会的工作报告和提案委员会的提案工作情况报告；列席自治县二届人大二次会议，听取和讨论《关于恭城瑶族自治县国民经济和社会发展第十个五年计划纲要的报告》和其他各项报告；通过政协三届三次会议关于常委会工作报告和三次会议关于提案工作报告的决议。

第四次全体会议于 2002 年 3 月 5—6 日在县城举行，出席会议 110 人。会议听取和审议政协常委会工作报告、提案工作情况报告；列席自治县三届人大四次会议，听取和讨论政府工作报告以及其他各项报告；通过三届四次会议关于常委会工作报告、提案工作情况报告的决议。

第四届委员会全体会议

2002 年 10 月至 2006 年 2 月，政协恭城县第四届委员会共召开全体会议 6 次。

第一次全体会议于2002年10月18—21日在县城举行。出席会议113人，代表15个界别，列席56人。会议主要议程：听取和审议政协自治县第三届委员会常务委员会工作报告和提案工作情况报告；列席自治县四届人大一次会议；选举政协自治县第四届委员会主席、副主席、秘书长、常务委员会委员；审议通过第四届委员会社会法制提案委员会关于四届一次会议提案审查情况的报告；审议通过自治县政协四届一次会议的各项决议。会议协商选举林中贤为政协自治县第四届委员会主席，黄振先、孟定金、余军为副主席；选举秘书长1人，常务委员17人。

第二次全体会议于2003年2月9—12日在县城举行，出席会议112人。会议听取和审议政协恭城瑶族自治县第四届委员会常务委员会工作报告；列席自治县第四届人民代表大会第二次会议，听取和协商讨论自治县人民政府工作报告及其他报告；补选蒋世传为县政协常务委员；审议通过自治县政协第四届委员会第二次会议各项决议。

第三次全体会议于2004年2月14—17日在县城举行，出席会议110人。会议听取和审议政协恭城瑶族自治县第四届委员会常务委员会工作报告；听取和审议政协恭城瑶族自治县第四届委员会关于自治县政协四届一次会议以来提案工作情况报告；列席自治县第四届人民代表大会第三次会议，听取和协商讨论政府工作报告及其他报告；委员发言；听取自治县政协四届委员会社会法制提案委员会关于四届三次会议提案审查情况的报告；审议通过自治县政协四届三次会议的各项决议。

第四次全体会议于2004年3月31日在县城举行，出席会议102人，增选温晨光为自治县政协副主席。

第五次全体会议于2005年2月19—21日在县城举行，出席会议101人。会议听取和审议政协恭城瑶族自治县第四届委员会常务委员会工作报告；听取和审议政协恭城瑶族自治县第四届委员会关于自治县政协四届三次会议以来提案工作情况报告；列席自治县第四届人民代表大会第四次会议，听取和协商讨论政府工作报告及其他报告；委员发言；听取自治县政协第四届委员会社会法制提案委员会关于四届五次会议提案审查情况的报告；审议通过自治县政协四届五次会议的各项决议。

第六次全体会议于2006年2月20—23日在县城举行，出席会议102人。会议听取和审议政协恭城瑶族自治县第四届委员会常务委员会工作报告；听取和审议政协恭城瑶族自治县第四届委员会常务委员会关于自治县政协四届五次会议以来提案工作情况报告；列席自治县第四届人民代表大会第五次会议，听取和协商讨论政府工作报告及其他报告；听取自治县政协第四届委员会社会法制提案委员会关于四届六次会议提案审查情况的报告；审议通过自治县政协四届六次会议的各项决议。

第四节　政协常委会议

县政协常委会议的任务是学习中国共产党的路线、方针和政策，传达贯彻上级有关文件及会议精神；组织实施人民政协章程规定的任务和县政协全体委员会议所作出的有关决议；决定县政协全体委员会议召开的时间、议程，讨论决定提交全体委员会议审议的常务工作报告和提案工作情况报告等；协商讨论自治县委、政府的重大方针政策以及政治经济、社会事业和统一战线中的重大问题，听取自治县委、政府及县有关部门的工作情况，并提出意见和建议；讨论通过县政协的工作计划安排和总结，审查重要的视察、专题调研报告及建议案，决定县政协重大事项；决定县政协机构的设置和变更，并任免其领导成员；协商决定下一届委员会的参加单位、委员名额、人选及本届委员会委员的增补事宜；须由常委会议审议和向常委会议通报的其他事项。

县政协常委会由主席、副主席、秘书长和常务委员组成，会议由主席主持或由主席委托的副主席主持。列席人员为县政协办公室主任、各专委会主任、议题涉及部门和单位主要负责人。根据会议议题内容，邀请自治县委、政府相关领导出席。1989—2005 年，共召开县政协常委会议 88 次。

1989 年 1 月 28 日，县政协主席余祖祥主持召开县政协第二届委员会第五次常委会议。（1）传达地区统战会议精神；（2）协商通过 1989 年政协工作要点；（3）讨论通过春节茶话会方案、争先创优活动奖励名单；（4）协商通过政协委员调整名单。

1991 年 10 月 6 日，县政协副主席吴嗣芳主持召开自治县政协第一届委员会第九次常委会议。（1）协商讨论是年 11 月 3 个省、26 个县政协工作联系协作第五次会议筹备相关事宜；（2）协商人事问题，决定文教卫体工委副主任人事任免事项。

1994 年 1 月 20 日，县政协主席苏光伦主持召开自治县政协第二届委员会第二次常委会议。（1）会议学习中央统战工作会议精神；（2）会议协商决定县政协机关工委人事任免；（3）会议协商讨论召开春节茶话会有关问题。

1999 年 2 月 4 日，县政协主席苏光伦主持召开自治县政协第三届委员会第一次常委会议。协商讨论：（1）政协恭城瑶族自治县委员会 1999 年工作要点；（2）县政协机构设置；（3）县政协各项工作规则；（4）委员分组及各组组长、副组长人选；（5）其他工作。

2002 年 6 月 27 日，县政协主席苏光伦主持召开恭城县政协第三届委员会第十四次会议，专题协商讨论关于增加农民收入及“三农”问题。

2003 年 8 月 27 日，县政协主席林中贤主持召开自治县政协第四届委员会第五次常委会议。（1）听取县市场管理服务中心关于县城市场建设的基本情况汇报；（2）听取县政协调研组关于县城市场经营、建设情况的调查汇报；（3）讨论其他事项。

2004 年 9 月 15 日，县政协主席林中贤主持召开自治县政协第四届委员会第十一次常委会议。（1）听取县水果生产服务中心、质量技术监督局近两年工作情况汇报；（2）听取县政协经科委对恭城县水果生产发展情况的调查汇报；（3）听取县政协办公室对县质量技术监督局工作情况的调查汇报；（4）协商讨论县政协各委员小组重新编组的建议。

2005 年 9 月 9 日，县政协主席林中贤主持召开自治县政协第四届委员会第十六次常委会议。（1）组织县政协常委视察县城城镇建设；（2）听取县建设局关于县城城镇建设工作情况的汇报；（3）听取县公安局关于打击“两抢一盗”工作情况的汇报；（4）听取县政协办公室关于县城辖区初中教育的调查汇报；（5）协商讨论上述情况。

第五节 委员视察与调研

1989—2005 年，县（自治县）政协常委会组织开展视察活动 62 次，参加视察的政协委员 249 人次；专题调查 22 次，撰写《恭城农业开发的现状及今后的设想》《依靠科技发展“三位一体”生态农业的调查报告》《抓班子建设，抓医德医风，不断提高医疗技术水平》《关于县城辖区内初中教育情况的调查报告》等调查报告 36 篇。

政协委员视察调研一般在确定课题后，由主席、副主席或者政协机关相关工作委员会负责人组织部分政协委员，邀请有关职能部门参加，分别进行调查，写出调查报告。1989 年，政协经济工作委员会农业组成员分别到城厢、西岭、栗木等地进行早稻播种育秧、田间管理及病虫害防治等情况的调查，写出抓好早稻种育和早稻防治病虫害的意见。经济工作委员会工业组成员视察恭城电扇厂、桂林恭城水泵厂、城厢粮所等国有厂矿、企业单位、调查电扇厂实行全员风险抵押承包、完善企业承包责任制的经验和做法，写出调查报告。针对工业生产滑坡，电力资源紧缺的实际情况，对二轻系统的五金厂、糖果食品厂及纺织厂等有关单位自备电源，发展生产，以缓解电力紧张的矛盾提出建议和意见。科教文卫体工作委员会成员和恭城县人大财经工委、环保局、爱委会等单位人员分别到部分厂矿、企业进行抽样调查，针对发展工业生产必须重视环境保护与治理污染的有关问题，形成书面材料。群团民族宗教工委成员对中小学生入学情况及“四率”（入学率、普及率、辍学率、毕业率）情况进行调查，写出调查报告。配合县人大常委会的相关单位到9个乡（镇）调查落实中小学教师生活补贴情况。

1990年4月7日，政协常委会组织委员5人视察中小学校的德育教育，提出《加强中、小学生德育教育的意见》，反映农村初级中学存在的一些问题，提出加强调整农村中学的建议。对恭城镇小学搬迁的一些问题，提出建议。同年，协助卫生局举办少数民族医学班2期，培养一批少数民族医务工作者，配合医务人员送医送药到山乡瑶寨，解决边远山区群众看病难问题；协助供电部门举办农村安全用电技术培训班，为农村培训一批安全用电技术骨干。

1991年1月7—12日，科技经济工作委员会组织政协委员4人和有关部门工作人员组成7人调查组，对县电扇厂、水泥厂、糖厂和岛坪矿在实行第一轮承包进行调查，对如何搞好第二轮承包和需要急需解决的问题进行综合分析，写出调查报告，建议县政府高度重视科技发展和新产品开发，出台一个相关政策，为工业、农业、林业等各行各业的科技人员开展科学发明和科学种养提供一个施展才能的平台，所需经费可以通过三个“一点”来解决，即县财政支持一点，科技部门在科技经费中解决一点，各厂矿企业、单位自己解决一点。县政府经过进一步调查研究，结合实际情况，制定《关于依靠科技振兴恭城的决定》和《关于科学技术进步奖励暂行办法》。

同年，经济工委派出人员参与有关部门组织的物价、税收和食品卫生、假冒伪劣商品全县性的大检查工作，对恭城物价、税收执行情况，实行监督，对偷漏税违法行为进行查纠。

1992年9月23—25日，政协常委会组织政协委员3人参加由县人大办、县委办、县政府办、教委等有关部门组成12人的调查组，分南北片检查8个乡（镇）、20余所中小学校，就学校财产被侵占情况、教师各项待遇兑现情况、适龄儿童入学情况、义务教育集资情况、实施义务教育规划情况、教育系统本身存在的问题共6个方面进行调查。调查结束后，调查组提出针对性意见：（1）开展《义务教育法》的宣传，使国家的义务教育家喻户晓；（2）对学校土地、建筑物等财产被侵占问题，建议司法部门协助学校进行妥善处理；（3）建议政府部门落实有关教育政策，通过多渠道筹措资金；（4）建议县政府把拖欠教师工资和待遇问题列入议事日程，停止执行教育系统经费由各乡（镇）财政承包的办法，而由县政府统一规定根据各乡镇教育实际所需经费下达承包指标，由乡镇上交县财政后拨县教委，再由县教委下拨到乡镇教育组，以平衡全县教师与行政事业干部的待遇，杜绝乡镇拖欠教育经费现象。

1994年，政协常委会组织政协委员16人对个体私营企业发展状况和存在问题，甘蔗生产问题，农业开发、农村委员勤劳致富、少数民族村级经济发展情况等开展专题调查，提出意见和建议。其中，《发展恭城甘蔗生产当前急需解决的几个问题》的调查报告，提出可行性建议：恢复蔗区农民夏蔗奖粮做法，公粮可交贷金；县直包村单位要抽出领导和干部配合包村干部深入到村引导农民抓好甘蔗种植；落实专人抓好甘蔗的种苗留种购种和技术指导；县农行在榨季到来之前向蔗农发放贷款；督促蔗农砍收原料时全部留种；想方设法为糖厂筹措榨季资金；实行甘蔗价格保护价以稳定甘蔗价格；县糖厂要及时兑现县原料蔗款；抓好连片耕地的甘蔗种植，对种蔗大户给予奖励；建议糖厂建立甘蔗基地和种植管理专业队；自治县岗位责任制管理办公室要把甘蔗种植列入政绩考核管理内容，县督查办抓好督促检查工作。

1995年，政协常委会组织政协委员20人，分别到农村、学校、工厂、企事业单位开展视察调研。撰写《恭城农业开发的现状及今后的设想》《值得鼓励和扶持的办学之路》《加强对青少年的教育是全社会的责任》《恭城农业科技工作的现状问题与对策》等调查报告和《关于将燕岩大桥北面未规划地留作兴建文化娱乐场所建议案》《关于县五金厂全部搬迁出湖南会馆》《关于将县医院新建病房经费列入财政预算》共 3 个建议案。

1996 年，就人民群众关心的重要问题，政协常委会组织委员深入基层，调查研究，了解情况，写出《依靠科技发展“三位一体”生态农业的调查报告》《造林种果奔小康》《努力改善投资环境，促进三资企业发展》《开展精神文明建设不应忘记农村群众文化》《对工商经营者反映各种税费收费多，经营者负担重的问题的调查汇报》5 篇调查报告。其中,《依靠科技发展“三位一体”生态农业的调查报告》，先后在《广西工作》《广西日报》《广西政协报》等 7 家报刊发表。有 64 名委员参加的 3 个视察组分别就城镇建设、农村广播电视工作、峻山电站和峻山水管处坚持两手抓，促进两个文明建设的情况进行视察，写出视察报告。

1997 年，政协常委会就为企业创造和谐宽松环境及大力发展生态农业和医疗卫生事业、打好扶贫攻坚战、切实加强党风廉政建设等课题进行调查。视察良溪村、新合村、嘉会乡人民政府等地，写出《“转变观念”是农民致富的关键》《关于西岭乡新合村扶贫工作的跟踪调查》《人人都说“这里（嘉会乡）的政府食堂好”》等多篇调查报告，对促进恭城的经济和社会发展，加强党风廉政建设产生一定的效果和作用。

1999 年 4 月，政协常委会组织政协委员 6 人对多功能耕整机的生产经营发展情况进行专题调查，向县委、县政府提交《恭城县多功能耕整机生产经营发展情况调查报告》，提出营造宽松环境等 6 条建议。6 月，对全县私营企业开展调查研究，提出加大优惠政策的执行力度等建议，促进私营企业的健康发展。组织有专长的委员及有关部门负责人，对城建部门城市规划、城市建设及恭城水果的发展态势、品种、技术、税费收取、销售等各环节进行调查研究，召开专题研究会论证分析，写出《创立生态名牌、促进农民增收》等调查报告；会同教育部门联合调查，撰写《推进素质教育提高教学质量》的调查报告。

2000 年，政协常委会组织委员 12 人到县教育局、县教师进修学校、县直教育组、县直一小、三小、江贝小学等单位，召开各种类型的座谈会，个别走访等方式，对从事教育工作的干部、教师对学校布局的设想进行调查，提出建设性的意见。9 月至 10 月，县政协提案委员会组织委员专访了部分渔民和群众，并到平乐县、灌阳县考察学习，撰写《关于恭城渔业水域现状及渔政管理的调查及建议》的考察报告。报告递交县人民政府后，县政府及时发布《严禁炸鱼毒鱼的布告》，在全县范围内收到一定效果。

2001 年 4 月，政协常委会组织政协委员 18 人对观音乡引资办企业的情况进行调查，写出《转变观念财源广》的调查报告，发表在《广西政协报》和《政策天地》；9 月，组织 6 名委员赴广东南海市、福建石狮市进行民营经济考察活动，撰写考察报告，结合恭城实际，提出发展恭城民营经济的可行性意见和建议；11 月，30 名委员参与民主评议县质量技术监督局的工作；12 月，组织 18 名县政协委员对县民族初中的建设情况进行视察，形成《兴教办学，造福桑梓——关于民族初中建设的调查报告》，指出存在问题，提出建议。

2002 年，政协常委会组织委员 9 人到平乐县考察环卫工作，通过调查了解，结合恭城实际，形成《关于整治县城环境卫生的建议》常委会建议案，提出成立市容办管理县城环境卫生工作，保证环卫经费、配齐环卫工人，建好封闭式垃圾中转站共 3 项建议。建议案递交县委、县政府后引起县领导的高度重视，书记和县长立即组织有关人员召开会议，并在一个星期内作出决定，从 2003 年起给环卫站增加财政拨款 12 万元，增加环卫工人 10 名，2003 年年底前建好封闭式垃圾中转站。

2003 年，政协常委会组织委员 12 人针对全县经济建设中的热点、难点开展调研。5—6 月，对恭城微拖生产、经营情况进行走访、调查，形成《恭城微拖生产经营情况的调查》的调研报告，政协常委会根据调查情况，通过《关于发展恭城微拖生产的建议案》。7—8 月，针对县城农贸市场管理方面存在管理部门与民意反弹的问题，进行实地调查、视察。召开各界人士座谈会4次，走访群众100多人次，并且召开常委会听取市场管理中心的专题汇报，最后形成《加强管理、维护稳定，慎重调整》的调查报告。

2004年，政协常委会组织16名政协委员对莲花镇石材厂污染莲花河的情况进行视察，实地察看、座谈、讨论、走访，形成《县政协关于治理莲花镇石材厂污染莲花河情况的视察报告》。政协主席会根据视察情况，形成《县政协主席建议案》送县委和县政府。得到县委书记的高度重视，作出解决污染问题的批示。

同年，针对农村水果生产发展情况，政协委员经过调研写出《恭城水果生产发展情况调查》；走访企业、单位进行调研活动，写出《加强监督工作，增强服务意识》的调研报告；开展《发展农村劳务经济，促进农民增加收入》的专题调研活动，经过两个多月的调查、走访、座谈，于5月下旬形成《恭城发展农村劳务经济，促进农民增加收入的调研报告》，得到市政协经科委领导的好评。根据调研情况，9月，常委会分别听取县水果局、县质量技术监督局的工作汇报。

2005年，政协常委会组织政协委员开展专题调查视察活动，撰写调查报告，提出意见建议，如《关于部分建设工程欠款情况调查报告》《关于加强县水果批发城管理的调查报告》《关于县城辖区内初中教育情况的调查报告》等，引起县委书记的重视，并作批示，将报告转送给县四家班子阅。要求对于各地村委会办公楼建设工程的尾款，县政府在下一年财政预算中给予安排解决。

同年，针对需加强县城规划和管理情况，打击“两抢一盗”情况，政协常委会组织常委进行视察并专门召开常委会听取县建设局《关于县城规划建设和管理的工作汇报》、县公安局《关于打击“两抢一盗”的工作情况汇报》，对推动恭城经济发展和社会进步发挥积极的作用。

第六节　提案收集与办理

提案收集

自治县政协第一届委员会（1990年9月至1993年11月）共收到委员提案266件，经审查立案的253件，不符合立案条件的13件，作为人民来信转有关部门处理答复。提出提案的委员186人（次），平均每人2.3件。提案中，有关党群、政法的26件，占10.28%；工业交通的41件，占16.21%；科、教、文、体的54件，占21.34%；农、林、水、牧、农村能源的48件，占18.97%；财贸、金融的35件，占13.83%；计划、城建、环保的21件，占8.3%；医药、卫生的14件，占5.53%；群众生活的6件，占2.37%；其他的8件，占3.16%。

自治县政协第二届委员会（1993年11月至1995年3月）共收到委员提案360件，撰写提案的委员共687人次。县政协根据《政协广西壮族自治区委员会提案工作条例》的有关规定，对提案进行审查、分类、整理，确定立案的348件，不符合提案条件的作为人民来信转有关部门处理答复的12件。提案中，党群、政法方面的32件，占提案总数的9.2%；科技、文化、教育、体育方面的42件，占提案总数的12.07%；农业、水利、畜牧业、农村能源方面的80件，占提案总数的22.99%；财政、金融方面的36件，占提案总数的10.34%；城市建设、环境保护方面的47件，占提案总数的13.51%；医药、卫生方面的17件，占提案总数的4.89%；群众生活方面的20件，占提案总数的5.75%；工业、交通方面的56件，占提案总数的16.09%；其他方面的提案18件，占提案总数的5.17%。

自治县政协第三届委员会（1995年3月至2002年10月）共收到政协委员提案276件，其中团体、专委会、小组或联名提案70件，个人提案206件。提案委员会根据《政协广西壮族自治区委员会提案工作条例》的有关规定，对提案进行审查、分类，确定立案的242件，不符合提案条件的作为人民来信转有关部门研究和参考的34件。在立案的提案中，政法类42件，占立案提案的17.36%；科教文卫类32件，占立案提案的13.22%；农业类32件，占立案提案的13.22%；经济类17件，占立案提案的7.02%；城镇建设、环保类43件，占立案提案的17.77%；工业交通类44件，占立案提案的18.18%；其他提案32件，占立案提案的13.22%。

自治县政协第四届委员会（2002年10月至2006年10月）共收到政协委员提案236件，其中团体、专委会、小组或联名提案60件，个人提案172件。提案委员会根据《政协广西壮族自治区委员会提案工作条例》的有关规定，对提案进行审查、分类，确定立案的204件，在立案的提案中，政法类27件；科教文卫类29件，农业类35件；经济类2件，城镇建设、环保类50件，工业交通类44件，其他提案17件。

提案办理

在每年的政协会议期间，团体、专委会、小组或联名提交的提案，内容涉及政法类、科教文卫类、农业、经济、城镇建设、环保及工业交通等，提案办复率达到100%。提案办理有三种情况：凡是条件具备，能及时办理的，都按照提案的意见进行办理；凡是暂时还不具备条件办的，均留作今后工作中参考；凡是条件不具备，尚难解决的，均作具体的说明解释。1990—2005年，自治县政协第一届至第四届委员会共收到提案1138件。其中，在规定时限内完成办理的1100件，占96.66%；因条件暂时不具备，暂缓办理的22件，占1.93%；因条件不具备，难以解决的16件，占1.41%。

1993年4月，自治县政协一届人大第六次会议收到《要求兑现1992年拖欠的教育经费》的提案。会后，常委会进行督办，县人民政府采取措施解决各乡镇欠拨教育部门的70多万元经费。

1994年4月，自治县政协第二届委员会第二次会议收到提案《建立高产、优质、高效的辣椒生产基地》。县农业局收到提案后，决定由经作站派专人到莲花独石村建立辣椒良种高产示范片，先摸索经验，然后推广，取得成功。1996年3月，第二届委员会第五次会议上收到提案《筹集资金解决电视加密频道的意见》，受到县委、县政府的重视，县政府拨出15万元专款，经其他的渠道集资，于1996年下半年开通电视加密频道。1997年3月，第二届委员会第六次会议收到提案《关于我县水果生产销售的几点建议》，县委、县政府和主管部门两次组织人员到外地考察，了解其他地方水果生产、销售情况。然后结合恭城实际，3次调整水果税费标准，促进县内水果流通，农民得到实惠。2000年3月，第三届委员会第二次会议收到提案《解决三江乡至大地通讯线路的意见》，承办单位及时派出技术人员到实地勘查，迅速立项开工。2003年2月，第四届委员会第二次会议收到提案《营造宽松环境，落实加速发展非公有制经济的具体政策措施》，县委、县政府制定出台《关于进一步解放思想加快民营经济发展的若干意见》，采取措施，确保落实到位。2004年3月，第四届委员会第三次会议收到提案《关于取消居民用水按底度收费的建议》，在2005年5月月底得到解决。

第七节 文史资料征编

1989—2005年，文史资料的征集编纂工作由经济科技文教卫体（学习文史资料工作、文教卫体文史）委员会负责，共计编辑出版《乡情》《文史通讯》《茶江诗联》《恭城文史资料》4种地情、文史资料约200万字。

1989年，在中国人民政治协商会议成立40周年期间，编纂出版反映恭城风土人情的《乡情》1期，共7万多字。1992年，出版《文史通讯》1辑，共5万多字。1993年，与县文化旅游局、桂林大东来制药厂联合举办“克矽风”杯诗联征文活动，共收到作品500余首（篇），评出优秀作品24首（篇），22人获诗、词、联一、二、三等奖。

1992年，政协常委会组织和指导成立政协之友诗词联研究会，有成员52人。此后至2005年，每年召开1～2次理事会或会员会，不定期举办诗词联讲座，交流创作经验，开展学术讨论，编辑出版会刊《茶江诗联》，每年出版1～2期，刊登会员作品，传播诗联活动消息，与外地诗联界进行交流。1992年至2005年，共出版15期，发表作品4502首。

《恭城文史资料》内容涉及恭城名胜古迹、风土人情、土特产品、历史事件和历史人物等内容。1989—2005年，共编辑出版8辑，约90万字。其中，1989年出版第四辑；1990年出版第五辑；1992年出版第六辑；1993年出版第七辑；1996出版第八辑；2000年出版第九辑；2001年出版第十辑；2003年出版第十一辑。

第八节　服务社会活动

1988年，恭城县政协常委会发出通知，在全体政协委员中开展“争先创优”活动，号召全县政协委员深入基层，宣传中国共产党的政策，学习种植和养殖技术，宣传和引导群众落实计划生育政策，在促进恭城经济社会发展争当先进。1992年，恭城县政协常委会对争优创先活动改称“五个一”活动，即每个政协委员每年写1份提案，提供1条经济信息，联系1户（个）特困户（职工），为群众办1件实事，写1篇调查（总结）报告，即“五个一”活动。1992年7月，县委、县人民政府首次召开全县专业技术拔尖人才、有突出贡献干部命名表彰大会，10名拔尖人才中有四位政协委员获县“专业技术拔尖人才”称号；政协委员潘铭德获“有突出贡献干部”称号，并被评为“桂林地区尊师重教先进个人”和“桂林地区首届民族团结进步先进个人”，连续3年被评为“桂林地区优秀厂长、经理”，所主管单位于1992年被评为广西有色金属经济效益先进单位，桂林地区品种、质量、效益银杯奖。此后，每年在全体委员中开展为本地经济和社会发展“献1条良策，办1件实事，提供1条重要经济信息，撰写1篇调查报告或总结，引进1个项目或帮扶（联系）1个贫困户（单位）”的“五个一”活动。逐步形成制度化，并在实践中取得较好的经济和社会效益。1996年至1999年，县政协连续4年被评为“自治区政协系统先进集体”。

2001年，全县政协委员在“五个一”活动中引进或参与引进资金1200多万元，单独或参与引进大小项目40多个，送文化、送科技、送医药下乡30多次，举办科技培训班20期，发放科技资料10000多份。2004年、2005年，组织开展送卫生、送文化、送科技下基层的“三下乡”行动，组织委员、科技专家近60人次到农村进行科技讲座、义诊共7次，发放资料2000多份，受益群众达800多人次；组织非公有制企业的政协委员参与“致富思源、富而思进”活动，引导该类人员致富不忘群众，致富不忘社会，在助学、扶贫及妇女、老人等全县大型社会活动中，非公有企业主纷纷解囊。委员陈娜设立“百乐奖学金”扶助12名贫困学生，每年为各种社会活动捐款捐物2万余元，还安排20余名下岗及待业人员就业。委员谭自钦为方便群众，投资180万元，在全县办起11个药店，80个便民药柜；委员胡群芳安排下岗待业人员70余名；委员陈允成、黎修军、盘家海还积极支持、参与县“水果推介大篷车”北方行。全县政协委员在希望工程、扶贫济困及各种公益事业中捐款、捐物价值人民币10多万元。

第十三篇

政法　国防

第一章　公安

1989—2005年，县公安机关贯彻中共中央各项方针、政策、积极开展“严打”斗争和专项治理工作，加强基层治安组织建设，加强对特种行业、危险物品、公共场所、交通和消防安全的管理，户籍管理纳入计算机信息管理，为惩治各种违法犯罪、维护恭城社会治安的稳定做出应有贡献。全县发生各类刑事案件6317起，破案4143起，破案率为65.58%。其中，1989—1991年，刑事犯罪活动猖獗，年均发案743起。1992年起，开展各项专项惩治刑事犯罪活动，至1999年，刑事犯罪活动明显下降，年均发案180.75起。2000—2005年，刑事犯罪活动又呈上升状态，年均440起。治安案件的发生率基本与刑事犯罪案件发生率同步，1989—1992年，年均受理发案646起；1993—1998年，年均受理发案344起；1999—2003年，年均受理发案559起。2004年，全县治安环境好转，至2005年共受理发案600起。

在与各种刑事犯罪的斗争中，全县公安干警尽职尽责，涌现出一批先进单位和先进人物。其中，公安部授予一等功1人、公安厅授予二等功2人，另有7人获省部级以上“先进个人”称号；集体立二等功以上有3个单位（次），另有6个单位（次）获省部级以上“先进集体”称号。2003年6月，县公安局被评为“2001—2002年度全国优秀公安局”。

第一节　机构

1989年，恭城县公安局内设政保、内保、治安、预审、消防、政工、户政、监察及办公室等股科室及刑侦队、看守所、交警队，9个乡镇派出所，全县共有干警132人。1990年3月，增设行政管理股、法规股（8月，更名为法制股）；8月，将恭城县公安局交通警察队改编为恭城县公安局交通警察大队；9月，设恭城县公安局公路派出所。1991年3月，增设机要通讯股；4月，设审计室；12月，设缉毒缉私队。1992年1月，成立恭城县公安局矿业派出所。1995年，刑侦队更名为刑事警察大队。1996年6月，内保科改编为经济文化警察大队。1997年4月，机构改革，县公安局内设12个职能股（室、大队）：办公室（含党委办）、行政管理股、户政管理股、预审股、政工股、政治侦查大队、刑事警察大队、经济文化警察大队、治安警察大队、缉私缉毒大队、交通警察大队（上级单列事业编制）、消防大队（武警现役军人编制）；下设12个二层单位：看守所、行政拘留所和10个行政派出所。编制人员132名（不含交警和消防）。同年11月，增设计算机安全监察股，与机要通信股合署办公，一个机构、两块牌子。1998年5月，设出入境管理股，与政治侦查大队合署办公，为一个机构、两块牌子；撤销预审股，其业务划归刑侦大队。9月，成立警务督察大队；12月，成立恭城县公安局110巡逻警察大队。1999年5月，政治侦查大队更名为国内安全保卫大队。2000年，刑侦大队升格为正科级。2002 年 12 月，计算机安全监察股更名为公共信息网络安全监察股。2004 年 8 月，在消防大队下设公安消防中队，为归口管理机构。2005 年，县公安局共设 30 个科、所、队、室，1 个森林公安分局和 10 个派出所，有民警 131 人，职工 11 人。

1989—2005 年，历任局长：黄振先、蓝来、欧克强、汤年立、邓吉荣、文亚军。

第二节 惩治刑事犯罪

立案破案

1989—1991 年，刑事犯罪活动猖獗，全县发生各类刑事案件 2230 起，破案 1599 起，破案率为 71.7%。其中，盗窃案占案件总数 86.23%。1991 年 3 月 17 日晚，中国有色金属工业公司栗木锡矿办公大楼财务室保险柜被盗，人民币、美元和国库券、金融券等有价证券被盗走共计 76 万余元。通过现场勘查和对遗留指纹技术鉴定，确定该案系 1990 年 6 月 29 日晚，平乐县二塘锰矿保险柜被撬盗 3 万余元的同一案犯、自治区公安厅尚在通缉的劳改脱逃犯董 × 所为。1991 年 3 月 23 日下午，在湖南道县将潜藏在该县久佳乡陈熊村唐 ×（董的姘妇）家的案犯董 ×（化名唐正明）抓获归案，并缴获人民币、美元、国库券、有价证券共 78 万余元和电视机、录像机及金戒指等赃物一批。通过突审，又破获董 × 自 1988 年从劳改农场脱逃后，先后在柳州市、融安、贺县、全州和湖南省的东安等 2 个省（区）、14 个市、县流窜作案，钻盗保险柜重特大案件 35 起，盗窃现金及财物折款合计 100 余万元。

1992—1999 年，刑事犯罪活动明显下降，全县发生各类刑事案件仅 1446 起，破案 1260 起，破案率为 87.14%。其中，盗窃案占案件总数 53.04%。2000—2005 年，刑事犯罪活动出现反弹，全县发生各类刑事案件 2641 起，破案 1284 起，破案率 48.62%。其中，盗窃案件 1567 起，占 59.33%，破案 528 起，破案率为 33.69%。

惩治违法犯罪专项行动

1989 年 3—9 月、1990 年 1—11 月，县公安机关分别组织开展全县性整顿社会治安、打击流窜犯、搜捕刑事犯罪分子的统一行动。出动干警、治安队员、保卫干部、党政干部共 3107 人次，查处治安案件 227 起，破获刑事案件 495 起，查获犯罪团伙 38 个，成员 203 人；抓获违法犯罪人员 702 人，其中提请逮捕 143 人，刑事拘留 68 人，治安拘留 587 人，收审 120 人；缴获粉枪、砂枪 77 支、土钢炮 1 门、子弹 22 发、炸药 289 千克、雷管 310 发、管制刀具 125 把。

1989 年、1990 年 11—12 月，在全县范围内开展扫除“六害”（引诱容留妇女卖淫、嫖娼屡教不改；聚众赌博的赌头和屡教不改的惯犯；拐卖儿童妇女；制作或复制、传播淫秽物品数量较大；走私、贩卖、运输毒品、私自种植大量罂粟、非法加工、吸毒屡教不改；利用封建迷信奸污妇女、骗取大量钱财、残害人命）的行动。两年共查处“六害”案件 126 起，抓获违法犯罪人员 653 人。

1992—1996 年，开展“反盗扫丑”、打击盗窃、抢劫机动车辆犯罪活动和深挖团伙活动，组织“破案战役”和“扫黄打非”专项斗争。共抓获刑事犯罪分子 633 人，捣毁盗窃团伙 2 个、7 人。1993 年，在全县开展“扫黄”工作。查处利用桌球进行赌博 59 人，收缴色情刊物 53 本，查处传播淫秽物品者 4 人，查处传播淫秽录像人员 156 人，收缴淫秽录像带 107 盒。对查获的违法人员，分别给予收审、治安拘留和罚款处理。

1998—2004 年，先后开展“严打整治统一行动”和“打击走私”“打击盗抢机动车辆”“打击车匪路霸”“禁毒扫丑”“追逃统一行动”等专项斗争。打掉一批犯罪团伙，共破获刑事案件 1515 起，提请逮捕 1333 人，抓获在册在逃人员 86 人，劳动教养 470 人；查处治安案件 2867 起，打击处理违法人员 5345 人；打掉犯罪团伙 151 个，成员 694 人；缴获柳微车 10 辆、摩托车 221 辆等赃物一批，挽回经济损失 1000 多万元。

2005 年，集中开展惩治赌博违法犯罪专项行动。共张贴宣传标语 310 幅，举办宣传专栏 15 期，出动警力 410 次，车辆 61 台次，查处赌博案 27 起，抓获赌博违法犯罪人员 161 人。其中，刑事拘留 1 人，治安处罚 160 人；收缴罚没款 20.5 万元；查获赌博团伙 6 人。

图 13-1 2005 年，公安局集中销毁赌博游戏机（县公安局提供）

第三节 治安管理

治安案件查处

1989—1992 年，共受理发案 2584 起，年均受理发案 646 起，查处 1939 起，查处率为 75.02%。1993—1998 年，全县治安案件大幅下降，共受理发案 2062 起，年均 344 起，查处 1983 起，查处率为 96.17%。1999—2003 年，全县治安案件出现反弹，共受理发案 2794 起，年均 559 起，查处 2723 起，查处率为 97.46%。2004—2005 年，全县治安案件大幅下降，共受理发案 600 起，年均 300 起，查处 595 起，查处率为 99.17%。

特种行业管理

1989—2005 年，共对 580 家特种行业、娱乐服务场所进行检查和清理，共下发停业整顿通知书 32 份。

1989 年，全县共有特种行业 233 家，其中旅店业 59 家（国营 9 家、集体 10 家、个体 40 家），旧货业 23 家，刻章业 7 家，其他特种行业 144 家。通过特种行业人员提供线索 40 次，公安部门抓获犯罪嫌疑人 37 人；1991 年，“三·一七”案件侦破组通过对栗木镇大众旅社店主查询，获悉重大线索，及时破获撬盗中国有色金属工业公司栗木锡矿办公大楼财务室保险柜的特大盗窃案。1998 年，行业场所发生治安案件 7 起，查处治安案件 7 起，抓获违法犯罪嫌疑人 23 人

1998—2002 年，公安部门会同有关部门对县辖的行业场所、文化市场定期开展集中打击“黄赌毒”专项斗争，共清理整顿行业场所保健按摩室、发廊和音像出租、书刊出售店、路边店等 171 家

（次）。共查处赌博 141 起，查处参赌人员 699 人，其中治安警告 29 人、治安罚款 575 人、治安拘留 94 人、其他处罚 1 人，团伙 74 个、429 人；查处卖淫嫖娼案件 31 起，人员 67 人，其中警告并处治安罚款 47 人，治安拘留 19 人，其他处罚 1 人；缴获海洛因 25 克，查处违反淫秽物品管理规定案件 11 起，对违反淫秽物品管理规定的 18 人进行罚款，同时收缴光盘 1159 盘、录像带 35 盘、淫秽图书杂志 67 本、图片照片 57 张。

2005 年，全县特种行业共 72 家，其中旅店 20 家，旧货业 2 家，刻章业 1 家，歌舞厅 5 家，发廊 30 家，电子游戏机室 8 家，其他特种行业 6 家。公安机关坚持“谁主管，谁负责”的原则，与特种行业业主签订治安责任书，实行定期、不定期的清理、检查，对合法的、手续齐全的，按规定颁发治安许可证和特种行业许可证；对非法的坚决取缔。全年破获刑事案件 16 起，查处治安案件 33 起，抓获违法犯罪嫌疑人 162 个，其中刑拘 22 人（转捕 15 人，取保 1 人），送戒毒所 6 人，治安处罚 137 人，教育处理 12 人，缴获海洛因 0.25 克，摇头丸 1 粒，注射器 4 支及收缴淫秽光盘 45 张，收缴各种管制刀具 31 把。

危险物品管理

1989 年，公安局行使对炸药、雷管、导火索和烟花爆竹及放射性物品的管理职责。全县共有危险物品生产、储存、使用和销售单位 23 个。县公安局与生产、运输、储存、使用爆炸物品的单位，签订《安全责任书》，对从事爆破作业人员进行上岗前培训，对危险物品均实行登记、审批和发证的工作制度。在爆炸物品管理上，制定“三专”“五有”“五定”“七不准”的规章制度［“三专”：专库储存、专人管理、专职爆破（员）。“五有”：安全有措施、操作有规程、领用有账目、发放有手续、消耗有定额。“五定”：定点存放、定量储存、定人管理、定人领取、定人使用。“七不准”：不准无关人员入库、不准超量储存、不准抵触物品混存、不准违章作业、不准转借倒卖、不准送礼拉关系、不准虚报冒领］。在 1989 年和 1990 年全县两次整顿社会治安统一行动中，公安机关共缴获非法持有炸药 289 千克、雷管 310 发。此后，每年会同消防部门对爆炸物品的安全、生产、运输、储存、销售及使用等制度的执行情况，进行 2 次至 4 次检查。发现隐患，及时发出整改通知书，令其整改，消除事故隐患。1996 年年底，全县有爆炸物品生产单位 7 家，储存单位 54 个，销售单位 79 个。

1998 年，县公安局会同县安全生产管理委员会办公室、物资局、企业局等单位共检查涉爆单位 180 次（个），销售点及临时鞭炮销售点 975 次（个）。发现安全隐患 18 处，及时下发整改通知书，整改 14 处。全年共收缴非法销售炸药 1561 公斤，雷管 823 发，导火索 4971 米。

1999—2005 年，共检查采矿点 114 处（次）、窿口 700 个（次）、采石场 240 处（次）、炸药生产厂家 1 家（次）、鞭炮生产厂家 23 家（次）、鞭炮批发部仓库 7 家、鞭炮销售点 695 家（次）、加油站 24 家（次）、使用剧毒物品的单位 24 家（次）。检查中，发现大小安全事故隐患 193 处，下发整改通知书 148 份，停产通知书 179 份，限期整改通知书 148 份。

1999—2005 年，开展清理收缴非法枪支弹药、爆炸、剧毒物品专项行动。共收缴非法枪支 290 支，炸药 490.93 千克，导火索 448 米，雷管 4418 发。共破获 3 起涉爆刑事案件，查处 4 起非法使用、非法生产爆炸物治安案件，抓获犯罪嫌疑人 12 人，其中刑事拘留 7 人，治安拘留 4 人，治安罚款 1 人，缴获非法爆竹一批。

第四节　缉毒禁毒

1991 年 12 月，县公安局组建缉毒、缉私队。1994—1995 年，共铲除罂粟 31357 株。至 1995

年年末，全县未发现吸毒人员。1996年，公安部门破获毒品案件8起，抓获毒品违法犯罪人员28人，查获吸毒者12人，缴获海洛因8.5克，鸦片700克，罂粟壳5.4千克。1997年，破获毒品案件7起，抓获毒品违法犯罪人员19人，缴获海洛因4.1克。1999年，恭城成立创建“无毒县”工作领导小组，开展创建“无毒县”活动，加大禁毒宣传和惩治力度。县委、县政府与9个乡镇和80个县直部、委、办、局、处、行、社签订《创建无毒县目标管理责任书》，将禁毒工作纳入各级党委、政府和县直各单位的重要议事日程。是年，未发生制毒、贩毒、种毒案件，无新吸毒人员滋生，实现无毒自治县目标。

2000年起，实行打防并举，围绕无吸毒、无贩毒、无种毒、无制毒的“四无”总目标，制订禁毒宣传教育规划，把禁毒宣传教育纳入社会主义精神文明建设总体规划，确定每年6月为禁毒宣传月。在“6·26”国际禁毒日期间，公安机关与各级政府协调配合，到农村住户、校园、社区及企业等，开展禁毒宣传，增强人民群众的防毒、抗毒意识。

1992—2005年，共破获毒品案件19起。2005年，抓获恭城、平乐、阳朔三个县贩毒的“一号人物”于×。现场缴获海洛因4克，吸毒人员30人，其他毒品违法人员9人，缴获海洛因16.6克，鸦片700克，罂粟壳5.4千克；提请逮捕7人，劳动教养5人，强制戒毒10人，罚款32人，其他处罚11人，铲除罂粟38917株。

第五节 户政管理

常住人口管理

1989年，全县非农业户口由县公安局户政股管理，农业户口由派出所管理。户政股同时负责全县户口迁出、迁入，移入、移出，人口出生、死亡等的登记。对户口进行复查，核实各类人口底数，核准个人身份信息，完善户籍管理制度。执行国家户籍管理政策办理农村户口转入非农业户口。是年，全县常住55704户，265936人；男性139345人，女性126591人；出生2958人，死亡1556人；迁入1370人，迁出568人。1992年7月，对全县农村户口实行户口簿、门牌号、村民居住方位图“三位一体”的管理机制。由公安机关牵头，乡镇政府和村公所配合，对全县农村住户逐村逐组、逐户逐门登记造册。门牌编码按照地名委员会办公室正式命名公布的地名实施，实行全县一盘棋，做到排列有序，好记好找，有利延伸，便于插号，方便群众；门户牌的编制做到街、路、巷之间，门户牌之间的号码连接，不重复，不断档；一门（户）一号，有门（户）有号，有号有牌。是年，完成普查登记和编码54597户、245748人。1996年7月，实行户籍人口电脑管理，全县开始统一完善公民身份登记管理，采用新的常住人口登记表和户口簿。常住人口登记表共设置34个登记项目，居民户口簿共设置28个登记项目。常住人口日常管理工作由各乡镇派出所负责，县公安局户政科负责业务指导。人口资料存放乡镇派出所。1997年起，全部实行计算机管理。2003年1月1日起，取消“农转非”计划管理，以准入条件代替人口控制指标，放宽到城镇投靠落户的条件，放宽购房户、建房户入户条件以及投资、兴办实业的公民落户政策。2003—2005年，按新的户口管理政策办理入户登记新生儿落户9029人，小城镇落户799人。

暂住人口管理

1989年，县公安机关对流动人口的户籍管理和治安管理，实行办理暂住户口登记，签发和检查暂住证制度。对外来务工经商人员，规定持有关有效证件到当地派出所申报暂住登记，暂住时间超过30天的，要同时申领暂住证。对流动人口中3年内有犯罪记录和有违法犯罪嫌疑的人员进行重点控制；对出租屋、施工工地、路边店、集贸市场及文化娱乐场所等流动人口的落脚点和活动场所进行治安整顿和治安管理，每年进行 4 次清查，依法惩治流窜犯罪活动，建立健全社会治安防范网络；协助民政部门开展收容遣送工作；与有关部门一起疏导“民工潮”。

1989—2005 年，办理暂住证共 18396 人，逐年依次为 1684 人、1235 人、1034 人、1485 人、2181 人、1456 人、1238 人、1149 人、852 人、412 人、623 人、1910 人、810 人、631 人、529 人、947 人、220 人。暂住人口主要集中在县城，以务工、经商为多。

居民身份证管理

1988 年 3 月，在全县办理居民身份证。是年，上送身份证底卡 103745 人，领证 29476 人。1989 年，送底卡 129908 人，颁证 123314 人，至 1991 年 2 月全部完成发证工作，全县共发证 195200 人。其中，颁发有效期 10 年身份证（16～25 周岁）的 50435 人，颁发有效期 20 年身份证（26～45 周岁）的 98600 人，颁发长期有效身份证（46 周岁以上）的 46165 人。对居民身份证实行全国统一编号，编号由 15 位阿拉伯数字组成。数码排列为行政区划代码、出生日期码、分配顺序码。从 1999 年 10 月 1 日起，由原来的 15 位数上升到 18 位数，即出生日期的年代码由 2 位数改用 4 位数表示，在分配顺序码后加编 1 位计算机校验码。校验码由号码编制单位按统一计算公式给出。

2002 年 8 月起，实行无底卡制证、数码照相办理居民身份证，形成照相、办证、发证完整的流水线，为群众提供快捷、方便的服务。

2005 年，按照自治区公安厅《关于做好换发第二代居民身份证前户口核对工作的通知》的要求，完成全县户口核对工作，共核对户口 279100 人，新收集血型、身高资料 6.25 万多份，收集照片共 173821 张，常住户口有照片率 74%，制发第二代居民身份证 550 份。

第六节　出入境管理

1989 年，出入境工作由公安局政保科负责，共接待出境申请 36 人次，经审查核实后受理 15 人次，入境 94 人次。1990 年，公安机关加强同侨务、统战等部门的联系，对申请出境人员严格把关，认真审查，共接待台湾省探亲 21 人，定居 1 人，华侨 12 人。1991 年，将申请出境办理程序，受理审批情况及出入境管理守则上墙公开，接受群众监督。全年共受理公民申请出境 13 人，接待群众来信来访 47 人次。1992 年，受理申请出境 9 人，接待外国人 20 人次，留港澳台同胞 21 人次，办理户口申报和住宿登记 37 人次，暂住证 2 人次。1993 年，受理申请出境 10 起、13 人，接待来信来访 47 人次，接待临时入境人员 39 人次，办理暂住证 2 人次，户口申报及住宿登记 39 人次。1996 年，受理公民因私事出境 17 人次，接待来信来访 46 人次，接待临时入境人员 34 人次，申报户口 30 人次。1998 年 5 月，设出入境管理股，与公安局政治侦查大队合署办公，为一个机构、两块牌子。

1989—2005 年，批准出境 1408 人次，其中我国港、澳、台地区 780 人，国外 628 人；入境登记 3897 人次，其中我国港、澳、台 2759 人次，国外 1138 人次。

第七节　交通安全管理

机动车管理

1989—2005 年，机动车的行驶证、车辆牌号、车辆转籍异动和安全检验按车辆类型分级负责管理，大小汽车申办入户、发证、年度审验由市级以上车管部门办理；摩托车和农用车由县公安局交警大队办理发证、发牌业务及管理；拖拉机由县农机监理站管理。1990年，全县入户在册的汽车395辆。1996年，入户在册汽车555辆。1997年．办理新车入户1296辆。1998年，办理新车入户1438辆，年检车辆3831台。1999年，办理新车入户2316辆，机动车过户36辆次，年检车5077辆次，办理换证84人次。2000年，办理新车入户2709辆，机动车过户57辆次，年检车5645辆次，办理换证46人次。2001年，办理新车入户2863辆，机动车过户139辆次，年检车9255辆次，办理换证157人次。2003年，落实便民措施，增设电脑自动选号机。2004年，办理新车入户4100辆，农用车新车入户1辆，年检车12040辆次。

1989—2005年，全县共办理摩托车新车入户135572辆，累计年检135572辆。

驾驶管理

图13-2 2005年，交通管理部门上街开展交通安全宣传（县公安局提供）

1989年，县公安局交通警察队负责摩托车和农用车驾驶员的培训、考试和教育管理工作，定期或不定期审验驾驶技术、安全行车和遵守交通法规等方面情况。对有违章、肇事等行为的驾驶员，审验不合格的，收回驾驶证；对不按规定参加审验或者审验不合格仍驾驶车辆的驾驶员处100元以下罚款或警告。持有正式驾驶证的驾驶员一年审验一次。年末，全县有汽车驾驶员1810人，农用车驾驶员162人，摩托车驾驶员1210人。1996年起，为解决边远山区乡村农民办证难问题，巡回下乡为群众办理车勤业务。1997年，办理驾驶证转正、换证1113人。1998年，新办理驾驶证829人次，转籍41人次，审验驾驶证3520本。1999年，结合贯彻公安部《车辆管理所业务岗位规范》规定，将办事指南，各项办事流程、收费和标准上墙公开。全年培训驾驶员1739人次，审验驾驶员962人次，转籍27人次。2000年，培训驾驶员1650人次，审验驾驶员3069人次，转籍25人次。2001年，培训驾驶员2813人次，审验驾驶员2136人次，转籍95人次。2002年，培训驾驶员4310人次，审验驾驶员5530人次。2004年5月,《中华人民共和国道路交通安全法》施行，取消一年一度的年审制度，实行记分周期制。

2005年，全县有汽车驾驶员22100人，农用车驾驶员1571人，摩托车驾驶员46709人。

交通秩序管理

1989—1996年，在交通秩序管理上，实行动态管理，把绝大多数警力投入到路面上巡逻监控，疏导交通，维护秩序，对在行驶中的车辆进行严密监控，规定“驾驶车辆、行人、赶骑牲畜必须遵守右侧通行的原则，各行其道”。每年开展3～4次道路交通秩序整治，对车辆载物超重、超高、人货混装、客运车辆超员、家用车辆非法搭客营运、摩托车超载及骑两轮摩托车不戴安全头盔等违法行为，进行严肃处理。1997年6月，开展交通秩序的集中治理活动，在县城主街道及人行道划设车辆临时停放点，规定自行车、摩托车、小型汽车临时停放时必须按规划的停放点停放，其他地方不准乱停放。划制各类交通标志牌78块，漆划道路标线约5千米，规划临时停车及旅客上、落点47处。分3个组对莲（花）三（江）线、恭（城）龙（虎）线、省道20162线的重点路段及事故多发路段的监控，全年组织干警上路执勤3675天次，检查机动车2.60万台次，纠正各类违章2.70万人次，教育1.15万人次，处罚1.26万人次，暂扣车牌证685辆次，拘留3人。

1999年，共组织民警检查机动车辆38130辆次，纠正各种违章27035人次，警告3865人次，处罚20075人次，暂扣车、牌、证1425辆（副、本次），治安拘留8人。2000年，将县城水泥厂岔口到燕岩大桥为交通文明规范管理严管一条街，重新漆划一次县城主街道标线6600米，漆划人行道14条，设置警告牌3块，宣传警示牌5块，步行标志12块，禁令标志9块，规划临时停车场10处。全年共检查机动车辆49645辆次，纠正各类交通违章47817人次，警告8942人次，处罚28069人次，暂扣车1116辆、牌10幅、证2037本次，刑事拘留3人，治安拘留12人。

2001年9—11月，根据公安部《全国道路交通安全秩序整治工作实施方案》，开展对微型出租车、农用运输车、拖拉机、恭城产微型拖拉机、多功能耕整机违章载客及违规上路行驶等违法违规行为的整治活动。组织干警上路检查3780人次，检查机动车6.26万辆次，纠正各类交通违章4.29万人次，警告6028人次，处罚2.82万人次，暂扣车906辆、牌16副、证2610本次。2002年，全年共纠正各类交通违章52975人次，警告7685人次，处罚款38350人次，暂扣机动车1130辆、号牌16副、证2318本次，治安拘留2人。2003年，出动巡逻车辆2160台次，查纠各类交通违章167986起，处罚交通违章行为40600人次。

2005年，在春运、“五一”黄金周、“十一”黄金周期间，开展交通秩序的整治活动。采取两项措施加强对客运车辆的管控：（1）推行“交警部门监管，公司自主负责，全体员工参与”的三级管理制度，要求客运单位做好客运车辆的维护保养工作，坚持检验报班制度，杜绝有安全隐患的客运车辆上路；（2）推行“一队一站，一队一线，一车一警，一车一簿”管理模式，将全县66台营运客车、119名营运客车驾驶员分解到交警大队的23名民警，实行民警分工包干负责制，每名民警负责3台营运车、5名客车驾驶员的交通安全教育，确保客运车辆安全行车。开展对摩托车交通违法行为的整治活动，对摩托车驾驶人员无证驾驶、酒后驾驶、不戴安全头盔、超载、超速、无牌无证及假牌假证等严重交通违法行为进行严肃处理，摩托车交通事故明显下降。全年共出动警力2.50万人次，警车1.2万辆次，查纠交通违法行为2.49万人次，罚款59.64万元，暂扣机动车驾驶证64本，滞留各类机动车1767辆。

1989—2005年，公安交通管理部门共上路检查机动车279434台次，纠正各类交通违章238973人次，教育警告206036人次，处罚167926人次，暂扣车牌证15026辆次；治安拘留60人，刑事拘留32人。

交通事故处理

1989年，道路交通事故处理由县交通警察队负责。1990年3月，交通警察队升格为交通警察大队，设肇事处理股，负责勘查事故现场，调查事故原因及责任，依法作出处理。1999年，设立举报箱和“120”事故报警电话，形成“一高三准两快一细”的工作作风，即办事效率高，现场勘察准、责任认定准、运用法律条文准、赶赴现场快、调查取证快、赔偿调解工作认真细致。2001年，对事故档案实行微机管理。2004年5月，《中华人民共和国道路交通安全法》实施，对交通事故处理，按照有关规定，公开事故赔偿数据和程序，公开处理结果，实行回访制度，切实保护当事人合法权益，教育和惩处事故责任人。

2000年5月28日9时，恭城西岭乡东面村胡×驾驶无号牌小客车由西岭东面村刘家垌往西岭方向行驶，车上乘坐 12 名乘客，当车行至龙塘路段时，因过于靠路左边行驶，压塌路基，翻下 46.4 米山坡坠入澄江河，造成车上乘客 4 人死亡、6 人受伤，车辆解体的特大道路交通事故。经现场勘查取证，驾驶员胡 × 麻痹大意是造成该交通事故直接原因，承担全部责任。其行为违反《中华人民共和国道路交通管理条例》第 7 条、第 17 条的规定，根据《道路交通事故处理办法》第 23 条之规定，吊销驾驶员胡 × 驾驶证，根据《中华人民共和国刑法》第 133 条,《中华人民共和国刑事诉讼法》第 60 条、第 63 条的规定，对胡 × 依法追究刑事责任，并对死者、伤者所造成的直接经济损失按国家规定给予赔偿。

2004 年 3 月 5 日 19 时 35 分，唐 ×× 驾驶一辆两轮摩托车搭乘刘 ×× 由嘉会乡往栗木镇方向行驶，当行驶至省道 201 线 127KM+650M 路段时，遇罗 ×× 驾驶一辆两轮摩托车搭乘洪 ×× 对向行驶，双方车辆发生碰撞，造成两车损坏，4 人受伤，其中唐 ××、罗 ××、洪 ×× 经送恭城县人民医院抢救无效死亡的特大交通事故。经现场勘查，唐 ×× 酒后驾驶机动车，在会车过程中没有减速靠右通行，违反规定使用远光灯，乘坐人员刘 ×× 不戴安全头盔，其行为违反《中华人民共和国道路交通管理条例》第 26 条第（六）项，第 47 条第（一）项、第（四）项及第 26 条第（十）项之规定，是造成该事故的主要原因，承担此事故的主要责任；罗 ×× 驾驶机动车违反规定使用远光灯，罗 ×× 及乘坐人员洪 ×× 均不戴安全头盔，其行为违反《中华人民共和国道路交通管理条例》第 49 条第（四）项、第 26 条第（十）项之规定，也是造成该事故的原因之一，承担次要责任；乘车人刘 ××、洪 ×× 不承担责任。

1989—2005 年，全县共发生道路交通事故 3390 起，死亡 229 人，受伤 1789 人，直接经济损失 128.35 多万元。其中，重大事故 159 起，死亡 148 人。

1989—2005 年恭城瑶族自治县交通事故统计表

表 13-1

年度	交通事故				其中：重大事故		
	数量（起）	死亡（人）	受伤（人）	损失折款（万元）	数量（起）	死亡（人）	受伤（人）
1989	119	12	44	2.12	12	12	—
1990	89	7	52	—	7	7	—
1991	86	5	46	0.82	5	5	—
1992	105	17	83	2.90	14	17	—
1993	89	10	68	6.85	9	10	—
1994	147	10	83	20.90	9	10	—
1995	149	17	85	10.22	13	17	—
1996	196	4	114	5.65	4	4	—
1997	170	4	46	2.39	4	4	—
1998	184	5	31	1.60	5	5	—
1999	208	6	33	1.70	6	6	—
2000	156	11	65	10.70	7	11	—
2001	311	21	185	11.03	19	21	—
2002	380	19	172	15.98	45	19	—

续表 13-1

年度	交通事故				其中：重大事故		
	数量（起）	死亡（人）	受伤（人）	损失折款（万元）	数量（起）	死亡（人）	受伤（人）
2003	528	50	371	17.59	—	—	—
2004	303	12	179	8.06	—	—	—
2005	170	19	132	9.84	—	—	—
合计	3390	229	1789	128.35	159	148	—

第八节　警卫

保卫警卫工作，主要由内保部门负责。重大警卫任务，由县公安局集中警力统一部署，坚持“内紧外松”的原则，开展基层基础工作调查，制定周密的警卫方案实施警卫，杜绝安全事故的发生。1989—2005 年，主要保卫警卫 19 次，投入警力 1300 多人次。其中高级别的警卫工作：1989 年 4 月，联合国计划开发署环境卫生顾问卡普麦顿、世界银行驻中国代表处负责人恰纳尔到恭城调查饮水情况；同年 5 月 16 日，国家计划生育委员会主任彭珮云到恭城视察工作；1991 年 11 月，全国人大常委会副委员长阿沛·阿旺晋美到恭城视察；1995 年 4 月，全国政协科教文卫常务副主任王济夫，全国政协常委、中国文联副主席吴祖强率全国政协群众文化调查组到恭城视察；1996 年 10 月，中共中央组织部部长张全景到恭城调研；1997 年 11 月 2 日，中共中央政治局委员、书记处书记、中宣部部长丁关根到恭城调研生态农业；1998 年 12 月 15 日，国务委员司马义·艾买提到恭城调研旅游业；2003 年 10 月 23 日，全国政协副主席李兆焯到恭城视察。

第九节　消防管理

队伍和设施

1989 年 5 月，公安局消防科为现役编制，编制 4 人。1997 年 4 月，消防科改编为消防大队。2004 年 8 月，成立恭城瑶族自治县消防中队，为归口管理机构武警现役编制，配备专职消防队员 6 人，购置室外消火栓 35 具。同年 11 月，总投资 35 万元，位于恭城镇燕新路的消防大队办公大楼建成使用，占地 720 平方米，建筑面积 430 平方米，购置水罐车 1 辆。

消防宣传检查

1989 年，召开全县性防火工作会议 3 次，其他防火工作会议 5 次，印发消防宣传资料 305 份，放映消防录像 2 场次，举办消防学习班 1 期，举行灭火演习 1 次。1990 年，召开各类防火会议 7 次，印发宣传资料 550 份，出版墙报、黑板报 12 期，进行防火宣传 52 场次，放映消防录像 4 场次，举办消防学习培训班 3 期，参加学习 132 人，举办灭火演习 3 次，对 97 个单位进行 4 次防火安全检查，发现隐患 107 处，下达整改通知书 9 份。1991 年，印发消防信息、简报 600 多分，印发宣传资料 240 份，到各单位召开会议 9 次，举办消防学习班 6 期，接受学习培训 112 人，举行灭火演练 2 次，培训义务队 5 个，参加培训队员 100 余人，对 96 个单位进行防火安全检查，发现火险隐患 233 处。1992 年，检查重点防火单位 94 个（次），一般单位 140 多个，发现火险隐患 94 处，整改 90 处，发出《重大火险隐患整改通知书》26 份，发出《停业停产整改通知书》1 份。1993 年，共制作墙报 24 期，出动宣传车 20 辆次，放映录像 15 场次，发放文字图片资料 2000 多份，全年仅发生 1 起火灾事故。1994 年，检查重点防火单位 94 个（次），一般单位 140 个（次），发现火险隐患 94 处，整改 90 处，检查卡拉 OK 等娱乐场所 12 家，有 11 家存在火险隐患，在检查时全部进行防火处理，对易燃地毯、壁面及沙发等喷阻燃剂，各娱乐场所配备相应的干粉灭火器。1995 年，检查重点单位 105 个（次），发现隐患 109 处，整改 101 处，下发重大火险隐患通知书 5 份，在 5 月安全生产周宣传活动期间，开展消防安全宣传，悬挂横幅标语 7 条，制作宣传板报 2 期，张贴标语 468 条。1996 年，向相关单位和企事业单位发放 250 份《消防安全 20 条》，对原确定的一级、二级重点防火单位进行调整，重新建立新的防火档案，确定一级消防重点单位由原来的 15 个减少至 8 个，二级重点消防单位由原来的 5 个减少至 4 个。1997 年，共检查单位 650 个（次），发现隐患 160 处，当场整改 130 处，事后整改 30 处，发出《火险隐患整改通知书》7 份，对消防重点单位进行审核确定后，全部实行挂牌制度，对基本符合安全条件的 120 家公共场所和易燃易爆场所重新换发（核发）消防安全许可证。1998 年，进行 7 次防火安全检查，共检查单位 312 个（次），发现火险隐患 190 多处，提出整改措施 200 余条，发出火险隐患整改通知书 8 份，责令停工停业整改通知书 1 份，吊销消防安全许可证 5 个，批评教育 15 人，消防处罚 2 人。1999 年，在元旦、春节、“五一”劳动节、国庆节期间，对相关单位进行消防安全大检查，检查单位 250 个（次），发现火灾隐患 80 处，对不合格的灭火器 150 具进行责令整改。2000 年，检查单位 128 个（次），查出隐患 34 处，维修灭火器 81 具。在自治县成立 10 周年期间，对宾馆、公共场所进行全面检查。2001 年 4 月，对全县 22 个公共娱乐场所专项检查治理，下发责令整改通知书 4 份，查处火灾隐患 9 处，维修灭火器 11 具；5—9 月，对全县的 199 个公共场所进行消防安全检查，重点包括学校、网吧、影视厅及休闲场所等，共下发责令限期改正通知书 33 份，消除隐患 74 处，维修灭火器 81 具。2002 年，开展“119”消防宣传周活动，印发消防宣传活动通知 160 份，悬挂横幅 8 条，张贴宣传标语 150 份，发放资料 200 份，并组织石油公司、信合大酒店的员工进行灭火演习，全年审核工程项目 6 个，下发审核意见书 6 份，提出审核意见 16 条，下发责令限期改正通知书 16 份，提出整改意见 37 条，下发消防安全检查意见书 80 份，整改意见 62 条。2003 年，通过广播电视等媒体进行消防安全常识宣传，张贴标语 800 多张，发放资料 500 份，悬挂横幅 5 条，在 2 次专项治理中，共下达责令限期整改通知书 7 份，整改意见 18 条，对全县 25 家液化气站、9 家加油站、7 个加油点进行登记存盘，进行系统管理，并会同有关部门对全县 12 家网吧和 23 家公共场所进行检查，对未达到消防安全的场所，一律停业整改。2005 年，对全县公共场所进行检查，发现隐患 243 处，督促整改 231 个，下达责令限期整改通知书 38 份，提出整改意见 65 条，下达消防安全检查意见书 16 份。

火灾扑救抢险救援

1989—2005 年，公安消防部门共参加各类火灾扑救和抢险救援 200 余次，出动车辆 400 余台次，干警 1000 多人次，抢救人员 100 多人，抢救财产价值 6000 余万元；其间，全县共发生火灾 134 起，死亡 8 人，伤 10 人，经济损失折款 233.63 万元。

1998 年 3 月 15 日 19 时许，三江乡新华家具厂发生火灾，当地政府组织群众经过 1 个多小时的奋力扑救，大火被扑灭，烧毁厂房 200 多平方米，机器设备、胶合板等物资一批，损失 19.2 万余元。同年 11 月 20 日 20 时 20 分，嘉会乡吴家厂村吴 ×× 在家中违章使用液化气罐，致使液化气泄漏爆燃引起重大火灾，吴 ×× 及其父亲、弟弟被当场烧死，同村的一个 12 周岁女孩被烧成重伤，经医院抢救无效死亡，烧毁房屋150多平方米，粮食2500多千克及生活、农用品一批，直接经济损失14000多元。

2002年，8月31日，灌阳县松香厂发生火灾，消防大队在2个小时内赶到火灾现场，与灌阳县消防大队经过6个小时扑救，终于将大火扑灭，减少100多万元经济损失。

1989—2005年恭城瑶族自治县火灾事故统计表

表13-2

年度	火灾				其中：重大火灾			
	数量（起）	死亡（人）	受伤（人）	损失折款（万元）	数量（起）	死亡（人）	受伤（人）	损失折款（万元）
1989	10	—	2	5.39	1	—	—	3.74
1990	21	—	—	6.37	—	—	—	—
1991	19	1	1	3.48	—	—	—	—
1992	3	—	—	6.64	—	—	—	—
1993	1	—	—	0.23	—	—	—	—
1994	4	—	—	5.87	—	—	—	—
1995	10	1	2	6.47	—	—	—	—
1996	3	—	1	9.05	—	—	—	—
1997	7	—	—	8.62	—	—	—	—
1998	10	4	4	24.04	1	4	2	1.40
1999	4	—	—	11.20	—	—	—	—
2000	6	1	—	2.90	—	—	—	—
2001	9	1	—	3.40	—	—	—	—
2002	6	—	—	4.40	—	—	—	—
2003	3	—	—	55.25	—	—	—	—
2004	3	—	—	38.00	—	—	—	—
2005	15	—	—	42.32	—	—	—	—
合计	134	8	10	233.63	2	4	2	5.14

第十节　看守管教

20世纪80年代初期，恭城看守所有监舍18间，关押总容量约100人。1988年，进行多方面的管教改革尝试：每月请县领导和政法部门领导给在押犯上法制教育课；县委宣传部和县文化馆协调配合，在监内开展“送书读书活动”；开展“警民共建精神文明活动”；召开“在押犯家属会”，让家属代表参观监舍、会见亲人，积极配合教育在押犯。是年，恭城看守所被自治区公安厅评为看守目标管理先进集体。此后，继续依法、严格、科学、文明管理，至1996年，连续9年被自治区公安厅评为看守目标管理先进集体（标兵单位）。1997 年，被自治区公安厅评为“自治区模范看守所”，被公安部授予“二级看守所”等称号。1998 年，被自治区公安厅授予“连续 12 年安全无事故看守所”称号；同年，被桂林地区公安局列为“严格执法、文明管理”创建活动的重点所，设立执法监督电话，建立所长接待日（每月 2 次），每月召开一次联席会议。2000 年 2 月，投入 450 多万元在县城东南兴建新看守所；2001 年 5 月，投入使用。新看守所占地面积 50842.58 平方米，其中监区面积 4500 平方米，监舍面积 2400 平方米。设有监室 23 个，图书阅览室 1 间，食堂 1 间。室内功能设备齐全，室外草木成荫、通风、采光良好，环境优美，各种图表、制度、职责上墙，业务档案、民警业务技能及在押犯的训练等，均按一级看守所的要求运行。

2005 年，看守所、拘留所的规范化建设通过全国二级所达标检查，连续 19 年安全无事故。

第二章　检察

1989—2005 年，恭城县人民检察院受理提请逮捕 2389 件、3803 人次，其中批准逮捕 2244 件、3499 人次；受理直诉审查案件 2326 件、3563 人次，其中起诉 2003 件、2886 人次。受理经济案件线索 361 件，立案侦查 132 件、159 人；受理法纪案件 116 件，立案侦查 22 件；受理公民不服法院民事、经济、行政判决申诉案 75 件，其中建议或提请抗诉 30 件，息诉 18 件。1992 年 5 月，被最高人民检察院授予“全国检察系统通令嘉奖集体”称号。2005 年，驻看守所检察室被广西壮族自治区人民检察院评定为二级规范化检察室，监所检察科获自治区检察机关清理纠正超期羁押工作先进集体，检察院获自治区检察机关 2002—2004 年度“文明接待室”称号。

第一节　机构

1989 年，恭城县人民检察院内设刑事检察、法纪检察、监所检察、经济检察、控告申诉检察、政治协理室、办公室 7 个科室，配备干警 36 人。1992 年 12 月，经济检察科改为反贪污贿赂工作局。1995 年 6 月，增设民事行政检察科。1997 年，内设机构调整为 11 个科室：办公室（含行政装备、法警队）、法律政策研究室、政工科（含纪检、监察）、刑事检察一科、刑事检察二科、反贪污贿赂局、法纪检察科（渎职侵权检察科）、监所检察科、民事行政检察科、控告申诉检察科、检察技术科，行政编制 44 人。1998 年 3 月，刑事检察一科、二科分别更名为审查批捕科、审查起诉科。2002 年，改为侦查监督科、公诉科，法律政策研究室并入办公室。2005 年 8 月，增设人民监

图 13-3　1989 年，全县查处经济案件先进集体和先进个人表彰大会人员合影（县人民检察院提供）

图 13-4　1992 年，县人民检察院获最高人民检察院通令嘉奖集体，县委召开表彰大会（县人民检察院提供）

察员办公室。

1989—2005 年，历任检察长：潘志良、叶建辉、卢义书、罗昌勤、蒋向东。

第二节 刑事检察

审查批准逮捕

1989 年，严格按照《中华人民共和国刑事诉讼法》的规定，对主要犯罪事实已经查清，可能判处徒刑以上的犯罪嫌疑人即可批准（决定）逮捕。在办案中，坚持个人阅卷，重大疑难案件集体讨论，刑事检察部门领导审核，主管检察长决定的办案制度。1992 年，对重特大案件提前介入公安机关侦查活动 32 件次，受理各类批捕案件 102 件、152 人。1993 年 8 月，公安机关抓获在省道恭沙线爬车盗窃的张 ××、熊 ×× 等 8 人，将在逃的唐 ××、陈 ××、曹 ×× 一并报送提请检察机关批准逮捕。检察机关承办人经突审羁押人员和侦查工作，查清主要犯罪事实，批准逮捕在押的张 ×× 等 8 人及在逃的唐 ××、陈 ××、曹 ××。1995 年，检察机关在办理罗 ×× 抢劫一案过程中，办案人员通过阅卷发现嫌疑人罗 ×× 无非法占有他人财物的目的，而且嫌疑人已被公安机关拘留，经刑检科集体讨论，认为该嫌疑人的行为不符合抢劫罪特征，决定不批捕，后公安机关提出复议，检察机关更换阅卷方式，经集体讨论决定，维持不批准逮捕决定。

1997 年，按照自治区人民检察院提出的“够罪为标准，证据要充足”的要求，坚持“证据相互印证”的基本规则，审查证据质和量是否统一，是否形成证据的证明力，不枉不纵，对符合逮捕条件的，予以批捕；对无证据支持或证据不充分的案件，不予批捕。对报捕材料欠详细具体，证据不充分的案件，通过提前介入侦查和利用《中华人民共和国刑事诉讼法》赋予的有利时间进行自行补充侦查等方法提出补充搜集证据建议。对在审查批捕工作中发现的疑点，向公安机关核实情况，要求公安机关答复。是年，受理各类批捕案件 92 件、161 人（其中，公安机关移送 89 件、158 人，本院自侦部门移送 3 件、3 人），经审查批准逮捕 85 件、141 人，批捕率为 87.5%，不捕率为 12.5%，提前介入侦查 17 次。侦查机关提请批捕的案件，当天作出批捕或不捕决定的 17 件、20 人，第二天作出批捕或不捕决定的 18 件、21 人。

2000 年，受理公安机关提请逮捕 113 件、187 人，受理本院自侦部门提请逮捕 1 件、3 人。批准逮捕 110 件、178 人，决定逮捕 1 件、3 人，不批准逮捕 3 件、9 人，批捕率为 95.3%，不批捕率为 4.7%。要求公安机关说明不立案理由 2 件、3 人，提前介入公安机关重大案件侦查 10 次。

2003 年，贯彻落实“严打整治”斗争的决策和部署。全年共受理公安机关提请逮捕 140 件、199 人，受理本院自侦部门移送逮捕案件 2 件、2 人，审查批准逮捕 132 件、189 人，决定逮捕 2 件、2 人，不批准逮捕 8 件、10 人，要求公安机关说明不立案理由 4 件、4 人，公安机关接通知后直接立案 4 件、4 人，适时介入重大疑难复杂案件侦查 40 人次。

2004 年，受理公安机关提请逮捕 165 件、276 人，受理本院自侦部门移送逮捕案件 2 件、2 人，经审查批准逮捕 160 件、252 人，不批准逮捕 5 件、24 人。适时介入重大疑难复杂案件侦查 30 人次。

1989—2005 年，检察机关受理公安机关、本机关自侦部门提请逮捕共计 3803 人，批准逮捕 3499 人，平均批捕率 92%。

1989—2005年恭城瑶族自治县刑事审查批捕情况一览表

表13-3

年度	案件受理		处理结果											
	—		批准逮捕		不批准逮捕		退回侦查		公安撤回		撤案		积存	
	件	人	件	人	件	人	件	人	件	人	件	人	件	人
1989	184	260	174	240	8	14	2	2	1	2	—	—	—	—
1990	163	268	146	247	7	13	5	6	2	2	—	—	1	1
1991	151	239	144	233	4	6	—	—	—	—	—	—	—	—
1992	102	152	101	151	—	—	—	—	—	—	—	—	—	—
1993	85	144	70	122	8	14	4	8	—	—	—	—	—	—
1994	119	198	112	174	2	5	4	7	1	12	—	—	—	—
1995	111	194	98	164	5	11	3	9	5	10	—	—	—	—
1996	94	169	85	154	1	1	7	13	1	1	—	—	—	—
1997	92	161	85	141	—	—	—	—	—	—	—	—	—	—
1998	107	151	98	137	9	14	—	—	—	—	—	—	—	—
1999	148	200	141	185	6	14	—	—	1	1	—	—	—	—
2000	114	190	111	181	3	9	—	—	—	6	—	—	—	—
2001	233	411	222	378	9	27	—	—	—	—	—	—	—	—
2002	203	326	191	308	11	17	—	—	—	—	—	—	—	—
2003	142	201	134	191	8	10	—	—	—	—	—	—	—	—
2004	167	278	162	254	5	24	—	—	—	—	—	—	—	—
2005	177	261	171	239	6	22	—	—	—	—	—	—	—	—
合计	2392	3803	2245	3499	92	201	25	45	11	34	—	—	1	1

审查起诉

1989年，共受理起诉和免诉案件158件、258人，其中公安机关移送起诉和免诉案件145件、236人。检察机关自侦部门移交审查起诉、免诉案件13件、22人。

1992年，全县社会治安和社会风气好转，发案率大幅下降。刑事检察工作建立个人阅卷、刑事检察部门领导审核、检察长决定的办案制度，办案周期比法定时限缩短近50%。全年受理起诉案件111件、162人，审结109件、160人，其中受理公安机关移送审查起（免）诉96件、147人，审结95件、146人，受理县检察院侦查部门移送起（免）诉15件、15人，审结14件、14人。

1993年，为配合公安部作出的在全国范围内围歼车匪路霸的决定，对杀人、抢劫、强奸以及盗窃等案件和团伙犯罪案件，依法从重从快方针和基本事实清楚、基本证据确凿的“两个基本”的原则，及时批捕和起诉。受理各类起（免）诉案件73件、119人，其中，上年积存1件、1人。检察机关自侦部门移送5件、6人，公安机关移送67件、112人。是年5月，恭城公安机关移送的欧阳××、欧阳××、何××、常××、莫××抢劫、盗窃审查起诉一案，检察机关认为该案抢劫犯罪事实清楚，证据确实，但5名被告人盗窃次数最多的达19次，数额巨大，案情复杂，检察机关承办人接案后即会同公安侦查人员到平安、嘉会等地调查取证，获取充分证据后将本案起诉到人民法院。5名被告人以抢劫、盗窃罪分别被判处6年至15年不等的有期徒刑。

1997年，受理各类起（不）诉案件79件、151人，经审查，本院提起公诉71件、132人，不起诉3件、6人，移送桂林检察分院起诉2件、2人，退回公安机关补充侦查3件、11人。

1998年7月，试行主诉检察官制度，任命主诉检察官1名，成立主诉检察官办案组，赋予主诉检察官独立办案权限。简化办案的中间环节，缩短办案时间，提高办案效率。至年底，主诉检察官办案组共受理移送起诉案件46件、61人，其中主诉检察官个人受案23件、24人，提起公诉22件、22人，所起诉的案件在一审法院开庭审理时，未出现就起诉的事实提出疑问。

1999年，受理各类起诉案件137件、184人，依法提起公诉115件、145人，移送市人民检察院起诉12件、15人，不起诉1人，建议公安机关撤回起诉1件、1人，退回公安机关补充侦查8件、22人，结案率为100%。不诉率案件仅占全年结案人数的0.6%，提起公诉的案件，一审法院均作出有罪判决。受理公安机关移送起诉追逃案件23件、28人，提起公诉23件、28人，起诉追逃案件占同期其他案件的29.4%。

2000年7月，全面推行主诉检察官办案制度，任命2名主诉检察官，成立主诉检察官办案组，实行办案过程中责、权、利相结合，赋予主诉检察官独立办案权限。至年底，主诉检察官受案73件、108人，提请公诉64件、90人，所起诉的案件一审法院未就起诉的犯罪事实提出疑问，显现较好的法律效果。

2002年，共计受理审查起诉219件、360人，其中公安机关移送审查起诉190件、325人，检察院自侦部门移送审查起诉3件、3人，退查重报3件、23人，上年积存8件、30人，已审查起诉到人民法院的案件183件、299人，不起诉案件1件、3人，建议公安机关撤销2件、2人，移送桂林市人民检察院审查起诉案件12件、33人。

2003年，贯彻落实关于“严打整治”斗争的决策和部署，惩治各类刑事犯罪。全年受理审查起诉案件145件、240人，上年积存9件、34人，退查重报1件、3人，共计146件、240人。经审查，依法提起公诉126件、196人，不起诉5件、5人，移送桂林市人民检察院审查起诉12件、34人，建议公安机关撤回起诉案件2件、2人，积存2件、3人，审查结案率为98.6%，是年向公安机关发出9次口头检察建议，1份书面检察建议。

2005年，受理公安机关移送审查起诉案件148件、206人，受理本院侦查部门移送审查起诉的贪污贿赂案件5件、6人，渎职案件2件、2人。审查后提起公诉140件、209人，其中本院侦查的职务犯罪案件全部向人民法院提起公诉，提起公诉率100%。报送市人民检察院审查起诉13件、16人；因管辖权原因向县外同级人民检察院移交审查2件、2人；退回侦查机关（部门）补充侦查25件、42人。全年结案率为100%。全年收到人民法院出庭通知124件，除27件适用简易程序未派员出席法庭外，其余均派员出庭支持公诉。共收到人民法院一审判决书124件、182人，均作出有罪判决。在办理审查起诉案件工作中，尝试使用多媒体示证方式出庭公诉，对所有职务犯罪案件，一律制作多媒体证据在法庭使用，使被告人和旁听群众对案情和证据有更充分的了解，被告人对犯罪事实有更深入的认识，如被告人覃××贪污一案，其在侦查、审查环节均不认罪，在法庭上经过多媒体示证后，被告人开始对证据表示无异议，最后对起诉书指控的犯罪事实表示认罪。

1989—2005年，恭城人民检察院共受理公安机关和检察机关自侦部门移送审查起诉案件2326件、3563人，经审查决定提起公诉件2886人。其中，起诉刑事犯罪案件2003件、2886人，免予起诉98件、185人，不起诉21件、37人，移送上级或其他检察起审查（起诉）110件、229人，退回公安机关补充侦查56件、153人，建议公安机关撤回起诉10件、11人。

1989—2005 年恭城瑶族自治县起诉审查统计表

表 13-4

年度	受理		审结结果											
			起诉		免诉		不起诉		移送审查（起诉）		退查		撤案	
	件	人	件	人	件	人	件	人	件	人	件	人	件	人
1989	158	258	133	196	21	56	1	1	2	3	—	—	1	2
1990	176	281	133	216	19	29	—	—	—	—	2	3	2	2
1991	153	147	141	123	7	26	—	—	5	15	—	—	—	—
1992	111	162	109	160	2	2	—	—	—	—	—	—	—	—
1993	73	119	53	79	9	16	—	—	8	9	2	14	1	1
1994	105	180	79	139	14	22	—	—	12	19	—	—	—	—
1995	104	160	77	117	17	20	1	2	8	18	1	3	—	—
1996	84	148	69	108	9	14	—	—	6	19	2	7	—	—
1997	79	151	71	132	—	—	3	6	2	2	—	—	—	—
1998	112	143	110	133	—	—	2	4	—	—	—	—	—	—
1999	137	184	115	145	—	—	1	1	12	15	8	22	1	1
2000	147	249	107	170	—	—	—	—	7	9	33	70	—	—
2001	197	379	177	328	—	—	1	1	7	11	4	8	—	—
2002	219	360	201	299	—	—	1	3	12	33	3	23	2	2
2003	145	240	126	196	—	—	5	5	12	34	1	3	2	2
2004	121	205	101	156	—	—	2	6	17	42	—	—	1	1
2005	205	197	201	189	—	—	4	8	—	—	—	—	—	—
合计	2326	3563	2003	2886	98	185	21	37	110	229	56	153	10	11

第三节　经济检察

1989 年，县人民检察院经济检察科负责立案查处贪污贿赂、挪用公款、偷税抗税、投机倒把、诈骗等涉及经济犯罪的案件，以惩治贪污贿赂工作为重点。是年，共接到举报线索 96 件，经济案件线索 58 件，经审查决定立案侦查 21 件、30 人，其中贪污 8 件、12 人，受贿 6 件、9 人，行贿 2 件、2 人，偷税 1 件、2 人，抗税 1 件、2 人，投机倒把 2 件、3 人，其他案件 1 件、1 人。为国家挽回经济损失 233705 元。

1992 年，县人民检察院成立反贪污贿赂局，取代经济检察科，负责查处经济领域犯罪案件。全年立案 16 件、16 人并全部侦结，为国家和集体挽回直接经济损失近 17 万元。全年立案查处的贪污贿赂案占立案总数的 63%。

1995 年，侦破一起销售假“九二〇”激素案件，及时查封、扣押分散到全县各销售点的假冒“九二〇”，最大限度减少农民的损失。全年共受理举报线索 24 件，立案侦查 9 件、10 人，其中贪污 1 件、1 人，受贿 5 件、6 人，挪用公款 2 件、2 人，偷税 1 件、1 人。结案 8 件、9 人，通过办案，为国家和集体挽回经济损失 13.4 万元。

1997 年，与县纪委、监察等有关部门的配合，形成打击合力。受理案件线索 18 件，初查 18 件，通过初查共立案侦查 6 件、6 人，其中涉嫌贪污 2 件、2 人，涉嫌挪用公款 1 件、1 人，涉嫌受贿 2 件、2 人，涉嫌行贿 1 件、1 人，所立案件全部侦查终结，侦结率为 100%。为国家和集体挽回经济损失 15.7 万元。

1999 年，查处恭城岛坪铅锌矿原矿长唐 ×× 涉嫌贪污 16.6 万元，原财务科科长邓 ×× 贪污 18.4 万元、原财务科副科长黎 ×× 贪污 11 万元的窝案；侦破恭城县地税局原局长陈 ×× 涉嫌受贿 4.92 万元案件。针对每个案件作出具体分析，提出检察建议和案后回访，收到惩治犯罪与预防犯罪有机结合的良好效果。是年，检察院反贪局获自治区级集体三等功 1 次。

2001 年，侦破恭城农业银行莲花营业所主管会计韦 ×× 贪污案，该案是检察机关查处金融部门首件涉嫌犯罪数额达 20 万元以上的重大经济案件。2003 年，县人民检察院反贪局参与高检院、自治区人民检察院组织的深挖黑恶势力保护伞和“双清一查”专项行动，清理历年积压线索和久侦不结案件，对 2000 年以来的撤案和不起诉案件进行质量检查以及扣押款物等专项检查。受理案件线索 8 件、8 人，初查 8 件、8 人，立案侦查 4 件、4 人，其中单位受贿 1 件，贪污 2 件、2 人，挪用公款 1 件、1 人。2 件已移送起诉，1 件作移送不起诉。侦破中国农业银行恭城县支行在违法发放款 700 万元给灵川南亚冶炼厂，并以“利润分成”的名义收受手续费 412477.7 元的单位受贿案、原行长林 ×× 个人受贿案件，该案移送法院后，法院作出有罪判决。法定办案期限内侦查终结率和移送起诉率均为 100%。

2004 年，开展职务犯罪个案预防工作，针对所办理案件的情况，对重点部门、重点岗位开展预防职务犯罪，完善预防工作机制，及时分析和总结预防工作动态，在职务犯罪发案单位召开案件分析会，进行法制教育和职务犯罪预防专题讲课，针对发案单位在制度和管理上存在的突出问题，提出检察建议，协助发案单位采取有效措施进行整改。全年受理案件线索 15 件、19 人，初查 15 件、19 人，立案侦查 3 件、4 人，在侦查的案件中，有正科级在职领导干部 1 人。侦破的广西电信有限公司恭城分公司涉嫌私分国有资产、单位受贿案，是县人民检察院自建院以来首次查处的国有企业涉嫌私分国有资产的单位犯罪，是国有企业改制中发生的犯罪涉案时间长、涉案次数多、涉案金额上百万元的重大单位职务犯罪案件。

2005 年，受理案件线索 13 件、15 人，初查 13 件、15 人，立案侦查 4 件、4 人。其中，所查处的县水利局设计室负责人骆 ××、李 ×× 私分农网项目资金案，是县人民检察院首次查处的国家行政机关涉嫌私分国有资产的单位犯罪案件。查处的县马林源林场原场长陈 ×× 受贿案，对于强化国家公务员的职务廉洁性，规范市场经济秩序有重要意义。

1989—2005 年，共受理经济案件线索 361 件，立案侦查 132 件、159 人，为国家和集体挽回经济损失 504 万元。

第四节　法纪检察

1989—2005 年，共受理法纪（渎职侵权）案件 116 件，立案侦查 23 件、31 人。其中，重特大案件 4 件、6 人，为国家挽回经济损失 400 余万元，主要涉及林业、安全生产、农业等领域。

1989 年，检察院法纪检察科负责受理国家机关工作人员执行职务中的渎职、侵权，以及其他划归法纪检察部门管理的重大责任事故等案件。是年，受理法纪案件 10 件，立案 2 件，全部办结。1992 年 8 月 21 日下午 4 时 30 分，平安乡大江村新建的长 32 米、宽 8 米、高 13 米的石拱桥正在合拢时突然坍塌，压死 3 人，重伤 5 人。检察机关立案查明，事故原因是该施工队无证违章施工、冒险作业所致。

1994年4月11日，卢××等4人违反国家矿山开采和安全生产法规，在栗木水溪庙采矿区无证冒险开采，造成6人死亡、2人受伤的重大责任事故。检察院立案侦查后，证实6名受害人与被立案的卢××均系个体窿道主，认为被害人对事故的发生负有同样的直接责任，对该案作撤案处理。1995年2月，查处恭城县莲花镇笔山村杨××等6人非法拘禁致人死亡案，检察机关进行立案侦查，于7月经人民法院依法公开审理，分别判处6名被告人有期徒刑。

1996年，受理法纪案件22件，其中非法拘禁7件，非法侵入他人住宅3件，刑讯逼供2件，诬告陷害1件，重大责任事故9件。立案2件、3人，其中非法拘禁1件、1人，非法侵入他人住宅1件、2人。

1997年，法纪检察科更名为渎职侵权检察科，直接受理国家机关工作人员渎职侵权案件，开展对检察院直接受理的侵权、渎职犯罪案件的侦查业务工作。2002年6月，开展以“预防职务犯罪，需要你的参与”为主题的惩治渎职、侵权犯罪宣传活动。9月，与人民银行联合成立恭城瑶族自治县金融系统预防职务犯罪工作小组，开展职务犯罪预防工作。

2004年，开展职务犯罪专项预防工作，与水利电业有限公司共同制定职务犯罪实施方案，建立预防职务犯罪工作小组，检察机关派人到该公司进行法律知识讲座。与县审计局建立工作联系制度。全年排查案件线索4件，初查1件。

2005年5月，县人民检察院派工作人员到国税局作题为“珍惜工作岗位，严防职务犯罪”的专题讲座，就办理的案件提出检察建议。同年，排查案件线索3件，立案2件、2人，移送审查起诉2件、2人。

第五节　监所检察

1989—1994年，监所检察科每年到监所检察250天以上，监管秩序稳定，看守所无在押人员逃跑、行凶、自杀、暴狱等重大事故。

1995年，成立人民检察院驻看守所检察室，全年对在押犯集体教育9次，进行安全检查15次，查缴铁电17片、小刀1把、铁钉7枚。有效地防止3起企图逃跑事故。1996—2000年，建立和完善驻所检察时间制度、安全检察制度、登记表册制度、请示汇报制度、联席会议制度、执法检察制度和驻所办案制度，监所检察步入规范化。1996年，监所检察科获自治区“检察系统先进集体”称号。2001年，建议对在押犯徐×殴打同监室董×案进行立案侦查并移送审查起诉。法院在看守所内公开对徐×进行宣判，起到教管作用。2002年、2004年，分别依法对罪犯周×、许×在宣告缓刑期间违反法律、行政法规的行为提出检察建议，周×、许×被撤销缓刑收监执行实体刑。2004年，纠正超期羁押案1件。2005年，对县辖区内被判处有期徒刑宣告缓刑的92人进行考察监管。是年，纠正不构成刑事犯罪案1件，纠正平乐县寄押陶××、陶××2人涉嫌盗窃犯罪未达到刑事责任年龄，将情况通报平乐县核实后释放。

第六节　控告申诉检察

检察院的控告申诉业务主要是通过设立举报箱和举报电话，建立检察长接待日制度，受理控告、申诉案件，接待处理来信来访。1989—2005年，共受理来信来访1485件，举报线索548件。其中对检察院处理决定不服（不服扣押款物、不服不立案、不批捕及不起诉决定等）的申诉占30%；对法院刑事、民事判决或裁定不服的申诉，占40%；对政府部门行政处罚决定不服的申诉，占53%。所有控告申诉按规定作出相应的处理。

1989年，根据最高人民法院、最高人民检察院《关于贪污、受贿、投机倒把等犯罪分子必须在限期内自首坦白的通告》，县人民检察院控申科将有关贪污受贿等经济案件的受理工作放到首要地位。是年，接待群众来信来访139件次。其中，首次信访116件次，重复信访23件次。受理举报线索81件，其中贪污42件，受贿32件，投机倒把1件，其他经济法纪案件6件。接受投案自首1人。被举报的人员中，县处级干部3人，乡科级干部23人，厂长、经理31人，其他55人。

1992年，受理控告申诉来信来访90件次，全部当月处理完结。其中复查平反一起36年的历史错案。该案当事人林××原系恭城中学教师，1956年被以残存反革命罪判刑3年，1958年又以抗拒改造加刑3年直至刑满释放。1992年4月，林××再次向检察机关申诉，请求复查给予平反昭雪。县人民检察院指派控申科组织专人查阅大量历史案卷材料，确认林××残存反革命一案事实不清、证据不足，认定为历史错案，即发函建议县人民法院重新审理。同年10月27日，恭城县法院重新审理该案，撤销原判决，宣告林××无罪。

1993年3月，县人民检察院在控告申诉检察科设立接待办公室，向社会公布专用举报电话。1995年，在处理信访中，及时办理可能“民转刑”的信访信息。如同年5月，栗木镇新兴街周××等人在灌阳观音阁乡由恭城开往灌阳的班车上行窃，被盗者发觉，周××持刀威胁受害人，同案犯侯×被抓获，周××到检察院投案自首，控告申诉检察科及时转交公安机关，法院以抢劫罪判处周、侯有期徒刑。

1997年，围绕“严格执法、狠抓办案”的方针，发挥控告申诉、举报在查办案件中的作用，按照高检院关于《文明接待室评比标准》，开展创建文明接待室活动。对人民检察院干警包××的违纪行为进行调查，依据有关规定作出纪律处分并将其辞退。

1999年，制作举报宣传专栏9期，开展较大规模的举报宣传和法律咨询5次，发放宣传资料5000余份，接待群众来信来访163次、181人。2002年，建立健全举报宣传和检察长接待日制度和举报反馈制度，推行首办责任制度，对举报线索统一管理和审查评估，及时分流处理；开展法制宣传和法律咨询活动2次，发放宣传资料2000余份。

2003年，结合“公正执法树形象”活动，开展举报宣传和社会治安综合治理工作。2004年，受理群众首次举报12件，控告30件，申诉案件8件，开展检察长接待日35次，接待群众36批、82人。

2005年，受理群众首次举报16件，控告39件，各类申诉案件6件，开展检察长接待日46次，接待群众52批、73人，批办案件45件，对检察长批办的案件全部办结。立案复查刑事申诉案件1件，经复查决定维持检察机关原处理决定。在县内新闻媒体上开展“惩防并举、反腐倡廉”为主题的举报宣传周活动，收到良好的社会效果。

第七节　民事行政诉讼监督检察

1989—1995年，人民检察院办公室指定1名干警负责民事行政检察工作，按照审判监督程序向县人民法院提出抗诉或提出检察建议。1996年，设立民事检察科，在办案中严格依照案件公开审查程序，立案后及时书面通知申诉人和对方当事人。是年，依法立案审查8件，提请抗诉2件，建议提请抗诉7件。1997年，为宣传民事行政检察工作，民事行政检察科印制大量的宣传资料，到县人大办、信访办、司法局、律师事务所、人民法院、工商、税务及房管等部门及部分厂矿发放宣传资料，对来访、申诉的当事人有针对性地宣传。受理当事人不服人民法院判决裁定的申诉案9件，其中立案审查1件，受理群众法律咨询17件。1999年，受理各类民事行政咨询案件31件，不服人民法院判决裁定申诉案件7件，经审查决定立案1件，建议提请抗诉2件。2001年，受理各类民事行政咨询案件20件，不服人民法院判决、裁定申诉案件11件，立案审查2件，提请民事案件抗诉2件，转其他机关处理3件，息诉6件，桂林市人民检察院支持抗诉7件，再审6件改判5件，抗诉总有效率为83.3%。2002年，民事行政检察部门加大民事行政宣传力度，拓宽民事行政监督途径，与国有资产管理部门联合查办国有资产流失专项案件。2003年，受理不服法院生效判决、裁定的民事、行政申诉案件9件，经审查，立案并提请抗诉2件，息诉5件，转其他机关2件，协助自侦部门查办国有资产流失案件1件，为国家挽回经济损失10余万元。2004年，受理不服法院生效判决、裁定的民事、行政申诉案件10件，经审查立案2件，提请抗诉1件，桂林市人民检察院指令出席再审法庭支持抗诉1件。

2005年，严格执行《人民检察院民事行政案件办案规则》，每立一案均及时向被申诉人发出举证通知书、申诉书副本，书面告知其权利、义务；依法做好撤诉、息诉工作。全年共接待群众来信来访55人次，受理不服法院生效判决、裁定的民事、行政申诉案件2件，立案审查并向市人民检察院提请抗诉2件。

1996—2005年，共受理公民不服法院民事、经济、行政判决申诉案75件，其中建议或提请抗诉30件，息诉18件。

第三章　法院

1989—2005年，共审结各类刑事案件1941件；受理各类民事案件8418件，审结8035件，结案率为95.45%；受理各类经济纠纷案件1075件，审结1052件，解决争议标的11444.77万元；受理各类行政诉讼案件177件，审结168件，审查并执行行政机关非诉申请执行案件348件；执行各类案件6154件，执行标的5122万余元；复查申诉案件23件，审结再审案11件。

第一节　机构

1989年，恭城县人民法院设办公室、人事科、纪检监察室、刑事审判庭、民事审判庭、经济审判庭、行政审判庭、告诉申诉庭、栗木人民法庭、嘉会人民法庭、西岭人民法庭、平安人民法庭、莲花人民法庭、三江人民法庭、栗桂矿区人民法庭共15个二层机构。1990年，恢复执行庭。1996年，撤销三江人民法庭，合并于莲花人民法庭，撤销人事科设立政工科，成立司法警察大队。1999年，撤销告诉申诉庭，成立立案庭、审判监督庭。2002年，撤销嘉会人民法庭、西岭人民法庭、平安人民法庭、栗桂矿区人民法庭，合并成立栗木人民法庭、莲花人民法庭，民事审判庭改为民事审判第一庭，经济审判庭改为民事审判第二庭，撤销纪检监察室；2003年，执行庭更名为执行局。2005年，恭城县人民法院设办公室、政工科、司法警察大队、刑事审判庭、民事审判第一庭、民事审判第二庭、行政审判庭、立案庭、审判监督庭、执行局、栗木人民法庭、莲花人民法庭共12个二层机构，有干警57人。

1989—2005年，历任院长：吴嗣炳、陈灵芝、黄振先、张金崑。

第二节　审判制度

1989—1990年，按照民事诉讼法的规定，民事审判重视法庭调查，推行当事人举证，强化审执结合，方便群众诉讼，维护当事人的合法权益。法院通过开展法律服务，送法上门，解答法律咨询，加大有关法律法规的宣传力度，促进行政机关依法行政，增强行政管理相对人的自我保护意识。经济审判工作坚持为改革发展提供优质服务的指导思想，不断改革审判方式，主动上门为企业提供法律服务，帮助企业审查合同，提供法律咨询，及时解决各种经济纠纷矛盾，努力为全县的改革发展营造良好的法制环境和投资环境。行政审判通过对行政案件的审理，依法支持行政机关依法行政，依法保护行政管理相对人的合法权益，对于行政机关作出的合法具体行政行为予以维护，对于不合法的具体行政行为予以撤销。

1991 年,《中华人民共和国民事诉讼法》公布实施，民事审判的举证，由被告人当庭举证，从程序上杜绝暗箱操作，节约诉讼成本和资源，有利于实现司法公正。1994 年，推行当庭举证质证，当庭分清责任是非，及时作出裁判。1999 年，民事审判进一步强化“谁主张，谁举证”，当庭举证、质证、认证、公开辩论、强化庭审功能、主审法官职责和合议庭职责。实行“立案、审判、执行”分离，强化监督职能，法院的审判业务统一由立案庭审查立案，移交相应的业务庭审理，执行案件由执行庭为主执行。刑事审判（县人民法院主要管辖判处有期徒刑及以下刑罚的普通刑事公诉和自诉案件），严格按照新颁布的《中华人民共和国刑法》和《中华人民共和国刑事诉讼法》的规定，推行刑事审判方式改革，由审问式改为由法官主导的控辩式审判，进一步体现法院刑事审判的公正性。刑事审判注重“严打整治”，根据辖区实际，开展专项整治斗争；选择典型案件适时召开宣判会，提高刑事审判的法律效果和社会效果。

进入 21 世纪，围绕“公正与效率”法院新世纪工作主题，民事审判强化当事人举证责任、庭前证据交换的证据改革制度，注重调解，缩短办案周期，快审快结。2005 年，在未设法庭的观音、西岭、嘉会、三江等乡设立巡回办案点，方便群众诉讼，提高办案效率。

刑事审判

1989—2005 年，县人民法院共审结各类刑事案件 1941 件。其中盗窃案件 686 件，占 35.34%，为刑事案件之首；故意伤害案件 438 件，占 22.57%；强奸案件 177 件，占 9.12%；抢劫案件 115 件，占 5.92%；贪污受贿案件 44 件，占 2.27%，其余为诈骗、敲诈勒索、交通肇事、赌博、贩卖毒品等案件。

1989—2005 年恭城瑶族自治县人民法院刑事案件收结案情况一览表

表 13-5　　单位：件

年份	总数		盗窃案件		故意伤害案件		强奸案件		抢劫案件		贪污受贿案件		其他案件	
	收	结	收	结	收	结	收	结	收	结	收	结	收	结
1989	120	120	60	60	11	11	22	22	5	5	1	1	21	21
1990	129	129	56	56	9	9	13	13	6	6	5	5	40	40
1991	158	158	73	73	16	16	14	14	4	4	5	5	46	46
1992	81	81	32	32	12	12	13	13	1	1	2	2	21	21
1993	59	59	30	30	6	6	6	6	1	1	0	0	16	16
1994	74	74	42	42	8	8	6	6	4	4	1	1	13	13
1995	87	87	38	38	10	10	11	11	4	4	2	2	22	22
1996	68	68	15	15	19	19	10	10	2	2	2	2	20	20
1997	83	83	26	26	25	25	5	5	4	4	0	0	23	23
1998	94	94	32	32	25	25	10	10	6	6	3	3	18	18
1999	109	109	38	38	40	40	4	4	5	5	4	4	18	18
2000	125	125	22	22	42	42	13	13	11	11	4	4	33	33
2001	154	154	37	37	49	49	13	13	6	6	1	1	48	48
2002	201	201	61	61	60	60	10	10	9	9	1	1	60	60
2003	126	126	40	40	29	29	10	10	12	12	1	1	34	34
2004	129	129	37	37	26	26	7	7	19	19	6	6	34	34
2005	144	144	47	47	51	51	10	10	16	16	6	6	14	14
合计	1941	1941	686	686	438	438	177	177	115	115	44	44	481	481

民事审判

1989—2005年，县人民法院共受理各类民事案件8418件，审结8035件，结案率为95.45%。在审结的民事案件中，离婚案件2227件，占26.46%，为各类民事案件之首；赔偿案件833件，占9.9%；赡养抚养案件208件，占2.47%。

1989—2005年恭城瑶族自治县人民法院民事案件收结案情况一览表

表13-6

单位：件

年份	总数		离婚案件		赔偿案件		赡养案件		其他案件		其中：人民法庭收结	
	收	结	收	结	收	结	收	结	收	结	收	结
1989	372	369	124	124	83	83	16	16	149	146	237	235
1990	535	525	159	159	72	69	11	11	293	286	235	230
1991	515	501	122	122	45	42	12	12	336	325	230	225
1992	478	467	153	153	40	37	15	15	270	262	285	282
1993	376	369	149	149	41	41	12	12	174	167	277	272
1994	391	364	149	149	65	62	11	11	166	142	284	258
1995	784	756	120	120	60	56	13	13	591	567	596	591
1996	667	644	103	103	60	55	13	13	491	473	346	338
1997	625	610	138	138	41	37	21	21	425	414	356	349
1998	598	590	120	120	70	68	11	11	397	391	390	375
1999	327	301	142	142	32	32	12	12	141	115	384	377
2000	493	425	119	119	48	41	10	10	316	255	181	181
2001	482	452	132	132	39	36	12	12	299	272	290	281
2002	495	477	128	128	61	56	14	14	292	279	345	324
2003	481	475	123	123	70	66	6	6	282	280	260	252
2004	384	320	116	116	30	27	11	11	227	166	162	161
2005	415	390	130	130	25	25	8	8	252	227	155	154
合计	8418	8035	2227	2227	882	833	208	208	5101	4767	5013	4885

经济审判

1989—2005年，县人民法院共受理各类经济纠纷案件1075件，审结1044件，解决争议标的11444.77万元。在审结的经济案件中，借款合同纠纷案件526件，占50.38%；购销合同纠纷案件226件，占21.65%。人民法院依照法律政策的规定，积极、慎重、稳妥审理企业破产案件，支持帮助破产企业重组改制，妥善解决破产企业职工安置，避免破产企业职工上访，确保国有资金不流失，化解债务，维护债权人的合法权益。1999年，审结县糖厂破产案件；2003年，审结县罐头厂和县冶炼厂破产案件；2004年，审结恭城镇锌品厂破产案。

1989—2005年恭城瑶族自治县人民法院经济案件收结案情况一览表

表13-7 单位：件

年份	总数		借款合同纠纷案件		购销合同纠纷案件		其他经济纠纷案件	
	收	结	收	结	收	结	收	结
1989	52	49	13	12	23	21	16	16
1990	74	72	45	44	11	10	18	18
1991	75	74	38	38	12	12	25	24
1992	75	72	25	25	15	15	35	32
1993	51	50	14	14	17	17	20	19
1994	64	62	32	32	14	14	18	16
1995	38	38	15	15	8	8	15	15
1996	146	146	90	90	34	34	22	22
1997	88	87	29	29	23	23	36	35
1998	38	38	23	23	5	5	10	10
1999	114	109	95	94	13	12	6	3
2000	34	34	19	19	9	9	6	6
2001	43	39	18	17	12	12	13	10
2002	51	51	23	23	15	15	13	13
2003	40	37	12	12	8	7	20	18
2004	35	32	15	15	6	5	14	12
2005	57	54	25	24	7	7	25	23
合计	1075	1044	531	526	232	226	312	292

行政审判

1989年1月，设立行政审判庭，行使行政审判职能。1991年，始有受理的行政诉讼案件，同年受理6件，结案4件。至2005年，共受理各类行政诉讼案件177件（其中，山林土地160件、工商5件、税务4件、建设6件、环保2件），审结168件，审查并执行行政机关非诉申请执行案件348件。

第三节 执行

1990年，恭城县人民法院恢复执行庭；2003年，改为执行局，专门负责执行工作。对法院判处有期徒刑的犯罪分子，判决书一经生效即填发执行通知书，移送公安机关转送各地劳改场所强制劳动改造；对于民事案件的执行，只要当事人提出申请，经审查认为强制执行所依据的法律文书合法有理，均立案予以执行；对行政案件的执行，根据行政判决书、裁定书的内容和要求以及行政机关提出申请强制执行的非诉行政执行案件，经审查符合条件的组织力量执行。1999年后，“执行难”问题日渐突出，县人民法院成立执行工作领导小组，增强执行力量，改善装备，开展执行大突击活动，采取多种方式开展执行工作。1989—2005 年，共执行各类案件 6154 件，执行标的 5122 万余元。执行的案件以民事、刑事案件为主。民事执行主要有合同纠纷（包括民间借贷、买卖合同、土地承包合同、建筑工程承包合同等）、侵权纠纷、婚姻家庭纠纷，在民事类执行当中主要以合同纠纷为主。刑事执行除执行有期徒刑的刑事判决外，执行较多的为故意伤害案件。非诉行政案件的执行主要是土地违法和计生违法案件。

第四节 申诉复查

1989—1998 年，全县各类申诉案件、信访案件，均由告诉申诉庭受理、接待，县人民法院共处理来信 2714 件，接待来访 6456 人次，调处简易纠纷 511 起，共复查申诉案件 33 件，审结再审案件 3 件。1999 年，撤销告诉申诉庭，成立立案庭、审判监督庭。1999—2005 年，立案庭共处理来信 2356 件，接待来访 3524 人次，共复查申诉案件 23 件，审结再审案 11 件。

第四章　司法行政

1986—2005年，全县组织实施“一五”“二五”“三五”“四五”共4个五年普法规划，其中“一五”普法以“二法一条例”为主要内容；“二五”普法以宪法、专业法为重点；“三五”普法以基本法律及社会主义市场经济法律知识为主要内容；“四五”普法以法律法规、WTO相关法律知识为主要内容。恭城连续4次荣获自治区“普法先进县”称号，其中“二五”普法活动是当时桂林地区唯一的自治区先进县。共办理国内民事公证3万多件；承办刑事辩护案867件，民事、经济、行政诉讼代理1064件；调解纠纷16292件，使矛盾和纠纷化解于基层。

第一节　机构

1982年，恢复重建恭城县司法局。1990年，更名为恭城瑶族自治县司法局，下设秘书股、基层工作股、法制宣传股、公证处、律师事务所。2002年，全县机构改革后，乡镇司法所统一收归县管，作为县司法局的派出机构，全局定编34人。秘书股改称人秘股；恭城律师事务所更名为茶城律师事务所，实行自收自支；增设公证律师管理股。2004年3月，增设法律援助中心。

1989—2005年，历任局长：王继高、余华章、李立新。

第二节　法制宣传教育

1986—2005年，全县组织实施“一五”“二五”“三五”“四五”共4个五年普法规划，普法对象为工人、农民、知识分子、干部、学生、军人以及其他劳动者和城镇居民中一切有接受教育能力的公民。主要通过报告会、法制课、法制电影、文艺下乡及征订印发普法资料等多种形式，组织开展宣传月、宣传周、宣传日活动，不断加大法制宣传教育力度，完成4个五年普法规划任务，连续4次荣获“全区普法先进县”荣誉称号。

1986—1990年，“一五”普法教育内容为《中华人民共和国宪法》《中华人民共和国刑法》《中华人民共和国刑事诉讼法》《中华人民共和国民事诉讼法（试行）》《中华人民共和国婚姻法》《中华人民共和国继承法》《中华人民共和国经济合同法》《中华人民共和国兵役法》《中华人民共和国民族区域自治法》《中华人民共和国森林法》《中华人民共和国治安管理处罚条例》“十法一条例”，5725人取得普法合格证，占全县干部总数的99%。下发普法读本10000册，宣传资料86474份，制作法制宣传专栏60期、法制简报16期2100份，印发《中华人民共和国行政诉讼法》《中华人民共和国游行示威法》“两法”资料 11550 册。1989 年，教育部门征订《捍卫宪法和法律尊严》普法书 5000 本，全县 182 个单位的 3032 名干部职工参加“两法”统考，及格率为 100%，并在全县开展执法大检查。1990 年，全县 118438 名普法对象有 104150 人参加普法面授，参学率为 87.94%；47716 户农户有 45771 户参加普法考试，及格 44280 户，及格率达到 96.74%。

1991—1995 年，“二五”普法教育内容以《中华人民共和国宪法》《中华人民共和国宪法修正案》为核心，涉及《全国人大常委会关于加强社会治安综合治理的决定》《中华人民共和国民事诉讼法》《中华人民共和国土地法》《中华人民共和国税法》《中华人民共和国计生法》《中华人民共和国国家安全法》《中华人民共和国保密法》《中华人民共和国选举法》《中华人民共和国地方各级人民代表大会和地方人民政府组织法》等 35 部法律法规及政策宣传，开展《社会主义法制建设若干问题讲话》《宪法讲话》《中华人民共和国民族区域自治法》专题学习活动，组织《行政监察条例》的学习和考试。1991 年，征订普法教材 1800 册，1441 人参加第一单元考试，平均 91 分。1992 年，印发《恭城普法》14 期、3000 多份，3553 名干部参加第二单元考试，平均 90 分。1993 年，党政机关、事业单位 4724 人、企业单位 3266 人，41117 户个体工商户有 29193 户参加考试，平均 90 分。1994 年，举办专业法学习班 83 期、28300 人次，机关、企事业单位参考率 97.4%、及格率 100%，农户参考率 70.5%、及格率 82%，在 148 所中小学校开展《中华人民共和国宪法》《中华人民共和国刑法》《中华人民共和国治安处罚条例》学习，发行“两法一例”读本 1000 册，师生共 31000 人受到教育。1995 年，党政机关、事业单位 4966 人，参学参考 4792 人。

1996—2000 年，“三五”普法教育内容为《中华人民共和国行政处罚法》《中华人民共和国刑事诉讼法》《中华人民共和国香港基本法》《中华人民共和国税法》《中华人民共和国农业法》《中华人民共和国水法》《中华人民共和国消防法》《中华人民共和国药品管理法》《中华人民共和国价格法》《中华人民共和国民族区域自治法》《中华人民共和国档案法》《中华人民共和国律师法》《中华人民共和国统计法》《中华人民共和国国防法》《中华人民共和国宪法修正案》《中华人民共和国义务教育法》《中华人民共和国土地管理法》《中华人民共和国烟草专卖法》《中华人民共和国传染病防治法》《中华人民共和国城市规划法》《中华人民共和国刑法修正案》《中华人民共和国预防未成年人犯罪法》《中华人民共和国行政复议法》《中华人民共和国国家安全法》《中华人民共和国国家安全法实施细则》《中华人民共和国招标投标法》《中华人民共和国会计法》《中华人民共和国气象法》《中华人民共和国人民防空法》《中华人民共和国献血法》等法律法规。1996 年，组织征订普法读本 2885 册，组织干部 4009 人、企业职工 3408 人、居民 2009 人、农民 83079 人参加普法考试。1997 年，举办法律培训班 278 期参培人员 6519 人，征订普法教材 6000 册，组织全县干部职工、居民、农民 123495 人参加普法考试，指导自然村依法规范《村规民约》。1998 年，组织全县干部职工、个体工商户、外来务工人员 3100 人学法，并全部参加考试；组织全县 8000 多名干部职工参加全区法律知识竞赛和土地法知识竞赛以及普法考试。1999 年，组织全县干部职工学法、考试，参考率、合格率均达到 96%。2000 年，“三五”检查普法验收年，组织全县干部职工学法、考试、参考率、合格率均达到 95%。

2001—2005 年，“四五”普法教育内容为《中华人民共和国宪法修正案》《中华人民共和国刑法修正案》《中华人民共和国反分裂国家法》《中华人民共和国行政许可法》《中华人民共和国行政诉讼法》《中华人民共和国行政复议法》《中华人民共和国行政处罚法》《中华人民共和国行政监察法》《中华人民共和国国家赔偿法》《中华人民共和国水污染防治法》《中华人民共和国人口与计划生育法》《中华人民共和国政府采购法》《中华人民共和国安全生产法》《中华人民共和国交通安全法》《中华人民共和国土地法》《中华人民共和国水法》等法律法规以及 WTO 相关法律知识。2001 年，举办电视讲座 3 次，普法培训班 14 期，制作墙报、专栏 2015 期，普法下乡 9 场次，印发普法资料 26000 份，建立永久性宣传栏 368 个。2002—2003 年，重点开展农村普法“十个一”系列活动，即每年开展一次送法下乡，法进农家活动；编发一本农民普法读本；每个机关建立一个农村普法联系点；每个行政村建立一所农民法制教育学校；每个行政村建立一支法制宣传队伍；每个自然村设立一个法制宣传栏；每个自然村设立一处永久性法制宣传标语；每个自然村至少设立一个学法中心户；乡镇每年组织开展一次农村法制宣传教育活动；以乡镇为单位，每年进行一次遵纪守法光荣户评选。两年共有68个行政村落实普法“十个一”。2004年，组织应参学普法对象共168590人参学，参学率100%，参考116000人，及格率100%。举办领导干部法制讲座14次（其中，处级6次、科级8次），培训班36期，参加培训6820余人。在中小学校上法制课80场次，制作专栏80期，出动宣传车48辆次，印发资料116800份。建立“十个一”示范户110个、学法中心户21610户、村法制学校122所。2005年，组织全县机关、企事业单位干部职工普法考试，参考率、优秀率均达到95%以上。

第三节　公证事务

县公证处主要业务是开展国内民事、经济公证。1989—2005年，共办理国内民事公证3万多件，主要涉及遗嘱、赠与、房屋买卖、继承权、宅基地使用权、离婚协议、提存、委托、亲属关系证明及证据保全等；经济公证近2万件，主要包括招标投标、土地及果园承包等公证事项。为拓展业务，开设养征合同、贷款抵押担保合同批量公证，1992—2004年，共办理贷款抵押担保合同公证1000多件。

第四节　律师事务

1989年，县律师事务所有执业律师2人；2005年，有执业律师5人。1989—2005年，共承办刑事辩护案867件，民事、经济、行政诉讼代理1064件。担任法律顾问30家，代写法律文书1100件，解答法律咨询15680次。

2004年以前，恭城县未开展法律援助工作。2002年12月、2003年9月，《广西壮族自治区法律援助条例》《中华人民共和国法律援助条例》相继颁布实施。2004年，县法律援助中心成立，为司法局内设股室，定编2人由司法局在已有编制中调剂使用。是年，办理法律援助案件12件，其中刑事案10件、民事案2件；办理公证援助4件。2005年，相继在全县9个乡镇建立法律援助工作站。是年，共为老年人、残疾人及未成年人等符合条件的弱势群体办理援助案件16件，其中刑事案5件、民事案11件；办理公证援助5件；提供法律咨询124件。

第五节　纠纷调处　人民调解

纠纷调处

2002年前，调解处理土地山林水利纠纷办公室挂靠司法局，工作范围主要为调处应由政府处理的土地、山林、水利“三大纠纷”。2002年1月，调解处理土地山林水利纠纷办公室在县政府办公室挂牌。2002年12月，依据《广西壮族自治区土地山林水利权属纠纷调解处理条例》规定，职能转变为组织协调、督促指导权属纠纷调处工作，定编4人。

1989—2005年，全县共发生“三大纠纷”案件1564件，调结1503件，调结率为96.1%。其中，山林纠纷1126件，调结1088件；土地纠纷369件，调结346件；水利纠纷69件，调结69件。自

1989 年与湖南省江永县调结 12 件省际边界纠纷后，通过开展两县团结互助，友好联谊活动，维护两县边民的团结和社会稳定，实现与江永县连续 17 年 79 公里省际边界线无纠纷。

人民调解

村级人民调解委员会主要调解各村发生的民间纠纷，对一些重大纠纷、疑难纠纷或个人与个人、个人与集体的山林、土地、水利“三大纠纷”，通过调解难以解决的，将案件移交到司法所（1996 年，司法办改建司法所）或乡镇人民调解委员会（2002 年 11 月以后成立）依法调处。

通过乡镇、村两级人民调解委员会网络建设，进一步加强人民调解工作，及时预防和化解大量的矛盾纠纷，发挥人民调解在维护社会稳定的“第一道防线”作用。并且通过人民调解这种特殊的形式进行法制宣传，全县民间纠纷呈现逐步减少，调解成功率呈逐步上升的趋势。1989 年，全县建有村级人民调解委员会 124 个，每个委员会设 3～7 名委员，全县共有 619 名委员。2005 年，全县共有 124 个村级人民调解委员会，共 686 名委员。1989—2005 年，共调解纠纷 61292 件，其中婚姻家庭纠纷 18694 件，邻里纠纷 15752 件，房屋宅基地纠纷 5516 件，合同纠纷 2268 件，生产经营纠纷 2207 件，损害赔偿纠纷 1961 件，劳动争议纠纷 613 件，村务管理纠纷 368 件，山林土地纠纷 5945 件，征地纠纷 858 件，环境保护纠纷 184 件，道路交通事故纠纷 1226 件，医疗纠纷 31 件，其他纠纷 5669 件。

第五章　国防

1989—2005年，恭城县的国防建设始终坚持地方党委和军事系统的双重领导制度，根据国内外形势的变化和要求，整编民兵预备役队伍，加强民兵的军事与政治训练，使之成为恭城县一支强大的突击力量，在地方经济建设和各项抢险救灾中发挥其独特的力量。广泛开展国防动员与教育活动，提高全县干部职工、群众、预备役人员以及学生的国防意识，适龄青年踊跃报名参军，全县共有1600多名青年将青春奉献给了国防事业。

第一节　驻军

驻恭城的军事机构有中国人民解放军恭城瑶族自治县人民武装部，中国人民武装警察部队恭城县中队以及恭城县消防大队。

县人民武装部

1986年6月，恭城县人民武装部改归地方建制，为副县级，仍受桂林军分区（1992年，改属桂林警备区）和中共恭城县委、县人民政府双重领导，内设办公室、军事科、政工科。1991年4月，增设基地管理科，1996年4月被撤销。1996年4月1日，恭城县人民武装部收归军队建制，改称中国人民解放军恭城瑶族自治县人民武装部，为正团级单位，受桂林警备区和中共恭城瑶族自治县委、人民政府双重领导，下设军事科、政工科、后勤科，至2005年不变。县人民武装部作为在恭城设立的军事领导指挥机关，坚持党管武装的原则，贯彻落实集体领导下的首长分工责任制、县委书记兼任县人民武装部党委第一书记的制度，加强自身建设，在民兵预备役建设、兵役登记、兵员征集、国防动员以及地方三个文明建设中发挥重要作用。1994年，被自治区党委、人民政府授予“1994年抗洪救灾先进单位”称号。1995—1996年，连续两年获桂林警备区“优秀人武部”称号。

1989—2005年恭城瑶族自治县人民武装部主要军事领导人一览表

表13-8

职务	姓名	籍贯	任职时间
部长	潘先觉	广西荔浦县	1986.5—1995.5
	林富昌	河南南阳市	1996.4—1999.5
	刘陶文	湖南新化县	1999.5—2000.4
	何韬佑	湖南江永县	2000.4—2003.3

续表 13-8

职务	姓名	籍贯	任职时间
部长	陶芝杰	广西钦州市	2003.3—
政治委员	唐代华	广西恭城县	1986.2—1996.3
	刘永安	湖南涟源市	1996.4—2000.4
	唐汝盛	湖南靖县	2000.5—2002.4
	李凤元	河北唐山市	2002.4—2004.3
	胡星宏	湖南桂阳县	2004.3—

图 13-5　1986 年 6 月，县人武部改归地方建制交接签字仪式（县人武部提供）

党管武装工作　党管武装，是中国共产党和人民解放军的光荣传统。1953 年 5 月，成立恭城县人民武装委员会，由县委、县政府、武装部领导和组织、宣传、公安、计委、农委、财政、民政、教育、卫生、工会、青年及妇女等部门的领导组成。县委书记任人民武装委员会主任，县长、县人武部部长任副主任。1997 年 6 月，县人民武装委员会改设第一主任、主任，分别由县委书记、县长兼任。1999 年 6 月，调整县武委会、县国防动员委员会成员和机构，与县人民武装委员会实行一个机构、两块牌子，会议合并召开，进一步加强中国共产党对人武工作的领导。在建立党管武装的同时，县人武部 1 名主要领导参加县委常委，1 名主要领导参加县人民政府常务办公会议，把人民武装工作与地方党政工作更紧密地结合起来。

按照双重领导制度的要求，县委书记和县长每季度到县人武部办公 1 次，以便及时解决一些具体问题。1995 年，在现场办公会上，县委书记、县长了解到民兵军事训练经费难统筹的问题，即很快由自治县委、人民政府下发《关于统筹民兵军事训练经费和实行集中统一管理使用的规定》，作出民兵军事训练经费进行统筹的规定。1999 年，开始实行由桂林警备区党委组织的县人武部党委第一书记（由县委书记兼任）进行党管武装工作书面述职。至 2005 年，恭城瑶族自治县委、人民政府按照国防建设与经济建设协调发展的要求，加大对武装工作的投入，先后将民兵训练费、兵员征集费等经费列入财政预算。其中，1999—2004 年，拨款 34.4 万元用于县人武部基础设施建设，加强综合办公楼硬件、软件建设；1999—2005 年，下拨民兵训练经费 84 万元，保证民兵军事训练的顺利开展。

正规化建设　1990 年，新的共同条令颁布后，在广西军区的统一部署下，县人武部安排 10 天时间学条令、讲条令、用条令，全体干部职工普遍达到“四个一遍”（自学一遍、听宣讲一遍、受考核一遍、对照检查一遍）的要求。同时，在学习条令中边学边改，突出抓职责、制度、纪律作风的落实，促进新条令的落实，机关作风纪律进一步得到改善，正规化建设有明显进步。1994 年，县人武部被评为恭城县 10 个政绩管理先进单位之一，民兵训练基地被评为县花园式单位。1998 年，桂林警备区制定《1998 年正规化建设若干规定》，县人武部党委严格按照条令条例加强正规化管理。在人员管理上，坚持一日生活制度化，落实请示报告制度、学习办公制度、值班交接制度、干部住库以及八小时外的跟踪管理机制；在车辆管理上，建立车辆管理制度，实行专人专车、出车审批登记；在武器库管理上，坚持干部住库制度、看管人员警卫制度，节假日实行科以上领导住库值班；在经费管理上，坚持党委集体理财，严格审批，定期组织人员清账、监控，严肃财经纪律。同时争取资金改善办公设施，使人武部形成办公区、生活区、训练基地区“三分开”的布局。2002年，按照桂林警备区《关于进一步加强管理确保部队安全稳定和加强新条令学习的通知》，县人武部组织干部职工对新条令进行学习，领会新条令的精神实质，把新条令贯彻到一切工作中、一日生活中，把条令规定转化为全体人员的自觉行动。2005年，以纪律建设为核心，开展争创“五无”（无事故、无案件、无军民纠纷、无严重违纪违规、无泄密）先进单位活动，进一步健全各种安全责任制度，加强人、车、物的管理。同年，被桂林警备区授予“安全工作达标单位”称号。

武警部队

武警恭城县中队 中国人民武装警察部队恭城县中队的前身，为建于1950年11月的恭城县公安中队。1955年，改为恭城县人民武装警察中队；1983年，改为中国人民武装警察部队恭城县中队，隶属于桂林地区武警支队和恭城县公安局。1998年，武警恭城县中队改隶桂林市武警第二支队。2005年5月，隶属于武警桂林市支队建制。

武警恭城县中队组建后至2005年，自始至终从严治军，坚持把思想政治建设摆在首位，用中国共产党的创新军事理论武装官兵，持续开展“永远做党和人民的忠诚卫士”主题教育，做好经常性思想工作，确保官兵思想上行动上与中共中央保持高度统一。紧贴使命任务和中心工作，以《军队基层建设纲要》为依据，严格按照《军事训练与考核大纲》开展军事训练，坚持正规执勤、从严治勤、科技强勤，大力治理执勤隐患，严格执行执勤纪律，牢固树立安全发展理念，圆满完成自治县看守所的外围武装警戒以及驻地处突、执勤任务，1987年至2005年无执勤事故。1994—1995年，武警恭城县中队两次被武警广西总队授予集体三等功，1994年、1995年、2002年、2003年、2004年、2005年，6次被武警广西总队授予“基层建设先进中队”荣誉称号；2004年，士官赵小可获武警广西总队二等功表彰。在1992年度、1995年度桂林地区武警支队举办的军事竞赛中，武警恭城县中队分别获团体总分第三名、5千米越野第一名。先后被桂林地区武警支队（桂林市武警第二支队）评为1992年度、1993年度、2003年度“安全无事故先进单位”、2004年度安全管理“三无”单位、1995年度“训练先进中队”、2004年度“正规化执勤一级中队”。1994年，被广西壮族自治区公安厅授予“全区公安战线先进集体”称号。

图13-6 2005年，武警恭城县中队的警棍盾牌术训练（县人武部提供）

武警恭城县消防大队 中国人民武装警察部队恭城县消防大队的前身为建于1980年的县公安局消防股（1986年，改称消防科），受桂林地区消防支队和县公安局双重领导。1997年4月，消防科改为中国人民武装警察部队恭城县消防大队，隶属不变。1999年3月，武警桂林地区消防支队改称桂林市消防第二支队，恭城县消防大队为第二支队管辖。2004年5月，桂林市消防第二支队与第一支队合并组建中国人民解放军武装警察部队桂林市消防支队，恭城县消防大队隶属于武警桂林市消防支队。主要担负恭城县消防规划、消防法制建设、执勤灭火、抢险救灾，预防和处置毒气事件、化学品爆炸等特种灾害事故及突发事件等任务。

图13-7 2005年，武警县消防大队官兵对县直单位人员进行消防培训（县人武部提供）

武警恭城县消防大队始终保持“预防为主，防消结合”的消防工作方针，严格教育训练、规范管理，有效提高官兵的综合素质和队伍的整体战斗能力。特别是2000年后，从实战需要出发，以岗位为重点，坚持“贴近实战、贴近实际、贴近生活、贴近科学”的原则，开展体能练兵、实用练兵和科技练兵。加强消防宣传以及对宾馆、酒店、网吧、大型超市、市场、医院、学校及车站等重点监控单位监督管理，每年都开展“春季防火消防安全专项治理”“校园及校园周边地区消防安全专项治理”“易燃易爆场所消防安全专项治理”“网吧、游戏机室消防安全专项治理”“宾馆、饭店、休闲娱乐场所消防安全专项治理”，及时发现火灾隐患并督促整改，有效地防止火灾的发生。1989—2005年，全县无重大火灾发生。

第二节 兵役工作

兵役登记

兵役登记是加强后备力量建设，实现国防现代化的一项重大措施，凡当年12月31日以前年满18周岁的男性公民、退出现役的士兵及军官均要进行兵役登记。兵役登记制度的形成，为平时兵员征集、战时兵员动员和组织民兵配合部队作战，准备一个精确的兵员储备信息库。

适龄公民兵役登记 适龄公民兵役登记制度于1985年恢复，凡当年12月31日以前年满18周岁的男性公民均要进行兵役登记。每逢每年的兵役登记工作开始，县、乡镇、村和厂矿企事业单位均成立兵役登记领导小组，由县人民武装部军事科、乡镇专职武装干部和民兵干部负责登记工作。登记时设固定登记站和流动登记组进行兵役登记，农村青年由流动登记组工作人员登门登记，城镇街道社会青年到户口所在地的居委会登记，企事业单位按系统登记，适龄学生由户口所在地登记。为给是年征兵做好准备，经过登记的适龄公民，由乡镇、厂矿企事业等基层单位依据《中华人民共和国兵役法》和《中华人民共和国征兵工作条例》进行初审，确定应服兵役（含应征和缓征）、免服兵役和不得服兵役的人员，并报县人民武装部批准，从应服兵役的青年中挑选条件较好的作为当年征集对象。1989—2005年，全县适龄公民兵役登记应登记39017人次，实登记38501人次。

1989—2005年恭城瑶族自治县适龄公民兵役登记情况表

表13-9 单位：人

年度	总数	其中				实登记数
		应征公民	缓征公民	免服兵役	不得征集	
1989	2418	2154	242	15	7	2396
1990	2110	1876	205	13	16	2081
1991	2059	1856	182	11	10	2038
1992	1992	1759	195	20	18	1954
1993	1975	1750	186	25	14	1908
1994	2134	1811	208	71	44	2019
1995	1986	1735	176	46	29	1986
1996	1869	1615	197	34	23	1869
1997	1953	1755	143	21	34	1953
1998	2034	1833	144	23	34	1977
1999	2271	1989	217	35	30	2267
2000	2475	2137	288	17	33	2425
2001	2661	2300	258	53	50	2661
2002	2805	2516	211	38	40	2805
2003	2775	2461	233	46	35	2775
2004	2774	2459	202	64	49	2661
2005	2726	2364	308	30	24	2726

预备役登记　退伍军人预备役登记。1984年，恢复预备役登记，同年对在部队服役满1年以上的35周岁以下的男性退伍军人进行预备役登记。至1995年，退伍军人预备役登记累计1114人，其中普通兵占56.3%、各类专业技术兵占43.7%。2005年年底，退伍军人预备役登记中，普通兵占68.3%、各类专业技术兵占31.7%。

预备役军官登记。1992年，恢复登记，同年对1988年9月1日以后转业到地方工作的干部调查审核，全县有2名退役人员符合转服军官预备役。2005年年底，全县符合转服军官预备役条件共26人，其中团级1人、营级14人、连级9人、技术级2人。

兵员征集

依照《中华人民共和国兵役法》实行义务兵役制，依法服兵役是每一个公民应尽的义务。1989—2005年，全县共有1600多名适龄青年参加中国人民解放军和中国人民武装警察部队。

领导机构　1989—2005年，每年兵员征集期间，均成立县征兵领导小组，组长由县长担任，副组长由1名分管兵役工作的副县长、县人武部的部长、政委担任，领导小组成员为县人民武装部的副职领导，县委宣传、组织部门，政府公安、民政、卫生、交通部门，以及工会、青年团、妇联等部门的主要负责人。征兵领导小组下设征兵办公室于县人民武装部军事科，下设体检组、政审组、宣传组、后勤组，具体办理征兵各项工作。乡（镇、公社）、村（大队）成立征兵领导小组，不设办公室，具体工作由专武干部和民兵营长、连长负责。

宣传动员　1989—2005年，每年征兵工作期间，县及乡镇充分利用有线广播、电影、电视、山歌会、墙报、标语、出动宣传车对群众和广大青年进行宣传教育，同时向外出务工的适龄青年发出信函，动员其回乡报名应征。每年全县适龄青年报名应征率都达93%以上，预征对象报名率则在98%以上。一般采用墙报、板报、专栏、标语、电视、电影、广播、宣传车、晚会及信函等方式，对广大群众和青年进行宣传教育，动员适龄青年报名应征。如1990年征兵期间，放电影18场次、写标语3753张，出墙报113期，适龄青年4447人，报名4145人，报名率达93.2%。2000年，县有线电视台开办《征兵花絮》栏目，印发征兵宣传资料36000份，发函（电报）给外出的适龄青年800多人次，张贴大小标语16000余条，图片2300余张，幻灯宣传36场，办黑板报、橱窗宣传栏287期，全县5763名应征青年有5461名报名，报名率达94.8%，其中高中以上文化的青年有1051人，占适龄高中生92.3%；575名预征对象报名100%。

体检　征兵工作开始前，由县征兵办公室统一抽调医务人员进行培训，掌握体检标准和检查方法。1991年，执行国防部1991年9月颁发的《应征公民体格检查标准》。同年起，征集男性兵员，身高由160厘米提高到162厘米以上，体重由47.5千克提高到50千克以上；女性兵员身高由155厘米提高到158厘米以上。体检的项目主要是身高、体重的测量和外科、内科、眼科、口腔科、妇科的常规检查，实行单科淘汰。常规检查合格者，进行肝功能项目检查和尿检。1995年，开始实行封闭式规范化体检，将各乡（镇）经初选合格的应征青年由专武干部带队集中于县体检站进行总检。同时设立检场设施组、医疗器械组、检场警戒组、后勤保障组，由公安人员维持秩序、武警人员站岗，严禁无关人员进入体检场。体检时，先对体检青年验证编组，再由县人武部干部将受检青年和体检表按组送给体检医生。2003年，执行国防部新颁发的《应征公民体格检查标准》，并增加血尿常规检查和心电图检查。2004年，增加艾滋病和吸毒项目检查。至2005年，由于总检均采取统一规范体检站、统一体检程序、统一体检方法，场地管理封闭、人员管理封闭的方法，恭城送往部队的新兵无一例因身体不合格的原因退兵。

图13-8　2000年，欢送新兵入伍（县人武部提供）

政审　征兵体检结束后，即对体检合格的应征青年进行政审。政审的重点放在基层，由公安部门负责调查应征青年的现实表现，教育部门则把好应征青年的学历关。在政审中普遍进行“五访”（访学校、访派出所、访干部、访知情人、访家长）、“五查”（查年龄、查学历、查户口、查现实表现、查家长和主要亲属的政治态度），由村（街道）负责初审，乡镇负责复审，县征兵办公室总审。1989年，实行新的征集兵员政治条件，在政审中首次采取横向复审的政审办法，先由政审人员对体检合格青年进行“五访”“五查”，再经县、乡、村三级领导共同审定后，将政审合格总人员名单下发到各乡镇进行横向复审。同年，全县政审162名，经横向复审后，共审查出不合格人员32名。20世纪90年代后，应征青年外出流动性大，在政审中，各级政审工作组认真贯彻《政审十条补充规定》，采取多渠道、多方位的内查外调，联审和复查等办法，弄清应征青年的现实表现，确保兵员的政治素质。至1999年，村、乡镇、县三级纵向审查和跨单位、区域、行业横向交叉联审制度已日趋完善，普查关、推荐关、联审关等“三关”制度保证双合格兵员的各项素质。至2005年，纵向审查与横向交叉联审制度一直沿用不变。

定兵　在掌握双合格青年情况的基础上，召开有征兵领导小组、接兵部队、政审体检负责人和乡（镇）领导参加的定兵会，对体检、政审合格的对象进行综合衡量，择优定兵。

恭城应征入伍的适龄青年，文化素质及政治素质逐年提高。据统计，1989—2005年，1994年新兵中高中生所占比例首次突破40%，2000年新兵中的高中生比例达到48.2%。1991年新兵中的团员占34%，1997年新兵中的党（团）员占37.5%，最高为2000年的54.6%。

第三节　民兵预备役

20世纪80年代初，民兵组织由原分编的普通民兵、基干民兵、武装基干民兵改编为普通民兵、基干民兵。1990年，组建民兵应急分队。90年代末，在一年一度的民兵整组中，重点进行基干民兵、应急分队、专业技术分队和民兵情报站的组建与调整。经多年的精简，2005年普通民兵占全县总人口的11.94%、基干民兵占全县总人口的0.82%。民兵预备役人员，积极参加一年一度的军政训练，并在社会主义三个文明建设中发挥着重要的作用。

组织建设

20世纪90年代初，民兵编组根据“两适应”“三便于”（与生产、行政组织相适应，与预备役制度、战时兵员动员相适应；以便于领导、便于活动、便于执行任务和战时兵员动员）的原则，普通民兵以行政村编民兵营，以村民小组或自然村编民兵排，县直单位、栗木锡矿各编1个营，以企业为单位编排；基干民兵以乡（镇）为单位编营（连）；民兵专业技术分队依据装备、地方与军事专业对口分专业、系统编组。同时，各乡镇在原民兵护林扑火队的基础上组建民兵应急分队。至1999年，全县编普通民兵营117个、排1431个；基干民兵连11个、排30个、班117个；民兵应急分队连1个、独立排1个；民兵专业分队编八二迫击炮、通信、侦察3个连，另在县、乡两级邮政、电信、运输、医院等部门组建卫生、邮电电信及交通运输排各2个。

2005年，全县编普通民兵营127个，普通民兵占全县总人口的11.94%。其中，转业退伍军人占民兵总人数的3.98%；基干民兵连28个、排6个，基干民兵占全县总人口的0.82%；应急分队连1个；专业（对口专业）技术分队编八二迫击炮、通信、侦察、电信、运输、通信、维修、交通、卫生共9个。

政治教育

民兵政治教育的主要内容有中国共产党的路线、方针、政策的教育，理想信念教育，遵纪守法教育，人民战争教育、形势战备教育、民兵性质和任务教育、革命英雄主义教育、爱国主义和国际主义教育、光荣传统教育等。20世纪90年代起，对民兵进行以坚持四项基本原则、邓小平理论和“三个代表”重要思想为主要内容的政治教育，引导民兵努力发展商品生产。开展国防教育，增强民兵预备役人员爱国拥军尚武的使命感。学习《中华人民共和国宪法》《中华人民共和国兵役法》，树立国防观念，激发广大青年民兵热爱祖国、保卫祖国的热情，自觉履行兵役义务，踊跃报名参军。

教育活动主要是通过各民兵营建立的“民兵之家”作一年4次的集中学习授课、年度民兵军事训练的政治教育课以及民兵整组来进行，另外还通过国防教育月、教育周、教育日以及立功创模活动来开展。民兵相对集中的单位，按照规定的内容，有组织、有计划地进行集中教育。除集中进行课堂教育之外，也采用一些辅助教育形式，如组织民兵参加刊授、函授等，利用广播、电视、知识竞赛、演讲、参观访问和文体活动等各种形式，对民兵进行教育。国防教育月在每年的征兵工作期间开展，利用广播、电视、演讲、文艺晚会、国防知识竞赛等形式，组织民兵学习和宣传《宪法》《兵役法》。国防教育周设在“八一”建军节和春节，组织民兵开展拥军优属、拥政爱民的光荣传统活动。教育的重点对象是民兵干部、基干民兵，基干民兵每年集中教育的时间不少于16个课时。1991年1月，新《民兵工作条例》颁布，县人武部印发学习提纲250份、《民兵工作条例》560册，发到各村民兵营、机关单位。同年5—6月，在全县进行《民兵工作条例》考试有奖竞赛，全县专武干部、村党支部书记、民兵营长及部分基干民兵共835人参加考试。1993年，各民兵营建有“民兵之家”，每个基干连有1～2名政治教育辅导员，每年对基干民兵集中学习授课4次。1994年，组织民兵学习《邓小平文选》，县人民武装部编写讲课提纲，分6课制成录音录像带在广播中播放，另打印成文字材料分发到各民兵班。同年在民兵军训中进行政治教育考试，平均分为85.6分、及格率95.8%。2000年后，针对民兵中普遍存在的“嫌麻烦、怕吃亏、不愿当民兵”的思想，结合民兵整组对民兵着重进行民兵性质任务、革命人生观教育，增强民兵预备役人员的国防意识。

图13-9 20世纪90年代，民兵训练中的读报活动（县人武部提供）

在对民兵进行的政治教育还与创先争优活动结合进行，并取得较大成绩。1990年，恭城镇门楼村基干民兵陈明清被广州军区授予“民兵学雷锋先进个人”荣誉称号，被桂林军分区追记三等功。1991年，莲花乡势江民兵营被中共桂林地委、行署、军分区授予“基层民兵预备役工作先进单位”荣誉称号。2002年，观音乡武装部、观音乡洋石村民兵营分别被桂林警备区表彰为“建设达标先进武装部”“建设达标先进民兵营（连）”，县民兵应急分队参加桂林市人民政府、桂林警备区组织的民兵点验及军事比武活动，获“野炊比赛优胜奖”。

军事训练

专武干部训练 1989年年底，全县辖2个镇、6个乡，设恭城镇、栗木镇、莲花乡、嘉会乡、平安乡、西岭乡、观音乡、三江乡共8个乡（镇）级人民武装部及县直人民武装部、栗木锡矿人民武装部。1990年1月，增设龙虎乡人民武装部。2005年年底，全县设11个基层人民武装部，配专职人民武装干部10人。

专职人武干部的训练，按照总参谋部《民兵军事训练大纲》的要求，专职武装干部训练每两年内完成60个训练日。训练中，一要学习军事基础理论；二要进行军事技术训练，熟悉民兵所配备的轻重武器装备性能和用途，学会使用2种步兵武器，掌握射击、投弹、爆破、利用地形地物等基本技术，懂得各专业分队、应急分队的任务和装备。通过训练，专武干部能组织基干民兵进行军事训练，能带领民兵连、专业分队、应急分队进行执勤和作战。1991年以后，县人武部每年在开展民兵整组和军事训练之前，均组织专职武装干部训练3～5天。而新任职的专武干部要在1年内完成军事理论、基本技能、动员工

图 13-10　20 世纪 90 年代，民兵应急分队进行防暴训练（县人武部提供）

作业务、组织指挥等训练内容，训练时间不少于 30 天。2005 年年底，在职专武干部已受培训的达 90%。

民兵干部训练　1991 年起，对新任职的基干民兵连（排）长在 1 年内完成《民兵军事训练大纲》规定的动员工作业务和组织指挥训练，时间 30 天，主要采取集训和随队训练的方法进行。1995 年 4 月下旬，举办全县民兵营长和县应急分队排长的集训，按照学以致用的原则，学习民兵预备役工作的程序和方法、征兵业务以及民兵基层软硬件建设。至 2005 年，42.4% 基干民兵排以上、99.6% 普通民兵连以上干部经过专业培训。

步兵分队训练　1988 年，开始实行军事、政治、民用技术一体化训练，训练时间 35 天，其中军事训练 20 天，政治学习和民用技术培训时间 15 天。1989 年，举办 3 期军事训练，举行全县民兵实弹射击比赛。参加比赛的有 9 个乡、7 个县直单位和栗木锡矿共 17 个单位，莲花乡获第一名、观音乡第二名、恭城镇第三名。截至 1995 年，开办军政技一体化培训班共 9 期，参加培训民兵 1080 人，1068 人获得结业证书。

从 1999 年起至 2005 年，按照“训用一致、突出重点、分类施训、注重实效”的原则，对基干民兵进行共同条令、军事常识、射击、投弹及单兵战术等训练。

应急分队训练　1990 年 4 月，组建民兵应急分队。同年，分 3 期进行军事训练，训练的内容为队列、射击、投弹、战术、战斗勤务、轻武器、捕获、捆绑、警戒、通信联络等科目。至 1998 年，对民兵应急分队重点进行整体作战和应付突发情况应用性训练，及格率均在 90% 以上。

1999 年，全县民兵应急分队改编为 1 个连及 1 个独立排。同年 9 月训练后，经考核，八二迫击炮用收炮和装定改装及格率 92%，防暴、擒拿、军体操及格率 96%。

2000—2005 年，按照新的《民兵军事训练大纲》训练民兵应急分队。每次训练都要经过严格的考核，队列、战术基础动作、盾牌操、警棍操成绩均达到良好以上，半自动步枪第一练习实弹射击、侦察专业擒拿、军体拳、八二迫击炮用收炮和装定改装及格率均在 90% 以上，通信被复线架设及格率 100%。

专业技术分队训练　从 1990 年起至 2005 年，根据战备需要，民兵专业技术分队只在县城、重点厂矿企业以及交通运输、医疗卫生等与军事专业对口的县、乡直单位编组及训练。训练的内容主要有侦察、八二（六〇）迫击炮用收和装定改装、四〇火箭筒，通信、医疗等对口技术分队则采取在职岗位训练。

第四节　国防动员与教育

国防动员

机构　1996 年 6 月 12 日，成立自治县国防动员委员会，领导全县的国防动员工作。1999 年 6 月，调整自治县武装委员会、国防动员委员会成员和机构，实行一个机构、两块牌子。历任县国防动员委员会负责人：第一主任为县委书记肖芳佐、粟增林、蒋洪、唐云舒，主任为县长杨程、唐云舒、奉海峰。

县国防动员委员会成立时，下设综合办公室、人民武装动员办公室、国民经济动员办公室。1999 年 5 月，增设交通战备办公室。2000 年 4 月，增设人民防空办公室。2005 年 5 月，增设政治动员办公室。各办公室各负其责，分别负责各方面动员潜力调查，编制全县兵员动员、国民经济动员、人民防空建设规划，拟定全县国防交通工作的规定及国防交通网布局规划等工作。

人民武装动员建设　1996 年，进行全县兵员动员潜力调查，对全县与军事专业对口 18 种地方技术人员共 2729 人进行登记统计，其中 28 周岁以下 1525 人、29～35 周岁共 1204 人。2003 年，对 2000 年以来全县退伍军人服预备役情况进行全面核对清理，纠正错登、漏登、重登现象，查清服预备役的普通兵和各类专业技术兵的数量、质量和分布情况，并进行分类建档，完善管理机制，为战时兵员动员打下基础。

1996 年，编制第一个《恭城瑶族自治县兵员动员方案》。1998 年，成立兵员动员工作领导小组，修订完善《恭城瑶族自治县战时兵员动员扩编方案》。至 2005 年，每年均在全县范围内采集数据，根据数据的变化对原有的兵员动员和战时扩编方案作修改、补充、完善。

政治动员建设　2005 年，对全县作一次详尽的政治动员潜力调查，并在调查的基础上，形成应急作战政治工作方案。

国民经济动员建设　1996 年，开展第一次全县经济动员潜力调查。经查，全县有粮库 30 栋，使用面积 6000 平方米，容量 12000 吨；燃料油仓库有 26 个油罐，容量 480 吨。

2002 年，开展以军事需求为目的的国民经济动员潜力调查，对工矿企业、粮油供给、油库、汽车机械、工程技术力量、医疗卫生机构及建筑施工等方面的综合情况进行调查，取得比较完整的原始资料：全县有矿业、建材、电力、农机（具）、食品、自来水等工业企业 29 家；粮库 8 处，总库容为 35500 吨；油库 6 处，贮存能力为 500 吨；县级医院 2 个，有医护人员 185 人；汽车修理厂 8 家，修理技术人员 125 人；民用运输车 28 辆；建筑施工企业 4 个，工程技术人员 201 人。至 2005 年年底，每年的年末都进行一次国民经济动员综合情况摸底调查，修订完善数据库资料。

交通战备动员　1996 年，全县民用车辆共 485 辆，其中客车 214 辆、载客量 3210 人，货车 271 辆、载货量 1084 吨；民用船舶（机动船）共 4 艘，载客量 200 人、载货量 35 吨。1999 年，制定《恭城瑶族自治县交通战备应急保障方案》，成立交通战备应急保障指挥部，下设办公室在县交通局。根据交通战备应急保障方案，将平乐—全州线、恭城—江永线、恭城—三江线、恭城—西岭线，燕岩大桥、茶江大桥、西河大桥、嘉会大桥等作为重点保障目标。在县交通局成立公路抢险组、陆上运输组、水上抢险组、后勤保障组。此后至 2005 年年底，每年均采集一次全县交通数据，更新完善交通战备应急保障方案。

国防教育

1989 年，县人民武装部、宣传部制定《关于在全县人民中进行国防教育的意见》，经县委批转下发各单位。“八一”建军节期间，县国防教育领导小组在全县范围开展一次国防知识有奖竞赛活动，参赛单位 63 个。1990 年，为推动全县国防教育的开展，8 月下旬县党校举办哲学读书班，安排 3 个国防教育课，对全县副科级以上领导干部 127 人进行国防教育讲课。同年 11 月，县教育局在全县中小学下发《关于在我县中小学开展国防教育工作的意见》，部署全县中小学国防教育活动。同年，利用广播、电视、简报进行国防教育，全年播放国防建设内容的电视录像 36 场次，编印、转发简报 860 份；组织参加桂林地区组织的“国防在我心中”的演讲比赛，恭城瑶族自治县获总分第四名。

1991 年春，在县人民武装部办公楼建成国防教育展览室，版面面积 32 平方米。内容有兵役制度沿革、兵役法、民兵积极参加两个文明建设等 11 个部分，共 11000 多字和 118 幅珍贵的历史照片、图表。1991 年，国防教育展览室接待参观学习的人员 20 多批、10000 多人次。同年，结合社会主义教育活动上国防教育课 243 课，城乡群众受教育面达 90% 以上。据统计，至 1992 年年初，国防教育展览室先后接待参观学习的民兵预备役人员、中小学师生和机关干部共 12000 多人次。此后，国防教育展览室作为向社会开放的国防教育基地，每年都迎来数以万计的参观人群。

1992 年起，全县中小学国防教育活动持续开展，通过举行爱国主义、革命英雄主义为题的报告会、故事会、演讲会、书法、歌咏、作文比赛以及每周的国旗升降活动，参观县国防教育展览室以及组织师生祭扫烈士墓、慰问军烈属等活动进行；初中以上学校每年在新生入学时由县人武部、驻武警部队组织进行 1 次军训教育，军训时间初中 3～5 天、高中 7～10 天。1995 年秋，在县第二中等职业技术学校增设军事预备役学校，面向全县招生，招生人数 100 人，学制三年。至 2005 年，共招收 11 届军事预备役学生。

图 13-11　1998 年，县直单位干部职工参观国防教育展览（县人武部提供）

全县范围的国防教育，主要是通过每年征兵期间的国防教育月、“八一”期间的国防教育周以及拥军优属活动来开展，充分利用广播、电视、墙报开办专题栏目，提高全民国防意识。另外，在自治区级爱国主义教育基地——恭城烈士陵园，开展缅怀烈士、继承先烈遗志活动。每年的清明节，自治县委、县人民政府都在烈士陵园举行祭扫烈士墓的大型活动，机关事业单位干部、企业职工以及各行各业的群众，学生、青年列队肃立，聆听离休老干部讲述新中国成立初期革命先辈为保卫恭城新生的人民政权浴血历战的英勇事迹。每逢“五四”青年节、“六一”儿童节，学校就组织师生到烈士陵园上革命传统教育课。每逢“七一”建党节，县直党委组织新党员到烈士陵园举行入党宣誓仪式。据统计，每年到烈士陵园受教育人数达 3 万人次以上。

第十四篇

人事　劳动

第一章　机构编制

1989—2005 年，全县机构和人员编制由县编制委员会（以下简称县编委）审批管理，县编制委员会主任由县长担任。机构的设置、变更，由县编委研究决定；编制人员的变动由县委常委 9 人小组决定。县编制委员会下设办公室（以下简称县编制办），对全县党政群机关的设置和职能配置、增编进人计划和人员实行台账式管理。凡是涉及职能调整、机构、编制及领导职数等，均需报县编制办审核后，提交县编委或中共恭城县委、县政府审批。

1989 年，全县县直党政群团工作机构共设 59 个（含公检法司），事业单位 67 个，总编制人员数 1754 名。其中，县委工作机构 8 个；县政府工作机构共 41 个委、办、局；县人大 1 个；县政协 1 个；人民检察院 1 个；人民法院 1 个；群众团体 6 个；乡镇级行政机构 9 个。1997 年、2001 年、2004 年，为了克服和改变党政机关职能配置不合理、部门之间职责不清、机构臃肿、人浮于事、效率低下等不良弊端，转变政府职能，恭城县先后 3 次开展机构改革，精兵简政。2005 年，全县县直党政群工作机构（含公检法司）共设 43 个，事业单位 175 个，总编制人员数 3636 名。其中县委工作机构 8 个；县政府工作机构共 26 个委、办、局；县人大工作机构 1 个；县政协工作机构 1 个；人民法院、人民检察院各 1 个；群众团体工作机构 5 个。乡镇级行政机构 9 个；事业单位 310 个。总编制数 2995 名。

第一节　机构

1956 年 12 月，成立县编制委员会。1956 年 2 月，县编委与县人事科（后改为县人事局）合署办公。1992 年 8 月，撤销恭城县编制委员会，成立恭城县机构编制委员会并设办公室，定编 3 名。1993 年 3 月，县人事局、劳动局、编制办、岗责办合并为县人事劳动编制局。1996 年 7 月，机构改革时，县编制办改为议事协调机构，与人事劳动局合署办公。2000 年 10 月，县编制办增挂事业单位登记管理局牌子。2001 年 12 月，县编制办改为常设办事机构，是县委和县人民政府的工作部门，内设综合股，编制 5 名，至 2005 年不变。

1989—2005 年，历任主任：林雨、彭爱琼、李萍。

第二节　行政机关和事业单位设置

党政群机关设置

1989 年年底，全县党政群工作机构设置 59 个（含公检法司），其中县委工作机构 8 个，县政府工作机构41个，按其他有关规定设置的机构10个（含人大1个、政协1个、群团机关6个、人民检察院1个及人民法院1个），乡镇级行政机构9个。

1990年3月，设立县委机要局，归口县委办公室；12月，成立残疾人联合会办公室，挂靠民政局。1991年4月，成立法制局，列为县人民政府工作部门；9月，成立技术监督局，列为县人民政府工作部门。1992年8月，成立旅游局，列为政府工作部门。1994年8月，县环境保护委员会办公室定为区（科）级单位，列为政府工作部门；9月，莲花乡改建制为镇。同年，按照中央国务院财税制度改革要求，县税务局分为县国家税务局、县地方税务局，国家税务局垂直中央国务院管理，地方税务局垂直自治区管理。1996年7月，为理顺党政关系，精兵简政，提高效率，重点转变政府职能，恭城县实施县、乡党政机构改革。党政工作机构减为29个，其中县委机构6个，政府机构23个，比1995年年末减少24个。部、委、办、局为平行机构，科级建制。党政工作机构与内设机构之间不设副科级机构。党政工作机构内可设股（不定级别，不设科）。县委工作机构设置为县委办公室、组织部、宣传部、纪律检查委员会（与监察局合署办公）、政法委员会、统一战线工作部。县政府工作机构设置23个，即办公室、计划局、经济贸易局、农业局、教育局、公安局、民政局、财政局、人事劳动局、卫生局、计划生育局、审计局、工商行政管理局、统计局、交通局、司法局、建设局、林业局、粮食局、乡镇企业局、水利电力局、民族事务管理局、环境保护局。改变称谓的机构10个；撤销的机构4个，组建工作机构1个；合署办公、挂牌的机构1个；改为事业单位的机构12个。县人大、政协、人民法院、人民检察院和总工会、共青团、妇联、科协、侨联、工商联、残联继续保留。9个乡镇划分为一类乡镇6个，二类乡镇3个。全县乡镇党政机关内设机构统一设置党政办公室、财政经济办公室、社会事务办公室、乡村建设办公室、政法办公室共5个综合办事机构。经过机构改革后，仍然存在一些部门不执行“三定”（定职能、定机构、定编制）规定；人员分流困难；某些单位人员超编和领导超配等问题。1999年1月，县工商行政管理局上收自治区实行垂直管理；10月，县质量技术监督局上收自治区实行垂直管理。

2001年12月，为转变政府职能，理顺关系，解决部门之间的职能交叉重复问题，提高办事效率，再次实施县、乡党政机构改革，其调整与设置，按照综合经济部门、专业经济管理部门、执法监管部门、社会管理和政务部门分类进行。改革后党政机构共设27个，其中县委工作机构6个，即县委办公室、组织部、宣传部、政法委员会、统一战线工作部，直属机关工作委员会；纪律检查委员机关与监察局合署办公，一个机构、两块牌子。政府工作机构20个，其中自治区统一设置的政府工作部门共17个，即政府办公室、发展计划局、经济贸易局、教育局、公安局、民政局、司法局、财政局、人事劳动和社会保障局、国土资源局、建设局、交通局、农业局、文化旅游局、卫生局、计划生育局、统计局；监察局与县纪律检查委员会机关合署办公，不计机构个数。因地制宜设置的机构3个，即水利局、林业局、科学技术局。审计局为桂林市审计局派出机构，机构编制以县政府为主，不计入政府工作机构个数。民族事务管理局作为少数民族县特设机构，不计入机构个数。全县乡镇内设机构统一设置党政办公室。该次机构改革，仍存在以下问题：由于调查研究不足，对各部门的职能配置没有彻底梳理清楚；因空缺岗位少，编外人员没有全部分流出去。2002年4月，成立桂林市药品监督管理局恭城瑶族自治县分局，隶属于桂林市药品监督管理局垂直管理。2004年，调整和规范党政部门职能。发展计划局改组为发展和改革局，保留物价局、经济贸易局，计划生育局更名为人口和计划生育局；县安全生产监督管理局改为县政府工作部门。

2005年，全县县直党政群工作机构（含公检法司）共设38个，乡镇级行政机构9个。其中县委工作机构7个：县委办、组织部、宣传部、统一战线工作部、政法委员会、直属机关工作委员会、纪律检查委员会；县政府工作机构共21个：政府办公室、发展和改革局、经济贸易局、教育局、科学技术局、公安局、民政局、司法局、财政局、人事劳动和社会保障局、国土资源局、建设局、交通局、水利局、农业局、文化旅游局、卫生局、人口和计划生育局、统计局、林业局、安全生产监督管理局。民族事务管理局、粮食局为政府工作部门，不计入政府机构个数；监察局与县纪委机关合署办公，列入政府工作部门序列，不计入机构个数；审计局、环境保护局分别为市审计局、环境保护局的派出机构，不计入机构个数。机构编制委员会办公室是机构编制委员会的常设办事机构，既是县委的工作机构，又是政府的工作机构。扶贫开发领导小组办公室，为县扶贫开发领导小组常设的议事协调办事机构。县人大工作机构 1 个；县政协工作机构 1 个；人民法院、人民检察院各 1 个；群众团体工作机构 5 个。

事业单位设置

1989 年，全县设置事业单位 310 个，其中教育事业单位 149 个，科研设计、文化艺术、新闻出版、卫生体育、农林水等事业单位 161 个。1993 年，县乡事业单位增至 382 个，其中教育事业单位 155 个，其他事业单位 227 个。

1996 年，开展机构改革，机关事务接待办公室改为机关事务接待处、县矿产资源管理局改为矿产资源管理处、土地管理局改为土地管理处、县物价局改为物价管理处、县水果局改为水果生产办公室、县农业机械化管理局改为农业机械化管理处、县文化旅游局改为文化旅游事业管理处、县档案局与档案馆合并为档案馆、县体育运动委员会改为体育运动事业管理处、县技术监督局改为技术监督管理处、县广播电视局改为广播电视事业管理处、县二轻工业管理局改为轻工总会为事业单位。同年 9 月，成立畜牧水产养殖事业管理处，为相当区（科）级事业单位。

1999 年，县乡事业单位增至 467 个，其中教育事业单位 164 个，其他事业单位 303 个。

2001 年，再次开展机构改革。全县乡镇事业单位（不含中小学、卫生院）由平均每个乡镇 13 个压缩至 8.4 个以内，其中大乡镇控制在 9 个以下，中等乡镇控制在 8 个以下。在机构限额内，乡镇统一设置的事业单位有农业水果技术服务站、计划生育服务站（挂计划生育办公室牌子）、国土资源管理站、财政所、文化广播电视站共 5 个。因地制宜设置机构有林业能源工作站、规划交通环保站、经济贸易建设服务站、畜牧兽医站。其中，农业水果技术服务站、文化广播电视站以及因地制宜设置的事业单位，均由乡镇管理；计划生育服务站实行乡镇和主管部门双重领导，以乡镇管理为主的管理体制；国土资源管理站、财政所实行主管部门和乡镇双重领导，以县主管部门管理为主的管理体制。2003 年 9 月，成立招商引资管理中心（挂招商引资管理局牌子），为县政府直属事业单位。2004 年 9 月，成立栗木矿区管理委员会，为县人民政府直属事业单位。

2005 年，全县有事业单位 485 个，其中教育事业单位 235 个，其他事业单位 250 个。

第三节 行政机关和事业单位编制管理

1989 年，恭城县机构编制的核定在自治区编制办公室总量控制下，实行动态管理。全县党政机关有行政编制 1168 名；公检法司专项行政编制 252 名；乡镇机关行政编制 390 名；县乡事业单位编制 3324 名，其中教育事业编制 1999 名。

1990 年，党政机关行政编制 1144 名；公检法司专项行政编制 236 名；县乡事业单位编制 3180 名，其中教育事业编制 1899 名，其他事业编制 1281 名。

1996 年，党政机关精减人员编制。县直党政机关设行政编制 765 名，政法系统专项行政编制 268 名。党政机构编制分配比例：县委工作机构编制占总编制的 15%，县政府工作机构占 73%，人大、政协、工青妇等其他工作机构占 12%。一类乡镇行政编制控制在 45 名内，二类乡镇控制在 30 名内。全县乡镇共核定行政编制 390 名，比 1995 年行政编制 400 名减少 10 名，精减率为 2.6%。

2001 年年末，党政机关和乡镇事业单位再次精减人员编制。县直党政机关行政编制由 485 名减为 373 名，精减率 23.1%；法院专项行政编制由 72 名减为 64 名，精减率 11.1%；检察院专项行政编制由 43 名减为 39 名，精减率 9.3%；公安局机关行政专项编制由 151 名减为 148 名，精减率 2%；乡镇机关行政编制由 390 名减为 320 名，精减率 18%。全县 9 个乡镇事业单位（不含卫生院、中小学校）事业编制由 880 名减为 706 名，精减率 19.8%。

2005 年，全县有行政编制 986 名；事业编制 5645 名，其中教育事业编制 3132 名。

第四节　事业单位登记管理

2001 年 2 月始，恭城县开展事业单位法人和非法人注册登记。申请设立事业单位法人登记须具备以下条件：经审批机关批准设立；有规范的名称、组织机构；有固定的办公或者活动场所和必要的设施；有明确的职责或者服务范围及与之相适应的从业人员；有必要的资产、健全的财务制度和与其业务活动相适应的经费来源；能独立承担民事责任。对符合事业单位法人登记条件的发给“广西壮族自治区事业单位法人登记证”，不符合条件的发给“广西壮族自治区事业单位登记证”（非法人单位使用）。经县编制办审批，共登记法人单位 343 个。

2002 年 1 月，县编制办正式开展全国统一的事业单位登记管理工作。此后，每年 1 月 1 日至 3 月 31 日，对已登记的事业单位法人进行年度检验，并依法开展对事业单位法人的相关监督管理工作。截至 2005 年，全县共有 485 个事业单位，依法登记 347 个。

第二章　人事

1989—2005 年，恭城县人事制度进行一系列改革，主要有推行国家公务员制度、机关事业单位工资改革、大中专毕业生分配、军队转业干部安置以及人才交流等。1993 年 10 月 1 日，根据国家和自治区的统一布置，全县机关事业单位实行统一的工资制度改革。1994 年，对大中专毕业生的分配制度进行改革，在一定范围内实行“双向选择”。1997 年 12 月，正式推行国家公务员制度，实施与公务员相配套的各项法规。1998 年，大中专毕业生就业全部进入人才市场。1999 年，在乡镇事业单位实行用人制度改革，在岗工作人员全部实行聘用制。2000 年，干部录用全部面向社会公开招考录用。2002 年，在全县中学、小学学校进行人事制度改革，对人员超编的学校实行核编、分流、竞聘上岗。同年，对军队转业干部实行计划安置和自主择业两种安置方式。

1991 年，成立县人才交流服务中心。至 2005 年年底，共办理求职登记手续 260 人，引进、聘用专业技术人才 53 人。

第一节　机构

1989 年，县人事局内设干部股、工资福利股，核定编制 10 名，实有人员 10 人。1991 年，增设人才交流股，对外称县人才交流服务中心，核定编制 3 名，为财政全额拨款的事业单位。1994 年 11 月，成立县机关事业单位职工养老保险基金管理所，核定编制 4 名，属于县人事局下属事业单位。

1996 年 6 月，县人事局与县劳动局合并，称县人事劳动局，内设秘书股、人事调配股、劳动仲裁与监察股、工资福利股、劳动安全监察股、人才交流服务中心；下设二层机构社会保险事业管理所、公费医疗管理办公室、劳动服务公司。核定编制 23 名，实有人员 23 人。2002 年 1 月，县人事劳动局更名县人事劳动和社会保障局（以下简称县人社局），增加社会养老保险、机关事业单位医疗保险管理职能。设秘书股、人事股、专业技术人员管理股、工资福利股、仲裁监察股室；下设二层机构社会保险事业管理所、人才交流中心、医疗保险所、就业服务中心。核定编制 17 名，实有人员 17 人。

2004 年 3 月，机构调整，县人社局内设秘书股、人事股、专业技术人员管理股、社会保障股、工资福利股、仲裁监察股，下设二层机构社会保险事业管理所、人才交流中心、医疗保险所、就业服务中心；核定编制 17 名，实有人员 15 人。2005 年年底，县人社局内设股室不变，下设二层机构为县社会保险事业管理所、县城镇职工基本医疗保险事业管理所、县失业保险所、县就业服务中心、县农村养老保险所、县人才交流服务中心，共有编制 36 名，实有人员 36 人。

1989—2005 年，历任局长：林雨、黄金屏、杨程、黄玉森、吴毅、张代军、廖业云。

第二节 人事制度改革

推行公务员制度

1995 年，恭城县成立推行国家公务员制度领导小组，开展国家公务员范围界定的调查摸底。调查结果，全县实行公务员制度的单位有县人民政府所属各委、办、局及各乡镇政府共 46 个单位；参照实行国家公务员制度的单位有县委各部门、各乡镇党委、人民团体、人大、政协、人民法院、人民检察院共 37 个单位。各乡镇、县直单位根据县推行公务员制度领导小组的部署制定实施方案，进行职位分类。1997 年 1 月，举行全县公务员过渡考试，考试对象为县、乡镇所有党、政、群机关和县赋予行政职能的事业单位男性 50 周岁以下（含 50 周岁），女性 45 周岁以下（含 45 周岁）的局级以下（含局级）在职干部；8 月，举办全县推行国家公务员制度培训，共培训 1689 人次；11 月，重点搞好职位分类、人员过渡、人员分流、重新确定领导职务和非领导职务、确定公务员级别、工资档次和落实公务员各项制度；12 月，全县正式实行公务员制度，全县行政编制总数 981 人，有公务员 1132 人（其中，男性 909 人、女性 223 人）。配备县级机关科级领导 272 名、科级非领导 80 名，配备乡级机关科级领导 104 名、乡科级非领导 30 名。9 个乡镇机关确定乡镇编制数 359 名，“三定”（定内设机构、定职责职能、定编制人员）前实有乡干部 420 人，已过渡 373 人。同年，按照《国家公务员辞职辞退暂行规定》，正式实施公务员的辞职辞退制度。2002 年，全县县、乡机构人事制度改革全面铺开。县直党政机关工作人员实行竞聘上岗。由县统一编制县、乡机关和乡镇事业单位的竞争上岗试题、评分要素和标准，按照公开、平等、竞争、择优的原则，县、乡机关主任科员以下的国家公务员一律实行竞争上岗，择优录用。县里对竞争上岗工作进行全程指导、监督，实行聘前公示。通过竞争上岗，全县公开招聘计生专业技术服务人员 3 人，从大专毕业生中选拔优秀毕业生 20 人到村挂任职。是年，公务员办理提前退休、提前离岗、辞职手续共 284 人。至年底，全县有公务员 839 人（其中，男性 656 人、女性 183 人）。2003 年始，国家公务员由桂林市委组织部、市人事局统一组织面向社会公开招录。2004 年，对超编人员进行分流。人员分流安排的去向和途径主要有：对部分分流人员进行培训，经考核合格的，推荐到各类企事业单位和社会中介组织；对部分未达到退休年龄，但符合一定条件的可办理提前退休或提前离岗手续；清退事业单位各类临时聘用人员；符合一定条件的部分科级以上领导干部改任非领导职务或退出现任工作岗位，提前离岗。全县共审批提前退休 32 人（企业军转干部提前退休 12 人，特殊工种提前退休 20 人）。是年，全县有公务员 1175 人（其中，男性 927 人、女性 248 人）。2005 年，全县有公务员 1001 人。其中，男性 801 人，女性 200 人；汉族 353 人，少数民族 648 人；大专以上文化 793 人，中专（高中）183 人，初中 25 人。

事业单位人事制度改革

1999 年，恭城县对乡镇事业单位在岗工作人员全部实行聘用制。各乡镇根据核定的编制数和工作需要确定竞聘岗位，并组织实施。公开竞聘简章、竞聘岗位、人员数量和竞聘条件，对拟竞聘人员进行聘前公示 3 天，并报县人事局备案。全县共择优聘用 4284 人，办理签订聘用合同及鉴证。对拟聘人员实行聘约管理，聘用期限 3 年，合同期满后，由聘用单位根据本人实绩与考核结果，确定续聘或解聘。

2002 年 4 月，在全县教育系统的中学、小学学校进行人事制度改革，对人员超编的学校实行核编、分流、竞聘上岗。对新招聘的教师一律实行聘用制，聘用期 5 年，5 年内不得在县内调动。在招聘时，首先由县招聘工作领导小组将缺编的学校和需要聘用的教师人数公布于众，让毕业生自愿选聘，然后按学生档案成绩分、荣誉分、学历分来计算成绩，根据各岗位的应聘人数从高分到低分排列，择优聘用，同时当场张榜公布。对聘用人员的德、能、勤、绩等进行跟踪考核，并将考核结果归入个人档案。同年，共择优录用122名示范毕业生从事教学工作。至2005年，从师范类大中专毕业生中公开招聘共计368名小学教师。2005年，除公开招考40名师范类专科以上应届毕业生及社会人员充实教师队伍外，另招考卫生专业技术人才23名、文工团演员4名、计生专业人员3名。

第三节　干部管理

干部队伍

1989年，全县有干部4689人，其中女性1236人；少数民族2153人；大专以上文化974人，中专文化2399人；30周岁以下1376人，31～40周岁1455人，41～50周岁1179人，51周岁以上679人。20世纪90年代，干部队伍数量增长较快，干部的文化素质也逐步提高。2005年，全县干部总数5382人，其中党政机关干部1001人；女性2474人；少数民族3771人；大专以上文化3056人，中专文化2326人，事业单位干部4155人，企业单位干部226人。30周岁以下2450人，31～40周岁1132人，41～50周岁1377人，51周岁以上423人。

1989—2005年恭城瑶族自治县干部队伍结构情况一览表

表14-1　　单位：人

年度	干部总数	中共党员数	性别		年龄				民族		文化程度			单位性质		
			男	女	30周岁以下	31～40周岁	41～50周岁	51～60周岁	汉族	少数民族	大专以上	高中中专	初中	行政机关	事业单位	企业单位
1989	4689	1740	3453	1236	1376	1455	1179	679	2536	2153	974	2399	1316	1309	2643	737
1990	4817	1749	3583	1234	1483	1499	1146	689	2475	2342	973	2645	1199	1348	2722	747
1991	4920	1752	3615	1305	1453	1409	1352	706	2579	2341	1015	3045	860	1358	2827	735
1992	4842	1641	3445	1397	1669	1198	1071	904	2266	2576	1109	2783	950	1212	2897	733
1993	4882	1606	3441	1441	1637	1311	1136	798	2219	2663	1176	2864	842	1217	2952	713
1994	4947	1635	3470	1477	1682	1320	1195	750	2251	2696	1223	2987	737	1182	3051	714
1995	4910	1786	3333	1577	1602	1376	1254	678	2148	2762	1324	2956	630	1148	3232	530
1996	4866	1377	3414	1452	1355	1763	1159	589	2293	2573	1483	2691	692	1350	2986	530
1997	4922	1640	3252	1670	1529	1403	1317	673	1951	2971	1534	2896	492	1238	3181	503
1998	5191	1760	3388	1803	1621	1466	1406	698	2105	3086	1692	3016	483	1132	3518	541
1999	5057	1626	3205	1852	2060	1492	1050	455	1949	3108	1806	2819	432	1054	3501	502
2000	5005	1777	3132	1873	1990	1633	1076	306	1832	3173	1721	2822	462	1008	3547	450
2001	5147	1818	3223	1924	2076	1442	1017	612	2016	3131	1963	2828	356	1030	3667	450
2002	4985	2017	2972	2013	2086	1480	1080	339	1827	3158	2229	2546	210	839	3667	479
2003	5092	1858	3004	2088	1499	1573	1354	666	1818	3274	2550	2542	—	840	3779	473
2004	5816	2475	3551	2265	2406	1031	1577	802	1959	3857	3509	2307	—	1175	4251	390
2005	5382	2501	2908	2474	2450	1132	1377	423	1611	3771	3056	2326	—	1001	4155	226

干部录（聘）用

1989 年，干部录（聘）用遵循“公开、平等、竞争、择优”的原则，从企事业单位优秀工人、专业技术骨干中择优录（聘）用国家干部。全县共录用国家干部 39 名；招聘合同制干部 15 人。至 1990 年，全县有合同制干部 97 人。

1991 年，招收录（聘）用干部数量大大增加。是年，共录用干部 116 名，其中从优秀工人录取干部 89 名，从乡镇企业择优录用 13 名，民办代课教师选招公办教师 42 人，聘用乡镇干部 22 人。1993 年，向企业倾斜招聘聘用制干部，在国有企业招收 317 名优秀工人为聘用制干部；从优秀村支书、村主任中吸收 2 人为聘用干部。是年，共办理录（聘）用干部 513 人，其中，民办代课教师转公办教师 51 人，工人转干部 91 人，乡镇及国有企业聘用干部 347 人，乡镇企业、集体企业管理人员转录用干部 17 人，村干部聘为乡镇干部 2 人，招收人民警察 5 人。另外，招收气象、税务、农行等部门聘用制干部 9 名。

1999 年以后，不再从工人中招录（聘）用国家干部。2000 年，凡新进入国家机关的公务员必须面向社会公开招考录用。2003—2005 年，共招考公务员 34 人。

干部培训

1989 年，县人事部门对每批新录用的干部均进行岗前培训，开展岗前基础知识和技能培训，并颁发岗前培训合格证书。至 1998 年，共举办新干部培训班 13 期，培训 1017 人。2000 年开始，对全县国家公务员和专业技术人员分期分批进行计算机基本知识与技能培训。2002 年，共举办 21 期国家公务员世界贸易组织基本知识培训，参加培训 2300 多人。2003—2004 年，组织国家公务员、机关工作者和参照国家公务员管理的事业单位及具有行政执法的事业单位工作人员参加依法行政培训考试，有 1100 人参加。2005 年，组织 3996 人参加公共课程和中国 - 东盟知识考试。

考核　奖惩

1994 年始，县人事局与县委组织部每年对机关、事业单位工作人员进行年度考核。县人事局负责机关、事业单位科员及其以下工作人员的考核；县委组织部负责机关事业单位副科级以上工作人员的考核。考核内容为年度内德、能、勤、绩 4 个方面的表现。经考核，连续获 3 年优秀者和两年合格者分别获晋升一级级别工资、职务工资的奖励；对连续两年不称职者进行辞退。是年，共考核干部职工 5716 人，其中评为优秀等次 571 人，称职（合格）等次 5141 人，不评定等次 4 人。2000 年，全县机关公务员和事业单位工作人员年度考核备案 6457 人，其中优秀 646 人、称职（合格）5804 人、不称职（不合格）4 人、不确定等次 3 人。2005 年，考核干部职工 6149 人，其中评为优秀等次 615 人，称职（合格）等次 5518 人，不称职（不合格）等次 6 人，不评定等次 10 人。

任免和选拔

1985 年开始，实行干部分级分类管理。按管理制度，县人事局主要管理县政府各职能部门二层机构正、副职领导干部和科级以下的股室股长、主任以及事业单位的站（所）长。1989—1999 年，按照干部管理权限，全县科级领导干部的任免，由县委、县委组织部研究决定；除县委及县委组织部任免管理的干部，其他干部由人事局任免和管理。领导干部实行任前公示、任职试用期制度。在选拔过程中，打破身份界限，只要有能力，不拘一格选拔和使用人才。后备干部管理制度按照下管一级的原则，实行滚动式管理，不断地选拔优秀中青年干部，实现稳定、合理的新老交替。2000 年，对副局级领导职位进行公开选拔、招考，共任免副局级领导 2 名。2002 年机构改革后，乡镇机关中的各办公室主任由县人事局下文任免。2004 年，对挂职村干部、到乡镇挂职企业管理人才进行考核，考核、任（免）正（副）股长 57 名；选拔 15 名中青年到乡镇从事企业经营管理和招商引资工作。1989—2005 年，共任命干部职务 1502 人次，免除干部职务 709 人次。

人事调配

1989 年，恭城县干部的调配由县人事工作领导小组决定。干部调配以计划调配为主。对国家机关按编制逐步配备干部；对满编制单位控制干部调进。同时，控制从企业调入行政事业单位、从事业单位调入行政单位、从集体单位调入国营单位的人员。干部调动的主要形式：个人申请调出（调入），经单位同意，报组织（人事）部门审核批准；根据工作需要，由调入（调出）单位申请报组织（人事）部门讨论决定。全年经县人事局调动的干部共 216 人，其中调出县外 40 人；调入县内 29 人；县内调配 147 人。1990 年，共调配干部 206 人，其中县内调动 77 人；调出县外的 76 人；调入县内的 53 人。1992 年，调配干部 266 人，其中为解决夫妻分居和照顾家庭困难而调动的 5 人；推荐安排自费大中专毕业生 9 人；引进专业技术和管理人才 252 人。1998 年 12 月，县委规定干部人事的分级管理、机构编制、考察任命、人事调配、交流回避及福利待遇等，是年共调配干部 78 人，其中县内调动 61 人；调出县外的 14 人；调入县内的 3 人。2001 年以后，干部调动先由个人提出申请，经所在单位同意，报组织人事部门审批，最后经县机构编制委员会讨论决定后方能调动。是年，县人事局共办理干部调动 59 人，其中县外调入机关 7 人，事业单位调入机关 18 人，选调“村官”（村干部）进入机关 10 人；企业调入事业单位 4 人，机关调入事业单位 12 人（干部分流）；机关调入企业 3 人，事业单位调入企业 5 人。2003 年 8 月，县委对干部人事的分级管理、机构编制、考察任命、人事调配、交流回避、福利待遇等规定作修订，全年共调配干部 143 人，其中县内调动 116 人，调出县外的 27 人。1989—2005 年，全县调整调配干部 2336 人次，其中调出县外 552 人，县外调入 309 人，县内调动 1475 人。

大中专毕业生接收分配

1989 年，县人事局对大中专毕业生的接收、分配工作坚持“从工作需要出发、专业对口、面向基层、为生产服务”的方针，统筹兼顾，合理安排。分配前进行调查摸底，征求各主管部门和用人单位的意见，然后制订分配计划，再由县领导确定。1989—1993 年，共接收、分配大中专毕业生 797 人，大部分分配到基层第一线。1994 年，恭城县对大中专毕业生的分配制度进行改革，采取在一定范围内实行“双向选择”的办法。全年共选招、接收大中专毕业生 132 人，推荐安排自费“五大”（广播电视大学、函授大学、职业大学、业余大学、夜大）大中专毕业生 16 人。1995 年，共接收分配大中专毕业生 175 人，除师范类毕业生外，安排进入事业单位的 22 人，其余分配到生产第一线；推荐安排自费毕业生 35 人。1998 年，大（中）专毕业生由人才市场推荐就业。2000 年起，县人事局每年举办全县大中专毕业生双向选择人才交流服务活动。2000—2005 年，累计接洽大中专毕业生 2657 人，用人单位与大中专毕业生达成协议 35 人。2004 年始，对中小学教师实行面向社会公开招考聘用。2004—2005 年，共招考中小学教师 158 人，其中面向代课教师招聘 25 人，面向社会招聘 133 人。

部队转业干部安置

1989—2001 年，对于部队转业团级以下的干部原则上仍由原籍或入伍所在地负责安置，主要安置在党政机关、政法、工商、税务和国有企业等基层单位。全县共安置军转干部 19 人，随调家属 4 人。2002 年，政府鼓励军转干部自主择业，对选择自主择业的军转干部在政策上给予扶持，每月发给退役金。2005 年，建立企业军队转业干部管理系统和数据库，按自治区、市有关文件精神，给困难企业军队转业干部按时发放生活困难补助。是年，对自主择业的军转干部统一参加县基本医疗保险，经费由县财政拨款解决。另办理企业军队转业干部提前退休 12 人。

第四节　人才交流

1991 年，成立县人才交流服务中心，打破人才使用的地域限制，向外省、市、县引进德才兼备而又急需紧缺人才。1994 年，县人民政府颁发《关于鼓励引进专业人才的优惠办法》，对大中专毕业生采取在一定范围内实行“双向选择”的办法，县组织代表团到桂林市（地区）人才市场参加洽谈会，招聘县内急需的专业人才。全年从县外引进专业技术人才 5 人；招收送培紧缺专业中专学生 12 人；签订委培生合同 7 人。1998 年，大中专毕业生就业全部进入人才市场。全年共接洽大中专毕业生 288 人；办理各类人员求职登记 25 人，推荐成功 14 人；办理集体人事代理 21 个，个人人事代理 42 人；到来招聘人才的单位 12 家，参加洽谈 43 人次，洽谈成功 11 人。

1989 年至 2005 年年底，全县共办理求职登记手续 260 人、转正定职手续 810 人、提供推荐就业 120 人、人事关系代理 850 人、人事档案代管 2446 人、户籍关系代管 408 人、企业新招工人审批手续 650 人。全县向外省、市、县共引进、聘用专业技术人才 53 人。

第五节　职称管理

1986 年，成立县职称改革工作领导小组，原县职称评定工作领导小组撤销。1987—1992 年，首次开展专业技术职务评审、聘任。1992 年年底，全县共评审专业技术人员 2826 名，其中高级 59 名，中级 708 名，初级 2059 名。同年起，专业技术人员除通过单一的评审取得技术专业资格外，一些专业性强、社会公认，通用性强又具有国际可比性的专业可通过以考代评获得专业技术资格，其中会计、经济、统计系列由评审获得资格改为考试取得资格，审计、卫生、新闻出版、国际商务、计算机软件、房地产评估等专业资格的获取采用以考代评（其中，卫生系列为资格考试与执业考试合二为一）的方式。1993 年，职称改革从单轨制转入评审、聘任分开双轨制。1997 年 7 月，科技干部的管理职能划归人事劳动局；是年，评审、聘任高（中）级职称增加计算机考试。2002 年，中学高级教师及从事英语教学中级职称以上者需提供外语合格证。2004 年，非县城所在地专业技术人员评审聘任中、高级职称可免考外语和计算机。1993—2005 年，全县共评审专业技术人员 1979 名，其中高级 126 名，中级 1279 名，初级 574 名；通过以考代评方式取得专业技术资格的有 1104 人，其中中级职称 290 人、初级职称 814 人。

自 1992 年实行评聘分开后至 2002 年，每年聘任中、高级指标都是由市（地区）职改部门按一定比例核发。2002 年，根据自治区职改领导小组《广西壮族自治区专业技术职务资格实行结构比例管理暂行规定》，全县专业技术人员资格聘任指标由县职改办根据专业技术人员总数和岗位职数按一定比例下发给各系列或单位，建立“按需设岗，按岗聘用，竞争择优，优胜劣汰”的人才培养使用和激励制度。聘任指标 1～3 年核发 1 次，聘任单位根据专业技术人员聘期内的工作业绩及年度考核结果，做出续聘、低聘或解聘的决定。至 2005 年，全县专业技术人员聘任 3132 人，其中高级职称 80 人，中级职称 1134 人，初级职称 1918 人。

第三章　劳动

20世纪90年代起，随着计划经济逐步向市场经济转变，恭城县对劳动就业、用工制度及劳动维权等方面进行一系列的改革，基本建立与社会主义市场经济体制相适应的劳动制度框架。1989—2005年，全县共输送城乡劳动者外出务工25.8万人次（不含自发外出务工者），安置城镇劳动力0.87万人；实施劳动监察职能，维护劳动者合法权益，接待群众来信来访308人次，立案处理劳动争议案件87件。

第一节　机构

1989年，县劳动局内设机构有秘书股、计划调配股、劳动保护监察股、工资福利股、劳动争议仲裁股；下设二层机构有劳动服务公司、就业培训中心和社会保险事业管理所。核定行政编制16名、事业编制18名、工勤人员1名。1993年，成立县职业介绍所。1994年11月，成立县机关事业单位职工养老保险所。1996年6月，县劳动局与县人事局合并。1998年3月，社会劳动保险事业管理所和机关事业单位职工养老保险所合并，成立县社会养老保险事业管理所。2000年2月，成立县失业保险所。2001年4月，成立县城镇职工基本医疗保险事业管理所。2002年，机构改革，县人事劳动局更名为县人事劳动和社会保障局；农村社会养老保险所划归县人事劳动和社会保障局管理。2003年7月，成立各乡镇劳动保障事务所，为财政全额拨款事业单位。2004年1月，工伤和生育保险移交县医保所经办，整体实现医保经办转轨。年底内设秘书股、人事股、专业技术人员管理股、社会保障股、工资福利股、仲裁监察股，人员编制17名（其中，行政人员16名、工勤人员1名）。2005年，就业培训中心、职业介绍所、再就业服务中心合并为县就业服务中心，为财政拨款事业单位。年底内设秘书股、人事股、专业技术人员管理股、社会保障股、工资福利股、仲裁监察股，人员编制17名（其中，行政编制16名、工勤编制1名）。下设二层机构有县社会保险事业管理所、县城镇职工基本医疗保险事业管理所、县失业保险所、县就业服务中心、县人才交流服务中心、县农村养老保险所，共有核定事业编制33名，工勤人员编制1名。

第二节　职工队伍与用工制度

职工队伍

1989年，全县职工16380人，其中全民所有制单位干部职工12348人，城镇集体单位职工3724

人，城镇个体劳动者308人。1990年，全县职工16585人，其中全民所有制单位干部职工12848人，城镇集体单位职工3737人。全民所有制单位干部职工工资每年2168元，城镇集体单位职工工资每年1508元。1995年，全县职工15616人，其中全民所有制单位干部职工12924人，城镇集体单位职工2692人。全民所有制单位干部职工工资每年3901元，城镇集体单位职工工资每年3288元。1999年，全县职工12064人，其中全民所有制单位干部职工10437人，城镇集体单位职工1627人。全民所有制单位干部职工工资每年5967元，城镇集体单位职工工资每年4258元。2002年，全县职工10285人，其中全民所有制单位干部职工9234人，城镇集体单位职工1051人。全民所有制单位干部职工工资每年10273元，城镇集体单位职工工资每年7330元。2005年，全县职工8928人，其中全民所有制单位干部职工8293人，城镇集体单位职工635人。全民所有制单位干部职工工资每年12719元，城镇集体单位职工工资每年15432元。

用工制度

1989—1992年，全县劳动用工实行考试招工，控制指标择优录用。1995年3月，县人民政府下发《关于全面实行劳动合同制度的通知》，规定：凡是在全县范围内的企业、个体经济组织和实行企业化管理的事业单位的职工，以及国家机关、事业单位、社会团体和与之建立劳动合同关系的劳动者，均应与用人单位在平等自愿、协商一致的基础上，以书面形式签订合同，确立劳动关系。10月，县人民政府批转县劳动局《关于全面实行劳动合同制具体意见的通知》，年内，全县国有企业、供销合作社和二轻集体企业有90%以上的职工与企业签订合同，乡镇企业有80%的职工与企业签订合同，私人企业和个体工商户有75%的职工与企业签订合同。1996年，县人民政府办公室下发《推行集体协商签订集体合同方案的通知》，推行集体协商签订集体合同方案；7月，开始平等协商，签订集体合同工作；至年底，共有48家企业全部签订集体合同，覆盖职工人数为4123人，占全县工会会员职工的61.1%。1999年，由于企业改革不断深化，抓大放小搞活的实际需要，相当部分企业已改制为民营经济，该部分企业工会组织自然消失，到期续签集体合同的有13家，覆盖职工数1581人，占职工会员总数的30%。同年，在企事业单位推行劳动合同制。以《中华人民共和国劳动法》为依据，用制度管理和规范用人制度，确保单位和职工的权利和义务。2001年，集体协商签订集体合同采取以会代训的形式，组织工会代表与行政代表协商，凡合同已到期的，继续签订率100%，9个乡镇新组建的乡镇企业工会联合会也开展集体合同签订，继续签订率达100%。

2002年，全县企业单位实行劳动用工合同制，覆盖企业211个，涉及职工5120人，其中国有企业17个、职工1724人；2003年，全县签订劳动用工合同企业237个，涉及职工5417人，其中国有企业17个、职工1815人；2004年，全县签订劳动用工合同企业248个，涉及职工5875人，其中国有企业17个、职工1867人。

2005年，全面推行以工资报酬为主要形式的集体协商制度，全县签订集体合同42份，覆盖261个企业、职工6135人。其中，国有企业17份，覆盖17个企业、职工1913人；集体企业4份，覆盖4个企业、职工403人；私营企业10份，覆盖10个企业、职工1748人；外资企业2份，覆盖2个企业、职工323人；其他企业9份，覆盖228个企业、职工1748人。

下岗人员管理

1991年，随着中央改革政策的加快，由计划经济向市场经济的进一步发展，恭城县开始登记下岗失业人员。下岗人员的登记，由企业领导向职工代表大会或职工大会报告企业生产经营情况和职工下岗具体理由，将职工下岗和分流安置的实施方案提交职工代表大会审议通过，主管部门审批并报劳动部门备案后实施。职工下岗后，与企业签订下岗协议，明确下岗期间企业与职工的权益和义务。企业统一填写《下岗职工花名册》，职工填写《下岗职工申请办证登记表》，经主管部门审查盖章后报劳动部门核准并发给“下岗职工证”。企业恢复生产，职工回厂上岗或调动工作的，收回下岗证。是年，登记下岗职工 97 人。1998 年，按照中共中央、国务院的部署和要求，县委、县人民政府贯彻执行鼓励兼并、规范破产，下岗分流，减员增效，实施再就业工程。全县下岗失业人员由正常的终止劳动合同、解除劳动合同到经济性裁员及国有企业依法破产，企业职工成建制的下岗失业。2003 年 12 月，原中央管理的企业栗木有色金属公司依法宣布破产，并由恭城县接收。2004 年，全县下岗失业人员突增为 1013 人。1989—2005 年，全县累计登记 4615 人次，企业改制后的下岗失业人员主要分布在关闭破产的栗木锡矿、县外贸公司及县粮食系统。

1998 年，鉴于国有企业分流富余人员的压力加大，国有企业逐渐出现下岗职工，而失业保险支撑能力尚显不足的实际情况下，为解决下岗职工的基本生活费，企业再就业服务中心建立下岗职工基本生活保障基金和再就业工程基金（以下简称“两项基金”），设立专门账户，实行专款专用。下岗职工生活保障基金主要用于下岗职工的基本生活费、代下岗职工缴纳养老、失业和医疗保险费；其筹集由财政预算安排三分之一、下岗职工所在单位负担三分之一、社会筹集及从失业保险基金中调剂三分之一。再就业工程基金主要用于安置下岗职工开办劳动就业服务企业或给其他经济扶持生产资金或流动资金贷款贴息，创办生产自救基地扶持金，鼓励其他企业（单位）接收安置下岗职工的补助金，开展职业介绍、转岗培训及改善职业介绍、培训条件所必需的经费，再就业服务中心的办公经费，按政策需要开支的其他费用；其筹集由财政按不低于上年地方财政收入 5% 的比例从财政预算中划拨、从失业保险机构上年收缴的基金中提取 5%、破产企业及减员增效的企业按其推向社会的下岗职工人数应交的职工安置费及社会各界的捐助等。

1998 年 6 月，下岗职工基本生活费发放标准：县直企业下岗职工每人每月 150 元，最多不超过 36 个月。县直濒临破产或停产、半停产的国有工业企业下岗职工基本生活费，由企业再就业服务中心统一填写《申请发放下岗职工基本生活保障费人员名册》连同企业职工下岗和分流实施方案以及申请发放下岗职工生活保障费报告，报县国有企业下岗职工基本生活保障和再就业工作领导小组办公室审核，从“基金专户”直接拨给企业再就业服务中心。由企业再就业服务中心根据资金来源的三个渠道首先保证企业的三分之一，于每月 15 日前拨到县建立的下岗职工基本生活费专户，25 日前造册足额发放到应发职工手中，为他们代交养老保险、失业保险以及医疗保险费。同年，开始建立下岗职工基本生活保障基金、再就业工程基金。是年，全县共有下岗职工的企业 8 家，有下岗职工 413 人。是年，筹集下岗职工“两项基金”资金 87.4 万元，支出“两项基金”24.3 万元。2001 年 5 月，全县共有下岗职工的企业 10 家，有下岗职工 624 人。是年，筹集下岗职工“两项基金”资金 107.74 万元，支出“两项基金”26.04 万元。2004 年，全县共有下岗职工的企业 10 家，有下岗职工 1013 人。是年，筹集下岗职工“两项基金”资金 107.74 万元，支出“两项基金”31.52 万元。1998—2005 年，全县共筹集下岗职工“两项基金”资金 858.92 万元，支出下岗职工基本生活保障基金总额 247.06 万元、再就业工程基金总额 125.30 万元。

第三节 劳动就业

就业培训

1990 年，成立县就业训练中心，贯彻“先培训，后就业；先培训，后上岗”的原则，聘请有资质的教师讲解理论知识和实际操作课程，举办各种就业培训班。培训以面授为主，自学为辅，共培训

3 期，培训城镇待业青年 37 人、破产企业职工 23 人、农村富余劳动力 104 人。1991 年，对招收为全民合同制工人的临时工、失业人员进行半年到一年的专业培训，培训专业技术特长的技术工人 176 人。1995 年，举办烹饪、家政服务、电工及焊工等培训班 6 期，共培训 279 人，其中城镇待业青年 39 人、单位富余人员 14 人、下岗失业人员 96 人、农村富余劳动力 130 人。1998 年，举办烹饪、家政服务、电工及焊工等培训班 7 期，共培训 255 人，其中城镇待业青年 44 人、单位富余人员 21 人、下岗失业人员 119 人、农村富余劳动力 71 人。2001 年，举办烹饪、家政服务、电工、焊工等培训班 5 期，共培训 117 人，其中城镇待业青年 46 人、单位富余人员 7 人、下岗失业人员 51 人、农村富余劳动力 13 人。2003 年，举办烹饪、家政服务、电工及焊工等培训班 16 期，共培训 478 人，其中城镇待业青年 81 人、单位富余人员 16 人、下岗失业人员 230 人、农村富余劳动力 151 人。2005 年，举办烹饪、家政服务、电工及焊工等培训班 18 期，共培训 516 人，其中城镇待业青年 154 人、单位富余人员 46 人、下岗失业人员 110 人、农村富余劳动力 206 人。

至 2005 年，累计举办各种培训班 52 期，共培训 1645 人，其中城镇待业青年 364 人、单位富余人员 104 人、下岗失业人员 606 人、农村富余劳动力 571 人。

下岗人员再就业

1998 年，成立县国有企业下岗职工基本生活保障和再就业工作领导小组，正式开展下岗人员再就业工作。2001 年，成立乡镇、街道劳动保障事务所，负责劳动保障工作。2003 年，自治县政府办公室下发《关于印发恭城瑶族自治县再就业优惠证管理办法的通知》，为下岗失业人员自谋职业、自主创业和灵活就业提出许多优惠政策。

下岗失业人员经再就业培训后，以自谋职业为主，推荐就业为辅和外出务工。通过鼓励、指导及就业培训，大部分下岗职工从事社区服务业、个体工商业、餐饮、修理、搬运及运输业等工作。2003—2005 年，发放“再就业优惠证”1442 人，新增就业岗位 2357 个，实现再就业 2326 人。1998—2005 年，下岗职工实现再就业 5111 人。

劳务输出

1989—1992 年，全县劳务输出方向以广东珠江三角洲地区为主。1993 年，成立县职业介绍所。2003 年起，实施“阳光工程”，对农民工进行短期职业技能培训，提高他们的素质和就业技能，实现稳定就业和增加收入。2004 年，劳务输出已经面向全国各地。2005 年，成立县劳动力市场，与桂林市劳动力市场联网，在网上发布信息，为下岗职工、失业人员、农村富余劳动力外出就业提供信息。劳务输出由过去的自发、无序、松散的外出务工，发展到有序的、有规模、有组织的向城市转移。

1989—2005 年，全县共输出城、乡劳动者外出务工 25.8 万人次（不含自发外出务工者）。劳务输出的主要行业有电子装配类、制衣业、制鞋业、养殖业、家政服务业、商业、餐饮业、管理以及矿山开采、机械修理等；输出的工种有家用电子产品安装工，家用电器修理工，汽车、摩托车维修工，高、中、低档电动衣车工、维修电工、焊工、商业营业员，产品推销员、保安员、餐厅服务员、家政服务员、井下采掘工及建筑工等。2004 年，向广东、北京等发达地区输出富余劳动力 8630 人。除向外输出劳力，在水果收购季节，农村富余劳动力、城镇下岗失业职工和失业人员大部分都投入水果的收购、销售。2005 年，外出务工人员 5888 人，其中新增农村富余劳动力转移就业 4810 人。

第四节 劳动监察与仲裁

劳动监察

1989年，继续实行劳动监察制度，当年签证劳动合同798份。1993年始，县劳动监察机构受托依法行使劳动保障监察职能，开展打击非法使用童工、小企业用工整治、劳动工资支付等多项专项监察活动。1995年，全面贯彻执行《中华人民共和国劳动法》，同年签证劳动合同2678份。1996年，根据《广西壮族自治区劳动监督检查办法》《广西壮族自治区劳动厅关于实行劳动监察年度审查制度的通知》要求，开始在全县范围内实行劳动监察年度审查制度。审查的主要内容是用人单位上年度的劳动用工执法情况，包括办理用工手续情况；劳动合同的签订与签证情况；职工工资收入情况；社会保险基金缴纳情况；遵守职业技能开发规定的情况；劳动规章制度的制定情况；等等。

2002年起，对全县国家机关、企事业单位和社会团体依法执行年审制度，主要审查订立劳动合同，支付劳动者工资，参加社会保险和缴纳社会保险费等情况。是年，年审单位385个，涉及劳动者1630人，对存在拖欠工资或社会保险费的30家用人单位进行责令限期改正；督促征缴社会养老保险费，共发放社会保险费催缴通知书20份，限期整改指令书30份，采取劳动监察手段征收社会养老保险费230万元；开展日常巡视检查和专项检查，检查单位257家，涉及劳动者人数3896人，共立案20件，结案20件，帮助劳动者追回用人单位拖欠、克扣的工资120余万元，退回用人单位非法收取个人押金5万元；取缔非法职业中介机构3家，清退童工15人。1997—2005年，劳动保障监察在全县辖区内开展“春暖行动”和“农民工工资支付”等一系列的宣传检查活动，发放《中华人民共和国劳动法》《中华人民共和国社会保险费征缴暂行条例》宣传资料近5万份，提高劳动者的维权意识。

1989—2005年，共处理举报投诉、拖欠工资和社会保险费案件25起，立案处理25起，为农民工追回被拖欠工资80万元，追缴欠款单位社会保险费350万元，结案率为100%。

劳动争议仲裁

1987年，成立劳动争议仲裁委员会，下设办公室。负责案件受理、仲裁文书送达及档案管理等日常工作，依法协调、处理各种用工等其他劳动争议。县劳动争议仲裁委员会办公室成立后，逐步加强劳动争议仲裁员、调解员队伍的建设，规范、指导各用工单位成立调解委员会。

1989年，全县有专职仲裁员3名，兼职仲裁员2名，调解员9名；建立基层劳动争议调解组织3个。是年，鉴证劳动合同36份；立案处理劳动争议案件8件，其中劳动报酬争议案件4件、保险福利待遇案件1件、解除合同经济补偿案件1件、其他案件1件，涉案总金额0.02万元。1995年，全县有专职仲裁员5名，兼职仲裁员4名，调解员9名；建立基层劳动争议调解组织3个。是年，鉴证劳动合同53份；立案处理劳动争议案件6件，其中劳动报酬争议案件2件、保险福利待遇案件1件、解除合同经济补偿案件1件、其他案件2件，涉案总金额0.01万元。2000年，全县有专职仲裁员5名，兼职仲裁员4名，调解员9名；建立基层劳动争议调解组织4个；是年，鉴证劳动合同42份；立案处理劳动争议案件34件，其中劳动报酬争议案件25件、保险福利待遇案件3件、解除合同经济补偿案件2件、其他案件4件，涉案总金额1.3万元。2005年，全县有专职仲裁员5名，兼职仲裁员4名，调解员9名；建立基层劳动争议调解组织4个。是年，鉴证劳动合同47份；立案处理劳动争议案件89件，其中劳动报酬争议案件23件、保险福利待遇案件28件、解除合同经济补偿案件9件、其他案件29件，涉案总金额8.74万元。其中，2004—2005年，立案处理拖欠劳动者工资投诉案件7起，涉及人数237人，共为劳动者追回欠发工资15.1万元。

第四章　工资福利　离休　退休

1989年，全县行政、事业单位继续执行1985年的结构工资制度，由基础工资、职务工资、工龄津贴、奖励工资构成；国有企业实行的工资制度主要有等级工资制、岗位工资制、结构工资制、岗位技能工资制。1993年10月起，实行机关、事业单位工作人员工资制度改革，机关干部实行职务级别工资制，工资由基础工资、级别工资、职务工资和工龄工资四个部分组成。1999年起，企业工资全面放开，劳动部门实行宏观调控，自治区有关部门原制定的企业职工工资参照标准不再统一执行，县内各企业稳妥推进内部工资分配制度改革，逐步建立以岗位工资为主的企业内部基本工资制度。

1989—2005年，全县机关、企事业单位职工可享受的有退（离）休、生活补贴、艰苦边远地区津贴、年休假、结婚假及生育假等福利待遇。

第一节　工资福利

工资

行政机关、事业单位工资　1989年，行政、事业单位继续执行1985年的结构工资制度，由基础工资、职务工资、工龄津贴、奖励工资构成；中小学、幼儿园教师增加教龄津贴，卫生系统增加护龄津贴。是年，共办理调整工资5088人，月增资共56438元，月增资13.2%。

1991年至1993年9月，全县机关工作人员实行以职务工资为主要内容的结构工资制，工资由基础工资、职务工资、工龄工资、奖励工资四部分组成；事业单位行政人员和专业技术人员实行以职务工资为主要内容的结构工资或其他工资制度。1991—1993年，共办理机关、事业单位工作人员调资标准12374人次。

1993年10月起，实行机关、事业单位工作人员工资制度改革，机关干部实行职务级别工资制，工资由基础工资、级别工资、职务工资和工龄工资四个部分组成。机关工人分为技术工人和普通工人两大类，技术工人的基本工资由岗位工资、技术等级工资和奖金三部分组成，普通工人由岗位工资和奖金两部分组成。全额拨款、差额拨款、自收自支三种不同类型的事业单位，实行不同的管理办法：全额拨款单位，执行国家统一的工资制，普通工人的基本工资由岗位工资和奖金两部分组成；在工资构成中，固定部分为70%，活的部分为30%。差额拨款单位，按照国家制定的工资制度和工资标准执行，在工资构成中，固定部分为60%，活的部分为40%。自收自支单位，根据本单位的实际情况，津贴在工资构成中的比例还可高一些（一般在45%～50%）。该次改革还建立机关、事业单位工作人员正常增资机制（即两年1次增资调整），同时，办理机关、事业单位工作人员调资标准5343人次。同年，建立正常的增资制度，机关事业单位工作人员在现职务的任期内连续两年考核为优秀或称职的，在本职务工资标准内提高 1 个工资档次，并从下一考核年度的第一个月起兑现工资。技术工人、普通工人年度考核连续两年为合格以上的，晋升 1 个岗位工资档次，并从下一考核年度的第一个月起兑现工资。

1997 年 7 月 1 日，调整机关事业单位工作人员基础工资标准。基础工资标准每人每月由 90 元提高到 110 元，事业单位人员的工资标准参照机关行政人员的增资幅度也相应提高，离（退）休、退职人员按每人每月 20 元增加离（退）休费和退职生活费 15 元。是年，机关事业单位工作人员共 5750 人调整工资标准，平均每人月增资 20 元。1999 年 1 月 1 日起，增加艰苦边远地区津贴，由 14 元提高到最高 60 元。7 月 1 日起，调整机关、事业单位工作人员工资标准，基础工资标准每人每月由 110 元提高到 180 元，事业单位人员的工资标准参照机关行政人员的增资幅度也相应提高。是年，共办理调整工资标准 5859 人，人均月增资 125 元。同年，对考核两年合格（称职）晋升 1 级职务工资。2001 年，分别两次调整工资标准共 6235 人，人均月增资 120.90 元。2003 年 7 月，共有 5820 人办理调资标准，人均月增资 47 元。1989—2005 年，全县机关事业单位人员共调整工资 28194 人次，共增资 177.90 万元。

企业工资　1989 年，国有企业实行的工资制度主要有等级工资制、岗位工资制、结构工资制、岗位技能工资制。企业在工资分配中经常使用的工资形式：计时工资、计件工资、浮动工资、定额工资、奖励工资和津贴等。推行工资总额与经济效益挂钩（以下简称工效挂钩）办法。1992 年，对未实行工效挂钩的企业实行效益浮动升级办法，根据当年实现利税、销售收入和劳动生产增长幅度确定升级比例，一般两年进行 1 次工资调整。1994 年 10 月，按自治区劳动厅、财政厅、经委、工资改革办公室《关于深化企业工资改革适当解决我区部分企业工资问题的意见》，对企业工资进行套改。县人民政府下发《恭城县企业职工工资套改具体实施意见》，规定企业各种补贴是 121 元，纳入工资是 69 元，保留 52 元；一类、二类企业执行标一，三类、四类企业执行标二，五类、六类企业执行标三。企业执行新的工资标准，企业干部和工人执行同一标准。集体所有制企业，视企业具体情况，参照执行。1999 年起，企业工资全面放开，劳动部门实行宏观调控，自治区有关部门原制定的企业职工工资参照标准不再统一执行，各企业稳妥推进内部工资分配制度改革，逐步建立以岗位工资为主的企业内部基本工资制度。

2001 年，企业职工月最低工资标准提高到 235 元；同年，再次提高至 335 元。至 2003 年，恭城自来水公司、矿产公司实行工效挂钩工资，参加挂钩人数 276 人，获工资晋级 263 人，月增资额 16 元。2005 年，企业效益工资升级 18 人。

福利

行政机关、企事业单位离（退）休待遇　1990 年，根据《自治区人民政府关于贯彻国务院批转人事部，国家计委、财政部 1989 年调整国家机关、事业单位工作人员工资的实施方案的通知》和《广西关于贯彻国务院国发〔1989〕82 号文中几个具体问题的说明》，相应解决离休、退休人员的待遇。

1993 年工资改革前，党政机关、群众团体，企事业单位的干部离退休人员的退休标准为：在抗日战争时期参加革命工作的，按本人标准工资的 100% 发给；解放战争时期参加革命工作的，按本人标准工资的 80% 发给；中华人民共和国成立后参加革命工作，工作年限 20 年的，按本人标准工资的 75% 发给；工作年限满 15 年不满 20 年的，按本人标准工资的 70% 发给；工作年限满 10 年不满 15 年的，按本人标准工资的 60% 发给；退休费低于 25 元，按 25 元发给。

1993 年，根据自治区人事厅、财政厅桂人薪字〔1993〕1 号文件给 1993 年 3 月 31 日前已离（退）休的人员，按其离（退）休时的职务增加生活补贴费。厅级每月 10 元，处级每月 8 元，其他人员每月 7 元。是年，工资改革，离退休人员参照离退休前的相应职务进行套改。机关单位离退休人员调整标准为：离休人员的离休费，按本人原基本工资金额计发。退休人员的退休费，基础工资和工龄工资按本人原标准的金额计发，职务工资和级别工资按本人原标准的一定比例计发；工作满35年的，职务工资、级别工资之和按88%计发；工作满30年不满35年的，职务、级别工资两项之和按82%计发；工作满20年不满30年的职务、级别工资两项之和按75%计发。事业单位离退休人员调整标准为：离休人员的退休费按本人职务工资与津贴之和全额计发。退休人员的退休费，按本人的职务工资与津贴之和的一定比例计发，工作满35年的，按90%计发；工作满30年不满35年的，按85%计发；工作满20年不满30年的按80%计发。退休工人计发标准：工作满35年的按90%计发；工作满30年不满35年的按85%计发；工作满20年不满30年的按80%计发。同年，对机关干部退休人员发放房屋修缮费，经费由县财政负担。

1994年，改革参保企业基本养老金计发办法。基本养老金由两部分组成，第一部分为社会性养老金，以自治区上年社会平均工资的20%～25%计发；第二部分为缴费性养老金，以本人指数化月平均工资为基数计发。各项补贴，根据缴费年限分为72元、67元、57元三个档次。1995年7月1日起，建立离（退）休金自动调节机制，即以自治区上年社会平均工资增长指数的50%增加离（退）休金，每年7月1日调整1次。是年，全县离（退）休人员每人月增加离（退）休费30元。1996年，企业离退休人员工资按行政机关同级同类人员进行调整，从是年7月1日起执行。企业职工缴费实行个人账户制度，按职工缴费基数10%划入个人账户。从此，开始基本养老金计发办法增加个人账户养老金的补贴。是年，许多企业经营困难，无法正常缴交养老保险基金，全县养老保险基金收不抵支。1998年，基本养老金计发办法再次改革，由基础养老金、个人账户养老金、过渡性养老金、过渡性调节金组成。实行个人账户后参加工作的，退休时基本养老金由基础养老金、个人账户养老金组成。

2001年，自1949年10月1日至12月11日广西解放之日以前参加革命工作的企业退休人员，从是年1月1日起按桂政发〔1999〕64号文增加养老金，即按行政机关同级同类离休人员调整离休费的标准增加养老金。全县享受以上增资的63人。

2005年，全县企业有离（退）休人员1565人，月拨付退休金118万元，发放率100%。

生活补贴 1989年，全县机关、事业单位职工每人每月享受的生活补贴主要有：粮食补贴3元，副食品补贴5元。1991—1993年，工资制度改革前，每人每月增加生活性补贴，主要有：粮价补贴3元；粮食补贴3元，肉食补贴5元；书报费4.5元，洗理费2.5元（其中，女职工3元）。由于不是财政统发工资，各单位执行上述标准不一，每人每月得到的补贴总额约60元。1993年，机关、事业单位工作人员工资制度改革后，取消上述津贴，保留52元物价福利性补贴，但不列入财政预算，由各单位、各部门视自身财力情况自行解决。2004年，县财政对全额拨款单位的职工统一发放62元物价福利性补贴。2005年10月，参照执行自治区发放适当补贴的做法，全额拨款单位由县财政发给适当补贴，具体标准为正处级165元，副处级162元，主任科员级155元，副主任科员级150元，科员、办事员、工人145元；教授级165元，副教授级160元，讲师级155元，助教级145元，技术员级145元。

艰苦边远地区津贴 1993年，恭城县开始享受艰苦边远地区津贴。2001年2月，人事部、财政部下发《关于实施艰苦边远地区津贴的方案》，恭城县被列为一类地区，机关、事业单位在职人员和离退休人员享受艰苦边远地区津贴，每月40元，从2001年1月1日起实施，至2005年无变化。

特殊贡献待遇 新中国成立后获市级以上（含市级）劳动模范获得者从1998年11月起可享受特殊贡献待遇。其中，获全国劳动模范的每月享受奖励津贴150元；获自治区劳动模范（全国“五一劳动奖章”）的每月享受奖励津贴100元；获市级劳动模范（广西“五一劳动奖章”）的每月享受津贴50元。另在住房、医疗、生活保障、学习及就业等方面享受一定的优待。至2005年，待遇标准一直

未变。1998—2005年，全县共有21人次获特殊贡献待遇。

遗属生活困难补助 1989年，遗属生活困难补助执行民政部、财政部《国家机关、事业单位工作人员死亡后遗属生活困难补助暂行规定》中的有关规定。至1990年，共办理行政、事业单位享受遗属生活困难补助12户、19人。1991年,《广西壮族自治区关于国家机关、事业单位工作人员死亡后遗属生活困难补助暂行规定》，对遗属生活困难补助发放标准进行调整。1998年，参照执行《自治区人事厅、财政厅关于调整自治区直属机关、事业单位工作人员死亡后丧葬费及有关问题的通知》，即机关、事业单位工作人员死亡丧葬费调整为1600元；因工（公）牺牲的人员，每人增加400元；丧葬费包干使用。补助标准至2005年不变。2005年，办理干部遗属补助24户37人。1989—2005年，全县共有348户、405人享受遗属生活困难补助。

年休假 1989—1990年，恭城县未制定行政事业单位年休假制度。1991年起，恭城县贯彻执行《广西壮族自治区关于职工年休假暂行办法》，全县机关事业单位的正式职工，工作年限满5年以上者，均可按该办法享受年休假待遇。工作年限满5年不满10年的休假7天；工作年限满10年不满15年的，休假10天；工作年限满15年以上的休假14天。职工年休假期间，不包括公休假日和法定假日，休假期间，工资照发，各种保险福利待遇不变。至2005年不变。

结婚假 1989—2005年，恭城县按照《中华人民共和国婚姻法》，凡男满22周岁、女满20周岁领取结婚证的，可以享受结婚假3天。按照《广西壮族自治区计划生育条例》，凡男25周岁、女23周岁以上初婚的职工，可增加晚婚假12天。

生育假 1989—2005年，恭城县按照《中华人民共和国婚姻法》男女双方领取结婚证生育孩子，即可享受产假98天。按照《广西壮族自治区计划生育条例》，女方年满24周岁生育第一胎的增加产假14天，同时给予男方护理假10天；在产假期间领取“独生子女光荣证”的再增加产假20天。

探亲假 从1981年起，根据《国务院关于职工探亲待遇的规定》，在1个单位连续工作满1年以上的职工，与配偶或父母不住在一地，又不能在公休假日内回家居住1个白天和1个晚上的，可在年休假期间安排探亲。探望配偶，每年给予一方探亲假1次、共30天。未婚员工探望父母，每年给假1次、共20天，也可根据实际情况，两年给假1次、共45天。已婚员工探望父母，每4年给假1次、共20天。探亲假期是指职工与配偶、父、母团聚的时间，另外，根据实际需要给予路程假。上述假期均包括公休假日和法定节日在内。凡实行休假制度的职工（如学校的教职工），应该在休假期间探亲；如果休假期较短，可由本单位适当安排，补足其探亲假的天数。

第二节 离休退休

行政机关、事业单位离（退）休

1989年，恭城县执行1982年国家关于干部离职休养制度的有关规定，行政、事业单位的干部职工，凡男年满60周岁（工人55周岁）、女年满55周岁（工人50周岁）达到离职休养年龄的，均按国务院有关离（退）休、退职人员规定办理离（退）休、退职手续，由单位代为管理，政治待遇不变；离休人员享受同职务同档次在职人员的工资待遇及交通补贴、高龄补贴，按100%的比例领取离休金；退休人员按照工作年限长短相应的一定比例计发退休费；其离休、退休费和医疗费由社会养老保险所、医疗保险所负责管理。2002年，全县党政机构改革，根据“2004年年底工作年限满30年或2004年年底男满55周岁，女满50周岁，且工作年限满20年的，本人愿意，经任免机关批准，可提前退休”的规定，办理提前退休共262人，其中机关公务员227人，事业单位35人。1989—2005年，全县共有2135人办理离休、退休手续，其中离休11人，退休2124人。

企业单位离（退）休

1989年，企业单位人员退休年龄执行国务院《关于工人退休、退职的暂行办法》规定，凡男满55周岁、女满50周岁，可办理退休、退职手续。是年，办理退休16人。2004年，退休年龄规定不变，并执行提前退休制度。凡达到国务院《关于工人退休、退职的暂行办法》规定退休年龄的企业单位人员，在未达到退休年龄，但2002年年底前工作年限满10年的，或2001年12月31日前男年满55周岁、女年满45周岁，且工作年限满10年的，本人愿意，经任免机关批准，可办理提前退休。是年，共审批退休人员114人。2005年，共审批退休人员136人。是年年底，全县共有企业退休人员1565人。

第五章　社会保险

1989 年，在已推行国营企业职工基本养老保险、失业保险的基础上，恭城县逐步扩大社会保险统筹面。至 2005 年年底，机关事业单位职工基本养老保险、农村基本养老保险、个体户基本养老保险、行政村干部基本养老保险以及基本医疗保险、工伤保险、女职工生育保险等得以推广。1989—2005 年，社会保障基金总收入 13693 万元，总支出 11992 万元。其中，养老保险基金收入 9939 万元，支出 9424 万元；失业保险基金收入 1492 万元，支出 955 万元；医疗保险基金收入 2262 万元，支出 1613 万元。

第一节　基本养老保险

1987 年 1 月，恭城县正式统筹国营企业职工基本养老保险金。1994 年起，先后对农村居民、机关事业单位职工、个体工商户、行政村干部开展基本养老保险的统筹。1996 年 7 月，机关、企（事）业职工基本养老保险开始实行社会统筹与个人账户相结合的管理办法，统筹来的养老保险金仍采取差额收缴、差额拨付的办法，离退休人员的养老金仍由机关、企事业单位负责发放。2000 年，离退休人员的养老金开始改机关、企事业单位发放为社会化发放。2003 年，企业退休人员开始纳入社区管理。2004 年后，全县 100% 企业退休人员管理服务实现社会化。2005 年，全县参加各种基本养老保险总人数共 23268 人。

企业职工基本养老保险

1987 年 1 月，在全县国营企业单位统筹职工离（退）休费和缴纳劳动合同制工人退休养老金。国营企业单位职工离退休费统筹比例为全县企业职工工资总额的 9%，劳动合同制工人退休养老金企事业单位按其工资总额的 15% 缴纳，个人按其标准工资的 3% 缴纳。是年，参保职工 2649 人，离（退）休职工 293 人，收缴统筹金 24.6 万元，拨付养老金 23.6 万元。

1989 年，调整企业职工离退休的社会统筹比例，国营企业职工离退休费用统筹按企业职工工资总额的 13% 提取统筹金，同时在企业离退休人员的退休费用总额中按 30% 的比例提取统筹金；是年，参保单位 57 个，参保职工 2915 人，收缴统筹金 49.1 万元，拨付养老金 46.39 万元。1991 年，国营企业职工离退休费用统筹按企业职工工资总额的 19% 提取统筹金，按企业离退休人员的退休费用的 40% 提取统筹金。同年 11 月起，全民所有制企业、企业化管理的事业单位和城镇集体所有制企业职工、外商投资企业的中方职工、城镇私营企业的职工均实行个人缴纳基本养老保险费，个人缴纳基本养老保险费按职工月标准工资 3% 缴纳。

1996年，企业职工基本养老保险开始实行社会统筹与个人账户相结合的管理办法，确定企业按职工工资总额20%的比例缴费，个人缴费比例按缴费工资计算，从3%逐步提高到8%；个人账户比例，按本人缴费工资的11%为每个参保职工建立养老保险个人账户，其余部分从企业缴费中划入。

至2001年5月，全县参加基本养老保险的企业59个，其中停产企业9个、半停产企业4个、破产和改制企业3个、集体和私营企业3个，欠缴养老保险金金额达300多万元。2002年，通过县人民政府与各责任单位签订目标责任书的办法，将扩面人数和征缴同年养老保险费两项指标列入考核内容，同时抓好私营企业及其职工、个体工商户及其从业人员和各类企业临时工参加社会保险工作。同年，新增参保人员1286人，养老保险基金收入达874.2万元。2003年后，继续推行签订目标责任书的办法，以及开展企业职工社会保险缴费工资基数稽核，逐年提高养老保险费收缴率，增加养老保险基金金额，提升在职参保人数与离退休人数的供养比例。2002—2005年，养老基金的收取与支付，实现收支相抵略有结余。2005年，参保单位53个，参保职工5568人，收缴养老保险基金1250.97万元，拨付养老基金1186.9万元。

1989—2005年，全县累计参加企业职工基本养老保险75483人次，由企业和个人缴纳养老基金8016.82万元，支付养老金6224.17万元。

机关事业单位职工基本养老保险

1995年7月1日，开始在机关事业单位开展养老保险基金统筹。按照“国家、集体、个人共同负担”的原则，在职职工（含合同制工人）按工资总额的20%统筹、离退休人员按离退休费的45%统筹，由单位负责缴纳，在职人员个人缴纳比例为工资总额2%。同年，全县共有157个单位参加养老保险基金统筹，参保6152人，缴纳养老基金103.6万元。

2003年起，党政机构改革后，全额拨款单位职工的基本养老保险金全部由县财政缴纳，参保单位仅为差额拨款单位及自收自支单位，故参保单位及人数急剧减少。2005年，全县参保单位53个，参保1089人，收缴养老保险金2894.5万元，发放养老基金2837.1万元。

个体户基本养老保险

1998年，县委、县人民政府发文，明确个体工商户按规定缴纳基本养老保险费后，退休时可到社会保险机构领取养老金。1999年，明确全县的个体医师、餐饮业业主可以参加基本养老保险，缴纳基本养老保险费基数暂定为上一年度自治区职工平均工资的18%，正式办理个体户基本养老保险业务；是年，个体户参加基本养老保险有8人，收缴基本养老保险费5.4万元，未发放基本养老保险费。至2005年，全县个体户参加基本养老保险人员由2000年的25人增加到2508人，基本养老保险费的收缴由0.9万元增加到313.75万元，基本养老保险费的发放由0.6万元增加到3.12万元。

1999—2005年，全县累计参加个体户基本养老保险7762人次，缴纳养老基金955.65万元，支付养老金11.64万元。

农村基本养老保险

1994年11月，成立农村社会养老保险所，属于县民政局二层机构，核定人员编制4人。同年，各乡镇设分所，归乡镇人民政府管理，没有单独的人员编制。同年，全县开始农村基本养老保险金收缴工作。按照民政部《县级农村社会养老保险基本方案》的规定，参保对象为市城镇户口、不由国家供应商品粮的农村人口。一般以村为单位确认（包括村办企业职工、私营企业、个体户、外出人员等），组织投保。乡镇企业职工、民办教师、乡镇招聘干部、职工等，可以以乡镇或企业为单位确认，组织投保。领取养老金年龄为60周岁。是年，全县117个行政村、12460名村民参加农村基本养老保险，按照每人每年200元标准收缴农村基本养老保险费249万元。1996年，累计入保人数13509人，收取保险费298万元。1997年，因国务院要求全国农村基本养老保险工作暂停整顿，停止农村基本养老保险入保工作。2003年，又开始重新将农村基本养老保险纳入正常工作，组建农村社会养老保险所，归县人事劳动和社会保障局管理。同年，全县117个行政村、13509名村民参加农村基本养老保险，按照每人每年200元标准（此标准至2005年不变）一次性缴纳农村基本养老保险费，收缴农村基本养老保险费27484万元，累计支付农村基本养老保险费11.16万元。2005年，全县117个行政村、13509人参加农村基本养老保险，共收缴农村基本养老保险费274.84万元，支付农村基本养老保险费13.28万元。

行政村干部基本养老保险

1998年12月，县政府下发《恭城瑶族自治县行政村干部养老保险实施办法的通知》，从1999年1月起执行。确定参加养老保险对象为县有关部门核定的行政村定工干部，按照每人每月缴纳保险费30元，其中县财政负担14元，乡镇财政负担14元，本人负担2元的标准收缴养老保险费。到达退休年龄的村干部（男性55周岁、女性50周岁）可领取养老金。根据《自治县人民政府关于印发恭城瑶族自治县行政村干部养老保险实施办法的通知》文件精神，该办法实施前，已在县保险公司（人寿保险）办理退休手续的，工龄满10年不满20年的每月领取养老金50元，20年以上每月领取养老金60元；该办法实施后，交费年限加原工龄合并计算，缴费年限加原工龄满10年以上不足15年的，每月领取养老金50元，满15年不满20年的每月领取养老金60元，满20年不满30年的每月领取养老金80元，从第31年起缴费每增加1年，每月退休费相应增加2元。1999年，全县行政村干部594人参加养老保险，缴纳养老金5万元，发放养老金13万元。至2005年，缴纳养老金累计154.7万元，发放养老金累计112.2万元。

1999—2005年，全县累计参加行政村干部基本养老保险4158人次，缴纳养老基金154.7万元，支付养老金112.2万元。

第二节　医疗保险

基本医疗保险

2001年4月，撤销公费医疗管理委员会办公室，成立城镇职工基本医疗保险事业管理所，隶属于县人事劳动和社会保障局。同年6月，印发《恭城瑶族自治县城镇职工基本医疗保险暂行规定》，在全县执行统一的基本医疗保险。全县行政事业单位、各类企业单位、社会团体职工和退休人员，中央、自治区各级直线管属单位员工，驻县武警中队官兵均参加基本医疗保险。基本医疗保险基金由用人单位和职工共同缴纳。用人单位以在职职工上年度人均工资总额为缴费基数，单位按6%、个人按2%缴纳基本医疗保险费。退休人员个人不缴纳基本医疗保险费。基本医疗保险按退休、在职人员不同医疗费支出、检查、治疗等不同的诊疗情况负担不同的自付比例。是年，全县参加基本医疗保险9756人。2002—2005年，用人单位以在职职工上年度人均工资总额为缴费基数，单位按6%、个人按2%的标准缴纳基本医疗保险费。2002年，全县参保10213人，收缴基本医疗保险费447.8万元，支出医疗保险费306.7万元。2003年，全县参保10651人，收缴基本医疗保险费447.8万元，支出医疗保险费306.7万元。2004年，全县参保10877人，收缴基本医疗保险费568.5万元，支出医疗保险费396.59万元。2005年，全县参保11535人，收缴基本医疗保险费628.8万元，支出医疗保险费406.35万元。

2001年恭城瑶族自治县参加基本医疗保险人员各项医疗费自付比例一览表

表14-2 单位：%

类别	医疗费金额	特殊检查			特殊治疗		手术中输血		其他医疗费用			
		县内	县外		县内	县外	县内	县外	县内	县外		
			结果	自付						地级市	省级市	省区外
退休人员	退休工资总额10%至5000元	50	+	50	50	50	50	50	15	25	30	40
			－	70								
	5001～10000元		+	50					12	20	25	30
			－	70								
	10001～20000元		+	50					8	12	15	20
			－	70								
在职人员	工资总额10%至5000元	50	+	50	60	60	50	50	20	35	40	50
			－	70								
	5001～10000元		+	50					15	25	30	40
			－	70								
	10001～20000元		+	50					12	20	25	30
			－	70								

说明：1. 个人自付比例数按百分比计算；
2. 个人自付比例是指已经审批以后在定点医院就诊且医疗费用符合医疗保险报销范围的比例；
3. 表中"+"符号表示"阳性"，"－"符号表示"阴性"

工伤保险

1992年12月开始实行，凡在县内已参加基本养老保险的全民所有制企业、企业化管理的事业单位、城镇集体企业的职工和"三资"企业的中方职工均可参加工伤保险，根据《工伤保险条例》职工按照个人工资总额的2%缴纳工伤保险费，同年参加工伤保险的单位79个、职工25308人，收缴工伤保险费1.47万元。2001年，建立基本医疗保险制度，绝大多数职工的医疗保险有了保障，参加工伤保险人数减少。2004年、2005年，全县参加工伤保险人数分别为2090人和3209人，收缴工伤医疗保险费分别为14.26万元和21.91万元，支付工伤保险费分别为4.93万元和13.43万元。

女职工生育保险

1993年12月，在县内国有企业、企业化管理的事业单位、中外合资企业、集体企业中开始实行女职工生育保险基金统筹，统筹标准按照个人工资总额的1%缴纳，是年，全县共统筹女职工生育保险基金443元。1999年8月起，根据《中华人民共和国劳动法》和《企业职工生育保险试行办法》，按照企业女职工生育的接生费、手术费、材料费、药费和企业女职工生育补助费规定的标准执行。女职工生育保险基金统筹以"以支定收，收支基本平衡"的原则筹集资金。原则上不超过上年度平均工资的1%。主要用于企业女职工生育住院期间正常需要的检查费接生费、手术费、材料费和药费的支付，并一次性拨给企业女职工生育补助费700元。是年，全县共统筹女职工生育保险基金12.8万元，支付女职工生育保险基金1.4万元。2001年，建立基本医疗保险制度，绝大多数城镇职工的医疗健康有了保障。2004年、2005年，全县女职工参加生育保险统筹人数依次为2090人和3209人，统筹女职工生育保险基金分别为13.24万元和20.34万元，支付女职工生育保险基金分别为5.66万元和4.48万元。

第三节 失业保险

1986年10月，按照国务院颁布的《国营企业实行劳动合同制暂行规定》《国营企业招用工人暂行规定》《国营企业辞退违纪职工暂行规定》《国营企业职工待业保险暂行规定》等规定，恭城开始在国营企业推行失业保险制度。下年，县内各银行、保险、邮电等单位按照职工工资总额的2%缴纳失业保险金，共缴纳失业保险金3.42万元（含1986年10—12月的6494元），支出失业保险金0.76万元。1989年，参加失业保险单位增多，全县共有78个单位参加失业保险，其中国有企业59家、行政事业单位19个，参保4149人，按照职工工资总额的2%标准收缴失业保险金，缴纳失业保险金4.1万元，支出失业保险金0.87万元。

1994年，参加失业保险的对象扩大到实行企业化管理的事业单位、县以上城镇集体企业（含供销合作社企业）的职工、股份制及股份合作制职工，缴费基数由企业全部职工标准工资总额1%改为全部职工工资总额0.6%。是年，全县共有139个单位参加失业保险，其中国有企业59家、集体企业20家、行政事业单位60个，参保5835人，缴纳失业保险金8.98万元。

1999年，根据国务院发布的《失业保险条例》，失业保险统筹扩大到事业单位、城镇集体企业、其他集体企业、民办非企业单位及其专职人员，支出范围为失业保险金、享受救济金期间的门诊医疗费、享受救济金期间的住院医疗费、死亡丧葬补助费、供养直系亲属抚恤金、转业训练费、职业介绍费。同年，全县共有189个单位参加失业保险，其中国有企业46家、集体企业17家、行政事业单位126个，参保9004人，缴纳失业保险金69.65万元，发放金额19.29万元。

2003年，企业改制后，将与企业解除劳动合同的失业人员纳入失业保险管理。同年，全县参加失业保险的单位168家，参保人数7848人，缴纳失业保险费146.55万元，发放失业保险金125.51万元。2004年，栗木有色金属公司破产，转入及在恭城县进行失业登记的共966人。同年，全县收缴保险费121.05万元，发放失业保险金200.05万元。2005年，实行下岗失业并轨管理，停产、改制企业直接纳入失业保险管理。

1989—2005年，全县共有122397人次参加失业保险，缴纳失业保险金额累计1492万元，发放失业保险费累计955万元。

第十五篇

民政　扶贫　信访

第一章　民政

1989—2005年，按照中共中央和政府制定的有关政策，恭城县人民政府向上级争取到大量的救灾救济资金和物资，为烈军属、“五保”户、困难户解决生产生活困难。积极开展拥军优属活动，及时调整提高烈军属、革命伤残军人等优抚对象的抚恤补助标准，做好优抚优待和复员退伍军人就业工作。依照国家的有关法律法规，组织开展村民委员会换届选举工作，加强基层自治组织建设和民间组织管理。同时，在婚姻登记、“五保”供养、养老院建设、地名管理及勘界等方面工作取得显著成绩。自治县民政局于1999年被全国“双拥”领导小组、民政部授予全国“爱心献功臣活动”先进单位；2005年，被评为“自治区勘界工作先进集体”。

第一节　机构

民政局

1989年，县民政局下设安置办公室、救济股、优抚股3个股室，编制12人（其中，行政编制9人、事业编制2人、工勤编制1人）。1990年，增加基层政权股和残疾人联合会。1991年11月，成立县农村社会养老保险所，为事业单位，不定级，属于县民政局二层机构。同年7月，全县调整行政、事业单位人员编制，核编16人，其中行政编制9人，事业编制6人，工勤编制1人。1994年4月，增设秘财股。1997年4月，经桂林地区机构编制委员会批准，县残疾人联合会升格为正科级机构，从民政局二层机构中划出。2002年1月，将农村社会养老保险职能划入县人事劳动和社会保障局，新增民办非企业单位的登记管理工作职能。同年，机构改革后，核编制为11人，其中行政编制9人，事业编制1人，工勤编制1人。2005年，增设烈士陵园管理所、城镇居民最低生活保障管理站、婚姻登记处等二层机构。2005年年末，编制调整为17名，其中行政编制10人，事业编制6人，工勤编制1名。

1989—2005年，历任局长：唐代杰、成正良、廖忠德、孟洪能、赵新华。

老龄工作委员会办公室

1988年4月，成立县老龄问题委员会，下设办公室在县人事局。1990年5月，更名为县老龄工作委员会，其成员单位主要有自治县委办公室、政府办公室、组织部、宣传部、财政局、民政局、卫生局、文化局、人事局、老干局、妇联、工会、体委等。1997年4月，县老龄委办公室改设在县民政局，定行政编制2名。2002年机构改革时，县老龄委办公室转为政府直属事业单位，定事业编制3名。历任老龄工作委员会主任：卿桂生、刘功友、唐秀珍、吴艳琴；老龄工作委员会办公室主任：林雨、李兴祥、侯建萍、胡水三、唐平举。

第二节　基层组织

乡镇

乡镇设置　1989年9月，恭城县设2个镇、7个乡（含4个瑶族乡），117个村公所，4个街道居民委员会（以下简称居委会）。同年10月，合并城厢乡于恭城镇，增设龙虎乡，将嘉会乡的龙虎、狮子村公所及栗木镇的龙岭、源头村公所划归龙虎乡。1989年年底，全县2个镇、7个乡：栗木镇、恭城镇、平安乡、嘉会乡、龙虎乡、莲花瑶族乡、西岭瑶族乡、三江瑶族乡、观音瑶族乡，117个村公所，4个居委会。

1994年9月，莲花乡改镇建制，原辖行政区域不变。2005年年末，全县辖3个镇、6个乡：栗木镇、恭城镇、莲花镇、平安乡、嘉会乡、龙虎乡、西岭乡、三江乡、观音乡，117个村民委员会、4个街道委员会、4个社区居民委员会。

乡镇人大换届选举　根据《中华人民共和国宪法》《中华人民共和国地方各级人民代表大会和地方各级人民政府组织法》及《中华人民共和国选举法》的规定，1990—2005年，乡镇人大换届选举共进行5次。

1990年换届选举时间为6月中旬至9月月底，选举日为9月15日。全县9个乡镇、117个村公所、4个居（街）委会，分352个选区。全县乡镇人大代表初步候选人2027人，正式候选人1027人。18周岁以上选民171495人，参加选举投票165040人，占选民总数的96.24%，共选出乡镇人大代表630名，占应选数的100%。630名代表中，党员代表288名，占代表总数的45.71%；妇女157名，占24.92%；少数民族369名，占58.57%。35周岁以下173名，占代表总数的27.46%；36～55周岁362名，占57.46%；56周岁以上85名，占13.49%。大专以上文化程度29名，占代表总数的4.6%；中专及中学443名，占70.72%；小学以下158人，占25.08%。

9月18—23日，9个乡镇分别召开第十届（龙虎乡为第一届）乡镇人民代表大会第一次会议，依法实行等额选举产生9名乡镇长，实行差额选举产生30名副乡镇长；依法选举乡镇人大主席团常务主席9名。39名乡镇长正、副职中，中共党员37名，占乡镇长正、副职总数的94.87%；女性5名，占12.82%；少数民族27名，占69.23%。35周岁以下14名，占乡镇长正、副职总数的35.9%；36～55周岁25名，占64.1%。大专以上文化程度5名，占乡镇长正、副职总数的12.82%；中专及中学34名，占87.18%。9名乡镇人大主席团常务主席，中共党员9名，36～55周岁9名；少数民族6名，占乡镇人大主席总数的66.67%。中专及中学文化程度5名，占乡镇人大主席总数的55.56%；小学4名，占44.44%。

1993年换届选举时间为8月下旬至11月月底，选举日为10月20日。全县9个乡镇、117个村公所、4个居（街）委会，分409个选区。全县乡镇人大代表初步候选人1707人，正式候选人1053人。18周岁以上选民181271人，参加选举投票175502人，占选民总数的96.81%，共选出乡镇人大代表627名，占应选数的99.52%。

11月下旬，9个乡镇分别召开新一届人民代表大会第一次会议，依法选举乡镇人大主席团常务主席9名，乡镇人民政府乡镇长正、副职42名。42名乡镇长正、副职中，中共党员36名，占乡镇长正、副职总数的85.71%；女性4名，占9.52%；少数民族31名，占73.81%。35周岁以下15名，占乡镇长正、副职总数的35.71%；36～55周岁27名，占64.29%。9名乡镇人大主席团常务主席，中共党员9名，36～55周岁9名；少数民族7名，占乡镇人大主席总数的77.78%。

1996年换届选举时间为7月中旬至9月上旬，选举日为8月30日。全县9个乡镇、117个村公所、4 个居（街）委会，分 362 个选区。全县乡镇人大代表初步候选人 1355 人，正式候选人 937 人。18 周岁以上选民 184104 人，参加选举投票 178090 人，占选民总数的 96.73%，共选出乡镇人大代表 552 名，占应选数的 100%。在 552 名代表中，党员代表 331 名，占代表总数的 59.96%；妇女 135 名，占 24.46%；少数民族 352 名，占 63.77%。

9 月上旬，9 个乡镇分别召开新一届人民代表大会第一次会议，依法选举乡镇人大主席团常务主席 9 名，乡镇人民政府乡镇长正、副职 44 名。44 名乡镇长正、副职中，中共党员 44 名；女性 4 名，占乡镇长正、副职总数的 9.09%；少数民族 32 名，占 72.72%。35 周岁以下 26 名，占乡镇长正、副职总数的 59.09%；36～55 周岁 18 名，占 40.91%。大专以上文化程度 4 名，占乡镇长正、副职总数的 9.09%；中专及中学 32 名，占 72.72%；初中以下 8 名，占 18.19%。9 名乡镇人大主席团常务主席，中共党员 9 名；少数民族 7 名，占乡镇人大主席总数的 77.78%；大专文化程度 2 名，占 22.22%；中专及中学文化程度 5 名，占乡镇人大主席总数的 55.56%；小学 2 名，占 22.22%。

1999 年换届选举时间为 7 月中旬至 10 月月底，选举日为 9 月 1 日。全县 9 个乡镇、117 个村公所、4 个居（街）委会，分 365 个选区。全县乡镇人大代表初步候选人 1432 人，正式候选人 936 人。18 周岁以上选民 193013 人，参加选举投票 188112 人，占选民总数的 97.46%，共选出乡镇人大代表 556 名，占应选数的 99.82%。在 556 名代表中，党员代表 363 名，占代表总数的 65.29%；妇女 133 名，占 23.92%；少数民族 368 名，占 66.19%。35 周岁以下 192 名，占代表总数的 34.53%；36～55 周岁 338 名，占 60.79%；56 周岁以上 26 名，占 4.68%。大专以上文化程度 60 名，占代表总数的 10.79%；中专及高中 257 名，占 46.22%；初中以下 39 人，占 7.01%。

10 月下旬，9 个乡镇分别召开新一届人民代表大会第一次会议，依法选举乡镇人大主席团主席 9 名、副主席 17 名，乡镇人民政府乡镇长正职 9 名、副职 33 名，合计 68 名。在 68 名乡镇人大正（副）主席、乡镇政府正（副）乡镇长中，中共党员 67 名，占 98.53%；女性 6 名，占 8.82%；少数民族 50 名，占 73.53%。35 周岁以下 27 名，占 39.71%；36～55 周岁 41 名，占 60.29%。大专以上文化程度 39 名，占 57.35%；中专及高中 29 名，占 42.65%。

2002 年换届选举时间为 7 月至 12 月月初，选举日为 10 月 18 日。全县 9 个乡镇、117 个村公所、5 个居（街）委会，分 351 个选区。全县乡镇人大代表初步候选人 1295 人，正式候选人 913 人。18 周岁以上选民 209157 人，参加选举投票 200729 人，占选民总数的 95.97%，共选出乡镇人大代表 563 名，占应选数的 99.82%。在 563 名代表中，党员代表 398 名，占代表总数的 70.69%；妇女 123 名，占 21.85%；少数民族 394 名，占 69.98%。35 周岁以下 163 名，占代表总数的 28.95%；36～55 周岁 371 名，占 65.9%；56 周岁以上 29 名，占 5.15%。大专以上文化程度 88 名，占代表总数的 15.6%；中专及高中 192 名，占 34.1%；初中以下 283 人，占 50.3%。

11 月 4 日，9 个乡镇分别召开新一届人民代表大会第一次会议，采取差额选举方式依法选举乡镇人大主席团主席 9 名、副主席 9 名，乡镇人民政府乡镇长正职 9 名、副职 28 名，合计 55 名。55 名乡镇人大正（副）主席、乡镇政府正（副）乡镇长中，中共党员 53 名，占 96.36%；女性 3 名，占 5.45%；少数民族 45 名，占 81.8%。30 周岁以下 4 名，占 7.28%；31～40 周岁 51 名，占 92.72%。大专以上文化程度 47 名，占 85.45%；中专及高中以下 8 名，占 14.55%。

村（居）民委员会

1984 年 10 月，原人民公社体制下的生产大队改为村民委员会。1987 年，村委会改为村公所，村民委员会改设在自然村。1989 年年底，全县 2 个镇、7 个乡，117 个村公所，4 个居委会，515 个村委会，2285 个村民小组。其中，栗木镇 17 个村公所，1 个居委会，93 个村委会；恭城镇 14 个村公所，1 个居委会，42 个村委会；平安乡 15 个村公所，61 个村委会；嘉会乡 13 个村公所，1 个居委会，65个村委会；莲花瑶族乡23个村公所，1个居委会，108个村委会；西岭瑶族乡17个村公所，78个村委会；三江瑶族乡10个村公所，24个村委会；观音瑶族乡4个村公所，26个村委会；龙虎乡4个村公所，18个村委会。

1990年7月，合并4个村委会，新增设6个村委会，全县117个村公所下辖517个村委会。1995年12月，撤所改委，117个村公所改为村委会，原村委会不复存在。2002年5月，在西岭乡设立西岭乡街道居民委员会，全县共计122个村（居）委会。2003年11月，撤销恭城镇居委会，改设茶东、茶南、茶西3个社区居民委员会。2005年2月，成立栗木锡矿社区。同年年底，全县9个乡镇，下辖125个村级行政区，其中117个村民委员会，4个社区，4个街道居委会，2265个村（居）民小组。

社区建设　2003年11月，撤销恭城镇居委会，改设茶东、茶南、茶西3个社区居民委员会，65个居民小组。以县城十字街为界：沿县城主街道直上至城厢中学止，街道以东为茶东社区；东从拱辰东路至县卫生局办公楼止，西从拱辰西路至滨江苑开发区止，界线以南为茶南社区；沿县城主街道直上至城厢中学止，街道以西为茶西社区。社区组织体系由社区党组织、社区居民代表大会和社区居民委员会组成，任期3年。社区居民代表大会是社区的决策和监督机构，由社区居民依照规定程序推选产生。

2004年9月，成立栗木矿区管理委员会，为县人民政府直属事业单位，下设党政办公室、社会保障事务管理股、综合管理股、公共（后勤）服务管理股共4个职能股（室）。同年12月，栗矿管委会正式接收原栗木有色金属公司所办的社会职能，开始正常运作。2005年2月，在栗木矿区设立1个社区居民委员会，隶属于栗木矿区管理委员会管理。

村（居）委会换届选举　1995年，根据中共中央《关于为了减少管理层次，乡镇不再设置派出机构村公所的决定》，按照自治区党委、自治区人民政府的统一部署，12月10日至20日，全县进行撤村公所改为村委会工作，原117个村公所改为117个村民委员会，原以自然村（或片）设立的村委会自行撤销。村委会的干部，由村民小组长（原生产队长）投票选举。同年，全县117个村民委员会、4个居民委员会共121个村（居）委会有选民147887人，参选133136人，参选率90.02%。全县第一届村（居）委领导班子，共选出村（居）委干部601名，其中主任110名，副主任170名，委员321名。

1998年，《中华人民共和国村民委员会组织法》正式颁布。1999年7月，全县117个村民委员会、4个居民委员会共121个村（居）委会第一次以直接选举的方式选举第二届村（居）民委员会领导班子，即按照公开、公平、公正的原则，由村民按差额、不记名方式直接选举村（居）委干部。全县有选民172979人，参选167354人，参选率96.75%。共选出村（居）委干部590名，其中主任119名，副主任212名，委员259名。

2002年9月，采用直选方式选举第三届村（居）民委员会领导班子。全县117个村民委员会、5个居民委员会共122个村（居）委会有选民187389人，参选174827人，参选率93.3%。共选出村（居）委干部597名，其中主任120名，副主任219名，委员258名。

2004年1月9日，为茶东、茶南、茶西3个社区居民委员会第一届社区居委会成员选举日。3个社区共有选民13741人，经11074名选民投票选举，选出居民小组长65人，居民代表70人。经召开居民代表会议，选举社区居委会成员9人。其中，女性5人，占55%；中共党员4人，占44%；高中及以上文化程度6人，占66.67%。2005年4月8日，栗木矿区采取直接选举方式，选举产生栗木矿区第一届社区居民委员会，其组成人员为党总支书记1名，主任1名，副主任1名。

2005年6月，采用村民直选方式选举第四届村（居）民委员会领导班子。全县117个村委会、4个居委会共121个村（居）委会有选民157184人，参选152636人，参选率97.1%。共选出村（居）委干部688名，其中主任121名，副主任232名，委员335名。

民主管理　1991年5月，县委办公室、县人民政府办公室下发《关于开展村民自治示范村活动的通知》，以平安乡北溪村公所北溪村委会为全县村民自治示范村试点，抓好村委班子选举、坚持四项基本原则、密切联系群众、民主管理村务、维护村党支部的领导、带领群众治穷致富、依法履行公民义务、开创文明村（户）、“五好”家庭共9项工作的开展。其后，全县116个村公所均对照北溪村委会标准进行村民自治活动。2000年，结合村民自治在平安、恭城、莲花3个乡镇所辖村委会推行政务公开试点工作，2001年在全县铺开，对涉及群众利益的各项公益事业、集体土地、企业的承包等事项，各村委均采取召开村民代表议事会，采取一事一议的方法讨论决定，并定期公布上墙。2003年，117个村村务公开400多期，公开的内容主要是经监督小组和村民代表审查通过的重大村务活动方案、上级下发的救济款、物、农村最低生活保障金发放、村干部工资、村规民约、电价、电费收缴、定期补助、临时补助、财务收支、准生证发放、计划生育、征用土地和宅基地审批等涉及全体村民利益的大事，群众关心的热点问题。对其中的重大事项，村委会分事前、事中、事后公开，既让村民知道村务的决策情况，又让村民知道村务的实际过程，还让村民知道村务的办理结果。同年7月，开始农村税费改革，各村及时向群众公布税费改革政策和税改前后农民负担情况对比。在抓粮食常产和水果常产评估工作中，召开村民小组长、村民代表、村干部、税改工作队、农业专家会议进行评估，并将县人民政府批复后的粮食常产予以公布。同时，以村民小组为单位，对农户二轮承包土地面积、计税土地面积进行公布。由于村务公开工作做得细致、税改宣传到位、税改工作组工作到家，广大农户由最初对税费改革工作不甚理解逐渐变得理解比较透彻，由最初对税改工作组的入户调查工作心存顾虑、支持不够而变得疑虑消失、变得积极支持和主动配合，全县农税改革工作得以顺利开展。同年，洲塘、西岭、新街、建安、大山、势江、莲花、水滨、六岭、黄埠、东面、东寨村共12个村获“桂林市村民自治模范村”荣誉称号。

2005年，建立健全村务公开制度、民主决策制度、村级财务管理制度、民主评议干部制度、民主公开听证会制度、村务公开民主管理考核制度及村民会议制度、村民代表会议制度、村民代表联系户制度、“两委”联席会议制度等制度，提出创建“民主法治示范村”11条标准。全年117个村委会村务公开468期，恭城镇的洲塘村委员会、平安乡的新街村委员会、莲花镇的莲花村委员会获“自治区村民自治示范村”称号。

村委办公楼建设　2002年，无办公用房或办公用房无法维修继续使用的下山源等46个村委会被列入乡村办公用房建设项目。至2003年，全县共筹资298.55万元，其中自治区下拨230万元，新建50个村委会办公用房，均为两层以上砖混结构，总建筑面积10597平方米，村均211.94平方米。2005年年底，全县117个村，除蒲源、安冲、松林、白燕、泗安等8个村委会外，109个村委会建起两层以上砖混结构办公楼，办公用房总面积达15736平方米，其中砖混结构14016平方米。

第三节　救灾　救济

救灾

1989—2005年，恭城多次发生洪涝、干旱、暴风雨、冰雹冰冻等自然灾害，给人民群众的生产、生活带来极大的困难。自治县人民政府积极发动人民群众生产自救，并发放必要的救灾款物。17年间累计发放救灾款1955.6万元，救灾粮228.25万千克，救灾棉被6384床，衣裤13322件，鞋袜1080双。

抗旱救灾　1990年，遇历史上罕见的旱灾，正值晚稻生长期的8月1日至9月22日，雨量仅有4.3毫米。雨量之少、气温之高、蒸发量之大、日照之强均破解放后有记载的记录，全县30条大小河流断流，76处塘库干涸，1.85万人饮水困难。晚稻计划种植面积8410.67公顷，实插8230.33公顷，受旱面积达5511.67公顷，占实插面积的50.76%。因灾减产粮食848万千克，其中减产6成至8

成的 307.33 公顷，绝收面积 846.6 公顷，旱地粮食失收 39834 万千克，全年因灾减产粮食折合损失计 2492.8 万元。县、乡各级政府组织 510 人抗灾工作队深入抗旱第一线，动员 67 万人次投入抗旱工作。县、乡财政、水电部门及群众自筹抗旱资金 300 余万元，使用柴油机 1099 台、5060 马力，电泵 442 台、1170 千瓦，其他机具 2618 件，清修渠道 223.85 千米，拦河塞坝 149 条，打井 617 眼，缓解受旱晚稻面积 1840 公顷。

2003 年 6 月，恭城遭受特大旱灾，全县 9 个乡镇、117 个村委会都不同程度遭受旱灾。因旱造成火灾烧毁房屋 48 间，其中 3 户、15 间房屋烧得只剩几面残壁，所幸没有造成人员伤亡。据统计，水果受旱 1.87 公顷，有 2000 公顷晚稻田无水插秧，退耕还林苗木枯死 200 多万株，1853 公顷新育林受旱，毛竹成活率只有 45%。全县受旱人口 22.5 万人，大、小牲畜受旱 12 万多头，人畜饮用水非常困难，全县预计经济损失达 1.86 亿元。旱情发生后，县委、政府领导十分重视，把抗旱工作当成头等大事抓紧抓好。分别召开书记办公会议、县长办公会议、县四家班子会议研究抗旱救灾工作。全县召开两次抗旱工作会议部署抗旱救灾工作。桂林市副市长粟增林到恭城深入旱区，指导抗旱工作。县四家班子领导分别牵头带领县直单位领导深入抗旱第一线组织群众抓好抗旱工作，为群众解决抗旱实际困难。全县共抽派抗旱工作队 1500 多人，组织群众 10 余万人参加抗旱工作。全县共投入抗旱资金 1500 多万元，主要用于购买抽水设备。信用社放出农贷资金 2000 多万元；民政部门下拨救灾款 10 多万元，购买大米，救济缺粮户。全县共投入抗旱抽水机具共 15 万多台次，出动劳动 60 多万人次。

抗洪救灾　1994 年 6 月，全县遭受百年未遇的特大洪涝灾害，全县 9 个乡镇、117 个村公所有 15 万多人受灾，其中，特重灾民 29351 人，因灾死亡 10 人，农作物受灾面积 17008 公顷；因灾倒塌房屋 1455 间，一些水利设施及公路、桥涵等被摧毁，造成直接经济损失达 3 亿多元。特大洪涝灾害灾情发生后，当地政府迅速查清灾情上报。县政府组成 2 个工作组深入到重灾区察看灾情，指导抗洪救灾，动员灾区群众开展生产自救，互帮互助，重建家园。据统计，灾情发生后，共发放救灾款 32 万元，共救济灾民 5711 户、25702 人次。另外还购买 10 万千克大米储存在粮食局，用于解决灾民春节前生活安排和来年春荒群众缺粮的口粮救济，确保灾民有饭吃不挨饿。到 12 月月底，因灾倒塌的房屋全部建好，灾民新村点在 12 月 25 日前全部建成。同时，下拨救济粮款 7.8 万元到各乡镇。同年，桂林地委、桂林地区行署对抗洪救灾先进集体和先进个人进行表彰，莲花乡党委、政府、县武装部、西岭乡岛坪初级中学等被评为桂林地区抗洪救灾先进单位。

2002 年 6 月、7 月，全县遭受特大暴雨袭击，全县 9 个乡镇遭受不同程度灾害，累计受灾人口达 44.10 万人次、成灾人口 22.22 万人次，农作物受灾面积 30620 公顷，因灾倒塌房屋 1437 间，损坏房屋 28113 间，一些水利设施及公路、桥涵、通信及电路等被摧毁，造成直接经济损失达 34251 万元，造成 316 人无家可归，学校校舍被淹 3400 平方米，墙体变形，已成危房，致使 34 所学校、2787 名学生无法上课。县、乡各级政府组织人力、物力、车辆投入抗洪救灾。在 6 月 17 日晚的抢险中，共调动车辆 20 多部，组织麻袋 4000 多条，抽调抢险人员 3000 多人，及时解救被困群众，安置无家可归群众。洪灾发生后，全县干部职工捐款近 10 万元，动员灾区群众开展生产自救，互帮互助，重建家园。民政局共发放救灾款 77 万元，衣物、棉被等日常生活用品 3 万多件，救济 5 万多人次。上级党委、政府高度重视抗洪救灾工作，拨给救灾经费 118 万元，市级下拨救灾捐赠款 6 万元，自治区备灾中心捐赠救灾专用蚊帐 320 床、救灾专用被套 300 床、救灾专用棉胎 300 床、旧衣物 1 车（价值约 5 万元）。

2005 年 6 月 18 日至 22 日，降雨量达到 280 多毫米，山塘、水库暴满，大小河流山洪暴发，湖南江永梅冲水库泄洪。造成直接经济损失 13258 万元，其中农业直接经济损失 12043 万元。全县受灾 13.61 万人，因灾伤病 152 人，被洪水围困 8000 多人，被洪水围困村庄 6 个，造成饮水困难人口 1 万余人；全县农作物受灾面积 9621 公顷，农作物绝收面积 2210 公顷，毁坏耕地面积 248 公顷。水稻受灾 3815 公顷，玉米受灾 566 公顷，水果受灾 5240 公顷。鱼塘过水 73 公顷，因灾减产 380 万千克，损失口粮 250 万千克，损失种子 2.8 万千克。全县倒塌房屋 163 间，其中倒塌居民住房 159 间，105 户；损坏房屋 1400 间，房屋进水 4500 间，进水最深的达 1 米多；桥梁、道路严重受损，全县桥梁损坏 9 座。洪灾发生后，县委、县政府立即启动救灾防洪预案，召开相关部门的抗灾救灾紧急会议，按预案分工立即分赴抗洪第一线，组织群众抗灾救灾。全县紧急转移安置人口 5689 人。龙虎乡龙岭村岭尾屯夹心洲小村 300 多名村民被洪水围困，县委书记蒋洪、县长唐云舒亲临一线指挥解救被困群众，成功转移被困群众，并迅速做好安置工作。对集中转移安置的灾民送去蚊帐、毛巾毡、纯净水、面包及饼干等日用品和食品。

社会救济

20 世纪 90 年代中期，自治县委、县人民政府加大对农村、城镇弱势群体的救济力度。农村一类救济对象（即没有劳动能力，又无经济来源的孤老、孤残、孤幼等贫困户）实行定期定量救济，二类救济对象（即家庭年人均收入低于生活保障线 480 元的贫困户）实行临时救济，三类救济对象（即因意外事故或特重疾病以及当年灾害造成严重经济损失致生活低于最低保障线 480 元的家庭）给予一次性救济；城镇 A 类救济对象（即无劳动能力、无生活来源、无法定抚养人）给予全额保障，B 类救济对象（为患重病、残疾、子女正在上学、单亲、优抚对象等特殊家庭）给予重点保障适当倾斜，C 类救济对象为有劳动能力而无特殊情况的低保对象，保障其基本生活，鼓励其积极就业。

“五保”供养　县政府对于无劳动能力、无经济来源的居民，实行“五保”供养（保吃、保穿、保住、保医、保葬）。供养资金渠道为县乡财政分级负担。1989 年，全县共有“五保”户 783 户、823 人，每人每月生活费 10 元，口粮每人每年 300 千克。主要通过实行承包供养合同（其中，分户承包 547 户 575 人）落实供养。1997—2004 年，全县“五保”户人数为 792 人。随着经济发展和生活水平的提高，供养标准也不断提高，“五保”供养指标却基本固定不变，造成部分符合“五保”条件却未能享受“五保”供养。2004 年起，取消乡统筹，“五保”供养经费全部纳入县级财政预算，由县财政全额负担，但是“五保”供养指标仍为 792 人。2005 年 3 月，对农村应保对象进行重新核实，从低保金解决符合“五保”条件人口的救济金。全县新增扩保“五保”户 1130 人，共有“五保”户 1922 人，其中分散供养 1552 人，集中供养 370 人。

2005 年，调整“五保”户供养标准：分散供养每人每月 40 元，全年 480 元。集中供养的“五保”对象每人每月 143 元，全年 1716 元。集中供养“五保”户的供养经费 90 元为生活费，10 元零用，43 元为公用资金和备用资金。“五保”供养经费的来源渠道：分散供养的经费由县财政列入预算，集中供养经费在低保金中列支。

五保村建设　2001 年，恭城县启动五保村建设。2003 年，龙虎乡狮子村五保村、观音乡狮塘村五保村、平安乡新街村五保村、西岭乡杨溪村五保村、嘉会乡太平村五保村 5 个五保村建成，占地总面积 3301 平方米，建筑总面积 1430 平方米，设有床位 57 张，入住 49 人。建成的五保村均有相应的配套设施：厨房、卫生间、洗澡间、娱乐活动室，有的还建有沼气池，大部分五保村都建有菜地和绿地。民政部门和各级政府对入住“五保”老人的住宿、生活、娱乐、伙食费、零花钱发放、看病情况等进行定期不定期调查了解。

至 2005 年年底，全县共投资 200.79 万元建成 39 个五保村，占地总面积 21241 平方米，建筑总面积 9388 平方米，设置床位 397 张，收养“五保”老人 352 人。同年，遵循“以人为本，制度管理，自我服务，自我完善”的原则对五保村加强管理。已建成五保村的乡镇，均签好 3 个协议，即与村委签订协议，确保县、乡两级人民政府发给“五保”老人的基本生活费落实到位，村委会则负责各项管理措施的组织实施；与入住老人的协议，确保“五保”老人承包的土地、果园、林业等的承包权益，所得收入仍归老人所有，作为“五保”老人生活来源的重要渠道；与“五保”老人亲友签订的协议，重点明确亲友的责任与义务，使“五保”老人大病、身故等大事有人料理。村委会指派1名干部负责五保村的管理，在入住的人员中选出五保村管理员，负责五保村的日常事务，并接受村委会和乡镇民政办的监督指导。各五保村按规定建立和完善各项规章制度，即《五保村管理小组职责》《五保村村民守则》《五保村卫生制度》等。在伙食方面，规定统一的伙食标准，即每月每人补助生活费90元，每人每月零用钱10元。

2005年年底恭城瑶族自治县五保村基本情况一览表

表15-1

乡镇	五保村名	占地面积（平方米）	建筑面积（平方米）	床位数（张）	入住人数（人）	竣工时间	入住时间
龙虎乡	狮子五保村	300	200	10	9	2003年11月	2003年12月
	龙岭五保村	350	271	10	9	2005年11月	2005年11月
恭城镇	古城五保村	500	250	10	10	2004年12月	2005年1月
	化育五保村	500	250	10	10	2005年1月	2005年3月
	门楼五保村	450	220	10	10	2005年12月	2005年12月
	乐湾五保村	450	220	10	10	2005年12月	2005年12月
莲花镇	笔山五保村	500	300	8	5	2005年12月	2005年12月
	势江五保村	400	250	12	10	2005年12月	2005年12月
	东科五保村	120	240	10	10	2005年7月	2005年8月
	坪岭五保村	405	215	10	10	2005年9月	2005年10月
	老君堡五保村	500	220	10	10	2005年9月	2005年9月
	湖山五保村	400	250	10	0	2005年12月	—
	东寨五保村	350	150	8	8	2005年12月	2005年12月
	岩口五保村	300	200	8	10	2005年12月	2005年12月
	龙围五保村	400	200	10	9	2005年12月	2005年12月
	蒲源五保村	400	200	10	9	2005年12月	2005年12月
三江乡	三江五保村	500	300	12	0	2004年12月	—
	安冲五保村	400	240	10	3	2004年12月	2004年12月
观音乡	狮塘五保村	590	220	12	10	2003年9月	2003年10月
	水滨五保村	580	190	12	10	2004年9月	2004年11月
平安乡	新街五保村	600	330	10	10	2003年11月	2003年12月
	绚马坪五保村	350	260	10	10	2005年11月	2005年12月
西岭乡	西岭村五保村	870	270	10	10	2004年10月	2005年3月
	黄滩五保村	1160	240	10	10	2004年12月	2005年8月
	新安五保村	245	242	10	10	2005年12月	2005年12月
	杨溪五保村	911	360	10	10	2003年12月	2004年1月
	挖沟五保村	810	220	10	10	2005年12月	2005年12月

续表 15-1

乡镇	五保村名	占地面积（平方米）	建筑面积（平方米）	床位数（张）	入住人数（人）	竣工时间	入住时间
栗木镇	马路桥五保村	550	300	10	10	2004 年 12 月	2005 年 1 月
	上宅五保村	350	250	10	10	2005 年 6 月	2005 年 7 月
	泉会五保村	350	230	10	10	2005 年 7 月	—
	建安五保村	320	210	10	10	2005 年 12 月	—
	五福五保村	330	210	10	10	2005 年 12 月	—
嘉会乡	嘉会村五保村	700	220	10	10	2005 年 12 月	2005 年 12 月
	秧家五保村	700	220	10	10	2005 年 12 月	2005 年 12 月
	泗安五保村	600	220	10	10	2005 年 12 月	2005 年 12 月
	太平五保村	900	320	15	10	2003 年 12 月	2003 年 12 月
	白燕五保村	800	220	10	10	2004 年 12 月	2004 年 12 月
	白羊五保村	1500	250	10	10	2004 年 12 月	2004 年 12 月
	共和五保村	800	230	10	10	2004 年 12 月	2004 年 12 月
合计	39 个	21241	9388	397	352	—	—

最低生活保障　1996 年，成立县农村生活最低生活保障制度领导小组。1997 年，暂定全县最低生活保障线为 480 元（指人均年收入低于 480 元），救济资金主要由县、乡镇财政分级负担、管理，建立专户，实行专款专用。1999 年，将县财政所负担的保障救济金 24.5 万元列为社会救济保障基数，正式启动农村最低生活保障工作，是年全县农村居民最低生活保障户 50 户、164 人，共发放最低生活补助金 27.31 万元。1999—2005 年，全县共发放农村居民最低生活保障 26810 户、61342 人，共 853.03 万元。

1999 年，开始城镇居民最低生活保障工作，低保标准为每人每月 150 元。是年，有最低生活保障户 74 户、224 人，共发放最低生活补助金 40.36 万元。2001 年，栗木锡矿最低生活保障户划入恭城县管理。同年，全县有最低生活保障户 678 户、2089 人，共发放最低生活补助金 67.69 万元。2003 年，成立最低生活保障工作领导小组，按照“个人申请，居委会或单位入户核实，居民代表或单位职工代表评议、张榜公布拟最低生活保障人员名单、乡镇政府复核、县级政府部门审批、再次张榜公布拟最低生活保障人员名单、每季重新审核一次”的要求，坚持公开、公平、公正的原则，办理城镇居民最低生活保障户手续。同年，全县有最低生活保障户 1970 户、4924 人，共发放最低生活补助金 354.58 万元。2005 年，制定《恭城瑶族自治县低保工作实施方案》，对企业改组改制和下岗失业人员中的贫困人员，按照“应保尽保”的要求，严格按申请、调查核实、两次张榜公示、复核及审批等程序，核定全县有最低生活保障户 24651 户、54251 人，共发放最低生活补助金 271.27 万元。

在城镇居民最低生活保障资金管理中，县财政、民政部门分别建立城镇居民最低生活保障资金管理专户，实行专款专用。2001—2004 年，上级财政下拨最低生活保障补助金共计 858.91 万元，县财政拨入配套最低生活保障补助金共 220.78 万元。1999—2005 年，全县累计最低生活保障户数为 30757 户、65951 人，累计发放最低生活补助金 1266.83 万元。

“两属两户”救济　1989—2005 年，恭城民政部门对全县的烈属、军属、“五保”户、困难户等“两属两户”居民治病难、生活难、住房难等方面持续实施救济，累计发放救济款 1234.64 万元，年平均 72.64 万元；救济粮 45.5 万千克及大量棉被、蚊帐及衣物等物资。另外，县民政部门、乡镇人民政府承担保费为救济对象的房产等财产购买保险。

其他救济　对于因重大疾病和因意外灾情造成的特殊困难户，民政部门进行定向拨款救济。对于春夏荒期间生活困难的群众，则主要采取发放粮食和其他生活用品的方式救济。1989—1993 年，共计发放救济款 65 万多元，救济粮 34 万多千克，救济 4 万多人次。1994—1998 年，共向上级争取各种资金 853.5 万元，救济 12.93 万人次。2000 年，对城镇居民人均月收入不足 100 元的特困居民给予最低生活保障救济；帮助灾民和困难群众重建（维修）房屋 153 间、3060 平方米。2001 年，开始实行救助卡登记制度，民政部门将全县缺粮户、缺粮人口、数量等救济对象进行登记发卡，据卡发放领取救济款和物资。2001—2005 年，共下拨 256.76 万元救济粮款到 9 个乡镇扶持灾民进行生产自救，安全度过春荒。

社会救助

2005 年，县人民政府颁布《恭城瑶族自治县农村医疗救助实施办法（试行）》，设立农村医疗救助基金专户，财政局及时将上级下拨的农村医疗救助基金划拨到基金专户，全县农村医疗救助工作正式启动。卫生局负责农村孕产妇建卡立档，在孕产妇住院分娩时就给予救助。其他对象农村医疗救助工作的开展，主要采取：本人申请，填写《农村医疗救助申请表》，提供医院诊断说明书和医院收款收据、村委会初审意见，乡镇民政办调查意见并提出拟救助金额，民政局通过救济股整理申请材料进行核实，提出救助意见报民政局财经小组核批（原则上每个月审批一次），然后通过乡民政办具体发放。全年共救助 339 人，其中“五保”户 18 人，优抚对象复退军人 6 人，特困户 85 人，贫困孕产妇 230 人；共发放救助资金 60910 元。

第四节　老年人工作

人口老龄化

1990 年，全县 60 周岁及以上老年人口数 22472 人，占总人口的比重（老年系数）为 8.43%，与 1982 年第三次人口普查相比，老年系数从 1.27% 上升至 8.43%，8 年间平均增长 1.87%，高于桂林地区平均增长 1.65% 的 0.22 个百分点；65 周岁及以上老年人口数 14457 人，占总人口 5.42%，与 1982 年相比高出 0.69 个百分点。2000 年，全县 60 周岁及以上老年人口数 32035 人，占总人口的比重（老年系数）为 11.72%，与 1990 年第四次人口普查相比，老年系数从 8.43% 上升至 11.72%，高于桂林市 8.28% 的 3.44 个百分点；65 周岁及以上老年人口数 21775 人，占总人口 7.97%，与 1990 年相比高出 2.55 个百分点。由此可见，2000 年，恭城县老年人口所占比例已达到一定值的比例（65 周岁达到 7% 或 60 周岁达到 10%），进入老龄化社会。

老年人权益保障与优待

围绕“老有所养、老有所医、老有所学、老有所教、老有所为、老有所乐”的工作要求，县老龄办公室协调各有关部门，动员社会力量，多渠道保障老年人权益。1989 年，在莲花、栗木等乡镇组建老龄组织。1990 年 4 月，为配合将在 5 月 1 日开始施行的《广西壮族自治区保护老年人合法权益的规定》，开展 1 个月的宣传活动。1991 年，莲花乡老年协会发展成为县内最大的基层老年协会，共有会员 253 人，21 个小组，会员遍及全乡 24 个行政村。1993 年，9 个乡镇先后成立老龄工作委员会，推动基层老龄组织的发展。1994 年，全县已成立 113 个村级老年协会，在莲花乡成立县内第一所老年学校，共有学员 90 名，开设时事政治、农业技术及卫生保健等科目。1995 年，全县 117 个村委会全部成立老年协会，宣传老年法规，调解家庭纠纷，组织老年人开展各项有益活动。基本养老保险制度已初具规模，广大离退休人员的生活费得到基本保障。全县 874 名“五保”老人按集体供养和分户承包供养两种方式得到老有所养。县中医院开设 10 张老干部病床，县医院、中医院在县城各设立 2 个门诊部，为老年人住院看病提供方便。1996 年，县委办公室、政府办公室制定下发《恭城瑶族自治县老龄工作五年发展规划》（1996—2000 年）。1998 年，贯彻新颁布的《中华人民共和国老年人合法权益保障法》，加强农村基层老龄组织建设，按照老年人的姓名、性别及出生年月等建立较为全面的老年人档案。1999 年 9 月，县老年大学成立并举行开学典礼，开设诗联班、奇石花卉书画班、拳剑音乐舞蹈班等 11 个专业班，桂林市委老干部局局长、自治县委书记、县长、人大常委会主任等出席会议。同年，开始为 70 周岁以上老人办理“寿星优待证”，年内办理 200 多本。2004 年，县委办公室、政府办公室制定下发《恭城瑶族自治县老龄事业发展“十五”计划》（2001—2005 年），设立老年人法律咨询中心，开设老年人服务热线电话，帮助需要获得律师及其他法律帮助的老年人获得应有的权力。同年，开始为 60 周岁以上老人办理“老年人优待证”，协助签订《家庭赡养协议书》808 份。2005 年，农村、城镇居民最低生活保障制度已趋完善，机关、事（企）业离（退）休人员基本养老金 100% 按时足额发放；全县共建成 39 个五保村，1922 名“五保”老人分别得到分散供养和集中供养；17 名百岁老人，由县财政按每人每月 40 元发给百岁老人高龄补助。至年底，全县累计 3100 人领取“寿星优待证”、800 多人领取“老年人优待证”，充分享受老年人的有关优待规定，如在县内各类医疗机构就医，享受优先就诊、化验、检查、交费及取药等的优待，县内公共汽车设有老年人专座，图书馆及文物部门对老年人实行免费优待等。

老年文体活动

1989 年，在县城建成老年门球场和老年活动中心，成立老年人体育协会和老年人书画研究会，在“九九”重阳节开展门球、象棋、扑克及大字牌等文体活动。1995 年，全县 117 个村委会全部成立老年体协，组织行政村范围内的老年人适时开展各项文体活动。1997 年，县城的第一个室内门球场建成。2004 年，投资 10 多万元在县城烈士纪念馆增建一层作为老年活动中心。

1989—2005 年，除县、村级老年体协适时开展各项文体活动，每逢春节、国庆节、重阳节，县财政下拨专项经费由县老龄委组织老年人进行各种竞赛活动和大型游园活动。竞赛活动主要有大字牌、扑克、象棋、麻将、门球、乒乓球、投篮及健身操等，大型游园活动有套活鸭、打锣、运球、猜谜、飞镖及钓鱼等 10 多个项目。1991 年，共举办篮球、门球、棋牌比赛 18 次。1993 年，举办大字牌、扑克、象棋、麻将、门球比赛，参加人数近 2000 人次。1998 年，举办“公路杯”“国税杯”“水电杯”“敬老杯”系列门球赛，参加人数达 2000 多人次。2000 年 6 月，县老年门球队参加桂林市“双拥杯”门球赛获第一名；10 月，代表广西参加在上海举办的第三届亚洲门球锦标赛。2004 年，举办老年人门球赛 10 次、大字牌比赛 5 次、文艺演出 6 次。2005 年，举办飞镖、击锣等 10 多个项目的老年人游园活动和中国象棋、跳棋、大字牌等棋牌比赛，县老年文工团参加桂林市老年人文艺会演，获得优胜奖。

第五节 社会 福利

福利彩票

1990 年，开始发行销售即开型福利彩票，每张面值 2 元，奖金返还率 50%，同年完成 20 万元有奖募捐，积累发展社会福利事业资金3.9万元。彩票额由少到多，从开始一次卖5万张10万元或10万张20万元的小奖组，发展到1995年的一次卖150万张300万元的大奖组。至2003年，福利彩票销售面额共计1304.5万元，为创办社会福利事业筹集资金251.2万元。所筹集到的资金用于兴建县老年公寓，嘉会、西岭、莲花及栗木等乡镇敬老院。

福利机构

敬老院　1994年，利用销售有奖募捐返还的资金建成莲花敬老院。2005年，已建成入住的乡镇敬老院有莲花镇敬老院、栗木镇敬老院、西岭乡敬老院、平安乡敬老院、龙虎乡敬老院，总建筑面积2366平方米，床位65张，已入住"五保"老人43人。每个敬老院建有宿舍、食堂、餐厅、储藏室、娱乐室、阅览室，配有生活液化气、人力车、彩色电视机、洗衣机、沙发、抽水机及自行车等。院民各住1个单间，院内设专职管理人员1人，负责院内具体管理，如煮饭、打扫卫生、种蔬菜及喂养生猪等。

2005年年底恭城瑶族自治县乡镇敬老院基本情况一览表

表15-2

名称	占地面积（平方米）	建筑面积（平方米）	床位（张）	入住数（人）	供养标准（元/月）	建成时间
莲花镇敬老院	110	550	10	9	310	1994月11月
西岭乡敬老院	912	283	10	6		2003月4月
平安乡敬老院	800	550	20	12		2003月6月
栗木镇敬老院	580	342	15	9		2005月1月
龙虎乡敬老院	330	641	10	7		2005月1月
合计	2732	2366	65	43	—	—

老人公寓　恭城老年公寓建于1991年1月，1992年10月竣工，总投资63万元。公寓占地6000平方米，建筑面积1542平方米。主体工程为2层，共25个房间、50个床位，配有食堂、餐厅、储藏室，另有职工宿舍8套，为两房一厅一厨，设有阳台、卫生间。公寓引入民间投资进行装修，设有饭店、招待所、卡拉OK厅歌舞厅及健身房等；院内设有养鱼池、果园、停车场。公寓成为集养老、游玩、观赏、娱乐、避暑于一身的场所。2002年，恭城老人公寓获得自治区福利基金项目的支持，进行维修。2005年，公寓入院4人。

残障儿童社会福利

1986年起，在全县各乡镇落实"三残"（智残、听残、视残）儿童少年就近随班就读。1992年，县政府把7～15周岁"三残"儿童、少年纳入普及九年义务教育的轨道，对全县"三残"儿童、少年全面调查摸底、登记造册，进一步加强适龄"三残"儿童、少年入学随班就读的工作。1993—1994学年度，全县"三残"儿童、少年入学共63人，入学率62.9%。根据国务院《关于发展特殊教育的若干意见》，1994年9月，在县直第二小学创办特殊教育班1个，由县教育局、民政局分别拨款3200元和3000元，招收学生8人，全免学杂费和书本费，配备经自治区专门培训的专职特教教师1人、兼职教师2名、生活教师2名。1997年，实施"金钥匙工程"，西岭乡学生廖梅红被评为当年自治区"金钥匙之星"，与县直第二小学生赵小锋获得北京金钥匙视障研究中心发放的每人每月30元的视残生资助。至2005年，特殊教育班毕业学生共30人。2004—2005学年度，全县"三残"儿童、少年入学共36人，入学率91.7%。

慈善会活动

2005 年 3 月，成立恭城县慈善会，是年年末有会员 62 名。慈善会设会长 1 名，副会长 3 人，首任会长赵新华。慈善会成立后，加拿大文化更新研究中心行政总裁袁杜蜜惠与广西慈善总会领导对恭城的贫困学生和贫困教师进行实地考察。其后，加拿大文化更新研究中心与广西慈善总会决定从 2005 年 9 月 1 日至 2008 年 8 月 31 日在恭城实施助学助教项目。该项目从 2005 年 9 月 1 日至 2008 年 8 月 31 日资助贫困教师 100 人完成本科学历，每人资助 3000 元，资助经费按学期发放；从 2005 年 9 月 1 日至 2007 年 8 月 31 日，资助贫困教师 10 人完成研究生学历，每人资助 1 万元，资助经费按学年发放；从 2005 年 9 月 1 日至 2008 年 8 月 31 日，资助贫困学生 100 人，完成初中、高中学业（初中生每人 2400 元，高中生每人 3000 元），资助经费按学期发放，项目资助总额共计 70 万元。

第六节 优抚安置

优抚

1989—2005 年，全县优抚工作贯彻“以群众优抚为主，国家补助为辅”的原则，每年元旦、春节和“八一”建军节，县乡开展拥军优属活动，组织青少年敲锣打鼓，慰问烈军属及驻军，赠送“光荣之家”红横幅、年画、慰问信及慰问品等。共支出拥军优属优抚金 525.47 万元。

烈士褒扬 1989 年，全县共有革命烈士 146 名。1990—2005 年，追认王正凯、潘华为革命烈士，全县共有革命烈士 148 名。

全县有 1 座烈士陵园，是为纪念 1950 年“1·25”恭城保卫战献身的英烈而建。烈士陵园位于县城文庙岭，由革命烈士纪念塔、革命烈士墓、革命烈士纪念碑亭和革命烈士纪念馆组成，占地总面积 1.33 公顷，建筑总面积约 4200 平方米。1950 年建成后，于 1988 年、1992 年、1995 年、2000 年、2003 年做 5 次维修，共投资约 146 万元。1990 年 4 月，由县公安局、民政局、教育局、城镇绿化委员会及恭城镇人民政府联合订立《烈士陵园公约》。1994 年 8 月，被自治区人民政府批准为自治区重点烈士纪念建筑物保护单位。1995 年 12 月，成为自治区级爱国教育基地。有专职管理人员 1 名，聘请管护人员 1 名。每逢清明节，区内外慕名祭扫烈士墓共数千人。县内的县直机关、企事业党组织常组织党员在烈士墓前举行重温入党誓词活动和新党员入党宣誓仪式。

抚恤 凡烈士家（遗）属、因公牺牲军人遗属、病故军人遗属（以下简称“三属”）以及伤残军人、失散老红军，根据国家民政部门相关政策，可享受定期定量抚恤金。1989—2005 年，全县共发放抚恤金 102.3 万元。

“三属”抚恤。1989 年，“三属”享受的定期定量抚恤金标准每人每月分别为农村 40 元、城镇 50 元。1993 年 3 月，提高到 50 元、60 元。1994 年 1 月，提高到 55 元、65 元。1995 年 1 月，提高到 60 元、70 元。1996 年 7 月，提高到 65 元、75 元。1998 年 1 月，提高到 73 元、83 元。1999 年 1 月，提高到 100 元、110 元。2000 年 1 月，提高到 120 元、130 元。2001 年 1 月，提高到 140 元、150 元。2002 年，提高到 165 元、190 元。2003 年 9 月，提高到 190 元、255 元。2004 年 10 月，抚恤金标准调整为烈属每人每年城镇 4200 元、农村 2640 元，因公牺牲军人遗属每人每年城镇 3900 元、农村 2520 元，病故军人遗属每人每年城镇 3600 元、农村 2340 元。

1989 年，全县抚恤“三属”70 户、88 人。2005 年，55 户、72 人，其中烈属 63 人，病故军人家属 9 人。

伤残抚恤。1989 年，全县伤残军人共有 79 人，其中一等 2 人；其抚恤金标准分别为特等每人每年1100～1200元，一等860～1020元，二等272～740元。1991年1月，抚恤金标准分别为特等每人每年1440～1560元，一等1060～1260元，二等554～920元，三等342～416元。2000年1月，抚恤金标准分别为特等每人每年5840～6000元，一等4340～4600元，二等1560～2480元，三等930～1050元。2003年7月，抚恤金标准分别为特等每人每年9800～9960元，一等7420～7680元，二等2480～3880元，三等1390～1560元。2004年10月，抚恤金标准分别为特等每人每年9200～11200元，一等6000～8960元，二等3600～5600元，三等960～3360元。2005年，全县伤残军人共有69人，其中一等2人。

红军失散人员抚恤。1989年，全县有失散老红军2名，抚恤标准为每人每月20元。1992年，抚恤标准为每人每月32元。1994年，抚恤标准为每人每月45元。1995年，抚恤标准为每人每月55元。1996年，抚恤标准为每人每月70元。1998年，抚恤标准为每人每月80元。1999年，抚恤标准为每人每月90元。2000年，抚恤标准为每人每月110元。2002年，抚恤标准为每人每月130元。2003年7月，抚恤标准为每人每月150元。2005年年底，全县有失散老红军1名。

义务兵家属优待。1988年，开始实行普遍优待农村、城镇义务兵家属制度，其标准为农村义务兵家属500元、城镇义务兵家属250元。1989年，按照“拥军优属，人人有责”的规定，干部职工每人每年统筹1元，农业人口统筹金折粮纳入征购粮内。是年，共筹16.06万元，优待义务兵家属255户、12.71万元。1994年7月，县人民政府制定下发《恭城瑶族自治县军人抚恤优待规定》，优待金标准提高到农村义务兵家属600元、城镇义务兵家属260元。同年，共筹19.73万元，优待义务兵家属351户、19.53万元。1995年，优待金标准提高到农村义务兵家属650元、城镇义务兵家属300元。1997年，优待金标准提高到农村义务兵家属800元、城镇义务兵家属400元。1998年，优待金标准提高到农村义务兵家属1200元、城镇义务兵家属500元。2000年起，农村义务兵家属优待增至1500元、城镇义务兵家属增至500元。2001年，优抚统筹标准调整为农村人口、城镇居民每人每年6元，机关、学校、企事业单位干部、职工8元。2005年，优待军属526户、资金27.7万元，优待金标准、优抚统筹标准不变。

1989—2005年，全县共发放义务兵家属优待金462.86万元。

复员军人定补　1987年，开始对复员军人发给定期定量补助。1990年，扩大复员军人定补，累计定补498名，占复员军人总数的87.66%，1951年5月月底以前入伍的全部给予定补。1995年，全县享受定补的复员军人672人，定补标准农村每人每月由原定补标准23元提高到35元，城镇由原27元提高到44元；带病回乡退伍军人农村每人每月由原来的16元提高到28元，城镇由原来的30.5元提高到47.5元。后经数次调整，1999年，月定补标准按抗日战争时期、解放战争时期、解放后入伍分别为农村的为54元、52元、50元，城镇的为64元、62元、60元，属孤老的增发提高部分的50%。2002年，在乡复员军人按入伍时期，分别提高生活补助70元、50元、40元，带病回乡退伍军人在原补助的标准上提高到110元。2004年7月，提高在乡复员军人和带病回乡退伍军人定期定量补助，在原补助标准的基础上每人每月增加10元。2005年，在现行年标准的基础上，在乡复员军人的定期定量生活补助标准每人每年提高500元。

1989—2005年，共发放复员退伍军人定期补助114510人次，补助总金额549万元；临时补助10942人次，补助总金额74.7万元。

“爱心献功臣”活动　1999年，全县老革命烈士家属、老革命伤残军人、老复员军人（以下简称“三老”）等优抚对象738人中，有住房难24人、生活难619人、治病难95人。为解决他们的实际困难，自治县委在全县开展了“爱心献功臣”活动，孤寡“三老”对象由所在村党支部、村委实行包户服务，其他的“三老”对象由党政机关、企事业单位包户帮扶；9个乡镇卫生院各负责包治1～2名“三老”治病难对象；二等乙级以上伤残军人享受公费医疗待遇，医疗费实报实销；烈属、带病回乡复员退伍军人按政策规定实行医疗费减免。是年，县财政拨款11.8万元、社会资助3.6万元，医疗费减免0.98万元，为“三老”解决住房、生活及看病等方面的困难。

光荣院 2003年8月，在县城南郊始建县光荣院，于2004年年底建成，共投入资金107万元。光荣院距县城1.5千米，占地面积3000平方米。主体建筑为砖混结构3层楼房，面积823平方米，计有四室一厅一厨6套、单人间12间，共设有床位36张，另设有健身房、娱乐室、阅览室，是集养护、托管、医疗、康复为一体的综合型服务收养机构。收养对象为无子女、无劳动能力、无生活来源的孤老烈属、孤老残疾军人、孤老复员军人及孤老退伍军人。2005年6月，将符合收养条件的12名孤老复员军人接到光荣院入住，落实专人管理，供养标准为每人每月350元。

图15-1 建成于2004年的县光荣院（县民政局提供）

安置

1989—2005年，根据国务院有关规定，农村义务兵退伍安置原则是“从哪里来回哪里去”，一律动员回到农村从事农业生产，城镇义务兵根据需要和可能，适当地安排劳动就业。20世纪90年代起，在政府机构改革、厂矿企业不景气，用人量减少而安置任务重、难度大的情况下，对城镇退伍兵、转业干部的安置采取“供需见面，双向选择”的办法，组织安置对象写好“自我介绍书”，由县安置办公室向用人单位推荐录用。2000年起，国家对城镇退役士兵安置政策提倡实行“自谋职业，经济补偿”的安置方式，鼓励退伍兵自谋职业，并发放一次性有偿安置金，补偿金为每人1万元。2005年，补偿金以2万元为基数，军龄每年补助1500元。

1989—2005年，共接收复员退伍军人1449人，其中安置到城镇机关、企事业单位342人，占23.6%；自谋职业31人，占2.1%；回乡1076人，占74.3%。

第七节 社会事务 民间组织

婚姻登记

1989年，县内婚姻登记处设在9个乡镇人民政府，由各乡镇民政助理兼任婚姻登记员。2004年10月1日，正式使用民政部婚姻登记电脑软件管理登记信息档案。2005年，根据新的《婚姻登记条例》进行婚姻管理改革，全县婚姻登记和服务集中县城统一办理。3月，在县民政局成立县婚姻登记处；6月，全县婚姻登记业务集中到县婚姻登记处办理。

结婚登记 1989—2005年，全县结婚登记36184对。其中1995年、1998—2003年、

图15-2 2005年，县民政局的婚姻登记工作现场（县民政局提供）

2005 年不到 2000 对，其余年份均超过 2000 对；最少 2002 年为 1677 对，最多 1992 年为 2570 对，平均每年为 2128 对。

离婚登记　1989—2005 年，全县办理离婚登记 1962 对。最少 1990 年为 27 对，最多 1999 年为 232 对，平均每年 115 对。

收养登记

1999 年，全县统一规范收养登记工作，使用统一的申报表格、证明材料和收养登记证。从 2000 年4月起，县民政局开始办理收养登记业务。是年，共办理收养登记5例，被收养人均为弃婴、儿童，其中女性 4 人，男性 1 人；收养人为无子女的夫妇。

2001 年，自治县民政局共办理收养登记 8 例，被收养人均为弃婴、儿童，女性 5 人，男性 3 人；收养人为无子女的夫妇 7 例，单身男性 1 例。2002 年，自治县民政局共办理收养登记 6 例，被收养人均为弃婴、儿童，女性 5 人，男性 1 人；收养人为无子女的夫妇 5 例，单身男性 1 例。2003 年，自治县民政局共办理收养登记 24 例，被收养人均为弃婴、儿童，女性 16 人，男性 8 人；收养人为无子女的夫妇 17 例，单身男性 7 例。2004 年，自治县民政局共办理收养登记 34 例，被收养人均为弃婴、儿童，女性 29 人，男性 5 人；收养人为无子女的夫妇 23 例，单身男性 11 例。2005 年，自治县民政局共办理收养登记 18 例，被收养人均为弃婴、儿童，女性 12 人，男性 4 人；收养人为无子女的夫妇 13 例，单身男性 5 例。

2000—2005 年，全县共办理收养登记 95 例，其中 1 例事后经司法程序解除收养关系。

民间组织

1989 年以前，社会团体登记都由民政部门负责，但登记不规范，漏登记的情况严重。1991 年年底，根据国务院《社会团体登记管理条例》对县内各类社会团体进行补办登记手续。经审核，对摸底统计的 27 个社团，免予登记 12 个，撤销解散 4 个，予以登记社团数为 11 个：县卫生协会、医学会、柑橘技术协会、土木建筑学会、老年人体育协会、气功研究会、畜牧水产学会、个体劳动协会、花鸟协会、计量协会、计生协会。

1992—2005 年，经审核准予登记的社团计有 11 个：县水电工程学会（1992 年），县元极学研究会（1995 年），县党建研究会、恭城镇月柿协会、县农村产业党群互助联合会、县青年中心、县兰花协会、县婚姻家庭协会（2004 年）、县瑶族研究学会、县慈善会、红岩生态月柿协会（2005 年）；准予撤销的社团计有 8 个：县气功研究会、元极学研究会、土木建筑学会、医学会、畜牧水产学会、柑橘技术协会、花鸟协会（2000 年）、水电工程学会（2002 年）。

2005 年年底，全县社团有县卫生协会、老年人体育协会、个体劳动协会、计量协会、计生协会、党建研究会、农村产业党群互助联合会、青年中心、兰花协会、婚姻家庭协会、瑶族研究学会、慈善会、恭城镇月柿协会、红岩生态月柿协会共 14 个。

殡葬

1990 年，县人民政府下发《关于积极推行火葬实施方案（草案）》，将县城内的县直（含恭城镇）国家机关、企事业单位干部、工人（含离、退休干部、工人）、城镇居民及靠近平乐县的莲花乡直机关、企事业单位（含县辖厂矿）干部、工人及街道非农业人口死亡者列于推行火葬范围。但因恭城属于少数民族地区，传统的殡葬习俗难以改变。至 2005 年年底，县内死者仍多数沿袭土葬，极少数在平乐县火葬场火化，殡葬之事均由死者单位和其亲属共同办理，农村人口由家属及家族处理。

第八节 地名管理

地名标准化

1982年，将县城以县汽车站为中心新建的4条街道分别命名为茶江东路、茶江南路、茶江西路及茶江北路；将和平公社等22个公社、街、大队名重新更名。1991年，将位于茶江西路区域内新建的1条街道命名为印山街。1997年，命名县城新建的民秀路等7条街道。2004年，命名茶南、茶东、茶西社区，将县城茶江东路更名为汇源路。2005年，命名栗木锡矿社区，更改地名493个。

1982—2005年恭城瑶族自治县地名新命名情况一览表

表15-3

序号	新命名	街道起点	街道终点	命名时间
1	茶江东路	恭城车站	金芝寺	1982年
2	茶江南路	恭城车站	县城十字街	1982年
3	茶江西路	恭城车站	西河大桥	1982年
4	茶江北路	恭城车站	外贸、城厢中学	1982年
5	印山街	茶西路县石油公司东侧路口	石板路	1991年
6	明秀路	中国人民银行恭城分行	新党校	1997年
7	民乐路	建筑安装公司岔路口	狮子头	1997年
8	燕新路	燕岩大桥南桥头	平安乡新街岔路口	1997年
9	城中西路	县水电局	县木材加工厂	1997年
10	茶西路	汽车站	叫化祖	1997年
11	西河路	县水泥厂	西河大桥	1997年
12	园林路	城镇供销社岔路口	县体育场	1997年
13	茶南社区	以县城十字街为界，东从二十四米街至县卫生局办公楼止，西从拱辰西路至滨江苑开发区止，界线以南为茶南社区		2004年
14	茶东社区	以县城十字街为界，沿县城主街道直上至城厢中学止，街道以东为茶东社区		2004年
15	茶西社区	以县城十字街为界，沿县城主街道直上至城厢中学止，街道以西为茶西社区		2004年
16	栗木锡矿社区	栗木矿区管委会所辖范围		2005年

1982—2005年恭城瑶族自治县地名更名情况一览表

表15-4

序号	原名	更改名	所属行政区域
1	和平公社	平安公社	恭城县
2	文革街	太和街	恭城镇
3	兴无街	兴隆街	恭城镇
4	建设街	吉祥街、拱辰街	恭城镇

续表 15-4

序号	原名	更改名	所属行政区域
5	红星街	太平街	恭城镇
6	红星大队	西河大队	恭城镇
7	光明大队	天堂大队	城厢公社
8	红星大队	下山源大队	和平公社
9	红源大队	北洞源大队	和平公社
10	五星大队	老君堡大队	莲花公社
11	红星大队	安冲大队	三江公社
12	加会公社	嘉会公社	恭城县
13	红旗大队	太平大队	嘉会公社
14	苏福大队	豸游大队	嘉会公社
15	红光大队	苏陂大队	嘉会公社
16	新林大队	松林大队	嘉会公社
17	东风大队	费村大队	西岭公社
18	永红大队	五福大队	栗木公社
19	立新公社	观音公社	恭城县
20	立新大队	观音大队	观音公社
21	杨梅大队	洋石大队	观音公社
22	新文大队	狮塘大队	观音公社
23	茶江东路	汇源路	恭城镇

地名普查与补查

1981 年 10 月至 1982 年 5 月，开展全县地名普查工作。共普查各类地名 2078 条，其中行政区划和各类居民点 1674 条，独立存在的并具有地名意义的各专业部门 77 条，纪念地、名胜古迹和其他重要人工建筑物 71 条，自然地理实体 256 条。新增加地名 205 条，删去废村 120 条，无名街道新命名 4 条，标准化处理 123 条。同时本着尊重历史、地理特征和保持地名的稳定性，对“文化大革命”以来更改的地名和街名，基本上都恢复原来名称。

1982 年地名普查后恭城县行政区划标准名称一览表

表 15-5

公社标准名称	大队标准名称
恭城镇	恭城镇街道办事处、西河大队、江贝大队
城厢公社	乐湾大队、同乐大队、天堂大队、庄埠大队、古城大队、化育大队、保安大队、门楼大队、洲塘大队
平安公社	和平街、和平大队、黄埠大队、土陂大队、大岭大队、陶庄大队、路口大队、桥头大队、新街大队、巨塘大队、北溪大队、北洞源大队、大江大队、下山源大队
莲花公社	莲花镇、莲花大队、竹山大队、湖山大队、笔山大队、朗山大队、门等大队、东寨大队、岩口大队、坪岭大队、老君堡大队、崇岭大队、蒲源大队、桑源大队、蓝洞大队、枧头大队、独石大队、凤岩大队、东科大队、势江大队、杨梅大队、龙围大队、坪冲大队、黄坭岗大队

续表 15-5

公社标准名称	大队标准名称
三江公社	三江大队、对面岭大队、十八岭大队、安冲大队、洗脚岭大队、栗田大队、三寨大队、黄坪大队、三联大队、大地大队
嘉会公社	嘉会大队、太平大队、吉山大队、白燕大队、共和大队、狮子大队、龙虎大队、白羊大队、大山大队、松林大队、泗安大队、秧家大队、苏陂大队、豸游大队、西南大队
西岭公社	西岭大队、三合大队、杨溪大队、新安大队、罗卜大队、虎尾大队、费村大队、挖沟大队、八岩大队、下宋大队、椅子大队、东面大队、营盘大队、岛坪大队、德良大队、新合大队、龙岗大队
栗木公社	栗木镇、栗木大队、大枧大队、大营大队、五福大队、建安大队、六岭大队、良溪大队、常家大队、高岭大队、上灌大队、龙岭大队、源头大队、大合大队、上宅大队、石头大队、苔塘大队、上枧大队、马路桥大队、泉会大队
观音公社	观音大队、洋石大队、狮塘大队、水滨大队

2003 年 8 月，开始地名补查和更新工作。在 1981 年地名普查成果的基础上，进行修正、补充和更新，并将搜集到的所有应查新地名及其文字资料，归类收入到《地名补查和资料更新成果表》中。2005 年，完成地名补查工作，全县地名 3451 个，其中更改地名 493 个。按照地名分类标准分为：行政区域类（BA）10 个，非行政区域类（BB）1 个，居民地类（BC）2070 个，单位组织类（BD）496 个，交通运输设施类（BE）53 个，水利电力设施类（BF）112 个，建筑物类（BH）12 个，旅游古迹类（BJ）5 个，陆地水系类（BL）82 个，陆地地形类（BM）597 个，特色地貌类（BP）13 个。

2005 年恭城瑶族自治县地名更名情况一览表

表 15-6

序号	原名	更改名	所属行政区域
1	恭城县	恭城瑶族自治县	恭城镇
2	城厢乡	恭城镇	恭城镇
3	梁家	洲塘梁家	洲塘村
4	黄家	洲塘黄家	洲塘村
5	高登脚	沙洲	化育村
6	黄家	西河黄家	西河村
7	梁家	乐湾梁家	乐湾村
8	蓝家厂	兰家厂	天堂村
9	茶江东路	汇源路	茶东社区
10	茶江西路	茶西路	茶西社区
11	茶北北路	茶北路	茶西社区
12	茶江南路	茶南路	茶西社区
13	恭城县氮肥厂	北京汇源集团桂林生态果业有限公司	茶东社区
14	恭城水泥厂	桂林恭城县财茂水泥有限公司	茶西社区
15	恭城城厢中学	恭城镇初级中学	茶西社区
16	恭城镇街道委员会	茶东社区居民委员会	茶东社区
17	恭城镇街道委员会	茶西社区居民委员会	茶西社区
18	恭城镇街道委员会	茶南社区居民委员会	茶南社区

续表 15-6

序号	原名	更改名	所属行政区域
19	洲塘大队	洲塘村民委员会	洲塘村
20	门楼大队	门楼村民委员会	门楼村
21	保安大队	孟家村民委员会	孟家村
22	保安大队	满塘村民委员会	满塘村
23	化育大队	化育村民委员会	化育村
24	白马大队	白马村民委员会	白马村
25	西河大队	西河村民委员会	西河村
26	江贝大队	江贝村民委员会	江贝村
27	同乐大队	同乐村民委员会	同乐村
28	乐湾大队	乐湾村民委员会	乐湾村
29	天堂大队	天堂村民委员会	天堂村
30	庄埠大队	庄埠村民委员会	庄埠村
31	渡雷大队	渡雷村民委员会	渡雷村
32	古城大队	古城村民委员会	古城村
33	栗木公社	恭城瑶族自治县栗木镇	栗木镇
34	栗木锡矿	栗木矿区	栗木矿区社区
35	大坪	苔塘大坪	苔塘村
36	陈家	苔塘陈家	苔塘村
37	邓家	苔塘邓家	苔塘村
38	刘家	苔塘刘家	苔塘村
39	杨家	苔塘杨家	苔塘村
40	南蛇崎	南蛇岐	苔塘村
41	尹家	上枧尹家	上枧村
42	卢家	上枧卢家	上枧村
43	老村	上枧老村	上枧村
44	陈家	上枧陈家	上枧村
45	苏家	上枧苏家	上枧村
46	邓家	大营邓家	大营村
47	杨家	大营杨家	大营村
48	尹家	大营尹家	大营村
49	田家	大营田家	大营村
50	肖家	大营肖家	大营村
51	陈家	大营陈家	大营村
52	蒋家	大营蒋家	大营村
53	长步	长埠	石头村
54	田家	石头田家	石头村
55	蒋家	石头蒋家	石头村

续表 15-6

序号	原名	更改名	所属行政区域
56	陆家	石头陆家	石头村
57	油榨	石头油榨	石头村
58	大埠头	大布头	上宅村
59	大埠尾	大布尾	上宅村
60	南瓜饼	田垌	栗木村
61	杨家	大合杨家	大合村
62	陈家	大合陈家	大合村
63	田家	大合田家	大合村
64	刘家	大合刘家	大合村
65	欧家	上欧家	大合村
66	欧家	下欧家	大合村
67	大枧学校	大枧小学	大枧村
68	朱家	大枧朱家	大枧村
69	唐家	大枧唐家	大枧村
70	胡家	大枧胡家	大枧村
71	何家	大枧何家	大枧村
72	陆家	大枧陆家	大枧村
73	蔡家	大枧蔡家	大枧村
74	新村	大枧新村	大枧村
75	蒋家	大枧蒋家	大枧村
76	刘家	东刘家	大枧村
77	刘家	西刘家	大枧村
78	刘家	下刘家	高岭村
79	许家	高岭许家	高岭村
80	刘家	上刘家	高岭村
81	胡家	高岭胡家	高岭村
82	张家	高岭张家	高岭村
83	五福街	五福	五福村
84	殷家	上殷家	五福村
85	朱家	五福朱家	五福村
86	殷家	下殷家	五福村
87	刘家	五福刘家	五福村
88	欧寨	上欧寨	五福村
89	老村	五福老村	五福村
90	谢家	五福谢家	五福村
91	吴家	五福吴家	五福村
92	陈家	上陈家	五福村

续表 15-6

序号	原名	更改名	所属行政区域
93	田家	五福田家	五福村
94	欧家	下欧家	五福村
95	唐家	五福唐家	五福村
96	陈家	下陈家	五福村
97	新屋	五福新屋	五福村
98	庙垒口	上庙垒口	五福村
99	庙垒口	下庙垒口	五福村
100	何家	五福何家	五福村
101	黄家	东黄家	五福村
102	黄家	西黄家	五福村
103	桃子厂	东桃子厂	五福村
104	桃子厂	西桃子厂	五福村
105	刘家	五福刘家	五福村
106	蓝家	兰家	建安村
107	田家	上田家	建安村
108	紫草庙	建安黄家	建安村
109	马家	建安马家	建安村
110	谢家	建安谢家	建安村
111	油榨	建安油榨	建安村
112	田家	下田家	建安村
113	冷水岸	建安卢家	建安村
114	六岭堡	六岭	六岭村
115	鸡婆带仔	六岭新屋	六岭村
116	黄家厂	六岭黄家厂	六岭村
117	佛子庙	佛寺庙	六岭村
118	黄家厂	良溪黄家厂	良溪村
119	陈家	陈家厂	良溪村
120	新屋	良溪新屋	良溪村
121	张家	良溪张家	良溪村
122	黄家	董黄家	常家村
123	高基	高吉	上灌村
124	马嘴	毛头石	上灌村
125	马家	高车	上灌村
126	刘家	刘家湾	上灌村
127	河边	江边	上灌村
128	新屋	上灌新屋	上灌村
129	许家	上灌许家	上灌村

续表 15-6

序号	原名	更改名	所属行政区域
130	马家	上灌马家	上灌村
131	谢家	泉会谢家	泉会村
132	鱼古坪	鱼鼓坪	泉会村
133	界牌岭	界坡岭	泉会村
134	铁丁石	铁钉石	泉会村
135	蔡家	泉会蔡家	泉会村
136	石古垒	石科垒	泉会村
137	鱼仔山	鱼仔口	泉会村
138	欧家	泉会欧家	泉会村
139	野猪塘	东野猪塘	泉会村
140	野猪塘	西野猪塘	泉会村
141	肖家	上肖家	泉会村
142	唐家	泉会唐家	泉会村
143	黄家	泉会黄家	泉会村
144	吴家	泉会吴家	泉会村
145	肖家	下肖家	泉会村
146	大坪	泉会大坪	泉会村
147	老村	上老村	泉会村
148	老村	下老村	泉会村
149	老村	泉会老村	泉会村
150	张家	泉会张家	泉会村
151	二七一家属农场	二七一农场	六岭村
152	选炼	选炼厂	栗木矿区社区
153	四选厂	氢氟酸厂	栗木矿区社区
154	水坑	水溪采选厂	栗木矿区社区
155	香坑	金竹源采选厂	栗木矿区社区
156	尾矿坝	新模尾矿坝	栗木矿区社区
157	苔塘大队	苔塘村民委员会	苔塘村
158	上枧大队	上枧村民委员会	上枧村
159	马路桥大队	马路桥村民委员会	马路桥村
160	大营大队	大营村民委员会	大营村
161	石头大队	石头村民委员会	石头村
162	上宅大队	上宅村民委员会	上宅村
163	栗木大队	栗木村民委员会	栗木村
164	大合大队	大合村民委员会	大合村
165	大枧大队	大枧村民委员会	大枧村
166	高岭大队	高岭村民委员会	高岭村

续表 15-6

序号	原名	更改名	所属行政区域
167	五福大队	五福村民委员会	五福村
168	建安大队	建安村民委员会	建安村
169	六岭大队	六岭村民委员会	六岭村
170	良溪大队	良溪村民委员会	良溪村
171	常家大队	常家村民委员会	常家村
172	上灌大队	上灌村民委员会	上灌村
173	泉会大队	泉会村民委员会	泉会村
174	栗木变电站	栗木变压站	马路桥村
175	金竹园	金竹源	马路桥村
176	漕垒界	乌云甸	马路桥村
177	癞子石	赖子石	大营村
178	四姑垒	四古垒	大枧村
179	老虎头	老虎头矿点	栗木矿区社区
180	莲花公社	恭城瑶族自治县莲花镇	莲花镇
181	董家洞	董家垌	枧头村
182	小村	枧头小村	枧头村
183	大坪子	朗山大坪子	朗山村
184	陈家	门等陈家	门等村
185	新村	岩口新村	岩口村
186	新村	崇岭新村	崇岭村
187	老君堡	老君	老君村
188	大坪子	坪岭大坪子	坪岭村
189	小村	坪岭小村	坪岭村
190	廖家楼	廖楼	独石村
191	钟家	势江钟家	势江村
192	新村	东科新村	东科村
193	大坪子	东科大坪子	东科村
194	正垌槽	正洞漕	东科村
195	新村	杨梅新村	杨梅村
196	龙口槽	龙口漕	杨梅村
197	猪仔槽	猪菜漕	杨梅村
198	老人垌	老人洞	杨梅村
199	坪冲	坪冲头	杨梅村
200	康溪冲	康熙冲	龙围村
201	枫木岭	枫木梁	坪冲村
202	野猪塘	野猪冲	坪冲村
203	野猫冲	坪冲野猫冲	坪冲村

续表 15-6

序号	原名	更改名	所属行政区域
204	单地冲	丹地冲	黄坭岗村
205	钟家	黄坭岗钟家	黄坭岗村
206	野猫冲	黄坭岗野猫冲	黄坭岗村
207	寨面	寨面河	蒲源村
208	新村	桑源新村	桑源村
209	难岂	南岂	蓝洞村
210	留石脚	榴石脚	蓝洞村
211	东科小学	恭城瑶族自治县莲花镇东科完全小学	东科村
212	杨梅小学	恭城瑶族自治县莲花镇杨梅完全小学	杨梅村
213	莲花大队	莲花村民委员会	莲花村
214	竹山大队	竹山村民委员会	竹山村
215	枧头大队	枧头村民委员会	枧头村
216	笔山大队	笔山村民委员会	笔山村
217	朗山大队	朗山村民委员会	朗山村
218	湖山大队	湖山村民委员会	湖山村
219	门等大队	门等村民委员会	门等村
220	东寨大队	东寨村民委员会	东寨村
221	岩口大队	岩口村民委员会	岩口村
222	崇岭大队	崇岭村民委员会	崇岭村
223	老君堡大队	老君村民委员会	老君村
224	坪岭大队	坪岭村民委员会	坪岭村
225	独石大队	独石村民委员会	独石村
226	凤岩大队	凤岩村民委员会	凤岩村
227	势江大队	势江村民委员会	势江村
228	东科大队	东科村民委员会	东科村
229	杨梅大队	杨梅村民委员会	杨梅村
230	龙围大队	龙围村民委员会	龙围村
231	坪冲大队	坪冲村民委员会	坪冲村
232	黄坭岗大队	黄坭岗村民委员会	黄坭岗村
233	蒲源大队	蒲源村民委员会	蒲源村
234	桑源大队	桑源村民委员会	桑源村
235	蓝洞大队	蓝洞村民委员会	蓝洞村
236	长冲	长冲岭	坪冲村
237	狗岩顶	狗牙山	黄坭岗村
238	留石顶	榴石顶	蓝洞村
239	平安公社	恭城瑶族自治县平安乡	平安乡
240	和平街	和平	和平村

续表 15-6

序号	原名	更改名	所属行政区域
241	马安	马鞍	和平村
242	阳家	黄茅坪阳家	下山源村
243	吴家	下山源吴家	下山源村
244	阳家	白竹冲阳家	下山源村
245	梁家	下山源梁家	下山源村
246	黄家	下山源黄家	下山源村
247	李家	下山源李家	下山源村
248	周家	下山源周家	下山源村
249	梳木湾	梳木弯	下山源村
250	老屋冲	上老屋冲	大江村
251	老园	老源	大江村
252	李家	大江李家	大江村
253	蒙孟冲	孟冲	大江村
254	黄泥界	黄坭界	大江村
255	黄家	大江黄家	大江村
256	周家	北洞源周家	北洞源村
257	新民	大怀肚	北溪村
258	新屋	北溪新屋	北溪村
259	蚂蟥田	蚂蝗田	北溪村
260	新村	北溪新村	北溪村
261	老村	北溪老村	北溪村
262	山弯	山湾	新街村
263	梁家	新街梁家	新街村
264	叶家	包饭田	新街村
265	烟厂岭	桥头新屋	桥头村
266	老村	路口老村	路口村
267	新村	路口新村	路口村
268	蚂蟥塘	蚂蝗塘	路口村
269	回龙洲	迴龙洲	路口村
270	黄家	路口黄家	路口村
271	吴家	路口吴家	路口村
272	李家	土陂李家	土陂村
273	前面堆	前面垖	土陂村
274	和平中学	平安中学	和平村
275	和平大队	和平村民委员会	和平村
276	大岭大队	大岭村民委员会	大岭村
277	下山源大队	下山源村民委员会	下山源村

续表 15-6

序号	原名	更改名	所属行政区域
278	陶庄大队	陶庄村民委员会	陶庄村
279	大江大队	大江村民委员会	大江村
280	北洞源大队	北洞源村民委员会	北洞源村
281	北溪大队	北溪村民委员会	北溪村
282	巨塘大队	巨塘村民委员会	巨塘村
283	新街大队	新街村民委员会	新街村
284	桥头大队	桥头村民委员会	桥头村
285	路口大队	路口村民委员会	路口村
286	三新桥大队	三新桥村民委员会	三新桥村
287	绚马坪大队	绚马坪村民委员会	绚马坪村
288	黄埠大队	黄埠村民委员会	黄埠村
289	土陂大队	土陂村民委员会	土陂村
290	三江公社	恭城瑶族自治县三江乡	三江乡
291	赵家	大地赵家	大地村
292	邓家	大地邓家	大地村
293	老屋场	大地老屋场	大地村
294	上老河源头	老河源	大地村
295	赵家	西赵家	三联村
296	北卡	三联北卡	三联村
297	赵家	东赵家	三联村
298	高家	三联高家	三联村
299	桐油坪	三联桐油坪	三联村
300	盘家	盘沙屋场	三联村
301	邓家	三联邓家	三联村
302	田垌	三联田垌	三联村
303	老屋场	黄坪老屋场	黄坪村
304	久时冲	九时冲	黄坪村
305	水步头	水埠头	黄坪村
306	高家	黄坪高家	黄坪村
307	紫苏源	上紫苏源	三寨村
308	紫苏源	下紫苏源	三寨村
309	田垌	十八岭田垌	十八岭村
310	蕨菜冲	蕨菜坪	对面岭村
311	北卡	对面岭北卡	对面岭村
312	桐油坪	对面岭桐油坪	对面岭村
313	犁头山脚	犁头山	安冲村
314	落河口	落河冲	洗脚岭村

续表 15-6

序号	原名	更改名	所属行政区域
315	大田	西大田	洗脚岭村
316	大田	东大田	洗脚岭村
317	大地大队	大地村民委员会	大地村
318	三联大队	三联村民委员会	三联村
319	黄坪大队	黄坪村民委员会	黄坪村
320	三寨大队	三寨村民委员会	三寨村
321	栗田大队	栗田村民委员会	栗田村
322	十八岭大队	十八岭村民委员会	十八岭村
323	对面岭大队	对面岭村民委员会	对面岭村
324	三江大队	三江村民委员会	三江村
325	安冲大队	安冲村民委员会	安冲村
326	洗脚岭大队	洗脚岭村民委员会	洗脚岭村
327	西岭江	西岭岗	洗脚岭村
328	打桶山	大桶山	三江村
329	嘉会公社	恭城瑶族自治县嘉会乡	嘉会乡
330	小明源口	小明源	白燕村
331	大明源口	大明源	白燕村
332	吴家	白燕吴家	白燕村
333	董家	上鹅岸	白燕村
334	钟家	下鹅岸	白燕村
335	唐黄	塘黄	共和村
336	蒋家	共和蒋家	共和村
337	新屋	共和新屋	共和村
338	老屋	共和老屋	共和村
339	蒋家	太平蒋家	太平村
340	陈家	嘉会陈家	嘉会村
341	新屋	嘉会新屋	嘉会村
342	谢家	嘉会谢家	嘉会村
343	新村	吉山新村	吉山村
344	吉山	吉山老村	吉山村
345	马鞍老屋	吉山老屋	吉山村
346	马鞍新村	余家新村	吉山村
347	杨家	甘家	豸游村
348	田家	苏陂田家	苏陂村
349	老村	苏陂老村	苏陂村
350	樊家	上樊家	西南村
351	樊家	下樊家	西南村

续表 15-6

序号	原名	更改名	所属行政区域
352	田家	西南田家	西南村
353	胡家	北胡家	西南村
354	胡家	南胡家	西南村
355	刘家	东刘家	西南村
356	刘家	西刘家	西南村
357	陈家	西南陈家	西南村
358	杨家	北杨家	西南村
359	谢家	西南谢家	西南村
360	廖家	上廖家	西南村
361	廖家	下廖家	西南村
362	吴家	西南吴家	西南村
363	刘家	下刘家	西南村
364	油草坪	油草田	西南村
365	杨家	南杨家	西南村
366	李家	南李家	西南村
367	李家	北李家	西南村
368	莫家槽	东莫家槽	西南村
369	莫家槽	西莫家槽	西南村
370	秧家街	秧家	秧家村
371	老村	大山老村	大山村
372	下蕉源	下焦	大山村
373	双孖塘	双妈塘	大山村
374	牛屎塘	林秀村	白羊村
375	苏福林场	嘉会苗圃	豸游村
376	恭城干校	开花山园艺场	秧家村
377	恭城县开花山中学	开花山初级中学	秧家村
378	白燕大队	白燕村民委员会	白燕村
379	共和大队	共和村民委员会	共和村
380	太平大队	太平村民委员会	太平村
381	嘉会大队	嘉会村民委员会	嘉会村
382	吉山大队	吉山村民委员会	吉山村
383	豸游大队	豸游村民委员会	豸游村
384	苏陂大队	苏陂村民委员会	苏陂村
385	西南大队	西南村民委员会	西南村
386	秧家大队	秧家村民委员会	秧家村
387	泗安大队	泗安村民委员会	泗安村
388	松林大队	松林村民委员会	松林村

续表 15-6

序号	原名	更改名	所属行政区域
389	大山大队	大山村民委员会	大山村
390	白羊大队	白羊村民委员会	白羊村
391	秧家道班	秧家养护管理站	秧家村
392	石址界	老鼠冲顶	大山村
393	求雨顶	求雨岭	共和村
394	蜜蜂顶	蜜蜂岭	共和村
395	田厂岭	四方圆	嘉会乡
396	平头山	平顶山	共和村
397	圆石山	红薯山	大山村
398	西岭公社	恭城瑶族自治县西岭乡	西岭乡
399	杉木坪	新合杉木坪	新合村
400	老村	新合老村	新合村
401	田厂	新合田厂	新合村
402	芦荻井	芦笛井	八岩村
403	新屋	挖沟新屋	挖沟村
404	韦家	虎尾韦家	虎尾村
405	柿花塘	社树堆	费村
406	谢家	夏立社	费村
407	新屋	费村新屋	费村
408	油榨	西岭油榨	西岭村
409	新村	三合新村	三合村
410	张家	新安张家	新安村
411	油榨	杨溪油榨	杨溪村
412	邓家	罗卜邓家	罗卜村
413	泮田	湴田	罗卜村
414	韦家	罗卜韦家	罗卜村
415	新屋	罗卜新屋	罗卜村
416	老村	龙岗老村	龙岗村
417	芦岩	六岩	龙岗村
418	牛皮胆	牛皮崴	龙岗村
419	簜竹坪	倘竹坪	德良村
420	蓝厂	德良兰厂	德良村
421	伍家	伍家坪	德良村
422	杉木坪	岛坪杉木坪	岛坪村
423	田厂	岛坪田厂	岛坪村
424	黄竹坪	营盘黄竹坪	营盘村
425	棕树坪	上棕树坪	营盘村

续表 15-6

序号	原名	更改名	所属行政区域
426	大坪头	营盘大坪头	营盘村
427	棕树坪	下棕树坪	营盘村
428	田厂	东面田厂	东面村
429	马尾旯	马尾腊	东面村
430	马驴鞍	马鹿鞍	东面村
431	老村	东面老村	东面村
432	张家	东面张家	东面村
433	邓家	东面邓家	东面村
434	新屋	东面新屋	东面村
435	大坪头	东面大坪头	东面村
436	黄竹坪	椅子黄竹坪	椅子村
437	曾家包	曾家凸	椅子村
438	南代岗	南代江	椅子村
439	新村	椅子新村	椅子村
440	虎尾园艺场	恭城园艺场	虎尾村
441	新合大队	新合村民委员会	新合村
442	下宋大队	下宋村民委员会	下宋村
443	八岩大队	八岩村民委员会	八岩村
444	挖沟大队	挖沟村民委员会	挖沟村
445	虎尾大队	虎尾村民委员会	虎尾村
446	费村大队	费村村民委员会	费村
447	西岭大队	西岭村民委员会	西岭村
448	三合大队	三合村民委员会	三合村
449	新安大队	新安村民委员会	新安村
450	杨溪大队	杨溪村民委员会	杨溪村
451	罗卜大队	罗卜村民委员会	罗卜村
452	龙岗大队	龙岗村民委员会	龙岗村
453	德良大队	德良村民委员会	德良村
454	岛坪大队	岛坪村民委员会	岛坪村
455	营盘大队	营盘村民委员会	营盘村
456	东面大队	东面村民委员会	东面村
457	椅子大队	椅子村民委员会	椅子村
458	观音公社	恭城瑶族自治县观音乡	观音乡
459	小垌	小洞	洋石村
460	狮江源	私江源	狮塘村
461	上源垒口	上源漯口	狮塘村
462	乌媒源	乌木源	水滨村

续表 15-6

序号	原名	更改名	所属行政区域
463	观音大队	观音村民委员会	观音村
464	洋石大队	洋石村民委员会	洋石村
465	狮塘大队	狮塘村民委员会	狮塘村
466	水滨大队	水滨村民委员会	水滨村
467	子漕垒头	子漕垒	狮塘村
468	苦麻垒	苦马垒	水滨村
469	铁山	铁山界	水滨村
470	黄家	龙虎黄家	龙虎村
471	邬家	上邬家	龙虎村
472	余家	上余家	龙虎村
473	邬家	下邬家	龙虎村
474	刘家	龙虎刘家	龙虎村
475	曾家	龙虎曾家	龙虎村
476	余家	下余家	龙虎村
477	曾家	上曾家	狮子村
478	余家	狮子余家	狮子村
479	田家	狮子田家	狮子村
480	张家	上张家	狮子村
481	黄家	狮子黄家	狮子村
482	刘家	狮子刘家	狮子村
483	曾家	下曾家	狮子村
484	张家	下张家	狮子村
485	黄家	源头黄家	源头村
486	棋子上	其子上	源头村
487	田家	源头田家	源头村
488	黄竹榜	黄竹塘	龙岭村
489	龙虎大队	龙虎村民委员会	龙虎村
490	狮子大队	狮子村民委员会	狮子村
491	源头大队	源头村民委员会	源头村
492	龙岭大队	龙岭村民委员会	龙岭村
493	龙塘水库	古寺水库	龙虎村

第二章　扶贫

1989—2005年，恭城县大力实施基础设施扶贫、农业产业扶贫、工业扶贫、信贷扶贫和科技扶贫，共获得发展资金、以工代赈资金、支边贴息贷款、小额信贷、扶贫捐赠等各项扶贫资金11076.93万元，实施扶贫项目3.56万个。扶贫开发工作促进贫困地区经济社会发展，改善贫困地区群众的生产生活条件。恭城的扶贫工作受到上级党委政府的肯定，先后3次被自治区党委、政府授予扶贫工作先进集体，1次被桂林市委、市政府授予扶贫工作先进集体；有1人次被评为“全国以工代赈工作先进个人”，1人次被授予“自治区扶贫标兵”称号。

第一节　扶贫管理

1989年，恭城县扶贫办公室改为恭城县贫困地区经济开发办公室（以下简称扶贫办），编制4人。是年，成立恭城县贫困地区经济开发领导小组，领导小组组长由县长担任，副组长由分管扶贫工作的副县长担任，在县扶贫办设领导小组办公室。1990年，扶贫办人员编制增至6人。1990年5月，成立工业品以工代赈办公室，办公地点设在县扶贫办，一个机构、两块牌子。1997年，改为县政府议事协调机构，称恭城瑶族自治县扶贫开发领导小组办公室，定行政编制7人，内设人秘财务股、项目开发管理股。1999年，以工代赈办公室划归县发展和改革办公室。至2005年，县扶贫办人员编制和内设机构未变。

1989—2005年，历任主任：周绪鹿、林中。

第二节　扶贫方式

资金扶贫

资金来源　1989—2005年，县政府及其扶贫工作机构把争取和筹措扶贫资金作为首要任务来抓，及时掌握上级扶贫信息、意图，准确弄清上级主管部门预留的机动资金的使用方向，扶持重点。对本级立项的扶贫项目，做充分的前期准备工作，建立项目库，做到项目等资金，项目等机遇。对上级安排下达的扶贫项目精心组织实施，按时按质按量完成任务，特别是项目的工程质量经得起检查，项目的扶贫效益做到上级满意，群众满意，以利于争取新的更多的扶贫项目。1989—1995年，共获得扶贫资金2254.11万元，其中发展资金367.5万元，以工代赈资金1886.61万元。1996—2000年，获得扶贫资金2427.5万元，其中发展资金318.2万元，以工代赈资金641万元，支边贴息贷款1400万元，扶贫捐赠68.3万元。2001—2005年，获得扶贫资金6395.32万元，其中发展资金1432.42万元，支边贴息贷款4670万元，小额信贷292.90万元。17年间，恭城共获得各项扶贫资金11076.93万元。其中，发展资金2118.12万元；以工代赈资金2527.61万元；扶贫捐赠资金68.3万元；支边、贴息贷款6070万元；小额信贷292.9万元。

资金投放　扶贫项目资金的管理由县财政局负责。具体投放办法由扶贫办根据项目实施进展情况的需要，向县财政局提出资金投放拨付申请，县财政局核实后，将扶贫项目款项分期拨付到扶贫办，再由扶贫办投放到具体项目。1989—2005年，共投放扶贫资金11027.79万元。其中，发展资金2085.58万元，以工代赈资金2527.61万元，扶贫捐赠款51.70万元，支边、贴息贷款6070万元，小额信贷292.9万元。

1989—2005年恭城瑶族自治县扶贫资金来源和使用情况统计表

表15-7　　单位：万元

年度	合计		其中									
			发展资金		以工代赈资金		支边、贴息贷款		小额信贷		扶贫捐赠	
	来源	投放	来源	投放	来源	投放	来源	投放	来源	投放	来源	投放
1989	46.50	35.85	46.50	35.85	0	0	0	0	0	0	0	0
1990	97.31	92.03	60.00	56.56	37.31	35.47	0	0	0	0	0	0
1991	406.64	392.37	57.00	49.75	349.64	342.62	0	0	0	0	0	0
1992	363.88	352.36	69.00	64.50	294.88	287.86	0	0	0	0	0	0
1993	562.00	565.14	30.00	32.59	532.00	532.55	0	0	0	0	0	0
1994	477.78	427.57	35.00	30.35	442.78	397.22	0	0	0	0	0	0
1995	300.00	299.00	70.00	58.47	230.00	240.53	0	0	0	0	0	0
1996	550.30	545.56	30.00	31.64	252.00	262.22	200.00	200.00	0	0	68.30	51.70
1997	1355.00	1318.73	30.00	29.60	125.00	89.13	1200.00	1200.00	0	0	0	0
1998	264.00	232.86	0	23.65	264.00	209.21	0	0	0	0	0	0
1999	143.00	234.56	143.00	143.00	0	91.56	0	0	0	0	0	0
2000	115.20	154.44	115.20	115.20	0	39.24	0	0	0	0	0	0
2001	1287.60	1287.60	117.60	117.60	0	0	1170.00	1170.00	0	0	0	0
2002	299.34	299.34	299.34	299.34	0	0	0	0	0	0	0	0
2003	4057.70	4039.70	264.80	246.80	0	0	3500.00	3500.00	292.90	292.90	0	0
2004	440.76	440.76	440.76	440.76	0	0	0	0	0	0	0	0
2005	309.92	309.92	309.92	309.92	0	0	0	0	0	0	0	0
合计	11076.93	11027.79	2118.12	2085.58	2527.61	2527.61	6070.00	6070.00	292.90	292.90	68.30	51.70

政策扶贫

贫困地区划定　1991—2005年，恭城县被划为自治区级贫困县，享受自治区扶贫物资、扶贫资金的倾斜政策。

2001年，桂林市按照人均年收入低于1200元的标准，把贫困人口集中的少数民族地区、革命老区和特困地区作为扶贫开发重点。经自治区批准，恭城有38个村确定为扶贫开发重点村，享受自治区和桂林市提供的扶贫物资、扶贫资金的倾斜政策。其中恭城镇有门楼、渡雷村；观音乡水滨、洋石、狮塘村；嘉会乡西南、豸游、共和、白燕村；栗木镇泉会、苔塘、五福、大营、大枧村；莲花镇蓝洞、坪冲、蒲源、龙围、桑源、杨梅村；龙虎乡龙岭、源头村；平安乡下山源、大江、黄埠、土陂村；三江乡安冲、三联、三寨、黄坪、十八岭、栗田村；西岭乡德良、新合、营盘、椅子、岛坪、东面村。

政策措施　1991—2005年，恭城先后出台一系列扶持贫困地区脱贫致富的政策措施。1991年9月，作出《关于扶持新合村脱贫致富，发展经济的决定》，决定用3年时间，指定县外贸、民政、扶贫、畜牧、林业及水电局等为后盾单位，负责扶持新合村开发一批种养项目和改善基础设施建设。同年，出台《关于抓好我县以工代赈工程项目实施管理办法》，对工业品和粮食以工代赈项目的实施制定了具体的管理办法。1994年5月，自治县扶贫开发领导小组办公室提出用4年时间开展扶贫攻坚计划和具体措施：（1）发展粮食生产以巩固温饱成果；（2）发展林果蔗以稳定农民经济来源；（3）发展畜牧业以增加农民收入；（4）发展乡镇企业以扩大农民经济收入；（5）将抓好计划生育当作解决温饱和巩固温饱成果的长效措施；（6）适当集中以工代赈以解决农民的生产生活条件。1996年4月，作出《关于在全县开展扶贫捐赠活动的决定》，通过开展扶贫捐赠活动，筹集到扶贫资金68.3万元。2000年5月，印发《恭城瑶族自治县小额信贷扶贫实施方案的通知》，在嘉会乡、龙虎乡、平安乡实施小额信贷扶贫试点，安排小额信贷扶贫贷款150万元，覆盖农村贫困人口约5000人。2004年，出台《部门联村责任制意见》，把定点帮扶与农村基层组织建设结合起来，对全县38个贫困村实行县直机关部门和有关单位联村责任制，每个贫困村均安排具体的县直部门帮扶，提出具体的帮扶目标。2005年，成立"整村推进"贫困村扶贫开发工作领导小组，制定《关于三江乡"整村推进"扶贫开发工作的实施方案》，将三江乡的三联、黄坪、三寨、栗田、十八岭、安冲6个自治区级贫困村作为首批"整村推进"扶贫开发重点村，每村安排6个后盾单位开展扶贫项目建设。

科技扶贫

科技培训　1989—2005年，共开展农村实用科技培训2100期，培训农民2.61万人次。

改造中低产田　1990—1992年，采取生物、化学和工程技术措施相结合的方法，以嘉会乡为重点，累计改造中低产田2628.16公顷，总产量296.48万千克，共增稻谷16.45万千克，增产率5.87%。

科技兴牧"133工程"　1990—1992年，恭城承担桂林地区下达的"科学养牛1万头综合技术开发""科学养猪2.1万头综合技术开发""科学养禽26万羽综合技术开发"等科技兴牧工程项目。三年中，全县科学养牛新增出栏2555头，新增产值224.06万元，获毛利174.15万元；科学养猪新增出栏3.42万头，新增产值1345.2万元，新增税金36.55万元；科学养禽新增出笼8.44万羽，新增产值113.5万元，新增利润35.50万元。

扶贫项目

1989—2005年，共实施扶贫项目35646项。

基础设施项目　1989—2005年，共实施33334项。

交通项目　1989—2005年，共实施195处。新建、改建峻山至营盘、洞大公路恭城段（栗木泉会段）、对河至下山源等四级公路17条，建设里程416千米；新建、改建西乡新合村、栗木镇泉会村、莲花镇杨梅村、三江乡三联村等村乡村公路146条，建设里程967千米；新建燕岩大桥、势江大桥、狮塘大桥等32座、1287米。

水电项目　1989—2005年，共实施296处。扶持西岭乡新合村，观音乡观音村，栗木镇苔塘村等村架设输变线路25处、925千米；扶持贫困村修建小水电站7处，装机容量1.1万千瓦时；扶持观音乡狮子村、嘉会乡西南村、三江乡黄坪村等村兴修人畜饮水工程205处，解决和改善2.86万户、8.96万人和6.6万头牲畜的饮水困难；扶持嘉会乡周家塘引洪渠、三江乡古木源水渠、峻山、蓝洞库区等水利工程47处，开挖修复渠道82.44千米，浆砌1.07万立方米，钢筋混凝土39万立方米；扶持莲花独石村、观音狮塘村等水毁工程12处。

农田基本建设项目　1989—2005年，共实施341处。扶持西岭乡新合村、栗木镇泉会村等村120处砌墙保土301.9公顷；扶持莲花镇蒲源村、三江乡三联村等180处坡改梯300公顷；扶持西岭乡新合、营盘村等20处造田2.22公顷；扶持嘉会乡、莲花镇中低产田改造21处、1353.3公顷。

生态建设项目　1989—2005年，共实施32502处。扶持蓝洞、峻山库区水源林种植2处、249公顷；扶持贫困地区沼气建设3.25万座。

种植业项目　1989—2005年，共扶持开发种植柑、橙、柚、柿、白果及三木药材297处、2121.9公顷。扶持西岭乡新合、虎尾村、莲花镇凤岩村、三江乡三联村等村兴办扶贫示范果园17处、128公顷；扶持嘉会乡泗安村、恭城镇化育村、莲花镇龙围村、西岭乡新合村等20个村开发种植水果260处、1371.3公顷；扶持三江乡三寨村、西岭乡岛坪村、嘉会乡西南村等种植三木药材4处、100.6公顷；扶持观音乡洋石村、平安乡大江村种植毛竹2处、150公顷；扶持栗木镇泉会、苔塘村等种植反季节蔬菜西红柿2处、266公顷；扶持兴办苗木基地3处、6公顷，培育桃苗、橙苗、毛竹苗等共160万株；扶持9个乡镇垄稻栽培308公顷，地膜玉米栽培100公顷。

养殖业项目　1989—2005年，共扶持恭城镇门楼村、西岭乡新合村、观音乡水滨村等办黄牛养殖场3个，饲养黄牛160头。

工业类项目　1989—2005年，共扶持县水泥厂、岛坪铅锌矿、三江铅锌矿、银殿矿业有限公司、龙星矿业有限公司等8家企业。

科技培训项目　1989—2005年，共举办科技培训2100期，培训2.61万人次。

其他项目　1989—2005年，共实施822处。扶持9个乡镇开通程控电话，全县117个村委会通电话；扶持恭城中学、黄坪初中、三江小学、大江小学等兴建基础设施145处；实施乡镇卫生院（所）扶贫项目，建设病房楼14栋；实施广播电视事业扶贫项目497处，修建电视差转台、接收站等，解决边远山区9.8万人的电视信号收视困难；实施气象事业扶贫项目1处；扶持新农村建设6处；实施村委会基础设施建设项目33处。

第三节　扶贫成果

1989—2005年，恭城的扶贫开发工作，取得丰硕成果，为全县各族人民共同脱贫致富奔小康奠定坚实的基础。

实施农业扶贫项目增强全县抵抗自然灾害能力。通过帮助缺水少地地区修建小型农田水利工程，新增、恢复和改善灌溉面积1217公顷，开沟治潜、改造中低产田1353.3公顷，新增梯田梯地635.2公顷，使受益地区增强抗旱、防涝、保土、保肥能力，确保全县粮食稳产高产。1989—2005年，全县粮食年平均种植面积2.65万公顷，年平均产量12.18万吨，农业人口人均产粮保持在500千克左右。其中，2005年全县粮食种植面积2.71万公顷，粮食产量13.13万吨。西岭乡新合村是全县有名的贫困村，1991年被列入县重点贫困村，通过实施各项农业基础设施扶贫项目，对该村龙塘坝、小源坝、芹菜瑶坝、新合渠进行防渗修治，扶持新建水平梯地24.12公顷，双季稻面积增加到27.4公顷。至1995年，人均产粮由1990年的171千克提高到309.6千克。2005年，超过半数的农户实现粮食自给。

民生扶贫改善贫困地区群众的生产生活条件，解放大批劳动力，提高农民的生活质量。1989—2005年，全县实施农村交通扶贫项目解决和改善14.08万人的交通困难，人畜饮水工程扶贫受益农户2.86万户、8.96万人，小水电和农村电网改造项目解决9.8万人的照明问题，沼气建设项目受益农户3.11万户、9.74万人，造林种果受益1.1万户、4.45万人。2005年，全县柿、柚、柑、橙、桃、梨等水果种植面积2.53万公顷，总产量45.76万吨。农业人口人均产果1892千克，分别比1988年的0.22万公顷、1.14万吨、495千克增长10倍、39倍和2.7倍。平安乡大怀肚村有农户26户，过去要到2千米以外去挑饮用水，去2.5千米以外去砍柴。实施人畜饮水工程、沼气和省柴灶建设等扶贫项目后，全村户户用上自来水和沼气。劳动力全部投入到农业综合开发中，发展种果业。1995年，人均种果0.1公顷、产果2.71吨，人均纯收入4015元。至2005年，全村26户中有24户建起钢筋混凝土楼房，购买小型农机，用上高档电器，实现小康生活。

交通基础设施扶贫项目的实施，使山区丰富的矿产和林木资源得到开发利用，一批采矿、选矿、冶炼、建材、竹木加工等企业和个体运输业迅猛发展。西岭岛坪矿区盛产铅锌矿，但在1990年前因交通极不便利，采运矿成本畸高。峻山至营盘修通公路后，每吨矿石的运输成本降低80元，给全县的矿产企业增添巨大活力，也促进一批乡镇企业的发展。2005年，矿石的采、选和加工发展成为全县的支柱产业和财政的重要来源。恭城银殿矿业有限公司、桂林恭城龙星公司获得扶贫资金支持后，顺利渡过其创业和发展的困难时期，发展成为全县有名的民营企业。其中，银殿矿业公司实现产值过亿元，龙星公司实现税利800多万元。三江乡三联村古木源屯竹木资源十分丰富。20世纪90年代以前，由于交通极其不便，竹木资源没能产生应有价值，加上恶劣的生产生活条件，群众生活极度贫困。1997年，通过实施扶贫项目，修通10多千米的机耕道，丰富的竹木资源给村民带来巨大的经济效益。同时，又种上数千亩杉树、毛竹和果树，确保村民中远期的持续稳定经济收入。2005年，古木源屯超过半数的农户建起新楼房，有9成农户购买彩电。

“整村推进”扶贫开发加速贫困地区农民脱贫致富。2005年，自治县委、县政府把三江乡三联、黄坪、三寨、栗田、十八岭、安冲6个自治区级贫困村列入首批“整村推进”扶贫开发工作重点村，成立三江乡整村推进扶贫开发领导小组，每村安排6个后盾单位，开展为期两年的扶贫项目建设。2005年，投入扶贫资金426.98万元。其中，新建、扩建村屯机耕路22条，总长52千米，解决25个村屯4000多人的行路难问题；对总长2.1千米的30条水渠实施“三面光”工程，同时修建拦河坝3座、地头水柜8个，砌拦河坝200米，提高200多公顷农田和130多公顷水果的防洪抗旱能力；修建人畜饮水工程8处，解决8个屯、3100多人口饮用水难的问题；修建沼气池59座，省柴灶110座，改善农户的能源条件和农村卫生环境；发展毛竹种植160多公顷，建立连片示范点6个；引导农民发展槟榔芋、生姜、西红柿、罗汉果、烤烟种植及肉猪、土鸡、菜牛养殖等短期项目，实现农民人均年增收400元的目标，6个村中30%的农户购买彩电、冰箱、摩托车，50%的农户安装程控电话，800多人购置移动电话，10户农户还购买农用运输车、家庭小轿车等交通运输工具，贫困村群众生活明显改善。

第三章　信访

1989—2005年，恭城县的县、乡镇、村三级信访网络得以建立与健全。县信访办公室作为中共恭城县委、县人民政府的信访机构，共接待人民群众来信来访5325件次，其中来信717件，接待来访4608次；立案676件，结案674件，结案率为99.70%。在县人大常委会办公室、县纪委（县监察局）、人民检察院、人民法院、农林水系统以及各乡镇内设的信访部门也充分发挥其职责，热情接待、及时处结群众的来信来访，维护群众的利益，提高县委、县人民政府执政声望。

第一节　机构

1987年5月，中共恭城县委、县人民政府成立信访办公室，有专职信访工作人员5人。1989年，有编制4人，在职4人。2001年定编3名，在职4人。至2005年不变。

1989年，组建乡镇信访工作领导小组9个，有兼职信访工作人员9人；村公所和居委会建立信访调解小组125个，有信访工作人员125人，形成三级信访网络。至2005年不变。

第二节　信访接待与办理

信访办信访工作

1989—1993年，县信访办公室共接待群众来信来访248件次，平均每年近50件。其中来信132件，接待来访116次。立案26件，结案25件，结案率为96.15%。从信访目的分类，求决类68.2%，申诉类占15.6%，检举揭发类占4.3%，其他类占11.9%。按信访反映的问题分类，林业土地水利占24.7%，“三农”问题占14.4%，民政占9.7%，劳动社保占9.6%，环境保护占9.4%，教育占9.2%，政法占6.2%，城市建设占4.2%，其他问题占12.6%。

1994—1998年，县信访办公室共受理群众来信来访756件次，其中来信186件，接待来访570次。立案56件，结案56件，结案率为100%。从信访目的分类，求决类74.6%，建议类占3.7%，申诉类占6.8%，检举揭发类5.2%，其他类占9.7%。按信访反映的问题分类，林业土地水利占19.8%，“三农”问题占13.9%，环境保护占11.3%，劳动社保占8.5%，城市建设占8.3%，民政占7.8%，教育占7.6%，政法占5.8%，党风党纪1.6%，企业改制占1.2%，其他问题占14.2%。

1999—2005年，县信访办公室共接待群众来信来访4321件次，其中来信399件，接待来访3922次。立案594件，结案593件，结案率为99.83%。从信访目的分类，求决类75.8%，建议类占2.5%，申诉类占5.7%，检举揭发类4.8%，其他类占11.2%。按信访反映的问题分类，城市建设占15.3%，“三农”问题占14.6%，林业土地水利占13.3%，环境保护占9.8%，劳动社保占9.5%，民政占8.3%，教育占6.9%，政法占4.7%，企业改制占3.4%，党风党纪占2.1%，其他问题占12.1%。

部门信访工作

主要设置在县人大常委会办公室、县纪委（县监察局）、人民检察院、人民法院及农林水系统部门。

县人大常委会信访工作 自治县人大常委成立以来，坚持分工1名常委会领导分管信访工作，坚持常委会领导阅批主要信访件制度，坚持有固定信访办公室及信访工作人员，具体办理接访工作。各工委通力协作，对重点信访件进行督办。1989—2005年，累计接待来访4825人次，来信1481件，处结率达96.5%。如1992年年初，嘉会乡村民林××因赌博输掉74户村民的蔗款3万元，蔗农们扬言要杀掉他全家消气。接访后，县人大立即召开主任会议，决定责成人民检察院、公安局迅速查实，采取果断措施，平息该事件。

县纪委监察局信访工作 纪委监察局信访室受理检举、控告和申诉。1989—2005年，共受理来信来访电话举报共2382件。属纪检监察机关业务范围内的2110件，纪检监察业务范围外的272件。在纪检监察机关业务范围内的2110件中，其中属检举控告类1949件、申诉74件，批评与建议87件。在业务范围内信访件中自办1521件，转办589件，办结率100%。

县人民检察院信访工作 人民检察院的信访工作由控告申诉检察科负责，1989—2005年，接待群众来信来访1415件次。其中首次信访1181件，重复信访234件。在信访工作中，受理举报线索652件。

县人民法院信访工作 1989—1998年，各类到人民法院的申诉案件、信访案件，均由告诉申诉庭受理、接待，共处理来信2714件、接待来访6456人次，调处简易纠纷511起，复查申诉案件33件，审结再审案件3件。1999年，撤销告诉申诉庭，成立立案庭，来信来访由立案庭接待处理。1999—2005年，立案庭共处理来信2356件，接待来访3524人次，审查各类案件立案5717件。

领导接待日活动

1989年起，建立信访工作领导接待日制度，确定每月15日为领导接待日，县四家班子领导轮流接待，定期到信访办接待群众来访，倾听民声，切实解决群众诉求。至2005年，县领导接待日共接待群众来访416件，解决山林、水事纠纷以及邻里关系、干部作风信访问题373件。

第十六篇

教育

第一章　教育管理

1989—2005 年，为加强各级学校的管理，进一步促进全县教育事业发展，恭城根据中央机构改革精神和自身实际设计机构，使教育管理机构适应全县新时期教育发展的需要，及时实施宏观调控，制定切实可行的教育管理目标，认真选聘校长和教师，努力培训骨干，提高教师队伍整体素质，狠抓教师和教学管理、改革教学体制，全面贯彻落实德智体美全面发展的教育方针。

第一节　机构

1989 年，恭城县教育局是全县教育行政管理职能机构。设办公室、人事股、教研室、计财股、普教股、招生办、职成股、电教站、项目办、勤工俭学公司、工会办。1992 年 8 月，撤销教育局，成立恭城瑶族自治县教育委员会（以下简称县教委）。1993 年，成立教育督导室，教育工作纳入依法督政、依法治学轨道。1996 年 7 月，县教委复改为县教育局，内设机构 12 个：办公室、人事股、教研室、计财股、普教股、招生办、职成股、电教站、项目办、勤俭办、督导室、工会办。人员编制 60 人。各乡（镇）设立教育辅导组（以下简称教育组）。2003 年 4 月，撤销乡（镇）教育组、将乡（镇）中心小学更名为乡（镇）中心校，乡镇小学的日常工作管理和教学业务指导由乡镇中心校承担。全县设置 10 个中心校：县直中心校、城镇中心校、观音中心校、栗木中心校、龙虎中心校、西岭中心校、嘉会中心校、平安中心校、莲花中心校、三江中心校。各中心校配备有校长、副校长、学科辅导员、会计、出纳等职务。至 2005 年，县教育局机构人员不变。

1989—2005 年，历任局长（主任）：钟业球、潘世月、黄仁斌、陶世忠。

第二节　教师管理

1989—2005 年，恭城教师按分级办学、分级管理原则进行管理，乡镇主要管理村级小学，县主要管理各中心小学、初中和高中；乡镇内教师调配主要由乡镇负责，乡镇间教师调配由县教育行政管理部门负责。1990 年，将教师的聘任和管理权收归县管，由县教育局依法履行全县中小学教师的资格认定、招聘、调配、交流、职务评聘、培训考核、奖惩等管理职能。

1989—2000 年，大中专毕业生分配到教育局后，由教育局分配到各乡镇教育组或学校，乡镇教育组根据需要再分配到学校。2001—2005 年，教师招聘基本上按需招聘。对在职教师的调动，各乡镇在职教师调配由各乡镇决定，跨乡镇和高完中在职教师的调配由教育局负责。

1991—2001年，恭城中学校长由县政府考核任免；县高完中、职业中学和教师进修学校校长、恭城中学副校长由教育局考核送县人事局行文任免；县高完中、职业中学和教师进修学校副校长、各初中和小学正、副校长由教育局考核或各乡镇协助考核后，由教育局行文任免。2002—2005年，恭城中学校长和县民族中学校长由县教育局提名，县委组织部考察、考核，报县政府任免；恭城中学副校长、高完中、职业中学、教师进修学校、各乡镇中心校、各初中、县直中心小学的正副校长由教育局考核任免；各乡镇小学正副校长由各乡镇考核、推荐，报县教育局行文任免。

第三节　教学管理

1989—2005年，全县中小学认真贯彻执行中小学校《学生手册》《小学生日常行为规范》《中学生日常行为规范》和《中华人民共和国未成年人保护法》，强化学生学籍管理，建立健全在校学生花名册、毕业生花名册、学生学籍证、体育合格证、学生学籍变动报表及学生流失情况统计表等有关档案。

20世纪90年代起，全县推行自治区教学目标管理，陆续制订和完善中小学教学常规管理、教学目标管理和教研课题管理措施，对教学计划、备课（预习）、上课（听课）、辅导（复习）、作业、课外指导、教学改进及考试规范等都作出具体量化，并定期对教师教学工作进行检查评估。教师实行教学目标管理责任制，制订落实教学目标措施，年终达标情况公布，按有关条例奖惩。

第四节　教育体制改革

1989—2005年，中共城县委、县政府贯彻实施《中共中央关于教育体制改革的决定》，对县内教育管理体制、投入体制、办学体制以及学校设点布局调整等方面，进行一系列改革，推动全县教育事业健康发展。

1989年，全县中小学教育实行分级办学、分级管理体制。1989年后，全县中小学进行内部管理体制改革，由党支部领导下的校长负责制，改为校长负责制。校长全面负责学校工作，党支部起监督保证作用，教师代表会参与民主管理学校。1991年，县政府对分级办学、分级管理的组织机构、职责范围和权限作出明确规定，县办学校由县管理、乡办学校由乡管理、村办学校由村管理。根据该项原则，恭城中学、栗木中学、西岭农职业中学、莲花中学、县教师进修学校、县幼儿园、县职业中学由县一级负责管理；乡（镇）中学、初中、中心校由乡镇一级负责管理；村所属完全小学、分校、教学点由村一级负责管理；企事业单位办的学校、幼儿园归办学单位管理。乡成立教育管理委员会，村成立办学领导小组。教育经费包干到乡镇，由乡镇财政列支。2002年，县政府对全县基础教育实行统一管理。县政府负责抓好中小学校规划，合理调整布局，加强宏观管理；组织实施普及九年义务教育和扫除青壮年文盲工作；积极发展高中阶段教育和学前教育；筹措教育经费，加大财政投入，改善办学条件；加强中小学教师管理，指导学校教育教学工作；落实督政查学工作，指导中小学全面推进素质教育。乡镇政府在县统筹安排下，筹集教育经费，征收农村教育费附加，改善办学条件，提高教师待遇，依法动员和保证适龄儿童少年入学，维护学校安全，保证正常教学秩序。2005年以后，全县中学、小学由县教育局统一管理。

第二章　九年制义务教育

20 世纪 80 年代后期和 90 年代初期，恭城制定和调整学前教育和小学教育发展规划，完善管理体制，合理设点布局，改善办园（所）条件，加强师资队伍建设，推动全县学前教育和小学教育事业发展。1991—2005 年，恭城在县城普及幼儿园三年教育，农村普及一年制学前教育，在小学和初中阶段，实行九年制义务教育。

第一节　学前教育

幼儿园教育

1989 年，恭城有幼儿园 24 所，41 个班，入园幼儿 1213 人，教师及保育人员 62 人；24 所幼儿园中，公办幼儿园 10 所，民办幼儿园 14 所。规模最大的幼儿园为县直机关幼儿园，分大、中、小年龄班共 11 个班，在园幼儿 504 人，保教人员 35 人。

1991 年，民办幼儿园发展迅速，全县幼儿园 40 所中，包含民办幼儿园 29 所、52 个班。其中，规模较大的民办幼儿园有妇联第一幼儿园、妇联第二幼儿园、恭城镇幼儿园、瑶瑶幼儿园、萌芽幼儿园、育苗幼儿园、幼芽幼儿园、劳动服务公司幼儿园、汽车站幼儿园、电扇厂幼儿园、罐头厂幼儿园、糖厂幼儿园等。至 2003 年，幼儿教育形成以公办幼儿园为骨干和示范，以社会举办幼儿园为主体，公办与民办，正规与非正规教育相结合的发展格局。2005 年年底，全县幼儿园 40 所、69 个班、1815 人，其中公办幼儿园 11 所，民办幼儿园 29 所，保教人员 171 人。

1989 年至 1994 年，各幼儿园根据国家教委《幼儿园工作管理条例》《幼儿园工作规程》的要求，制定幼儿教育和教学目的。对 3 周岁以上学龄幼儿，实施保育和教育相结合，实施体、智、德、美诸方面全面发展的教育，采用全国统编教材，开设体育、语言、常识、计算、美术等课程，促进其身心和谐发展。1995 年 3 月起，在县幼儿园大班和学前班增设“幼儿听读游戏识字课”实验课，采用北京国际汉字研究学会编写的教材。1996 年至 1997 年，改用广西版教材《幼儿园教学活动设计》。1998 年，全县幼儿园推行“惯例课程（健康、语言、社会、科学、美术）+ 汉字 + 英语”的全新课程模式对幼儿全面实施素质教育。2002—2005 年，改用广西版《幼儿园适应性发展课程》。教学内容涉及健康、语言、社会、科学和艺术 5 个领域，促进幼儿情感、态度、能力、知识技能等方面的发展。

公办幼儿园的教师与幼儿的比例为 1∶6，幼儿班与教师的编比为 1∶3.5（其中，幼儿班与专任教师的编比为 1∶2.5、幼儿班与保育员的编比为 1∶1）；班额规定小班每班 20 人至 25 人，中班每班 25 人至 30 人，大班每班 30 人至 35 人。民办幼儿园的教师由园长聘请，县教育局审定资格，班额不定。

图 16-1 1998 年秋，县直机关幼儿园一角

县直机关幼儿园为县内示范幼儿园，面向县直机关干部职工子弟招生。1989 年，有三层楼房两座，建筑面积 1500 平方米，其中教室 356 平方米、幼儿宿舍 170 平方米、幼儿食堂 48 平方米、活动场地 413 平方米。1998 年，投资 51 万元，拆除 1 栋旧房，新建 1 座 798 平方米的教学楼。2002—2005 年，投资 9.3 万元购买电脑、彩电、橡胶地垫、大型玩具、艺术鼓具、幼儿床、课桌椅。2005 年年底，全园占地面积 1286 平方米，教学楼面积 897 平方米，教学设备较完善。教师 21 人，在园幼儿 373 人。设置小、中、大年龄教学班，开设常识、语言、计算、美术、音乐、体育及课外活动等课程。

学前班教育

1989 年，部分乡镇、村完全小学附设学前班，招收年满 6 周岁的儿童就学，全县共有学前班 67 个，入学儿童 2653 人。1992 年，全县所有完全小学均开办学前班，共计 175 个，入学幼儿达到 6487 人。由于计划生育政策的落实，全县出生率逐年降低，2002 年，全县学前班减少到 111 个班，在校幼儿 2991 人。2005 年，全县学前班 128 个班，在校幼儿 3315 人。

恭城学前班使用广西壮族自治区编印的《幼儿学前班课本》或北京市幼儿园大班教材，一般有口语训练、常识、计算、识字、美工、唱歌及体育等课程，让学前儿童获得最基本的知识，为进入小学学习打下坚实的基础。

1989—2005 年恭城瑶族自治县学前教育发展情况统计表

表 16-1 单位：个、人

年份	幼儿园			学前班	
	所数	班数	人数	班数	人数
1989	24	41	1213	67	2653
1990	24	47	1441	131	5163
1991	40	65	1454	168	6141
1992	30	57	1661	175	6487
1993	29	48	1494	176	5670
1994	27	48	1494	162	4956
1995	25	39	1380	144	4414
1996	26	48	1401	134	4567
1997	31	46	1390	125	4521
1998	29	46	1371	145	4477

续表 16-1

年份	幼儿园			学前班	
	所数	班数	人数	班数	人数
1999	31	46	1384	125	4440
2000	26	42	1170	118	3481
2001	25	39	1016	119	2407
2002	39	49	1503	111	2991
2003	29	45	1158	102	3259
2004	26	53	1319	103	3203
2005	40	69	1815	128	3315

第二节 小学教育

1989 年，除县直第三小学实验班外，全县小学从 1989 年秋季开始，将原为小学五年制的学制全部改为六年制。同年，全县小学以“培养兴趣、抓好‘双基’、发展智力、培养能力”为指导思想，改革课堂教学。恭城镇第一小学办语文、数学实验班，在全县进行“注音识字，提前读写”的教学实验；栗木小学、江贝小学等校进行一年级至六年级小学教学目标教学实验。1992 年，全县小学开始实行“六年一贯制”，使用全国统编九年义务教育“六・三”学制全日制小学教材，实施《九年义务教育“六・三”学制全日制小学课程计划》。1993 年，根据《中国教育改革和发展纲要》精神，各校开始逐渐转变教育观念，探索和研究素质教育的理论与实践。1995 年，县教研室在县直第一小学二年级进行“素质教育”实验，除上好文化基础课外，根据学生的年龄、特点、兴趣、爱好和特长组织形式多样的课外活动小组，充分发挥学生的个性和特长，激发学生的学习积极性、主动性。1997 年，在全县范围内实行小学毕业会考和教学质量抽样检测，面向全体学生，重点考核“双基”水平的毕业会考，以合格率、参考率、平均分、低分率及优秀率等指标综合评定乡（镇）以及学校的会考成绩，以此评估办学水平和教学质量。1999 年秋季学期起，各校全面实施素质教育，以培养学生的创新精神和实际能力为重点，以实施素质教育和全面提高教学质量为中心，全县小学普遍开展公开课、观摩课、研讨课、教学竞赛、学科评比和教学基本功训练等常规教研教改活动。2000 年以后，全县各小学逐渐由应试教育转向素质教育，大力开展教育改革，教育科研、教学模式和教学方法得到较大改进，开展小学语文“听音想象作文”和数学“听算训练与检测”课题实验。2002 年起，县城小学和乡（镇）中心小学三年级以上（含三年级）开设英语课程。2003 年，实行新的一轮课程改革，从 2004 年秋季学期开始，全县小学一年级进入新课改。

1989 年，全县共有小学 121 所、教学点 175 个，凡年满 7 周岁的儿童可就近免试入学，一年级至六年级在校学生共计 31738 人。1990 年，增办岛坪铅锌矿子弟小学等 2 所小学，全县小学共 123 所、教学点 162 个，一年级至六年级在校学生共计 34387 人。1996—1999 年，撤销江贝小学等 3 所小学；2001—2005 年，又撤销 6 所小学。至 2005 年年底，全县小学 114 所。

2001 年，对规模过小、教学条件和质量不高的教学点进行撤并，从 118 个撤并为 98 个。至 2005 年，教学点撤并至 63 个。同年年底，全县共有教学班 871 个（其中，复式班 17 个），在校学生 19780 人。

1989—2005年恭城瑶族自治县小学学生基本情况统计表

表16-2

年度	学校（所）	教学点（个）	招收学生（人）	小学毕业（人）	在校学生（人）		适龄儿童（人）	适龄儿童入学（人）
					合计	其中：瑶族		
1989	121	175	6085	2875	31738	17322	25680	24733
1990	123	162	6105	2975	34387	18118	26947	26547
1991	123	164	6835	4132	36649	20158	35702	32694
1992	123	161	7116	4757	38729	21242	36138	35779
1993	123	161	6612	5200	39376	19235	37005	36817
1994	123	161	5890	5177	39111	20014	37287	36767
1995	123	153	4495	5874	35553	19730	33300	33153
1996	121	146	4400	6127	34103	18637	31979	31864
1997	121	146	4041	6607	31923	17135	29961	29865
1998	121	145	3831	6511	28960	15102	27221	27135
1999	120	124	4186	6499	26295	14048	25115	25023
2000	120	118	4082	5586	25247	13011	22512	22453
2001	117	98	3722	4250	24694	12979	22967	22920
2002	116	89	3495	4160	24022	13046	22770	22556
2003	116	72	3060	4197	22787	12915	21371	21304
2004	114	73	2974	4151	21431	12094	19868	19789
2005	114	63	2823	4305	19780	12916	18371	18298

2005年年底恭城瑶族自治县各乡镇小学统计表

表16-3

乡镇	小学
恭城镇	洲塘小学、满塘小学、孟家小学、门楼小学、乐湾小学、白马小学、同乐小学、化育小学、渡雷小学、天堂小学、古城小学、庄埠小学
观音乡	观音小学、狮塘小学、水滨小学
栗木镇	苔塘小学、上枧小学、马路桥小学、石头小学、上宅小学、大营小学、栗木小学、大合小学、大枧小学、五福小学、高岭小学、上灌小学、建安小学、常家中心小学、六岭小学、良溪小学、泉会小学、栗木矿区小学
西岭乡	椅子小学、岛坪中心小学、罗卜小学、杨溪中心小学、新安小学、龙岗小学、费村小学、新合小学、虎尾小学、八岩小学、挖沟小学、下宋小学、西岭小学、东面小学、三合小学、德良小学
嘉会乡	九板完全小学、共和小学、太平完全小学、吉山完全小学、嘉会中心小学、松林完全小学、白羊小学、大山小学、泗安小学、秧家小学、豸游小学、苏陂小学、西南小学
龙虎乡	龙虎中心小学、源头小学、龙岭小学、狮子小学
平安乡	桥头小学、大江小学、巨塘小学、下山源小学、平安小学、陶庄小学、绚马坪小学、黄埠小学、土陂小学、北洞源小学、北溪小学、新街小学、路口小学、三新桥小学
莲花镇	莲花小学、竹山小学、东科小学、势江小学、独石小学、凤岩小学、杨梅小学、龙围小学、坪冲小学、黄坭岗小学、笔山完全小学、坪岭小学、老君小学、蓝洞小学、崇岭小学、桑源小学、蒲源小学、朗山小学、门等小学、东寨小学、岩口小学、枧头小学、湖山小学
三江乡	三江小学、洗脚岭小学、小栗田小学、黄坪小学、大地小学、三联小学、十八岭小学
县城	县直第一小学、第二小学、第三小学、县糖厂小学

附：学校选介

县直第三小学创办于1991年3月，2004年10月搬迁到滨江苑新校区，更名为恭城瑶族自治县县城中心小学。学校占地10096平方米；建有教学楼1幢、综合楼1幢，建筑面积4026平方米；图书19155册；校园初步绿化。

1991年，全校有5个教学班，其中1个学前班，在校学生240人；教师10人，其中大学专科学历3人，中师学历7人；获得中级职称3人，初级职称7人。2005年，全校有16个教学班，学生908人，教师60人，其中大学本科学历8人，大学专科学历41人，中师学历12人；获得中级职称46人，初级职称15人。

栗木小学位于栗木镇镇南路的栗木小学，创办于1926年，学校占地17129平方米；建有教学楼2幢、综合楼1幢，建筑面积5810平方米；图书15800册，生均图书达41.25册；理科教学仪器配齐率达85%，电教设备配齐率达85%，体育器材配齐率达95%，音乐器材配齐率达85%，美术器材配齐率达80%，卫生器材配齐率达80%，劳技设施配齐率达80%，校园初步绿化。

2005年，有教学班15个，在校学生505人，教职工35人，本科学历15人，大专学历17人，中师学历3人；有23位教师获得小学高级职称，12位教师获得小学一级职称；已取得专业合格证的35人，取得教师资格证的35人，专任教师合格率达100%；校长岗位培训合格率达100%。

第三节　初中教育

20世纪80年代中期，为适应形势发展，恭城县教育部门贯彻“调整、改革、整顿、提高”方针，调整全县初中和教学点布局。至1989年，将全县105所初级中学（教学点）调整为17所初级中学，在校学生5794人。

从1989年起，全县实行统一的招生制度，招生考试由县教育局统一命题，统一组织考试。考场由各乡、镇根据考生人数设在中心完全小学，由县教育局组织人员统一改卷。恭城中学的附设初中班面向全县招生，择优录取新生，各乡镇初中分片择优录取本乡镇小学毕业生。1991年，全县初中招生47个班，新生2437人，小学毕业生升学率为61%。1992年，正式执行《九年义务教育全日制课程计划》，以全国统编的九年义务教育全日制教材作课本。实验仪器设备有所增加，部分条件较好的学校利用幻灯进行电化教学。1996年，普及九年制义务教育工作在全县铺开，进一步扩大招生规模，共招新生班95个，新生5414人，比1991年扩招52个班，增加2977人，小学毕业生升学率提高31.16%。1997年，各初中学校逐步由应试教育向素质教育转轨。1998—1999学年度，全县有初中17所、社会力量办学（私立）初中3所，平均1.6万人

图16-2　县民族中学

左右有 1 所初中，学校数量足、布局合理、覆盖面广，基本满足实施普及九年义务教育的需要。

1999 年，进一步扩大招生，全县共招初中新生 105 个班，新生 6054 人，小学毕业生升学率为 93%。2000 年后，由于全县人口自然增长率逐年降低，学生人数开始逐年下降。2001 年，各初中均已装备计算机教室，开设计算机课，装备及应用多媒体教室。各初中仪器设备大大加强，电化教学基本得到普及。2003 年，实行新的一轮课程改革，从 2004 年秋季学期开始，全县初中一年级进入新课改。为整合教育资源，提高教育质量，2003—2005 年共撤并 4 所初中。2005 年年底，全县有县民族中学、观音初中、栗木镇初中、上枧初中、龙虎初中、嘉会初中、开花山初中、西岭中学、恭城镇中学、平安初中、詠棠初中、莲花初中、东寨初中、三江初中共 14 所初级中学，另在栗木中学、莲花中学、栗木锡矿中学、教师进修学校、县委党校、育才中学、龙腾文武学校附设初中班，225 个班，在校生 11490 人。

1989—2005 年恭城瑶族自治县初中学生基本情况统计表

表 16-4

年度	学校数（所）		招生数（人）	毕业人数（人）	在校学生（人）		“四率”情况			
	独立	民营			合计	瑶族	入学率（%）	辍学率（%）	毕业率（%）	完成率（%）
1989	17	—	1754	1535	6040	2996	—	—	—	—
1990	17	—	2095	1853	6010	2879	—	—	—	—
1991	17	—	2437	1890	6214	3621	—	—	—	—
1992	16	—	2507	1713	6721	3002	—	—	—	—
1993	17	1	3091	1869	7492	3604	79.40	3.32	90.00	63.98
1994	17	5	3457	1991	8647	3876	85.50	3.06	92.00	65.25
1995	17	4	3766	3791	11378	3989	95.40	2.97	93.00	80.20
1996	17	3	5414	3317	12140	5007	94.82	2.83	99.40	85.60
1997	17	3	5687	3296	14247	6820	98.14	2.78	98.70	89.18
1998	17	3	6284	3310	16543	6934	98.89	2.68	99.02	90.50
1999	17	3	6054	4903	17109	5989	101.30	2.70	99.02	90.50
2000	17	3	5325	5050	16439	6512	99.20	2.58	99.40	92.80
2001	17	3	4123	5646	14320	6273	98.07	2.78	99.17	93.16
2002	18	2	3971	5244	12370	6043	99.29	2.60	99.14	94.05
2003	15	2	4068	4048	11365	5901	100.30	2.30	99.40	94.80
2004	15	—	3950	3551	11427	5891	100.48	2.42	99.80	89.83
2005	14	1	4226	3420	11642	5684	101.14	2.33	99.70	90.16

说明：初中“四率”从 1993 年开始统计

第四节 “普九”与“普实”工作

普及九年义务教育

1987 年，在巩固普及初等义务教育的基础上，在全县开始分步分批实施普及九年义务教育（即“普九”）。1987—1990 年，抢修学校危房、新建和回建校舍；1991—1992 年，以三江乡为试点实施

“普九”工作；1994年至1996年6月，全县铺开实施“普九”工作；1996年至1999年5月，开展“普九”整改、巩固、提高工作。1996年12月，通过桂林地区行署的评估审核；1999年6月，通过自治区的评估验收。

组织领导　成立县“普九”工作领导小组，负责组织、指导实施；实行县四家班子领导联系乡镇“普九”工作制度，并将联系乡镇“普九”工作的实绩作为县四家班子领导政绩的考核内容，进一步加强县委、县政府对各乡（镇）“普九”工作的领导；层层签订责任状，县与乡、乡与村、县教育局与乡教育组、乡教育组与所辖学校层层签订责任状，做到任务落实，责任明确，如期完成任务有奖，拖后或完不成任务受罚。同时，县委、县政府结合本县实际先后下发《关于推进“科教兴县”的决定》《关于教育改革和发展若干问题的决定》《关于做好基本普及义务教育基本扫除青壮年文盲的决定》等一系列政策规定，有效保证“普九”工作的顺利开展。

“普九”过程　1996年，三江乡“普九”工作试点结束后，确定全县“普九”工作的重点和难点是提高初中入学率、控制辍学率以及17周岁人口初级中等教育完成率。自治县人民政府下发有关做好学生入学动员工作的通知，各乡镇组织工作队入村入户做好宣传工作和动员学生回校工作，教育部门、学校采取相应的措施有效地控制学生的流失。1996—1999年，全县小学毕业生升初中均达95%以上，初中在校生从1996年的12140人增加到1999年的17109人，初中在校生辍学率控制在3%以内。在严格控制现有初中学生流失的基础上，针对全县过去初中入学率较低的实际，为提高17周岁人口初级中等教育完成率，对未受完初级中等教育的少年采取补救措施。1996年，各乡镇分片分点开始开办业余初中对17周岁人口进行补偿教育。1998年，各乡镇均办起业余初中班，参加学习1750人，教育部门负责教育教学管理，安排教师，组织教材，制定教学计划、要求及命题考试等，提高全县17周岁人口初级中等教育完成率。扩充初中教师，通过函授、委培学习、继续教育以及参加“三沟通”全员培训对初中教师进行培训，全县参加“三沟通”全员培训学习的教师360人，在职中小学校长培训率为100%。多方筹措资金，足额征收城市教育附加费和农村教育附加费，开征基本项目教育费附加、燃料油（汽油、柴油）教育费附加，开征城镇干部、职工各类从业人员教育费附加。1995—1998年，全县征收农村教育费附加1485万元，用于改善办学条件。

经费投入　“普九”工作所需经费，除县、乡两级财政拨款外，另有向上级政府争取的经费，群众自筹的集资款，以及世界银行贷款。在1985—1990年抢修学校危房、新建和回建校舍阶段，县、乡、村及群众共筹资金693万元，兴建教学楼房27038平方米，维修扩建校舍123646平方米，添置课桌椅15100套。1991年起，自治县人民政府逐年加大对教育的投入，1991—1999年，共投入教育经费11621万元。其中1991年709万元，1992年788万元，1993年917万元，1994年1375万元，1995年1349万元，1996年1464万元，1997年1623万元，1998年1544万元，1999年1852万元。1996—1998年，全县兴建教学楼78栋、教职工宿舍大楼及学生宿舍大楼38栋，总建筑面积91595平方米，其中教学楼建筑面积60020平方米，宿舍楼建筑面积31575平方米；小学的“五室一场”、中学的“八室一场”均得到很大改善。

“普九”验收　1999年6月，自治区评估验收团恭城验收分团对恭城县“普九”工作进行评估验收。经实地查看学校教学设施，查阅“普九”档案，清点学生人数等，认定恭城县“普九”的各项指标基本达到国家和自治区规定的标准要求，通过省级评估验收。2003年11月，自治区“普九”工作复核检查团对恭城县“普九”工作进行复查，通过复查验收。

1999年，全县“普九”工作经自治区验收后，新增教学楼42栋，学生宿舍楼21栋，教师宿舍楼14栋，综合楼10栋，学生食堂8栋，总面积达94567平方米。2002年，新建民族中学，校舍面积22500平方米。是年，面向全县招收初中一年级8个班，学生477人。2004年10月，新建县城中心小学，有教学班19个，学生958人，校舍面积达11124平方米。

附：恭城县“普九”验收指标

1. 适龄儿童入学率。1996—1997 学年度，全县 7 周岁至 12 周岁儿童共 31979 人，其中残疾儿童 49 人，正常儿童的入学人数 31864 人，入学率 99.79%；1997—1998 学年度，全县 7 周岁至 12 周岁儿童共 29961 人，其中残疾儿童 49 人，正常儿童的入学人数 29865 人，入学率 99.8%；1998—1999 学年度，全县 7 周岁至 12 周岁儿童共 27221 人，其中残疾儿童 47 人，正常儿童的入学人数 27135 人，入学率 99.86%。

2. 适龄少年入学率。1996—1997 学年度，全县 13 周岁至 15 周岁少年共 14736 人，尚在小学 986 人，其中残疾少年 14 人，初中阶段在校生 13960 人，毛入学率 94.82%；1997—1998 学年度，全县 13 至 15 周岁少年共 16370 人，尚在小学 885 人，初中阶段在校生 15726 人，毛入学率 98.14%；1998—1999 学年度，全县 13 周岁至 15 周岁少年共 17004 人，其中残疾少年 15 人，尚在小学 432 人，初中阶段在校生 16794 人，毛入学率 98.85%。

3. 残疾儿童、少年入学率。1996—1997 学年度，7 周岁至 15 周岁残疾儿童、少年共 63 人，入学率 90.5%；1997 年至 1998 学年度，7 周岁至 15 周岁残疾儿童、少年共 63 人，入学 58 人，入学率 92.1%；1998—1999 学年度，7 周岁至 15 周岁残疾儿童、少年共 62 人，入学率 100%。

4. 在校中小学生辍学率。1996—1997 学年度，全县在校小学生 35553 人，学年内辍学 125 人，小学生年辍学率 0.35%；学年初在校初中生 12924 人，学年内辍学 366 人，初中生年辍学率 2.83%。1997—1998 学年度，全县在校小学生 34103 人，学年内辍学 110 人，小学生年辍学率 0.32%；学年初在校初中生 12140 人，学年内辍学 337 人，初中生年辍学率 2.78%。1998—1999 学年度，全县在校小学生 31923 人，学年内辍学 90 人，小学生年辍学率 0.28%；学年初在校初中生 14247 人，学年内辍学 382 人，初中生年辍学率 2.68%。

5. 中小学完成率。1996—1997 学年度，全县 15 周岁人口共 4371 人，其中小学毕业、结业 4267 人，残疾 1 人，完成率 97.6%；17 周岁人口共 4626 人，其中初中毕业、结业 3960 人，完成率 85.6%。1997—1998 学年度，全县 15 周岁人口共 5212 人，其中小学毕业、结业 5183 人，残疾 5 人，完成率 99.54%；17 周岁人口共 4396 人，其中初中毕业、结业 3916 人，残疾 5 人，完成率 89.18%。1998—1999 学年度，全县 15 周岁人口共 5150 人，其中小学毕业、结业 5107 人，残疾 7 人，完成率 99.3%；17 周岁人口共 4371 人，其中初中毕业、结业 3953 人，残疾 2 人，完成率 90.5%。

6. 中小学毕业年级学生合格率。1996—1997 学年度末，全县小学毕业年级学生共有 6127 人，全科合格 6119 人，合格率 99.9%；初中毕业年级学生共 3317 人，全科合格 3298 人，合格率 99.4%。1997—1998 学年度末，全县小学毕业年级学生共有 6607 人，全科合格 6533 人，合格率 98.8%；初中毕业年级学生共 3296 人，全科合格 3252 人，合格率 98.7%。1998—1999 学年度末，全县小学毕业学生共有 6511 人，全科合格 6447 人，合格率 99.02%；初中毕业学生共 4903 人，全科合格 4855 人，合格率 99%。

7. 专任教师合格率。1996—1997 年度，全县小学共 1145 个教学班，在职小学教职工共 1855 人，教学班与教职工人数编比为 1∶1.62。小学专任教师共 1671 人（不含代课教师），其中大专以上学历 63 人，中师中专学历 1182 人，高中毕业 177 人，无高中以上学历但取得专业合格证书的教师 124 人，无高中以上学历又无专业合格证但取得三级以上专业技术职称的教师 39 人，以上五种人员共 1585 人，小学专任教师合格率达 94.9%。初中共 212 个教学班，在职教职工 776 人，教学班与教职工的编比 1∶3.66，初中专任教师 603 人，其中大学专科毕业及以上的 507 人，无专科以上学历但取得专业合格证书的 17 人，无专科以上学历又无专业合格证书但取得三级以上职称的 24 人，以上三种人员共 548 人，初中专任教师的合格率达 90.9%。

1997—1998 年度，全县小学共 1132 个教学班，在职小学教职工共 1859 人，教学班与教职工人数编比为 1∶1.64。小学专任教师共 1647 人（不含代课教师），其中大专以上学历 56 人，中师中专学历 1192 人，高中毕业 173 人，无高中以上学历但取得专业合格证书的 122 人，无高中以上学历又无专业合格证但取得三级以上专业技术职称的 32 人，以上五种人员共 1575 人，小学专任教师合格率达 95.6%。初中共 255 个教学班，在职教职工 933 人，教学班与教职工的编比 1∶3.66，初中专任教师 708 人，其中大学专科以上学历 614 人，无专科以上学历但取得专业合格证书 17 人，无专科以上学历又无专业合格证书但取得三级以上职称的 23 人，以上三种人员共 654 人，初中专任教师的合格率达 92.4%。

1998—1999 年度，全县小学共 1082 教学班，在职小学教职工共 1722 人，教学班与教职工人数编比为 1∶1.59。小学专任教师共 1568 人（不含代课教师），其中大专以上学历 67 人，中师中专学历 1155 人，高中毕业 167 人，无高中以上学历但取得专业合格证书的 105 人，无高中以上学历又无专业合格证但取得三级以上专业技术职称的 34 人，以上五种人员共 1528 人，小学专任教师合格率达 97.4%。初中共 293 个教学班，在职教职工 1068 人，教学班与教职工的编比 1∶3.65，初中专任教师 791 人，其中大学专科以上学历 691 人，无专科以上学历但取得专业合格证书的 16 人，无专科以上学历又无专业合格证书但取得三级以上职称的 20 人，以上三种人员共 727 人，初中专任教师的合格率达 91.9%。

“普实”工作

“普九”验收后，根据自治区教育厅《关于加快我区中小学实验教学普及县工作步伐的通知》精神，全县全面开展实验教学普及（以下简称“普实”）工作。2005 年 3 月，自治县委、县人民政府召开全县“普实”工作动员大会，自治县人民政府与各乡镇签订“普实”工作责任状，各学校与教育局签订“普实”达标责任状。全县“普实”工作形成领导重视，职责分明，责任到人，层层落实的格局。同年，全县多方筹措资金共 1500 万元，全县中小学共新建实验室 156 间，面积 10450 平方米，均按各校类别配齐实验桌凳；仪器室 155 间，面积 6614 平方米，仪器柜 1441 个，容积 1344 立方米，各中学均设立危险化学药品专柜，按国家教委 1993 年颁布的标准配备各种教学仪器；图书室 130 间，面积 5877 平方米；卫生室 14 间，计算机室 15 间。

全县小学 114 所，达“普实”一类标准的 3 所、二类标准的 9 所、三类标准的 102 所；高中、初中共 14 所，达“普实”一类标准的 2 所、二类标准的 6 所、三类标准的 6 所。全县中小学图书总藏量 54 万册，中学生人均图书 18.7 册，小学生人均 15 册。中学物理、化学、生物实验按教学大纲开齐，教师演示实验开出率 92.8%，学生分组实验开出率 85.8%；小学自然演示实验开出率 90%，学生分组实验开出率 83%。

同年 11 月，经自治区实验教学普及县（区）工作评估团检查评估，认定恭城县“普实”工作各项指标均达到自治区评估验收标准，通过评估验收。

第三章　高中教育与中等职业教育

1989—2005 年，恭城认真贯彻执行中国共产党的教育路线、方针、政策，积极稳妥发展高中教育，加大投入改善软硬件设施建设，加强师资队伍建设，教育质量不断提高，为国家培养出一大批优秀人才。

在此期间，恭城中等职业教育立足实际，适应市场变化发展，优化课程，调整专业结构，使课程设置更具实用性，培养专业对口人才，开拓学生就业空间，中等职业学校招生年年有增长。

第一节　高中教育

1989 年，全县有恭城中学、栗木中学、莲花中学和栗木锡矿中学 4 所完全中学，33 个教学班，学生 1379 人。1991 年，民办育才学校建成招生，办高中补习班 1 个，学生 40 多人，1994 年停办。2000 年，民办银殿学校（1996 年秋建）更名育才中学；2004 年秋，招收高中 3 个年级 3 个班，学生 60 多人。2003 年，经自治区教育厅评估验收，恭城中学被评为自治区示范性高中。2004 年，恭城中学撤销初中部，成为独立高中，共有高中班 27 个，学生 1770 人。2005 年，莲花中学停招初中学生。同年，全县有高中 4 所，其中 1 所为民办高中，共有 74 个教学班，学生 4323 人。1989—2005 年，全县共招收高中学生 12708 人，毕业 8060 人。

1989—2005 年，高中学制均为三年制。1989 年 9 月，开始执行《全日制普通高中课程计划》，课程设有政治、语文、数学、英语、物理、化学、生物、体育、艺术（音乐、美术）、劳动技术、课外活动等。1995 年春季学期，执行国家教委在实行新工时制的调整的课程计划，课程设置不变，课时改动，即上课时间改成 5 天半，周课时为 39 节，增加的课时由学校自行安排主要学科的自习课。2001 年，恭城中学开设计算机课，并逐步装备多媒体电教室和语音教室。2002 年，执行教育部的《补充全日制普通高中课程计划》，在原课程计划的基础上增设信息技术和综合实践活动课。为适应高考，从高中二年级始分理科班和文科班，公共课程为语文、数学、英语、体育与健康、信息技术、劳动技术，理科班选修数学、物理、化学、生物等方面的课程，文科班选修政治、历史、地理等方面的课程。20 世纪 90 年代起，将原来运用的“注入式”教学逐步转为“启发式”教学，同时开设第二课堂，开展各种科技活动，重视课内课外相互促进，理论与实践相结合，并逐步采用幻灯、电影、电视、录像等现代化教学手段辅助教学。教学质量逐年提高，高等教育考试上线率、录取率也同时逐年提高。1989 年，全县高考报考人数 461 人，上线人数 101 人，上线率 21.91%；录取 83 人，录取率 18%。1995 年，全县高考报考人数 495 人，上线人数 328 人，上线率 66.26%；录取 285 人，录取率 57.58%。2005 年，全县高考报考人数 1397 人，上线人数 1329 人，上线率 95.13%；录取 1291 人，录取率92.41%。

1989—2005年，恭城共有27人考入清华大学、北京大学，其中瑶族学生16人。

1989—2005年恭城瑶族自治县高中基本情况统计表

表16-5

年份	学校数（所）	班数（人）	在校生数（人）	招生数（人）	毕业生数（人）
1989	4	27	1174	391	298
1990	4	26	1176	418	416
1991	4	27	1316	557	406
1992	4	28	1379	526	386
1993	4	27	1340	462	389
1994	4	26	1245	434	427
1995	4	28	1302	529	425
1996	4	28	1385	490	372
1998	4	27	1436	495	03
1999	4	31	1700	766	418
2000	4	37	1981	782	431
2001	5	47	2492	1041	486
2002	5	52	2872	1221	725
2003	6	64	3598	1447	708
2004	6	71	4068	1483	991
2005	5	74	4323	1666	1179

恭城中学　创办于1938年11月，最初名为恭城县立国民中学，首任校长况琇。1946年春，易名为“恭城县立初级中学”；1949年秋，迁到现今校址（恭城镇太平街71号）。1952年，改为秋季学期招生；1956年，再度更名为恭城县第一初级中学。1958年秋，开始招收学制三年的高中班，成为恭城县有史以来的第一所完全中学，再次改名为恭城中学。1969年始，高中学制改为两年。1978年，恢复中学六年学制。1992年秋，开办民族初中班和民族高中班。至2000年年底，恭城中学先后被评为“全国群众体育先进单位”“自治区文明单位”“自治区贯彻体育锻炼标准先进单位”“自治区贯彻体育卫生两个条例优秀学校”“自治区环境教育十佳学校”“自治区艺术教育先进单位”“自治区科技教育示范学校”“自治区社会综合治理模范单位”“自治区中小学校德育工作先进单位”。

1989年，恭城中学建有教学大楼3栋，教师宿舍楼1栋，建筑面积共计13210平方米。2000年，创建示范性普通高中给学校带来一次较大的发展机遇，加大基础设施和教学设备的建设力度，改善办学条件，提高教师素质，教学质量大幅度提高。至2005年，学校占地62403平方，建有教学楼4栋，教室48间，建筑面积达26216平方米；实验大楼1栋，建筑面积2800平方米，内设物理、化学、生物的实验室和仪器室，设有电脑教室、多媒体教室、语音室；图书大楼1栋，建筑面积1800平方米，藏书76640册；每年征订报纸杂志225种；拥有教学参考书和工具书132种，图书资料实行电脑智能化管理；建设有10000平方米的运动场，篮球场6个，排球场2个，体育设施齐全；综合性教师办公楼1栋，建筑面积1100平方米；学生宿舍楼5栋，建筑面积7843平方米；教职工宿舍楼14栋，宿舍 125 套，建筑面积 12069 平方米。

2000 年 12 月，县政府下发《关于成立建设示范性普通高中领导小组的通知》，成立以县长为组长的建设示范性普通高中领导小组。2001 年 4 月，县政府向桂林市教育局递交《恭城瑶族自治县人民政府关于我县恭城中学申报为广西示范性普通高中的请示》及恭城中学申报广西示范性普通高中材料；同时，县政府下发《批转恭城中学关于建设自治区示范性高中规划的通知》，把恭城中学建设自治区示范性普通高中列入《恭城瑶族自治县国民经济和社会发展的第十个五年计划》。5 月，恭城中学获自治区教育厅批准立项创建示范性普通高中。2001 年起，开始创建自治区示范性普通高中。2003 年 5 月，自治区教育厅公布考核评估结果，恭城中学成为自治区首批示范性普通高中。2005 年，完全剥离初中，成为独立高中。

创建自治区示范性普通高中活动中，恭城中学在基础设施改善、教师培养、教学改革、办学规模等方面狠下功夫，教学质量得到极大提高。（1）改善基础设施。2000 年，恭城中学占地面积 50669 平方米，校舍建筑总面积 30516 平方米，其中教学楼 3 栋、建筑面积 3864 平方米，教学辅导楼 1 栋，建筑面积 1209 平方米，教师教学科研楼 2 栋、建筑面积 3026 平方米，科技楼 1 栋，建筑面积 2765 平方米，学生宿舍 4 栋、建筑面积 5553 平方米，教师宿舍 12 栋 121 套、建筑面积 11452 平方米，食堂 1 栋、建筑面积 730 平方米。教学设施有计算机室 2 间，共有计算机 120 台；实验室 13 间，其中语言实验室 2 间、物理实验室 5 间、化学实验室 4 间、生物实验室 2 间，物理、化学教学仪器价值 60 多万元；专用学生课外科技活动室 1 间，多媒体讲学厅 1 间，专用音乐教室 1 间、美术教室 1 间。另有图书馆 540 平方米，300 米环形跑道，4 个标准篮球场。2001 年起，自治县政府设立专项资金 500 万元，并允许恭城中学招收计划外学生的办法来筹措办学资金。2001—2003 年，共投资 703 万元完成 6 项基础工程：校园网络第一期工程、图书大楼、水塔、天文台、多媒体教室及食堂综合楼。2004—2005 年，共投资 776 万元，新建 1 栋教学楼，改建煤渣跑道运动场为塑胶运动场，改善多媒体教室、校园供电、通信线路、校园低声广播系统等设施。2005 年年底，全校共有教学楼 4 栋，教室 48 间、多媒体教室 8 间，总建筑面积 8267 平方米；办公楼 2 栋，总建筑面积 3026 平方米；实验楼 1 栋，设器材室、实验室 12 间，建筑总面积 1350 平方米；图书楼 1 栋，总建筑面积 1800 平方米；礼堂、食堂、综合楼 1 栋，建筑总面积 4412 平方米；多媒体讲学厅 1 间 216 平方米，学生宿舍楼 5 栋，总建筑面积 7834 平方米、1700 个床位；教师宿舍楼 13 栋，126 套；医务室 1 间，接待室 1 间，大小会议室 3 间；300 米环形跑道塑胶运动场 1 座，篮球场 6 个，排球场 2 个，羽毛球场 5 个，乒乓球训练场 1 个。（2）教师培养。2000 年，恭城中学有教职员工 160 人。在具有教师资格的 135 人中，有特级教师 1 人，中学高级教师 35 人，中学一级教师 61 人。高中专任教师 73 人中，有特级教师 1 人，中学高级教师 26 人，中学一级教师 33 人，其中 35 周岁以下 26 人。为促进青年教师的成长，学校制定完整、科学的管理队伍和教师的培养提高计划、方案，加强教研组建设，落实新老教师结成师徒对子，建立青教课、观摩课、示范课、研究课和听课评课制度。鼓励教师参加各种继续教育活动，举办各种层面的计算机培训及竞赛活动，拨付经费支持 24 名教师攻读在职研究生，委派 3 名教师赴加拿大留学专修英语。100% 的教师获计算机合格证，青年教师均能独立制作 CAI 课件，中青年教师均能开展电化教学。设立科研处，由教研组承担学校立项研究的课题或者上级立项研究的课题，每个教师除参与课题研究外，每学期要撰写 1 篇以上的教育教学研究论文。2000 年，立项第一批科研课题。2003 年，对第一批课题进行评审验收并立项第二批课题，共完成 12 个课题，其中 3 个为市级研究课题，9 个为校级研究课题；2 个科研课题分别获得区、市级科研成果二等奖。2003 年起，语文、物理、化学、史地、政治、图音体、电教等教研组先后被评为桂林市先进教研组，获得国家级、自治区级、市级“优秀教师”称号 14 人，县市级学科带头人、教学能手称号 21 人；260 篇教育教学论文获市级以上奖励，学校结集出版 8 本优秀论文集。2005 年，全校专任教师 110 人，有特级教师 1 人，中学高级教师33人，中学一级教师44人，中学二级教师33人；研究生学历5人、本科学历97人、专科学历8人。（3）教学改革。按照教育部和自治区教育厅颁布的课程计划、课程标准规定，开齐开足必修、选修和综合实践课。必修课开设的课程科目有语文、数学、英语、计算机、政治、历史、地理、物理、化学、生物、音乐、体育、美术及劳动技术等；选修课开设研究性课程、环境保护、生态农业、报刊编辑、田径运动、少数民族传统体育项目、民族歌舞及器乐等课程；活动课包括班团队活动、学科兴趣小组、科技节、艺术节、校运会及瑶族文化调查等。在执行国家课程计划，全面落实国家课程计划的同时，2001年根据学校实际开设校本课程和研究性学习课程，每周安排2个学时，以高一、高二年级为主。学生自主选择听课，自由选修，教学内容涉及恭城生态农业、旅游资源、时事评论、人文史地、科技讲座、天文观测、音乐舞蹈、田径篮球、硬笔书法等。学生校本课程成绩评定实行等级制，分A、B、C三个等级，成绩计入学生素质报告册。先后荣获桂林市中学生信息竞赛高中组第三名、初中组第二名，桂林市中学“环境保护”板报现场制作赛第一名，首批桂林市艺术教育示范学校，桂林市中小学田径运动会团体总分第二名，广西爱祖国、爱老师歌曲比赛二等奖等荣誉。（4）办学规模。2000年，共有教学班30个（含6个民族班），其中高中班18个（含补习班3个），初中班12个，学生1941人。2002年秋季学期，停止招收初中班，保留初中二年级、三年级8个班级；招收高中新生8个班级共526人，高中班级共21个。2005年秋季学期，初中完全剥离，集中力量办高中，招收高中新生10个班级、665人，全校共有28个高中班级、1908人。（5）教学质量。2000—2005年，参加高中毕业会考，2000届学生合格率100%，获A率44.51%；2001届学生合格率99.9%，获A率43.64%；2002届学生合格率99.97%，获A率57.18%；2003届学生合格率99.85%，获A率53.59%；2004届学生合格率99.9%，获A率45.99%；2005届学生合格率100%，获A率41.82%。高等学校考试一本和二本上线率，2000年62.23%，2001年68.59%，2002年77.56%，2003年65.59%，2004年77.41%，2005年73.08%。2000—2005年，考入清华大学、北京大学学生各7人。

莲花中学　创办于1956年6月，初名为恭城县莲花初级中学（也称为恭城县第三中学），校址在莲花镇。1956年秋至1968年秋招收初中学生，学制为三年。1968年秋至1978年春只招收学制为二年的高中班。1979年秋至2005年秋招收学制均为三年的高中、初中生。

1990—2005年，通过上级拨款，学校自筹的方式，总投资600多万元，兴建学校大门，教学楼3栋，综合楼1栋，学生宿舍4栋，学生食堂1栋，篮球场5个，气排球场1个，300米跑道田径场1个。综合楼集理化生实验室、多媒体教室、电脑室、教研室、图书室、阅览室和会议室于一体。校园规划合理，教学区和学生宿舍区基本完成绿化美化。学校坚持以人为本，注重营造利于学生发展的人文环境，高度重视“人”在学校发展中的作用。关注学生的个性特长，彰显学生的独立人格，注重培养学生的创新精神实践能力，创办人民满意的教育。以“一切为了学生的发展”为办学理念，“团结进取，求实创新”为校训；树立“文明团结、拼搏进取”的校风，“修身敬业，务实创新”的教风，“崇德求真、善学勤思”的学风，积累了成功的教育经验。2004年，被评定为自治区普通高级中学一级学校。2005年，学校共有25个教学班，学生1152人；有教职工97人，其中中学高级教师8人，中学一级教师57人，并拥有自治区级C类人才，市级学科带头人、教学能手、优秀班主任及优秀教师20多名。

第二节　师范教育

1985年12月，恭城县中等师范学校经自治区批准改为恭城县教师进修学校。1988年，开办卫星电视大专班。1989年，有教职工23人，其中专任教师17人，讲师9人。2001年7月，增设桂林师专恭城函授辅导站；2002年1月，增设广西中小学教师计算机全员培训考点。2005年，有教职工28人，其中专任教师23人，高级讲师4人，讲师20人。

恭城县教师进修学校以教育培养小学教师为宗旨，招收县内农村知识青年、插队青年、在职公办教师、民办教师、代课教师为学生，全面贯彻中国共产党和国家的教育方针，突出“师范性”特点，采用多渠道、多形式、多层次的办学形式。学历教育及培训层次有中师、大专和本科；学制有：培训有1周至1年不等，中等师范班有2年和3年时间，大专函授班有3年和4年时间。课程设置由必修课、选修课、活动课、教育实践课组成，中等师范班设政治、语文及小学语文教材教法，数学及小学数学教材教法，物理、化学、生物、小学自然常识教材教法，外语、地理、历史、心理学、教育学、体育、音乐、美术、教育实习等课程；培训班则根据不同的培训目标要求选择不同的教学内容。

在1989—2005年期间师资教育中，执行的教学计划和使用的教材略有所不同。1989—1992年使用自治区统编的中等师范进修教材，开设有语文（包括文选与写作、语文基础知识、小学语文教学法），数学（包括代数、初等函数、几何、小学数学基础理论与教材教法）、教育学、心理学、自然（包括物理、化学、生物、生理卫生）5科考试科目，另有政治、史地、图音、体育4科考查科目。1994—1998年，根据自治区教委《关于调整广西中等师范学校课科安排的通知》开设思想政治、语文（含教师口语）、小学语文教材教法、数学、小学数学教材教法、物理、化学、生物学（含少儿生理卫生）、历史、地理、小学心理学、小学教育学、电化教育基础、体育（含形体训练）、音乐、美术、劳动技术等课程。

普通中师班　普通中师班学员有3种形式：一是经县教育主管部门同意、自治区教委师范处批准，从参加中考的县内应届初中毕业生中选招学员，学生自理学杂费、生活费，学制三年，毕业后回乡担任小学代课教师；二是从在职民办教师、代课教师选招学员，脱产进修中师学业；三是从中师预备班学员经考试合格的，转为脱产进修中师学业。截至1993年，师范进修学校培养和培训中师学历人数共有686人。1993年，开办普通师范班，当年招收1个班、48人。1994年，招收幼儿师范班1个班50人，普通师范班1个班、50人。1995年后，停招普通中师班。

中师函授　1990年，为适应小学教师在1993年取得合格学历或专业合格证书的要求，县教师进修学校通过举办中师函授预科班和中师函授班的形式对未达中师学历或未取得专业合格证书的全县小学教师（包括公办、民办、代课教师）进行学历补偿教育。1992年，招收中师函授生67人、卫星电视函授中师班2个班、107人；毕业一届四年制函授班26人。1993年，在校卫星电视函授班有4个，毕业1个班、32人，1994年，毕业1个卫星电视函授班。1989—1999年，共招收10届卫星电视函授班569人。2000年以后，由于社会对学历层次认同率提高，中师函授停办。

大专函授　1988年，开办卫星电视大专函授班，是年招收中文班8人。1991—2005年，共招收卫星电视大专函授学员245人。

在职培训　1989—2005年，共进行普通中师班、小学校长培训、代课教师培训、专业合格证书考前培训、“义教工程”、教师培训等。

小学校长培训。采用脱产形式举办，严格执行《全国中小学校长岗位培训指导性教学计划》，开设小学原理、马克思主义哲学基本原理、教育政策法规、教育学、心理学、中国教育思想史、马克思主义教育思想、外国教育情况专题以及教育管理实践等课程。在教学过程中，坚持理论联系实际原则，并做到按需施教，学用结合，注重实效。每期培训半年，经考试、考查合格，发给合格证。1993—2005年，共培训310人次。

代课教师培训。1993年，对全县460名代课教师进行1次全员培训。县教师进修学校派出5位教师分赴全县的4个培训点，进行面授辅导。培训内容有本县教育发展现状及概况、教师职业道德修养、《义务教育法》、教育政策法规、教育学、心理学、小学语文教材教法及备课指导、小学数学教材教法及备课指导以及语文、数学示范课，班主任工作经验介绍等。

专业合格证书考前培训。1991—1993 年，由县教师进修学校、县教委普教股组织实施，利用假期举办小学教师专业合格证书考前培训班，重点辅导教育学、心理学，共培训 230 人。

“三沟通”全员培训。1993—1998 年的“三沟通”全员培训，是指无合格学历的初中教师（初中教师要求在大专以上学历）和有志提高学历的小学教师参加“三沟通”全员培训。“三沟通”是指函授教育、卫星电视教育、高等教育自学考试相沟通培训初中教师的办学模式，即凡参加过函授教育、卫星电视教育、高等教育自学考试所取得的单科成绩合格证，在全员培训相应科目中沟通，可以免修。全员培训是采用自学和集中面授的形式进行学习辅导，1992 年至 1995 年 5 月由桂林地区教育学院负责培训辅导和考务工作，学员考试及格的科目，发给“中学教师培训单科合格证书”。1995 年 5 月至 1998 年，“三沟通”全员培训主考学校为广西教育学院，负责全区全员培训班的教学指导；根据考教分离的原则，桂林地区教育学院只负责培训辅导，广西自学考试院负责考务工作，学员考试及格的科目，发放“自学考试单科合格证书”。学员按规定考完所有的课程，由所在单位和教育局进行思想品德及业务能力考核合格的，经广西教育学院盖章、师范处审核、考试院复核盖章后，发给高等师范专科自学考试毕业证书上。每学期考试两科，考试不及格者可以补考。1993—1995 年为第一轮全员培训，1996—1998 年为第二轮全员培训；第一轮培训没有考完规定课程的学员，可以参加第二轮培训；第二轮培训还没有考完规定课程的学员，可继续参加自学考试。全县有 365 名中小学教师参加“三沟通”全员培训，由职教师范股组织实施。1993—1995 年的面授及考试地点设县职中，1996 年 4 月去平乐参加 1 次考试，第二轮培训的面授和考试考试地点在桂林，考试时间在每年的 4 月和 8 月与自学考试同一时间进行。截至 1999 年 10 月，有 233 人获得高等师范专科自学考试毕业证书。

“义教工程”“两基”攻坚教师培训。2002 年起，开展现代信息技术教育培训、小学英语专任教师教材教法培训、小学英语转岗教师教法培训、小学基础教育新课程通识培训、教师专业发展培训、现代教育技术能力培训，以及小学各学科参与式教学培训，共培训 2277 人。

第三节　职业教育

县中等职业学校实行全县统一招生制度，生源为未考上普通高中的乡镇初中毕业生及城乡有志于学习和掌握致富技术的社会青年。新生到校后，由学校统一办理新生录取手续，取得学籍；经过 3 年学习，完成所学专业，成绩合格，取得由桂林市教育局颁发的中专文凭和相关专业技术证书后，既可报考普通高校和成人高校，又可以凭毕业文凭或专业技术证外出打工、自谋职业或自主创业。1989—2005 年，全县中等职业学校共招生 2047 人，其中县第一中等职业技术学校 508 人，县第二中等职业技术学校 1539 人；毕业共计 1509 人，其中县第一中等职业技术学校 506 人，县第二中等职业技术学校 1003 人。

2001 年，成立以县长任主任的县职业教育培训中心，建立由政府统筹、教育主管部门办学的职业教育办学体制，新建县民族职教中心，计划在 2006 年开始招生。

县第一中等职业技术学校　1988 年恭城镇中学改为恭城县职业中学，1989 年开始招收专业职高生 1 个班、35 人。1994 年，恭城县职业中学改为恭城县第一中等职业技术学校，实验设备有收录机 20 台、电视机 22 台、微机 41 台、电教板 1 套及电动车、电焊机等，总值 23 万元。开设家电维修、军事体育、文秘档案、民族艺术、摩托车修理等专业，其中家电维修为骨干专业。

1989 年至 1999 年秋，共招生 15 个班，所招学生为县内应届、历届初中毕业生。与桂林市电子成人中专学校和恭城县文工团签订联合办学协议，各专业的毕业生全部推荐就业。2000年后，停止招生。

县第二中等职业技术学校　1983年秋，西岭中学更名为恭城县西岭农职业中学，开始招收种养、旅游服务与管理专业职高生。1995年3月，恭城县西岭农职业中学改为恭城县第二中等职业技术学校，有种植实验基地约7公顷，种植柑橘、柚子、月柿、奈李、大果枇杷等水果，另有鱼塘1.3公顷。

1989年，开设畜牧兽医、果树栽培、水稻种植、农产品加工等专业。1993年，增设旅游服务与管理、军事保安两个专业。2001年，开设计算机及应用等专业。2002年起，县第二中等职业技术学校与桂林教育学院、桂林农校和桂林市旅职中专以及广东韶关、中山、深圳、东莞等地中等职业学校联合办学，采用“1+1”的办学模式（即在本校读1年后再到联合办学单位读1年）培养学生。1989—2005年，共办31个专业班，所招学生为县内初中毕业和同等学力的学生，学生毕业后除在县内就业外主要推荐安排到广东、桂林、玉林等地工作。

第四章　民族教育　民办教育

恭城是一个以瑶族为主的少数民族地区，居住分散，交通不便，阻滞了民族地区教育的发展。20世纪60年代，在县内边远的少数民族地区，采用办复式班和组织巡回教育的方法，让适龄儿童就近上学。20世纪80年代，全县117个行政村基本普及五年初等教育，三江、莲花、观音、西岭4个瑶族乡适龄儿童入学率、巩固率均在97%以上。20世纪90年代后期，实施九年制义务教育，少数民族山区与全县同步，各项教育指标达到国家“普九”规定标准。

1991年秋，根据1987年中华人民共和国教育委员会颁布的《关于社会力量办学的暂行规定》，退休干部吴嗣芳在县城创办育才中学。1991—2005年，县内先后举办5所民办中学。

第一节　民族教育

民族小学教育

1986年，恭城试行县、乡、村三级办学，动员全社会力量支持教育工作。至1989年，全县有完全小学121所、教学点175个，共1113个班，在校学生31766人，其中少数民族学生17027人，占54.2%；适龄儿童入学率99.16%，巩固率99.23%，普及率98.99%，毕业率93.49%。

1991年，在西岭新合瑶族群众居住的边远山村，投资2.5万元，修缮校舍，购置生活用品，办起第一所高小寄宿学校，每人每学期只交费10元，学校补助20元。在莲花乡的大瑶山黄竹岗，建起1座教学楼。1992年，全县共开设复式教学班113个，解决2142名儿童的入学问题。同年，全县共有小学123所，在校小学生38729人，其中设在瑶族聚居地的有56所，保证山区民族地区95%以上的少数民族学龄儿童读完高小。由于计划生育工作富有成效，自1993年起，恭城人口出生率维持较低水平，学生逐年下降，但瑶族聚居地的学校、教学点基本维持原状，山区民族地区的少数民族学龄儿童入学率达96%以上。2005年，全县有小学114所，教学点63个，在校小学生19780人，其中，设在民族地区的小学和教学点分别为54所、33个，民族生入学率98%。

附：特殊教育

从1986年起，在全县各乡镇落实“三残”（智残、听残、视残）儿童少年就近随班就读。1992年，县政府把7～15周岁“三残”儿童、少年纳入普及义务教育的轨道，组织力量对全县“三残”儿童、少年全面调查摸底、登记造册，进一步加强适龄“三残”儿童、少年入学随班就读的工作。1993—1994学年度，全县“三残”儿童、少年入学共63人，入学率62.9%。根据国务院《关于发展特殊教育的若干意见》，1994年9月，在县直第二小学创办特殊教育班1个，由县教育局、县民政局分别拨款3200元和3000元，招收学生8人，全免学杂费和书本费，配备经自治区专门培训的特殊教育专职教师 1 人、兼职教师 2 名、生活教师 2 名，至 2005 年，特殊教育班毕业学生共 30 人。2004—2005 学年度，全县“三残”儿童、少年入学共 36 人，入学率 91.7%。

1997 年，全县实施“金钥匙工程”，西岭乡学生廖梅红被评为 1997 年自治区“金钥匙之星”，与县直第二小学生赵小锋获得北京金钥匙视障研究中心发放的每人每月 30 元的视残生资助。

民族中学教育

1992 年，在恭城中学开办寄宿制高中、初中民族班各 1 班（每班 50 人，占是年恭城中学招生总数的 10% 左右），生源来自全县 39 个边远山区行政村（三江、观音两个乡的各村，莲花镇的龙围、黄坭岗、坪冲、杨梅、蓝洞、桑源、蒲源、湖山、岩口、东科、崇岭、东寨、势江、坪岭，平安乡的下山源、北洞源、大江，嘉会乡的西南、共和、大山、松林，西岭乡的东面、椅子、岛坪、营盘、德良、龙岗、新合、八岩，栗木镇的泉会、苔塘、上枧、上宅、石头、龙垒，龙虎乡的源头、龙岭）的少数民族学生，保证全县各边远山区都有少数民族学生进入恭城中学民族班高中、初中学习。民族班学生以瑶族为主体，包括少量的壮族和其他少数民族。民族生入学后，学校为民族班配备雄厚的师资队伍，并因材施教，经常性地做好思想工作，使他们保持乐观向上的心态。他们在校期间，学校在政治上予以关心，在生活予以特殊照顾，除按时将自治区补助（每生每年 336.6 元）及时发放到民族学生手中外，还开展多种形式的捐资助学活动，帮助他们解决实际生活困难，让少数民族学生安心学习。初中民族班入学率、巩固率、毕业率达到 100%，升学率均在 90.% 以上；高中民族班的入学率、巩固率、毕业率达到 100%，升学率均在 91% 以上。初中民族班的中考成绩、高中民族班的高考成绩多年在桂林市名列前茅。栗木镇泉会村，是瑶族同胞世代居住的山村，总人口为 2200 多人，据不完全统计，截至 1992 年，共有 47 人被大中专院校录取，其中有研究生 3 人，留学美国、日本学生各 1 人。1994 年，全县 117 个行政村，村村实现有大学生，其中有 6 名瑶族学生被清华大学录取。

2001 年，为提高“普九”的效益和质量，按照“逐步撤并教学点，进一步完善村完小，重点建设中心校和初中”的思路，对全县学校的布局进行调整。2002 年 9 月，投资 800 多万元的县民族初中建成，招生以全县少数民族学生为主（恭城中学初中民族班停止招生）。2005 年，县民族中学首届毕业生 476 人参加桂林市初中毕业学业考试（中考），平均分 572 分（不含民族分），其中文化分 600 分以上的有 217 人，有 5 名考生成绩位列桂林市前十名。

第二节　民办教育

1991 年秋，根据 1987 年中华人民共和国教育委员会颁布的《关于社会力量办学的暂行规定》，几名退休干部在县城太和街 83 号利用原县委党校闲置的校舍创办育才学校，招收初中、高中补习班各 1 个班，学生 40～50 人，连办 3 年。1992 年 9 月，几名湖南籍大学生在恭城镇天堂坪村创办光明初中，由于生源不足，1993 年年底被撤销。1994 年，湖南永州籍 5 名大学生在西岭乡老圩村创办前进初中，由于生源不足，1995 年秋被撤销。1996 年秋，离休干部黄德宗在县体育馆创办银殿中学，招收初中学生。由于学生较多，地盘太小，1997 年搬迁到外贸局仓库办学。1998 年，银殿中学搬迁到城郊鹅山岽，租用原栗木锡矿疗养院房舍办学，每年招收 1 个班，在校生约为 100 人左右。2000 年秋，银殿中学改称育才中学。2002 年秋，灌阳籍人范保平在县体育馆创办恭城文武学校招收初中学生，学生毕业后有的升学到体育学校继续深造，有的被推荐到武警学校培养深造。文武学校的学生曾多次代表恭城参加自治区、桂林市武术比赛。2004 年秋，银殿中学增招高中 3

个年级、3 个班，学生 60 多名，形成一所完全中学。同年，恭城文武学校学生代表恭城参加广西壮族自治区农民运动武术比赛，获得 6 枚金牌、4 枚银牌、3 枚铜牌；参加桂林市首届运动会武术比赛，获得 5 枚金牌。

2005 年年底，全县仍在办学的民办中学有育才中学、恭城文武学校共 2 所，共有 12 个教学班，其中，高中 3 个班、初中 6 个班、小学 3 个班；在校学生 184 人；任课教师 37 人。

第五章　成人教育

1989年，制定《恭城县1989—1991年扫盲规划》，采取包教包脱的方法，至1995年，共扫除文盲4059人。1997年年底，全县青壮年存盲49人，存盲率0.04%。1999年12月，经自治区评估验收，确认恭城县为"基本扫除青壮年文盲县"。

20世纪80年代末，各乡镇陆续开办农民文化技术学校。采取集中办培训班或个人自学相结合的方式，由县科协、科委、农业、畜牧、妇女等部门向农民传授种植、养殖技术，宣传计划生育、法律法规等知识，提高青壮年科学种养水平和法律意识。至2005年，全县90%以上农户每户至少有1人以上熟练掌握1～2门致富本领。

第一节　扫盲教育

1989年，恭城制定《恭城县1989—1991年扫盲规划》，规定凡1949年10月1日以后出生的、年龄15周岁以上，未读完五年制小学三年级或六年制小学四年级者为扫盲对象。落实责任层层包干，实行定包教人员、定包教对象、定脱盲标准、定脱盲时间、定期评选和奖励先进的"四定一奖"制度，将自治区文化局编写的《扫盲识字课本》和《扫盲识字歌》作为扫盲教材。是年，全县农业人口221694人，15～50周岁青壮年112154人，其中文盲半文盲4131人（妇女占其中71%），存盲率3.04%。是年，组织全县2187个农村教师开展扫盲工作，统一使用自治区统编的《农民文化技术课本》，内容有识字、数学、应用文、农村实用技术、政治教育及法律知识等，扫除文盲2327人。

1990年，成立县扫盲工作领导小组，各乡镇相应成立扫盲工作领导小组，配扫盲校长1人、专干1人，聘小学教师为兼职教师。同年，组织3627个教师采取包教包脱的方法，突击扫盲3183人，存盲率由3.04%下降到0.39%。1992年，推进"农科教结合"的扫盲工作，在继续扫除剩余文盲的同时，以乡村农民技术学校为阵地做好脱盲人员的文化巩固提高工作。1994年，采用县教育委员会参照《农民文化技术课本》结合恭城历史文化和技术需求编成的《扫盲课本》，加大力度继续扫盲。

1990—1995年，共扫除文盲4059人。至1997年年底，全县有青壮年142441人，仅存文盲49人（其中，丧失行为能力2人），存盲率0.03%，达到基本扫除青壮年文盲标准。

1996年12月，桂林地区扫盲工作检查团对恭城扫盲工作检查评估，抽查12个村，其结果为青壮年非文盲率、农村99.9%，城镇居民99.98%；三年脱盲巩固率为100%达标，扫除文盲颁证率100%；在15周岁的人群中，文盲人口为0人。

1999年6月，自治区扫盲工作检查团到恭城进行评估验收“两基”（基本普及九年义务教育和基本扫除青壮年文盲）工作，检查结果表明恭城县“两基”指标达到验收合格标准。同年12月，自治区确认恭城县为“基本扫除青壮年文盲县”。

第二节　文化技术教育

20世纪80年代末，各乡镇陆续开办农民文化技术学校，各行政村建立成人文化技术分校。农民技术学校培训的主要对象是青壮年劳动力，包括回乡初中、高中毕业生和脱盲人员。培训的内容侧重于农业种植、养殖技术，还有计划生育、法律法规等内容。采取集中办培训班或个人自学相结合的方式，由县科协、科委、农业、畜牧、青年、妇女等部门组织县、乡相关技术人员利用圩日到乡（镇）成人文化技术学校进行专题讲课，乡镇技术人则利用农闲和晚上时间到各村巡回授课。

1986年，建成莲花乡成人文化学校。该校有成人教学综合楼1栋，建筑面积830平方米。学校自成立以来，坚持以提高农村劳动者的文化科技素质为己任，与村分学校把扫盲工作与科技培训有机结合，在抓好扫盲工作的同时，把农村实用科技培训贯通于成人教育之中，将成人文化学校逐步办成农民学文化、学科技的主要场所。1996年，栗木、嘉会、平安、莲花等乡镇建成有单门独院的乡（镇）成人文化技术学校，其中莲花、栗木和平安等乡镇成人文化技术学校达到自治区二类成人文化技术学校标准；82所村级成人文化技术学校达到自治区规定标准。至2001年，全县9个乡镇全部开办乡镇成人文化技术学校，由乡镇分管教育的副乡镇长兼任校长，教育组组长任常务副校长，主持开展成人文化技术学校工作；聘请文化教育、实用技术教育等方面的专、兼职教师3～5名。乡镇成人文化技术学校下设村分校，由村党支部书记或村委主任兼村分校校长，村完全小学校长兼常务副校长，完全小学骨干教师、村委班子成员及致富带头人为兼职教师，形成县、乡镇、村三级成人文化技术教育网络。

1989—2005年，全县各成人文化技术学校共举办科技讲座217场次，举办科技培训班8806期，县畜牧局、水果办、能源办技术人员应邀作科技培训讲座，累计培训人员达74.37万人次，全县90%以上农户每户至少有1人以上熟练地掌握1～2门致富本领。其中，莲花镇成人文化技术学校自成立至2005年年底，开展各种培训年均达到5000人次。莲花镇红岩村大部分村民参加乡村成人文化学校的月柿栽培技术培训后，大力发展月柿种植，获得良好的经济收入，建起富裕生态家园新村，被评为“中国十大魅力乡村”。

第三节　函授教育

中华会计函授

1989年10月，成立恭城县会计函授站，是隶属于县财政局的二层机构，培养在职财会人员。学员毕业后取得中等教育学历。

1990年开班，先后聘请兼职教师有讲师3人、会计师3人、经济师2人，统计师、审计师、注册会计师各1人，合计11人。1990—2004年，每年招收1个班、学制三年，合计招收人数572人。1993—2005年，毕业人数共计481人。

县委党校函授教育

恭城县委党校于1986年成立函授站，承担起举办党校学历教育、改善党员干部学历结构、提升党员干部文化素质的任务。1989—2005年，共开办大中专学历班20个，有政治管理专业、行政管理专业、经济管理专业、法律专业等专业，其中，中专班5个，大专班15个；共毕业学员1181人，其中，中专毕业405人，大专毕业776人。2001—2004年，开办中共中央党校和中共广西壮族自治区委员会党校桂林函授分院恭城本科函授教育教学点，共开办本科学历法律专业函授班4个，毕业学员202人。

职工培训

1989—2005年，恭城各单位的职工培训分为三种形式：一是单位的中层（股长、主任、站长）以上干部、副职领导以及一些单位正职由县委组织部分期分批作为待提拔的后备干部集中到县委党校进行为期1～2个月的培训，培训结束经考试考核合格，发给结业证书。二是各单位根据需要，选派优秀干部、职工到上级业务部门跟班学习，或者参加上级部门举办的各种类型培训。三是参加全员培训，一般是以会代训。

1989—1999年，各单位都按照上一级业务部门要求派员参加自治区、桂林地区（市）相应部门举办的各种培训，据统计共有各种培训2013班次、5685人次。同期县有关部门举办培训班6000余期（班、次），受训职工31000多人次。1999—2005年，进一步加大培训力度，县委、县人民政府要求实行全员培训，干部职工人人在职在岗接受培训，组织人事部门每年对培训进行抽查，不合格的责令重新培训。此外，县人事劳动部门每年都要对新入职的公务员、事业单位工作人员进行任职前岗位培训。一些大的企业如县农村信用合作社、自来水公司、桂林恭城财茂水泥有限公司都举办培训班，培训员工。1999—2005年，县委组织部每年举办科级干部培训班、中青年干部培训班各1期，每班50～60人。

第四节　成人高考　自学考试

成人高考

成人高考是成人高等学历教育入学考试的简称，成人高考的授课方式分为函授、业余和脱产学习三种方式。报考成人高校高中升专科的考生必须取得高中毕业证书，报考专科升本科的考生必须取得大学专科毕业证书才具备报考资格。由恭城县教育局招生办公室具体负责成人高考的报名、考务及高中起点升专科、本科的考试工作。1989—2005年，恭城成人高考的特点一是在学历层次上，以专科为主，适当安排本科。二是坚持以业余学习为主，减少脱产，半脱产学习的招生，解决人才培养和工作学习的矛盾。

高中起点升专科、本科考试按文科、理科分别设置统考科目。报考高中起点升本科的考生，除参加语文、数学、外语三门统考公共课的考试外，还需参加专业基础课的考试，理科类专业基础课为“物理、化学综合”，文科专业基础课为“历史、地理综合”。恭城县的成人高考高中起点升专科、本科考点：1997年以前，考场设在县城第一职业中学；1998—2005年，考场设在城厢中学，考试制度和要求与普通高考一样。成人高考专科起点升本科考试考点历年都设在桂林市，考试科目为政治、英语和一门专业基础科（根据招生专业所隶属的学科门类确定）。

成人高考与普通高考一样，全国统一招生考试，一年一次。2003年以前，每年3月报名，5月考试。2004年开始，调整全国成人高考时间，实行“秋季考试，第二年春季入学”，考试报名截止时间为8月月底至9月月初，入学考试时间每年10月的第三个星期六、星期日。1989—2005年，全县参加成人高考6586人，报考人数最多年份为2003年的882人，最少年份为1990年的153人；录取人数共4333人。1989年，全县报考158人，录取86人，录取率54.43%；2005年，全县报考316人，录取269人，录取率85.13%。

自学考试

自学考试在全国高等教育自学考试指导委员会（以下简称全国考委）规定的同一时间进行考试，各行各业普通公民不限年龄、学历和名额，经自愿报名后均可参加，由恭城县教育局招生办公室负责接纳报名、分发教材和组织考试。1989—2005 年，恭城都设立自学考试考点。1997 年以前，考场设在县第一职业中学；1998—2005 年，设立在城厢中学。

1989—2005 年，先后开考的专业：党政、汉语言文学、英语、政教、哲学、数学、统计、工业经济管理、法律、会计、财政、税收、政治管理、行政管理、海关管理、新闻、法律司法及机电一体化工程等。考生考试及格由广西大学、广西师范大学、广西师范学院、广西民族学院、江西财经大学、上海海关专科学校等主考院校发给大专或本科毕业证书。1989—2000年，每年开考2次，即4月、10 月各 1 次；2001 年，改为开考 3 次，即 4 月、7 月、10 月各 1 次；2002—2005 年，每年开考增加至 4 次，即 1 月、4 月、7 月、10 月各 1 次，其中 2003 年 7 月的自学考试因“非典”而取消。

按照专业考试的要求，各专业考试一般为三年至四年，本科一般为四年至五年。自学考试采用分科、学分累计的方式逐步完成学业，课程考试合格者发给单科合格证书并按规定计算学分。不及格者可以参加下一次该门课程的考试。考生考完专业考试计划规定的全部课程并取得合格成绩，完成毕业论文或其他教学实践任务，思想品德鉴定合格者方可申请办理毕业手续，取得相应的毕业证书，国家承认其学历。符合学位条件的高等教育自学考试本科毕业人员，由有学位授予权的主考学校依照有关规定，授予学士学位。1989—2005 年，全县自学考试参考 12952 人次，毕业 712 人。其中，参考人次最多的为 1995 年、1381 人次，最少的为 1998 年、415 人；毕业人数最多的为 1997 年、130 人，最少的为 1992 年、7 人。1989 年，全县参考人次 818 人，报考科次 1858 次，毕业 10 人。2005 年，全县参考人次 672 人，报考科次 1002 次，毕业 35 人。

第六章　师资队伍

1989 年，全县有公办教师 1816 人，民办教师 378 人，代课教师 66 人。从 1990 年起，逐步将经考核合格的民办（代课）教师转为公办教师。2002 年，代课教师经过考试考核，只留用 100 人。2005 年，全县共有在编教职工 2769 人，其中公办教师 2654 人，工人 115 人。另外，人才交流聘用 10 人，民办在岗 3 人。

为提高全县教师的综合素质，充分发挥教书育人的作用，各级学校组织各种教育科研活动，参观见学，以老带新、以新促老，鼓励教师参加在职继续教育和脱产进修，培养出一批优秀人才。1991—2005 年，全县被评为全国优秀教师的有 7 人，优秀教育工作者 1 人，获国家其他先进奖励的有 7 人次；评为自治区特级教师 2 人，自治区优秀教师和优秀教育工作者 8 人；获地、市各种奖励 9 人次；获地（市）部门各种奖励 43 人次；获国家级、自治区级、市级集体各种奖励的 15 项。

第一节　师资结构

2000 年以前，全县教师队伍以公办教师为主，民办教师、代课教师为辅。1989 年，全县共有公办、民办教师 2262 人，其中公办教师 1884 人、民办教师 378 人，另有代课教师 166 人。

1990—1999 年，全县共安排或招聘大专院校毕业生 366 人、中师（含幼师）毕业生 495 人；2000—2004 年，共安置应届毕业生 455 人。民办教师转公办教师 10 人，聘用代课教师 7 人。2004 年，考试录用专科毕业生 58 人、中师中专毕业生 29 人，代课教师 13 人；2005 年，考试录用本专科毕业生 4 人、专科毕业生 11 人、中师中专毕业生 14 人、代课教师 10 人，人才交流 1 人，2004—2005 年合计录用 140 人。

1991 年，重新认定 363 名民办教师资格，对不具备教师资格的民办教师予以辞退，并按政策给予一次性的生活补助。1994 年，根据自治区人民政府对解决民办教师问题下发的“现有民办（含代课）教师经过考核合格的可逐步转为公办教师”规定，同年年底，全县有 154 名民办教师转为公办教师。1990—2000 年，全县共有 300 名民办教师转为公办教师。1999 年，停止从代课教师中选招公办教师；同年，全县代课教师中自动离职 112 人。2000—2001 年，自动离职共计 184 人。2002 年，全县不再新聘代课教师，并通过考试考核的形式，辞退一部分代课教师，录用具有大专学历的代课教师 7 人。至 2005 年，全县共有教师 2695 人，其中中学教师 1134 人、小学教师 1530 人、幼儿教师 31 人；民办教师 3 人。

1989—2005年恭城瑶族自治县中小学、幼儿园教职工统计表

表16-6

年度	中学教师（人）		小学教师（人）			幼儿园教师（人）	
	合计	公办	合计	公办	民办	合计	公办
1989	671	671	1564	1186	378	27	27
1990	679	679	1558	1204	354	30	30
1991	697	697	1582	1256	326	28	28
1992	708	708	1574	1355	219	28	28
1993	752	752	1541	1306	235	31	31
1994	785	785	1489	1256	233	31	31
1995	833	833	1494	1349	145	31	31
1996	892	892	1447	1310	137	28	28
1997	962	962	1391	1346	45	28	28
1998	1049	1049	1376	1351	25	32	32
1999	1072	1072	1360	1343	17	34	34
2000	1093	1093	1382	1378	4	36	36
2001	1122	1122	1399	1395	4	36	36
2002	1091	1091	1498	1494	4	35	35
2003	1131	1131	1407	1403	4	34	34
2004	1106	1106	1550	1546	4	33	33
2005	1134	1134	1530	1527	3	31	31

学历结构

1989年，全县有公办专任教师1613人，其中本科学历94人，专科学历226人，中师中专学历826人，高中、初中学历467人。1995年，全县有公办专任教师2068人，其中本科学历165人，专科学历406人，中师中专学历1118人，高中、初中学历379人。2005年，全县有公办专任教师2654人，其中本科学历354人，专科学历1388人，中师中专学历834人，高中、初中学历78人。

职称结构

1989年，恭城县获得专业技术职务职称的小学教师共801人，其中小学高级职称134人，小学一级职称426人，小学二级职称152人，小学三级职称89人；获得专业技术职称的中学教师共477人，其中中学高级职称17人，中学一级职称172人，中学二级职称235人，中学三级职称53人。

至2005年，全县在职教师获得专业技术职称的共2480人，其中中学高级职称71人，占获得专业技术职称教师总数2.86%；中级职称1153人，占46.49%；初级职称1256人，占50.65%。另有特级教师2名，终身享受自治区人民政府的特殊津贴。

第二节 培训与职称评聘

素质培养

1989—2005年，通过以老带新、以新促老，组织各种教育科研活动，参观见学和听取专家学者学术讲座，参加在职继续教育和脱产进修等形式，不断提高教师职业道德以及教学水平。

以老带新，以新促老，在老教师搞好传、帮、带的同时，充分发挥青年教师富于活力、勇于创新的特长。每学年，各校开展“手拉手，结对子”活动，由高级教师指导一级教师和小学高级教师，中学一级教师、小学高级教师指导初级职称教师。采取走出去或请进来的办法培训教师，1989—2005年，县教育局先后从广西师大、桂林师专聘请一些专家学者到恭城作17场次的讲座，组织全县中小学校长和专业课教师听取讲座。1999年，开始执行教师继续教育制度。继续教育的内容主要包括政治思想和职业道德教育、教育教学理论、学科知识的更新、教育教学技能的提高及教育科研与教改实验等，全体中学、小学教师都参加不同形式和不同层次的学习和培训，同时，教师继续实行学分登记制度，每位教师每年必须通过继续教育学习取得至少45个学分（自学30学分，参加集体学习辅导15学分），继续教育证书须经县教育局进行审核、盖章。

专业技术职务评聘

专业技术职务评定　1987年，全县各级各类学校教师参加首次教师专业技术职务评定，全县共有1313人获得教师专业技术职务资格，其中小学高级教师134人，小学一级教师426人，小学教师152人，小学三级教师87人；中学高级教师18人，中学一级教师172人，中学二级教师253人，中学三级教师53人。中等师范学校教师获高级讲师1人，讲师4人，助理讲师9人，教员2人。

1992年，进行第2次教师专业技术职务评定，全县共有1564人获各类专业技术职务（包括职务晋升）。同年，经县级以上教育行政部门聘用的民办教师符合中小学教师技术职务任职条件的可评审相应的教师技术职务。1993年起，教师技术职务评审工作每年进行1次。

1997年，参加评审高级、中级专业技术职务的教师，须参加计算机应用能力的考试并取得合格证书。同年，推行教师资格制度，符合教师资格过渡范围的教师必须参加教师资格过渡，取得教师资格证书才能申报评审教师技术职务资格。2002年始，从事外语教学的中学、小学教师申报外语类的高一级职务者，以及在县城城镇的中学、小学教师申报晋升中学高级教师者，须参加全国统一组织的职称外语考试并取得合格证书才能申报。

截至2005年年底，全县在职教师中，获得高级专业技术职称71人，中级专业技术职称1153人，初级专业技术职称1256人。

专业技术职务聘任　教师技术职务的聘任，由县教育局局长聘任，聘期2年，到期审核续聘。1988年获得教师专业技术职务资格的教师，同年受聘为各级学校相应的教师技术职务。

1990年始，由县职改办和县教育局对教师技术专业人员进行年度考核工作，将考核结果作为教师技术职务续聘、低聘、解聘的依据。在聘任期内或聘任期满，经严格考核认为不能履行岗位职责，不能完成任期目标的教师，解除聘约，按本人条件和工作需要另行聘任适当的技术职务，享受新任技术职务的工资待遇。1993年，全县教师中级以上技术职务聘任改评聘合一制为评聘分开的“双轨制”，即按照规定程序和标准条件评定专业技术职务资格，根据岗位设置、工作需要和个人德才表现择优聘任专业技术职务。同年，全县有226名教师获得中级职称资格，2001年始，在县城工作的中学、小学教师，没有1年以上在薄弱学校或农村学校任教经历的，原则上不能聘任高级教师技术职务。

教师资格认定

1997年，县内开始实施教师资格过渡工作，县教育局对幼儿园、小学、初级中学教师作资格审查认定。1998年后，每年春季和秋季各受理1次教师资格认定申请，经审查后对符合认定条件的颁发相应的教师资格证书。

要取得教师资格必须具备《中华人民共和国教师法》规定的教师资格学历，非师范院校毕业申请教师资格必须参加由市、县教育局组织的申请教学技能考试，补修教育学、心理学、普通话等课程经考试合格才能取得相应的教师资格。2005年年底，全县在职教师均获得相应教师资格证。

第三节　教师待遇

政治待遇

1989—2005年，恭城各届县委、县政府都重视教师参政议政工作，部分优秀教师有被选举为县、乡党代表或人大代表，或被选拔到县、乡党政部门工作。据统计，全县有197名教师经考核改行从事行政工作，其中110人被提拔到乡镇和县直部门担任科级领导或县领导。

每逢元旦、春节、教师节前夕，县委、县政府都对教师、老教师和困难职工予以慰问，对作出突出成绩的教师予以“优秀教师”“优秀班主任”“优秀教育工作者”的表彰。1989—2005年，全县有7人被评为“全国优秀教师”，1人被评为“全国优秀教育工作者”，另有7人次获得国家级先进奖励；两人被评为“自治区特级教师”，8人被评为“自治区优秀教师”（“优秀教育工作者”）；6人次获恭城县“专业技术拔尖人才”称号。

经济待遇

工资　公办教师工资实行事业单位工作人员工资制度。1989年9月，全县中学、小学教师按专业技术职务发放工资。根据《国务院关于提高中小学教师工资待遇的通知》的文件精神，1990年，县人民政府给中学、小学教师普遍调高工资1～2级，同时给民办、代课教师增加工资。1992年1月，根据国发〔1991〕74号文件调整机关、事业单位工作人员的工龄津贴标准，由原来的0.5元调整到1元；同年7月，根据桂发〔1991〕32号和桂人福字〔1992〕1号文件精神，给教龄满30年的退休男教师和教龄满25年的退休女教师给予享受全额工资待遇。1993年1月，给765名教职工晋升一级工资、434人办理技术职称工资进档；同年4月，根据桂人薪〔1993〕1号文件精神，给每个教职工各靠近晋升一级工资；同年11月，根据国务院《关于机关和事业单位工作人员工资制度改革问题的通知》精神，全县教职工按新的套改工资发放工资，月工资总额由“职务工资+职务工资 ×3/7+职务工资 ×10%+教龄津贴+保留补贴”构成。1994年2月，根据《关于提高民办代课教师工资的通知》精神，凡在岗的民办教师、代课教师每人每月增加工资10元。1995年，根据国务院有关文件精神，对1993年以来考核成绩连续两年均为合格以上的在职教师，每两年从10月份开始在本职务（技术等级）所对应的工资标准内晋升一个档次工资（含离休或1949年12月11日以前参加工作的退休教职工）；同期，退休教职工每隔两年每月提高20元退休生活费。1997年，给民办、代课教师人均增资35元。1998年1月，给1994年以来经年终考核评定为优秀的在职教职工按年3%的人数比例提前晋升一个职务工资。

1993年7月至2003年7月（2005年未调整），教师的职务工资先后进行5次调整提升，中学高级教师一档由275元提升到643元；中学一级、小学（含幼儿园，下同）高级教师一档由205元提升到481元；中学二级、小学一级教师一档由165元提升到392元；中学三级、小学二级教师一档由150元提升到346元；小学三级教师一档由145元提升到334元。

福利　1989年，教职工死后丧葬费为500元，教职工遗属生活困难补助标准为：农业人口每人每月20元，城镇人员25元，死者配偶有固定收入的，按有关规定办理；独生子女津贴补助每年120元。1990年冬，发给教职工4个月取暖费20元。1991年，根据桂政发〔1991〕24号文件精神，对实行晚婚的教职工的婚假由原来3天调整为15天，晚婚晚育女职工分娩假期增加17天，在产假期内领“独生子女证”的再增加23天。同年，根据桂政发〔1991〕31号文件精神，对教职工遗属生活困难补助实行新标准，除发给一次性抚恤金（10个月基本工资）外，另按其死亡当月工资合计数再补助3个月工资。发给遗属的生活补助按死者参加工作的时间段或死亡性质来定：农业人口每人每月28～40元，城镇人口35～45元。1994年，根据人事部和财政部的人薪发〔1994〕48号文件精神，对死亡教职工一次性抚恤金按新标准发放，即烈士为本人生前40个月的工资，因公死亡的为20个月工资，病故的仍为生前10个月工资。1995年，再次提高对教职工遗属生活困难补助标准，按死者参加工作的时间段或死亡性质来定：农业人口每人每月50～90元；城镇人口60～100元；孤身1人的遗属另增加15元。1999年1月，教职工死亡丧葬费调整为1600元（实行土丧的不发）。2002年，独生子女津贴补助提高到每年144元，享受对象的年龄由年满14周岁提高到年满18周岁。至2005年不变。

退（离）休　按国务院规定，男性教师年满60周岁、女性教师年满55周岁退（离）休，离休职工的工资100%照发，其他待遇不变；退休职工则按参加工作的年限，发给基本工作的50%～90%，其他福利待遇不变。1989年，退休职工房屋修缮费（一次性）按职工工龄每年40元计发，离休、退休职工到农村安家的分别一次性补助300元。1995年，男性教师教龄满30年、女性教师教龄满25年退休者，工资按100%发放，其他退休职工则按参加工作年限发放，至2005年不变。

第七章 学制 课程 教研

1989—2005 年，全县小学阶段统一实行“六年制”学制；中学阶段实行“三·三制”学制，即初中 3 年、高中 3 年。

1989—1992 年，各小学、初级中学以全国统编的九年义务教育全日制“一纲一本”制教材授课。1993 年，根据《中国教育改革和发展纲要》精神，各校开始探索和研究素质教育的理论与实践。1995 年，县教研室在县直第一小学二年级进行素质教育实验。1999 年秋，各校全面实施素质教育，普遍开展公开课、观摩课、研讨课、教学竞赛、学科评比和教学基本功训练等常规教研教改活动。2003 年秋，九年义务教育课程计划及全日制普通高中课程计划开课，采用“一纲多本”制教材授课。2004 年，县人民政府制定《恭城县新课程改革实施方案》，在全县铺开新课程改革实验，187 所小学、156 个班级、2985 名学生，17 所初中、78 个班级、3950 名学生参加实验，达到预期目标。

1989—2005 年，恭城教学研究的重点是如何开发少数民族学生非智力因素、如何提高学习效率和如何提高教师专业发展以及如何适应新课改要求，研究的方式一是参加教育教学论文比赛，二是参加教学竞赛活动，三是教研室立项课题研究。2005 年年底，全县共申报课题研究 31 个，结题 21 个；县教研室组织县级教学竞赛 123 次，参加市级以上教学竞赛 123 人次。

第一节 学制 课程

1989 年，全县小学统一实行“六年制”学制；中学则根据 1981 年 4 月教育部颁发的《全日制六年制重点中学教学计划（试行草案）》，实行“三·三制”学制，即初中三年、高中三年。

1992 年，各小学、初级中学开始试行教育部《九年义务教育“六·三”学制全日制小学、初级中学课程计划》，以全国统编的九年义务教育全日制“一纲一本”制教材作课本。小学设思想品德、语文、数学、社会、自然、体育、音乐、美术及劳动等课程；初中设思想政治、语文、数学、英语、历史、地理、物理、化学、生物、体育、音乐、美术、劳动技术及短期的职业技术指导课等课程；活动课设晨会（夕会）、班团队活动、科技文体活动等。高中执行《全日制普通高中课程计划》，设思想政治、语文、数学、英语、物理、化学、生物、历史、地理、体育与保健、艺术（音乐、美术）、劳动技术及课外活动等课程。

2002 年，县直小学、各乡（镇）中心小学及一些有条件的村小学的三年级至六年级增设信息技术、英语和综合实践课，初中增设信息技术和综合实践活动。2003 年秋季学期起，九年义务教育课程计划及全日制普通高中课程计划开课，采用“一纲多本”制教材授课；小学一年级至六年级增设小学生普通话口语训练课；初中思想政治改设思想品德课，取消劳动技术课，增设探究性学习课、地方与学校课程；高中政治改设思想政治课，取消课外活动课，增设探究性学习、社区服务、社会实践、地方和学校选修课程。

2004 年 6 月，县人民政府制定《恭城县新课程改革实施方案》，成立县基础教育课程改革实验领导小组，由县教育局负责新课程改革规划、培训、研究及总结等。同年秋季学期，新课程改革实验在全县铺开，参加第一轮实验的小学 187 所，班级 156 个，学生 2985 人；初中 17 所，班级 78 个，学生 3950 人。

2004 年恭城瑶族自治县新课程改革开设课程一览表

表 16-7

小学课程		初中课程
一年级至二年级	语文、数学、品德与社会、音乐、美术、体育与健康；自治区规定的地方教材	思想品德、语文、数学、英语、物理、化学、生物、历史、地理、音乐、美术、体育与健康；自治区规定的地方教材及综合实践活动
三年级以上	语文、数学、品德与社会、音乐、美术、体育与健康；英语、综合实践活动；自治区规定的地方教材	
开发课程	科技小发明、小制作、兴趣班、语言综合实践活动、各种专题讲座	校本教材开发、建立文学团社、语言综合实践活动、各种专题讲座

第二节　教学研究

教学研究的内容包括素质教育研究、创新教育研究、说课研究及新课程改革研究等，科研的重点在于如何开发少数民族学生非智力因素和如何提高学习效率等方面的研究，如何提高教师专业发展为目的和新课改方面的研究。

1990 年，县教研室开始组织教师参加教育教学论文比赛。后来随着县教研室申报立项研究课题、部分学校申报的课题及新课程改革等活动的开展，教师结合自己的教学实践积极撰写论文，参加市、区以及国家级的论文评比。1996 年 10 月，教研室立项进行第一个课题“恭城瑶族基础教育研究”的研究。1999 年，全县中小学普遍开展说课研究（说教材、说教法、说学法、说课堂教学程序）活动，县教研室每年都组织开展县级比赛活动，挑选优胜者参加桂林市组织的比赛。2001 年起，县教研室、县直小学、恭城中学及城厢初中等学校，陆续申报课题和参与上级组织的课题研究。2004 年 9 月，全县初中、小学开始进行新课程改革实验，开展课堂教学改革、课程改革实验及现代信息技术与学科教学整合等研究。2005 年 3 月，成立县教育科研中心组，各中学、各中心校推荐 1 人为教育科研中心组成员，负责本单位的教育科研工作。截至 2005 年年底，全县共申报课题研究 31 个，结题 21 个，其中“恭城瑶族基础教育研究”成果获得广西“九五”教育规划科研成果二等奖。

据统计，2001 年至 2005 年年底，全县参加论文评比的教师达 900 人次，其中获国家级一等奖 25 篇、二等奖 40 篇、三等奖 65 篇；获自治区级一等奖 50 篇、二等奖 80 篇、三等奖 150 篇；获市级一等奖 100 篇、二等奖 110 篇、三等奖 180 篇，共计 800 篇。1989—2005 年，县教研室组织县级教学竞赛 123 次，参加市级以上教学竞赛 123 人次，获自治区级二等奖 2 人，获市级一等奖 21 人、二等奖 41 人、三等奖 61 人。

第八章　教育经费　设施

1989—2005 年，全县教育费支出共 32231 万元。学生人均占教育支出经费逐年增加，从 1989 年人均 143 元增加到 2005 年 1427 元。17 年间，全县教育教学设施得到极大改善，中小学校舍总建筑面积 309695 平方米，其中小学 157889 平方米，中学 150676 平方米，中等职业学校 1130 平方米；教学实验、仪器室建筑总面积 17064 平方米，实验仪器总值 10431 万元，达“普实”一类标准 5 所、二类标准 15 所、三类标准 108 所；图书、阅览室 131 间，面积 7380 平方米，各类图书 523320 册，全部达到国家二类标准；电化教育设备总值达 1118 万元，恭城中学、县民族中学电化教育设备达中学一类配备标准，县城小学达小学一类配备标准，莲花中学、栗木中学达中学二类配备标准，其余中学、小学达三类配备标准。

第一节　教育经费

教育事业费

教育经费主要来源于县、乡两级财政拨款。1989—2005 年，全县教育费支出共 32231 万元，全县人均及学生人均占教育支出经费逐年增加（年均递增 15.46%）。1989 年，教育经费支出 572 万元，占县全年财政总支出 3102 万元的 18.44%，全县人均 21.64 元，学生人均 146.87 元。1995 年，教育经费支出 1349 万元，占县全年财政总支出 5522 万元的 24.43%，全县人均 48.93 元，学生人均 279.68 元。2000 年，教育经费支出 2196 万元，占县全年财政总支出 10305 万元的 21.31%，全县人均 79.23 元，学生人均 502.78 元。2005 年，教育经费支出 5119 万元，占县全年财政总支出 22572 万元的 22.68%，全县人均 182.01 元，学生人均 1547 元。

教育费附加

教育费附加包括农村教育费附加、“三税”教育费附加和干部职工教育费附加。

1995 年，根据国务院《关于印发〈中国教育改革发展纲要〉的通知》规定，自治县人民政府下发《关于多渠道筹措教育经费的决定》，凡缴增值税、营业税、消费税（以下简称“三税”）的单位和个人，按“三税”的 2%～3% 缴纳“三税”教育费附加；农业人口按每人每年 10～15 元计征教育费附加，在职干部、职工（包括国爱干部、合同制干部、民办教师、国营工人、合同制工人、集体固定工）每人每年按年工资总额 1% 征收教育费附加。1995 年，全县共征收教育附加费 75 万元。2003 年，停止征收农村教育费附加。2004 年，根据自治县人民政府《关于恭城县地方教育费附加征收使用管理实施细则的通知》，国家机关、事业单位、社会团体的在职职工每人按当年工资性收入

（包括职务工资、基础工资、级别工资、工龄工资、试用期工资、活工资奖金、教师和护士10%工资、特殊岗位津贴、暂保留物贴、适当生活补贴、保留补差工资、其他政策性补贴补助及津贴等）的1%征收教育费附加，各类企业在职职工按每人当年工资性收入（包括基本工资、岗位工资、工龄工资、各种补贴及津贴、奖金及提成等）的1%征收教育费附加，工资收入低于最低生活保障线的职工免征。同年，全县共征收教育附加费51万元。

1998—2005年，全县共征收教育附加费399万元。

专项基建费

“义务教育工程”项目（第一期） 1997年，恭城县开始向国家申报贫困地区义务教育工程项目。通过论证申报，争取到义务教育项目38个，实施时间为1998—2001年。该项目总投资744万元，其中，中央拨款280万元，自治区拨款273万元，县级财政配套191万元。

“义务教育工程”项目（第二期） 2000年，恭城县争取到义务教育项目14个，实施时间为2001—2007年。该项目总投资994万元，其中，中央拨款560万元，自治区拨款241万元，县级财政配套193万元。

希望工程基金

1996年，玉柴股份有限公司为恭城县捐赠第一笔希望工程基金20万元，建成恭城镇江贝小学教学楼。至2005年，全县共获得希望工程建设基金4笔、190万元。

第二节 教育设施与装备

学校设施建设

经过1985—1990年抢修学校危房、新建和回建校舍阶段，全县新建教学楼房27038平方米，维修扩建校舍123646平方米，添置课桌椅15100套。1996年，全县铺开普及九年义务教育。1997年，争取贫困地区义务教育工程项目38个，至1998年，全县新建教学楼78栋、教职工宿舍大楼用学生宿舍大楼38栋，总建筑面积91595平方米。1999—2001年，全县新建校舍38座，总建筑面积20896平方米。

2005年年底，全县小学占地面积757123平方米，校舍建筑面积157889平方米，生均7.98平方米；普通初中占地88887平方米，校舍建筑面积106118平方米，生均9.11平方米；普通高中55414平方米，校舍建筑面积44558平方米，生均10.3平方米；中等职业学校占地19700平方米，校舍建筑面积1130平方米，生均13.95平方米。至此，全县中小学教室的采光、通风符合规定要求并具有饮用水源。90%的完全小学、初中建有校门、围墙；完全小学有“五室一场”、初中有“八室一场”，校道硬化。

中小学危房抢救性建设 1989年，恭城根据自治区人民政府《关于抢修中小学危房的紧急通知》要求，采取上级拨款与地方财政安排以及单位、个人捐款的方式，全县上下形成合力，抢修中小学危房。是年，投资612.6万元（其中，中央、自治区拨款54.1万元，县、乡财政维修经费86.7万元），修缮中小学危房38210平方米。1990—1991年，继续抢修危房。至1991年年底，全县抢修中小学危房58780平方米，拆除危房2.7万平方米，新建钢混结构楼房8750平方米、砖瓦结构平房18288平方米，扩建校舍3646平方米。

贫困地区义务教育工程建设 1998年，国家实施贫困地区义务教育工程，改善贫困地区、基础教育发展薄弱地区小学、初中的办学条件，使之达到国家规定的标准，实现《中国教育改革纲要》规定普及义务教育目标。县人民政府成立恭城县实施国家贫困地区义务教育工程领导小组负责项目管理和工程质量监督。1998—2001 年，实施第一期贫困地区义务教育工程，共投资 743 万元（其中，中央拨款 280 万元、自治区拨款 272 万元，县财政配套 191 万元），在嘉会初中、莲花初中、詠棠初中、西岭初中、莲花中学各建 1 幢学生宿舍，在三江初中建 2 幢学生宿舍楼，总面积 13470 平方米。在乐湾小学、观音中心校等 30 所小学（中心校）各建 1 幢教学楼，总面积 20986 平方米。2002—2005 年，实施恭城第二期贫困地区义务教育工程建设，共投入 993 万元在城厢中学、嘉会中学、五福初中、县民族中学、三江中学、西岭中学等 8 所初中建成综合楼 6 幢、11547 平方米、学生宿舍楼 3 幢、3207 平方米，在嘉会中心校、五福小学、势江小学、大江小学和挖沟小学建成教学楼 5 幢、3423 平方米。

农村基础教育工程建设 2001 年，根据广西壮族自治区人民政府提出集中力量为民办好农村基础教育工程等十件实事的部署，县人民政府成立恭城县基础教育工程领导小组，负责全县农村基础教育工程的管理实施及工程质量监督。2001—2005 年，共投入资金 2873 万元（上级拨款 2608 万元，县财政配套资金 265 万元），建成综合楼 5 幢、9667 平方米、学生宿舍楼 8 幢、11872 平方米、教学楼 2 幢、1730 平方米、学生食堂 9 幢、9687 平方米。

希望工程建设 1989 年年底，共青团广西区委组织实施“希望工程”。1996 年，玉林柴油机股份有限公司捐赠 20 万元，在恭城镇江贝小学建成 1 幢 690 平方米的教学楼。2003 年，青岛海尔集团捐资 30 万元，在平安乡詠棠小学建成 1 幢 985 平方米的教学楼，詠棠小学自此改名为海尔小学。2004 年，上海福禧投资控股有限公司董事局主席张荣坤捐资 110 万元，资助县民族中学兴建教学楼 1 幢，面积 2142 平方米，该楼命名为“福禧希望楼”。同年，金翰科技有限责任公司捐资 30 万元在龙虎乡九十工小学建成 1 幢 693 平方米的教学楼，将九十工小学更名为九十金翰小学。

学校装备

教学实验设备 1989 年，全县各中学实验室进入改造升级阶段。至 1994 年，全县共投入 1280 万元添置教学仪器。1995 年，全县中学基本都有仪器室、实验室，部分学校“五室”（物理仪器室、物理实验室、化学仪器室、化学实验室和体育器材室）齐全，仪器设施达到三类标准；小学有两箱（数学、自然教具箱）。1995—2004 年，经全县上下努力，中小学教学仪器、电教设备、仪器室（实验室）基本配套，乡镇中心校基本上达二类标准，村完全小学达三类标准；农村初中基本达三类标准，县城中学基本达二类标准。

2001—2005 年，全县开展中小学实验教学普及工作，投入资金 1500 万元，新建实验室 156 间、仪器室 155 间，建筑总面积 17064 平方米；仪器柜 1441 个，实验仪器总值 120 万元。全县小学 114 所，达“普实”一类标准的 3 所、二类标准的 9 所、三类标准的 102 所；高级完全中学、初中共 14 所，达“普实”一类标准的 2 所、二类标准的 6 所、三类标准的 6 所。劳动教育基地及劳动技术器材方面，各中小学有固定劳动基地，小学 51.58 公顷，班均 466 平方米；初中 22.4 公顷，班均 766 平方米。该指标基本达到教学要求。音乐、美术、体育教学器材设施及卫生室建设等基本达到国家和自治区的规定和要求。

图书室 1989 年，全县只有恭城中学有图书馆，其余初中学校仅有简易的图书室，均藏书很少；小学除个别学校建有图书室外，其余均无专门的图书室。随着中小学教育的重点由应试教育向素质教育转轨，各学校加大资金投入，建立起图书室及阅览室。1996 年，全县小学图书室建设达三类标准，初中图书室建设达二类标准，学校藏书达到村完全小学每生 8 册，乡（镇）完全小学每生 20 册，初中每生 20 册。至 2005 年，全县小学共有图书、阅览室 228 间，面积 15720 平方米，有各类图书

290670册；初级中学共有图书、阅览室28间，面积2520平方米，共有各类图书177401册，小学、初中全部达到国家二类标准。恭城中学图书馆面积380平方米，藏书49682册，电子图书330000册。恭城民族中学图书、阅览室面积140平方米，馆内藏书31525册。

2003—2005年，恭城中学开始对图书馆进行电脑化管理。投入资金13余万元购买电脑、打印机、打卡机及书柜等设备，成为恭城县第一个电脑化管理的图书馆。

电化教育教学设备

1989年，全县电化教育尚处在起步阶段，电化教育设备总值在120万元，学校只有少量用于教学的收录机、电视机。1990—1995年，全县投入10万余元用于各中小学购置电教设备，并建立电教室，个别学校建立语音室和微机室。

经过普及九年义务教育工作的开展，至2001年，全县电化教育设备总值达144.3万元。恭城中学、县民族中学电化教育设备达中学一类配备标准，县城小学达到小学一类配备标准，莲花中学、栗木中学达到中学二类配备标准，其余中学、小学达到三类配备标准。2003年，实施农村中小学现代远程教育工程项目，通过现代远程教育试点示范项目和2004—2005年相关项目，全县共投资120多万元，实现项目设备三种模式的全覆盖。

视听教育设备 1989年，各学校用于教学的视听设备仅有收录机、幻灯机等，个别条件好的学校才有电视机。1990年后，全县每年不断更新、充实视听教育设备。1996—2005年，全县共投入资金50余万元购置视听教学装备，各中小学校电教设备达到“普实”二类标准要求，全县共有专用电教室30个，有129所学校建立远程教育卫星接收系统，恭城中学各班都安装电视机。

2005年年底，各中学、小学都有九年义务教育教学光盘。恭城中学、民族中学、莲花中学、栗木中学共有电视机72台，用于教学的计算机375台；全县14所初中学校共有各种规格投影仪36台，影碟机28台，电视机242台，用于教学的计算机375台；小学共有各种规格投影仪214台，影碟机189台，电视机214台，用于教学的计算机60台。

多媒体教育设备 2000年，恭城中学建起多媒体教室。2004年，实施农村远程教育项目工程，部分中学校先后建立多媒体教室，全县共建多媒体教室11个，室内装备有中央控制平台11套，投影机11台，用于教学的计算机375台，其中有9套按远程教育工程项目模式三配置。

远程教育设备 2004年，在实施现代远程教育工程中，除积极向上争取资金和设备外，县财政投入资金350万元购进远程教育装备。全县共有装备模式一学校152所，装备模式二学校56所，装备模式三学校9所，乡（镇）现代教育资源中心学校2所。同年10月月底，所有卫星接收器安装完毕，顺利通过自治区验收。

恭城瑶族自治县远程教育工程项目配置模式一览表

表16-8

模式类型	配置情况	备注
模式一	DVD 1台，34时彩电1台，价值3000元	光盘播放点恭城县共152所学校
模式二	卫星接收装置1套，电脑1台，34时彩电1台，价值1.6万元	卫星接收点恭城县共56所学校
模式三	卫星接收装置1套，电脑30台，34时彩电1台，激光打印机1台，多媒体教室设备（计算机1台，操作台投影仪1台），计算机教室（学生机30台，教师机服务器1个）价值1.5万元	多媒体教室恭城县共9所学校

第九章　考试与招生

普通高考、高中毕业会考、初中升学考试等的考务工作均由县招生委员会常设的县招生办公室负责组织实施。1989—2005 年，全县共有 11328 人参加高考，7511 人通过高考进入大专院校学习。高中毕业会考是考核普通高中学生文化学习是否达到合格标准的水平考试，1992 年开始在 1991 年秋季学期入学的高中一年级学生实行。1992—2005 年，全县高中毕业会考合格率在 99.32%～100%，学科优秀率在 33.51%～46.8%。1989—2005 年，共有 33212 人参加初中升学考试，被录取到中专、中师的共 5758 人，被录取到高中的共 12664 人，被录取到职业中学的共 2047 人。

1989—1995 年，全县初中实行统一招生，招生考试由上级教育行政部门统一命题，统一组织考试，统一改卷。恭城中学附设初中班面向全县择优录取新生，各乡镇初中分片择优录取本乡镇小学毕业生。1996 年“普九”后，恭城中学初中班继续面向全县择优招生，各乡镇初中招收各自招收本乡镇小学毕业生。1989 年，全县初中招收 35 个班，新生 1754 人，小学毕业升学率 61%。1990—1995 年的规模基本与 1989 年持平。1996 年，全县招收初中生 95 个班，新生 5414 人，小学毕业生升学率达 92.16%。1999 年，全县招收新生 105 个班、6054 人，小学毕业生升学率 93%。2000—2005 年，招生人数逐渐下降，升学率逐步上升。

第一节　高考

组织机构

每年高考，均成立县高考招生委员会，负责部署和组织高考工作。县招生办是县招生委员会常设的招生考试机构，配备专职人员 3～4 人，负责高考招生报名、资格审查、组建考生电子档案、组织考试及指导考生填报志愿等考务工作。

高考报名

普通高考的报名时间为当年的 1 月上旬开始，2 月上旬结束。考生凭户口本及本人身份证到指定的报名点报名，由学校将考生报名表及报名数据上送县招生办审核，再由县招生办逐级上送至自治区招生考试院。1989—1996 年，考生报名信息均采用纸介质档案，全为手工书写，从 1997 年开始实行计算机管理，考生照相、信息采集均使用计算机录入，实行电子档案管理。

高考科目

1994 年以前，广西高考考试科目的设置分文、理、外、体、艺共 5 大类；政史类考试科目为政治、语文、数学、历史、地理、外语，理工类为政治、语文、数学、物理、化学、生物、外语，体育类加考体育，艺术类加考艺术。1995—2001年，实行“3+2”考试方案，即文科考语文、数学、外语加历史、政治，理科考语文、数学、外语加物理、化学。2002—2004年，广西实行“3+X科目组”的考试方案，“3”是指国家规定的每个考生必考科目——语文、数学、外语；“X”是选考科目（文科选考政治、历史、地理、综合，理科选考物理、化学、生物、综合），报考本科选2门，报考专科学校选1门。2005年，考试科目实行“3+小综合”，“3”是指国家规定的必考科目——语文、数学（分文科、理科）、外语（包括听力、笔试两部分考试），文科综合为政治、历史、地理3科综合，理科综合为物理、化学、生物3科综合。语文、数学、外语3个科目的卷面分各为150分，文科、理综合科目的卷面分各为300分。

高考时间及考点

2002年以前，全国的高考时间统一定在每年的7月7日、8日、9日。2002年，广西实行1年2考，将本科、专科高考在考试时间和试题上彻底分离，7月7日、8日、9日进行本科考试，9月1日、2日、3日、4日进行专科考试。2003年，全国高考时间定于每年的6月7日、8日、9日、10日。2005年，广西高考考试时间为6月7日、8日两天。1989—2005年，全县高考只设恭城中学1个考点，按文科、理科设置考场，每个考场安排2名监考员。

录取

1995年前，广西高考采用原始分录取。1996—2003年，广西高考考生成绩以标准分形式呈现，在高考成绩公布前填报志愿，采用标准分录取。2004年起，除本科、专科提前批考生在成绩公布前填报志愿外，其余考生改在高考成绩公布后再填报志愿，实行考生网上填报，由考生自行登录广西招生考试院指定的网站填报志愿，采用原始分录取。

恭城县属于广西49个老、少、边、山区少数民族地区之一，1990年，成立恭城瑶族自治县，参加高考的考生享受相关的照顾政策：（1）所有考生在总分上享受20分照顾；（2）应届少数民族考生在报考区外院校少数民族预科班，在同批分数线下80分内择优录取。

图16-3 2005年，高考瑶乡英才颁奖典礼（县教育局提供）

1989—2005年，全县高考报考人数共有11328人，其中少数民族考生6372人；录取大专以上共有7511人。14人被北京大学录取。1992年，全县大中专院校录取率排名为桂林地区10个县第一名；少数民族录取108人，占53.73%，少数民族考生升学率为35.29%；2名学生被中国民航飞行学院录取。2002年，高考文科、理科原始分总分的平均分继1999年、2001年后再次获自治区县排名第一，重点大学和本科上线率列自治区首位，有 8 名学生被解放军外国语学院录取。经解放军总政治部批准，授予恭城中学“军校生源基地”称号。2005 年，有 6 名学生分别考入北京大学和清华大学。

1989—2005 年恭城瑶族自治县高考情况一览表

表 16-9

年度	报考人数（人）	其中：少数民族考生	上线人数（人）					录取人数（人）				
			重点	本科	专科	合计	上线率（%）	重点	本科	专科	预科	合计
1989	461	283	7	60	34	101	21.91	6	44	33	—	83
1990	570	344	21	57	45	123	21.58	21	69	41	18	149
1991	536	309	18	66	61	145	27.05	17	41	63	20	141
1992	510	289	23	65	85	173	33.92	22	64	70	22	178
1993	503	272	34	90	96	220	43.74	36	79	103	—	218
1994	550	256	43	115	148	306	55.64	42	114	146	—	313
1995	495	212	39	130	159	328	66.26	37	112	118	18	285
1996	450	189	30	110	136	276	61.33	28	109	134	—	271
1997	491	233	59	127	79	265	53.97	47	143	130	—	320
1998	548	257	69	120	108	297	54.20	46	184	120	—	350
1999	528	268	95	215	110	420	79.55	73	205	99	—	387
2000	518	346	80	156	94	330	63.71	60	187	171	—	418
2001	583	411	118	171	80	369	63.29	82	239	226	—	547
2002	844	508	134	206	269	609	72.16	118	281	308	—	707
2003	943	404	149	171	309	629	66.70	106	284	402	—	792
2004	1401	818	113	459	818	1390	99.21	85	394	582	—	1061
2005	1397	973	238	626	465	1329	95.13	175	563	553	—	1291

第二节　高中会考

县内普通高中毕业会考从 1991 年秋季学期入学的高中一年级新生开始实行，全县设恭城中学、栗木中学、莲花中学 3 个考点。1998 年，会考科目经改革后分考试、考查科目。考试科目为思想政治、语文、数学、外语、物理、化学、生物、历史、地理共 9 科；考查科目为物理、化学、生物的实验操作及劳动技术。学生的体育成绩由学校根据学生平时的学习锻炼及达标情况综合评定。2001 年，又增设计算机科目考试。文化科目的成绩分为 A、B、C、D 四个等级，考查科目的成绩只记及格、不及格两个等级。

高中会考报名时间：高中一年级、二年级为每年 4 月 5 日至 10 日，高三年级为 12 月 1 日至 5 日。考试和考查都在本学科教学全部结束后进行，学完 1 科考 1 科。高中一年级、二年级会考原安排在每年 6 月下旬，高中三年级会考安排在每年 4 月上旬。自 2000 年开始，高中一年级、二年级安排在每年的 6 月 14 日、15 日、16 日共 3 天，高三年级安排在每年的 1 月 14 日、15 日共 2 天。体育课考试及物理、化学、生物实验、信息技术课的考查分散进行。

高中会考的成绩评定，按考试科目原始分得分，用百分制计算成绩，报告学生成绩统一用等级制，1995—1998 年各科成绩分为 A、B、C、D、E 五个等级，D、E 为考试不合格；考查科目的成绩只分及格与不及格两等。会考成绩不合格者或因病缺考者，可以补考，补考时间一般安排在 6 月中旬高中一年级、二年级会考结束后进行，补考成绩只记及格、不及格。

第三节　初中升学考试

初中升学考试（以下简称中考）是义务教育阶段终结性考试，1989—2001 年，中考由自治区教育厅直接管理，负责命题，组织考务及录取工作；考试科目为语文、数学、政治、英语、物理、化学 6 科，其中语文、数学 2 科各为 120 分，其余 4 科各为 100 分。考生需参加中考体育加试，体育加试项目有 50 米跑，立定跳远，引体向上（男）、仰卧起坐（女），总分 30 分，计入中考成绩。2002 年，中考开始由桂林市教育局组织实施，负责命题，组织考务及录取工作，并上报自治区教育厅。中考考试科目为语文、数学、英语（含英语听力）、物理化学（合卷）、思想政治共 5 科。各科赋分为语文 120 分、数学 120 分、英语 120 分（英语听力 30 分，计入中考总分）、物理化学（合卷）150 分（物理 90 分、化学 60 分）、思想政治 100 分。考试方式为语文、数学、英语（含英语听力）、物理化学（合卷）实行闭卷考试，思想政治实行开卷考试。

招生录取时，根据考生所填报的志愿，择优录取。1989—1996 年，中师招生指标名额分配到县。1998 年，中专、中师并轨招生。2003 年，初中毕业生升中专、中师不需中考，凭初中毕业证可直接到校报名注册。

1989—1998 年，招生学校有中专、中师、技校，高中有桂林地区高中（桂林十八中）、恭城中学、莲花中学、栗木中学、西岭中学及职业中学等。1998—2005 年，有桂林十八中、桂林中学、广西师范大学附属中学、恭城中学、莲花中学、栗木中学、西岭中学及职业中学等。招生录取时实行加分政策，对瑶族、壮族等十多个少数民族考生照顾 20 分，对地区级以上体育竞赛获得名次者照顾 20 分。1996 年开始，县内所有考生均可享受 20 分的加分照顾，至 2005 年不变。

1989—2005 年，全县中考参考总人数 33212 人；录取总人数 20495 人，其中中专（中师）5784 人，普通高中 14711 人。1989 年，全县中考参考总人数 1695 人；录取总人数 589 人，其中中专（中师）87 人，普通高中 502 人。2005 年，全县中考参考总人数 2483 人；录取总人数 2007 人，其中中专（中师）110 人，普通高中 1474 人。

1989—2005 年恭城瑶族自治县中考考试录取统计表

表 16-10　　　　单位：人

年度	参考人数	中专录取			普通高中录取									合计	录取率（%）
		中专	中师	小计	地区高中	桂林中学	师大附中	恭城中学	栗木中学	莲花中学	职业中学	其他	小计		
1989	1695	42	45	87	13	—	—	218	51	96	124	—	502	589	34.75
1990	1759	64	56	120	14	—	—	218	38	110	161	—	541	661	37.58
1991	1882	65	43	108	15	—	—	218	123	113	151	—	620	728	38.68
1992	1613	64	53	117	12	—	—	258	120	157	157	—	704	821	50.90
1993	1433	88	51	139	11	—	—	250	63	99	98	—	521	660	46.06

续表 16-10

年度	参考人数	中专录取			普通高中录取									合计	录取率（%）
		中专	中师	小计	地区高中	桂林中学	师大附中	恭城中学	栗木中学	莲花中学	职业中学	其他	小计		
1994	1537	110	77	187	13	—	—	290	50	62	95	—	510	697	45.35
1995	1578	154	55	209	10	—	—	305	143	67	195	—	720	929	58.87
1996	1716	240	55	295	14	—	—	305	52	77	215	—	663	958	55.83
1997	1744	329	59	388	16	—	—	305	38	91	189	—	639	1027	58.89
1998	1784	426	55	481	14	—	—	328	67	102	162	—	673	1154	64.69
1999	2312	775	79	854	12	—	—	333	146	235	49	41	816	1670	72.23
2000	2188	469	122	591	10	—	—	333	182	288	9	39	861	1452	66.36
2001	2248	388	92	480	16	—	—	380	164	322	184	42	1108	1588	70.64
2002	2273	225	80	305	11	4	—	526	268	364	56	48	1277	1582	69.60
2003	2602	326	102	428	6	1	—	596	370	468	69	45	1555	1983	76.21
2004	2365	349	113	462	5	2	1	591	320	494	88	26	1527	1989	84.10
2005	2483	423	110	533	11	2	—	665	270	440	45	41	1474	2007	80.83

第十七篇

科技　文化

第一章 科技

1989—2005年，全县科学技术机构健全，科技人员逐年增加，科学技术继续向前发展。1989年，全县科技人员数为3415人，其中高级职称22人，中级职称443人，初级职称2592人，未聘358人。1992年，首次专业技术职务评聘结束，共评审出专业技术人员2826名，其中高级职称59名，中级职称708名，初级职称2059名。随着大中专院校毕业生的增多，县内科技队伍亦日益壮大。1997年，有专业技术人员6622人，其中高级职称166人，中级职称1925人，初级职称2417人，员级职称2114人。2002年，全县专业技术人员7653人，高级职称199人，中级职称2427人，初级职称2966人，员级职称2061人。至2005年年底，全县累计专业技术人员数为8156人，其中高级职称212人，中级职称2846人，初级职称5098人；教育4404人，卫生1304人，农业355人，工程747人，经济、会计、播音、档案、统计等共1346人。

1989—2005年，全县共引进和推广新技术、新成果100多项，获各级科技成果奖70多项；在所承担的各项科研项目中，有6项获部级奖、29项获自治区级奖、14项获地（市）级奖；累计申请专利3种、19项，获国家专利局受理的授权发明专利、实用型专利、外观型专利3种、19项。1995年，恭城县被列入广西科技工作创先重点县；2004年，获“广西县域科技创新试点示范县”“全国科技进步先进县”荣誉称号。

第一节 机构

管理机构

科技局 前身为1958年成立的县科学技术委员会（以下简称县科委）。1989年，内设办公室，二层机构有科技情报研究所、技术开发中心、开花山园艺场、职称改革办公室，有编制14名。1991年，成立县技术市场管理办公室（事业单位），隶属于县科委管理，人员在原核定的编制员额内调剂解决。1996年8月，改称县科学技术局（以下简称县科技局），内设秘书财务股和科技业务股，编制9名；二层机构有科技情报研究所、科技开发中心、开花山园艺场。2002年，机构改革，科技局内设秘书财务股、科技业务股、知识产权管理股，人员编制8名；同年12月，成立县生产力促进中心，与县科技情报所一个机构、两块牌子。2005年1月，在县科技局增挂“恭城瑶族自治县知识产权局”牌子，一个机构、两块牌子。同年年底，县科技局内设秘书财务股、科技业务股、知识产权管理股；二层机构有县科技情报研究所、县科技开发中心、县开花山园艺场、县生产力促进中心；有行政编制数8名，事业编制数20名。

1989—2005年，历任局长（主任）：曾广义、蔡家荣、杨加青。

地震局　2003年7月，根据《广西壮族自治区市县地震机构改革方案的通知》成立恭城瑶族自治县地震局，在县矿产资源管理中心增挂地震局牌子，实行一个机构、两块牌子。2005年1月，县地震局调整到县科技局挂牌，与县科技局、知识产权局一个机构、三块牌子。

2003—2004年，无领导任职。2005年，张贵任局长。

科研机构

气象局　1956年11月，成立恭城县气候站，站址设在城厢区天塘乡竹嵩岭土岭，观测场位于北纬24°49′、东经110°50′。1958年11月，更名为县气候中心站。1962年2月，更名为县气象服务站。1965年11月，站址迁移至恭城镇茶南路，观测场位于北纬24°50′、东经110°49′，海拔高度169.6米。1981年5月，县气象服务站更名为县气象局，实行局站合一。1989年，内设预报组、测报组，编制10名。1992年、1995年，分别设立避雷装置检测所、气象科技服务部。2002年8月，避雷装置检测所更名为县防雷管理中心。2003年，注销气象科技服务部，成立恭城县风云气象科技服务有限责任公司，人员在县气象局内调剂解决。2005年，内设预报组、测报组，二层机构有防雷管理中心、风云气象科技服务有限责任公司、人工影响天气办公室，编制8名。

1989—2005年，历任局长（负责人）：李绪有、陈昭贵。

水文站　1953年5月，建恭城水文站，隶属于广西农林厅管理。为恭城河中游的控制站，站址设在城厢乡（现在的恭城镇）乐湾村，控制流域面积2541平方千米。1989年，县水文站隶属于广西水文总站管理，编制5名。1994年7月，改隶广西水文水资源局管理。1997年，水利部划定恭城水文站为国家重点水文站。2005年，编制5名。

1989—2005年，历任站长（负责人）：龙云飞、刘国弟、向平光。

农业科学研究所　其前身为1952年在县城南郊钟鼓洼建立的恭城县农场。1961年，迁至嘉会公社开花山劳改农场原址。1963年，迁回县城南郊旧址。1971年，改称恭城县五七劳动学校。1973年，改为农业科学研究所。1988年，定为相当副区（科）级事业单位，隶属于农业局管理，有行政编制7名，工人编制23名，至2005年不变。其主要职责是农作物种子育苗、农业科学技术的推广应用及农业试验示范。2005年年底，农科所所辖范围规划为县工业园区，干部调离，一次性发给职工相当于本人年工资3倍的补助后，签署协议解除劳动合同关系，自谋职业。

科技情报研究所　成立于1978年，隶属于县科委管理。1991年8月，定为相当副区（科）级事业单位，编制3名，至2005年不变。其工作职责是开展科技情报研究，引进实物情报，抓好技术培训和技术咨询、技术转让，建立科技信息网络，报道国际国内科技动态。

科技开发中心　成立于1984年10月，隶属于县科委管理。1985年停办。1986年，成立县技术开发交流中心。1991年8月，定为相当副区（科）级事业单位，编制3名，至2005年不变。其工作职责是技术开发、引进、培训、转让、咨询，信息服务以及新产品展销。

第二节　科普宣传　科技培训

科普宣传

1989—1990年，全县有乡镇科技文化站7个、村科技文化室3个，有科普读物、资料、图书4000余册，科技报刊30余种；开办科技夜校75所，入学人数5600人。1991—1992年，自治县委、县人民政府分别制定《关于依靠科技，振兴恭城的决定》《关于实施科技教育兴县的决定》，召开科技人员座谈会，组织科委、文化、教育、卫生、科协、农业、畜牧、糖办等有关单位，开展“科普大行动”和“科技下乡”活动，组织科技宣讲团到各乡镇巡回宣讲。1994年，自治县委、县人民政府制定《关于在全县开展“科教兴县年”活动的通知》，召开科教兴县大会。从县、乡镇机关抽调1000名科技人员、干部组成工作队，下乡、下村、下厂，到车间、到农户、到学校，开展科教宣传和技术服务。1995—1996年，自治县委、县人民政府制定《恭城瑶族自治县创建科技工作先进县实施方案》《关于加快实施科教发展战略的决定》，在春节及民俗传统节日，举办科技活动周，开展科技文化卫生“三下乡”活动；活动期间，县城、乡村悬挂横幅、张贴标语、出版宣传专栏，组织科技集市、科普一条街以及播放科普电影，宣传“科学技术是第一生产力”，宣传《中华人民共和国科技进步法》《广西壮族自治区科技进步条例》《中华人民共和国技术合同法》等法律法规，宣传恭城运用科技发展经济的典型事例及做法。1997年，建立科普工作联席会议办事机构，各乡镇行政村建立科普小组；组织科普队到各乡镇开展科技下乡活动；组织全县技术力量，编写农村读本《致富的金钥匙》，印刷6000册，作为农村基层干部的科技必需教材。1998年，县科普工作联席会议的有关单位到各乡镇巡回举办科技培训班，开展畜牧、水果、能源技术宣传普及工作；组织有关单位编写适合恭城县农村实际的种、养、加工、沼气四种技术的书籍1.7万册发放农户，并由县广播电视局制作录像带到各乡镇播放宣传。

1999—2000年，元旦、春节期间，组织科技文化卫生“三下乡”，主要内容有农业新技术、新品种的推广应用展览，农业科技咨询服务，科技图书零售，医疗卫生义诊，农村能源咨询服务。2001年，开展科技巡回宣讲、科技讲座及争当“小发明家”等活动。2002—2005年，每年元旦、春节、传统民俗节日期间，县科普联席会议成员单位开展科技、文化、卫生“三下乡”活动，在县城十字街、中心广场及各乡镇举办科技展览、科普一条街活动，内容是农村实用新科技和近年来在实施科教兴县和可持续发展战略中恭城取得的成绩和经验；利用恭城电教中心，实施远程电教网络，在全县8个乡镇建立信息网络点播系统，农民在家中可以点播科技信息、市场信息。

图17-1 2004年，科普一条街活动（县科技局提供）

1989—2005年，组织科技宣讲团到各乡镇巡回宣讲，有关单位科技人员下乡宣传2547人次，出版宣传专栏1751期，展出科技展板123块，播放科技录像473场次，发放科技资料21.9万份，接受科技咨询78740人次，展出、赠送新品种190个，出售科技书籍4645余册，书写标语4530条，出动科普车宣传16辆次，行程达1400千米；收集整理科技资料、科技信息36450多份；在网上发布有关恭城的新闻动态、投资环境、人文地理、招商引资等信息1440多条（篇）；发布项目（科技）供求信息410条。

科技培训

1989—2005年，为提高基层干部的科技素质及农民的科技水平，每年组织村干部到县、乡镇党校，组织农民到村文化室进行科技培训。培训的主要内容有水果种植、畜禽养殖、沼气技术等。在水果种植技术培训方面，根据农户各季节对技术的需求，组织科技人员到各村屯开展科技培训，实地传授技术；在养殖方面，重点抓好畜禽疫病防治等综合技术培训；在能源建设方面，进行沼气综合利用技术培训。

1989—1993年，共举办各种培训班和讲座1602期次，培训农户18.53万人次，颁发单科结业证书3200份，审批农民技术员166人（其中，村镇建设技术员54人）。1994—1995年，共举办科技培训班715期，培训农户7.94万人次，建立科技示范户80多户。1996年，全县到县外指导建沼气池的技术人员450人，指导水果种植的技术员950人。2004年，实施远程电教网络，全县有8个乡镇建立信息网络点播系统，网络用户达17650户。至2005年，共举办科技讲座27场次，举办科技培训班8806期，培训人员达74.37万人次，全县90%以上农户每户至少有1人以上熟练掌握1～2门致富本领。

第三节　科技项目

项目引进与推广

1989年，县内开始引进、推广云香糯稻种、水稻垄作栽培及叶面肥施用技术等，在全县42个点的小区域、122个简易对比以及33公顷示范样板田留中试验叶面肥施用技术，结果表明，增产效果显著，尤以施用施宝乐、广增素、“802”植物生长调节剂、甲天下增产灵为优。1990年，大面积推广水稻叶面肥施用技术，并逐步施用于花生、黄豆、红薯及瓜类等旱地作物。1992年，引进大头典甜竹，3年产生经济效益，平均株产笋12条，重达18千克，亩产1000千克鲜笋，产值为1800～2000元。1993年，引进特种水果奈果，定植和育苗在特种果园内，面积7公顷，共定植5000株。定植后第二年进入挂果期，一般株产10千克，高产的单株产果15千克。1994年，引进生姜深加工新技术，以生姜为原料，通过生物发酵技术生成生姜精液汁。所生产的姜粉、精姜汁系列产品，获1994年蒙古国乌兰巴托国际博览会国际金奖。1995年，引进美国“高美施”VA-102有机液肥，试验示范效果显著，在全县广泛推广。1998年，大力推广以“桂花17”“中花2号”“中花5号”为主的优良花生种，每年推广面积1333公顷。1998—1999年，引进“日本白凤桃”“美国布朗李”“玉宫桃”“源东白桃”“安农水蜜桃”“天王桃”“中华圣桃”“日本水晶梨”等一批果树新品种。2000年，引进瘦肉型种猪3130头、仔猪2503头，改二元杂为三元杂。2001年，引进银鱼养殖，养殖面积267公顷。2004年，引进阿尔吉利亚等柑橘品种5个，在嘉会乡建立名、特、优苗木场，有各类苗木12万株。至2005年，共计引进、推广种植、养殖等新品种、新技术、新成果110多个。主要的项目有水稻垄作栽培、叶面肥施用技术、大头典甜竹、水稻旱育稀植技术、水稻塑盘育秧抛秧技术、水稻免耕抛秧技术、水稻叶龄模式栽培、云香糯稻种、杂交玉米、冬植蔗、木薯良种“华南124”、花生“中花2号”、奈果、白果嫁接与栽培、油梨、油料光皮树、湿地松、高产抗病良种花生（汕油523、汕油71、汕油27）、优质谷“国际72”、畜用生血素、综合防治仔猪痢疾、银鱼养殖、江西蛋鸭、瘦肉型猪、低银铅钙合金阳极、人造精炭技术、汕优99一期父本制种、低产田改造、科技兴牧“133工程”、无公害水果栽培、月柿早结丰产综合栽培技术、柑橘高产优质模式栽培、椪橘密植早结高产试验、生姜精加工技术及有色金属冶炼废气处理等。

1989—2005 年恭城瑶族自治县新科技项目部分推广情况一览表

表 17-1

分类	项目	引进时间	推广时间
种植业	云香糯稻种	1988 年	1989 年
	白果嫁接与栽培	1988 年	1992 年
	水稻垄作栽培	1989 年	1990 年
	叶面肥施用技术	1989 年	1990 年
	油梨	1989 年	1993 年
	油料光皮树	1989 年	1990 年
	湿地松	1989 年	1990 年
	高产抗病良种花生“汕油 523、汕油 71、汕油 27”	1989 年	1990 年
	水稻叶龄模式栽培	1989 年	1990 年
	冬植蔗	1989 年	1991 年
	杂交玉米桂顶 4 号	1989 年	1990 年
	奈果	1991 年	—
	大头典甜竹	1992 年	—
	水稻旱育稀植技术	1992 年	2000 年
	优质谷“国际 72”	1992 年	1993 年
	木薯良种“华南 124”	1992 年	1993 年
	花生“中花 2 号”	1995 年	1996 年
	大豆新品种桂早 1 号、早春 1 号、浙春 2 号	1997 年	1997 年
	水稻塑盘育秧抛秧技术	1997 年	1999 年
	优良花生“桂花 17”“中花 2 号”“中花 5 号”	1998 年	1998 年
	“日本白凤桃”“美国布朗李”“玉宫桃”“源东白桃”“安农水蜜桃”“天王桃”“中华圣桃”“日本水晶梨”等	1998—1999 年	1998—1999 年
	水稻免耕抛秧技术	2001 年	2003 年
养殖业	畜用生血素	1989 年	1990 年
	综合防治仔猪痢疾	1990 年	1991 年
	瘦肉型猪	1998 年	2001 年
	银鱼养殖	2001 年	2001 年
	江西蛋鸭	2001 年	2001 年
其他	低银铅钙合金阳极	1990 年	1991 年
	人造精炭技术	1993 年	1993 年
	太阳能热水器	1996 年	1997 年

科研项目

1989—2005年，恭城县争取国家、自治区、桂林地区和桂林市科技部门安排的主要科技项目共100多项，其中49项科技项目获部级、自治区级、地（市）级奖。

汕优99一期父本制种　1990年春至1991年12月，由县种子公司承担试验。通过连续3糙试验表明，一期父本制种比三期父本制种亩增产15.29%～16.5%，增加产值203.58～245.92元，经济效益增加显著。

改造中低产田　1990年开始实施，为自治区计委、扶贫办、农业厅联合下达的扶贫项目，主要是改造中低产田，提高粮食产量。经过1990—1992年三年的实施，采取生物技术措施、化学技术措施及工程技术措施相结合的方法，重点建设区嘉会乡累计改造中低产田2628.16公顷，总产量达296.48万千克，共增稻谷16.45万千克，增产率达5.87%。

椪柑密植、早结高产试验　1990年，县特产局实施"椪柑密植、早结高产"试验面积28.87公顷，平均亩产4838.8千克，比常规栽培亩产1214千克亩增3624.8千克。

月柿早结丰产综合栽培技术　1990年1月，项目由桂林地区科委下达，恭城县特产局承担。在恭城、莲花、西岭、平安等乡镇16个村屯、17个果园选用优良单株及良好的砧穗组合，进行疏花、控梢、保果及病虫害防治等综合技术试验。试验面积6.67公顷，平均亩产月柿2523.08千克，不同树龄的果树产量均大大超过计划指标，获得成功。经桂林地区科委评审，获桂林地区科技进步三等奖。

科技兴牧"133工程"　为自治区科委、畜牧厅逐级下达的"星火计划"项目，恭城县1990—1992年承担桂林地区下达科技兴牧工程项目有"科学养牛1万头综合技术开发""科学养猪2.1万头综合技术开发"和"科学养禽26万羽综合技术开发"3个。三年中，科学养牛新增出栏2555头，新增产值224.06万元，获毛利174.15万元；科学养猪新增出栏34163头，新增产值1345.2万元，新增税金36.55万元；科学养禽新增出笼8.44万羽，新增产值113.5万元，新增利润35.50万元。

柑橘高产优质模式栽培　1999年，由桂林市科技局下达项目任务。采取培肥地力，合理修剪，重视有机肥的使用，特别注意应用沼渣、沼液及高效低毒农药等，推广夏剪、保花保果、疏花疏果以及病虫害防治等综合技术措施，对不同树龄树势实施模式化栽培技术示范，推广先进实用技术，提高椪柑品质和商品率。获桂林市1999—2001年度科技进步二等奖。

有色金属冶炼废气处理　1999年，由桂林市科技局下达科研项目任务，采用石灰乳液和添加催化剂进行高效率地吸收二氧化硫，实现尾气达标排放。由于采用添加催化剂新技术，解决石灰法结垢堵塞的技术难题，使石灰脱硫法真正应用于工业生产，为环境保护和三废治理开辟新途径。经过处理后的尾气，达到国家规定的每立方米1200毫克的标准。获得桂林市1999—2000年度科技进步三等奖、获购进专利。

无公害水果栽培　2003—2004年，由县科技局与广西大学农学院共同承担国家科技攻关项目"恭城生态产业园区建设试点示范"，进行无公害水果栽培技术试验。对水果进行生物防治"以螨治螨"柑橘果园释放捕食螨技术试验；推广波光诱虫灯技术，实施"猪＋沼＋果＋灯＋鱼"五位一体生态技术；推广黄板黏虫试验示范33.33公顷；建设莲塘岭无公害月柿示范基地133.33公顷；使用有机肥、生物肥、配方施肥，尽量少用化肥；使用高效、低毒、低残留农药，禁止使用高毒、高残留农药；使用生物防治、生理防治，加强安全用药宣传。据统计，2004年全县实施无公害水果标准化栽培面积达0.54公顷，其中柑橘0.3公顷、月柿0.17公顷、沙田柚0.07公顷。

1989—2005年恭城瑶族自治县科技项目获奖统计表

表17-2

获奖项目名称	获奖时间	获奖名称及等级	项目负责（参加）单位	授奖单位
桂林地区11万亩柑橘低产园丰产综合技术应用	1992年	全国农牧渔业丰收二等奖	县特产局（第7参加者）	农业部
稻田养鱼高产高效技术	1993年	全国农牧渔业丰收二等奖	县特产局（第7参加者）	农业部
广西桂林地区2万亩柑橘优质高产规范化栽培技术	1994年	全国农牧渔业丰收一等奖	县特产局	农业部
桂林地区400万头育肥猪增产技术	1996年	全国农牧渔业丰收三等奖	县畜牧局	农业部
以防治五号病为主养猪新技术推广	1997年	全国农牧渔业丰收奖一等奖	县畜牧局	农业部
恭城县家用沼气综合与推广	1997年	广西重点研制推广科技成果一等奖	县农村能源办	广西壮族自治区党委、自治区人民政府
广西100万只山羊综合技术开发	1998年	全国农牧渔业丰收一等奖	县畜牧局	农业部
椪柑密植早结高产技术大面积推广应用	1989年	广西农业厅优秀科技成果二等奖	县特产局	广西农业厅
科学养猪推广	1989年	广西农业厅科技成果四等奖	县畜牧品种改良站	广西农业厅
沙田柚低产园改造技术推广应用	1990年	广西农业厅科技进步奖三等奖	县特产局	广西农业厅
柑橘密植早结高产技术大面积推广应用	1990年	广西农业厅科技进步三等奖	县特产局	广西科委
推广叶龄模式促进水稻高产	1990年	广西农业厅科技改进三等奖	县农业技术推广站	广西农业厅
山东大白菜引种推广	1990年	广西农业厅科技改进四等奖	县种子公司恭城镇农技站	广西农业厅
绿肥综合丰产技术	1990年	广西农业厅丰收三等奖	县土肥站	广西农业厅
恭城基本实现农村电气化可行性研究报告规划设计及实现建议	1991年	广西水电厅科技进步三等奖	县水电局	广西水电厅
推广综合栽培技术花生低产变高产	1991年	广西农业厅丰收二等奖	县经作站	广西农业厅
提高小牛繁殖成活率综合技术示范	1991年	广西农业厅技术改进三等奖	县畜牧兽医站县兽医检验站	广西农业厅
恭城县工业品以工代赈农田基本建设	1992年	广西农业厅科技进步四等奖	县土肥站	广西农业厅
农村发展商品牛生产综合技术开发	1992年	广西农业厅科技进步四等奖	县畜牧站	广西农业厅
恭城绿肥生产	1992年	广西农业厅科技成果二等奖	县土肥站	广西农业厅
恭城县冬绿肥万亩样板示范	1992年	广西农业厅科技成果三等奖	县土肥站、栗木镇农技站	广西农业厅
恭城沙田柚良种选育	1992年	全国柚类科研生产协作组优质柚类	县水果局	广西农业厅
2万亩柑橘亩产双吨栽培技术	1992年	广西农业厅技改二等奖	县水果局	广西农业厅
柿绵蚧的药剂防治试验示范	1993年	广西农业厅科技成果三等奖	县测报站、科技开发中心	广西农业厅
稻田养鱼高产高效技术	1993年	广西农牧渔业丰收一等奖	县水产技术推广站	广西农业厅
花生氮磷钾施肥模型研究	1993年	广西农业厅科技进步三等奖	县土肥站	广西农业厅
千万亩水稻节水灌溉	1993年	广西水电厅科技成果二等奖	县水电局势江水管所	广西水电厅
50万头仔猪培育综合技术开发	1993年	广西农业厅科技进步三等奖	县畜牧站	广西农业厅
桂林地区400万头育肥猪增产技术	1996年	广西农业厅一等奖	县畜牧局	广西农业厅
恭城县家用沼气综合利用技术研究与推广	1996年	广西林业厅科技进步二等奖	县农村能源办	广西林业厅

续表 17-2

获奖项目名称	获奖时间	获奖名称及等级	项目负责（参加）单位	授奖单位
恭城县家用沼气综合利用技术研究与推广	1996 年	广西科技进步二等奖	县农村能源办	广西科委
以防治五号病为主养猪新技术推广	1997 年	广西厅级丰收二等奖	县畜牧局	广西农业厅
石灰催化处理二氧化硫尾气	1997 年	广西乡（镇）企业系统 QC 成果二等奖	恭城银殿集团公司	广西乡（镇）企业局
石灰催化处理二氧化硫尾气	1997 年	广西工交系统 QC 成果一等奖	恭城银殿集团公司	广西经委
桂林地区月柿优质高产规范化栽培	1999 年	1997—1998 年广西农业厅丰收一等奖	县水果办	广西农业厅
大面积粮食增产综合技术推广应用	1989 年	桂林地区科委星火项目一等奖	县科委、县农业局	桂林地区科委
防治牲畜五号病	1989 年	桂林地区农牧渔业局科技成果一等奖	县畜牧局	桂林地区农业局
12 万亩粮食增产综合技术开发	1990 年	桂林地区科委星火计划项目科技进步二等奖	县科委、县农业局	桂林地区科委
月柿早结丰产综合栽培技术研究	1991 年	桂林地区科技进步三等奖	县特产局	桂林地区科委
粮食增产综合技术开发	1991 年	桂林地区科委星火项目二等奖	县科委、县农业局	桂林地区科委
恭城县水利电力志	1992 年	桂林地区科委科技进步三等奖	县水电局	桂林地区科委
恭城县森林经营方案	1992 年	桂林地区科技进步三等奖	县林业局	桂林地区科委
消灭丝虫病防治应用研究	1993 年	桂林地区科技进步三等奖	县防疫站	桂林地区科委
桂林地区肠道寄生虫感染调查	1993 年	桂林地区科技进步三等奖	县防疫站	桂林地区科委
恭城水源开发利用现状分析	1993 年	桂林地区科技进步三等奖	县水电局	桂林地区科委
节水浇灌试验	1993 年	桂林地区科技进步二等奖	县水电局	桂林地区科委
柑橘高产优质模式栽培技术示范推广	2004 年	桂林市科技进步奖二等奖	县科技局	桂林市人民政府
有色金属冶炼废气的处理	2004 年	桂林市科技进步三等奖	恭城银殿集团公司、恭城科技开发中心	桂林市人民政府

科技经费

宣传经费 1989 年，县委、县人民政府意识到科技是第一生产力，把为服务经济作为科技工作的重点。为实现“依靠科技，振兴恭城经济”的战略目标，从财政划拨 1000 元用作科普宣传、科技下乡活动经费，加强科普宣传。1992 年，增加到 1800 元。1996 年，科普宣传经费增加到 4600 元。1997 年，县、乡镇两级加大对科普宣传经费的投入，县级投入资金 75 万元，印发科技资料 1.35 万份。1998 年，县财政投入科普经费 2.2 万元、各乡镇共投入科普经费 5.4 万元。2000 年，县、乡镇政府、县直各单位共筹措资金 12 万元。2002 年，县、乡镇政府、县直各单位及社会科普宣传捐资共计 160.5 万元。2003 年，县、乡镇政府、县直各单位及社会科普宣传捐资共计 257.2 万元，均用于科技培训和印发技术资料，保证科普工作的顺利开展。2005 年，县财政投入 9500 元，用于开展科普宣传、科技下乡、广西科技活动周。同时，各乡镇也投入一定的科普宣传经费。

科研经费 1992 年，县政府把“三项”经费（新产品试制费、中间实验费和重大研究补助）12 万元列入财政预算，至 2005 年不变。

1989—2005 年，除“三项”经费外，县内所用科研经费大部分向科技部、自治区科技厅、桂林市（地区）科技局争取。据不完全统计，恭城县向科技部、自治区科技厅、桂林市（地区）科技局争取全国“生态产业园区建设的试点示范”，自治区“星火培训基地建设”“大豆优质工程”“恭城县社会发展综合试验区”“草粉生物饲料养猪试验”“巴西龟品种引进与规模化养殖技术研究与示范”，桂林市（地区）“椪柑高产优质模式推广”“恭城县生产力促进中心服务体系及自身能力建设”及粮食增产等项目资金 292.79 万元，用于全县科研工作。

第四节 知识产权保护与专利登记

2004 年之前，全县的各种专利发明及申请授权都由县科技局代理。2005 年，成立县知识产权局，各种专利发明及申请授权均由县知识产权局办理。

1992—1994 年，有 1 人申请 3 项专利，并获授权。1996—1999 年，有 12 人申请 6 项专利，并获授权。2000—2003 年，有 9 人申请 10 项专利，并获授权。至 2005 年，恭城累计获国家专利局受理的授权发明专利、实用型专利、外观型专利共 3 种、19 项。

1989—2005 年恭城瑶族自治县专利申请及授权部分情况一览表

表 17-3

申请号	申请专利名称	申请人	获专利时间
91229266.0	防雷式交流稳压电源	刘国章	1992.07.01
92233767.5	级连式异步电动机	刘国章	1993.04.07
92243310.0	卫星信号自动程序开关机	刘国章	1994.01.26
94211645.3	半干法回转式液压压坯机	袁小林	1996.06.19
ZL941113811.9	铁笼坝（或堤）净化技术	邓承亮等 7 人	—
ZL97101222.9	一种用于湿式洗涤法吸收尾气中二氧化硫的乳浊液	恭城银殿集团公司李进洪	1998.07.29
97225497.8	O 型高效沉降池	李进洪	1999.04.07
98214772.4	多功能耕运机	洪建	1999.08.18
98240093.4	一种预制隔热板	建安公司周世春	1999.11.17
99215244.5	微型多功能耕整机变速箱	杨崇	2000.06.14
99242103.9	一种离合器	洪建	2000.07.19
00232696.5	电热敷贴熏蒸杯	县农械厂洪学知	2001.02.21
00122342.9	用亚硫酸钙和亚碳酸氢钙催化法合成石膏的生产方法	李进洪	2002.03.13
02113621.1	柿叶茶及其制备方法	门楼村欧亚	2002.10.23
01108542.8	柿子果酒的酿制新工艺	黎建新	2003.01.15
02336242.0	包装盒（水果包装纸箱）	连发纸箱厂林萃侨	2003.03.26
02222873.X	风冷火锅桌	矿产公司周环藻	2003.04.16
02336243.X	包装盒（水果包装纸箱）	连发纸箱厂林萃侨	2003.04.02
02276706.1	柿子、山楂快速脱涩温度自动控制装置	李进洪	2003.10.01

第五节　气象（水文）测报防震减灾

气象

气象测报　1956年11月，恭城县气候站建成，开始进行气象观测和记录，各类气象报表均采用人工编制。1957年，通过收音机接收、参考自治区、湖南省气象台定时广播，使用手工查算、编报恭城天气预报。1958年7月，全县建立气象哨组，各公社有哨、各大队有组，利用天象、物象及测天谚语来做预报。1960年，增加地温（含浅层）观测。1966年1月，增加气压观测。1969年10月，EL型电接风向风速仪取代维尔达风压器。1974—1978年，先后建立上枧、秧家、三江、新安、高塘观测哨，实施温度、湿度、雨量观测。1977年2月，每天的05：00—23：00时段，每小时航危报观测记录通过邮政局向广州、桂林空军、民航拍发定时和预约航危报。20世纪80年代初，由于经费、报酬等原因，气象观测哨相继停办。1984年，配置定频传真机，代替收音机接受地面、高空天气形势分析图和预报分析图。1987年7月，开始用PC-1500袖珍计算机查算、编报气象资料。1992年7月，因PC-1500袖珍计算机故障，恢复手工查算、编报气象资料。1993年6月，通过9210计算机系统接收自治区、桂林市两级气象台预报结论，订正制作长期天气预报；用单边带高频无线对讲机、程控电话辅助方式传输区域报。1995年，购置台式计算机，建立预警终端县级业务系统，预报工作所需资料通过该系统进行网上接收。1996年，恢复单一电话发报；配置天气预报影视节目制作系统，建立4路“121”电脑自动应答系统，开通气象信息服务“121”自动答询电话及短期天气预报电视节目。1997年，气象业务系统升级，实现自治区、市、县办公自动化三级联网。1998年4月，建成多媒体影视制作系统，天气预报视频节目在恭城有线电视台自办频道播放；9月，配置486型台式计算机，使用安徽AH-01测报系统进行查算、编报气象资料；通过计算机网络、电话辅助向上级传输报文，但航危报一直通过电报方式传输。1999年，开始编发雨量报，其内容、时次和起始时间由上级单位发布指令编发1小时、3小时雨量。2000年，建成PC—VSAT单收站，实现气象资料卫星高速自动接收和处理，能迅速接收处理全国的实时气象资料和卫星云图；地面测报统一配备计算机。2001年，改为单一接收自治区、桂林市两级气象台预报结论，制作补充订正长期天气预报，各类气象报表采用计算机编制和打印。2004年，改用中国气象局研发的OSSMO 2004地面测报数据处理系统；建立移动通信网络气象服务短信平台，每天以手机短信方式向全县发送气象信息。2005年，建立“恭城瑶族自治县气象兴农网”；9月，建成气压、气温、湿度、风向、风速、降水、地温七要素的自动气象站。

人工增雨　每年秋季，全县降雨偏少，给秋冬季农业生产、生活用水、水库蓄水、森林防火、生态保护带来极大压力。1980年7月，成立县人工降雨领导小组，办公室设在县气象站。1980—1991年，采用军队退役三七单管高炮开展秋季人工增雨作业，炮点固定设在蓝洞水库和峻山水库，人工降雨作业一般从7月下旬开始至9月上旬结束。其间，共开展人工增雨作业62次。1992—2001年，人工降雨工作暂停作业。2002年1月，投入资金16万元购买车载火箭发射器、固定火箭发射器各1套和作业皮卡车1台。同年秋，恢复人工增雨作业。2002—2005年，每年开展人工增雨作业3～5次。

水文

设施　1989年，县水文站主要观测设施有站房、测验船、水文缆道、缆道房、水位观测台、基本水尺、水准点2个、自记水位计、自记雨量器、程控电话、无线电台及预备电源等。2003年，有水准点4个，自记雨量器改为遥测雨量器。2005年，新建办公综合楼1栋，配备水文缆道、缆道房、水位观测台、基本水尺、遥测雨量器、水准点4个、程控电话、无线电台及预备电源等。

水位监测　1953—2005年，恭城水文站一直采用珠江基面作为水位高程起算面。据恭城水文站51年水位观测资料统计，平均水位127.99米。5月水位最高，平均水位128.60米；1月水位最低，平均水位127.66米。多年平均水深0.94米。恭城河历史最高水位为1877年农历四月二十三，最高水位134.28米，最大洪峰流量达6800立方米/秒。历史最枯水位为1954年12月1日，最低水位127.42米，枯水流量为3.69立方米/秒，最高与最低水位之差为6.86米。

1989—2005年，测得恭城河较大的洪水水位：1993年5月2日，水位高132.16米，流量2260立方米/秒；1996年4月19日，水位高132.42米，流量2420立方米/秒；1998年6月19日，水位高132.05米，流量2240立方米/秒；2002年6月18日，水位高133.27米，流量3300立方米/秒；2004年7月12日，水位高132.83米，流量2880立方米/秒；2005年6月20日，水位高132.93米，流量2900立方米/秒。

防震减灾

恭城虽为非抗震设防县，但由于恭城地处山区，有2条地质断裂带过境，水、旱、雪、风等气候性灾害时有发生，对地质灾害的发生造成一定的隐患。2003年起，开始进行各种防震减灾科普宣传活动，利用每年的“春节三下乡”活动、5月科技活动周活动，在全县9个乡镇、各中小学校进行防震减灾科普知识宣传和普及工作，以增强群众防震减灾意识。2005年，分别在莲花中学、栗木中学分别进行两次“地震来临时如何逃生、怎样处置伤员”等防震减灾演习。同年9月，由广西地质环境监测总站和恭城县国土资源局以及各村委干部、群众共同组成的地质灾害调查组对全县进行全面的地质灾害调查，调查表明全县共有地质灾害点150处，其中滑坡43处，崩塌51处，不稳定斜坡1处，岩溶地面塌陷53处，采空塌陷2处。在全县150个地质灾害点中，按规模划分，属于大型规模的有12个，中型规模的有18个，其他均为小型规模。按地质灾害点危害程度分级，属于危害重大的1个，一般的149个。按灾情分级，均属轻等级。按地质灾害危害和危险程度分级，属重要地质灾害隐患点的31个，一般的地质灾害隐患点119个，直接威胁20278人的生命安全、房屋资产等共计5427.20万元财产的安全。

第六节　创建全国科技进步示范县

1992年，县委、县政府召开科技大会，命名表彰首批专业技术拔尖人才，同时把“三项”经费（新产品试制费、中间实验费和重大研究补助）列入财政预算，每年配套12万元科技经费，增强科研的经济实力。1994年，县委、县政府制定《恭城瑶族自治县“科教兴县”活动实施方案》，召开科教兴县大会。1995年4月，恭城被自治区科学技术委员会确定为“创建科技工作先进县（市）重点联系县（市）”之一；6月，县政府办公室印发《恭城瑶族自治县创建科技工作先进县实施方案》；9月，各乡镇党委、政府与县委、县政府签订创建科技工作先进县目标管理责任状。1996年，被中国特产之乡命名活动组委会命名为“中国椪柑之乡”和“中国月柿之乡”。1997年，成立县科普工作联席会议制度，建立恭城县科技信息网络恭城节点站，通过采取网上科技咨询和网上发布科技信息、出版网络简报、组织申报项目、进行新产品（新成果、新技术）的试验和开发等措施，促进全县经济发展、科技进步。1999年，获桂林市科技进步二等奖；2000年，被农业部命名为“全国生态农业示范县”。2001年，获“桂林市科普工作先进单位”称号，被农业部、科技部、环保局、外经贸部分别列为全国100个创建无公害水果示范基地县、国家可持续发展实验区、国家级生态示范区、全国无公害水果生产示范基地县、全国园艺产品（水果）出口示范区，被中国科协列为创建“全国科普示范县”。2002 年 7 月，恭城镇等 5 个乡镇荣获桂林市“科技创先先进单位”称号，其中 2 个乡镇获“广西科技进步先进乡镇”荣誉称号；5 个乡镇通过 2002 年度科技进步考核，占全县乡镇数的 55.6%。同年，恭城获“桂林市科普工作先进单位”称号，被农业部确定为“全国生态家园富民计划示范县”，被中国科协列为创建“全国科普示范县”。至 2004 年，全县共引进和推广新技术、新成果 100 多项，获各级科技成果奖 70 多项，其中获国家部级奖 6 项，自治区级奖 29 项，地（市）级奖 14 项；累计获国家专利局受理的授权发明专利、实用型专利、外观型专利共 3 种、19 项。2004 年 2 月，恭城县通过 2001—2002 年度全国科技进步考核；5 月，获得“全国科技进步县”荣誉称号。

第二章　文化

1989—2005 年，恭城县的文化市场管理日趋完善，文学艺术创作活动多、作者多、作品多、质量高；民族文化、群众文化活动活跃，民间文艺团体增多；全县文物古迹得到较好的保护和修缮。广播、电视、电影得到空前发展；图书、报刊发行、地方史志编修、少数民族古籍整理、档案管理、对外文化交流都有新的突破。1993 年，恭城县获得“全区群众文化工作先进县”称号，自治区群众文化工作先进经验交流会开幕式及中心会议在恭城召开。原流传于县内的桂剧、文场、话剧，到 1990 年后无演出活动。

第一节　机构

文化旅游局

1989 年，县文化局有行政编制 6 名，实有人数 6 人；所辖机构有新华书店、广播站、文化馆、电影公司、文艺宣传队、图书馆、文物管理所、桂剧团及文艺创作组等；同年，文艺创作组划归文化馆管理，桂剧团解散，文艺宣传队改为文工团，其余机构尚存，并有所发展。1990 年，县文化局更名为恭城瑶族自治县文化局（以下简称县文化局），编制 6 名。1992 年，成立县旅游局，编制 3 名。1993 年，县文化局与旅游局合并，定名为恭城文化旅游局（以下简称县文旅局），负责全县文化旅游行政事务，下设人秘股（办公室）、社会文化管理股、旅游开发股，定编 8 名。所属事业编制、县财政全额拨款的二层机构有文化馆、文工团、文物管理所、图书馆，编制 48 名；所属事业编制、自收自支的二层机构有文化市场管理办公室、电影公司，编制 25 名；所属招商引资组建的民营企业有旅游公司 1 个，固定人员 8 人。

1996 年，县文旅局更名为县文化旅游事业管理处，为事业单位，赋予行政职能，编制 9 名。2002 年，机构改革，县文化旅游事业管理处更名为县文化旅游局，有行政编制 6 名、工勤编制 1 名。同年，成立县新闻出版局（事业编制，赋予行政职能），事业编制 1 名，与县文化旅游局编为一个党组，合署办公。

2005 年，县文旅局有编制 8 名（含县新闻出版局 1 名），其中行政编制 7 名，工勤编制 1 名。所属二层机构有文化馆、文工团、文物管理所、图书馆、文化市场管理办公室、文化稽查队、电影公司，编制 74 名。

1989—2005 年，历任文化旅游局（事业管理处）局长（主任）：王继祥、向秉乾、林中、龙中平、全德胜、黄枝君、彭明立、李杰；新闻出版局局长覃勤凤。

广播电视局

1984 年，成立县广播电视局。1989 年，县广播电视局内设广播站、电视转播台、事业组、音像报刊发行站 4 个股室，编制 26 名。1990 年 10 月，改称恭城瑶族自治县广播电视局。

1996 年 7 月，县广播电视局改为广播电视事业管理处，为事业单位，赋予行政职能，设广播站、有线电视台、无线电视转播台、行政后勤 4 个股室。行政编制 5 名，事业编制 28 名。1998 年，增挂县广播电视台牌子，实行处台合一，一个机构、两块牌子，设办公室、计财室、社会管理室、总编室和广播编播部、电视编播部、广告信息部、技术部共 7 个股室，有编制 42 名（其中，行政编制 4 名，事业编制 38 名）。

2002 年 2 月，县广播电视事业管理处更名为县广播电视局。设办公室、计财室、社管室、总编室、广告部、技术部、广播编播部、电视编播部共 8 个股室，有编制 38 名（其中，行政编制 4 名，事业编制 34 名）。

2004 年 5 月，成立广西广播电视信息网络股份有限公司恭城分公司（以下简称广电网络恭城分公司）。2005 年 11 月，广电网络恭城分公司从县广电局分离，设办公室、客服部、财务室、农网部、城网技术部，有职工 14 人。原属于县广电局有线电视网络的管理、经营等职能划归广电网络恭城分公司。同年，撤销恭城广电局（台）内设机构技术部，设立恭城广电局（台）节目播出部。年底，县广播电视局设办公室、计财室、播出部、总编室、新闻部、广告部、社管室共 7 个股室，有全额拨款事业编制 32 名。

1989—2005 年，历任局长（主任）：陈彩顺、谢新民、罗荣光、郑家庆、伍刚。

档案局（馆）

1989 年，档案局与档案馆合署办公，一个机构、两块牌子，内设行政股、业务执法指导股、档案管理股 3 个股室，编制 9 名。1993 年，县党史办、地方志办公室与档案馆合并，称档案史料馆（未合署办公）。1994 年 2 月，县党史办、地方志办公室从档案史料馆分离，恢复档案局（馆）合一状态，为事业单位，赋予行政职能，一个机构、两块牌子，有编制 9 名，行政编制 1 名，事业编制 8 名，设行政股、档案管理股、业务执法指导股。2000 年，县档案馆晋升为自治区二级档案馆。至 2005 年不变。

1989—2005 年，历任局长（馆长）：唐志德、俸斌、吕生瑞。

党史地方志办公室

1981 年 8 月，分别成立中共恭城县党史资料征集小组及恭城县地方志编纂委员会，下设办公室至 1992 年。1993 年，县党史办、地方志办公室与档案馆合并，称档案史料馆（未合署办公）。1994 年 2 月，县党史办与地方志办公室从档案史料馆分离后合并，称县党史地方志编纂办公室（以下简称党史县志办）。1996 年 7 月，县直机关党政机构改革，党史县志办归口县委办管理，有事业编制 9 名，至 2005 年不变。

1989—2005 年，历任主任：莫辛麟、周存实、廖祖才、易宣强、杨建昭、吴艳琴、赖芳志、邱文胜、林贤培。

第二节　群众文化

1989—2005 年，全县群众性文艺活动由县文化馆负责组织实施。其间，县文化馆指导全县建立

3 个社区文艺队、7 个社会文艺团体、13 个农村文艺队。群众性文艺活动主要有茶江之声、广场文艺活动、卡拉 OK 赛及才艺大赛等。文艺团体有专业文艺团体、业余文艺团体。文化活动开展比较活跃的有恭城镇、莲花镇、平安乡及三江乡等。

文艺团体

专业文艺团体　恭城文工团是恭城县的专业文艺团体，成立于 1954 年，其前身为社会剧团，1955 年，更名为县桂剧团；1985 年，更名为县文艺队；1989 年，更名为县文工团。1989—2001 年，为财政差额拨款单位，有编制 24 人；实有人数：1989—1994 年，19 人；1995—2000 年，45 人；2001 年，34 人。2002—2005 年，为全额拨款事业单位，有编制 24 人，实有人数 34 人。文工团下设歌队、舞队、乐队和创作组。

县文工团以演出具有恭城地方特色的瑶族风情、瑶族歌舞为主，兼演其他民族歌舞及小品。每年完成在县内下乡演出及政府性接待演出 160 多场。2003 年，县里开始举办“桃花节”和“月柿节”，文工团负责节庆前后的节目表演。1995—1998 年，文工团连续 4 届应邀参加“广西国际民歌节”及“广西壮族自治区成立四十周年大庆”瑶族风情表演。1995—2005 年，文工团应邀到广东、安徽、黑龙江、浙江、江苏、上海及天津等省市表演 800 多场。1990—2005 年，文工团在参加自治区级、市级演出大赛活动中，共有 20 多个节目获奖。国家三级演员、青年男高音歌唱演员何细祥曾多次参加全国、省（自治区）、地（市）声乐比赛，多次获国家级、（自治区）省级、市级等奖项，其中获国家级奖项 4 项；其首唱的《美丽的桂林》和与女演员演唱的《油茶歌》，1999 年，被桂林市电视台拍摄 MTV，曾在中央电视台 3 套、8 套的《中国音乐电视》及《地方文艺》栏目多次播出。

业余文艺团体　城镇业余文艺团体有老年文工团、老年大学、县个体协会文艺队、地税局文艺队、茶南社区文艺队、化育收费站文艺队、恭城山泉乐社、县城摩的文艺队、恭城镇街委彩调队及恭城镇个协彩调队等，每个队每年都有 8～9 场的演出。每逢县内有重大活动和表演、比赛，这些业余文艺团体都组织参加。成立于 1996 年 1 月的老年文工团，其演出的节目以舞蹈、小品、地方戏剧、快板、小组唱为主，每逢春节、“三八”妇女节、“七一”建党节、“八一”建军节、重阳节、关公文化节、桃花节、油茶节、月柿节演出，都有老年文工团参与的节目。除在县城演出外，还到各乡镇、村屯以及灵川、平乐、荔浦、桂林等地演出。1996—2005 年，共演出 153 场，年均 15.3 场，演出场次最多的为 2005 年 27 场。除正常演出活动外，老年文工团还参加县、市组织的各种文艺会演，如八桂群星文艺会演、桂林市离退休文艺会演、县文艺会演等，多次荣获优秀节目奖，其中的小品《孝女婿》在县文艺会演中获第一名。

20 世纪 90 年代中后期，随着改革开放的发展，农村文艺活动进入一个活跃时期，除舞龙舞狮外，还有春节、盘王节、婆王节、花炮节、庙会及红白喜事等文艺演出，演出的剧目有彩调、歌舞、器乐演奏、小品及曲艺等。2005 年，全县有莲花镇的独石彩调队、红岩风情表演队、高桂文艺队，平安乡的黄岭瑶俗文艺队、对河村彩调队、黄岭家庭民乐队、北洞源风情表演队，三江乡的街委文艺队、街委彩调队、石口羊角舞队，嘉会乡的街委文艺队，观音乡的水滨吹笙挞鼓队，西岭乡的新合瑶族山歌队共 13 个农村业余文艺团体，其中能够长期正常开展活动的文艺团体有 7 个。

“茶江之声”文艺演出

“茶江之声”文艺演出始于 1985 年，由文化局组织，文化馆负责；演出的内容有独唱、舞蹈、彩调、小品、快板及三句半等，至 2005 年，共组织 11 次，参加人数 651 人，演出节目 270 个。2000 年后，家庭才艺大赛、业余文艺队自创节目大赛、业余歌手大赛等都纳入“茶江之声”大赛中，参加的人数也逐年增多。2000 年 9 月，在县城举办第七届“茶江之声”暨县庆十周年业余歌手大赛，参加比赛的歌手来自县直及各乡镇共20名。2001年5月，在县城举办第八届“茶江之声”容声杯歌手大赛，参加比赛的歌手来自县直及各乡镇音乐爱好者共26名。比赛分为中老年组、青年组、少年组。2002年6月，在县城举办第九届“茶江之声”暨“关公文化节”优秀节目展演，参加展演的队伍有老年文工团、个协文艺队、恭城镇文艺队、恭城镇街委文艺队、运输文艺队。演出的节目有歌舞、小品、快板、独唱及彩调等。2003年3月，在县城举办第十届“茶江之声”暨“恭城首届桃花节”桂林市获奖歌手演唱会。演唱会邀请的嘉宾来自桂林市获奖歌手及全县的优秀歌手共16人。2004年6月，在县城举办第十一届“茶江之声”家庭才艺大赛，参加比赛对象来自各乡镇及县城共8个优秀文艺家庭。2005年11月，在县城举办第十二届“茶江之声”暨“全县先进性教育活动”文艺比赛，参加比赛的队伍来自县直及各乡镇共16支。栗矿管委会的彩调《流动党员心向党》获一等奖；莲花镇的三句半《红岩》、观音乡的舞蹈《党的好女儿》获二等奖；嘉会乡的小品《父女情》和舞蹈《五星红旗》、西岭乡的三句半《保持党员先进性》获三等奖。

广场文艺活动

县城中心广场建成后，成为群众文化活动的主要场所。2003年起，每年的元旦、春节、元宵节、“三八”妇女节、“五一”劳动节、“六一”儿童节、“七一”建党节、“八一”建军节、国庆节、九九重阳节、“3·15”国际消费者权益日、地税国税日、卫生日、环保日、禁毒日、人口和计划生育日等节假日，及县内举办的桃花节、月柿节、关公文化节等节日，在县中心广场都举行文艺演出活动，每年演出场次25场左右，每月达到两场演出，演出单位为来自各乡镇业余队伍及县直有关单位，观众每年达4万多人次。

2005年，举办元旦、春节、“3·15”国际消费者权益日、税法宣传日、“六一”儿童节、“七一”建党节、“八一”建军节、国庆节、九九重阳节等广场文艺活动。举办单位有文化旅游局、工商局、税局、教育局、武装部、县直工委、老干局、民政局、老龄委等20多个，参加演出的共有480人。

卡拉OK赛

卡拉OK于1986年传入恭城，1993年12月由自治县委宣传部、文化旅游局、广播电视局、文化馆联合举办首届“纪念毛泽东100周年诞辰中华卡拉OK大赛”。随后，各种名目的卡拉OK赛相继出现，如县文化馆举办的中（老）年卡拉OK赛、团县委举办的青年歌手大赛、县文化馆和县电视台举办“矿产杯”业余歌手大赛、“信合杯”青年歌手大赛、“茶江之声”业余歌手大赛等。

才艺大赛

首届才艺大赛始于2004年6月关公文化节，由县文化旅游局在人民会堂举办，主题是第十一届茶江之声“白天鹅”杯家庭才艺大赛，共有8个家庭参赛，1个家庭获一等奖，2个家庭获二等奖，2个家庭获三等奖。

陈万洲（平安乡黄岭村人）是其家庭乐队的创办人，擅长民族乐器演奏，能用鼻子吹笛子，用50米长的胶管用鼻子吹唢呐。2005年，陈万州家庭乐队代表恭城参加桂林市民间才艺大赛，民乐合奏《瑶山乐》获三等奖。

第三节　文艺创作

1989—2005年，恭城的文艺创作活动一直较活跃，文学创作活动多、业余作者多、创作发表的作品多、质量高，且有多部专著和长篇作品面世。至 2005 年 12 月月底，恭城县从事文艺创作的有广西作家协会会员 3 人、广西剧作家协会会员 2 人、广西民间文艺协会会员 1 人、桂林市文协会会员 9 人、中国诗词协会、广西诗词协会会员多人，业余者 118 人。

创作团体

1989—2005 年，县内有恭城青年文学协会、恭城民间文学研究会、恭城政协之友诗联研究会及县老年大学诗联学会等创作团体。

恭城青年文学协会 1986 年成立，至 1990 年，会员逾百人，遍及 9 个乡镇各行业。每年不定期召开理事会，组织会员到乡下和基层采风，开展文学创作活动。自筹资金编辑出版《银殿报》，举办“银殿杯”文学评奖活动。1990 年后，该协会自动解散。

恭城民间文学研究会 成立于 1989 年，有会员 50 多人。同年，编印会刊《恭城民间文学》2 期，与栗木锡矿鹅山疗养院举办“克矽风诗、词、联大奖赛”，共收到作品 800 余首（篇），评出优秀作品 30 首（篇），9 人分别获一、二、三等奖。1990 年后，该会自动解散。

恭城政协之友诗联研究会 成立于 1992 年，是传统格律诗词联爱好者自愿组织的群众诗词联研究组织，受政协恭城县文史资料工作委员会指导。初成立时有会员 52 人，至 2005 年，会员遍及城乡各行各业。诗词联研究会成立后，每年召开 1～2 次理事会或会员会，不定期地举办诗词联讲座，交流创作经验，开展学术讨论，培养吟坛新秀。编辑出版会刊《茶江诗联》，刊登会员作品，传播诗联活动消息，与外地诗联界进行交流。1993 年，出版《茶江诗联》3 期约 6 万字；与县文化旅游局、桂林大东来制药厂联合举办“克矽风”杯诗联征文活动，共收到作品 500 余首（篇），评出优秀作品 24 首（篇），22 人分别获一、二、三等奖。至 2005 年，共出版《茶江诗联》15 期，发表作品 4502 首。

县老年大学诗联学会 县老年大学 1999 年秋创办后，开设诗联班，开展诗词、楹联、山歌创作活动。1999—2005 年，共编印校刊 50 期，刊登诗、词作品总计 1386 首，照片 268 幅；编印学员习作汇编 75 本，其他专集 4 本，总字数 50 万言，发行 600 份；一些作品入选全国 5 家报纸、18 种书籍刊物发表。

文艺作品创作

文学作品 1989—2005 年，恭城的文学创作以群众业余创作为主。县内工作的专业作者和业余作者，在省级以上刊物发表作品 360 篇（首、部），地（市）级以上刊物发表作品 860 篇，其中获国家级作品奖 2 篇、获地（市）级以上报刊奖 126 篇（首）；编辑出版长篇纪实文学作品集 1 部，其他作品集 12 部。其中，1990 年 9 月，创作出版发行的主要作品集有《茶江绿》，该作品集收录 41 位恭城籍青年文学爱好者所创作的作品 95 篇。1995 年，出版发行纪实文学作品集《龙虎雄风》，共收录恭城籍作者和广西知名作家 31 人的作品 45 篇，全书 22.5 万字。

恭城县籍在外地工作的作家吴锡同、陈敦德、吴海峰、林仕亿等在文学创作中取得骄人成果。吴锡同（笔名西彤），莲花镇人，所著的诗作、歌词、剧本曾获国内外多种奖项；其 20 世纪 60 年代创作歌曲《南京路上好八连》；新诗、散文、小说代表作有《梦境》《表嫂》等；1992 年移居澳大利亚后，与国际著名诗人野曼主编《诗世界》。陈敦德，原籍栗木镇，其编剧和制片的电影力作《血战台儿庄》《周恩来万隆之行》等先后荣获金鸡奖、百花奖、华表奖、夏衍文学奖等奖项；著有长篇纪实文学《归根——李宗仁与毛泽东、周恩来握手》、中篇小说选集《女工牛仔》等；日本《朝日新闻》称之为“中国首屈一指的外交题材文学作家”。吴海峰原籍恭城镇，广西作家协会会员、理事，广西文学院专业作家；1979 年开始文学创作，先后出版《中国大陆最后的匪首》《中越边境大排雷》等 7 部长篇小说，《漓江情缘》（20 集）等 5 部电视剧，在《当代》《北京文学》《广西文学》等文学刊物发表中、短篇小说百余篇，约400万字。林仕亿原籍莲花镇，在全国公开刊物上发表作品230余万字，获国家级奖21个、省部级奖43个；专著《铁血将军李明瑞》等共5部作品以单行本发行；与人合著单行本共23部，专著中篇小说7部；3部专著获冰心创作奖、中国图书奖、广西优秀文学作品奖；其创作成果被编入《瑶族文学史》。

诗词、楹联　1989—2005年，恭城的诗词、楹联创作多为群众业余创作，出版诗词联作品集10部。

1988年，成立恭城民间文学研究会，有会员50多人；同年，与栗木锡矿鹅山疗养院举办“克矽风”诗词、楹联大奖赛，收到作品800余首（篇），评出优秀作品30首（篇）。

1992年，成立恭城政协之友诗联研究会，受政协恭城县文史资料工作委员会指导，有会员52人；1993年，创办《茶江诗联》，同年出版3期约6万字；与县文化旅游局、桂林大东来制药厂联合举办“克矽风”杯诗词（楹联）征文活动，共收到作品500余首（篇），评出优秀作品24首（篇）。至2005年，共出版诗词（楹联）专刊15期，发表作品4502首。

1999年秋，县老年大学诗词楹联创作班开展诗词、楹联及山歌创作活动，参加创作的多为离退休干部、职工及少数农村老人。至2005年，诗词、楹联创作班创作大量的诗词、楹联及山歌作品，共编印校刊50期，刊登诗词作品总计1386首；编印学员习作汇编75本，其他专集4本，总字数50万言，发行600份。一些作品被选入全国5家报纸、18种书籍刊物发表。其中，恭城中学退休教师吴平益在全国各地报刊发表诗词、楹联作品共计1908篇，著有《茶江诗词联选》《夕阳吟》《诗文汇编》3部专著，50余次获各级奖；阳伟明刊载诗、联作品547篇，著有诗词集《瑶乡吟》1部；离休干部周积伟发表诗作品397首。

彩调　20世纪80年代中后期，彩调在恭城仍红极一时。1990—2005年，各种文艺演出中都有传统彩调剧，逢重大节日还有请外省、市、县的彩调剧团到恭城演出。2003年，由县文化馆创作、三江乡三江村彩调队表演的彩调《认亲家》获桂林市农民彩调大赛二等奖。2004年，1人获桂林市农民彩调卡拉OK传统剧目比赛三等奖。

小品　1990年起，在各种晚会活动上，除唱歌、舞蹈外，不可缺少的节目则是小品。县文工团及各业余文艺队每台晚会基本上都有小品。小品创作以县文工团为主，其创作的小品在参加桂林市比赛中多次获奖，如县文工团创作并演出的《丁三拐借款》《换谷种》《黄昏恋曲》《醒悟》分别参加桂林市2001年、2002年、2003年、2005年“漓江之声”比赛，分别获三等奖、二等奖、三等奖、一等奖。

音乐舞蹈

1995—2005年，县文工团创作并演出不少歌曲、舞蹈作品。1995年，创作《瑶族婚嫁风情系列》，全程用瑶族语言表演，是恭城原汁原味的原生态文化品牌，为恭城接待嘉宾和对外表演的保留节目。1998年，创作具有恭城特色的《油茶歌》《挞鼓之歌》《有一个地方》《茶江醉歌》等，其中《油茶歌》曾分别在中央电视台3套、8套的《中国音乐电视》《地方文艺》栏目多次播出。2001年，创作、演出的瑶族舞蹈（群舞）《歌圩情韵》获“桂林市旅游行业职工文艺大奖赛”一等奖。2002年，创作、演出的瑶族歌舞剧《红门槛》，分别获“桂林市农村现代题材小戏调演”一等奖、创作奖、导演奖及“第六届广西戏剧展览会小戏总展演”优秀剧目奖。2003年，创作瑶族歌舞剧《大岭山人》。2004年，创作的瑶族舞蹈（群舞）《敲起挞鼓把歌唱》，获第七届中国岭南瑶族盘王节组委会主办的“真龙杯”岭南瑶族地区民族歌舞大赛金奖。

原籍栗木锡矿、广西民族大学艺术学院院长唐力，系国家一级作曲家，于1998年创作具有恭城特色的、歌颂文庙武庙的歌曲《有一个地方》，其代表作品《阿爸阿妈》《瓦西里》等，先后获“中国音乐电视奖”“中国广播新歌奖”“广西最高文艺创作奖”。

书法美术

1989—2005 年，恭城县的书法、美术创作活动，主要是自治区、市宣传、文化、教育等部门的征稿，以迎接重大的节庆纪念活动而确定创作主题。如每年的春节、桃花节、月柿节、建党节、建军节以及关帝庙会等均举办书画展赛活动。教育部门不定期地组织学生作品参与各级乃至全国的书画展赛活动。2005 年，全县有广西书法家协会会员 1 名、广西硬笔书法家协会会员 1 名、广西老年书画研究会会员 6 名、桂林市职工美术协会会员 2 名。

传统的工艺美术到 20 世纪 90 年代，不断发扬光大，主要有根雕、木雕、赏石等，根艺协会、奇石协会等民间协会组织每年都多次举办展览、竞赛活动。其中，2005 年农历五月十二，县盆景协会举办关帝庙会盆景展，展出盆景 110 盆。同年，有奇石爱好者自发组织举办奇石展，展出奇石 120 多个。

图 17-2 王亚妮作品（县文旅局 摄 1989 年）

恭城镇籍女画家王亚妮，两岁半开始跟随父亲习画，4 岁开始举办个人画展，6 岁时其作品已有 4000 多幅；王亚妮擅长用彩墨画猴，亦画风景、人物、狮子和马；至 1989 年，先后在北京、上海、常州、广州、香港及日本、西德、新加坡、英国、美国等地多次举办个人画展，用多种文字出版个人画册 4 集；拍摄她绘画活动的新闻纪录片、艺术片有 10 部；日本艺术界誉她为“东方毕加索”。1989 年，王亚妮应邀赴美国举办画展，被美国迪士尼公司授予米老鼠金像奖，将王亚妮列入《世界名人》栏目。1992 年，她到德国皇家艺术学院留学，获绘画专业硕士学位，后在德国从事美术工作。

图 17-3 郑军里创作的作品（县文旅局提供）

恭城镇籍画家郑军里，是第一个在中国美术馆举办画展的瑶族画家。主要作品有《国粹》《温故而知新》《少数民族组画》等。其中,《温故而知新》入选全国第九届美展,《少数民族组画》入选中国艺术研究院 50 周年知名人士名展。

莲花镇籍女书画家李想，毕业于中央民族大学新文学专业。2 岁学书临帖，5 岁登台领奖，1991 年 7 岁时被授予“书画神童”称号。1992 年，被评为全国十大希望之星。1993 年，在北京中国历史博物馆（今国家博物馆）举办个人书画展，受到中共中央总书记江泽民、总理李鹏的夸奖和委员长乔石的亲切接见。1998 年，入选《中华英才人物传》。至 2005 年，获得国内外书画比赛金、银、铜奖 60 多次。

恭城中学退休教师蒙吉常，在 1999 年 9 月纪念自治区人民政协成立 50 周年暨澳门回归参展中，其创作的国画《西江月・澳门回归》被广西政协收藏；在 2001 年 7 月庆祝中国共产党成立 80 周年“红旗颂”书画大展，其参展作品（书法）被中国老年大学书画研究院收藏。

第四节　民间文艺

民歌

1989—2005年，流传恭城的民歌主要有八甲歌、九甲歌、陪楼歌、婆王歌及夹板歌等，以独唱、对唱两种形式为主。其旋律比较淳朴，音调悠扬而略带粗狂、奔放，节奏稍自由。歌词为上、下句结构，七言四句体，五声音阶。八甲歌、九甲歌、夹板歌主要用于红白喜事、节庆及比赛场合，婆王歌是在婆王生日和婆王出游时演唱。

八甲歌　主要流传于莲花镇势江八甲河一带地区，故称八甲歌。歌词结构为七言四句，间杂三言句，上下句式：讲究平仄、押韵、依字行腔，但连唱或对歌时用韵比较灵活，可以一首一韵，另首换韵。五声音阶，徽（5）调试，也有记为商（2）调试。旋律悠扬、宛转，节奏自由、平稳，音区音域适中，演唱时用本嗓，轻松流畅。适用于独唱或对唱。

九甲歌　主要流传于莲花镇势江九甲河一带瑶族、壮族杂居地区，故称九甲歌。结构为七言四句，间杂三言，上下句式，徽（5）调试，旋律跳动起伏较大而显粗犷、高昂、奔放。九甲歌突出的特点：独唱与对唱的句式有区别，独唱时四句连唱为一首，民歌手称之为一个歌头、一个歌尾；但在对唱时却变为两个歌头、两个歌尾，即对唱双方各唱有关上下句；联唱时歌头的歌词可以多次轮番重复，但歌尾必须有变化；严格讲究平仄、押韵，依字行腔，往往一韵数十首，唱完一个内容才换韵。演唱时女声用本嗓，而男声则常用假嗓（当地歌手称之为扯左嗓或扯子嗓）。

陪楼歌　也称花烛歌，又叫花集歌、坐堂歌、媳妇娘歌，是新娘在离开娘家之前，亲友、客人（包括男方家来接亲的客人）以及新娘本身在家中歌堂所唱的歌。七言四句（间杂三言），上下结构，五声音阶，以徽（5）调试、羽（6）调试尾常见。其音乐旋律明快、流畅，音型较平稳而起伏性不大；节奏活泼而带跳跃性；音域不宽，只在一个八度内，因而有利于长时间演唱。陪楼歌所唱的内容有一定的程序，按照传统的习惯，对父母兄长唱养育之恩；对亲朋好友唱惜别之情；对包办婚姻表示埋怨；对媒婆表示咒骂；对接亲的人表示感谢；还有男方客人和女方客人互相盘问对唱等。由于对象不同、内容不同，演唱情绪也就会有较大的变化和起伏。恭城境内流传的陪楼歌因区域而异，唱法多样，曲调多种。如《竹叶青》是恭城境内流传最为广泛的陪楼歌，徽（5）调试，演唱形式灵活，视歌手阵容情况可作独唱、对唱、齐唱、独唱加伴唱。演唱时对附点及切分音恰到好处的运用，使乐曲充满活泼轻盈的韵律。演唱时多用恭城官话，也有用瑶话或壮话唱的。

图17-4　1990年，“山歌擂台赛”现场图（县文旅局提供）

婆王歌　同陪楼歌唱法大致相同，流行于嘉会乡九板附近村寨。

夹板歌　有独唱和对唱两种形式，用夹板瑶语演唱。流行于观音乡、西岭乡、三江乡瑶族山区。

山歌会是莲花瑶族、壮族聚居区特有的民歌聚会，中华人民共和国成立后，20世纪80年代初，莲花镇成立山歌协会，有山歌手30多人。每年的中秋节前后3天都举行山歌会，山歌会的内容主要是恭城的风土人情、名胜古迹、国家大事等。1989—1998年，山歌会均由莲花山歌协会在莲花街举办。1999—2005年，随着各种文化活动的恢复和增加，山歌会由县文化馆组织，在县城的烈士陵园举行。来自全县各乡镇的山歌手，在关帝庙会、桃花节及月柿节等山歌大赛中及桂林市“漓江之声”山歌擂台赛中，各显神通、尽展歌喉。其中，莲花镇的赵梅英，是恭城著名的山歌手，其演唱的山歌经常得到县人及外地游客的高度赞赏。1988年，全国人大常委会副委员长费孝通到恭城视察时接见了她；为恭城山歌传承，她培养20多名山歌手。每逢县内举行山歌手大赛活动，她都组织歌手踊跃参加，多次获县、市级山歌大赛奖。2002年，赵梅英荣获桂林市“漓江之声”山歌擂台赛一等奖，广西山歌学会授予她“山歌王”称号。李健宁（又名宁梓哥、宁子哥），是恭城被广西山歌协会授予“山歌王”称号的另一名歌手，在各级刊物发表民间文学作品近百篇，与人合作出版《小康民谣》《邓小平理论歌谣》《中华劝世谣》《农村百事歌谣》4部歌谣集。

图 17-5 1995年，“关公文化节”“山歌王”赵梅英在演唱八甲山歌（县文旅局提供）

附：李健宁创作的《恭城油茶歌》歌词

主人：叫声老同进屋先，进屋就把油茶煎。
　　　三碗油茶下了肚，古今中外再谈天。
客人：吵烦了，吵烦添水又添柴，
　　　又来吵烦同年嫂，里里外外忙不开。
主人：贵客临门礼不全，打杯油茶敬客先。
　　　一碗清汤木叶水，几颗花生随便捡。
客人：谷雨茶，三两黄金买一抓。
　　　喝了油茶仙丹水，古稀不生白头发。
主人：莫乱夸，我今用的外婆茶。
　　　千熬万滚不出味，胃口不和吐掉它。
客人：老同莫讲那特别，知你待客心肠热。
　　　油茶胜过清汤水，就是清汤我也接。
客人：早闻恭城有油茶，可惜不曾喝过它。
　　　百闻一如亲眼见，先看操作后品茶。
主人：瑶乡待客礼信差，木叶冲水也当茶。
　　　放点生姜和大蒜，有点苦来有点辣。
客人：一碗油茶到肚中，味道确实大不同。
　　　昨遇风寒头壳痛，如今感到好轻松。
主人：油茶好处人人夸，祛瘴驱寒好办法。
　　　若是得点小感冒，打针吃药不如它。

客人：来到瑶乡打油茶，老脸笑开两朵花。
　　　年过花甲喝五碗，美过当年十七八。
主人：也是的，瑶乡油茶天天吃。
　　　百岁老人身板硬，因为油茶壮气力。
客人：恭城油茶我得尝，又放茶叶又放姜。
　　　今天连喝几大碗，回去三天嘴还香。
主人：客人莫要错夸奖，喝碗油茶好平常。
　　　下回再到恭城耍，打杯酽的请你尝。
客人：去了去了还转来，蜜蜂难舍桂花开。
　　　鲤鱼难舍滩头水，难舍恭城“土茅台”。
主人：树上喜鹊叫喳喳，到了恭城进我家。
　　　如今瑶家生活好，随你喝酒打油茶。
客人：一回生来二回熟，三回自己进灶屋。
　　　茶锅无茶喝碗水，鼎锅无饭舀碗粥。
主人：莫论它，五千年前同中华。
　　　瑶族壮族是兄弟，一个蒂上两朵花。

民间舞蹈

图 17-6　吹笙挞鼓舞（县文旅局 摄　2004 年）

1989—2005 年，流传恭城的民间舞蹈主要有吹笙挞鼓舞、羊角师公舞、长鼓舞、舞龙及舞狮等。

吹笙挞鼓舞　于明洪武三年（1370）由湖南千家垌传入县境，至今有 600 多年历史。吹笙挞鼓舞属于瑶族祭祀性舞蹈，流行于西岭、观音及三江等乡。每年春秋两季举行，春季是许愿祭，是小祭；秋季是还愿祭，是大祭。吹笙挞鼓多在祠堂或挞鼓亭举行，整套分为 7 个曲目来演示，由 5 个音乐曲牌来贯穿。参舞者由 12～24 人偶数组成，有的吹芦笙，有的手拿中长鼓、小长鼓，有的敲打大锣。起舞时按三四拍子稳健的踢踏舞步，云手击鼓，托鼓转身，优美自如。动作是走圆圈、鞠躬、倒鼓、对羊角。起舞时锣声、芦笙声、挞鼓声、号子声混响和鸣，庄重肃穆。每逢盘王节等瑶族节会，都有吹笙挞鼓舞表演。吹笙挞鼓舞以起舞吹芦笙伴以打长鼓的特点而得名，其中的“挞”是“打”的意思，但比“打”更有内涵。观音乡水滨村人蒋礼发，擅长吹笙挞鼓舞、唱山歌，能制作芦笙、挞鼓及各种根雕等，经常接待外地大学生到水滨村采风，义务担当吹笙挞鼓舞老师。他表演的吹笙挞鼓舞曾参加 1990 年恭城瑶族自治县成立庆祝大会表演和游行；2004 年，代表恭城县参加第七届“中国南岭瑶族盘王节”开幕式表演；2005 年，参加恭城县“茶江之声”文艺比赛获二等奖。

羊角师公舞　属于瑶族祭祀性舞蹈，流行于三江乡。羊角师公舞主要用于每年新春佳节、盘王节及县内其他重大活动。如每年正月十四的三江乡石口村会期祭祀活动中，都有跳羊角舞。舞蹈情节是演绎一个热烈激情的打猎过程。师公着服，手执法具，围猎的瑶民各拿刀叉，还有各拿一对羊角扮演羊群的，以地方传统打击乐器渲染气氛及突出舞蹈节奏。祭祀时的虔诚，围猎时的勇猛，既舒展洒脱，又振奋激烈，把瑶族人民勤劳勇敢的精神和坚强刚毅的性格表现的活灵活现。表演时由 14 人以上偶数组成，由师公在前边歌、边舞同时走圆圈及倒鼓等动作。

长鼓舞　属于瑶族祭祀性舞蹈，表演时人数为 8 人以上偶数，主要用于过盘王节或还盘王愿、婆王节及县内有关活动。流行于西岭、三江瑶族地区。每年多在农历三月三、六月六、八月十五、十月十六等节庆举行，尤以十月十六盘王节最为盛行。表演时，鼓手身穿节日盛装，腰扎红带，脚打花条绑腿，精神干练；鼓手左手握住长鼓的鼓腰上下翻转，右手随之拍击，边舞边击。击鼓动作分文打和武打，文打柔和舒展，武打粗犷豪放。舞蹈语汇模仿伐树运木、平地建屋、司吹哺育、上山落岭、过溪越谷及伏虎斗龙等内容，形象生动、好看易懂；身子下蹲，上身腰直向前倾斜，两手提筋平衡，跳动时很讲究脚尖的动作；击鼓时以晃动鼓头而带动上身连续环动和半屈膝柔缓起伏的步伐作为基本动作。舞蹈的动作特征是粗犷、奔放、刚劲、洒脱；跳、跃、蹲、挫、旋转、翻扑、大跳、仰腾，节奏明快而敏捷。

舞龙、舞狮　流行于县内各地。舞龙一般人数在 16 人左右（包括打击乐伴奏者），表演时打圆圈，龙头带头走“之”字形等动作。舞狮表演主要以双狮为主，表演金鸡独立、双狮抢龙珠等高难度动作。人数一般在 10 人左右（包括打击乐伴奏者）。多见于红白喜事、开业庆典和县内节庆活动中。

第五节　文物

文物普查

1989 年 10 月第二次全国文物普查，全县整理出不可移动的古遗址 19 处、古墓葬 19 处、古建筑 67 处及其他 42 处遗址文物，其中登记上册 106 处。2005 年，全县整理出不可移动的古遗址 13 处、古墓葬 19 处、古建筑 110 处及其他 34 处，共计 176 处，其中登记上册 172 处。

文物保护单位

截至 2006 年 5 月月底，恭城县境内被列为重点文物保护单位的文物古迹共有 26 处。其中，国家级重点文物保护单位 1 处（4 个点），自治区级 4 处，县级 21 处。

1989—2005 年恭城瑶族自治县文物保护单位保护范围及建设控制地带一览表

表 17-4

单位名称	级别	保护范围	建设控制地带	公布机关	公布时间	文号
恭城文庙	国家级	以文庙四周围墙墙基为基线外延 20 米范围内	以保护范围边界线为基线，外延 30 米范围内	国务院	2006 年 5 月	国发〔2006〕9 号
恭城武庙	国家级	以武庙四周围墙墙基为基线，外延 20 米范围内	以保护范围边界线为基线，外延 20 米范围内	国务院	2006 年 5 月	国发〔2006〕9 号
周渭祠	国家级	以周渭祠四周围墙墙基为基线，外延 33 米范围内	以保护范围边界线为基线，外延 30 米范围内	国务院	2006 年 5 月	国发〔2006〕9 号
湖南会馆	国家级	以湖南会馆四周围墙墙基为基线，外延 30 米范围内	以保护范围边界线为基线，外延 20 米范围内	国务院	2006 年 5 月	国发〔2006〕9 号
巨塘古墓群	自治区级	北起高岭、大茶地，南至独石村，遍及横山脚西侧，方圆十五里为保护区	未划定	自治区人民政府	1981 年 8 月	桂政发〔1981〕130 号

续表 17-4

单位名称	级别	保护范围	建设控制地带	公布机关	公布时间	文号
莲花古墓群	自治区级	北起巨塘、凤凰岩、山旗头，南至牛行岭，西至竿竹车方圆二十里为保护区	未划定	自治区人民政府	1981 年 8 月	桂政发〔1981〕130 号
朗山古民居	自治区级	整个朗山村范围内为保护范围	未划定	自治区人民政府	1994 年 7 月	桂政发〔1994〕63 号
豸游周氏宗祠	自治区级	周氏宗祠围墙四周外延 10 米	外延 30 米为建设控制地带	自治区人民政府	2000 年 7 月	桂政发〔2000〕37 号
革命烈士纪念塔	县级	全部文庙岭为保护区	未划定	县人民政府	1985 年 6 月	恭政发〔1985〕72 号
革命烈士墓	县级	全部文庙岭为保护区	未划定	县人民政府	1985 年 6 月	恭政发〔1985〕72 号
革命烈士纪念碑	县级	全部文庙岭为保护区	未划定	县人民政府	1985 年 6 月	恭政发〔1985〕72 号
恭城老庙	县级	老庙墙外延 10 米	未划定	县人民政府	1985 年 6 月	恭政发〔1985〕72 号
石角庵石刻	县级	石角庵石刻周围 10 米	未划定	县人民政府	1985 年 6 月	恭政发〔1985〕72 号
江贝村古城墙	县级	古城墙全部保护	未划定	县人民政府	1985 年 6 月	恭政发〔1985〕72 号
九十九堆古墓群	县级	东黄家厂，南天堂村，西兰家厂，北文炳塔旧遗址	未划定	县人民政府	1985 年 6 月	恭政发〔1985〕72 号
蜈蚣岭古墓群	县级	莲花新圩西面牛行岭（即平恭公路两侧土岭）至枧头村	未划定	县人民政府	1985 年 6 月	恭政发〔1985〕72 号
西岭文笔塔	县级	塔体外延 10 米为保护范围	外延 30 米为建设控制地带，大门外延 50 米内为建设控制地带	县人民政府	1992 年 2 月	恭政发〔1992〕8 号
西岭周渭祠	县级	周渭祠围墙外延 10 米为保护范围	外延 30 米为建设控制地带，保持原有环境面貌	县人民政府	1992 年 2 月	恭政发〔1992〕8 号
白燕戏台	县级	戏台四周外延 10 米为保护范围	外延 30 米和戏台口前外延 50 米为建设控制地带	县人民政府	1992 年 2 月	恭政发〔1992〕8 号
巨塘刘氏贞节坊	县级	坊的四周 10 米为保护范围	外延 30 米内为建设控制地带	县人民政府	1992 年 2 月	恭政发〔1992〕8 号
六岭石拱桥	县级	桥的四周 10 米内为保护范围	外延 30 米内为建设控制地带	县人民政府	1992 年 2 月	恭政发〔1992〕8 号
石头神亭	县级	亭子四周外延 10 米内为保护范围	30 米内为建设控制地带	县人民政府	1992 年 2 月	恭政发〔1992〕8 号
上宅神亭	县级	亭子四周外延 10 米内为保护范围	外延 30 米内为建设控制地带（第三次全国文物普查已列为消失文物）	县人民政府	1992 年 2 月	恭政发〔1992〕8 号
蕉山神亭	县级	亭子四周外延 10 米内为保护范围	未划定	县人民政府	1992 年 2 月	恭政发〔1992〕8 号
狮塘神亭	县级	亭子四周 10 米内为保护范围	外延 30 米内为建设控制地带	县人民政府	1992 年 2 月	恭政发〔1992〕8 号
势江社学石刻	县级	势江社学石刻 10 面，全部安置在势江电影院映场墙壁上，保护碑文不受损坏，电影院为保护范围	未划定	县人民政府	1992 年 2 月	恭政发〔1992〕8 号

续表 17-4

单位名称	级别	保护范围	建设控制地带	公布机关	公布时间	文号
九牛井	县级	井的四周 20 米内为保护范围	未划定	县人民政府	1992 年 2 月	恭政发〔1992〕8 号
莲花大榕树	县级	三株大榕树在莲花镇新圩戏台前，以树根外延 40 米为保护范围	未划定	县人民政府	1992 年 2 月	恭政发〔1992〕8 号

馆藏文物

1985—2005 年，收集整理出土文物 60 多件。1993 年，设立文物库房；至 2005 年，共有馆藏文物 1013 件，其中一级馆藏文物 1 件、二级馆藏文物 17 件、三级馆藏文物 47 件。比较著名的如下。

青瓷弦纹六系罐（南朝），1995 年在巨塘古墓群黄岭村 M2 号墓出土，质地瓷类，直口，徽敛，口圆、丰肩、鼓腹、肩部双弦纹，桥型六系（四横二竖），丰底，外施青黄釉大半，内无釉，高 15 厘米，口径 10.5 厘米，底径 10 厘米。同年，国家文物鉴定委员会古陶瓷专家组认定其为馆藏一级文物，是县内出土的唯一一件一级馆藏文物（被自治区博物馆珍藏）。

羊角钮铜钟（汉代），1993 年于莲花东寨村出土，质地铜，器形为平口，钲部上端穿长孔，无甬，顶端有羊形钮，一羊角钮已断。高 21.5 厘米，口径 13.8 厘米，重 900 克，1995 年经广西二级藏品专家组确定为馆藏二级文物。

弦纹莲花青瓷碗（南朝），1993 年于巨塘古墓群出土，高 3.8 厘米，口径 20.3 厘米，重 728 克，盘中央有六叶莲花瓣，周围饰卷草纹，施青釉，外围有弦纹二道，实足。1995 年，经广西二级藏品专家组确定为馆藏二级文物。

图 17-7　1993 年，在莲花镇东寨村出土的羊角钮铜钟（县文旅局提供）

图 17-8　1993 年，在平安乡巨塘古墓群出土的弦纹莲花青瓷碗（县文旅局提供）

文物维修

孔庙　1989 年，维修大成殿瓦面，木结构上油漆。1993 年，维修崇圣祠。1994 年，大成门重新布瓦。1998 年，大成门重新油漆、绘彩，总投入 5 万元。2002 年，重塑孔子像。

武庙　1994 年始重建正殿，总投入 115 万元，其中国家投入 15 万元、自治区拨款 10 万元、县财政拨款 10 万元、地方筹集 80 万元，同年完工。

1995年，维修东、西厢房，塑造关羽像，总投入25万元，其中县财政拨款5万元，民间筹集20万元。1998—1999年，修复东、西配殿。

周渭祠　2000年，维修正殿及两边厢房。2001—2002年，共投入40万元维修后殿及两边厢房，塑周渭像。

湖南会馆　1993年，维修门楼和戏台；1996年，维修戏坪；1997年，维修正厅、回廊。2001—2002年，总投入90万元，维修两边厢房及后殿。

朗山瑶族古民居　2003年，修整朗山村门楼墙体、更换瓦梁、翻修瓦面等，总投入7万元，其中自治区拨款5万元，县财政拨款2万元，于2004年年底完工。2005年，维修6座古民居的瓦面。

第六节　广播　电视　电影

广播

广播设施　1989年，县城至各公社的广播专线双线全长120千米，安装水泥杆420条、杉木杆1700条，全县广播为专线传输讯号。由于农村实行家庭联产承包责任制后，生产队不需利用广播开会、喊工，加上电视机、收音机的广泛使用，大部分乡村放大站停办，农村广播事业逐渐衰落，是年入户喇叭减至650只。

1990年，县财政拨专款改善广播转播设施，购置10瓦、100瓦广播调频发射机各1台，以10瓦机作一级传送广播讯号至三望界电视差转台机房，再通过100瓦调频机发射至乡镇广播站（三江、观音乡除外），改专线传输讯号为调频传输讯号，覆盖全县80%地区。1992年，农村广播已恢复村级广播室36个、入户喇叭17948只。1994年，更新5个乡镇站的广播扩大机及2个乡镇站的广播控制桌，新建栗木镇30瓦调频广播电台1座，扩大龙虎乡、观音乡的广播有效覆盖率。下年，全县累计入户喇叭22488只，建村级广播室72个，喇叭入户率43%。1999年，由桂林市广播电台在县城建成调频差转台；同年7月，完成自治区下达恭城的66个“村村通广播电视”工程建设任务，全县的广播覆盖率达90%。至2002年，全县广播全部用调频发射传输广播讯号。2005年，全县广播入户16832户，广播覆盖率达95.35%。

广播节目　1989年以来，县广播站把转播中央人民广播电台和广西人民广播电台重要节目作为主要任务，从未间断转播。同时，根据本县特点，采用本地语言（恭城官话）自办节目。自办的节目分为新闻性节目、教育性节目（包括各种专题）、服务性节目和文艺节目共4大类，以新闻为骨干，另办有《希望的田野》《五彩经济圈》《生活风景线》和《七彩星期天》等专题节目。

自办节目约占每天播音时间5小时的50%。稿件设专职记者和通讯员负责采编工作，同时对来稿付给一定稿酬。1989年，用稿1906篇；1997年，达到4020篇。由于电视事业的发展，2001年后，来稿、用稿逐渐减少，2003年，用稿850篇；2005年，仅用稿700篇。

记者和通讯员采写的稿件和来稿，除在县广播台播出外，还往中央、自治区、桂林市人民广播电台投送。1989—2005年，分别上送中央人民广播电台3篇、自治区人民广播电台129篇、桂林市人民广播电台208篇，分别获自治区人民广播电台奖4篇、桂林市人民广播电台奖13篇。

1989—2002年，广播站每天坚持早、中、晚3次播音，全天播音5小时10分。2002年9月18日，广播从每天的早、中、晚3次播音改为每天早、中2次播音，自办节目只保留15分钟的《新闻和综合》节目。2003年，根据桂林市广电局要求，自办节目停播；同年，在县城开通桂林新闻综合广播节目。

电视

电视设施 1989年年底，全县电视转播台有县城三望界、栗木锡矿、峻山、蓝洞、栗木、三江、河口、势江共8个，电视覆盖人口14.8万人，占总人口62%。1991年，县财政拨出专款5万元，在三望界原台址新建1座总面积140平方米电视调频综合楼。1992年，投资30万元，建恭城有线电视站，安装两个3.2米天线及接收机、混频器等设备，收转广西电视台等6个频道。同年，有线电视入户1400户。1994年，县城有线电视安装完毕，有线电视用户达3500户；全县9个乡镇中有7个乡镇开通有线电视。1995年，县城卫星地面接收站中央一台、二台搬迁到三望界，提高广播电视的覆盖面和收视率。县城有线电视设备由隔频改为邻频，电视节目由7套增加到10套。1996年7月，县城有线电视开通加密电视频道（中央三台、五台），由10个频道增加到12个频道。同年，有线电视与桂林地区有线电视台微波联网，全县117个村有79个村开通有线电视。1999年，完成66个村村通广播电视工程建设任务；建"村村通广播电视"站66个，总入户15000户，全县的电视综合人口覆盖率达到90%以上。2001年，县城有线电视实施300兆改为550兆的升级改造，同时完成县城有线电视与莲花镇有线电视微波联网，电视节目由17套增加到26套。2002年，将原海拔389米的微波天线升高至409米，建立微波点123个，发展微波用户2648户，电视传播形成无线、有线及微波等多种传输方式。2003年，县城有线电视同轴电缆网改造为光纤网，全县建有101个卫星地面接收点。2004年，县城有线电视光纤网完成技术升级，电视传输节目达30套。2005年10月，完成184个50户以上自然村村村通广播电视工程建设，总投资332.32万元，建光站95个，架设光纤杆路157千米、光缆干线157千米，县城有线电视传送中央一套等34套节目；同时县城与恭城镇、平安、莲花、西岭、嘉会及栗木6个乡镇及栗木矿区的光纤已联网，传送中央一套等27套节目，4.75万人能接收"村村通"光纤信号。同年，县城有HFC网（双向互动网络），总长42千米，光缆传输模拟节目32套，能收看到与县城联网的27套图像清晰、音质较好的广播电视节目。2005年年底，全县有线电视用户63032户，覆盖率96.8%。

从1996年起，恭城镇、莲花镇、栗木镇、西岭乡、嘉会乡、平安乡及三江乡等乡镇边远山区的农户，购买接收机"大锅头"直接收看卫星传送的电视节目（10套至12套）。到20世纪末，随着有线电视的普及，各单位的共用天线系统都因与有线电视联网而取消。进入21世纪，私人安装的"小锅盖"增多。2004年后，由于"大锅头"设施落后及费用收缴困难而被淘汰。

1996年，全县共有地面卫星接收站55座。1999年，建"村村通广播电视"站66个。2002年，建立微波点123个。2003年，全县建有卫星地面接收点101座。2005年，建光站95个。

电视节目 1989年，电视节目开始插播《恭城新闻》。1989—1991年的《恭城新闻》采取不定期播出，摄编好1期新闻就播出1期。1992年，恭城有线电视台成立，《恭城新闻》播出时间固定下来，视当日新闻而定，如有新闻则在中央《新闻联播》结束后播出，播出时间约5分钟。1998年，把原来每周一、周三、周五播出《恭城新闻》改为每周一至周五播出，每天在19：35、21：00及次日12：00共3次播出，播出时长约15分钟；周二、周四、周六重播前一天新闻。2002年，开辟专题栏目——《一周新闻要览》；2004年，将《一周新闻要览》改为《一周要闻》，每逢星期天19：35、21：00及次日12：00共3次播出。

自办电视节目的稿件设专职记者和通讯员负责采编工作，同时对来稿付给一定稿酬。1989年，用稿138篇。随着电视传播形成的无线、有线、微波等多种传输方式，来稿、用稿逐年增多，1992年用稿201篇，1996年达到355篇，2003年用稿1049篇，2005年1146篇。

记者和通讯员采写的稿件、拍摄的专题片及来稿，除在县电视台播出外，还往中央电视台、自治区电视台、桂林市人民电视台投送。1989—2005年，分别上送中央电视台1篇、自治区电视台10

篇、桂林市电视台 201 篇；2004 年，获国家级“骏马奖”三等奖专题片 1 篇。

自办电视节目中，除《恭城新闻》《一周要闻》，还开办服务性节目，如天气预报、广告节目等。另根据形势的发展和各个时期的中心工作，开办各类专题节目。1998—2005 年，摄制播出的电视专题片有《瑶山金凤凰》《粤西行》《九八恭城抗洪纪实》《辉煌四十年，恭城谱新篇》（1998 年），《瑶乡十年路》《瑶乡果香》（2000 年），《2004 抗洪救灾汇报片》《文明新风拂瑶乡》《金秋水果飘香》《春潮涌动桃花海》《大岭山之路》《学理论、转观念、促发展》（2004 年）；其中由恭城电视台与桂林电视台共同录制的专题片《大岭山之路》获得同年国家级“骏马奖”三等奖。

1992—2005 年恭城电视台新开辟的专题栏目一览表

表 17-5

时间	专题栏目
1992 年	《恭城新闻》
1997 年	《星火科技三十分》《瑶乡党旗红》
1999 年	《局长访谈录》《政法报道》《政协委员风采》
2000 年	《“三讲”在瑶乡》《党建专栏》《卫生广角》《快乐宝贝》《国家星火计划》
2001 年	《点歌台》《电视剧场》
2002 年	《瑶乡党旗红》《恭城新成就》《新闻广角》《一周新闻要览》
2003 年	《预防保健之窗》《解放思想，促进发展》《解放思想，发扬大岭山精神系列报道》《走进首届月柿节》《招考在线》
2004 年	《喜望一号工程》《恭城桃花红》《欢乐月柿节》《争创全国计划生育优质服务县》《真抓实干实现“三突破”》《关注高考》
2005 年	《深入开展先进性教育》《我身边的共产党员》《先锋礼赞》《贯彻一号文件促进三农工作》《喜望一号工程》《聚焦高招》《恭城桃花红》《瑶乡十五周年》《关注》

执法管理 1997 年 8 月 1 日，国务院发布《广播电视管理条例》，自 1997 年 9 月 1 日起施行。同年，成立县人民法院广播电视执行室、县公安局广播电视执勤室，由广播电视局领导和主要工程技术人员任执勤员，及时查处破坏广播电视设施、影响信号传输及违法违纪行为。

1999—2004 年，县广电局与县公安局、工商局协作，开展广播电视行政执法 17 次，发放《广播电视设施保护条例》38 册；查处私自接收微波信号点 9 个；查处私自销售安装的地面卫星接收点 8 个；查处违法违规截收有线电视信号 53 起，查处私自销售安装等违法违规行为 6 起；收缴高频头、天线、卫星地面接收机等 163 件（台）。2005 年，对农村卫星电视接收设施进行专项治理，对“村村通”工程覆盖的村屯，动员安装“小锅盖”的用户主动拆除，要求入“村村通”网的，适当减免部分入网安装的初装费和同年部分收视维护费。

电影

1989—2005 年，县电影公司属于文化旅游局二层机构，乡镇电影院为电影公司的派出机构。

1989 年，全县有县城、莲花、栗木、嘉会、平安、三江、观音、西岭共 8 个电影院，固定资产 91 万元；流动放映队 47 个，电影放映员 131 人，分散在全县农村巡回放映。票价每人每场 0.3～0.4 元。全年放映故事片 7097 场、科教片 3120 场，观众 217 万人，收入 55.2 万元（其中，发行收入 4.09 万元），发行故事片 179 部、科教片 35 部。1990 年起，县电影公司在抓好重点影片和中学生、小学生爱国主义教育影片放映的同时，开展录像、网吧、桌球、图书、歌舞、商业购物等多种经营，收入逐年上升。

随着现代科技的发展，录像、电视以及其他文化娱乐设施逐渐增多，加上人们的精神文化、娱乐活动及审美情趣的变化，因而观众分流，放映收入逐年下降，票房收入已无法保本经营，亏损严重。1993 年，撤销平安电影院。是年，全县有县城、莲花、栗木、嘉会、三江、观音、西岭共 7 个电影院，流动放映队 40 个。票价每人每场 0.4～0.5 元。全年放映故事片 5000 场次、科教片 2131 场次，观众 89.07 万人次，发行故事片 175 部、科教片 36 部，电影收入 29.88 万元（其中，发行收入 3.08 万元），其他收入 4.12 万元。同年，建成县城电影院综合楼，共三层，建筑面积 1000 平方米。1994 年，撤销三江电影院。同年，全县有县城、莲花、栗木、嘉会、观音、西岭共 6 个电影院，流动放映队 24 个。票价每人每场 0.7～0.8 元。全年放映故事片 3644 场次、科教片 1850 场次，观众 44.99 万人次，发行故事片 180 部、科教片 34 部，电影收入 29.35 万元（其中，发行收入 4.11 万元），其他收入 5.12 万元。1995 年，撤销观音电影院。是年，全县有县城、莲花、栗木、嘉会、西岭共 5 个电影院，流动放映队 13 个。票价每人每场 1.5 元。全年放映故事片 2913 场次、科教片 1403 场次，观众 28.14 万人次，发行故事片 173 部、科教片 33 部，电影收入 28.32 万元（其中，发行收入 2.54 万元），其他收入 9.57 万元。1998 年，电影发行收入实行承包制，由公司职工承包，承包时间为 1 年，承包费为 4.86 万元。是年，全县有流动放映队 8 个，票价每人每场 2～3 元。全年放映故事片 1739 场次、科教片 800 场次，观众 5.62 万人次，电影收入 16.18 万元，其他收入 10.58 万元。1999—2005 年，由于电视以及其他多元化娱乐设施的崛起，观众大量分流，电影院纷纷关闭，再无电影发行收入。2000 年，撤销西岭电影院，全县有县城、莲花、栗木、嘉会共 4 个电影院，流动放映队 1 个。票价每人每场 5 元。放映故事片 640 场次，观众 8056 人次，电影收入 10.66 万元，其他收入 8.88 万元。同年 4 月，自治县人民政府下发《关于转发县文化旅游局关于进一步加强和改进我县农村电影工作意见》的通知，6 月 15 日，在栗木镇大合村举行全县农村电影“2131”（从 2000 年起，用 2 年时间，在全县实现 1 个村或“行政村”1 月放映 1 场电影）目标放映首映式，拉开全县农村电影放映的序幕，连续放映 200 多场；8 月，县文明办、总工会、团县委、妇联、工商联、个协联合发出“回家看看——送电影回家乡”的《倡议书》，倡议全县干部职工、企业老板以个人的名义，捐上 80 元为养育和培育过自己的家乡父老乡亲献上一场电影，得到 100 多名干部职工的响应。2005 年，改建县城多功能电影院，二楼设置 100 多平方米为放映厅，座位 270 个。同年，试行免费放映，恢复流动放映队 6 个，年内免费放映故事片 702 场次、科教片 315 场次，观众 36 万人次。年底，全县有县城电影院、莲花电影院、栗木电影院、嘉会电影院共 4 个电影院。票价每人每场 5 元。放映故事片 680 场次，观众 7400 人次，电影收入 7.40 万元，其他收入 25.07 万元。

2005 年年底恭城瑶族自治县电影院简况一览表

表 17-6

电影院名称	概况
县城电影院	有放映员 2 人、场务 2 人、票务 1 人，有“5501”座机 1 套，16 毫米放映机 2 台，座位 270 个
莲花电影院	有员工 3 人，“5501”座机 1 套，16 毫米放映机 1 台，座位 800 个
栗木电影院	有员工 3 人，“5501”座机 1 套，16 毫米放映机 1 台，座位 760 个
嘉会电影院	有员工 1 人，提包放映机 1 套，16 毫米放映机 1 台，座位 550 个

第七节　图书　报刊

图书收藏阅览

1989—2005年，县内的图书收藏、阅览，除县文旅局的二层机构县图书馆外，还有学校图书室、县总工会图书室、乡（镇）图书室及民营图书室等，无村级图书室。

县图书馆　1989年，在拱辰西路新建县图书馆1座，占地面积150平方米，总建筑面积450平方米，内设130平方米的外借部，总藏书6万多册，报纸杂志130多种。1995年，经自治区评估验收，批准为国家三级馆。2000年1月，图书馆搬到兴隆街原财政局大楼，占地面积500多平方米，建筑面积2000多平方米，内设50平方米的阅览室、50平方米的外借部、50平方米的少儿阅览室，书库达到700平方米。2001年，县财政划拨专款1.38万元新增32个书架、10张报架、8张报桌。至2005年年底，书架总长度达130米，座位100多个，总藏书7万多册，按中国图书法标准分类、上架，有目录箱、目录卡、书卡。总办证17000多人次，阅览16万人次，图书借阅量32万册次。年办理借书证人数平均850人。年借书、阅览流通人次15.5万人次，图书年流通量平均16.5万册。

学校图书室　1989—2005年，全县各中小学校都有自己的图书馆（室），规模较大、管理较为完善的有恭城中学图书室、恭城民族中学图书室。

2002年建成的恭城中学图书室，占地面积100多平方米，总建筑面积500多平方米，内设阅览室60平方米，书库60平方米，外借部及书画展览厅共60平方米。总藏书30多万册，报纸杂志160多种，全部按中国图书法标准分类、上架；书架总长度220米，座位100个，流通人次年均达到7.3万人次，图书流通量年平均为25万册，阅览人次为22万人次。同年11月，新增建电子阅览室1个、100平方米，有电脑20台、电子图书33万册，供学生内网阅读。有专职管理人员3人，电脑3台，是全县最先走入图书现代化管理的单位。

建于2002年的恭城民族中学图书室，建筑面积400平方米，总藏书6万册，报纸杂志70多种；内设书库、阅览室、借阅处，书架总长度100米，座位40个，年接待读者平均3.7万人次，图书流通量年均达11.5万册，阅览人次达到年均12万人次。

县总工会图书室　设在县总工会楼下，面积50平方米，有专职管理人员1人，总藏书2万多册，报纸杂志30多种。每年投入5000元充实图书及报纸杂志。书架长度50米，阅览室座位30个，年接待读者5万人次，图书流通册次年均为11万册次。

乡镇图书室　1989—2005年，全县9个乡镇共有乡级图书室9个，每个乡镇各有1个科技文化站（站内设图书室），经费由各乡镇自行解决，人员由各个乡镇指派在编工作人员专职管理，图书室和文化站的管理基本走入规范化。图书基本按中国图书法标准分类、编号、上架。全县乡镇总藏书9万册，年图书流通量21万册次，借阅31.2万人次，阅览39万人次。2001年，经自治区知识工程办公室评定三江乡图书室为二级馆，嘉会乡图书室、平安乡图书室为三级馆。

民营图书室　改革开放以来，城乡出现各种大中小型书摊及各种大小音像制品店，办得较有规模的有蒋记书摊、求知书社、启慧书屋、希望书屋及各种小型书屋。书摊经营的种类有图书借阅、音像制品出租及就地阅览。每天全县私营文化阅览室阅览人次为日均300人左右，借阅人次为日均320人次，图书流通量1000多册。

图书发行

县新华书店是唯一具有发行能力的企业化管理单位，1989—1990年，隶属于县文化局管理。1991

年，纳入县宣传部直管。

1989年，全县有图书发行点1个，乡镇新华书店8个，发行图书品种1105个，销售图书87.7万册，销售总额79.97万元。2000年后，先后有求知、启慧、慧源、莲花4家个体经营书店、4家书屋、3个书摊共11家营利性图书销售单位。到2005年，全县有图书发行点6个，乡镇新华书店5个，发行图书品种4500个，销售图书3400万册，销售总额548万元；全县个体经营书店、书屋、销售图书60万册，销售总额500万元。

报刊

《银殿报》 1988年10月，由恭城青年文学协会创刊，版面为四开四版，主要内容有诗歌、散文、小说、故事、戏曲、新闻报道及文化动态等。共出版5期，每期发行1000份，发行对象为县直机关企事业单位、学校、街道及与外县交流。1989年，该报举办“银殿杯”文学评奖活动，收到各类参赛作品500多篇，评出一等奖1篇、二等奖3篇、三等奖5篇。1990年停刊。

《今日恭城》 1994年12月，县委成立《恭城报》筹备领导小组。1995年2月12日，恭城县县委机关报、广西少数民族第一份县报《恭城报》创刊号正式出版。之后，《恭城报》先后获得自治区、桂林市新闻出版局准印证号，后自治区新闻出版局发给全区正式刊号。当时，《恭城报》采用不定期出版方式，半月刊，四开八版。一版为要闻版，固定栏目有时事追踪、领导决策、银殿大事记、茶江论坛、改革潮；常设栏目有现场摄影、半月趣闻及状元桥等。二版为经济综合新闻版，固定栏目有经济众谈、科技奇葩、乡镇巡礼、企业明星；常设栏目有凡人小事、田野新风、夕阳颂歌、巾帼风采及法在身边等。三版为状元桥文艺副刊，固定栏目有文学版，刊登小说、散文及诗歌等；常设栏目有观景生情、文史寻踪、茶江儿女在域外及乡土民俗等。四版主要结合全县各时期的工作部署及重大活动与各部门和乡镇、企业、厂矿等联合开辟宣传专栏。每期印数4000～5000份，以赠阅方式在全县发行，前后出版30多期。1996年年底停办。

2002年3月20日，恢复恭城报社，为全额拨款事业单位，定编6名。报社恢复后，一直沿用《恭城报》刊名。同年6月，经自治区新闻出版局批准，报刊名称改为《恭城新闻》，为自治区统一刊号。《恭城新闻》为周刊，四开八版。一版为时事要闻版，常设栏目有《领导决策》《热点追踪》《一周要闻》《茶江话题》《新闻集锦》《状元桥》等。二版为综合新闻版，栏目设置有《经济荟萃》《科技奇葩》《乡镇传真》《能人风采》《新风礼赞》《法在身边》；不定期推出栏目有《党团园地》《农业科技》《金融广角》《财经报道》《种养谈经》《夕阳颂歌》《曝光台》《表彰及读者来信》《青春风采》《人间万象》《消费时尚》《恭城人在域外》；每月定期推出一期学习与实践，重点刊发各行各业各单位领导的理论学习论文或专题理论文章。三版为状元桥文艺副刊版，栏目设置有《瑶乡览胜》《娱乐传递》《域外采风》《史海寻踪》《乡土风俗》《百姓故事》《教育在线》《刊登摄影》《美术》《书法》等；固定栏目有《文艺沙龙》等；不定期推出童话、寓言、山歌、小品、报告文学等。四版为文摘版，固定栏目有文摘荟萃、转载优秀文章（每月1期）；常设栏目有全县各时期的重大工作部署及重大活动与各部门单位各乡镇联合开辟专题。每期发行4000份以上，以赠阅形式在全县发行。2003年全国报刊整顿，《恭城新闻》被取消自治区统一刊号，改为内部资料。更名为《今日恭城》，每期印数3000～4000份。

2005年，《今日恭城》为周刊，四开八版。一版围绕县委、县政府的中心工作部署及阶段性工作展开宣传报道，以本地新闻为主。二版突出经济建设，重点报道县内各行各业各条战线取得的成绩。三版为状元桥文艺副刊，刊登县内内容健康短小精悍的小说、散文、民间故事、诗歌及摄影、美术、书法作品及文摘作品。四版为综合新闻版，刊登各乡镇、各部门单位贯彻落实县委、县政府中心工作中取得的新经验、新做法等。同年，对自治县成立十五周年县庆庆典进行重点报道，共出版4个专版；对全县先进性教育活动进行重点报道，共出版专刊1期、专版8版。对全县16个贫困村进行的“整村推进”扶贫工作进行跟踪报道，共出版2版专版及对禽流感的防控工作进行系列报道。每期印数固定在5000份，全年共出版52期。

第八节 史志 档案 古籍

史志编修

党史编修 1988年3月，编辑出版《党史资料汇编》，全书约25万字，分大事记、综合资料、烈士传略、文献资料、回忆资料及参考资料共6个部分。1989年10月，编辑出版《血与火的洗礼——恭城“1·25”保卫战纪实》，全书约13万字，分概述、文献资料、回忆资料、参考资料及烈士简介共5个部分。1995年，编辑出版《恭城县党史大事记（1949—1980年）》，全书约15万字；再版《血与火的洗礼——恭城“1·25”保卫战纪实》一书，被《广西剿匪纪实（丛书）》采用。1989—1998年，县委组织部编写《中共恭城瑶族自治县组织史资料（1937—1997年）》上、下卷，分别于1993年、1998年经广西人民出版社内部出版发行，共约52万字。1998年8月起至2005年12月，收集资料编写《恭城瑶族自治县党史大事记》，每月1期。2004年，将编写《中国共产党恭城地方历史》第一卷纳入工作计划，拟定篇目初稿，开始收集、整理有关资料，至2005年共收集《中国共产党恭城地方历史》资料10多万字。1989—2005年，另为自治区党史研究室编辑出版的《广西改革开放20年》《广西革命英烈》《人民英雄大典》等撰写有关中共恭城县党史篇章。

地方志编修 1981年8月1日成立恭城县志编纂委员会后，组织百余干部，查阅数以千计档案，走访知情人，收集整理数百万字资料，三易其稿，经县、地区、自治区三级审稿，1992年1月经广西人民出版社批准,《恭城县志》正式公开出版发行。全书分18篇、81章、258节，约80万字，上限隋大业十四年（618），下限1989年，全面记述恭城县自然和社会的历史与现状、成功与挫折、经验与教训。1993年,《恭城县志》在全国、全区新编地方志优秀成果首次评比中分别荣获二等奖。2004年8月，开始着手第二轮地方志书编纂的准备工作。2005年8月31日，自治县人民政府《印发恭城瑶族自治县志编纂工作实施方案的通知》，并举办地方志编修培训班，培训人员100多人，正式启动《恭城瑶族自治县志（1989—2005）》的编纂工作。

1990年,《恭城县水利电力志》经广西新闻出版局核准内部出版发行。1992年,《可爱的恭城》公开出版发行。1994年,《恭城县财政志》公开出版发行，获自治区财政志二等奖。2002年，内部出版发行《恭城县卫生志》。2005年，内部出版发行《恭城县交通志》《恭城县土地志》。1989—2005年，另为广西通志馆、桂林市地方志办公室编辑出版的《广西市县概况》《广西各县市历代水旱灾纪实》《广西名优土特产志》《桂林之最》《桂林市年鉴》等撰写有关恭城县地情篇章。

档案

设备设施 1989年，县档案馆有简易档案库房1座（建于1968年），约200平方米，档案柜41个，档案箱210个，卡片柜6个，复印机1台，打字机1台，电风扇5台，电视机1台，办公和查阅档案的书桌共20张及其他用具一批。1991年，由县自筹资金15万元，自治区人民政府拨款15万元，共投资30万元，新建1栋建筑面积为1000平方米共4层楼房的档案馆，于1999年全部建设完工，交付使用。新馆库添置去湿机、空调机、放像机、吸尘器、档案柜20组（双向开门），档案阅览桌20套，安装铁门、防火用水管及灭火器等设备。2005年，县档案馆有库房（楼房1栋）1059平方米，档案铁柜71组、355个，密集架52列、170米，电脑3台，空调6台，去湿机1台，手提灭火器16个，复印件1台及其他办公设施设备等。

档案管理 按照《中华人民共和国档案法》规定，档案馆要大量收集和接收各种有价值的档案资料进馆，并注意收集少数民族档案资料，不断丰富馆藏内容。1989年，县档案馆对原势江区黄坪乡的土地证存根进行整理，并立卷归档，共裱糊9卷、559页。同年年底，共接收单位、个人档案1939卷（册）入馆，是年全县共有档案20247卷。1990—1992年，共接收单位、个人档案2848卷（册）入馆；增编档案全引目录30套、150本，增建人物卡片600多张，文件专题卡片800多张。1993年，征集包含有近千个人物的图文并茂的瑶族资料，并拍照装订成3本图册，录制录像带；建立干部档案卡片138张。当年共接收单位、个人档案1410卷入馆。1994—1998年，接收档案731卷入馆。1999年，根据《中华人民共和国档案法实施办法》和《广西壮族自治区档案管理条例》规定，全县立档单位保管10年以上的档案要向档案馆移交。由于当时档案馆容积不够出现胀库，是年没有任何单位向档案馆移交档案。2000—2005年，共接收档案6057卷（册）及县电扇厂等破产企业档案；录入民国档案案卷目录253条，并刻成磁盘；利用计算机录入中华人民共和国成立后档案目录5000多条。至2005年，全县共有文书档案、科技档案和专门档案等馆藏档案30102卷（册）。馆藏重要档案除瑶族资料外，还有1952年土改时的土地证存根、徐悲鸿的《青松图》、离退休干部职工个人档案、民国档案、革命历史档案、“文化大革命”档案、处遗（“文化大革命”遗留问题）档案等重要档案资料。

1989年，根据《广西壮族自治区各级机关档案室定升级办法》，县档案馆在全县机关档案室开展定级、升级活动，各级机关档案室的等级均分为三级，每一级均设档案室机关与人员、基本设备与装具、业务建设三个大类。档案室的定级、升级考核以百分制进行测评。是年，县公安局被定为三级档案室。1990—1993年，供销社、邮电局、农业局、农业银行、畜牧局、商业局、工商局、税务局、工商银行被定为三级档案室；人民银行、石油公司被定为二级档案室。1994年，蓝洞电站被定为三级档案室，农业银行被定为二级档案室，人民银行被定为一级档案室。1996—1999年，农行嘉会所、农行西岭所、峻山电站、粮食局、建设银行、农行平安所、水电局、人大办、审计局、劳保所被定为三级档案室，公安局、工商银行、蓝洞电站、人民检察院被定为二级档案室。2000年，地税局被定为三级档案室，人民法院被定为二级档案室，公安局被定为一级档案室。2001—2005年，县医院、三江派出所、平安派出所、莲花派出所、电力公司被定为三级档案室；栗木派出所、马路桥派出所、嘉会派出所、西岭派出所、观音派出所、恭城镇派出所、龙虎派出所、交通局被定为二级档案室；农业银行、工商局、人民检察院、国土资源局被定为一级档案室。至2005年，全县有人民银行、农业银行、工商局、人民检察院、公安局、国土资源局共6个一级档案室；石油公司、蓝洞电站、人民法院、交通局、国税局、栗木派出所、马路桥派出所、嘉会派出所、西岭派出所、观音派出所、恭城镇派出所、龙虎派出所共12个二级档案室；农业局、邮电局、商业局、粮食局、县医院、电力公司、供销社、畜牧局、峻山电站、审计局、人大办、地税局、建设银行、农行西岭营业所、农行嘉会营业所、农行平安营业所共16个三级档案室。

1999年，根据《广西壮族自治区村级建档标准》，开始在村级开展档案建档工作。将20世纪50年代初至2003年的村级档案资料全部进行收集，并规范整理，立卷归档。至2004年，全县9个乡镇、117个行政村全部进行档案资料建档整理，共建立档案3205卷，其中乡镇案卷2100卷，村级案卷1105卷，乡镇、村级建档率达100%。2004年8月，通过自治区档案局的检查。2005年，全县乡镇、村级档案没有开展整理工作。

档案服务 1989年，为1168人次提供借、查阅档案资料4282卷（件、册），抄录复制材料1742页，出具证明33张。1991年，根据《中华人民共和国档案法》第19条规定，开始实行对年满30年档案编制开放目录，向社会公布开放；是年，开放1920—1949年的民国档案242卷；为586人次提供查阅档案1147卷（册），出具档案证明469张，复制档案1046页（张）。1998年，开放中华人民共和国成立后1950—1978年的第一批档案目录532卷（册）；为126人次提供借、查阅档案资料332卷（册），复印档案材料135张，出具证明55份（张）。1999年，开放中华人民共和国成立后1950—1969年的第二批文书档案352卷；为132人次提供借、查阅档案资料324卷，出具档案证明108份。2001年，开放中华人民共和国成立后1950—1969年的第三批文书档案1690卷；为282人次提供借、查阅档案资料546卷。

1989—2005年，共开放年满30年的到期档案2811卷；为9586人次提供借、查阅档案资料13520卷（件、册），复制材料2346张，出具证明469张。查阅的主要内容有机构、编制、人事任免、干部职工名册、山林土地权属、独生子女证及民族成分等方面的档案及涉及民生方面的政策性文件，其中查阅较多的是涉及民生政策性档案。

少数民族古籍整理

1985—1989年，全县的少数民族古籍收集、整理由县志办负责。1990—2004年，曾一度间断。2005年5月，成立县少数民族古籍收集整理小组，设组长、副组长各1人，采集组长1人，采集成员2人，负责全县少数民族古籍的收集、整理工作。

1985—1989年，共收集碑文12份，其中比较有代表性的有莲花势江村刻于清乾隆五十六年（1791）的《审照碑记》，栗木大枧村刻于清同治九年（1870）的《栗木卢司马墓碑》，西岭新合村刻于明万历二年（1574）的《瑶目万历二年石碑古记》；契约1份，即民国37年（1948）的《入赘合同》；族谱文12份，其中比较有代表性的有嘉会豸游村的《豸游周姓族谱》，西岭杨溪村书于清宣统二年（1910）的《韦氏族谱序文摘录》；其他古籍9份，如嘉会乡白燕唐皇村瑶族供奉之婆王画像等。

2005年，共收集碑文20份，其中有代表性的有观音乡狮塘村刻于清嘉庆二十二年（1817）的《托圣亭碑记》，西岭乡新合村棉花地屯刻于清嘉庆四年（1799）的《雷王庙碑记》，嘉会乡白洋村老村刻于清雍正十二年（1734）的《白羊奉旨优免碑》；契约40份，其中有代表性的有观音乡李嘉明书于清光绪十一年（1885）的《瑶团合同》，三江乡三寨村松木寨屯盘丙贵收藏的盘公明书于清道光二十四年（1844）的《黄婆龙典当山场契约》，三江乡三联村师塘岭屯赵有义收藏的黄贵龙书于清同治六年（1867）的《黄观龙卖地契约》；师公经文10本，其中有代表性的有三江乡石口屯盆富雄收藏的《收魂歌》《请圣》《置梅山大功曹根本》。所收集的古籍资料于2005年年底全部上报到自治区古籍办。

第九节　文化市场管理

20世纪90年代初期，全县文化市场已初具规模。1993年，成立县文化市场管理办公室、文化市场稽查队，为独立核算、自负盈亏的事业单位，属于县文化旅游局二层机构，定编4人，负责全县音像、印刷、演出、书报刊、歌舞、网吧等场所的管理。是年，电子游戏机娱乐项目首次由县电影公司引进桂林客商租用公司门面经营，随后该项目在全县逐步发展，至年底，全县有电子游戏机室18家，共计60～70台游戏机。1995年，全县共有文化市场经营单位31家，其中有歌舞厅（含卡拉OK厅）6家、电子游戏机室7家、书报刊零售店6家、书报刊出租店4家、印刷4家、复印打字4家。经过20世纪90年代中后期的快速发展，文化市场已由原来单一的形式向多元化发展，由低档向高档次发展，并已形成覆盖城乡的文化娱乐市场经营网络。2000年年初，互联网上网经营服务场所（网吧）开始进入恭城文化市场。是年，全县共有文化市场经营单位66家，其中有歌舞厅14家、电子游戏机室9家、书报刊零售店5家、书报刊出租店9家、互联网上网经营服务场所（网吧）12家、印刷业9家、复印打字8家。至2005年年底，全县有文化经营点107家，其中歌舞厅7家，音像制品出租、零售店55家，互联网上网经营服务场所（网吧）12家，书报刊出租、零售店16家，印刷企业9家，复印打字8家，从业人员270人。

1993—2005年，县文化市场管理部门贯彻执行“一手抓管理，一手抓繁荣”的指导方针，一方面积极培育新兴的健康有益的文化经营项目，丰富人们文化生活，一方面依法管理，严肃查处淫秽、盗版等非法出版物，净化文化市场环境。对书报刊零售店、书报刊出租店实行定期或不定期的明查和暗访，发现问题，及时给予处置；同时规定经营业主每月将新购进的音像制品送文化市场办公室登记并检验（含歌舞卡拉厅的歌碟），凡检验不合格的音像制品一律不准上市；禁止出租淫秽录像、图书杂志等。对印刷业，严格执行国务院修订颁布的《印刷业管理条例》和新闻出版总署《出版物管理规定》等有关法律法规及《印刷行业公约》（五项制度）进行管理，对印刷品执行验证及审查制度并留档备案。与公安局、工商局等部门联合对歌舞厅、电子游戏机室等集中打击“黄赌毒”专项斗争，禁止利用文化娱乐活动及其场所进行赌博、卖淫嫖娼、贩毒等各种违法行为，不得接待中小学生等未成年人。网吧则由公安、文化、工商、电信等部门共同管理，执法主体是公安机关和文化部门，主要查处网吧接纳未成年人和超时营业行为；按有关规定，不得在中小学校园周围200米之内和居民住宅楼（院）内设立互联网营业场所。1994年，处置8家无证经营“六合彩”、跑马机及苹果机等带有赌博功能的游戏机室。2002年，根据自治区文化厅关于“各市、县电子游戏场所在原来的基础上减少50%”的要求，是年，全县的电子游戏机室递减为7家。2005年春，县委办公室组织文化、公安、工商及消防等部门进行多次执法检查，全部封停电子游戏机室，销毁带有赌博功能的机种47台，收缴文化经营许可证、公安特种经营许可证、工商营业执照；国庆节期间，再次对全县文化市场突击检查，取缔无证经营的电子游戏机室，收缴电子游戏机93台，其中带有赌博功能的机种43台。至是年年底，全县无电子游戏机室。

1993—2005年，分行业举办各种经营业主培训班36期，参加学习培训业主2000多人；发放相关学习资料5000多份；开展文化市场执法检查685次，出动人员4190人次，收缴、封存和销毁非法音像制品3.7万多张、书刊2.5万多册。

第十八篇

卫生　体育

第一章　机构队伍

1989年，全县有国有医疗卫生机构11个，其中县级4个，乡镇中心卫生院3个，卫生院4个。国有医疗机构从业人员525人，其中卫生技术人员453人。2000年，县人民医院通过“二级甲等医院”、县中医院通过“二级甲等中医医院”评审；2001年8月，县妇幼保健院通过“一级乙等妇幼保健院”评审。至2005年年底，在8个乡镇（中心）卫生院中，有4个通过“一级甲等医院”评审、1个通过“一级乙等医院”评审。

2005年，国有医疗卫生机构增至13个，其中县级4个，乡镇中心卫生院3个，卫生院6个；企事业医疗机构13个、村级卫生所246个、个体诊所60个。国有医疗机构从业人员679人，卫生技术人员532人。其中，执业医师210人，执业助理医师53人，注册护士172人，药剂人员41人，其他卫生技术人员21人；集体及私营卫生技术人员78人。在246个村卫生所中，有77个村卫生所达甲级标准，占31.3%，比1991年增加49个。

第一节　医疗机构

管理机构

县卫生局的前身为1952年成立的卫生科；1961年，改称人民委员会卫生局。1989年，县卫生局有人员14人。1996年，县卫生局内设业务股、人秘股、医政股。1997年，内设机构调整为业务股（含医政、药政）、财务审计股、法制监督股，爱国卫生运动委员会办公室为归口管理机构，共有编制10人。2002年，内设职能机构增至5个：人事秘书股、财务审计股、基层卫生与防保股、医政股、卫生法制与监督股，人员编制9人。至2005年内设机构、人员编制不变。

1989—2005年，历任局长：蔡如晴、黄远德、何毅、梁华山。

县级医疗机构

县人民医院　始建于1932年，前身系县立医务所。1950年5月，县人民政府接管，改称恭城县人民医院。1989年，县医院有病床147张，用房面积7525.66平方米，设有内科、外科、儿科、五官科、眼科、口腔科、理疗科、针灸室、妇产科、中医科、传染科、皮肤科、病理科、化验室、X光室、急诊室、抢救室、注射室、住院部、换药及小手术室、观察室、值班室、超声波和心电图室、胃镜室、护理部及中西药房等。有卫生技术人员160人。1996年，建成供应室综合楼；1997年，建成传染病房楼；2000年，建成制剂室、门诊楼。

1997年5月，恭城瑶族自治县红十字会医院在县人民医院挂牌成立，与县人民医院合署办公，一个机构、两块牌子。2000年2月，自治区卫生厅批准县人民医院为二级甲等医院。

2005年，县医院主要医疗用房：门诊楼、综合病房楼、供应综合楼、制剂室、传染病房、第二门诊部。医院占地15284.13平方米，建筑面积19997.63平方米。内设科室：办公室、财务科、供应室、洗衣房、总务科、保卫科、门诊收费处、药剂科、医务科、眼科、护理部、口腔科、耳鼻喉科、感控科、中医科、质控科、保健科、门诊部、综合诊所、急诊科、内儿科、外一科、骨科、妇产科、内二科、手术室、检验科、放射科、特检科。有医疗技术人员182人，其中医师67人，护士74人，药师16人，检验11人，其他14人。

县中医院　1990年，城厢卫生院改建为县中医院。同年，新建门诊楼建成开诊，建筑面积1760平方米。1995年，建成妇产科大楼；2000年，新建医技楼和综合病房楼。

1996年1月，恭城瑶族自治县红十字会骨伤科医院在县中医院成立，与县中医院合署办公，一个机构、两块牌子。2000年3月，经自治区卫生厅批准，县中医院为二级甲等中医医院。

2005年，县中医院主要医疗用房有门诊大楼、医技楼、综合病房楼，建筑面积7418.13平方米。内设科室：预防保健科、内科、外科、妇产科、儿科眼科（门诊）、耳鼻喉科（门诊）、口腔科（门诊）、皮肤科（门诊）、急诊医学科、麻醉科、医学检验科、医学影像科、中医科、中西医结合科。有医疗技术人员100人，其中医师42人，护士32人，药师6人，检验6人，其他14人。

县疾病预防控制中心　1989年，县防疫站设办公室、宣传科、防疫科、卫生科、检验科、寄生虫科、皮防科、财会室等科室，用房面积504平方米，在编33人，其中卫生技术人员27人。1999年，县防疫站通过自治区计量认证评审，成为计量认证合格单位。2004年，建成实验楼，建筑面积6380平方米。2005年4月，撤销卫生防疫站，成立疾病预防控制中心。下设办公室、财务后勤科、流病科、免疫规划科、结核病防治科、艾滋病防治科、综合卫生科、检验科、皮肤性病防治门诊、寄生虫防治科共10个科室，职工33人，其中卫生技术人员28人。

县妇幼保健院　1989年，县妇幼保健站有保健用房面积316平方米，卫生技术人员9人，其中西医师5人，西医士1人，助产士3人。2001年，改建成立县妇幼保健院；同年，通过自治区妇幼保健机构等级评审，成为一级乙等妇幼保健院。2005年，设置内儿科门诊、妇产科门诊、妇产科住院部、妇女保健科、儿童保健科、婚检、B超、检验、心电图、药房、护理、行政、财务科等科室，业务用房624平方米，有卫生技术人员20人。

乡镇医疗机构

栗木中心卫生院　建于1941年。1989年，卫生院有医疗用房面积1190平方米，医务人员39人。1997年，通过“一级甲等医院”评审。2005年，卫生院建筑面积2530平方米，其中医疗用房1540平方米，有卫生技术人员36人，其中医师18人，护士9人，药师3人，检验2人，其他4人。

莲花中心卫生院　建于1954年。1989年，卫生院占地面积1333平方米，建筑面积2014平方米；有医务人员52人，病床32张。1998年，通过“一级甲等”卫生院评审。2005年，卫生院建筑面积5567平方米，其中医疗用房1350平方米，有卫生技术人员47人，其中医师27人，护士13人，药师4人，检验3人。

嘉会中心卫生院　建于1952年。1989年，卫生院有医务人员33人，医疗用房1050平方米。1997年，通过“一级甲等”卫生院评审。2005年，卫生院建筑面积2906平方米，其中医疗用房1660平方米；有卫生专业技术人员29人，其中医师20人，护士7人，药师1人，检验1人。

西岭卫生院　建于1958年。1989年，医院医疗用房700平方米，医务人员29人。2000年7月，通过“一级甲等”卫生院评审。2001年，挂牌成立肛肠专科，在全县形成品牌。2005年，卫生院建筑面积3560平方米，医疗用房1230平方米；有卫生技术人员27人，其中医师16人，护士7人，药师 2 人，检验 2 人。

三江卫生院　建于 1953 年。1989 年，卫生院有医疗用房 260 平方米，医务人员 13 人。2000 年 8 月，桂林市卫生局批准三江乡卫生院为“一级乙等卫生院”。2005 年，卫生院建筑面积 850 平方米，其中医疗用房 420 平方米；有卫生专业技术人员 10 人，其中医师 6 人，护士 2 人，药师 2 人。

龙虎卫生院　1990 年 5 月成立，租用民房 47 平方米接诊病人，有医务人员 5 人。1993 年，门诊楼建成使用，建筑面积 1079.63 平方米，配备人员 7 人，以门诊医疗为主。2005 年，卫生院建筑面积 944 平方米，其中医疗用房 422 平方米；有卫生技术人员 5 人，其中医师 4 人，护士 1 人。

平安卫生院　建于 1952 年。1989 年，卫生院建筑面积 2200 平方米，医务人员 22 人。1997 年，在平安乡桥头村建成门诊、住院综合大楼，建筑面积 640.8 平方米。同年 5 月，卫生院搬入新楼开业，开设内科、妇科、儿科、五官科、骨伤科、精神科等，病床 15 张。2005 年，有卫生专业技术人员 21 人，其中医师 12 人，护士 6 人，影像 1 人，药师 1 人，检验 1 人。

观音卫生院　建于 1958 年。1989 年，医院有医疗用房 300 平方米，有医务人员 4 人。1991 年 12 月，增设狮塘分院，占地 3410 平方米，医疗用房 300 平方米。2005 年，建筑面积增至 964 平方米，业务用房 260 平方米；有卫生技术人员 6 人，其中医师 4 人，护士 1 人，药师 1 人。

栗木矿区卫生院　原为栗木锡矿工人医院，成立于 1958 年年底。1974 年 2 月，在县城南郊鹅山岽兴建疗养院，于 1975 年 5 月建成使用，1976 年称广西栗木锡矿疗养院。1989 年，疗养院占地 1.56 万平方米，建筑面积 5058 平方米，有工作人员 56 人，其中医务人员 21 人。2004 年 12 月，栗木锡矿工人医院移交恭城县人民政府。2005 年 1 月，挂牌成立栗木矿区卫生院，有卫生专业技术人员 29 人，其中医师 9 人，护士 13 人，医学影像 5 人，药师 2 人。

村级卫生所

1989 年，全县 117 个村公所均建立卫生所，各村卫生所负责人由各乡镇政府任命，卫生人员则由村公所聘用。以集体办医为主，允许多种形式并存，一村一所或一所多室。1991 年，全县有 28 个村卫生所达甲级标准。2005 年，全县 117 村委、4 个街委、4 个社区有村（街、社区）卫生所 246 个，有 77 个达甲级标准，占 31.3%。

图 18-1　2005 年，县、乡、村三级医疗卫生网络基本建立，图为平安乡巨塘村卫生室（县卫生局提供）

第二节　医疗队伍

1989 年，全县国有医疗卫生机构从业人员 525 人，其中卫生技术人员 453 人。2000 年，共有 704 人，其中卫生技术人员 575 人。2005 年，共有 679 人，其中卫生技术人员 532 人；集体及私营医疗机构卫生技术人员 78 人。

队伍构成

1989 年，恭城全县国有医疗机构从业人员 525 人，其中专业技术人员 453 人，无副主任医师以上职称人员。1994 年，专业技术人员增至 479 人，副主任医师以上职称 3 人。2001 年，专业技术人员 567 人，副主任医师以上人员 5 人。2005 年，专业技术人员 532 人，其中高级职称（副主任医师以上）职称 19 人，中级职称（主治医师、中医师、主管护士等）233 人，初级职称 280 人。

专业队伍建设

职称评聘　1989 年，卫生系统卫生技术人员的技术职称评审严格按照程序办理。1993 年，工资改革，执行专业技术人员职称与工资挂钩政策，调动卫生技术人员积极性。1999 年 5 月 1 日，开始施行《中华人民共和国执业医师法》，实行医师资格考试制度。2005 年，全县依法取得执业资格，经注册在医疗、预防、保健机构中执业的专业医务人员共 532 人，其中执业医师 210 人，执业助理医师 53 人，注册护士 172 人，药剂人员 41 人，检验人员 35 人，其他人员 21 人。

培训教育　1989 年，培训在职乡村医生 1 个班，学员 43 人。1990 年，恭城县卫校招收两年制医生医士班 1 个班、学员 51 人。1991 年，招函授班 1 个、学员 28 人。1992 年，招收西医班 1 个，学制两年，学员 48 人；中医班 1 个，学制两年半，学员 49 人；1993 年，招收两年制医学班和两年半制中西医班各 1 个班，学员共 97 人。1994 年，招收函授班 1 个，学员 23 人；开办两年制医学班和两年半制中西医班各 1 个，学员共 90 人；1995—1998 年，办三年制 3 个班各 50 人，其中 1995 级系成人中专。2001 年 11 月，县卫校与广西卫生干部学院联办临床医学函授大专班，至 2002 年共有学员 88 人。2001 年，与广西药校联办药剂中专函授班有学员 84 人。2005 年年底，县卫生培训中心有广西卫生干部管理学院 2003 级临床大专班 46 人、护理大专班 69 人，2005 级药学大专班 34 人，共有在册学员 149 人。

为提高乡村医疗机构人员的业务素质，1992 年起，组织在职乡村医生参加中专水平考试，至 2000 年，有 424 人次参加考试，210 人取得中专水平合格证书。2001 年 6 月，为未取得中专水平证书的乡村医生举办卫生防疫、医疗、妇幼保健、计划生育技术指导、农村基层卫生管理、基层卫生统计、健康教育等业务知识的培训班。同年 10 月至 11 月，举办全县乡村医生中、草医药基础理论与常见病症培训班。培训内容为中医学基础、中医基础理论与常见病症、草医药知识与常见病防治，方法是集中授课、业余自学、理论考试。2003 年，对全县乡村医生进行《医疗事故和医疗纠纷防范和处理》培训 9 期，316 人次；举办“母亲安全、合理用药、关爱儿童”的全员培训 29 期，110 人次；举办“全县降消项目理论知识”培训 4 期，120 人次。2004 年 3 月，结合乡村医疗机构考核、验换证对全县乡村医生、个体医生、厂场站、校医进行医疗业务培训 4 期，每期 6 天，参训 418 人，占应参训人员 97%。同年 4 月，对全县乡村、个体等诊所开展静脉输液人员技术操作培训 2 期，每期 3 天，参训 191 人。2005 年 4—5 月，对全县的乡村（个体）医生、厂场矿医、校医分 6 期进行每期 1 周的业务培训，采用中国乡村医生在岗培训教材，参训人员 437 人次，参训率 98%。10 月，分 4 期对全县乡村医生进行传染病基础知识培训，参训人员 333 人。

“一帮一带”活动　1997 年，县卫生局组织开展“卫生下乡一帮一带”活动，经过两个周期共 3 年（第一周期为 1997—1998 年，第二周期为 1999 年）的全县卫生下乡“一帮一带”活动，至 1999 年，县直 4 个医疗机构共派出医疗技术骨干下乡 168 人次，其中高级职称 16 人次，中级职称 138 人次，初级职称 14 人次。培训乡镇卫生院医技人员 446 人次，为村级卫生所培训医务人员 1362 人次。援助各种医疗设备 12 台（件）、价值人民币 2.64 万元。开展各种手术 273 例，诊治各类病人 6638 人次，帮助新增服务项目（科室）21 个，大多数卫生院能开展心电图、A 型超声波、B 型超声波、放射诊断和生物治疗项目及腹部外科手术；中心卫生院还能开展泌尿外科和骨伤外科手术。业务收入及医技水平得到提高，门诊人次比开展活动前增长 12.32%～18.10%，住院人数增长 30%～37%，病床使用率增长 8%～10%，治愈率和好转率、危重病人抢救成功率提高 4 个百分点以上，业务收入每年以 11%～12% 的幅度递增，药品收入比例逐年下降。至 2000 年，栗木、嘉会、莲花中心卫生院和西岭卫生院达到一级甲等医院标准，三江卫生院达到一级乙等医院标准。“一帮一带”活动，促进农村卫生条件的改善和医疗保健水平的提高。

2001 年，调整卫生系统“一帮一带”活动具体内容和方法，指定县级机构与乡镇卫生院结成帮带协作关系，将目标、任务、管理、考核办法以协议书形式明确下来，一定三年。2004 年，支援单位共派出医疗技术骨干 43 人次到受援单位开展技术传帮带，免费接收受援单位进修 9 人，帮助并指导受援单位新增服务项目 6 个。至年底，全县受援的 5 个卫生院共获得赠送医疗设备 122 台（件），价值 6.69 万元，物资药品 4 件，价值 3500 元。受援单位的社会效益和经济效益明显提高，经济效益比支援前同期增长 27.3%。莲花中心卫生院、栗木中心卫生院通过“桂林市优秀乡镇卫生院”评审达标。2005 年，支援单位共派出医技骨干 43 人次到受援单位开展技术传帮带，免费接收受援单位进修 10 人，赠送医疗设备 40 多台（件），价值 3.5 万元，帮助并指导受援单位新增服务项目 2 个，援助现金 2 万元用于卫生院基础设施改造。

第二章　医疗制度

1989 年，全县行政事业单位、各类企业单位、社会团体的员工及其退休人员，中央、自治区各级直线管理的单位员工、驻县武警中队官兵，享受公费医疗采用国家、单位和个人共同负担，除享受全免人员以外，其他享受公费医疗的职工，医药费按不同比例负担。1997 年，试行社会统筹医疗基金（即共济账户与个人账户相结合）的医疗保险制度，医疗保险金由县财政和职工共同缴纳。职工因病诊疗所需费用，首先从个人账户支付，个人自理部分超过一定额度，由共济账户支付。同年 11 月，试行农村合作医疗，在 17 个村委会开展试点。1998 年，在全县各乡镇建立农村合作医疗管理机构，覆盖 72.5% 的农村人口，覆盖面增至 88.4%。2001 年，建立城镇职工基本医疗保险制度，公费医疗完成向基本医疗保险的过渡。2002 年，在平安乡北溪、北洞源和大江共 3 个村试点农村大病统筹医疗工作，由政府投入引导资金和个人集资建立起农民大病求助新机制。2005 年，启动新型农村合作医疗制度。

第一节　公费医疗制度

1984 年，成立公费医疗管理委员会办公室，隶属于卫生系统，具体办理公费医疗业务。全县行政事业单位、各类企业单位、社会团体的员工及其退休人员，中央、自治区各级直线管理的单位员工、驻县武警中队官兵等享受公费医疗，实行医疗经费包干到享受单位。1990 年，采用国家、单位和个人共同负担的办法，医疗经费与享受个人利益适当挂钩。除享受全免人员外，门诊个人自理医药费（包括检查费、药品费、治疗费、手术费等）10%，住院个人自理医药费（包括床位费、检查费、药品费、治疗费、手术费等）50%。个人年支出部分在本人年工资额 10% 以内的自理，个人负担确有困难的，在单位的集体福利基金中适当解决。同年 4 月 1 日，乡镇实行新的财政管理体制，原乡镇享受公费医疗的人员及经费划归乡镇财政包干管理，实行分级管理、分级核算。对部分人员医疗医药费实行全免：1952 年 12 月 31 日以前参加工作的人员和二等乙级以上残废军人；执行公务负伤人员。1993 年，全免费范围调整为：离休干部、二等乙级以上伤残军人；科技拔尖人才。门诊、住院医疗费自理情形细化为：1952 年 12 月 31 日前参加工作和享受副处级以上及高级职称科技人员的，门诊自理 10%、住院自理 5%；1953 年 1 月 1 日至 1969 年 12 月 31 日参加工作的人员，门诊自理 15%、住院自理 8%；1970 年 1 月 1 日至 1979 年 12 月 31 日参加工作的人员，门诊自理 20%，住院自理 13%；1980 年 1 月 1 日以后参加工作的人员，门诊自理 25%、住院自理 18%。

1994 年 1 月 1 日，根据以需定筹，合理增长和公费医疗经费由国家、享受单位、享受个人三方面负担，医疗经费与医疗单位挂钩的原则，在全县实行医疗费与医疗责任单位（即定点医院）、享受单位、享受人员经济挂钩的办法，即将医疗费（县直每人每年130元、乡镇每人每年110元）划归定点医疗单位定额包干，除特定10种疾病和离休干部医疗费单列外，其余超支由定点医院负担40%、超支单位20%、财政40%。

1997年，试行社会统筹医疗基金，即共济账户与个人账户相结合的医疗保险制度。医疗保险金由财政和个人共同缴纳：县财政按年工资总额4%（以后每年递增1%，直至10%）、在职及退休干部职工（离休人员、二等乙级以上残废军人免缴）按年工资总额1%缴纳。县财政缴纳的医疗保险金分别划入个人账户和共济账户。划入个人账户的标准：实际工作年限满25年以上者60%，满10年不满25年者50%、10年以下者45%。在除去划入个人账户及提取6%的调济基金后，所余资金全部为社会统筹基金，建立共济账户。干部职工个人缴纳的医疗保险金全部进入个人医疗账户。诊疗所需医疗费用，首先从个人账户支付；医疗账户不足支付时，由个人自理；个人自理部分超过个人年工资总额5%、退休人员超过本人年退休费总额2.5%以上，方可由共济账户支付。个人进入共济账户后，个人仍要负担一定的医疗费用，自理比例为：在职人员在县内，个人自理超过年工资总额5%以上部分至5000元自理20%，5000元以上至1万元的部分自理15%，1万元以上的部分自理5%；转地区级医院诊治，自理加1倍，转自治区级自理加2倍。1996年12月31日前退休人员在县内，个人超过年退休费总额2.5%以上部分至5000元自理10%，5000元以上至1万元部分自理8%，1万元以上部分自理2%；转地区级医院自理加1倍，转自治区级医院加2倍。

2001年4月，撤销公费医疗管理委员会办公室，成立城镇职工基本医疗保险事业管理所，公费医疗完成向基本医疗保险的过渡。

1990—1995年，享受公费医疗的人员，可以自行选择到县内国有医疗机构就诊。1996年，公费医疗就诊实行定点管理，实行公费医疗门诊代用金（券），在县医院、县中医院和各乡镇卫生院门诊通用，由县公费医疗办公室按每人每年100元定额发给享受人员，诊治时支付。1998年，撤销公费医疗代用金制度。异地安置的退休人员，属乡（镇）直单位享受公费医疗的，按本乡镇公医管理实施细则（办法）执行，县直异地居住的退休人员，可在就近的一个国有医疗单位诊治，其医药费用控制在定额指标内。2001年起，参加医疗保险的人员持“医疗保险证”到定点医疗机构就诊，使用专用处方。

享受公费医疗或医疗保险人员，因病疗养、医治的采取定点医院治疗，县直单位定点县医院及中医院，乡直单位定点各乡镇卫生院。凡因病需住院的，须公费医疗管理委员会或基本医疗保险经办机构审批，住院时间一般为1～3个月。1989—2000年，凡享受公费医疗人员因病情变化需到上一级医院就医，必须经主管医生提出意见，由医疗单位签字同意。转往县外定点医院（桂林地区医院、桂林医学院附院）就医还需报公费医疗管理委员会审批方可转院。2001年起，参加职工医疗人员需住院治疗的，凭定点医疗机构诊断意见和“医疗保险证”，经基本医疗保险经办机构审批；转诊须经医疗保险经办机构同意，逐级转诊。

1989—2000年恭城瑶族自治县公费医疗情况一览表

表18-1　　单位：人、元

年度	享受公费医疗人数	全年开支数	人均年开支	人均月开支
1989	5435	653000	120.20	10.02
1990	5592	931916	166.65	13.89
1991	5793	1030292	177.85	14.82
1992	6069	1071159	176.50	14.71

续表 18-1

年度	享受公费医疗人数	全年开支数	人均年开支	人均月开支
1993	6340	1063624	167.76	13.98
1994	6632	1036590	156.30	13.03
1995	6684	1033223	154.58	12.89
1996	6682	1223140	183.04	15.25
1997	6774	1339818	197.79	16.48
1998	7030	1532777	218.03	18.17
1999	7266	1475957	203.13	16.92
2000	7483	1683938	225.04	18.75

第二节　农村合作医疗制度

20 世纪 80 年代，农民依靠集体力量，在自愿互利的基础上，逐步形成和发展起以公社或大队为主的农村合作医疗制度。随着农业体制改革，农村合作医疗制度难以为继逐渐消亡，医疗费对贫困家庭成为一个巨大负担。

1997 年，根据《中共中央、国务院关于卫生改革与发展的决定》，自治县政府成立合作医疗领导小组，重建农村合作医疗。按每人每年 20 元（县、乡财政按每人每年补助 1.5 元，村级集体经济自行决定扶持标准，个人缴纳不少于 10 元）标准建立合作医疗基金。合作医疗基金由乡镇政府和村委以户为单位统一收集。11 月，由县卫生局组成的农村合作医疗工作组到嘉会、龙虎乡的 17 个行政村开展试点工作。12 月月底，上述两个乡政府分别设立农村合作医疗管理委员会，各村委成立村合作医疗监事会并选择 1 个医疗点作为村合作医疗门诊部。1998 年 5 月，全县除恭城镇、三江乡、观音乡外，莲花、平安、嘉会、龙虎、栗木、西岭 6 个乡镇都建立农村合作医疗管理机构，覆盖人口 21.1 万，占农村总人口的 72.5%。1999 年 9 月，在全县推行农村合作医疗乡村一体化管理，按照甲级卫生所的标准在每个村委会重点扶持 1 所村卫生所。同年年底，全县 117 个村委都建立农村合作医疗管理机构，覆盖人口 22.7 万人，占农村总人口的 88.4%。

2001 年，自治县政府办公室下发《关于印发自治县大病统筹医疗试点村实施方案的通知》，按照“乡办乡管”大病统筹的医疗模式进行农村大病统筹医疗工作。2002 年 6 月，在平安乡北溪、北洞源、大江村进行试点。县成立大病统筹医疗领导小组，在平安乡人民政府设立办公室；平安乡成立大病统筹管理委员会，由乡长担任管委会主任；村成立大病统筹医疗监事会。北溪等 3 个村通过“政府投入引导资金 + 个人集资方式”建立起农民大病救助新机制，筹集到大病救助基金 5.35 万元，其中县财政安排专款 3.5 万元，社会捐助 1.85 万元。

大病统筹的经费筹集，以农民个人投入为主，集体扶持，政府适当支持。以户为单位，凡参加大病统筹医疗的村民，每人每年缴纳统筹基金 20 元；村集体资金按每人每年扶持 3 元，乡财政按每人每年 2.5 元，县财政按每人每年 1 元纳入财政预算，分别划拨到乡大病统筹管理委员会专项账户，作为大病统筹医疗基金，专款专用。“五保”户、烈属的大病统筹医疗资金由村集体资金缴付，县、乡财政适当给予补助。所筹集的资金主要用于重症病人在各级医疗单位住院的医疗费用，其中在所辖乡卫生院住院费用占 60%，在县级以上医院住院费用占 40%。

凡参加大病统筹医疗者以户为单位与乡大病统筹医疗办公室签订合同，按人口数缴纳统筹基金。群众凭管理委员会发放的“大病统筹医疗”就诊手册到大病统筹定点医院住院就诊。如需到县级以上医疗单位住院诊治的，由医院开具转诊证明，经管理委员会审批。医药费先由个人垫支，出院后凭转院证明和医药费发票到乡大病统筹医疗办公室按比例报销。报销的范围按《广西职工保险医疗用药报销范围》规定执行。门诊就诊所发生的医疗费用不予报销。在县内各医院做各种特殊检查，其检查费用在原收费标准上减免 20%。至 2005 年，全县大病统筹共救助 22 人次，救助资金 2 万余元。同年 12 月，自治区人民政府批准恭城为广西第三批新型农村合作医疗试点县，正式启动新型农村合作医疗工作，原开展的合作医疗大病统筹医疗终止。

第三章　医疗

1989 年，全县医疗用房面积 1.9 万多平方米，病床 248 张。2005 年，各级医疗机构建筑面积 5.7 万多平方米，医疗用房增至 3.6 万多平方米，病床 472 张。1989—2005 年，医疗技术方面有了新提高，中医在一些疑难病症的治疗有突破，采用益气补肾固本的办法治疗泌尿系统的疾病如尿路结石、尿崩症、前列腺肥大症及产后引起的尿潴留有明显疗效，运用中医辨证用药、中药保留灌肠的方法治疗慢性肾炎、慢性肾功能衰竭、肾性高血压、代谢性酸中毒及尿毒症等有较明显的好转；骨伤科在运用推拿手法疗股骨骨折效果独到；运用壮医药线点灸治疗中风、风湿、炎性外痔嵌顿等有良好效果。西医技术方面，县人民医院对心力衰竭、心律失常、心肌梗死、脑出血、脑梗死等疾病的抢救成功率有了较大提高。能够开展改良心包穿刺术、电复律、电除颤、颅内血肿微创清除术等。在医疗服务上，成立 120 医疗服务机构，组织开展医疗卫生下乡活动。

据医疗基本情况统计，1997—2005 年，全县门诊量累计 4825815 人次，年平均 536201.67 人次；出院累计 80350 人次，年平均出院 8927.78 人次。

第一节　医疗设施

医疗用房

1989 年，全县县、乡镇医疗用房面积约 1.9 万平方米，其中县医院 7525 平方米，其他医疗机构和乡镇卫生院 1.2 万平方米。2000 年，全县县、乡镇医疗机构用房总建筑面积 4.23 万平方米，其中医疗卫生用房面积约 2.73 万平方米。2005 年，全县县、乡镇医疗机构用房总建筑面积 5.74 万平方米，其中医疗用房面积 3.61 万平方米。

2005 年恭城瑶族自治县医疗卫生用房情况一览表

表 18-2　　单位：平方米

单位	总建筑面积	医疗卫生用房
县人民医院	19997.63	15009.37
县中医院	7418.13	5544.51
县妇幼保健院	624.00	624.00
县疾病预防控制中心	6380.00	2380.00
栗木中心卫生院	2530.00	1540.00

续表 18-2

单位	总建筑面积	医疗卫生用房
莲花中心卫生院	5567.00	1350.00
嘉会中心卫生院	2905.98	1660.00
西岭卫生院	3560.00	1230.00
三江卫生院	850.00	420.00
平安卫生院	640.80	640.80
龙虎卫生院	944.00	422.00
观音卫生院	964.00	260.00
栗木矿区卫生院	5058.00	5058.00
合计	57439.54	36138.68

医疗设备

医疗病床　1989 年，全县医疗病床为 248 张。1995 年，全县医疗病床增至 392 张。2005 年，全县医疗病床 472 张。

医疗器械　1989 年，县级医疗机构较先进的医疗器械为 30～300 毫安 X 光机，心电图机，A、B 型超声波诊断仪，无影手术灯，心脏起搏器，显微镜，电冰箱，纤维胃镜，救护车，综合手术台等。乡镇医疗机构有 X 光机、手术包、心电图机、显微镜及电冰箱等。

1997 年，县医院有大型 X 光机、B 超、胃镜、动态心电图、血球计数仪、脑电地形图、多参数重症监护仪，大型麻醉机、手术显微镜等万元以上设备 30 多台。2000 年，县医院投资 100 多万元，购置美国 GE9800 全身 CT，500 毫安带电视遥控大型 X 光机及日本自动洗片烘干机，美国伟伦电子胃镜，日本岛津 450 型全数字式 B 超及 B 超工作站，法国 21 项全自动血球计数仪、血凝仪、血流变仪、放免计数仪，美国和德国产多参数重症病监护仪，美国电除颤仪、血透机、血稀机、人工呼吸机、大型麻醉机及手术显微镜等，其中万元以上先进设备有 50 多台，总价值 400 万元。2001 年，三江乡卫生院获得日本国政府无偿援助医疗设备一批，价值人民币 33 万元。2003 年，8 个乡镇（中心）卫生院获得自治区基层公共基础设施卫生建设项目设备配置 44 台（件），其中洗胃机 6 台、X 光机 6 台、B 超机 8 台、心电图机 5 台、生化仪 8 台、胎心监护仪 3 台、多普勒 8 台。2004 年，国债扶持配给县医院农村巡回医疗车 1 部。2005 年，疾病预防控制中心有恒温恒湿实验室、百级洁净实验室、艾滋病初筛实验室，原子吸收、气相色谱仪、半自动生化仪及血球仪等。

至 2005 年年底，全县主要医疗器械设备：X 光机 33 台，显微镜 14 台，高压消毒器 16 台（具），蒸馏水器 3 台，手术床 12 台，麻醉机吸引器 21 台（个），各式手术器械包 114 套，产床 23 台，手术灯 15 台（具），氧气瓶 83 个，离心机 10 台，简易呼吸器 16 具，电冰箱 38 台，恒温箱 5 台，干燥箱 4 台，心电图 15 台，小型发电机组 5 台。

第二节　医疗技术

中医

1989 年，全县公立医疗机构中，有中医人员 46 人。1995 年至 2001 年，均为 51 人；2002 年，有中医人员 62 人；2005 年，有 76 人。

1989 年，村级医疗诊所和个体诊所中，有部分是中医诊所或者中西医结合诊所，用中医中药治疗内、外、妇、儿、眼耳鼻喉口腔科一般疾病、皮肤疾病等常见病和多发病。乡镇（中心）卫生院均开设中医门诊，有中药房。县医院设有中医诊室、针灸室、中药库、制剂室、理疗室，理疗种类有推拿、按摩等。中医人员能掌握数十种针灸穴位，门诊人员掌握 120 个以上穴位，并应用于临床。1990 年 1 月，改城厢卫生院为县中医院，设有中医正骨科、骨伤科、痔瘘科、皮肤科、妇科、推拿科，西医内儿科及妇产科等。1996 年 1 月，中医正骨、骨折科合并为骨伤科，并挂牌恭城瑶族自治县红十字会骨伤科医院。1998 年，县中医院设立中医内科，建立具有中医特色的结石病、肾病、中风病及糖尿病等专科专病门诊。2000 年 2 月，县中医院通过自治区卫生厅组织评审，获“二级甲等中医院”称号。

2000 年 12 月，恭城被列为创建全国农村中医工作先进县建设单位，成立以县政府分管领导为组长，卫生局长任副组长，广播电视、计划、财政及教育等部门负责人为成员的振兴中医工作领导小组，各乡镇建立相应机构。卫生局增设中医股，成立以县中医院专业技术人员为主的中医工作基层指导科。制定《恭城瑶族自治县创建全国农村中医工作先进县实施方案》《恭城瑶族自治县中医事业三年发展规划》，对中医给予倾斜政策，将中医院确定为医保定点医疗机构之一，增加中医院人员编制，拨给中医建设专项经费。县卫生局开展中医药科普宣传教育活动，组织中医药学术交流活动，推广农村中医药诊疗技术；对中医药人员和乡村医生举办中医药知识培训班 4 期，全县乡村医生均参加培训；在国家医疗机构设立中医专科；建立健全全县中医药工作档案和台账。此后，对乡镇（中心）卫生院部分医务人员、村级诊所医务人员进行中医培训，乡镇卫生院扩大中医科目，设有中药房、中药库，开展针灸、拔火罐及推拿等中医传统治疗项目，中心卫生院还开设有肛肠、骨伤及结石等中医专科专病诊室。是年，县中医院有中医药人员 38 人，占全医院人员 70%。医院设置一级临床科室 12 个、二级临床科室 5 个，开设的特色专科有骨伤科、肛肠科、针灸、推拿科，以及糖尿病、中风、心血管疾病、胃病、泌尿及结石科等专病专科，其中的重点中医专科为骨伤科及中风病、糖尿病专科，床位 31 张，病床使用率大于 80%。门诊中医治疗率 63%，病房中医治疗率 80%，处方合格率 90%。2000—2003 年，引进中医药诊疗新技术、新方法 4 项。门诊平均每诊疗人次医疗费用和住院平均每一出院者医疗费用低于同级综合医院水平。医院基层指导科能对基层的中医药工作进行业务指导，有专（兼）职培训人员 4 人，下乡指导 20 次。

2003 年，全县有中医药人员 65 人，其中中医人员占全县医生的 23.9%，中药人员占全县药剂人员的 43.5%。同年 9 月，由广西中医学院一附院等有关专家和中医管理干部组成的全国农村中医工作先进县评估组，根据《全国农村中医工作先进县（市、区）建设标准与评审细则》对恭城县创建农村中医工作先进县进行检查评估，总得分 912 分（满分为 1000 分）。11 月，恭城通过国家中医药管理局组织的评审验收，成为全国农村中医工作先进县。至 2005 年，每年对全县乡镇卫生院开设的中医科目、人员执业资格进行审查，对中医个体诊所、210 个村卫生所（室）的中医执业情况进行审查。

2003—2005 年，县中医院使用中医中药技术除对症用药治疗一般的常见病、多发病外，在一些疑难病症方面具备一定的治疗水平。采用益气补肾固本的办法治疗泌尿系统的疾病如尿路结石、尿崩症、前列腺肥大症及产后引起的尿潴留有明显疗效。运用中医辨证用药、中药保留灌肠的方法治疗慢性肾炎、慢性肾功能衰竭、肾性高血压、代谢性酸中毒及尿毒症等有较明显的好转。运用黄芪建中汤加减治疗虚寒型胃病，经 1 个疗程（15 天、每天 1 剂）的治疗，见效率 70%～80%。采用犀牛角地黄汤加减治血症、用附子理中汤加味治寒中三阴经，均取得良好疗效。骨伤科开展各种手术如作内固定术、手法正骨及小夹板固定等治疗骨伤外，在运用推拿手法结合活血止痛汤“伤科大成”治疗伤筋、运用自制双砣皮牵法治疗股骨骨折效果独到。理疗设有推拿、按摩、蜡疗、电疗、热疗、磁疗及光疗等，对扭伤、关节炎、慢性腰腿病、过敏性皮炎、神经性皮炎、疤痕增生、外伤后遗症、脑血管意外致偏瘫、妇科盆腔炎、鼓膜炎、鼻炎、子宫颈炎及咽喉炎等有一定疗效。运用针灸治疗面瘫、落枕，用拔火罐的方法治疗带状疱疹及感冒效果显著。运用壮医药线点灸治疗中风、风湿、炎性外痔嵌顿等有良好效果。

西医

1989年，全县公立医疗机构中，有西医人员214人。1995年385人；2002年417人；2005年422人。

1989年，村级医疗室、个体医疗网点部分是西医诊所或者中西医结合，能够用西医治疗内、外、妇、儿、眼耳鼻喉口腔科一般疾病、皮肤疾病等多发病和常见病。乡镇（中心）卫生院以西医内科、儿科为主，设有妇产科、放射科及住院部等。一般能做普通外科手术，治疗心脑血管、呼吸系统、消化系统、泌尿系统的常见多发病。栗木、莲花、嘉会中心卫生院和西岭、平安、栗木矿区卫生院具备一定救治危急重症病人能力，大部分危重病人转县级医院或上级医院治疗。开展普通腹部外科手术和部分骨科内固定手术。妇产科能够开展顺产的接生业务，危重孕产妇转县级医院住院分娩。20世纪90年代起，栗木矿区、乡镇（中心）卫生院能做泌尿外科、肾盂、输尿管切开取石术，前列腺切除术，股骨、干骨折内固定术、四肢骨骨折复位小夹板及石膏外固定术等各种骨科手术。能进行超声心电图检查，B超可对各种肝、胆疾病，胸腹腔疾病及妇科病的检查。

内科　20世纪80年代，县医院能治疗心脑血管、呼吸系统、泌尿系统中常见的多发病，对急危重症病人有一定的救治能力，可以开展腹后腔空气造影检查及皮下输液。其中，1985—1989年，县医院共抢救心肌梗死及严重心律失常、顽固性心衰12例，均获得成功。1986—1991年，用电除颤抢救心脏骤停15例，有4例心脏复苏成功。1990年，使用膈肌起搏器治疗慢性阻塞性肺气肿及顽固性厄逆有一定疗效。90年代初，在没有CT的情况下对脑梗死和脑出血作出诊断及鉴别诊断，对合并脑水肿的抢救从原来的传统用药（甘露醇、高渗糖、激素）转为新用药（甘露醇、利尿剂、复方甘油、白蛋白，酌情用激素）治疗。1993年，开始使用光量子血疗仪和氦氖激光血管照射仪治疗心脑血管疾病及一些中毒性疾病，并采用输血浆和光量子血疗方法抢救农药中毒和药物中毒，效果明显。1998年，建立ICU病房（重症病监护病房，设置有氧气、吸痰器、人工呼吸机、心电图机、多参数重症监护仪和美国菲康除颤器），提高了对危重病人抢救水平。1999年装备血液透析机，能够对肾功能衰竭病人进行透析治疗。2001年装备血液稀释治疗仪，对高血压、高血脂、高血黏度和脑梗死病人治疗疗效明显。2002—2005年，县医院与桂林医学院附属医院心血管内科、神经内科合作，提高了对心力衰竭、心律失常、心肌梗死、脑出血、脑梗死等疾病的抢救成功率。同时还开展改良心包穿刺术、电复律、电除颤、颅内血肿微创清除术等新技术。

外科　1989年，县医院能做清创缝合术、脓肿切开引流术、小肿物切除术、截肢术、疝修补术、阑尾切除术、肠穿孔切除术、胃大部及全胃切除术、胆道手术、脾摘除术、膀胱取石术、尿道会师术、长骨钢板内固定术、陈旧性尿瘘修补术、各种剖腹探查、甲状腺各类手术、乳腺癌根治术、胃癌根治术等。90年代以后，县医院逐步开展不规则肝叶切除术、胆肠吻合术、胰体尾切除Roux-Y吻合术、膀胱癌切除及代膀胱术、四肢骨干骨折新型钢板、骨外固定支架及髓内针内固定术，四肢关节内骨折切开复位内固定术、神经损伤探查吻合术，各种骨肿瘤切除术、小儿麻痹后遗症矫形术，腰椎Luque棒内固定术，人工全髋关节置换术，人工股骨头置换术，腰椎椎板减压术，头面部大面积疤痕整形术，食道下段癌根治术、前列腺摘除术、前列腺扩裂术、膀胱癌根治术、尿道扩张加药物灌注治疗尿道狭窄；前列腺治疗仪治疗前列腺增生，颅内肿瘤切除术、颅骨缺损修补术。21世纪以后，开展经皮肾、经尿道气压弹道碎石微创手术，经尿道前列腺电切术微创手术、经腹腔镜下阑尾切除术、胆囊切除术。颈椎椎板减压术，膝关节置换术。

妇产科 1989年，妇幼保健站主要开展婚前医学检查、孕期保健、产前检查、产后访视、妇女常见病及多发病防治等。保健科开展儿童生长发育监测、儿童常见病、多发病防治。保健站、县医院妇产科、能开展人流术、药流术、钳刮术、卵巢肿瘤摘除术、全宫摘除术，病理性妊娠及妊娠并发症、高危妊娠监测，能进行高危产妇、危重儿的抢救等。县医院能做胎儿横位内外倒转术、碎胎术、剖腹产、子宫及附件切除术、各种难产、子宫全摘术及盆腔清扫术。20世纪90年代，县医院能做阴道前后壁修补术、卵巢囊肿切除术、输卵管通水术、创可贴小切口结扎术；采用蓝光照射治疗新生儿黄疸，用米非司酮配伍米索治疗过期流产，减少病人反复清宫的痛苦及术后并发症，用米非司酮保守治疗未破裂型宫外孕等。进行子宫切除、宫外孕手术、卵巢囊肿切除等采用小横切口方式，缩短手术时间，其中子宫全切除手术由原来4小时缩短到1～1.5小时；剖宫产由1小时以上缩短到20～30分钟。2005年，县医院、中医院、妇幼保健院可开展无痛人流新技术，县医院能做阴式子宫切除术、腹腔镜下卵巢囊肿切除术及宫外孕治疗手术等。

五官科、耳科 1989年，县医院能治疗外耳道炎、外耳道胆脂瘤、耳部假性囊肿、外耳肿瘤、非化脓性中耳炎、化脓性中耳炎美尼尔氏综合症、迷路震荡、前庭神经元炎、突发性耳聋。鼻科能治疗鼻骨骨折、急慢性鼻炎、干酪性鼻炎、急慢性鼻窦炎、面部裂隙囊肿、鼻及鼻窦良性肿瘤、高反应性鼻病、鼻中隔偏曲、鼻中隔脓肿、鼻息肉。咽科能治疗急慢性咽炎、急慢性扁桃体炎、腺样体肥大、咽部创伤及异物、茎突综合征、咽异感症、舌咽神经痛、咽部良性肿瘤、扁桃体周围脓肿。喉科能治疗急、慢性喉炎、喉外伤、喉异物、急性会厌炎、喉麻痹、声带息肉。2005年，县医院可开展腔镜下鼻息肉切除术、鼻中隔矫正手术、鼻窦开放手术。

眼科 20世纪80、90年代，县级医院能治疗的病种：外眼病——麦粒肿、霰粒肿、眼睑良性肿瘤、双重睑、各种泪道病、眼穿孔伤、眼穿通伤、眼内外异物、外眼化学伤；内眼病——虹睫炎、后葡萄膜炎、青光眼、白内障、青睫综合症、玻璃体混浊、眼底病（非激光非手术）、球后视N炎。县医院能做白内障手术人工晶体植入。2005年，县医院可开展羊膜移植手术。

检验科 1989—1994年，县医院检验项目有生化检验及配血、骨髓化验、活体组织印片、细菌培养及药物敏感试验、各种临床化验、血红蛋白电泳、肿瘤穿刺细胞检查及骨髓细胞学、乙型肝炎病毒表面抗原检测、火焰光度计测血清钾、钠，采用浓集法查结核杆菌。1995年，装备日本产尿八项自动分析仪进行尿液分析，并装备电解质分析仪进行血液钾离子、钠离子、氯离子、钙离子，血液酸碱度的检测。1996年，装备美国产1022型17项3分类自动血球计数仪进行血液分析，同时装备GC-400型γ放射免疫计数器开展甲状腺功能三碘甲状腺素（T3）、甲状腺素（T4）和促甲状腺素（TSH）水平的变化检测。1997年，建立血库。1998年起，开展成分输血及新生儿脐血筛查α地中海贫血和葡萄糖-6-磷酸脱氢酶的检测。2000年后，增加的设备有尿液分析仪改用更先进的11项自动分析仪、德国产的四通道血凝仪、神州新瑞R800A血液流变仪、二氧化碳分析仪、半自动细菌分析仪、LG-EH-64通道动态血沉/压积测试仪、日本产KX-21血球计数仪、Ⅱ型血库应用型离心机、D412-1离心机、WYCY-KP36DY微量元素测定仪、BIZYME智能磁酶免测定仪、420-600型恒温水浴箱、血气分析仪、D412-1离心机、日本产AU-400奥林巴斯全自动生化分析仪、PSD-16B电解质分析仪等。能做的检验项目：组合类有肾功能、电解质、肝功能、血脂类、甲状腺功能、风湿类、心肌酶、乙肝两对半、输血前五项、健康三项、血凝及微量元素等共计50项；另有肌钙蛋白、血糖、淀粉酶、胆碱酯酶、结核抗体、癌坯抗原、肥达氏反应、抗核抗体、血气分析、正反定血型、RH血型、全血细胞分析（21A）、骨髓细胞分析、红细胞沉降率测定、血液微丝蚴检查、红斑性狼疮细胞计数、疟原虫检查、葡糖六磷酸脱氢酶（G6PD）、血红蛋白分析、早早孕、产前筛查、尿液分析、大便常规、潜血、白带10项、细菌涂片、胸水常规、腹水常规、精液常规、甲肝病毒、细菌培养十药

敏、衣原体、支原体及特殊介质配血等。2005年，可开展优生四项、阴道炎五联检、糖类抗原、性激素六项、结核菌培养等检查。功能检验科可开展心脏彩超，无痛电子胃镜，电子肠镜检查。

特殊检查科　1989—1995年，县医院能开展常规心电图及超心心动图检查、二级梯心脏功能试验检查，能够提示心脏缺血、心肌梗死、电解质紊乱、心脏早搏、房颤、传导阻滞及心律失常等疾病，诊断与临床符合率为90%。1996年，心电图室装备动态心电图机，能对患者24小时的心电图进行记录、分析、诊断；同年，功能检查科装备北京产的脑电地形图诊断仪及红外线乳腺诊断仪，开展脑部疾病和乳腺疾病的诊断。1996年，装备上海GIS-105纤维胃镜；2000年，装备上海产GIS-98纤维胃镜、日本岛津450型带电影回放数字式B超；2001年，装备美国伟伦电子胃镜及胃镜工作站，打印带彩色图像的诊断报告，诊断准确性比纤维镜提高；此后进行取活检做病理检查、镜下止血等。2002年，装备日本岛津350XL数字式B超及高频探头、阴道探头和B超工作站。可开展甲状腺B超、眼球B超、心脏B超、腹部各脏器B超、胃B超、妇产科疾病B超，肾、输尿管、膀胱、前列腺B超等检查。2003年，配置西门子G20型黑白B超以及日本产岛津SDN-2200彩色B超，增加对胎儿出生缺陷、先天性心脏病、颈部及四肢血管疾病的诊断。

皮肤科　县医院、中医院、疾病预防控制中心能治疗常见的皮肤病有病毒性皮肤病，真菌性皮肤病，球菌性皮肤病，性传播疾病，动物性皮肤病，各类皮炎与湿疹，荨麻疹毒皮肤病，轻度、中度药疹，瘙痒性皮肤病，物理性皮肤炎，结缔组织病，其他如痤疮、斑秃等。

放射科　1989年，县医院装备50毫安隔室透视X光机1台，1992年，装备300毫安双管双床X光机1台，可拍头颅片、腰椎片、骨盆及四肢骨片、胸片及心脏片。1996年，装备美国霍克自动洗片机1台，患者在拍片后1小时可得到报告。2001年4月，县医院建立CT室，配备医师和护士各1人，装备美国产GE9800型全身CT机1台及日本产柯尼卡自动洗片机台，开展全身CT检查。同年5月，装备北京产500毫安带电视遥控双管双床X光机1台及江苏产红日牌自动洗片机1台。放射科用房面500平方米，有1个透视室和3个照片室。每个球管机房净面积37平方米，超过36平方米的国家标准。2005年，采购平板数字化X线摄影系统，大大提高诊断水平，缩短患者的就诊时间。

第三节　医疗服务

门诊

全县各村医疗室和个体医疗网点不分科目接诊，乡镇（中心）卫生院初建时，门诊一般设急诊室、外科、内科等普通科室或以综合门诊接诊。20世纪80年代，栗木矿区、乡镇（中心）卫生院门诊设急诊科、内儿科、外科、妇产科、注射室。此后，各（中心）卫生院随着医疗条件的改善，逐步增设服务科目。2005年，莲花、栗木、平安、西岭、嘉会（中心）卫生院增设服务项目，有急诊科、内儿科、外科、妇产科、注射室、五官科、放射科、化验室、口腔科、B超室、心电图室及处置室等。门诊科室能开展一般内科、外科、妇科、儿科、眼耳鼻喉口腔科多发病、常见病的检查和治疗。

县人民医院　1989—2000年，门诊设有内科、儿科、外科、五官科、妇产科、中医科、化验室、X光室、注射室、换药室、小手术室、心电图室、药房及收费室等。医生一般分科接诊，除看专科病人外兼顾接诊其他科的病人。2005年6月，内设科室：办公室、药剂科、医务科、眼科、护理部、口腔科、耳鼻喉科、感控科、中医科、质控科、保健科、门诊部、综合诊所、急诊科、内儿科、外一科、骨科、妇产科、内二科、手术室、供应室、检验科、放射科、特检科、总务科、门诊收费处、财务科、保卫科及洗衣房等。

县中医医院　1989年，设有西医科、中医科、五官科、放射科、妇产科、口腔科、化验室。

1990 年，设有中医正骨科、骨伤科、痔瘘科、皮肤科、妇科、推拿科，西医内儿科、妇产科等。2000 年 6 月，新门诊大楼扩建完工，门诊部设急诊科、内科、儿科、妇产科、外科、耳鼻喉科、眼科、口腔科、肛肠科，西医内科、骨伤科、妇科、疑难病科、针灸理疗科、颈肩腰腿痛专科，检验科、放射科，至 2005 年不变。

妇幼保健院　1989 年，开设的门诊有内儿科、妇产科等。2001 年，成立妇幼保健院，通过等级评审，成为一级乙等妇幼保健院。2005 年，设置科室有内儿科、妇产科、妇女保健科、儿童保健科、婚检、B 超、检验、心电图、药房及护理等。

据全县医疗基本情况统计，1997—2005 年（1996 年前无统计数），全县医疗机构门诊量累计 4825815 人次，年平均 536201.67 人次。门诊量最大的年份是 2005 年的 607919 人次，最低的年份是 1997 年的 428100 人次。

住院

1989 年，栗木矿区和莲花、栗木、西岭、平安、嘉会、三江等乡镇（中心）卫生院具备住院治疗条件，收治普通的住院病人。危重病人一般转县医院或其他上级医疗机构。2000 年，乡镇（中心）卫生院有病床共计 120 张；2005 年，共 162 张。

县人民医院　1989—2005 年，住院部年平均有病床 174 张，累计入院病人 72857 人次，年平均 5110 人次，平均治愈率 59%，平均好转率 35%，出院者平均住院 9 日。1989 年，住院部病床有 131 张，设有内一科、内二科、外科、妇产科病房。1994 年，住院部病床增至 147 张。1998 年 9 月，综合病房楼建成使用。住院部设内儿科、综合科、妇产科、外科病房及手术室。内儿科有床位 66 张、医师 7 人、护士 14 人，综合科有床位 25 张（中医科 10 张、眼科 6 张、耳鼻喉科 6 张、口腔科 3 张）、医师 9 人、护士 7 人，妇产科有床位 34 张、医师 11 人、护士 11 人，外科有床位 64 张，医师 7 人、护士 15 人，手术室有医师（麻醉医师）1 人、护士 5 人。2005 年，住院部有病床 199 张，入院 6322 人次，治愈率 71.1%，好转率 24.5%，出院者平均住院 7.0 日。

县中医院　1979 年，开始设综合病房收治住院病人。2000 年，建成综合病房楼，分妇产科、内儿科、骨外科病房，病床增至 88 张。据病床动态统计，1993—2005 年，县中医院年平均有病床 70.62 张，累计入院 19340 人次，年平均 1487.69 人次，平均治愈率 65.52%，平均好转率 30.41%，出院者平均住院 8.08 日。

据全县医疗基本情况统计，1997—2005 年（1996 年前，无统计数），全县住院病人出院累计 80350 人次，年平均出院 8927.78 人次。其中，出院量最高的年份是 2005 年的 11682 人次，最低的年份是 1998 年的 6714 人次。

1989—2005 年恭城瑶族自治县人民医院病床动态统计一览表

表 18-3　　单位：人次

年度	入院人数（人）	实有病床数（张）	实际开放总床数（张）	平均开放病床数（张）	实际占用总床（张）	出院者占用总床日数（日）	治愈率 (%)	好转率 (%)	病死率（%）	病床周转次数（次）	病床工作日（日）	病床使用率（%）	出院者平均住院日（日）
1989	4074	131	47815	131	49698	49127	63.70	30.90	2.70	30.70	379.40	103.90	12.20
1990	4720	131	47815	131	53042	54944	58.60	36.80	1.50	36.50	404.90	110.90	11.50
1991	4450	131	47815	131	50435	50796	64.30	31.80	1.10	34.10	385.00	105.50	11.40
1992	3759	131	47946	131	41590	43615	59.10	36.70	1.50	28.60	317.50	86.70	11.60
1993	3320	131	47815	131	41386	40338	59.40	35.70	1.80	25.40	315.90	86.60	12.10

续表 18-3

年度	入院人数（人）	实有病床数（张）	实际开放总床数（张）	平均开放病床数（张）	实际占用总床（张）	出院者占用总床日数（日）	治愈率(%)	好转率(%)	病死率（%）	病床周转次数（次）	病床工作日（日）	病床使用率（%）	出院者平均住院日（日）
1994	3118	147	53655	147	40316	40720	59.80	35.60	1.20	21.20	274.30	75.10	13.40
1995	3164	147	53655	147	39130	41136	63.30	32.30	1.10	21.70	266.20	72.90	12.90
1996	3238	147	53802	147	39131	40114	56.90	38.20	1.30	21.90	266.20	72.70	12.50
1997	3156	147	53655	147	37668	39268	58.60	36.30	1.40	21.50	256.20	70.20	12.40
1998	3398	147	53655	147	34486	35697	57.00	37.30	1.40	23.10	234.60	64.30	10.50
1999	4401	147	53655	147	41126	42974	61.70	33.50	0.70	30.00	279.80	76.60	9.70
2000	4220	147	53802	147	39138	39052	57.40	37.40	1.00	28.50	266.20	72.70	9.30
2001	4543	147	53655	147	42795	44594	58.60	36.30	1.00	30.90	291.10	79.80	9.80
2002	5046	179	65335	179	44682	45729	55.70	37.70	1.20	28.20	249.60	68.40	9.10
2003	5940	204	72107	204	47433	48983	55.00	37.80	1.30	29.10	232.50	65.80	8.20
2004	5988	199	73439	199	45042	45181	55.50	38.00	1.30	30.10	226.30	61.30	7.50
2005	6322	199	72436	199	44093	44042	71.10	24.50	1.00	31.80	221.30	60.90	7.00

1993—2005 年恭城瑶族自治县中医院病床动态统计情况一览表

表 18-4

年度	入院人数（人）	实有病床数（张）	实际开放总床数（张）	平均开放病床数（张）	实际占用总床日数（张）	出院者占用总床日数（日）	治愈率(%)	好转率(%)	病死率（%）	病床周转次数（次）	病床工作日（日）	病床使用率（%）	出院者平均住院日（日）
1993	1070	50	18250	50	11910	11697	72.40	25.10	0.30	21.20	138.20	65.30	11.00
1994	1224	50	18250	50	14722	13455	63.90	32.50	1.30	24.20	294.40	80.70	11.00
1995	1405	50	18350	50	1567	14350	68.80	27.30	1.40	28.00	30.93	84.80	10.30
1996	1476	60	21960	60	12844	13671	74.00	23.00	1.50	25.00	214.00	58.00	9.20
1997	1270	60	21960	60	8575	9100	67.10	29.50	1.80	21.00	143.00	39.00	7.20
1998	1230	60	21900	60	8074	8972	69.30	27.00	0.88	20.60	135.00	37.00	7.30
1999	1312	60	21900	60	9076	9474	61.30	33.90	0.00	21.80	151.30	41.40	7.40
2000	1561	88	32208	88	11815	12459	65.00	30.00	0.40	17.70	134.30	37.00	8.00
2001	1556	88	32120	88	11335	12182	57.00	38.00	0.58	17.70	129.00	35.30	7.80
2002	1758	88	32120	88	10980	12196	60.00	36.00	0.80	20.00	125.00	34.00	7.00
2003	2019	88	32120	88	11872	13263	56.00	35.00	0.87	22.90	135.00	37.00	6.60
2004	1885	88	32208	88	10330	11847	69.00	28.00	0.74	21.60	117.00	32.00	6.20
2005	1574	88	32120	88	8440	9391	68.00	30.00	0.60	18.00	96.00	26.00	6.00

重大医疗救治

1989 年，恭城已建立医疗急救系统，县卫生局负责对全县医疗急救系统的建设和管理，县、乡两级医院按照县卫生局的统一指挥和安排，及时有效地开展医疗救治应急工作。1989—2005 年，共启动 3 次重大医疗救治。

1993年7月23日下午，一辆载有40名乘客的班车由三江开往县城，开出不远即翻下20多米深的山沟，造成24人重伤。县医院组成20多人的抢救组与莲花中心卫生院、三江卫生院的抢救小组赶赴现场紧急救治。至是日晚9时，24名重伤员被送入县医院进行抢救。1名伤员伤情严重，颅脑、胸腹部多处损伤并出血，经抢救无效死亡，其余23人康复出院。

1996年7月，嘉会开花山中学50多名学生食物中毒，县防疫站、县医院、嘉会卫生院组织医疗组到现场会诊，诊断为食物污染有机磷农药引起中毒。经采取有效抢救措施，中毒学生全部治愈。

1999年，平安乡詠棠村及詠棠学校副伤寒流行，县医院派出医疗组到疫情点治疗患者，同时组织传染、内科等医疗技术专家对60名住院病人进行会诊，采取措施进行抢救，患者全部治愈出院。

急救服务

1989—2000年，全县医疗急救工作主要由县人民医院、县中医院急诊科以及乡镇卫生院急诊室负责。根据需要，由县级医院急诊科安排救护车辆和医护人员负责伤病员的急救和接诊转诊。2000年9月，成立以县人民医院为主体，县中医院和妇幼保健院为支持系统的急救服务中心，指挥长由县卫生局分管领导兼任，设常务副指挥长1名，副指挥长若干名，并开通120急救专线电话。急救中心总部设在县人民医院急诊科，由县医院急诊科负责调度完成院前急救工作，配备救护车4辆。专线电话24小时开通，如有紧急呼救，由急救指挥中心统一调度安排值班单位出诊提供急救服务。县人民医院急诊科人员配有医师5人、主管护师5人、护师2人、护士5人；设有抢救室1间，约24平方米，处置室1间约10平方米；抢救设备有KIH-Ⅱ型可控同步呼吸机1台、XS2B电动吸痰器1台、菲康除颤仪1台、DXW-A型电动洗胃机1台、单导联心电图机1台、2DILOA多参数监护仪1台以及导尿包、胸穿包、腹穿包、缝合包、气管切开包、静脉切开包、开胸包、腰穿包、气管插导管、简易呼吸囊、颈托固定架、抢救药品车、氧气瓶等。急救中心建立以后，2001—2005年共急救2883人次。其中，2001年急救260人次，2002年370人次，2003年561人次，2004年694人次，2005年998人次。

卫生下乡服务

1989年，县级医疗机构组织医务技术人员1批14人次到恭城镇、平安乡开展卫生宣传、义诊、免费体检、卫生保健咨询活动，共接诊1120人次。

1998—1999年，共组织2批、36人次至观音、栗木、龙虎、三江、莲花、西岭等乡镇义诊、咨询，共接诊病人2763人次。

2001—2004年，组织医疗技术人员400人次开展卫生下乡活动，免费诊治各类病人9000多人次，提供保健咨询1.9万人人次，会诊疑难病例37例，免费体检1500多人次，指导乡级医疗机构开展外科手术13例，指导村级医疗机构27个，发放卫生保健宣传资料2.8万多份，培训乡、村两级卫技人员378人（乡级84人、村级294人），整顿村级医疗机构11个。

2005年元旦、春节期间，共组织医疗队12批次、144人次，分别到栗木、观音、三江、莲花、西岭5个乡镇和13个大的自然村开展义诊、健康咨询、免费体检为主要内容的卫生下乡活动，其中免费诊查各类病人1055人次，提供保健咨询2552人次，免费体检766人次，发放卫生保健宣传资料12300份，指导乡级医疗机构开展外科手术8例，会诊疑难病例12例，指导村级医疗机构27个，培训乡、村两级卫技人员358人（乡级84人、村级274人）。配合全县开展第三批共产党员先进性教育活动，共派出县、乡医疗卫生下乡医疗队12个，卫技人员107人，到全县9个乡镇政府所在地及公路沿线重点村屯开展卫生下乡活动，共义诊各类病人1023人次，提供健康咨询2144人次，免费体检1934人次，发放宣传资料14850份。

第四节 护理和采供血

护理

1989年，全县国有医疗机构有专职护理人员161人，其中护师55人，护士98人，助产士8人。1995年，有专职护理人员164人，其中护师116人，护士48人。2000年，有186人，其中护师162人。2005年，有注册护士172人。

1989年，县乡各级医疗机构建立健全各种护理管理工作制度。包括病房管理制度，抢救工作制度，分级护理制度，护理值班、交接班制度，查对制度，给药制度，护理查房制度，患者健康教育制度，护理会诊制度，病房一般消毒隔离管理制度，护理安全管理制度等。对新入院治疗的病员，连续3天每天测体温、脉搏、呼吸3次，体温在37.5℃以上及危重病员每隔4小时1次，此后按常规或医嘱一般每天测体温、脉搏、呼吸各2次。县医院、中医院、妇幼保健院等县级机构护理人员做到24小时值班，护士对分管的病人做到“八知道”（姓名、性别、年龄、文化、诊断名称、护理级别措施、心理状态、治疗方案），针对不同护理级别的病人严格按照时间要求巡视病人，定时测量体温、脉率、呼吸频率、血压。观察用药后反应及效果并记录。做好室内清洁消毒工作，保持室内空气新鲜，整洁卫生、防止交叉感染。鼓励病人进食，加强基础护理（口腔、褥疮等），无护理并发症等发生。1995年，县医院、中医院、妇幼保健院建立起住院病员的分级护理制度，对入院治疗的病员的护理，由医师根据病情决定护理等级，下达医嘱，分为一级、二级、三级护理和特别护理，并做出标记。特别护理的对象，为病情危重，随时可能发生意外的病员。由专人昼夜守护，严密观察病情变化；备齐急救器材，药品，随时准备急救；制订护理计划，预防并发症，及时准确地填写特护记录。一级护理的对象为重症，或者进行大手术后应需严格卧床休息的病员，必要时制订护理计划和护理记录；密切观察病情变化，每30分钟巡视1次，做好晨间、晚间护理；根据病情帮助病员更换体位，擦澡、洗头，预防并发症。二级护理的对象为病情较重，生活不能完全自理的病员。由护士协助适当做室内活动，生活上给予必要的协助；注意观察病情变化，每1～2小时巡视1次。三级护理的对象为生活基本能够自理的一般病员，由医护人员指导其参加一些室内外活动。2000—2005年，县医院护理制度进一步完善，建立健全护理主任（总护士长）、主任护师、主管护师、护师和护士的职责。

采供血

1989—1998年，全县医疗机构的临床用血多是自采自供，主要是患者的亲属、友人或社会献血人员的有偿献血。开展输血业务的有县医院、县中医院、县妇幼保健院、栗木矿区医院和莲花、栗木、嘉会、西岭、平安、三江等乡镇（中心）卫生院。1998年10月1日，《中华人民共和国献血法》实施，在县医院建立血库，全县各医疗机构的临床用血统一使用由桂林市血站供血的恭城血库提供。临床输血严格按照《中华人民共和国献血法》《医疗机构临床用血管理办法》《临床输血技术规范》等法律、规章和规范性文件要求进行。2001年11月，《广西壮族自治区献血条例》实施，自治县政府成立无偿献血委员会，在卫生局设立办公室。县无偿献血委员会决定每月20日在县城开展无偿献血宣传活动，桂林市血站流动采血车每月20日到县城十字街采血。

2004年，全县716人次无偿献血14.3万毫升。2005年，无偿献血500人次，献血量15万多毫升。

第四章　防疫

1989—2005年，恭城各级防疫部门，采取预防为主，防治结合的方针，制定各种传染病防治责任制，健全和完善县、乡、村三级疫情监测报告体系，各种流行疾病得到有效控制。全县累计报告传染病病例12564例，其中死亡66例；传染病病种有乙类和丙类25种。

1972—1989年，恭城发生脊髓灰质炎1例。1981—1989年，疟疾在恭城共发现11例，均是外出被传染。1986年，炭疽病在恭城最后出现1例。1987年，钩端螺旋体病在恭城出现32例。上述传染病至2005年均无发病报告。1988年，恭城消灭丝虫病。1989年，钩虫病、流行性脑脊髓膜炎在恭城被控制在极低水平。1989—2005年，病毒性肝炎、肺结核、流感及流感样病发病2000多例，痢疾1000多例，伤寒+副伤寒、流行性腮腺炎、急性出血性结膜炎、斑疹伤寒、流脑风疹及其他感染性腹泻病发病100多例。

2005年，恭城流行疾病发病率较高，在部分乡镇危害较大的依次为肠道传染病，碘缺乏病和肠道寄生虫病。各类性病在全县范围内死灰复燃并有加重的趋势，艾滋病已有外源性个别病例，遗传性疾病及各种因素导致的出生缺陷发生率呈上升趋势，其他慢性病、非传染性疾病发病率有上升趋势。县内多发病为泌尿（包括肝、胆）系统结石、心脑血管疾病、高血压、恶性肿瘤、肝炎、结核病等。同年，新生儿卡介苗、脊髓灰质炎糖丸、百白破、麻疹及乙肝疫苗接种率分别达到95.54%、97.76%、97.34%、94.82%、97.83%。

第一节　儿童计划免疫

1989年，恭城已经成为计划免疫冷链达标县，计划免疫—冷链运转逐步走向规范化。麻疹、脊髓灰质炎、百白破、卡介苗（以下简称“四苗”）的接种覆盖率分别为91.93%、87.45%、82.82%、90.0%，卡疤率为73.7%。此后，每年的计划免疫儿童“四苗”接种率保持在85%以上。2000年，全县完成冷链运转任务达到11次。其中，新生儿上卡2302人、上卡率100%；卡介苗接种2032人次、接种率91.51%；糖丸接种2271人次、接种率98.7%；百白破接种2157人次、接种率98.38%；麻疹接种2178人、接种率96.9%。2001年，全县计划免疫接种率：卡介苗93.59%、脊髓灰质炎糖丸98.21%，百白破97.79%，麻疹95.93%，乙肝疫苗93.63%。2002年，“四苗”和乙肝疫苗接种率分别为：卡介苗93.56%，小儿麻痹糖丸98.14%，百白破97.8%，麻疹95.15%，乙肝92.92%。2003年，计划免疫和可免性传染病的预防接种情况：卡介苗89.64%，小儿麻痹糖丸97.78%，百白破97.04%，麻疹91.93%，乙肝96.97%。新生儿出生1个月内建卡率100%，建证率98%；“五苗”全程接种率90.5%。同年12月5日至2004年1月5日，开展全县性的强化免疫活动。强化免疫范围为全县所有乡镇、厂矿、企业，对象为所有0～3周岁儿童（包括新生儿），一律接种2次脊髓灰质疫苗，两次间隔1个月。重点对象是脊髓灰质疫苗接种史少于3次，尤其是“零”剂次免疫的儿童。接种前，各接种点先做好应种儿童摸底上卡工作。接种时，农村地区采用入户接种方式，县直城镇采用固定接种、巡回接种、入户接种相结合的方式，流动人口进出点和聚居地采用巡回接种和入户接种相结合方式，矿区、渔船民采用巡回接种、逐户（船）接种方式。

2004年，以乡镇为单位开展12次冷链运转，实行定点接种与分散接种相结合的办法。全县上卡2406人，建卡率为98%；“五苗”接种率分别为：卡介苗89.74%，小儿麻痹糖丸96.19%，百白破96.11%，麻疹89.20%，乙肝疫苗96.62%。

2005年，在全县进行计划免疫工作检查，定点接种与上门查漏补缺相结合，补种298人次，年末卡介苗接种率95.54%，脊髓灰质炎糖丸疫苗接种率97.768%，百白破疫苗接种率97.34%，麻疹疫苗接种率94.82%，乙肝疫苗97.83%。

1989—2005年恭城瑶族自治县儿童免疫规划疫苗接种率统计表

表18-5

年份	卡介苗（%）	糖丸（%）	百白破（%）	麻疹（%）	乙肝（%）
1989	90.00	87.45	82.82	91.93	—
1990	90.00	97.70	94.96	94.56	—
1991	99.47	78.59	74.34	81.29	—
1992	73.63	88.01	84.71	89.14	—
1993	60.91	85.39	79.91	80.75	—
1994	88.48	88.69	86.48	86.66	—
1995	87.01	94.87	95.25	95.59	—
1996	84.62	98.67	92.78	89.95	—
1997	90.32	98.15	96.43	95.26	—
1998	92.75	97.98	96.31	95.75	—
1999	92.05	95.50	94.22	86.95	-
2000	91.51	98.70	98.38	96.90	—
2001	93.59	98.21	97.79	95.93	93.63
2002	93.56	98.14	97.80	95.15	92.92
2003	89.64	97.78	97.04	91.93	96.97
2004	89.74	96.19	96.11	89.20	96.62
2005	95.54	97.77	97.34	94.82	97.83

第二节 传染病控制

传染病

疟疾 1989年，发病4例。1990—1996年，每年发病1例，1997年2例，2004年1例，无死亡病例，其余年份均无发病病例。1995年，达到消灭疟疾标准。

肺结核　为多发病，1989—2005年共发病2543例，年平均149.59例，死亡3例。2002年，开始实施结核病控制项目，对初治涂阳的结核病人免费发放基本药物。同年，发病162例。2003年，发病346例，死亡1例，2004年、2005年，分别发病430例和399例，无死亡病例。

狂犬病　1989—2005年，共发病25例，死亡25例。其中，1989年2例，1992年、1994年、2001年各1例，2002年6例，2003年8例。2004年，制定狂犬病防控预案，开展灭犬活动，降低犬只密度，控制传染源。2004年、2005年，各发病3例。

麻风病　1989年发病5例；1990年2例；1991—1994年，每年各3例。1995年，无麻风病发病报告。1996年，恭城达到麻风病消灭标准。2004年8月，由县疾病预防控制中心、乡镇卫生院（防保所）、村卫生所及其相关人员组成麻风病三级预防网。是年，调查监测1万多人，未发现新发病例。

钩端螺旋体病　20世纪80年代至90年代，恭城大力推广农村沼气建设，开展农村改水、改厕和灭鼠工作，大大减少钩体病传染源。同时加强猪钩体病的预防治疗和外来猪的检疫工作，钩端螺旋体病在恭城发病较低。1989—1994年，共发病77例，平均每年发病不足13例，均无死亡病例。1996—2005年，有4个年份有发病报告：1996年3例；1997年9例（其中死亡2例）；2000年1例；2002年3例；其余年份无发病报告。

病毒性肝炎　1989—2005年，共发病2046例。其中，1995年死亡1例，年均发病120.35例。发病报告最低的年份是1995年的43例，最高的年份是2004年的279例。

1989—2005年恭城瑶族自治县各传染病种发病统计表

表18-6　　单位：例

病种	发病	死亡	病种	发病	死亡
艾滋病	2	0	疟疾	14	0
病毒性肝炎	2046	1	登革热	83	0
痢疾	1767	2	新生儿破伤风	27	27
伤寒＋副伤寒	333	0	肺结核	2543	3
淋病	321	0	包虫病	3	0
梅毒	29	0	麻风病	19	0
麻疹	197	0	流感及流感样病	2124	0
流脑	203	1	流行性腮腺炎	641	0
流行性出血热	2	0	风疹	109	0
狂犬病	25	25	急性出血性结膜炎	782	0
钩端螺旋体病	93	2	斑疹伤寒	782	0
流行性乙型脑炎	9	2	其他感染性腹泻病	407	0
黑热病	3	3	—	—	—

传染病疫情

1989—2005年，县防疫部门负责对各年度传染病发病病种、病例、发病率、死亡、死亡率、病死率等进行统计、分析，与往年进行对比，对疫情作出判断。全县累计发病的传染病有乙类和丙类共25种，报告病例12564例，其中死亡66例。1989年，传染病发生11种、361例，年发病率为

137.38/10万。其中，乙类传染病9种、287例，年发病率为109.22/10万。发病率与1988年同期比下降73.36%。丙类3种、74例。发病率28.16/10万。乙类传染病死亡2例，死亡率0.76/10万，病死率100%。丙类无死亡病例。传染病以肠道传染病为首位，次为呼吸道传染病。肠道传染病以痢疾为主，呼吸道传染病以肺结核为主。1994年，传染病发生14种、391例，年发病率为142.76/10万，下降5.02%，其中乙类传染病8种、165例，年发病率为60.25/10万，发病率下降32.74%。丙类传染病6种、226例，发病率为82.52/10万，上升17.51%。乙类病死亡1例。死亡率为0.37/10万，病死率为0.26%。传染病以呼吸道传染病为首位，次为肠道传染病。呼吸道传染病以肺感冒、结核、麻疹为主。肠道传染病以痢疾、甲肝为主。1999年，传染病发生8种、576例，年发病率为204.16/10万。上升39.45%。其中乙类传染病6种、525例，年发病率为186.09/10万，上升30.95%。丙类传染病2种、51例，发病率为18.07/10万，上升30.38%。乙类病死亡1例，死亡率0.35/10万，病死率0.19%，下降2.78%。丙类无死亡病例。传染病以肠道传染病为首位，次为呼吸道传染病。肠道传染病以痢疾、伤寒和副伤寒、甲肝为主。呼吸道传染病以肺结核为主。

2002年4月，开始实现疫情全自治区联网，全县共发现传染病199例，其中乙类90例、丙类109例，总发病率为70.8/10万。

2003年，传染病发生15种、1517例，年发病率为537.85/10万，上升45.92%。其中，乙类传染病10种、880例，年发病率为312/10万，上升91.06%。丙类传染病5种、637例，发病率为225.85/10万，上升10.02%。乙类病死亡10例，死亡率3.55%，病死率1.14%，死亡率上升347.16%，病死率下降41.84%。丙类无死亡病例。传染病以呼吸道传染病为首位，次为肠道传染病。呼吸道传染病以结核病为主。肠道传染病以痢疾为主。是年，建立全县公共卫生突发事件责任网、处置网和信息网“三网”，健全完善县、乡、村三级疫情监测报告体系，对“非典”疫情实行每日“零报告”制度。加强流感、流脑、伤寒、乙脑等重点传染病的防治工作，严密注视对学校、医疗单位、公共场所等集体单位的疫情监测，规范肠道门诊制度，做到“逢泻必检、逢疑必报”。

2004年，制定《自治县麻风病防治工作规划》，由县疾病预防控制中心、乡镇卫生院（防保所）、村卫生所及其相关人员组成麻风病三级预防网，在县疾病预防控制中心配专职麻风病防治医生，乡镇卫生院（防保所）配备1名兼职麻风病防治医生，村卫生所有医生负责本辖区麻风病防治工作，发现新患的麻风病人，及时治疗、治愈，消除传染源，减少传播。同年，组建恭城县高危人群干预工作队，办公室设在县疾病预防控制中心。负责摸清辖区内高危人群的种类、数量和分布情况；动员、支持、配合其他有关部门和非政府组织开展高危人群干预工作；根据本辖区内高危人群的情况，针对不同的高危人群制定干预工作计划并组织实施；工作人员每周至少用3天时间，深入各种现场，开展面对面咨询、宣传教育、疫情筛查、安全套推广、美沙酮替代、针具交换、性病防治等具体干预工作。全年传染病发生14种、1048例，年发病率为372.58/10万，下降30.73%。其中乙类传染病10种、900例，年发病率为319.96/10万，上升1.93%。丙类传染病4种、148例，发病率为52.61/10万，上升10.02%。乙类病死亡4例，死亡率1.42%，病死率0.444%，死亡率下降60.1%，病死率下降60.88%。丙类无死亡病例。传染病以呼吸道传染病为首位，次为肠道传染病。呼吸道传染病以结核病为主。肠道传染病以痢疾、甲肝为主。

2005年，传染病发生11种、857例，年发病率为304.0/10万，下降19.12%。其中乙类传染病8种、678例，年发病率为240.82/10万，下降25.5%。丙类传染病3种、179例，发病率为63.58/10万，上升19.63%。乙类病死亡4例，死亡率1.41%，病死率0.467%，死亡率下降1.09%，病死率上升22.27%。丙类无死亡病例。流行疾病在部分乡镇危害较大的依次为肠道传染病、碘缺乏病和肠道寄生虫病。各类性病在全县范围内死灰复燃并有加重的趋势，艾滋病已有外源性个别病例，遗传性疾病及各种因素导致的出生缺陷发生率呈上升趋势，其他慢性病、非传染性疾病发病率有上升趋势。

非典型肺炎预防

2003年年初，恭城开展非典型肺炎防治知识宣传。2月，成立非典型肺炎防治工作领导小组，制定《恭城瑶族自治县卫生局防治非典型肺炎紧急处理预案（暂行）》《关于对全县“非典”疫情防治工作中若干具体问题的紧急通知》《自治县卫生局关于印发传染性非典型肺炎预防控制工作预案的通知》，成立恭城县传染性非典型肺炎诊断、治疗技术专家小组，在县、乡两级医疗机构设立发热门诊部，对就诊的发热病人实行“非典”排查，重点加强对门诊病人中发热病例尤其是外出回归、外来人员中发热病人的排查，县防疫站和县级医院准备消杀药品器械和诊断治疗药品器材。4月，成立恭城县传染性非典型肺炎防治工作领导小组、县非典型肺炎应急处理领导小组，下设办公室、疾病技术指导组和医疗救治组。5月，成立县防治传染性非典型肺炎诊断、治疗技术专家组。启动公共卫生突发事件“三网”，从预防控制，疫情管理，诊断治疗等方面制定详细的方案，并组织实施。以疾病预防控制机构为主，对发廊、理发店、文化娱乐场所、宾馆、旅店、休闲园、茶庄等公共场所进行卫生情况监督检查，监督覆盖率100%，监督频次2次/户～3次/户。开展全县“非典”高危地区包括宾馆、饭店、公共娱乐场所、车站、学校、幼儿园、农贸市场和政府机关预防消毒工作。县、乡两级医疗机构都设立发热病人门诊，对门诊的发热病人进行登记和排查，各医疗单位和县防疫站分别成立由本单位经验丰富的医生组成的诊断技术小组，对门诊发热病人中有2项以上“非典”相应症状的患者进行排查。凡属诊断小组会诊确定的疑似病例，一律由首诊单位负责对其暂时隔离观察，同时由县120急救中心派专车接送到县人民医院作进一步检查，综合各方面的情况作出可疑病例或排除病例的结论。指定县人民医院为全县隔离治疗“非典”疑似病例医院，建立隔离治疗区，配备相应的药品器械。开展外来人员、车辆和外出回归人员的排查和预防消毒工作，卫生防疫人员在湘桂交界的龙虎关设立预防和控制“非典”临时工作站，对入境车辆及司乘人员实行24小时监控，包括对车辆消毒、司乘人员健康调查，发热病人的隔离观察等。指导各乡镇和县直各单位对外来人员、外出回归人员尤其是发热病人的监控和排查。对发热病人的前哨排查采取村、乡、县逐级排查和每日逐级报告制度。在防治“非典”期间，执行非典疫情日报告和零报告制。

2004年1月，根据《广西壮族自治区医疗机构传染性非典型肺炎临床诊治工作规范》和自治县非典办《关于进一步落实预防传染性非典型肺炎工作的通知》，成立3个非典防控工作监督小组，分别对全县的各级各类医疗卫生机构进行督查。共检查医疗卫生机构28家，其中县属医疗卫生机构3家、乡镇卫生院8家、个体诊所17家。检查情况：县、乡两级医疗机构制定非典工作预案，大部分医疗机构建立救治队伍，组织医务人员开展非典防控业务演练；县乡大部分医疗机构都备有医疗防护物品的抢救物品，如县人民医院备有防护服80套、口罩1000副、一次性手套1.6万副；乡镇卫生院均开展对乡村医生的非典防治知识培训和传染病相关知识的培训。在抗击“非典”工作中，恭城未发现符合隔离观察条件的人员，也未发现确诊或疑似“非典”病例。同年3月，全国“非典”疫情得到控制。

人感染高致病性禽流感预防

2004年1月，广西、广东、湖北、湖南、安徽等暴发禽流感疫情。同年1月，成立恭城县防治人感染高致病性禽流感防控领导小组，制定恭城县人感染高致病性禽流感防控工作方案。县卫生监督所对宾馆、饭店、集体食堂、禽肉批发店、禽肉储藏冷库进行检查，对来自湖南和南宁的冷藏车进行监控，在龙虎关设立临时消毒检疫站。1月3日，在平安乡路口村红椿岜发现不明原因死鸡丢弃在路边，卫生监督人员和防疫站采样人员及时赶到现场，对死鸡进行采样分析，消毒、深埋。1月7日，莲花镇势江村有人从外地拉回鸡粪，后引起村里发生死鸡现象，卫生防疫人员迅速赶往现场，对车辆、鸡粪进行控制、消毒处理。县境内未出现禽流感疫情。

2005 年 1 月，成立重点呼吸道传染病诊断、治疗技术专家组，从 1 月 4 日起，全县所有医疗卫生机构全面恢复启动发热病例监测及医疗机构体温检测、预检分诊和发热门诊工作，重点监测专业养殖场、屠宰场人员及发热病人等重点人群。11 月 20 日，启动人感染高致病性禽流感防控工作，对防控物资储备情况进行盘点。县卫生局成立防控人感染高致病性禽流感工作领导小组和人感染高致病性禽流感诊断治疗专家组、人感染高致病性禽流感管理及现场调查处理小组。卫生监督部门加强对集贸市场、餐饮业禽肉类食品和学校食堂的监督检查；县人民医院设立人感染高致病性禽流感病人的病房，并做好抢救设备、防护设备及抢救治疗药物的准备。印制《防控高致病性禽流感宣传知识摘要》6000 份下发到各级政府、有关部门、单位和部分群众手中。至是年年底，未出现人感染禽流感病例。防控工作随着疫情警报解除终止。

第五章 保健

1989年，扩大试点妇女围产期保健卡制度，对孕妇进行详尽的围产期保健。1991年，扩大试点范围；1992年，在全县范围内推行；至2005年，平均建卡率83.05%。

1997年开始，对全县范围的孕产妇实行保健保偿服务。逐步形成产前检查、产后访视、儿童保健等一套完善的合同式服务管理体系。2001年，实施“母亲安全”工程，提高住院分娩率和产科质量，降低孕产妇和婴儿死亡率。同年3月，恭城被列为卫生部和联合国儿童基金会合作的2001年至2005年周期农村初级卫生强化项目建设单位。2005年，农村初保项目10项内容、32项具体目标，有22项提前达标和基本达标。农村孕产妇住院分娩率97.11%；孕产妇系统管理率94.90%；7周岁以下儿童保健覆盖率90.56%。全县新生儿死亡率为10.78‰，比2000年的12.90‰下降2.12个千分点。孕产妇死亡率为48/10万，比2000年的84/10万下降75%。

第一节 妇幼保健

孕产妇保健

围产期保健卡制度 1986年下半年，县妇幼保健站在县城建立围产期保健卡制度，对孕妇进行详尽的围产期保健。孕早期，经确诊妊娠后，对不同情况作出保健措施。孕中期，填写孕产妇联系卡，定期对孕妇进行体格检查和产科检查，并进行保健指导。孕晚期，每周进行1次产前检查，对高危妊娠者进行保健监护。1987年，围产期保健卡制度在乡镇、村屯试行。至1989年年底，乡镇试点7个、建卡241人，建卡率为96.61%；农村试点12个、建卡334人，建卡率为66.53%。1991年，新增试点6个，全县共有试点25个，试点内孕产妇共899人，建卡899人，建卡率100%。

1992年，在全县范围内推行围产期保健卡制度。是年，孕产妇3164人，建卡1876人，建卡率59.29%。1996年，建卡率增至81.80%；2000年96.50%；2005年95.40%。1992—2005年，全县累计建卡人数31313人，年平均建卡2230.64人，平均建卡率83.05%。

保健保偿服务 1997年，在全县范围对孕产妇实行保健保偿服务，新婚夫妇入保率42.00%。孕妇入保率92.60%。县妇幼保健和防疫部门负责母子保健保偿业务指导，为就诊的孕妇提供孕产期卫生保健服务，乡镇（中心）卫生院负责本辖区孕妇的体格检查和产科检查，村级妇幼保健员负责本村产妇的产后访视工作，按期填报各种妇幼保健表、卡、册。入保者签订保偿合同时，缴纳60元保偿金。其中，70%提留作承保服务单位保偿服务经费，30%用于赔偿、培训、宣传材料、奖励。赔偿标准和办法：因臀位产、横位产导致产妇死亡，给予一次性赔偿1000元；新生儿因产伤死亡（畸形者除外）赔偿100元；新生儿严重脐带感染赔偿15元；1个月内发生新生儿破伤风赔偿100元，凡造成死亡的各增赔偿 50 元。凡按计划免疫程序完成全程免疫满 1 个月后，对入保婴幼儿患麻疹的赔偿 30 元，对患百日咳的赔偿 30 元；对患白喉、破伤风的各赔偿 100 元；对患粟粒性肺结核和结核性脑膜炎的各赔偿 150 元；对患脊髓灰质炎的赔偿 300 元；对因上述疾病造成死亡的各增赔偿 50 元。

2002 年 12 月，成立母子预防保健保偿疾病诊断小组，负责全县母子预防保健保偿疾病诊断鉴定工作；成立保偿经费管理小组，负责对保偿经费的管理。是年，各医疗单位筹集资金近百万元改善产科服务设施，提高服务质量。2002—2005 年，孕产妇住院分娩率依次为 91.76%、93.82%、96.62%、97.11%；对孕产妇产后访视 3 次以上依次为 90.98%、91.67%、90.88%、88.40%。

母亲安全工程 2001 年 2 月 9 日，成立母亲安全工程领导小组，印发《恭城瑶族自治县母亲安全工程方案》。以产科基本设施为重点，各医疗保健单位用于产儿科建设和购置设备款 30 万元以上，栗木、莲花、三江、西岭、嘉会 5 个卫生院产儿科设置达到要求。全县原有接生员 114 名转变接生员职能，转为村级妇幼保健员 109 人，其职责从原来的家庭接生变为产前保健、产时护送和产后访视。根据初保项目要求，于同年 9 月完成孕产妇统一表卡下发，并重新建卡、上卡及发放孕产妇服务手册。建立孕产妇绿色急救通道，以县人民医院技术力量为主建立孕产妇急救中心，成立母婴安全抢救小组，与各乡镇建立救护网络。2002 年 1—11 月，产妇人数为 2092 人，活产数为 2088 人；住院分娩人数为 1695 人，住院分娩率为 81.0%；孕产妇死亡 1 人，死亡率为 48/10 万。

2003—2005 年，结合实施降低孕产妇死亡率和消除新生儿破伤风项目（以下简称“降消项目”）来开展母亲安全工程。通过加强产前检查，高危孕产妇筛查，孕产期保健指导，提高住院分娩率等有效措施，孕产妇住院分娩率、产前检查率、产后访视率等均在 88% 以上，并对贫困产妇进行经济救助，孕产妇死亡率大大降低。

降低孕产妇死亡率和消除新生儿破伤风项目 2002 年，恭城被卫生部确定为实施降低孕产妇死亡率和消除新生儿破伤风项目县，建设周期为 2003—2005 年。9 月，根据自治区降低孕产妇死亡率和消除新生儿破伤风项目试点实施方案，恭城于同年 9 月 20 日开始对全县进行摸底调查，制定《恭城瑶族自治县降低孕产妇死亡率和消除新生儿破伤风项目实施方案》，成立项目领导小组，以县人民医院、县中医院、妇幼保健院技术骨干为成员的专家指导组、监督评估组，在县卫生局设立项目办公室，各乡镇成立项目工作小组，村成立孕产妇住院分娩护送队，分级承担项目工作。举办县乡村产科人员、妇保专干、乡计生专干、相关分管领导培训 3 期，培训人数 259 人次；乡对村培训 3 期，共培训乡村医生、保健人员、计生干部、村干部 850 人次。对中心卫生院的产科医生、助产人员重点培训产科急救能力和高危筛查及难产处理的能力，对一般卫生院人员培训正常产处理知识。安排中心卫生院产科人员到市级医院、县级医院进修学习 3 个月至 12 个月，普通卫生院到市级医院学习 1 人、县级医院 5 人进修学习 1 个月至 6 个月。

“降消项目”设立贫困孕产妇住院分娩救助经费，主要是为了提高妇幼卫生服务对贫困人口的覆盖面和服务质量，进一步降低贫困地区的孕产妇死亡率，提高住院分娩率，救助对象是贫困孕产妇，尤其是对高危贫困孕产妇的救助。2002 年，制定《恭城瑶族自治县贫困孕产妇住院分娩救助方案》，完成贫困孕产妇入户基线调查，筛查出贫困孕产妇，经评议、审查，核准发放救助卡。2003 年 1 月至 10 月月底，共发放救助卡 71 人，救助 16 人。贫困孕产妇补助标准：平产每例补助 100 元，高危抢救每例补助 500 元。

2002 年，卫生部门通过多渠道、多层次、多方位等形式宣传住院分娩的安全保障和妇幼保健科普知识。县项目办统一制作宣传横幅 11 幅、宣传牌 11 块、宣传资料 22000 份，发放《新婚与母子保健手册》2150 本、翻印《孕产期保健服务手册》3600 本。针对重点人群发放健康教育读本，逐步改变农村长期形成的旧的生育观念和提高孕产妇寻求医生分娩的意识。

2003 年 9 月 16 日，成立自治县“降消项目”技术指导小组，在县妇幼保健院下设办公室。9 个乡镇（中心）卫生院有6个具有接产能力并取得“母婴保健技术服务执业许可证”，3个乡镇中心卫生院均具有接产和剖宫产技术能力。不具备接产能力的卫生院负责对本辖区孕产妇进行孕产期卫生保健咨询、保健检查、转送孕妇和产后访视。同年，全县产前检查（5次）覆盖率91.54%，乡村助产技术人员持证上岗率90%；住院分娩率93.82%，新法接生率99.74%，孕产妇死亡率85.47/10万。

2004年5月，自治区卫生厅将恭城列为“降消项目”新周期建设单位。6月，启动全县“降消项目”新周期建设，对项目领导小组成员单位、各乡镇分管领导、卫生系统的院、站、所长及产科主任、乡镇卫生院助产人员、村医和接生员进行1次轮训。同时，启动关爱儿童与惠氏合作项目，共培训县级和乡镇保健人员122人次。在项目资金的扶持下，共获得价值20多万元的产科设备并装备到县乡医疗卫生机构。同年，对178名符合项目规定的贫困孕产妇住院分娩给予100～300元不等的补助。嘉会乡共和村1名特困高危孕产妇获得近7000元的扶持，母婴安全存活。至10月月底，全县住院分娩率96.42%。孕产妇死亡率72.15/10万，孕产妇系统管理率81.4%，儿童系统管理率92.1%。

2005年，通过加强产前检查、高危孕产妇筛查、孕产期保健指导及提高住院分娩率等有效措施，实现“降消项目”规划目标。到10月月底，全县产前检查率98.42%，住院分娩率98.63%，产后访视率98.12%，孕产妇系统管理率99.97%，孕产妇死亡率63.65/10万。同期，全县共确定救助对象273人，发放救助卡272张，救助贫困产妇219人（其中，平产186人、高危33人），发放救助金3.45万元。

至2005年年底，经过3年的“降消项目”实施，孕产妇住院分娩率提高，孕产妇死亡率下降。2001年，住院分娩率为83.07%、孕产妇死亡率84.8/10万。2005年，住院分娩率为97.11%，比2001年提高14.03个百分点；孕产妇死亡率63.4/10万，比2001年的84.8/10万降低25.24%。

妇女病防治

1989—2005年，卫生医疗部门每年都以门诊检查和集体检查相结合的方式开展妇科病检查，累计检查271602人次，查出患病妇女86566例，患病人数占检查人数35.29%。最多和最常见的妇科疾病是宫颈脱垂，累计为28321例，占妇科疾病的32.72%；其次是滴虫性阴道炎13070例，占妇科疾病的15.10%。对患病妇女，医务人员根据不同病情分别给予治疗，向就诊和检查的妇女介绍常见妇女疾病防治知识和方法。患病人数占检查人数的比重呈下降趋势，其中，1989—1994年，患病人数占检查人数平均为44.86%；1995—1999年，为29.79%；2000—2005年，为28.35%。

第二节 儿童保健

1986年下半年，县妇幼保健站在县城建立妇女围产期保健卡制度，加强对孕产妇和初生儿的保护。1989年，在平安乡桥头村儿童保健试点进行儿童体检，儿童发育分析，体重达平均值以上占受检人数16.08%，身长达平均值以上6.03%。其中，男童体重达平均值以上14.1%，身长达平均值以上3.77%；女童体重达平均值以上18.28%，身长达平均值以上8.60%。儿童主要疾病：缺碘率49.24%；佝偻病（早期）患病率4.52%；贫血率22.22%，患病率7.04%。此后至2005年，县妇幼保健站、各乡镇（中心）卫生院每年均对0～6周岁儿童进行健康检查，并在“六一”儿童节开展一次健美儿童评比活动。

2001年10月，在全县进行一次5周岁以下儿童营养监测，实测儿童10215人，监测率为84.51%，营养不良4582人，营养不良患病率为44.86%，其中轻度34.10%，中度、重度10.76%。通过调查分析，得出导致儿童营养不良患病率高的主要原因是缺少维生素A。同年12月，对全县进行维生素A普服，应服疫苗6026人，实服5463人，普服率为90.66%。此后，每年进行维生素A普服等儿童营养干预措施。

2004年，恭城被卫生部批准为卫生部——联合国儿童基金会西部三省“关爱儿童”项目试点县，实施周期为1年（2004年1—12月）。目标是改善全县妇幼保健服务能力，提高基层妇幼卫生人员水平，普及儿童保健知识，提高对农村儿童保健和营养水平，特别是对农村3周岁以下儿童进行早期体格发育和精神发展，从而提高全县儿童保健水平，提高全县0～7周岁儿童身体素质。同年，开展营养监测和维生素A普服。全县共有3周岁以下儿童7819人，实测6909人，营养测查率为88.36%。营养不良共2047人，营养不良患病率为29.63%。加强对儿童营养监测及科学喂养指导，建立健全乡、村、家庭系列儿童生长发育及指导记录册。全县6～35月龄儿童维生素A普服，应服人数为5794人，实服5294人，普服率为91.37%。

2005年，恭城被列入2005—2007年周期“联合国儿童基金会儿童早期综合发展合作项目”。

第三节　农村初级保健

2001年3月，恭城被列入卫生部和联合国儿童基金会合作的2001—2005年周期农村初级卫生保健强化项目。5月，成立县农村初级保健强化项目领导小组，制定《恭城瑶族自治2001—2005周期农村初级卫生保健强化项目实施方案》。7月9日，召开农村初级保健强化项目培训班。8月12—14日，在县医院、防疫站、妇幼保健院及栗木、西岭等4个行政村开展初级保健强化项目的基线调查及全县各乡镇孕产妇、婴儿死亡漏报调查。9月28日，对医疗机构药品进行首次集中招标采购，全县医疗机构全部参加，共标出9个临床需求量较大的品种。至年底，完成项目的启动、基线调查，开展合理医药、“三统一”（统一资格认定，统一监督和管理，统一药品管理）工作、母亲安全、关注儿童等一系列活动。对村级卫生人员和医疗机构进行资格认定和准入管理。对乡、村实行一体化管理，统一项目处方，门诊登记，健全病例登记，采用基本用药目录。

2002年7月，对村级医疗机构定点布局、办医条件、执业资格、服务水平、执业范围进行严格审查，验收合格后重新注册登记并核发“医疗机构执业许可证”，部分办医条件低劣，功能低下、不具备执业资格的农村医疗机构被淘汰，超范围执业、无序竞争、靠大处方推销药品谋利的现象得到有效规范和遏制。全县村级医疗机构精简为215个，其中卫生所117个，卫生室98个，从业人员354人；个体诊所28个，从业人员54人。村医疗机构比实行一体化管理前减少73个。通过实行乡村一体化管理，农村医疗卫生秩序得到进一步规范。

图18-2　2000年，恭城被列为卫生部/联合国儿童基金会合作项目——2001—2005周期农村初级卫生保健强化项目建设试点单位，图为卫生部项目办官员到村卫生室指导项目实施（县卫生局提供）

2005年年底，全县农村初保项目10项内容、32项具体目标，提前达标和基本达标有22项。全县有9个乡镇卫生院，244个村卫生所（室），设置村卫生所的行政村比例，由2000年的94.9%上升到2005年的99.15%，农村卫生服务网络覆盖所有乡村。全县乡镇（中心）卫生院有提供临床医疗服务的医师共计119人，获得助理医师资格以上人员116人，占乡镇卫生院医师总数的97.48%。将现代结核病控制纳入农村初级保健内容，全县对非住院肺结核患者实行全面监督化学治疗覆盖率达到100%；儿童计划免疫“五苗”全程接种率95.65%。全县食品卫生合格率95.82%；公共卫生场所卫生合格率为91.25%；劳动监督卫生合格率75.62%。妇幼保健方面，农村孕产妇住院分娩率97.11%；孕产妇系统管理率94.90%；7周岁以下儿童保健覆盖率90.56%。农村卫生厕所无害化普及率65.14%；全县农村符合卫生标准自来水普及率为26.18%。贫困家庭、“五保”户医疗救助覆盖率100%。

第六章　公共卫生

1989 年，建立“爱国卫生月”制度。公共场所卫生管理工作主要是对室外环境清洁卫生的监管。1990 年后，公共场所卫生的监管工作重点转向发廊、舞厅、旅社、饭店等休闲娱乐场。2002 年，建立全县公共卫生突发事件责任网、处置网和信息网“三网”体系。2005 年，通过开展爱国卫生运动和农村改水、改厕工作，农村卫生厕所普及率达到 69%，全县 98.25% 的农村人口用上安全卫生的自来水或井水；全县获得市级以上文明卫生村共有 94 个、自治区级文明卫生村 1 个。

第一节　爱国卫生运动

1989 年 3 月，县爱国卫生运动委员会发出关于开展“爱国卫生月”活动的通知，在全县建立爱国卫生月制度，将每年 4 月作为爱国卫生突击月。在第一个卫生突击月活动中，进行广泛宣传和深入发动。此后，每年都开展一次卫生突击月活动。爱卫会统一配制鼠药，开展春、冬两次灭鼠运动。各单位、各家各户在同一时间投放鼠药。1995 年春季，灭鼠工作从室内、居住地转向室内外兼顾，扩大到农田。是年，进行春季农田灭鼠的有 8 个乡镇、104 个行政村，占全县行政村的 88.9%，共投入经费约 12.9 万元，灭鼠药敌鼠钠盐 31 千克，配制毒饵 3.23 万千克，投药面积 4593.33 公顷，灭鼠约 152.35 万只，灭鼠效果 85.8%。

2002 年，全县投放低毒高效灭鼠谷物 1500 千克，整治清理各式阴阳沟 5800 米，处理各种堆积垃圾 1500 吨；清理卫生死角 71 处，新建排污沟 1400 米，填平坑洼道路 7 处、约 6 千米。灭鼠前后密度调查共 13 个单位，布粉块 582 块监测，阳性粉块数为 9 块，鼠密度阳性率为 1.64%。

2004 年，全县投放低毒高效灭鼠谷物 1000 千克，整治清理各式阴阳沟 4000 米，处理各种堆积垃圾 1200 吨；清理卫生死角 81 处，新建排污沟 800 米，填平坑洼道路 700 多处。

2005 年，结合农村改水改厕工作，县乡各级卫生机构通过乡镇政府、村民委员会宣传和引导群众，统一时间开展消灭“四害”（鼠、蝇、蚊、蟑螂）工作。同时，为防治人感染高致病性禽流感强化公共卫生工作，由卫生防疫部门牵头，在县城和乡镇圩集对各宾馆、饭店、饮食摊点，进行灭消毒、杀蚊和蝇工作。

第二节　改水改厕

改水

恭城传统的饮用水有井泉水和沟河水。1988 年，开展第二次饮水调查，全县饮用卫生水的

177806人，占总人口的68.3%。其中，饮用自来水、简易自来水、小电泵水、吊井水的121714人，占46.8%；饮用压把井水的56092人，占21.5%；饮用泉水、沟水、溪水、岩水的82615人，占31.7%。泉水、沟水、溪水、岩水等多是下雨后自然形成，容易受到污染，加上取水点没有安全防护设施或设施不全，也未经沉淀、过滤、消毒处理和监测检验，水中可能含有病原微生物、有毒有害的化学物质及放射性物质等。饮用这样的水存在卫生安全隐患。

1986—1992年，全县改水受益人数168100人。其中建自来水厂、水站26个，受益17000人，占改水受益面的10.1%；修复手压机井5110口，受益61200人，占改水受益面的36.4%；改良大口井386眼，受益人口89900人，占改水受益面的38.5%。1989—2000年，全县改水受益总人数222983人，饮水质量提高。其中，饮用自来水的73179人，饮手压机井水132708人，饮用改良后的大口井水17096人。2001—2005年，全县完成改水项目19个点（处），受益人口约7000人。

至2005年年底，全县农村人口改水受益增至25.33万人，占全县农村人口的98.25%。其中，饮用自来水11.46万人，饮用手压机井水12.79万人，其他1.08万人。

改厕

1983年，将建厕改厕列入沼气建设和市容整顿工作内容，推动改厕工作的开展。至1991年年底，全县改良厕所49941户，粪便无害化处理厕所25676座，无害化厕所普及率51.4%。1995年，农村改厕向沼气式、三格化粪池式方向发展。至2000年年底，全县农村61544户，有沼气式厕所31296座，占50.85%，其中三格化粪池厕所765座。

2001年8月，成立农村改厕工作领导小组，在爱国卫生运动委员会下设办公室。将改厕指标任务具体分解，量化落实到村屯。县直各单位包村包点、出资出力、集中突击，推进农村卫生厕所建设。至2005年，共投入874.47万元，完成8674座卫生厕所的建设。全县农村卫生厕所户增至42416户，卫生厕所普及率69%。

第三节 卫生监督

劳动卫生监督

1989年，恭城的劳动卫生工作主要是宣传、贯彻《中华人民共和国尘肺病防治条例》、慢性职业病调查、有害作业单位建档建卡及粉尘与噪音危害的调查评估等方面。1994年，抽调卫生、防疫机构技术人员9人到水泥厂、冶炼厂、水泥预制厂、蓝洞电站、势江电站等检查和指导防尘技术改造。1997年，配合桂林地区防疫站对县水泥厂、农资公司、冶炼厂、水泥预制厂、石油公司、蓝洞电站、势江电站共7个厂矿单位、494名职工进行职业健康检查。同年，开始进行放射卫生监测，至2000年协助上级部门完成全县范围内医用诊断X线机的监测和发证验证工作。

2003年，在全国法制宣传月和《中华人民共和国职业病防治法》宣传周活动中，在县城、各乡镇发放宣传资料2000份，出宣传栏2期、接待咨询120人次。县卫生局、安全生产监督管理局等单位组成联合检查组，对12家企业、事业单位进行检查，检查出工作场所存在职业病危害因素有粉尘、高温、噪声、震动、有毒有害气体、有机溶剂、苯基氨基硝基化合物、高分子化合物、电子辐射和非电力辐射等，接触职业病危害因素的592人，对用人单位存在的问题提出限期整改意见书。

2004年，根据《自治县人民政府转发县卫生局等11部门关于开展乡镇企业、个体工商户职业病危害专项整治工作实施方案的通知》，对8家个体工商户、企业进行监督检查，并下达整改意见书8份；对10家医疗机构进行放射卫生监督1次/户～2次/户，共监测32个点次，个人剂量监测16人次，对存在问题下达整改意见书6份。

2005年，组织卫生监督员近60人次，对县内部分企业、事业单位进行工作场所存在职业病危害因素进行检查，对用人单位存在的问题提出限期整改意见书。同时对县内各医疗卫生单位开展医疗安全检查，重点督查各单位消防设施、人员疏散通道、水电设施、锅炉容器、防盗设施、剧毒和毒麻药品管理情况。

学校卫生监督

1989年，县爱国卫生运动委员会、教育局、卫生防疫站联合组织人员对全县学校食堂卫生进行检查。要求食堂内外整洁干净，避免脏物和鼠、蝇、蟑螂等虫害物污染食品用具；管理人员、炊事员的个人卫生符合卫生要求，无传染病，上班扎围裙，带袖套、口罩、工作帽；杜绝腐烂变质食品蔬菜的食用。

1990—1995年，学校卫生监测除将重点放在食堂日常卫生外，还开展学生近视眼、肺结核以及其他常见传染病、常见肠道寄生虫病的监测，同时做好高考学生体检资料的收集、整理及上报，协助一些学校建立健全各项卫生管理制度，特别是食堂卫生的管理制度。此后，每年对学校卫生进行检查，针对检查出来的问题，提出整改意见。

2001年，检查25所中小学食堂26家，从业人员91人；取得卫生许可证24家，持证率为92.3%；有健康证和卫生知识培训合格83人，持证上岗占91.2%。各学校均配有1名学校领导负责学校卫生管理工作和专职食堂卫生管理人员，建立学校卫生管理各项规章制度。大部分学校食堂加工场所、设施与供餐数量相匹配，食堂内均设有食品保存柜、食具保洁柜和蔬菜浸泡池等卫生设施。食堂内餐具、用具清洗干净，摆放整齐，内外环境卫生较清洁干净，无废弃物，无污水和异味，均设有简单洗手、洗餐具设施。建有自供水井、水池均加盖，并定期清洗。未发现过期变质食品及原料，采购食品渠道清楚，粮油、蔬菜配料都能妥善保管和贮存。

2002年，对全县23所中小学和幼儿园集体食堂和小卖部进行监督检查，以食品卫生、饮水卫生、环境卫生为重点，查出存在的问题：无卫生许可证或许可证过期；从业人员未取得有效康健证无证上岗；食堂“三防”（防鼠、防蝇、防尘）设施不完善；自备饮用水未经消毒；食品原料采购、食品安全相关信息不安全；等等。针对上述问题，提出具体的整改意见。

2003年，检查24所学校及幼儿园，其中，中学22所、小学1所、幼儿园1所。检查学生集体食堂28家，食堂工作人员124人，食堂工作人员取得健康证和卫生知识培训证117人，持证率为94.35%。各学校均配备1名学校领导和专职总务负责学生集体用餐管理，9所学校建立健全学校卫生管理制度和落实工作责任制，学校食堂对食品采购进行定点采购及登记。大部分学校学生食堂内外环境卫生较清洁，有防蝇、防尘、防鼠设施，食堂内设有蔬菜浸泡池、食品中洁柜。21家学生食堂均设有洗手、洗餐具的自来水装置。检查后，根据发现的问题，作出以下处理：警告责令改正21家，罚款1家，取缔学校周边从事食品生产经营摊店4家。对未取得健康证的7名工作人员责成其按要求参加健康体检，取得健康证后方可上岗；对食品卫生“三防”设施按要求进行整改完善；对未办理卫生许可证、从业人员未取得健康证、“三防”设施迟迟不予落实的幼儿园食堂予以行政罚款。

2004年12月，对县辖区内县民族中学等20所有学生寄宿的学校的生活饮用水进行卫生检测，共采集水样23份。检测后，发现23份水样主要是微生物检测指标不符合生活饮用水卫生标准。检测结束后，对各学校存在的问题提出整改意见。

2005年，对全县28所中小学食堂、小卖部、自建供水设施等监督检查，对22所寄宿制学校生活饮用水进行抽检，抽水样23份，下达整改意见书70余份。

公共场所卫生监督

1989年以前，公共场所卫生的监测主要是室外环境清洁卫生的监管。1990年后，发廊、舞厅、旅社、饭店等休闲娱乐场所逐年增多，公共场所卫生的监测工作重点转向这些场所。2000年，对全县135家发廊、14家歌舞厅、29家旅社及其他场所18家进行系统监测管理，采样586份。经化验分析，合格的418份，合格率71.3%。为避免公共场所对水源的污染，还对生活饮用水水质进行调查监测，对在全县的自来水厂、集中式供水单位及二次加压供水单位的饮用水采样35份进行检测，合格的26份，合格率74.4%。2004年，对217家公共场所（发廊、理发店132家，文化娱乐场所16家，宾馆、旅店32家，休闲园、茶庄39家）进行监督检查，监督覆盖率100%，监督频次2次/户～3次/户。2005年，对全县198家公共场所监督覆盖率100%，监督频次2次/户～3次/户。共采样670份，合格份数536份，合格率80%。

2002年，建立全县公共卫生突发事件责任网、处置网和信息网“三网”体系。县、乡分别成立“三网”建设工作领导小组、公共卫生突发事件救护领导小组，各医疗卫生单位建立应急救护队伍。制定“三网”建设工作方案及公共卫生突发事件处理预案。利用各种有关会议、宣传专栏、宣传横幅、标语等形式，广泛开展“三网”建设宣传工作。加强对食品卫生、学校卫生、饮水安全卫生、健康相关产品等的专项监督检查；加强农村改水改厕、食品卫生监督管理，把好“病从口入”关。各医疗卫生机构建立门诊登记报告制度，对疑似传染病实行首诊医生负责制；加强疫情报告系统管理，落实责任报告人，按规定分类及时上报疫情；推行乡村卫生服务一体化管理，明确乡镇、村级防保工作职责，提高乡村卫生机构综合服务功能。

2003年9月17日1时至7时，平安乡詠棠中学陆续有22名学生出现腹痛、腹泻等症状，发病率为4.61%。7时40分，县防疫站经采样检查分析，结果为食用了被蜡样芽孢杆菌污染的大米饭所致。至9月19日，病情得到控制，无新增病例发生。

2004年1月，组建县突发公共卫生事件卫生救治领导小组，以及一支应对重大传染病、群体性不明原因疾病、重大食物和职业中毒及重大伤亡及其影响公众健康的突发公共卫生事件的救治队伍，分为急性传染病救治组、急性中毒救治组和重大创伤救治组。至2005年，未发生公共卫生事件。

第四节　文明卫生先进创建活动

创建文明卫生城镇

1993年，恭城县政府开始开展创建文明卫生城镇活动，提出以县城为工作重点，目标是创建文明卫生县城。采取日常卫生清洁与突击打扫相结合、门前三包和门内达标相结合等方法，县城各商业户与卫生监督管理部门签订“门前三包，门内达标”合同。县城清洁卫生工作逐渐走向法制管理的轨道，县政府颁发管理条例。从县精神文明办、建设委员会、城管队、工商、公安、交警、爱国卫生运动委员会及卫生等部门抽调人员组成县城环境卫生监督队伍，走上街头，实行环境卫生、交通秩序的综合性管理。至是年年底，出入县城的3条主要道路、5条主街道硬化率90%、绿化率78%以上。有环卫工人23人、农贸市场有专职保洁员4人，配有2台自动装卸垃圾车、15架人力车。除对县城道路清扫外，县环卫站清洁工上门收集垃圾，使垃圾能日产日清。

1994—1998年，加强县城设施建设及县城的综合治理整顿。主街道重新设置果皮箱，规范摊点和停车的摆放，拆除乱搭乱盖等违章占道建筑，完善临街单位房屋的粉刷装修工作，落实门前卫生工作责任。

1999年6月，成立创建文明卫生县城、乡镇、村领导小组；7月，下发《恭城瑶族自治县创建卫生县城乡镇、村活动实施方案》。县城卫生建设和管理实行统一规划。2000年4月，县爱国卫生运动委员会制定《恭城瑶族自治县创建自治区级卫生县城实施方案》，落实环境治理和卫生基础设施建设，改善市容市貌。5月，成立旧城改造整治领导小组，召开数次专题讨论会，制定改造整治活动目标。改造整治活动分三个阶段：第一阶段，拆除旧房新建，按五层以上标准建设；第二阶段，将所有的旧房门面全部装修（即穿衣戴帽工程），重新铺设人行道、更新路灯，改造卫生公厕；第三阶段，强化县城街道的管理，实现“三化”（净化、美化、绿化），县直各单位也按“三化”进行建设。县财政拨出专款，从有关单位抽调20多人，聘请退休干部20多人组成县城综合治理队伍，长年坚持县城的环境卫生管理。纠正各种违章车辆，树立各种文明标志牌，规范摊点，拆除违章建筑，制止乱搭乱盖，落实门面卫生承包责任制。街道增加设置果皮箱248个，平整各街道的路面，重铺油路、更换主街道绿荫树、路灯，增设路灯1000多盏。至是年年底，主街道无乱搭乱盖、占道经营、无乱放车辆现象，交通秩序井然。沿大街三层以下的旧瓦房大部分被拆除重建，所有大街两旁的旧房全部进行“穿衣戴帽”工程，粉刷一新。路面全部铺新油路，人行道全部换上有色地砖，所有门面装饰一新。至2005年，县城环境卫生综合治理走向正常化和规范化，车辆停放规范，公共设施得到改建、扩建和完善。

创建文明卫生乡村

1999年7月，在全县展开乡镇、村的“创卫”活动中。栗木镇和莲花镇强化集镇的基础设施建设和配套设施管理，重点治理集镇环境卫生、市场秩序、市容市貌。2001年，以农村改水改厕为重点，开展创建卫生村（镇）工作，平安乡北溪、北洞源，西岭乡大岭山，嘉会乡麒麟山、恭城镇杨柳井共5个自然村获市级“卫生村”称号。

2002年起，将创建卫生村与精神文明示范村、小康村、生态村创建结合起来。2003年，全县获得自治区级文明卫生村1个、市级文明卫生村26个。2004年，获得市级文明卫生村36个。2005年，获得市级文明卫生村27个。

第七章　体育

1989—2005年，恭城县体育设施有极大改善，设备质量大大提高，2005年，全县运动场总面积比1989年增加3.41倍，室外健身器材从无到有，全民健身运动广泛开展。县城和部分乡镇成立老年体育协会，并有羽毛球和乒乓球等单项体育协会，常年参加体育活动人数约10万人。逢年过节及重要的纪念日，体育管理部门根据节日特点协同有关部门和社会团体举办各种体育运动会，机关单位以自筹或集资形式举办各种比赛。莲花镇、栗木镇、西岭乡等乡镇每年利用当地传统节日举办体育活动。17年间，恭城共派出85人次参加自治区级以上各种体育竞赛，累计获得金牌3枚，第1名19人次，第2名20人次，第3名13人次，第4名至第8名26人次。1997年，县体育事业管理处被评为自治区推行《国家体育锻炼标准施行办法》先进单位。1998年，获"全区民族体育模范集体"称号。1999—2000年，被评为"自治区推行《国家体育锻炼标准施行办法》先进单位"。2001—2003年，被评为"自治区群众体育先进单位"。2003年，被评为"自治区'全民健身宣传周'先进单位"。

第一节　机构

1989年，恭城县体育运动委员会内设群体股、学训股和人秘股3个股，编制8人，实有8人。1996年7月，机构改革，改称恭城县体育事业管理处，内设机构、编制和实有人员不变。2001年12月，县体育事业管理处更名为体育事业管理中心；至2005年，编制和内设机构不变。

1989—2005年，历任主任：卿桂生、杨加青、胡水三、欧阳植军、周运业、黄世斌。

第二节　体育设施

1989年，县政府投资90万元改建县体育馆灯光球场，修建标准田径运动场。1997年，县老年体协集资6万元，建简易钢屋架结构室内门球场1个，另有2个露天门球场，地掷球场1个，共3000平方米。1999年，老年体协自筹资金搭盖100平方米的简易棋牌娱乐室。2001年，县财政投入150万元，将露天灯光篮球场改建成体育馆，9月竣工。2002年，国家体育总局赠送总价值约20万元的健身体育器材2套，其中室外健身器材1套，安装在县中心广场；室内器材1套，安装在县体育馆。2004年，桂林市政府赠送价值约3万元的室外体育健身器材1套，安装在平安乡横山瑶寨。2005年，全县有标准运动场地170个，其中，体育馆1个，田径场3个，门球场5个，篮球场161个；非标准场地125个，其中，足球场地4个，羽毛球场地20个，运动场地21个，乒乓球场81个。运动场地总面积 4.53 万平方米，比 1989 年增加 3.2 万平方米。

1989—2005 年，全县乡镇及部分村进行运动场地建设。至 2005 年年底，多数乡镇政府建有水泥地面的篮球场地，其中，平安乡、莲花镇、龙虎乡、西岭乡等的篮球场场地在 600 平方米以上，安装有球场灯光，1～2 级看台，可容纳观众 1000～2000 人。平安乡的北溪村建有 2 个篮球场，其中 1 个安装球场灯光。

2005 年恭城瑶族自治县体育设施情况一览表

表 18-7

单位：平方米、万元

<table>
<tr><th rowspan="2">名称</th><th rowspan="2">所在地</th><th rowspan="2">构造情况</th><th rowspan="2">使用面积</th><th colspan="2">投资情况</th><th rowspan="2">建设时间</th><th rowspan="2">备注</th></tr>
<tr><th>资金来源</th><th>金额</th></tr>
<tr><td>恭城体育馆（篮球馆）</td><td>县城</td><td>钢屋架结构（木地板）</td><td>2430</td><td>财政拨款</td><td>156.99</td><td>2000 年</td><td>原为水泥地板灯光球场后盖成钢架结构木地板</td></tr>
<tr><td>人民体育场</td><td>县城</td><td>煤渣跑道（400 米标准场地）</td><td>15910</td><td>财政拨款</td><td>50.00</td><td>1988 年</td><td>—</td></tr>
<tr><td>恭城门球场</td><td>县城</td><td>土质结构</td><td>1000</td><td>财政拨款</td><td>10.00</td><td>1997 年</td><td>3 个</td></tr>
<tr><td>篮球场</td><td>县城及各乡镇</td><td>水泥地</td><td>15800</td><td>各单位筹集资金</td><td>158.00</td><td>1997—2004 年</td><td>2000 年后新建的水泥地板篮球场共 25 个</td></tr>
<tr><td>田径场</td><td>栗木中学、民族中学、恭城中学</td><td>恭城中学有 300 米为塑胶场地</td><td>26000</td><td>财政拨款</td><td>260.00</td><td>2002—2004 年</td><td>均为 400 米跑道标准田径场</td></tr>
<tr><td>室外健身器材</td><td>县城、平安乡横山自然屯</td><td>全民健身室外器材各 1 套</td><td>—</td><td>赠送</td><td>23.00</td><td>2002 年、2004 年</td><td>国家体育中心送 1 套装恭城中心广场、桂林市人民政府送 1 套装平安横山自然屯</td></tr>
</table>

第三节　群众体育

传统体育项目

1989—2005 年，县境内少数民族传统体育项目主要有武术、舞龙、舞狮、抢花炮、三人穿板鞋、高脚竞速和掰手腕等。恭城各乡镇的农民业余舞龙舞狮队有 70～80 个，约 1000 人，其中较活跃的队伍有西岭乡西岭村舞狮队、恭城镇江贝村、乐湾村舞狮队、莲花镇莲花街舞狮队、势江舞狮队和平安乡北溪舞狮队等。每年正月，各乡镇有舞龙、舞狮队的贺新春表演。农历六月二十三，嘉会唐黄、栗木欧寨以及莲花势江共 3 个区域有婆王节（亦称祖婆愿）习俗，举行舞龙、舞狮表演和抢花炮活动。莲花镇莲花街，在农历八月十六中秋会期有武术表演、猜谜语和舞龙舞狮等项目。1995 年，恭城始举办关公文化节，此后每年一小祭，三年一大祭。每年的关公文化节期间均举行舞龙、舞狮表演。其中在 2002 年大祭期间，举行舞龙、舞狮表演赛，共有 10 支农民业余舞龙、舞狮队的 100 多人参加。

1989 年 10 月 15—20 日，自治区第七届少数民族传统体育运动会在恭城举办。竞赛项目有抢花炮、射弩、投绣球、顶竹杠、三人穿板鞋竞速、珍珠球、爬坡杆。表演项目有童狮踩桩、女子南拳、夫妻舂碓、羊角舞双狮上金山、女子单狮上金山、狮子过天桥、童狮、打扁担、高脚球、三人穿板鞋、背篓球、芦笙踩堂拉鼓、跳竹杠、瑶族长鼓舞。参赛的有自治区南宁、柳州、桂林、梧州 4 个市，南宁、柳州、桂林、梧州、玉林、钦州、百色、河池 8 个地区代表团共 470 人（运动员 390 人）。

图 18-3 1989 年 10 月，广西壮族自治区第七届少数民族体统体育运动会在恭城举行（县体管中心提供）

1993 年 10 月 11—14 日，广西壮族自治区第八届少数民族传统体育运动会在梧州富川举行，恭城派出 23 名运动员参加抢花炮、顶竹杠、大象拔河、爬坡杆等项目的比赛。彭明颖获男子轻量级顶竹杠第 3 名、男子抢花炮获得第 3 名、周诗印获男子轻量级顶竹杠第 6 名、周桂珍获女子轻量级顶竹杠第 5 名。

1998 年 10 月 24—28 日，广西壮族自治区第九届少数民族传统体育运动会在贵港市举行，恭城派出 17 名少数民族体育运动员参加男、女顶竹杠，三人穿板鞋比赛和“双狮抱球跳八仙”项目的表演。恭城运动员欧恒、邓时英分别获男、女顶竹杠第 5 名；西岭村的“双狮抱球跳八仙”表演项目获得二等奖。

2000 年 6 月，组建首支龙舟队，参加桂林市第八届“真龙杯”龙舟大奖赛，获小组第 2 名。同年，在莲花镇传统会期期间，举办武术、散打比赛，来自其他市、县 40 多名武术爱好者参加比赛。2002 年 10 月 28 日至 11 月 1 日，广西壮族自治区第十届少数民族传统体育运动会在桂林市举行，恭城选派 8 名运动员代表桂林市参加高脚竞速项目的比赛，获金牌 2 枚，银牌 1 枚，铜牌 3 枚。

农村体育

1989—2005 年，农村体育多以有条件的自然村、村委会等自筹资金，在春节、中秋节等节日期间，邀请附近村屯参加篮球、乒乓球、拔河、中国象棋和三三棋等比赛。开展得较活跃、参加人数和观众人数较多的有平安乡北溪村，该村有两个并列的篮球场，其中一个安装有球场专用灯光，可在晚间进行比赛。春节期间举办篮球、拔河、乒乓球、中国象棋和三三棋等活动，邀请四邻八方的乡亲来参加。每次运动会都吸引数千观众。各乡镇政府在春节、中秋节等节日期间，组织本地农村开展篮球赛、中国象棋等文体活动。开展得比较活跃的有平安乡、西岭乡、栗木镇和莲花镇等。17 年间，全县共举办 19 次春节运动会。

1990 年，举办首届丰收杯农民篮球运动会，共有 21 支队伍、300 多人参加。1997 年，栗木镇、观音乡、龙虎乡、嘉会乡、三江乡分别组织丰收杯篮球赛。1999 年春节，在恭城镇乐湾村举办首届文明杯篮球赛，9 个乡镇、18 个代表队、200 多人参加比赛。2000 年春节，在北溪村举办“千禧龙”体育运动会，运动项目包括篮球、乒乓球、象棋和跳棋等，有 300 多运动员参加。同年 9 月，举办首届“桂绿杯”农民象棋大奖赛，来自全县各乡、镇的 40 多名农民象棋爱好者参加比赛。2001 年 10 月，恭城组队参加桂林市首届农民运动会。其中，女子象棋获团体第 1 名；何琪获女子象棋个人第 1 名。2004 年 8 月，恭城组队参加广西第五届农民运动会，武术项目获得金牌 5 枚、银牌 3 枚、铜牌 5 枚。2005 年，举办“信合杯”农民篮球赛，有 15 个代表队、约 200 人参加。

莲花镇在每年的农历八月十六的传统会期中，由各行各业和各界人士的捐款数万元开展各种文体活动，如舞龙舞狮、猜谜语、武术表演和篮球赛等。其中，1991 年的会期共筹集到资金 20 多万元。其中的武术散打比赛，有灌阳、平乐、荔浦、富川、贺县、钟山等县 30 多名运动员参赛。1998 年中秋节期间，莲花镇莲花街群众自筹资金 9 万元，举办中秋会期篮球邀请赛，邀请平乐县二塘镇代表队参加。

城镇体育

20 世纪 90 年代起，城镇体育得到较快发展。机关企事业单位职工业余时间的体育活动以篮球、乒乓球、羽毛球、跑步、门球、象棋、气排球和拔河等为主。

篮球　1991—1999 年，举行的篮球杯赛有 15 类，参赛队伍约 300 支，共有 3000 多人参加。如财贸杯、矿产杯、计生杯、水电杯篮球赛以及乡科级领导干部篮球赛等，其中参赛 9～24 个队、100～260 人。1999 年 10 月，由青岛海信电器股份有限公司出资赞助，举行“海信杯”篮球赛，共有 20 支球队、240 多人参加。2000—2005 年，举办甲天下杯、水电杯、林业杯国土资源杯等篮球赛，参赛 9～24 个队、100～240 人。2001 年 9 月，县体育馆落成，举办中国移动超级篮球赛邀请赛，参赛的队伍有广西青年队、南宁工商队、桂东电力队和恭城县队。2002 年 10 月，承办首届桂林市“林业杯”篮球赛，来自全市林业系统的 15 支队伍，220 多名运动员参加比赛。2003 年 9 月，承办桂林市首届“信合杯”篮球赛，来自桂林市 12 个县信用系统的男、女 20 支队伍，240 名运动员参加比赛。2003 年 11 月，在首届桂林恭城月柿节期间，承办桂林市第四届副处级以上领导干部“恭城国土资源杯”篮球赛，全市直属单位、5 个城区、12 个县共 24 支队伍参加比赛。2004 年，承办自治区“信用联社”篮球赛决赛阶段的比赛。2005 年，举办春节、公路杯、个协杯篮球赛，共计 40 多个代表队、600 多人次参加。

健身跑　1997 年 6 月，举办“迎香港回归，振兴广西”百万人健身跑活动，全县 5000 多人跑完全程 4000 米的赛程。其中年龄最小的 10 周岁，最大的 70 多周岁。1999 年元旦，组织迎新年体育运动会，其中环城跑活动共分 4 个年龄组、两条路线进行，小学生组和老年组行程 4.5 千米；中学生组和成人组行程 12 千米，共有 2000 多人参加比赛。同年 11 月 25 日，为纪念桂林市解放 50 周年，组织 20 名长跑选手参加桂林市“象山杯”长跑比赛，恭城有 4 名女队员夺得第三名、第四名、第六名、第七名。

其他项目　1992—1997 年，举办“百万人广播体操比赛”，有 20 支队伍、800 多人参加。1998 年“三八”国际妇女节期间，举办秧歌比赛，共有 8 支队伍、150 多人参加。1998 年“五一”国际劳动节、“五四”青年节期间，举行拔河比赛，有 29 支队伍、400 多人参加。1998 年“六一”儿童节，举办儿童趣味体育和小学生足球比赛，有 600 多名小运动员参加比赛。

老年人体育

1987 年 5 月，成立县老年人体育协会，有会员 290 人。协会根据老年人特点，组织开展多种体育活动。其中，门球、保健操、太极拳、棋、牌等项目深受欢迎。1989 年 5 月，莲花乡成立老年体育协会，有会员 222 人，是年参加棋牌等各种活动的有 6000 余人次。

1990 年，在县城有 4 个保健操练习点，每天参加练习的老年人近 200 人。太极拳、剑练习点有 3 个，每天参加练习的老年人约 130 人。每天参加门球活动的老年人约 100 人。

1997 年，老年体协在县城建成 1 个简易室内门球场和 2 个露天门球

图 18-4　1997 年，在县城广场举行“九九”重阳节老年人拳、剑、操、舞表演（县文旅局提供）

场，老年门球活动更加活跃，是年开展门球比赛10次。1998年，组织开展各种门球竞赛12次，各种拳、剑、操、舞表演2次，趣味体育活动2次，棋、牌赛4次，参加活动6000多人次。1999年，恭城老年人门球队参加桂林市的门球比赛4次。2000年，恭城门球队获得桂林市“双拥杯”门球赛冠军，代表广西参加在上海举行的亚洲门球锦标赛。2001年，先后举办“土地杯”“交通杯”“公路杯”门球赛及象棋、拔河、拳和剑操等活动31次，参加活动1万多人次。2005年，举办的门球、棋牌等各种老年人活动30多次，近2万人次参加。

第四节　学校体育

1989—1998年，小学一年级至六年级每周安排体育课2节，中学1～2节。1999年起，小学一年级、二年级体育课每周安排2节，三年级至六年级每周3节。体育教师根据体育教学大纲要求备课、上课。体育课教学遵循学生身心发展的规律，根据学生的年龄特点和所在地区、气候条件确定具体的教学内容，教学形式灵活多样。各级学校根据实际情况，因地制宜，开展生动活泼的课外体育活动。普通中小学校、职业学校每天都安排课间操，每周安排3次以上课外体育活动，有内宿生的学校每天安排早操，保证学生每天有1小时的体育活动时间。

体育达标测试

1990年，按照《学校体育工作条例》的有关规定，恭城各中小学校体育课每周安排2课时。按照《国家体育锻炼标准》，中学生测试50米、立定跳远、推铅球（实心球）、800米（女子）、1000米（男子）、引体向上（男子）、仰卧起坐（女子）；小学生测试25米×2往返、立定跳远、投沙包、仰卧起坐的体育标准要求进行课时安排。1993—1994年，中小学生《国家体育锻炼标准》达标率95.58%。1995—1996年，达标率99.52%。2002年7月，教育部、国家体育总局印发《学生体质健康标准》（试行方案）及《〈学生体质健康标准〉（试行方案）实施办法》的通知，要求从2002年秋季开始在各省（区）试行《学生体质健康标准》，恭城因缺乏设备设施，直到2004年才开始实施。小学一年级、二年级测试身高、体重、坐位体前屈3项；小学三年级、四年级测试身高、体重、50米跑、立定跳远4项；小学五年级、六年级测试6项，其中身高、体重、肺活量为必测项目，选择项目为3项：从台阶试验、50米×8往返跑中选测一项；从50米跑、立定跳远中选测一项；男生从坐位体前屈、握力中选测一项，女生从坐位体前屈、握力、仰卧起坐中选测一项。初中及以上各年级测试项目为6项。其中，身高、体重、肺活量为必测项目；初中以上各年级选测项目为3项：从50米跑、立定跳远中选测一项；男生从台阶试验、1000米跑中选测一项，女生从台阶试验、800米跑中选测一项；男生从坐位体前屈、握力中选测一项，女生从坐位体前屈、仰卧起坐和握力中选测一项。各测试项目的得分之和为《标准》的最后得分，根据最后得分评定等级：86分以上为优秀，76～85分为良好，60～75分为及格，59分以下为不及格。每学年评定一次成绩并记入《学生体质健康标准登记卡片》，小学按照组别两年评定一次，其他年级每学年评定一次。学生毕业年级等级的评定，按毕业当年的成绩和其他学年平均成绩（各占50%）之和评定。

学生体育竞赛

1989年，举办中学生篮球赛。1990年起，县教育局和县体育部门每年联合举办一次中小学田径运动会，每2年举办1次中学生篮球赛。至2005年，共举办12次中小学生田径运动会，累计有200支队伍、1800多人参赛，平均每年有13支队伍、110多人参加比赛。田径比赛的主要项目为100米跑、800米跑（女）、1500米跑（男）、实心球（小学）、铅球（中学）和跳远等。共举办9次中学生篮球赛，累计有83支队伍1000多人参赛，平均每届参赛队伍9支、110人参赛。

恭城业余体校

1989年，恭城业余体校有校长1人、事业编制4人，有室内训练场地700多平方米。是年，有一年级至六年级3个班的学生82人。至2001年，每年招收有体育特长的学生30～50人，上午上文化课，下午进行体育训练。2002年秋起，业余体校停止招收学生，派出教练到全县各学校筛选体育特长生30～50人，在节假日期间集中到县城体育馆进行针对性训练，选拔参加桂林市和自治区举办的各类体育项目比赛。2005年，参加业余体校训练的学生周强获得广西青少年田径锦标赛男子3000米第3名，蓝俊杰获得广西青少年武术锦标赛少年乙组枪和剑2项金牌。

第五节 竞技体育

1989—2005年，恭城籍运动员参加的国家体育比赛项目有青年水球赛、少年田径分龄赛和青少年业余蹼泳赛等。获得金牌1枚，第1名、第2名各1人次，第3名2人次，第4名1人次，第6名1人次，打破1项自治区记录；参加自治区体育比赛的项目有青少年举重比赛、体育传统项目学校田径赛、青少年田径赛、农民运动会、大众体育竞赛和青少年武术锦标赛等。共获得金牌2枚，第1名18人次，第2名19人次，第3名11人次，第4～8名24人次；打破5项自治区记录。

参加国家级以上比赛

1992年8月5—10日，在广东省江门市举行全国青年水球赛，恭城籍运动员卢桂民参加的广西青年队获得第4名。1993年8月10日，在福建省三明市举行的全国少年田径分龄赛，恭城籍运动员欧宏波获得女子15岁组200米第2名、中跑组全能第3名、女子4×100米接力第1名。1993年8月5—10日，在湖南省冷水滩举行的全国青年水球赛，恭城籍运动员卢桂民参加的广西队青年水球队获得第3名。1993年8月1日，恭城籍运动员常鸿代表武汉体院参加全国青少年业余蹼泳比赛，获得100米第6名。同年9月6日在北京全国第七届运动会上，恭城籍运动员路艳梅在女子举重比赛中以抓举88千克，挺举107.5千克、总成绩195.5千克的成绩打破自治区举重纪录。1994年，在全国青年水球比赛上，恭城籍运动员卢桂民参加的广西青年水球队获得金牌。

参加自治区级比赛

1989年，在广西青少年女子举重比赛上，路艳梅获得52千克级抓举第1名，挺举、总成绩2个第2名。同年，路艳梅获得广西男、女举重冠军赛48千克级总成绩2个第1名，抓举第2名。柏雪刚获得广西少年田径分龄赛13岁组800米主项第2名，蒋智勇获得广西重点体育传统校田径男子初中组800米第1名和1500米第2名，陈今君获得初中男子组100米第2名，谢庆华获得高中组男子200米第2名。1991年，广西少年田径分龄赛，欧宏波获得13岁组女子300米第1名，800米第3名；欧阳春荣获得女子15岁组200米第2名。

1992年11月，在南宁举行的广西第七届运动会上，何厚军获得青少年男子组田径3000米第1名，1500米第3名；路艳梅获得女子成年组56千克级举重总成绩第1名，打破成年组举重挺举自治区纪录。1992年，欧宏波获得自治区少年田径分龄赛女子14岁组300米主项第1名。何厚军获得自治区少年田径锦标赛男子15岁组800米第2名，欧宏波获得女子14岁组300米第2名。冯勇辉获得广西农民运动会男子 1 万米第 2 名，5000 米第 4 名。何厚军获得自治区中学生田径运动会男子 1500 米第 2 名，800 米第 3 名，蒋智勇获得 400 米第 1 名（打破自治区中学生纪录）。

1994 年，欧宏波获得广西青少年田径锦标赛女子 16～17 岁组 200 米第 1 名。1997 年 7 月，黄艳春获得广西少年田径锦标赛女子 14 岁组 1500 米副项 400 米第 1 名。广西少年田径锦标赛女子 14 岁组 800 米副项 100 米第 2 名。1998 年 7 月，在宜州市举行的广西区属体育传统项目学校田径赛，黄艳春获女子初中 400 米第 1 名，800 米第 1 名，陈艳玲获女子 200 米第 1 名、100 米第 2 名，彭迎秋获得女子 200 米第 3 名，盘玉凤获得女子标枪第 3 名，黄亚萍获得女子 1500 米第 3 名，黄艳春、彭迎秋、陈艳玲、刘娟获得 4×100 米接力第 1 名，刘娟获得女子高中 800 米第 1 名、400 米第 3 名，刘娟、陈艳玲、黄艳春、盘玉凤获得女子 4×400 米第 1 名。2004 年，周强获得广西青少年田径锦标赛男子组 3000 米第 1 名，1500 米第 2 名。2005 年，周强获得广西青少年田径锦标赛男子 3000 米第 3 名，蓝俊杰获得广西青少年武术锦标赛少年乙组枪、剑 2 项金牌。

1989—2005 年恭城参加自治区体育竞赛获奖一览表

表 18-8

年份	运动会名称及项目	姓名	比赛地点	获奖名次
1989	广西青少年女子举重比赛 52 千克级	路艳梅	—	抓举第 1 名，挺举第 2 名，总成绩第 2 名
1989	广西男、女举重冠军赛女子 48 千克级	路艳梅	—	抓举第 1 名，总成绩第 1 名
1989	广西少年田径分龄赛 13 岁组 800 米主项	柏雪刚	—	第 2 名
1989	广西重点体育传统校田径赛 800 米男子初中组	蒋智勇	—	第 1 名
1989	广西重点体育传统校田径赛 1500 米男子初中组	蒋智勇	—	第 2 名
1989	广西重点体育传统校田径赛 100 米男子初中组	陈今君	—	第 2 名
1989	广西重点体育传统校田径赛 200 米男子高中组	谢庆华	—	第 2 名
1989	广西重点体育传统校田径赛 200 米男子高中组	谢庆华	—	第 3 名
1989	广西重点体育传统校田径赛跳远米男子高中组	刘国玉	—	第 2 名
1989	广西少年田径重点项目分龄赛男子 13 岁组 300 米	蒋智勇	—	第 3 名
1990	广西高个队员集训比赛	卢桂发	南宁	男子第 4 名
		欧阳义萍		女子第 2 名
1990	广西高个队员集训比赛	张文静	南宁	女子第 3 名
1991	广西少年田径分龄赛 13 岁组女子 300 米	欧宏波	南宁	第 1 名
1991	广西少年田径分龄赛 15 岁组女子 200 米	欧阳春荣	南宁	第 2 名
1991	广西重点项目分龄赛女子 13 岁组 800 米	欧宏波	南宁	第 3 名
1991	广西重点项目分龄赛女子 13 岁组 300 米	欧宏波	南宁	第 4 名
1991	自治区少年田径锦标赛女子 13 岁组 300 米	欧宏波	南宁	第 6 名
1991	广西少年田径锦标赛女子 14 岁组 4×100 米	欧宏波	南宁	第 4 名
1992	广西第 7 届运动会青少年男子组 3000 米	何厚军	南宁	第 1 名
1992	广西第 7 届运动会青少年男子组 1500 米	何厚军	南宁	第 3 名
1992	广西第 7 届运动会青少年男子组 3000 米	冯勇军	南宁	第 5 名

续表 18-8

年份	运动会名称及项目	姓名	比赛地点	获奖名次
1992	广西第 7 届运动会青少年女子组 4×400 米	江美荣	南宁	第 6 名
1992	广西第 7 届运动会女子举重 56 千克级总成绩	路艳梅	南宁	第 1 名
1992	广西第 7 届运动会青少年男子组 4×400 米	肖代兴	南宁	第 8 名
1992	广西少年田径分龄赛女子 14 岁组 300 米主项	欧宏波	南宁	第 1 名
1992	广西区少年田径锦标赛男子 15 岁组 800 米	何厚军	南宁	第 4 名
1992	广西少年田径锦标赛女子 14 岁组 300 米	欧宏波	南宁	第 2 名
1992	广西少年田径锦标赛男子 15 岁组 800 米主项	何厚军	南宁	第 4 名
1992	广西少年田径锦标赛男子 16～17 岁组 300 米主项	肖代兴	南宁	第 6 名
1992	广西少年田径锦标赛男子 15 岁组 800 米	何厚军	南宁	第 2 名
1992	自治区少年田径锦标赛女子 14 岁组 300 米	欧宏波	南宁	第 2 名
1992	广西少年田径锦标赛男子 16～17 岁组 300 米	肖代兴	南宁	第 6 名
1992	广西农民运动会男子 1 万米	冯勇辉	—	第 2 名
1992	广西农民运动会男子 5000 米	冯勇辉	—	第 4 名
1992	广西农民运动会男子 100 米	将洪智	—	第 6 名
1992	广西农民运动会女子 800 米	江美荣	—	第 6 名
1992	广西中学生田径运动会男子田径 1500 米	何厚军	—	第 2 名
1992	广西中学生田径运动会男子田径 800 米	何厚军	—	第 3 名
1992	广西中学生田径运动会男子田径 4×400 米接力	何厚军	—	第 5 名
1992	广西中学生田径运动会男子田径 4×400 米接力	肖代兴	—	第 5 名
1992	广西中学生田径运动会男子田径 400 米	蒋智勇	—	第 1 名
1992	广西中学生田径运动会男子田径 800 米	蒋智勇	—	第 4 名
1992	广西中学生田径运动会男子田径 4×400 米接力	蒋智勇	—	第 5 名
1994	广西青少年田径锦标赛女子 16～17 岁组 200 米	欧宏波	—	第 1 名
1997	广西少年田径锦标赛女子 14 岁组 1500 米副项 400 米	黄艳春	南宁	第 1 名
1997	广西少年田径锦标赛女子 14 岁组 800 米副项 100 米	黄艳春	南宁	第 2 名
1997	广西少年田径锦标赛女子 13 岁组 200 米副项跳远	陈艳玲	南宁	第 7 名
1997	广西少年田径锦标赛女子 13 岁组 100 米副项跳远	陈艳玲	南宁	第 8 名
1998	广西体育传统项目学校田径赛女子 200 米初中	陈艳玲	宜州	第 1 名
1998	广西区属体育传统项目学校田径赛女子 100 米初中	陈艳玲	宜州	第 2 名
1998	广西区属体育传统项目学校田径赛女子 400 米初中	黄艳春	宜州	第 1 名
1998	广西区属体育传统项目学校田径赛女子 800 米初中	黄艳春	宜州	第 1 名
1998	广西区属体育传统项目学校田径赛女子 800 米高中	刘　娟	宜州	第 1 名
1998	广西区属体育传统项目学校田径赛女子 400 米高中	刘　娟	宜州	第 3 名

续表 18-8

年份	运动会名称及项目	姓名	比赛地点	获奖名次
1998	广西区属体育传统项目学校田径赛女子 200 米初中	彭迎秋	宜州	第 3 名
1998	广西区属体育传统项目学校田径赛女子标枪初中	盘玉凤	宜州	第 3 名
1998	广西区属体育传统项目学校田径赛女子 1500 初中	黄亚萍	宜州	第 3 名
1998	广西区属体育传统项目学校田径赛男子 400 初中	林宏江	宜州	第 2 名
1998	广西区属体育传统项目学校田径赛男子 800 初中	林宏江	宜州	第 2 名
1998	广西体育传统项目学校田径赛女子 4×400 米接力	刘娟、陈艳玲、盘玉凤、黄艳春	宜州	第 1 名
2003	广西大众体育竞赛女子 200 米竞速	何小妹	南宁	第 4 名
2003	广西大众体育竞赛女子 200 米竞速	朱文清	南宁	第 5 名
2003	广西大众体育竞赛男子 200 米竞速	周　强	南宁	第 5 名
2004	广西青少年田径锦标赛男子甲组 3000 米	周　强	南宁	第 1 名
2004	广西青少年田径锦标赛男子 1500 米	周　强	南宁	第 2 名
2004	广西青少年田径锦标赛男子 400 米	叶日康	南宁	第 6 名
2005	广西青少年田径锦标赛男子 3000 米	周　强	南宁	第 3 名
2005	广西青少年武术锦标赛少年乙组枪	蓝俊杰	南宁	金牌
2005	广西青少年武术锦标赛少年乙组剑	蓝俊杰	南宁	金牌

第十九篇

民族　民俗

第一章　民族

恭城地接湘南，古属骆越之地。据嘉会乡秧家出土春秋战国时期的青铜器表明，先秦时期已有人群在境内活动。至隋大业十四年（618），“置桂州，拆平乐地，建茶城县”，各民族人口陆续入境，已聚集了一定人口。唐代以前入居人口无据可查，有文字可查的以平地瑶的周姓入居最早，始于唐初，从湖南省宁远县迁入；汉族以齐姓为代表，为宋建隆年间（960—962）从山东省益都县迁入；壮族以莫姓为代表，于明洪武元年（1368）被官府从广西宜州、南丹招募为“平寇”而来。

入居恭城的汉族、瑶族、壮族先民，卜地而居。一般来讲，汉族主要分布在县城、各圩镇及其周围平地；瑶族分布在县东花山山脉、县北都庞岭山脉和县西海洋山山脉的 3 片山区，其中又以聚居三江、观音、莲花等乡镇为多；壮族主要分布在莲花、西岭、栗木、龙虎等乡镇的部分村屯。1949 年 10 月 1 日前，由于历代统治者对少数民族的歧视，部分瑶族、壮族为争取政治地位，放弃民族服饰、语言，伪称汉族。据民国 17 年（1928）人口统计，全县 13.11 万人，其中汉族 11.31 万人，占 86.27%；瑶族 1.41 万人，占 10.76%；壮族 0.39 万人，占 3%。1949 年 10 月 1 日后，贯彻中国共产党的民族政策，对各民族进行多次民族调查和识别工作，陆续恢复和更正部分人的民族成分。1990 年 2 月，经国务院批准，撤销恭城县，设立恭城瑶族自治县。同年第四次人口普查，全县有瑶族、汉族、壮族、苗族等 19 个民族，总人口 26.67 万人，其中瑶族 13.29 万人，占总人口 49.83%；汉族 12.50 万人，占 46.87%；壮族 0.84 万人，占 3.16%；其他民族仅占 0.12%。2005 年，全县总人口 28.22 万人，有瑶族、汉族、壮族、苗族等 29 个民族，其中瑶族人口 16.13 万人，占总人口 57.16%；汉族 11.32 万人，占 40.11%；壮族及其他少数民族 0.77 万人，占 2.73%。

第一节　瑶族

自唐朝开始，瑶族即从湖南、江西、广东等地陆续迁入县境，较大的规模为元朝、明朝两朝，从湖南千家洞、梅山垌以及广东封川县迁入。至明末，逐步形成“无山不有瑶，无处不有瑶”的局面。

瑶族分类

恭城的瑶族按语言支系分类（20 世纪 80 年代原广西师院副教授周祖瑶调查研究结果），可分为盘瑶、过山瑶、平地瑶。另据恭城瑶学会 21 世纪初的调查，恭城的瑶族主要有操勉语的过山瑶，操汉语古方言的平地瑶和操湘方言的梅山（保庆）瑶；按信仰分类，主要为盘瑶；按地域分，通常自行分为观音平川瑶、三江伸家瑶、嘉会唐皇瑶、势江五姓瑶和西岭新合瑶等。

平地瑶　平地瑶是有文字可查的入居恭城最早的瑶族，其中又以周氏为最早。据栗木镇上宅村《周氏族谱》记载其鼻祖为归仁公，至七世祖如鍉公生六子，如锡公生十八子，共二十四子，均以“弘”字为班辈起名，俗称“二十四弘”。“唐初分支……居恭城六支：弘怜居嘉会乡豸游，弘颂居莲花南坪江，弘德居平安路口，弘明居栗木上灌村，弘意居西岭寨，弘利居栗木上宅村。”除周姓外，尚有田姓、卢姓、潘姓、李姓、欧阳姓、盘姓、江姓、王姓、黄姓、汪姓、俸姓、唐姓、杨姓、蒋姓、何姓等姓，先后于唐朝、宋朝、元朝、明朝从湖南、山东、江西、浙江等省迁入恭城，其共同点均操汉语古方言。

恭城部分平地瑶来源情况一览表

表 19-1

姓氏	祖籍及迁入时间	现居地
周	祖籍湖南春陵（宁远），自唐初迁居恭城	上灌、上宅、泉会、豸游、西岭、水滨、朗山、对面山
田	祖籍山东省青州府益都县，北宋庆历年间移居恭城北乡、东乡	大石桥、石头、白羊
潘	祖籍江西吉安府吉水县，元末移居恭城北乡	上枧
卢	祖籍湖南郴州永兴县，始祖司马公于北宋建炎四年（1130）出任恭城知县，卸任后寓居北乡栗木	栗木、八岩
李	祖籍江西，元朝至大年间（1308—1311 年）迁恭城北乡	高岭田心屯
欧阳	祖籍湖南永阳县，元朝至元年间（1279—1294 年）始祖欧阳立诗到平乐府任满后到恭城北乡狗头源定居	大合、北洞源
盘	祖籍湖南，元末迁入恭城北乡	马路桥、黄口卤
江	祖籍湖南江华，明初入恭城北乡	大合村江家
王	祖籍浙江吴县，明洪武四年（1371）入居恭城北乡	龙岭
黄	祖籍江西吉水县，元末迁入恭城北乡	龙岭村岭尾
汪	祖籍江西吉安府，明末迁入恭城北乡	上灌
“观音平川瑶”盘姓、唐姓、李姓、俸姓、周姓、杨姓、蒋姓、何姓共 8 个姓	明初由湖南江永、江华等县迁入恭城北乡	观音乡

过山瑶　过山瑶为元朝、明朝先后从湖南、广东两省和广西境内迁入，分布于县东花山和县西海洋山区域，被分别以“三江伸家瑶”“嘉会唐黄瑶”“势江五姓瑶”“西岭新合瑶”称之，其共同点均操勉语。

三江伸家瑶　据三江乡遗存的《千家古本》记载，原居湖南江永县千家洞，元大德九年（1305）三月十九日集体逃离，“三月二十六日来到源口，入两江河”，自此进入恭城三江境内，定名新（伸）家垌，计有盘（盆）姓、黄姓、李姓、俸姓、翟姓、何姓、唐姓共 7 个姓。

嘉会唐黄瑶　主要有唐姓、黄姓两个姓，另有陀姓（为盘姓改姓）、赵姓共两个姓。原居湖南江永县千家洞，元大德九年（1305）三月逃离千家洞经灌阳逃到恭城北乡白燕村石盆落居。明洪武元年（1368）唐姓搬至唐黄源，并将兄弟改姓黄，以便通婚，同时定村名为唐黄村。

势江五姓瑶　为陶姓、卢姓、俸姓、凤姓、赵姓共 5 个姓。陶姓祖籍山东青州府诸城县，始祖世英公第六子的后代，亦为入居势江源（势江河一带）最早的姓氏。卢姓分两支：一支于元大德年间（1297—1307）逃离千家洞，于元至正年间（1345—1368）徙势江，清顺治年间（1644—1661）搬到板脚；一支于明弘治元年（1488），自广东三州县迁入势江。俸姓分三支：一支于元大德九年（1305）由湖南千家洞而来，经三江伸家洞后分移杨梅村老源垌，再迁凤岩定居；一支于明万历初年（1573—1575）从湖广宜章县迁来，先居老源垌，后分居廖家楼和蛟津塘；另一支由凤岩俸姓中改姓"凤"，俗称"小俸"或"鸟仔凤"。赵姓分两支：一支于明初（1368—1370）迁入莲花胜洞、势江，清乾隆年间（1736—1795），势江赵姓迁往蓝洞和洗脚岭等处；一支于清乾隆时（1736—1795）自广东乐昌县迁入，居住在桑源、坪冲、小势江、岩口和龙围等村。

除陶姓、卢姓、俸姓、凤姓、赵姓外，尚有盘姓、冯姓、黄姓，祖籍均为广东省乐昌县。盘姓于清乾隆年间（1736—1795）经富川迁入，先居湖塘界，再迁老源垌和杀猪冲。冯姓、黄姓两个姓于清乾隆六十年（1795）进入势江源。

西岭新合瑶　明洪武初年（1368—1370），雷虎子在八角岩聚众造反，明官府从广东招瑶兵到恭城剿杀。事平之后，瑶兵们回原籍广东省德庆州封开县铁莲山携家带口，迁入恭城。先在城背岭至西河一带游移，其后沿河上溯，北至今杨溪村瑶家洲一带，西往苦竹河今门楼村一带暂居。明景泰元年（1450），受官府之命"进山把守隘口"。居苦竹河的瑶民，一支沿下宋河而上进入平乐的大源和阳朔地界的小源，另一支经八岩河进入大源、小源和芹菜源。居杨溪的瑶民，一支进入苏陂源，而后居于栗木之泉会和灌阳之洞井一带；一支进入岛坪源，而后再进入灵川，再转兴安、全州、灌阳地界；另一支进入瓮塘源。民国21年（1932），将大源、小源、芹菜源和瓮塘源合为一村，取名新合，定居的瑶民有盘姓、赵姓、邓姓共3个姓。

梅山瑶　湖南省新化、安化、祁阳、邵阳4个县，属宋代宝庆府领辖，古称梅山或梅山垌。从清乾隆末年（1793—1795）起至清道光初年（1821—1823），新化等4个县的部分居民陆续迁入恭城瑶山，与瑶为伍，自称"宝庆人"，外称"山牯佬""瑶山人"或"瑶人"。1984年，经县民族工作组调查识别，群众自我申报，由县人民政府批准认定宝庆人为瑶族。

梅山瑶人操湘方言，散居于恭城东、西、北各山区及其边缘，其主要姓氏有：李姓、刘姓、贺姓、伍姓、赵姓、张姓、邓姓、戴姓、代姓、吴姓、蒋姓、罗姓、杨姓、阳姓、胡姓、蔡姓、谢姓、游姓、盛姓、陈姓、王姓、万姓、魏姓、范姓、段姓、曹姓、肖姓、何姓、熊姓、袁姓、周姓、邬姓、谭姓、柯姓、邹姓、朱姓、金姓、舒姓、罗姓、龚姓、黎姓、郑姓共42个姓。另在梅山瑶中，还散居着明末清初来自湖南永州府东安县的文姓、邓姓、孙姓、宾姓、曾姓等姓。

瑶族分布

恭城的瑶族主要分布在县东花山山脉、县北都庞岭山脉和县西海洋山山脉的3片山区，平地瑶主居平地，过山瑶与梅山瑶主居山区。以绝对数计，莲花镇瑶族人口最多，1990年，为3.69万人，占全县瑶族总人口27.8%；2005年，为4.54万人，占全县瑶族总人口28.15%。其次是栗木镇，1990年，为2.47万人，占全县瑶族总人口18.6%；2005年，为2.52万人，占全县瑶族总人口15.62%。以人口比重计，1990年，三江乡瑶族人口占全乡总人口97.36%，观音乡占83.17%，莲花镇占77.43%；2005年，三江乡瑶族人口占全乡总人口98.99%，观音乡占95%，莲花镇占83.64%。

恭城瑶族主要分布概况一览表

表 19-2

支系	姓氏	主要分布区
平地瑶	盘姓	栗木镇马路桥；观音乡观音村、狮塘村
	赵姓	栗木镇上灌村
	李姓	观音乡狮塘、观音、洋石村；栗木镇高岭村
	周姓	观音乡水滨村；栗木镇上宅、马路桥、栗木、上灌、上枧、苔塘村；西岭乡西岭村、龙岗、杨溪村；莲花镇笔山、朗山、东寨村；嘉会乡豸游
	田姓	栗木镇石头、马路桥、建安村；嘉会乡白羊、大山、松林村
	卢姓	栗木镇栗木、大枧、大营村；西岭乡八岩、下宋村
	潘姓	栗木镇上枧村
	欧阳姓	栗木镇大合村；平安乡北洞源、土陂村
	江姓	栗木镇上宅村
	王姓	龙虎乡龙岭村
	黄姓	龙虎乡龙岭村
	汪姓	栗木镇上灌村
	唐姓	观音乡洋石村；栗木上枧、苔塘村
	蒋姓	观音乡水滨村
	何姓	观音乡水滨村
	俸姓	观音乡观音、狮塘、水滨村
	杨姓	观音乡水滨、狮塘村
	邓姓	栗木镇大营、五福村
	殷姓	栗木镇五福、大合村
过山瑶	盘姓	莲花镇杨梅、龙围、桑源村；三江乡三江、三寨村；西岭乡新合、德良村；平安乡下山源村
	赵姓	莲花镇龙围、坪冲、黄坭岗、蓝洞、崇岭、桑源、朗山村；西岭乡新合、德良村
	李姓	莲花镇坪冲、蓝洞；三江乡洗脚岭、安冲、三江、十八岭、三寨、栗田村；嘉会乡吉山村
	邓姓	莲花镇龙围、黄坭岗村；西岭乡新合村
	唐姓	三江乡；嘉会乡太平、嘉会、白燕、共和、吉山村；平安乡新街村
	俸姓	莲花镇枧头、杨梅、独石、凤岩、势江、蓝洞、龙围、东科村；三江乡三寨村；平安乡北溪、新街、巨塘村
	黄姓	莲花镇龙围、坪冲、黄坭岗、东科村；三江乡洗脚岭、三江、三寨、三联、栗田、黄坪、大地村；嘉会乡白羊村
	翟姓	三江乡安冲村；平安乡北洞源村
	黎姓	三江乡安冲村
	冯姓	莲花镇杨梅、龙围村；三江乡洗脚岭村
	何姓	三江乡黄坪村
	凤姓	莲花镇凤岩、龙围村
	陶姓	莲花镇势江、杨梅、龙围、东科村
	陀姓	嘉会乡白燕村；栗木镇良溪村
	侯姓	莲花镇坪岭村
梅山瑶	观音乡水滨、狮塘、观音村；栗木镇泉会、大营、苔塘、上枧、大合、建安村；嘉会乡西南、共和、白燕、大山、苏陂村；西岭乡东面、椅子、营盘、德良、岛坪、龙岗、八岩村；三江乡大地、三联、黄坪、对面岭、十八岭村；莲花镇坪冲、黄坭岗、桑源、东科村；平安乡下山源、大江、北洞源、大岭村	

第二节 汉族

恭城于隋大业十四年（618）立县时，汉族已是主要聚居民族之一。但见之于族（家）谱的，绝大多数来自宋朝、元朝、明朝、清朝，少数来自民国。

宋朝、元朝时期入居的主要姓氏有齐姓、何姓、王姓、李姓、欧姓等，由山东、江西等地迁入。明代入居的主要姓氏有黄姓、向姓、蓝姓、常姓、陈姓、万姓、张姓、费姓、李姓、孟姓、龙姓、吴姓、彭姓、易姓、刘姓、邓姓、蒋姓、董姓、麦姓、阮姓、傅姓、钟姓、尹姓、廖姓、卢姓、黎姓、罗姓、查姓、戈姓、关姓、成姓等，分别由湖北、安徽、福建、辽宁、湖南、江西、山东、广东、江苏、河北等地迁入。清代入居的主要姓氏有王姓、蓝姓、严姓、谢姓、洪姓、黄姓、林姓、郑姓、陈姓、许姓、李姓、罗姓、刘姓、蔡姓、江姓、钟姓、詹姓、汤姓、康姓、卢姓、孟姓、柯姓、余姓、叶姓、范姓等，分别由广东、安徽、福建、浙江等地迁入。

恭城的汉族，主居平原区，主要分布在恭城镇、西岭乡、平安乡、栗木镇、嘉会乡，其中以原籍福建人为主体居住于恭城河沿河两岸。1990 年，全县汉族人口 12.5 万人，占全县总人口 46.87%。其中，恭城镇 2.87 万人，占全县汉族人口 22.96%；栗木镇 2.5 万人，占 20%；平安乡 2.2 万人，占 17.6%；西岭乡 2.05 万人，占 16.4%；嘉会乡 1.61 万人，占 12.88%；其余乡镇 1.27 万人，占 10.16%。2005 年，全县汉族人口 11.32 万人，占全县总人口 40.11%。其中，恭城镇 2.98 万人，占全县汉族人口 10.5%；西岭乡 1.99 万人，占 7.05%；平安乡 1.87 人，占 6.62%；栗木镇 1.62 万人，占 5.74%；嘉会乡 1.5 万人，占 5.32%；其余乡镇 1.36 万人，占 12.01%。

第三节 壮族及其他民族

壮族

壮族亦为恭城客民，启于明朝初年，延承明代各时期，分别从广西境内的庆远府宜山、南丹县，柳州府雒容县（今属鹿寨县），广东省的新会等县招募而来，充为俍兵剿贼，耕兵守寨，堡兵防御。以莲花河一带平原为主居区，也散居县境东、西、北各乡镇的关隘口之山区，繁衍生息，成为境内主要族群之一。1990 年全国人口普查时，全县壮族人口 8438 人，占全县总人口 3.16%，其中莲花乡 5796 人，占全县壮族人口 68.69%。2005 年年末，全县壮族人口 7110 人，占全县总人口 2.52%，其中莲花镇 4021 人，占全县壮族人口 56.55%。

从广西境内的庆远府入居恭城的壮族居民，共计黄姓、韦姓、陈姓、周姓、石姓、唐姓、欧姓、赖姓、莫姓、贲姓、谭姓、覃姓、徐姓、祝姓、陆姓、廖姓、雷姓、马姓、梁姓、蒙姓、容姓、李姓和罗姓共 23 姓，是恭城壮族的第一大群体。莫姓现主要居住在北溪、北洞源、车筒湾、费村、西岭、龙岗、八岩、黄埠、豸游、湖山、岩口等村；居住在莲花河流域一带的主要有石姓、李姓、唐姓、黄姓、陆姓、祝姓、陈姓、赖姓、韦姓、徐姓，另在西岭杨溪村定居的有韦姓、王姓、石姓。

来自广西柳州府雒容县的潘姓、骆姓、秦姓、韦姓、余姓、明姓、李姓、梁姓、康姓、郑姓、黄姓、路姓、江姓，俗称“大俍十三姓”，是恭城壮族的第二大群体，散居恭城境内。

明景泰年间（1450—1456）从广东新会珠玑巷招募入恭的陈姓、陆姓，先居莲花南坪江（莲花河），后有部分人移居西岭乡费村、寨脚及岭脚。

恭城壮族分布概况一览表

表19-3

姓氏	主要分布区
莫	平安乡北溪、北洞源村、黄埠；莲花镇岩口、湖山村；西岭乡西岭、八岩、费村、龙岗村；嘉会乡豸游村
韦	莲花镇竹山、坪岭村；平安乡桥头、陶庄村；栗木镇良溪、上枧、上宅、马路桥村；西岭乡罗卜、三合、新安、杨溪村；恭城镇洲塘、门楼村；龙虎乡源头、龙虎村
黄	莲花镇笔山、凤岩、东寨、岩口、坪岭、莲花、朗山、枧头村；西岭乡岛坪村；平安乡三新桥、北洞源村
陈	莲花镇笔山、门等、东寨、老君、坪岭、独石、势江、枧头村；平安乡巨塘、桥头村；栗木镇莕塘、良溪、大合、马路桥村；西岭乡费村、八岩、下宋、龙岗村
周	莲花镇门等村；平安乡土陂、北洞源村；恭城镇门楼村；西岭乡挖沟村
石	莲花镇朗山、势江、东寨、老君村；栗木镇六岭村；西岭乡罗卜、杨溪村；嘉会乡苏陂村
唐	莲花镇坪岭、门等、势江、蒲源、笔山村；恭城镇西河村
欧	恭城镇门楼村；莲花镇岩口村；平安乡土陂村
赖	莲花镇老君堡村；西岭乡罗卜、新安村；恭城镇洲塘村；嘉会乡苏陂村
贲	莲花镇枧头、坪岭村；西岭乡杨溪村；龙虎乡源头村
谭	莲花镇东寨村；平安乡路口村
徐	莲花镇独石村
蒙	莲花镇门等、东寨村；平安乡土陂村；栗木镇良溪、六岭村；恭城镇古城、江贝村；嘉会乡嘉会村；龙虎乡源头村；平安乡北溪村
覃	莲花镇朗山、东寨、岩口、老君村
祝	莲花镇枧头、笔山村
陆	莲花镇笔山村；平安乡桥头村；栗木镇石头村；西岭乡费村
廖	莲花镇笔山、湖山村；栗木镇常家、马路桥村；恭城镇庄埠村；西岭乡西岭村
梁	栗木镇六岭、大合村；西岭乡西岭、三合、虎尾、新安村；恭城镇门楼、洲塘村；嘉会乡白羊、泗安村；龙虎乡龙虎村
容	平安乡巨塘村
李	莲花镇枧头、独石、崇岭（蟠龙）、坪岭、湖山村；恭城镇洲塘村；嘉会乡白羊村；平安乡桥头村；西岭乡费村
潘	西岭乡罗卜、虎尾、新安村
骆	西岭乡三合村；平安乡新街村；恭城镇门楼、孟家村
余	恭城镇洲塘村；平安乡大岭、黄埠村
明	西岭乡新安村
康	恭城镇洲塘、孟家村
秦	平安乡土陂、北溪、桥头、北洞源村；栗木镇高岭村；西岭乡杨溪村
路	西岭乡三合村
江	恭城镇西河村
谢	西岭乡杨溪、费村、罗卜村；嘉会乡豸游村；栗木镇六岭村
王	西岭乡杨溪、西岭村

其他民族

1990 年全国第四次人口普查，恭城县除瑶族、汉族、壮族外，尚有回族、苗族、侗族、白族、土家族、黎族、高山族、水族、仫佬族、毛南族、满族、彝族、傣族、布依族、维吾尔族和达斡尔族共 16 个少数民族，共 330 人，占全县总人口 0.12%。据 2005 年 12 月月底人口统计，除瑶族、壮族、汉族外，恭城尚有苗族、彝族、黎族、侗族、回族、满族、土家族、布依族、仫佬族、高山族、傣族、毛南族、蒙古族、佤族、藏族、水族、仡佬族、纳西族、朝鲜族、京族、畲族、傈僳族、维吾尔族、景颇族、土族、拉祜族共 26 个少数民族，共 508 人，占全县总人口 0.18%。其来源主要是中华人民共和国成立后，干部调配、婚配等，零散分布在县城、莲花镇、栗木镇。

第四节　民族事务

机构

1958 年 8 月，成立恭城县民族事务委员会，负责全县民族各项事务管理工作至 1967 年 1 月。1981 年 5 月，恢复县民族事务委员会。1996 年 7 月，改称民族事务管理局，至 2005 年不变。

1989—2005 年，历任主任（局长）：李刚、钟守护、周冠友、莫模林。

民族区域自治

1990 年 2 月 3 日，经国务院批准，同意撤销恭城县，设立恭城瑶族自治县，以原恭城县的行政区域为恭城瑶族自治县的行政区域。全县总人口为 265936 人，其中瑶族 127004 人，占总人口的 47.76%；壮族 8389 人，占总人口的 3.15%；汉族 130296 人，占总人口的 49%；其他民族 247 人，占总人口的 0.09%。

图 19-1　1990 年 10 月，举行恭城瑶族自治县成立大会（县民族局提供）

恭城瑶族自治县成立后，根据《中华人民共和国宪法》及《中华人民共和国民族区域自治法》的规定，结合恭城政治、经济、文化和民族特点，先后制定《恭城瑶族自治县自治条例》和《恭城瑶族自治县森林资源管理条例》。

1990 年 9 月 28 日，恭城瑶族自治县第一届人民代表大会第一次会议一致通过《恭城瑶族自治县条例（草案）》。12 月 29 日，经自治区第七届人民代表大会常务委员会第二十次会议批准施行。《恭城瑶族自治县条例（草案）》设 8 章，共 64 条、109 款。第 3 条规定："自治县自治机关依照宪法的规定，行使县级国家机关的职权，同时依照宪法和民族区域自治法及有关法律规定的权限行使自治权，依照自治县的实际情况，贯彻国家的法律、政策。"为了保证自治权的行使，总则还规定自治县机关从本地实际出发，在不违背宪法和法律的原则下，采取特殊政策和灵活措施来加速全县经济、文化的发展。为了更好地体现自治权和执行上级机关的决议、政策，自治条例还规定自治机关"如遇有与

《中华人民共和国民族区域自治法》相抵触的，按国家民族区域自治法执行，并报上级国家机关备案；如有不适合自治县实际情况的，报经该上级国家机关批准，变通执行或者停止执行”。第23条把“以农业为基础，大力发展粮食生产，积极发展林业和多种经营，合理开发矿产资源，因地制宜兴办地方工业和乡镇企业，调整产业结构，扩大商品生产，繁荣民族经济”作为自治县经济建设发展方针。第65条规定：“自治县人民政府根据自治条例的规定，可制定属于政府职权范围内的实施办法”。在《恭城瑶族自治县条例（草案）》中还规定“自治县内各民族都要互相尊重、互相学习、互相帮助、平等和睦相处，齐心协力进行社会主义建设”。

随着改革开放的不断深入，《恭城瑶族自治县条例（草案）》中不少条文规范的内容与社会主义市场经济体制不相适应，需要修正和完善。1995年3月，在自治县第二届人民代表大会第三次会议上通过对《恭城瑶族自治县条例（草案）》修正的建议。1996年3月29日，自治县第二届人民代表大会第四次会议通过《恭城瑶族自治县条例（修正草案）》。修改后的条例设为6章，共51条、123款；1996年8月6日，《恭城瑶族自治县条例（修正草案）》经自治区第八届人民代表大会常务委员会第二十三次会议批准实施。修正后的《恭城瑶族自治县条例》，侧重规范了自治机关行使宪法、民族区域自治法赋予的在经济建设、财政管理、发展教育、科技、文化、卫生事业等方面的自治权。依法享受民族区域自治地方的自治权是《恭城瑶族自治县条例（修正草案）》的中心内容，主要的有：依法依照本地的实际情况，贯彻国家法律、政策；在不违背宪法和法律的情况下，有权采取特殊政策和灵活措施，加速本地经济文化事业的发展；在执行上级的各种指示时，如不适合本县实际，经过批准，有权变通或停止执行；瑶族群众在县人民代表大会常务委员会中有与人口相适应的代表比例，并应有瑶族群众担任主任或副主任；瑶族群众担任县长，自治机关中有一定比例的瑶族干部职工；在总编制定中，有权确定本县的机构设置和编制定员，有权安排补充自然减员的缺额；本县吸收公职人员时，可以确定各民族和农村人口的名额，上级隶属企事业招工招干时，应优先在本县招收；有权给本县干部、职工、离退休人员进行表彰、奖励和增加工资；使用本民族语言文字参加诉讼；有权确定本县经济建设，发展方针和基建项目；依法享受高于一般县的分成比例照顾；林业指标、林业产品加工、销售等照顾；在本县境内的上级办个事业，要照顾自治县利益和当地群众的生产和生活；享受民贸政策的照顾；享受上级分配需要的生产资料和生活资料的照顾；享受所创外汇分成照顾；享受财政自主权的上级给予的照顾；享受某些税种的减税或免税照顾；在贷款利息上，享受照顾；依法保持和改革自己的风俗习惯、宗教信仰的自由，民族传统节日应当受尊重；确定自治县成立纪念日。

1996年3月29日，自治县第二届人民代表大会第四次会议通过关于制定单行条例的决议。1997年8月，自治县第二届人民代表大会第五次会议通过《恭城瑶族自治县森林资源管理条例（草案）》。同年7月25日，《恭城瑶族自治县森林资源管理条例》经自治区第八届人民代表大会常务委员会第二十九次会议批准实施。

《恭城瑶族自治县森林资源管理条例》设7章、53条。条例中的一些条款，在不违背国家和自治区有关法律法规的基本原则下，扩大自治县的自主权。主要有：自治县林种结构调整规划权经自治县人民政府批准；为方便群众，野外用火乡镇有权审批0.1～3.33公顷；因火灾损坏的竹木和伐区剩余物，不列入自治县年度采伐限额；中林、幼林抚育间伐的木材，不计入年度主伐指标；薪炭柴和在林木生产中带出来的短小材、炼山材，不列入当年采伐和销售指标；按照林种结构调整需要砍伐的林木，不列入年度采伐限额；国家、集体、个人所有的木材，经自治县林业行政主管部门批准，可以凭证加工或销售；自治县自治机关有建立、完善自治县木材市场管理权。

民族干部培养

1989—2005年，根据中国共产党的民族政策，坚持在基层选拔聘用和录用少数民族干部，采取保送和考试的办法，将新选拔录用的少数民族干部送到县级和县以上党校、民族院校、干部训练班进修培训，提高少数民族干部的政治、文化和业务素质。少数民族干部在全县干部队伍中的比例逐步提高。1989年，全县干部4689人，其中少数民族干部2153人，占45.92%；1995年，全县干部4910人，少数民族干部2762人，占56.25%；2000年，全县干部5005人，少数民族干部3173人，占63.40%。2005年，全县干部5382人，少数民族干部3771人，占70.07%；自治县委、人大、政府、政协正副职领导25人，少数民族13人，占52%；在部委办局领导269人中，少数民族189人，占70.26%；乡镇党委、政府正副职领导64人，其中少数民族45人，占70.31%；在全县科技人员3060人中，少数民族科技人员2336人，占76.34%。

发展民族经济文化

据统计，1990—2005年，上级共拨给恭城县资金24111万元，其中扶贫资金21513万元，少数民族发展资金668万元，县庆项目资金1930万元，用于扶助贫困村屯解决行路难、饮水难、用电难、就医难和上学难等问题。其中，扶持修建四级公路45条，修通机耕路266条、长1367千米；架设桥梁23座、长1380米；以工代赈项目266万元，修建四级公路和村屯道路17条、长103.8千米，桥梁1座、长100米。扶持建成县级科技扶贫示范基地5个，扶持26个贫困村、80多个自然村屯、3120户、11000多名贫困人口种植毛竹、橙类水果及西红柿2080公顷。扶持兴建小水电站7座，装机总容量11000千瓦/小时，架设输变电线25条、长925千米，全面完成农网改造，解决11.5万名山区群众照明问题。扶持兴建中小学校145处，总建筑面积11万平方米；兴建卫生院（所）病房楼14座，总建筑面积3800平方米。建成人畜饮水工程350处，维修水渠、水坝、防洪堤80处。扶持建成电视差转台、接收站497座，解决9.8万名山区群众收视难问题，全县村村通广播电视；扶持开通9个乡镇程控电话、移动电话和寻呼机业务，117个村委会“村村通”；扶持建设沼气池4.7万座，全县沼气入户率达85%以上；扶持新建村委办公楼34个；建立示范户476户，培训贫困人口5.8万人次；新阶段扶贫开发规划专项经费3.4万元；发放小额信用贴息或低息贷款5000多万元，受益贫困户4397户；扶贫贷款7563万元，其中，企业、公司3453.5万元。

民族成分管理

1982年全国第三次人口普查，全县瑶族人口57817人，占全县总人口24.33%；壮族10217人，占4.3%。1983年，根据国务院人口普查领导小组、公安部、国家民委〔1981〕民政字601号《关于恢复或改正民族成分的处理原则的通知》，经县民族事务委员会、民族调查工作组的调查及县人民政府批准，至1988年12月，全县恢复瑶族成分28953人（其中，随母更改为瑶族成分的共57311人）；恢复和更改为壮族成分1419人；更改为高山族成分3人。

1989年11月，根据国家民委、公安部民委（政）字〔1989〕573号《关于暂停更改民族成分工作的通知》，全县暂停更改民族成分工作。1990年5月，根据国家民委、国务院第四次人口普查领导小组、公安部民委（政）字〔1990〕217号《关于中国公民确定民族成分的规定》，在县内恢复民族成分更改工作。至2005年不变。1990—2005年，由于《关于中国公民确定民族成分的规定》比《关于恢复或改正民族成分的处理原则的通知》的规定更明确，且年满20周岁者不得再更改民族成分，每年申请更改民族成分的公民极少，年均在25～30人。

第二章 语言

县内语言有汉语、瑶语、壮语三大语种。汉语主要有恭城官话，普通话；瑶语有盘瑶语、平地瑶语、过山瑶语和四大民瑶语；壮语为广西壮语北部方言柳江土语。

第一节 汉语

汉语主要有恭城官话、普通话，另有宝庆话、客家话、闽南话。恭城官话是境内各民族交往的共同语。随着全国推广普通话工作的开展，普通话也逐步成为县内经常使用的教学语言、工作语言、宣传语言及对外交流的语言。宝庆话属于汉藏语系汉语湘方言的一种次方言，通行于观音乡、栗木镇的泉会、西岭乡的东面、椅子、营盘、岛坪和三江乡的部分地区。客家话亦称“麻界话”，属于汉藏语系汉语族汉语次方言之一，曾在莲花、栗木、恭城镇及平安、嘉会乡的少数村屯通行。2005年，除老人外已很少有人使用。闽南话属于汉藏语系汉语族汉语次方言之一，为船民使用。

恭城官话

恭城官话属于汉藏语系汉语族汉语北方方言西南次方言的一种，是县内影响最大、通用范围最广的语言，但在城乡之间、南北之间、山区平原之间也存在一些语音差异，南部恭城镇的官话和北部栗木镇的官话语音明显不同。其语音系统、语音差异至今无变化。

普通话

普通话是以北京语音为标准音，以北方话为基础方言，以典范的现代白话文著作为语法规范的现代汉民族共同语。在恭城境内，普通话主要在学校教学过程中使用，会议或其他公共场合时有人用，市场交易和个别交际亦有人用，农村群众交际绝少用普通话。

1989—2005年，由县教育局负责实施普通话推广。特别是2000年10月31日，第九届全国人民代表大会常务委员会第十八次会议通过《中华人民共和国国家通用语言文字法》后，县教育局贯彻执行《中华人民共和国国家通用语言文字法》以及《关于进一步加强学校普及普通话和用字规范化的通知》等文件精神，将普通话教学纳入教育教学的范畴，纳入学校日常工作和常规管理的一切活动中，要求全县教师在教学中普及和使用普通话，在工作、学习、生活中规范使用汉字、标点符号、汉语拼音等。根据《现代汉语通用字表》《简化字总表》《标点符号用法》《汉语拼音方案》和《汉语拼音正词法基本规则》规范汉字的标准，要求规范校园用字，学校牌匾、印章、公文、标语、指示牌、板报、校报和宣传材料等都要使用规范汉字；学校组织课堂教学竞赛等活动时，将普通话和用字规范化作为基本要求列入评价体系；教师在教学过程中所有教学活动和教学环节不得书写繁体字、异体字、二次简化字或错别字，教学及课后辅导、参加教研活动时必须使用比较标准的普通话。同时，通过在师生中开展普通话演讲、朗诵、书法及规范用字的知识竞赛，提高师生的语言文字水平。2002 年 7 月，根据自治区教委语委《关于在全区教育系统开展普通话水平测试工作的通知》，全县 1821 名教师接受测试，共有 864 人通过普通话测试，其中获得二级甲等 19 人、二级乙等 648 人、三级甲等 104 人、三级乙等 93 人。2003 年至 2005 年年底，没有再组织过普通话测试，新应聘的教师都是获得普通话达标证才能参加应聘。

第二节　瑶语

恭城境内的瑶语，大致可分为 4 个语支：盘瑶语支、平地瑶语支、过山瑶语支、四大民瑶语支。

盘瑶语支，分布在观音、三江、莲花、栗木等乡镇，系由自称为 ju^{21}nyeng^{21}（尤岩）操的一种“属勉—金”方言中的优勉土语。恭城盘瑶话与富川瑶族自治县油沐乡、湖南江永县桃川乡等盘瑶村寨的瑶语基本相通或相近。平地瑶语支，分布在恭城、栗木、莲花镇及嘉会、龙虎、观音、平安乡的少部分地区。平地瑶话系由自称为 pioŋ^{21}toa^{42}jeu^{21}（炳多优）操的一种“熟瑶”方言。该方言部分语音与盘瑶话相近，并有逐步向汉语方言演化的趋势，形成一种介于瑶语、汉语间的地域方言。其基本词汇的发音与富川瑶族自治县麦岭乡、湖南江华瑶族自治县上五保、江永县松柏乡等的平地瑶话相近。过山瑶语支，分布在西岭、莲花、三江、平安、栗木等乡镇。过山瑶话的土语较多，“属勉—金”方言中的“标曼”土语和“史门”土语，“属标—交”方言的“交公勉”土语。其中“标曼”土语和“史门”土语与蒙山、荔浦、平乐、昭平县部分过山瑶操作的“标曼”“史门”瑶话基本相通或相近。四大民瑶语支，分布在平安乡的大江、嘉会乡的西南、西岭乡的东面、椅子、营盘、岛坪等村。其语音系统、语音差异至今无变化。

第三节　壮语

壮语属于汉藏语系壮侗语族壮傣语支，县内壮族所用壮语为广西宜州、南丹和鹿寨一带通行的壮语。

明洪武元年（1368），从宜州、南丹招募到恭城的黄姓、韦姓、陈姓、周姓、石姓、唐姓、欧姓、赖姓、莫姓、贲姓、谭姓、覃姓、徐姓、祝姓、陆姓、廖姓、雷姓、马姓、梁姓、蒙姓、容姓、李姓、罗姓共 23 姓壮人，为恭城壮族的第一大群体，所操壮语属于壮语北部方言柳江土语区，有声母 36 个，韵母 101 个；声调有 8 个，其中 1 调至 6 调为舒声调，7 调、8 调各分长短，为塞声调，与壮语标准音调类完全一致。其语法结构与壮语标准语的语法几乎完全一致，基本句型是主语—谓语—宾语，有时加上补语、定语或状语。民族固有词体词互相修饰时，中心词即被修饰词在前，修饰词在后；谓语作中心词时，修饰词多在前，但也可在后。其基本词汇与壮语标准词汇绝大部分相同。

明弘治元年（1488），从柳州鹿寨县应募到恭城的潘姓、骆姓、秦姓、韦姓、余姓、明姓、李姓、梁姓、康姓、郑姓、黄姓、路姓、江姓的“大俍十三姓”，为恭城壮族的第二大群体，所操壮语属于广西壮语北部方言红水河土语区。其语音、语法结构、基本词汇与壮语北部方言的土语区 80% 以上相同，与象州、金秀、柳城、柳江等县壮语基本一致。有声母（包括零声母和先喉塞音）38 个，韵母 86 个，声调 8 个调。

随着社会的发展，汉族、瑶族、壮族群众生活、生产的不断交往，恭城官话成为各族人民交流的共同语言。至 2005 年，能说壮语的人基本上不存在了。

第三章　民俗

恭城是一个瑶族、汉族、壮族聚居的多民族地区，千百年形成的民族风俗，或代代相沿，或汉族、瑶族、壮族同化，或渐渐消亡，或推陈出新。“恭城油茶”作为饮食习俗中的主要代表，享誉县内外；新合村瑶民的瑶饰着装、娶亲习俗至今传承；八岩瑶圩、九板会期引人入胜。

第一节　饮食　服饰　居住

饮食习俗

主食　以大米为主食，玉米、木薯、红薯、芋头等杂粮为辅食，夏秋农忙时节，常以稀粥作“假餐”；煮饭常掺杂粮，以加入的食材称为苞谷饭、粟米饭、芋头饭及红薯饭等。20 世纪 80 年代以后，稻谷增收，无论农村城镇、平原山区煮干煮稀，随人所喜。唯栗木一带吃粥成俗，早中两餐需“油茶泡粥”，方感舒服。2000 年后，由于生活水平提高，五谷杂粮做的健康食品重回餐桌，深受人们喜爱。

糕粑　糯米类，取上等糯米，水泡数小时捞出沥干水分，用粽粑叶包成尖顶平底状，因底部呈三角形，称为“三角粽”，俗称“羊角扭”，过山瑶称为“祖宗粑”；包成方条形的叫粽粑，成米筒形的叫大粽粑，以放入配料为名又称肉粽、芋粽、板栗粽、花生粽；以黄茅叶包裹，称黄茅粽，拌糖而食，甜中带腻。磨浆做的为糕，过年吃的叫年糕，以放入配料而名的叫肉糕、芋糕及糖糕等；结婚谢媒送舅，常以糖糕为“礼担”。以开水拌糯米粉，反复搓成团，再取小团捏成酒杯状，放入猪肉、香菇、蔬菜的叫“菜肚粑”，放入炒香研粉的油麻糖或花生拌糖的叫“糖肚粑”，用水煮熟即吃的叫“大肚粑”，压扁后垫柚叶蒸熟再吃的叫“柚子叶粑”，搓成拇指大小丸子再以糖水煮熟的叫“汤圆粑”，放入糖肚的又叫“安心粑”。3 月，取细嫩野艾，煮熟漂洗，用碓舂细拌入糯米粉，搓团放馅再垫柚叶蒸熟叫“艾粑”。若以水拌粉下锅拌熟，降温后再以熟米粉垫底搓团，再取小团放入馅，直接食用的又叫“熟粉粑”。以糯米粉为基料，放入糁子粉、高粱粉、玉米粉及红薯粉等，还可以做成各类杂粮糕和粑。上等

图 19-2　2005 年，恭城粑粑（县文旅局提供）

糯米用冷水泡软，上甑蒸熟，晾干后用油炒香即成佐饮油茶的“米花”；以蒸熟米饭倒入石臼，以杵棒舂烂，大团搓揉，再取小团压扁成块晾干，即成糍粑或称“恩粑”。栗木平地瑶特尚此粑，10月以后，常做50～100千克的糍粑，用缸封闭，食用至下年5月。船民以大蒜叶与糯米饭团捶烂，再入篮蒸熟，即成“蒜糕”，亦称“船上糕”。

粳米类，用质量细腻的粳米放入冷水泡软，磨成米浆，按量倒入热锅拌至熟，出锅趁热揉搓，取小团调色成块，再入甑蒸至熟透，晾干入水，即成“水浸粑”。食时切成薄片或细条，以肉丝和蔬菜拌炒，食之风味独佳。将米浆入锅，适量加入煮熟的萝卜丝或槟榔芋片拌匀，入篮蒸熟，即成为“萝卜粑”和“芋头粑”。在米浆中放入酒曲，发酵后，调入小苏打、黄糖，装盆蒸熟，为“发糕粑”。米浆放入盐或糖，装盆蒸熟一层，再放一层米浆，反复7次，即成“七层糕”，俗称“水糕”。用淡米浆蒸，熟后取出，略晾干后，切成细条，再晒干保存，用时，先用水泡软，再以蔬菜拌炒或鲜汤水煮，此为“莲花粉”。

小麦、荞麦经加工成粉后，常以水调成糊，加入盐或糖，下锅煎熟，即为“麦子粑”。中华人民共和国成立以后，北方面粉调入渐多，经加工成面条、包子、馒头、水饺及云吞等，充实恭城粑类品种。

菜肴　从春到冬，蔬菜主要有苦妈菜、四叶菜、韭菜、惊蛰豆、豆角、辣椒、茄子、毛秀才（番茄）、南瓜、节瓜、苦瓜、丝瓜、藠头、生葱、蒜子、芥菜、头菜、常青菜、芥蓝包、黄芽白（大白菜）、大叶菜及大梗菜等。野菜有荆竹笋、苦竹笋、黄竹笋、淌竹笋、菜竹笋及龙爪菜等，野菌有松树菌、香菌、板栗菌及夏至菌等。蔬菜经水烫晾晒成干品，如豆角干、辣椒干及苦瓜干等，野菜野菌亦可制成干菜，以备春夏交替新菜未出时食用。嘉会西南、西岭德良村盛产黄笋，经蒸煮晒干，成为黄笋干，远销港澳地区。西岭澄江源盛产香菌，椎树倒枯后产出菌，采回以火烘干，分级为香信、黄剥、厚装、花菇，为烹调精品，畅销国内外。叶类菜经吹蔫，拌盐酒入缸水浸数月不坏。头菜，其根如小球，秋种冬收，不直接煮食，而是制作成干菜或“水盐菜”再用。恭城居民皆喜腌酸渍，将冷却后的热水（或清水）加入盐、姜、酒、醋置于酸坛中“起坛”，几天后再放入生姜、豆角、辣椒、藠头、蒜头、萝卜及竹笋等蔬菜，三五天后即可食用。坛中可随时添加新菜，视其多寡，随放盐酒或糖，添加越勤，其味愈鲜。栗木一带最喜吃酸，俗称“酸咸”，油茶、酸菜、稀粥成为栗木饮食“三俗”。

恭城人逢年过节都喜欢酿菜。将鲜肉剁碎，加入切碎的香菇、葱、蒜及韭菜等香料拌成馅心，然后酿入菜中，即成“×酿”。常见的有辣椒酿、茄子酿、南瓜酿、节瓜酿、南瓜花酿、蒜酿、蘑菇酿、香菇酿、小笋酿、黄笋酿、水豆腐酿及油豆腐酿等，稀见的有猪红酿、魔芋酿及豆芽酿等。在酿菜的基础上，还有各类“菜包”，如四叶菜包、芥菜包及白菜包等。还将肉捶烂，制成瘦肉丸、鲜鱼丸及海鲜丸等。

冬至节气前后，恭城人开始做腊菜。将猪肉切成块，放入盐酒等配料腌放几天，然后吊晒或烟熏，干后蒸熟切片上盘，其肉透明，色黄爽，入口脆而不韧，其香醇厚，称为“冬至腊肉”。又将鲜肉去皮切碎，配以食盐、料酒、白糖及古月粉等佐料放置，取猪小肠，将肉馅酿入其中，以每5寸为一小节，用线扎紧，吊挂晒（熏）干，用时蒸熟，切片上盘，即成“冬至腊肠”。

图19-3　2005年，恭城特色酿菜（县文旅局提供）

图 19-4 恭城扣肉（陈革 摄 2005 年）

图 19-5 双色鸡（陈革 摄 2005 年）

农村人一般在农历十二月中旬以后“杀年猪”，分块腌放数天，吊挂于灶台之上，制成“火焰腊肉”。观音、三江及西岭等处瑶山人，旧时常因出山不便，难以购肉待客，而将整猪全腊，食之终年。其他腊味还有腊鸡、腊鸭、腊鹅、腊鱼、腊鼠及腊鸭掌包等。

“扣肉”为恭城各类筵席主要菜肴，取猪腰部“五花肉”，水煮至皮软，用筷针皮，去油涂姜酒，入油锅炸至皮呈焦黄色并全部起泡，起锅入冷水再泡至皮软，然后切片配料镶入碗中，入锅蒸熟，以碗翻扣上席，即成扣肉。扣肉有净扣、夹扣之分，夹扣以夹恭城槟榔芋为主，切片后或用油煎熟，肉、芋间镶，蒸至熟即可。嘉会人善做扣肉，以其皮松脆、肥肉不腻、瘦肉不渣而闻名。“白切鸡”又称“白斩鸡”，亦为筵席佳肴。杀鸡去毛掏去内脏，将姜葱等配料塞入腹中，全鸡入冷锅煮至八成熟，切成小块镶入盘中，头尾脚翅依序摆放，即成白斩“全鸡”。据传此肴源自黄姓。恭城黄姓多尊峭山公为鼻祖，吴官郑三位老太婆各生七子共二十一子。在分派临别时，三位太婆各杀一鸡祭祖，在上祭时吴氏动作快全鸡切块煮熟；官氏次之，全鸡煮熟；郑氏最慢，鸡尾尚有一毛未拨。此后，三氏子孙祭祖相承模式，以辨支派。相延久之，逐渐研习成“白斩鸡”厨艺。“米散肉”为大侲人和栗木平地瑶的一道“祖宗菜”。相传在即将过年时，贼兵杀来，众人便将猪肉埋入土中，匆匆逃难。贼退民安，归来时将肉取出，虽沾不少泥，但仍可食用，便以米粉伴之蒸食。此后为纪念这次逃难，过年必做一碗米散肉。米散肉又称“粉蒸肉”，取肉 0.5 千克，配味或煮熟拌米粉，用荷叶或粽粑叶包裹，入锅蒸熟，其肉肥不腻喉，瘦不沾牙，还有叶香之味；有的拌入芝麻粉、绿豆粉、黄豆粉、花生粉，别有一番味道。西岭乡新合瑶人于热天猎取的野味，全做米散肉。栗木平地瑶杀年猪请客吃饭，最尚骨头米散肉。

筵席菜肴以猪肉为基础，每桌用肉 2.5～3.5 千克，另有鸡肉、净扣、夹扣、旗子肉、瘦肉片、猪脚汤、杂烩、酥肉、油炸鱼，或添或减配足十碗。也有不用扣肉而用方肉（敦子肉）的，称为“硬头十碗”。富者用全鸡、全鸭、全鱼，称为“三牲全席”，或用海鲜之类做菜，又称“海鲜席”。20 世纪 80 年代后，菜肴由十碗增至十二碗，更多者亦有之。冬天，多办“火锅席”，酿菜、腊菜都可上桌。

饮料　恭城油茶以茶叶为基本原料，清明茶、谷雨茶、白露茶为上品。制作时，先将泡软去烟味的茶叶放入茶锅中，再放生姜、花生及蒜瓣等佐料一起锤打，并不时旋转搓揉，待茶锅冒烟发出沙

图 19-6 瑶家打油茶（李庆才 摄 2004 年）

沙响声时，再倒入适量开水，茶水沸后放盐，起锅滤入碗中。俗语“油茶不进罐，进罐（味）去一半”，即是要边打边喝。另说“打油茶没法——水赖（热）锅头辣（烫）”，是说在制作时不能心急，要打至锅热，放热水而不能放冷水，否则喝起来淡水无味。喝油茶要边打边喝，慢慢品尝，因为“一杯苦，二杯呷（涩），三杯才是好油茶”，各有其味。油茶起源于喝清茶，将茶叶生姜和水放于罐中，慢火煨煎，趁热饮用。现在瑶族老人偶有制作，称为“斋茶”。至 20 世纪 90 年代，山区的大锅茶改为小锅茶，煮油茶变成打油茶。油茶有健脾胃，提精神的作用，热天喝可预防中暑，冷天喝可预防感冒。初喝油茶，感觉味道苦涩，如同中药，试喝几次，又能上“瘾”，欲罢不能。2005 年，“恭城油茶”经桂林市人民政府批准成为市级非物质文化遗产。喝油茶时的佐餐食品，有花生、黄豆、玉米、红薯、芋头、米花、麻旦以及各类糕粑和面食品。栗木平地瑶中餐待客，先喝油茶后喝酒，有“三茶四酒”之俗。梅山瑶晚餐待客，亦先茶后酒，若再有客至，必煮茶喝两碗再入席喝酒，该俗至 2005 年不变。

最为常见的药茶是以矮婆茶、田鸡黄及山楂叶等草药烧沸成茶，随时饮用。最为常见的山楂茶，其色略黄，味略涩，健胃利肝。在农村市场，有的小贩以薄荷、杨梅配成薄荷茶、梅水之类分杯出售。用生姜加水煮沸，然后放入黄糖，俗称“糖茶”，是恭城农村待客的一种习惯。加重生姜分量，煮沸再放入生葱的糖茶还可治感冒和咳嗽。凉粉（茶），农村常有制作。取凉粉果凉粉叶榨汁，再取清凉井泉水配之，不久结成冰块，放糖饮用，有止渴生津之效。

酒　有米酒、糯米甜酒以及红薯、玉米杂粮酒、柿子酒。

米酒。以粳米煮饭，制法如甜酒。过 7～10 天，酒曲充分发酵，将酒糟上锅，木桶盖中留一洞，用竹筒连于熬钵，上置水锅，熬钵下装小筒，滤酒入坛。酒度先高后低，待酒度过低时停装改坛接“酒尾”，趁热封坛，半月后成为“米醋”，若长时封存，即称“陈醋”。热酒用布盖口，任其慢慢散热，然后封存。酒度高低各自取舍，一般以 1 千克米熬 1 千克酒衡量，30° 左右。若在酒浆下锅时兑入适量米酒，即成“双料酒”，再熬 1 次，即成“三花酒”。

甜酒。取上等糯米，泡软后蒸熟，冷却后加入适量酒饼粉，拌匀入坛，待发酵出酒时，加入烧沸至冷的水，浸泡 3 天即可取酒浆饮用，其色如稀奶、味微甘，酒度约 5°～10°，大人小孩皆乐饮。若兑水后，长时封存，即为黄酒。酒浆喝完，余下酒渣再与水煮放入姜、糖，又是“甜酒”。20 世纪 90 年代，先后有嘉会清泉酒厂、恭城志强甜酒厂、瑶乡糯酒厂规模投产，其产品远销区内外。至 2005 年，甜酒成为恭城食品加工业的一大特色产业。

杂粮酒。恭城农村自古有以杂粮制酒的习惯，有苞谷（玉米）酒、红薯酒、高粱酒及木薯酒等。发酵方法与米酒相同，红薯、木薯须煮熟捣烂，适当增加酒曲。山区所产杂粮较多，以木薯酒、红薯酒为大宗，观音乡农民几乎每家都在冬天熬红薯酒，少的几百斤，多的上千斤，食用终年，成为地方一俗。

柿子酒。1995 年，恭城水泥预制厂工人黎某，发明以红柿为原料制作“野木果酒”，曾远销朝鲜。有的农民亦以红柿熬酒，称为“柿花酒”。

泡酒。以入酒原料命名，种类较多。果酒有橙子酒、柿子酒、金刚果酒、葡萄果酒、酒饼果酒及鸡爪果酒等。花酒，有桂花酒、金银花酒及菊花酒等。药酒以汤头命名，有党参酒、五茄皮酒、当归酒、枸杞酒及跌打损伤酒等。动物药酒有蛇酒、蜈蚣酒及蜂酒等。

瑶族服饰

瑶族服装五彩斑斓，绚丽多姿。隋朝，男子着白衫裤，女子着青布衫、斑布裙。宋朝，大多数男子穿花领短衣，领、袖缘以花布或衣领绣花，衣缘镶以红、绿布，下穿青布短裤，妇女穿短衣短裙，衣服绣瑶锦。近代以来，除外出学习、工作者及部分瑶族（平地瑶）服装有变化外，其余变化不大。1949 年 10 月 1 日后，恭城瑶族大多保留传统民族服装，男女服装一般用青布或黑布制作，喜用黄色、蓝色、绿色、白色及红色等色点缀，运用绣、挑、织、染等工艺装饰，尤以挑花最为精美别致。20 世纪七八十年代后，由于经济发展，民族融合加快，大部分瑶族人口已不再自制或着瑶服，改着汉族服饰。至 2005 年，只有西岭乡新合村瑶族仍绣瑶服，购红色、黄色、绿色三色柳绒，配青色、白色形成五色。衣绣领和袖，裤绣脚为主，头巾绣八角花，两头挑花，男女通用，腰巾脚绑皆有图案。出嫁前多绣一两套，以备结婚时穿戴。平时穿时装，走亲访友时穿瑶装。用后晾干封存，少有洗涤。妇女故时要以瑶服装身，否则祖宗“不认亲”。

图 19-7　2003 年，西岭新合瑶服饰（县文旅局提供）

住宅

恭城民居受湘楚文化影响，建筑风格为湘式。样式以三间式为基础，中为厅堂，两边为卧室。以后增建，于左靠搭披厦，俗称“披沙”。或者平正房高度，左右增建一间，形成五间式。富有者建连座式，在一条中轴线上连建二（三）座，分前厅、（中）后厅。厅间中为天井，左右建耳房相连，此后扩建两旁厢房，又于前厅建照壁，于左（右）开门楼，形成四合院。弟兄分居另建新房，多按左青龙右白虎，前朱雀后玄武的方位顺次建筑，逐渐形成村落。房宅进深，单间一丈（一丈为 3 米），双间丈六尺，各不相同。宽度，中厅为一丈二尺，卧房一丈左右。农村附房较多，如碓磨房、柴草房、粪房、猪栏、牛栏及厕所等各有安置。

图 19-8　恭城的湘式民居（李云韬 摄　2005 年）

农村住宅以屋面分类有茅草屋、木皮屋、青瓦屋、水泥屋；以墙体分类有

图 19-9 莲花九甲的特色民居（李云韬 摄 2005 年）

竹篾屋、杉板屋、舂墙屋、泥砖屋、红（青）砖屋。混合称谓有板壁木皮屋、板壁青瓦屋，泥砖青瓦屋、火砖青瓦屋、钢筋水泥屋。恭城镇白马村山岭泥土呈黏性，村民就地取土舂墙，下部用泥沙、石灰拌成“三合土”，上部用泥土，墙壁坚硬，数百年不塌。西岭乡新合瑶民宅，于 2000 年以前，基本属于舂墙屋。莲花镇九甲一带（莲花河沿岸），建红砖青瓦屋，形成“特色民居”，朗山村周氏古民居即为该类民居最高建筑水平的代表。

住宅布局以中间一间为堂，置板壁于后，正中立香火坛，神龛书“天地君亲师位”，旁书“祖籍某地，孙衍某岭”为联，横批书“郡堂号”。前搁八仙桌一张为供案，两边放椅，桌下设“兴隆土地神位”，多以“年月招财童子，日时进宝郎君”为联，大门左墙设香案，以祭天神，梅山瑶香火要书写梅山历代祖师法号，与祖先同享祭祀。土地坛两侧书“牧牛童子，养猪小娘”。香火壁后留有六尺空间，俗称“香火背”，可作简易卧室，福建人于中堂前不安楼，后楼则设祖宗香火。中堂两旁，左为卧室，右为厨屋。厨房俗称“灶屋”，灶台上方设灶王神位，不能敲打或脚踩。农历腊月二十三“送灶王”“上天”后，方能拆灶改砌。灶口忌直对门口。前留火堂，以为冷天围坐烤火。观音平川瑶灶屋楼不铺木板而放竹屏，便于烘晾作物，设楼梯以便取物。火堂立三脚灶，上有挂钩，可挂篮烘物。又挖地窖上铺木板，以收藏红薯、生姜。

农村建房尚堪舆，请风水先生看地、择座山取朝向。一般以朝向东、南方为佳，次择时辰，按户主生辰八字择定时辰，焚香设供，按时辰杀鸡浇血，破土动工。其后掘土下脚、竖门行墙、过门安梁、封顶盖瓦、铺地粉刷、入居“进火”。建房要杀 3 次鸡：动土兴工时，杀 1 只鸡，由风水先生诵彩辞；竖门时贴对联、诵彩词、又杀 1 只；安放扯梁时，再杀 1 只鸡，将鸡破喉、踩四墙淋血，有的地方还做三角粽，俗称“安梁粑”。入宅居住先安“香火”，请师公“安龙谢土”。进火必从旧宅火炉取火种，亲戚朋友以礼相贺，称为“吃贺屋酒”。西岭新合瑶则在挑瓦盖屋时，顺便办“贺屋酒”，相沿成俗，至今不变。

第二节 婚姻习俗

婚姻类型

主要为娶亲婚，俗称“讨亲”或“讨老婆”；次为入赘婚，男方俗称“上门”，女方俗称“招郎”。在三江乡伸家瑶另有介于两者之间的三种形式：明招暗讨，即男子被女方招郎，但在暗里属娶亲，男方入赘后，不随女姓，若干年养老送终后，可携妻小重归本家；明讨暗招，即男方明里是娶亲婚，暗里要履行入赘婚义务；两边走，即男女结合又不落户籍，各居本家，两方走往，兼顾生产生活，赡老抚小。

联姻程序

请媒提亲　俗称“开媒”，从说亲开始至完婚谢媒，才算完成媒事。在公职人员中，婚姻自主，但农村依然离不开介绍人。改革开放以后，中介联姻逐步减少。年轻人恋爱成功后，需告知父母，征得同意，然后订期举行婚礼。男方多数要找一个说客，作为临时媒人，代表男方到女家商谈联姻事宜。

合契（庚）　俗称“合八字”。媒人从女方要来记有其出生年月日时的生辰契纸，然后请“八字先生”将男女双方生辰进行推算，若命相相合即成，命相相克则退。若不请先生，则用神裁，即把男女双方生辰契纸押放在香火坛上3～5天，以家中不出事故为“合”。现该俗已革，但女（男）方至男（女）家亮相时的全家吉祥，仍为父母允可的要素之一。

定亲　俗称“符准口”。男方请媒人和堂亲为代表，备办一定的礼物和钱币到女家，把和亲之事认定下来。观音平川瑶至21世纪仍盛行定亲打油茶之俗，即男方到女方定亲时，要由女方姑娘亲自打油茶招待。

订期　俗称“送日书”，在迎娶前半月进行。男方派出媒人和代表，备办数桌酒席，又到女方家中，女方则请舅爷（即舅舅）和宗族亲眷赴宴，席中女方舅爷打开日书诵读，明确迎娶时间，商定聘金和礼物数量。送日书之后，男女双方开始送请柬，亲戚朋友逐一送达。瑶山地区不写请柬者，则由其父（母）亲自登门，报请客人。

迎娶宴宾　时间3天，即过礼、迎亲和送亲。预日送礼，男方将礼金、酒肉等类备齐，依数送到女家。正日迎娶，大多数村庄都须新郎接亲，少数不然。西岭乡新合过山瑶女方提前一天办酒，正日清早打火把出亲。汉族、壮族区域，出亲较晚，多在黄昏时分才能到达男方家中拜堂成亲。次日回门谢客。一般新郎前往迎亲的，则不用次日回门，但备礼担由新娘“回十朝”。谢客即谢媒谢舅款大客，媒人会得到一定的谢礼：封包、酒、鸡（鸭）、肉、糕粑各一，舅爷和大客也可得一些礼物。

婚姻礼仪

料节　男、女双方自定亲之后，男方在农历五月端午节、农历八月中秋节前要到女方家“料节”，春节要拜年。若三节中断则预示退婚，女方有选夫再嫁之理。

陪楼唱歌　在恭城瑶族、壮族、汉族中，新娘家都有哭嫁或举行歌会的习俗。壮族称“陪楼歌”，在出嫁前两日，新娘约伴在堂屋楼上摆下歌台，邻村男歌手闻讯，三五成群，组队前来。临村开唱，直至新娘门前。歌队多者十个，少者几个。每个歌队一般由歌师1人、歌手2人组成。各队竞唱一段时间后，新娘队才择其中意者答唱。被选中的歌队即可陪楼唱至天明。第二天晚上，各队再来，结果只能选择一队唱通宵。该俗延至20世纪90年代末期，因歌手不继，方告暂停。汉族称“哭嫁歌”，由新娘在出嫁前两日邀同姑娘姐妹，在闺房中一边做衣做鞋，一边哭唱。平地瑶称“坐楼歌”，即新娘在楼上坐团箕哭唱。梅山瑶则称“新娘歌”，一为男子陪唱，其内容有竹叶歌（引歌）石榴歌、盘歌、祖歌等，尤以盘歌内容庞大，上自天文地理，下自生产生活，无所不“盘”，无所不唱。二为哭嫁，形同汉族。在梅山瑶聚居的澄江源，2005年仍有唱新娘歌的习惯。

出亲　一般情况为瑶族出早亲，汉族、壮族出亲晚。壮族区域在出亲前，男方需备办酒礼三牲供奉女方香火，谓为“烧催亲纸”，然后陆续放鞭炮催亲。新娘临行，厨师备办数菜一饭，置于香火几案之上，让新娘吃“衣食饭”，新娘象征性地每碗“吃”一点，然后吐出来让弟妹们用衣兜盛接。礼毕出门，一般由大哥在中堂背妹出门。西岭乡新合村瑶族，则由舅爷背外甥上路。

迎亲　男方娶亲，除张灯结彩以外，最为特殊的布置是在大门头挂米筛，筛中吊有镜子、剪刀和生葱，意为隔四眼、照妖、解煞、聪明。男方派出迎亲队到女方，分男女两支，男的主接大客，女的主接新娘。女方亦相应派出男女两支送亲队伍。在壮族、汉族中，以亲哥或亲族中的能人为大宾，俗称“大客”，主领送亲队的相关事宜。另一人为“送油客”，主送1壶茶油和掌管箱柜钥匙，其他陪送三五人不论。女队以“三朝妈”和伴姑为主，其他为姐妹或表姐妹，人数不等。待到男方村头，放鞭炮传讯，男家则迅速组织队伍迎亲。首先是（男方）伴姑换伞接新娘，伴妈扶新娘下车，大门前司仪高诵彩词，杀鸡驱邪，鸣放鞭炮。新娘在鞭炮烟雾中，由伴妈参扶步入中堂。迎接女队的则一边敬茶、一边递红包，然后引入室内休息。迎接大客的，拱手致意，烟茶敬献，而后引入另室叙话或洗漱沐浴。新合瑶送亲人数较众，男队由大伯爷（代亲家）、叔爷、姑爷、姨爷及同年爷等12人组成，俗称“12个大客”。女队相应由大伯娘（顶亲家娘）、婶娘、姨娘组成，人数6～10人不等。迎接则以媒公为领队，伯（娘）、叔（婶）对号接待，先送每人几片旱烟叶，再列队躬身抱拳，唱喏致意，而后引入中堂。观音上五排瑶区凡在女方吃酒的客人，次日全部作为送亲客，送新娘到男方。

拜堂　新娘进亲，必须跨火炉（或灯），意为避邪解煞，还要跨门槛。有的地方在新娘跨门时，新郎手举戒尺虚扬3次，表示能管住娘子，好合百年。男方家人在新娘进亲时，忌讳照面，以免日后发生口角。新郎新娘拜堂有司仪主持，一般为一拜天地（面对大门），二拜高堂（香火），三为夫妻对拜，而后将新娘扶入洞房。新合瑶人拜堂时，新郎避见，只由新娘一拜香火，二拜高堂。入夜酒宴结束后，有的地方则请出父母，舅爷、姨爷及叔伯长辈等亲眷至堂屋，父母坐正中，其他人员依男左女右分坐两旁。请出新娘，参拜父母及所有在堂亲人，并抬茶献果，一一招待，受参拜者，都备有红包馈赠新人。

款宾　结婚喜宴，茶肴一般以10碗定数，称为“吃十碗”。唯第一碗与第六碗略有讲究，第一碗为白切鸡，常称头牲，先上后吃；第六碗为鱼，表年岁丰足，年年有余。栗木平地瑶第一碗菜为米散肉，第六碗为扣肉。西岭乡新合瑶第六碗菜为“大肠氽汤”，称为“祖宗菜”。当这道菜上席，宾客即停筷休息，等候新郎（娘）或主人前来敬酒。款待大客，礼仪尤重。凡有乐队者，皆吹奏乐曲迎请大客入席。以往摆酒均用八仙桌，以横向为上位。堂屋一般摆4桌，以靠香火左边第一张为尊，右面第一张为贵。每席又以横向靠墙一面为尊，对面为贵，此两方为客人之位，左右4人为陪，各待一客。有的地方还设“开席酒”，即大客对面不设座位。20世纪90年代以后，逐步改设10个座位的圆桌，但仍以左边为尊。宾客坐定，由司仪高诵贺词，然后举杯用膳。至第六道菜时，主陪者又起立，专向大客致欢迎词，大客往往依理相答。席间每次举杯皆有三请，而后略饮。吃过几道菜以后，大客退席。深夜，主家再备10碗，请大客吃夜宵。至2005年，还保留该习俗的，唯有梅山瑶聚居村，平原地区皆已随流简礼。

闹洞房　恭城各处都有，但方式不同，在汉族中于洞房花烛夜，男女集结，以各种方式取乐新人，子夜方散。新婚之夜，过山瑶多以歌为乐，男女对阵，分成两堂竞歌，直至黎明方息。在伸家瑶上垌，则以唱诗作联为乐。寅夜，新郎被挡在洞房外，要由伴姑出题，新郎作答，被考合格才能进入洞房歇息。在澄江源一带的梅山瑶中，则请歌师数人唱贺郎歌。西岭乡新合瑶不闹洞房，却有隆重热烈的“开茶”仪式，女方在预日、男方于正日下午2时左右举行开茶。女方请4位舅爷或姨爷，男方则请双方各2个舅爷、1个媒公，另加端酒茶的侍者共6人进行。香火前横排两张八仙桌，舅爷分作两行相对而立，唱喏行三鞠躬之礼，每鞠躬一次即相互敬酒。三巡之后互换位置，再行礼敬酒。大舅打开以红纸包封的谷雨茶，面向香火，向祖宗神灵通禀某男婚娶之事，祈祷庇佑，然后面向大门，高声诵唱开茶辞。唱毕将开包的茶叶抛撒。舅爷再行一次礼，即告结束。

入赘婚以女方操办为主，请客不多，酒席简办。男方摆酒2～3桌请舅爷和叔伯兄弟聚一餐，让大家知晓往某处某户上门即可。次日清晨，在3～5人的护送下，新人背上1张新棉被即往女家入户。

西岭乡新合瑶婚俗

图 19-10 行前的准备（林坤增 摄）

图 19-11 新娘化妆（林坤增 摄）

图 19-12 吐衣食饭（林坤增 摄）

图 19-13 出亲（林坤增 摄）

图 19-14 进亲（林坤增、游辉阳 摄）

图 19-15　宴请宾客（林坤增、游辉阳 摄）

图 19-16　大客们背上猪脚回家（游辉阳 摄）

第三节 生寿 丧葬 祭祀

生育礼仪

报喜 婴儿降生后，要及时烧茶焚香供奉，通禀祖先。在门头插柑（桃）叶避邪，新父备办一些礼物，及时报之外婆，俗称“报喜”。礼物一般为一公斤猪肉或一些糖果，平地瑶报喜以鸡为礼，男婴用公鸡女婴用母鸡。外婆见鸡即知生男生女，然后杀鸡割成若干块，用茶盘盛装，分送到姆婶们家中。主妇们亦以鸡蛋之类的东西作为回礼。

三朝 婴儿出生第三天，流行办“三朝酒”，外婆与叔（伯）外婆等带鸡、蛋和婴儿穿戴之物到女儿（侄女）家，并教女为母之道、“坐月”禁忌等。三朝酒一般简办，只有较亲近的妇女作陪，故有“外婆酒”之别称。

煮汤 煮汤酒一般在半月内举行，宴请曾参加过婚礼的亲戚朋友赴宴。这一天外婆家要购置背带、童被等物给外甥，还需备糯米粉几十公斤。主家将糯米粉搓团成丸，煮熟放入黄糖，即成汤丸，大概“煮汤”之名，由此而来。

除月 妇女生育后，一般以30天为期，称为“满月”。满月之后，要背婴儿到外婆家住上几日，称为“除月”。外婆备办一点礼物，送外孙归家，即为“除月酒”。有的因外家困难或路远难走，则改为赶圩，满月后逢圩日，背着孩子上街走一趟，除月即算完成。

寿庆礼仪

逢诞辰办酒宴客，农村称为“做生日”，以50周岁开始，多由子女操办。酒宴规模，有多有少，俗语“有钱三岁老，无钱百岁轻”。菜肴与其他宴席无区别，有的地方上一盆面条，叫“长寿面”；有的地方用面粉做“寿桃”，以表示“寿比南山、福如东海”的祝福。设宴时间各不相同，平地瑶地区中午设席，宴罢送客。平原汉族、壮族地区，来宾于中午到位，吃一餐油茶，下午再设席宴宾。过山瑶地区贺生日往往黄昏以后才到，宴席变成夜餐。

丧葬习俗

县内瑶族、壮族、汉族各民族均以木棺装尸，实行土葬，至2005年不变。丧葬过程大致为取水沐浴、更衣入柩、报丧举哀、超度祭奠，抬棺出葬及服孝除灵等，丧俗细节又各不相同。

取水 俗称“买水”。老人落气（停止呼吸）后，孝子提桶到井（河）边，焚香三柱，化纸五叠，号哭数声，意为通禀水神，即可取水回家。锅中放入数片柑（柚）叶，将水烧热，为死者沐浴更衣。

入柩 将死者卷席抬至堂屋，按男左女右、脚（朝）外头里的规定置于地下，俗称“打地气”。抬来棺材，重新油漆一遍。棺底铺灶灰，按死者年龄数，打上杯印，上盖纸钱，并按头、臂、手、脚位置放七枚铜钱，然后移尸入棺。若棺长于身，则用砖（或布）撑垫，按男垫脚女垫头旧规，称“顶天立地”。尸身两旁填上棉布，以使稳当。有的地方每个子孙都要放一点棉布进棺，叫“子孙布”。有的则再按死者年龄，系如数麻线。死者手心要放一点饭，俗称“死人抓饭”。要将老人脱落的牙齿放于口中，若有缺失，则以玉米代之。还放一枚银毫入嘴，以使进入地府不说子孙怪话。如果属痨病而死，要用煎过的鸡蛋封口，也有的用钱纸。棺材半掩，待舅父赶来，验明正身，没有异议后才能下钉封棺。

设灵 棺材按脚外头里的顺序放置于木凳之上，前设供案，上供一碗米饭，一只熟鸡，有的家贫无鸡，则以鸡蛋代替，米饭上还插一双筷子。案上放灵牌，正中写“某考（妣）之灵位”，左、右分写生卒时间。灵位设定后，灵前要香烟不断，棺下明灯不灭，香断灯灭则有断子绝孙之忌。

择日选地　人死之后，马上请“看地先生”根据死者生卒时间，推算出适合安葬的时日，以便定期报客。然后是选葬地，“看地先生”临山踏勘，选定墓址。墓坑深度不少于三尺，若遇石头影响挖掘，则另选一地。

报丧　老人落气，孝子须及时向宗族主事叔伯兄弟报信，每到一家，须下跪叩请，俗称“报家门”。尔后众人齐集，商议治丧事宜。报丧一般为与孝家互有走往的舅爷、姨爷、近亲表兄妹之类的亲戚，以及交往情笃的朋友，称为“报客”。有文化的家庭，在白纸封包上写明某人亡故何时，何日举葬登山；没文字能力的报口讯也可。2000年以后，随着农村固定电话的普及，手机的普遍使用，报丧除主要亲戚须当面通知外，一般都采用电话报信。

吊孝　报客按预定时间赶往丧家，称为“奔丧”。女婿是主要报客，须具三牲奠礼、挽联、寿被及时前往（在岳父母60周岁寿旦时，女婿须购从头到脚全身穿戴之物，称为“寿衣”，用以死后“装身”），同时另请丧乐队（鼓吹）前往吹奏哀乐，富裕家庭还请舞狮队或舞龙队。其他报客须购2米以上的一块布料（书写挽词称为“挽联”），提雄鸡一只或鲤鱼、猪肉，另具奠仪（钱币），前往吊孝。对于左村右邻的传信，有的张贴讣告，传谕众人，有的则鸣锣报信。俗语“人死饭门开，不请自家来”，村人吊孝一般要打米1公斤，赠奠仪几毛，另具香纸蜡烛。20世纪90年代以后，因粮食富足，不再打米，奠仪也不断增大。挽联亦改购实用的毛毯或尼龙被，一般亲朋则以币代物。凡吊孝者，在登记奠仪、吊礼之后，须至灵前焚香三柱（九枝），化纸五叠（每叠三片），然后行叩拜之礼。凡吊客来临，孝子须下跪；祭吊时，孝子须陪跪。凡来奔丧之妇，须行哭孝之礼，以示贤良，孝家之妇，哀哭答谢。善哭者，历数亡人之功德，诀别之凄切，引起哄堂哀号。

出殡　祭奠完毕，执事者手托米碗，将白米撒向棺材，并“呜呼”起号，众人即扶棺出堂，至门前旷坪扎杠。众孝子披麻戴孝、拥柩而出。恭城地方无孝服，举丧皆以白布包头，孝子为亡者子媳女儿、女婿以及侄儿（媳）女（婿），若有孙子，则系红纱。所有报客，都头缠白布，一般人员只佩黑纱，以示内外亲疏之别。主孝子手捧灵位或遗像在前，皆有扶孝人伴侍左右，余者依次排跪于棺前哀哭。众孝子多持芦荻竹，以为孝杖。唯福建人不用芦荻竹，以亡者性别，男用桐枝、女用荆竹。扎杠抬丧的有8人抬、16人抬、36人抬之分。旧以功名、寿龄而设，一般采用八抬式。扎杠时有的地方要带孝子绕棺3周，以示告别。待扎杠完备，执事者将米碗砸向棺材，并大喊一声“呜呼”，众人抬棺起步，有拦丧习惯的则缓步徐行，无拦丧习惯的则快步疾行。捧灵牌遗像的孝子随队登山，其余孝子在起丧时由收杖人收集竹杖后，即起立散开。送殡顺次一执符（或提灯打火把），二挽幛，三花圈，四灵位（遗像），五祭席（无路祭则免），六乐队，七棺材，八来宾。棺材自起杠至墓地，中途不能停放。及至墓地，孝子须给所有登山人员行下跪礼以祈帮忙埋葬。下葬前烧落坑纸，再杀跳井鸡，而后吊棺于坑。孝子先捧泥至棺四角，众人复土掩埋。取准方向以石为墓门，若属急葬或选期不佳者，则封墓门，待第二年清明扫墓时再去泥土或掩物，俗称“开墓门”。莲花九甲一带，媳妇亦登山，待下葬时各包泥土，疾奔返家，以最先置土于香火坛上，示发丁发财吉兆。第二日，丧家孝子及主要族亲，复置三牲酒礼，登山祭祀，覆土堆坟，俗称“复山”。

烧灵　安葬完毕，众人归来，要用柑子叶水洗手，以为“除秽”。主孝子捧灵牌（或遗像）至大门前，须有至亲接灵，按男左女右方位在香火前设灵案，俗称“供灵”。孝子在晚上卧地铺守灵，族中弟兄轮流陪伴。在“满七”时按祭仪焚香烛、叩拜、供奉三牲，念诵悼词，将灵牌、孝布与纸钱一同焚化并取少许烟灰入香坛。

设筵谢客　农村俗称赴宴叫“吃酒”，举丧披麻戴孝尚白，称“吃白酒”；又因第六道菜为豆腐，又称“吃豆腐酒”。设筵谢客时间有两种情况，若尚辰葬的，则于预日晚间设筵；若尚午葬的，则在下午设筵。在莲花镇势江源瑶区“白酒”不设坐凳，以站食为哀。菜肴除豆腐以外，与其他宴席并无区别。亡者若系高寿，则送寿粑、寿碗作回礼。主要亲戚临别总要安慰孝子一番，而孝子则跪送客人出门，孝媳哀哭送别。

祭祀

恭城瑶族、壮族、汉族各族，除设堂屋、祠堂祭祀历代祖先以外，还以还愿形式，祭祀其同源始祖公（婆），每隔三五年或十年举行一次，称为期年或届期，一年之中分三个至四个程序进行，曰春祈、秋申、冬酬（还）。

盘王愿 盘王即盘瓠，为平地瑶和过山瑶的共同祖先，平地瑶称为“苟王”，过山瑶称为“彭洪”。愿称有盘王愿、祖公愿、歌堂愿及洪门愿等。西岭新合瑶一年一届酬还盘王愿：农历三月三进盘王庙许愿，农历六月六抬盘王出游收虫，农历九月九日为重阳会，农历十月十日酬愿。观音平川瑶以五年为届期，于农历十月中旬、下旬，选日在观音村井头屯盘王大庙举行，为期3天。三江伸家瑶以十二年为届期，于十八岭高楼庙酬还“祖宗愿”，跳羊角舞娱神，杀牛供奉。

图 19-17 还盘王愿时，师公念诵《过山榜》（李云韬 摄）

婆王愿 亦称祖婆愿，嘉会唐黄、栗木欧寨以及莲花势江共3个区域皆以农历六月二十三为期，抬婆王、雷神游神，抢花炮。嘉会唐黄至今相延。

李王愿 李王即哪吒，平地瑶尊之为“李王三相令公”。传说瑶族在“漂洋渡海”时，遇狂风大浪，经祈祷李王，得以风平浪静，平安过海。后以三年或五年为届期，于初冬十月酬还李王愿。在平地瑶地区，将李王作为恩人，塑其像或列牌位入祠入香火供奉。观音李姓、栗木潘姓等还将宗祠称为“令公祠”。观音水滨周姓将李王愿称之为“五冬洪门良愿”。还愿时间以农历十月十四、十五为期，举行三天两夜的祭祀活动，挂梅山图、吹笙挝鼓。每到农历十月，各家各户开始打糍粑，姑娘姐妹回外婆家送礼，以农历十二月二十为李王诞日，过令公节，亦称过“姑娘节”。西岭乡周姓、王姓、蒋姓、费姓，平安乡莫姓、欧姓及李姓等都随之酬还李王愿。

大佷愿 为大佷十三姓壮人所崇，主要祭祀本姓始祖，故内称祖宗愿。还愿时要讲大佷话，以猪血酿大肠祭奉祖先。

图 19-18 2005 年，周渭祠中的周渭塑像（县文旅局提供）

周王崇拜 周王即周渭，曾任宋朝监察御史，为官清廉，爱民如子，咸平二年（999）病故。嗣后，宋真宗敕封周渭为惠烈御史周王，诏示地方州县立祠祭祀。宋景定元年（1260），县城由北乡龙渚市迁凤凰山脚，建周王庙。明成化十三年（1477），迁县城于黄牛岗；清雍正元年（1723），建周渭祠于太和街（今址）。平原地区各村寨，亦建周王庙或列位于他庙供奉周渭。

关公崇拜　关公，即三国时蜀国名将关羽，民间敬之为“武圣公”。明英宗正统元年（1436），始建关岳庙于江贝村；明万历三十一年（1603），建武庙，每三年一届于农历五月十二关羽诞辰隆重祭祀，抬武圣公行像出巡，各街设码头轮番祭奉。民间有的村寨于农历六月初六或农历六月二十三抬关公出巡“收虫”或“求雨”，西岭街于农历六月十五抬周王、关公出游，称“文武二圣出巡”。1984 年，重塑关羽座、行像及关平、周仓、王甫、赵累立像；1995 年始，举办关公文化节。此后，每年一小祭，三年一大祭，至 2005 年，共举办 4 届大型活动。

第四节　生产　节日

水田耕作习俗

播谷　农谚“二月清明莫在前，三月清明莫在后”成为农村早稻播种秧谷的定制。播种前，以清水洗谷，以石灰水浸洗消毒，再泡水数小时，滤水后用稻草覆盖沤芽，待 80% 露芽后再均匀播于秧田中。西岭新合瑶以桐子树预测气候，因为“桐子开花三天冷”，所以“桐子开花才下种”。

犁田　一般为“二犁二耙”。进入农历二月，第 1 次犁田，俗称“犁老”，将茹菜、牛（猪）栏粪下田，然后耙平沤田；在插秧前，再犁耙 1 次。用牛犁田，先于田中“起拱”犁，依中往两边走犁。第 2 次由田边“旋边”犁。早稻收割后，一般将禾草沤于田中，作为基肥。

插秧　春播 45 天，待秧苗长至 6 寸高，可扯秧插田。放深水拔秧，边拔边洗边旋，要求秧根不沾泥，底部平齐。以拇指和食指合抓为度，用稻草或棕叶捆扎，一捆称为“一手”，三手称“一个”。上午男人犁（耙）田，女人扯秧，下午一起插田。2000 年起，更为快捷的抛秧技术传入恭城，农户多用抛秧播种。

放水　20 世纪 90 年代以前，“种田靠水”，长时保水浸苗。90 年代后，推行“浅露晒湿”节水灌溉法，至 2005 年一直沿用。

撒灰耘田　水稻插植 20 天左右要在田中撒 1 次石灰，然后再用“耒耙”耘田。在禾苗露胎前，再耘 1 次，晚稻亦然。20 世纪 80 年代以后，农药化肥用量增多，只耘田不撒石灰。

旱地耕作习俗

平地　一般实行套种式，春种秋收，农历二月月初将地犁耙两次后播种，春种品种主要有花生、玉米、黄豆、绿豆及旱芋等，夏天套种的有红薯、红瓜子之类。如春种花生、黄豆，待其长至将开花时锄地松土，顺便种上玉米、高粱，立秋时节拔去花生、黄豆，深秋时又可收获玉米、高粱。如此种式，至今不变。

岭地　山区瑶民，垦岭而食。冬月选地一块，用刀斧砍倒树木，待其枯干，于春月晴天，放火焚烧，其后再开锄挖地，先种粮类作物，而后夹种桐、茶或杉树。梅山瑶尚打锣挖地。户主先砍岭地一片，后约期以雇工或换工形式，召集数十男女，请一两个歌师，敲锣打鼓领唱，众人一边挖地，一边附唱或对唱，在欢乐中劳动。

山地　于石山砍地一片，农历三月、四月放火烧地，趁地热撒播芝麻种。五月间除草间苗；七月收获。除此“刀耕火种”外，也可“刀耕锄种”，在石山土中用秧锄刨一小坑，播上玉米、高粱、粟禾、䅟子及地禾之类，下年不再复种。

瑶族、汉族、壮族共有的传统节日

春节　农历正月初一为春节。从农历正月初一至十四，称过新年。家中设有神位的人家，每日早餐以糕粑或油茶供祖先，晚餐又以菜肴供奉。初一宜讲彩话，禁扫地、洗衣，也不干农活。

民谚“初一仔，初二婿”。正月初一，上门就亲（即入赘）的儿子，必回老家省亲看望父母，至儿女长大方可替之。正月初一早上，十二周岁以下的少年儿童，走出家门，结伴成群，挨家逐户拜年。领头的至院高声呼叫“拜年啦”，主人出迎。见高寿老人须跪拜，一般的合掌抱拳道“恭喜发财”“新年大吉”之类的彩话。主人逐一发给利市（即压岁钱）和糖果“打发”大家。栗木、莲花街儿童多组队跳小狮拜年，并由两人抬箩筐收礼物，连续数日，通街拜完为止。梅山瑶在正月初一要选一吉利方向的亲戚拜年，该俗至2005年未变。初二，为女婿回外家拜年俗定时间。过了正月十五，女人开始回外家拜年，住上几天，再由弟兄叔侄送归，月底拜年结束。西岭乡新合瑶人对汉人拜年，直到八岩二月初二会期，拜完了八岩“老同”，拜年才结束。

新婿拜年，外家各户必置“十碗”款待，俗称“待新客”。“新姑爷”入席不久，又被另一家拉去，由辰至晚，不知要吃多少餐，故有“做客三日饱，回家冷饭咬”之俗语。每到一家。女婿须送“春筵”请柬，以正月初四至初六为期，约众人至家“吃会亲酒”。每有客临，户主必以酒肉款待，并请家族兄弟或村邻作陪。西岭乡新合瑶拜年，每至一家均燃鞭炮报讯，户主切肉下锅，打火炉待客，食之必有肠，意为“亲情长久”。又有客来，再添肉入锅。客去，复以鞭炮相送。

元宵节　农历正月十五为元宵节，早餐吃汤圆，并以之供祖；下午杀鸡，再奉祖先。该日，全家休息，不做农活。过山瑶地区不做汤圆，家中有粑即可。

清明节　从农历三月清明至谷雨前一天，称清明节，为各姓氏家庭、宗族祭扫祖墓之期。祭扫形式先家庭、次堂屋、再房族或宗族。家庭祭扫，于清明做艾粑，早上供香火后再食。男子带小孩挑祭品至坟祭扫，先修整茔台，后插上香烛，摆上艾粑、米饭、三牲、酒及茶等祭品供奉。祭奠时斟茶、酒各3次，长辈带幼辈叩拜祖坟，祝愿安宁，祈求庇佑。将家庭祖墓逐一祭扫后，晚上于香火前再行祭奉，即算完成家庭祭扫。以后再到堂屋、房族祭扫，以该支始祖为中心，分人往四境扫墓，然后归于一处。于祖墓前会餐，酩酊而归。

牛王节　农历四月初八为牛王节，俗称“牛王生日”。该日普遍不用牛，要给牛吃好料，到牛栏设供烧纸。不讲蚊子，忌蚊咬牛。过山瑶地区取乌番树叶和糯米煮“乌饭”，而后混入青草中喂牛，有的将乌饭混入潲水中，让牛喝“乌饭水”。观音平川瑶除在四月八煮乌饭、禁役使外，对牛特尊，老牛死了，挂其头于栏，焚香祭供。

端午节　农历五月初五，做粽粑，供祖宗。新婿去岳父母家，最流行黄茅粽。民间于大门前挂菖蒲、艾蒿，镇邪驱蚊。梅山瑶有的于门上挂葛麻藤，纪念迁徙前的史事。观音平川瑶于门上加挂七片荆柴叶，以避霍乱。不少地方以雄黄研末兑酒喷洒房屋四周，防蛇进宅；每人喝一口雄黄酒，以防肚痛。船上人则抛粽粑入河，以敬河神。小孩要剃头，以防生疮子。下河洗冷水澡，可防痱子。民谚“吃了黄茅粽，棉被远远送”，是说端午以后天气转热，不用盖棉被。

农历五月十五，民间称“大端午”。该日杀鸡买肉加菜，盛行于平原汉族、壮族地区，山区瑶族无该节俗。

中元节　农历七月初一至十五，各民族、姓氏都有自己的节期，俗称“七月半”或“祖宗节”，戏称“鬼节”。节期以祖籍而论，广东阳山人以十四为期、福建漳州人以初七至十五为期，湖南东安人以初十至十四为期，江西人以初十至十四或十三至十四为期，壮人以初七至十四为期。在瑶族中，各有祖传节期，如三江伸家瑶“本地人”以十四至十五为期，赵姓以十二至十四为期，李姓、翟姓以初七至十四为期；观音平川瑶周姓、杨姓、盘姓以初十至十五为期，李姓、蒋姓以十一至十五为期；

栗木平地瑶周姓以初一至十五为期，田姓以初十至十五为期；西岭新合瑶盘姓以十二至十四为期，赵姓以十二为期；梅山瑶以十二至十四或十三至十四为期。

祭祀一般都有接、款、送三道程序，一日三餐供奉。接祖归堂时，讲究文采的要宣读接祖疏文，列位参拜；一般的祷告一声，焚香上供即罢。款待祖宗，各有定期，菜肴略丰盛一些。欢送祖宗一般在晚上，事前按历代先祖考妣名单，逐一书写冥包，封以冥币，在送祖时再唱名化纸，然后一路插香，燃放鞭炮，于村尾（头）再摆供品、祭奠一轮，再放鞭炮，即算结束。七月半以“狗舌粑”为“祖宗粑”，民间有“接时孖仔粽，去时狗舌粑”之说。

中秋节　农历八月十五为中秋节，民间以鸭为牲供奉香火，晚间摆月饼水果、焚香供月神。订婚“女婿”以鸭子和月饼到女家料节送礼，女家以草帽、手巾还礼。过山瑶认为中秋节是“民（汉）人节”，无节俗。穷人认为中秋节是“富人节”，随便过节。有民歌云，“八月十五正中秋，有人欢喜有人愁，欢喜的人吃月饼，忧愁的人吃芋头”。20世纪80年代以后，中秋节逐渐成为县境瑶壮汉各民族统一节期。

十月节　农历十月初十为十月节，俗称“十月香”。在汉族、壮族中，早餐要吃“大肚粑”，晚餐杀鸡宰鸭，菜肴较为丰富。各山区瑶族原普遍认为是“民（汉）人节”，过如常日，但20世纪80年代以后，随流入俗，渐兴杀鸡过节。

冬至节　12月23日左右，为二十四节气中的“冬至”，民间素有“冬至大过年”之俗。是日，喝酒食肉，开始腌制腊肉、腊肠等年品。

小年节　以农历十二月二十三为“灶王日”过小年，在灶台焚香供茶祷告一声送灶王升天。栗木平地瑶将红火炭放在碗中，滴入茶酒，以冒出烟气，视为“灶王升天”。此后几日，人们拆旧灶砌新灶，打扫卫生，宰杀生猪，制作年糕，准备过大年。

大年节　农历十二月最后一天为“除夕”，民间称“大年夜”“三十晚夜”或“过年”。进入农历十二月，农民按圩期连续赶圩，卖出货物以后，购买诸如腐竹、粉条、海鲜、香料、慈姑、马蹄、糖果、饼干以及蔬菜等类“年货”，以备正月拜年和待客之用，给家人购买新衣新鞋以便拜年穿戴。

过年如同清明节、中元节，祭祀祖先较为隆重，早上供茶、供糕粑，下午3时以后先供全鸡、全鱼、猪肉，再以熟菜供奉。同时以三牲供土地、猪栏、牛圈。曾在某庙许过愿的，要进庙酬愿。以石、水、火、木为养娘的，要亲临其地祭祀。

过年这一天，家家户户要换“香火纸”，在大门、灶屋贴对联，在耳门、畜圈贴条幅，以祈来年风调雨顺、人丁兴旺、五谷丰登、六畜兴旺。吃晚餐时间要比平日早，再忙也要吃餐安然饭。菜肴也比其他节日丰盛，以鸡屁股、胸肉敬老人，小孩吃鸡腿；吃鱼表示年年有余，有的还将鱼尾贴在大门上；吃豆腐、腐竹，表示生活富足。煮饭比平日多，一定要剩一些，称为“压年饭”。过山瑶在吃饭前，先舀饭菜喂狗，表示敬祖，并以狗第一口、第二口吃的东西预测市价贵贱。大俍人必做一碗米散肉，表示不忘祖先。

入夜，一家老少围坐在火炉旁，大人们谈“家常白”，总结一年的劳动成果或经验，商议明年的“阳春”之计。小孩们则希望听“讲古仔”或“猜谜子”。家长要给每个家庭成员发个红包，称为“压年钱”。子夜以后以鸡叫为准，到堂屋放鞭炮迎新年。过年守夜要烧一根大柴，称为“压年柴（财）”。睡觉前，要壅火留“火种”。由于城乡生活水平提高，20世纪90年代起，电视进入寻常百姓家，除夕夜多以看电视及棋牌娱乐代之。

瑶族节日

花炮节　农历正月十四，为花炮节，在三江乡石口寨举行。是日上午，抬花炮环游全村；下午，在花炮田中跳羊角舞、抢花炮，晚上演戏，祝贺新炮得主。

开春节 农历二月初一，栗木、观音瑶族有该习俗。相传过去有“吃正月，耍二月，到了三月才下田”的习惯，为改变该陋习，农历二月初一用冬天腌制的猪、鸡、鸭的内脏和其他食材作馅，用糯米粉做成梨子般大的粑粑，名“安心粑”，意为吃了安心粑，就要踏踏实实地开始新一年的劳作。现在虽然各家各户多在元宵节前后投入了生产劳作，但吃安心粑的习俗仍然流行。

敬鸟节 农历二月初二，民间称之为“鸟仔节”。三江伸家瑶以草结鸟，以粑封其嘴，意为喂饱了鸟仔就不会再糟蹋庄稼。观音平川瑶用映山红树枝串上汤圆插于田头，由鸟自由啄食，意为敬鸟。西岭乡八岩平地瑶抬婆王出神，于各村设码头奉神祭鸟，遂变成二月二会期。

婆王节 农历六月二十三，为婆王节，每3年为1届，在嘉会乡九板村举行。嘉会乡的唐黄瑶于该日抬婆王出巡，并请戏班唱戏。届时，县内栗木、嘉会一带的瑶民聚集到此，热热闹闹地过节。

图 19-19 婆王节长鼓舞表演（李云韬 摄）

尝新节 农历六月初六，民间称为“尝新节”或“半年节”，此时若未收获早稻，则于稻田摘几粒稻谷剥皮后与旧米煮饭供香火，让祖先“尝新”。梅山瑶则以新玉米与旧米煮饭，亦称“新米饭”。过山瑶则以新饭喂狗，以示不忘祖宗。有的地方，则做熟粉粑过节。

盘王节 农历十月十六，为盘王节，每3年为1届。分别在观音乡、三江乡举行。杀牛宰猪，祭祀盘王；抬盘王塑像出游，请道师做法事，念诵《过山榜》《梅山歌》等瑶族谱书，传播瑶族迁徙历史；举行各种民族民间文体活动。

其他节日

派赖年 农历正月二十，广东阳山人过“派赖年”。传说，祖先在广东阳山珠玑巷居住时，正准备过年，忽然元兵杀来，举乡大乱，匆忙外出躲避。元兵退走，已经是正月二十。无菜刀无砧板，就用柴刀在碓头切猪肉，简单地吃了一餐饭，补过了一个年，所以叫“派赖年”。此后，每到正月二十这天，嫁出的子女，都带着小孩回外家过派赖年。明万历年间（1573—1620），广东阳山人徙居恭城，四百多年不改其俗。平安乡北溪村涧山屯阮姓、吴姓、陈姓三个姓过派赖年最热闹，每到正月二十这一天，不但姑娘姐妹回外家，而且附近亲戚朋友都来，各户像办喜酒一样招待客人，并以来客多为荣耀。

农历正月最后一天，三江伸家垌以石口、牛尾寨两村为主体过派赖年。传说在元末明初某年，边关军情危急，全垌所有男人在年前被征去边关驻防。直到正月末贼兵退去，边境安宁，被征民夫才得回家，与家人补过了一个年。此后，便以正月最后一天为“派赖年”，相沿成习，六百多年未变。

重阳节 农历九月初九重阳节，在县城文化中心广场举办盛大的文体活动，城乡老年人聚集广场，参加各项娱乐活动；各行政、企事业单位对退休干部、职工开展慰问活动。

农事节日

惊蛰　惊蛰以后百虫起蛰，俗以石灰遍洒屋前屋后，谓可避虫蚁。种植惊蛰豆、点播南瓜、节瓜之类种子，民谚有“惊蛰不动风，冷到五月中”之语。

谷雨　恭城人打油茶，以谷雨茶为上品，多以该茶治“发痧”和待贵客。谷雨前后3天，妇女上山采茶，加工成干品，皆称“谷雨茶”。在谷雨交节时，常采荆柴叶、枫木叶及藤茶等晾干，留作药用。民谚“清明要明，谷雨要雨”，谷雨节如果下雨，则表示风调雨顺。该节至小满一段时间，农家忙于种植旱地作物。

立夏　民谚“立夏不吃蛋，莫在世上看”。家家酿鸭（鸡）蛋、笋子，给小孩吃“荷包蛋”，取“如意”“聪明”之意。立夏前后，开始插植早稻。

立秋　该日不能在树下躲荫乘凉，否则易生“秋铲”。山区瑶民聚众砍除路旁树枝、杂草修路，以利通行。

霜降　该节开始收获玉米、高粱，采摘桐子、茶子、柑橘、柚子，刨晒柿饼。

会期

八岩瑶圩　八岩位于县西部，地近平乐、阳朔县，旧为下西乡中心区域，瑶族、壮族、汉族民族杂居该地。每年农历二月初二为鸟节，该地民众有抬神出游“赶鸟”之俗；农历六月二十三，有请婆王、周王、关公出巡“收虫”之举，皆汇聚于八岩。该村设有两个奉神码头，师公奉神时要吹笙挞鼓娱神，同时举行抢花炮活动。阳朔县的龙尾瑶、西岭新合瑶皆顺带山区农具、特产前往看热闹和交易，附近村民也都前去观摩或出售特产，久之渐成会期。清道光年间（1821—1850）以后，嘉会唐黄瑶也抬婆王到八岩，与之“姐妹相会”，至民国20年（1931）方停止。另外，为解决采购年货路远艰辛之苦，又订十二月二十八会期，相约成俗，于是八岩便形成一年三会，外人则称之为“瑶牯圩”。每逢会期，远自灌阳、平乐、阳朔县及湖南江永等县亦有商贩赴会，推销商品或收购土特产品。民国9年（1920），八岩建立圩场。1949年10月1日以后，圩场渐废，虽无神出巡，但瑶圩相延。至2005年，农历二月二和六月二十三会期，气氛已今不如昔，十二月二十八却方兴未艾。

九板桥会期　嘉会唐黄瑶崇祀婆王，于每年农历五月二十六为婆王庆寿，为期两天两夜。又以三年为届，于六月二十三抬婆王、雷王出巡，由唐黄岭婆王庙起，上午游经九板、太平、嘉会、秧家，至豸游村午餐，下午游至常家住宿过夜，次日上午游经岭尾、实乐村，再跨过茶江至石盆午餐，下午送婆王“回宫”，至二十五下午结束。清道光十五年（1835），于嘉会乡白燕村九板桥屯樟林建婆王行宫，又于道光二十三年（1843），在行宫前建戏台1座，形成九板桥会期。民国26年（1937），改称唐太婆庙，会期相延至1956年中断。1986年，恢复九板桥会期，改称为嘉会婆王节。农历六月二十三起，请湖南戏班唱戏3天，婆王出游至嘉会街，太平、嘉会设码头，祭祀后跳草笠长鼓舞，舞龙舞狮。至2005年农历六月二十三，共举办9届婆王节，每届均举行抢花炮活动。县内外都有群众前往观摩，多时超3万人次。

第五节　宗教　禁忌

宗教

恭城于宋代已有佛教传入。明朝、清朝，农村各村寨多数建有庵寺，有庙产无和尚，除奉佛教观音大士以外，另置本族所奉神祇。主要的庵寺：嘉会乡白羊村凌云寺（原名思恩寺），建于南宋淳熙十年（1183）；莲花镇湖山村莲花庵，建于南宋庆元年间（1195—1200）。西岭乡八岩松林寺建于明永乐年间（1403—1424），奉周渭、关羽为主神，有庙祝看守每日烧香供茶，民国初年辟为崇儒学校。栗木上宅金华寺建于明初（1368—1370），奉周王、孔子、财神、龙王、五谷大王、雷神电母及观音等多神。栗木街龙潭寺建于明万历年间（1573—1620），寺产600担租谷，和尚5～8人，解放后和尚还俗为民。观音乡甘草寺建于清顺治年间（1644—1661），有寺田70亩、12个和尚，清咸丰四年（1854）被毁于兵焚。1984年，灌阳蒋女士到全州湘山寺学佛，1993年，至观音山建观音寺，有女尼2人。2005年年底，观音寺教职人员3人，佛教信众4200人。

图 19-20 位于观音乡观音村的观音寺（县宗教办提供）

禁忌

语言禁忌 正月初一、十五忌讲老鼠，否则鼠害多；正月初二忌讲鸟，否则鸟侵五谷；四月初八忌讲蚊子，端午节忌讲蛇，否则蛇多蚊子多；村里死了人，半月内禁忌补锅匠入村喊“补锅”（谐音“补个”），否则村里还要死人；商贩和赌钱人忌讲猪舌、猪肝、锅铲、赶圩，只能讲口利、猪润、锅利及赶闹子等回避谐音，否则会蚀本输钱；放木排忌讲排散（恭城的一种面制油炸食品），否则会出事；烧石灰忌讲石头，只能讲广子，否则会久烧不成；建房、迎亲和新年忌讲不吉利的话，否则会有伤亡灾祸降临等。

行为禁忌 盘瑶因其图腾为狗，忌吃狗肉，否则是亵渎祖先；建新房时动土、安门、升梁、进火及安神龛等，忌吵闹啼哭，否则凶多吉少；家中人畜有孕，忌随便动土，否则会流产；正月初一忌扫地，否则财富会外流；分龙日忌挑粪水、忌晒衣服，否则久旱无雨；上山砍树，下水放排，忌煮生米饭，否则出门有凶；读书人忌乱丢字纸，否则会瞎眼；家中死了人，在封棺前，孝子忌用刀铲利器和笔墨，否则死人会七窍流血，脸色变黑；孝子忌上楼，否则是对死者不孝敬；孝子忌3日内到别家串门，否则会给他人带来不幸；在外非正常死亡者，被认为是“野鬼”，忌把尸体抬回家中，否则家中人还有不幸；烧石灰忌酿豆腐吃，孕妇忌上窑头，否则石灰久烧不成；孕妇忌摘菜摘果，忌抱别人小孩，否则菜会生虫，果子发酸，小孩会腹泻；新娘进门时忌与新郎家人面对面，否则日后不睦；妇女、小孩忌吃狗肉，否则会跛脚瞎眼；离婚女子和寡妇改嫁，忌由原夫家大门出来，只能由后门、侧门或窗口出，否则对原夫家不利。另外，还有甲日忌建仓、乙日忌种作物、丙日忌砌灶、丁日忌理发、戊日忌扫地、巳日忌杀猪、庚日忌经络、辛日忌酿酒、壬日忌塞坝及癸日忌告状等。

第二十篇

人物

第一章 人物传

本志共收录立传人物 8 人，以本籍为主，共 7 人，占 87.5%。1989－2005 年，恭城县经济和社会事业快速发展，各行各业都涌现出许多优秀人物，收录的 8 人仅是他们中的代表。此 8 人按从事行业划分，属于本地农村户籍且从事农业的 2 人，属于工业界的 1 人、警界的 2 人、艺术界的 1 人、教育界的 1 人、政界的 1 人。以卒年为序。

陈明清

陈明清（1967—1989），男，瑶族，恭城镇门楼村人。1989 年 10 月 13 日晚，在与犯罪分子搏斗中牺牲。

陈明清小学时特别喜欢听雷锋的故事，一听就入迷，并在行动中学雷锋，做好事。1979 年春天，陈明清拾到 30 多元钱交给老师，由学校交还失主。同年 6 月，陈明清从深水沟中救起一个落水儿童。

1986 年，陈明清加入民兵组织。1989 年 10 月 13 日晚上 11 点多钟，陈明清正在挑灯夜读，邻居一青年来报告："有蛮子（小偷）偷村里的柿子。"陈明清急忙喊来二哥陈明亮一同去抓。朦胧的月光下，两个家伙见有人跑来，拔腿就跑，陈明清大喝一声："站住！"两人仍逃不停。陈明亮追上去就是一棒，1 人被打中小腿被抓，另 1 人仍在逃跑。陈明清继续紧追不舍。正当越追越近时，歹徒突然从身上拔出一把锋利的尖刀，朝赤手空拳的陈明清胸部猛刺。陈明清忍住剧痛，猛扑过去，将歹徒死死抱住，歹徒又朝陈明清左腋窝刺进一刀。陈明清重伤倒下，后经医院抢救无效牺牲。1989 年 12 月 14 日，县人武部、共青团县委作出《关于号召全县共青团员、青年民兵向陈明清同志学习的决定》，共青团县委追授他"模范共青团员"称号。之后，桂林军分区给他追记三等功。1990 年 2 月，广州军区追授他"学雷锋先进个人"称号。

王正凯

王正凯（1968.4—1993.7），男，瑶族，西岭乡新安村河头寨人，初中文化，1987 年加入民兵。王正凯无论严寒酷暑，坚持为村里的"五保"户陈碧珍打柴担水，直到陈碧珍去世。1991 年秋的一个深夜，村民王国希的猪栏起火，王正凯奋不顾身，带头扑向火场，同大家及时把火扑灭。1993 年 7 月 1 日下午 1 时，王正凯忙完农活后与同村王国嵩、王正年等 4 人去赶圩。到达沙湾桥时（滚水坝式的桥），因连日暴雨，河水漫过桥面近 1 米，涉水过桥时，肩扛自行车的王正年连人带车跌入激流中。已走上河岸的王正凯发现后，立即返身跳进河里，把落水的王正年救上岸，又潜入水中，把王正年的自行车捞了上来。这时，一同过桥的王国嵩在王正年落水后也不慎落水，被卷入一个漩涡挣扎不出来。王正凯再次跳入水中，用尽全力将王国嵩推上岸，落水群众得救了，但是，精疲力竭的王正凯被卷入漩涡牺牲。

王正凯牺牲后，恭城县团委、恭城县武装部分别授予他“见义勇为模范青年”“优秀民兵”称号。1993 年 8 月，县委作出《关于在全县开展向王正凯同志学习活动的决定》。1994 年 4 月，自治区民政厅批准追认王正凯为革命烈士。

蒋世昆

蒋世昆（1958.11—1995.4），男，瑶族，栗木镇上灌村湖塘屯人。1976 年 12 月入伍，在某部服役。入伍后，蒋世昆严格要求，刻苦训练，于 1977 年 7 月被选送师教导大队学习，1978 年 2 月任排长，11 月加入中国共产党。1979 年 2 月，参加边境自卫还击作战，勇敢顽强，机智灵活，出色完成战斗任务，荣立三等功。1991 年 7 月，第 7 号台风袭击广东省汕头市。担任武警汕头支队机动中队指导员的蒋世昆带领全队官兵战斗在抢险救灾第一线，出色完成任务，荣立三等功。

1995 年 4 月 4 日，任武警汕头市支队教导队代理教导员的蒋世昆带领 3 名战士在教导队屋顶平台清理杂物。9 时许，两名战士正合力清理一根长 8 米近 50 千克的旧避雷针，不料避雷针凌空伸出的一端接近了 3 米外的万伏高压线，眼看一场意外就要发生。在这千钧一发之际，蒋世昆一边大喊“危险，放下！”一边快速冲过去将战士推开……两名战士得救了，而蒋世昆被强大的电流击倒在地，壮烈牺牲。

1995 年 4 月，中共武警广东总队委员会作出《向蒋世昆同志学习的决定》，汕头市委、市人民政府作出《向舍身救人的英雄武警蒋世昆学习的决定》；5 月，广东省公安厅作出《向蒋世昆同志学习的决定》；7 月，中国人民武装警察部队为其追记一等功；1996 年 3 月，中华人民共和国民政部批准蒋世昆为革命烈士。

潘华

潘华（1964.8—1996.6），男，瑶族，栗木镇上枧村上布结屯人。1985 年 7 月，参加工作，先后在平安派出所、县公安局刑侦队、内保科工作，历任办事员、科员、副科长等职，二级警司。他工作任劳任怨，兢兢业业，1986 年、1987 年、1989 年，被评为县政法战线先进工作者。1990 年 7 月，加入中国共产党；1992 年 7 月，毕业于广西公安干部管理学院。

1996 年 6 月 11 日凌晨 2 时许，潘华在办案回家途中，行至县医药公司一带，看见 3 人推着一辆两轮摩托车，形迹可疑。潘华停车上前盘问，做贼心虚的 3 名歹徒，弃车逃窜。潘华鸣枪示警，同时追上前去将其中 1 名歹徒擒获，押入警车内，当即用手机将此情况向内保科长报告。趁潘华打电话的瞬间，歹徒从车的后排座用手勒住潘华的颈部，抢夺潘华手上的“六四”式手枪。面对身高近 1.8 米的强壮歹徒，潘华毫无畏惧，在车内与歹徒展开了殊死搏斗。在与歹徒激烈的搏斗中，歹徒用枪从背部击穿潘华胸部。为了制服亡命之徒，潘华忍着剧烈的伤痛，使尽全身之力，将歹徒紧紧地压在座位上。这时，歹徒奋力挣扎，几次用脚撞开车门，妄图逃跑。潘华在体力不支的情况下，仍顽强地将歹徒紧紧抱住，并大声呼叫。不久，内保科长带领 2 名治安人员及时赶到，制服了犯罪嫌疑人。

1996 年，自治区民政厅追认潘华为革命烈士，公安部追授他为全国公安系统二级英雄模范。

张光礼

张光礼（1927.7—1999.1），又名黄康，男，汉族，恭城镇江贝村人，总工程师，新疆维吾尔自治区第四届、第五届政协委员。

1939 年秋，张光礼考入广西省立平乐中学。1944 年秋，日军入侵广西，参加恭城县抗日勇敢队，投身抗日斗争，时年仅 17 岁。1947 年秋，考入国立北平铁道管理学院（北方交通大学前身）。受中共地下党组织的教育培养和进步同学的影响，成为学生运动的积极分子。1948 年 9 月，加入中国共产党。同年年底，他被分配到哈尔滨东北行政委员会铁道部，任技术课二等课员。1953 年 3 月，张光礼调入铁道部西北铁路干线第一工程局临时管理处，任行调科副科长。

在大西北的铁路建设中，张光礼先后参与包兰铁路（包头至兰州）、南疆铁路吐鲁番至库尔勒段的修建。1978 年，以乌鲁木齐铁路局副总工程师身份参加对青新线（格尔木—库尔勒）踏勘，沿着柴达木、塔里木两盆地边沿，对铁路的走向、长大隧道进出口、大桥桥址作实地考察，历时 1 个多月。1987 年，张光礼参加“修通北疆铁路乌苏—阿拉山口段经济效益的研究”项目的调查研究工作，以北疆铁路总工程师的身份负责第一期、第二期方案设计鉴定工作。为打通阿拉山口，他 4 次到山口观察地形，3 次去伊宁，2 次去霍尔果斯，以翔实的资料和科学的分析提出中苏铁路阿拉山口接轨点的谈判方案，并以中方专家组组长的身份参加中国代表团与苏联的谈判。1990 年 9 月，乌苏—阿拉山口段修通，它连通东起亚洲中国连云港，西至欧洲荷兰鹿特丹的铁路，被誉为当代的“丝绸之路”。

1999 年 1 月 9 日，张光礼病逝于新疆乌鲁木齐。

詹行宪

詹行宪（1930.2—2001.11），男，汉族，莲花镇莲花新圩人。1947 年，进入桂林广西艺专美术部学习；1953 年，进入武汉中南美专雕塑系学习；1955 年，毕业分配到广州雕塑工作室（现广州雕塑院）从事雕塑专业创作。曾任雕塑院艺委会主任，是国家二级美术师，中国美术家协会会员，广州市美协理事。

詹行宪以严谨的态度，质朴写实的艺术风格，深刻细腻的表现手法塑造出各种人物形象的作品，多次参加全国及省、市美展，并在国内和港、澳报刊发表。主要作品:《新社员》，入选新中国成立十五周年全国美展，并被中国美术馆收藏;《刘三姐》，获首届全国城市雕塑优秀作品入选资格证书;《孙中山像》(合作)，获首届全国城市雕塑优秀奖。影响较大还有《瑶族卫生员》《农村姑娘》《乡村医生》《彭德怀》(被广州艺术博物院收藏)、《鸦片战争虎门人民抗英纪念像》(与人合作)、《十九路军淞沪抗日无名英雄像》等雕塑作品和《詹行宪雕塑作品选》一书。

2001 年 11 月 20 日，詹行宪在广州去世，终年 71 岁。

刘自雄

刘自雄（1921.9—2001.12），男，瑶族，莲花镇龙围村人。1952 年 5 月，从中国人民解放军川西军区转业后到势江乡黄坪中心校任教师。黄坪中心校是 1 所偏远山区学校，属于瑶族聚居地。刘自雄参加教育工作就立下誓言:“任凭风吹浪打，扎根山区志不移。”1952 年至 1987 年执教期间，他用实际行动实践自己的誓言，一直默默地为山区少数民族群众子女的教育事业勤奋工作。他身为校长，还长期担任语文或数学教学，当班主任不间断。在教学中，他注重德育，管教管导，对学生一视同仁，从不偏袒；特别关注瑶族女孩入学问题，经过长期、细致地思想动员工作，提高了当地瑶族同胞送女孩入学的认识，瑶族女孩入学率逐年提高。

1981 年，年满 60 岁的刘自雄本来可以退休，但当时黄坪小学正在修建学校，需要做的工作太多，人手不够，刘自雄就自愿留下来继续工作。1984 年秋，从校长岗位退下来后，仍担任初中二年级语文教学工作和班主任工作，至 1987 年 5 月正式退休。

刘自雄获得多项荣誉称号：1954 年春，被评为“平乐地区少数民族优秀教工”；1983 年，被评为桂林地区、自治区优秀班主任；1984 年，被评为自治区“加强民族团结发展民族经济文化事业先进个人”；1986 年，被评为“桂林地区先进教工”。

2001 年 12 月，刘自雄因病去世。

刘立业

刘立业（1932.10—2004.6），男，汉族，广西临桂县人。1951年7月，参加桂北土改工作队；1952年1月，分配到恭城县嘉会区土改工作队；1952年9月，加入中国共产党。历任中共嘉会区委副书记、书记，栗木区委书记，县林业局长、县水电局长，恭城县革委会副主任，县人民政府县长、县委常委、副书记。1991年10月退休。

刘立业一向艰苦朴素、深入联系群众、思想解放、大胆负责。1969年调至水电局任局长后，兼任蓝洞、峻山水库指挥长，专抓水利工作。在栗木公社任书记期间，刘立业根据具体情况，因地制宜，允许群众在生产上有一定自主权，由群众根据实际情况选择品种，可以在烂泥田、冷水田里种中稻，同意低温地区推迟早稻播种时间。20世纪70年代末至80年代初，担任县主要领导的刘立业，在机关坐班时间不多，机关工作处理安排后，就下乡，深入基层。下乡时，穿着草鞋、打着赤脚深入田间地头，农民都称他是“草鞋县长”“赤脚书记”。改革开放初期，对于敢于承包的，均予以大力支持。他常说：“推动生产，符合人民利益就要敢于担当风险。”1979年下乡期间，嘉会大队2队集体水碓和猪场“吃大锅饭”现象严重，群众要求承包到人，得到刘立业的支持。1980年，县委副书记苏程远在嘉会公社太平大队搞联产承包试点工作，提倡把边远山冲田、烂泥田包产到户，当时有些干部思想不通，怀疑是“搞单干，走回头路”，但刘立业大胆支持苏程远的做法。1986年，他年近退休，还到西岭乡的山区村东面、椅子村等村开展调查研究工作。到他卸任时，全县120多个村（街）委他到过119个。

2004年6月，刘立业因病去世。

第二章 人物表

本章收录1989—2005年恭城籍党政军副厅（师、司）级及以上职级人物10人，恭城籍在县（内）外工作及外县籍在恭城工作获副高级职称及以上人物212人；恭城籍或外县籍在恭城工作获国家部委级先进荣誉称号人物35人次，获自治区级先进人物荣誉称号人物19人次，获市级以上劳动模范荣誉称号17人，获特级教师荣誉称号2人。

1989—2005年恭城籍党政军副厅（师）级（含）以上领导一览表

表20-1

姓名	性别	民族	籍贯	始任副厅（师）级时间
钟德运	男	汉族	平安乡	1983年，任广西百色军分区副政委
彭祖意	男	瑶族	平安乡	1992年，任百色地委委员、行署副专员
邬弘辉	男	瑶族	莲花镇	1994年，任中共防城港市委常委
余兴祥	男	壮族	莲花镇	1996年，任桂林地区行署副专员
肖芳佐	男	瑶族	栗木镇	1997年，任自治区民政厅副厅长
俸兰	女	瑶族	莲花镇	1997年，任国家民委副司长
郑军健	男	瑶族	恭城镇	1998年，任自治区教育厅副厅长
余远辉	男	瑶族	龙虎乡	1998年，任自治区人事厅副厅长
林仕梁	男	瑶族	莲花镇	2002年，任新疆兵团教育局副局长
曹国生	男	瑶族	栗木镇	2003年，任自治区国土资源厅副厅长

1989—2005年恭城瑶族自治县获部委级荣誉称号人员一览表

表20-2

姓名	性别	荣誉名称	授予单位	工作单位	授予时间
陈华强	男	农村电气化试点建设先进工作者	水利部、国家计委	县水电局	1990年
方炳新	男	农村电气化试点建设先进工作者	水利部、国家计委	县水电局	1990年
唐咸明	男	全国农村能源先进工作者	农业部	县能源办	1990年
成春先	男	全国优秀教师	国家教委、人事部	县直第三小学	1991年
全裕存	男	农业科技推广先进工作者	农业部	县农机局	1991年
王高宏	男	农牧渔业先进工作者	农业部	县农机局	1991年
刘超	男	1989年全国乡镇工业污染源调查先进个人	国家环保局、统计局、农业部	县环保局	1991年

续表 20-2

姓名	性别	荣誉名称	授予单位	工作单位	授予时间
唐咸明	男	全国省柴节煤工作先进个人	国家计委、农业部	县能源办	1993 年
贝荣光	男	全国优秀教师	国家教委、人事部	恭城中学	1993 年
李书军	男	全国省柴节煤工作先进个人	国家计委、农业部	县能源办	1993 年
张世敏	男	全国优秀人民警察	公安部	县公安局	1994 年
林和羽	男	全国农牧渔业丰收奖一等奖	农业部	平安乡政府	1994 年
陈学初	男	广西桂林地区二万亩柑橘优质高产规范化栽培技术全国农牧渔业丰收一等奖	农业部	县农业局	1994 年
郑启琨	男	全国优秀教师	教育部、人事部	栗木中学	1995 年
梁锦航	男	全国水利系统水利管理先进工作者	水利部	县水利局	1996 年
潘华	男	全国公安战线二级英模	公安部	县公安局	1996 年
唐义明	男	全国计划生育科技先进工作者	国家计生委	县计生局	1996 年
杨先玉	男	全国农村能源建设先进个人	国家计委、农业部	县人民政府	1996 年
邓世平	男	“八五”全国农村能源建设项目先进工作者	国家计委、农业部	县能源办	1996 年
陈义军	男	全国模范教师	教育部、人事部	恭城中学	1998 年
常美玲	女	全国“双学双比”女能手	全国妇联	恭城镇	1999 年
孟定金	男	科技扶贫先进个人	科技部、中科院、中国科协	县科技局	2000 年
李庭斌	男	全国优秀教师	教育部、人事部	恭城中学	2001 年
蒋洪	男	第二批国家级生态示范区建设优秀领导	国家环保总局	中共恭城县委	2002 年
杨程	男	第二批国家级生态示范区建设优秀领导	国家环保总局	县人民政府	2002 年
邬弘鹏	男	第二批国家级生态示范区建设先进工作者	国家环保总局	县环保局	2002 年
邓吉荣	男	全国“严打”整治斗争先进工作者	中央政法委	县公安局	2003 年
胡群芳	女	全国“三八红旗手”、全国“巾帼建功”标兵	全国妇联	旺达工艺厂	2003 年
		全国“巾帼建功”标兵	全国妇联	旺达工艺厂	2004 年
黄汉文	男	全国森林公安系统优秀人民警察	国家林业局、森林公安局	县森林公安分局	2004 年
杨加青	男	科技进步先进个人	科技部	县科技局	2004 年
欧智荣	女	全国“双学双比”女能手	全国妇联	平安乡	2004 年
黄华明	男	生态农业示范县建设先进个人	农业部	县农业局	2004 年
邓光盛	男	科普工作先进个人	中国科协	县科技局	2005 年
唐寿元	男	2000—2005 年全国环保系统先进个人	人事部、环保总局	县人民政府	2006 年

1989—2005 年恭城瑶族自治县获自治区级荣誉称号人员一览表

表 20-3

姓名	性别	荣誉名称	授予单位	工作单位	授予时间
陈明清	男	民兵学雷锋先进个人	广州军区	恭城镇	1990 年
孟定金	男	“春花生中低产区域性技术开发”科技成果三等奖	自治区人民政府	县农业局	1991 年
		“1987—1991 年度花生区试及其应用”科技进步三等奖			1992 年
杜仲年	男	全区行政执法先进工作者	自治区人民政府	县交警大队	1994 年
欧忠元	男	抗洪救灾先进个人	自治区人民政府	县广播电视局	1994 年

续表 20-3

姓名	性别	荣誉名称	授予单位	工作单位	授予时间
杨先玉	男	全区抗洪救灾先进个人	自治区人民政府	县人民政府	1994 年
黄定昭	男	财政行政执法先进工作者	自治区人民政府	县交警大队	1994 年
周运忠	男	抗洪救灾先进个人	自治区党委、人民政府	县农业局	1994 年
苏光伦	男	全区计划生育先进工作者	自治区党委、人民政府	县委办	1995 年
孟发雄	男	全国第三产业普查先进工作者	自治区人民政府	县国税局	1995 年
李书军	男	《恭城县家用沼气综合利用技术推广》研制推广科技人员一等奖（第 1～5 项目完成人）	自治区党委、人民政府	县能源办	1997 年
邓世平	男	《恭城县家用沼气综合利用技术推广》研制推广科技人员一等奖（第 1～5 项目完成人）	自治区党委、人民政府	县能源办	1997 年
唐咸明	男	《恭城县家用沼气综合利用技术推广》研制推广科技人员一等奖（第一项目完成人）	自治区党委、人民政府	县能源办	1997 年
陈庚秀	女	民族团结进步先进个人	自治区党委、人民政府	县民政局	1998 年
陈桂连	男	民族团结进步先进个人	自治区党委、人民政府	县编制办	1998 年
曾华	男	《恭城县家用沼气综合利用技术推广》研制推广科技人员一等奖（第 6～15 项目完成人）	自治区党委、人民政府	县能源办	1998 年
林桂贤	男	征兵先进个人	自治区人民政府广西军区	县武装部	1999 年
刘道江	男	“十五”时期计划生育先进工作者	自治区党委、人民政府	县统计局	2001 年
邹定嵩	男	扶贫开发工作先进个人	自治区党委	西岭乡	2001 年

1989—2005 年恭城瑶族自治县获市级以上（含）以上“劳动模范”称号人员一览表

表 20-4

姓名	职业	荣誉称号	工作单位
赵梅英	农民	1989 年自治区劳动模范	莲花镇龙围村
刘富冬	干部	1989 年自治区劳动模范	县商业局
黄春森	干部	1990 年建设部劳动模范	县建设局
俸绍华	农民	1995 年自治区劳动模范	平安乡巨塘村
陈允成	农民	1997 年自治区劳动模范	恭城镇乐湾村
常美玲	农民	1999 年自治区劳动模范	恭城镇乐湾村
何先富	农民	1999 年桂林市劳动模范	栗木镇六岭村
袁琔	教师	1999 年桂林市劳动模范	恭城中学
周世平	技术员	1999 年桂林市劳动模范	县自来水公司
成春盛	干部	2000 年自治区劳动模范	县司法局
黄刚	农民	2001 年桂林市劳动模范	平安乡桥头村
刘桂成	干部	2001 年桂林市劳动模范	县电力公司
周冠祥	干部	2002 年自治区“五一劳动奖章”	县总工会
李春明	农民	2003 年、2004 年桂林市劳动模范	西岭乡大岭山村
周加民	干部	2003 年桂林市劳动模范	县矿产公司
邹存亮	农民	2005 年桂林市劳动模范	西岭乡大岭山村
董丁贵	工人	2005 年桂林市劳动模范	县交通局

1989—2005年恭城瑶族自治县获“特级教师”称号人员一览表

表20-5

姓名	出生年月	性别	民族	籍贯	学历	获得时间	工作单位
钟泰基	1934年8月	男	汉	广西恭城	大专	1989.9	县直第三小学（原县实验小学）
袁琔	1944年1月	男	汉	广西平南	本科	1998.9	恭城中学

1989—2005年恭城瑶族自治县获副高级（含）以上专业技术职称人员一览表

表20-6

姓名	性别	出生时间	籍贯	政治面貌	文化程度	专业技术职务	任职时间	工作单位
钟光辉	男	1937年11月	广西恭城	中共党员	大专	副主任医师	1985年	栗木中心卫生院
刘富希	男	1940年10月	湖南道县	—	本科	中学高级教师	1989年	栗木中学
陈明光	男	1932年9月	广西恭城	—	大专	副主任医师	1990年	县人民医院
古文发	男	1935年4月	广西荔浦	中共党员	大专	副主任医师	1990年	县人民医院
林赞文	男	1935年1月	广西博白	中共党员	大专	副主任医师	1990年	县人民医院
蒋思云	男	1940年3月	广西恭城	—	大专	副主任医师	1990年	县人民医院
彭盛华	女	1938年3月	广西恭城	中共党员	本科	副主任医师	1990年	县人民医院
何道同	男	1936年8月	广西平乐	中共党员	本科	副主任医师	1990年	县中医院
李龙英	女	1949年1月	广西恭城	—	大专	中学高级教师	1990年	县职教中心
苏良灿	男	1934年4月	广西阳朔	中共党员	中专	副主任医师	1990年	栗木锡矿
邱文俊	男	1938年6月	广西恭城	—	大专	中学高级教师	1991年	县职教中心
颜富鸿	男	1935年9月	广西恭城	—	大专	中学高级教师	1991年	县职教中心
陈茂国	男	1933年2月	广西恭城	—	高中	中学高级教师	1991年	恭城中学
周建都	男	1939年11月	广西恭城	—	大专	中学高级教师	1991年	莲花中学
秦麟奎	男	1936年10月	广西灵川	—	本科	中学高级教师	1991年	莲花中学
周存实	男	1939年11月	广西恭城	中共党员	本科	副研究员	1991年	县党史办
封增生	男	1942年8月	广西平乐	中共党员	大专	副主任医师	1992年	县中医院
孙德春	男	1943年8月	云南石屏	中共党员	大学	高级工程师	1992年	栗木锡矿
刘居雄	男	1942年2月	广西融安	中共党员	大学	高级工程师	1992年	栗木锡矿
谭承考	男	1942年2月	广西融安	中共党员	大学	高级工程师	1992年	栗木锡矿
唐昌柏	男	1938年6月	广西全州	中共党员	大学	高级工程师	1992年	栗木锡矿
文明	男	1957年10月	广西灌阳	中共党员	大专	高级工程师	1992年	栗木锡矿
刘汉铭	男	1934年1月	湖南醴陵	中共党员	初中	高级经济师	1992年	栗木锡矿
刘应才	男	1943年12月	广西恭城	中共党员	大专	副主任医师	1992年	县人民医院
黄远德	男	1945年8月	广西恭城	中共党员	大专	副主任医师	1992年	人民医院
吴嗣芳	男	1937年10月	广西恭城	中共党员	大专	中学高级教师	1992年	县教育局
黄良忠	男	1940年5月	湖南江永	中共党员	大专	中学高级教师	1992年	县教育局
邓华强	男	1956年7月	广西恭城	中共党员	本科	中学高级教师	1992年	县教育局
卢义诗	男	1945年12月	广西平乐	中共党员	本科	中学高级教师	1992年	恭城中学
覃治源	男	1946年5月	广西贵港	中共党员	本科	中学高级教师	1992年	恭城中学
邹泽兵	男	1945年1月	湖南祁阳	—	本科	中学高级教师	1992年	恭城中学
胡振海	男	1927年5月	广西容县	中共党员	中专	高级工程师	1992年	栗木锡矿

续表 20-6

姓名	性别	出生时间	籍贯	政治面貌	文化程度	专业技术职务	任职时间	工作单位
唐时学	男	1933 年 7 月	湖南祁阳	中共党员	中专	高级工程师	1992 年	栗木锡矿
欧微康	男	1938 年 11 月	广西宾阳	中共党员	中专	副主任医师	1993 年	县人民医院
周树芬	男	1944 年 7 月	广西恭城	—	大专	副主任医师	1993 年	莲花中心卫生院
陈华均	男	1938 年 10 月	广西恭城	—	大专	副主任医师	1993 年	县爱卫办
唐时睿	男	1936 年 12 月	广西恭城	中共党员	本科	副编审	1993 年	县志办
邓亚德	男	1944 年 2 月	广西柳州	中共党员	大专	副主任医师	1993 年	县疾控中心
王琳	男	1944 年 12 月	江苏嘉定	中共党员	本科	中学高级教师	1993 年	县教育局
孙春荣	男	1952 年 7 月	广西恭城	—	本科	中学高级教师	1993 年	县教育局
郑启琨	男	1953 年 11 月	广西恭城	中共党员	大专	中学高级教师	1993 年	县教育局
李彪	男	1944 年 1 月	广西恭城	—	本科	中学高级教师	1993 年	县职教中心
杨多芳	男	1940 年 1 月	广西恭城	—	中师	中学高级教师	1993 年	县职教中心
付铮	女	1944 年 11 月	广西恭城	中共党员	大专	中学高级教师	1993 年	县职教中心
唐权	男	1942 年 9 月	广西恭城	—	本科	中学高级教师	1993 年	县职教中心
罗宜保	男	1951 年 8 月	广西恭城	—	大专	中学高级教师	1993 年	县职教中心
贝荣光	男	1947 年 12 月	广西恭城	中共党员	大专	中学高级教师	1993 年	恭城中学
彭益民	男	1957 年 1 月	广西恭城	中共党员	本科	中学高级教师	1993 年	恭城中学
张绍金	男	1951 年 8 月	广西恭城	中共党员	大专	中学高级教师	1993 年	恭城中学
许绍平	女	1955 年 3 月	广西恭城	—	本科	中学高级教师	1993 年	恭城中学
黄辅云	男	1954 年 1 月	广西恭城	—	本科	中学高级教师	1993 年	恭城中学
尹之标	男	1949 年 5 月	广西平乐	中共党员	本科	中学高级教师	1993 年	恭城中学
蔡青	男	1938 年 1 月	广西平乐	—	大专	中学高级教师	1993 年	莲花中学
黄永龙	男	1947 年 12 月	广西灌阳	—	大专	中学高级教师	1993 年	城厢中学
钟明德	男	1944 年 9 月	广西恭城	中共党员	大专	副主任医师	1993 年	县人民医院
周志华	男	1945 年 12 月	广西恭城	中共党员	大专	副主任医师	1993 年	县人民医院
姚彩球	男	1936 年 7 月	广西蒙山	中共党员	大学	副主任医师	1993 年	县人民医院
林雪芳	女	1946 年 1 月	广西藤县	—	大学	副主任医师	1993 年	县人民医院
沈利湘	女	1946 年 10 月	广西柳州	—	大专	副主任医师	1993 年	县人民医院
李德芝	男	1949 年 10 月	广西恭城	—	大学	副主任医师	1993 年	县中医院
黄一祥	男	1975 年 12 月	湖南涟源	中共党员	大学	高级工程师	1993 年	栗木锡矿
胡承祖	男	1938 年 1 月	广西桂林	中共党员	大专	高级工程师	1993 年	栗木锡矿
柯代福	男	1954 年 6 月	广西恭城	中共党员	大专	中学高级教师	1993 年	西岭中学
蒋开能	男	1940 年 5 月	广西全州	中共党员	大专	副主任医师	1994 年	县中医院
文受东	男	1950 年 9 月	广西恭城	—	大专	副主任医师	1994 年	县人民医院
黄德宗	男	1933 年 5 月	广西贺州	中共党员	高中	高级讲师	1994 年	县委党校
罗艳秋	女	1939 年 9 月	广西恭城	—	大专	高级讲师	1994 年	县委党校
周积健	男	1937 年 8 月	广西全州	—	大专	中学高级教师	1994 年	开花山中学

续表 20-6

姓名	性别	出生时间	籍贯	政治面貌	文化程度	专业技术职务	任职时间	工作单位
李万芬	男	1949 年 10 月	广西恭城	中共党员	大专	副主任医师	1994 年	县人民医院
毛吉纯	男	1943 年 7 月	广西恭城	中共党员	高中	中学高级教师	1994 年	县教育局
马天荣	男	1946 年 8 月	广西灵川	—	本科	中学高级教师	1994 年	县职教中心
祝爱玲	女	1948 年 1 月	广西平乐	—	大专	中学高级教师	1994 年	县职教中心
周建辉	男	1952 年 1 月	广西恭城	—	大专	中学高级教师	1994 年	县职教中心
郑启海	男	1947 年 12 月	广西恭城	—	大专	中学高级教师	1994 年	恭城中学
陈小明	男	1954 年 1 月	广西恭城	中共党员	本科	中学高级教师	1994 年	恭城中学
唐世明	男	1941 年 11 月	广西平乐	—	本科	中学高级教师	1994 年	恭城中学
卢忠枝	男	1949 年 1 月	广西恭城	中共党员	本科	中学高级教师	1994 年	栗木中学
兰中青	男	1937 年 1 月	广西恭城	—	大专	中学高级教师	1994 年	莲花中学
李炳芳	男	1937 年 12 月	广西恭城	中共党员	本科	中学高级教师	1994 年	莲花中学
陈绍金	男	1937 年 8 月	广西恭城	—	大专	中学高级教师	1994 年	莲花中学
蒋传贞	男	1946 年 5 月	广西恭城	—	大专	中学高级教师	1994 年	莲花中学
李伟	男	1947 年 11 月	广西恭城	中共党员	大专	中学高级教师	1994 年	莲花中学
张远达	男	1948 年 10 月	广西恭城	—	大专	中学高级教师	1994 年	县城中心校
林克明	男	1944 年 5 月	广西恭城	中共党员	本科	中学高级教师	1994 年	城镇中心校
陈光彦	男	1947 年 5 月	广西恭城	—	大专	中学高级教师	1994 年	城镇中心校
朱德亮	男	1939 年 2 月	广西恭城	中共党员	本科	副编审	1994 年	县志办
伍辉亮	男	1940 年 4 月	广西临桂	—	大专	中学高级教师	1995 年	县教育局
邝文武	男	1947 年 8 月	广西平乐	—	大专	中学高级教师	1995 年	县职教中心
黄世平	男	1938 年 6 月	广西上林	中共党员	大专	中学高级教师	1995 年	县职教中心
陈松柏	男	1940 年 2 月	广西恭城	—	大专	中学高级教师	1995 年	县职教中心
燕峰	男	1944 年 12 月	黑龙江呼兰	中共党员	本科	中学高级教师	1995 年	县职教中心
王耀兴	男	1959 年 12 月	广西恭城	中共党员	本科	中学高级教师	1995 年	恭城中学
陈增芳	女	1955 年 9 月	广西恭城	中共党员	大专	中学高级教师	1995 年	恭城中学
覃文延	男	1957 年 6 月	广西恭城	中共党员	本科	中学高级教师	1995 年	恭城中学
陈永恒	男	1956 年 9 月	广西恭城	—	本科	中学高级教师	1995 年	恭城中学
兰荣勤	男	1955 年 9 月	广西恭城	中共党员	大专	中学高级教师	1995 年	恭城中学
张凌	女	1957 年 4 月	广西恭城	中共党员	大专	中学高级教师	1995 年	恭城中学
周汉云	女	1957 年 1 月	广西恭城	—	本科	中学高级教师	1995 年	恭城中学
唐文焜	男	1942 年 10 月	广西恭城	—	大专	中学高级教师	1995 年	莲花中学
吴锡伟	男	1940 年 8 月	广西恭城	—	大专	中学高级教师	1995 年	城镇中心校
廖水平	男	1942 年 12 月	广西恭城	—	本科	中学高级教师	1995 年	城镇中心校
李俊	男	1947 年 8 月	广西恭城	—	大专	中学高级教师	1995 年	观音中心校
张远德	男	1949 年 5 月	广西恭城	中共党员	大专	副主任医师	1995 年	县人民医院
陈社保	男	1949 年 8 月	广西平乐	—	本科	高级农艺师	1995 年	县农业局

续表 20-6

姓名	性别	出生时间	籍贯	政治面貌	文化程度	专业技术职务	任职时间	工作单位
陈重杰	男	1947 年 9 月	广西恭城	—	大专	中学高级教师	1996 年	县职教中心
王峰	男	1956 年 11 月	广西恭城	—	本科	中学高级教师	1996 年	恭城中学
兰华	男	1957 年 1 月	广西恭城	—	大专	中学高级教师	1996 年	恭城中学
李明芝	男	1955 年 12 月	广西恭城	中共党员	大专	中学高级教师	1996 年	莲花中学
林乙凤	女	1955 年 12 月	广西恭城	—	大专	中学高级教师	1996 年	城厢中学
唐义明	男	1955 年 12 月	广西灌阳	中共党员	大专	副主任医师	1996 年	县计生服务站
张进	男	1942 年 9 月	广西博白	中共党员	大专	高级工程师	1996 年	栗木锡矿
蒙世旺	男	1963 年 3 月	广西恭城	—	本科	中学高级教师	1997 年	县教育局
蒙庆年	男	1957 年 1 月	广西恭城	中共党员	本科	中学高级教师	1997 年	县职教中心
曹炳秀	女	1956 年 6 月	广西恭城	—	本科	中学高级教师	1997 年	恭城中学
周恩道	男	1952 年 11 月	广西恭城	中共党员	大专	中学高级教师	1997 年	栗木中学
陈义军	男	1952 年 9 月	广西恭城	中共党员	大专	中学高级教师	1997 年	莲花中学
李德天	男	1958 年 8 月	广西兴安	中共党员	本科	中学高级教师	1997 年	县民族中学
谭光华	男	1955 年 9 月	江西赣州	中共党员	本科	高级工程师	1997 年	栗木锡矿
赵天庆	男	1938 年 12 月	云南大理	中共党员	中专	高级工程师	1997 年	栗木锡矿
肖经国	男	1929 年 4 月	湖南衡阳	中共党员	大专	高级工程师	1997 年	栗木锡矿
冯飞龙	男	1955 年 5 月	广西博白	中共党员	大专	高级工程师	1997 年	栗木锡矿
陈玉	女	1938 年 8 月	湖南长沙	中共党员	大学	高级工程师	1997 年	栗木锡矿
郝义田	男	1942 年 5 月	辽宁昌图	中共党员	大学	高级工程师	1997 年	栗木锡矿
汤宗源	男	1958 年 1 月	广东花都	—	大学	副主任医师	1998 年	县中医院
叶寸旺	男	1954 年 1 月	广西临桂	中共党员	本科	中学高级教师	1998 年	县教育局
陈缵绪	男	1958 年 10 月	广西恭城	—	本科	中学高级教师	1998 年	县教育局
杨品湘	男	1957 年 1 月	广西恭城	—	本科	中学高级教师	1998 年	恭城中学
何志宁	男	1963 年 9 月	广西恭城	中共党员	本科	中学高级教师	1998 年	恭城中学
费自平	男	1952 年 3 月	广西恭城	—	大专	中学高级教师	1998 年	西岭中学
李成秋	男	1946 年 1 月	广西恭城	—	大专	中学高级教师	1999 年	栗木中学
黎志文	男	1953 年 7 月	广西恭城	中共党员	大专	中学高级教师	1999 年	县教育局
刘新科	男	1962 年 11 月	广西恭城	—	本科	中学高级教师	1999 年	县教育局
唐定义	男	1958 年 11 月	广西恭城	中共党员	本科	中学高级教师	1999 年	恭城中学
黄纯芬	女	1963 年 6 月	广西恭城	—	大专	中学高级教师	1999 年	县民族中学
何建康	男	1948 年 11 月	广西平乐	中共党员	本科	中学高级教师	2000 年	县职教中心
韦时登	男	1966 年 9 月	广西恭城	中共党员	研究生	中学高级教师	2000 年	恭城中学
费兴伟	男	1954 年 12 月	广西恭城	中共党员	大专	中学高级教师	2000 年	恭城中学
李石杰	男	1958 年 12 月	广西恭城	中共党员	大专	中学高级教师	2000 年	莲花中学
莫庆源	男	1964 年 10 月	广西恭城	中共党员	研究生	中学高级教师	2001 年	恭城中学
陈英	女	1962 年 9 月	广西荔浦	—	本科	中学高级教师	2001 年	恭城中学

续表 20-6

姓名	性别	出生时间	籍贯	政治面貌	文化程度	专业技术职务	任职时间	工作单位
彭小宁	男	1963 年 2 月	广西恭城	中共党员	本科	中学高级教师	2001 年	恭城中学
周秉章	男	1954 年 12 月	广西恭城	—	大专	中学高级教师	2001 年	恭城中学
陈洪喜	男	1957 年 7 月	广西恭城	—	大专	中学高级教师	2001 年	莲花中学
杨吉刚	男	1962 年 6 月	广西恭城	中共党员	本科	中学高级教师	2001 年	县民族中学
李绍甫	男	1962 年 5 月	广西恭城	中共党员	本科	中学高级教师	2001 年	县民族中学
李庭斌	男	1958 年 11 月	广西恭城	中共党员	本科	中学高级教师	2001 年	恭城中学
吴家春	男	1959 年 3 月	广西恭城	—	本科	中学高级教师	2002 年	县教育局
孙宗耀	男	1962 年 12 月	广西恭城	—	本科	中学高级教师	2002 年	恭城中学
张运明	男	1963 年 3 月	广西恭城	—	本科	中学高级教师	2002 年	恭城中学
李加辉	男	1963 年 5 月	广西恭城	中共党员	本科	中学高级教师	2002 年	城厢中学
祝日生	男	1965 年 12 月	广西恭城	中共党员	研究生	中学高级教师	2003 年	县教育局
陈建征	男	1965 年 3 月	广西恭城	中共党员	研究生	中学高级教师	2003 年	恭城中学
俸苏花	女	1965 年 1 月	广西全州	—	本科	中学高级教师	2003 年	恭城中学
邓兴业	男	1967 年 9 月	广西恭城	中共党员	本科	中学高级教师	2003 年	莲花中学
梁高松	男	1955 年 3 月	广西容县	—	大专	中学高级教师	2004 年	栗木矿中
文寿东	男	1969 年 12 月	广西恭城	中共党员	本科	中学高级教师	2004 年	莲花中学
陈赦华	男	1967 年 4 月	广西恭城	—	本科	中学高级教师	2004 年	莲花中学
李明娟	女	1969 年 5 月	广西恭城	—	本科	中学高级教师	2004 年	县民族中学
韦秋菊	女	1968 年 6 月	广西恭城	—	本科	中学高级教师	2004 年	县民族中学
黄文忠	男	1968 年 4 月	广西恭城	—	本科	中学高级教师	2004 年	城厢中学
宾丁华	男	1967 年 12 月	广西全州	中共党员	本科	中学高级教师	2004 年	城厢中学
莫亚宁	男	1966 年 1 月	广西恭城	—	本科	副主任医师	2004 年	县中医院
周杰	男	1968 年 1 月	广西恭城	—	本科	中学高级教师	2005 年	恭城中学
罗干	男	1966 年 1 月	广西恭城	中共党员	本科	中学高级教师	2005 年	恭城中学
孙大纯	男	1966 年 9 月	广西恭城	中共党员	本科	中学高级教师	2005 年	恭城中学
唐文化	女	1968 年 7 月	广西恭城	中共党员	本科	中学高级教师	2005 年	恭城中学
刘彩华	女	1965 年 4 月	湖南祁东	—	大专	中学高级教师	2005 年	恭城中学
周兆星	男	1964 年 8 月	广西恭城	中共党员	本科	中学高级教师	2005 年	莲花中学
梁月凤	女	1966 年 9 月	广西恭城	—	大专	中学高级教师	2005 年	莲花中学
莫淑娟	女	1968 年 6 月	广西平乐	—	本科	中学高级教师	2005 年	莲花中学
周炳飞	男	1965 年 7 月	广西恭城		本科	中学高级教师	2005 年	莲花中学
田允杰	男	1965 年 12 月	广西恭城	—	本科	中学高级教师	2005 年	县民族中学
肖铭普	男	1957 年 11 月	广西恭城	—	大专	中学高级教师	2005 年	城厢中学
周允利	男	1954 年 6 月	广西恭城	中共党员	大专	中学高级教师	2005 年	三江中学
戴哲民	男	1954 年 3 月	广西恭城	—	大专	高级经济师	2005 年	县中小企业局

恭城籍在外县工作获副高级以上专业技术职称人员一览表

表 20-7

姓名	性别	民族	籍贯	职务（职称）
官建文	男	汉族	恭城镇	人民日报社总编室副主任
龚一帆	女	瑶族	恭城镇	编审
齐济美	男	汉族	恭城镇	国家海洋局研究员
陈茂伟	男	瑶族	恭城镇	广西医科大学博士生导师
陈劲松	男	瑶族	恭城镇	柳州市委党校副教授
黄爱平	女	瑶族	恭城镇	中国人民大学清史研究所副所长、教授、博士生导师（历史学），兼任中华炎黄文化研究会理事、学术研究会副秘书长
梁鹏	男	瑶族	恭城镇	中央党校教授
何金祥	男	瑶族	恭城镇	广西植物研究所研究员
唐志鹏	男	汉族	恭城镇	广西大学教授，博士生导师
李国刚	男	汉族	恭城镇	桂林市农业局研究员
江苏	女	汉族	恭城镇	桂林农业学校教授
杨春生	男	壮族	恭城镇	桂林市林业局高级工程师
刘延明	男	汉族	恭城镇	自治区水利厅副总工程师
盛家荣	女	瑶族	栗木镇	广西师范学院教授
蒋运生	男	瑶族	栗木镇	广西植物研究所研究员
刘助生	男	瑶族	栗木镇	桂林市农业局高级农艺师
唐润华	男	汉族	栗木镇	高级编辑，研究员
李星云	男	瑶族	莲花镇	湖南石门县档案局副研究馆员
蒙华贞	女	瑶族	莲花镇	桂林农业学校高级讲师
兰照军	男	瑶族	莲花镇	桂林农业学校高级讲师
朱雄全	男	瑶族	莲花镇	中央民族大学教育发展研究室主任，兼任中国（广西）瑶学学会副会长、中国民族博物馆特聘研究员，中央民族大学民俗学学科南方民族民俗及民族文化创意研究方向硕士生导师
刘桂丹	男	瑶族	莲花镇	广西防疫检疫监督处调研员
骆瑞鹤	男	汉族	莲花镇	武汉大学教授
郑宏飞	男	汉族	平安乡	北京理工大学热能工程研究所所长，教授，博士生导师
欧清礼	男	汉族	平安乡	高级工程师
龙松林	男	汉族	平安乡	新华社广西分社社长，高级记者
廖世纯	男	汉族	平安乡	广西农科院植保所研究员
赖志强	男	汉族	平安乡	广西畜牧研究所副所长，国家二级研究员，广西大学兼职教授
陈志强	男	瑶族	平安乡	广西职业病防治研究所尘肺科主任副主任医师
常运涛	男	汉族	平安乡	桂林农业学校校长，高级农艺师
黄绍鹏	男	汉族	平安乡	总政治部直工部副主任医师
毛登峰	男	汉族	西岭乡	桂林日报社长，主任编辑
毛汉领	男	瑶族	西岭乡	广西广播电视大学校长，教授

续表 20-7

姓名	性别	民族	籍贯	职务（职称）
朱文晖	男	汉族	西岭乡	中国人民大学副教授
明学哲	男	汉族	西岭乡	南宁经济技术开发区副总工程师，高级工程师
赵朝先	男	瑶族	三江乡	高级工程师
俸世麟	男	瑶族	观音乡	桂林陆军学院附属医院门诊部主任

附　录

一、地方条例

恭城瑶族自治县自治条例

（1990年9月28日恭城瑶族自治县第一届人民代表大会第一次会议通过；1990年12月29日广西壮族自治区第七届人民代表大会常务委员会第二十次会议批准；1996年3月29日恭城瑶族自治县第二届人民代表大会第四次会议修正；1996年8月6日广西壮族自治区第八届人民代表大会常务委员会第二十三次会议批准）

第一章　总则

第一条　为了切实保障恭城瑶族自治县（以下简称自治县）各民族享有平等的权利，维护民族团结，保障自治县自治机关行使自治权，促进经济和社会的发展，根据《中华人民共和国宪法》和《中华人民共和国民族区域自治法》（以下简称宪法、民族区域自治法）规定的原则，依照恭城瑶族自治县民族的政治、经济、文化的特点制定本条例。

第二条　自治县是广西壮族自治区行政区域内瑶族实行区域自治的地方，境内还聚居着汉族、壮族等民族。

第三条　自治县自治机关是自治县人民代表大会和自治县人民政府。

自治县自治机关驻恭城镇。

第四条　自治县自治机关依照宪法规定行使县级国家机关的职权，同时依照宪法、民族区域自治法以及其他法律规定的权限行使自治权。

自治县自治机关根据自治县的实际情况贯彻国家的法律、政策，保证宪法、法律在自治县境内的遵守和执行。

自治县自治机关坚持维护国家的统一和民族的团结；积极完成上级国家机关交给的各项任务。

第五条　自治县自治机关根据党的基本路线和我国社会主义市场经济体制，依照法律赋予的自治权和自治县的实际，坚持改革开放，采取特殊的政策、措施，带领各族人民自力更生，艰苦奋斗，加速经济、文化的发展，建设民族平等、团结、进步和共同繁荣的民族自治地方。

第六条　本条例是自治县贯彻实施宪法、民族区域自治法及其他法律的自治法规。

自治县境内的国家机关、社会团体、企事业单位和公民必须遵守本条例。

自治县在外设立的机构在遵守国家法律、法规的同时遵守本条例。

第二章 自治机关的组织

第七条 自治县人民代表大会的代表中，瑶族和汉族每一代表所代表的人口数相当于自治县人民代表大会每一代表所代表的人口数；壮族每一代表所代表的人口数可以适当少于自治县人民代表大会每一代表所代表的人口数。其他散居民族也应有适当的代表。

自治县人民代表大会的代表中妇女代表的比例应占百分之二十以上。

第八条 自治县人民代表大会常务委员会组成人员中，瑶族公民所占的比例应与其民族人口在全县总人口中所占的比例相适应，其他民族应当有适当的名额。应当有瑶族公民担任主任或者副主任。

第九条 自治县县长由瑶族公民担任，副县长中应当有瑶族和其他民族的公民。

自治县人民政府其他组成人员中，瑶族公民所占的比例应与其民族人口在全县总人口中所占的比例相适应。

第十条 自治县自治机关所属工作部门的国家公务员和其他工作人员中，应当有一定比例的瑶族和其他少数民族公民。

第十一条 自治县自治机关的国家公务员和其他工作人员要为政清廉，遵纪守法，秉公办事，提高工作效率，密切联系群众，接受群众监督，全心全意为人民服务。

第三章 人民法院和人民检察院

第十二条 自治县人民法院和人民检察院的组织和工作依照国家法律的规定执行。

第十三条 自治县人民法院院长或副院长、人民检察院检察长或副检察长中应当有瑶族公民。

自治县人民法院和人民检察院工作人员中，应当有瑶族和其他少数民族公民。

第十四条 自治县人民法院、人民检察院在检察和审理案件时使用汉语，法律文书使用汉文。

自治县各民族公民可以使用本民族语言进行诉讼，对不通晓汉语和汉文的诉讼参与人，应当为他们翻译。

第十五条 自治县人民法院和人民检察院在检察和审理涉及自治机关的自治权和民族问题的案件时，除依照国家法律、法规外，还应根据本条例和自治县有关单行条例以及变通或者补充的规定。

第四章 自治机关的自治权

第十六条 自治县人民代表大会根据宪法、民族区域自治法规定的原则，依照自治县民族的政治、经济、文化的特点和需要，制定、修订自治条例和单行条例，报自治区人民代表大会常务委员会批准施行。

自治县在实施国家法律遇有特殊情况需要变通执行时，自治县人民代表大会可以依照当地实际制定该法律的变通或者补充的规定，报自治区人民代表大会常务委员会批准施行。

第十七条 自治县人民代表大会常务委员会根据法律赋予的权限和当地的实际制定贯彻法律的某些特殊问题的变通或者补充的规定，报自治区人民代表大会常务委员会批准施行。

第十八条 上级国家机关的决议、决定、命令和指示，如有不适合自治县实际情况的，自治县人民政府可以作出变通或者停止执行的规定，报经该上级国家机关批准施行。

第十九条 自治县自治机关依照自治县实际需要，按照政企职责分开和精简、统一、效能的原则设置或者撤并国家机关、事业单位的机构；在上级国家机关核定自治县的总编制内，自主调剂各部门的编制员额。

自治县自治机关招聘国家公务员和其他工作人员时，自主确定从农村和各民族中招收的名额；对边远、文化基础较差地区的少数民族报考者，录用条件可适当放宽。

第二十条 事业、企业单位招聘工作人员时，应当划定适当比例招收少数民族人员。

设在自治县境内但不隶属自治县的事业、企业单位招聘人员时，应适当招收当地少数民族人员。属于资源开发性企业，应当优先招收当地人员。

第二十一条 自治县自治机关采取优先培养、优先使用的特殊措施，培养、配备少数民族干部和妇女干部，使少数民族干部所占的比例与其民族人口在全县总人口中所占的比例相适应。

自治县自治机关制定优惠政策，引进各类技术人才；表彰有突出贡献的劳动者。

第二十二条 自治县自治机关增加农业投入，加强农田基本建设，改善农业生产条件和普及科学种田，提高粮食商品率。

自治县在保证粮食自给和完成国家征购任务的前提下，自主调整农业产业结构，发展水果和其他经济作物。

自治县自治机关鼓励集体、个人饲养生猪、家禽、牛、羊等，发展畜牧业。

自治县自治机关加强农业社会化服务体系的建设和农业环保监测，因地制宜发展农机事业。

第二十三条 自治县自治机关实行以营林为基础，普遍护林，大力造林，采育结合，永续利用的方针，发展林业生产。

自治县集体兴办的林场，联户和个人承包、租赁荒山造林，以及在房前屋后种植的林木，谁种谁有，长期经营，允许活立木依法继承、抵押和有偿转让，个人所有的林木可以馈赠。

自治县征收的育林基金、更新改造资金和林业保护建设费留归自治县的比例高于一般县，用于发展林业生产。

上级国家机关批准自治县年度采伐限额内生产的木材，自治机关可以自主确定外销指标。

自治县境内因灾砍伐的树木和伐区剩余物，由自治县林业主管部门审核，报自治区林业主管部门批准，可以自行加工销售，不列入自治县年度采伐限额。

中、幼林抚育间伐的木材，由自治县林业主管部门负责规划，报上级林业主管部门批准，自治县可以自行加工和销售。

乡镇、村林场生产的木材经自治县人民政府批准，可自产自销。

自治县木材市场的开发和管理由自治县人民政府制定具体办法和措施，严禁无证砍伐、无证贩运。

自治县自治机关依法保护水源林、风景林、防护林和稀有珍贵动、植物。风景林、防护林要更新砍伐的需经自治县人民政府批准。

第二十四条 自治县自治机关坚持土地资源和资产管理并重的原则，依法加强土地资源的管理、开发和利用，实行土地有偿使用和转让，培育和规范地产市场，严禁乱占、滥用耕地和荒芜土地。

自治县自治机关允许集体、个人有偿承包或受让适度年限的荒山、荒地进行开发性生产，保护其合法权益。

农民承包的耕地，非经批准，不得改作非农业用地，对放弃经营或丢荒的承包土地，由发包单位收回调整。

一切单位和个人建设用地都应依法办理审批手续。

采矿、取土后能够复垦的土地，采矿、取土用地单位和个人应负责复垦，恢复利用。

外商、集体、个人投资开发房地产，自治机关给予优惠待遇。

第二十五条 自治县自治机关根据法律的规定，加强对矿产资源的保护和管理，严禁破坏矿产资源的行为。

自治县境内的矿产资源除国家保护性开采的特定矿种外，自治县可以优先开发利用。

凡在自治县境内开发矿产资源的企业，应依法在自治县缴纳各种税费。

第二十六条 自治县自治机关全面规划，统筹兼顾，综合利用，讲求效益，发挥水资源的各种功能。

自治县自治机关根据本县实际发展水电事业，鼓励集体、联户、个人按照统一规划兴办小水电站，严禁破坏电力设施的行为。

自治县自治机关鼓励社会筹集资金，加强农田水利建设；保护、管理水库、堤坝、机电排灌等设施，严禁破坏水利设施的行为。

自治县自治机关制定政策鼓励集体、个人合理利用山塘、水库从事养殖业。

自治县征收的水资源费留成自治县的比例高于一般县，用于水资源的保护和管理。

第二十七条 自治县自治机关在上级国家机关帮助下发展交通运输和邮电事业，加强乡村公路、林区公路和乡村邮电通讯网点建设，逐步改善交通、通讯条件。

社会集资修建的公路、桥梁、邮电通讯等基础设施，允许依法合理收费，保护其合法权益。

自治县筹集资金建设县、乡公路基础设施确有特殊困难需要上级帮助的，由自治县人民政府规划立项，报请自治区人民政府补助。

第二十八条 自治县自治机关加强工业企业的管理，提高企业经济效益。

自治县自治机关制定政策引进人才、资金和技术兴办合资企业、合作经营企业、独资企业，发展地方工业和乡镇企业。

自治县享有资源使用权者可用资源参股兴办企业。

以本地资源为原料加工出口创汇产品且经济效益好的企业，自治县在原料上优先供应。

第二十九条 自治县自治机关支持上级国家机关在自治县开发资源兴办企业、事业。自治县境内隶属上级国家机关的企业、事业单位应按照自治法和其他法律规定的原则，照顾自治县的利益以及当地群众的生产和生活。

第三十条 自治县建立以国有商业为主体的多种经济成分、多种经营方式、多渠道少环节的商品流通体制，发展集体、联户、个体商业和服务业，搞活商品流通，繁荣民族贸易。

自治县自治机关鼓励利用本地资源发展少数民族特需商品和传统手工艺品的生产。

第三十一条 自治县自治机关积极开展对外贸易活动，大力发展矿产品、木材、竹木制品、林化产品、水果、药材等出口商品。

第三十二条 自治县自治机关在上级国家机关的帮助下，从物力、技术等方面扶持贫困乡镇、村进行开发性生产，增强自我发展能力。

贫困乡镇、村在本县县城或者经济、交通较为发达的乡镇兴办企业所创属于本县收入的税利大部分或者全部返还贫困乡镇。

贫困乡镇、村经济发展和交通基础设施建设项目，自治县人民政府予以优先安排。

第三十三条 自治县自治机关根据国家法律和财政体制的规定，行使管理自治县的财政自治权，安排财政收支。

自治县财政设立民族机动金和预备费。

自治县征收的增值税中央基数返还地方部分中，集中自治区、地区的比例低于一般县；超基数增收中央返还地方部分中，返还自治县的比例高于一般县。

属于自治县固定收入部分，全留自治县自主安排；地方共享税收入上缴比例低于一般县。

上级国家机关拨给自治县的各项专用资金和民族补助费实行专款专用，任何部门不得扣减、截留、挪用或用于抵减正常经费。

自治县的财政年度预算在执行过程中，如因国家政策性变动加大支出，或因重大自然灾害减少收入时，报请上级财政机关予以补助。

自治县预算外资金依照法律、法规的规定纳入自治县财政管理。

第三十四条 自治县自治机关根据本县经济建设的需要发展农村合作基金会和供销社社员股份合作基金等资金互助组织。

第三十五条 自治县自治机关按照统一规划、合理布局、节约用地、就地改造的原则加强城乡规划和建设。

第三十六条 自治县自治机关依法加强环境综合治理，防止污染和公害，保持生态平衡。

任何单位和个人进行建设和生产时，必须做到环保设施与主体工程同时设计、同时施工、同时投产使用。

第三十七条 自治县自治机关根据国家法律规定和自治县社会发展的需要，制定教育发展规划，有步骤地实施九年制义务教育。

自治县自治机关自主确定各级各类学校的设置、学制、办学形式、教学内容、教学用语和招生办法。努力办好小学、普通中学、师范教育、幼儿教育和特殊教育。

自治县自治机关根据本县经济建设需要发展职业教育、成人教育，培训城乡各种技术人才。企业、事业单位录用人员时，应当根据专业需要录用职业中学的毕业生和经过专业培训的人员。

自治县自治机关积极发展民族教育，努力办好民族中学、民族小学，对边远贫困山区，设立以寄宿为主、助学金为主的民族班。

自治县中学、职业学校招收居住边远、贫困、文化基础较差地区的少数民族考生和生源较少的村、屯的考生时，招收名额和录取条件予以照顾。

自治县自治机关鼓励社会集资办学、捐资助学和私人办学，保护其合法权益。

任何组织、单位和个人不得扰乱学校的正常秩序，侵占学校的公共财产和勤工俭学基地。

自治县自治机关加强教师的培训，改善教师的工作和生活条件，提高教师的社会地位。

自治县自治机关制定政策鼓励教师到边远山区任教。

第三十八条 自治县自治机关根据本县实际制定科学技术发展规划，建立健全科学技术管理机构，加强科技队伍建设。

自治县实行科技人员岗位考核制度，坚持有偿服务和经济责任相结合的原则，鼓励科技人员到厂矿、企业、农村开展科技服务活动，推广科技成果。

自治县建立科学技术发展基金，逐步改善科研条件。

第三十九条 自治县自治机关积极发展文化艺术、广播、电影、电视、新闻、出版等事业，弘扬民族文化，丰富各族人民的精神生活。

自治县自治机关加强县、乡镇文化活动中心的设施建设和文化市场的管理，提倡健康文明的文娱生活，取缔反动、色情、淫秽、腐朽的文化经营活动。

自治县重视文化遗产的挖掘、整理，保护孔庙、武庙等文物和名胜古迹。

第四十条 自治县自治机关实行统一规划和管理，坚持谁投资开发谁受益的原则，鼓励单位、个人投资开发旅游资源，发展旅游事业。

第四十一条 自治县自治机关积极发展城乡医疗卫生事业，防治地方病、流行病、职业病和传染病，做好妇幼、老年保健工作。

自治县的特殊困难户病患者的住院治疗费予以适当照顾。

自治县自治机关加强卫生队伍建设，重视民间医药、医术的发掘、整理、研究和应用，加强药材管理和食品卫生监督。

经自治县卫生行政主管部门批准，集体、个人可以开办医疗门诊、中草药店，民间医生可以行医。

第四十二条 自治县自治机关积极发展体育事业，广泛开展群众性的体育运动和民族传统体育活动，培养体育人才，增强人民体质。

第四十三条 自治县自治机关根据国家法律和法规的规定，结合本县的实际情况，制定实行计划生育的办法，严格控制人口增长，提高人口素质。

第五章 民族关系

第四十四条 自治县自治机关巩固和发展平等、团结、互助的社会主义民族关系。各民族都要互相尊重、互相学习、互相帮助、和睦相处、同心同德、齐心协力进行自治县的各项建设。

第四十五条 自治县各民族都有使用和发展自己语言文字的自由；都有保持或者改革自己风俗习惯的自由。任何组织和个人都要维护民族团结，尊重各民族的风俗习惯，禁止破坏民族团结、制造民族分裂、歧视、侮辱和损害少数民族形象的行为。

自治县各部门处理涉及民族特殊问题时，应当与该民族的代表充分协商，尊重他们的意见。

第四十六条 自治县各民族公民有信仰或者不信仰宗教的自由。任何组织和个人不得利用宗教进行破坏民族团结，扰乱社会秩序，损害公民身心健康，侵犯公民人身权利和干预国家行政、司法、教育的活动。

自治县境内的宗教团体和宗教事务不受外来势力的操纵和支配。

第四十七条 自治县自治机关依法保护归侨、侨眷和港澳台胞的合法权益。

第四十八条 自治县的国家机关、事业单位的公章、牌匾、文件、公告等，必须冠以自治县全称。

第六章 附则

第四十九条 每年公历九月二十五日为自治县成立纪念日。

第五十条 本条例经自治县人民代表大会通过，报请自治区人民代表大会常务委员会批准施行。并报全国人民代表大会常务委员会备案。

第五十一条 本条例的解释权属于自治县人民代表大会常务委员会。

自治县人民政府根据本条例的规定，可制定属于政府职权范围内的实施办法。

恭城瑶族自治县森林资源管理条例

（1997 年 3 月 8 日恭城瑶族自治县第二届人民代表大会第五次会议通过；1997 年 7 月 25 日广西壮族自治区第八届人民代表大会常务委员会第二十九次会议批准）

第一章 总则

第一条 为了保护、培育和合理利用森林资源，促进民族经济发展，根据《中华人民共和国民族区域自治法》、《中华人民共和国森林法》（以下简称森林法）、《恭城瑶族自治县自治条例》的规定，依照恭城瑶族自治县（以下简称自治县）森林资源的实际，制定本条例。

第二条 本条例适用于自治县境内森林资源的保护、开发、培育、利用和经营管理。

第三条 森林资源，包括林地以及林区内野生的植物和动物。

第四条 自治县林业建设实行以营林为基础，普遍护林，大力造林，采育结合，永续利用的方针。

第五条 自治县鼓励集体和个人因地制宜，采取有效措施，发展林业生产。

第六条 自治县林业局是自治县林业行政主管部门。

乡镇林业工作管理机构，在自治县林业行政主管部门和乡镇人民政府的领导下，依法负责辖区内的林业工作。

第七条 自治县自治机关加强对林业科学技术的研究，普及林业科学知识，推广科研成果，提高经济效益。

第二章 林权

第八条 自治县辖区内的林地分别属于国家、集体所有；林木分别属于国家、集体、联合体和个人所有。林地、林木的所有权和林地使用权由自治县人民政府确认。

森林、林木、林地的所有者和使用者的合法权益受法律保护，任何单位和个人不得侵犯。

第九条 自治县境内的银殿山、海洋山水源林地（已确定归集体所有的除外），国有林场、农（药）场、苗圃场的林地属国家所有，没有确定权属的荒山及林地归国家所有。集体经济组织经营的林地，以及已确定归集体经营的荒山和个人向集体经济组织承包的林地归集体所有。

第十条 自治县境内的森林、林木按下列规定确定其权属：

（一）国有林场、国有农（药）场、国有苗圃场，自然保护区以及其他未划归集体或个人使用的国有林地上的森林、林木归国家所有。

（二）机关、团体、部队、企业、事业等单位在使用的林地上营造的林木归单位所有。

（三）农村集体经济组织在其所有的林地上营造的林木归集体经济组织所有。

（四）城乡居民在住宅用地、自留山种植的林木归个人所有；在承包经营的林地上种植的林木按承包合同的规定确定。

（五）义务植树造林的林木，归林地所有权者所有，有协议的，按协议确定。

（六）村寨的古树、风景林，属村寨集体所有；机关、学校、企事业单位内环境绿化种植的树木，归单位所有。

第十一条 国家、集体所有的林地可以依法承包或者转包、出租给单位、个人开发、经营、使用；承包、转包、出租期满，林地使用权仍归原权属者。

第十二条 单位、集体和个人所有的林木，允许依法继承、抵押、转让。个人的林木可以馈赠。

改变林木权属的，必须向自治县人民政府办理变更手续。

第十三条 林地使用人迁出居住地时，林地所有权者应当收回其林地使用权，并补偿迁出者应获收益。

第十四条 征用或者占用林地的单位，必须按照国家规定办理审批手续，并按规定缴纳森林植被恢复费和林地、林木补偿费。

林地被征用后，征用林地者两年不使用的，注销林地使用证，由原林地权属者收回。

第十五条 个人之间、个人与集体所有制单位或者全民所有制单位之间发生的林地、林木所有权或者使用权的争议，由争议发生地乡镇人民政府处理。全民所有制单位之间、集体所有制单位之间以及全民所有制单位与集体所有制单位之间发生的林地、林木所有权或者使用权之间的争议，由自治县人民政府处理。

乡镇之间林地、林木争议，由自治县人民政府处理。县之间林地、林木争议，报请上级人民政府处理。

在林地、林木权属争议未解决之前，应维持现状，任何一方不得砍伐有争议的林木，不得抢占有争议的林地。

第三章 植树造林

第十六条 自治县自治机关根据林地资源状况和自治县民族经济发展规划制定林业长远规划和林地使用规划。

自治县林业行政主管部门以生态效益、社会效益和经济效益为导向，依照自治县山地特点和林地使用规划，负责拟定水源林、用材林、经济林、防护林、薪炭林等林种结构调整总体规划，报自治县人民政府批准实施。

乡镇人民政府根据自治县林种调整总体规划制定植树造林规划和林地综合利用规划，并组织实施。

第十七条 每年三月为自治县义务植树造林活动月。

自治县各民族公民应按国家规定积极完成义务植树造林任务。凡年满十八岁至六十岁的男性公民、十八岁至五十五岁女性公民，除病残者外，不完成义务植树造林任务者，应按规定交纳义务造林费。

第十八条 自治县鼓励集体、个人承包造林，鼓励乡镇、村集体经济组织和个人采取引资、合资、股份合作制兴办林场。对国家、集体、个人造林和兴办林场的合法权益予以保护。

第十九条 自治县对组织机构和管理制度健全的乡镇、村集体林场，给予优先安排抚育间伐和采伐指标，优先安排林场的各种建设项目等优惠政策。

灭荒造林百亩（6.67 公顷）以上者，给予补助的优惠。

第二十条 具备天然更新条件的采伐迹地、火烧迹地、疏林地、石山地和水土流失严重的地方，以及新造幼林地，由自治县林业行政主管部门作出植树造林、封山育林规划，由乡镇人民政府组织实施，限期完成任务。

第二十一条 采伐林木的单位或个人，必须在采伐当年或第二年春季完成更新造林任务。没有完成更新造林任务的，由自治县林业行政主管部门扣减其下年度的采伐限额指标，并限期完成更新造林任务。

第二十二条 国有林场、乡镇和村集体经济组织，应当因地制宜地建立用材林、防护林、经济林、薪炭林基地。

第二十三条 任何单位在实施新建、扩建和改造工程，以及公共基础设施建设时，必须把造林绿化纳入工程建设规划，同时组织实施。

第二十四条 自治县建立林业基金制度。基金来源：

（一）林业行政主管部门按规定收取的按比例留用的育林基金、更新改造资金、林业保护建设费；

（二）国有林场（站）按规定上交自治县林业行政主管部门的资金；

（三）林业有偿使用回收资金和无偿补助育苗调出县外收取的苗木管理费；

（四）银行贷款；

（五）自治县、乡镇财政拨款用于发展林业的资金；

（六）农业开发资金中用于造林绿化部分的资金；

（七）扶贫资金和城乡建设费中用于林业的部分资金；

（八）经营经济林部门上交的育林金或扶持费；

（九）水源林受益部门、单位交纳的水源林管护费；

（十）其他有关收入。

林业基金，专户储存，专款专用，接受财政、审计部门监督。

第二十五条 自治县自治机关坚持造林检查验收制度，由自治县林业行政主管部门对当年育苗、造林完成任务的情况进行检查验收。

检查验收内容：

（一）核实育苗面积、计算产苗量、评定苗木等级。

（二）核实造林和抚育面积、成活率及质量。

（三）核实开修营造的防火线、防火林带、防风防水林带、防牛围墙等数量和质量。

第二十六条 自治县、乡镇两级人民政府实行造林绿化、林种结构调整任期目标责任制，保证造林绿化任务的完成。

第四章 森林资源保护

第二十七条 自治县自治机关采取措施，保证森林消耗量低于生长量，森林覆盖率保持在70%以上，并列入各级领导的任期目标责任制。

第二十八条 自治县林业行政主管部门、各乡镇林业工作管理机构，负责行政区域内森林资源保护的组织工作。

自治县林业公安机构，按照国家规定的职能，保护辖区内森林资源不受破坏。

自治县设立三级森林防火机构：县设指挥部；乡镇设分指挥部；村民委员会设森林防火领导小组，负责辖区内护林消防工作，并签订森林防火目标管理责任状，实行各级行政首长负责制。

自治县林业行政主管部门、乡镇林业工作管理机构、国有林场、集体林场、村集体经济组织应当建立护林组织和护林联防组织。

国有林场、集体林场、村民委员会配备护林员。

自治县建立森林防火正常经费渠道，加强基础设施建设，把森林消防基础设施建设列入社会发展基本建设计划和年度财政经费预算。

第二十九条 自治县执行全年防火期的规定。年森林受害率控制指标执行自治区规定。

野外用火，实行县、乡镇、村民委员会三级审批制度。

对因扑救森林火灾负伤、致残、牺牲的人员，按照国家有关规定给予医疗或抚恤。

积极开展省（区）、县乡镇之间的地区性联防活动。

第三十条 发生森林火灾时，应立即报告自治县森林防火指挥机构。自治县、乡镇人民政府及其森林防火指挥机构在接到森林火灾报警后，必须立即组织扑救，当地军民和有关部门应积极参加扑救和援助。

第三十一条 任何单位、个人不得在银殿山、海洋山水源林保护区内的国有林地上，捕猎野生动物、采集各种植物标本、采土采石；因生产需要择伐、卫生伐的，科学研究、教学实习、参观考察和开发性活动需要进入水源林保护区的，必须经自治县林业行政主管部门依法办理审批手续。

第三十二条 禁止毁林开荒。

禁止在幼林地和封山育林区砍柴、放牧、采挖树蔸、药材和其他野生植物。

禁止毁灭性采伐薪炭林。

严格控制用树木为原料蒸取芳香油。确需蒸取芳香油者，必须经自治县林业行政主管部门批准。

在有林地开矿、采石和进行经营性取土的，办证前必须经自治县林业行政主管部门批准，按指定地点进行生产，并负责生产后的林相恢复工作。

第三十三条 自治县林业行政主管部门设立森林病虫害防治检疫机构，负责全县森林病虫害监测防治和木材、竹木制品、种苗、繁殖材料等检疫工作。

发生林木病虫害时，经营管理森林、林木的单位或者个人应当及时除治；发生大面积暴发性或者危险性森林病虫害时，自治县、乡镇人民政府应当采取紧急措施除治，林木单位或个人必须密切配合。

凡调运森林植物和林产品的，应当按规定检疫，凭森林植物检疫机构签发的《植物检疫证书》办理调运或邮寄手续，并按规定缴纳植物检疫费。

第三十四条 自治县林业行政主管部门，负责对森林资源的保护和管理。禁止任何单位和个人采伐、采挖、毁坏水源林、防护林、风景名胜区（点）、具有历史价值或有纪念意义的森林及其他特种用途的林木；对古树名木应当建立档案，设立保护标志。

国家和自治区列入保护名录的野生动物、植物，严禁非法猎捕、采集、砍伐、收购和贩运贩卖；确需猎捕、采集、砍伐和收购的，必须按审批程序报批。人工繁殖、驯养的野生动物，必须持有经营许可证才能出售。

第三十五条 自治县林业行政主管部门，必须控制柴炭的生产和销售，推广使用沼气、煤、煤气和省柴灶，减少森林资源消耗。

残次林改造、低产林改造和有薪炭林的地区需烧炭或卖柴的，须经乡镇人民政府审核签章后报县林业行政主管部门批准。

第五章 资源开发经营与管理

第三十六条 自治县自治机关根据森林资源状况和经济发展规划制定林业长远规划。

自治县林业行政主管部门应当根据林业长远规划制定林业发展计划，编制森林经营方案。

第三十七条 自治县的林业开发经营，坚持以林为主、多种经营、综合利用的经营方针，加强森林资源培育，充分利用森林资源，发展多种产业和林产品深度加工。

第三十八条 自治县森林采伐实行限额管理制度。

林木采伐由自治县林业行政主管部门按照上级批准的 5 年采伐限额总量，根据市场需求制定年度采伐计划，经自治县人民政府批准，由计划部门和林业行政主管部门分解下达到乡镇、国营林场。

第三十九条 采伐林木必须办理采伐许可证。采伐许可证由自治县林业行政主管部门核发。

机关、团体、部队、企业、事业等单位和村集体经济组织采伐自有的林木，应当向自治县林业行政主管部门申请核发采伐许可证。

个人采伐承包责任山的林木，由个人提出申请，经村民委员会和乡镇人民政府审查同意后，由自治县林业行政主管部门核发采伐许可证。

第四十条 任何单位或者个人采伐林木，必须在采伐许可证指定的地域采伐，不得易地采伐，不得超限额采伐。

严禁盗伐、滥伐森林和其他林木。

第四十一条 因灾林木或伐区剩余物，由林业工作站现场调查核实地点、树种、受害面积（勾图）及数量、照片等，写出文字报告，经乡镇人民政府签署意见，由自治县林业行政主管部门审核，报自治区林业行政主管部门批准，可以自行加工销售，不列入自治县年度采伐限额指标。

中、幼林抚育间伐的木材，由自治县林业行政主管部门负责规划，报上级林业行政主管部门批准，自治县可以自行加工和销售。

经自治县林业行政主管部门批准，薪炭材和在林木生产中带出来的短小材、炼山材，可以进行深加工，不列入当年采伐和销售指标。

按照林种结构调整整体规划需要砍伐的林木，由自治县林业行政主管部门制定砍伐计划，报自治县人民政府批准，不列入自治县年度采伐限额。

第四十二条 林农需要砍伐林木自用的，要提出申请，经当地村民委员会证明，乡镇林业工作站和乡镇人民政府签署意见，报县林业行政主管部门批准后，发给自用材采伐证。

第四十三条 松脂采脂实行采脂许可证制度。采脂许可证由有松脂资源的单位提出申请，经当地林业工作站核定，报自治县林业行政主管部门审批，发给采脂许可证。

第四十四条 自治县在重要的林产品集散地依法建立林产品交易市场，促进林产品流通。

第四十五条 木材生产单位或个人出售木材，应当出具林木采伐许可证。

经营商品木材（竹）及其制品、薪柴、木炭及木本药材等林产品的单位和个人，应按国家规定缴纳育林基金和更新改造资金、林业保护建设费。

林业行政执法人员可以持证进入车站、货场、建筑工地、木材集散地、木材市场和木材经营加工企业进行检查。

第四十六条 国家、集体、个人所有的木材，经自治县林业行政主管部门批准，可以凭证加工或销售。

经营、加工木、竹材的单位和个人，必须向自治县林业行政主管部门申请经营、加工许可证，凭证到自治县工商主管部门办理登记手续，领取营业执照后方可经营。

第四十七条 运输木、竹材及其半成品和大宗成品，运输薪材、木炭及用树木为原料蒸取的芳香油料、松脂、工业用或药用的树皮和林木种苗、野生动物及其产品，必须到自治县林业行政主管部门或其授权的单位办理运输手续，实行凭证运输。对未取得运输证件手续而运输的上述物品，林业执法人员有权依法处理。

第六章 奖励与处罚

第四十八条 在植树造林、森林资源保护、林政管理等方面有下列事实之一的单位和个人，由自治县人民政府给予表彰奖励。有突出贡献者给予重奖。

（一）乡镇领导班子任期内，实现签署的任期林业项目责任目标成绩优异的；

（二）在实施林种结构调整工作中成绩显著的；

（三）当年森林防火各项指标控制在规定的限度以下的，连续 5 年未发生森林火灾的乡镇、场，连续 10 年未发生森林火灾的村民委员会；

（四）在发现、扑救森林火灾中的有功人员；

（五）加强林政管理，减少森林资源消耗成绩显著的；

（六）坚守岗位，木材运输检查站工作成绩突出的；

（七）制止林木盗伐、滥伐，依法秉公办案的有功人员；

（八）保护野生动植物成绩显著的；

（九）防治森林病虫害和植物检疫工作成绩显著的；

（十）对发展林业提出有价值的建议，在实践中确有成效的。

（十一）在林业科学技术研究和推广应用中成绩显著的。

第四十九条 举报林业案件的单位、团体和个人，经核准属实，按破案金额发给规定比例的举报费，并为举报者保密。

第五十条 违反本条例有下列行为或事实之一者，按下列各项惩罚：

（一）凡违反森林防火管理的，依照国务院《森林防火条例》的规定进行处罚。

（二）当年没有完成林业项目责任目标的乡镇，由自治县人民政府给予警告，连续 3 年都没有完成的，给予有关人员行政处分。

（三）对辖区内盗砍滥伐林木和乱捕滥猎野生动物不加制止或制止不力，也没有及时报告上级处理，导致当地森林及规定保护的野生动物遭受严重破坏和重大损失的，由自治县人民政府给予主要领导行政处分。

（四）林政管理执法人员，有滥用职权、玩忽职守、徇私舞弊、索贿受贿等行为的，由自治县林业行政主管部门给予行政处分，构成犯罪的，依法追究刑事责任。

（五）盗伐、滥伐森林或其他林木的，按照《森林法》和《森林法实施细则》处罚。

（六）伪造、涂改或者倒卖林木采伐许可证、木材运输证、植物检疫证、木材经营加工许可证及其他票证的，没收其违法所得，并处以违法所得1～5倍的罚款；构成犯罪的，依法追究刑事责任。

（七）无木材运输证件运输木材（竹）及其制品的，没收所运输的全部木材（竹）及其制品，并可处以相当于没收木材（竹）价款的10%～30%的罚款；无证运输薪材、木炭和树皮的，予没收处理；无证运输用树木为原料蒸取的各种芳香油的，没收所运的全部油料；无证运输林木种苗及繁殖材料的，没收全部货物；无证运输重点保护的野生动物及其产品的，予没收处理。

（八）盗伐国家和自治区列入保护名录的珍稀林木的，没收其非法所得，并以盗伐或滥伐林木处以违法所得1～4倍罚款；采用挖根、摘叶、采枝、剥皮等方法蒸油或销售的，责令停止，没收其违法所得，并可处以违法所得1～2倍罚款。

违法收购芳香油的，没收其所收购的全部油料，油料已销售的，追缴其违法所得。

（九）无木材加工许可证加工木材的，没收其加工的全部木材，并可处以没收木材销售价1～3倍的罚款。

（十）无木材经营许可证经营木材的，没收其经营的全部木材，并可处以没收木材销售价1～3倍的罚款。

（十一）无证经营国家和自治区列入保护的野生动物及其产品的，没收其经营的全部野生动物及其产品，并按有关规定处以罚款。

（十二）收购无林木采伐许可证的木材，或者无木材收购权的单位直接收购木材，或者收购的木材不合法的，没收所收购的木材，并可处以所收购木材价款2～3倍的罚款。

（十三）销售违法收购或者来源不合法的木材的，没收其所销售的木材，并可处以所销售的木材价款1～3倍的罚款。木材已销售的，处以木材销售价款2～4倍的罚款。

（十四）无许可证采割松脂或虽有松树采脂许可证，但违反采割规程的，责令赔偿损失，并可处以造成损失金额的60%以下的罚款。

（十五）采伐林木的单位或个人，不按照规定完成更新造林任务的，责令限期更新造林，逾期不更新造林的，处以相当于所需造林费用1倍的罚款。

第五十一条 对违反本条例行为的行政处罚，由自治县林业行政主管部门或其授权的单位决定。

当事人对行政处罚决定不服的，可在收到决定书之日起15日内，向上级林业行政主管部门申请复议；对复议不服的，在接到复议决定书之日起15日内，向自治县人民法院起诉。当事人也可以在接到处罚决定书之日起1个月内直接向自治县人民法院起诉。当事人逾期不申请复议，不起诉，又不履行处罚决定的，由作出处罚决定的机关申请自治县人民法院强制执行。

第七章 附则

第五十二条 本条例报广西壮族自治区人民代表大会常务委员会批准后实施。

第五十三条 本条例由恭城瑶族自治县人民代表大会常务委员会负责解释。

二、重要决策

中华人民共和国民政部关于广西壮族自治区设立恭城瑶族自治县的批复

民行批［1990］25号

广西壮族自治区人民政府：

你区1989年1月12日《关于再次请求批准我区建立恭城瑶族自治县的请示》和1989年12月9日的补充报告收悉。经国务院批准，同意撤销恭城县，设立恭城瑶族自治县，以原恭城县的行政区域为恭城瑶族自治县区域。不增加机构和人员编制。

民政部

一九九〇年二月三日

中共桂林市委员会关于开展向大岭山村学习的决定

市发［2003］37号

大岭山村是恭城瑶族自治县西岭乡费村的一个自然村，全村有34户农户，146人。1998年成立党小组，2003年建立党支部，现有中共党员4名。

大岭山村坐落在荒山石岭之中，缺水少地，全村人均可耕地仅0.8亩（533平方米），且易旱易涝，自然环境十分恶劣，群众生产生活条件相当艰苦。1992年以来，大岭山村群众在党员骨干的带领下，敢向石山问富路，坚持十年拼搏，十年艰苦创业，使昔日荒山石岭变成了绿色果园，穷乡僻壤变成了生态旅游景区。大岭山人走出了贫困，正朝着全面实现小康的目标迈进，为我们贯彻落实党的十六大精神，实现全面建设小康社会的宏伟目标树立了榜样。市委号召全市各级党组织和广大干部群众向大岭山村学习。

学习大岭山村党员骨干带头创业、无私奉献的精神。大岭山村之所以山变绿，村变富，关键是有一支党员骨干队伍。他们把保持党员先进性落实在为群众谋福利的实践之中，以带领群众脱贫致富奔小康为己任，组织群众攻克发展道路上一个又一个难关，坚持发展不动摇，引导群众以科学观念认识自己所处的环境，以科学的态度改造环境，以无私奉献的精神，帮助群众排忧解难，带领群众脱贫致富。

学习大岭山村善于从当地实际出发，寻找致富道路的科学求实态度。大岭山人立足于本地实际，用科学求实的态度，以科学的方法，根据本村的实际，确立本村经济发展的目标和实现目标的道路，改造自然环境，使生态环境和经济发展和谐统一。

学习大岭山村不畏困难，艰苦创业的进取精神。大岭山人不甘贫穷，不怨天尤人，不等不靠，立志自力更生，向大自然挑战，向荒山石岭要效益，坚持十年撬石拓荒，在石山垦殖桃树林1100多亩（73多公顷），实现人均有果园7亩多（约0.5公顷），年产水果750吨，人均纯收入从1992年不足200元提高到2002年的近5000元。

学习大岭山村不断开拓创新，坚持与时俱进的精神。大岭山村十年迈出五大步，在加快发展的进程中表现了适应新情况要求的一系列新观念，他们十分注意尊重市场经济规律，逐步提高产业化和集约化水平，经过不懈的努力，把传统农业发展成为现代规模的产业基地，在增加农业收益的同时，不断拓展非农业性收入，不断开辟适合本村情况的经济发展新路子，为经济可持续发展打下了坚实的

图附 -1　大岭山精神的领头人——大岭山党小组成员（县委组织部提供）

基础。

学习大岭山人团结互助的高尚品格。大岭山村 34 户人家，两大姓氏，分为两个村民小组。近十年中，两姓人团结成一家人，以建设富裕文明大岭山村为共同理想，以全村人共同致富、人人过上小康生活为奋斗目标，心往一处想，劲往一处使；互帮互助，互敬互爱，把昔日穷乡僻壤共同打造成文明富裕家园。

市委要求，在全市特别是农村基层开展向大岭山村学习的活动，要扎扎实实地贯彻党的十六大精神，贯彻落实市第二次党代会精神，把解放思想再讨论引向深入，立足实际，找准发展路子，树立科学观念，坚定发展的信心，自力更生，艰苦创业，开拓进取，万众一心奔小康；要努力实践"三个代表"重要思想，推进党的建设新的伟大工程，自觉增强党组织的创造力、凝聚力和战斗力，努力保持和发扬党员的先进性，全心全意为人民谋利益；要认真落实胡锦涛同志在西柏坡学习考察时的讲话精神，继续保持谦虚谨慎、不骄不躁和艰苦奋斗的作风，把艰苦奋斗的精神与科学求实的态度结合起来，聚精会神搞建设，一心一意谋发展，为全面建设小康社会和现代化国际旅游城市，实现富民兴桂新跨越的目标而努力奋斗。

中共桂林市委员会

二〇〇三年五月十五日

自治县委、自治县人民政府关于自治县党政机构改革的实施意见

恭发［2002］1 号

根据自治区党委、自治区人民政府《关于市（地）县党政机构改革的意见》（桂发［2001］21 号）和中共桂林市委、市人民政府《关于印发恭城自治县党政机构改革方案的通知》（市发［2001］72 号）文件的要求，为做好县乡党政机构改革的具体实施工作，特制定如下实施意见。

一、组织实施的指导思想和原则

组织实施的指导思想：按照中共桂林市委、桂林市人民政府批复的自治县党政机构改革方案及县委、县人民政府对这次机构改革的要求，统一思想，加强领导，坚定目标，积极稳妥，周密部署，精心组织，果断实施，做到思想不散，秩序不乱，人员妥善安排，国有资产不流失，工作正常运转，确保机构改革的顺利完成。

组织实施的原则：

统一领导，分工负责的原则。在县委、县人民政府的领导下，由各乡镇、县直各部门具体负责组织实施。

先合并，后分流的原则。撤并的单位实行机构、人员先合并，后分流。

人随事走的原则。除转体单位的人员外，撤并的单位实行人随职能走。

统一要求，区别对待的原则。各乡镇、县直各部门的人员编制和内设机构的精简比例，主要是

依据职能、任务情况，按照市委、市人民政府批准的县乡党政机关的精简比例，结合实际通盘考虑，既有统一的基本要求，又要根据实际情况区别对待，不搞一刀切。

坚持既要积极又要稳妥的方针，成建制转为公司或事业单位的机构级别暂不改变的原则。成建制转为公司或事业单位的机构级别，采取过渡的办法。在过渡期间，原机构级别暂维持现状。

二、做好机构调整、撤并、转体的组织实施工作

自治县机构改革在县委、县人民政府领导下，由县机构改革领导小组负责组织实施。县委、县人民政府分管领导负责对分管部门的机构改革工作进行指导、协调，同时负责对分管的撤并单位的机构改革工作进行组织领导。各部门的党组或行政领导班子负责本部门机构改革的组织领导并成立机构改革筹备领导小组具体实施。

（一）调整、挂靠和撤并机构的组织实施

1. 自治县物价事业管理局在发展计划局挂牌。这项工作由分管发展计划局的副县长领导，具体由县发展计划局机构改革筹备小组负责组织实施，并做好“三定”工作。

2. 撤销县乡镇企业局，其行政职能划归县经济贸易局。县经济技术协作办公室、县安全生产监督管理局在经济贸易局挂牌；同时经济贸易局负责接纳经济体制改革委员会办公室的有关职能，负责接收对应业务股室的机关人员，并在具体实施“三定”方案时统筹考虑人员的使用与分流。这项工作由自治县分管副县长领导，具体由县经济贸易局机构改革筹备小组负责组织实施。

3. 成立招商引资管理中心，为县政府直属事业单位。成立组建工作由分管副县长负责领导。

4. 县人事劳动和社会保障局的组建工作由分管人事劳动的副县长领导，具体由人事劳动和社会保障局机构改革筹备小组负责组织实施。原分散在县人事劳动局、民政局的社会保障职能，统一划归县人事劳动和社会保障局。其人员由人事劳动和社会保障局统一接收。

5. 县法制办公室、政府督查办公室、调处山林水利土地纠纷办公室、人民防空办公室、接待办公室在人民政府办公室挂牌，此项工作由分管副县长领导，政府办公室机构改革筹备小组负责组织实施。

凡调整、并入机构领导干部由县委组织部门提出意见，报县委审定；原下属的企事业单位，跟随主管部门调整，其单位性质不变，经费来源渠道不变。离退休人员和管理，由新单位负责。所需经费，机构改革前的离退休人员原经费来源不变，机构改革后的离退休人员按新单位的经费渠道解决。

对撤销的机构，做好其职能、印章、财产财务、档案等工作的处理。职能转移给相关部门，印章交由县编委办统一处理，财务由审计局进行审计，档案由档案局清理和收藏。

（二）转体部门的组织实施

1. 县老龄工作委员会办公室转为政府直属事业单位。

2. 农业开发领导小组办公室更名为生态农业开发建设管理中心，为县政府直属事业单位。

3. 文化旅游事业管理处更名为文化旅游局，为政府工作部门。新闻出版局在文化旅游局挂牌。其“三定”工作统一由文化旅游局机构改革筹备小组负责组织实施。

4. 土地事业管理处改为国土资源局，为政府工作部门。

5. 科学技术局由事业单位改为政府工作部门。

（三）成建制调整机构的实施工作

1. 轻工总会并入城镇二轻工业联社，为县政府直属事业单位。城镇二轻工业联社负责接纳轻工总会的职能及接收其人员，并在具体实施“三定”规定时统筹考虑人员的使用与分流。这项工作由分管副县长负责领导，二轻工业联社机构改革筹备小组负责具体实施。

2. 机关事务管理处更名为机关事务管理中心，为政府直属事业单位。

3. 矿产资源管理处更名为县矿产资源管理中心，为政府直属事业单位。

4. 农业机械化管理处更名为农机事业管理中心，为政府直属事业单位。

5. 广播电视事业管理局与广播电视台实行局台合一，一套人马，两块牌子，为政府直属事业单位，使用事业编制。

6. 档案局和档案馆维持局馆合一体制，为政府直属事业单位，使用事业编制。

7. 县体育事业管理处更名为体育事业管理中心，为政府直属事业单位。

以上改为事业管理中心的单位，其行政职能转移到政府有关部门。

三、做好自治县人民政府各部门的“三定”工作

（一）“三定”工作的步骤

自治县人民政府各部门在职能分解的基础上，提出转变职能、理顺关系，精简内设机构和人员编制的初步方案，经县机构编制委员会办公室审核，报自治县委、县人民政府审定，以自治县委、县人民政府名义行文批复。各部门的“三定”方案一经批复，即组织实施。

（二）“三定”方案的主要内容

本部门的职能调整（转变和划出的职能、减少的审批事项、增加和划入的职能）和主要职责；内设股室数量、名称与主要职责；人员编制总额及科级以上领导干部职数等。

（三）“三定”工作的要求

认真做好各部门的“三定”工作，重点做好各部门的职能转变和职能界定工作。

1. 理顺各部门之间的关系。将目前由两个部门或多个部门分管相同或相近的职能交由一个部门承担，克服多头管理，政出多门的弊端。

2. “三定”过程中职能交叉原则参照自治区、桂林市各部门“三定”规定的职责分工进行划分，先由部门协商解决，部门解决不了的，由县机构编制委员会办公室负责协商，重大问题由县委、县人民政府裁定。

3. 改革行政审批制度，减少审批事项，规范审批程序。对各乡镇及县直各部门的审批事项进行全面清理，大力减少审批事项；对依法保留的审批事项，要改进审批方式，规范程序，简化环节，设定时限；建立审批责任追究制度和审批检查监督制度，加强对审批行为的监管。

4. 精简内设机构和人员，规定领导职数

（1）县政府各部门要在定职能的基础上，精简和调整内设机构。内设机构职能有交叉的，要进行撤并，职能相同或相近的要归并到一个机构承担，职能较少、工作量不大的应综合设置。

（2）各部门内设机构、人员编制和具体数额，由县机构编制委员会办公室根据各部门不同情况审核后报批。

（3）领导职数配备。县委、县人民政府工作部门领导设正职 1 名，副职 1～2 名。县委办公室、县人民政府办公室各设主任 1 名，副主任 3～5 名。

发展计划局、经济贸易局、财政局、公安局、农业局等少数工作任务重、人员编制多的政府工作部门，可增配副职 1 名。

在县委、县人民政府工作部门中挂牌的机构，可配 1 名领导职数。

县人民政府工作部门设党组的，党组和行政班子不分设，党组书记、副书记、成员分别由部门党员主要领导干部和其他党员干部担任，县人民政府及其工作部门一律不配领导助理。

乡镇领导职数：党委书记 1 名，副书记 2～3 名，乡镇人大主席由党委书记兼任和可配专职副主席 1 名；政府乡镇长 1 名，副乡镇长 2～3 名，乡镇纪委书记由乡镇党委副书记担任的配专职副书记 1 名。提倡党政干部交叉任职。不配备乡镇领导助理。

（4）各部门的“三定”方案一经批复，必须严格按照规定组织落实。按照“三定”规定的领导职数、人员编制设置工作岗位。县财政部门按照人员编制数额核拨经费。

（四）其他问题

1. 新机构使用印章问题。新设立、新组建和改变名称和机构，其印章由县机构编制委员会办公室统一制发。在新印章启用前，因工作必须使用印章的，可用原机构印章代替。新印章启用后，原印章作废，并交县机构编制委员会办公室集中处理。

2. 机构衔牌问题。县政府新设立、新组建和改变名称的机构衔牌，按有关文件标准，由各单位自行制作。县党政机构改革方案公布后，即可挂牌。新机构挂牌运转后，原机构牌子不得再挂。

四、做好机关定岗定员和人员分流工作

机关定岗定员和人员分流工作，是这次机构改革的一项重要内容。各部门要在“三定”方案基础上，进行定岗定员和人员分流工作。人员定岗定员要坚持干部“四化”方针、注重德才兼备，建设一支精干、廉洁、办事高效、高素质的专业化公务员队伍。同时做好分流人员的思想政治工作，保证机关和社会的稳定，保证机构改革的顺利实施。

五、加强组织领导，严格行政纪律，确保机构改革任务的顺利完成

机构改革是一项艰巨的任务，为确保改革方案的实施，特作如下要求：

1. 各部门要精心组织，认真实施，注意把机构改革同推进社会经济发展，保持社会政治稳定结合起来。

2. 各部门要加强对机构改革的组织领导，一把手负总责，组织专门力量研究、实施本部门的改革方案和措施。“三定”方案一经批复，各部门要抓紧完成具体实施工作。

3. 各部门的领导要分工负责，统筹安排改革和机关日常工作。要严格行政纪律，服从改革大局需要，确保机构改革和人员分流任务的顺利完成。

4. 这次机构改革进行“三定”的单位，机构、编制、职能等一律以这次批复的“三定”规定为准，过去核定的机构、编制、职能等不再有效。

中共恭城瑶族自治县委员会
恭城瑶族自治县人民政府
二〇〇二年月一月二十三日

关于构筑环境优势扩大对外开放加快非公有制经济发展的若干意见（试行）

恭发［2003］34号

为认真贯彻落实党的十六大精神和自治区第八次党代会、八届三次全会精神，改善投资环境，构筑环境优势，抢抓发展机遇，扩大对外开放，努力实现我县招商引资、个体私营经济发展的新跨越，促进县域经济快速持续健康发展。特提出如下意见：

一、指导思想

以邓小平理论和“三个代表”重要思想为指导，认真贯彻党的十六大和自治区第八次党代会、桂林市委二届二次全会精神，解放思想、与时俱进，构筑环境优势，抢抓发展机遇，坚持政策公平、法律保障、放手发展的方针，以解放思想为先导，以项目为中心，以招商引资为重点，以体制创新和改善投资环境为突破口，千方百计扩大引资规模，进一步提高利用外资质量，全面提高对外开放水平，毫不动摇地鼓励支持引导个体私营经济发展，以大解放促大开放，以大开放促大发展。坚决消除一切妨碍外来投资和个体私营经济发展的思想弊端、政策规定和不合时宜的做法，努力营造使外来投资者、民营企业主在社会上有地位、在经济上有实惠、在法制上有保障的良好环境，在全县迅速掀起扩大开放、招商引资、加快个体私营经济发展的新高潮。

二、目标要求

经过两至三年的努力，使我县投资环境明显改善，环境竞争力明显增强，重点领域的招商引资取得新突破，个体私营经济蓬勃发展。壮大一批优势产业，新上一批优势企业，为县域经济发展注入新的活力。具体要求是：优化五个环境，即优化政务环境、优化政策环境、优化法制环境、优化管理环境、优化市场环境；致力于三个创新，即科技创新、制度创新和管理创新；实现四个转变，即从分散小规模经营逐步向规模化、集约化经营转变，从内需型经济向外向型经济转变，从主要是劳动密集型产业向技术密集型产业和劳动密集产业相结合转变，从不规范经营向重质量、重信用、遵纪守法的规范经营转变；重点发展五大产业，即矿产业、建材业、竹木业、农机业、农产品加工龙头企业，一个产业要树好一个品牌，一个品牌要造就一大产业群。

三、改善投资环境，构筑环境优势

（一）加快“工业园区”建设，构建招商引资和个体私营经济发展平台

大力创办工业园区，工业园区要走集中连片开发、依靠工业办园、引进企业扩园、发展实业兴园的路子，积极吸引外来投资项目和民营企业到园区落户，带动全县开放型经济和工业经济发展。要以茶东工业园区和燕新工业园区为龙头，切实抓好莲花、栗木、西岭、嘉会四个工业小区，为招商引资、加快个体私营经济发展创造优越的基础设施环境。

1. 改善园区基础设施建设，切实做到“四通”，即通水、通电、通等级公路、通排水管网。

2. 实行“封闭式管理、开放性经营”体制，园区不限制各种类型企业的准入。对落户园区的不同所有制类型企业，不论内资企业还是外资企业，一律实行统一规划、统一布局、统一管理。

3. 严格控制在非工业区批地办厂，引导外来投资企业和民营企业向小区集中，使工业园区成为结构调整先行区、体制创新实验区、招商引资承载区、财政收入主产区、非公经济保护区。

同时，树好化育、龙虎南北两大窗口，加快以县城为中心，以莲花、栗木、嘉会三个南北中集镇为次中心的小城镇建设，加快工业化、城镇化进程。

（二）全力抓好经济软环境建设

1. 优化政务环境。规范行政、事业单位工作人员行为，做到工作规范化、服务标准化，推行规范用语和微笑服务，不准有任何形式的吃拿卡要，不准出现办事推诿、扯皮、缺位现象，对破坏和阻碍投资环境建设的个人按干部管理权限给予行政降职、撤职或纪律处分，是单位的要给予通报批评。对造成损失的，责令行为人赔偿损失。对干扰破坏外来投资企业和民营企业生产经营秩序或危害经营者人身安全的各种违法犯罪行为，政法部门要加大打击力度，从重从快查处，切实为企业保驾护航。对执纪执法部门有干扰破坏外来投资企业和民营企业生产秩序的更要从重从严处理。对外来投资项目和民营企业项目实行全程跟踪服务，对重点项目和企业实行挂牌保护。实行领导联系项目制度，对投资100万元以上的项目由领导分工负责联系，帮助协调解决生产和建设中出现的各种问题和矛盾。建立投资环境监测评估体系，定期评估投资环境状况，推动投资环境的改善。从2003年起，由纪检监察部门牵头，每年对有行政管理职能的单位及上级直属部门，尤其是执纪执法部门和单位进行一次政务环境民主评议。表彰奖励在评议中排在前3名的单位及单位主要负责人，通报在评议中排在最后3名的单位及单位主要负责人，对连续两年在评议中排在倒数第1位和第2位的，由纪检监察部门和组织部门报经县委同意，责令单位主要负责人辞职。是上级直属部门的，由组织部门建议上级调整该部门负责人。评议评价的具体实施办法，由县纪检监察部门会同有关部门另行制定，报县人民政府批准后实施。

2. 优化政策环境。进一步缩小投资项目审批范围，对不符合政企分开、政事分开，妨碍市场开放和公平竞争，实际上难以发挥有效作用的审批事项，按上级规定予以取消；凡是可以用市场机制代替的审批事项，要通过市场机制来运作；能够用法律、法规来规范的审批事项，要依法行政。根据这

个要求，对符合国家产业政策和我县发展规划，符合环境保护和安全生产要求，不需要政府投资及协调项目，一律取消审批，实行登记备案制。

3. 优化法制环境。依法行政，规范检查行为，对无法律、法规依据的检查一律取消。对无法定检查实行公示制度，由检查执行部门向外来企业和民营企业公开法定检查的内容、时间和要求，并报县人民政府备案。实行执法持证检查制度，任何单位和个人无执法证不得进入企业进行检查。

4. 优化管理环境。取消对企业和投资者的一切不合理收费。除国家和自治区明文规定的收费项目外，其余地方性收费项目一律按程序予以取消。国家和自治区规定的收费项目要向社会公布收费标准和收费部门，提高透明度。收费标准有上下限的，一律按下限收费。对外来投资企业和民营企业，任何单位和个人不准以任何理由阻碍他们生产和建设。

5. 优化市场环境。对外来投资企业和民营企业采取灵活的供地方式。除国家法律规定的可用划拨供地的方式外，均采取租赁、出让、作价入股等市场方式出让土地。投资者通过招标、拍卖等方式获取土地使用权。建设项目需要征用土地的，除国家法律规定的土地出让金（按最低价收取）、土地补偿费、安置补助费、青苗补偿费、地上附着物补偿费、耕地开垦费收费项目外，不得向投资者征收其他费用。实行鼓励投资的电价政策，清理影响供电价格的不合理因素，合理调整供电价格，降低整体电价水平。鼓励工业用电大户和高耗能企业通过各种方式参与电力能源项目开发，直接获得稳定和廉价的电能。

四、建立健全招商引资激励机制

（一）奖励原则

1. 分类奖励的原则。对成功引进外来资金的县内外公民、团体和组织进行奖励，对社会引资者加大物质奖励的力度，对符合条件的我县党政机关引资者给予行政奖励和物质奖励。

2. 分级奖励的原则。县人民政府对县级重点招商项目及一定规模以上项目进行奖励。乡镇人民政府可结合当地的实际进行奖励。

3. 谁受益谁奖励的原则。鼓励项目业主对社会引资者进行奖励。

（二）奖励对象

1. 我县行政、企事业单位人员引资者：国家公务员和企事业单位中具有行政管理职能的人员。

2. 社会引资者：除我县行政、企事业单位引资者以外的其他引资者。

（三）奖励条件

1. 引进外来资金必须是以独资、合资、合作形式投资于我县。

2. 引进外资奖励按生产性项目固定资产投入实际到位的资金计奖。

3. 对引进县发展计划部门列名的重点招商项目或其他单个项目外资总额在 100 万元人民币及以上的社会引资者，县人民政府给予奖励。各乡镇人民政府可结合本地实际对社会引资者进行奖励。

4. 对引进县发展计划部门列名和重点招商项目或其他单个项目外来资金总额在 100 万元人民币及以上的我县党政机关人员，县委、县人民政府给予行政奖励，但不得接受项目业主任何形式的物质奖励。

（四）奖励标准和奖励资金

符合奖励条件的，根据其引进的项目类别、资金数额进行奖励。

1. 对社会引资者，按实际到位外来资金总额的 1.5% 予以奖励。外来资金实际到位达引资总额的 30% 后，即可按到位资金的 1.5% 予以奖励，并在 3 个月内予以兑现。

2. 对我县党政机关引资者，分别授予荣誉称号、记一等功、记二等功、记三等功和嘉奖等奖励，并给予与社会引资者同等的物质奖励。

3. 政府奖励资金，在财政一般预算或基金预算中安排。

4. 若项目业主对社会引资给予奖励，不得超过外来资金实际进资额 2.5% 的奖励资金，可税前列支。

5. 政府以及项目业主奖励给引资者的资金，由引资者照章纳税。

（五）引资者身份认定

引资者必须在外来资金实际进入恭城前，获得由投资者出具并签署的委托其开展投资引荐事务的委托书，并持本人有效身份证明，到县招商引资管理中心办理引资者登记手续。不办理登记手续的，不予认定引资者。

对同一项目的引资者，一般只认定 1 人。如投资者委托 2 人或 2 人以上的，视为 1 个引资者团队。

五、提高外来投资者和民营企业主的社会地位和政治地位

（一）进一步提高外来投资者和非公有制经济从业人员的社会地位和政治地位，对他们政治上给予关心，政策上给予扶持，法律上给予保护。把符合党员条件的外来投资者和非公有制经济中的优秀分子吸收到党内来，把条件具备、有一定参政议政能力的民营企业主和外来投资者吸纳到政协中来。

（二）县外投资者或从县外招聘、引进的科技人员和管理人员，其本人及其直系亲属可以免费办理暂停证；在县城有合法固定住所的可根据本人意愿，办理城镇居住户口，有关部门应及时办理有关手续，其子女就读与县内一视同仁，不得加收其他费用，今后需调出的，也应及时办理，实行来去自由。

（三）对照章纳税，依法经营，为我县文明建设做出积极贡献的外来投资者和民营企业主，在一年一度的两个文明建设表彰大会上予以表彰奖励。

六、加强领导，狠抓落实

（一）各级领导干部在对外开放中要有大的作为

各乡镇党委、政府必须把进一步扩大对外开放、加大招商引资力度、发展个体私营经济摆到突出位置，切实加强组织领导。各单位、各部门要各司其职，各负其责，真抓实干，确保各项工作的落实。各级干部要切实加强学习，提高素质，努力掌握和运用好对外开放的有关政策规定，把握对外开放的新形势和新规律，不断提高工作水平。要大胆亲商、爱商、护商，在营造良好投资环境上有大作为，在提高招商引资的规模和质量上有大作为，在开拓市场、加快发展个体私营经济有大作为。为加强对构筑环境优势、扩大对外开放、加快非公有制经济发展工作的领导，县委、县政府成立工作领导小组，领导小组组长由分管纪检监察工作的副书记担任，相关部门领导为成员，统一领导扩大对外开放、加快非公有制经济发展工作。

（二）加强督促检查

县委督查办、县政府督查办要对政策的执行情况进行定期和不定期的检查，采取有力措施，保证有关政策得到落实。

（三）统一步调、协调配合

各部门结合实际制定和完善相应的配套政策，落实具体的工作措施。经贸部门要认真履行对外开放的主管职责，加强具体指导和协调。计划、工商、税务等相关部门要努力提高服务效率和质量。统战、侨联、对台办等部门，要注意利用自身优势，建立广泛的联系网络，积极开展招商引资工作。企业和各类经济实体在对外开放中要发挥主体作用，创新机制，提高竞争力。

（四）建设高素质的对外开放人才队伍

加大培训力度整合人才资源，提高人才队伍素质，培养一支懂业务的涉外队伍。在充分发挥我县现有各类人才资源的基础上，采取积极措施，有计划、有重点地加大对市场中介服务、经营管理等方面急需的高层次适用人才的引进力度，做到引得进、留得住、用得上。

（五）营造对外开放的良好舆论环境

做好对外宣传的组织策划工作，通过各种渠道、各种手段、各种方式，提高恭城知名度，塑造诚信恭城新形象，让国内外客商了解恭城的资源优势、政策优势、招商引资项目和投资环境。大力培养和提高群众的开放意识，努力在全社会营造浓厚的招商引资氛围。

七、县委、县政府以往下发文件若与本《意见》相抵触的，以本《意见》为准。

中共恭城瑶族自治县委员会
恭城瑶族自治县人民政府
二〇〇三年七月八日

自治县委 自治县人民政府
关于进一步加快开放型经济发展的若干规定

恭发（2004）34号

为进一步提高对外开放政策透明度，更好地吸引境内外企业、其他经济组织和个人来我县投资办实业，加快开放型经济发展，根据国家相关法律、法规和政策，结合我县实际和已出台的投资政策，特制定本规定。

第一章 产业政策

第一条 投资领域

凡国家法律、法规没有禁止的投资领域和所有对外开放的领域，都向民间投资开放。鼓励和引导民间资本进入供水、供电、交通等基础设施以及工业、服务业和农业产业化等投资领域。优先发展特色农产品加工业和优势资源型工业。

第二条 投资方式

1. 合资、合作或独立经营。
2. 股权并购、买断产权或生产经营权。
3. 国家法律允许的其他投资方式。

第二章 土地政策

第三条 加大城乡用地保障

县城和乡镇周边国有农、林场的土地，纳于城镇总体规划和土地利用总体规划，用于工业发展和城镇建设用地。积极稳妥推进农村集体建设用地使用权流转，农村集体建设用地在自愿、有偿和用途管制的前提下，依法进行使用权流转，享有与城镇国有土地使用权同等权益。允许以农村集体建设用地使用权入股兴办企业。实行产业化经营的畜禽饲养地、农业设施用地和养殖水面用地，经依法批准，可修建必要的非永久性附属设施。

第四条 加大对工业和基础设施、公用设施建设的用地支持

被市确定的重点工业项目和所有基础设施、公用设施建设项目，所征用土地，享受自治区重大项目建设用地的有关优惠政策。耕地开垦费、森林植被恢复费按国家最低标准征收。建设项目经依法批准占用耕地，已采取措施实现补后占的，不再收取耕地开垦费。工业用地实行地价补贴办法，经营性项目用地出让收益中的县受益资金，专项用于工业新区用地地价补贴。工业项目可采取出让、租赁、作价出资或入股的方式取得土地使用权。一次性交纳土地出让金有困难的，经批准可缓交或分期交纳。新增建设用地，由县国土部门向上一级国土部门申报。

第五条 加大对民营经济在建设用地方面的支持

对民间资本投资工业、采矿业、水产养殖业和农产品加工业的用地，实行与其他投资主体相同

的政策。凡进入茶东和燕新工业新区的民营企业，以租赁方式用地的，实行自治区公示的最高限价；符合协议出让方式供地的，县人民政府在规定范围内给予地价优惠。民营企业依法取得的建设用地使用权，可以依法转让、抵押、出租、折价入股。

民间资本投资城市基础设施和国家重点扶持的能源、交通、水利等项目，以及建设非营利性的科研、教育、医疗、文化、体育、福利院等公益性机构，按国家规定实行划拨用地。

第三章 市场准入政策

第六条 注册登记

对公司制中小企业实行注册资本认缴制，在注册登记时，注册资本未达到法律法规规定的最低限度的，首期实缴资本可按认缴金额的10%出资，其余资本缴足期限为三年。投资者可根据需要，申办出资额不设底限的合伙企业和个人独资企业。外地到本县创办个体工商户和私营企业的投资者，不受户籍限制，在法律法规允许的范围内，凭本人身份证直接到注册机关办理登记手续。

第七条 简化前置审批事项

除国家法律、法规规定的前置审批项目和区、市设立的前置审批事项外，我县不再设立前置审批事项。前置审批项目必须向社会挂牌公示。在我县创办的民营科技型、农产品加工型、扶贫型企业以及下岗失业人员创办的企业，涉及前置审批的，除重污染项目外，可先办理登记手续，由工商行政管理部门核发有效期一年的营业执照，在有效期内，按前置审批的规定申办相关手续。外地产业转移项目的环境保护、安全生产、设备工艺经改进能达到国家产业政策和国家环保要求的，核发临时营业执照。支持农副土特产品注册商标。

第八条 改革后置审批方式

积极推行现场审批、现场年检等办法。对依法经营、照章纳税、连续三年未受到行政机关处罚的企业，经申请和有关机关批准，可免予年检（审）。对免于工商登记的农村流动小商小贩，免收工商行政管理的各项收费。下岗失业人员从事个体经营（除国家规定的特殊项目外）的，自工商部门批准其经营之日起，三年内免交有关登记类、证照类和管理类的各项行政事业性收费；自领取税务登记证之日起，三年内免交营业税、城市维护建设税、教育费附加和个人所得税。对新办属于征收企业所得税的民营企业，从生产（经营）之日起，三年内免征企业所得税。

第四章 信贷政策

第九条 信用担保

建立和完善多层次、多元化、多形式的信用担保体系。鼓励有条件的民营企业建立股份制或会员制等形式的担保机构和风险投资机构。积极探索企业间自愿组织互助基金等互保联保形式。

第十条 信贷支持

允许民营企业用房产、土地使用权、有价证券和无形资产等作抵（质）押取得贷款；允许民营企业以专利、商标等工业产权作为向担保机构的反担保。民营企业购买或兼并国有企业，资产变现和资金融通确有困难的，可按有关规定申请办理银行抵押贷款。

第五章 其他政策

第十一条 办证服务

新办企业从政策咨询、合同签约、项目审批，到证照办理，实行全程“一条龙”服务，由县招商局受理。凡申办证照材料齐全的按法定程序按时办结。县招商局负责保管签约合同文本，并建立规范的投资企业档案。

第十二条 招工服务

企业根据有关法律及合同规定解雇、辞退、处分员工，可自主招收培训员工，也可委托县有关部门招收培训员工。

第十三条 行政服务

为投资企业颁发《重点企业优待证》，实行封闭管理；为投资商发放“绿卡”，实行安全特别保护，尊重投资商的宗教信仰、生活习惯。除接受安全生产检查和依法征税外，未经县委、县政府批准，严禁任何部门进入企业检查收费。县政务环境评议评价办公室对客商的投诉“有投快受”，接到投诉后，以最快速度赶到场，三个工作日内给予处理。企业经营需要用电、用水、环保、消防、卫生、防雷设施等物资，可以由企业自行采购符合标准设备，自主选择有资质的单位进行设计、施工、安装。任何部门不得以审批、验收等名义，强迫企业接受其指定的经销商品。

第十四条 户籍、就学

企业投资商及其配偶、子女，在县城有固定住所或相对稳定工作的企业员工，可自愿办理城镇户口，子女上学享受本县城镇居民等待遇。

第十五条 政治荣誉

有一定投资规模、贡献突出的客商，授予“恭城荣誉县民”称号并颁发证书；投资规模大、贡献特别突出的客商，聘为“恭城县人民政府经济顾问”，可推荐担任县政协委员。

第十六条 引资计算

注册资金50万元以下的商贸公司，500万元以下的房地产开发项目不计算引资任务，其他的项目均按100%计算引资任务。

第十七条 引资奖励

小水电开发项目、矿产资源开采项目、木材初加工项目和国家产业政策限制项目，以及注册资金50万元以上的商贸公司，500万元以上的房地产开发项目，按固定资产投资总额的0.3%～0.5%予以奖励。

工业生产性项目、农林开发项目和20万元以上的种养项目按固定资产投资总额的1%～1.5%予以奖励。

其他项目按固定资产投资总额的0.5%～1%予以奖励。

奖励资金，在财政一般预算或基金预算中安排。

奖励对象为县内外社会引资者和我县行政、企业单位人员引资者。引资者的认定，必须经过县招商领导小组和外来投资项目业主的共同认可。奖励的申领手续由县招商局负责办理，交县招商领导小组审定。

第十八条 县乡镇分税

2004年7月1日以后入园的项目，企业税收净收入60%归引进项目乡镇，40%归县本级。

第十九条 国家税费政策调整，另行出台新办法。

第二十条 本规定自2004年7月1日起执行。此前出台的有关政策与本规定不符的，按本规定执行。2004年6月30日之前开工建设项目仍按原规定执行。本规定由县招商引资领导小组负责解释。

中共恭城瑶族自治县委员会
恭城瑶族自治县人民政府
二〇〇四年六月十五日

三、调查报告

恭城模式

——生态农业与农村经济、社会的双重循环

引言

恭城瑶族自治县地处桂东北，毗邻湖南，是个不沿海、不沿边、不沿路（铁路、公路国道），仅有27.5万人口的小县，其中瑶族占47.8%，是广西49个“老、少、边、山、穷”县之一。

1995年初夏我们到这个县调查，遇到许多见怪不怪的新鲜事：猪多路不烂，煮饭不烧柴，水果家中卖，存款不上街，村村大学生，乡乡老寿星，果园无隙棚，瑶女不嫁外（外国）……

这一切使我们十分感慨。感慨之余，我们不禁提出一个问题：恭城这样一个边远县，为什么政治那么稳定？为什么社会那么祥和？为什么民族那么团结？为什么经济发展那么快？为什么党群关系那么好？经过一番思索，我们得出这样一个结论：在恭城这片热土上形成了双重良性循环，一重是农业内部的循环，再一重是农村经济与社会的大循环，这种循环模式对于其他地区，尤其是贫困地区引导农民走向市场，脱贫致富奔小康，建设社会主义新农村，有着深刻的启迪意义。基于此，我们试图把恭城的实践经验概括为“恭城模式”，作一些理性思考。

双重循环的效应

一、第一重循环：生态农业的链式反应

生态农业，又称有机农业，是一个由农业生物和农业环境所组成的整体，形成一种包括农田生态、森林生态、草地生态、水域生态等系统的有序整合，以自我循环为主，以经营农业生物为目标的有机网络，它具有结构有序，反应连锁，反馈调节三大特征，通过正常的物质流、能量流和信息流，使整个农业系统具有生生不息的再生能力和一定限度的自我调节能力。恭城县从1985年以来，以沼气为纽带，把以养猪为重点的畜牧业和以水果为龙头的种植业紧紧扭在一起，猪粪尿入沼气池，沼气入室照明烧饭，沼液沼渣入田入地作肥料，构成了“养殖—沼气—种植”三位一体生态农业体系，取得了显著的效益。

——畜牧业登上新台阶。1994年全县畜牧业产值2.32亿元（当年价），占农业总产值的40.88%，比全区高出8个百分点，在农民人均纯收入中，畜牧业收入214元，占18.54%。畜牧业中大头是养猪，1994年全县生猪饲养量46.19万头，出栏肉猪28.89万头，比上年增长76.86%，实现了全县人均出栏肉猪超1头，夺得了全区肉猪出栏增幅，肉类产量增幅和肉猪出栏率等三个第一名。

——以沼气为骨干的能源建设方兴未艾。到1994年底，全县已建成沼气池2.75万座，使用沼气的农户占全县农户总数的54.78%；有4.78万户农户建了省柴灶，占农户总数90.9%，安装太阳能热水器350平方米，加上乡镇企业和农村“三窑四坊”改燃节柴，全县每年约节柴10万吨，相当于少砍伐2.5万亩（1667公顷）林木，节能经济效益在2300万元以上。1990年，恭城县被农业部定为全国农村能源综合效益示范县，并连续5年被评为自治区及桂林地区农村能源建设先进县。

——种植业迈出了大步子。在调整了8万亩（5333公顷）耕地种植水果的情况下，粮食连续8年获得增产丰收，1994年虽然遇到历史上罕见的洪涝灾害，但粮食总产仍比上年增1.4%，农民人均有粮415千克。到1995年春，全县水果种植面积达18万亩（1.2万公顷），以月柿、沙田柚、柑橙为主导产品的水果产量，连续两年每年以50%的速度递增。1994年，全县水果总产量达6.56万吨，

产值 1.3 亿元，占种植业产值的 44.8%，农民人均产果 275 千克，比全区和桂林地区的人均数分别多 236 千克、165 千克，人均水果收入 500 元，水果单产、人均产果、人均水果产值均居全区第一。

经过 10 年磨合，第一重循环的三个环节越扣越紧，进入了科学化程度较高的运行状态，成为一种比较成熟的集养殖，沼气，种果、造林和粮食三个方面于一体、全面发展的生态农业模式。这条循环链越来越完善，聚合出蔚为壮观的规模经济，1995 年春,《人民日报》为此发表了通讯《生态农业兴恭城》,《广西日报》在头版报道了《恭城的"彩链"效应》、《西南日报》和《广西经济》介绍了《恭城现象》。实践证明，这是一条符合恭城实际的现代化农业之路。

二、第二重循环：农村经济与社会的场式反应

恭城模式的第一重循环不是孤立存在，而是置身于整个农村经济与社会发展的大循环之中，小循环推动大循环，而大循环又保证和加快了小循环的运转，两个循环休戚与共，相互依存，同步进入良性轨道。由于构成大循环的农村经济与社会各个部分有机联系，相辅相成，因此取得了良好的整体效益。

农村经济大发展：

——林业进入了复兴时期。恭城农村初级电气化达标和沼气技术的推广普及，使森林得到根本性保护，1994 年全县林木生长量达 28 万多立方米，砍伐量仅 11 万立方米，生长量大大超过砍伐量；森林覆盖率由 1987 年的 47% 提高到 70.84%，林地绿化率 95.69%，道路绿化率、河流绿化率、城乡居民点绿化率均在 95% 以上，比自治区规定的 60% 的指标高出了 35 个至 37 个百分点，继 1992 年提前两年实现造林灭荒达标之后，1995 年 3 月又提前三年实现了全海拔绿化达标。由于生态环境获得根本性保护，原来濒临断流的河溪又长流不断，县内 4 条河流的平均水流量比 1985 年增加了 15%，近三年来没有出现严重旱情。

——乡镇企业实现了跨越式发展。1992 年至 1994 年乡镇企业营业收入连续三年翻番，1994 年达 8.26 亿元，比上年增长 142%，上缴税金 1505 万元，创利 2286 万元。全县乡镇企业从业人员 2.44 万人，占全县农村劳动力的 20%。

——经济实力明显增强。1994 年，全县国民生产总值达 5.5 亿元，比上年增长 26.86%，相当于过去五年的总和。农业总产值达 5.67 亿元，比 1985 年增长 6.23 倍。农民生活水平得到了显著提高，全县农民人均年纯收入 1154 元，比全区多 47 元。往年第一季度是贷款高峰期，1995 年由于农民收入增加，第一季度出现存款热，三个月新增存款 3774 万元。县农行信用联社成为桂林地区三个存款超亿元的联社之一。农民人均储蓄达 1107 元，居全地区第一位。1994 年县三级财政收入 4108 万元，比 1985 年增 3442 万元，成为全区 12 个少数民族自治县财政状况较好的县。

农村社会全面进步：

——改革不断深化，农民积极性得到充分发挥。全县延长土地承包期工作已经完成，2035 个农经社已全部与农户签订了新一轮承包合同，农地使用权开始流转，1994 年有 616 个农户承包的 1399 亩耕地实行有偿转让与租赁。股份合作制在稳定推进，全县已有股份制与股份合作制工商企业 140 个，种植业企业 1085 个，经营土地面积 5834 亩，养殖企业 90 个，股金 108 万元。改革的不断深化，充分调动了基层干部和农民的积极性，全县目前村村有集体经济收入，年纯收入在 5000 元以上的村占 71%，最多的达 30 万元。尽管和先进县比微不足道，但对恭城这个贫困县来说确是不易。农区、近山区的荒地、荒山、荒沟、荒滩已基本得到开发利用，并形成了规模，农业综合开发越搞越好。

——社会环境好，人民安居乐业。全县的刑事和治安案件由 1991 年的 666 起和 797 起，减少到 1994 年的 170 起和 333 起，发案率大幅度下降，刑事案件破案率达 92.9%，超过了自治区 75% 的指标要求。群防群治组织健全，各个调解组织均发挥了很好的作用，1994 年村以下民事纠纷和违反村规民约事件的自调率分别为 97.1%、98.2%。盗窃案件极少发生，果园、林场不用派人守护。1992 年以来，连续三年获桂林地区社会治安综合治理总分第一名。恭城与湖南省江永县相邻，省界线长 64 千米，两县群众和睦相处，连续 8 年无纠纷，被评为“全区民族团结先进县”。

——科教文体卫全面发展，人的素质不断提高。1994 年恭城有 529 名学生参加高考，考上大学的有 315 名，其中考取全国重点大学 41 名；全县 117 个村，村村有学生考上大学，录取率排名全自治区第十六位、桂林地区第一位。清华大学建校 83 年来，全国考取该校的瑶族学生只有 10 名，而恭城占了 6 名。中央人民广播电台以《广西恭城民族教育创造我国少数民族教育史上的奇迹》为题作了长篇报道。科学技术硕果累累，峻山水库水力自控翻板闸成为“广西第一闸”，鸿鹄牌姜精获 1994 年乌兰巴托国际博览会金奖，恭城月柿连续三年获全区月柿类评比总分第一，恭城沙田柚获 1994 年全国优质产品金奖，真珍蛇酒、银殿山矿泉水获 1995 年全国新产品新技术交易会金奖，“两万亩柑橘优质高产规范化栽培技术”项目获国家丰收计划一等奖，有 7 家国家级新闻单位联合采访并拍成电视片在中央电视台播出。广播电视事业越办越红火，到 1994 年底，全县喇叭入户率达 41%，覆盖率达 80%。建有 14 座电视差转台，16 座卫星地面接收站，1 个县级、7 个乡级、23 个村级闭路电视站，覆盖率达 90%。文化事业越来越繁荣，县城兴建了民族文化中心和文化娱乐宫，每个乡镇都建有文化站、电影院，全县有宣传橱窗 217 个，村级文化室 51 个，民办电影队 52 支，文化户 270 户，业余文艺队 40 多支，龙狮队 20 多支，1993 年被评为自治区群众文化达标县。民族体育事业成绩斐然，体坛新秀路艳梅打破了 44 千克级女子挺举世界纪录。城乡容貌改观，人的体质增强。据统计，全县 100 岁以上长寿老人有 14 人，年纪最大的 107 岁，90 岁以上老人 386 人，成为新的长寿之乡。1994 年，恭城荣获桂林地区文明县城、文明村建设先进县光荣称号。

——计划生育连创佳绩。1992 年至 1994 年，人口出生数仅用了桂林地区下达指标的 82.4%、79.5% 和 76.13%，计划生育率为 89.56%、97.11% 和 97.84%，多胎率为 0.26%、0.06% 和 0.03%。1990 年以来，一次被评为全国计划生育先进县，五次被评为自治区、桂林地区先进县。

如今的恭城，社会环境好、人们乐业安居，到处是绿色的树林、橙黄的果实、雪白的房子，一派生机勃勃的景象，没有令人烦恼的“脏、乱、差”，人们生活在大自然的绿色环境中，没有涌向外地打工的“民工潮”，每年还得输入 2 万个以上劳动力……实践证明，双重良性循环能够使经济、生态、社会三大效益相统一，促使农业生产向深度广度发展，促进农村经济持续发展和农村社会全面进步。1994 年 4 月，自治区党委书记赵富林视察恭城时，对恭城的工作给予了高度评价，认为工作做得扎实、实在。

双重循环的实现

一、认真地探寻一条发展经济的好路子

由于社会、历史、地理等诸多原因，80 年代，恭城县的经济发展仍较缓慢，到 1990 年，全县国民生产总值比 1980 年仅翻了 0.693 番，在桂林地区倒数第一。如何在改革开放的大潮中加快发展，摆脱贫穷落后局面，这是摆在恭城人特别是县委一班人面前的首要问题。因此，他们为寻找一条适应本县经济发展的路子而苦苦求索。经过无数的“山重水复”之后，他们终于打开了生态农业这个突破口，并以此为立足点、着眼点和新的增长点，利用市场经济的杠杆之力，推动了经济与社会的全面进步，赢得了“柳暗花明”的今天。

研究“恭城模式”，首先要追溯恭城人摆脱贫困，跨步腾越的历史轨迹，回顾其经济发展思路的形成过程。

1985 年以来，为了保护日益枯竭的森林资源，保护生态环境，恭城在大办小水电，实现农村初级电气化全国达标的同时，推广使用沼气技术，并较快地为群众所接受。为了解决沼气的原料问题，一些群众便多养几头猪，沼液、沼渣多了，一些人又在门前屋后种些果树，收入也随之增加，国家

能源办验收结果表明，使用沼气的农户比不用沼气的农户年均多收入 1994.5 元。县委及时总结了群众创造的成功经验，发出了大力发展养猪、办沼气、种果树“三位一体”庭院经济的号召，并从人、财、物、技术等方面给予倾斜。到 1988 年，初步形成“一池带四小”的格局：一个沼气池，带一个小猪圈、一个小果园、一个小菜园、一个小鱼塘，使恭城成为全国使用沼气比例最大的县，农民人均收入达 495 元，提前两年越过温饱线。邓小平视察南方重要讲话发表后，恭城县委以建设有中国特色的社会主义理论为指导，进一步解放思想，转变观念，重新审视县情。首先，认识到十多年来经济发展的确是慢了，要加快发展，就必须彻底改变过去那种小富即安的小农经济思想，想大的，干大的，为竞争抢市场，为生存占市场，为子孙争市场。其次，认识到恭城虽然贫穷落后，但也有自己的优势。一是特产资源优势。恭城盛产粮食、甘蔗、木材和水果，月柿、沙田柚、槟榔芋、红瓜子等驰名中外，矿产有铅锌、钨、锡、花岗岩、大理石等，还有多处优质的矿泉水。二是土地资源优势。全县面积 2149 平方千米，土地肥沃，良田可种粮，山上可种树，山下可种果，江边可种竹。三是气候条件优势。地处亚热带季风区，年均无霜期 319 天，年均气温 19.7℃，年均降雨量 1438 毫米，非常适宜农作物生长。四是劳动力资源优势。实行家庭联产承包制后，全县有 5 万多个剩余劳动力。这些优势有日益凸显的，也有潜在待掘的，必须设法使其得到最大的发挥。最后，认识到庭院经济虽然是一种较好的生产与经营形式，但难于形成大的气候，必须让水果、养殖业走出庭院，实现规模经营，这样才能赢得市场。

在统一认识的基础上，县委熔自身优势与市场经济的客观要求为一炉，提出了恭城县农村经济的发展思路：以经济建设为中心，以改革开放为动力，以市场为导向，以科技为先导，以养殖、沼气、种植“三位一体”的生态农业为龙头，进行规模化、集约化经营，粮钱并举，工农齐上、效益为主，物质文明和精神文明一起抓，带领农民群众脱贫致富奔小康。从一定意义上说，好的思路就是财富，恭城县的这一发展思路，准确地把握住了恭城与大市场的结合点，为经济腾飞和社会进步，打下了坚实的基础。

二、科学地制定一个分步实施的好战略

要实现超常规的奋斗目标，达到超常规的发展速度，必须有超常规的发展战略。恭城县委紧紧围绕经济建设这个中心，以农业为基础，以工业主导，牢牢抓住“农”与“工”这两大块，制定出分层次、分时期、分阶段推进的战略。

农业方面，实施“多元战略”，即在抓好粮食生产的同时，大力发展林、牧、渔、果、菜等业的生产，长抓林，中抓果，近抓猪、蔗、菜、鱼，做到“稳住一块，搞活一片”。粮食生产的重点是运用科技推广新品种，加强农田基本建设，改造中低产田，提高单产。开发性农业的重点是大力植树造林，大力扩种水果，大力抓好冬季绿肥和蔬菜、大力发展以养猪为重点的养殖业，促进专业户、专业村、专业市场生产经营格局的形成。

乡镇企业方面，实施“三头战略”，即根据山区特点和本地资源优势抓好石头、木头、水头，加速对矿产、木材和水力资源的开发利用，进行精深加工，实现就地增值，形成骨干产品和系列产品。

产业布局方面，实施“长廊战略”，即统一规划、连片开发、形成规模，做到一村一品或数村一品，一乡一业或数乡一业。根据“重点发展，全面开花”的原则，利用县内四条主干公路两侧的区位优势，突出抓好“四个百里长廊”，即以月柿、沙田柚、柑橙为主的百里水果长廊，以养猪为主的百里养殖长廊，以矿产、石材、竹木加工为主的百里乡镇企业长廊，以沼气为主的百里庭院经济长廊。

科教兴县方面，实施“能人战略”，即通过科普教育，造就一批种植能手、能工巧匠，培植一批重点户、冒尖户，以一人带一群，以一户带一片，提高农民的整体素质，提高产品的科技含量，提高劳动生产率。

奋斗目标方面，实施“二次飞跃战略”，即到 1995 年实现国民生产总值比 1980 年翻两番，摆脱贫困，保证1998年，力争1997年实现翻三番，逾越温饱、提前两年步入小康。

工作安排方面，实施“规模战略”，即集中领导、集中时间、集中力量，以战役的形式，在全县范围内打大规模的歼灭战。如1994年，他们轰轰烈烈地打了“八大战役”：年初开展社会治安大清查和计生大清理，2月至3月开展“15万亩（1万公顷）开发性农业工程”突击月活动，4月至6月组织工贸大会战，6月至9月开展养殖大会战、抗洪救灾大会战，10月开展科教兴县活动，11月至12月开展冬修水利大会战、能源大会战等。打一个战役，解决一个问题，夺取一项成果。

这种系统的战略行为，较好地体现了县、乡、村党组织在建立社会主义市场经济体制过程中的核心领导作用，也较好地发挥了政府对市场经济的宏观调控作用，有利于改变贫困山区经济“小打小闹、各自为战”的状况。

三、稳妥地采取一套量化分解的好措施

恭城县委认为，要实现既定战略目标，必须有一套科学化的措施。近年来，他们立足一个“早”字，突出一个“拼”字，着眼一个“突”字，抓住一个“干”字，在上年底，便采取量化分解的办法，以工程的概念和数码的形成，把下一年的目标任务分解为若干个方块。如1995年，他们实施粮食生产、水果生产、牧业生产、乡镇企业、农业综合开发、计划生育、科教兴县、社会治安、精神文明建设、县乡村干部政绩管理等“十大工程”，就是采取上述方法，把任务落实到部门、单位，直至个人。

为了把目标任务进一步落到实处，县委又采取四个方面措施。

*一是捆绑承包。*县与乡镇、县直各部门，乡镇与村都分别签订责任状，每个工程都实行风险抵押金制度，县、乡、村党政一把手负总责，交全部项目的抵押金，县乡党委、政府分管领导与项目有关的县直部门领导则交相应项目的抵押金，年终结算，完成任务者退回抵押金，给予奖励，完不成任务则扣下抵押金。

*二是以点带面。*县、乡、村领导人人有点，这是恭城的好传统。如抓沼气建设，三届县委书记坚持身体力行，率先垂范，前一届抓黄岭村，下一届抓桐竹村，现任这一届抓江贝村和化育村。县四大班子领导直接联系到村，县乡党政“一把手”到工作难度大的村抓点，为干部群众作出榜样，带动项目的实施。

*三是注重投入。*没有投入，就没有产出。县委把投入作为决定工程项目成败的一个重要措施来抓，采取县乡财政拨款、银行贷款、群众个人筹款、干部集资、股份合作、引进县外资金、争取上级支持等办法，使每个工程项目资金都有着落。

*四是搞好督查。*县乡建立督查网络，成立干部政绩管理办公室，月月抽查，季季考察，半年小结，年终总评、及时把工作进展情况和一些好的经验通报全县、激励先进，推动后进，保证进度的相对平衡。

正是一整套既“稳”“准”“狠”，又合民心、顺民意的措施，使工作压力变为动力，产生出了令人信服的“恭城速度”。

例：养殖业“64218工程”项目实施情况

1995年年初，县委、县政府发出文件，下达任务：全年全县生猪饲养量60万头，出栏肉猪40万头，养殖业产值2亿元，人均养殖业纯收入比上年增100元，人均产值800元。同时对工程项目的实施时间、方法、步骤、关键环节、奖励制度都作了具体规定。县成立指挥部，县委书记任指挥长，县长、分管副县长任副指挥长，各乡镇、村也设立了相应机构。

县委主要领导抓一个千头猪场示范点，各乡镇党委书记分别抓一个百头猪场。县委书记张明沛、县长肖芳佐分别到恭城镇化育村和平安乡抓千头猪场样板点，并亲自担任顾问，挂牌服务。仅一个2000多人的化育村便发动群众投资30万元，建成千头猪场2个，百头猪场11个，50头猪场20个，

1995 年上半年出栏肉猪 4318 头，比上年全年出栏还多 1218 头。3 月 9 日组织各乡村领导到点上参观学习，研究制定了各自的规划和措施。

畜牧部门把工程项目进一步量化、分解，并把重点放在“一村两路三场四方”：以恭城镇化育村为样板，抓好南北两条公路沿线 108 千米养殖长廊；建设新街粮所、栗木粮所、龙虎酒厂三个万头猪场；抓好场地、资金、服务、流通四个方面。畜牧兽医人员包干村屯，做好建栏、购进猪花、配种、品改、防疫、培训、销售等全程服务，每人抓好一个百头猪场，并协助乡镇抓好一个千头猪场。工程项目验收后，超者奖，减者罚。

各乡镇制定了一系列优惠政策，对养猪 30 头以上的，财政给予 30% 的贴息贷款，建一个千头猪场，补助水泥 5 吨等。各有关部门通力合作，建场所需的土地、木材，简化审批程序，可以先使用，后补办手续。

同时还开展畜牧养殖扶贫“五带三帮”活动。即党政机关带企事业单位和农户，干部职工带农户，能人示范户带农户，党团员骨干带农户，村干部带农户，帮技术指导，帮筹资购苗，帮提供信息搞好销售。

真抓实干出效益，截至 1995 年上半年，全县共投资 1930 万元，建成养殖示范村 22 个，示范户 1400 户，猪舍 12403 平方米，其中年出栏肉猪万头猪场 3 个，千头猪场 13 个，百头猪场 86 个，20 头以上的猪场 1413 个，仅六个月便出栏肉猪 211542 头，比上年同期增 103.6%，超过了 1993 年的总和，为桂林地区增幅第一。

四、积极地培养一支艰苦奋斗的好队伍

恭城县委体会到，有一支能带领群众艰苦奋斗，治穷治愚的好队伍，是实现战略目标的重要保证，因此他们一以贯之地坚持围绕经济工作抓好队伍建设。

（一）抓好党员队伍和村级干部队伍建设

首先，县委突出抓好农村党支部建设，重点选好一个“班长”。对一些不称职的支部书记，坚决进行调整。1990 年以来，全县共调整了 164 名村支书，让有真本事，有创新精神，能带头致富，并带领群众共同致富的党员走上领导岗位。在调整好一把手的同时，全面推行党员责任目标管理制度，把支部任期目标和党员个人年度考核指标分解为粮食生产、人均纯收入、集体经济、计划生育、党员联系户、发展新党员等 12 项内容，建立“一卡三表七簿一册”，广泛开展“红旗支部”、“标兵党员”竞赛活动，使农村党建工作走上正常化、规范化轨道。1994 年，全县农村发展新党员 289 名，其中 35 周岁以下 152 名，初中以上文化 93 名，从而使党组织软弱涣散、党员年龄老化、文化素质偏低、支部班子后继乏人的状况得到了明显的改善。

在整顿党支部的同时，他们注意抓好青年、民兵、妇女、治保、调解等村级配套组织的建设，做到各有工作套路。如妇代会开展评选“三八红旗手”、五好家庭、好媳妇、好婆婆、好丈夫等，工作搞得有声有色。

在抓好组织建设和思想教育的同时，县委还狠抓了科技培训，以提高党员致富本领。1995 年，全县所有的村党支部书记和 89.4% 的党员掌握了两门以上致富技能，有 2964 名党员的家庭收入高于当地户均水平，占党员数的 73.4%。平安乡桥头村 58 名党员不仅自己办了猪场、果场，还帮助村里 58 户贫困户脱贫，全村种水果 1100 亩（73.33 公顷），家家有果园，家家办沼气，家家养猪。1992 年，实现了“三个一千”：人均产粮超千斤（500 千克）；人均产果超千斤；人均纯收入超千元。恭城镇还建立了党员发展经济基金会，筹资 11 万元，扶助 8 个村办企业和 39 户党员困难户发展生产，党组织的号召力和战斗力明显增强。

其次，抓好村级干部的政绩管理。1991 年，县委制定了一套村干部管理制度，从选拔任免到离职退休，始终把工作实绩与干部的切身利益联系起来，在政治上有褒贬，使用上有升降，待遇上有厚薄，名誉上有荣辱，充分调动他们的工作积极性。

一是制定村级类别标准。分为先进、一类、二类、三类四种类型，主要根据党建、经济、精神文明、计划生育、社会治安五大内容，每年评定一次。

二是工资与类别挂钩。把村干部工资分基础工资、效益工资、奖励工资三部分。基础工资每月发 90%，余下 10% 年终结算。效益工资由村办企业支付，从老企业和当年新办企业利润中分别提取 10% 和 60% 作基金。奖励工资分四个档次，先进村每人每月 150 元，一类村 100 元，二类村 70 元，三类村 55 元。乡镇党委每年组织一次考核，达不到 85 分的村降级，获先进的村一次性奖励 1000 元。

三是建立干部选拔任免和任期目标制。在合理定编的基础上，乡镇党委组织对干部的德、能、勤、绩进行测评，决定任免，对新当选者实行 3 个月试用期，试用合格，再与其签订聘任合同，任期 3 年，合同书明确任期目标、任务、职责、奖罚等。对符合退休条件的村干部发给退休证，享受养老保险。凡保持一类村 5 年，先进村 3 年的，村干部退休后可领取 100% 工资。

政绩管理制度激发了村干部前所未有的工作积极性，虽然干部精简了 281 名，但工作效率却显著提高。1994 年底，先进村达 17 个，三类村由 1991 年的 18 个减少到 7 个，村级集体经济得到发展，村村办有企业，共 264 家，1994 年总产值达 4285 万元，利润 313 万元。恭城镇渡雷村过去是有名的三类村，村干部不起作用，歪风邪气上升，上级发动种果他们不干，送给价值 2 万元的柿子苗他们不要。1994 年初新支书和村长上任后，他们组织群众连片开发了 400 亩（26.67 公顷）的果园，修了 2 千米公路，修好了破旧的渡船，改变了后进面貌，当年即被评为一类村。

（二）抓好县乡干部的作风建设

县委把村干部政绩管理的成功经验引入县乡机关，旨在转变作风，提高办事效率，为经济建设服务，也为机构改革和人员分流做准备。根据机关的工作特点，在目标管理上，县直机关划分为业务工作和参与全县经济工作两大块，乡镇机关划分为物质文明精神文明两大块，再按 100 分标准划为五个星级。从 1994 年元月起，由财政局按全县行政机关干部在编人数，每人每月扣 10% 工资作风险抵押金，年终考核，达三星以上的有奖，达一星、二星的不奖不罚，不达星级的扣下风险抵押金，给予黄牌警告并通报全县，限期达标。

此方案实施后，取得了很好效果，1994 年所有的县直机关和乡镇都达到了星级标准，干部队伍面貌焕然一新，思想上求实，工作上务实，作风上扎实，能打硬仗。干部下乡搞养殖大会战，一个多月便办起一大批百头、千头猪场。干部参加修水利，每人任务两立方米，经水利技术员一方一方地量，凭验收达标单领工资。干部参加种果，每人挖 2 个 1 米见方的坑，也经得起一坑一坑地验收。连一批离退休老干部也披挂上阵，主动协助县委、县政府抓项目。1994 年，从县直机关分流 362 名干部，占干部总数 33.5%，组成各种经济开发组，直接参与经济开发，投入资金 836 万元，创办经济实体 88 个，其中种果 5000 多亩（333 多公顷），1994 年共上缴财政各种税金 89 万元，人均 2458 元，为县财政超收 600 万元做出了贡献。

（三）抓好农民科技队伍建设

县委始终把科技作为第一生产力来抓。为了提高农民的科技素质，每个村都配备了科技副村长，每年拨出专款，大张旗鼓地进行科普宣传，开展科技培训，组织农民科技宣讲团到各乡镇巡回演讲，评选靠科技致富的“十大标兵”，树立科技示范户。据统计，恭城的农民技术队伍已达“五个一千”：沼气技术能手 1000 人、种果能手 1000 人、养殖能手 1000 人、采矿能手 1000 人、竹木器加工能手 1000 人。他们纷纷走出山门，到区内外传授技艺，进行种养承包等。一些采矿能手还到了缅甸、泰国，从事矿业开发。截至 1994 年年底，经县科委考试合格，发给专业技术证书的农民技术员有 125 名，助理农艺师 34 名。在这些能人中，不少还是全国、全区、全地区的拔尖人物：

龙基明，恭城镇江贝村农民。1990 年，创花生亩产 475 千克的全区最高纪录。近年用沼液配制的叶面肥喷洒果树，沼渣作根外施肥，使柑橙亩产达5000千克。1994年，获区、地、县“能源建设示范户”称号。全国人大常委会副委员长费孝通、阿沛·阿旺晋美，自治区党委书记赵富林、德国驻中国前大使修德先生及领导或外国专家到他家视察参观，给予高度评价。

倖绍华，平安乡巨塘村农民，承包150多亩（10多公顷）果园，1994年产鲜果14万千克，产值30余万元，产品销往全国各地及越南，被誉为“水果大王”，被评为桂林地区“十大”致富标兵、自治区劳动模范。

赵梅英，莲花镇龙围村妇女，与村里另一妇女联办千亩林场，受全国妇联表彰，获国家绿色奖章、自治区“三八红旗手”和“造林绿化劳动模范”称号。

在科技能人队伍的影响下，恭城人非常注重学科学、用科学，70%的农民掌握了一两门以上致富技术，使科学转化为技术生产力。

五、努力地创造一个保障发展的好环境

（一）稳定的社会治安环境

为保一方平安，县委把社会治安综合治理问题列入重要议事日程，责任状层层往下签，直到每个农户，努力做到为官一任，保一方平安，促一方经济发展。

县乡各单位实行领导责任制，年终考核实行一票否决。凡公私财物在单位辖区内被盗，正职领导承担30%的赔偿责任，副职承担20%。

行政村推行“四长”负责制，即村长、屯长、村民小组长、家长分级负责。村成立治安领导小组，屯设协调小组，村民小组设治安联防小组，每个村有一名专职社会治安特派员，并配“四大员”：社会治安维护员、民间纠纷调解员、法制宣传员、青少年教导员，发给聘书。行政村和500人口以上的屯做到“六有”：有健全的治安组织，正常开展活动；有挂牌办公地方，坚持值班；有永久性宣传栏，专人负责；有村规民约，公布上墙；有综合治理目标管理责任制，实行一票否决；有季节性的治安巡逻队。一些治安问题较多的村，经群众讨论采取了一些强制性措施。首次违反村规民约给予黄牌警告，若再违反，则按规定交村民处理，使有劣迹的人受到社会的约束和教育，大多数都能悔过自新，社会治安环境大大改善。

（二）公平的人才竞争环境

恭城县委坚持能者上、庸者下的原则，不分民族，不论资排辈，对人才高看一等，厚爱一层，大胆使用年轻干部和少数民族干部，使一大批政绩突出的干部特别是年轻干部脱颖而出，走上各级领导岗位。1995年，全县乡镇领导班子平均年龄34.4周岁，最年轻的乡党委书记仅28周岁。有6名优秀村干部被免试聘为乡镇干部，其中2人分别当选为正副乡长，有4名做出突出贡献的县直机关领导干部被评为县拔尖人才，享受同级科技拔尖人才待遇。1995年年初，县委决定从县直机关抽调60名年轻干部到34个经济比较落后、集体经济收入不到3000元的村挂职，干部纷纷踊跃报名。选中者立下责任状：一年内使农民人均纯收入达到1000元，集体经济纯收入达到10000元。

（三）宽松的政策环境

根据《民族区域自治法》，恭城县制定了一系列优惠政策，不论是外商还是内商，凡到恭城投资办企业的，在办证、征地、税费、电力供应等方面，都给予不同程度的照顾，由此吸引了不少外商，到1994年底，全县已有“三资”企业4家，引进资金6270万元。在农业特产税收取方面，县里坚持藏富于民的原则，改杀鸡取蛋为养鸡下蛋，从而刺激了生产，推动了销售。

（四）良好的投资环境

恭城人经过多年努力，经济发展的“硬件”建设大大加快，通公路的村已达90%，所有的乡镇和30%的行政村安装了程控电话，县城开通了自动寻呼系统和移动电话。水电装机容量达2.17万千瓦，年发电量达7862万千瓦时，农户通电率达98%，1986年已步入全国第一批农村电气化达标县行列。县内孔庙、武庙、周渭祠、湖南会馆等古建筑得到保护和修葺，大量的人文景观、自然景观正待开发，这都为恭城经济的腾飞创造了良好的投资环境。

双重循环的启迪

恭城与沿海经济发达地区相比，虽然还存在一定的差距，农民人纯收入也还没有达到全国平均水平，但作为都庞岭脚下（红军长征经过的“五岭”之一）的一个少数民族山区县，他们不甘于贫困，不安于现状，经过思索与实践，确实闯出了一条切合本县实际的生态农业之路，以惊人的速度冲破了贫困的“围城”，不仅其精神难能可贵，而且其思路与发展模式，也给予人们许多新的启迪。

一、要重视发展生态农业

发展生态农业，从而保护和改善生态环境，实现整个生态系统的动态平衡，这是当今世界各国所共同关心的问题。20世纪70年代以来，随着化学工业的发展，各种杀虫剂、除草剂的相继兴起，农业机械化的推广，保证了粮食的不断增产，但同时也给人类赖以生存的地球造成了极大的危害，森林过量砍伐，农药残毒为害，各种机械的噪音，废气污染，地球产生“温室效应”，气温升高，海平面上升，以及水域的富营养化等严重的生态问题不断出现。至今世界各国包括西方发达国家在内，对解决生态保护与发展工农业生产的矛盾尚无良策。在我国，生态环境的人为破坏还未得到有效遏制，资源危机增大，水土严重流失，耕地越耕越瘦，良田面积减少，人地矛盾日趋尖锐，林地越来越少，农业的“天然屏障”损害严重，调节洪水能力下降，洪涝灾害时常发生，而有的地方则连人畜饮水都有困难。为此，发展生态农业的呼声越来越高，早在1972年，国际有机农业联盟会在瑞士成立，每两年开一次年会。世界上加入这项运动的称号与派别很多，除称生态农业外，还有称有机农业、替代农业、生物农业、持续农业等等，其共同主张是生物的自我循环，保护人类的生存环境，保护人类健康。我国从80年代开始，也根据自己的特点，把传统的有机农业与现代科学技术结合起来，发展生态农业。可以说，发展生态农业的战略和政策已超越了国界，它不仅对某个国家产生影响，而且对全人类的生存与发展都具有深远的意义。

恭城人在解答这一世界性命题方面迈出了可喜的一步。“三位一体”的生态农业使恭城的生态环境从量的变化发展到质的变化。而且恭城模式不仅仅限于种植业，还包含了畜牧业、林业、卫生、能源等，实现了生态效益、环境效益、经济效益、社会效益的统一，推动了整个农村的经济发展和社会进步，这在我区达到了领先水平。发生在瑶山里的奇迹令世人包括许多外国专家学者所瞩目，可以说，恭城模式的意义已远远超过了恭城本身，人们可以从恭城看到人类征服与回归大自然的希望，如果别的地方特别是“老、少、边、山、穷”地区能认真借鉴甚至套用这一模式，可望在不久的将来，定能使“我家住在黄土高坡”成为历史话题。

恭城的实践经验还告诉我们，发展生态农业并不是可望而不可即，其奥秘在于一个普普通通的沼气池。普及沼气使用，一是不需要太多的投入，较高水准的池子只需千元左右便能建起来，有中等收入以上的农户都有能力办到。对一些困难户，国家拨给一点，地方财政补一点，农户出一点，也完全能够解决。二是不需要太长的时间，在一个县内，从树立样板，到面上推开，从示范户带头，到群众普遍接受，前后也就是十年八年。因此，恭城的经验是完全可以学到的。深山瑶寨能够办到这件事情，别的地方也完全有条件有可能办到。

二、要同时抓好物质文明建设

物质文明为精神文明的建设提供条件，而精神文明又为物质文明建设提供动力和方向保证，两者互相依赖。如何既抓物质文明，又抓好精神文明建设，做到在经济发展的同时，又能保证社会全面进步，这是人们所共同关心并努力实践的问题。改革开放以来，不少地方十分重视贯彻党的基本路线，坚持以经济建设为中心，在抓好物质文明建设的同时，十分重视抓好精神文明建设，实现了经济发展，社会进步。但是也有些地方注意了物质文明建设，却忽视了精神文明建设，致使那些地方经济发展了，但社会问题却不少。诸如人们的观念的确在更新，但很多传统美德被丢掉了；社会产品的确越来越丰富，但社会治安状况越来越差，偷盗、赌博、嫖娼等丑恶现象不断出现；城镇建设的确加快，但却是城市“姑娘”农村打扮；农村新房的确增多，但只见新楼不见街道，屋里铺了地板砖，屋外到处猪牛粪；教育事业的确发展，但旧文盲没扫完，新文盲又出现，等等。对此，我们的改革总设计师邓小平高瞻远瞩，早就提出物质文明与精神文明要一起抓，要两手抓，两手都要硬。可见物质文明与精神文明一起抓的意义是何等重大。

恭城县在发展生态农业，促进农村经济发展的同时，狠抓精神文明建设，促进农村社会全面进步，形成了农村经济发展与社会进步的良性循环，成效十分显著。恭城的实践告诉我们，要做到两手抓，两手硬，关键在于领导要克服“单打一”的指导思想，在工作思路上“举一反三”，在工作举措上“四两拨千斤”，在工作效果上“一石三鸟”，在抓经济工作时注意抓好思想政治工作；抓物质文明时不忘抓精神文明，这样才能使各个子系统有机衔接，同步发展，避免“短腿”现象。例如恭城1994年所打的“八大战役”，其中有五个属于物质文明建设，有三个属于精神文明建设；在目标管理责任制上，两个文明所占比重也是“对半开”。在每个战役的进程中，也注意工作时间与内容的交叉性，统筹兼顾，一体化推进。各地认真借鉴他们的经验，不仅能实现经济的发展，而且能实现社会风气的根本好转，实现物质文明、精神文明双丰收。

三、要把科教兴县作为加快“老、少、边、山、穷”地区经济发展的重大战略举措来抓

发展经济，一靠政策，二靠投入，三靠科技，已普遍成为人们的共识。随着改革开放的深入，减税让利的政策将越来越少，今后发展经济，只能靠政策的指导，而不能过多地指望政策上的优惠。至于靠投入，今后国家只能按产业布局需要投入，在市场经济条件下，谁的效益好，谁就可以得到信贷支持。可见，依靠科技振兴经济，威力最大。邓小平同志说“科技是第一生产力”，连西方一些学者都说，生产已不仅仅是资本和劳动两大要素组成，科技已成为组成生产的第三要素。实际上，我们依靠科技发展经济的潜力很大，在发达国家的经济增长量中，科技含量占的比例达60%以上，而我国只有30%。我们强调科技，并非是政策和投入不重要，而是说科技可以使政策的威力发挥得更充分，投入的效益更加好。恭城人在这方面认识很深刻，所以始终把科教兴县作为振兴全县经济的重大举措来抓。首先，他们十分注意培养农民科技队伍，提高农民的科技素质，其次是十分注意做好科学技术的普及。如今在恭城，全县上下已形成了学科学、用科学的新风尚，其普及程度，要不是亲眼所见，简直难以置信：凡种果的人家从十多岁的小娃仔到六七十岁的老人，几乎个个都会嫁接果苗；一个普普通通的农民能如数家珍地讲出一套种果经，能发明沼气储气柜、沼气自控报警器；矿区的农民将一把矿砂往空中一撒，便可八九不离十地说出其含量；几乎全县的劳动力都掌握了一两种致富的实用科学技术。近几年，恭城输出的几千名劳力都不是干苦力活的，而是传授技艺的. 如果恭城人还是用传统的粗放经营方式去发展生产，绝不可能有三四个月就可出栏一批猪的养猪水平，水果单产不可能冠全区之首，不可能柑橘达0.5万千克1亩（666.67平方米），每千克水果成本更不可能由0.6元降低到0.08元。以建沼气池为例，个别的地方漏气问题成了老大难，影响沼气的推广使用，而恭城建的沼气池没有漏气现象，建一个成功一个，巩固发展一个，产生效益一个。原因很简单，靠的就是科学技术。各地在学习恭城的经验时，也应当学习他们重视科技的指导思想，切实地把依靠科技作为振兴本县经济的重大举措来抓。

四、要用市场经济的观点看山，用市场经济的手段开发山

贫困地区最明显的共同特征，就是一个“山”字。是山，造成了封闭的历史氛围，并由此派生出交通不便、信息不灵、科技文化水平低、小农经济、粗放经营等制约因素，人们愁山、怨山，饱受山之困苦。党的十一届三中全会后，特别是90年代以后，发展社会主义市场经济的春风吹进恭城瑶山，恭城人更新观念，冲破了落后思想的桎梏，学会用市场经济的观点审视山，才真正理解到“资源优势”的含义。山区既有交通不便，闭塞落后的一面，同时也有资源丰富的一面；既有制约经济发展的一面，同时也有潜在价值的一面。相对沿海发达地区来说，前者是劣势，后者是优势。有些事情沿海发达地区能办到，山区办不到；有些事情山区能办到，沿海发达地区办不到。因此，就山区而言，潜力在山，希望在山，致富奔小康也在山。只有这样看山，才能克服望山兴叹、无所作为的悲观失望情绪，树立脱贫致富奔小康的信心和决心。

恭城的成功实践还告诉我们，只认识到山的潜在优势是不够的，还必须运用市场经济的手段来开发山，使包袱变为财富，使潜在优势转化为现实优势，使资源优势转化为商品优势。第一，遵循价值规律办事。恭城的决策者把握住价值规律的客观要求，利用价格机制引导生产、引导消费，提高劳动生产率，降低消耗，推动经济的发展。以“三位一体”的生态农业为例，虽然许多地方都深谙办沼气的好处，但仅仅停留在为使用沼气而办沼气，因此不管是政府拨款办的，还是群众自己投资办的，大多因缺乏原料而废置。而恭城则巧妙地把养殖业、种植业与沼气扭在一起，以养殖为源头，以种植为归宿，沼气不仅变废为宝，方便了人们生活，而且成为生产中必不可少的一个环节。在三者循环过程中，生产者降低了消耗，提高了劳动生产率，获得了超额价值，增加了利润收入。在普及推广过程中，他们不用行政干预，不搞强迫命令，而是通过抓示范点，让群众看到生态农业比常规农业效益高，物更美，价更好，销更畅，从而自觉地模仿运用。这就说明了遵循价值规律办事的有效性，并且回答了许多人提出的“为什么恭城能普及推广沼气”的问题。

第二，努力实现资源的合理配置和生产要素的优化组合。山区之所以落后，归根结底在于资源配置不合理，利用率低，各种生产要素聚合不起来，特别是过去主要运用计划配置方式，由于计划制定和决策人员在信息掌握、认识能力、利益代表等方面的局限性，造成一种僵滞格局，限制了经济活力。社会主义市场经济体制的建立，使市场在国家宏观调控下对资源配置起基础性作用，使资源丰富的山区获得了生产力的大解放。恭城的决策者抓住这一历史性机遇，一方面利用价格杠杆和竞争机制的功能，通过“看不见的手”来牵引农民，利用市场的拉力把自然资源、资金、技术、劳动力等生产要素优化组合到效益较好的环节中去。另一方面扩大开放度，广开山门，利用资源的吸引力，通过竭诚服务，优惠让利等办法，求贤引资招商。从而，靠“内联”激发了自身活力，靠“外引”吸附了更多的助动力，较好地解决了资源亟待开发与资金缺乏、技术力量薄弱、销售渠道不畅的矛盾，加速了资源优势向商品优势的转化。

第三，靠规模经济和拳头产品争得市场。生产规模的变动能引起收益的变动。在社会化大生产的条件下，规模经济反映出一种随着生产能力的扩大，使单位成本下降的趋势。而恭城的规模经济则有所不同，虽然它的生产能力也在不断扩大，但仍然是以家庭分散经营为基础、结构相对松散的规模形式，其特点是由于总量的增大，营造出一种产业优势，使成批量的产品与无形市场接上轨，产生了“生猪、水果越多越好卖”的规模效应。同时，恭城人及时准确地掌握市场供求变化情况及价格信号，牢牢抓住传统的拳头产品如猪、果等进行集约经营，使生产规模的内涵扩大，以又好又多的产品占领市场。因此，恭城的规模经济是在农村实行联产承包制后，农业生产力的发展与家庭分散经营格局相矛盾的情况下产生的一种经济现象和经济活动，这对于贫困山区，应该说具有特殊的指导意义。

五、要在新的形势下继续发扬党的优良传统和作风

随着社会主义市场经济体制的建立，人们的观念意识、经济与社会生活各个方面都产生了巨大的变化，领导工作的条件与环境都与计划经济时期有所不同，遇到了许多新问题，需要找到一些新的办法来解决。但是，党的全心全意为人民服务的宗旨没有变，加快经济建设的步伐，带领人民群众脱贫致富奔小康，这是党的宗旨的根本要求和具体体现。因此环境变了，党的优良传统和作风不能丢，求实务实、艰苦奋斗精神仍须发扬。恭城县委在不断总结经验，创造新的工作方法的同时，注意发扬行之有效的传统方法，做到“一同二不”。

首先是“同唱一台戏”。经济建设是全党的工作中心，只有动员全党全民一齐投入，才能把这台“戏”唱好。恭城县四家班子通力合作，各负其责，既分工又协作，形成强大合力来抓中心工作，带动全局发展。每个成员除抓好本职工作外，在经济领域里都有角色，有职权，形成“九牛爬坡，个个出力”，同唱“经济一台戏”的局面。各部门、各单位紧密配合、不互相推诿，不论是“条条”管的，还是“块块”管的，都能按照县委的部署，齐心协力做好工作。上下级之间，党群、干群之间，新老干部之间关系融洽，只有职务不同，没有贵贱之分，大家都聚精会神搞好经济建设。

其次是“不搞随意性”。恭城的三位一体生态农业，是群众发明创造的，县委通过认真总结群众创造的成功经验，再经过民主集中，集思广益，从实际出发，提出这条全县的经济发展思路，并经党代会讨论，人代会通过，以法定的形式确定下来。虽然县委班子换了几届，但不管哪一届都尊重历史，尊重科学，坚持这条正确思路，一届接着一届干，一届干得比一届好，不断补充，不断完善，不断发展，从不干那些前任书记“弃粮种果”，后任书记“砍果种粮”一类劳民伤财的蠢事，保证了经济工作的连续性。

最后是“不搞花架子”。实施每一项计划，县委、县政府一班人始终是先行者，他们用真抓实干的实际行动为全县树立榜样。凡是需要群众办到的事情，干部首先办到，要求群众掌握的技能，干部首先学会。县里上报的统计数字是经过上级有关部门多次检查核实认定的，也是干部群众认可的，且留有相当大的余地。他们取得的成绩和荣誉，是流大汗，出大力，扎扎实实干出来的，经得起检查和历史的考验。

双重循环的完善

恭城县农业生产内部和全县社会、经济发展所形成的双重循环，收到了显著效益。但是，这双重循环层次还比较低，应当继续努力，不断完善、提高，使整个恭城的农业生产、农村经济和社会发展出现一个新的更大的飞跃。

一、继续发展三位一体生态农业，促进农业生产跃上新台阶

恭城的农业，要在现有基础上再登新台阶，必须挖掘潜力，继续发展三位一体生态农业，进一步完善第一重循环。

（一）种植业的发展要以提高单产为主攻方向

这几年，恭城县对整个农业内部结构的调整是成功的。在种植业内适当调减粮食种植面积，利用高亢旱地种植水果，也是合理的。但恭城人多地少，今后种粮面积不宜再调减，要在稳定现有种粮面积的同时，把提高单产作为主攻方向。这方面的潜力还很大，现在全县18.22万亩（1.22万公顷）粮田中，中低产田还有60%，如果这些中低产田单产都由现在的295.3千克提高到亩产400千克，全县便可增产粮食1500万千克。水果是恭城的强项，1995年春已发展到18万多亩，今后还可开发山丘地增种，但不应再调减粮食面积扩大种水果，主攻方向应转移到提高水果单产和质量上来。提高粮食和水果单产的路子很多，但主要的是三条：一是通过深化农村改革，完善双层经营体制，搞好适度规模经营和社会化服务，提高农民的积极性，使他们舍得在精耕细作、科学管理上多下功夫，改变粗耕粗种的习惯；二是各级领导要精心办好示范田、示范园，以带动农民创高产，多打粮，多产果；三是大力推广先进实用科技，通过广播、电视和办班等方式，宣传推广良种，实现良种化，实行科学管理，科学施肥、增加有机肥等等。狠抓这些关键措施的落实，提高单产是大有希望的。

（二）把发展草食畜禽作为实现畜牧业新飞跃的主要环节来抓

恭城大力发展以养猪为主的畜牧业，是很有成绩的。但养猪耗粮多，而恭城粮食并不很充裕，恰好在恭城又有大量农作物秸秆和66万多亩（4.4万公顷）宜牧草地还未充分利用。因此，今后畜牧业的发展，宜在继续稳定发展生猪生产的同时，大搞农作物秸秆氨化养牛，开发利用草地养牛、养羊、养鹅、养兔。通过发展节粮型草食畜禽，既可充分利用资源，又可解决人畜粮矛盾，增加农民收入，还可以为沼气池提供充足的原料，为粮食和水果种植业提供优质有机肥。发展草食畜禽要搞好规划，合理布局，在石山灌木区重点发展养牛，在农区和工矿区适度发展奶牛、奶羊，同时大力推广秸秆氨化，青贮饲料和种草养殖畜禽技术，搞好品种改良，推广良种，提高繁殖率，搞好疫病防治，包括草食畜禽在内的畜牧业完全可以有一个更大的发展。

（三）继续抓好农村能源建设，尽快实现全县沼气化

恭城的农村能源建设有口皆碑，但到1994年底全县尚有45.22%的农户还未建沼气池，他们多住在山区，每年还要烧掉大批木材。推广使用沼气，节约能源的任务还很艰巨，县里应把这些地方列为重点，下大决心抓好，力争在两三年内，使绝大部分农户建有沼气池，基本实现全县农村煮饭、照明沼气化。只要不放松领导，加大力度做好发动工作，有计划地搞好施工，全县农村实现沼气化指日可待。

二、以经济建设为中心，两个文明一起抓，促进全县经济大发展，社会大进步

像第一重循环一样，第二重循环的层次也还不够高，从整个经济发展状况来说，全县的实力还不够强，1994年财政收入4000多万元，虽实现了收支基本平衡，但这是低水平的平衡，还拿不出较多的财力投入搞基础设施建设，整个投资环境还不够优化。二、三产业近年发展较快，但其在国民经济中所占比例仍然偏低，和第一产业相比，还是短腿，一、二、三产业的发展也不够协调。从社会发展来说，全县农村改革不断深化，基层组织健全，战斗力较强，干部群众建设社会主义新农村的积极性得到了较充分的调动；精神文明建设硕果累累，社会环境良好，计生工作连年创佳绩，科教文体卫全面发展。但从建设全面进步、文明、健康的社会要求来看，还有很大的差距。因此，实现恭城的经济大发展、社会大进步，使第二个循环跃上更高的层次，还需作出较大的努力。

（一）大力发展二、三产业，使全县一、二、三产业协调发展

要在稳定发展第一产业，搞好三位一体生态农业的同时，积极采取有力措施，加快二、三产业的发展步伐。

1.第二产业的发展，要充分利用资源优势，加快发展果品加工工业，提高竹木、矿产品资源开发的比较利益。

恭城现有水果18万多亩，目前挂果的有6万多亩（0.4万公顷），到18万亩果园全部进入盛产期后，全县将年产水果20万吨，批量如此之大，仅靠卖鲜果是不行的，应及早动手，加快发展果品加工工业，包括饮料、罐头、干果等。这样，一方面可加工增值，另一方面可扩大水果的出路，较好地解决果农的后顾之忧，同时通过加工，可以把产业链条延长，带动包装、印刷、运输、饮食服务等产业的发展。

目前，恭城的竹木、矿产品多数处于资源原始出售和粗加工阶段，资源开发和综合利用水平较低，应通过引进资金、技术、人才，推进资源综合开发，特别是资源的二次开发。在开发的深度上，要对初级产品进行深度加工、延伸产品链条，积极开发终端产品。在资源的综合利用上，走配套发展的路子。如花岗岩、大理石应集中连片开发，形成规模，应多产板材、少卖荒料。竹木加工应扩大生产、提高产品档次，使之适应现代人的生活需要，同时应和生产纤维板配套成龙，尽可能提高资源利用率，创最佳经济效益。

发展加工业要注意四个问题：一是根据市场需要，尽量生产适销对路产品，以提高市场竞争力。二是在办好现有的县办工业、二轻集体工业和乡镇企业的同时，鼓励多种经济成分共同发展，国有、集体、私营、个体一起上。尤其要支持发展股份合作制企业和从县外、境外引进资金、技术办联营企业和合资企业。三是发展企业集团、增强竞争能力。现在恭城竹木、矿产品的开发加工企业不少，但

规模小，产品档次低，为了上规模，上档次，上水平，应引导企业在自愿基础上组建集团，形成“公司 + 基地 + 农户”的格局，以产生“船大抗风浪，船队好航行”的集团效应，增强经济实力，开发新的系列产品，提高占领市场能力。四是继续加强能源建设。恭城水力资源较为丰富，目前电力还较为充足，但随着加工业的发展，对电力的需求将越来越大，因此要继续办好农村水电建设，设法建设新的电站、保证加工工业对电力的需要，同时本身也是发展第二产业的重要项目，目前应尽快争取刘家垌和社平水利水电工程上马，特别是社平水利水电工程建成投产后，可灌溉农田 5.7 万多亩（0.38 万公顷）、防涝 0.5 万多亩（333 多公顷），年发电 1218 万千瓦时，灌区农业每年可增收 1470 万元，发电年收入 356 万元，为国家提供税金 198 万元，但需解决 1400 万元贷款。建议上级有关部门尽快批准这个工程立项和上马。

2. 必须尽快改变第三产业“短腿”的状况。第三产业的发展，要从服务一、二产业和加快全县经济发展的需要考虑，切实搞好市场建设，积极发展商贸、交通运输和旅游业。

恭城县的水果、生猪、牛羊、石材、竹木制品较多，但市场建设跟不上，农贸集市仍然停留在传统农产品区域集散地水平上，不适应上批量、跨县、跨省区远距离的商品流通，应在县城或产品集中的产区，有计划地建一些专业市场，实现产销见面，加速产品价值实现的过程。市场建设要与金融、通讯、运输、仓储、信息、治安及生活设施等相配套。要坚持实行谁投资，谁所有，谁经营，谁受益的原则，发动社会力量，多方筹资，加快发展。在搞好市场建设的同时，要搞好商业贸易，尤其要加快个体商业发展，促进市场和经济的繁荣。

在今后一个较长的时期内，恭城的运输主要是靠汽车，由于通往桂林、梧州和湖南的公路标准低，路况差，运输能力弱，已成了恭城出境的三个“瓶颈”，很不利于经济的发展。因此，要下决心搞好公路建设，努力拓宽南通梧州、北通湖南、西通平乐和荔浦三条出境公路，以利于加强与周围市县的经济交流与合作。目前，应抓紧做好恭城到平乐同安段的前期准备工作，并争取尽快上马，还有恭城通往桂林最便捷的通道——恭城至灵川大境路段，应尽快争取列入国家计划。这条公路修通后，恭城到桂林的公路将比现在缩短 30 多千米。近期可先抓好虎尾经峻山至回头山路段，以利于开发峻山水库旅游资源和矿山开发。恭城到湖南桃川路段是出省公路，也要设法加以拓宽。公路建设是基础设施，恭城财力有限，除多方筹资外，建议争取上级有关部门给予支持。在发展交通的同时，通讯事业也要加快发展，力争在三四年内实现农话自动化。

恭城旅游资源十分丰富，既有在全国小有名气的人文景观，又有众多待开发的自然景观；既有许多奇特的森林，又有许多有特色的民族小吃；既有传统浓郁的民族风情景点，又有在建设中形成的新景点。如数万亩的飘香果带，峻山水库自动翻板闸等，应对这些资源加以开发，通过发展旅游增加地方收入。更重要的是通过旅游，引来人流、物流、信息流，提高恭城知名度，以促进全县经济的发展。恭城离桂林只有 108 千米，与阳朔同一条线，从阳朔到恭城仅 40 千米，应把恭城列入桂林旅游圈来进行规划开发，同时抓好人才培训。近期可考虑利用秋季沙田柚、柑橙、柿子成熟季节，举办水果节，以果为媒，以果引路，以果叙情，接待八方宾客。

（二）加强精神文明建设，促进社会全面进步

恭城县近年来在突出以经济建设为中心，抓好经济工作的同时，注意精神文明建设，坚持两手抓。今后应继续围绕经济建设这个中心抓好电视广播工作、科教文卫工作、计划生育工作，社会治安综合治理工作和环境保护工作，为经济发展创造一个良好的社会环境。同时，根据建设社会主义新农村的要求，还要抓好以下几项工作。

1. 积极发展农村职业技术教育。要完善双重循环，建设社会主义新农村，必须加快科技进步。因此，要在抓好基础教育的同时，积极抓好农村职业技术教育，要通过兴办职业技术学校和在普通中学设职业中专班，举办短期职业培训班等办法，为农业和乡镇企业培训急需的科技人才和经营管

理人才。

2. 搞好规划，建设社会主义新村镇。随着农村经济的发展，农民建新房不断增多，进入好镇务工经商建商店的也与日俱增，但由于缺乏统一规划，村镇建设整体布局差，道路建设不合理，浪费土地现象严重，因此应该把村镇建设规划列入党委、政府的议事日程，要以县城建设为重点，以县城带乡镇，以乡镇带农村，统一规划，分步实施。整个规划不仅考虑农户的居室，还要考虑村庄的道路布局、污水排放和村民的活动场所等。在发展新的工业时，要注意环境保护，防止工业“三废”对环境造成污染。这是关系到造福子孙后代的大事，要认真抓好。

可以预见，经过努力，恭城两个循环进一步完善、提高之后，社会主义现代化的农村将在恭城崛起。那时的恭城环境将更加优美，经济将更加发展，社会将更加进步。我们相信，今天已初显辉煌的恭城，未来会更加辉煌！

中共广西壮族自治区委员会政策研究室课题组

一九九六年五月

四、乡镇社会经济简况

恭城镇

地处县境西南部，行政区域面积 92.94 平方千米，为恭城县城所在地。1989 年年末，全镇总人口 38699 人，平均每平方千米 416 人；总人口中，农业人口 24601 人，农民人均耕地 0.83 亩（553.33 平方米）。2005 年，全镇总户数 15617 户，总人口 48230 人，平均每平方千米 519 人；总人口中，农业人口 26126 人，农民人均耕地 0.72 亩（480 平方米）。

恭城镇地处恭城河河段龙虎关至岭尾的下游及势江河、西岭河下游，地势平坦，灌溉条件好。有小冲积平地 4660 公顷，占全镇土地总面积的 50.1%；有耕地 1249.33 公顷，其中水田 756.93 公顷，旱地 492.4 公顷。耕地与园地大部分为一级、二级、三级地，肥力状况好，适合水稻、柑橙、甘蔗、青麻、蔬菜的生长。除平地外，其他的为丘陵，植被较好，有林地、灌木林、疏林地、新造林及迹地共 3759.45 公顷。

农业　1989 年，全镇粮食总产量 851.78 万千克，水果总产量 441 万千克；农业总收入 2010.2 万元。2005 年，农田有效灌溉面积 534 公顷。农作物播种面积 3574 公顷，粮食播种面积 1564.5 公顷，粮食总产量 8409.4 吨。肉类总产量 3084 吨，禽蛋产量 210 吨，水产品产量 1009 吨。水果种植面积 2682 公顷，水果总产量 7.39 万吨，其中水果无公害标准化栽培实施 2493 公顷。

乡镇企业　恭城镇乡镇企业以冶炼、塑料制品、机械制造（修理）及农产品加工为主。1989 年，有乡镇企业 773 家，企业总收入 1550.5 万元。2005 年，有乡镇企业 1910 家，其中工业企业 168 家，企业从业人员 4172 人，上缴税金 1397 万元。主要乡镇企业有新江塑料包装有限责任公司、恭城合力金属有限责任公司、桂林恭城长行冶金炉料有限责任公司、恭城永鸿塑料制品有限责任公司、东达电子有限公司及恭城开元多孔红砖厂等。主要产品有锌砂、硫酸、氧化锌、硅锰合金、花岗岩板材及塑料制品等。

教育、卫生　1989 年，全镇有初级中学 1 所、小学 14 所；教师 292 人，在校学生 3196 人。2005 年，全镇有初级中学 1 所、小学 12 所；教师 365 人，在校学生 8530 人。实施“普实”教育，教育教学质量进一步提高，“两基”成果得到巩固和加强，适龄儿童入学率 100%。境内有县人民医院、县中医院、县妇幼保健院、县疾控中心等县级医疗卫生单位，另有村卫生室 26 个、个体及乡村医师 35 人。

人民生活 1989年，农民人均纯收入568.6元。2005年，农民人均纯收入3037元；全镇固定电话用户8100户，移动电话用户16850户；参加医疗保险人数8900人，参加养老保险人数2850人。

旅游 境内有重点文物保护单位孔庙、武庙、周渭祠及湖南会馆等古建筑，有牛岜古樟林、乐湾古樟林等生态景区。

1989—2005年，历任书记：向秉乾、张绍民、李光荣、赵新华、蒋彦忠、黄枝君；历任镇长：王章荣、李光荣、陈盛辉、钟麟、赵新华、李立新、梁华山、陈雪峰、欧金、李杰、余桂兰。

莲花镇

地处县境南隅，行政区域面积319.22平方千米。莲花镇是全县瑶族、壮族人口最多的镇。1989年年末，全镇总人口51621人，平均每平方千米162人；总人口中，瑶族人口39328人，占全县瑶族人口的30.96%；壮族人口6155人，占全县壮族人口的73.37%；农业人口48760人，农民人均耕地0.92亩（613.33平方米）。2005年，全镇总人口54259人，平均每平方千米170人；农业人口20915人，农民人均耕地0.91亩（606.67平方米）。

莲花镇属于半山区，境内有莲花河、势江河，建有蓝洞水库枢纽工程及势江水利工程，灌溉条件好。两河沿岸分布的土地为一级、二级地，保水田达86%。有耕地3078.33公顷，其中水田1974.53公顷，旱地1103.8公顷。土特产品以恭城月柿为著名，产量、质量均居全县首位，远销区内（外）及我国港澳地区、东南亚一带。林地面积153.73公顷，森林覆盖率71.6%，盛产杉、松、厘竹、杂木及松脂。

农业 主要农产品有水稻、月柿、柑橙、甘蔗及槟榔芋等。1989年，粮食播种面积4013公顷，粮食总产量19503吨，农业总收入3341.8万元。2005年，农田有效灌溉面积5391公顷。农作物播种面积9171公顷，粮食播种面积4488.5公顷，粮食总产量23069.9吨。肉类总产量4822吨，禽蛋产量386吨，水产品产量996吨。水果种植面积4666.7公顷，水果总产量9.5万吨。建有莲塘岭667公顷无公害月柿标准化栽培示范基地，是广西最大的无公害月柿生产基地。全年牛存栏13210头，出栏2601头；生猪存栏40522头，出栏60503头。

乡镇企业 1989年，有乡镇企业717家，企业总收入800.2万元。2005年，有乡镇企业1441个，其中工业企业334个，企业从业人员4477人，上缴税金368万元。乡镇企业以花岗岩开采及石材加工为主。已开发的花岗岩区位于蒲源一带，加工成材的产品已在国内打开市场，主要有芝麻色、浅红色、红色3种，其中红色花岗岩材质可与“岑溪红”媲美。

图附-2 金秋十月，红岩村村民晒制柿饼（莲花镇提供）

教育 1989年，全镇有初级中学4所；小学23所；共有教师273人，在校学生7573人。2005年，全镇有初级中学2所，小学23所，幼儿园、托儿所2所；教师498人，在校学生7010人。

卫生 1989年，境内有中心卫生院1所，有医护人员52人，病床32张，占地面积13333平方米，建筑面积2014平方米。1998年，通过“一级甲等”卫生院评审。2005年，镇内有卫生院1所，占地面积13846.1平方米，总建筑面积5567平方米。有卫生技术人员47人，其中医师27人，护士13人，药师4人，检验3人。病床40张。设内儿科、外科、骨科、妇产科、五官科、中医科及防保科等，率先实现医院信息网络化管理。另有村卫生室58个、个体及乡村医师72人。

人民生活　1989年，农民人均纯收入491.9元。2005年，农民人均纯收入2778元；全镇固定电话用户1580户，移动电话用户3182户；参加医疗保险人数685人，参加养老保险人数2750人。

旅游　境内有朗山古民居、蓝洞水库、红岩新村等旅游景点。朗山古民居建筑独特，雕栏画壁别具一格。蓝洞水库库区碧水荡波，沟谷幽深，林木繁茂，是休闲度假的好去处。红岩新村是一个隐藏在万亩柿园中的村庄，莲花河从村中穿过，两岸有农家别墅和绿树，一座瑶族风格的风雨桥使河两岸相连。

1989—2005年，历任书记：卢新忠、陈绍益、骆远明、林敦辛、江基发、林光明、陈义军、邓杰、林武民；历任镇长：陈绍益、谢进忠、费自宏、赵新华、周运忠、林光明、邓杰、朱桂斌、江选文。

栗木镇

地处县境北部，行政区域面积273.76平方千米。1989年年末，全镇总人口50660人，平均每平方千米185人；总人口中，农业人口40296人，农民人均耕地1.39亩（926.67平方米）。2005年，全镇总户数12282户，总人口41984人，平均每平方千米153人；总人口中，农业人口39680人，农民人均耕地1.38亩（920平方米）。

栗木镇境内东、西两侧为山岭，中部为恭城河河谷地带。有成片的冲积平地，面积为12620.0公顷，占全镇总面积的46.10%，居全县之首；有耕地3662.73公顷，其中水田2747.33公顷，旱地915.4公顷。林地面积15033.7公顷。

农业　主产水稻，盛产黄豆、红瓜子、花生、甘蔗及柑橙、沙田柚等。1989年，粮食总产量23086吨，农业总收入3219.6万元。2005年，农田有效灌溉面积4297公顷。农作物播种面积12024公顷，粮食播种面积6208.3公顷，粮食总产量31910.8吨。肉类总产量4746吨，禽蛋产量395吨，水产品产量766吨。水果种植面积5958.24公顷，水果总产量7.1万吨。建有瘦肉型种猪养殖示范场5个、黄牛品改示范点4个。全年牛存栏1410头，出栏2684头；生猪存栏23650头，出栏61206头。

乡镇企业　1989年，有乡镇企业411家，分为锡矿厂、农机修造厂、农具厂、水泥制品厂、石灰厂、包装厂等，企业总收入2049.6万元。2005年，有乡镇企业1165家，其中工业企业202家，企业从业人员3732人，上缴税金285万元。主要乡镇企业有桐鼓坌、勾挂坌、白马坌电站，钨锡精选厂、粤桂爆竹厂、鸿运机制木炭厂及桂林千锤方解石公司等。

教育　1989年，全镇有初级中学1所、小学18所；教师260人，在校学生12560人。2005年，全镇有初级中学2所，小学17所，幼儿园4所；共有教师391人，在校学生5885人，适龄儿童入学率100%。

卫生　1989年，镇中心卫生院有医护人员32人，病床30张。1993年，改、扩建门诊楼。1997年，栗木中心卫生院通过自治区卫生厅"一级甲等卫生院"评审。2005年，全镇有卫生院1所，占地面积4410平方米，总建筑面积2530平方米；有卫生技术人员36人，其中，医师18人、护士9人、药师3人、检验2人、其他4人。病床55张；设有内科、外科、妇产科、五官科、防保科等，可进行普外、骨科及剖腹产等手术。另有村卫生室17个、个体及乡村医师60人。

城镇建设　栗木街原有十字、中山、北极、太平4条街道，无圩场，沿街交易。民国25年（1936），群众集资在中山街新建第一菜市，灌阳大米、黄豆及本地黄糖、肉类、蔬菜在此集散。民国28年（1939）建第二菜市，次年在太平街建第三菜市。中华人民共和国成立后，将北帝庙舞台一带改建为中心圩场。1995年，建成农贸市场，面积1.33万平方米。2000年，另建总长2000米商业街一条，旧城改造逐步走向规范化。到2005年年底，纵横路网改建共硬化路面6000米，网络灯安装改造40盏，启动新区开发建设工程。

人民生活　1989年，农民人均纯收入665.2元。2005年，农民人均纯收入2336元；全镇固定电话用户1800户，移动电话用户2500户；参加医疗保险人数496人，参加养老保险人数2850人。

1989—2005年，历任书记：肖芳佐、贺刚、成正良、何桂金、罗德兴、蒋明华、李明刚、蒋彦宗、陈波、容博、钟斌；历任镇长：贺刚、黄华明、成正良、卢达廉、尹国强、李传锡、李明刚、刘武忠、陈波、钟斌、黄天雄。

平安乡

地处县境东部，行政区域面积240.74平方千米。1989年年末，全乡总人口34369人，平均每平方千米143人；总人口中，农业人口33396人，农民人均耕地1.24亩（826.67平方米）。2005年，全乡总户数9205户，总人口36376人，平均每平方千米151人；总人口中，农业人口35402人，农民人均耕地1.08亩（720平方米）。

图附-3　平安横山村景（2005年）（平安乡提供）

平安乡境内中部及南部平原地区有大片的小冲积平地，面积为9666.7公顷，占全乡总面积的40.15%。水利设施有花田岗水库、北洞源拦河坝及势江渠道、龙虎渠道，自流灌溉条件好，气候温和、雨量充沛。耕地大部分为二级、三级、四级地，有耕地2560.8公顷，其中水田1782公顷，旱地778.8公顷。2001年，除水稻外，平安乡已成为恭城柑橙的主产地之一。

位于境内东部及东北部的银殿山脉，为自治区划定的水源林保护区，保护区内古木参天，灌木遍地。林地面积14167.25公顷。

农业　1989年，粮食总产量15061吨，农业总收入2593.7万元。2005年，农田有效灌溉面积445公顷。农作物播种面积5427公顷，粮食播种面积2713公顷，粮食总产量13308吨。肉类总产量3426吨，禽蛋产量403吨，水产品产量822吨。水果种植面积2971公顷，水果总产量86.17万吨。引进四月红早桃、砂糖橘、红椪、晚芦椪柑、天津水蜜桃、东魁杨梅、大五星枇杷及山东蜜李等水果新品种。全年牛存栏9233头，出栏1606头；生猪存栏26724头，出栏41478头。

乡镇企业　1989年，有乡镇企业509家，企业总收入500.4万元。2005年，有乡镇企业776个，其中工业企业76个，企业从业人员2562人，上缴税金320万元。

教育　1989年，全乡有初级中学3所、小学15所；共有教师268人，在校学生5736人。2005年，全乡有初级中学2所、小学14所；教师295人，在校学生3950人。1989—2005年，完成土陂、黄埠、巨塘、路口、新街、海尔、詠棠希望小学（原詠棠小学）、北溪小学，詠棠、平安初中等教学楼建设。2002年，建成全县第一所寄宿制小学大江小学。

卫生　1989年，有乡卫生院1所，驻和平村，有医护人员24人，病床15张。2005年，有卫生院1所，驻桥头村，占地面积7418平方米，总建筑面积640.8平方米。有卫生专业技术人员21人，其中医师12人，护士6人，影像1人，药师1人，检验1人。病床40张。设内科、妇科、儿科、骨伤科、防疫科、放射科及检验科等。有200毫安X光机1台，便携式B超1台，尿分析仪、生化分析仪及心电图机等设备。另有村卫生室21个、个体及乡村医师52人。

人民生活　1989年，农民人均纯收入522.7元。2005年，农民人均纯收入2464元；全乡固定电话用户2500户，移动电话用户3500户；参加医疗保险人数250人，参加养老保险人数250人。

旅游　境内有社山富裕生态家园、横山瑶寨。社山富裕生态家园风景秀丽，群山环绕，民风淳朴，享有“小桥流水人家”之美誉。旅游项目有寻平安石、划船、观新旧民居、攀岩游岩及观民族风情表演等，在周末和假期举办诸如滚簸箕圈、农田耕作及打红薯窑等活动，村民办起农家小旅社。横山瑶寨风光优美、瓜果飘香、别墅林立，景致非凡的原始枫林中有千姿百态的冲天岩、银子岩及仙人撒网等景观。

1989—2005年，历任书记：潘芝勤、孟洪能、何如荣、文建中、邬弘鹃、兰照新、林武民、张廷锋；历任乡长：尹甫学、何如荣、周冠友、邬弘鹃、蔡启强、陈念翠、李杰、欧阳军辉、周俊缤。

三江乡

地处县境东部，行政区域面积321.78平方千米。三江乡是全县瑶族人口比重最大的乡。1989年年末，全乡总人口12954人，平均每平方千米40人；总人口中，瑶族人口12738人，占全乡总人口的98.33%；农业人口12318人，农民人均耕地0.99亩（660平方米）。2005年，全乡总户数3544户，总人口13685人，平均每平方千米43人；总人口中，瑶族人口13546人，占全乡总人口的98.99%；农业人口13117人，农民人均耕地1.98亩（1320平方米）。

三江乡境内以山地、丘陵为主，有海拔1000米以上的山峰12座。东面与富川县交界处的古木源，为恭城河的发源地。全乡土地大部分为六级、七级地。有耕地1734.2公顷，其中水田457.8公顷，旱地1276.4公顷。林地面积25341.5公顷，盛产杉、松、竹、杂木，是广西杉木生产基地之一。境内的西岭岗，为自治区划定的动植物自然保护区，保护区内有稀有珍贵植物粗榧、华南五针松、海南五针松、黄枝油松及福建柏等，珍贵野生动物有鲵、黄腹角雉、红腹角雉、白鹇、白颈长尾雉、山牛及毛冠鹿等。

农业　以水果种植和生猪、土鸡养殖为主，建起脐橙、椪柑、月柿及槟榔芋等绿色食品标准化栽培基地和瘦肉型种猪养殖示范小区。经济作物有槟榔芋、生姜及辣椒等，粮食作物主要有水稻、玉米及红薯等，水果有毛栗、月柿、柑橙及桃等。1989年，粮食总产量3498吨，农业总收入814万元。2005年，农作物播种面积3104公顷，粮食播种面积1187.1公顷，粮食总产量4618.6吨。肉类总产量1527吨，禽蛋产量136吨，水产品产量181吨。水果种植面积910公顷，水果总产量1.3万吨。全年牛存栏850头，出栏560头；生猪存栏13250头，出栏10230头。

图附-4　始建于清同治十三年（1874）的三江乡牛尾寨凉桥（孟华 摄）

乡镇企业　1989年，有乡镇企业343家，企业总收入650.3万元。2005年，有乡镇企业426家，其中工业企业147家，企业从业人员1490人，上缴税金150万元。主要有小水电站、木材加工厂、铅锌矿厂及家具厂等。

教育　1989年，有初级中学2所、小学10所，全乡教师300人，在校学生3800人。“四率”均达到国家标准，入学率达 95.8%，巩固率达到 95.6%，毕业率达 100%，普及率达 98.92%。2005 年，全乡有初级中学 1 所，小学 7 所；教师 120 人，在校学生 1500 人，适龄儿童入学率 99.4%。

卫生　1989 年，有乡卫生院 1 所，用房面积 700 平方米，医护人员 16 人，病床 12 张，10 个村卫生室。2005 年，有卫生院 1 所，占地面积 7886 平方米，总建筑面积 1140 平方米；有卫生专业技术人员 10 人，其中医师 6 人，护士 2 人，药师 2 人，病床 20 张。另有村卫生室 16 个，个体及乡村医师 26 人。

城乡建设　1989—2005 年，财政所办税大厅、三江中学教师宿舍楼、教育组综合楼，计生站综合楼等相继建成。全乡 10 个村委全部修建钢混结构办公楼。修建三江至黄坪 10 千米长的砂泥路，投资 24 万元修建三江街 1500 米油路，完成 5 条共 15 千米乡村机耕路建设，争取资金 14 万元对黄坪至大地村道进行全面维修。安装黄坪至大地程控电话及黄坪移动基站。投资 400 万元用于通信建设，全乡移动电话覆盖率达 80% 以上，程控电话线路延伸到全乡 85% 以上的自然村屯，通信网络初步建立。

人民生活　1989 年，农民人均纯收入 394.7 元。2005 年，农民人均纯收入 1994 元；全乡固定电话用户 150 户，移动电话用户 1000 户；参加医疗保险人数 107 人，参加养老保险人数 107 人。

1989—2005 年，历任书记：康纪权、杨程、俸斌、文建中、罗荣光、罗以生、朱泽光、张廷锋、甘斌；历任乡长：李希贵、盆万恒、陶世忠、黄耀明、张廷锋、曾春。

嘉会乡

地处县境中部，行政区域面积 255.09 平方千米。1989 年年末，全乡总人口 24725 人，平均每平方千米 97 人。总人口中，农业人口 22765 人，农民人均耕地 1.46 亩（973.33 平方米）。2005 年，全乡总户数 7527 户，总人口 25256 人，平均每平方千米 99 人。总人口中，农业人口 23556 人，农民人均耕地 1.33 亩（666.67 平方米）。

嘉会乡东部、西部为山区，中部为河谷平地。恭城河流经吉山、嘉会、豸游、秧家、泗安、松林、白羊 7 个村，主要的水利设施有龙虎渠、峻山水库东干渠、周家塘等 6 个水库。全乡平地面积为 10453.3 公顷，占全乡总面积的 40.98%，土质肥沃，灌溉条件良好。有耕地 2085.13 公顷，其中水田 1291.73 公顷，旱地 793.4 公顷。林地 16451.53 公顷。

农业　粮食作物以水稻为主，经济作物有水果、红瓜子、甘蔗及花生等。1989 年，粮食总产量 10172 吨，农业总收入 1824.3 万元。2005 年，农田有效灌溉面积 1828 公顷。农作物种植面积 9059 公顷，粮食播种面积 3485.7 公顷，粮食总产量 15110.2 吨。肉类总产量 4129 吨，禽蛋产量 265 吨，水产品产量 804 吨。水果种植面积 2909.8 公顷，水果总产量 3.68 万吨。

乡镇企业　1989 年，有乡镇企业 362 家，企业总收入 491.5 万元。2005 年，有乡镇企业 821 家，其中工业企业 309 家，企业从业人员 2222 人，上缴税金 204 万元。主要有小水电站、木材加工厂、酒饼厂、鞭炮厂及石材加工厂等。

教育　1989 年，全乡有初级中学 2 所、小学 14 所；教师 202 人，在校学生 3711 人。2005 年，全乡有初级中学 2 所，小学 13 所；教师 300 人，在校学生 3800 人。

卫生　1989 年，有卫生院 1 所，占地面积 3733 平方米，建筑面积 1050 平方米。病床 21 张，医护人员 30 人。1997 年，通过“一级甲等”卫生院评审。2005 年，有卫生院 1 所，占地面积 2488 平方米，建筑面积 2905.98 平方米。有卫生专业技术人员 29 人，其中医师 20 人，护士 7 人，药师 1 人，检验 1 人。病床 36 张。另有村卫生室 24 个、个体及乡村医师 39 人。

旅游　境内旅游资源丰富，有罗汉肚岩、九板古戏台、大明源原始森林、大山原始森林、燕子山高山草原等。九板古戏台建于清道光二十三年（1843），是唐黄瑶祭祀和纪念祖先婆王的重要建筑，每年农历六月二十三举行九板婆王文化节，吸引大量游客。

图附 -5 燕子山风景（2005 年）（嘉会乡提供）

人民生活 1989 年，农民人均纯收入 546 元。2005 年，农民人均纯收入 2410 元；全乡固定电话用户 1500 户，移动电话用户 1800 户；参加医疗保险人数 150 人，参加养老保险人数 150 人。

1989—2005 年，历任书记：文受都、唐德良、廖忠德、周冠友、孟定波、容博、朱桂斌；历任乡长：蒋昌瑜、周基振、廖忠德、陈水养、兰照新、伍刚、周运业、叶勇。

西岭乡

地处县境西隅，行政区域面积 434.46 平方千米。1989 年年末，全乡总人口 35444 人，平均每平方千米 82 人。总人口中，农业人口 33787 人，农民人均耕地 1.39 亩（926.67 平方米）。2005 年，全乡总户数 9986 户，总人口 36542 人，平均每平方千米 84 人；总人口中，农业人口 34863 人，农民人均耕地 1.16 亩（773.33 平方米）。

西岭乡是全县丘陵面积最大的地区，丘陵面积 142.2 平方千米，占全乡总面积的 32.73%。境内有西岭河流过，东南部为盆地，西北部为山区。有平地面积 8946.7 公顷，耕地面积 2688.27 公顷，其中水田 1777.53 公顷，旱地 910.73 公顷。土质肥，灌溉好，为水稻、柑橙的主产地。境内半石山区大量种植桃、李，为全县红花桃基地，所产红花桃，色泽鲜艳，甜度高，远销区内外。位于境内西部的海洋山脉被自治区划为水源林保护区，有海拔 1000 米以上的山峰 13 座，林地面积为 30295.5 公顷，盛产杉、松、毛竹及杂木。其间，有以铅锌矿为主的矿藏，早在明朝就有开采，县内最大的岛坪铅锌矿矿业基地就建于该地。

农业 境内修建有小黄埠、柿花塘、清水桥、小豪洞、龙岗水库。以种植水果为主，建立柑橙、月柿及桃类等水果种植区。粮食作物主要有水稻、红薯及玉米等，经济作物主要有油料、甘蔗等。1989 年，粮食总产量 16182 吨，农业总收入 2720.2 万元。2005 年，农作物播种面积 11433 公顷，粮食播种面积 4920.4 公顷。粮食总产量 21703.2 吨，肉类总产量 4621 吨，禽蛋产量 283 吨。水产品产量 887 吨。水果种植面积 5101.5 公顷，水果总产量 7.44 万吨。

乡镇企业 1989 年，有乡镇企业 625 家，企业总收入 650 万元。2005 年，全乡有企业 841 家，其中工业企业 329 家，企业从业人员 2330 人，上缴税金 695 万元。主要的企业有小水电、铅锌矿厂及木材加工厂等。

教育 1989 年，全乡有初级中学 2 所、小学 56 所；教师 319 人，在校学生 4157 人。2005 年，全乡有初级中学 1 所，小学 16 所，幼儿园、托儿所 2 所；教师 325 人，在校学生 3950 人。

卫生 1989 年，有乡卫生院 1 所，用房面积 700 平方米，医护人员 32 人，病床 20 张。2000 年，通过“二级甲等卫生院”评审。2001 年，成立肛肠专科。2005 年，有卫生院 1 所，用房面积 1230 平方米，病床 19 张，有卫生技术人员 27 人，其中医师 16 人，护士 7 人，药师 2 人，检验 2 人，设儿科、外科、妇产科、急诊科及口腔科等。主要设备有 200 毫安 X 光机、B 超机、半自动系列化仪、心电监护仪、母婴监护仪及麻醉呼吸机等。另有村卫生室 36 个、个体及乡村医师 51 人。

人民生活 1989 年，农民人均纯收入 600 元。2005 年，农民人均纯收入 2453 元；全乡固定电话用户1900户，移动电话用户2500户；参加医疗保险人数260人，参加养老保险人数260人。

旅游 境内有大岭山万亩桃园景区，景区总面积12.6平方千米，是集自然山水和田园风光为一体的山岳型风景旅游区。水碧山奇，虎尾山、奶头山山如其名，惟妙惟肖。阳春三月，满山遍野的桃花竞相怒放，艳丽妖娆；千亩油菜花，一片金黄。除观花外，还可观赏千米大渡槽、状元桥及神秘的潮水岩。从2003年开始，每年的2月月底至3月上旬，举办桃花节。

图附-6 挖沟渡槽（2005年）（西岭乡提供）

1989—2005年，历任书记：邓康武、梁锦星、黄俊军、陈志光、谢富荣、梁华山、孟定波；历任乡长：王蔚臣、孟洪能、周基振、骆远明、陈广高、朱维美、余丁华、何定波。

龙虎乡

地处县境东北部，行政区域面积58.34平方千米。1989年年末，全乡总人口9130人，平均每平方千米156人；总人口中，农业人口8784人，农民人均耕地1.61亩（1073.33平方米）。2005年，全乡总户数2949户，总人口10268人，平均每平方千米176人；总人口中，农业人口9515人，农民人均耕地1.06亩（706.67平方米）。

龙虎乡北部及东部为山岭。巍巍龙虎关位于龙虎街东侧，地势险要，南有龙头岭，北有虎头岭，恭城河则从中间的峡谷通过，历来为湘桂水陆交通要冲和军事重地及游览观光之胜地。沿河两岸平地，大都为一级、二级地，排水灌水方便，保水保肥性能好。有耕地面积674.27公顷，其中水田522公顷，旱地152.27公顷。农产品以水稻、沙田柚为主。所产的沙田柚，为恭城品质最好的沙田柚，在区内外享有盛名。林地面积2656.1公顷。

农业 1989年，粮食总产量4443吨，农业总收入705.7万元。2005年，农作物播种面积2403公顷，粮食播种面积1229.6公顷，粮食总产量6133吨。水果种植面积1491公顷，水量总产量2万吨。实施无公害水果栽培面积1267公顷。建立脐橙、沙田柚及夏橙等无公害化栽培示范点30.5公顷。肉类总产量1115吨，禽蛋产量137吨，水产品产量522吨。全年牛存栏3990头，出栏1050头；生猪存栏9285头，出栏12632头。

乡镇企业 1989年，有乡镇企业110家，企业总收入109.7万元。2005年，有乡镇企业229家，其中工业企业27家，企业从业人员541人，上缴税金72万元。境内有木材加工厂、酒厂及矿泉水厂等。

教育、卫生 2005年，全乡有初级中学1所，小学4所，幼儿园1

图附-7 龙虎关（2005年）（龙虎乡提供）

所；全乡教师150人，在校学生1500人。龙虎乡卫生院成立于1990年年底。1993年，综合办公楼及职工宿舍楼建成，占地面积1637平方米，总建筑面积994平方米，有医护人员5人，以门诊为主。2005年，有卫生院1所，卫生技术人员5人，其中医师4人，护士1人，病床10张；另有村卫生室4个、个体及乡村医师11人。

人民生活　1989年，农民人均纯收入594.5元。2005年，农民人均纯收入2389元；全乡固定电话用户89户，移动电话用户1500户；参加医疗保险人数100人，参加养老保险人数100人。

旅游　境内有龙虎关，自古为军事要塞，周围山清水秀，风景美丽。附近有县级重点文物保护单位“九牛井”，人称酒泉，是观光游览胜地。

1989—2005年，历任书记：钟振伟、唐云舒、林中、李立新、陈念翠、陈雪峰；历任乡长：蒋昌瑜、唐云舒、熊光月、林中、桂文英、朱泽光、周运业、王云。

观音乡

地处县境东北，行政区域面积153.69平方千米。1989年年末，全乡总人口834人，平均每平方千米55人。总人口中，农业人口8027人，农民人均耕地1.35亩（866.67平方米）。2005年，全乡总户数2505户，总人口8917人，平均每平方千米58人。总人口中，农业人口8611人，农民人均耕地0.84亩（560平方米）。

观音乡为山区乡，四周环山，中间为一狭长的小河谷，有1000米以上的山峰9座。有耕地480.6公顷，主要为一级地，其中水田417.4公顷，旱地63.2公顷。林地面积9138.6公顷，主产杉、松、杂木。

农业　水果有沙田柚、脐橙及月柿等，经济作物有槟榔芋、花生等。建立优质水稻新品种示范点，小满桃、沙田柚无公害水果标准化示范点，毛竹种植示范点；发展瘦肉型猪及黄牛养殖，推广秸秆氨化养牛技术。1989年，粮食总产量4358吨，农业总收入654.5万元。2005年，农田有效灌溉面积481公顷。农作物种植面积2893公顷，粮食播种面积1315.1公顷，粮食总产量7078吨。水果种植面积798公顷，水果总产量0.22万吨。肉类总产量1109吨，禽蛋产量205吨，水产品产量130吨。全年牛存栏3587头，出栏1347头；生猪存栏10193头，出栏11889头。

乡镇企业　1989年，有乡镇企业150家，企业总收入200.4万元。2005年，有乡镇企业170家，其中工业企业63家，企业从业人员462人，上缴税金80万元。境内有冷水源、木狮江、杨梅等7座小水电站，总装机容量3500千瓦。

教育　1989年，有初级中学1所、小学5所；全乡教师75人，在校学生1100人。1996年，修建观音小学、狮塘蕉山小学教学大楼，对莲花小学、狮塘小学、观音小学围墙进行维修。2005年，有初级中学1所，小学3所，幼儿园1所；全乡教师80人，在校学生1450人。

图附 -8　罗汉果种植（2005年）（观音乡提供）

卫生　1989年，有乡卫生院1所，用房面积300平方米，有医护人员8人，病床10张。2005年，有卫生院1所，占地面积2010平方米，总建筑面积964平方米。有卫生技术人员6人，其中医师4人，护士 1 人，药师 1 人。病床 12 张。另有村卫生室 4 个、个体及乡村医师 10 人。

人民生活　1989 年，农民人均纯收入 570.7 元。2005 年，农民人均纯收入 2287 元；全乡固定电话用户 150 部，移动电话用户 150 户；参加医疗保险人数 91 人，参加养老保险人数 91 人。

1989—2005 年，历任书记：钟守护、盆万忠、何桂金、林启源、江基发、蒋合民、周定创、梁华山、邓杰、孟建林；历任乡长：盆万忠、周定宏、邓忠才、周定创、周培喜、吴艳琴、余桂兰、黄绍元。

后 记

根据《自治区人民政府关于开展广西第二届三级地方志编纂工作意见的通知》和《桂林市人民政府关于开展桂林市第二届地方志编纂工作的通知》精神，恭城瑶族自治县于2004年8月开始着手第二届地方志书编纂的准备工作。2005年8月15日，自治县人民政府印发《恭城瑶族自治县志编纂工作实施方案》；8月19日，调整恭城瑶族自治县地方志编纂委员会成员，名誉主任蒋洪、苏光伦、林中贤，主任唐云舒；8月31日，自治县人民政府召开全县编纂工作动员会，正式启动恭城第二届地方志书的编纂工作；9月28日，举办《恭城瑶族自治县志》承编部门资料长编工作培训会，各乡镇、各部门资料长编编辑人员100多人参加培训。2008年8月，资料长编编辑工作基本完成，自治县人民政府以党史地方志编纂办公室人员为主要成员，另抽调在职干部3人、聘请退休人员1人，成立《恭城瑶族自治县志》编辑部，总纂林贤培、副总纂黄俐，主编林贤培、副主编王先军、黄俐、杨波，《恭城瑶族自治县志》进入编写阶段。至2009年年底，编辑完成第一稿。2010年，组织编辑人员进行相互交叉审稿，对存在的问题进行复核补充。2011年，主编、副主编对编辑稿进行审阅，各编辑针对审稿意见进行补充完善。2012年4月，将再次修改后的志稿送相关单位征求意见，各编辑针对意见再一次复核、修改、补充完善，形成送总纂审稿；8月，根据总纂建议，各编辑修改形成《恭城瑶族自治县志（1989—2005）》县级评议初稿，设19篇、91章、341节，约73万字；9月，自治县志地方志编纂委员会组织熟悉恭城地情的部分离退休老干部和在职县领导、各战线口熟悉业务的领导、上届修志人员等16人，对志稿进行为期18天的县级评审；10月，县级评稿会结束后，编辑部全体人员根据评稿意见，作新一轮的补充、修改、完善；12月中旬，形成市、自治区级评审稿。2013年1月15日至17日，召开《恭城瑶族自治县志（1989—2005）》三级评稿会。参加评稿会的自治区领导和专家有李秋洪（自治区地方志办公室主任、研究员）、蓝日基（自治区政协常委、教科文卫体委副主任、研究员）、邓敏杰（自治区地方志办公室副主任）、文崇礼（自治区地方志办公室副巡视员）、晏源源（自治区地方志办公室顾问、编审）、韦光化（广西民族大学教授）、赵敏（自治区地方志办公室市县志工作处处长）、孙仿（自治区地方志办公室机关党委专职副书记）、廖盛春（自治区地方志办公室市县志工作处调研员、编审）、梁燕鸣（自治区地方志办公室市县志工作处副处长、副编审）、陈小军（自治区地方志办公室市县志工作处副处长）、黄家接（自治区地方志办公室市县志工作处主任科员）；市级领导和专家有徐朝凯（桂林市志办副主任）、唐群森（桂林市志办调研员）、韦兰玉（桂林市志办副主任、副教授）、王家胜（桂林市志办副调研员）、徐李宁（桂林市志办地方志科科长、副编审）、潘树能（桂林市志办资料科科长）、关玉成（桂林市志办主任科员、副编审）、廖志良（桂林市志办地方志科副科长）、陶树青（桂林市志办年鉴科副科长）、尹乐（桂林市志办科员）。会后，由田绍勇任总纂，各副主编梳理修改意见，适当调整编辑人员分工，组织编辑人员再次修改稿，至7月月底完成《恭城瑶族自治县志》送审稿送达自治区地方志编纂委员会办公室。2014 年 1 月，根据自治区地方志专家的审稿意见，对《恭城瑶族自治县志》稿作进一步补充修改，至 2014 年 9 月完成终审稿，设 22 篇、95 章、368 节，约 110 万字。经自治区地方志办公室审验，2015 年 3 月通过终审。在县志稿终审的过程中，自治区领导及专家再次为《恭城瑶族自治县志》提出许多中肯的意见。为使《恭城瑶族自治县志》质量更上一层楼,《恭城瑶族自治县志》编辑部再次组织编辑力量，由黄俐任总纂对志书稿作最后一次修改。2016 年 9 月，经自治区地方志办公室审验，同意送出版社公开出版。

在编纂《恭城瑶族自治县志》长达 10 年的时间里，历届自治县委、县人民政府都高度重视续修县志工作，每年把续修县志的专项经费列入财政预算，解决办公场所，购置电脑、打印机及扫描仪等办公设备，为修志工作创造良好的条件，保证续修工作正常运转。蒋洪、唐云舒、程权、林武民、邓晓强以及奉海峰、黄枝君等历任县领导都十分关注修志工作，经常过问修志进程，解决工作困难，给予修志工作强有力的领导和保障。吴艳琴、王桂英、郑建忠、黄韬、俸文英、关小菊等历任分管修志工作的副县长经常听取工作汇报，深入编辑部指导、解决工作中遇到的问题和困难。自治区地方志编纂委员会办公室、桂林市地方志编纂委员会办公室的领导和专家多次莅临恭城精心指导编写工作，极大地推动了县志工作的进展。

此次修志，既是恭城建县以来的第 7 次修志，也是恭城瑶族自治县成立后的第 1 次修志。1990 年，国务院批准撤销恭城县成立恭城瑶族自治县，以原恭城县的行政区域为恭城瑶族自治县的行政区域，根据《中国地方志指导小组关于第二轮地方志书编纂的若干意见》第七项的规定本轮进行的修志为《恭城县志》(1992 年版）的续编，根据中国地方志指导小组《地方志书质量规定》第十条“志书名称以下限时的本行政区域名称冠名”的规定，本次续修县志冠名为《恭城瑶族自治县志》。

需要提及的是，由于《恭城瑶族自治县志》横陈百科，纵跨十多年，涉及各行各业，众手成书，资料来源渠道多，资料采集方式众多，许多单位和个人都对《恭城瑶族自治县志》编纂做出过较大贡献，而限于条件我们不能一一署名，在此表示衷心的感谢和真诚的歉意。

尽管编修人员做出了巨大努力，但由于时间仓促且限于各种条件,《恭城瑶族自治县志》难免存在一些疏漏和不足，敬请读者在阅读、使用过程中将发现的问题赐告于我们，以便将来在可能的情况下进行修订、改正。

恭城瑶族自治县地方志编纂委员会

2016 年 12 月

出版说明

根据国务院办公厅颁发的《全国地方志事业发展规划纲要（2015—2020年）》规定，到2020年必须全面完成第二轮地方志书规划任务。为确保这一目标顺利实现，针对当前部分民族地区与贫困地区志书出版经费困难的情况，在中国地方志指导小组组长王伟光、常务副组长李培林的亲自倡议和领导下，自2015年8月起中国地方志指导小组办公室启动民族地区与贫困地区志书出版资助工程，对经国务院扶贫开发领导小组办公室认定的国家级贫困县（区、旗、县级市），中西部地区、少数民族边疆地区、经济欠发达地区存在出版经费困难的省市县三级综合志书进行出版资助。

民族地区与贫困地区志书出版资助工程既是地方志系统的政治工程，又是全国地方志事业协调发展的促进工程，对于推进第二轮地方志书规划任务按期完成，实现地方志事业区域发展平衡，促进民族地区与贫困地区基础文化建设，具有重要的政治意义和文化意义。2016年4月，该工程入选国家新闻出版广电总局实施的“十三五”国家重点图书、音像、电子出版物出版规划项目。

本书经民族地区与贫困地区志书出版资助工程领导小组批准，入选民族地区与贫困地区志书出版资助工程。

民族地区与贫困地区志书出版

资助工程领导小组办公室

2015年9月